KB082361

서구 도시사상사 계보도 소묘

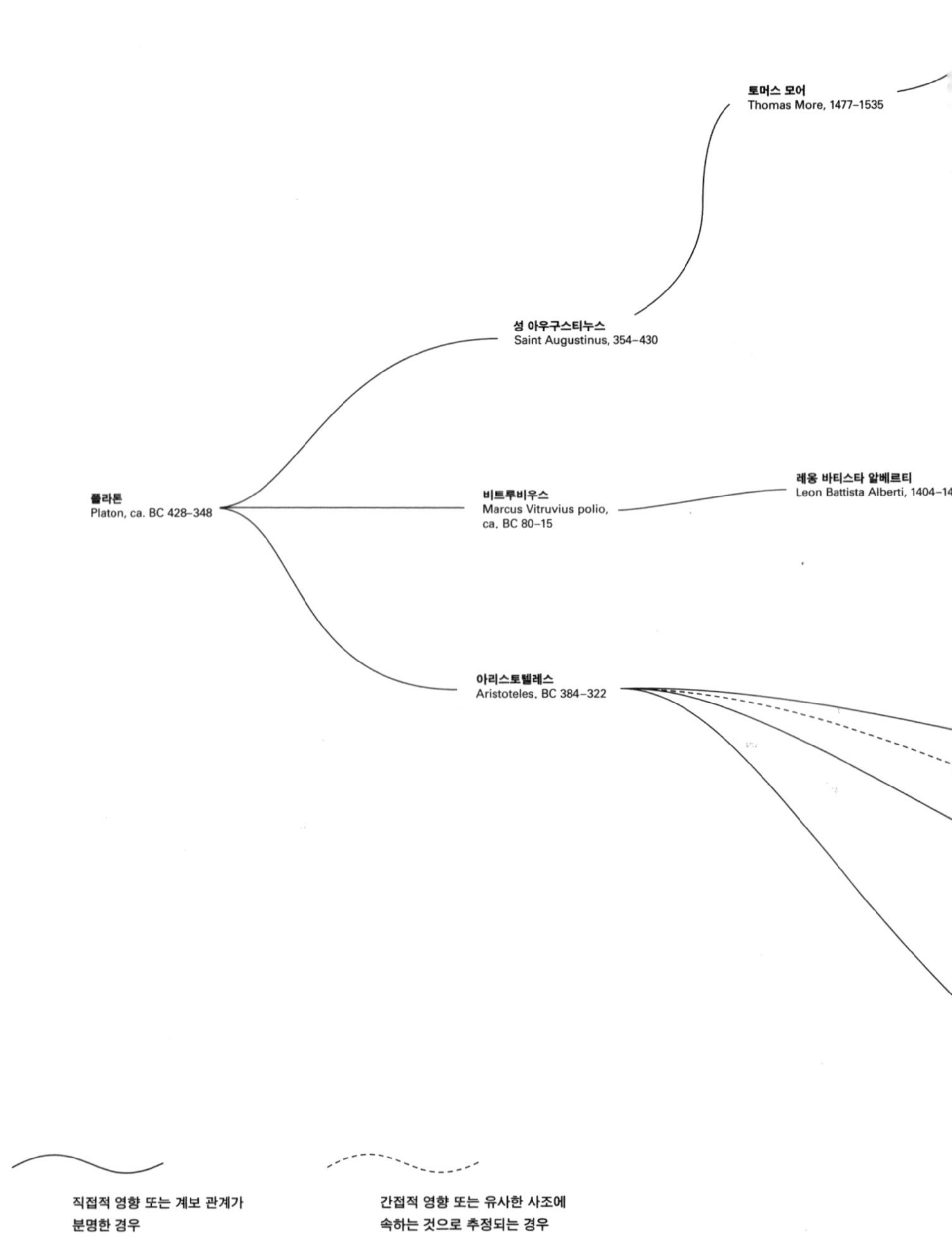

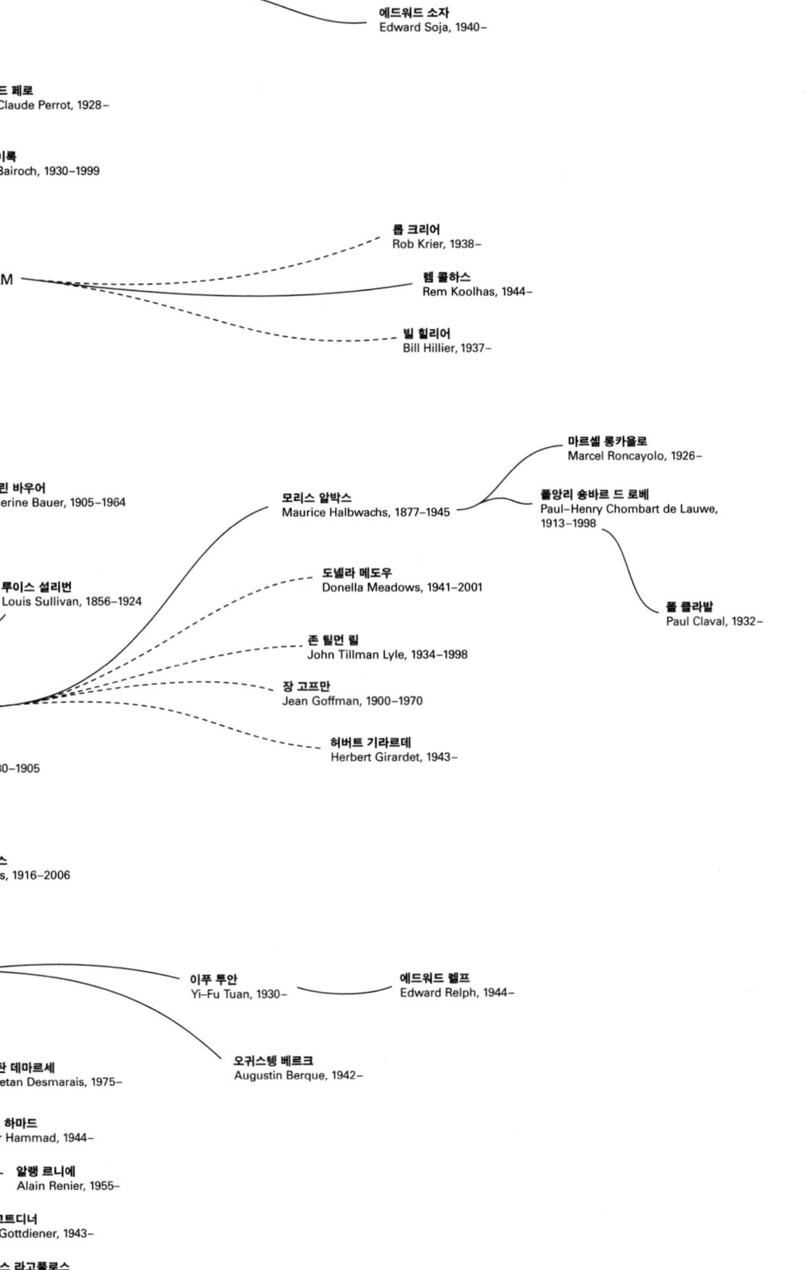

이비드 하비
avid Harvey, 1935–
사스키아 사센
Saskia Sassen, 1949–
에드워드 소자
Edward Soja, 1940–
클로드 페로
an–Claude Perrot, 1928–
베이록
ul Bairoch, 1930–1999
CIAM
롭 크리어
Rob Krier, 1938–
렘 콜하스
Rem Koolhas, 1944–
빌 힐리어
Bill Hillier, 1937–
캐서린 바우어
Catherine Bauer, 1905–1964
모리스 알박스
Maurice Halbwachs, 1877–1945
마르셀 롱카욜로
Marcel Roncayolo, 1926–
폴앙리 숑바르 드 로베
Paul–Henry Chombart de Lauwe, 1913–1998
폴 클라발
Paul Claval, 1932–
루이스 설리번
Louis Sullivan, 1856–1924
도넬라 메도우
Donella Meadows, 1941–2001
존 틸먼 릴
John Tillman Lyle, 1934–1998
장 고프만
Jean Goffman, 1900–1970
허버트 기라르데
Herbert Girardet, 1943–
, 1830–1905
이콥스
cobs, 1916–2006
이푸 투안
Yi–Fu Tuan, 1930–
에드워드 렐프
Edward Relph, 1944–
오귀스탱 베르크
Augustin Berque, 1942–
게탄 데마르세
Gaetan Desmarais, 1975–
나르 하마드
anar Hammad, 1944–
알랭 르니에
Alain Renier, 1955–
크 고트디너
ark Gottdiener, 1943–
드로스 라고풀로스
ndros Ph Lagopoulos,1939–

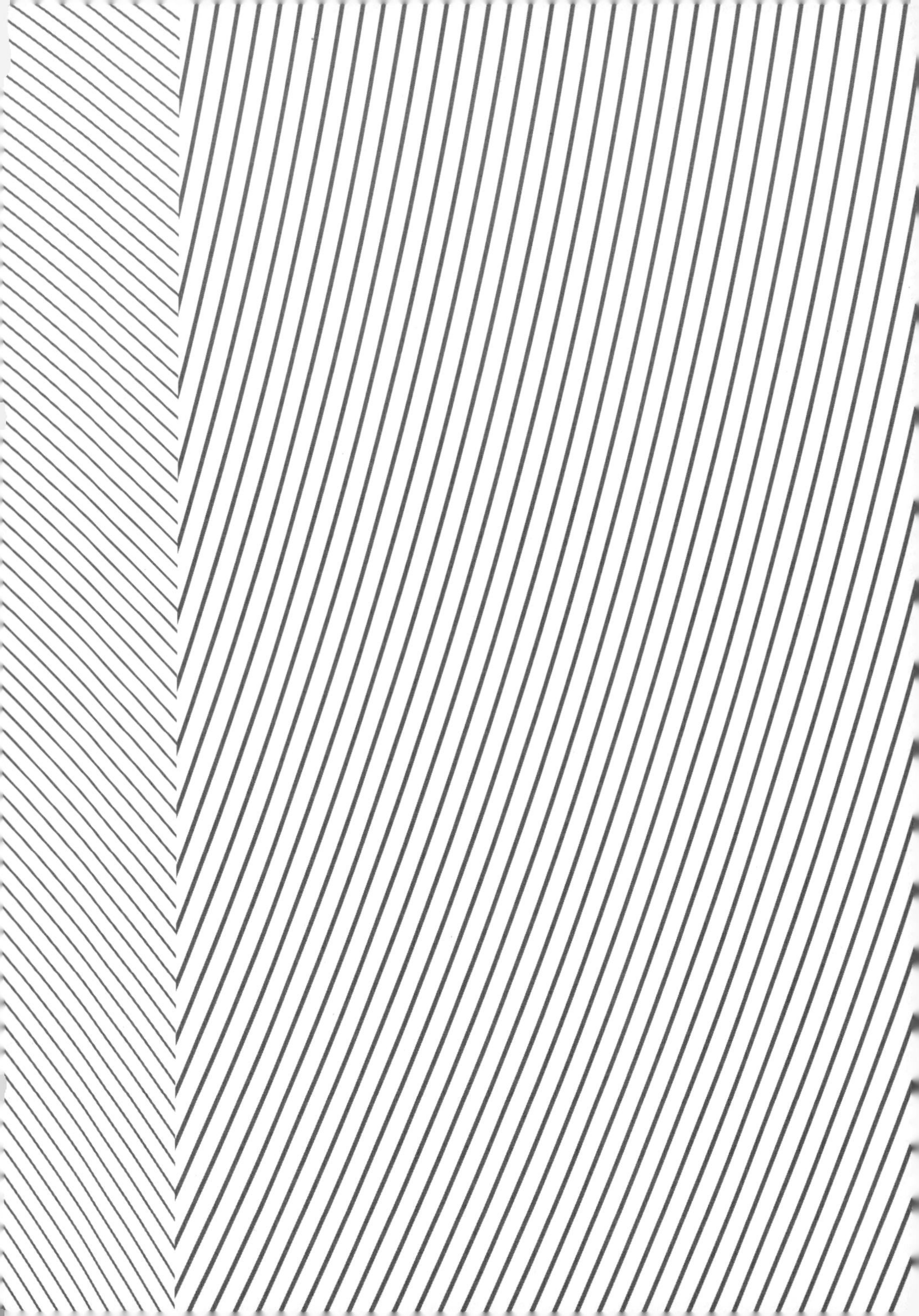

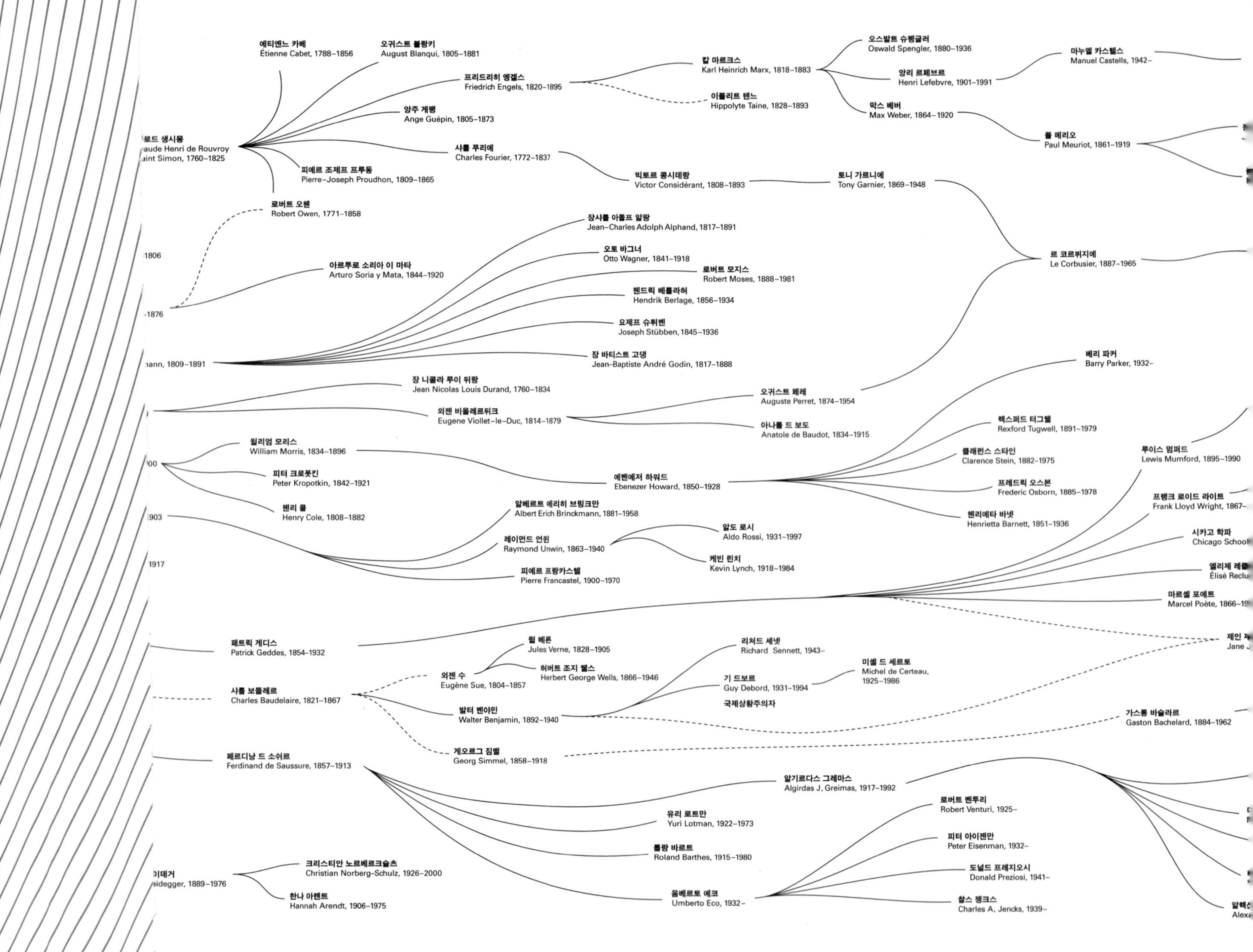

에티엔느 카베
Étienne Cabet, 1788–1856
오귀스트 블랑키
August Blanqui, 1805–1881
프리드리히 엥겔스
Friedrich Engels, 1820–1895
칼 마르크스
Karl Heinrich Marx, 1818–1883
이폴리트 텐느
Hippolyte Taine, 1828–1893
오스발트 슈펭글러
Oswald Spengler, 1880–1936
앙리 르페브르
Henri Lefebvre, 1901–1991
막스 베버
Max Weber, 1864–1920
마누엘 카스텔스
Manuel Castells, 1942–
폴 메리오
Paul Meuriot, 1861–1919
양주 게펭
Ange Guépin, 1805–1873
로드 생시몽
aude Henri de Rouvroy
aint Simon, 1760–1825
샤를 푸리에
Charles Fourier, 1772–1837
피에르 조제프 프루동
Pierre-Joseph Proudhon, 1809–1865
빅토르 콩시데랑
Victor Considérant, 1808–1893
토니 가르니에
Tony Garnier, 1869–1948
로버트 오웬
Robert Owen, 1771–1858
장샤를 아돌프 알팡
Jean-Charles Adolph Alphand, 1817–1891
오토 바그너
Otto Wagner, 1841–1918
로버트 모지스
Robert Moses, 1888–1981
헨드릭 베를라허
Hendrik Berlage, 1856–1934
요제프 슈튀벤
Joseph Stübben, 1845–1936
장 바티스트 고댕
Jean-Baptiste André Godin, 1817–1888
르 코르뷔지에
Le Corbusier, 1887–1965
1806
아르투로 소리아 이 마타
Arturo Soria y Mata, 1844–1920
-1876
nann, 1809–1891
베리 파커
Barry Parker, 1932–
장 니콜라 루이 뒤랑
Jean Nicolas Louis Durand, 1760–1834
오귀스트 페레
Auguste Perret, 1874–1954
외젠 비올레르뒤크
Eugene Viollet-le-Duc, 1814–1879
아나톨 드 보도
Anatole de Baudot, 1834–1915
렉스퍼드 터그웰
Rexford Tugwell, 1891–1979
윌리엄 모리스
William Morris, 1834–1896
클래런스 스타인
Clarence Stein, 1882–1975
루이스 멈퍼드
Lewis Mumford, 1895–1990
피터 크로포킨
Peter Kropotkin, 1842–1921
에벤에저 하워드
Ebenezer Howard, 1850–1928
프레드릭 오스본
Frederic Osborn, 1885–1978
프랭크 로이드 라이트
Frank Lloyd Wright, 1867–
헨리 콜
Henry Cole, 1808–1882
알베르트 에리히 브링크만
Albert Erich Brinckmann, 1881–1958
헨리에타 바넷
Henrietta Barnett, 1851–1936
1903
레이먼드 언윈
Raymond Unwin, 1863–1940
알도 로시
Aldo Rossi, 1931–1997
시카고 학파
Chicago School
케빈 린치
Kevin Lynch, 1918–1984
1917
피에르 프랑카스텔
Pierre Francastel, 1900–1970
엘리제 레클
Élisé Reclu
마르셀 포에트
Marcel Poëte, 1866–19
패트릭 게디스
Patrick Geddes, 1854–1932
쥘 베른
Jules Verne, 1828–1905
리처드 세넷
Richard Sennett, 1943–
제인 제
Jane J
외젠 수
Eugène Sue, 1804–1857
허버트 조지 웰스
Herbert George Wells, 1866–1946
미셸 드 세르토
Michel de Certeau,
1925–1986
샤를 보들레르
Charles Baudelaire, 1821–1867
기 드보르
Guy Debord, 1931–1994
국제상황주의자
발터 벤야민
Walter Benjamin, 1892–1940
가스통 바슐라르
Gaston Bachelard, 1884–1962
게오르그 짐멜
Georg Simmel, 1858–1918
페르디낭 드 소쉬르
Ferdinand de Saussure, 1857–1913
알기르다스 그레마스
Algirdas J. Greimas, 1917–1992
로버트 벤투리
Robert Venturi, 1925–
유리 로트만
Yuri Lotman, 1922–1973
피터 아이젠만
Peter Eisenman, 1932–
롤랑 바르트
Roland Barthes, 1915–1980
도널드 프레지오시
Donald Preziosi, 1941–
이데거
eidegger, 1889–1976
크리스티안 노르베르크슐츠
Christian Norberg-Schulz, 1926–2000
움베르토 에코
Umberto Eco, 1932–
찰스 젱크스
Charles A. Jencks, 1939–
한나 아렌트
Hannah Arendt, 1906–1975
알렉산
Alexa

도시 인간학

도시 인간학
도시 공간의 통합 기호학적 연구

2014년 5월 9일 초판 발행 ○ 2014년 6월 13일 2쇄 발행 ○ **지은이** 김성도 ○ **펴낸이** 김옥철
주간 문지숙 ○ **편집** 최하연, 민구홍 ○ **디자인** 안마노, 김민영 ○ **디자인 도움** 임누리
마케팅 김헌준, 이지은, 정진희, 강소현 ○ **인쇄** 한영문화사 ○ **제본** 서경제책
펴낸곳 (주)안그라픽스 우413-120 경기도 파주시 문발동 회동길 125-15
전화 031.955.7766(편집) 031.955.7755(마케팅) ○ **팩스** 031.955.7745(편집)
031.955.7744(마케팅) **이메일** agdesign@ag.co.kr ○ **홈페이지** www.agbook.co.kr
등록번호 제2-236(1975.7.7)

이 도서의 국립중앙도서관 출판시도서목록(CIP)은 e-CIP홈페이지(www.nl.go.kr/ecip)와
국가자료공동목록시스템(www.nl.go.kr/kolisnet)에서 이용하실 수 있습니다.
CIP제어번호 : CIP2014014222

ISBN 978.89.7059.736.2 (93600)

이 저서는 2007년 정부(교육부)의 재원으로 한국연구재단의 지원을 받아 수행된 연구임
(NRF-2007-812-A00229)

도시 인간학

도시 공간의 통합 기호학적 연구

김성도 지음

안그라픽스

차례

제1부
근현대 도시 사상 담론의 계보와 지형

제1장 도시 공간의 주요 개념화: 여덟 개의 핵심적 은유와 모델

제2장 근현대 도시 계획의 담론: 오스만에서 근대건축국제회의까지

제4장 도시 인문학 담론의 주요 이정표

제2부
도시 기호학의 역사적 이론적 토대: 발생·전개·구조

제5장 건축 기호학에서 도시 기호학으로

제7장 도시 공간 구조의 형태 기호학적 토대

제3부
도시 기호학에서 도시 인간학으로

제8장 도시 공간의 시학적 상상력

제9장 도시 공간의 서사성: 기억, 서사, 시간

들어가는 글

필자가 도시에 관심을 두기 시작한 지는 꽤 오래되었다. 돌이켜보면 6년여 간 유학했던 파리라는 공간은 도시의 아름다움을 깊게 사색해볼 계기를 마련해준 듯하다. 게다가 도시가 품은 인문적 가치를 식별하는 안목도 알게 모르게 길러주었다. 사실, 처음 몇 년은 고단한 유학 생활에 지쳐 파리의 건축, 예술, 도시 공간 그 어떤 것도 마음에 담아둘 여유가 없을 만큼 정서적으로 메마른 상태였다.

유학 생활이 중반기로 접어들 무렵인 1989년 어느 늦가을의 토요일 저녁이었다. 언제나처럼 나섰던 평범한 저녁 산책길에서 나는 평생 잊지 못할 순간을 경험했다. 산책로는 기숙사가 있는 파리 제7구의 바빌론 가에서 출발해 센 강을 끼고 걷다가 프랑스 국립고등미술학교École Nationale Supérieure des Beaux Arts를 거쳐 라스파이 대로Boulevard Raspail를 통해 숙소로 돌아오는 코스로, 한 시간 남짓 걸렸다. 그날 따라 걸으며 강과 어우러진 도시의 풍경이 평소와는 약간 달리 보인다 싶더니, 어느 순간 '하나의 도시가 이렇게까지 아름다울 수 있구나'라는 탄식을 쏟아내고야 말았다. 그 느낌은 마음 깊이 새겨져 평생 지워지지 않고 있다.

그날 경험한 찰나의 정서는 그 뒤로 수십 차례 다시 방문했던 파리는 물론 다른 어떤 도시에서도 쉽게 느낄 수 없었을 만큼 강렬하고 특이한 것이었다. 그간 잠시 머물렀거나 짧은 기간이나마 살았던 크고 작은 도시 가운데 마음속 깊은 인상을 심어준 곳으로는 베네치아, 프라하, 교토, 우르비노Urbino, 디종Dijon, 옥스퍼드, 일리Ely 등을 손꼽을 수 있다. 우리나라에서는 1960년대 초반부터 1970년 중반까지 유년기를 보냈던 곳으로 당시까지도 옛 정취를 담고 있던 서울 중구의 거리가 기억에 남는다. 물론 이들 도시와 공간에도 저마다의 특유한 정서가 배어 있다. 그러나 그날 저녁 센 강에서 나를 탄식하게 했던 그 느낌은 결코 쉽게 반복될 수 없는 유일무이한 경험이었다. 비슷한 곳이 한 군데 있기는 하다. 나를 늘 깊은 향수에 젖게 한 목포

항 근처의 구시가지로, 그곳을 산책하며 얼추 그와 비슷한 감정을 느꼈던 것 같다.

이렇게 느끼는 감정의 묘함은 단지 도시가 자신의 심미성을 우리에게 보여주었기 때문만은 아닐 것이다. 아마도 그보다는 훨씬 더 복잡한 어떤 것으로, 고유한 성격을 지닌 도시의 특정 장소, 그곳에 스며든 시간, 독특한 분위기ambience, 향수鄕愁, 그리고 도시의 혼魂과 격조가 어우러져 찾아오는, 한마디로는 표현하기 어려운 정신적 울림의 상태라고 할 수 있다. 한 여인을 진정으로 사랑할 때 그 이유를 설명할 수 없듯, 어떤 도시와 사랑에 빠질 때 그 이유를 묻는 것은 어리석은 질문이다. 사랑하는 두 사람과 마찬가지로 인간이 도시에 거주하는 만큼, 아니 그 이상으로 도시는 인간 마음에 웅숭깊게 머문다.

요컨대 도시는 콘크리트, 강철, 유리로 이뤄진 물질세계인 동시에 우리의 지성과 심상 속에 또 하나의 둥지를 튼 생명체이기도 하다. 하지만 도시를 마주하며 느낀 이러한 주관적 느낌은 그저 마음에만 남아 있었을 뿐, 어떤 이론적 연구로 연결되지는 못했다. 그러던 중 전공 분야인 기호학 지식을 활용해 서서히 도시 연구를 해볼 작정으로 도시 기호학에 기반을 둔 도시 인문학 교재를 편집해 2002년 가을 학기 대학원에서 처음으로 도시와 관련한 강의를 시작했다. 때마침 청계천 복원으로 서울이 요란했는데, 답사를 핑계로 수강생들과 청계천을 둘러보고 서울 시민의 숲으로 이동해 그곳에서 압구정동까지 걸으며 한강 다리가 얼마나 보행자를 철저히 배제한 자동차 중심의 시설인지를 처음으로 생생하게 체험하기도 했다. 그 뒤 고려대학교 언어학과 대학원과 영상 문화학 협동 과정에서 2009년 가을 학기와 2012년 봄 학기에 도시 문제를 다시 다루면서 디자인, 공간, 건축, 미디어, 이미지 등의 세부 주제로 나눠 제자들과 열심히 공부하는 시간을 가졌다.

그렇게 강의를 병행하면서 틈틈이 도시 문제 연구 활동을 실천에 옮겼다. 모두 세 편의 논문을 발표했고 한 잡지에서 도시 인문학 특집호를 기획 편집했다. 연구 논문은 그레마스의 서사 기호학 모델을 서울의 도시 공간에 적용한 공동 연구 작업을 시작으로 도시 브랜드 이미지의 기호학적 연구, 증강 도시 공간 연구 등을 국내 학술지에 실을 수 있었다.

또한 2007년 필자가 소장을 맡은 고려대학교 응용문화연구소 주관으로 '도시 시학을 위하여'라는 국제학술대회를 열기도 했다. 그에 앞서 기조 발제자로 초청했던 일본의 저명한 도시 인문학자인 도쿄대학교 문화표상학과의 다나카 준田中純 교수와 도시의 인문적, 시적 가치를 주제로 도쿄대학교 정문 앞에 있는 아담한 찻집에서 대담을 나눈 일도 기억에 아련하다.

이 밖에도 세 차례 국제학술대회에 참석해 논문을 발표했다. 먼저, 2010년 에스토니아 탈린대학교Tallinn University에서 열린 국제학회 '도시 기호학'의 조직위로부터 초청을 받아 「서울의 기호학 서설」을 발표했고, 그다음 해 여름에는 청계천 복원을 하나의 텍스트로 파악해 그것의 정치 기호학적 해석을 제시한 논문을 멕시코의 유카탄 반도의 메리다에서 열린 '세계 생태 복원학회'에서 발표했다. 아울러 2012년 봄에 이스탄불 문화대학에서 열린 '영상 문화 국제학술대회'에서는 '증강 도시 공간과 새로운 글쓰기'를 주제로 다루었다. 끝으로 월간지《공간》의 의뢰를 받아 '도시 공간을 바라보는 다섯 개의 시선'을 기획 편집하면서 한국, 남미, 유럽 학자들의 원고를 묶어 일종의 '비교 기호 인류학' 관점에서 세계의 도시화 현상을 치밀하게 포착한 생생한 인문적 연구 성과를 전할 수 있었다.

미리 밝히자면 이 책『도시인간학』은 구체적인 도시를 연구 대상으로 삼아 진행한 분석적 경험적 연구도 아니며, 바르트 방식의 기발한 도시의 관념이나 느낌을 멋진 문학적 터치로 묘사하고 있지도 않다.

이 책의 연구 주제이자 재료는 도시를 대상으로 삼아 축적한 근현대의 다양한 사유와 이론들로서, 이 책이 던지는 화두를 두 개의 핵심어로 압축한다면 '도시 사상사'와 '도시 인간학'이라 말할 수 있다. 처음엔 소박하게 도시 기호학의 발생에서부터 역사적 발자취를 따라가며 도시 기호학의 이론적 토대를 수립한다는 목적으로 시작한 일이었다. 그러다 점차 도시 인문 사상사라는 방대한 바다로 흘러들었고 자연스럽게 도시 사상사의 계보를 소묘하는 데 힘을 쏟게 되었다. 비유를 들자면 도시 기호학이란 육지를 발견하고 이리저리 살피다가 그것이 도시 인문 사상사라는 광활한 바다 위에 있는 작은 섬이라는 것을 깨달을 수 있었던 소중한 계기였다.

하나의 특수한 관점을 채택해 연구 영역을 아무리 좁힌다 해도 도시를 다루는 것은 여러 종류의 난관에 봉착할 수밖에 없는 학문 작업이다. 무엇보다 도시 현상을 파고드는 연구자는 문헌의 방대함과 소화해야 할 정보에 압도당한다. 2008년 가을 학기부터 1년 동안 하버드대학교에서 연구년을 보낼 때 자료 때문에 수시로 들락거렸던 디자인 대학원 로엡Loeb 도서관의 어느 노련한 여성 수석 사서가 도시와 관련된 건축, 도시계획학, 사회과학, 디자인, 인문, 예술 등의 소장 자료가 30만 점에 육박한다고 귀띔해준 것이 기억난다. 또한 2012년 8월 초부터 2013년 2월 중순까지 반년을 보내면서 이 책의 초고를 완성한 케임브리지대학교의 중앙 도서관에선 마치 쳇바퀴에 올라탄 다람쥐가 된 기분이었다. 중앙 도서관의 도시 사상사 관련 자료가 중앙관과 양 날개 건물에 각각 흩어져 있던 관계로 뱅글뱅글 돌면서 발품을 팔아야 했기 때문이다.

책을 쓰면서 많은 도시 사상가에게 큰 감명을 받았다. 도시 기호학과 도시 인문학이 이 책의 핵심 주제이기에 당연히 바르트, 그레마스, 에코, 고트디너, 벤야민, 르페브르, 세르토 등에게 많은 빚을 졌다. 더불어 나에게 더 큰 정신적 공명을 불러일으킨 것은 로시, 노르베르크슐츠, 린치 등의 정통 건축 사상가와 도시 사상가와 그들이 남긴 명저였다. 만약, 이 가운데 단 한 명과 점심을 같이 먹거나 인터뷰할 기회가 주어진다면 주저 없이 린치 교수를 만나고 싶다고 대답할 것이다. 물론 현실에선 이루어질 수 없는 소망이다. 린치 교수는 1984년 이미 타계했다. 내가 알기로 도시의 인간학적 가치와 의미를 그만큼의 번득이는 통찰과 심오한 사유, 그리고 수려한 글쓰기로 꿰뚫어 본 사람은 없었다. 나는 아직 그의 글을 능가하거나 버금가는 어떤 다른 도시 연구자의 저서나 논문을 발견하지 못했다. 그의 도시 비평 담론을 읽어 내려가던 순간순간은 그야말로 환희 그 자체였다.

이 책은 도시 기호학의 기초이며 도시 인간학의 서설이라는 점에서 회화에 비유하자면 세밀화나 초상화가 아니라 밑그림이며 소묘이고 원거리 풍경화이다. 또 건축에 비유하자면 설계도이다. 절대 완성된 집은 아니다. 모두 열 개로 이루어진 장은 각각 하나의 단행본이 되어야 할 정도로 이 책에서 다룬 주제가 대단히 방대하다는 점을 인정한다. 또한 이 책에서 도시 사상가의 원전을 읽어낸 독법에도 어쩌면 부족함이 없지는 않을 것이다. 어떤 텍스트는 수차례에 걸쳐 깊이 읽었으나, 어떤 텍스트는 원전 자체를 접할 수 없거나 내용의 난해함 때문에 어쩔 수 없이 해당 분야에서 최고의 학문적 성과를 인정받은 연구자들의 성과에 기대기도 했다. 다시 말하거니와 이 책은 도시 인문 사상사의 서설이요 개괄로서, 특정 주제를 심화한 도시의 세부 연구는 아니다. 다루는 영역의 광활함 때문에 일부 내용에서는 해당 전문가의 눈높이에서 보면 마음에 안 차거나 턱없이 부족한 내용도 더러 있을 것이다. 하지만 도시 건축학과 도시 기호학의 이론 체계를 정리한 사례가 국내 학계에 아직 없고, 나아가 도시 기호학의 학문적 계보 수립의 기본 윤곽을 제시하는 것만으로도 이 책의 가치는 작지 않다고 생각한다. 도시를 텍스트로 삼거나 도시 자체를 연구하는 다양한 학문 분야의 젊은 학도들에게 미약하나마 도움이 되었으면 하는 바람이다.

끝으로 책이 나오기까지 도움을 준 이들에게 고마움을 전한다. 어려운 출판 여건에도 불구하고 무엇보다 책의 출간을 적극적으로 도와주신 안상수 선생님과 안그라픽스 편집부 측에 심심한 감사의 말을 전하고 싶다. 두 차례의 연구년과 연구 학기를 허락해준 고려대학교 본부와, 특히 한 학기 동안 나를 대신해 학과장을 수행해주신 강명윤 교수님에게 감사한다. 그 이외에 도시를 답사하고 여러 해 동안 틈나는 대로 도시 인문학, 공간 디자인, 시각 언어의 문제를 함께 토론한 건국대 김동윤 학장님과 정병규 선생님, 그리고 가까이서 멀리서 늘 격려와 용기를 복돋아주신 한국과 프랑스의 은사분들과 지식의 벗들에게도 감사와 우정의 마음을 전한다. 지승학 선생, 김현주 선생을 비롯해 방대한 분량의 원고를 읽어준 제자들, 특히 처음부터 끝까지 교정과 편집을 도와준 김민형 선생과 남정현 양에게 고마운 마음을 전한다. 이 책의 집필은 한국연구재단의 재정 지원을 받아 이뤄졌다. 나라의 세금인 터라 마음의 부담이 그간 출간했던 여느 저서보다 곱절 더 했다. 재단에 심심한 사의를 표한다.

2014년 봄 안암동 연구실에서
김성도 씀

서론

연구 목적과 성격

이 책의 목적은 좁게는 '도시 기호학'의 이론 토대를 수립하는 데 있고, 넓게는 도시에서의 삶의 조건을 인문적으로 성찰해 도시 인간학의 사상적 기초를 마련하는 데 있다. 또한 이 책은 서구 사회가 근대와 현대에 걸쳐 쏟아낸 도시 연구의 다양한 사상과 그 이론을 종합했다는 점에서 도시 사상사라는 방대한 탐구 공간을 지향한다.

애초의 연구는 도시 기호학의 이론적 기초를 제시하려는 목적이었으나 연구가 진행되면서 불가피하게 궤도를 수정할 수밖에 없었다. 그 결정적인 이유는 주제, 인식론, 방법론의 차원에서 도시 기호학과 접점을 이루면서 근현대에서 축적해놓은 독창적인 도시 사상 담론들의 성과를 발견했기 때문이다. 따라서 이 책은 도시 기호학을 단지 기호학의 한 분과가 아닌, 현대 도시 사상과 이론의 한 분야로 그 학문적 지평을 확대하는 데 주안점을 두고 있다. 또한 필자는 도시 기호학의 테두리를 넓게 잡고 통합 기호학이라는 범주에 뿌리를 둠으로써 도시 공간의 서사적 차원, 인지 현상학적 토대, 생태학적 기초 등을 모두 아우르면서 도시 공간을 둘러싼 다양한 시각과 담론을 집약하고자 했다.

1960년대와 1970년대를 걸치며 활발하게 연구가 진행된 건축 기호학의 연장선에서 1980년대 중반 출현한 도시 기호학은, 본격적인 발전기에 미처 진입하기도 전에 활력을 잃었다. 그간 몇몇 건축 기호학자가 개별 도시의 공간 구조를 이론적 방법론적으로 설명하긴 했으나, 아쉽게도 기호학의 다른 분야에 비해 완결적이거나 정교한 이론 체계를 수립하는 데에는 도달하지 못했다고 보는 것이 정확한 평가일 것이다. 이를테면 도시 기호학은 세상의 빛을 보기도 전에 유산되었거나 아니면 태어나자마자 명맥이 거의 끊어진 셈이다.

필자는 이처럼 자취를 거의 감추었거나 미미한 위상으로 약화된 도시 기호학의 사상적 뿌리와 지성사적 토대를 현대 기호학의 내부에서 찾는 데 머무르지 않고 서구의 도시 사상사의 담론으로 탐구의 외연을 확대한 뒤, 근대 도시 인문 사상사 계보의 틀 속에서 도시 기호학의 발생과 흐름을 재구성하는 작업을 시도했다.

이 책 전체에서 상세히 다룰 도시 인문 사상사의 계보에는 도시 기호학의 이론적 주춧돌을 마련한 알기르다스 그레마스Algirdas Greimas, 움베르토 에코Umberto Eco, 롤랑 바르트Roland Barthes, 마크 고트디너Mark Gottdiener뿐 아니라, 가장 멀리로는 아리스토텔레스Aristoteles에서 시작해 고대 로마의 건축 이론가 마르쿠스 비트루비우스Marcus Vitruvius, 성 아우구스티누스Saint Augustine, 레오네 바티스타 알베르티Leone Battista Alberti를 거쳐 에벤에저 하워드Ebenezer Howard, 카밀로 지테Camillo Sitte, 르 코르뷔지에Le Corbusier에 이르는 도시 계획 담론의 사상사가 포함될 것이며, 가까이로는 샤를 보들레르Charles Baudelaire, 게오르그 짐멜Georg Simmel, 지그문트 프로이트Sigmund Freud, 발터 벤야민Walter Benjamin, 기 드보르Guy Debord, 미셸 드 세르토Michel de Certeau, 앙리 르페브르Henri Lefebvre, 루이스 멈퍼드Lewis Mumford, 제인 제이콥스Jane Jacobs 등의 근대 도시 인문 사상사와 도시 인문 비평사가 포함된다.[001]

필자가 도시 공간의 기호학적 탐구를 시도하려는 또 다른 목적은 전 지구적으로 확산 중인 현대 도시의 발전 형식 속에 숨은 심층 의미에 주목하면

---

001 서구 도시 사상사의 완결된 연구 사례는 아직 찾아볼 수 없으며 단지 그 예비 단계로, 주요 도시 사상가들의 원전을 부분적으로 편집하여 묶은 선집들을 찾아볼 수 있다. 세 편의 대표적 문헌을 소개한다.

1. Roncayolo, M. et Paquot, T. (sous la direction), *Villes & Civilisation urbaine: XVIIIe-XXe siècle,* Paris, Larousse, 1992.

2. Choay, F., *L'urbanisme, utopies et réalités,* Paris, Éditions du Seuil, 1965.

3. Meagher, S. M., *Philosophy and the city: classic to contemporary writings,* Albany, State University of New York Press, 2008.

이런 점에서 도시 디자인의 개념사를 통시적으로 정리한 아래의 저서는 진귀한 연구라 할 수 있다.

Broadbent, G., *Emerging concepts in urban space design,* London and New York, Van Nostrand Reinhold, 1990.

이 밖에 현대 도시 이론과 관련한 다음의 모음 글을 참고할 수 있다.

1. LeGates, R. T. and Stout, F., *The city reader,* London and New York, Routledge, 1996.

2. Miles, M. and Hall, T., *The city cultures reader,* London and New York, Routledge, 2000.

서 도시 공간의 본질에 나타나는 인간학의 문제들을 포착하려는 데 있다. 특히 필자의 연구가 미약하나마 도시 연구에 도움이 된다면, 전통적 도시 공간과의 단절에서 발생한 현대 도시의 인문적 위기를 타개할 기호학적 처방이 되기를 바라는 마음도 없지 않다.

메트로폴리스metropolis, 메가폴리스megapolis, 메갈로폴리스megalopolis 등 대략 지난 200년간 진행된 도시의 급격한 변천과 21세기에 접어들어 나타난 전대미문의 도시 현상들의 이질성과 파격성을 이해하는 데 사용되는 용어 역시 다양하나, 이들 용어의 한 가지 공통점은 새로운 현상이 불러온 불균형, 복합성, 혼잡성, 이질성을 아우르려는, 일종의 가치 판단의 욕망이 담겨 있다는 사실이다.

새로운 종류의 도시 공간은 매혹적인 대상인 동시에 혐오와 공포의 대상이라는 점에서 모종의 기형성을 함축한다. 하지만 현대 도시가 개인의 존엄성을 파괴하고 인간다운 삶의 온기와 잠재력을 앗아가는 차가운 기계라며 맹목적으로 단죄하는 것도 문제가 있다. 오늘날 도시는 우리에게 정치적, 윤리적, 생태학적 물음과 더불어 인문적 성찰을 요구하고 있으며 적절한 문제 제기를 정식화할 수 있는 새로운 인식의 틀을 시급히 요청한다. 따라서 현 시대의 지성은 복잡하고 다양한 문제의 실타래를 풀어내야 할 총체적 과제에 직면했다. 우리는 도시 공간의 다면성과 복잡성을 인식하면서도 선부른 일반적 진술을 지양하고 동시에 일방적인 심미적, 윤리적 판단을 자제해야 할 것이다. 이런 점에서 도시 기호학은 도시 공간의 의미 작용을 다원적이며 입체적인 관점에서 바라본다. 도시는 인간 사회가 생산한 특별한 종류의 공간 형식으로, 오늘날 도시 공간과 그 조직은 과거의 그것과는 비교 자체가 무의미할 정도로 새로운 양식을 취하고 있다.

필자는 위와 같은 첨예한 문제의식 속에서 통합 기호학의 시각으로 시적이며 심미적인 도시, 과거의 기억과 흔적이 공존하는 서사적인 도시, 아울러 건강한 생태계를 갖춘 지속 가능한 도시를 사유하는 동시에 도시 시학, 도시 서사학, 도시 생태학을 도시 인간학의 주춧돌로 삼고자 했다.

도시 기호학의 학문적 위상: 주요 도시 연구 학술 분야에서의 수용과 평가

도시 기호학은 도시 문제를 다루는 사회과학의 다른 주요 학술 분야들과 달리, 아직 전문 학술지나 교과서가 출간된 바 없고 대학에 정식 교과 과정도 없다는 점에서 제도적 안착이 이뤄지지 못한 상황이다. 이는 도시 지리학, 도시 사회학, 도시 인류학 등이 하나의 학문으로 인정받아 제도적으로 체계화된 상황과 대조를 이룬다.

주요 기호학 사전들 속의 도시 기호학 항목

도시 기호학은 기호학의 여러 연구 영역 가운데 하나이지만 아쉽게도 시각 기호학, 문학 기호학, 공간 기호학과 비교해 그 위상이 미미한 것이 엄연한 현실이다. 실제로 대표적인 기호학 사전 여섯 종을 확인한 결과, 단지 두 사전만이 도시 관련 항목에 지면을 할애하고 있었다. 특히, 이제까지 출간된 기호학 사전 중 그 완결판이라 할 수 있는 『기호학 핸드북』은 총 3,878쪽에 걸쳐 역사적, 인식론적, 학제적 토대를 다룬 178개의 개별 장이 있으나, 도시 기호학을 단독 장으로 전혀 다뤄지지 않았다는 점은 기호학의 학문 체계에서 도시 기호학의 위상을 알려주는 하나의 징표라 할 것이다.[002] 기념비적 연구물이라 할 수 있는 『기호학 핸드북』에서 도시 공간 자체를 기호학의

---

002 Posner, R., Robering, K., Sebeok, T. A., *Semiotik: ein Handbuch zu den zeichentheoretischen Grundlagen von Natur und Kultur=Semiotics: a Handbook on the sign-theoretic foundations of nature and culture, vol. 1-4,* New York and Berlin, Mouton de Gruyter, 1997-2004.

정식 연구 분야에 등록시키지 않았다는 점은 사뭇 놀랍기조차 하다.[003] 또한 그레마스가 구심점이 돼 형성된 구조 기호학파의 이론을 종합한 『기호학: 언어 이론 사전』의 항목에는 도시는 물론이거니와 심지어 건축 분야조차 없으며 단지 '공간' 항목만을 싣고 있을 뿐이다.[004] 또 다른 소형 규모의 『기호학 사전』에서는 '건축' '도시 공간' '공간' 등의 항목 자체가 아예 없고, 단지 그레마스 기호학 이론을 소개하는 차원에서 '공간화spatialization' '유토피아적 공간' '주제적 공간' 등의 항목을 마련해 간략하게 서술하고 있다.[005]

세계 기호학계를 이끌고 있는 마르셀 다네시Marcel Danesi 교수가 집필한 『기호학, 미디어, 커뮤니케이션 사전』에서도 도시 공간 항목은 찾아볼 수 없고, 단지 건축 관련 항목과 공간 관련 항목들을 매우 짧게 기술하고 있을 뿐이다.[006] 특히 이 사전은 구체적으로 '공간 코드'와 관련해 건물을 비롯한 특정 사회에 존재하는 '상이한 물리적 공간들'을 '시스템에 의해 지정된 행동 양식으로부터 만들어진 의미와 규칙의 집합'으로 규정하고 "각각의 건물이나 장소는 광범위한 '의미 범위'에 속하는 하나의 텍스트"라고 정의한다. 이

---

003 반면 『기호학 핸드북』에는 건축과 관련된 다섯 편의 글이 실려 있다.

1. Lagopoulos, A. Ph., "Sign conceptions in architecture and the fine arts in Ancient Greece and Rome", pp.900-911.

2. Holländer, H., "Zeichenkonzeptionen in der Architektur und bildenden Kunst des lateinischen Mittelalters", pp.1065-1093.

3. Rykwert, J. and Hui, D., "Sign conceptions in architecture and the fine arts from the Renaissance to the early 19th century", pp.1330-1353.

4. Rykwert, J. and Hui, D., "Sign conceptions in architecture and the fine arts from 19th century to the present", pp.1656-1693.

5. Dreyer, C., "Semiotische Aspekte der Architekturwissenschaft: Architektursemiotik", pp.3234-3277.

004 Greimas, A. J. and Courtés, J., *Sémiotique: Dictionnaire raisonné de la théorie du langage,* Paris, Hachette, 1979, 'espace' pp.132-134.

005 Martin, B. and Ringham, F., *Dictionary of Semiotics,* London and New York, CASSELL, 2000, pp.124-5, p. 135, p.137.

006 Danesi, M., *Encyclopedic Dictionary of Semiotics, Media, and Communications,* Toronto, Buffalo, London, University of Toronto Press, 2000, "architecture code", pp.21-22, "architecture", pp.22-23, "postmodern architecture", p.23, "space", p.215, "private space", p.215, "public space", pp.215-216, "sacred space", p.216, "spatial code", p.216.

를테면 사적 공간과 공적 공간을 지배하는 규칙들은 사회적으로 약호화된다는 것이다.[007]

반면, 최초의 기호학 사전인 『기호학 백과사전』에는 도시 기호학과 직간접적으로 관련된 네 개의 항목이 실려 있다. '건축' '오브제' '도시 문화urban culture' '정착지 공간의 기호학적 생산semiotic production of settlement space'이 그것이다.[008] 이 사전의 「도시 문화」 항목을 집필한 미국의 도시 사회학자 고트디너는 "도시 문화의 기호학은 특정한 의미 작용의 시스템"이라는 전제 조건을 수용하면서도 도시 공간 자체를 하나의 물질적 생산물로 간주해야 하며, 단순히 오브제와 같은 중립적 용기容器로 파악해서는 곤란하다는 점을 분명히 밝히면서 이데올로기와 도시 공간의 유기적 결합을 강조하고 있다. 즉 공간의 생산은 도시 이데올로기의 기호학과 밀접한 연관이 있을 뿐만 아니라 비기호적 과정을 포함하고 있으며, 도시 이데올로기는 공시적connotative인 약호의 집합으로 이뤄진다는 점을 강조한 것이다. 아울러 그는 이 같은 이데올로기의 약호화된 시스템이 생산방식을 포함한 비기호적인 시스템과 상관관계를 맺고 있다고 주장한다. 결국 고트디너는 도시 공간에서 이뤄지는 사회의 물질적 실현은 다중약호화multicoded되어 있으며 여러 가지의 의미론적 시스템에 속한다는 점을 지적하면서 "도시 공간을 둘러싼 과학적 기호학의 존재 자체가 문제시될 수 있다"는 비판적 시각을 개진한다.[009]

한편 「정착지settlement 공간의 기호학적 생산」 항목을 집필한 알렉산드로스 라고풀로스Alexandros Ph Lagopoulos 교수는 그레마스의 도시 공간 기호학이 이론적으로 가장 포괄적인 접근법이라는 점을 강조한다. 그의 견해에 따르면 도시 기호학은 그레마스가 수립한 위상 기호학topological semiotics의 한 갈래이

---

007 위의 사전, p.216.

008 Sebeok, T. A., *Encyclopedic dictionary of semiotics,* second edition revised and updated with a new preface, Berlin, New York, Mouton de Gruyter, 1994, vol.1-3, "architecture", tome 1, pp.44-50, "objects", tome 2, pp.635-639, "urban culture", tome 2, pp.1141-1146, "settlement space", tome 2, pp.925-936, supplement to tome 2, pp.10-11,

009 위의 사전, Gottdiener, M., p.1142.

며 '공간 생산 과정의 분석'은 도시 기호학에서 사용하는 두 개의 접근법 가운데 하나이다. 도시 공간의 생산 과정 분석은 도시 공간에서 주체가 행하는 행동faire의 '의미 작용'이라 할 수 있으며, 이때 행동의 대상은 '발화 작용'의 차원을 갖는 도시의 장소이다. 즉 커뮤니케이션 과정에서 발송자는 공간의 생산자이자 발화의 주체인데, 이 주체는 다양한 행동 능력과 인지 능력을 비롯해 희망과 실천의 양태성을 갖추고 있다. 따라서 도시에서 발화 주체는 행동하는 집단이며, 도시계획가는 그 가운데 한 명의 행위자이다. 즉 행동하는 집단의 기능이 작동되는 과정 속에는 도시 건설을 결정하는 메커니즘과 더불어 서로 다른 문화의 혼합이 동반된다는 점에서, 공간의 이데올로기적 모델이 성립된다.

따라서 공간 생산의 기호학적 과정은 바로 이 같은 심층적 차원의 의미론적 모델에서 출발하며, 이때 심층적 의미론적 층위는 표현과 내용의 결합으로, 구조 기호학의 공식을 사용하자면 '공간 언어의 내용 형식 층위'에 놓인다. 또 심층적 내용 층위에 상응하는 표현과 형식의 자율적 층위는 공간 형태의 층위가 되어 표면 구조를 성립한다.

공간 생산의 분석은 생성 문법의 모델을 차용해 더 정교하게 나아간다. 요컨대 이 책의 2부에 상세하게 다룰 그레마스 위상 기호학의 장점은 서사 기호학 모델을 공간 기호학에 적용했다는 점에 있으며, 동시에 문학 텍스트의 서사 모델을 도시 공간에 적용할 수 있다는 방법론적 유효성을 제기했다는 데 있다.[010]

끝으로 폴 뷔사Paul Bouissac 교수가 편집한 『기호학 백과사전』에서는 '건축' '공간' '문화적 경관'을 비롯해 정식으로 '도시 기호학' 항목을 싣고 있다.[011] 이 항목의 집필자인 스벤 라르센Svend E. Larsen 교수는 "도시 기호학은 도시 속에서, 도시가 어떻게 의미 작용을 생산하고 소비하는가에 관한 연구로, 세 개의 기호 시스템을 포함하는 복잡한 기호 과정이며 건축 환경, 사회적

---

010 위의 사전, Lagopoulos, A. Ph., pp.925-926.

011 Bouissac, P., *Encyclopedia of Semiotics,* New York and Oxford, Oxford University Press, 1998, "architecture", pp.33-35, "cultural landscape", pp.161-164, "space", pp.586-588.

상호작용의 패턴, 커뮤니케이션 수단이 바로 그것이다"라고 설명한다. 라르센은 진술을 계속해 "도시 기호학은 문화 기호학과 공간 기호학에 속하며 그것의 하위 분야로 건축 기호학, 패션, 음식, 광고, 디자인, 언어와 같은 특수한 커뮤니케이션 미디어를 연구 대상으로 삼는다"고 주장한다. 한마디로 "도시 기호학의 목적은 도시에서 생산된 문화 기호들을 탐구하는 데 있으며, 세 개의 기호 시스템 간의 상호작용이 도시에 구체적인 문화적 윤곽과 성격을 부여하는 그 특수한 과정을 탐구하는 데 있다"는 것이다.[012]

라르센은 항목 말미에 이 같은 과정을 다룰 때 유용한 도시 기호학의 두 가지 핵심적 방법론을 제시하고 있다. 첫 번째는 기호 시스템들의 구조 분석으로, 도시의 특수한 기호 시스템들의 기호 관계와 그 관계의 상호 관련성을 살피는 방법이다. 두 번째는 기호 과정의 현상학적 분석으로, 도시 공간의 기호를 지각하고 사용하는 주체의 역할에 초점을 맞춘 방법이다. 즉 도시 자체가 제공하는 호소력과 흡입력에 따라, 도시 공간을 경험하는 주체가 도시 공간의 기호들을 받아들이는 양태는 달라질 것이며, 현상학적 관점에서는 바로 이 같은 상이한 체험 양상들이 분석의 대상이 된다.[013]

도시학 분야에서의 기호학의 수용

흥미로운 사실은 정작 기호학 내부에서는 도시 기호학의 위상이 모호하거나 미미한 것과 달리, 도시 디자인, 건축학, 도시학 분야에서는 도시 기호학을 참신하고 유용한 방법론적 도구로 인식해 그 학문적 타당성을 인정한다는 점이다. 실제로 도시를 전문적으로 연구하는 여러 학제적 학술 분야에서 도시 기호학은 역사학, 철학, 문화 이론, 젠더 연구, 미학 등과 더불어 일반

---

012 위의 사전, Larsen, S. E., "Urban semiotics", p.624.

013 *Ibid.*

적인 방법론의 하나로 사용된다.[014]

도시 디자인에서 활용할 수 있는 다양한 인문학 방법론을 체계적으로 정리한 권위 있는 한 연구서는 다음과 같이 진술한다. "자연언어의 다양한 구조와 어휘는 건축 공간과 도시 공간과 더불어 존재하는 유추 속에서 지속적으로 적용되고 있으며, 특히 '통사'라는 용어는 건축 환경의 부분들 사이에 존재하는 관계와 함께 사용될 때 선호하는 표현이다. 따라서 '건축 언어'라는 용어는 상식이 됐다."[015] 특히 저자는 건축 영역에서 관계와 대립하는 의미의 세계를 새롭게 발견하고자 한다면 언어 연구의 또 다른 분야인 기호학을 적극적으로 활용할 필요성을 환기시키고 있다. 저자는 이어서 "기호학은 의미의 발생, 변화, 강화, 소멸의 과정을 이해시켜준다."라고 진술한다. 사실, 기호학이라는 단어를 쓰지 않았을 뿐이지 다른 학술 분야에서도 자신도 모르게 이미 기호학적 방법을 사용하고 있음을 어렵지 않게 감지할 수 있다. 예컨대 나중에 상세하게 소개할 크리스티안 노르베르크슐츠Christian Norberg-Schulz는 건축이 지닌 의미의 뿌리에 도달하고자 기표와 기의 사이에 존재하는 관계에 천착하면서, 기호학적 방법론과 일치하는 도시 공간의 현상학적 분석을 수행했다. 따라서 그의 건축 사상은 건축 기호학과 도시 기호학의 관점에서 접맥해야 한다.

이렇듯 비록 소수이지만 일군의 건축 이론가와 도시 디자인 이론가들은 인문과학의 다른 방법론과 함께 기호학을 건축과 도시계획에서 활용할 수 있는 유용한 도구로 제시한다. 이들은 심리학, 수학 등과 더불어 특히 건축의 커뮤니케이션을 설명할 수 있는 도구의 하나로 기호학을 소개하고 있으며,[016] 인간이 건축과 맺는 관계의 근본적 쟁점으로 인문학의 필요성을 역설한다. 이를테면 한 사람에게 따스하게 느껴지는 방에서 다른 누군가는 냉

---

014 cf. Curthbert, A. R., *Understanding cities: Methods in urban design,* London and New York, Routledge, 2011, pp.74-76, pp.102-112, pp.265-269.

015 Curthbert, A. R., 위의 책 참조

016 Broadbent, G., *Design in architecture: archiecture and the human sciences,* London, David Fulton Publishers, 1988, pp.204-223.

기를 감지하는 까닭을 단순히 온도를 느끼는 물리적 경험에서의 차이가 아니라 그 방에 깃든 정서적, 시적 분위기에서 찾을 수 있듯이 말이다.

문헌 조사로 발견한 고무적인 사례는 약 320여 개의 표제어를 포함하며 총 1,039쪽에 이르는 방대한 분량에 도시 문화, 도시의 주요 주제, 긴급한 도시의 쟁점, 도시 이론가, 세계의 주요 도시들을 망라한 도시 연구의 종합 판이며 도시 지리학의 전범으로 평가받는 『도시학 백과사전』의 진술이다.[017] 실제로 이 『도시학 백과사전』은 도시 연구의 주요 학술 분야로 도시 인류학, 도시 경제학, 도시 지리학, 도시 역사학, 도시계획, 도시 정치학, 도시 심리학, 도시 사회학 등을 설정하면서, 도시 기호학을 도시 연구의 학제적 위치에서 학문적으로 비중 있게 다루고 있다.[018] 이 사전은 도시 공간이 기호학적 분석에 적합하며 그 이유로 우리가 도시의 분위기 또는 스카이라인을 다룰 때 도시가 지닌 '의미의 힘'에 기대기 때문이라고 말한다. 달리 말해 도시 공간 자체와 공간의 다양한 요소는 물질적인 실체가 아닌 다른 무엇인가를 의미한다는 뜻이다. 이 같은 의미가 사회적으로, 문화적으로, 물질적으로 생산된다는 것은 바로 그 의미가 해석과 분석을 향해 열려 있다는 것을 시사한다. 따라서 사전의 집필자는 "의미를 생성하는 약호와 규약이 일체의 기호학적 분석의 토대라는 점에서 도시를 '기호의 집합'으로 탐구하는 데 관심을 둔 학자들은 도시 공간을 형성하는 다수의 유의미적 실천들에 대한 견고한 분석들로 이루어진 결과물을 학계에 제시했다"[019]라며 매우 긍정적인 평가를 내리고 있다.

또한 위의 집필자는 도시를 기호, 텍스트, 그리고 '컨텍스트'로 간주하는 이 같은 도시 연구의 새로운 흐름과 구도가 도시 공간과 도시 실천의 본질을 이해하는 데 다양한 시각을 제공했다고 진술하면서, 특히 도시 기호학에 힘입어 도시 공간에 존재하는 기호들에 대한 다양한 접근법을 잉태시켰

---

017 Hutchison, R., *Encyclopedia of Urban Studies,* volume 1-2, London, SAGE, 2010.

018 위의 백과사전, pp.918-922.

019 같은 백과사전, p.918.

다는 진술을 추가하고 있다. 계속해 그는 비록 도시 기호학이 기호학의 하위 연구 분야로 완전하게 정립되지는 못했으나, 다른 학술 분야에서 이뤄진 도시 기호학의 다양한 표현을 감안할 때, 도시 기호학을 도시에서 의미를 만들어내는 유용한 접근법으로 인정해야 한다고 진단한다.

그의 논지를 좀 더 자세히 살펴보면, 크게 두 가지 방식으로 설명하고 있음을 알 수 있다. 첫째, 도시 기호학은 하나의 기호 시스템으로서의 도시가 발현하는 수많은 양상을 보다 적절하게 '프레임' 지을 수 있는 특정 개념이며, 도시 공간의 건축 환경을 비롯해 사회생활의 다면적 성격을 검토하는 데 유용하다고 진술한다. 둘째, 도시 공간에 존재하는 기호에 대한 기호학적 연구는 하나의 비판적 도구라는 점에서 도시 공간의 '자연화'되고 상투화된 독법의 관습적 틀에서 벗어나 도시의 다양한 장소와 실천 속에 배태된 이데올로기적 차원들을 계시함은 물론 도시 공간 내부에서 이뤄지는 의미의 사회적 생산 과정을 부각시킬 수 있다. 보다 구체적으로 진술하자면 도시 공간의 기호학적 분석은 도시에서 길을 안내해주는 다양한 도로 표지판과 주소 표지판의 기호가 지닌 인지적 메커니즘에서부터 한 도시의 역사와 결착된 강력한 상징에 이르기까지, 도시 공간이 의미의 소통 방식을 연구할 때, 미시적 거시적 분석을 포함해 도시의 다양성만큼이나 매우 다양하게 적용할 수 있다는 뜻으로 풀이될 수 있다.[020]

도시 지식의 횡단성

도시 지식은 다른 어떤 지식에 견주어도 학제성과 횡단성이 심하다.[021] 프랑스의 한 연구자는 도시 연구의 이런 특성을 빗대, '학제성'이야말로 "도

---

020 같은 백과사전, pp.918-919.

021 Paquot, T. et al., *La ville et l'urbain: l'état des savoirs,* Paris, Éditions La Découverte, 2000.

시 연구의 인식론적 깃발"이라며 멋지게 표현한 바 있다.[022] 도시 인류학, 도시 경제, 건축학, 도시 지리학, 도시 역사학, 도시계획, 도시 정책학, 도시 정치학, 도시 인구학, 도시 심리학, 도시 사회학을 비롯해 예술, 영화, 철학, 문학에서 진행된 도시 성찰과 표상 모두 '도시 지식의 망'을 형성한다. 또한 도시 연구와 관련된 주제 역시 매우 다양해 도시의 진화, 도시 문화, 도시 사회, 도시 공간, 도시 정치, 도시 경영, 도시 경제, 도시계획의 역사와 비전, 도시 디자인, 도시 환경과 지속 가능성, 주택과 교통, 빈곤과 범죄, 도시의 글로벌화, 도시 관광과 브랜드, 도시의 문학적, 시각적 재현[023]과 도시 이미지화[024] 등 실로 방대한 지식 영역을 포함한다.[025] 요컨대 도시는 복잡한 대상으로, 하나의 공통 이론으로 통합되지 않은 다중적인 학문 해석의 대상이라는 점에서, 단일 학술 분야의 개념으로 도시와 관련된 제반 사실의 복잡성과 다양성을 설명하려는 것은 무모하며 비현실적이다. 도시 역사학자는 도시의 정치적 시원을, 고고학자는 고대 도시의 수립에서 종교적 편재성을, 그리고 도시의 경제사를 전공하는 학자는 농업혁명 이후 잉여가치의 축적으로 도시가 탄생할 수 있었다는 점을 각각 강조할 것이다.[026]

먼저 도시 지리학은 소도시와 대도시의 분포를 설명하고 이들 도시 사이와 그 내부에 존재하는 사회적, 공간적 유사성과 대칭구조를 설명하려고 애쓴다.[027] 즉 도시 지리학자에겐 두 가지 접근법이 있다. 첫 번째 접근법은 소도시와 대도시의 공간적 분포와 그것들 사이에 존재하는 연계성을 파악

---

022 Godard, F., "La ville: recherches transversales", 위의 책, pp.369-377, p.369.

023 Lahan, R., *The City in Literature: An Intellectual and Cultural History,* Berkeley, University of California Press, 1998.

024 Donald, B., *Imagining the Modern City,* London, Athlone, 1999.

025 cf. 1. LeGates, R. T. and Stout, F., *The City Reader,* London and New York, Routledge, 1996.
2. Bridge, G. and Watson, S., *A Companion to the City,* Oxford, Blackwell, 2000.
3. Paddison, R., *Handbook of Urban Studies,* London, SAGE Publications, 2001.

026 cf. Da Cunha, A. et Matthey, L., *La ville et l'urbain: des savoirs émergents,* Lausanne, Presses polytechniques et universitaires romandes, 2007.

027 Pacione, M., *Urban geography,* London and New York, Routledge, 2001, p.3.

하는 일이며, 두 번째 접근법은 도시를 하나의 시스템으로 인식해 도시 장소의 내재적 구조를 탐구하는 방법이다.[028] 본질적으로 도시 지리학은 '도시들로 이뤄진 시스템 안에서 도시 구조를 연구하는 학술 분야'라고 정의할 수 있다.[029]

이를 보다 세분화하면 도시 지리학의 주요 주제는 크게 네 분야로 이뤄진다. 첫째, 다양한 종류에 속하는 여러 도시의 내재적 지리학, 둘째, 도시들과 그 도시를 둘러싼 광범위한 맥락 사이에 존재하는 관련성, 셋째, 전 지구적 도시의 다양성, 넷째, 도시를 정의하고 이론화하는 상이한 사유 방식 등이다.[030] 아울러 도시 형태의 역사적 발달 과정, 무분별한 도시 팽창, 도시 경제학, 도시계획과 도시 갱생 등의 도시 정치학을 비롯해 도시 건축물이 사람의 생활에 미치는 영향과 도시 공간이 건축의 기능적 상징적 형태에 미치는 의미 작용, 도시의 이미지, 도시 체험, 주택과 거주지의 사회적 차별화, 도시의 빈부 격차, 교통과 이동의 문제들 역시 도시 지리학의 주요한 연구 주제이다.[031]

한편, 도시 인류학은 사회 인류학과 문화 인류학에서 상대적으로 새로운 연구의 장으로서 인식되면서도 사회 인류학의 하위 분과에서 상대적으로 홀대받고 있어, 제도적으로 정착하지 못한 상태이다. 하지만 도시 생활과 결부된 여러 문제의 현실적 중요성은 도시 인류학의 집중적인 연구를 불러왔다. 이른바 인류학자는 실세계에 관심을 갖고 경험에 기반을 둔 분석을 사용하며, 서구 도시와 비서구 도시의 환경을 현장 조사하는 실천적인 학자들이라 할 수 있다. 한마디로 도시 인류학은 도시의 역동성을 경험적으로 이해해야 한다고 주장한다. 도시 인류학은 경제 관계, 도시 공간에서 주체들이 진행하는 다양한 타협과 길항, 젠더, 정체성, 문화적 다양성 등으로 이루어

028 위의 책, p.10.

029 같은 책, p.3.

030 cf. Paulet, J. P., *Manuel de géographie urbaine,* Paris, Armand Colin, 2009.

031 Hall, T. and Barrett, H., *Urban Geography,* London and New York, Routledge, 2012.

지는 이질성과 복합성, 촌락과 도시의 관계, 시민권의 문제 등을 비교 시각에서 다루면서 이론적 지향과 실천적 해결의 모색을 모두 지닌다. 또한 도시 인류학은 장기적 차원에서 이뤄지는 관찰과 인류학적 기술로 성취할 수 있는 값진 지식을 보유한다. 즉 인류학자는 경험적 토대 분석을 이론과 연계시키는 민족지학적ethnographic 방법론을 사용한다. 도시 인류학의 연구 범위는 상당히 방대해 도시 생활을 형성하는 사회, 정치, 경제, 문화 차원의 겹겹이 쌓인 복잡한 연결고리들을 다룬다. 요컨대, 도시 인류학은 경험적, 전체론적 차원에서 도시 현상을 탐구한다.[032] 특히, 도시 인류학의 현장 연구fieldwork는 여러 도시의 거점을 선택해 반성적, 비교적, 비판적 시각으로 현장에 접근한다. 특히 도시의 공간적 시간적 축에, 다양한 이론의 쟁점과 현장 조사를 세심하게 접목해 도시라는 텍스트에 접근한다.[033]

도시 연구의 핵심 학술 분야 가운데 하나인 도시 사회학은 다양한 접근법을 마련하고 있으나, 그 흐름은 크게 두 방향으로 나뉜다. 도시 생활에서 비롯된 문화적, 조직적, 사회 심리적 파급효과를 탐구하는 진영과 도시가 존재하는 그보다 광범위한 정치 경제적 맥락을 연구하는 진영이 있다. 첫 번째 방향은 도시에서 겪어가는 사람들의 경험을 다루며, 두 번째 방향은 도시가 그 안에 속한 다양한 사회 사이에서 부와 권력을 분배하는 과정을 연구한다.

도시 형태가 거주자의 삶에 미치는 영향을 연구하는 사회과학자들은 도시의 복잡한 이미지를 적절하게 정식화한다. 이들은 삶의 체험 양상을 강조한다는 점에서 문화주의자로 불린다. 문화주의자들은 도시 생활의 체감도, 삶이 도시 공간에 반응하는 방식, 도시가 어떻게 개인의 생활을 조직화하는가의 문제를 다룬다. 이와 대조적으로 정치 경제적 영향력과 도시 공간의 성장, 쇠락, 변화 사이의 상호 관련성을 탐구하는 진영의 학자들은 일차적으로 도시 구조에 방점을 찍는다는 점에서 구조주의자로 분류된다. 그들

032 Pardo, I. and Prato, G. B., *Anthropology in the City: Methodology and Theory*, Ashgate, 2012, introduction, pp.1-28.

033 위의 책, p.215.

은 도시를 정치 경제적 관련성의 공간적 실현으로 인식하며, 이들에게 도시는 근본적인 힘들의 효과이자 인간 존재의 모든 양상에 영향을 미치는 사회 권력의 축조물이 된다.[034]

도시 사회학의 연구 영역으로는 도시 공동체, 소수 민족, 빈곤 국가에서의 도시화의 패턴, 도시 생태학, 권력과 빈곤, 도시 정책 등이 손꼽힌다. 요컨대 도시 사회학은 도시 공간을 사회 공간의 특별한 종류로 다루는 학술 분야이며 도시가 창조하거나 변화시키는 사회적 현상을 다룬다. 도시 공간에서 접하는 경험의 본질, 무기력함과 자유, 이방인 혐오, 다양성과 풍요로워진 사회생활, 도시가 행동 양식에 미치는 영향, 사회 조직의 상이한 형식 발현 등 한마디로 "도시 사회학은 도시에 속하는 모든 사회 현상"을 다룬다.[035]

지금까지 살펴본 대로 도시 지리학, 도시 인류학, 도시 사회학의 연구 주제는 부분적으로 중첩된다. 특히, 이 세 분야 모두 도시 공간, 특히 공적 공간에서 이뤄지는 체험의 문제를 비롯해 도시를 문화로 간주한다는 점에서 도시 기호학의 연구 분야와도 일정 부분 접점을 형성한다.

이 밖에도 도시 경제학, 도시 정치학, 도시 역사학, 도시 심리학, 도시계획학 등 도시 연구에서 중요한 자리를 점유하는 분야의 연구 목적과 주요 연구 주제를 간략하게나마 숙지할 필요가 있다.

먼저, 도시 경제학은 경제학과 지리학을 접목해 공리성을 극대화하는 가구家口와 이윤을 극대화하는 기업의 지리적 선택을 연구한다.[036] 이 같은 소재지 결정은 규모, 영역, 공간의 범주에서 도시의 구조를 다양하게 만든다. 도시 경제학은 아울러 도시에서 발생하는 특정 문제에 경제 분석을 적용한다. 빈곤, 범죄, 기능 장애를 일으키는 구역, 교통 체증이 대표적이며, 또한 중앙정부와 지방정부의 역할도 탐구한다. 도시 경제학의 근본 물음은 '왜

---

034 Flanagan, W. G., *Urban Sociology: Images and Structure,* New York and Toronto, Rowman & Littlefield Publishing, Inc, 2010, p.3, pp.370-393.

035 위의 책, p.369.

036 O'Sullivan, A., *Urban Economics,* New York, McGraw-Hill/Irwin, 2012, p.1.

도시가 존재하는가'에서 시작해 '체증, 오염, 소음, 범죄 등의 부정적 파급효과를 왜 굳이 사람들이 감수하는지'에 가 닿는다. 그 답은 도시가 노동 전문화와 중앙 집중화된 생산양식으로 구성원을 더 번영시키는 과정에서 찾을 수 있다.

일반적으로 도시는 촌락에 비해 더 높은 생활수준을 제공하며 선진국의 전체 인구 4분의 3이 도시에서 살아간다. 도시 경제학은 도시 발달에 필요한 세 가지 필수 조건을 제시한다. 첫째, 농업의 잉여 생산이다. 도시 밖 사람들은 자신은 물론 도시 거주자들도 먹여 살릴 식량을 공급해야 한다. 둘째, 도시 생산이다. 도시 거주자들은 재화 또는 서비스를 생산해 농업 노동자가 생산한 식량과 교환할 수 있어야 한다. 셋째, 교환 수단인 교통과 운송망이다. 농촌의 식량과 도시의 생산물이 손쉽게 교환되는 효과적인 교통 시스템이 있어야 한다.[037]

다음으로 도시 정치학은 도시 지역의 행정과 관리, 정치 발전을 다루면서 다양한 학술 분야를 접목한다. 정치학에서 행동주의 사조는 1950년대와 1960년대를 지나오며 도시 정치학 연구의 새로운 방향을 설정해, 법적 제도 이외에 지역 정부에 미치는 비형식적 영향까지 탐구했다. 도시 정치학의 핵심 전제는 정치와 행정이 분리될 수 없다는 것이며, 도시에서의 권력과 정치적 갈등의 문제를 중점적으로 다룬다.[038]

한편 도시 심리학은 도시 공간이 개별 거주자에 미치는 영향력, 즉 한 사람의 내적 성격, 외적 행동 양식, 가치관, 대인 관계에 미치는 영향과 원인을 탐구한다.[039] 요컨대 도시 심리학은 도시에 사람이 모여드는 힘의 원인과 효과를 경험적으로 연구하는 학술 분야라 할 수 있다. 하나의 연구 장으로서

---

037 1. Mills, E. S., and Hamilton, B., *Urban Economics,* 5th ed. New York, Addison-Wesley, 1997.

2. O'Flaherty, B., *City Economics*, Cambridge, MA: Harvard University Press, 2005.

038 Judd, D. and Swanstrom, T., *City Politics,* New York, Longman, 2005.

039 Hutchison, R., *Encyclopedia of Urban Studies,* London, SAGE, volume 1-2, 2010, pp.914-918.

도시 심리학의 기원은 1970년대 스탠리 밀그램Stanley Milgram이 발표한 소논문 『도시에서의 생활 경험』으로 거슬러 올라간다. 이 논문은 도시 생활의 외형적 양태를 내적 심리 상태와 연계하려는 시도였다. 그는 단순한 일화逸話 차원을 넘어 경험적으로 도시 행동을 평가하는 새로운 방법을 제안했다. 즉 그는 도시 생활의 외적 요소를 개인에게 긍정 또는 부정적으로 영향을 미칠 수 있는 중립적인 변수로 보았다. 도시 심리학에서는 익명성, 과로, 스트레스, 창조성 등의 태도와 친사회적, 반사회적인 행동 양식, 가치들, 대인 관계, 물리적 환경과 사회적 환경 등을 다룬다.[040]

마지막으로 도시 역사학은 도시, 소도시, 도시 정착지의 발달 과정을 검토하며, 도시화의 과정을 역사적 시각에서 탐구한다. 도시 역사학은 역사 연구로부터 세분화해 발전됐을 뿐만 아니라 지리학, 사회학, 건축학, 경제학, 정치학, 도시계획, 예술, 인류학, 민족지학 등 도시를 다루는 다른 학술 분야의 영향을 받는다. 도시의 역사는 통상적으로 역사학 분야의 주요 경향들을 따르며 이와 동시에 사회과학의 개념, 시각, 물음, 이론, 방법을 수용한다. 특히 '시스템 접근법'은 분배와 관련해 도시 사이에 존재하는 위계 관계를 설명하는 데 사용되며, 도시의 네트워크를 파악하고 분석하는 데 활용된다. 또한 도시 역사학자는 공간 분석에 지리학 모델을 포함시킨다. 도시 역사학은 다른 도시 연구와 달리 주로 과거 시간에 초점을 두고 장기적 관점에서 도시 발달을 연구하므로 고대, 중세, 근세 초기, 근대, 현대에 이르는 모든 시간대를 중요하게 다룬다. 또한 도시계획, 도시 주택, 도시 건설, 건축, 사회적 하부 구조 등에 초점을 둔다. 개별 도시의 역사를 연구하거나, 특정 주제를 중심으로 도시의 역사를 연구하고, 한 개 이상의 도시를 선택해 경제사, 인구통계학, 정치, 문화, 건축 등 일반적인 주제를 선택해 심층적으로 연

---

040 cf. 1. American Psychological Association, *Toward an Urban Psychology: Research, Action, and Policy,* Washington DC, American Psychological Association, 2005.

2. Krupat, E., *People in Cities: The Urban Environment and Its Effects,* New York: Cambridge University Press, 1985.

구한다.[041]

지금까지 언급된 도시학의 핵심 연구 영역은 모두 여섯 분야이다. 향후 심도 있는 연구를 통해 상호 호혜의 시각에서 이들 여섯 개의 핵심 도시학 분야와 도시 기호학의 인식론적, 방법론적, 주제적 접점을 발견하고 양자의 공통분모를 찾아내 그 같은 접점의 성격과 함의를 탐구해야 할 것이다.

---

041 cf. 1. Fraser, D., and Sutcliffe, A., *The pursuit of urban history,* London, Arnold, 1983.
2. Tilly, C., "What Good Is Urban History?", *Journal of Urban History* 22(6), 1996, pp.702-719.

도시 기호학의 지적 계보 I:
도시 텍스트의 판독 가능성과 도시 독법의 근대적 고고학

도시 기호학이라는 용어를 최초로 사용한 이론가와 그 연대기의 정확한 확인은 치밀한 문헌 조사를 더 해봐야 확실하겠으나, 대체로 1986년 미국의 도시 사회학자 고트디너와 그리스의 건축 기호학자 라고폴로스가 공동으로 편집한 논문 모음집의 제목에 최초로 등장한 것으로 보인다.[042] 이 공동 연구서의 세부 내용은 2부에서 상세히 다루겠으나 이들은 도시 기호학의 선구로 도시 건축학을 의식하면서, 에코, 바르트, 그레마스 등을 도시 기호학 이론의 설립자로 파악했다. 하지만 이는 다소 협소한 시각이라 할 수 있다. 왜냐하면 비록 암묵적인 상태이기는 하나, 도시 기호학의 개념적 토대는 그보다 훨씬 앞선 도시 사상가들이 마련했기 때문이다. 도시 독법의 실행은 20세기에 들어와, 짐멜과 벤야민을 필두로 르페브르와 세르토를 거쳐 계승됐으며, 필자는 바로 이 계보를 도시 기호학의 역사적 토대로 삼고자 한다. 바로 이런 이유에서 이 책에선 이들 사상가와 도시 기호학과의 접점을 밝히고자, 특히 벤야민의 도시 사상을 두 차례에 걸쳐 상세히 다루었다.

앞서 강조한 것처럼 도시 기호학의 지적 계보는 근대 도시 인문 사상사에 속해야 한다는 점에서, 그 외연으로 도시를 판독 가능한 텍스트로 파악한 사상가들을 전반적으로 아울러야 한다. 이를테면 벤야민의 도시 독법은 보들레르의 도시 체험 방식에서 영감을 받아 이뤄졌으며, 그는 탁월한 도시 기호학의 전범이라 해도 과언이 아닐 정도로 도시 공간에 녹아 있는 고차원적 상징성과 상상적 이미지의 심오함을 짚어내는 놀라운 솜씨를 보여주었다.

도시를 한 편의 텍스트로 간주하는 개념은 도시 기호학이 탄생하기 훨씬 전인 19세기의 작가들이 개진했다. 도시 공간을 하나의 텍스트로 개념화

---

042 Gottdiener, M and Lagopoulos, A., *The city and the sign: an introduction to urban semiotics*, New York, Columbia University Press, 1986.

하는 시도에는 몇 가지 인식론적 전제 조건이 깔려 있다.[043] 먼저, 도시는 텍스트 구조의 속성을 갖춰야 한다. 근본적으로 도시 공간은 해독 가능한 잠재적인 기호와 상징으로 이뤄진 기호학적 성좌라 할 수 있다. 즉 도시 공간의 가장 기초적 수준에서 하나의 언어가 전제되며 늘 '읽기'라는 인지 체계가 자리한다. 따라서 도시가 한 편의 텍스트로서 존재하기 위해서는 그것을 읽어줄 개별 독자 또는 다수의 독자를 필요로 한다. 이때 반드시 지적해야 할 점은, 도시 읽기는 텍스트의 판독 가능성을 전제로 한다는 것이다. 여기에서 첨언해야 할 또 다른 사실은 벤야민이 정확히 지적한 것처럼 원칙상 판독 가능성은 의도적이건 그렇지 않건 오독을 배제하지 않으며, 이때 텍스트인 도시는 오독으로 그 의미가 풍성해질 수 있다는 점이다.[044]

도시 공간을 텍스트로 읽어내려는 독법과 근대성 사이에 존재하는 연관성은 우연이 아니다. 도시 공간을 한 편의 텍스트로 읽는 활동 자체가 근대 메트로폴리스에서 창발했던 전대미문의 현상들을 인지하고 분석하려는 욕망에서 탄생했기 때문이다. 19세기부터 새롭게 형성된 메트로폴리스는 근대성의 핵심 거점 가운데 하나였으며, 양적으로나 질적으로나 급격한 변화를 불러왔다. 메트로폴리스를 독해하려는 욕망은 엔지니어와 사회과학자의 객관적 자료 수집 차원에서 이뤄질 수도 있으나, 시적, 정치적, 기호학적, 상징적 독법도 얼마든지 가능하다.

도시를 텍스트로 간주하는 근대적 전통은 도시 기호학으로 계승됐다.

---

043 도시 공간을 텍스트로 보는 사유 방식에 관한 논문들은 최근 들어와 계속 증가하는 연구 주제이다. 대표적인 다음 세 편의 논문을 참조할 것.

1. Donald, J., "Metropolis: The City as a Text", in Bocock, R. and Thompson, K., *Social and Cultural Forms of Modernity,* Cambridge, Polity Press, 1992.

2. Frisby, D., "The metropolis as text: Otto Wagner and Vienna's 'Second Renaissance'", in Leach, N., *The hieroglyphics of space: reading and experiencing the modern metropolis,* London and New York, Routeledge, 2002, pp.15-30.

3. Stierle, K., *La capitale des signes*, Paris, Editions de la Maison des sciences de l'homme, 2001, pp. 1-38.

044 Benjamin, W., *Charles Baudelaire: A Lyric Poet in the Era of High Capitalism,* London, Verso, 1983, p.103. (한국어 번역본) 발터 벤야민 저, 김영옥·황현산 옮김, 『보들레르의 작품에 나타난 제2제정기의 파리(보들레르의 몇 가지 모티프에 관하여 외)』, 길, 2010.

바르트, 에코, 그레마스 등의 기호학자들이 한목소리로 제안한 도시 읽기는 도시 공간 속 랜드마크의 의미는 비결정적이며, 그것은 독자가 상상력으로 채워 넣어야 할 공간의 텅 빈 기표이자, 도시의 본질로부터 스스로 우러나오는 의미라는 점을 강조했다. 또한 이탈리아 건축가 알도 로시Aldo Rossi 역시 "서로 다른 집단적 기억의 구성체 안에서 개별 도시의 인공물을 이해해야한다" 는 새로운 전망을 제시했다. 요컨대, 도시계획가와 지리학자는 점점 더 도시 공간의 인지적 매핑mapping에서 차지하는 '독자'의 중심적 가치를 깨달았다고 말할 수 있다. 아울러 현대의 도시 기호학자가 성취한 관점은 '누구의 도시인가'라는 물음으로 궁극적인 근본에 한 발 더 다가간다. 구조주의와 포스트구조주의라는 시대적 에피스테메épistémè를 대변하는 '차이의 정치학'은 문학 연구와 문화 연구뿐만 아니라 도시 연구에도 지대한 영향력을 행사했다. 동시에 도시 공간의 이론화 작업은 도시계cityscape의 역동성과 다양성을 적극 수용하게 된다.

도시 '독법'의 문화적 모델들이 문학적 재현에 기댈 때, 방점은 도시성의 정수를 파악하는 데 있다. 어떤 학자는 벤야민이 '끊임없는 충격'이라는 역설적 개념과 더불어 근대적 도시 생활의 성격을 파악했으며, 그의 도시 성찰은 보들레르의 통찰로부터 파생된 것이라는 점에서 벤야민의 도시 사유가 현대 도시 생활에 일반적으로 적용될 수 있기에는 한계가 있고 또한 예술적, 문화적, 시기적으로 모더니즘으로 받아들이기도 어렵다는 비판적 견해를 내놓기도 했다.[045] 하지만 보들레르와 벤야민의 통찰과 사상은, 그것을 근대 도시 경험의 보편적인 모델로 인정할 수 있느냐 하는 문제와는 별개로, 도시 생활의 본질을 읽어내려는 독법을 제시한 점에서 이 두 사상의 진가를 확인할 수 있다. 그 진가는 양자 모두 도시 독법의 토대를 '도시를 읽는 개별 독자가 구축한 유일무이한 도시 세계'에 두었다는 데 있다. 메트로폴리스는 상상력의 다양한 구현으로 독해가 가능할 뿐만 아니라, 그것은 풍부한 서사를 통과해가며 지속되고 발명되고 재발명된다. 풀어 말해 도시는 거주

---

045 cf. Moretti, F., *Signs Taken for Wanders: Essays in the Sociology of Literary Forms*, London, Verso, 1983.

자들이 회상하고 발명하는 이야기를 읽어냄으로써 창조적인 독해가 가능하다. 이런 이유에서 도시의 다양한 재현을 연구할 서사적 지도 그리기narrative cartography는 도시 기호학의 중요한 연구 주제가 된다.[046]

보들레르: 도시 텍스트의 수수께끼

도시 기호학의 지적 계보에서 가장 먼저 언급해야 할 인물은 벤야민이라고 생각할 수 있으나, 그의 도시 독법의 사상적 영감은 보들레르에서 비롯된 것이므로 보들레르의 도시 읽기가 현대 도시 기호학의 원천이라 해도 지나치지 않다. 비록 보들레르가 도시를 주제로 다룬 시 작품의 분량은 그리 많지 않으나, 그는 도시 시urban poetry의 원조의 반열에 올라 있으며 아울러 동일 장르의 대가들 가운데 한 명으로 간주된다는 것이 보들레르 도시 시에 천착했던 연구자들의 중론이다.[047] 이미 보들레르는 미술 비평가로 활동했던 청년기부터 파리에서 경이로운 시적 소재들을 풍부하게 발견했고, 그 같은 통찰은 보들레르가 도시의 예술적 잠재력을 시적 현실로 변형시키려는 노력에 평생을 바친 밑거름이 되었다. 그리고 그 노력은 1861년 판 『악의 꽃』에 실린 「파리의 풍경tableaux parisiens」 섹션에서 절정에 도달했다. 이 시 작품들은 도시의 경험에 스스로 몰입해, 오직 군중 속의 인간만이 경험할 수 있는 숭고한 공포와 쾌락을 세밀하게 기록하겠다는 그의 결연한 의지를 보여준다. 실

---

046 Wirth-Nesher, H., "Impartial Maps: Reading and Writing Cities", in Paddison, R., *Handbook of Urban Studies,* London, SAGE, 2001, pp.52-66.

047 Thum, R. H., *The City: Baudelaire, Rimbaud, Verhaeren,* New York & Berlin, Peter Lang, 1994, p.19.

보들레르의 작품을 비롯해 그에 선행하는 프랑스 문학사에 나타나는 도시 풍경에 대한 기념비적 연구로 칭송받는 시트롱 교수의 다음 연구물을 참조할 것.

Citron, P., *La Poésie de Paris dans la littérature française de Rousseau à Baudelaire,* 2 vols., Paris, Les Éditions de Minuit, 1961.

제로 군중은 보들레르의 도시 시에서 전면에 나타난 핵심 요소이다.[048]

하지만 그의 도시 시 작품들은 어떤 고차원적 사유의 질서 속에서 해소되거나 종합화할 수 없는 양극성을 머금는다. 풀어 말해 그의 작품은 양가적 느낌을 비롯해 화해할 수 없는 원칙과 반명제적 세계관을 약호화한다. 이 같은 양극성의 중요한 원인 가운데 하나는 근대 메트로폴리스라는 새로운 삶의 공간이 제기하는 혼란스러운 외적 조건을 이해하고 해석하려는 시인의 노력에 있다. 요컨대 보들레르가 도시와 맺은 관계는 부분적으로 절대 해결할 수 없던 다양한 모순을 표징한다. 그 같은 양극성은 두 개의 강렬하면서도 모순적인 충동에서 비롯된다. 한편에선 도시의 현실을 묘사하고 해석하고 이해하려는 그의 의도가 엿보인다. 하지만 다른 한편엔 이 같은 현실로부터 세심하게 구성된 인공적 천국이라는 심미적 구성물로 도피하려는 욕망이 똬리를 틀고 있다. 이 두 가지 충동은 격렬하게 갈등을 일으킨다.[049] 근대 메트로폴리스를 바라보는 그의 태도는 지극히 양가적이어서 도시 삶의 온갖 현실에 적대감을 표출함과 동시에 다른 한편으로는 자신의 판타지아를 위한 자극제로 삼고자 동일 현실에 종속하는 이율배반적 모습을 드러낸다. 특히 우리가 흔히 접하는 만보객 또는 소요자로 번역하는 'flâneur' 개념의 지적 계보에서 보들레르의 도시 독법은 결정적으로 중요한 의미가 있거니와, 이는 뒤에 상론할 것이다.

1부에서 상세히 언급할 오스만 남작Baron Haussmann의 파리 개조 공사는 대형 가로수길, 공원, 강력한 상징물을 바탕으로 시인 보들레르의 눈을 휘둥그렇게 만들 정도의 상전벽해의 대변혁을 가져왔고, 시인은 도시 공간의 대혁신이 의미하는 바가 무엇인지를 자문해보았다. 새로운 종류의 상징적 물질적 질서가 주어지면서 이데올로기와 권력은 도시의 구조 속에 각인됐다. 19세기 중반기에 불과 15년간 진행된 대공사로 마치 얼굴을 알아보지 못할 정도의 성형수술을 한 사람

---

048 Sharpe, W. C., *Unreal Cities: Urban Figuration in Wordsworth, Baudelaire, Whitman, Eliot, and Williams,* Baltimore and London, 1990, pp.39-40.

049 Thum, R. H., 앞의 책, p.20.

처럼 파리의 모습은 송두리째 뒤바뀌었고 이는 보들레르에게 도시를 한 편의 텍스트와 '컨텍스트'로 읽어낼 기회를 제공해주었다. 도시라는 텍스트에서 사람, 장소, 이미지는 강렬하고 복잡한 의미를 담지한다. 19세기 중반, 오스만을 비롯한 도시 공간의 권력자들이 도시 공간을 공학적 계산에 기대어 기획하고 예측한 것과는 달리, 도시 공간을 삶의 비루함으로 범벅된 곳으로 재의미론화resemanticize하려는 보들레르의 욕망은 총체적인 것도 일차원적인 것도 아니었다.[050] 이는 벤야민도 마찬가지이다. 새로운 질감과 형상이 도시의 표면에 떠오르기 시작했으며, 과거의 형상은 사라져갔다. 바로 이 같은 집중적인 도시 혁신의 시기 동안 만보객이라는 도심 속 거리의 새로운 인물들과 도시 공간 탐정가가 나타났다. 이들은 근대 대도시 공간의 기호학적 독법을 실천한 장본인들로서 도시 공간 자체를 탐구의 대상으로 삼아 미시적 구조를 이해하려 했다. 말하자면, 하나의 초연한 시선으로 도시 공간을 바라보는 동시에 도시를 판독 가능한 대상으로 만들려는 욕망을 마음껏 분출했던 것이다. 도시는 그들에게 읽고 해독할 가치와 의미가 있는 기호들과 함께 새로운 근대 공간의 환상적이면서도 풍요로운 풍경과 맥락을 제공했다.

보들레르에게 근대적 메트로폴리스는 '모더니티', 즉 근대성의 거점이었다. 근대성은 바로 메트로폴리스 공간에서 나타나는 '덧없는 것' '흘러가는 것' '우발적 요소' 들로 표징된다. 근대적 메트로폴리스에서 창발한 '모더니티'의 특질은 '상징'으로 재현된다는 점에서 해석과 표상을 요구한다. 특히 근대적 삶을 생생하게 묘사한 화가는 근대 도시 공간을 시각적으로 해석한 탁월한 주체이다. 보들레르가 "인간은 상징의 숲을 가로질러간다"고 말할 때, 이는 비록 인간이 상징의 숲을 창조했으나 아이러니하게도 그 상징이 반드시 판독 가능하지는 않다는 점도 시사한다.[051]

보들레르에게 도시는 자신의 민낯을 보여주지 않는 하나의 수수께끼

---

050 Hutchison, R., *Encyclopedia of Urban Studies,* London, SAGE, volume 1-2, 2010, p.919.

051 Baudelaire, C., *Le Peintre de la vie moderne,* Paris, Fayard, 2010. (초판 1863)
Baudelaire, C., *The Painter of Modern Life and Other Essays,* London, Phaidon, 1964.

였다. 생생하고 구체적인 현상의 발현 속에서도 도시가 보여주는 것은 피상적 이미지와 외피에 불과했다. 그의 도시 묘사는 객관적 사실이나 역사적 기념비를 상세하게 기술하지 않는다. 마치 일련의 스냅 샷 또는 만화의 장면으로 도시를 보여준다. 해석은 오로지 독자의 몫이다.[052] 요컨대 파리는 온갖 환상과 환영의 거점phantasmal site이 되며 그곳에서 도시, 거리, 텍스트는 하나로 병합되고, 미지의 타자와의 갑작스러운 만남 속에서 천국과 지옥, 성적 욕망과 텍스트의 구조가 도시의 거리에서 스쳐 지나가는 한 여인의 형상과 함께 조합된다.[053]

보들레르는 『파리의 우울』에서 "도시의 실존은 도시에서 삶을 살아가는 거주자의 집단의식에 달려 있음"[054]을 단언하면서 동시에 그 같은 집단의식은 개개인의 의식으로 결정된다는 점을 분명히 한다. 개인적으로 구축된 도시의 표상은 어느 것도 사적 맥락을 벗어나서는 타당하지 않으며, 각 시민의 정신에 도시의 내러티브가 존재한다 해도 그것의 플롯은 결코 보편적이지 않다.[055] 이러한 의미에서 도시의 특정 장소나 기념비가 '도면이나 종이 위에서 선험적으로 규정된 하나의 기능을 수행할 것'이라고 기대한 근대 도시계획의 기본 가정은 무너진다. 광장, 공원, 대로 등 각각의 공간마다 특정 기능을 규정한다 해도 사람의 의식에 존재하는 공간 이미지, 잠재적 의미, 우연한 만남으로 이뤄지는 생동성은 절대 도면 위에서 기획될 수 없기 때문이다.

보들레르가 주목한 도시는 '지금, 이 순간'의 장소이며 무엇보다 타자와

---

052 보들레르의 작품에 묘사된 도시 풍경과 그 독법의 주요 특징은 다음 연구를 참조할 것. Blanchard, M. E., *In search of the city: Engels, Baudelaire, Rimbaud,* Saratoga, Anma Libri, 1985, pp.71-114.

053 Sharpe, W. C., *Unreal Cities: Urban Figuration in Wordsworth, Baudelaire, Whitman, Eliot, and Williams,* Baltimore and London, 1990, pp.40-68.

054 Baudelaire, C., "A Arsène Houssaye,", in "Spleen de Paris", in *Oeuvres complèltes,* Paris, Gallimard, 1975, p.229. (한국어 번역본) 샤를 보들레르, 윤영애 옮김, 『파리의 우울』, 민음사, 2008, pp.17-19, pp.75-81.

055 Blanchard, 앞의 책, p.75.

의 대면과 소통을 가져다주는 장소이다. 동시대의 엥겔스가 영국의 대도시에서 객관적 사실에 기초해 기술했던 노동자의 비천한 생활과 군중의 소외를 보들레르 역시 인식하고 있었으나, 보들레르는 주관적 관점을 채택해 무엇보다 도시 공간을 생경함으로 바라보았다. 또한 그는 도시를 욕망의 대상이나 물신숭배의 대상으로 환원하거나 전유하지 않았다. 보들레르는 "군중을 향유하는 것은 하나의 예술이다"라고 천명하면서 군중과 뒤섞여 방황한다.[056] 도시 공간은 하나의 무대, 하나의 볼거리가 되며, 도시에서 발생하는 예측 불허의 소소한 사건에 자신의 정신과 몸을 맡긴 채, 한 명의 만보객이 된다. 만보객은 거리에서 사람들의 얼굴을 쳐다보는 것이 주된 관심사이며, 자아를 부정하고 군중 속에 가라앉음으로써 사물을 객관적으로 인식하기보다는 주관적으로 인식한다. 이로써 관념적 의식의 지배에서 벗어나 생동하는 삶의 관찰에 몰입한다.[057] 특별한 목적 없이 도시 공간을 소요 또는 배회한다는 것은 발길이 닿는 대로, 정신을 놓은 채 걷는 것을 말하며, 보들레르는 도시 풍경에서 발생하는 찰나의 순간을 포착해가며 이따금 그 찰나적 만남에서 계시를 받아, 때때로 놀라움에 휩싸인다.

벤야민:
자신도 알지 못했던 최초의 도시 기호학자

도시 기호학의 지적 계보에서 벤야민을 도시 기호학자로서 간주하는 근거는 필자의 주관적 해석이 아니라, 영국과 독일의 대표적 벤야민 연구 석학들의 치밀한 문헌 해석으로부터 도달한 탄탄한 논증에 바탕을 둔다.[058] 한마

---

056 Baudelaire, C., "Les foules", in "Spleen de Paris", in *Oeuvres complèltes,* Paris: Gallimard, 1975, p.243

057 Blanchard, 앞의 책, p.78.

058 cf. 각각 그램 길로흐(Graeme Gilloch) 교수, 데이비드 프리스비(David Frisby) 교수, 카를하인츠 슈티를레(Karlheinz Stierle) 교수로서 벤야민 도시 사상, 짐멜을 비롯한 독일 도시 사상,

디로 벤야민의 도시 읽기는 앞으로 도시 기호학이 발굴해야 할 영감의 원천이며 보물이라 해도 과언이 아니지만, 그의 도시 사상을 기호학적으로 재해석하는 작업은 아직 본격적으로 시도된 바 없다. 물론 벤야민의 도시 사상은 도시 기호학뿐만 아니라, 도시 인문학의 최고 자리에 놓아야 한다.

도시 생활의 본질 묘사에서 그가 다룬 기발한 주제의 성좌를 비롯해 근대 도시 공간에 천착한 그의 문제의식은 현재에도 여전히 분석적, 정치적 가치를 지닌다는 것이 중론이다.[059] 또한 그의 도시 관련 저술은 19세기 말과 20세기 초에 도래한 새로운 도시계획으로부터 경험된 근대성의 탐구라는 점에서 그의 도시 사상을 고유한 역사적 맥락 위에 가져다 놓으면서, 자본주의적 도시를 함께 경험했던 근대 사상가들의 계보에 등록해야 한다. 근대 도시의 조건에서 당대의 사유를 한참이나 앞서 갔던 벤야민은 경제적 차원과 문화적 차원을 단호하게 결합하고 이론과 경험을 절합節合했으며, 사진과 영화 등의 영상 테크놀로지와 감수성의 관계를 포착하면서 근대 도시를 인공적으로 제작된 시간과 공간이 빚어낸 축적된 현실로 파악했다.[060]

요컨대 벤야민의 '도시 읽기'라는 원대한 기획은 근대 자본주의의 문화적 표현을 도시 기호학적으로 분석해낸 탁월한 전범이라 말할 수 있다.[061] 그것은 근대 도시에서 상품의 물신숭배로 시작된 '판타스마고리아Phantasmagoria, 환영'의 분석과 상품화로 유도된 새로운 미몽이라는 전대미문의

파리의 근대성에 대한 문학적 표상을 연구한 기념비적 저술을 남긴 세 명의 학자라 할 수 있다.

1. Frisby, D., "The metropolis as text: Otto Wagner and Vienna's 'Second Renaissance'", in *The hieroglyphics of space: reading and experiencing the modern metropolis,* edited by Neil Leach, London and New York, Routledge, 2002, pp.15-30.

2. Gilloch, G., *Myth and Metropolis. Walter Benjamin and the City,* Cambridge, Polity Press, 1996.

3. Stierle, K., *La capitale des signes, Paris,* Editions de la Maison des sciences de l'homme, 2001. (독일어 원본) *Der Mythos von, Paris,* Zeichen und Bewustsein der Stadt, München & Wien, Carl Hanser Verlag, 1993.

059 Keith, M., "Walter Benjamin, Urban Studies and the Narratives of City Life", in Bridge, G. and Watson, S., *A Companion to the City,* Oxford, Blackwell, 2000, pp.410-429.

060 위의 논문, p.412.

061 Gilloch, 앞의 책, p.37.

문화적 형태를 탈신비화한 작업이라 할 수 있다. 특히, 벤야민은 대도시 생활의 정신없이 빨라지는 템포와 기계에 기반을 둔 새로운 리듬은 시간의 상품화와 상품의 반복성에 뿌리를 둔 근대의 새로운 감수성을 잉태하고 있다는 점을 예의주시했다. 짧게 말해 그가 궁극적으로 설정한 목표는 근대 도시 문화 속에 도사린 자본주의 경제체제를 생생하게 드러내, 도시의 민낯을 보여주는 것이었다.

경제적 실천과 교환의 패턴 역시 벤야민의 분석에서 중요한 자리를 차지하므로 도시 기호학의 시각에서 새롭게 해석할 가능성이 높다. 아수라장의 재래식 장터의 모습을 비롯해 대도시에 건설된 다양한 형태의 아케이드를 포함하여, 베를린과 파리의 백화점에 전시된 인공물의 세심한 전시 방식에 이르기까지 벤야민은 도시를 상품의 환상적인 진열 거점으로서 세밀하게 관찰하고 분석했다. 벤야민의 분석에서 무대의 전면에 나타나는 것은 소외된 노동자의 경험이라기보다는 상품을 물신화하는 소비자의 경험이다. 풀어 말해 벤야민은 생산방식 중심의 전통적인 마르크스주의 분석에서 벗어나 상품 진열, 광고, 소비의 방식을 탐구했다. 바로 이 점에서 그의 독창적 사유는 최근의 기호학에서 다루는 디자인 기호학과 도시 브랜드 이미지, 오브제 기호학 연구 차원에서 새롭게 발굴할 수 있을 것이다.

벤야민의 메트로폴리스 읽기는 다면적인 독법이다. 도시는 읽어야 할 공간, 즉 관상학과 기호학의 관점에서 탐구된다. 또한 도시 공간은 경험에 초점을 둔 현상학적 독법으로 읽힐 수 있으며, 신화학이자 역사와 정치로서 그리고 하나의 텍스트로서 독해가 가능하다. 벤야민의 표현을 빌리자면, 도시는 곧 하나의 언어적 우주로서 독해해야 할 비밀스러운 텍스트이며 이런 이유로 근대 메트로폴리스에서 펼쳐지는 삶의 본질을 파악할 새로운 종류의 독자를 요구한다.[062] 특히, 벤야민의 통찰은 19세기 근대성을 오롯이 반영한 파리라는 도시 이미지를 치밀하게 읽었다는 점에서, 그리고 그 '판독 가능성의 조건'을 누구보다 예리하게 파헤쳤다는 데에서 그의 예지와 통찰

062 같은 책.

력을 확인할 수 있다.

실제로 벤야민이 19세기 파리 공간의 판독 가능성을 제기한 것은 도시 인문학 담론 계보에서 전례가 없는 독창적 시도였다는 것이 전문가들의 일치된 견해이다. 한마디로 그의 도시 사유는 지성사의 기념비이다. 그러나 벤야민 자신은 누구보다도 기호학적 독법의 기회와 위험성을 동시에 의식했다는 점을 기억할 필요가 있다. 요컨대 벤야민은 판독 가능성의 개념을 소박하게 무조건 사용하지 않았다. 이 점에서 그는 '읽다.'라는 단어가 포용하는 다중적인 인지 활동을 가장 철저하게 성찰한 20세기의 사상가라고 할 수 있다.[063] 한마디로 벤야민에게 '읽는다는 것'은 의도된 경험이며 '의미의 구성'이라는 과감한 모험으로, 그는 적혀진 것에서 적혀지지 않은 것, 즉 행간을 읽으려 했다. 도시 텍스트는 절대 고갈되지 않는 다양한 기호학적 자원의 원천이며, 독해라는 문화적 기술과 함께 도시 공간의 흔적을 경험적으로 압축한다. 도시 텍스트는 결코 단 하나의 독서 격자로 포착될 수 없으며 서로 포개어지는 판독 가능성들의 다원성으로 개방된다. 이 점에서 벤야민의 멋진 시적 은유를 곱씹어볼 필요가 있다. "텍스트는 하나의 숲이며, 사냥꾼은 독자이다."[064]

주지하다시피 벤야민은 텍스트의 판독 가능성의 문제를 도시 공간을 어슬렁거리는 산책자 또는 만보객이라는 형상과 결부시키는 놀라운 상상력을 발휘하였다. 산책자는 도시라는 매체에서 새로운 사냥꾼이 되어 기호의 흔적을 읽어낸다. 텍스트는 하나의 숲이며 그 숲은 곧 도시의 이미지이고 도시는 판독 가능한 텍스트가 된다.

보들레르와 벤야민의 도시 독법에서 나타나는 공통적 형상 가운데 하나인 만보객 개념은 도시 기호학에서 주목해야 할 핵심적 형상이다. 하지만 결론부터 말하자면 다양한 공간에서 발생하는 변화무쌍한 만보객의 도상

---

063 Stierle, 앞의 책, 독일어본, pp.16-18.

064 Stierle, 위의 책에서 재인용, p.963.

학으로부터 일의적 정의를 찾아내는 것은 불가능하다.[065] 19세기 도시 공간에 새롭게 출현한 만보객은 부질없이 구경하기 좋아하는 사람들badauds, 빈둥거리는 사람들musard, 도로의 싸움꾼이나 넝마주의chiffonier도 될 수 있다. 완벽한 만보객의 범주에는 시인, 예술가가 포함될 것이다. 게으름뱅이로서 한가롭게 거니는 만보객은 노동, 생산성, 사회성에 토대를 둔 부르주아적 이성에 정면으로 맞선다. 일부 연구자는 "만보와 소요flânerie는 도시의 예술 형식이자 여가 습관이었으며 보들레르 같은 댄디들 때문에 유명해졌다"고 분석한 바 있다.[066]

보들레르에 앞서 19세기 중반 만보객 개념의 계보를 파악하려 했던 우아르Louis Huart에게 만보객은 하나의 수수께끼였다. 일의적 정의가 불가능한 만보객은 소시민, 시인, 넝마주이, 독자, 이 모든 역할과 그것들의 상호 교환으로 이뤄진 복잡성과 다면성의 얼굴을 갖는다.[067] 요컨대 만보객은 다의적 형상과 미로와 같은 성격으로 모든 객관적인 파악을 어렵게 만든다. 그것은 하나의 은유 또는 알레고리가 될 수 있으며 하나의 기표가 되거나 제유가 될 수 있다. 특히 만보객은 소멸된 형상이 아니라 오늘날의 포스트모던 도시 공간에서 다시 해석해야 하는 현상이다.[068] 이를테면 오늘날 만보객은 최대한 느리게 걷는 사람이거나 초고속 기차보다는 완행열차를 즐기는 사람이 되며, 스마트폰 사용을 거부한 채 아날로그를 고집하는 사람들이 해당되며, 도시 공간의 자동화된 기능성과 획일적 의미에 저항하는 사람이다. 또한 기계적 리듬에 저항하는 주체로서, 대중 소비의 허위적 유토피아를 비판하는 주체이다. 포스트모던 시대의 만보객은 '의미 전환의 경험' '표류의 경험' '전복

---

065 다음 논문 참조.
Robin, R., "L'écriture flâneuse", in Simay, P., *Capitales de la modernité: Walter Benjamin et la ville,* Paris, éditions de l'éclat, 2005, pp.37-64.

066 Hanssen, B., *Walter Benjamin and the Arcades Project,* London and New York, Continuum, 2006, p.3.

067 Robin, 앞의 논문, p.41.

068 Soja, E. W., *Postmetropolis: Critical Studies of Cities and Religion,* Oxford, Blackwell, 2000.

의 경험' 속에서 새로운 알레고리의 형상으로 다양하게 변신한다.

도시 공간의 의도적 오독 또는 전복적 사용: 국제 상황주의자들과 세르토

도시는 권력이 새로운 질서를 부과하는 거점임에 틀림없으나, 그 같은 질서화가 결코 완전하게 완결될 수 없는 곳이기도 하다. 권력자의 의도를 균열시키는 틈새 공간이 늘 존재하기 때문이다. 특히 커뮤니케이션 매체인 도시는 역설적으로 잠재적이거나 의도적인 다양한 오독을 허용한다. 바르트가 저자 중심에서 독자 중심으로 텍스트의 무게 중심 이동을 설명하면서 사용한 단어를 차용하자면, "도시는 늘 새롭게 읽는 한 편의 텍스트"로 거듭날 수 있다. 예컨대 드보르를 필두로 결성된 국제 상황주의자들이 사용한 심리지리학과 표류 기법 등은 상투화된 습관에서 벗어나 도시 공간에 새로운 의미를 부여하려는 예술적, 전위적 실험이었다. 이들에 따르면 현대의 도시 공간은, 획일화 공간으로 질서화됐고 상업적 공간이 공적 공간을 침투하고 시민이 공적 공간에서 소외됨으로써 박제되고 피상적인 인공적 볼거리로 전락하고 말았다. 이들은 이 같은 인공적 도시 공간의 틀에서 스스로 해방시키고자 공간에 새로운 의미를 투사하고 예술과 정치를 융합해내면서 '일상 실천'의 전략을 선보였다. 그런 점에서 이들의 전략은 도시 기호학의 실천 프로그램에 포함될 수 있다.

이 점에서 도시 공간의 의도적 오독 또는 창조적 전유를 시도한 세르토는 도시 기호학의 계보에 선명하게 각인된다. 특히 세르토는 그레마스 기호학의 구성원과 활발한 지적 교류를 시도하면서 기호학 이론을 활용했다는 점에서 이 주장은 설득력을 얻는다. 물론 그의 실천 이론은 도시 이데올로기에 대한 비판, 도시계획의 합리주의에 대한 비판으로 간주될 수도 있다. 특히 그는 헤게모니를 쥔 권력이 간결하고 질서화된 개념 도시로 디자인해 시각화한 '장소'를, 특정 권력이 지배할 수 없는 공간으로 뒤바꿀 전술을 모색했으며, 다양하고 개별적 특이성을 지닌 실천적 지식에서 그 해답을 찾으려 했다. 공간의 '관리'가 강력한 지식으로 기본 방향을 구성하는 전략의 차원이라면, 세르토가 '발견'한 공간은 독서와 요리처럼 무엇인가를 만들어내는 다양한 기술들, 즉 전술의 차원으로 대비된다. 이 같은 실천 지식은 제 공간을 변형시키고 가로지르며 도시에 새로운 링크를 창조한다. 이것이 바로 사람이 직접 두 발로 걸어가면서 시선을 이동하면서 완성하는 지리학이다. 전략이 영토를 주장하고 장소를 정의한다면 전술은 장소를 사용하고 전복한다.[069]

세르토는 도시 공간의 사용자가 일상에서 다양한 방식으로 하나의 은유적 도시를 창조한다고 말한 바 있다. 이러한 은유적 공간 전유는 두 개의 상보적 방식으로 실현된다. 첫 번째 방식은 언어학 개념에서 차용한 발화 작용의 패러다임에 해당된다. 풀어 말해 그 같은 방식은 "길을 잃어버린 발걸음pas perdus"이라는 프랑스어 표현이 암시하듯 걷는 사람의 무작위하고 계산 불가능한 발걸음이라 할 수 있다. 특히 주목해야 할 사실은 세르토가 걷기에 대해 부여하는 촉각적 경험의 차원이다.[070] 걷는 주체의 몸이 써내려가는 자유분방한 움직임은 미리 계획된 여행 경로와 이정표를 허물어뜨리며, 도시 공간은 창조적으로 전유된다. 세르토의 도시 사상에서 걷는다는 행위는 그 자체가 다중 형식이며, 도시계획이 획일화해놓은 공간에 대한 저항이자 그것을 전복하려는 전술이라 할 수 있다.[071] '걷기'를 마치 '언어적 발화체énoncé'로서 유추한 세르토의 독창적 사유는 「보행자의 발화 작용」이라는 제목의 글에서 매우 정교하게 다듬어진다. 이 같은 언어학 개념의 차용과 유추적 사유는 언어학과 기호학 이론으로부터 그가 방법론적 영감을 받았다는 구체적 증거이며 실제로 세르토 자신도 바르트가 1967년 발표한 논문 「기호학

---

069 Crang, M. "Spaces of Practice: The Work of Michel de Certeau.", in Crang, M. and Thrift, T., *Thinking Space,* London, Routeledge, 2000, pp.126-140.

070 위의 책, p.147.

071 걷기의 문화사를 다룬 다음 연구서를 참조할 것.
Solnit, R., *Wanderlust: A History of Walking,* London, Verso, 2001.

과 도시계획」에 신세 지고 있음을 인정한 점에서 신빙성이 높다.[072]

세르토는 걷기와 보행자의 발화 작용을 넘어, 보행자의 행동에 나타나는 고유한 양상인 '둘러보기'와 '우회'를 분석한다. 아울러 길의 수사학은 그것의 고유한 요소들로서 스타일과 사용 관례usage를 조합한다. "스타일과 사용 관례는 모두 걷기라는 행동 방식과 관련된다. 하지만 걷기의 독특한 스타일은 상징세계를 다루는 것이며, 사용 관례로서의 걷기는 약호를 다루는 것이다."[073]

세르토는 다시 언어학의 이론을 빌려와 '둘러보기'와 '우회'라는 도보 행위의 모습들을 언어적 차원에서 수사학적 비유법으로 바꾸어놓는다. 구체적으로 세르토는 움직이며 이동하는 행위로 공간을 전유하는 것과 언어의 발화 행위 사이에 존재하는 평행적 관계를 제유법, 연사連辭의 생략asyndeton, 압축 등의 다양한 수사법으로 치환해 밝혀낸다. 이 같은 유추는 공간의 모티브를 처음으로 돌려놓거니와, '길의 수사학'은 걷는 행위가 공간의 스타일을 뒤바꾼다는 점을 분명히 한다.[074]

이를테면 걷기라는 발화 작용énonciation[075]은 도시 공간의 탁월한 실천이다. 그것은 직선적 걷기가 아닌 '다이달로스Daidalos'의 미로를 실천하는 보행자의 발화 작용이면서 동시에 길의 수사학이다. 공간을 서사적 형상 속에 각인시키며 예측할 수 없으면서 동시에 어느 정도 예고 가능한 이야기를 만들어내는 이 같은 실천은 신비적 요소로 귀결된다. 이것이 바로 보행자의 발

---

072 Augoyard, J. F., *Pas à pas. Essai sur le cheminement quotidien en milieu urbain,* Paris, Seuil, 1979.

073 위의 책, p.184.

074 cf. Bailly, J. C., "La grammaire générative des jambes", in Bailly, J. C., *La Ville à l'œuvre,* Paris, Editions Jacques Bertoin, 1992, pp.23-42.

075 에밀 벵베니스트(Émile Benveniste)의 다음 논문을 참조할 것.
Benveniste, E., "De la subjectivité dans le langage", in *Problèmes de linguistique générale,* pp.258-266.
이 밖에 다음 연구물을 참조할 것.
Kerbrat-Orrechinoni. C., *L'Énonciation,* Paris, Armand Colin, 1999.

화 작용이다. "요컨대 공간은 실천된 장소이다. 그 결과 도시계획이 기하학적으로 정의해놓은 거리는 보행자의 창조적 실천 덕분에 새로운 의미를 만들어내는 색다른 공간으로 변형된다. 마찬가지로 장소의 읽기는 하나의 기호 체계, 즉 글이 성립하는 '장소 실천'으로 생산된 공간이다."[076]

말하자면 걷기의 실천은 언어 행위와 놀랍게 호응한다. 왜냐하면 걷기는 발화 작용이기 때문이다. 걷는 행위는 말하는 행위와 그 맥락과 원리가 비슷하다. 세르토는 보행자의 발화 작용이 지닌 세 가지 기능을 강조한다. '지형을 전유하는 기능' '장소의 공간성을 전복하는 기능' '서로 다른 장소를 이어주는 기능'이다. 이 세 가지 기능은 각기 다른 특징을 지닌다. '현재성' '불연속적인 것의 가치 매김 걷는 사람은 가까운 것, 멀리 있는 것, 여기와 저기를 분리한다.' '교감적인 것의 가치 매김'이 그것이다.[077] 주지하다시피 교감적 기능은 접촉을 강조하는 언어 커뮤니케이션의 기능 가운데 하나이다.

초고층에서 도시를 내려다보는 사람은 어떤 서사도 만들어낼 수 없으며, 오직 두 발로 땅을 디디고 도시를 바라볼 때 진정으로 걷는 사람이 되어, 자신만의 도시 공간 이야기를 써내려갈 수 있다. 하지만 걷는 주체는 정작 자신은 '읽을 수 없는' 텍스트를 써내려간다. 바로 그런 이유에서 도시 경험은 저자도 관객도 없는 다차원적 서사이다. 즉 걷기는 '도시 공간의 생경함'의 발견이다.[078] 또한 걷기는 초인간적이고 은유적인 행동 방식이며, 걷는 사람은 공간을 모든 방향에서 실천하면서 공간을 시간화한다.

---

076 Certeau, M., *L'invention du quotidien,* Paris, Gallimard, 1990, p.208.

077 Mongin, 앞의 논문, pp.110-111.

078 Certeau, 앞의 책, p.174.

도시 기호학의 지적 계보 II:
린치, 노르베르크슐츠, 로시, 벤투리

린치의 도시 사상:
인지적 매핑에서 도시의 시간성까지

케빈 린치Kevin Lynch 교수는 도시계획과 도시 디자인 분야에서 자타가 공인하는 20세기 최고의 사상가이다. 대부분의 사람들에게 린치는 『도시 이미지』의 저자로 각인되어 있으나 사실 그는 3,000쪽이 넘는 여덟 권의 굵직한 명저를 써낸 탁월한 작가이기도 하다.[079] 필자는 오히려 상대적으로 덜 알려진 그의 저서 속에 녹아 있는 보석과도 같은 심오한 도시 사상으로부터 큰 감명을 받았다. 린치의 도시계획 사상과 도시 기호학의 인식론적 방법론 사이의 접점을 찾는 작업은 훗날의 과제로 남겨둘 수밖에 없으나, 필자는 그가 도시와 건축 환경의 인간적 경험에 근거해 새로운 디자인 실천을 정의했다는 점에서 현대 도시 인문학의 설립자라 해도 무방하다고 본다.

린치는 사람의 정신 속에 그려진 도시의 이미지, 즉 도시의 물리적 자질의 집합으로 이뤄진 '공적 이미지public image'를 밝혀낸 최초의 학자일 뿐만 아니라, 도시 거주자에게 도시의 경험이 무엇을 의미하며 또 도시가 어떻게 거주자의 행복한 삶에 영향을 미치는가에 천착했다. 바로 이 점에서 그와 도시 기호학과의 연결 고리는 어렵지 않게 발견된다. 특히 린치가 제기한 도시 형태의 판독 가능성legibility 개념은 도시를 한편의 텍스트로 읽어내려는 도시 기호학의 방법론에 매우 유용하게 적용할 수 있다. 린치는 한 도시가 다른 도시와 비교해 더 확연하게 이미지화될 수 있는imageable 근거를 도시의 판독 가능성에서 찾았다. 특히 하나의 도시를 판독 가능하게 해주는 것은 바로

---

079 Hutchison, R., *Encyclopedia of Urban Studies,* London, SAGE, volume 1-2, 2010, p.475-476.

'정체성' '구조' '의미'라는 세 가지 요소들로 이뤄진 함수 관계이다. 이 점에서 린치의 도시 이론은 하나의 도시 기호학 그 자체가 될 수 있다. 풀어 말해, '강력한 정체성을 갖춘 건물' '자연적 특질' '이해하기 쉬운 거리의 패턴과 기능적 상징적 의미'를 보유한 도시는 그렇지 못한 도시보다 더 선명하게 읽힐 수 있다. 이 세 가지 기준을 서울이라는 도시 공간에 적용한다면 서울의 판독 가능성의 수준은 다른 도시와 비교해 어떨지 궁금해진다. 북한산과 한강이라는 천혜의 자연적 환경을 가진 서울은 최소한 첫 번째 기준에서 보면 최고의 도시에 속할 것이 확실하지만, 기능성과 상징적 차원에서 보자면 회의적이다.

린치는 1960년대와 1970년대의 건축학의 맥락 구성에 이바지한 인지 도시학자이다. 그는 명저『도시 이미지』에서 지각적 분석을 바탕으로 도시의 경관이 도시 공간 사용자의 정신 속에 각인되는 인지적 양상을 도식화하는 데 성공했다.[080] 지각 심리학적 분석은 도시 공간과 건축물의 물리적 현상을 둘러싼 도시학과 건축학 방법론을 개혁했다. 린치는 지각적 이론으로부터 개념적 요소를 차용해 도시 공간의 이론 작업에 적용했으며, 그 대표적인 사례가 보스턴시 연구이다. 보스턴은 미국에서 유일하게 역사적 함축을 갖춘 도시로, 린치의 도시 이론의 타당성을 검증하기에 적절했다. 린치의 핵심 개념은 도시 공간에서 이뤄지는 인간의 방향성이다.

그의 도시 공간 인지 이론에서 목적지destination는 도시 공간을 사용하는 개인들이 환경 정보와 공간 정보를 획득하고, 저장하고, 환기하며, 해독하는 다양한 인지 방식과 관련된다. 다른 한편, 목적지는 특정 사회의 공간에 속한다는 점에서 특수성을 지니며, 사람들의 주목을 받는 특별한 장소이다. 이 점에서 목적지는 기호학적으로 풀어 말하자면 가치와 의미를 담고 있는 거점이며, 도시의 특정 지역에 거주하는 사람들의 희망, 꿈, 초조함을 드러내는 상징적 투영을 지시하기도 한다.[081] 도시 거주자가 자신의 정신 속에 새

---

080 Lynch, K., *The image of the city*, Cambridge, MA., The MIT Press, 1960.

081 Pittaluga, P., "Images of Local Societies and Projects for Space", in Maciocco, G., *The Territorial Future of the City*, Berlin, Heidelberg, New York, Springer, 2008.

겨놓은 공간적 이미지를 밝혀내려면 개인의 공간 표상이 심리적 문화적 과정, 즉 삶과 일상 경험으로부터 도출된다는 점을 숙지하는 것이 관건이다. 특히, 도시 거주자가 지닌 심상 이미지는 종래의 도시 공간 분석에서 제시된 객관적 이미지와 상당한 간극을 드러낸다는 점 역시 린치의 인지적 방법이 제공한 참신한 발견이었다.[082]

린치의 도시 이론에서 방향성과 연계된 핵심 개념은 인지 매핑cognitive mapping이다. 환경은 방향 인식에서 중요하며 인지적 재현적 과정을 돕거나 반대로 그것을 방해할 수 있다. 린치는 도시 공간의 심상, 즉 정신적 이미지에서 그의 독창적인 도시 형태 분석 격자를 구축했으며 그것은 익히 알려진 것처럼 경로, 구역, 결절 지점 등을 포함하는 도시 공간의 기본 계통론을 수립함으로써 도시 공간의 표상과 해석에서 획기적인 학문적 성과를 올렸다.

린치의 도시 디자인 접근법은 공간 사용 주체의 지각, 가치, 기대 등의 정확한 정보를 기초로 해 아래에서 위로 진행되는 접근법이었다는 점에서 그 이전까지 지배적으로 사용된 대규모 도시 디자인의 결정주의적 접근법과는 차별된다. 따라서 린치의 인지적 접근법에서 도시 디자이너의 역할은 도시 공간을 실제로 사용하는 수용자가 바라는 물리적 환경이 충족되도록 돕는 데 있었다. 물론 린치의 인지적 방법은 호된 비판도 받았다. 이를테면 도시계획가들은 개념적 자극이 단순한 형태 지각보다 더 근본적이라는 사실을 깨달으면서 린치의 방법론을 넘어서려 했다. 그 같은 비판의 요지는 도시 공간의 물리적 형태들은 도시 거주자들로 하여금 행동의 방향을 안내하는 것을 도와줄 뿐만 아니라 그와 동시에 단순한 인지적 기능을 넘어서 상징적 의미를 갖고 있다는 점으로 압축된다. 실제로 일부 도시 기호학자와 도시계획가들은 린치의 인지적 접근법을 "상징계가 물리적 형태의 지각을 축조하는 방식은 설명하지 않은 채 거주자의 지각만으로 도시 환경 속에서 발생

---

082 1. Lardon, S., Maurel, P., and Piveteau, V., *Représentations spatiales et développement territorial,* Paris, Editions Hermès, 2001.

2. Lardon, S. and Debarbieux, B., *Les figures du projet territorial,* Paris, Editions de l'Aube, 2003.

하는 의미 작용을 고찰했다"며 비판했다.[083]

하지만 린치의 도시 사상의 핵심 메시지는 도시 공간의 본질을 향해 그가 시종일관 견지했던 규범적 태도라 할 수 있다. 그의 규범적 태도는 도시 디자인의 가능성에 대한 신념을 보여주는 데 있으며, 이와 함께 도시 환경에 대한 궁극적인 인간적 목적과 효과를 염두에 둔 도시 디자인의 새로운 접근법을 지향한다.[084] 이러한 규범적 정식화가 가장 선명하게 드러난 저서는 이 책의 1부에서 빈번하게 인용될 그의 명저 『좋은 도시 형태 이론』으로, 린치는 이 저서에서 바람직한 도시 형태의 조건을 근본적으로 묻고 있다.[085] 그는 통시적 축과 공시적 축을 교차하면서, 자신이 던진 물음에 답을 찾아 나간다. 역사 속의 이상적인 도시 모델에서 답을 찾기도 하고 현대 도시에서도 분석적, 경험적으로 물음에 답을 찾아가는 수순을 밟는다. 도시 이론이 규범적이어야 하는 근본 이유는 좋은 도시 형태가 가진 수행성 때문이다. 즉 효율성과 기능성의 성격 파악이 중요하다. 린치는 훌륭한 도시 공간의 다섯 가지 수행성 차원으로 '생명력' '감각' '일치' '접근' '제어'를 꼽는다.

린치가 제기한 독창적 사유 중 하나는 도시의 시간성 문제이다. 도시 공간에는 인간을 환희에 젖게 만들 뿐만 아니라 인간이 품은 시간의 이미지를 생동감 있게 만들어주는 독특한 환경의 시간적 신호와 기호가 존재한다.[086] 이를테면 건축에서의 시간 효과는 건축물이 만들어내는 변화무쌍함이다. 특히 일본의 정원과 영국 낭만주의 정원은 일련의 대비적 그림들의 시퀀스로 조경 공간을 구성하는 기법을 발전시켰다. 정원은 살아 있는 물질을 다루기에, 시간 속에서 성장하고 소멸하는 모습을 시퀀스 방식으로 표현할 수 있다.

린치는 "시간 속 또는 시간의 '엠블럼'에서 조직화된 환경 디자인을 면

---

083 Gottdiener, M and Lagopoulos, A., *The city and the sign: an introduction to urban semiotics,* New York, Columbia University Press, 1986, pp.6-12.

084 Hutchison, 앞의 백과사전, pp.476-478.

085 Lynch, K., *Good City Form,* MA, The MIT Press, 1984.

086 Lynch, K., *What Time Is This Place?,* MA, The MIT Press, 1972.

밀하게 관찰하면 효과적으로 사용할 수 있는 상당수의 방법을 찾을 수 있다"고 말한다. 그중 하나는 지나간 사건을 표징하는 흔적과 기호의 가시적 축적 accredition이다.[087] 기호학적 축적은 역사와 시간의 깊이를 표면에 드러나게 만든다. 20세기 한국의 대도시는 바로 그 같은 시간의 깊이를 파괴해왔다고 할 수 있다. 도시의 시간적 차원의 의미를 극대화하기 위해 린치가 제시하는 두 번째 방법은 현재의 도시 상태와 대비되는 전혀 다른 기억과 기대의 모습을 담고 있는 상이한 상태들을 대비시킴으로써 도시 거주자로 하여금 시간의 리듬을 보다 선명하게 의식하게 만들 수 있는 일정한 반복과 대립으로 이루어진 상이한 시간 상태들을 도시 공간 내부에 전시하는 수순으로 설명된다. 그가 제안하는 세 번째 방법은 도시 공간에서 특정 장면을 바꾸거나 관찰자의 시점을 옮김으로써 이뤄지는 환경 변화를 도시 거주자들에게 직접 보여주는 것이다. 그 변화는 현재적 경험 속에서 지각할 수 있을 정도로 또렷하다.

노르베르크슐츠:
거주의 시학과 실존 공간

도시 기호학의 지적 계보를 떠받는 도시 인문 사상사에는 마르틴 하이데거 Martin Heidegger의 거주 철학과 그의 열렬한 계승자였던 건축학자 노르베르크슐츠의 현상학적 건축학이 포함되어야 한다. 특히 노르베르크슐츠는 기호학 이론과 인지 심리학 이론을 적극 도입해 하이데거의 현상학과 접맥시켰다는 점에서 세밀한 연구가 필요하다. 이 책에서 필자는 그의 건축 사상과 도시 사상을 '도시 기호학의 구조 형태론'과 '도시 공간의 시학적 차원', 두 곳에서 다뤘다. 도시 형태의 인지적 현상학의 토대로 그가 제시한 '아우라'와 '장소성'의 개념은 도시 기호학에서 새롭게 해석될 가치가 높다. 특히 하이

087 위의 책, p.167-168.

데거 사상으로부터 지대한 영향을 받은 그는 하나의 형태가 생성되는 과정을 두 가지 핵심적 차원인 '리듬'과 '긴장'으로 파악했다. 그의 이론에서 모든 형태는 땅과 하늘의 관계를 표현한다는 점에서 리듬은 형태의 기능과 관련되며, 긴장은 형태의 성격과 관련된다. 또한 건축물은 땅과 하늘의 관계에 일정한 공간 조직을 세움으로써 수평적인 리듬과 수직적인 긴장 사이에 존재하는 연결의 가능성을 명백하게 만든다. 노르베르크슐츠는 '건축의 총체성이란 필연적으로 시적 본성을 띠는 위상학과 기하학의 합성'이라고 설명한다. 그 같은 합성은 목적지를 하나의 고유한 장소로 만든다. 해당 지역의 고유한 성질을 얻고자 한다면 공간 조직은 일정한 긴장성을 함축하고 있어야 하며 단순히 건물을 짓는 물리적 방식의 차이뿐만 아니라 땅과 하늘의 상호작용을 표현하는 위상학과 기하학의 합치에 근거해야만 한다. 한마디로 장소의 예술은 리듬의 합치와 긴장을 뜻한다. 노르베르크슐츠는 '인간적 거주가 자연 안에서, 그리고 땅과 하늘 사이의 존재가 현현하는 곳에서 위상학적이어야 한다'고 보았다. 위상학과 기하학을 겸비한 주거는 하늘과 땅의 만남, 즉 통합의 정체성을 실현한다.

또한 그는 '환경은 인간이 세계 안에 존재하는 근본 방식과 현존의 토대'라는 하이데거의 공간 사상을 전폭적으로 수용한다. 하나의 장소는 그곳의 기후, 계절의 순환과 일치해 우러나오는 근원적인 분위기의 현존을 지시한다. 한마디로 장소의 혼은 땅과 하늘의 원초적 관계이며, 특히 대지와 밀접하게 관련된다. 한 장소의 독특한 분위기ambience는 그곳의 고유한 성격을 통해서 간직될 수 있으며 다름 아닌 그 독특한 장소 성격의 형태가 장소 형태론의 토대를 이룬다. 형태의 구체화는 어떤 행동과 사건이 발생하도록 공간을 열어놓는다는 것을 의미하며, 다른 말로 표현하면 장소의 사용은 진공 속에서도 추상적인 공간 속에서도 발생하지 않음을 뜻한다. 이 점에서 노르베르크슐츠는 공간과 장소 사용의 계기, 즉 결정적 순간momentum이라는 문제에 심오한 통찰을 제공한다. 따라서 그의 성찰은 도시 기호학의 화용론적 차원에서 적극 수용해야 한다. 노르베르크슐츠에 따르면 특정 공간을 사용하는 계기는 독특한 위상학을 구성한다. 그는 도시 공간 사용의 세 가지 구성적 요소로 지배 영역, 경로, 목적지를 제시하는데, 이는 도시 기호학의 통사론적 차원에서 재해석이 가능하다. 특히 그가 상세하게 기술한 '도시 공간에서의 도착' 문제는 풍부한 기호학적 상상력과 성찰을 담지한 점에서 7장에서 상세하게 다루겠다.

하이데거의 사상으로부터 받은 지대한 영향을 건축 공간에 적용해 독창적인 현상학적 건축 이론을 구축한 노르베르크슐츠는 "공간에 대한 인간의 관심은 실존적 뿌리에 그 근거를 두고 있다"는 유명한 진술을 남긴 바 있다. 그에 따르면 인간이 공간에 보이는 관심은 자신의 환경에서 생명을 결정짓는 관계를 파악해야 할 필요와 욕구에서 파생한 것이며, 사건과 행동으로 이뤄진 세계에 질서와 의미를 부여하기 위한 것이다.[088]

노르베르크슐츠는 인간이 체험하는 공간, 즉 실존적 공간은 여러 공간의 복합체로, 인간이 생물학적 욕구를 충족시키는 '실용적 공간' '지각적 공간' 그리고 순수한 논리적 관계의 '추상적 공간' 등으로 이뤄진다. 아울러 그것은 공동체의 집단 활동이 형성되는 문화 공간이자 예술 공간, 자신의 환경을 변화시키려는 인간의 의도가 발현되는 표현 공간이다. "우주를 '코스모스 kosmos'로 지각하려면, 무엇보다 인간 스스로 환경의 방향으로 설정할 수 있어야 하며, 집과 같은 편안함을 얻으려면 인간은 자신의 그림을 세계에 투사해 세계의 이미지imago mundi를 창조할 필요가 있다"는 것이 그의 주장이다. 달리 말해 인간은 자신의 세계를 이해하고 자신의 환경을 변형해야 한다는 것이다. 노르베르크슐츠에 따르면 인간이 환경과 맺는 관계는 이원적이다. 먼저 개인은 자신이 처한 환경의 구조를 자신의 정신 속에 각인시켜놓은 인지와 지각의 도식schema으로 통합시키려 한다. 다른 한편, 개인은 환경을 그 같이 구성된 자신의 도식을 구체적인 건축 구조물로 실현하려는 시도를 수행한다.[089]

노르베르크슐츠의 발언에는 전후 건축이 정신적 편안함을 주는 건축물을 창조하지 못했다는 비판이 스며 있다. 그는 "거주의 진정한 의미는 인간

---

088 Norberg-Schulz, Ch., *Existence, Space, and Architecture,* London, Studio Vista, 1971, p. 9.

089 위의 책, p.37.

이 하나의 환경 안에서 자신의 방향을 설정하고 그것과 더불어 자신의 정체성을 파악할 때 비로소 완성된다"고 진술했다. 풀어 말해 인간은 환경을 유의미한 것으로 경험할 때 비로소 '거주함'을 얻는다.[090] 이 점에서 노르베르크슐츠가 설파한 거주의 현상학은 도시 기호학의 의미론적 차원과 접맥될 수 있을 것이다.

노르베르크슐츠는 하나의 공간이 하나의 장소가 되려면 본질적으로 식별 가능한 자연적, 문화적 특질을 갖춰야 한다는 주장을 내놓았다. 그는 자신의 이 같은 주장을 쉽게 설명하기 위해 장소의 정신genius loci 개념을 구축했다. 장소의 정신성은 인간이 존재하는 구체적 현실을 기술하는 것인 동시에 자연환경을 체험하는 장소의 현존을 말한다. 인간은 암묵적으로 장소가 존중받기를 원하며, 이때 존중의 대상은 장소의 숭고함이다.

고유한 성격을 지닌 모든 공간은 하나의 정신과 혼을 가지며 모든 장소도 마찬가지이다. 하나의 장소는 우리가 그 안에서 식별할 수 있는 특징의 산술적 합계 그 이상의 것이다. 장소의 혼과 정신은 알아볼 수는 있으나 찰나적이어서 객관적으로나 과학적으로 기술될 수 없다. 하이데거의 사상을 건축 언어와 접목한 노르베르크슐츠는 다음과 같이 철저하게 현상학적 입장을 천명한다. "따라서 장소는 질적이며, 총체적 현상이다. 우리는 장소의 속성들 가운데 어느 하나로 장소의 본질을 환원할 수 없다. 환원하는 순간 장소의 구체적 본질은 사라지고 만다."[091]

린치의 맥락이 도시에서의 인간의 방향 설정과 관련된다면, 노르베르크슐츠의 맥락화는 장소의 정체 파악, 인간의 정체성에 영향을 미치는 공간적 경험과 관련된다. 노르베르크슐츠에게 장소의 정신은 장소의 개념이자 특정 장소의 고유한 성격이다. 그것은 역사와 시간의 진행 속에서 특수한 정신성을 갖게 된 장소임을 뜻한다. 이는 어떤 의미에서 형이상학적 함축이다. 요컨대 슐츠의 사상은 건축 현상학의 인식론적 기초를 수립한 동시에 건축

---

090 Norberg-Schulz, Ch., *Genius Loci: Towards a Phenomenology of Architecture,* London, Academy Editions, 1980, p.5.

091 위의 책, p.8.

을 구체적이며 실존적인 차원으로 승화시킨다.

로시:
도시 건축의 신 합리주의적 유형론

이 책에서 필자가 통합 도시 기호학의 시각에서 적극 수용한 건축 사상가는 로시이다. 그는 20세기 이탈리아를 대표하는 건축가인 동시에 도시 사상가였다. 1966년 이탈리아에서 출간된 『도시의 건축』은 당시에는 별다른 반향을 불러오지 못했으나, 1982년 영어로 번역되면서 그의 심오한 건축 사상과 도시 사상은 비로소 빛을 보게 됐다.[092] 본서에서 빈번하게 참조하고 인용한 이 명저는 도시 인문학의 고전일 뿐만 아니라 도시 기호학과의 인식론적 접점도 명확하다. 로시의 저서는 모두 네 부분으로 구성된다.

첫 부분은 사용 용어를 정의하고 기술description과 명료화clarification의 문제를 고려하면서 건축과 도시 공간의 유형론 문제를 다룬다. 두 번째 부분에선 도시 구조에 전체성을 부여하는 동시에 도시 공간의 서로 다른 요소를 파악해 전체와 부분의 관계에 천착한다. 세 번째 부분에서 로시는 도시의 건축을 세밀하게 관찰해 특히 그의 독창적 개념인 '로쿠스Locus'를 다듬는다. 로쿠스는 한마디로 '도시의 일정 공간이 각인되는 현실 세계의 거점'이라 할 수 있다. 이 개념은 8장에서 상세히 다루게 될 것이다. 네 번째 부분은 도시 역학성의 다양한 문제를 예의 주시하고 '선택의 정치'라는 쟁점을 논증한다. 위의 책에서 시종일관 로시가 고집한 것은 다른 학술 분야의 도움이나 참조 없이 건축을 그 자체로 연구하려는 일종의 자율성이었다. 이를테면 페르디낭 드 소쉬르Ferdinand de Saussure가 언어적 사실fait social을 언어학의 고유한 연구 대상으로 삼은 것과 마찬가지로, 로시 역

---

092 Rossi, A., *L'Architettura della città,* Padova, Marsilio, 1966.
______, *The Architecture of the City,* trans. Ghirardo, D. and Ockman, Cambridge, Mass. and London, The MIT Press, 1982.

시 도시적 사실urban fact을 그 자체로 다룰 것을 천명한다. 풀어 말해 도시적 사실이란 다양한 도시들의 실현을 가능케 하는 현실 세계의 물적 집적체로서 각각의 개별성을 지님과 동시에 진화한다. 참고로 위의 책에서 로시는 소쉬르 언어학의 여러 모델을 명시적으로 차용하고 있을 뿐만 아니라, 클로드 레비스트로스Claude Lévi-Strauss의 구조 인류학과 모리스 알박스Maurice Halbwachs의 집단 기억 개념을 적재적소에서 적용하고 있다는 점에서 도시 기호학의 사상적 계보 목록에 당연히 포함해야 한다는 것이 필자의 소신이다.

로시는 여러 도시의 구조와 역사를 관찰해 도시의 구성 요소를 파악한 뒤, 다양한 도시를 서로 유사한 관련성 아래 몇 개의 무리로 묶어낸 연구 방식을 선택했다. 예를 들면 하워드의 '전원도시'와 르 코르뷔지에의 '빛나는 도시' 등이다. 로시는 건축을 '특정 사고의 물리적 표현'으로 보았고 따라서 건축가의 과제는 '사고'를 건축 현실로 변환해 '표현'을 설명하는 데 있다고 파악했다. 로시는 이러한 기본 전제하에 '도시'를 '건축'으로 이해할 것을 선언한다. 그가 말하는 건축은 "도시의 단순한 시각적 이미지와 도시를 형성하는 상이한 건축물들의 집합을 지시하는 데 그치지 않고 시간의 추이 속에서 만들어진 도시의 구성체"[093]로 파악되는 넓은 의미에서의 건축을 말한다.

여기에서 로시가 말하는 구성체는 도시에 존재하는 건물의 물리적 구조를 말하는 것이 아니다. 로시가 사용하는 '구성하다to construct'의 의미는 이성에 기초한 행위를 뜻한다. 이 점에서 로시의 건축 사상과 도시 사상은 합리주의적 입장을 견지한다.[094] 건축은 도시의 최초의 흔적과 더불어 도래했기에 문명의 형성에 심오하게 뿌리 내리고 있으며, 그 점에서 하나의 영속적이며 보편적이고 필연적인 인공물이다. 따라서 로시의 관심사는 '어떻게 이성이 건축이라는 구성체를 산출했으며, 건축은 어떻게 도시라는 구성체를

---

093 Rossi, A., *The Architecture of the City*, p.21.

094 신합리주의자들의 계보에서 로시 건축 사상의 합리주의적 토대를 파악한 다음 문헌 참조. Broadbent, G., *Emerging concepts in urban space design,* London and New York, Van Nostrand Reinhold, 1990, pp.167-172.

낳았는가'를 탐문하는 데 있다.

로시는 도시를 이루는 여러 요소를 기술하고 상이한 건물 유형을 파악했다. 소쉬르의 언어 이론을 빌려 말하자면, '개개인의 발화 행위의 기저에 도사린 보편적 언어 구조를 밝히려는 것'과 같은 원리이다. 즉 다양한 도시 안에 인간이 세운 개별 건물의 기저에 존재하는 항상적이며 불변하는 요소를 발견하려는 시도로 볼 수 있다. 로시는 구체적인 현실 세계에 표현된 주택, 교회, 학교 등의 상이한 건물에서 그 같은 보편적 유형을 파악하려 했다. 즉 특수한 유형에 속하는 건물들의 기저에 어떤 근본 구조가 존재하는지 밝히려는 것이다. 로시는 바로 이 같은 방식으로 주요 유형의 정수essence를 찾아낼 수 있다고 보았으며, 도시의 건물에서 보편적 유형을 분석해내는 것을 자신의 궁극적인 연구 목표로 삼았다.

로시는 건축의 기본 유형을 설정한 뒤 각각의 유형으로부터 구성해낸 법칙을 규정하려 했다. 다양한 도시 건축의 유형에서 도출된 법칙들을 수립한 데 이어 로시는 한 단계 더 복잡한 수순으로서 건물 유형들을 한정된 수의 무리로 묶어낼 수 있는, 좀 더 추상적인 법칙을 세웠다.

하나의 전체로서 도시의 일생은 그 도시가 포함한 건물들 때문에 지속적인 변화를 겪는다. 각각의 건물은 디자인되고, 세워지고 일정 기간 사용되다 사라진다. 하지만 도시 자체는 이 모든 변화를 겪으며 계속해 존재한다. 도시는 하나의 추상이 아닌 고유한 성격을 지닌 하나의 '개별 도시'로서 우리의 기억에 비로소 정초된다는 것이 다름 아닌 로시의 생각이다.

여기에서 우리의 도시 기억은 일정한 기념비, 특수한 건축적 사실의 현존에 달려 있다. 예컨대 광화문, 경복궁, 인사동의 거리는 시간의 풍파를 견디고 살아남은 건축적 사실이다. 로시에 따르면 진정한 기념비는 단순한 물리적, 시각적 존재로 도시에 첨가되는 것이 아니다. 기념비는 도시에 의미를 부여한다. 즉 도시의 '로쿠스'로서 생생한 의미를 만들어내는 것이다. 이 점에서 로시의 도시 공간 사상은 도시 기호학의 사상과 완벽하게 부합된다. 기능주의적 도시계획을 호되게 비판했던 로시는 도시의 기념비적 건축물이 획일화된 기능적 프로그램의 조건을 충족시키기 위해 가치중립적인 집단적 공공건물에 자리를 내주는 것을 못마땅하게 생각했다. 그는 기념비야말로 도시라는 개념을 유지하는 데 본질적인 요소라고 보았기 때문이다.

끝으로 로시의 도시 사상에서 우리가 눈여겨볼 이론은 장소 이론이다. 그에게 장소는 단순한 물리적 환경 그 이상의 것이다. 장소는 물리적 현실과 그것의 역사를 모두 포용한다. 장소는 고유한 가치와 느낌으로 이뤄진 유일무이한 공간적 사실로서, 개별 건축은 장소의 존재 조건을 획득해준다. 바로 이 지점에서 고대 건축 사상가 비트루비우스와 지형적 맥락을 중시하는 몇몇 현대 도시 사상가 사이에 연속성의 끈이 존재한다. 예컨대, 로시는 『도시의 건축』에서 심도 있는 맥락 개념을 개진한 바 있다.[095]

그의 명저 『도시의 건축』은 건축과 도시 공간 사이에 존재하는 다차원적 관계를 파악한 최고의 저서로 인정받는다. 로시는 이탈리아의 주요 도시에 놓인 역사적 건축과 유럽의 주요 도시 지식을 아우르는 해박함으로 엄격한 논증을 심미적으로 수놓는다.

벤투리:
기호학적 관점

도시 기호학과 현대 건축 이론의 접점을 형성한 주요 건축가 가운데 한 명은 로버트 벤투리Robert Venturi이다. 1966년 출간된 그의 주저 『건축의 복잡성과 모순』은 현대 건축 이론의 향방을 바꾸어놓은 중요한 문제작이자 동시에 기호학적 접근법과 접맥된다는 점에서 앞으로 치밀한 연구가 요청된다. 그의 건축 사상은 엘리엇을 비롯한 문학적 원천을 포함한다. 그는 "나는 건축의 복잡성과 모순을 좋아한다"는 선언을 책의 서두에 실어 상대 진영에 직격탄을 날렸다. 그가 비판의 대상으로 삼은 건축가는 근대 건축의 거장인 루트비히 미스 반 데어 로에Ludwig Mies van der Rohe였다. 벤투리는 미스 반 데어 로에의 영지주의적 건축 사상을 과도한 단순화로 보았다. 그는 미스 반 데어 로에의

---

095 Rossi, 앞의 책.

건축이 삶의 경험과 사회의 필요로부터 건축을 분리할 위험성을 내포한다고 지적한다. 벤투리에 따르면 사회적 필요와 욕구는 오직 다양한 차원을 포함하는 건축으로 충족될 수 있다. 이처럼 다차원적 건축 개념이야말로 파편, 모순, 즉흥성을 비롯해 이 같은 요소들이 생산하는 긴장을 수용할 수 있는 여지를 갖는다.[096]

벤투리가 말하는 여러 이질적 요소들을 '포용하는 건축'의 형태는 20세기의 풍요로움 또는 모호함과 일치한다. 그가 옹호하는 복잡성과 모순은 20세기의 회화, 시, 심지어 수학에서도 발견할 수 있다. 서양 건축의 아버지인 비트루비우스의 건축조차 '편리성' '견고성' '환희'라는 세 개의 조건을 포함했다는 점에서 복잡하고 모순적이다.[097] 즉 벤투리의 견해에 따르면 로마 시대조차 그 같은 세 가지 조건들 사이에 모순과 갈등이 존재하는 것으로 인식되었는데, 20세기야말로 프로그램, 구조, 기계 장비 등 모든 것이 모순을 만들어내는 게 자명하다는 것이다.

건물이 대형화되면서 도시의 맥락은 갈수록 복잡해지고 그 결과 건축 역시 그 이전보다 훨씬 더 복잡해졌다. 단순화를 추구하는 미스 반 데어 로에와 달리 벤투리는 오히려 현실을 수용하고 불확실성을 발굴하려 한다. 아울러 복잡성과 모순을 수용하면서 그는 생명력과 유효성이라는 또 다른 성질을 사유한다. 바로 이 지점에서 벤투리는 복잡성의 기호학을 소묘한 도시 기호학자라 할 수 있다. 그는 카탈로그 양식으로 자신이 선호하는 것을 대비해 보여준다. 예컨대 직선적인 것보다는 왜곡된 것, 명확히 분절된 것보다는 모호한 것, 흥미로운 것보다는 따분한 것들을 수용한다. 한마디로 벤투리는 의미의 명료성보다는 의미의 풍요로움을 선호했다. 아울러 명시적인 기능보다는 암묵적인 기능을 택했다.

벤투리가 생각한 타당한 건축이란 의미의 층위를 상기시키고 초점의 조합을 도출하는 것이어야 한다. 이것은 단순하고 배타적인 건축으로는 바

---

096 Venturi, R., *Complexity and Contradiction in Architecture,* Museum of Modern Art, 1966, p.24.

097 Broadbent, G., *Emerging concepts in urban space design,* London and New York, Van Nostrand Reinhold, 1990, pp.237.

랄 수 없는 요소들이다. 자신의 그 같은 사유들을 발전시키기 위해 벤투리는 두 개의 연구 프로그램을 제시한다. 첫째, 건축이라는 매체 자체의 속성을 다시 검토하는 작업으로서 특히 건축의 모호함을 있는 그대로 인정하고 적극적으로 탐구해야 한다. 둘째, 기능적 프로그램들 속에서 계속 성장하는 복잡함을 인식해야 함과 동시에 단일 건물들의 규모가 아니라 도시 전체, 아울러 지역 규모에서 건축의 프로그램을 사유해야 한다. 이렇게 볼 때 심지어 하나의 단독주택조차 그 규모는 간단할지언정 경험의 차원에서는 모호함을 표현하려는 목적을 지니고 있다는 점에서 복잡성을 드러낸다.

벤투리를 도시 기호학과 연결할 가능성은 1972년 그의 동료 데니스 스콧 브라운Denise Scott Brown과 제자들이 공동으로 발표한 또 다른 저서 『라스베이거스로부터 배우기』[098]에서 명료하게 찾아볼 수 있다.[099] 벤투리는 책의 서두에 건축가들이 오랫동안 건축이 아닌 다른 곳에서 형식적 영감을 추구해왔다는 점을 지적한다. 예컨대 낭만주의자들은 시골의 오두막집을, 르 코르뷔지에는 증기선을, 미스 반 데어 로에는 미국의 강철 공장을 이상형으로 삼았다고 설명한다. 그들 모두는 대중에게 제공할 무언가를 찾고자 당대의 대중 건축을 연구했다는 것이다. 그런데 벤투리에 따르면 대중적 토속성이 가장 휘황찬란하게 발견되는 곳은 미국의 수많은 도시에 나타난 상업 광고물이다. 그 가운데 벤투리는 라스베이거스의 상업 광고물Las Vegas Strip의 분석을 자신이 지도했던 대학원생 제자들에게 주문했다. 라스베이거스엔 상점, 식당, 모텔을 비롯해 심지어 결혼식을 올리는 예배당과 대형 호텔 등 도처에 광고판이 등장한다. 벤투리와 브라운은 이러한 라스베이거스의 광고 지대를 건축적 커뮤니케이션의 한 현상으로 분석한다. 이들은 우선 상업 광고의 도덕적 판단을 배제했다. 이를테면 엔지니어가 중세 고딕 구조물을 분석하면서 중세 종교의 도덕성에 관심을 가질 필요가 없는 것과 같은 원리였다.

---

098 Venturi, R., et al, *Learning from Las Vegas (Revised Edition): The Forgotten Symbolism of Architectural Form,* Cambridge, MA., The MIT Press, 1977.

099 Broadbent, G., *Emerging concepts in urban space design,* London and New York, Van Nostrand Reinhold, 1990, pp.245-252.

이들에 따르면 건축은 프로그램과 구조에 봉사하는 공간과 형태로 이뤄진다. 즉 이것은 19세기의 절충적 건축이 역사적 양식 속에 우뚝 서 있는 것과 같은 원리이다. 그것은 과거의 명시적 연상 작용과 낭만주의적 암시를 상기한다. 근대 건축가는 문학성, 민족성, 상징성을 담아 과거를 암시했던 전통적 건축을 절대적으로 기피했다. 그런데 건축의 역사는 이집트 시대부터 20세기 초까지 회화, 조각, 그래픽이 건축과 함께한 도상학의 역사이기도 했다. 모더니즘의 순수하며 추상적인 형태는, 그 형태의 귀속적, 생리적 특징으로만 필요한 의미를 전달한다는 전제가 깔려 있다. 사실 모더니즘의 형태는 당대의 예술 사조, 즉 추상 회화와 기계 형식으로부터 파생되어왔다. 따라서 모더니스트는 결국 의미의 표현을 장려해온 셈이다. 아무리 엄격했다고는 해도 글들의 건축 작품 속에는 추상적이거나 기계적이거나 어쨌건 의미가 담겼다는 점에서, 기호학적 소통을 피할 수는 없었다.

벤투리가 지휘했던 라스베이거스 연구팀은 다양한 양식과 기호로 채워진 도로 건축을 '반공간적 건축물'이라 불렀다. 즉 그것은 공간보다 위에 있는 커뮤니케이션 건축물로, 커뮤니케이션이 건축과 도시 경관의 본질적 요소가 되어 공간을 지배했다고 분석한다. 이러한 경관은 그 규모가 과거와 견주었을 때 완전히 새롭다는 것이 그들의 진단이었다. 그들은 19세기의 절충주의는 적어도 유수한 전통적 경관이 지닌 미묘하고 복잡한 의미를 상기했다고 보았다. 하지만(전혀 다른 절충주의로) 도로를 따라 건설된 건축물은 대규모 공간, 빠른 속도, 복잡한 프로그램으로 이뤄진 새로운 경관이며, 방대하고도 복잡한 환경 속에서 과감한 충격을 촉발한다고 분석했다. 이 경관을 따라 자동차로 달리면 상이한 양식과 기호를 서로 연결할 수 있다. 물론 그것들은 기본적으로 상업적이며 메시지의 종류도 전혀 새롭지 않다. 하지만 그 메시지의 맥락은 근본적으로 새롭다는 것이 그들의 주장이다. 이제 일상 경험에서 쉽게 확인할 수 있듯이 고속도로와 대도시의 도로는 물론, 심지어 보행자 길에서도 안내 기호 없이 길을 찾는 것은 거의 불가능하다. 도시의 환경과 맥락이 변했기 때문이다. 이러한 복잡한 프로그램은 '구조' '형태' '빛'의 삼원소로 공간에 봉사하는 건축을 넘어서는, 미디어의 조합을 요구한다. 즉 복잡해진 환경은 미묘한 표현보다는 과감한 커뮤니케이션의 건축을 요구한다. 이들 연구팀은 라스베이거스의 현장에서 세밀한 관찰 조사를 실행해 크게 세 가지 종류의 메시지 시스템을 판별했으며 이것은 액면 그대로 기호학적 분석 그 자체라 할 수 있다.

첫째, 차도 가장자리에 있는 문장 기호heraldic signs, 둘째, 건물의 얼굴에 주어지는 인상학 또는 골상학의 기호physiognomic signs, 즉 호텔이라는 장소명을 표시하는 발코니나 간격이 규칙적인 창문 등이다. 셋째, 장소적 기호로서 카지노, 발렛 파킹 등의 서비스를 알리는 표식 등이다. 이 밖에도 이들은 라스베이거스의 간판에서 현대 도시의 언어적 기호가 갈수록 중요해지고 보행자와 운전자를 위한 기호는 갈수록 대형화된다는 점을 발견했다. 특히 고속도로에 설치된 기호들은 마치 조각 작품과 회화 작품처럼, 특정한 장소에서 특정한 형태와 그래픽으로 의미화해, 결국 독특한 질감을 지닌 하나의 메가텍스트로 통일된다고 보았다. 이 같은 기호는 공간에서 언어적 상징적 연계를 만들어내고, 수많은 연상으로 의미의 복잡성을 소통시키고 있다는 것이 이들의 판단이다. 따라서 상징이 공간을 지배하며 건축만으로는 충분하지 않다는 것이 이들의 최종 결론이다.

도시 공간의 본질:
호모 우르바누스의 탄생과 대도시Megalopolis 문명양식의 창발

도시의 인간학적 본질

모든 동물 가운데 오직 인간만이 언어를 구사하고Homo Loquens 도구와 기술을 창조하는 주체Homo Faber인 것과 마찬가지로, 인간은 도시라는 거대한 물리적, 정신적 공간을 만들어낸 독보적 존재라는 점에서 인간은 호모 우르바누스Homo Urbanus이기도 하다. 실제로 여러 사상가가 인간이 만든 가장 위대한 창조물이 바로 도시라는 점을 다양한 비유로 강조한 바 있다. 멈퍼드는 도시를 가장 위대한 예술 작품이라 불렀으며 레비스트로스는 가장 탁월한 인간적 성취로서 도시를 한 편의 심포니에 비유하기도 했다.

그렇다면 도시란 무엇인가? 전공 분야마다, 학자마다 내리는 정의는 천차만별이다. 저명한 도시 역사 연구가이자 도시 인문 사상가인 멈퍼드는 "하나로 정의할 수 없다"고 힘주어 말한다. "도시란 무엇인가? 그것은 어떻게 존재하게 되었는가? 도시가 무엇을 추구하고 개선하는가? 도시가 수행하는 기능은? 도시의 최종 목적은? 이 모든 발현의 단일한 정의는 제시될 수 없다. 단일한 기술description로는 도시의 맹아인 사회적 핵으로부터 성숙기의 복잡한 형태와 노년기의 신체적 붕괴disintegration로 이어지는 도시의 모든 변형을 포괄할 수 없다."[100]

의미심장하게도 멈퍼드는 선지자적 예견으로 전 세계가 하나의 도시가 됨으로써 기존의 도시가 소멸될 상황을 내다보았다. 곧 '유토피아'와 '네크로폴리스'의 가능성이다. "도시는 사라질 것인가, 아니면 전 지구가 하나의 방대한 벌집 도시로 바뀔 것인가? 이는 또 다른 소멸의 방식이 될

---

100 Mumford, L., *The City in History,* London, Penguin Books, 1961, p.11. (한국어 번역본) 루이스 멈포드, 김영기 옮김, 『역사 속의 도시』, 명보 문화사, 2001.

것이다. (…) 네크로폴리스와 유토피아 사이에 여전히 생존 선택이 존재할까? 내적 모순으로부터 자유로워져 인간의 발전을 긍정적으로 풍요롭게 만들고 개선할 수 있는 새로운 도시는 과연 가능한가?"[101]

어쨌거나 멈퍼드는 도시의 역사적 본질에 방점을 찍는다. "만약 우리가 도시 공간에 새로운 삶의 토대를 놓으려 한다면, 우리는 도시의 역사적 본질을 이해해야 하며, 그것의 본래 기능들, 즉 도시가 만들어낸 기능과 만들어가야 할 기능을 구별해야 한다."[102] 그는 또 다른 주저 『도시의 문화』에서도 도시의 중핵은 역사성에 있음을 강조한다. "역사 속에서 도시를 발견한다면, 도시가 특정한 공동체의 권력과 문화를 위해 마련된 최고의 집중화 지점임을 알게 될 것이다."[103]

주목할 사실은 멈퍼드의 도시 정의가 '도시를 기호학의 고유한 대상으로 삼을 수 있는 결정적 근거'를 제공한다는 점이다. "도시는 하나의 형태로 통합된 사회관계의 상징물이다. 그리고 사원, 시장, 법원, 학교 등으로 이뤄진 하나의 시스템이다."[104]

20세기 초반기부터 도시의 본질적 성격, 즉 도시를 도시답게 만드는 것cityness이 무엇인지를 정의하려는 다양한 시도가 전개됐다. 아마도 그 같은 정의를 최초로 시도한 학자는 앞에서 간략하게 언급했던 독일의 사회학자 막스 베버Max Weber가 될 것이다.[105] 그를 필두로 해서 인류학자, 지리학자, 사회학자, 도시 역사학자 등이 도시를 문명과 동의어가 아닌, 하나의 물리적, 문화적 현상으로 간주하는 일련의 정의를 제시했다. 짐멜을 비롯한 독일의 도시 이론가들로부터 도시 형태론의 창시자인 프랑스 사회학자 알박스를 거쳐 시카고의 도시 사회학자들에 이르기까지, 수많은 학자가 근대

---

101 위의 책, p.11.

102 같은 책, p.11.

103 Mumford, L., *The Culture of cities,* New York, Routledge/Thoemmes Press, Reprinted 1997, first published 1938, p.3.

104 위의 책, p.3.

105 Weber, M., *The City,* New York, Free Press, 1958.

와 현대 세계에서 '어버니즘'을 폭넓게 정의할 모델을 수립하고자 노력해 왔다. 특히 사회과학자들은 과학적 객관성에 기초한 메트로폴리스의 설명 모델을 추구했다. 그 가운데 베버와 오스발트 슈펭글러Oswald Spengler는 근대 도시가 과거에 존재했던 전통적 도시계획에 견주어 오히려 퇴행한 형태로 파악했다.[106]

과거의 전통 도시가 지니고 있던 인간적 차원에서의 탁월함에 대한 향수는 산업도시에서의 빈곤과 계급 관계에 대한 엥겔스의 치밀한 관찰에도 나타난다. 베버와 슈펭글러가 근대 도시의 고독과 파편화를 입증한 것처럼 엥겔스 역시 근대 도시의 공간을 소외와 결부시켰다. 이와 달리 짐멜은 근대 도시가 제공할 수 있는 개인의 자유 신장에 주목했다. 물론 그 역시 근대 대도시에서 치러야 할 대가로 감각 마비 또는 무관심과 유아독존 현상을 지적했다. 베버와 슈펭글러가 중세의 낭만적이며 동질적인 도시에 견주어 근대 도시의 군중의 이질성과 몰려드는 도시 이주자를 불편해했다면, 유대인이었던 짐멜은 서구 기독교 사회에서 고립된 이방인으로 살아가면서 근대 도시 생활이 낳은 삭막한 감동 부재의 에토스를 인정했으나, 이와 동시에 몰개성성을 불러온 근대 도시 공간의 새로운 자유는 환영했다.

도시는 하나의 고유한 공간을 규정한다. 이는 가장 높은 수준에서 이뤄진 인간 세계의 탁월한 성취물이다. 어원적으로 그리스어 폴리스polis, 라틴어 우르브스urbs, 영어 타운town은 울타리, 둥근 모양의 울타리와 말뚝, 성벽을 두른 도시를 뜻한다. 도시는 구체적이면서도 특수한 방식으로 인간 세계의 윤곽을 그려내는 울타리인 셈이다. 근본적으로 도시는 둘러싸인 하나의 세계를 표상한다. 도시는 자연을 변형하려는 인간의 능력과 태도, 즉 '포이에시스poiēsis'의 규칙에 따라 자신의 고유한 작품을 창조하려는 인간의 태도를 증언한다. 도시 공간의 모든 인공물은 기술적 제작을 의미하는 라틴어 '포에시스'의 한 범주라 할 수 있다. 모든 건물, 모든 길은 정신이 구상한 인간 기획의 결과물이다. 야생의 자연과는 본질에서 다르다. 벌, 제비도 정교

106 Spengler, O., *The Decline of the West,* New York, Knopf, 1928.

한 주거 공간을 건축하지만 이는 본능적 작업이지 정신적 성찰의 결과물은 아니다. 콘크리트, 강철, 알루미늄 등 건설 재료는 합성 소재이며 인간적 재간의 열매이다. 도시는 인공적이며 작위적이다. 거미줄을 거의 본능적으로 생산하는 거미와 달리, 인간은 반성적인 성찰로 구상한 다음에야 작품을 생산한다. 그렇지만 도시라는 하나의 예술 작품의 진가가 드러나는 것은 오직 윤리적 정치적 관계 속에서 진정한 인간성을 구현할 때이다.

요컨대 도시는 정치력이 실험되는 환경이다. 이 점에서 한나 아렌트Hannah Arendt는 "제반 행동의 가능성이 현존하려면 인간은 서로 가까이 살아야 하며, 그때 비로소 공동체의 정치적 힘을 보존할 수 있다"고 설파한 바 있다. 그녀는 또 "도시 공동체가 서구 정치 조직화의 전범이며, 유럽에 남아 있는 도시들은 권력의 가장 중요한 물질적 조건"이라고 말한다.[107] 도시는 바로 물리적 세계인 피시스physis에 부과하는 법의 세계 노모스nomos의 힘을 표현한다. 바로 그런 이유에서 그리스의 철학자들은 "법이 도시의 진정한 울타리"라고 진술했던 것이다. 서구 도시 공동체의 역사에서 시민은 정치법, 민법, 형법 등으로 자율권을 천명했다. 베버가 지적한 것처럼, 서구 도시에서는 혈연과 지연 관계의 틀을 뛰어넘어 본질적으로 생소한 사람들의 모임이 이뤄졌다.[108] 도시는 정치를 통해 부족과 인종 관계의 결정주의적 속박으로부터 인간을 해방시켰다.

하나의 도시는 도시를 가로지르는 인간 활동을 통해서만 존재한다. 도시 공간에는 도시를 지탱했던 문명의 수많은 표지가 뿌려져 있다. 인구, 경제, 기술, 정치는 바로 문명의 핵심 요소이다. 도시는 이 힘들의 교차로이면서 동시에 그 힘이 구축되고 발전하는 특권화된 장소이다.[109]

도시는 특히 정치권력에 탁월한 환경을 제공한다. 고대 그리스의 독립 소도시에서 오늘날의 민족 국가의 수도에 이르기까지, 권력 중심지의 도시

---

107 Arendt, H., *Condition de l'homme moderne,* Paris, Calmann-Lévy, 1983, p.226.
(한국어 번역본) 한나 아렌트, 이진우 옮김, 『인간의 조건』, 한길사, 2002.

108 Weber, M., *La ville,* Paris, Aubier, 1982, p. 64.

109 Bonfill, R. and Véron, N., *L'architecture des villes,* Paris, Editions Odile Jacob, 1995, pp.31-71.

적 특징은 거의 예외가 없다. 즉 도시의 삶, 도시계획, 시민성 사이에 존재하는 강력한 관계는 모든 시대를 가로질러 모든 정치 시스템에 나타난다.[110] 요컨대 서구 문명의 핵심은 도시 공동체였다. "서구 문명의 원리는 정치이며, 따라서 그것의 핵심은 도시 공동체이다. 서구 문명은 도시와 더불어 시작됐다."[111]

요컨대, 서구 문명은 그리스 도시 공동체의 내적 외적 운동과 함께 시작했다고 볼 수 있다. 그리스 도시 공동체는 구성원들 사이의 공통적인 것이 무엇인지를 선명하게 부각시켰으며, 이와 더불어 그 같은 공통적인 것을 통치하는 기술을 출현하게 만든 인간적 삶의 형태를 실현한 생활양식이라 할 수 있다.

도시의 단위와 의미의 변화

도시는 거주 인구의 양적 규모에 따라 국가의 제도적 규약의 대상이 되며, 행정, 법률, 조세 등의 관리 도구를 갖춘다. 오늘날의 도시는 재화의 교환, 언어와 정보의 교환, 정서의 교환이 일어나는 세 가지 소통의 장소이며, 하나의 매개체라 할 수 있다. 따라서 오늘날의 도시는 로마인의 우르브스urbs와 같은 의미의 물리적 결합으로 파악되어야 한다. 라틴어로 우르브스는 물적 집적체로서의 도시 공간을 뜻한다. 또 다른 라틴어 키비타스civitas는 도시에서 생활하는 시민의 공동체를 말한다. 더 정확히 말하면 이 단어는 특정 인구 집단이 도시의 고정된 공간에 서로 묶이는 현상을 뜻한다. 하지만 산업화와 더불어 나타난 전례 없는 인구 집중화 시대에 돌입하면서, 근대 도시 공간은 과거 전통이 간직해온 물적 토대와 공동체적 정신의 결합을 훼손시켰

---

110 위의 책, p.66.

111 Manent, P., *Les métamorphoses de la cité: essai sur la dynamique de l'Occident,* Paris, Flammarion, 2010, p.11.

다. 예컨대 도시를 뜻하는 프랑스어 빌르ville는 그 어원을 분석해보면 라틴어 빌라villa에서 왔으며, 이것은 중세 도시의 핵심을 구성했던 촌락의 자치 구역을 지칭한다. 이 같은 어원적 의미는 산업화 이전 유럽의 도시가 부분적으로 촌락이었다는 사실을 방증한다. 바로 이 점에서 도시 역사학자 멈퍼드는 중세의 도시가 촌락이었을 뿐만 아니라, 촌락으로부터 탄생했음을 강조했던 것이다.[112] 촌락과 도시의 상호 의존성은 멈퍼드를 필두로 유럽의 도시사 전공자들이 분명하게 증명해놓았다.[113] 산업혁명은 전통적 도시의 탄탄한 공동체적 유대와 결합을 파괴했다. 도시와 촌락을 결합했던 상보성을 무너뜨렸으며 이 둘 사이에 극복하기 어려운 차이를 새겨놓았다. 칼 마르크스Karl Marx는 공산주의가 이 같은 차이를 제거할 것이라고 예견했으나, 도시와 촌락의 격차를 줄이거나 소거한 것은 사회혁명이 아니라 끊임없는 기술의 진화였다.

한편 사회과학이 제시한 도시 개념urban concept은 크게 세 요소로 압축된다. 도시 개념의 정의는 본질적으로 인간 정착 시스템에서 비도시적 부분을 제거하는 것에서 시작한다. 촌락과 도시를 가장 적절하게 구별하는 세 가지 요소는 다음과 같다.[114]

첫째, 인구학적 요소이다. 도시의 공간 개념화는 통상적으로 인구 크기와 인구 밀도와 같은 요인을 중심으로 진행된다. 바로 이 점에서 여러 국가 사이에 큰 차이가 존재한다. 예컨대, 미국은 2,500명 이상 지역을 도시 지역으로 간주하는 반면, 덴마크는 그 기준이 불과 250명에 불과하다. 인도는 5,000명 이상을 도시 지역으로 인정한다.

둘째, 도시의 경제적 요소이다. 촌락 지역과는 대조적으로 도시 중심부의 경제활동은 농업 이외의 생산을 중심으로 조직화된다. 도시 중심부에서

---

112 Mumford, L., *The Culture of Cities,* London, Secker and Warburg, 1938, p.306.

113 Mohenberg, P. and Lees, L.H., *The Making of Urban Europe (1000-1950),* Cambridge, Harvard University Press, 1985.

114 Frey, W. H. and Zimmer, Z., "Defining the City", in *Handbook of Urban Studies,* Edited by Paddison, R., London, SAGE, 2001, pp.26-27.

발생하는 경제적 기능의 다양성은 생산의 다양성을 포함할 뿐만 아니라, 교육, 정치, 행정, 사회적인 관계망 속에서 고용과 노동력의 다양성도 포함한다.

끝으로 도시를 정의하는 세 번째 요소는 도시의 거주자이다. 거주자의 특징은 도시의 사회적 성격을 드러낸다. 상식적으로 촌락 지역과 도시 지역의 사람은 살아가는 방식이 다르고 행동 양식, 가치, 세계관에서 차이가 있다. 하지만 이 같은 사회적 성격에 기초해 도시 지역을 구별하는 데에는 여러 난점이 존재한다. 이를테면 후진국은 도시 이주민에게 촌락의 전통이 여전히 강하게 남아 있지만, 선진국은 인구밀도가 낮은 촌락 지역에서 도시 중심부의 특징을 발견할 수 있다. 즉 도시 지역과 촌락 지역을 분할하는 현실적이거나 단일한 구획은 존재하지 않으며 양자는 도시화의 정도 차이가 있을 뿐 하나의 연속체로 존재한다고 말하는 편이 더 적절할 것이다.

비록 도시 공간을 규정하는 특징을 식별하는 것이 가능할지라도, 도시 공간을 지배하는 것은 이질성이라 할 수 있다.[115] 무엇보다 먼저 도시 전체와 건물의 구조화에서 내뿜어지는 이질성을 꼽을 수 있다. 역사적 중심지 주변에서 완만하게 형태를 취했던 도시들 사이에서, 이질적인 사유 아래 새롭게 건설된 신도시, 혼자서 무럭무럭 자라는 잡초와 같은 세계 대도시의 빈민가 등, 세계 도처에 쏟아지는 이질적 도시의 형태는 천태만상이라 해도 과언이 아니다. 이런 의미에서 몇몇 지리학자는 생산과 관련한 '기술적 도시화'와 단순한 인구 축적과 관련한 '인구학적 도시화'를 구별하고 있다. 거주자들에게 수많은 일자리를 제공할 수 있다는 점에서 어떤 학자들은 포용과 생산을 실현하는 도시화라 부르기도 하는가 하면, 다른 진영의 학자들은 인구 차원의 도시화에서 도시는 체계성과 형식성을 결여한 채 불안정한 일시적 고용을 창출하는 매트릭스에 불과하다는 진단을 내린다.

끝으로 사회적 이질성을 지적해야 할 것이다. 도시는 모든 사람에게 동일한 물리적 현실이 아니다. 나이, 성별, 계층, 취향, 심리 상태, 국적, 성격에 따라서 도시는 천의 얼굴을 가진다. 특히 인구가 폭증하면서 도시의 이질

---

115 cf. *Cahiers Philosophiques,* CNDP, Editorial, n.118, 2009.

성은 심화한다. 서로 다른 사회적 경제적 조건에 처한 사람들이 도시에서의 삶을 영위한다. 그런데 과거에는 같은 구역에 모여 다른 종류의 삶을 살아간 '결합된 차별화'였다면 이제는 '분리된 차별화'의 단계로 이동했다. 경제 수준에 따른 거주 지역의 차별화는 영토의 균열화를 낳고 있다. 최빈곤층과 약자들은 도시의 주변부로 밀려나지만 그것이 카오스적이고 비천한 상태라 할지라도 나름대로 그들 역시 도시 공간의 일부분을 전유한다.

오늘날 도시는 하나의 문제 그 자체이다.[116] 도시는 공동체 의식에 기초한 '시민'을 배태하지 못하고 있으며 이것은 사회의 위기로 반영된다. 사회적 계층의 다양성으로 인해 갈수록 공간의 차별화는 가속화되고 있다. 이웃 동네와 거리의 퇴행은 진정한 공동체의 의식과 삶이 부재하도록 만들었고 어렵게 성취한 민주주의를 훼손시키며 더는 인내하기 어려운 악화일로의 수준에 도달했다. 민주주의는 시민이 사라진 자리, 폭력이 난무하는 공간에서 밀려나 설 자리가 없어졌다. 사회 조직 전체가 불균형과 적대감으로 고통받는다. 한마디로 현대의 도시는 시민성을 통합하고 연대하며 그 잠재력을 발휘할 능력을 상실했다.[117] 우리가 목도하는 두 번째 사실은 이 같은 도전에 맞선 지적 전통의 토론과 전략이 존재하지 않는다는 서글픔이다. 이러한 위기를 타개하기 위한 첫 번째 본질적 요건은 도시를 하나의 유기체로 간주하는 것이며 장기적 차원에서 인간학적 전망을 마련하는 것이다.

대도시 문명양식의 창발

2008년을 기점으로 도시 인구는 역사상 처음으로 전체 인구의 절반을 넘어섰으며 인류는 본격적인 대도시 문명화로 치닫고 있다. 불과 200년 전만 해도 전체 인구의 단 3퍼센트만이 도시에서 살았다는 점을 감안하면 현재의

---

116 Bonfill, R. and Véron, N., *L'architecture des villes,* Paris, Editions Odile Jacob, 1995, p.19.

117 위의 책, pp.20-21.

도시화는 근본적으로 새로운 문명 양식이라 할 수 있다. 이 같은 대도시화의 수레바퀴는 가속도가 붙어 2050년에는 전 세계 인구의 75퍼센트가 도시에서 생활할 것으로 예상된다.

도시는 인류 문명의 탄생부터 존재해왔다는 점에서 오래된 현상이지만 20세기 중반기 이후로 인류가 경험하는 도시화는 그 이전과는 질적으로 전혀 다른 전대미문의 차원이라 할 수 있다. 현시대는 도시의 시대이다. 인류가 경험하는 파상적인 대도시화의 진화는 도시 인구 증가율이 세계 인구 증가율을 평균 두 배 이상이나 앞선다는 점에서 역행하기 어려울 것으로 보인다. 이제 도시화는 하나의 기정사실이다.

20세기 중반기부터 뉴욕이 세계 최초의 메가시티가 된 뒤로, 즉 1,000만 명 이상의 도시가 2007년에는 열아홉 개로 늘었고 2025년에는 최소 스물여섯 개가 될 전망이다. 오늘날 도시들과 메가시티는 더 큰 도시 시스템을 향해 퍼져 나간다. 바로 이 같은 대도시화 현상을 설명하고자 제안된 '메갈로폴리스'라는 단어는 1961년 최초로 등장했다.[118] 미국 인구 3억 명 가운데 여섯 명 중 한 명은 뉴욕, 보스턴, 로스앤젤레스, 필라델피아 등의 대도시에서 살며, 일본은 도쿄, 나고야, 오사카의 도시 지역에 8,000만 명이 산다. 2013년 현재 36억 명의 인구가 도시에서 생활하는데, 그 가운데 인구 1,000만 명 이상의 메가폴리스 또는 500만 명 이상의 대도시에 거주하는 인구는 5억 명에 이른다. UN의 예측으로는 세계적 도시화의 비율은 앞으로 수십 년 동안 가파른 속도로 높아져 2030년에는 59.7퍼센트, 그리고 2050년에는 69.6퍼센트에 이를 전망이다. 과거부터 존재해온 도시 중심지와 새로운 신도시들이 앞으로 도래할 인구 증가의 핵심부를 흡수할 것이다.[119]

---

118 '매우 큰 도시'를 의미하는 그리스어 단어에서 파생된 이 단어를 최초로 사용한 학자는 도시학자 고트만(Jean Gottmann)이다. 다음 논문 참조.

Short, J. R., "The Liquid City of Megalopolis", in Bridge, G. and Watson, S., *The New Blackwell Companion to the City*,
Chichester, Wiley-Blackwell, 2011.

119 UN, "World urbanisation prospects. The 2007 revision population database", http://esa.un.org/unup, Department of Economic and Social Affairs, New York, 2008.

이 같은 폭발적 도시화는 일차적으로 빈곤 지역과 인구 과밀 지역에 영향을 미칠 것으로 예상된다. 선진국은 이미 많은 도시화가 이뤄져 도시 인구의 성장 가능성이 거의 임계점에 도달해 대체로 2050년에 이르러 도시화 비율은 74퍼센트에서 85퍼센트로 그칠 전망이다. 라틴 아메리카 지역에서도 같은 현상이 목격된다. 다만, 20세기 초반부터 조기에 도시화가 이뤄졌다는 사실에서, 이제 막 본격적인 도시화가 창발하는 제3세계 지역은 예외라 할 수 있다.[120]

아프리카와 아시아 지역 역시 기존의 균형이 깨지고 있다. 아프리카의 도시 인구는 1950년부터 2010년 시점에 이르기까지 무려 열 배가 증가해 3,300만 명에서 3억 7,300만 명에 육박했다. 2050년대에는 1억 2,000만 명에 이르러 전체 인구의 63퍼센트가 도시 지역에 몰려들 것으로 예상된다. 아시아 지역은 20세기 중반에 2억 3,700만 명에 이르렀는데 오늘날에는 16억 5,000만 명이며, 앞으로 30년 안에 30억 5,000만 명에 이를 것으로 예상된다. 이제 인도인의 절반 이상과 중국인의 4분의 3 그리고 인도네시아인 5분의 4가 도시에서 살아갈 날이 머지않았다.[121]

요컨대 멈퍼드의 예언을 따르자면, 전 세계가 하나의 도시가 될 날이 도래할 것이다. 더 정확히 말하면 이것은 세계화된 경제 공간의 매듭을 형성하는 지나치게 방대해진 도시 축들의 성좌를 말한다.[122] 인구 이주의 원인이자 결과인 전대미문의 도시화가 새로운 사회적 성층화를 파생할 것이며, 인간이 저지른 전 지구의 생태 시스템의 전방위적 변형을 동반할 것이다.

이 같은 전 지구적 도시화 현상의 진정한 의의를 파악하려면 오랜 시간에 걸친 역사적 전망이 필요하다. 파상적인 도시화는 새로운 인간형의 출현

---

120 cf. United Nations for Human Settlements(HABITAT), *An Urbanizing World: Global Report on Human Settlements,* Oxford, Oxford University Press, 1996.

121 다음 기사 참조. Golub, P. S., "Des cités-Etats à la ville globale", *Le Monde diplomatique,* Avril 2010.

122 Mumford, L., *The City in History: Its Origins, Its Transformations, and Its Prospects,* Harcourt Brace International, New York, 1986(1961).

과 맞물린다. 기후학자 제임스 한센James Hansen은 산업혁명 시초부터 인간이 하나의 지질학적 힘이 됐다고 분석한다. 화석 에너지의 집중적 사용으로 인간 종은 지구의 생물 서식지를 질적으로 크게 변형시켜 놓았다. 또한 노벨상 수상자이자 대기 화학 분야의 세계적 권위자인 폴 크루첸은 "기후 변화의 문제는 인간 사회와 자연의 관계를 둘러싼 기존의 연구 토대를 근본부터 흔들어놓았으며, 온실가스 효과를 일으켜 오존층 파괴와 지구 온난화를 진행시킨 인간은 농경 사회의 출현에 이어 또 하나의 지질의 변화를 일으키는 시대를 불러왔다"고 주장한다.[123] 대기 기 후 변화 연구의 권위자인 한센 교 수와 크루첸 교수는 이구동성으로 호모 사피엔스의 운명보다 지구 생명의 앞날이 더 긴박한 문제라고 경고한 바 있으며, 지구의 존치가 인류의 흥망보다 더 중대한 시간이라는 사실을 강조하였다. 특히 크루첸 교수의 연구팀은 산업혁명 뒤로 200년간 발생한 대규모의 온실가스는 전혀 다른 기후 시기를 촉발할 것이며, 이를 '신-신생대 기후Neo-Cenozoic Climate 시대'로 명명했다.[124]

이러한 상태 이전의 경제적 사회적 삶은 수천 년간 전통적인 경제의 완만한 리듬이 지배해왔다. 마을과 최초의 도시들은 자연환경과 상징적 관계를 유지하고 있었다. 물론 사회는 자연에 지엽적 영향력을 행사한 것이 사실이다. 하지만 그 영향력은 미미해서 생태계 균형을 심각하게 훼손할 정도는 아니었다. 정착화와 인구 집중화에 길을 터준 신석기 시대의 농업혁명에서 시작해서 19세기에 이르기까지 도시화 인구 비율은 일정한 한계 내에 머물렀다. 과거 도시의 인구 비율을 연구한 역사학자 바이로크의 계산에 따르면 도시 인구는 지역과 시대에 따라 대체로 모집단의 9퍼센트에서 14퍼센트를 오르락내리락했다.[125] 물론 산업화 이전의 시기에서도 대규모의 인구가 모여 사는 도시들, 이를테면 로마, 베이징, 항저우, 난징, 바그다드 등의

---

123 Crutzen, P. J. and Stoermer, E. F., "The Anthropocene", *Global Change Newsletter,* 41, 2000, pp.12-13.

124 Graedel, T. E. and Crutzen, P. J., *Atmosphere, Climate, and Change,* New York, Scientific American Library, 1995, pp.143-153.

125 Bairoch, P., *De Jéricho à Mexico. Villes et économie dans l'histoire,* Paris, Gallimard, 1985.

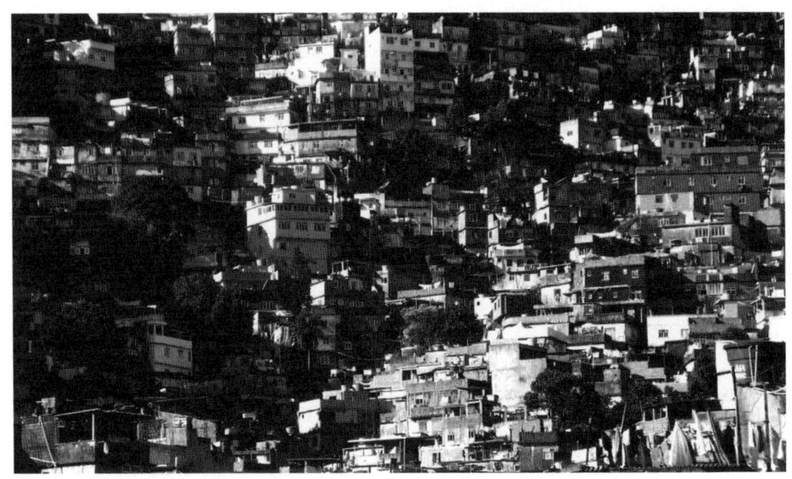

1 브라질의 빈민촌 파벨라(Favela)

도시가 있었으며, 이 도시들 가운데 몇몇은 제국의 심장부를 구성했고 수만에서 수십만 명의 인구를 포함하고 있었다. 19세기 초반 무렵 베이징은 대략 50만에서 60만 정도의 인구를 갖고 있었으며, 조선 시대 한양도 약 20만 명의 인구가 있었다.[126]

유럽은 중세 시대에 상업도시가 등장하고 인구 2만 명 이상의 도시국가의 네트워크가 형성되면서 도시 팽창을 경험한다. 하지만 이는 도시와 촌락 사이의 생태학적 균형을 근본적으로 변형시키지도 않았으며, 사회적 관계에 혁명을 가져오지도 않았다.

1780년 당시 전 세계에서 인구 10만 명 이상의 도시는 채 백개가 되지 않았다. 유럽과 다른 어떤 문명권에서도 도시의 지배라는 말을 사용할 수 없었다. 자본주의 이전의 사회적 생산은 농업이었으며, 농업은 사회 활동의 일반적 틀을 제공했던 시골 공간의 토대를 형성했다. 도시화와 산업화 사이의 새로운 상징적 관계가 설정된 것은 산업혁명부터이다.[127] 노동과 자본의

126 Chandler, T., *Four Thousand Years of Urban Growth,* Lewiston, Edwin Mellen, 1987.

127 Soja, E. W., *Postmetropolis: Critical Studies of Cities and Religion,* Oxford, Blackwell, 2000.

집중화를 불러온 산업화는 노동의 분화와 재구조화로 전례 없는 도시화의 수레를 가파르게 돌아가게 만들었다.

1950년대부터 과거 식민 통치를 받은 국가의 도시들은 동아시아의 주요 도시를 제외하고는 이렇다 할 경제발전을 이룩하지 못했다. 서울, 타이페이, 싱가포르, 홍콩, 상하이 등은 예외적인 비약적 도시 발전의 전범들이다. 반면 아프리카, 남아시아 등에서는 지속적인 인구 증가, 도시 증가와 더불어 도시의 빈민촌이 늘어가면서 가공할 만한 생태학적 문제를 발생시키고 있다. 라고스, 다카르, 캘커타, 자카르타, 마닐라 등이 대표적이다. 이들 도시 지역은 풍부한 천연자원과 절대적 빈곤이 공존하는 역설을 낳으면서 세계의 빈민촌을 확대시키고 있다.[128]

정보사회학의 기수인 마누엘 카스텔스Manuel Castells가 입증한 것처럼, 부자 국가의 대규모 도시 중심지는 남과 북, 즉 부자와 빈자를 모두 포함하는 이원적 도시이다.[129] 세밀하게 세분화된 이들 도시에서는 과거의 피식민 국가에서 이주해 온 가난한 노동자로 넘쳐난다. 부, 문화, 지식을 집중화시키는 이른바 글로벌 도시에 나타나는 사회적 불평등과 더불어, 제3세계의 세계화된 도시 지역의 사회적 불평등 역시 심각한 문제이다.

결국 도시화는 산업화와 세계화가 쏟아내는 온갖 종류의 긴장과 문제를 오롯이 노출하고 있다. 이젠 돌이킬 수 없는 현상인 이 같은 질풍노도의 도시화는 공공 재화, 교육, 문화, 보건 후생의 조건을 마련할 수 있느냐며 인류의 능력 한계를 묻고 있다. 특히 우리가 깊이 성찰해야 할 문제는 인류 전체를 위한 건강한 환경의 문제로서, 그 문제의 요체는 공동체의 행복, 그리고 개인 자유의 신장을 확보하는 지속 가능한 발전의 일차적 조건이라 할 수 있다.

---

128 Davis, M., *Planète bidonvilles,* Paris, Ab Irato, 2005. (한국어 번역본) 마이크 데이비스, 김정아 옮김, 『슬럼 지구를 뒤덮다』, 돌베개, 2007.

129 Castells, M., *The Informational City: Information, Technology, Economic Restructuring and the Urban-Regional Process,* Cambridge, Blackwell, 1989.

근대 도시 계획의 담론과 실행에 대한 비판적 성찰

근대 도시 계획 담론의 유토피아이즘과 메시아니즘

도시 기호학의 역할 가운데 하나는 도시의 인간학적 의미를 탐구하는 데 있으며, 이 점에서 근대 이후 도시화에서 발생한 인문적 위기를 사유하고 그 인문적 대책의 모색과 실천적 대안의 제시가 필요하다.

도시 공간의 위기는 다양한 양상으로 나타난다. 무엇보다 근대 국가의 창발은 제 도시의 정치적 쇠락을 유발했다. 즉 근대 도시는 행정, 재정, 군사 분야에서 근대 이전의 전통 도시가 지녔던 자율성을 상실했다. 특히 도시 공간의 기본 구조는 산업도시의 급속한 발달과 더불어 해체됐다. 이를테면 공장과 철도가 도심 한복판에 건설됐으며 기능적 차원에서 노동의 장이었던 토지는 교환가치의 대상, 즉 상품으로 전락했다. 도시의 사용가치는 화폐 가치의 물신숭배와 철저한 이윤 창출 가능성 앞에서 말소됐으며, 도시는 공적 관심사의 대상으로 성찰되지 않고 부동산 투기의 대상으로 인식되면서 오히려 호재의 상품으로 둔갑했다.

상인과 공인이 조직했던 전통적 협동조합이 급진적 산업화로 해체되면서 신분이 불안정한 노동자 계층이 양산된 근대 산업도시에는 기초적인 권리를 박탈당한 최하층의 룸펜-프롤레타리아가 속출했다. 앞으로 3장에서 프리드리히 엥겔스Friedrich Engels의 증언을 상세히 살펴보겠거니와 이들 극빈 노동자층은 건강에 치명적 손상을 주는 열악한 근로 조건과 비위생적인 최악의 생활 조건 속에서 삶을 영위했고 그에 따라 사회의 불안정은 갈수록 심화했다. 도시 환경의 생태적 조건은 총체적으로 간과되고 희생됐으며 도시의 상하수도와 대기의 공해는 악화했고 범죄와 매춘이 만연하는 등 사회적 도덕은 실추됐다. 한마디로 근대 산업도시는 자신의 어둡고 불결한 민낯을

내보였다.[130]

질식 직전의 도시를 다급하게 완화하려 했던 응급 처방들은 오히려 도시의 공동체 정신을 망가뜨렸다. 예컨대 파리에서 오스만 남작이 시도한 새로운 도시 건설은 파리의 낙후된 중세풍 공간을 재정비하려던 것이었으나 단지 파리를 쾌적하게 만드는 것에 만족하지 않았으며, 벤야민이 강조한 것처럼 파리의 정치적 생명력을 무력화시키는 모든 조치를 취하면서 도시 차체를 근대 자본주의 앞에 무릎 꿇게 만들었다.[131] 파리를 한낱 오락과 기분 전환의 볼거리 도시로 만들려는 의도로 연출된, 즉 무대 장면과 대중 사이를 철저히 분리해 소외를 불러일으킨 볼거리 도시는 대중을 단지 이미지를 소비하는 수동적 존재로 길들였다.

2장에서 상세하게 다룰 오스만의 도시 공간 개조 기획은 특히 도시 거주자의 행동 양식의 규범화를 노리고 있었다. 그것은 어떻게 보면 푸코가 말하는 생물 정치학의 전형적인 사례라 할 수 있다. 풀어 말해 도시 주민의 생활을 효과적으로 관리하고 훈육해 효율적으로 도시를 감독하고 보호한다는 속셈이었던 것이다.

근대 도시 담론의 인문적 비판을 수행하려면 무엇보다 근대 도시의 총체적 기획과 디자인 개념에서 노정된, 다분히 허구적인 유토피아적 비전들을 철두철미하게 파헤쳐야 한다.[132]

근대 건축 또는 근대 도시는 완료형 시제가 아니다. 근대 건축과 근대 도시 옹호자들의 선의에도, 그것은 하나의 기획 또는 유산으로 남아 있다. 근대 건축이라는 이름 아래 결집된 태도와 감정의 성좌는 너무나 많은 결점을 노출한다. 근대 건축은 '자유주의' '더 원대한 희망' '더 폭넓은 윤리

---

130 Choay, F., "La mort de la ville et le règne de l'urbain", in Dethier, J. et Guiheux, A. (sous la direction), *La Ville: art, architecture en Europe 1987-1993,* Paris, Centre Georges-Pompidou, 1994, pp.26-39.

131 Benjamin, W., *Paris, capital du XIXe siècle,* Paris, Cerf, 2002.

132 Fishman, R., *Urban utopias in the twentieth century: Ebenezer Howard, Frank Lloyd Wright,* Cambridge, MA., The MIT Press, 1982.

와 선'의 도구였다. 즉 근대 도시계획 담론은 그 시작부터 서로 양립하기 어려운 두 개의 가치를 동시에 추구했다. 그 가운데 하나는 도시 공간의 관리와 조절이라는 합리적 표준화이며, 다른 하나는 도시에서의 인간적 삶, 인간성, 정치적 공동체 등의 이상형에 도덕적으로 헌신한다는 가치와 의미 부여의 강력한 표명이었다. 공간의 절대적인 합리화와 인문적 도시의 완성이라는, 마치 물과 기름처럼 서로 섞이기 어려운 두 개의 이상형의 실현, 이를테면 그 같은 두 가지 신화의 과도한 차용이야말로 근대 건축과 도시계획을 특징짓는 인식론적 중핵이라 말할 수 있다.

과학적 진보의 환상에 착근해 탄생한 근대의 신건축과 도시계획은 이성적으로 규정할 수 있었으며, 어떻게 보면 역사적으로 그 운명이 정해져 있었다. 그것은 전통과 역사의 극복이자 시대정신의 발로와 사회적 도덕적 치료 기능이었다. 신건축은 과거의 기만, 은폐, 허용, 강제성을 종언하는 선언적 정치적 몸짓으로 읽을 수 있다. 하지만 근대 건축과 도시계획은 애초부터 과학과 인간을 모두 반영해야 한다는 실현 불가능한 과업을 떠맡았다.

근대 건축과 도시계획은 초기에는 액면 그대로 희망을 담은 메시지라는 점에서 확실히 하나의 복음으로 해석될 수 있었다. 르 코르뷔지에와 더불어 아마도 프랭크 로이드 라이트Frank Lloyd Wright 등 근대 건축가들이 마치 주문을 외우듯 내뱉은 진술 속에서 그 같은 메시아니즘을 감지하는 것은 어렵지 않다. 그들의 육성 증언을 들어보자. "이런 식으로 나는 건축가를 근대 미국 사회의 문화의 구원자로서 간주했다. 그리고 이제는 모든 문명을 위한 구원자이다."[133] "현대사회가 요즘처럼 질병을 앓고 있을 때 오직 건축과 도시계획만이 질병에 처방을 내릴 수 있다."[134]

시간이 흘러 근대 도시계획의 사변에서 거품이 사라지자 근대 건축과 도시계획이 주장했던 것과는 달리 그들이 신봉했던 기술혁신의 가치가 진정한 인문적 가치와 의미를 만족시키는 것과는 거리가 멀었다는 것이 드러

---

133 Wright, F. L., *A Testament,* New York, Horizon Press, 1954, p.24.

134 Le Corbusier, *The Radiant City,* New York, The Orion Press, 1964, p.143.

났다. 근대 건축가와 도시계획가는 자신들의 담론으로 정치적 소신을 장황하게 설명하거나 메시아적 정념을 여과 없이 쏟아냈다. 구세계를 끝내고 새로운 세계를 창조하려는 야심과 초조함으로 이들은 일종의 왜곡된 지적 렌즈, 즉 특정 건축 재료와 새로운 건축 형태, 아울러 신기술의 중요성을 과도하게 강조하거나 정반대로 축소하는 침소봉대의 수사를 서슴지 않았다.

주지하는 바와 같이 종말적 재앙과 말세론의 수사학은 새천년의 수사학과 쉽게 결합된다. 온갖 위기의식을 자극하고 저주의 위협과 동시에 구원의 희망을 제시하면서 근대 건축과 도시계획은 새로운 구원의 엠블럼으로 의기투합했다. 하지만 이들의 구원 메시지와 달리 근대 도시계획은 지상의 낙원은커녕 인간학적 비전에서 평가해도 월등히 더 좋은 세상을 가져다주었다고 말하기 어렵다. 또한 근대 도시의 건설 과정에서 노골적으로 발현된 사실은 권력을 꿈꾸거나 소유하고 유지하려는 사람들 편에 유토피아의 상상계가 도사리고 있다는 점이다. 근대 도시 건립에서 정책 결정권자들과 건축가들과 도시계획자들은 다름 아닌 유토피아의 행동 주체라 할 수 있다. 근대적 도시가 선보인 꿈들은 도심과 교외에서 우후죽순처럼 솟아난 이질적이며 괴물 같은 건물들을 쏟아냈으며, 특히 절대 권력을 상징하는 흉물스런 건축물을 만들어내는 것도 다반사였다. 인류의 건축사에서 20세기는 도시계획자의 유토피아적 꿈과 무소불위의 권력이 연대하고 공범하며 가장 파상적으로 그 같은 권력의 비극적 경험을 노출시킨 생생한 장을 연출했다.[135]

그들의 기획이 실패한 이유는 다양하지만, 전통을 괄호 속에 넣거나 소거의 대상으로 삼은 것이 결정적 화근이었다. 도시 공동체의 소통은 전통에 의존하므로, 모든 사회의 지속적 발전에서 전통은 필수불가결하다. 특정 사회에서 삶의 질을 향상시키는 데 결정적 가치를 지닌 전통은 마치 그 사회가 담지하고 있는 신화의 모습과 닮아 있다. 한편, 사회에서 전통이 맡은 역할은 과학에서 가설이 맡은 역할과 거의 동등한 가치를 가진다. 이 점에서 모든 열린 사회와 마찬가지로 열린 도시는 상상력의 보고라 할 수 있다.

---

135 cf. Dethier, J. et Guiheux, A.(sous la direction), *La Ville: art et architecture en Europe 1870-1993,* Paris, Centre Georges-Pompidou, 1994.

근대 도시의 비극적 본질:
정치적 공동체의 종언과 과거 기억의 소거[136]

근대적 도시계획에 기초해 건립된 수많은 근현대 도시는 열정을 담아 유토피아를 갈망했음에도 심각한 문제를 불러왔다. 실제로 근현대 도시계획 담론의 이념적 토대와 이론적 가정들을 놓고 적지 않은 학자와 비평가들이 비판의 날을 세웠다. 대표적인 인물로는 미국의 도시학자 제이콥스와 프랑스의 도시 사상사가 프랑수와즈 쇼에Françoise Choay, 그리고 독일 출신의 건축가인 레온 크리어Leon Krier 등을 꼽을 수 있다. 특히 필자는 쇼에의 비판적 사상에 감명을 받았고 이 책에서 그녀의 의견을 폭넓게 수용해 반영했다.

제이콥스 여사는 『미국 대도시의 삶과 죽음』이라는 도시 인문학의 명저에서 '어떻게 하면 도시를 인간적인 장소로 보존할 것인가'라는 본질적인 문제를 제기했다. 그녀의 신념에 따르면 최고의 도시는 활기가 흐르는 삶의 거리를 간직한 도시이다.[137] 근현대 도시계획을 그녀가 못마땅하게 생각하고 비판하는 이유는 바로 수많은 도시 기획이 도시 문화에 생명력을 불어넣는 인간의 친밀한 상호작용의 역할을 무시했기 때문이다. 제이콥스 여사가 목격한 것은, 오늘날 한국의 아파트 주거 양식과 마찬가지로, 제약이 많고 협소한 공간에서 주거할 때 나타나는 인간적 상호작용의 부재였다. 그녀는 도시 거주자들이 그때그때의 상황에 따라 도시 공간의 사용법을 발명한다는 점에서 능동적인 도시의 삶은 작위적으로 계획될 수 없다는 점을 강조했다. 공적이고 사회적인 공간에 인공적인 한계를 부여하며 인간의 상호작용을 가로막는 도시계획은 결국 도시 자체의 파괴라는 끔찍한 결말을 가져온다는 것이 그녀의 지론이다.

---

136 본 절의 주요 내용은 기본적으로 다음 저서에 기초하고 있음을 밝혀둔다.
Dethier, J. et Guiheux, A.(sous la direction), *La Ville: art et architecture en Europe 1870-1993,* Paris, Centre Georges-Pompidou, 1994.

137 Jacobs, J., *The Death and Life of Great American Cities,* New York, Random House, 1961. (한국어 번역본) 제인 제이콥스, 유강은 옮김, 『미국 대도시의 죽음과 삶』, 그린비, 2010.

도시에서 인간미를 간직한 공적 공간들, 예컨대 골목길, 아담한 공원, 놀이터 등은 사람에게 풍요로운 정신적, 물리적 재원을 제공한다. 이런 장소는 아이들에게는 환경 학습의 기회를 제공하며, 부모는 아이가 동네에서 노는 모습을 쉽게 살필 수 있고 이웃과의 친밀한 관계를 조성해줌으로써 공동체의 소속감을 높여준다. 실제로 제이콥스의 도시 비판 담론은 실행 차원에서 몇 가지 오류와 한계를 노정하기는 했으나 본질적으로 도시 문화의 '혼'과 '심장'을 포착했다는 평가를 받으면서, 미국 지방 정부의 정책 입안자, 도시계획가와 기획가에게 큰 영향력을 행사한 것으로 알려졌다.[138]

무엇보다 근대 도시는 최소한 외연적으로는 확연했던 전통적 도시의 정치 공동체의 통일성과 합법화에 종언을 고했다는 준엄한 평가를 받는다. 역설적인 것은 근대 도시계획이 이 같은 전통적 도시 공동체를 마감시키면서, 그 스스로 기술 중심적이며 이데올로기적인 편견을 담지했다는 엄연한 사실을 은폐한 점이다. 근대성을 추구한 이들 도시 설계자들이 구상하고 동시에 실행에 옮긴 완벽한 합리적 도시의 꿈은 아이러니하게도 근대를 넘어 현대의 도시 공간 이곳저곳에 전대미문의 괴물이 되어 현실로 나타났다. 다시 말해 근대적 도시계획 담론과 실행에서 나타난 도시 공간의 합리화의 과정은 도시가 노출한 결정적 한계의 물리적 흔적을 남겨둔 셈이다. 르 코르뷔지에의 도시계획 비전에 드러나듯 근대 도시의 기획자들은 전통과 과거 공간의 기억이, 새로운 인간이 새로운 꿈을 펼치는 데 구차한 방해물이 된다는 점을 부각하고자 화려한 수사로 그럴싸한 구실을 만들어 도시 공간의 집단적 기억을 파괴했다.

자신의 과거를 망각한 도시, 이를테면 기억상실증에 걸린 도시는 정체성의 차원에서 위태롭다. 왜냐하면 과거를 기억한다는 것은 도시 역사의 뿌리를 간직하는 일이며 미래의 씨앗을 뿌리는 것에 비유될 수 있기 때문이다. 자신의 과거를 기억하는 도시 공간은 그 도시 속에 부박한 단절이 아닌 시간의 깊이를 포용하는 연속성이 존재한다는 본질적 교훈을 증언한다. 요

---

138 Gottdiener, M. and Hutchison, R., *The new urban sociology*, Philadelphia, Westview Press, 2011, pp.336-340.

컨대 이른바 근대의 열린 도시는 전통적 공동체가 견지해온 신학적, 종교적, 윤리적 정당성의 초석을 산산 조각내면서 전통 도시에 종언을 고했다. 열린 도시는 통일성, 국가, 왕의 권력과 무관할 뿐만 아니라, 이 같은 통일성과 권력에 맞서서 전복적 실천을 보여준다. 이를테면 근대 도시의 개방성은 기존 도시 공간에 탄탄하게 구축됐던 정치 공동체의 초월적이고 자연스러운 전통의 토대를 해체했던 것이다. 이런 의미에서 근대 도시는 고대 그리스의 도시 공동체가 직면했던 이념 문제와 재충돌했다. 즉 그것은 인간이 사회 규약의 질서를 자유롭게 조직하고자 할 때, 신들을 절대 신성불가침한 영역으로부터 객관적 인식의 대상으로 끌어내리는 문제를 말한다. 그에 따라 신학적 문제를 객관화해야 할 철학은 신화 위에 놓였으며, 신학적 근본에서 벗어나 모든 사람의 이해관계 속에 수용되는 하나의 사회적 계약, 즉 엄밀한 규약이 등장했다.

근대 도시가 직면한 또 다른 어려움은 그들이 추구한 이념과 현실 사이의 괴리라 할 수 있다. 근대적 도시 공간의 합리성과 투명성을 내세운 도시계획가의 담론은 대중에게 도시가 완벽하게 제어될 수 있다는, 실증적으로 확인된 바 없는 가설을 맹목적으로 믿게끔 현실을 호도했다. 이들의 논리는 순진할 정도로 단순했다. 완벽한 도시를 실현하려면 완벽한 도시 관념을 구성하는 것으로 충분하다는 논리였다. 하지만 이들은 진정한 도시 공동체가 인위적인 계획으로 성취되는 것이 아니라 구성원들의 자유, 상상력, 아울러 일정한 자유방임으로 생성된다는 중요한 사실을 놓치고 있었다.

도시계획가는 거의 매번 도시 문제가 전문가의 배타적 전유물이라는 태도를 보인다. 따라서 그들은 일반 시민의 의견을 청취하거나 이론가의 비판에 귀를 기울이는 법이 거의 없다. 도시계획가가 염두에 두는 것은 두 가지, 자본과 권력이다.[139] 이들이 건축을 설계하고 시행할 때, 가장 신경을 쓰는 부분은 정책 결정권자의 의중이다. 이 간단한 원리로 도시계획가와 정부는 결탁할 수밖에 없는 숙명적 관계에 놓인다. 건축가와 도시계획가, 그리고

139 Dethier et Guiheux, 앞의 책, pp.1-39.

정치권력의 그 같은 결탁과 공모는 근대성을 상징하는 대규모 도시 건설 사업의 모든 단계와 국면의 총화를 압축하고 그 모순을 오롯이 보여준다. 물론 양자의 역학 관계는 구체적 사례에 따라 다양하게 조율됐다. 어떤 때는 도시계획가가 정치를 움직였으며 다른 곳에서는 정반대로 정치에 완전히 예속됐다. 이 두 공범 관계로 이뤄진 도시의 공간 수립 시도는 도시의 역사성과 구성원의 관심과 실천력에 따라 그 결과가 판이했다. 거주시민들의 의견을 적극 청취한 도시에서는 희망찬 미래의 비전이 제시되나, 침묵을 강요한 권위적 도시엔 흉물이 등장했다.

그러므로 우리는 근대성의 도시계획 담론과 실천에서 두 가지 중요한 교훈을 기억해야 한다. 첫째, 도시는 도시계획 차원의 대상이지만 정치적 계산과 개념으로만 환원될 수 없다. 도시를 단지 가시적이며 물리적인 현상으로, 즉 있는 그대로 다루는 것은 갈등이나 재앙의 촉발로 끝날 수 있다. 도시를 기획하는 두 엘리트 계층인 도시계획가와 정책결정권자는 도시를 자신들이 개입해야 할 하나의 '플랜'으로 바라본다. 아울러 이들은 거추장스러운 방해물, 즉 현실적 부대낌에 직면하면, 그것을 혐오하거나 심지어 파괴하는 데 이른다. 우리는 이를 다른 먼 나라가 아닌 한국의 도시계획에서 생생하게 목격했다. 지극히 단순한 도시계획이 전통적 도시 공간의 기억을 파괴한 엄연한 사실을 인정하지 않을 수 없다. 이 가공할 현상은 오늘날의 도시 정책에서도 줄곧 목격된다. 과거의 도시 공간이 청산의 방해물이 되거나 심지어 증오의 대상으로 전락할 때 파괴의 광기는 가시화된다. 도시가 동질성, 폐쇄성, 단일성, 표준화를 지향하며 개방성과 다원성을 몰아낼 때, 그것은 이미 도시의 본질을 포기하는 것이나 다름없다. 아리스토텔레스가 설파한 것처럼, 단일성과 통일성은 도시의 존립 목적이 아니며 도시의 본질은 다원주의 그 자체이기 때문이다.

둘째, 당연한 진술이겠으나 도시는 인간의 것이다. 이런 자명한 이유로 도시는 엄밀히 말해 합리적인 계산과 계획으로 건설되는 대상이 아니다. 철학자 아렌트의 생각을 취한다면, 도시는 집단의 조직화된 기억을 담으며 동시에 사회 계약의 구성체이다. 도시는 자연과 문화이자 과거와 미래이다. 20세기의 예술가들은 이성만으로는 도시의 모든 구석을 이해할 수 없다는 통찰을 획득했다. 한마디로 말해 합리적 도시라는 관념 자체가 터무니없는 것이다. 변화는 도시의 고유함이나, 역사, 행동 주체, 개인의 욕망을 반영해야 한다. 20세기에 경험한 역사적 사실들은 짐멜의 주장이 옳았음을 일러준다. 짐멜은 순전히 합리적이며 이성적인 인과율은 개인적 차원과 무관한 반면, 고유하게 개인적인 모든 것은 도시의 씨줄과 날줄의 부분을 이룬다는 점을 강조했다. "몇몇 도시계획가와 정책결정권자가 도시를 농락하는 것을 막기 위해서라도 우리에겐 도시 철학과 개념이 필요하다."[140]

무엇보다 도시는 권력이 인위적으로 조절하고 조종할 수 있는 공간 이상의 것이며, 산업 기술의 주체가 다루는 물리적 공간으로 환원될 수 없다. 그뿐만 아니라 예술가가 경험한 예술의 몇몇 파편을 제공하는 장소 그 이상의 것이다. 또한 도시는 이 모든 것을 포함한 동시에 그 같은 단일 차원을 훨씬 뛰어넘는 복잡하고도 고차원적인 세계이다. 아리스토텔레스를 인용하자면 "도시는 비록 도시를 건설한 개인의 총합으로 이해될 수 있다 하더라도 무엇보다 공동체를 의미한다는 점에서 가족보다 선행하며 우리 각자보다 선행한다."

우리는 앞서 도시계획이 '공간 관리의 도구와 인구 분배의 관리 도구로 삼았던 권력과 이데올로기의 침윤'이란 점을 지적했다. 도시계획가와 정책결정자는 소수 지배층으로 적합한 도시 환경을 창조하면 관리가 수월한 효율적인 사회를 가질 것이라는 소박한 믿음을 가진다. 따라서 이 같은 무미건조하며 비인간적 논리가 군림하는 것을 막으려면 도시 공동체의 인간적 차원, 다원성, 개방성에 기초한 도시 철학이 마련되어야 한다. 제도화된 정치 공동체의 형식과 근대 도시 공동체의 구별 점은 바로 다원성이기 때문이다.

---

140 Ramoneda, J., "Qu'est-ce que la ville?", in Dethier et Guiheux, 앞의 책, pp.14-15.

르 코르뷔지에의 도시계획 실험과 거주의 인간학적 위기

근대 건축과 도시계획의 아버지라 할 수 있는 르 코르뷔지에는 "집은 하나의 거주 기계machine à habiter이다."라는 유명한 공식으로 거주 형태의 중요성과 역할을 정의한 바 있다.[141] 하지만 앞서 지적한 것처럼 그가 제안한 명제는 오로지 기술 차원에 머무르며, 순전히 도시의 기능적 차원만을 강조한 개념화라 할 수 있다. 이 같은 기능주의적 비전에 대립하는 반대편엔 하이데거가 새롭게 조명했던 독일 시인 프리드리히 횔더린Friedrich Hölderlin의 '거주의 시학'이 있다. 이 화두는 그의 시 구절에 극명하게 나타난다. "인간은 시적으로 거주한다."

그렇다면 '거주 기계'에서 과연 시적으로 거주할 수 있느냐는 본질적 물음을 제기할 수 있다. 이 물음에 부정적인 답을 내놓는 사람들은 '기계라는 삶의 형태에서는 인간성 실현이 불가능하기 때문'이라는 이유를 내세울 것이다. 반면 긍정하는 사람들이라면 '집이 기계의 기능적 역할을 넘어 시적 장소가 될 충분한 가능성이 있다'라고 주장할 것이다. 그렇다면 근현대 도시계획에서 과학 기술 중심의 기능적 도시 비전과 휴머니즘의 가치를 구현하는 거주의 시학이 통합 가능하다면, 이 둘을 어떻게 화해시킬 것인가, 하는 물음이 남는다. 만약, 기계의 논리와 인간의 논리가 서로 배척한다면 '양자의 논리는 무엇인가'라는 본원적 물음을 제기해야 할 것이다. 즉 우리는 거주의 의미를 해명하고 그 풍요로움과 심오함을 드러내 보여야 하며, 고유한 인간성과 상징의 차원을 포착하려면 협소한 공리적 비전을 넘어서야 할 것이다.[142] 특히 거주의 생태학적 차원과 문화인류학적 차원으로 우리의 상상력의 지평을 확대시킬 필요가 있다. 지구상에 존재하는 모든 생명체는 모두 자신들의 특이한 서식지에서 독특한 거주 방식을 실천하고 있다는 점에

---

141 Le Corbusier, *Urbanisme,* Paris, Crès, 1925, p.219.

142 이에 대한 논의는 다음 문헌을 참조했음을 밝혀둔다.
Zuppinger, T., "Humanisme et urbanisme", *Implications philosophiques,* Octobre, 2009.

서 인간 중심적 사유는 한계를 노정한다. 프랑스 철학자 미셸 세르Michel Serres의 통찰은 이 점에서 빛난다. "거주한다는 것 또는 세상에 존재한다는 것은 이런 것이다. 존재의 특이성이 세계의 특이성을 만나고 그곳에서 터를 잡고, 휴식을 취하고, 잠을 자며, 그곳에서 육체와 영혼의 결합이 이루어진다."[143]

하이데거의 분석을 다시 취한다면, 주택의 위기는 거주의 위기로 귀결되며, 이는 심오한 인간학적 뿌리를 지닌다. 이로부터 이 문제는 단순한 주택 공급의 결여 문제를 넘어선다. 거주한다는 것은 단지 인간의 여러 행동양식 가운데 하나가 아니다. 그것은 인간 실존의 근본적 특질이다. 이러한 이유로 거주 형태를 이론화한다는 것은 의식적이건 아니건 인간을 향한 기획, 관념, 개념화를 수반한다. 근대의 도시계획은 바로 이 같은 이론화를 시도하면서 다양한 운동과 사조 형성에 적극 참여했다. 문제의 핵심은 바로 인간의 삶의 터전 속에 배태된 상징적 의미 작용을 밝혀내고, 그 같은 거주의 의미를 개방적이면서 동시에 전체의 기호학적 시스템으로 연결하는 데 있다.[144] 바로 이 같은 전제들을 해명하고 인간주의와 도시계획을 분절하는 것은 도시 기호학자와 도시 인문학자가 풀어야 할 주요 과제이다.

여기서 우리가 파악해야 할 쟁점은 근대 도시계획의 정치적 이데올로기적 차원이다. 요컨대 거주 형태는 결코 인간 실존의 주변 영역이 아니라, 인간의 개념화, 좋은 삶, 좋은 정치의 핵심이 된다. 거주 형태의 중요성은 특히 유토피아를 주창한 철학자들이 주목했다. 토마스 모어Thomas More의 유토피아 비전, 샤를 푸리에Charles Fourier의 공동 주거 형태phalanstères, 에티엔 카베Etienne Cabet의 태양 도시 등은 모두 인간 삶을 개선하려는 획기적인 프로젝트로 거주 형태와 양식의 개념화라 할 수 있다. 이런 맥락에서 프리드리히 니체Friedrich Wilhelm Nietzsche는 이미 『자라투스트라는 이렇게 말했다』에서 거주의 인간학적 차원을 멋지게 요약한 바 있다. "당신의 거주 형태는 곧 당신의 인간

---

143 Serres, M., *Habiter,* Paris, Le Pommier, 2011, p.71.

144 Choay, F., *L'urbanisme, utopies et réalités,* Paris, Édition du Seuil, 1965, p.78.

관을 함축한다."[145]

한편, 근현대 도시계획은 엄청난 정치적 시험대였다. 인간은 그 누구도 건축에서 벗어날 수 없다. 건축과 도시계획은 상징을 잉태하고 특정 이데올로기의 예시가 되며 권력의 무소불위를 구현한다. 새로운 정치는 새로운 건축을 요구한다. 건축 양식을 바꾸면 인간의 정신 구조도 조정할 수 있다. 이 점에서 대형 도시계획 프로젝트 속에 잠복한 '폭력'을 부정할 수는 없다. 르 코르뷔지에가 제안한 '빛나는 도시'에서 20세기 가장 논쟁적인 "건축가인 그가 인간을 자신의 기념비적 건축물의 완고한 차원들에 적응시키고자 폭력에 호소했다"는 것이 바로 도시 역사학자 멈퍼드의 진단이다.[146] 사실상, 모더니즘과 전제주의 사이에는 양립 가능성이 존재한다. 하지만 모든 모더니즘이 반드시 전제주의적은 것은 아니다. 인간이 자신의 뿌리를 상실한 대가로 인간을 기술적 공리적 틀 속에서 마음대로 계산할 수 있게 된 근대의 도시계획은 최선의 도구가 될 수 있으나 동시에 최악의 결과를 낳을 수도 있다.

계획 주택 문제는 도시계획가와 건축가의 손 아래 놓였으며 이른바 대규모 단지를 의미하는 '그랑 앙상블grand ensemble'이라는 개념은 마치 주택 문제를 해결할 기적의 처방으로서 제시됐다. 이는 르 코르뷔지에가 만들어낸 '거주 기계'라는 역설적 표현에서 극명하게 드러난다. 20세기 초반부터 '대규모 주거 단지는 전적으로 기술 공학자의 사명'이라는 환상이 지속됐으며 도시 공학자의 엄밀한 도구적 합리성 아래 르 코르뷔지에의 '꿈'은 유럽 사회에 뿌리를 내렸다. 이 꿈은 오늘날 전대미문의 집단 주거 양식인 한국형 대규모 아파트 단지의 발명에까지 이어졌다. 물론 이 같은 새로운 유형의 건축물은 주택의 근대화에 해당하며 기능성과 효율성을 특권시했다는 사실은 분명하다. 하지만 인간적인 주거는 단지 적절한 재료와 건설 기술만으로는 충분하지 않다. 8장에서 상세히 분석할 하이데거의 거주 사상은 실용성이나

---

145 Nistzsche, F., *Ainsi parlait Zarasthoustra,* Paris, Flammarion, 2006, p.217.

146 Mumford, L., "The Marseille Foly", *New Yorker,* 1957.

일조량 따위의 최소 요건만으로 인간적인 거주가 실현되지 않는다는 점을 힘주어 강조한다.[147]

'진정한 거주'는 공간의 기능적 획일성만으로 얻을 수 없으며 늘 새로운 의미를 전유해가는 시적 행동이 수반되기에 '주택의 소유'와는 전혀 다르다. 기능적이고 합리적인 거주란, 성냥갑 모양의 칸막이로 이뤄진 객관적이며, 세분화되고 표준화된 공간에 놓이는 것을 말한다. 이와 달리 인간적인 거주란 의미를 창조하고 자신이 살아가는 환경에 혼을 불어넣는 것을 말한다. 아울러 거주의 진정한 '텔로스'는 자신의 고유한 공간을 펼치는 데 있으며, 우리를 에워싼 것 속에서 우리의 인격과 개성의 빛을 발산하는 데 있다. 거주는 생활의 필수 조건으로만 규정될 수 없으며 그저 은신처를 마련하는 것으로 환원되지 않는다. 주거의 기본적 요소는 유용성을 직접 반영하는 것으로만 만족할 수 없다.

도시에 산다는 것은 어떤 주거 양식과 형태를 취하건 인간학적 차원의 '거주의 문제'를 제기한다. 거주의 의미는 크게 세 가지 '관계'로 정의할 수 있다. 첫째, 거주는 대지와 맺는 관계이다. 이는 인간 실존의 토대와 맺는 관계라 할 수 있다. 둘째, 거주는 타자와 맺는 관계이다. 여기에서는 경계의 문제가 핵심이다. 즉 타자와 어떻게 더불어 살 것인가의 문제, 타자인 이웃의 문제, 늘 같이 살고 싶은 사람이 아닐 수 있는 그 타자와 어떻게 화해하면서 살 것인가의 문제가 제기된다. 셋째, 거주는 자아와 맺는 관계이다. 이 관계는 인간의 내면성 형성에서 거주가 함의하는 공간적 지형적 의미에 대한 물음과 결합된다.[148]

도시 기호학의 시각에서 이것은 세 가지 차원의 지속 불가능성을 뜻한다.[149] 첫째, 생태학적으로 지속 불가능하다. 둘째, 도덕적으로 윤리적으로

---

147 마틴 하이데거, 이기상·신상희·박찬국 옮김, 「건축함 거주함 사유함」, 『강연과 논문』, 이학사, 2008.

148 Zanini, P., "De la nécessité de(certains) lieux", in Berque, A., Biase, A. L. de and Boonin, P., *L'Habiter dans sa poétique première,* Paris, Editions Donner Lieu, 2008, pp.297-300.

149 Berque, A., Boonin, P., and Ghorra-Gobin, C., *La ville insoutenable,* Belin, 2006.

정당화될 수 없다. 셋째, 심미적으로 수용되기 어렵다. 바로 이 같은 차원에서 도시의 지속 불가능성은 필자가 제시한 도시 기호학의 토대인 윤리성, 심미성, 생태성과 접맥된다. 특히, 도시 시학의 관점에서 무분별한 도시 팽창과 도시 확산, 지속 불가능한 거주는 시적인 거주와 대립된다. 현재의 도시 확산은 본질적으로 소비 중심의 문명이다. 이는 도시 공간의 소비, 에너지 소비, 경관의 소비, 그리고 건축 유산의 소비와 사회적 가치의 소비이며, 따라서 창조성과는 거리가 멀다.

도시화의 위기를 말하는 것은 역설이다. 인류의 역사에서 이처럼 많은 인구가 도시 환경에서 산 적이 없으며 이 점에서 21세기는 도시의 세기이다. 하지만 이와 같은 인간 집결지의 증식은 겉으로는 논란의 여지가 없어 보이나 실상은 문제적이다. 도시화는 서구, 신흥 개발도상국, 아프리카에서처럼 전 지구적으로 제어 불가능한 양상을 띠면서 가속화된다. 그로 인해 그 같은 초도시화에서 진정한 인간학적 의미는 실종되었으며 현대 도시는 갈수록 비인간적 성격을 띠고 있다.[150] 초도시화는 기술 정신의 능란함과 재간이 드러난 거대한 인공 작품 그 자체이다. 그렇지만 21세기가 목격하는 메갈로폴리스의 모습은 도시에서 거주자가 온전한 방향 감각을 갖고 인간다움의 미덕을 갖춘 채 인간 경험의 유의미성을 수립할 가능성 자체를 위협한다는 점에서 현대 도시 공간의 위기는 다름 아닌 기호학적 위기이다.

---

150 이 점에 대해서는 다음 논문 참조.
Cambier, A., "Quand la ville fait monde....", *Cahiers Philosophiques,* n.118, 2009, pp.9-21.

현대 도시의 윤리적 위기와 증강 도시 공간의 도래

현대 도시 개발의 인간학적 단절: 근접성 맥락의 위기

도시의 난개발과 불규칙한 발달을 의미하는 도시의 무분별한 팽창urban sprawl, 고유한 혼과 얼굴이 없는 획일적이며 총칭적인 도시generic city, 진정한 인간적 관계를 단절시키는 도시 공간의 분리와 차별urban segregation 등은 현대의 대도시를 특징짓는 인간학적 위기의 징후들이라 할 수 있다. 이 점에서 도시 개발과 도시 디자인에 인문적 비전을 투사하는 작업은 실로 그 주제의 방대함과 복잡성으로 연구의 난점을 노출함과 동시에 절충적, 단선적, 환원주의적 접근법에 귀속된 위험성을 환기해줄 장점을 지닌다.[151]

도시 기호학의 궁극적 목표가 '인문적 가치를 인간다운 삶의 척도로 삼아 도시 개발의 기준으로 삼을 것을 제안'하는 데 있다면, 궁극적으로 도시 기호학은 가치의 보편성을 입증하기 위해 자신의 이론과 모델을 구체적 도시 공간이라는 시험대 위에 올려놓아야 할 것이다. 이를테면 도시 공간에서 진행되는 사람 사이의 상호작용, 사람과 장소의 근접성, 공동체적 연대성, 고립된 개인주의보다는 개인 사이의 사회적 매개 등에 일차적 가치를 두는 도시 개발을 말한다.[152]

---

151 본 8절의 주요 내용은 도시 개발에서 인문적 가치의 의의를 논한 다음 연구물에 의존하고 있음을 밝혀둔다.

1. Maciocco, G., *Fundamental Trends in City Development,* Berlin/Heidelberg/New York, Springer, 2008.
2. Secchi, B., *La ville du vingtième siècle,* Roma, Édition Recherches, 2005.
3. CNDP, *Cahiers Philosophiques,* n.118, 2009.

152 도시 디자인의 환경 윤리의 규범과 토대에 대한 다음 저서를 참조할 것.

Golany, G. S., *Ethics and Urban Design: Culture, form, and environment,* New York, John Wiley & Sons, INC, 1995.

규칙적 형태가 부재하는 가운데 이뤄지는 도시 공간의 난개발은 흔히 도시 공간의 액체화liquefaction, 또는 무정형, 즉 형태 없는 도시 성장으로 간주되며, '도시의 폭발'로 불린다. 또한 역사적 전통과 정신을 상실한 채 자신의 고유한 얼굴을 잃은 도시generic city는 삶의 총체적 표준화와 획일화 현상 그 자체이다. 그리고 도시는 '소비사회의 주요 특질이자 도시 생활의 일차적인 양식인 쇼핑'이 생산한 공간이다.[153] 한편, 도시 공간의 분리화, 차별화[154]는 마치 중세의 보루처럼 특정 지역에 장벽을 쳐 도시를 강력하게 구조화한다. 미국 서부와 서울의 초부유층의 일부 거주 지역에서 나타나는 것처럼, 이로써 새로운 도시 엘리트는 공간적 결집agglomeration을 이뤄 지리적으로 고립된 사회적 도시 공간을 창조한다.[155]

도시 기호학은 21세기의 '도시 공간의 표류'를 탐구하면서 도시 난개발, 얼굴 없는 도시, 도시 공간의 차별 등의 주제를 실천 과제로서 설정할 수 있을 것이다. 동시에 이 같은 주제들은 위기에 처한 도시 공간 환경을 갱생하는 데 일조할 수 있는 도시 인문학의 새로운 지적 활력으로 활용할 수 있을

---

153 도시 공간의 테마 파크화 현상을 비롯하여 인간학적 의미의 상실 현상에 대한 다음 연구 문헌들을 참조할 것.

1. Augé, M., *Non-lieux,* Paris, Seuil, 1992.

2. Banerjee, T., "The Future of Public Space: Beyond Invented Streets and Reinvented Places", *Journal of the American Planning Association, vol. 67,* n. 1., 2001.

3. Sorkin, M., *Variations of a THEME Park: The New American City and the End of Public Space,* New York, Hill and Wang, 1992.

154 1. Caldeira T. P. R., *City of Walls: Crime, Segregation, and Citizenship in San Paulo,* Berkeley, CA, University of California Press, 2000.

2. Lefebvre, H. *The Urban Revolution. Minneapolis,* MN, University of Minnesota Press, 2003.

3. Low, S., *Behind the Gates: Life, Security and the Pursuit of Happiness in Fortress America,* London and New York, Routledge, 2003.

155 1. Agamben, G., trans. Attell, K., *State of exeption,* Chicago, Univercity of Chicago Press, 2005.

2. Bauman, Z., *Freedom. Philadelphia,* PA, Open University Press, 1988.

3. Davis, M., *City of Quartz.* London, Verso, 1990.

4. Lyon, D., *Surveillance as Social Sorting: Privacy, Risk, and Digital Discriminatio,* Psychology Press, 2003.

5. Virilio, P., *Ville Panique, Ailleurs commende ici,* Paris, Editions Galilée, 2004.

것이다.

네덜란드 출신의 세계적 건축가 렘 콜하스Rem Koolhass에 따르면 도시 공간의 불안정성은 끝 모를 쇼핑으로 점철된 얼굴 없는 현대 도시의 모습이다. 얼굴 없는 도시란, 현대 도시인의 정신적 고독감을 비롯해 공공성을 상실한 현대 도시 공간의 부박한 상태를 말한다.[156]

서구의 전통적 도시, 예컨대 그리스의 도시 문명은 중앙 광장인 아고라agora를 중심으로, 또한 고대 동아시아의 도시는 왕궁, 사당, 성곽을 중심으로 위계적이고 기하학적인 방식으로 조직화되었다. 도시 공간의 구성은 안전과 방어라는 안정성과 영속성의 표현으로 이뤄졌다. 이 같은 전통 도시는 공간 조직의 중심인 아고라와 황궁에 의존했을 뿐만 아니라, 도시의 한계를 설정하고 규정한 성벽에 의존했다. 성 밖은 '움직임'의 지역으로 상인과 전쟁 용사의 길이었다. 탄탄한 보루를 상징하는 성벽의 이미지는 그것의 건축적 견고성으로 인해 동적인 이동과 도시 외부에서 습격하는 전쟁 기기들의 파괴적 힘과 극적인 대비를 이룬다. 견고성과 역동성, 평화와 전쟁, 머무름과 여행, 안정과 파괴 등의 이분법적 대비가 선명하게 부각된다.

전통적 도시 공간의 이념에서 본다면 도시의 외부는 뿌리가 뽑혀나간 파괴적인 본질에 속하며, 궁극적으로 이동과 부유를 특징으로 하는 '비非도시'로 간주된다. 그것은 방랑자의 산만한 경험, 식별 가능한 형태가 없는 공간을 생산하는 방향 상실의 경험이라 할 수 있다.[157] 보기 흉한 무분별한 도시 팽창에서 나타나는 것처럼, 형태 없는 도시에서는 경계와 한계가 소멸되며, 전경과 배경 사이의 차이도, 주체와 장소 사이의 차이도, 내부와 외부 사이의 차이도 소거되거나 흐릿해진다. 마치 현대 도시에서처럼 안쪽과 바깥쪽이 없다. 이를테면 우리는 서울과 인천에서 어디까지가 서울의 내부이며 어디까지가 인천의 외부인지를 분간할 수 없게 됐으며, 지방에서 서울로 진입했다는 어떤 정신적 신호도 감지할 수 없게 됐다. 이 점에 대해 이 책의 2

---

156 Koolhaas, R., "The Generic City", in: Koolhaas, R. and Mau, B., *S, M, L, XL*, Rotterdam/New York, The Monacelli Press, 1995.

157 Maciocco, 앞의 책, p.8.

부에서 필자는 노르베르크슐츠의 통찰에 기대 도시 공간의 보편적 경험인 도착의 의미에 대해 기호학적 사유로 발전시킬 가능성을 소묘하였다.

전통적으로 우리가 규정했던 바깥쪽의 경험은 주로 시골, 비도시적인 것, 자연으로 표상되는데, 이른바 포스트 메트로폴리스 문명에서는 그런 경험 자체가 사라진 것이다. 끝없는 팽창으로 모든 것을 삼켜버린 현대 도시 구조에서 이제 외부의 이질성과 내부의 안정성의 구별은 절대적으로 약화하고 있다. 현대인이 가질 수 있는 경험은 오직 도시 경험, 즉 도시를 내적으로 구성하는 한계들과 그 장애물들뿐이다.

현대인의 공간 상상계, 특히 도시 상상계에서 자유, 그리고 규칙으로부터의 일탈은 물리적 공간이 아닌, 합성 공간이자 가상현실로 나아가며 여기에 진정한 인간학적 장소는 존재하지 않는다. 프랑스 문화인류학자 마크 오제Marc Augé 교수는 시간의 온축이 부재함으로 인해 전통과 서사가 결여하는 그 같은 공간을 일러 비장소non lieux라고 지칭하고 있다.[158] 텔레커뮤니케이션 등의 최첨단 정보 통신 기술은 도시 공간의 표면을 변형시키고 있으며, 과거의 전통 공간은 이제 예술과 소비를 유인하는 장소로 변화했다. 이제 도시는 일부 도시 디자이너와 세계적 스타 건축가들, 그리고 이벤트 기획자의 거대한 테마파크로 변신하거나, 순수한 이동 경로 또는 오락의 공간으로 탈바꿈한다. 현대 도시 공간의 본질은 과거와 단절된 채 철저하게 재정의되고 있으며, 전통 도시의 완만한 또는 급속한 해체라는 전대미문의 과정에 진입했다.

'아파트 공화국'인 한국에서 목격한 것처럼, 현대 도시 공간은 사람과 사람이 부대끼며 느끼는 인간적 교감의 고갈과 도시 거주자 사이에서 의당 이뤄져야 할 소통의 총체적 부재를 낳고 있다.[159] 현대 도시 공간의 흉측한 팽창은 바로 인간관계의 단절, 즉 근접성 맥락의 위기로 나타난다. 피에르 샤바Pierre Chabard는 「맥락은 허구를 따른다」라는 에세이에서 맥락 개념의 진화를 성찰하는데, 그것은 앞서 언급한 비트루비우스의 건축 사상에서 중시

---

158 Augé, M., *Non-Lieux. Introduction à une anthropologie de la surmodernité,* Paris, Seuil, 1992.

159 1. 발레리 줄레조, 길혜연 옮김, 『한국의 아파트 연구』, 아연 출판부, 2004.
2. 박해천, 『콘크리트 유토피아』, 자음과모음, 2011

된 '공간적 근접성의 조건으로부터 멀리 떨어져나가는 과정'을 말한다.[160] 비트루비우스가 쓴 불후의 명작 『건축론De Architectura』 10권 가운데 제4권은 공간적 프레임의 맥락 개념을 담고 있다. 그는 그 책에서 두 가지 요인의 중요성을 다룬다. 그중 하나는 건축물이 위치하는 곳의 지역적 장을 포함해 지역의 범위를 넘어서는 다양한 자연조건의 요인까지 포함한다. 다른 하나는 건축의 지역성을 강조하면서 건축물을 지역적 조건 속에 적합하게 일치시키는 작업의 중요성을 지적하고 있다.[161]

그가 말하는 로쿠스는 하나의 작동 개념으로 특수한 것, 구체적인 것, 성질이 부여된 장소를 뜻하며, 물리적 속성의 집합이자 하나의 좋은 정착지가 적절하게 적응해야 할 외적 조건의 집합이다.

요컨대 도시 공간에서 장소와 연관된 윤리 개념은 갈수록 희박해지고 있다는 점을 자각해야 한다. 이것은 곧 근접성 윤리의 위기, 즉 도시 공동체 구성원 사이의 연결 고리의 단절을 의미하거니와 이 같은 단절은 접촉 공간과 거주 지역의 소통 공간에 동시에 나타난다. 무질서한 도시 팽창은 근접성의 단절을 상징적으로 보여준다. 기본적으로 도시계획가가 우려하는 바는 이를테면 '무분별한 도시 팽창으로 도시가 유기적이며 신체적인 것에서 가상적인 것으로 변질하는' 현상이다. 따라서 근접성 윤리의 위기는 도시 거주자의 행동 양식이 점차 물리적 거리와 절연된 가상 관계의 영향을 받는다는 것을 뜻한다. 이 점에서 디지털 증강 도시의 대표적 사례로, 세계적으로 주목받는 송도의 유비쿼터스 또는 스마트 도시가 불러올 인간학적 차원의 문제점은 곰곰이 성찰할 필요가 있다.

---

160 Chabard, P., "Context follows fiction", in Brayer, M. A. and Simonot, Béatrice, *Contextes (Catalogue du pavillon français de la 8e Exposition Internationale d'Architecture, Biennale de Venise),* Orléans, Editions Hyx / A.F.A.A., 2002, pp.18–22.

161 Vitruvius, P., trans., Rowland, I.D. *Ten Books on Architecture,* Cambridge and New York, Cambridge University Press, 1999.

얼굴 없는 도시에서
상징적 재의미화의 도시로

'얼굴 없는 도시'는 획일적 표준화를 암시하는 은유이다. 이러한 도시에서는 소비자 활동이 유독 다른 활동과 비교해 월등한 지배력을 행사한다. 도시 공간의 획일화는 무엇보다 도시 공간의 의미론적 다원성을 부정하는 도시 표류로 나타난다. 얼굴 없는 도시는 쇼핑으로 표상되는 소비가 압도하는 세계이며, 소비자 기능에 예속된 도시 형태를 지칭하는 비유이다. 그 은유적 표현은 근대 도시계획의 기능주의에 대한 맹신이 불러온 불행의 이미지를 지시하며 도시 공간에서 인간적 삶의 준거를 상실한 채 한낱 소비 주체로 전락한 거주자들의 정신적 공허감과 황폐함을 시사한다.

바야흐로 쇼핑은 도시화의 생성 동력이며 현대 도시를 규정하는 중추적 요소로 자리매김되었고 더 나아가 도시 존재의 이유 그 자체가 됐다. 몰개성으로 점철된 얼굴 없는 도시는 서로가 서로를 맹목적으로 닮아가려는 원초적 욕망의 원리, 즉 '미메시즘mimesisum'의 원리에 따라 전 지구적 차원에서 연쇄반응으로 이루어진다. 그것은 자본과 재화의 순환과 소비주의 모델을 무한 재생산하며 서로 모방하는 도시 형태를 말한다. 이는 역사적 과거도 정체성도 없는 탈post도시로서 콜하스에 따르면 그것의 주요 매력은 아노미아anomia이다. 과잉 시설, 비인간적 경쟁, 대인 접촉의 부재, 얼굴 없는 몰개성의 도시는 현대 도시의 표상이다. 도시의 소수 특권층으로부터 나머지 세계의 정치 경제적 지배가 결정된다. 콜하스는 "몰개성의 도시generic city는 자신만의 고유한 정체성을 거부한다"는 점을 간파했다. 도시는 자신의 고유한 얼굴을 갖지 못한 채 독특한 문화적 정체성을 잃어버리며 과거를 소거하는 망각의 늪에 빠진다. 얼굴 없는 도시는 상업적, 기능적, 놀이적 유용성을 소유하는 모든 것의 은유이다. 또한 그것은 역사적 흔적의 소멸을 함의한다.

콜하스는 이 같은 성찰을 정크 공간junkspace과 연계시킨다.[162] 그는 전 지

---

162 Koolhaas, R., "Junkspace", in *OMA@work,* Tokyo, A+U Publishing, 2000.

구적으로 이루어지는 상업주의가 새로운 도시 공간의 패러다임을 창발시켰다는 논지로 나간다.

공항, 쇼핑센터, 도시 공간의 다양한 리노베이션, 도시 공간의 재사용, 테마 파크 등은 바로 포스트모더니즘의 정크 공간이다. 정크 공간은 도시의 현대화 과정의 찌꺼기를 지시하거나, 현대화를 담는 용기容器를 지시하는 기표이다. 정크 공간은 실재적인 것이며, 20세기에 발전해 21세기에 절정을 이룬다. 그것은 무료함과 흥분의 지속적 혼합을 창조하는 조건이며, 아름다움과 범속함의 혼합물이기도 하다.

현대의 도시 공간은 흡사 프랑스의 한 작가가 1930년대부터 관심을 보였던 공간 경험의 모델에 기반해 형성된다. 요컨대 조르주 바타유Georges Bataille에게 현대 도시를 획일적으로 만든 것은 미로이다.[163] 미로는 위계가 없고, 머리가 없는 몸이며, 모든 것이 창자처럼 꼬여 있는 곳, 끝이 없는 장소이며, 이성이 없는 장소이다. 물론 현대 도시가 미로라는 표현에는 수십 가지 은유가 스며 있다. 스크린인 미로, 게임인 미로, 소수민족 거주지인 미로, 철옹성인 미로 등 미로는 때에 따라 특정 장소의 접근을 허락하거나 가로막는다. 미로에는 오직 자격을 부여받는 사람만이 들어갈 수 있으며, 다른 사람은 불가능하다. 미로는 또한 잃어버린 길의 환유로 이는 장소의 부재, 장소의 상실을 시사한다. 한마디로 말해 중심의 부재가 바로 미로이다. 얼굴 없는 도시와 미로는 서로 상응한다. 미로는 카오스, 심리적 둔화의 형식과 연관을 맺으며, 일부 도시학자가 현대 도시인의 감수성을 마비, 마취로 정의한 것과 개념적으로 맞아떨어진다.[164]

지금까지 우리는 현대 도시 공간의 획일성이 '인간적 상호작용이 일어나는 근접성의 공간'을 해체해가고 있음을 논증했다. 특히 21세기의 메갈로폴리스는 디지털 테크놀로지의 발달로 시공간의 새로운 경험을 발생시켰으

---

163 Bataille, G., *Le labyrinthe. Œuvres complètes*, Paris, Gallimard, 1970.

164 미로 개념에 대한 보다 상세한 이해를 위해서는 미로의 문화적 계보에 대한 기호학적 해석을 시도한 에코의 다음 저서를 참조할 것. Eco, U., *De l'arbre au labyrinthe (Études historiques sur le signe et l'interprétation),* Paris, Grasset, 2003.

며 세계와 맺는 관계의 경험도 변화시키고 있다. 무분별한 도시 공간의 팽창은 한마디로 전통적 도시 공간이 간직해온 근접성을 위기로 내몰고 있다. 특히 전통 도시 공간에서와는 달리 물리적 관계가 도시 거주자의 행동 양식에 영향을 행사하지 못하게 되면서 새로운 윤리 문제가 대두된다. 이 점을 이탈리아의 건축학자 조반니 마치오코Giovanni Maciocco는 이렇게 풀이한다. "얼굴 없는 도시에서, 허구와 현실 사이의 관계는 변질되었으며, 주로 허구를 선호하는 방향에 있다. 도시는 비현실적인 면으로 이동한다. 소통과 사회적 상호작용의 상실은 개념적으로 도시 자체의 상실과 연계된다."[165]

이 같은 상황에서 우리가 던져야 할 물음은 어떻게 대화와 소통의 공간으로서 도시를 재창조할 수 있으며 공적 장소의 조건들을 어떻게 창조할 수 있는가, 다시 말해 '어떻게 도시를 재발명하고 도시 공간의 새로운 의미론을 구축할 수 있는가'라는 물음이다. 즉 새로운 의미론에 기초하여 재발명된 도시의 특질이 무엇이며, 복원된 도시의 특질은 시민에게 어떤 것인가 하는 물음으로 압축된다. 그것은 또한 도시 공간을 재수립할 정치적 문화적 조건과 창조적 전유의 성찰을 주문한다.

무엇보다 현대 도시 공간과 공동체가 분리된 그 간극은 치유 불가능한 절대적 상실의 표현은 아니며 오히려 새로운 창조의 기회로 보는 역발상이 필요하다. 이 점에서 사적 영역과 공적 세계를 매개할 시민 사회의 능동적 기능은 도시 정치 공동체의 복원에서 필수 요소이다. 현대 도시의 거주자는 갈수록 집단적 고독에 직면하며 점점 더 정신적 무기력에 빠져든다. 비극의 역설은 오히려 도시가 비도시 공동체a-polis를 만들어낸다는 사실이다. 하지만 시민 사회의 역할이 실현될 때 도시는 새로운 정치 행동의 형식을 개발하는 실험실이 된다. 한마디로 현대 도시는 세계 내 존재인 인간을 정치 행동의 지렛대로서 재통합시키면서 공민성을 다시 사유하게 해줄 기회의 공간이기도 한 것이다.

도시는 오직 구체적인 기호를 만들고 신호를 보낼 때 자신의 얼굴을 보

---

165 Maciocco, 앞의 책, p.98.

여준다. 다시 말해 도시 공간의 인공물이 상징적 차원을 구비할 때 비로소 진정한 얼굴을 드러낸다는 뜻이다. 이러한 의미에서 도시 공간의 건축물은 고차원의 추상성을 발현하는 인간 이성과 성찰에 힘입어 기획한 것을 물리적으로 실현한 생생한 예증이다. 하지만 더 나아가 도시의 건축물은 정신적인 그 무엇인가의 표현이어야 한다. 즉 그 건축물을 사용하거나 그곳을 지나는 사람의 정신 속에 확연한 인상을 심어줄 살아 있는 기호 또는 강력한 표식이 있어야 한다.

이러한 건축의 표현적 차원은 인간의 '문화'에 깃든 상징적 기능 속에서 실현될 수 있다. 건축은 고도의 상징적 기능을 결집한다. 따라서 건축은 하나의 기술인 동시에 하나의 예술이다. 이는 건축 작품이 하나의 상징적 언어를 표현한다는 점을 상기시킨다.[166] 풀어 말해 건축은 단지 미리 정해진 기능을 수행하는 고정된 물적 집적체가 아니며 건축의 기표에 해당되는 형태가 건축 기의에 해당되는 유일무이한 의미를 떠오르게 한다는 점에서 분명히 기호학적 대상이라 할 수 있다.

따라서 하나의 도시가 의미의 공간으로 나타날 때, 즉 기호학적 공간일 때, 비로소 인간다운 시적 거주가 가능하다. 여기서 말하는 의미는 '구조화된 의미'라 할 때의 '의미작용'보다 훨씬 더 광범위한 의미장을 형성하며, 이 책에서 다룬 현상학적 차원, 서사적 차원, 생태학적 차원을 아우른다.

또한 앞에서 근대 도시계획 담론을 비판할 때 언급했듯이 하나의 도시는 오직 그것이 과도한 유토피아의 원칙에 매몰되지 않을 때 비로소 인간적 거주가 가능하다. 따라서 유토피아의 맹목적 교리를 상징적 기능 또는 헤테로토피아heterotopia의 원칙으로 변형시켜야 한다. 미셸 푸코Michel Foucault는 헤테로토피아의 개념을 통해 그 구체적 기능이 '다른 장소들을 표상하는 데 있는 장소'를 설명했다. 그 같은 장소는 상징계의 질서 속에 진입한다. 또 다른 장소들이란 바로 인간이 연출하는 어떤 것이며 의미의 배려와 관심에 부응할

166 Cambier, 앞의 논문, p.8.

수 있는 장소들을 말한다.[167]

헤테로토피아의 역할은 오직 그것이 공적 공간에 있을 때만 가능하다. 도서관, 박물관, 기념비들, 공원은 우리가 집단적으로 공유하는 서로 다른 시간과 장소를 지시한다. 예컨대 도시에서는 대부분 거리나 광장 이름이 사물을 객관적으로 명시하지 않고 세종로, 신촌, 광화문처럼 은유적으로 대상을 예증한다. 길과 거리의 고유한 이름은 집단적 기억을 구조화하는, 이질적 시간의 압축이다.

도시 거주는 단지 기술상의 문제는 아니며 무엇보다 윤리적 차원에 속한다는 점을 기억해야 한다. 이 점에서 각각의 도시는 저마다 특수한 에토스를 생성한다. 도시에서의 삶은 추상적 합리성보다는 도시 공간을 사용하면서 사회적으로 굳어져온 하나의 암묵적 문법에 종속된다. 즉 언어의 적절한 사용 관례를 규정하는 모든 문법처럼, 도시에서의 삶은 암묵적인 규칙에 속한다. 하지만 그것은 엄연한 공적 규칙이며 해당 문화에서 상당 기간에 걸쳐 이미 빚어진 행동 양식을 규정한다. 바로 그런 이유에서 도시 거주는 '포에시스' 차원과 더불어 '프락시스praxis'에 속한다고 말할 수 있다. 도시는 아울러 인간이 타자성에 기초해 능동적으로 전유하며 창조하는 세계이다. '프락시스'는 인간 스스로 존재의 행위자가 되는 능력을 증언하며, 늘 상호 주체성의 차원을 함의한다. 도시라는 대상 또는 객체는 세계의 객관성을 보장해준다. 특히 가상 공간이 물리적 도시 공간을 침투하는 증강 도시가 도래한 21세기의 도시 공간에서 정신적 안정성과 문화적 상징성을 함의하는 건축을 비롯한 도시 공간의 물체성이 부재한다면 인간 주체는 모든 이정표를 상실할 것이며 자신의 환상에 기인한 정신착란과 망상에 빠지고 말 것이다. 이 점에서 철학자 알랭 캄비에Alain Cambier 교수는 정확한 진단을 내린다. "도시의 문화적 오브제의 상징적 차원은 스스로 도시 환경에서 의미를 생산할 수 있으며 도시를 하나의 세계로 만들어낼 수 있다. 도시의 무분별한 팽창, 그 구

---

167 cf. Foucault, M., "Des espaces autres", in *Dits et écrits, IV*, Paris, Gallimard, 1994, pp.752-762.

조의 무분별한 핵 증식 성향에도 불구하고 말이다."[168] 하나의 도시가 사람들을 맞이하고 대우하는 정신, 즉 호혜 영접hospitalité의 차원은 다름 아닌 인간적 의미의 공유를 가능케 하는 그 도시의 독특한 분위기와 아우라라는 점에서 기계와 테크놀로지의 생산방식으로 재생되거나 창조될 수 없는 인간학적 차원에 속한다.

정치적 '프락시스'는 따라서 윤리적 '프락시스'에 직접적으로 의존한다. 그리고 이렇듯 도시 공간에서 윤리적 '프락시스' 자체는 주체들 사이의 문화적 공유와 공동체 의식을 강화시켜주고 상호 주체성을 실현한다는 점에서 상징적 기호학적 메타 오브제들 차원, 즉 개인의 차원을 넘어서는 물체들 사이에서 분절된다. 그것은 이미 하나의 공적 공간을 펼치며, 도시 거주자가 성찰해야 할 판단 능력, 즉 확대된 정신성, 더 정확히 말하면 사회 구성원으로서 공유해야 할 공통 감각을 깨운다. 왜냐하면 도시 공간의 기호학적 의미는 단순한 주관적 표상과는 무관하기 때문이다. 특히 우리가 강조해야 할 사실은 도시 공간의 재의미화에서 차지하는 건축과 공공 디자인 교육의 중요성이다. 도시의 공적 공간의 인문적 가치와 의미에 대한 시민 교육과 합리적 비판 없이 도시 공간의 정치적 재전유는 실현될 수 없을 것이다.

---

168 Cambier, 앞의 논문, p.20.

제1부

근현대
도시 사상 담론의
계보와 지형

•

도시 기호학은 기호학의 한 분과로서 20세기 중반에 탄생한 신생 학문 분야이다. 이 같은 도시 기호학의 지성사적 의의와 학술적 위상을 제대로 이해하려면 근현대 도시 사상 담론의 계보와 지형을 숙지할 필요가 있다. 19세기부터 전 세계적으로 급속하게 진행된 도시화 현상과 더불어 도시 공간을 다룬 이론, 모델, 개념, 실천들이 다양한 분야에서 축적됐으며, 천재적인 도시계획가, 건축가, 학자, 비평가들이 독창적 사유와 통찰을 제시했다는 점에서 이들 무리를 도시 사상의 성좌라 부를 수 있을 것이다. 도시 기호학은 이 같은 성좌 가운데에 놓인 또 하나의 별이라 할 수 있다는 점에서 도시 기호학 담론의 학문적 가치와 의의는 이 거대한 근현대 도시 사상사의 성좌에서 판별될 수 있을 것이다.

필자는 근현대 도시 사상사의 계보와 지형을 크게 세 개의 축으로 나누어 설정했다. 첫 번째 축에는 도시계획의 이론과 실천을 담당했던 근현대 '어버니즘urbanism'의 설립자들이 포함된다. 이 주체들은 근대 도시 공간을 창조하는 데 결정적인 역할을 맡았으며, 이미 만들어진 도시를 하나의 텍스트로 읽는 학자들과는 달리, 도시 텍스트의 생산자이며 이론가의 역할을 수행했다는 점에서 특이하다. 두 번째 축과 세 번째 축에는 각각 사회과학과 인문학 영역에서 도시와 관련하여 쌓아놓은 이론, 사유, 비평들의 오랜 전통의 궤적이 포함된다. 이 두 범주는 서로 밀접하게 연결돼 있어 늘 확연한 구별이 이뤄진다고 말하기는 어렵다. 지리학, 인류학, 사회학, 경제학, 역사학 등을 중심으로 이뤄진 담론이 첫 번째 범주에 속한다면, 짐멜, 벤야민, 지그프리트 크라카우어Siegfried Kracauer, 바르트, 세르토 등을 도시 인문학의 범주로 묶어낼 수 있을 것이다.

하지만 앞서 지적한 것처럼, 이 세 가지 범주의 경계선을 칼로 자르듯이 선명하게 나누는 것은 무리이다. 이를테면 프랑스의 철학자이자 사회학자였던 르페브르의 도시 사상은 도시 철학이면서 동시에 사회과학적 엄밀성을 모두 구비했다는 점에서 두 번째 범주와 세 번째 범주에 중첩되며, 20세기의 천재적 건축가이며 도시계획가였던 르 코르뷔지에는 기능주의적 기계주의적 도시 담론을 보여준 동시에 인간의 본질과 도시의 예술성을 아우르는 이론적 성찰이 번득인다는 점에서 첫 번째 범주와 세 번째 범주에 동시에 속할 수 있다. 특히 이 책에서 상세하게 소개할 미국의 건축가이자 도시 이론가인 린치, 이탈리아 건축가 로시 등이 전개한 도시 이론은 도시의 시간성, 심미성, 윤리성, 서사성, 생태성을 담아낸 심오한 사상을 제공했다는 점에서 도시 인문학의 주옥과 같은 보석이라 말할 수 있다. 또한 여기에서 언급한 도시 사상 담론의 범위에는 문학과 시각 예술 등이 이룬 생생한 문학적 묘사와 시각적 재현의 작업도 당연히 포함되어야 할 것이다. 그러나 이 세 개의 범주에서 도시 사상 담론을 생산한 기라성 같은 인물들, 저술, 작품을 모두 망라하는 것은 이 책의 범위를 훌쩍 벗어나거니와, 여기에서는 근현대 도시 사상 담론의 주요 좌표를 제시하는 수준에 머무를 것이다.

또 한 가지 첨언은 근현대 도시 사상사의 범주와 유형을 분류하는 유형론에는 다양한 시각과 관점이 존재한다는 점이다. 그 같은 유형론의 탁월한 사례로 린치가 제시했던 분류 체계는 참조할 가치가 높다. 그는 자신의 주저인 『좋은 도시의 형태』에서 도시 공간 이론의 세 가지 분야를 제시한 바 있는데, 첫 번째 분야는 도시계획 이론Planning Theory으로 이는 도시 개발과 관련해 이뤄지는 공공 정책 결정과 관련된 제반 설명을 제공한다.[001] 이 이론이 포괄하는 영역은 정치 경제적 측면을 아우른다는 점에서 엄밀히 말해 도시계획의 영역을 훌쩍 벗어날 수도 있다. 린치가 제안한 두 번째 분야는 기능 이론functional theory으로 도시 공간 자체에 초점을 두면서 도시가 특정 형태를 형성하는 이유를 파악하고 그 같은 도시 형태가 어떻게 도시 생활에 영향을

---

001 Lynch, K., *Good City Form,* Cambridge, MA., The MIT Press, pp. 37-50.
(한국어 번역본) 케빈 린치, 양동양 옮김, 『都市形態論』, 서울, 技文堂, 1993.

미치는가를 설명하는 이론이다. 세 번째는 규범 이론normative theory으로 인간적 가치와 주거 형태 사이에 존재하는 제반 관계의 일반화에 도달하거나, 사람들이 좋은 도시를 판별하는 데 필요한 방법론을 다룬다. 물론 이 세 가지 이론은 서로 유기적으로 연결돼 있고 상호 보완적이다. 예컨대, 도시 공간의 규범 이론이 그 구조와 기능에 대한 이론을 포함하는 것과 동일한 원리로 모든 기능 이론은 도시 공간의 규범적 가치 이론을 포함한다. 린치가 제시하는 도시 이론의 세 가지 유형은 앞서 제안한 세 개의 도시 담론 계보와 부분적으로 중첩되며, 특히 린치가 언급한 규범 이론은 도시 인문학의 중핵을 이룬다고 말할 수 있다. 이러한 규범 이론의 관점에서 린치가 지적하는 기능 이론의 한계점과 공통적 결함을 귀담아들을 필요가 있다.

무엇보다 기능 이론에서 도출되는 한계는 첫째, 자신의 인식론적 철학적 토대의 치밀한 검토가 부재하며 탄탄한 가치론을 갖추지 못한 경우가 허다하다는 점이다. 둘째, 기능 이론은 대부분 외부의 변화를 다루는 데 있어서 정적이라는 한계를 지닌다. 셋째, 거의 예외 없이 모든 기능 이론은 도시 공간의 형태와 의미에서 풍부한 질감을 가진 독특한 도시 환경에 녹아 있는 눈에 보이지 않는 전통과 문화의 깊이를 포착하는 데 이르지 못한다. 그 이유는 간단하다. 기능 이론에서는 도시 환경의 물리적 공간이 중립적 용기로 간주되고, 거리는 이동 비용으로 환원되거나, 분배의 효율성을 고려하는 차원에서 다뤄지기 때문이다. 넷째, 기능주의에 입각한 이론은 도시 공간이 특정 집단의 목적 행위의 결과물이자 공동체의 열망의 산물이라는 엄연한 사실을 경시하면서 도시 공간의 형태를 모종의 논리적 철칙의 표현으로 잘못 기술한다.[002]

린치의 인문적 통찰에 기대어 말하면, 도시는 다채로운 인간 집단 사이에 설정된 다양한 관계의 패턴으로 생산과 분배의 공간이며 물리적 힘의 장이다. 따라서 도시는 다양한 성격을 띤 갈등과 투쟁의 무대라는 점에서 그 자체가 온갖 종류의 역사를 써내려간 하나의 장구한 서사라 할 수 있다. 도

---

002 위의 책, p.39.

시는 서로 다른 관심사를 지닌 행위자와 여러 소수 집단이 자신의 이익을 추구하는 공간이다. 도시의 건립 과정에서부터 도시 공간을 창출하는 모든 결정 과정에 이들 간의 이해관계가 충돌하기에, 도시 공간 자체는 인내와 시간을 요구하는 타협과 협상으로 이뤄진다 해도 과언이 아니다. 따라서 도시를 창조하는 방식은 사회마다 다르며 결정 과정의 실행에 나타나는 조건과 상황도 수시로 변하기에 그에 맞는 다양한 규범 이론이 요구된다.

도시 인문학과 도시 기호학은 규범 이론에 속한다는 점에서 규범 이론의 개념에 담긴 심오한 통찰은 의미심장하다. 린치는 규범 이론의 요건으로 다음과 같은 필요조건을 제시한다. 하나, 규범 이론은 목적을 지향하는 행위와 이 행위를 수반하는 이미지와 감정으로부터 출발해야 한다. 둘, 규범 이론은 거주 형태와 그 특징을 다뤄야 하며 타 분야에서 제시된 개념을 절충적인 사고로 모호하게 적용해서는 안 된다. 셋, 규범 이론은 고도의 일반성을 지녀야 하며, 장기적 시각에서 도시 형태의 중요성을 지각하고, 이와 동시에 현재의 도시 문제를 진단하고 해결할 수 있는 즉각적이고 실제적인 행동과 결합되어야 한다. 넷, 규범 이론은 하나가 아닌 복수의 시각을 제시하고 상충적 이해관계를 조정해야 하며, 현재의 시민뿐만 아니라 미래 시민의 견해와 관심을 대변할 수 있어야 한다. 다섯, 규범 이론은 도시 공간의 상태와 성질을 함께 평가할 수 있어야 한다. 여섯, 거주 형태를 평가하는 방법을 기초로 새로운 형태의 가능성을 제안해야 한다는 점에서 실현 가능한 이론이어야 한다.[003] 린치가 규범 이론의 핵심으로서 제시한 여섯 가지 조건은 도시 기호학을 넘어서 도시 인문학의 좌표를 표상한다고 말해도 과언이 아닐 것이다.

003 같은 책, pp. 443-444.

제1장 • 도시 공간의 주요 개념화: 여덟 개의 핵심적 은유와 모델

근현대 도시 사상 담론의 계보와 지형을 파악하는 작업 이전에 먼저 착수할 첫 번째 과제는 '도시의 본질을 어떻게 정의할 것인가' 하는 문제 제기이다. 이 문제는 2장부터 4장까지 상술할 도시 사상 담론의 외연과 겹쳐 있기도 하다. 도시 공간을 다루는 모든 이론, 성찰, 비평의 장에서 이 문제는 비켜갈 수 없을 정도로 핵심적 물음이라 할 수 있는데, 그 이유는 도시가 어떤 종류의 것인가를 인식하는 작업은 도시를 디자인하거나 계획하는 데 결정적인 영향을 미치기 때문이다. 도시 공간의 객관적인 정의는 '돌, 나무, 강철, 시멘트, 유리 등으로 만들어진 인간 주거가 가능한 토지의 물질적 흔적'으로 표현할 수 있을 것이다. 하지만 도시는 건물과 도로로 형성된 물적 집적체가 아니라, 복잡하면서도 다면적인 오브제이다. 또한 도시라는 물리적 공간을 창조하는 도시계획 활동을 포함해, 그 같은 공학적 활동과 실천을 제어하고 비판하는 개념과 이론도 더불어 고려해야 한다. 그뿐만 아니라 도시 공간을 창조하는 활동은 대부분 과학과 테크놀로지에 크게 기대고 있기에 예술과 인문적 이해를 배태한다. 아울러 도시는 다양한 이해 당사자의 관점에 따라 전혀 다르게 인식될 수 있다. 이런 점에서 프랑스의 도시 철학자 르페브르는 도시에 대해 통일적이면서 단일한 성격을 제시하려는 온갖 종류의 시도를 일러 '모종의 도시 환상urban illusion'이라 불렀다.[004]

르페브르는 도시 환상이 다른 두 개의 환상으로 분리될 수 없다는 점을 분명히 지적하면서, 환상이란 단어가 특별히 부정적인 의미를 지니지는 않는다고 강조했다. 도시의 정의와 관련해 그가 제시한 두 개의 또 다른 환상은 '철학적 환상'과 '국가의 환상'이다. 철학적 환상은 철학자의 신념에서 탄

---

004 Lefebvre, H., *The Urban Revolution,* University of Minnesota Press, 2003(1970), pp. 151-164.

생하며 세계를 자신이 발명한 철학적 장치와 고안물의 체계 안에 가둬놓을 수 있다는 확신을 가리킨다. 하지만 르페브르에 따르면 이 같은 철학적 확신은 하나의 환상이다. 왜냐하면 세계에는 늘 철학적 체계 이상의 것이 존재하기 때문이다. 그가 지적하는 두 번째 환상인 국가의 환상은 거대하면서 터무니없는 기획을 가리키며, 마치 국가가 최상위의 행정기구인 것처럼 우리의 의식을 조정하려 하면서 수천만 개의 주체를 관리할 수 있다는 가정에 근거한다. 도시 환상은 이 같은 두 개의 환상과 밀접하게 결부돼 있다. 고전 철학에서처럼 도시계획은 하나의 시스템을 주장하면서, 새로운 총체성을 아우르고, 그것의 울타리를 세우며, 그 같은 총체성을 소유하려는 야심을 펼친다. 도시계획이라는 환상은 자유 인문주의의 정당성을 기반으로 기술 관료주의적 유토피아를 정당화하면서 도시의 근대 철학으로 발돋움하려 한다는 것이 르페브르의 진단이다.[005]

르페브르의 탁견을 참조해 도시 공간의 짜임과 도시계획 활동을 뜻하는 복합적 다의어인 '어버니즘[urbanism]'의 성격을 면밀하게 검토해보면, 그 개념이 세부 조각으로 쪼개짐을 알 수 있으며, 하나가 아닌 여러 종류의 '어버니즘'이 존재함을 간파할 수 있다. 이를테면 인문주의자가 바라보는 도시 공간 구조의 가치론과 나란히 부동산 개발업자가 겨냥하는 이상적인 도시계획이 따로 존재하고 국가와 기술 관료가 염두에 두고 있는 도시계획이 병렬적으로 존재한다는 점에서 이들 무리는 동일한 도시 공간에서 똬리를 틀면서 서로 다른 생각을 하는 동상이몽의 관계를 드러낸다. 인문주의자가 추상적 유토피아를 제안한다면 두 번째 무리는 '행복'의 이미지나 라이프스타일, 사회적 위상을 판매함으로써 도시계획을 상품의 대상으로 파악한다. 끝으로 세 번째 주체인 기술 관료들은 국가가 시행하는 다른 활동과 마찬가지로 국가의 공간 관리 이데올로기와 제도를 표상한다.

이렇듯 우리의 도시 인식은 부분적이며 이해 당사자에 따라 동일한 현상을 전혀 상이한 관점에서 파악하기도 한다. 또한 도시의 총체적 인식은 불

---

005 위의 책, p.153.

가능하기에 도시 이론가들은 도시 이해의 방편으로 특정 개념이나 은유적 모델을 제시한다. 도시 사상 담론의 역사는 바로 이 같은 은유적 모델들의 역사라 해도 크게 그릇된 주장은 아닐 것이다.

필자는 도시 사상사의 고전과 관련 연구서를 탐독하면서 모두 여덟 개의 은유적 모델들을 추출할 수 있었다. 우주, 유기체, 기계, 예술 작품, 텍스트, 네트워크, 복잡계, 생태계가 그것이다. 물론 이것은 필자의 개인적 통합화이며 절대적이지 않다는 점은 새삼 강조할 필요가 없을 것이다. 이 여덟 개의 은유적 모델들은 서로 유기적으로 관련을 맺을 뿐만 아니라 일부 도시 사상에서는 이 여덟 개의 은유적 모델들 가운데 두 개 이상을 채택해 복합 모델을 제시하는 경우도 적지 않다. 이렇듯 도시 사상 담론의 계보에 따라서 다양한 이론적 종합과 해석이 있겠으나, 근현대 도시 이론과 패러다임을 갈파한다면 위에서 지적한 여덟 개의 은유적 모델들은 어느 정도의 개념적 보편성을 지닌다고 할 수 있다.[006]

실제로 여기에서 제시된 주요 은유적 모델들을 구체적인 도시에 적용

---

006 다음과 같은 문헌을 참조했음을 밝혀둔다.

1. Barioch, P., *De Jéricho à Mexico, villes et économie dans l'histoire,* Paris, Gallimard, 1985.

2. Choay, F., *L'urbanisme, utopies et réalités: une anthologie,* Paris, Éditions du Seuil, 1965.

3. Choay, F, *La règle et le modèle: sur la théorie de l'architecture et de l'urbanisme,* Paris, Seuil, 1980. (영어 번역본) *The rule and the model: on the theory of architecture and urbanism,* edited by Bratton, D., Cambridge, Mass, The MIT Press, 1997.

4. Hall, P., *Cities in civilization,* London, Weidenfeld & Nicolsom, 1998, 예술과 기술의 결합을 논하는 부분 참조, pp.503-610.

5. Hénaff, M., *La ville qui vient,* L'Herne, 2008, pp.20-152.

6. Loupiac, C., *La ville: entre représentation et réalités,* Paris, CNDP, 2005.

7. Lynch, K., *Good City Form,* Cambridge, MA., The MIT Press, 1984.

8. Marshall, S., *Cities, Design & Evolution,* London and New York, Routledge, 2009, pp.119-147.

9. Mumford, L., *The City in History: Its Origins, its Transformations and its Prospects,* Harcourt Brace and World, 1961.

10. Mumford, L., *Art and technics,* Columbia University Press, 2000, pp.503-610. (한국어 번역본) 루이스 멈퍼드, 박홍규 옮김, 『예술과 기술』, 텍스트, 2011.

11. Ragon, M., *L'Homme et les villes,* Paris, Albin Mcihel, 1995.

12. Roncayolo et Pacquot, T., *Villes et civilisations urbaines:XVIIIe-XXe siècle,* Paris, Larousse, 1992.

해보면, 그 도시가 예술 작품, 기계, 유기체적 속성을 지니는 실재로 연계됨을 알 수 있다. 도시 가운데는 예술적, 기계적, 유기체적인 속성을 모두 완벽하게 구현하는 곳도 있다. 흔히 수상 도시 베니스는 서양 건축사와 도시의 역사에서 천재들이 빚어낸 도시의 걸작이자 예술 작품으로 기술된다. 이런 맥락에서 르 코르뷔지에는 베니스를 장엄함과 섬세함의 심포니가 구현된 완벽한 도시로 기술하면서 한 편의 시로 대하며 극찬을 아끼지 않았다. 그렇지만 그는 또 다른 곳에서 도시 베니스를 장엄하고도 거대한 기능적 기계로 묘사하면서 기계 은유에 주안점을 두기도 했다. 하지만 궁극적으로 르 코르뷔지에는 베니스의 상이한 순환 시스템을 깊이 통찰한 뒤에 그것이 완벽한 생물학, 즉 살아 있는 생명체에서 나타나는 혈액의 순환계를 닮았다고 적고 있다. 요컨대 그는 베니스를 기계이자 생물체이면서 동시에 예술 작품인 이상적인 도시의 전범으로 각인시켰다. 그는 당대의 수많은 도시계획 이론가와 마찬가지로 도시에 생명체의 위상과 인공물의 위상을 번갈아가면서 부여하는 모순을 안고 있으나 그것에 전혀 개의치 않았으며 특별한 설명을 내놓지도 않았다.[007] 실제로 그는 때로는 도시를 '조직화된 신체'[008], '생물학적 조직체'의 매체[009]라고 말하는가 하면, 때로는 개인의 자유를 가져다줄 탁월하게 '훈육된 기계', 또는 '순환하는 기계'[010]라고 진술하기도 했다. 특히 그는 다음과 같은 진술에서 기계, 유기체, 우주를 아우르는 융합적 은유를 제공했다. "건축적 사고를 하지 않고 다만 계산의 결과우리의 우주를 지배하는 원리들에서 비롯된와 생존 가능성이 있는 유기체라는 개념의 인도를 받은 오늘날의 엔지니어들은 규칙에 따라 기본 요소들을 조정하면서 사용해 건축적 감동을 불

---

007 Choay, F., *La Règle et le modèle: sur la théorie de l'architecture et de l'urbanisme,* Paris, Seuil, 1980, pp.295-296.

008 Le Corbusier, *La ville radieuse,* Paris, Vincent-Fréal, 1933, 제4부, p.134.
(영어 번역본) *The Radiant City,* London, Faber and Faber, 1964.
Manières de penser l'urbanisme, Paris, Architecture d'aujourd'ui, 1946.
(영어 번역본) *Concerning Town Planning,* London, The Architectural Press, 1947.

009 Le Courbusier, *La ville radieuse,* p.139.

010 위의 책, p.143.

러일으키고 인간의 작품을 우주적 질서와 공명하게 한다."[011]

도시 공간의 본질과 속성을 이해하는 방편으로 채택된 다양한 은유들과 모델들의 체계적 연구는 도시 디자인의 모델 구축에 일조하는 안목과 통찰을 제공한다. 적절한 도시 공간의 은유는 도시가 어떤 종류의 것인가를 표상하고 기술하며 설명하는 것을 도와줄 수 있기 때문이다. 앞서 제시한 여덟 개의 은유적 모델들 모두 일정한 정당성을 지니지만 동시에 결점을 지니기도 한다. 즉 도시의 본질과 속성을 표상, 기술, 설명하고자 채택된 이들 은유적 모델들은 완벽한 적합성을 지니지 못한다는 점에서, 현대 도시 이론에서는 위에서 제시된 여덟 개의 은유적 모델들에 이어서 이들과 상이한 은유 또는 모델이 계속해서 개진되어왔다는 점을 숙지할 필요가 있다.

우주 모델:
도시 공간의 우주성, 종교성, 의례성

필자가 앞으로 상술할 여덟 개의 은유적 모델들 가운데 가장 유구한 역사를 지닌 모델은 우주적 모델이라 할 수 있다. 프랑스가 낳은 선사학의 세계적 석학인 앙드레 르루아구랑André Leroi-Gourhan의 관찰에 의하면, 도시를 하나의 세계 또는 우주로 파악하는 이미지는 지구의 상이한 문화권에서 인류 문명의 태동기부터 최소한 중세 시대까지 지속적으로 빈번하게 나타나고 있다는 점에서 도구 제작이나 언어 구사 능력과 마찬가지로 인간 행동의 보편적 특질을 표상한다.[012] 우주론적 모델에 기초한 도시 공간은 그가 말하는 인간화된 공간Humanized Space의 최고 수준의 발현이자, 거주와 주거지가 사회적 시스템의 구체적 상징이라는 테제를 입증하는 중요한 사례이다.[013]

---

011 르 코르뷔지에, 이관석 옮김, 『건축을 향하여』, 동녘, 2002, p.51.

012 Leroi-Gourhan, A., *Gesture and Speech,* Cambridge, MA., The MIT Press, 1993, pp.328-340.

013 위의 책, pp.313-320.

이미 수많은 고고학과 도시사 연구에서 밝힌 것처럼, 인류 최초의 도시들은 종교, 주술, 점성술 등의 다양한 의례를 수행하는 영적, 상징적 중심지였다. 최초의 고대 도시 공간은 성스러운 의례의 장소였으며, 최초의 도시 문명은 무엇보다 자연현상의 세밀한 관찰로 자연의 가공할 만한 힘을 설명하고 그 힘을 제어해 인간에게 수혜를 주는 방안을 모색했다. 농업 종사자들은 도시 문명의 식량 공급을 책임졌으며, 도시의 성스러운 힘을 찬탄하고 경배했다. 이와 같은 종교적 시초로부터 도시가 성장하면서 지배 계층의 권력 획득과 물질적 재원의 분배와 재분배가 이뤄졌다. 이렇듯 최초의 도시 문명 건립과 함께 이뤄진 지배 계층의 권력 수립 과정에서 도시 건립자들은 안정된 우주의 질서를 갈망했고, 그 질서를 성취하고자 다양한 종교적 의례와 물리적 형태를 사용했으며, 이는 물리적 무기라기보다는 오히려 강력한 상징적 정신적 무기였다.[014] 도시 공간의 디자인은 고대 도시 문명의 효과적인 상징 도구 가운데 하나였으며, 이처럼 경이롭고 매혹적인 도구의 디자인은 자연 또는 신과의 주술적 교감에 이르도록 해주는 종교적 교리나 이론에 기초를 두었다. 이렇게 보았을 때 고대 도시 공간 그 자체는 고차원의 기호학적 공간이라 할 수 있다.

도시 역사 연구 분야에서 최고의 석학으로 인정받은 멈퍼드 교수 역시 도시 발생에서 우주론과 종교성의 관계, 특히 종교의 역할을 다음과 같이 강조한 바 있다. "도시에서 발생한 것이 무엇인지를 이해하려면 기술, 종교, 정치, 특히 그 종교적 변형의 측면을 동등하게 다뤄야 할 것이다. 최초의 도시 생활은 이 같은 모든 양상이 불가분의 관계로 서로 얽히고설켜 있었으나 다른 어떤 것보다 선행하며 우세한 것은 종교였다. 십중팔구 그 이유는 무의식적 이미지와 주관적 투사가 현실의 모든 양상을 지배했기 때문이다."[015]

실제로 가장 유구한 도시 사상의 유일무이한 목적은 도시에 하나의 형이상학적 의미를 부여하는 것이었다. 그런 맥락에서 고대 종교는 세계의 설

---

014 Loupiac, C., *La ville: entre représentation et réalités,* Paris, CNDP, 2005, pp.15-24.

015 Mumford, 앞의 책, p.44.

명이라는 전체적 사유 시스템의 한복판에 도시를 올려놓았다. 흥미로운 사실은 고대 도시 사상은 도시라는 인간적 창조물에 인간은 거의 영향력을 행사하지 못하는 것으로 인식했다는 점이다. 따라서 도시는 그것의 구체적 현실로부터 초연해 하나의 유의미적 대상이 됐다. 신학자뿐만 아니라 도덕주의자에게도 도시는 기치 판단의 대상이었다. 이 같은 가치 판단에는 도시가 자연과 문화 사이에서 어느 한 쪽으로 경도되느냐에 따라 인간을 타락시키거나 반대로 구원한다는 선택적 판단이 담겨 있다.[016]

한편 고대 도시는 다음과 같은 이중적 종교성을 드러낸다. 대부분 고대 문명에서 도시는 나무나 구름처럼 지상의 세계를 성립하는 불변하는 요소 가운데 하나였다. 기원전 2500년경 창조주를 언급한 이집트 종교 경전 가운데 하나는 이렇게 선포했다. "그분은 세상을 창조했다. 그분은 도시들을 만들었다."[017] 인간이 만든 다른 작품과 달리 도시는 우발적 상황이나 국면에 종속되지 않는다. 도시가 가진 관성 때문에 유일한 한 사람의 개인적 행동만으로 도시를 변경할 수 없는 이유로, 도시에 초자연적인 기원과 존재성을 부여해야 했다.[018] 그 결과 각 도시는 초자연적인 연속성 속에서 자신의 고유한 건립 신화를 소유한다.[019] 후견자의 역할을 맡는 영웅, 신, 또는 최소한 반인반신조차 없는 그리스나 로마의 도시는 존재하지 않는다. 예컨대, 아이게우스[Aigeus]의 아들 테세우스[Theseus]는 크레타 섬에서 돌아와 아테네를 세웠으며 마르스[Mars]의 아들 로물루스[Romulus]는 기원전 753년 신들의 보호 속에서 로마를 세웠다.

따라서 새로운 종교가 기존의 다른 종교를 대체할 때 도시들은 그 토대가 다시 세워질 수밖에 없었다. 그 결과 서양의 각 도시는 고대의 도시 설립자를 대신하는 자신의 복음 주체를 갖게 된다. 로물루스의 로마는 성 베드

---

016 Bonfill, R. and Véron, N., *L'architecture des villes*, Paris, Editions Odile Jacob, 1995, pp.74-86.

017 cf. Lalouette, C., *Textes sacrés et textes profanes de l'ancienne Égypte*, Paris, Gallimard, 1987.

018 Bonfill and Véron, 앞의 책, p.75.

019 같은 책, pp.74-77.

로를 앞세운 기독교인이 다시 세웠다. 성 즈니브에브Sainte Geneniève는 기도로 아틸라가 이끄는 훈족의 위협을 영적 기도의 힘으로 물리치면서 파리를 기독교 프랑스의 수도로 합법화시켰다.[020]

또한 도시의 토대를 세우는 물리적 사건의 차원을 넘어, 도시라는 존재 자체는 종교적 본질에 속하는 것으로 간주된다.[021] 즉 도시는 지상에 현현하는 성스러움이다. 고대 이집트인에게 그 같은 성스러움은 각각의 도시에서 도시 자체와 동일시됐던 신을 맞이하는 하나의 사원이 반드시 필요했음을 뜻한다. 로마인에게 수도 로마는 우주Orbis와 동격의 위상을 갖는 물리적 도시 공간Urbs이었다. 요컨대 "모든 도시엔 그 도시에 의미를 부여하는 종교적 신앙이 존재"했다.[022] 하지만 흥미로운 사실은, 비록 종교적 세계관과 영감으로 건축물이 지어졌다손 치더라도 종교는 도시 공간 발달에 오직 주변적으로만 영향을 끼쳤을 뿐이며, 종교적 도시계획이 구체적으로 실현된 사례는 거의 찾아볼 수 없다는 점이다.[023]

한편 우주의 조화에 대한 신념은 고대 시대부터 이뤄진 도시 공간의 의식적 레이아웃에 반영되었다. 예컨대 인류 문명사에서 최초의 체계적인 도시계획의 흔적은 직선 도로로 이뤄진 격자로, 기원전 2,400년경 인너스 강 유역의 도시에서 출현했다. 모헨조다로Mohenjo-Daro에서 발견된 가로 1,200피트 세로 8,000피트 길이로 건설된 열두 개의 직교형 도시 블록은 넓이 서른 보폭의 대로로 형성됐다.

고대 인도의 도시 문화는 메소포타미아와 이집트를 거쳐 기원전 7세기에는 고대 그리스의 도시 디자인에 결정적인 영향을 미쳤다. 고대 그리스의 소도시와 촌락의 모든 토지는 획일화된 직사각형으로 나뉘어 균등한 토지로 분할된다. 그리스 역시 직교 형태의 거리 패턴 양식에 귀속됐으며, 그

---

020 같은 책, p.75.

021 같은 책, p.76.

022 같은 책, p.76.

023 같은 책, p.76.

리스적 우주 관념과의 수미일관성을 보여준다는 점에서 의미가 있다.[024] 토지 분할을 위한 직각의 측정이라는 실제적 필요성으로부터 출발한 직교형 기하학의 발달은 기원전 525년 남부 이탈리아 지방의 피타고라스에서 시작해, 하나의 철학 학파를 형성하며 무려 천 년이나 이어져왔다. 토지 분할이라는 실용직 기원과 피타고라스 기하학의 절묘한 일치는 그 체계가 고착되면서 우주적 조화를 추구하는 피타고라스학파의 이론적 정전을 탄생시켰다. 피타고라스학파로부터 영향을 받은 기원전 5세기의 시인이자 철학자 엠페도클레스Empedocles는 4원소흙, 불, 물, 공기로 구성된 우주Kosmos라는 개념을 도입했다. 4원소 교리는 1세기가 지나 아리스토텔레스가 채택했으며 중세 시대 동안에는 스콜라 철학이 수용했고 르네상스 기간에도 지속됐다.[025]

한편 보편주의의 흔적이라 할 수 있는 조화로운 도시라는 개념은 기원전 300년경 스토아학파의 코스모폴리스Kosmopolis 개념으로 발전했다. 코스모폴리스는 신과 인간의 공통적인 고향 또는 둘 모두에 속하는 도시를 뜻했다. 이 같은 시각에서 좋은 도시는 오직 하늘의 은총을 받은 신들의 도시가 될 때 가능하다는 점에서, 단 하나의 진정한 도시는 바로 우주 자체였다. 요컨대 조화, 질서, 균형 등의 개념은 고대 그리스 이후로 예술과 과학의 기본 원리로 사용되면서 도시 사상의 역사에서 근간을 이뤘다고 할 수 있다.

5세기에 이르러 스토아학파가 제시한 코스모폴리스의 이상형은 성 아우구스티누스가 집필한 18권으로 이뤄진 『신의 도시De Civitae Dei』에서 구체화됐다.[026] 그의 형이상학적 기본 토대는 죄와 인간의 이기심으로 물든 지상의 도시와 신의 사랑으로 가득 찬 천상의 도시를 대비하는 데에 있다. 즉 이상적 공동체가 지닌 신학적 원리는 정의와 일치이며, 여기에서도 역시 조화와

---

024 Loupiac, 앞의 책, pp.19-21.

025 고대 도시의 우주적 조화에 대한 개념은 다음 논문을 참조할 것.
Akkerman, A., "Harmonies of urban design and discords of city-form: urban aesthetics in the rise of western civilization", *Journal of Urban Design* 5(3), 2000, pp.267-290.

026 Augustine, St. *The City of God against the Pagans*, trans. Dyson, R. W., Cambridge, Cambridge University Press, 1998. (한국어 번역본) 성 아우구스티누스, 조호연 옮김, 『하느님의 도성』, 크라스챤다이제스트, 1998.

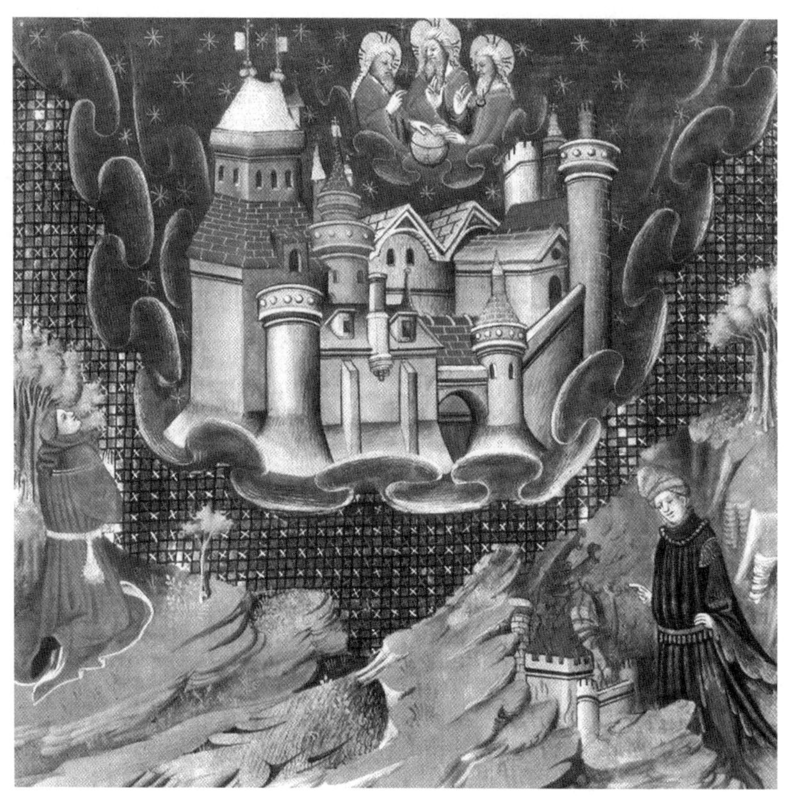

2 성 아우구스티누스의 <천국의 도시와 지상의 도시>

균형이라는 개념Ordo은 완전무결한 관계Ordo creaturum로 이뤄진 우주적 체계와 결합된다. 따라서 성 아우구스티누스가 제시한 이상적 도시라는 개념은 제반 조건을 수정하려는 기존 사회의 단순한 종교적, 사회적 시도가 아닌 우주적 균형의 존재론적 구성 요소가 된다.[027]

한 도시를 건립하는 데 채택된 의례 체계는 그 도시의 역사 연구에 열쇠

027 기독교와 관련하여 도시 공간의 신학적 윤리적 차원을 다룬 다음의 탁월한 연구서를 참조할 것. Gorringe, T. J., *A Theology of the Built Enviornment: Justice, Empowermoent, Redemption*, Cambridge, Cambridge University Press, 2002.

를 제공한다. 고대 소도시의 수수께끼 같은 특징의 상당수는 그것을 건립할 때의 의례와 연관 지을 때 제대로 이해될 수 있다. 도시와 그것의 의례 사이의 비교 대질은 고대 도시의 형태를 이해하는 데 중요한 단서를 제공하는데, 그 이유는 "의례의 수행이 실제로 해당 도시의 물리적 형상을 고정했기 때문"이다.[028] 이 같은 맥락에서 고대인이 자신의 소도시를 생각하고 느낀 특정한 관념의 성격을 파악할 필요가 있다. 고대인의 도시 관념을 이해하려면 특히 세계, 사자, 불멸의 존재와 도시가 어떻게 관련되는지 천착해야 한다.

고대인의 도시 개념화에서 중요한 것은 경제적 위생적 요인이 늘 신화적 의례적 차원에서 고려됐다는 점이다.[029] 현대 도시계획 이론가들은 신도시의 거점을 선택할 때, 경제성, 위생성, 교통 문제, 편의 시설 등의 차원을 고려한다. 반면 고대 도시의 설립자는 이 같은 고려 사항을 신화적 차원에서 파악한 뒤에라야 비로소 그 같은 실제적 사항을 참작했다. 고대 그리스에서도 도시 건립자들은 영웅의 반열에 올랐으며, 이들은 죽음, 놀이, 점성술, 치료 등 모든 분야의 권위자였다.[030]

현대인들은 모호하기 짝이 없는 마술적 종교적 의례를 의심하거나 무시하는 경향을 보인다. 하지만 플라톤은 물리적 환경의 도덕적 심리적 영향을 세심하게 고찰했으며 탁월한 장소에는 신의 영감이 존재한다고 설파했다. 우호적인 물리적 조건 속에서 전달되는 것은 신성한 힘을 드러내는 좋은 의지라고 보았다. 고대 그리스의 도시계획과 도시 관념을 천착한 연구에 따르면 도시 설립자는 단순히 이론적 장점에 기초해 건립하는 경우가 거의 없었고, 예측 불가능한 신성한 힘에 거의 맹목적으로 의탁했다.[031]

최초의 도시 발생의 원인은 학설이 분분하나, 한 가지 확실한 사실은 도시는 그것이 출현하는 순간부터 기념비monument로, 더 정확히 말해 우주를

---

028 Rykwert, J., *The Idea of a Town: The Anthropology of Urban Form in Rome, Italy and the Ancient World*, NJ, Princeton University Press, 1976, p.30.

029 위의 책, p.31.

030 위의 책, p.35.

031 위의 책, p.43.

압축하는 기념비로서 그 정체성을 피력했다는 점이다. 풀어 말해 도시는 인간이 만든 작품이지만 그 작품에는 인간만 거주하는 것이 아니라 신들의 처소 공간으로 인식됐다. 또한 도시는 정치적 공간의 중심부라는 정체성을 표상했다. 즉 도시는 정치적 공간의 표현이자 이미지이며, 강력한 도구였다.

도시 창발의 계보학과 관련해 현재까지 성취된 고고학적 연구와 문헌을 조사해보면, 도시 건립엔 '정교한 의례'와 '표상의 도식'이라는 두 가지 핵심 요소를 발견할 수 있다. 이 같은 두 가지 핵심 요소로부터 도시 공간 배치와 관련된 다음의 두 가지 주요 양상을 참작할 수 있게 된다.

첫째는 독창적이며 상징적 공간의 성립이다. 둘째는 이 같은 공간과 결부된 도시 공동체의 성립이다.[032] 다소간의 변이는 있겠으나, 다양한 고대 문명 유적지를 발굴, 탐사한 고고학적 문헌 또는 증언에선 한 가지 일관적 사실이 목격된다. 그것은 바로 도시가 인간과 신 사이에 존재하는 관계의 특권적 성격을 상징하는 소통과 의미의 공간이라는 사실이다. 바로 이런 맥락에서 필자는 앞에서 고대 도시 공간이 탁월한 기호학적 공간이라 서술했던 것이다. 이를테면 도시는 지상의 공간에 천상의 세계를 각인시켜놓은 장소라 말할 수 있으며, 바로 이 점에서 하늘의 거울이 된다.[033] 고대 수메르인이 만들어놓은 성스러운 묘총작은 구릉, 메소포타미아 사람이 건설한 바빌로니아 신전,[034] 고대 그리스인과 로마인이 작은 언덕 위에 세워놓은 사원을 연구한 고고학의 성과는 불변하는 한 가지 사실을 증언한다. 즉 도시는 이론의 여지없이 분명하게 종교적 상징성을 구현할 뿐만 아니라, 이러한 상징성은 태양과 달을 포함해 하늘 전체에 편재한 여러 신성과 결부된다는 사실이다.

이 점에서 프랑스의 석학인 퓌스텔 드 쿨랑주Fustel de Coulanges는 정곡을 짚

---

032 Hénaff, M., *La ville qui vient,* Paris, l'Herne, 2008, pp.32-79.

033 위의 책, p.33.

034 Kramer, S. N., *History begins at Sumer,* London, Thames & Hudson, 1961.
Algaze, G., *Ancient Mesopotamia at the Dawn of Civilization: The Evolution of an Urban Landscape,* IL, The University of Chicago Press, 2008.

는다. "고대사는 도시의 건립과 더불어 시작했는데 그 이유는 도시 건립 이외에 어떤 것에도 관심이 없었기 때문이다. 바로 그런 이유에서 고대인은 자기 인종의 기원조차 망각했다. 모든 도시는 자신의 고유한 달력, 종교, 역사를 갖는다."[035] 따라서 "도시 거점의 선택은 민족의 운명이 달린 가장 중요한 사안으로, 신들의 결정"에 달려 있었다.[036]

이와 유사한 맥락에서 수메르 문명사의 최고 석학인 사무엘 노아 크레이머Samuel Noah Kramer 교수는 "각 도시의 특징은 높은 테라스에 있는 주요 사원으로서 (…) 수메르의 종교 건축의 가장 큰 특징이었다. (…) 사원은 수메르 종교 지도자들이 수용한 이론대로 도시에서 가장 크고, 높고, 중요한 건물이었다. 그 이론에 따르면 도시 전체는 도시를 수호하는 신의 보살핌 속에 있었던 태고의 시간으로 거슬러 올라가며 세상의 창조가 이루어진 날은 바로 신의 이름으로 새겨졌다."라고 적고 있다.[037]

천상의 세계는 지상의 세계와 대립된다. 지상의 세계는 정복당한 자의 세계이다. 대지의 신들이 기거하는 장소이자 농사 활동이 이뤄지는 공간이며 태초의 조상이 살았던 혈족 전통의 태고 세계였다. 중국, 그리스, 로마, 한국, 일본, 마야, 아즈텍 등, 세계 도처의 다양한 문명 속에서 분명하게 드러난 사실은 도시 건설을 하나의 새로운 세계를 창립하는 신성한 행위로 인식했다는 점이다.

위에서 서술한 다소 추상적 내용의 이해를 돕고 도시 공간의 우주적 모델을 설명해줄 두 가지 사례를 간략하게 소개하고자 한다. 먼저, 고대 중국의 도시 건립에 사용된 우주론적 모델을 살펴보자.[038] 고대 중국 문명의 다

---

035 Coulanges, F. de, *La Cité Antique,* Paris, Hachette, 1880, pp.198-199.

036 위의 책, p.153.

037 Kramer, S. N., *The Sumerians: Their History, culture, and character,* Chicago & London, The University of Chicago Press, 2010, pp.73-74.

038 중국의 고대 도시계획의 우주론과 상징성에 대해서는 다음 연구 문헌을 참조할 것.
1. Body, A., *Chinese Architecture and Town Planning, 1500BC, - AD1911*, Chicago, Tiranti 1962.
2. Sirén, O., *The Walls and Gates of Peking,* London, John Lane, 1924.

양한 의례는 풍수지리학과 정교한 수학적 계산을 근거로 제시된다. 그 세밀함과 정교함은 바로 뒤에 살펴볼 고대 로마의 도시 수립에 사용된 의례 형식의 차원과 견줄 만하다. 프랑스의 중국학 권위자인 마르셀 그라네Marcel Granet는 그의 불후의 명저 『중국 문명』에서 이 점을 정치하게 기술한 바 있다.[039] 그가 언급한 첫 번째 문헌은 『시경詩經』으로 『주역周易』과 상보 관계에 있다. 이 문헌들을 검토한 그라네는 고대 중국의 도시 건립이 종교적 절차들을 따라 단계적으로 진행됐다는 점을 밝혀냈다.

이 문헌들에는 먼저 도시의 위치 선정과 관련된 고대 중국인의 태도, 인식, 신념의 양상과 더불어 입지를 결정하는 과정이 상세히 기술되어 있다.[040] 도시 건립의 총책임자는 화려하고 장중한 의상에 보석으로 치장하고 호화로운 검으로 무장해 미래의 도시에 가장 적합한 장소를 찾아 나선다. 그는 도시의 지리 형태와 도시 지역의 형세를 결정짓는 중요한 요인인 태양의 운동을 관찰하고, 어둠과 빛의 관계, 방위와 중심축, 물과 바람의 흐름 방향, 대지의 성질, 음과 양의 관계에 따라 방향을 설정한다. 기후와 지형 조건을 파악한 뒤, 도시 건립 책임자는 거북이 등껍질에 나타나는 다양한 기호와 모양새를 세밀하게 관찰하고 점성술로 계산한다. 도시 공간 입지 선정에 필요한 모든 정보 요소를 획득하고 종합적으로 분석한 뒤에 터 잡기의 종교적 가치가 확실하게 실현될 수 있다고 판단되면 도시 건설 명령이 떨어진다. 이때 최종적인 요건은 농산물 수확 시점의 날씨를 알려줄 별자리이다. 도시 건

---

3. Chang, K., C., *The Archeology of Ancient China,* New Heaven, Yale University Press, 1968.

4. Wheatley, P., *City as Symbol,* London, University College, 1967.

5. Wheatley, P., *The Pivot of Four Quarters. A preliminary enquiry into the origins of and the character of the ancient Chinese city,* Chicago, Edinburgh University Press, 1971.

039 Granet, M., *La Civilisation chinoise,* Paris, A. Michel, 1968.
아울러 다음 문헌 참조.
Hung, W., *Monumentality in Early Chinese Art and Architecture,* Stanford, Stanford University Press, 1995.
Wheatley, P., *The Origins and Character of the Ancient Chinese City: T he Chinese City in Comparative Perspective,* AldineTransaction, 2008.

040 Hénaff, 앞의 책, pp.40-47.

설은 가장 성스러운 요소인 성벽 건립으로 시작된다. 이때 도시의 둘레는 대지의 형태를 재생하는 사각형 모양으로 그려진다. 성벽에서 가장 중요하고 성스러운 요소는 성문으로 동서남북의 기본 네 방향에 놓인다. 성문은 특히 신성함을 드높이는 다양한 의례로 강화되고 보호된다. 그라네는 이 과정을 다음과 같은 멋진 표현으로 기술한다. "도시의 신성함은 성문과 성벽 속에 깃든다."[041]

고대 중국 문명을 비롯한 모든 문명의 고대 도시는 세심하게 경계가 그어진 둘레 속에 새겨졌다. 또한 대부분 도시 둘레는 성곽 지대의 형태를 취했으며, 분명한 군사적 기능이 있었다. 하지만 모든 고고학적 증거가 확인해주는 핵심은 성곽이 하나의 종교적 의미를 지닌다는 사실이다.

이 같은 고대 중국의 도시 모델은 한국과 일본을 비롯한 동아시아 전역의 도시 건립 모델에 지대한 영향력을 행사했다.[042] 실제로 그 같은 우주적 모델은 동아시아 수도의 의식적인 레이아웃을 형성하는 표준으로 채택됐다. 예컨대 이 같은 주술적 형태는 현재의 베이징에 탁월하게 표상돼 있고, 조선의 한양과 에도시대의 교토의 공간 배치에도 선명하게 표현돼 있다. 고대 중국의 도시 모델은 각각의 방위에 할당된 고유한 의미와 색채를 포함한다. 이를테면 북쪽은 암흑과 불길함의 방향으로 그에 맞서 방어막을 세워야 한다. 또한 도시 공간은 점증적으로 세밀한 격자로 나누어진 길로 세분화됐다.

고대 중국 도시는 지상과 천상에서 관찰되는 패턴의 평행적인 축소판 버전으로 디자인됐다. 계절의 순환, 초목의 성장주기, 태양, 달, 별의 운동 등, 자연 세계의 광활함 속에서 인간의 위치는 다음과 같은 확신에 기초를 두고 유지됐다. 즉 비록 존재하는 모든 것이 신의 작품이지만 지상의 몇몇 자리는 성스러움이 최상의 상태로 존재하는 곳이다. 이 같은 장소 가운데 통

---

041 Granet, 앞의 책, p.267.

042 교토에 대한 다음 문헌 참조.
Fiévé, N., *L'Architecture et la Ville du Japon ancien. Espace architectural de la ville de Kyoto et des résidences shôgunales aux XIVe et XVe siècles,* Paris, Maisonneuve et Larousse, 1996.

치자의 조상을 모시는 사당과 종묘는 중국을 비롯한 동아시아의 수도를 조직화하는 핵심 요소임을 앞서 지적했다. 또한 그 사당을 에워싸는 성곽과 거리는 통치자의 정치적 권력과 종교적 권위를 극대화하는 데 사용됐다.

최근에 발표된 연구물의 설명을 따르자면 한양의 도시 구획은 산의 자연적 형세를 이용해 성곽의 기본 틀을 설정함과 동시에, 도시 기반 시설의 세부적 측면에서 『주례周禮』에 실려 있는 「고공기考工記」의 도성 조영 원리를 적극 수용해 이상 정치를 추구하고 '왕도정치를 추구하고자 하는 군주와 정치가에게 도성 구획의 관념적 틀을 제공'했다. 구체적으로 종묘사직의 위치, 전조前朝의 형태, 도로의 규정 등에서 『주례』의 도성 원리를 따랐다.[043] 특히, 대부분 전문 연구자가 한양의 정체성을 의례 공간으로 규정한다는 점에서, 린치 교수가 우주적 이론 모델의 핵심으로 지적한 의례성이 한양에 극명하게 표현됐다고 할 수 있다.

두 번째로 제시할 고대 로마의 건립 모델 역시 우주론적 모델의 대표적인 예이다.[044] 로마의 고대 도시를 생각하면 단번에 제국의 이미지를 떠올릴 수 있다. 가시적 권력의 상징성을 구비한 로마 제국의 본령은 그 자체가 팽창하는 도시, 즉 방대한 도시 건설의 시도였다. 로마 제국은 로마의 흔적을 유럽의 거의 모든 곳을 비롯해 북아프리카, 소아시아에 남겨놓았다. 고대 로마의 도시는 기존 도시의 삶의 방식을 뒤바꾼 동시에 특별한 종류의 질서를 수립해가는 과정 속에서 이뤄졌다.[045]

로마 소도시를 정초한 초석은 주로 두 문화, 즉 에트루리아 문명과 헬레니즘의 문명에서 도래했다.[046] 북이탈리아를 문명화한 에트루리아인은 로

---

043 유승희, 「조선시대 한양도시구획과 공간의 위계화」, 『도시 공간의 형성 원리와 도시민의 삶』, 서울, 메이데이, 2009, pp.15-46.

044 Grandazzi, A., *La Fondation de Rome,* Paris, Les Belles Lettres, 1991, pp.239-281, p.239.
Rykwert, J., *The Idea of a Town. Anthropology of Urban Form in Rome, Italy and the Ancient World,* London, 1976, pp.45-71.
퓌스텔 드 쿨랑주, 김응종 옮김, 『고대도시』, 아카넷, 2000.

045 Mumford, 앞의 책. pp.239-281.

046 위의 책, p.240.

마 도시 개발의 종교적 토대를 가져다주었다. 에트루리아 문명의 도시 공간에서 아크로폴리스는 늘 언덕 위에 놓인다. 그곳은 하나의 도시가 정초되기 이전에 성스러운 전조들이 만들어진 곳이다. 로마인은 새로운 도시를 정초하면서 에트루리아 문명에서 전승된 의례를 실천했다. 고대 이탈리아 반도의 에트루리아인의 의례서는 '리투알레스rituales'라고 하며 여기에는 소도시의 건립, 사원과 성지의 축성, 성벽을 신성하게 만드는 의식에 존재하는 다양한 의례 규칙이 명시되어 있다.[047]

로마인은 신의 은총을 기원하는 점을 쳐 도시 건설의 시작을 알렸고 도시 윤곽의 도면 작성은 북두칠성plough의 안내를 맡은 사제가 수행했다. 로마의 도시는 하나의 벽에서 시작해 종교적 이유에서 그리고 부분적으로는 공리적 이유로 사각형의 형태를 취했다. 이 같은 도시의 종교적 정의로부터 또 다른 특질이 나타났다. 성벽의 내부와 외부에 성스러운 벨트인 '포메리움pomerium'을 설정해 이곳에는 건물을 짓지 않았다. 이 같은 성스러운 도시 윤곽 위에 우주적 질서와 조화를 유지하는 방향으로 도시는 건설됐다.[048] 북남을 가로지르는 '카르도cardo'와 동서를 가로지르는 '데쿠마누스decumannus'를 기준으로 한 주요 도로의 레이아웃은 로마 도시를 헬레니즘 도시와 구별시켜 주는 전형적인 표지이다. 고대 로마의 터 잡기는 우선 수직선으로 된 길의 윤곽선을 그린 뒤 여러 사원의 입지를 선정하는 순서로 진행되었다. 사원 가운데 으뜸은 도시의 머리caput 부분이자 신들이 지배해야 할 로마 언덕의 '투물루스tumulus'였다. 그 결과 이 '도시의 머리'로부터 한눈에 도시 공간 전체를 파악할 수 있었다. 그 아래가 정확히 도시의 중심부umbilicus urbis에 해당하며, 여기에 도시를 세계와 접촉하게 만드는 구덩이mundus를 팠다. 이 같은 머리와 구덩이의 이중적 축은 명백히 도시 공간의 수직성을 상징화한다.

요컨대 로마 건립에서 채택된 의례의 특징은 우주의 질서를 표상하는 경건함이다. 즉 도시 공간의 장소 배치는 바로 세계의 자리 배치와 동

---

047 Rykwert, 앞의 책, pp.27–40.

048 위의 책, p.241.

일한 것이었다. 고대 로마의 전통에 따르면 하나의 도시를 건립하는 작법은 원칙적으로 지극히 세밀한 의례를 따라야 했다. 기원후 1세기 트라얀 황제L'empereur Trajan 시대 때, 당시의 목수들이 편집해 작성한 문헌집Gromatici Veteres에 따르면 고대 에트루리아 문명에 기원을 둔 이 같은 의례는 네 단계로 이뤄진다.[049]

첫째, 착수inauguratio 단계이다. 장소 선택의 준비 단계로 제물의 내장 상태를 관찰하고 그 결과에 준거해 점을 쳐 하늘의 징조signum ex caelo를 읽는 독법 행위를 말한다. 로마를 건립할 때 로물루스는 나는 새를 보고 신의 계시를 기원했다. 특히 로마 건립에서 착수 작업inauguratio은 복잡한 의례였다. 그것은 기도하는 사람, 여러 징조의 이름 짓기, 점치는 사제가 눈으로 확인한 점궤의 상세한 묘사 등으로 이뤄진다. 점치는 사제는 자연의 징조를 확인하고 그것이 출현했을 때, 정확한 의미를 결정짓는다. 징조가 되는 동물이 나타났을 때, 점치는 사제는 그의 투시력의 규칙에 따라 그 사건을 정확히 평가해야 하며, 이것이 바로 최종 해석cortumio이고 이로써 '콘템플라티오contemplatio'라는 전체 제례 의식이 완료된다. 콘템플라티오contemplatio는 점치는 사제가 그려놓는 다이어그램, 즉 템플룸templum에서 유래한 이름이다. 템플룸templum은 국가 종교의 한정된 기능을 맡는 독립된 일체의 공간을 지칭한다.[050]

둘째, 방위 설정orientatio 단계이다. 남북과 동서 방향 등 지리적 축의 선택을 말한다. 이 분절은 태양이 뜨고 지는 방향에 따라 동서 축documanus을 결정하고, 이어서 남북 축을 직각으로 교차해 중심축을 잡는 방위 설정 단계를 밟는다. 왜냐하면 이 축은 하나의 이상적인 선이며, 이 선을 중심으로 하늘의 궁륭이 회전하기 때문이다.

셋째, 경계선 설정limitatio 단계이다. 도시 공간의 면적을 정하는 토지 경

---

049 cf. Grandazzi, 앞의 책.
Rykwert, 앞의 책.
Dyson, S. L., *Rome: A Living Portrait of an Ancient City,* JHU Press, 2010.

050 Joseph Rykwert, *The Idea of a Town: The Anthropology of Urban Form in Rome, Italy and the Ancient World,* Princeton University Press, 1976. pp. 44-71.

계 표시와 도랑의 선정, 설계 등이 여기에 해당된다.

넷째, 축성consecratio 단계이다. 도시를 한 명 이상의 여러 신의 보호막 아래 갖다놓고 도시에 하나의 고유한 이름을 부여하면서 이뤄지는 최종 의식이다. 즉 도시의 공간이 최종적으로 귀결되는 곳은 신의 세계이다. 왜냐하면 쟁기와 더불어 최초의 밭고랑silcus primogenius을 파는 것, 즉 경계 설정 또는 쟁기와 더불어 그려진 둘레는 신들이 용납하는 순환된 공간의 경계선이기 때문이다. 바로 이 같은 공간 재단으로부터 대지 위에는 도시의 울타리, 길, 광장 등 도시의 상이한 부분이 기하학적으로 새겨진다.

도시의 우주적 모델에서 다음과 같은 중요한 사실을 깨달을 수 있다. 기념비인 도시, 세계의 이미지와 소우주인 도시는 우주의 총체성과 상징적 통일성, 성스러움을 표현했다. 이러한 연유로 도시는 공동체의 제도적 전범을 실현한 장소이자 공동체의 공적 존재를 위해 건설된 공간이며 정치적 주권의 공간이다. 또한 도시는 다양한 지식과 예술의 생산과 향유의 특권적 장소이다.

또한 이 같은 우주론적 공간 원리는 풍수지리설로 발전했다. 이들은 지형, 물의 형세, 주요 방향, 산과 대지의 혈맥 등을 깊이 관찰하고 분석해 우주 숨결의 기운과 흐름을 탐색했다. 도시의 우주 이론은 포괄적이며 전체적인 공간 인식을 강조했으며 특히 도시가 어떻게 신화 위에서 생성됐는가를 설명한다. 고대 중국의 우주 이론을 비롯해 거의 모든 우주 모델은 왜 도시가 현재의 상태로 작동하는지, 그리고 잘못된 것이 무엇인지를 증명했다. 아울러 우주 이론은 특정 도시가 어떻게 생성되어야 하는가를 말해주며, 어떻게 개선하고 수리할 것인가를 일러준다. 만약 이 같은 요건이 존중되면 그것은 지상의 권력을 강화시켜주고, 사람들에게 안정감, 경외감, 자부심을 안겨준다. 이 점에서 우주 이론은 도시의 완결된 작동 이론으로, 기능적이면서 동시에 규범적이라 할 수 있다.[051]

이와 더불어 공간과 의례는 행동 양식을 안정화시켜주는 요소이며 인

---

051 Lynch, K., *Good city form,* The MIT Press, 1984, pp.73-83.

간을 하나로 결속시키는 데 사용된다는 점을 지적해야 할 것이다. 다양한 제도와 공간의 형태는 서로 간에 영향을 미치고 강력한 심리적 효과를 가지며, 난공불락의 현실로 인식됐다. 이 같은 개념의 이면에는 일정한 가치가 놓여 있다. 그 가치란 질서, 안정성, 지배, 행동과 형태의 밀접하면서도 지속적인 일치, 무엇보다 시간, 쇠락, 죽음, 가공할 재앙 등을 몰아내려는 거부의 의지를 포함한다.

핵심적 사실은 공간의 상징적 형태가 사람의 정신을 사로잡고 강력한 영향력을 행사한다는 점이다. 고도의 상징성을 구비한 공간 형태는 특정 공동체의 자부심과 정서적 유대감을 표현하고 도모하는 데, 또 우주의 위대함을 계시는 데 사용된다. 린치에 따르면, 도시의 우주론적 이론의 주술적 근거는 언제든지 그 신뢰를 상실할 수 있으나, 그 어떤 경우에도 공간 장치의 심리적인 힘은 쉽게 무시될 수 없다.[052] 우주 이론에 근거해 도시 공간에 건설된 기본 축, 성곽, 격자 모양의 도로, 중심지, 상호 대칭성과 양극성은 인간의 공통적인 경험에 영향을 미쳐온 기능들이라 할 수 있다. 이와 더불어 그것은 인간의 정신이 수립되는 고유한 방식에 영향을 준 기능이기도 하다. 린치의 핵심적 메시지를 압축하자면 우주적 상징성을 구비한 도시의 공간 형태는 인간의 인지 기관의 형식에도 결정적 영향을 행사한다는 점에서 이 같은 영향은 선악의 판단과 관계없이 사실적이며 구체적인 영향력이라 할 수 있다.

유기체 모델

하나의 도시를 유기체organism로 상상하는 것은 도심을 심장에, 대형 도로를 동맥에 비유하는 은유적 표현에서 선명하게 나타난다. 하지만 도시 공간의 유기체적 은유와 해석은 도시 공간과 신체 기관 사이에 존재하는 해부학적

---

052 위의 책, p.91.

유추에 그치지 않는다. 이를테면 신체 기관은 세밀한 단위로 확대해 세포와 유전적 단위의 미시적 층위로 내려갈 수도 있다. 도시 공간의 유기체적 이해와 해석은 살아 있는 생명체의 시스템이 가진 역동적 양상을 비롯해 보다 일반적인 결합 관계를 포함한다. 생명체와 마찬가지로 도시에도 지속적인 자기 조절과 평형 유지의 과정이 존재하며, 탄생, 성장, 완숙, 쇠락, 소멸의 생명 주기가 존재한다. 그뿐만 아니라, 도시의 역사적 발전에는 적응과 도태 같은 진화론적 개념도 적용할 수 있다. 이 같은 유기체적 해석은 도시 사상사 문헌에서 압도적인 다수를 차지한다. 유기체적 모델은 심지어 로이드 라이트와 르 코르뷔지에 등과 같은 고전적 모더니스트의 저술에서도 빈번하게 나타난다.[053]

일례로서 르 코르뷔지에는 유기체적 은유를 활용해 기능 장애를 일으키는 도시 상황을 묘사한다. "사람들은 방관만 한다. 자신의 삶을 시들게 했던 옛 도시에, 이 삶을 훨씬 더 빨리 더 확실하게 망가뜨릴지도 모르는 도시, 즉 교통 문제를 무시하고 또 다른 상업 지구를 설정해 상황을 치명적으로 악화시킬지도 모르는 새로운 도시 건설을 방관한다. 파리 도심지의 땅에서 이러한 실리적 활동은 암이 종양처럼 도시의 심장부 주변에 형성되도록 내버려 두는 것이다. 암은 도시를 숨 막히게 할 것이다."[054] 또 다른 단락에서 그는 도시를 마치 인체인 양 수술의 대상으로 묘사한다. "내과 치료선견지명도, 외과 수술단호함도 없다. 도시는 막다른 골목을 향해 치달을 것이다. 왜냐하면

---

053 도시를 살아 있으며 성장하는 진화하는 실재로 보는 견해는 다수이다.

Choay, F., *The Modern City: Planning in the 19th Century (Planning and Cities),* New York, trans., George Braziller, G., 1969, p.17, p.109. (한국어 번역본) 프랑수와즈 쇼에, 이명규 옮김, 『근대도시』, 세진사, 1996.

Geddes, P., *Cities in Evolution: An Introduction to the Town Planning Movement and to the Study of Civics,* London, Williams and Norgate, 1915.

Mumford, L, *The Culture in History: Its Origins, its Transformations, and its Prospects,* San Diego, Harcourt, Braceand company, 1961.

Rossi, A., *The Architecture of the City,* The MIT Press, 1984.

Thompson, D. W., *On Growth and Form,* Cambridge, Cambridge University press, 1917.

Unwin, R., *Town Planning in Practice,* Princeton Architectural Press, 1996.

054 르 코르뷔지에, 정성현 옮김, 『도시계획』, 동녘, 2003, p.260.

허파와 심장이 죽어가는 병에 걸렸는데도, 작은 즐거움에만 몰두하기 때문이다."[055]

더구나 유기체적 은유는 오늘날 다소 진부할 정도로 일상적인 '도시 생명력' '도시 성장' '도시 갱생'과 같은 표현으로도 나타난다. 도시 공간의 유기체적 은유 모델은 잠시 후 상술할 도시 공간의 예술적 은유나 기계적 은유와는 구별된다. 무엇보다도 유기체적 은유는 도시를 하나의 신축적이며 감성적이고, 외부 환경에 반응하는 생명적 실재로 포착한다. 이 같은 유기체의 은유에서 도시는 자신의 환경과 보조를 맞추고, 역동적인 생명체로서 리듬과 적응 변화라는 규칙을 따른다. 도시를 유기체로 보는 시각은 도시가 구비해야 할 최적의 크기, 자기 조절의 균형 등과 같은 일련의 함축적 의미를 포착하는 것을 가능케 한다. 한편 유기체인 도시는 도시의 기계 은유와 병행하는 몇 가지 의미론적 공통분모를 가질 수 있는데, 도시는 일정한 경계선을 지닌다는 점, 도시 공간 부분의 기능적 특화가 이뤄진다는 점, 부분이 전체를 위해 작동한다는 구조적 원리 등을 꼽을 수 있다.

유기체 모델은 도시 공간에 적용된 여러 모델이나 은유 가운데에서도 250여 년 정도의 짧은 역사를 가진 비교적 최근의 것이다. 유기체 모델은 한 도시가 하나의 유기체로서 사유될 수 있다는 개념으로, 18세기와 19세기 생물학의 부상과 더불어 도래한 개념이다.[056] 이것은 19세기의 지나친 산업화에 반발한 표현이었으며, 거대 도시의 창발과 전례 없는 테크놀로지의 급부상을 우려한 속에서 그 반동으로 잉태된 모델이라 할 수 있다. 유기체 사유 속에 담긴 힘은 19세기의 생태학 사상이 미친 정치적 영향력에 분명하게 나타나며, 오늘날에도 인간 문화를 사회 생물학의 새로운 장에 포섭하려는 생물학적 환원주의에서 발견할 수 있다. 하지만 도시 공간에 적용된 유기체적 모델은 우주 모델이나 기계 모델과 비교해 인간 정착지나 도시 건설에 실제로 영향을 미친 예가 매우 드물다. 어쨌거나 유기체 모델은 오늘날 도시

---

055 위의 책, p.273.

056 Lynch, 앞의 책, pp.88-95.

계획 전문가 사이에서 가장 우세한 모델이며 평범한 시민들도 언급할 정도로 널리 확산해 있다. 멈퍼드 역시 19세기에 유기체적 생명의 현실로 사유의 방향 전환이 이뤄졌다는 점을 지적한다. 그에 따르면 이 사유는 18세기에는 시인이나 자연주의자의 직관에 머물렀던 것이 19세기 말에 들어와 널리 퍼졌고 이제는 기계학의 무생명적 세계에 침투한 것이다.[057] 멈퍼드는 한마디로 지난 세기 동안 모든 사유의 영역에서 "기계주의로부터 유기체주의"로 관심의 변동이 이뤄졌다고 진술한다.

멈퍼드에 따르면 19세기 산업 시대는 공장, 강철, 탄광 등 생명과 거리가 먼 비유기체적 과정들을 다뤘다. 하지만 미생물학의 혁신적 발전과 더불어 패러다임의 변동이 생겨났다. 유기체적 질서를 강조한 선도적 사상은 다음과 같이 요약할 수 있다.[058] 첫째, 생명의 일차적 우세성이 거론됐다. 자율적이면서 상호 연관된 유기체는 그 자체의 성장 노선을 가지며 종들의 노선과 발달 곡선 그리고 변이의 지속 기간을 갖는다. 유기체는 생명 형태를 유지하려면 환경의 나머지 부분과 능동적 관계를 형성하면서 항상적으로 스스로 변화하고 갱신해야 한다. 인간 사회에서 유기체는 하나의 복잡한 사회적 유산을 동화시켜야 할 필요성에 따라 좀 더 의식적으로 연루된다. 이때 사회적 유산은 두 번째 환경을 형성한다.[059] 멈퍼드는 기계적 사유와 유기체적 사유의 차이를 이렇게 설명한다. "기계가 최정상에 놓이는 동안, 사람들은 팽창, 외연, 진보, 기계적 배가 그리고 힘의 차원에서 정량적으로 사유할 것이다. 유기체를 최정상에 갖다놓으면서 우리는 성장, 규범, 형상, 상호 관련성, 함의, 결합, 사회적 차원에서 질적으로 사유하기 시작했다."[060]

한편, 멈퍼드는 생명의 질서와 사회의 질서가 기계적 질서를 포섭해야 할 당위성을 역설한다. 그것은 곧 "폭정으로부터 상징적 결합으로, 자본주

---

057 Mumford, *The Culture of cities,* New York, Routledge/Thoemmes Press, Reprinted 1997, first published 1938, p.300.

058 위의 책, p.301.

059 같은 책, p.301.

060 같은 책, p.303.

의와 파시즘으로부터 공조와 기본적인 공동체주의communism로"의 방향 설정을 다시 해야 함을 뜻한다.[061] 만약 도시가 하나의 유기체라면, 그것은 생명체를 기계와 구별시켜주는 몇 가지 특질을 지녀야 한다. 먼저 하나의 유기체는 유한한 경계선을 갖춘 자율적인 개체이며 한정된 크기를 갖는다. 기계와 달리 유기체는 단순한 외연 확장으로 그 크기를 변화시킬 수 없으며 부분을 첨가해 크기를 변화시키지도 않는다.[062] 유기체의 형태는 선명한 외재적 경계선을 갖지만, 유기체의 내부를 분할하는 것은 그리 쉽지 않다. 유기체는 차별화된 부분의 결합이며 각 부분은 밀접한 접촉과 연관성을 갖는다는 점에서 그 내부엔 선명한 경계가 없다. 유기체의 부분은 더불어 작동하며, 미묘한 방식으로 서로 영향을 미친다. 린치가 정확하게 지적하듯, 유기체의 형태와 기능은 불가분의 관계로 결합해 있다.[063]

유기체 전체의 기능은 매우 복잡하며, 단지 부분의 본질을 인식한다고 해도 전체를 이해할 수 있는 것은 아니다. 왜냐하면 상호 유기적으로 작동하는 부분의 합은 그것의 단순한 집합과는 전혀 다른 성질을 지니기 때문이다. 전체 유기체는 역동성을 지니지만 그것은 평형적homeostatic 역동성이다. 즉 유기체의 내재적 적응은 그것이 외부의 힘을 받아 동요됐을 때조차 유기체를 일종의 균형 상태로 돌려놓는다. 요컨대 유기체는 자기 조절적 성격을 지니며 아울러 자기 조직적이다. 유기체는 스스로 수선하고, 새로운 개체를 생산하며, 탄생, 성장, 성숙, 죽음의 사이클을 거친다. 유기체가 가진 리듬과 사이클의 행동, 이를테면 심장 박동과 신경 맥박은 그것이 정상 상태임을 입증하는 징표이다. 또한 유기체는 질병에 걸릴 수도 있고, 건강한 상태를 유지할 수도 있으며 반대로 스트레스를 받을 수도 있다. 다양한 유기체는 그것의 구성 요소를 분리해 생각해서는 안 되며 역동적 전체로 이해해야 한다. 18세기에 탄생한 생물학적 유기체라는 개념은 상대적으로 새로운 생각이라

---

061 같은 책, p.303.

062 Lynch, 앞의 책, p.89.

063 위의 책, p.89.

할 수 있으며, 에른스트 헤켈Ernest Haeckel과 허버트 스펜서Herbert Spencer와 같은 19세기 생물학 사상가가 완전한 진술을 세워놓았다. 유기체의 이미지가 도시를 비롯한 인간 정착지에 적용됨으로써 도시 탄생 초기의 연원을 설명해 줄 새로운 통찰이 제공됐으며, 그 이전에 존재했던 직관적 사유의 이론적 근거를 마련해주는 계기가 됐다.

여기에서 상기해야 할 사실은 유기체 모델이 수반했던 다양한 사상은 고유한 계보를 갖는다는 점이다. 그 계보의 지형은 매우 넓어서 유토피아 사상을 비롯해 낭만주의적 경관 디자인을 포함하며 사회 개혁주의자의 도시 사상, 자연주의자의 저술과 지역 연구자의 작업에 널리 펴져 있다. 20세기 도시 사상의 선구자였던 패트릭 게디스Patrick Geddes를 필두로, 그의 계승자이자 도시사 연구의 태두인 멈퍼드, 사회개혁주의자로서 전원도시를 주창한 하워드 등 이들은 인간적 교류가 이뤄질 수 있는 '근린지역neighborhood'이라는 단위 개념을 착발시켰다. 또한 도시를 살아 있는 생물체로 파악한 도시 유기체 개념의 지적 계보에는 프랑스의 서지학자이며 역사학자인 마르셀 포에트Marcel Poète를 지적해야 할 것이다. 그는 파리의 역사를 집대성한 기념비적 저서와 도시계획 이론 요강을 남겼다.[064] 그는 이 두 권의 저서에서 연속주의와 살아 있는 존재의 유추를 사용했다. 본질적으로 관찰에 기초한 그의 방법은 현재의 도시 상태의 관찰과 도상학, 지도, 역사적 서사, 문서와 통계를 통해 이뤄졌다.

도시의 유기체 모델에 기초를 둔 초기 생태학자들의 저술과 프로젝트는 여전히 도시계획에서 교육적 훈련의 기초 과정으로 활용된다. 이러한 초기 저술은 영국의 신도시 건립과 미국의 그린벨트 타운 건설에 핵심 관념을 제공했으며, 전 세계 신도시에서 기초 개념으로 활용됐다. 또한 최근에는 생태학을 공공 정책에 적용함으로써 그 같은 유기체 모델은 한층 강화됐다. 이렇듯 도시 공간을 설명하는 유기체 관념은 도시 형태의 공적 논의에서 대부분 암묵적으로 사용되고 있다.

---

064 Poëte, M., *L'Enfance de Paris,* Paris, A.Colin, 1908.
_______, *Introduction à l'urbanisme,* Paris, Boivin, 1929.

유기체 모델의 중요한 가정은 각각의 공동체가 하나의 분리된 공간적 단위이며 가능한 한 자율성을 유지해야 한다는 생각에서 출발한다. 그렇지만 공동체의 장소와 그곳에서 삶을 영위하는 사람들은 상호 종속적 관계로 맺어질 수밖에 없다. 따라서 유기체적 도시 모델은 사회를 유지시켜줄 요소들 사이에 상호 협력의 중요성을 강조하며, 이 점은 도시 사회를 하나의 경쟁적 투쟁의 장으로 간주하는 시각과 대비를 이룬다.[065] 도시 공간을 형성하는 각각의 내재적 부분의 형태와 기능은 융합되어야 하며, 동시에 각 부분은 다른 내재적 부분과 비교했을 때 차별화되어야 한다. 예컨대 공장은 공장처럼 보여야 하며, 휴식을 취하는 주거지의 형태와 선명하게 구별되어야 한다. 유기체 모델에서 도시 공동체는 하나의 전체가 되어 최적의 크기를 유지해야 하며, 그 같은 적정 크기를 넘어서면 도시 공간은 병리적 상태에 빠지고 만다.

린치에 따르면 건강한 도시 공동체란 그 내부가 이질적인 공동체이다. 이 같은 이질적 도시 공간은 다양한 출신의 사람과 상이한 장소의 혼합으로 구성되며 그 혼합은 최적의 비율, 곧 일정한 균형을 유지할 수 있다.[066] 유기체 모델에 기초한 도시 공간의 부분은 상시적 상호 교환 관계로 이뤄지고, 공동체의 총체적 기능에 참여한다. 하지만 이 같은 부분들은 상이한 본질에 속하며 상이한 역할을 맡는다는 점에서 타자의 다양성을 인정한다. 유기체 도시 모델에서 정착지의 내재적 조직화는 하나의 위계질서에 따라 이뤄져 각각의 단위 아래 그보다 미세한 하위 단위들이 포함된다. 따라서 하위 단위들 그 자체가 더 작은 하위 단위를 갖는다. 각각의 단위는 마치 살아 있는 세포처럼 그 자신이 속한 상위 단위와 그 자체의 중심지를 갖고 있으며, 이것들은 서로 결합되어 있다.

도시는 유기체와 마찬가지로 탄생하고 성숙하지만, 유기체와 달리 도시의 정착지는 절대 죽지 않는다. 유기체의 기능이 일정한 리듬을 유지하는

---

065 Lynch, 앞의 책, pp. 90-91.

066 위의 책, p. 91.

것과 마찬가지로, 건강한 도시 공동체는 자신의 역동성과 평형성을 유지함으로써 지속 가능성을 획득한다. 도시 공간의 최적 상태는 다름 아닌 생태학적인 최고 절정의 단계로서, 각 요소의 최대의 다양성을 간직하고, 시스템과 소재의 연속적 재활용에 기초한 에너지의 효율적 사용으로 가능해진다.[067]

유기체 모델에 입각해 건립된 다양한 도시 공간의 형태는 위에서 기술한 생각을 반영한다. 방사형 패턴, 그린벨트의 형상, 전원풍의 낭만적이면서 반기하학적인 공간의 레이아웃, 불규칙한 커브 길이나, 대지와 근접한 주택, 나무와 풀 등의 유기체적 형상을 닮은 도시 공간의 형태를 비롯해 천연 소재로 된 건물과 탁 트인 열린 공간 등은 바로 도시의 유기체 모델을 반영하는 예들이다. 몇몇 투박한 유기체의 은유에서 도시의 부분들은 심지어 동물의 신체 기능과 유추적으로 비유되기도 한다. 이를테면 도시 공간에 호흡기, 혈액순환, 소화기, 신경 자극의 전달 등의 용어가 적용되기도 한다.

멈퍼드는 중세의 도시계획을 대표적인 유기체 모델로 보고 있다.[068] "유기체적 계획은 일련의 적응 속에서 하나의 미리 구상된 목표와 더불어 시작하지 않는다. 그것은 필요에 따라, 기회에 따라 이동한다. 그 적응 자체가 점차 일관적인 목적성을 갖게 되어, 그 결과 그것들은 하나의 복잡하며 궁극적인 디자인을 생성하지만, 미리 형성된 기하학적 패턴과 비교해 통일성이 부족하지 않다."[069] 중세의 도시계획가 알베르티 역시 이런 곡선의 거리를 정당화했다. "완만한 곡선은 걷는 사람에게 자연적인 선이다. 하지만 보행자가 일단 한 번 그것을 정초하면 그 같은 곡선에서의 기쁨은, 중세 건물에 독특한 성격을 부여하는 그 무엇이다."[070]

중세 도시에서 나타나는 유기체적 곡선의 또 다른 근원은 그것의 중심부에 대한 강조였다. 즉 중세 도시계획의 본질적 사실은 도시의 모든 선이

---

067 같은 책, pp.91-92.

068 Mumford, 앞의 책, pp.344-351.

069 위의 책, p.348.

070 같은 책, p.349.

하나의 중심부를 향해 수렴되는 방식으로 구성된다는 점이다. 그리스와 로마 시대에 건설된 지중해 도시들은 지형에 대한 별다른 고려 없이 기하학적 레이아웃을 생산했으며 도시의 기초 토대는 우주론적으로 의미 있는 방향성을 갖춘 바둑판 형상으로 수립되었다. 특히 고대 도시를 만든 것은 건축의 볼륨이었다. 로마 시대의 도시는 군사 주둔지로서 처음부터 완결적으로 인간 중심의 형태를 띤 도시 공간의 전범이었다. 유럽의 중세 도시는 기본적인 농경 거주지, 즉 둥근 모양의 울타리 안에 옹기종기 모여 형성된 마을로부터 발달했다는 점에서, 본질적으로 차이가 있다.[071] 바로 그 같은 이유에서 중세 도시는 고대 도시보다 유기체적 형태를 띠게 된 것이다. 중세 도시의 또 다른 특징은 고대 메소포타미아와 아즈텍 문명의 도시와 마찬가지로 도시 공간의 방향을 준수하고 그 방향이 두 개의 주요 교차로를 수단으로 하여 천상과 결합되었다는 점이다. 성소가 중심 교차점에 위치하고 십자형은 도시 공간의 이상적 중심부를 표시한다.

실제로 대부분의 중세 도시의 기본 윤곽은 둥근 모양이며 네 개의 주요 방향은 도시의 중심부에서 교차한다. 이렇듯 원과 십자가의 형상을 띠고 있는 중세 도시는 하나의 소우주microcosm로 인식되었으며 이 소우주의 영속적 기능들 가운데 하나는 중심부와 천상을 연결하는 데 있었다. 이 점에 대해 르루아구랑은 다음과 같이 핵심을 짚어내고 있다. "기독교 신학에서 지상과 천상의 연결은 순전히 신비적이지만, 천상으로 승천하고 지하 세계로 내려가는 예수의 자리는 기독교 세계의 중심부에 해당된다."[072]

요컨대 유기체적 모델의 일차적 가치는 공동체, 연속체, 건강, 원활한 기능 작동, 안전, 따뜻함, 균형, 다양한 요소의 상호작용, 내밀한 스케일, 자연 세계와의 근접성 등으로 요약된다.

유기체 모델은 도시계획에서 오랜 시간에 걸쳐 심오한 지적 영향력을 행사했다. 린치에 따르면, 비록 유기체 모델이 반복적으로 공격받고, 부분적

071 Leroi-Gourhan, 앞의 책, p.338.

072 위의 책, p.340.

으로 신뢰를 상실했으나, 다른 어떤 이론도 유기체 모델을 대신할 수 없다. 그 결과 유기체 모델은 여전히 도시 디자인과 도시 공공 정책을 지배하는 강력한 모델로 자리 잡았으며 도시 정책에서 사용되는 수사학의 형식에서 지배력을 행사한다.

그렇지만 유기체 모델 역시 몇 가지 한계를 노정하며 그 난점을 지적하는 것이 관건이라 할 수 있다. 무엇보다 유기체 모델의 핵심적 난점은 유추 그 자체라 할 수 있다.[073] 도시는 그 자체가 기계가 아닌 것과 마찬가지로 유기체라고도 할 수 없다. 도시는 스스로 성장하거나 변화하지 않으며 자신을 복제하거나 수리하지도 않는다. 그것은 자율적 실재들이 아니며 생명의 사이클을 거쳐 진행되지도 않고 감염되지도 않는다. 또한 동물의 신체 기관과는 달리 명료하게 차별화된 기능적 부분을 갖지 않는다. 유기체 모델에서 사용되는 은유는 때로 위험한 도시 정책 결정을 유도할 소지가 있다. 이를테면 도시의 우범 지역이나 슬럼가가 발생할 때, 그것을 잘라내 감염 유포 경로를 저지해야 한다는 소박한 결론을 내리게 만드는 것이다.

유기체적 관념에 근거를 둔 소박한 감정은 우리에게 매력적으로 다가오는데, 그 감정은 자연과의 정신적 친화성 또는 물리적 접촉을 실현해줄 촉매제이기 때문이다. 하지만 자연 세계와 도시 세계에 대한 천편일률적인 이분법적 사유는 지양되어야 한다. 이를테면 자연이 비인간적이라는 생각은 터무니없는 가정이며, 사람과 문명으로부터 동떨어질수록 더 자연적이게 된다는 생각도 현실과는 거리가 있다. 인간을 비롯해 그들이 모여 사는 도시는 나무, 강줄기, 사슴이 뛰어노는 길만큼이나 자연스러운 현상이다. 여기에서 중요한 핵심적 태도는 자연과 인공의 이분법적 사유가 아니라, 인간 자신과 도시 공간을 살아 있는 총체적 공동체의 통합적 부분으로서 파악하는 일이다. 요컨대, 자연, 인간, 도시를 하나의 전체로 조망할 수 있는 '전일론holism'의 관점이 유기체 이론의 가장 중요한 장점이라 할 수 있다.[074]

---

073 Lynch, 앞의 책, p.95.

074 Lynch, 같은 책, pp.97-98.

끝으로 도시를 유기체로 간주할 때 언급되어야 할 사항은 생물학의 중요성이다. 오늘날 모든 도시학의 학제적 연구에 생물학자의 참여는 필수불가결하다.[075] 앙리 라보리Henri Laborit는 그의 주저 『생물학과 구조』[076]에서 현대 생물학의 혁신적인 연구 결과물을 환기하면서 고정되고 정태적이며 닫힌 도시계획에 비판적 입장을 취했다. 그에 따르면 생명은 열린 시스템이며 따라서 불균형 상태에 있다. 그런데 근대적 도시계획 원칙의 대부분은 폐쇄적이고 정태적이라는 점에서 생명 법칙과 모순된다는 것이다. 또한 도시계획 이론가인 루즈는 생물학과 도시 공간의 단위 사이에 존재하는 관계를 강조한 바 있다. 그에 따르면 도시를 이해하려면 인간의 생물학적 성격과 유기체적 본질을 파악해야 한다. 이 점에서 기능주의의 원칙 아래 탄생한 도시는 기계주의적 개념화에 머무른다는 점을 지적해야 할 것이다.[077]

---

075 Ragon, M., *Histoire de l'architecture et de l'urbanisme modernes, 1. idéologies et pionniers 1800-1910, 2. Naissance de la cité moderne 1900-1940, 3. De Brasilia au post-modernisme 1940-1991,* Casterman, 1986, pp.236-238.

076 Laborit, H., *Biologie et Structure,* Paris, Gallimard, 1968.

077 Rouge, M. F., *Les Unités urbaines, cités organiques à l'échelle humaine,* Paris: Impr. Blanchard, 1957.

예술 작품 모델:
도시 인공물의 예술성과 도시 공적 공간의 숭고미

도시를 하나의 예술 작품으로 파악하려는 시도는 개별 도시의 심미성을 찬탄하면서 '예술 도시' 혹은 '도시 예술'이라는 제목을 단 저서들을 쉽게 찾아볼 수 있다는 점에서 낯설지 않다. 실제로 도시를 한 편의 예술 작품으로 파악하는 것은 도시 이론과 도시계획에서 지속적으로 제시된 유추 가운데 하나이다. 멈퍼드의 다음과 같은 일련의 증언은 이 같은 유추를 분명하게 천명한다. "도시는 하나의 의식적 예술 작품이며 그것의 공동체적communal 프레임워크framework 안에서 좀 더 간소하고 개성적인 예술의 형태를 유지한다."[078] 그는 언어와 더불어 도시를 최고의 예술 작품으로 선정하고 있으며, 도시를 '시간과 공간의 예술로 빚어낸 심포니'라고 말한다. "도시에서의 삶은 시간과 공간의 복잡한 조율을 통해 노동의 사회적 분화에 못지않게 심포니의 성격을 취한다."[079], "언어 그 자체와 더불어, 도시는 인간의 가장 위대한 예술 작품이다."[080], "정신은 도시 속에서 형태를 취한다. 아울러 도시 형태는 정신을 다시금 조건 짓는다. 시간 못지않게 공간은 도시 속에서 예술적으로 재조직된다."[081] 또한 20세기 이탈리아가 낳은 세계적인 건축가 로시는 도시라는 인공물artifact과 예술 작품 사이에 존재하는 친화성을 다음과 같이 설파한 바 있다. "은유적으로가 아니라 도시 인공물을 예술 작품과 유사하게 만드는 그 무엇인가가 존재한다."[082]

도시 인공물을 예술 작품으로 기술한 로시의 인문적 통찰은 도시 기호학과 접맥될 뿐만 아니라 도시 인문 사상의 정수를 담고 있다는 점에서 주의

---

078 Mumford, 앞의 책, p.5.

079 위의 책, p.4.

080 같은 책. p.5.

081 같은 책, p.5.

082 Rossi, A., *The Architecture of the City*, Cambridge, MA., The MIT Press, 1984, p.30. (한국어 번역본) 알도 로시, 오경근 옮김, 『도시의 건축』, 동녘, 2003.

를 기울일 가치가 있다. 앞선 로시의 기술에서 볼 수 있듯이 도시 공간과 예술 작품은 세상에 하나밖에 없는 유일무이함을 갖는다는 점에서 중요한 공통점을 지닌다. 이에 덧붙여 예술 작품을 분석할 때 사용하는 이론과 방법론은 도시 인공물을 분석하고 정의할 때도 유용하게 적용할 수 있으므로 양자는 밀접한 연관성을 갖는다. 물론 예술 작품에 쓰이는 방법론을 도시 공간 분석에 액면 그대로 적용할 수는 없거니와 양자의 방법론적 유추의 문제는 지극히 복잡한 주제이다. 도시 인공물은 그것이 사람에게 행사하는 정신적 심리적 양상의 차원을 넘어 그 자체로 복잡한 여러 속성과 성질을 담지하고 있기 때문이다. 따라서 도시 인공물을 일정한 방법론적 절차나 독서 격자로 분석하는 것은 가능하지만 그 대상을 완결적으로 규정하는 것은 매우 어려운 과제이다. 그 같은 완결된 분석을 어렵게 만드는 또 다른 요인은 도시 공간을 경험하는 개인들이 보여주는 개념과 인상의 변이, 즉 주관적 차이라 할 수 있다. 소쉬르의 언어 이론에서 제시된 '랑그'와 '파롤'의 이분법을 도시 인공물이라는 대상에 적용한다면, 사회적 상호주관성에 기초한 도시 분석과 동시에, 도시를 경험하는 주체의 개인적 인상과 차이의 분석을 한 바구니 속에 갖다놓는 것은 어렵다고 말해야 할 것이다. 로시 역시 이점을 지적하는데, 개별 건물, 특정한 길과 구역을 향유한 사람만 인지할 수 있는 특별한 유형의 경험이 존재한다는 것이다.[083] 더구나 도시 공간의 경험을 언어로 표현할 때 노정되는 언어의 한계와 모호함의 문제가 첨가된다. 어쨌거나 하나의 도시 인공물 또는 도시 공간에서 한 사람이 가진 경험의 진폭과 개념의 내용은 동일한 도시 인공물을 체험하는 다른 누군가의 경험과 개념과는 질적으로 다른 것이 될 수밖에 없다.

도시는 무엇보다 인류가 성취한 탁월한 작품이기에 도시 연구에서 도시 인공물을 예술 작품으로 표상하는 다양한 개념화가 빈번하게 출현했다. 이를테면 건축가, 문호, 학자 등이 표출하는 다양한 직관과 묘사를 포함해 다양한 시대의 예술가의 작품에서 나타나는 직관과 상세한 묘사에서도 예

083 위의 책, pp.32-35.

술 작품으로서의 개념화를 포착할 수 있다. 또한 동서고금을 막론하고 수많은 사회적 삶과 종교적 삶의 발현 속에서도 도시 인공물을 예술 작품으로 찬탄하는 사유의 편린을 접할 수 있다.

이 대목에서 우리는 다시 로시의 통찰에 집중해야 한다. 그에 따르면 도시를 예술 작품으로서 바라보는 문제는 그 자체가 명시적으로나 학문적으로나 무엇보다 집단적 인공물의 본질적 개념화와 관련을 맺는다. 그렇다면 '집단적 도시 인공물은 어떻게 예술 작품과 연결될 수 있을까'라는 물음을 단도직입적으로 던져야 할 것이다. 로시는 다음과 같은 심오한 해답을 제시한다. "사회적 삶의 모든 위대한 발현은 예술 작품과 더불어 다음과 같은 사실을 공통적으로 지닌다. 즉 그것은 무의식적 삶에서 탄생한다."[084] 사회적 삶은 집단적이며, 무의식적 삶은 개별적이다. 이와 유사한 맥락에서 구조 인류학자 레비스트로스 역시 도시 인공물이 예술 작품 그 이상으로 자연적 요소와 인공적 요소들 사이의 균형을 획득했다는 점에 주목한 바 있다. "하나의 도시를 한 편의 교향곡 또는 하나의 시에 비교할 권리를 갖는 것은 은유적인 방식에서가 아니다. 그것은 모두 동일한 본질에 속하는 대상물이다. 더 정확히 말하자면 도시는 자연과 인공물의 교차 지점에 놓인다. (…) 그것은 자연과 동시에 문화의 대상이며, 개체이며 동시에 집단이고, 체험된 것이며 동시에 꿈이다. 바로 탁월한 인간적인 것 그 자체이다."[085] 거의 동일한 맥락에서 프랑스의 지리학자 알박스는 상상력과 집단적 기억을 도시 인공물의 주요 특질로서 손꼽았는데, 로시와 레비스트로스의 주장과 일맥상통한다고 말할 수 있다.

도시 공간의 예술성을 더 상세하게 진술해보자. 하나의 도시가 있을 때, 그것의 전체적 도면 또는 짜임과 구조는 하나의 예술 작품과 예술적 창조로서 간주될 수 있다. 이를테면 물리적인 도시 공간 자체가 하나의 표현적 오브제, 다이어그램, 상징인 것이다. 예를 들어, 인공위성에서 서울을 촬영한

---

084 같은 책, p.33.

085 Lévi-Strauss, C., *Tristes tropiques,* Paris, Plon, 1962, p.228.

이미지는 그 자체가 하나의 시각적 작품이다. 도시 공간이 갖는 상징성의 기호학적 의미는 종교적, 문화적, 우주적일 수 있다. 도시를 예술 작품 또는 예술적 매체로서 파악하는 시각은 서구 문화사로 국한할 경우 최소한 르네상스 시대로 거슬러 올라갈 수 있다. 일찍이 서구 도시의 역사를 집대성했던 레오나르도 베네볼로Leonard Benevolo는 르네상스 시대의 피렌체를 이렇게 표현한 바 있다. "모든 조각가나 화가, 시각적 형태의 모델링과 드로잉 기술을 갖춘 사람은 모든 형태적 매체에서, 심지어 건물이나 도시 전체의 윤곽을 잡는 데에서도 탁월한 솜씨를 보인다."[086]

소도시 도시계획의 선구자들 역시 자신의 직업을 예술가로 보았다. 예컨대 초기의 도시계획가인 레이먼드 언윈Raymond Unwin 경은 소도시 도시계획을 하나의 예술로 여겼으며 도시 디자이너에게 예술가의 위상을 부여했고 소도시의 설계 도면을 캔버스로 간주했다.[087] 특히 아름다움을 도시가 추구해야 할 궁극적인 덕목으로 천명한다. "도시 도면은 집단적 삶의 표현이며, 여러 도시는 아리스토텔레스가 말한 고상한 목적의 가치가 우세하다는 점에서만 오직 예술의 위대한 작품이 될 것이다."[088]

심지어 고전적 모더니즘의 선구자들조차 기능주의와 결합하면서도 예술적 시각에서 도시계획에 접근했다. 실제로 이들은 소도시 도시계획을 예술적 표현의 한 부류로서 간주했으며 소도시는 예술 작품이라는 생각을 피력하기도 했다. 이와 유사하게 또 다른 영국의 근대 건축가 프레더릭 기버드

---

086 Benevolo, L., *The History of the City,* The MIT Press, 1980, p.473.

087 "도시를 만드는 사람들은 자유롭게 그들 자신의 도시들의 예술가가 되고자 하는 목적을 추구하며 거대한 화폭에 도시의 삶의 그림을 그리고 있는 것이다."

다음 프랑스어 번역본을 참조했음.

Unwin, *R., L'étude pratique des plans de villes: Introduction à l'art de dessiner les plans d'aménagement et d'expression, introduction de Pierre Chabard,* trans. Mooser, W., Paris, Infolio éditions, 2012, p.55.

Unwin, R., *Town Planning in Practice: an Introduction to the Art of Designing Cities and Suburbs,* London, Fisher Unwin, 1909.

도시 건설의 예술성과 심미성에 대해서는 특히, 1장, 2장, 3장 참조.

088 위의 책, p.59.

Frederick Gibberd는 소도시 디자인을 대형 캔버스에서 이뤄지는 회화에 비유하기도 했다.[089] 특히, 그는 사회학자, 지리학자, 경제학자 등 상이한 전문가가 참여하는 도시계획city planning과 심미적 감수성을 요구하는 소도시 디자인을 구별할 것을 주문한다. 예컨대, 심미성이 요구되는 순간에 이르러서 원재료가 실제적으로 어떻게 배열되는지를 보여주어야 할 때, 그는 "형태, 색채, 질감 등, 자신의 느낌을 표현할 수 있어야 하며, 그때 비로소 소도시 디자인은 시작된다"[090]라고 주장했다. 그에 따르면 심미적 감수성은 소도시 디자인의 최초 단계이자 최종적인 도시 디자인 단계이기도 하다.

전체적으로 보았을 때, 도시 공간과 도시계획을 예술 작품으로 바라본 건축가들이 견지한 도시 공간 창조 비전을 종합해본다면 다음과 같은 함축적 의미를 도출할 수 있을 것이다. 요컨대, 도시 공간은 우발적 결과물이 아니라, 특정 목적과 의도에 따라서 디자인된 오브제이며 도시 창조자의 의지의 발로이자 생산물이다. 따라서 도시 공간을 이루는 구성 요소의 목적은 도시 공간 전체의 결정적인 형태 구성과 고정된 외연의 구성, 단일한 전체적 목적, 즉 예술적 표현에 종속된다. 궁극적으로, 도시라는 예술 작품은 사람들에게 심미적 경험을 선사하고, 정신적 영감을 주거나, 삶을 풍요롭게 만들고, 다양한 종류의 심오한 의미를 표현할 수 있다.

비록 원칙적으로 구상적 차원에서 도시가 하나의 예술 작품으로 간주되거나 비유될 수 있는 것은 사실이나 실제로 도시의 예술적 표현을 일정한 형식적 규범에 따라 온전하게 해석하는 데는 무리가 따른다. 물론 이 말은 개별 건물과 거리가 적절한 예술성과 더불어 디자인될 수 없다는 것을 의미하지는 않으며, 전체적인 도시 공간의 생산물이 미학적으로 쾌적하게 만든다는 엄연한 사실을 부정하는 것 역시 아니다. 이 진술은 단일한 예술 작품과 달리, '하나의 전체인 도시 인공물의 개별적 부분을 예술적 의도에 맞게 유기

089 Gibberd, F. E., *Town design,* London, Architectural Press, 1959, pp.9-20.

090 위의 책, p.10.

적 구성 요소의 총체로 완전하게 디자인할 수 없다'는 한계를 지적한다.[091]

도시의 예술성을 논할 때 지적해야 할 또 하나의 본질적 사실은 예술의 도덕성이다. 특히 낭만주의자와 그들의 계승자들은 도덕성에 복무하는 예술의 역할을 강조했다. 그들은 가장 큰 예술 작품인 도시가 필연적으로 하나의 도덕적 진술을 수행한다고 보았다. 19세기의 런던, 파리, 빈을 미학적 시각에서 천착했던 한 연구에 따르면, 예컨대 제2제정 시대의 파리와 런던은 단지 쾌락을 제공하려는 의도를 지녔을 뿐만 아니라, "다양한 관념을 포함하고 가치를 주입시키고, 아울러 사유 체계와 도덕성을 선명하게 표현하는 매체로서의 도시 공간의 잠재력을 전유하려는 의도를 갖고 있던 국가에 의해, 아울러 그 의지를 실천에 옮기려는 국가 의지를 통해 만들어진 예술적 창조물들"이었다.[092] 이들 세 도시는 19세기 유럽에서 가장 큰 도시였으며, 각각 제국의 수도이자 한 국가의 문화적 초점이었다. 예술 작품은 하나의 역사적 근원이며, 도시는 19세기를 특징짓는 가장 큰 규모의 예술 형식으로, 19세기의 내적 본질의 심오한 진실을 일러준다.[093] 특히 19세기의 도시는 하나의 종합 예술Gesamtkunstwerk을 지향함으로써 모든 예술이 제각기 나름대로 도시의 심미성에 이바지하면서도 전체의 예술적 비전에 종속되는 거대한 오페라에 비견될 수 있었다. 조각가, 화가, 원예가가 도시를 아름답게 만드는 데 공헌했고 시인은 극장에서, 음악가는 연주장과 오페라 하우스에서 예술적 능력을 발휘했다.[094]

이들 각각의 도시는 "보존되어야 할 하나의 보물로서, 서구 문명의 성취이자 기념비"로 남아 있다.[095] 무엇보다 이들 세 도시는 각기 하나의 예술 작품이며, 시간뿐만 아니라 공간 속에서 존재하는 건물, 거리, 현상, 경험,

---

091 Olsen, D. J., *The City As a Work of Art: London.Paris.Vienna,* CT, Yale University Press, 1986

092 위의 책, p.4.

093 같은 책, pp.251-253.

094 같은 책, p.310.

095 같은 책, p.5.

활동으로 이뤄진 집단적 창조 복합체로서, 인류의 행복과 존엄성을 고양시키는 데 봉사했다.[096]

여기에서 환기해야 할 또 다른 중요한 사실은 도시 공간의 예술화는 국가가 추구하는 기억의 정치와 이데올로기 주입 도구로 사용되기도 한다는 점이다. 유럽의 경우 19세기 말까지 근대 산업도시의 건설 주체들은 한 편의 그림처럼 도시를 만드는 작업에 몰두했다. 그리고 이 실천은 그림의 프레임을 통일된 하나의 공간적 질서의 엠블럼으로 닫아버렸다. 시각적 쾌락을 제공하는 액자로 닫힌 예술 작품의 본질은 자신의 공간 속에 처박혀 있는 일종의 자기충족self-containment이었으며, 또한 이것은 도시라는 한 편의 그림의 통일성을 제고시키는 몸짓이었다.[097]

이에 더해 그림 프레임은 서사 공간을 규정했는데, 액자화된 프레임 안에는 한 편의 도시 이야기가 존재했기 때문이다. 19세기 유럽의 대도시에서 사용된 다양한 회화적 이미지들과 연극 무대의 성좌들은 도시의 의례 장식을 강화시키는 동시에 통치자의 승리와 영웅적 위업의 기억을 상기하는 자극제로 작용했다. 그 결과 역사적 기념비와 시민의 공간은 교육적 인공물이자 예술적 경배의 대상이 되었다. 그 같은 기념비와 공적 공간은 도시 상류층의 심미적 취향과 도덕을 고양시키고자 마련된 무대 장면이자 도상학적으로 구성된 도시의 보석이었다.[098] 도상학적 장식은 국가의 부와 자원, 과학적 기술적 성취, 공유되는 관습을 강조하면서, 국가가 주입하려 한 민족혼을 훈육시키고 강화했다.

하지만 보편적으로 예술은 다양한 형태와 오브제를 사회 공간 속에 창조하고 각인시켜 그 장소의 방문객과 사용자에게 숭고미를 제공할 수 있다. 특히 심미적 경험을 선사하는 도시 공간 속의 예술은 도시에서의 거주를 무미건조한 일상의 틀에서 벗어나게 해, 하나의 풍요로운 미학적, 기호학적 실

---

096 19세기의 도시 미학에 대해서는, 같은 책, pp.254-280.

097 Boyer, M. C., *The City of Collective Memory: Its Historical Imagery and Architectural Entertainment,* MA, The MIT Press, 1994, pp.33.

098 위의 책, p.34.

천으로 변화시킬 수 있다. 예술적 환경이 마련된 도시 공간에서 삶을 영위한다는 것은 그 예술적 형태를 인지, 감상, 해석하는 다양한 미적 경험을 낳기 때문이다. 이를테면 도시 공간에 대한 자신의 의식 속에 자아가 지향하는 이상형의 지평을 부여하고, 동시에 결핍된 욕망의 지평을 부여하면서, 현실의 도시 공간과 자신의 이상적 도시 공간을 중첩해놓는 상상의 놀이를 할 수 있다. 또한 도시 공간에 설치된 예술 또는 예술 작품인 도시는 '알아보기'와 해석의 대상을 창조하면서 도시 풍경을 기호학적 공간으로 만들 수 있다. 건축과 도시계획은 단지 생존을 위한 거주 공간 또는 생활의 실용적 장소인 도시 공간을 건설하는 데 그치는 것이 아니라, 도시 거주자들의 사회성을 실현하는 매개로 도시 공간을 창조하면서 도시 생활의 실존적 의미의 토대를 정초한다.[099]

위와 같이 다양한 효과를 낳는 도시 예술의 일차적 목적은 도시를 장식하는 데 있다. 도시 공간의 심미적 장식으로 예술은 도시를 문화의 공간, 재현과 표상의 공간, 기억의 공간으로 탈바꿈시켜 사람의 시선에 미적 쾌락을 선사한다. 이러한 목적 아래 도시 예술은 여러 가지 유형의 감각적 형상을 제공할 수 있다. 역사적 기록의 표징으로서 건립된 다양한 기념비와 조각품을 비롯해 제도적으로 허용되거나 반대로 제도에 위반된 다양한 종류의 그래피티, 또는 개인 주택과 같은 사적 건축에서 공공 건축물에 이르기까지 도시의 풍경은 형상과 재현으로 장식되며 이는 도시 거주자가 상징적 실천과 문화적 실천의 기호학적 의미를 사유할 계기를 마련해준다. 예술적 도시 공간을 향유하는 상징적 문화적 실천으로 도시 거주자는 해당 공간을 자신의 공간으로 완전하게 전유한다.

아울러 도시 공간을 예술적으로 장식한다는 것은 그 공간을 재현과 표상의 공간으로 삼는다는 것을 뜻한다. 하나의 도시가 다양한 부조와 기념비로 가득 차 있다는 것은 곧 그 도시의 역사적 사건을 추적할 수 있게 해주는 예술적 오브제의 풍요를 시사하며, 그 같은 오브제들은 판독되고 해석될 수

099 Lamizet, B., *Le sens de la ville,* L'Harmattan, 2002, pp.61-81.

있는 재현물이나 표상이라는 점에서 상징적 활동과 동시에 기호학적인 활동의 실천이 가능한 예술적 장이 마련되어 있다는 것을 의미한다.[100]

이를테면 세종로에 설치된 이순신 장군과 세종대왕의 동상은 각각 조선 시대의 호국정신과 용맹함을 갖춘 영웅, 창조와 지혜의 성왕을 기억하고 표상하는 조각품이며, 파리의 개선문은 파리의 역사 속에 나폴레옹의 정체성을 각인하려는 건축적 장식이다. 이런 의미에서 이 기념비들은 미학적 기획인 동시에 역사적 정치적 기획이라 말할 수 있다. 그 이유는 이 예술 작품들은 서울과 파리라는 도시 풍경 속에서 두 나라의 역사를 빛낸 행동 주체들의 시각적 표상의 실현을 통해 집단적 기억을 각인하기 때문이다. 한마디로 말해 도시 공간에 이뤄진 재현과 표상의 공간은 곧 역사의 공간이며 정치의 공간이라 할 수 있다.

도시 공간의 예술성과 관련해 상기해야 할 핵심 개념은 공적 공간이다. 공적 공간의 활용으로 예술 창조의 행위자는 도시 공간을 창발적으로 전유할 수 있다. 다시 말해 도시의 공적 공간은 도시성의 미학적 숭고화의 장소가 될 수 있다.[101] 여러 도시 예술에서 표현되는 도시 공간의 이상형은 절대 일부 특권층만이 그 생산과 소비를 독점하는 봉건적인 예술로는 실현될 수 없으며 전통적 봉건주의 시대의 예술적 숭고미와 동일시될 수도 없다. 바람직한 도시 예술은 시민권과 사회성을 포함하는 정치적 이상형의 재현에 이바지해야 한다. 풀어 말해 도시 공간에서 만들어지는 예술 작품은 거리와 광장에서 모두에게 제공되어야 한다. 이로써 도시 거주자 또는 방문객은 자유롭게 도시 공간을 움직이며 공적 공간을 향유하고 전유할 수 있어야 한다.

기호학의 시각에서 지적해야 할 도시 예술의 중요한 사항은 도시 공간에서 이뤄지는 예술의 형태는 고유한 해석 체계를 형성하고 더 나아가 일체의 문화를 형성한다는 사실이다.[102] 즉 도시 예술은 미학적 매개화의 작품과

100 같은 책, pp.74-75.

101 같은 책, pp.82-88.

102 같은 책, p.84.

언어를 통해 도시 공간에 의미를 부여할 수 있도록 해주는 하나의 기호학적 문법을 형성한다. 도시 공간 속에서 예술적 형태를 읽는 법을 배우는 것은 곧 도시 공간의 이상형을 형상화하는 재현의 약호와 기호를 학습한다는 것을 말한다. 미학적 매개화와 언어로 이뤄진 이 같은 기호학적 체계에서 구별할 수 있는 여러 가지 유형의 언어 중 대표적인 유형은 공간적 형태로서, 도시 공간 자체를 하나의 예술적 형상으로 만드는 제 기념비들과 공간 구획을 가리킨다. 방문객과 산책자는 도시 공간을 이동하면서 예술적 형상화로부터 도시 공간의 사회성을 인식하고, 여기에 의미를 부여하게 된다. 이를테면 경복궁에서 광화문을 거쳐 서울 시청에 이르는 공간은 그 자체가 하나의 예술 작품이 될 수 있을 것이다. 즉 그 공간은 예술적 매개화가 될 수 있다. 왜냐하면 그 지역은 서울이라는 도시 공간 속에서 역사적 정치적 차원을 표상하며, 도시 공간의 숭고한 역사적 차원을 담아내기 때문이다.

기계 모델:
도시 기계의 개념 구조와 계보

도시 공간을 비롯해 공간을 하나의 기계로 파악한 전통은 고대까지 거슬러 올라가며, 이는 보편적 개념이다. 그러나 도시를 하나의 실제적 기계로 사유하는 것은 위에서 언급했던 은유나 모델과는 전혀 상이한 내용을 갖는다. 도시를 기계로 파악하는 개념화는 무엇보다 도시를 특정 기능을 수행하는 구성물로 간주하려는 의도를 가리킨다. 도시의 기계 모델에서 전체 도시 공간의 지도는 하나의 회로도 또는 기계 설계도라 할 수 있고, 핵심은 기능적 연결들이며 그 결과로 나타나는 단순한 시각적 효과는 부차적이다. 도시를 기계로 보는 시각에서 도시 디자이너는 예술가보다는 엔지니어에 가깝다. 도시를 예술 작품으로서 간주하는 관점에서처럼, 하나의 기계로 표상되는 도시는 명백하게 의식적으로 디자인된 오브제이며 세부 구성 요소의 기능과 형태는 전체 도시의 합목적성과 더불어 존립 근거를 갖는다.

기계 개념에는 전체 기계를 구성하는 부분의 기능주의적 특화라는 관념이 첨가된다. 여기에서 말하는 부분이란 기계에서 다른 부품으로 교체할 수 있는 부품을 말한다. 한편 하나의 기계는 규범적으로 하나의 결정적 형태를 갖는 것으로 해석할 수 있다. 하나의 기계는 미세하고, 자율적이며 표준화된 부품으로 이뤄진다. 따라서 기계로서의 도시는 부분의 첨가로 성장한다고 말할 수 있다.[103] 다른 한편, 기계는 분할될 수 없다. 이 진술은 곧 절반짜리 기계는 아무 쓸모가 없다는 것을 뜻한다. 둘로 쪼개진 기계, 예컨대 두 동강 난 자동차 엔진은 최소한 전체와 동일한 기능을 수행할 수 없다. 반면 여전히 기계가 분할될 수 있다는 진술이 가능한데, 이는 기계의 부분이 일정한 맥락에서 전문적인 역할을 잠재적으로 수행할 수 있음을 시사한다. 예컨대 자동차 엔진은 자동차라는 맥락을 벗어나도 여전히 엔진으로 기능할 수 있다. 분할과 관련된 기계의 이원성이 바로 예술 작품과의 본질적 차이이다. 기계와 달리 작품에서 떨어져 나온 개별적 부분은 본래의 의미를 완전히 상실하고 만다. 마찬가지로 도시라는 예술 작품과는 달리, 기계로서의 도시는 심지어 아름답거나, 영감을 주거나, 풍요로운 의미를 함축해야 할 의무가 없으며 그 같은 기대에 부응할 필요조차 없다.

또한 기계 전체는 변화할 수 있다. 물론 기계의 변화는 예측 가능한 방식으로 명료하게 이뤄지며 새로운 상황을 만들어내는 창조적 변화는 아니다.[104] 부분은 작고 한정된 상태로 유사성을 지니면서 기계적으로 결합되며, 기계는 부분의 첨가로 성장한다. 기계는 광범위한 의미를 지니지 않으며 단지 부분의 총합일 뿐이다. 기계는 별도로 존재할 수 있으며 또한 다른 기계들과 더불어 놓일 수 있다. 부품을 교체할 수 있음은 물론이다. 교체 뒤에도 기계는 계속 작동된다. 기계는 사실적, 기능적이지만 마술적이지는 않다. 기계 부품은 자율적이지만 정해진 것 이상은 수행할 수 없다.[105]

오늘날까지도 득세하는 기계의 은유는 근대 이전에 시작된 오랜 역사

---

103 Lynch, 앞의 책, pp.81-83.

104 기계는 이미 정해진 프로그램과 '트랙(track)'에 따라서 안정적으로 움직일 뿐이다. 안정성은 부품들 속에 있는 것이며 기계 전체 속에 있는 것은 아니다.

105 Lynch, 위의 책, pp. 81-86.

를 갖고 있다. 린치에 따르면 기계 은유의 뿌리는 도시의 우주적 모델로 거슬러 올라간다.[106] 이 같은 시각과 달리 공간을 하나의 기계로서 천착한 영국의 지리학자 빌 힐리어Bill Hillier의 연구에 따르면 기계 패러다임의 근원은 18, 19세기를 지배한 '유기체-환경' 패러다임에서 발견된다.[107] 환경 패러다임에서 '환경'이란 단어는 인간이 존재하는 물리적인 공간의 차원을 넘어 인간을 둘러싼 기호 작용의 관계까지 아우르는 광범위한 개념이라 할 수 있다. 이러한 환경 패러다임 사상의 기원은 건축과 공간의 기계적 패러다임과 맞닿아 있다.

기계 모델은 단지 그리드 형식의 레이아웃에 한정되지 않고, 도시 공간의 부분과 전체를 체계적으로 인식할 수 있게 해주고, 아울러 부분과 전체의 기능을 설명해주는 유용한 관점이라 할 수 있다. 도시 공간의 기계 은유는 20세기에 들어와 대표적인 추종자들을 얻었는데, 기계 시대의 문명을 찬양했던 르 코르뷔지에가 대표적인 사례라 할 수 있다. 실제로 르 코르뷔지에는 도시의 본질을 기계 은유로 설명한 대표적인 이론가라 할 수 있다. 그의 저술에서는 도심, 거리 등의 성격을 설명하는 수많은 기계 은유가 등장한다. "엔진도심지은 마모돼 멈춰 섰다. 도심지는 일종의 마모된 엔진이다."[108] "거리는 일종의 교통 순환용 기계이다. 그곳은 공장 도구가 순환하도록 실현시켜야만 하는 공장이다. 현대의 거리는 일종의 새로운 기계 장치이다. 공장처럼 시설이 갖춰진 거리의 형태를 창조해야만 한다."[109]

기계 모델은 특히 르 코르뷔지에의 명저 『빛나는 도시』[110]의 기저에 깔린 생각으로, 그가 구상한 빛나는 도시의 설계도는 동시대인에게는 너무나 생소한 형태로 보였다. 르 코르뷔지에의 기계 모델에 따르면 하나의 도시는

---

106 같은 책, p.82.

107 Hillier, B., "space is the machine", in *Space is the machine: A Configurational Theory of Architecture,* Cambridge, Cambridge University Press, 1999, pp.371-406.

108 르 코르뷔지에, 정성현 옮김, 『도시계획』, 동녘, 2003, p.100.

109 위의 책, p.140.

110 르 코르뷔지에, 최창규 옮김, 『빛나는 도시』, 서울, 產業圖書出版會社, 1976.

작고 자율적이며 차이가 없는 부분으로 이뤄지고 이 부분은 더 큰 기계로 연결된다. 그리고 이 큰 기계는 부품과는 대조적으로 차별화된 기능과 움직임을 갖는다. 하지만 르 코르뷔지에가 집과 도시를 설명하면서 사용한 '주거 기계'라는 표현은 도시와 건축 설계 그리고 이들 공간에서 이뤄지는 삶의 기계적 관계를 면밀하게 파악하는 데는 이르지 못했다. 따라서 그의 표현은 진정한 기계적 결정론에 입각한 기계 패러다임이 아닌 공간의 기능적 기하학적 배열을 제시하는 수준에 한정된다.

근대 건축과 도시계획 사조의 중핵인 르 코르뷔지에가 제안한 『빛나는 도시』는 새로운 도시 공간 형태를 선보인 찬탄할 만한 발명임에 분명하지만 그것이 제시한 도시계획의 설계도면은 과도한 주장과 과학 만능주의의 환상을 고스란히 담고 있다. 그가 천명한 과학주의는 도시의 사회적 경험과 신체적 경험을 무시하는 한계를 노정했다. 르 코르뷔지에의 유토피아적 비전은 전형적인 아방가르드의 기획으로, 보편적 개인의 표상에 주안점을 두었으나 그가 주장한 보편적 개인은 정작 현실에서는 삶의 방식이나 전통과는 무관한 추상적 개인이었다.[111] 하지만 르 코르뷔지에의 비전은 다음 장에서 살펴볼 것처럼 현대 건축의 국제 양식 사조에서 계속해서 반영됐으며 이 국제 양식의 마지막 모습은 바로 네덜란드의 세계적 건축가인 콜하스가 말하는 '총칭적 도시generic city', 즉 몰개성적인 얼굴 없는 도시라 할 수 있다.[112]

요컨대 도시 공간의 본질을 기계라는 은유에 빗댄 개념들은 다음과 같은 부정적 함축을 지닌다. 첫째, 도시를 다양한 인간적 가치와 신기한 기능성을 가진 복잡한 인공물로서 간주하는 대신, 기계는 무엇인가 엄격하고 신축성을 결여하며, 따라서 궁극적으로 도시 공간의 참된 본질을 이해하는 데에는 인식적 장애를 일으키는 것으로 간주됐다. 둘째, 기계는 인간을 힘든 노동의 수고에서 해방시키는 대신 끔찍한 비도덕적 힘과 더불어 인간을 해치는 위협적인 인공물로 비난받았다. 끝으로 기계는 인간성 자체를 위협할

---

111 Choay, F., *L'Urbanisme, utopies et réalités,* Paris, Seuil, 1975, pp.31-41.

112 Mongin, O., *La Condition urbaine,* Paris, Seuil, 2005.

수 있다. 이런 맥락에서 리처드 세넷Richard Sennett는 인간적 도시를 해친 기계가 실현하려는 획일성과 통일성을 비판적으로 논증한 바 있다.[113] 이를테면 기계의 부분은 단일한 기능에 기초해 획일적으로 분할되며, 부분 사이의 갈등, 심지어 독립적으로 작동하는 부분의 존재가 기계의 목적 자체를 단숨에 무너트릴 수도 있다는 점에서 그 위험성을 경고한다.[114] 따라서 도시 기계 모델에서 우리가 살펴볼 문제는 19세기 초반부에 찾아온 전통 건축과 고전 도시가 처한 해체 위기에 따른 당시의 반응이다.

산업혁명과 더불어 기계의 위력은 맹위를 떨쳤고 고전 도시는 해체됐는데 대다수 사람은 여전히 기계의 위력과 새로운 도시 세계와의 관계를 파악하지 못한 채, 기계의 비인간성과 야만성을 비난하고 전통적 기념비의 이상형을 수호하려는 태도를 견지했다. 이들은 강철, 콘크리트, 유리 등의 새로운 건축 자재로 공공건물을 세우는 것을 맹목적으로 거부했으나 도시와 기계의 관계를 역사적으로 성찰하는 데에는 이르지 못했다. 흥미로운 사실은 건축사학자 지크프리트 기디온Sigfried Giedion이 날카롭게 지적한 것처럼, 근대 기계 혁명과 건축 혁명의 새로운 활력은 고전적 도시 공간의 전통적 관념을 해치지 않는 새로운 공간 영역들, 이를테면 기차역, 대형 창고, 백화점, 전시 공간, 교외의 교량 등에서 표출됐다는 점이다. 따라서 이 같은 대규모 공공 건설을 맡은 19세기의 엔지니어는 건축가의 역할도 병행해 맡게 됐다. 하지만 이러한 현상은 새로운 것이 아니었다. 왜냐하면 물리학의 엄청난 발전과 기술 발달을 성취한 18세기 신고전주의 계보의 건축가들은 이미 전통적 바로크 양식과 매너리즘의 유산을 반박하면서 건축의 합리성을 호소했기 때문이다. 그들이 말하는 건축의 합리성이란 건축물의 형태와 기능의 명료한 관계 수립을 의미하며, 더 나아가 건축물은 그것을 건설하게 만든 욕구와 필요에 부응해야 한다는 사회적 테제의 준수를 지시한다. 다분히 도덕적 이데올로기의 색채를 띤 이 같은 초창기 기능주의 도시 건축 이론은 지금까

---

113 Sennett, R., *The Fall of Public Man,* New York, Knopf, 1977.

114 Trancik, R., *Finding Lost Space: Theories of Urban Design,* John Wiley & Sons, 1986, p.230.

지 남긴 유산이 그리 많지 않으나, 도시 건립과 관련해 과학과 기술의 가치를 신봉하고 유용성의 가치를 지향했다는 점에서 도시 기계 모델의 계보학에서 심층적으로 연구할 가치가 있다.[115]

근대주의적 도시계획 담론에서와는 달리 오늘날 기계 은유를 액면 그대로 수용하는 사람은 거의 없다. 이 점에서 린치는 도시의 기계 모델이 제기하는 사회적, 심리적, 생태적 논쟁을 논외로 하더라도, 가장 실제적이면서 가장 기능적인 차원에서조차 도시 공간과 건축 환경은 결코 조합된 기계, 즉 단일하면서도 명료한 이유에서 만들어진 기계일 수 없다는 점을 간파하고 있으며 특히, 기계 은유가 빈번하게 사회적 지배 형식을 은폐했다는 점을 예리하게 지적한다.[116]

끝으로 도시가 기술혁신과 행정의 발생지인 사실을 염두에 두면서 도시를 사회적 메가 기계로 성찰해야 할 필요가 있다. 도시라는 기계는 인구를 효율적으로 조직 관리하고 필요한 서비스를 도시 거주자에게 제공하며 도시가 갖춰야 할 제반 기능을 원활하게 작동시킬 일련의 체계적인 행정 기구가 있어야만 제대로 기능한다. 이와 같은 조건을 마련할 때 비로소 조직화된 도시 행정 장치는 경제 성장의 동력이 된다. 이렇게 도시를 완전한 기계로 이해할 때, 우리는 다음의 두 가지 양상을 고려해야 한다.[117]

첫째로 사회적 기계, 즉 기술적 장치로 고려해야 한다. 돌려 말하자면 도시라는 메가 기계를 노동 조직화의 사회적 장치로 파악하는 시각이 필요하다.[118] 특히, 고대 도시의 건립을 비롯해 새로운 도시 건설과 같은 대규모 공사에 동원됐던 엄청난 규모의 노동력의 결집을 주목하는 것이 관건이다. 멈퍼드는 바로 이 같은 대규모 노동력의 조직화라는 차원에서 도시의 기계적 성격을 강조했던 것이다. 구체적으로 멈퍼드는 도시 건설에 동원된 최소

---

115 Widler, A., *L'Espace des Lumières. Architecture et philosophie de Ledoux à Fournier,* Paris, Picard, 1995.

116 Lynch, 앞의 책, p.88.

117 Hénaff, M., *La ville qui vient,* l'Herne, 2008, pp.80-113.

118 위의 책, pp.86-91.

수만 명 이상의 노동자가 위계적 질서와 명령 아래 거대한 메커니즘으로 작동했다는 사실을 기술했다. 성곽, 바빌론의 대형 신전, 사원, 왕궁, 피라미드 등 이 같은 건축물의 규모와 차원은 상상을 초월하는 것이었으며, 바로 기계는 그 같은 방식으로 무소불위의 권력에 봉사하는 행동 수단으로 발명됐다는 점을 멈퍼드는 강조한다. "최초의 복잡한 힘의 기계들power machines은 나무나 금속이 아닌 소멸되는 인간의 부분으로 이뤄졌으며, 각각의 부분은 중앙집권화된 인간의 제어 아래 광범위한 메커니즘으로 특화되었다."[119]

도시가 기술적 사회적 기계라 말할 수 있는 또 다른 이유는, 도시는 살아 있는 생명체가 한 곳에 결집하고 분할되어 체계적으로 형성한 최초의 조직 형식이기 때문이다. 멈퍼드에 따르면 고고학은 폐허 속으로 사라진 그 복잡한 기계의 구체성을 말해줄 수 없다. 그 도시에 살았던 신체들이 모두 사라졌기 때문이다. 우리가 수집할 수 있는 것은 이곳저곳에 파편으로 남은 도구와 연장이다. 그러나 노동 역할과 기능의 집단적 분배 등 그것이 일러주는 사실은 그다지 많지 않다. 이와 같은 메가 기계는 그 자체로 중요한 기술적 변천을 밟아나갔다. 도시는 온갖 종류의 발명품과 그것의 확장된 사용이 가능한 특권적 환경이라 할 수 있다. 이 점에서 도시는 이미 인류 문명이 전개할 기계적 장치의 전이 과정을 예고한다.

메가 기계인 도시는 하늘과 단절된다. 앞서 도시의 우주론적 모델에서 도시는 천상의 세계를 모방한 하늘의 거울이어야 했다. 하지만 이제 도시는 그 고유한 형태와 재화의 생산 역학을 파생하는 데 전력한다. 도시는 세계를 변형하는 기술적 사회적 용광로가 되며 모든 종류의 기술 역량이 실험되는 환경으로 변모했다. 도시에 모인 수공예 종사자 무리에 힘입어 도시는 모든 문명 속에서 다양한 혁신의 에너지를 분출시킨 강렬한 보금자리가 되었다. 혁신은 이질적 경험과 예상치 못한 다양한 타자와의 만남 속에 꽃을 피운다.[120] 따라서 생산 기계인 도시는 수공예의 수완을 결집시키며 체계적 지

---

119 Mumford, L., *The City in History,* London, Penguin Books, 1961, p.60.

120 이 점에서 과학과 기술혁신의 관점에서 최초의 산업도시 맨체스터에서 시작해 전기도시 베를린과 이동성의 대량생산 기지 디트로이트에서 정보화시대의 발명 기지였던

식을 요구한다. 이 점에서 도시는 모든 지식을 수렴하는 용광로가 된다. 기념비, 공공건물, 주택 등의 다양한 건설물은 오직 사회적 메가 기계만이 생산 가능하다는 사실은 자명해졌다.

둘째, 도시와 행정적 합리성의 관계이다. 그 이전에는 존재하지 않았던 새로운 조직화의 유형인 행정 조직화가 도시와 더불어 출현했다.[121] 이 같은 행정 조직화는 중앙 권력의 출현과 결부돼 있으며 대표적 사례로는 16세기 이후로 출현한 국민 국가가 있다. 흥미로운 사실은 행정 조직화는 오직 도시화된 국가에서만 형성됐다는 점이다. 독일의 사회학자 베버가 사용한 행정의 합리성 개념은 사회적 관계의 장에 그대로 적용된다. 행정의 합리성은 시종일관 유지되는 가치중립의 지표를 의미하며 전통적인 종속으로부터 해방되는 것을 말한다. 하나의 기능이 보편화가 가능할 때, 비로소 합리성이 존재한다. 이는 그 기능이 지닌 검증 가능한 효율성 때문이다. 도시가 존재하려면 무엇보다 행정이라는 기계를 호출해야 했다. 한마디로 도시는 행정 기계와 분리될 수 없다. 따라서 행정 조직은 곧 합리성의 도래를 뜻하는 점에서 베버의 테제는 정곡을 찌른다.

텍스트 모델:
개념과 문화적 맥락

도시를 한 편의 텍스트로 보는 시각[122]은 도시 기호학과 공간 기호학, 건축학, 문화인류학, 인문지리학 등에서 빈번하게 사용하는 은유적 모델이다.[123]

실리콘밸리까지, 서양 도시 문명사를 다룬 다음 명저를 참조할 것.

Hall, P., *Cities in Civilization,* Book Two: The City as Innovative Milieu, 1998, pp.291-500.

121 Hénaff, 앞의 책, pp.91-98.

122 Mulvey, C. and Simons, J., *New York: The City As Text,* MacMillan, 1990.

123 국내에서도 기호학 전공자는 물론이요, 문학 전공자와 사회과학 전공자들의 글에서 역시 도시를 하나의 텍스트로 바라볼 수 있다는 진술을 어렵지 않게 찾아볼 수 있다.

도시 공간을 하나의 텍스트로 파악하는 관점은 도시의 커뮤니케이션과 의미 작용을 비롯해 도시 공간의 소통과 의미 생산에 사용되는 구체적 방식을 이해하는 데 유용하다.[124] 일반적으로 텍스트의 구조는 복합성, 혼잡성, 지속성, 응집성, 변형성, 물질성과 같은 성질을 함의한다. 텍스트의 효과는 시간의 길이, 공간적 외연, 상이한 물질적 기능을 지시하는 커뮤니케이션과 의미작용의 방식과 기준 그리고 다양한 계통론에 따라 분류될 수 있다. 도시라는 거대 텍스트에서 생산되는 의미 작용은 그 공간을 구성하는 하위 텍스트들의 자율적 의미 작용이 지니는 수미일관성의 효과에 기초한다.

실제적 관점에서 보자면 도시는 액면 그대로 한 편의 텍스트는 아니기 때문에 도시를 하나의 텍스트로 간주하는 것은 하나의 은유이거나 모델론이지만, 도시를 텍스트로 인식하는 것은 인지적 관점에서 중요한 가치를 지닌다. 실제로 도시 공간 현상에 적용할 은유나 모델론은 여러 종류이며, 다양한 양상을 각기 설명하며 경쟁하는 정도는 구체적 사례에 따라 상이할 것이다. 하나의 은유나 모델론이 절대적 우위를 확보하기 힘든 이유는 도시 현상의 구체적 토대가 입체적인 다중 형태를 띠고 있어 하나의 가설만을 선택하는 것을 허용치 않기 때문이다. 한 가지 확실한 점은 도시는 자연적 장르는 아니라는 것이다. 인류가 성취한 다른 인공물과 마찬가지로 도시의 존재 방식은 특정 사유 시스템의 물리적 객체화에 기인한다. 따라서 도시 공간의 특정 형태와 기능을 발생시킨 인류학적 동기를 불러온 그 구체적인 가치의 체계와 기능을 사유하지 않으면 도시라는 구체적 현실을 이해할 수 없다.

"도시를 연구한다는 것은 어떠한 형태든지 도시를 하나의 텍스트로 바라보는 행위이며 그것은 단순한 관조나 분석 과정만을 의미하지 않는다." 김동윤, 「도시-기호와 해석, 그리고 거주의 시학」, 『기호학 연구』 제23집 (463-487), 2008, p.464.

"도시는 무수히 많은 의미들과 해석들이 그물망처럼 엮여 있는 공간이다.", "도시의 건축물을 비롯하여 간판, 빛, 색깔 등 모든 것이 텍스트의 구성요인이다." 김왕배, 『도시, 공간, 생활 세계: 계급과 국가 권력의 텍스트 해석』, 한울, 2000, p.133, p.135.

124 도시 텍스트의 방법론적 이론적 문제점들에 대한 상세한 논의는 이탈리아 기호학회에서 출판하는 특별 호의 권두 논문을 참조할 것.

Revista di semiotica, "Il testo della città - Problemi metodologici et teorici", *La città come testo,* 01/02, 2008, pp.9-21.

따라서 도시를 텍스트로 설명하는 문제는 도시가 과연 하나의 텍스트인지의 여부를 묻는 것이 아니라, 텍스트 모델을 도시라는 지극히 복잡한 문화적 대상에 적용할 수 있느냐는 인식론적 방법론적 합법성의 물음이어야 한다.[125] 여기에서 제기되는 부가적 물음은 다양한 도시 현상의 이해에 텍스트적 기준이 효과적 기능을 발휘할 수 있는가의 여부, 또는 최소한 인식의 과학적 유의미성의 여부라 할 수 있다. 이 물음에 답하려면 텍스트 개념의 은유적 개념적 힘을 간략하게 검토해볼 필요가 있다. 단도직입적으로 말해서 텍스트성 또는 텍스트적 구조의 주요 특질은 여러 학술 분야에서 도시 공간 환경 전체에 통상적으로 적용하고 있다. 특히 도시는 어원적으로 하나의 직물을 의미하는 라틴어 단어 '텍스툼textum'에서 파생됐다는 점에서 알 수 있듯이 사람, 사물, 삶의 이야기, 생산과 주거 집적체로 이뤄진 복잡한 텍스트이다.[126] 아울러 도시 공간은 지나간 과거를 증언하는 살아 있는 텍스트이며 상이한 시대의 켜들이 층층이 축적된 기억의 양피지에 비유되기도 한다. 이 점에서 도시 시학의 인식론적 정초를 연구해온 김동윤 교수는 텍스트로서의 도시에서 에크리튀르écriture와 차연의 도시로 개념적 확장을 제안한 바 있다. "도시는 어떤 유일하고 획일적인 도시계획 방법론이나 기술공학적 구성방식에 대해 끊임없이 저항하는 살아 있는 텍스트이다. (…) '에크리튀르'로서의 도시 텍스트 구성의 지향점은 도시의 서사와 시학적 차원이다. 이야기와 삶의 경험의 축적으로서의 도시 공간은 차연의 글쓰기가 가능한 양피지와 같은 것이다. 도시는 이야기를 쓰고 지우고 다시 써내려가는 흔적과 차연

---

125 이 점에 대해서는 다음 논문 참조.

박여성, 「공간 건축 도시 연구의 방법론-기호학과 텍스트 언어학을 중심으로」, 『로칼리티 인문학』 6, 2011, pp.175-204. 저자는 도시가 언어 텍스트에 준하는 상동체라고 간주하면서도 언어 텍스트의 모델을 기호체계로서의 도시에 적용할 경우에 일정한 제약과 수정이 필요함을 정확히 지적한다.

"그런데 언어 텍스트가 소통의 의미를 가진 발화 주체의 행위 산출물인 반면, 건축물과 도시 자체는(물론 조성된 공간에서 특유한 형태의 커뮤니케이션이 창발할 수 있지만) 애초부터 사람들의 소통을 위해 만들어진 것은 아니라는 차이를 감안한다면, 언어학적 정의를 곧바로 건축이나 도시 같은 언어외적인 기호체에 적용하기는 조심스럽다." p.192.

126 Colombo, F., *Il testo visibile,* Roma, Carocci, 1996.

의 텍스트이다."[127]

한편, 도시 공간을 설명하는 데 채택된 텍스트라는 은유는 더 많은 것을 말해준다. 도시 텍스트라는 표현을 사용할 때 그것은 또 다른 성질, 즉 언어적 텍스트, 시각적 텍스트 등의 성질을 지시한다. 이를테면 도시 공간에 설치된 각종 커뮤니케이션 장치나 각인의 장치와 관련된 성질이라 할 수 있다. 쉽게 설명하자면 모든 도시 공간에는 온갖 종류의 문자, 상징 부호, 이미지가 가득 차 있다. 이것은 사회적 관계 속에 개입하는 커뮤니케이션이나 의미 작용의 기호학적 장치라 할 수 있다. 풀어 말해 여기에서 말하는 사회적 관계란 다양한 상징과 기호로 구성된 효율적인 기호학적 체계를 특징짓는 관계를 말한다.

한편 도시 공간을 텍스트로 간주하면서 정밀한 형식적 분석을 시도한 두 명의 기호학자를 빼놓을 수 없다. 우선 이 책에서 자세하게 서술할 그레마스의 도시 공간 텍스트texte urbain 개념을 꼽을 수 있다.[128] 또 러시아 타르투학파가 도시 공간을 하나의 텍스트로 가정하면서 러시아와 발트 해 연안 도시의 공간을 연구한 성과물도 있다.[129] 일반적으로 유럽의 구조 기호학 진영에서는 하나의 발화체énoncé의 총체성을 지칭하기 위해 텍스트라는 용어를 사용하는 경향을 보여준다. 아울러 텍스트의 또 다른 준 동의어라 할 수 있는 담화 또는 담론discours도 도시 기호학 분석에서 빈번하게 사용되는 용어이다.

---

127 김동윤, 「도시 공간에 대한 인문적 담론 구성 시론 I」, 『기호학 연구』 제22집 (99-123), 2007, p.112.

128 다음 두 편의 논문을 지적할 수 있다. 하나는 여러 편의 공동 논문집에 게재됐으며, 두 번째 논문은 그의 사후에 출판된 유고 논문이다.

Greimas, A. J., "Pour une sémiotique topologique", in *Sémiotique et sciences sociales,* Paris: Seuil, 1976, pp.129-157, "Le songe de Gediminas: essai d'analyase du mythe lithuanien de la fondation de la cité", in *La citta come testo: scritture et riscritture urbane,* Torino, Rivista di Semiotica, 1/2, 2008, pp.411-441.

129 두 학파의 도시 공간 텍스트 개념을 비교한 다음 논문을 참조할 것.

Nastopka, K., and Kaldadinskiené, D., "Le texte urbain selon Greimas et Toporov", *Litteratūra* 53 (4), 2011, pp.7-14.

담화discours라는 준 동의어와 마찬가지로, 텍스트라는 용어 역시 언어적인 의미 작용과 비언어적인 의미 작용의 범위를 모두 포괄하며 동시에 텍스트로서의 도시는 자연언어와 자연 세계라는 두 개의 거시적인 기호 체계가 교차하는 장소로 간주될 수 있다.[130]

도시의 의미 효과는 공간적 기표와 문화적 기의 사이에 존재하는 상관관계에 달려 있다. 공간에 속한 다양한 기의는 그것의 기표와 분리되며 자율적 담론으로 설정된다. 이 같은 담론은 자연언어, 회화 언어, 시적 언어, 건축 언어 등을 사용해 인간이 축조한 공간의 의미 작용을 사유하려 한다.

또한 도시 공간의 심층 구조는 이데올로기적 도시 공간 모델에 기초를 두며, 사람들은 이 모델에서 복수의 도시 형태를 추출해낼 수 있다. 이데올로기적 모델이 효과를 발휘하려면 심층적 내용의 분절과 공간적 발현의 분절 사이에 존재하는 등가 관계를 설정해야 한다. 도시는 개인이 추구하는 실제적 생활 방식과 그가 신봉하는 삶의 양식 차원에서 기술될 수 있고, 이 같은 개인적 차원과 마찬가지로 공동체의 차원을 거쳐 도시 문화의 차원에서도 기술될 수 있다. 자신의 고유한 사회적 역할을 행사하는 도시 공간의 주체는 나름대로 서로 다른 방식으로 도시를 체험하면서 윤리적 토대에 기초해 행동하는 도덕적 인물이 된다. 그레마스는 도시를 사람과 사물, 그리고 양자의 관계와 상호작용으로 만들어진 하나의 텍스트로 읽어낼 것을 제안했다. 그레마스는 도시는 하나의 텍스트라고 정의했으며 도시 텍스트의 상세한 문법을 앞으로 구성해야 할 공간 기호학의 중요한 과제로 남겨놓았다.

한편 타르투학파의 창립자인 유리 미하일로비치 로트만Yuri Mikhailovich Lotman 역시 도시 공간 텍스트를 구성하는 유사한 매개 변인들을 지적한 바 있다. 그에 따르면 원칙상 모든 도시가 지닌 고유한 기호학적 다언어주의는 다양한 기호학적 충돌 지대를 만들어낸다. 건축물, 성벽, 도시의 의례, 도시의 지도, 거리 명 등은 모두 역사적 텍스트를 새롭게 생성하는 약호화된 프로그램이다. 끊임없이 자신의 과거를 재생산하는 도시는 마치 모든 문화 현

---

130 Greimas, A. J. and Courtés, J., *Sémiotique, Dictionnaire raisonné de la théorie du langage I,* Paris, Hachette, 1979, pp.389-390.

상과 마찬가지로 시간에 저항하는 독특한 기제라 할 수 있다. 로트만은 도시 공간 텍스트를 두 종류로 구별한 바 있는데, '동심원적 텍스트'와 그 중심을 벗어나려는 '원심적 텍스트'가 그것이다. 후자의 범주에 속하는 예로 상트페테르부르크를 들면서 그 도시의 역사는 우주적 신화를 비롯해 일상의 신화와 분리될 수 없다는 점을 지적한 바 있다.[131] "우리는 또한 일반적으로 '동심원적'인 구조가 울타리, 즉 적대적이라고 분류된 그 주변으로부터 분리를 지향하는 경향이 있는 반면, 이심적 구조는 개방성을 지향하는 경향이 있고 다른 문화와 접촉한다는 것을 관찰할 수 있다. 기호학적 공간에서 도시의 동심적 위치는 대체로 언덕또는 구릉들 위에 있는 도시의 이미지와 관련된다. 도시는 땅과 하늘의 중재자이며 그것은 발생 신화의 초점이며 그것의 시작은 있지만 끝은 없다. (…) 이심적 도시는 문화적 공간의 '가장자리', 즉 바닷가나 강어귀에 놓인다. 이때 현동화現動化되는 대조는 '땅/하늘'이 아니라 '자연적인 것/인공적인 것'이다.[132] 도시는 자연에 대한 도전으로 건설되며 자연과 투쟁하고 그 결과 도시는 이성의 승리, 또는 자연적 질서의 전도로 해석된다."[133] 또한 로트만은 도시 공간의 기호학적 본질 가운데 하나로 다언어성을 꼽는다. "도시는 복잡한 기호학적 메커니즘, 문화 생성인이지만 그것은 모든 종류의 언어와 차원에 속하는, 텍스트와 코드의 도가니이기 때문에 이러한 기능을 수행한다. 모든 도시의 기본적인 다언어주의는 생산적 기호

---

131 Lotman, Y. M., *Universe of the Mind: a semiotic theory of culture,* London: Tauris, 1990, pp.215-226. (한국어 번역본) 유리 로트만, 유재천 옮김, 『문화 기호학』, 문예출판사, 1998, pp.292-309.

상트페테르부르크의 역사적 변천에 대한 도시 기호학적 읽기에 대해서는 다음 논문 참조.

김수환, "상트페테르부르크: 역사와 문화의 복합 텍스트", 이영석·민유기 외 지음, 『도시는 역사다』, 제9장, 2011, 서해문집, pp.226-254. "페테르부르크 또한 단순한 도시에 그치지 않는다. 역사의 기억이 켜켜이 쌓인 문화적 겹지층, 곧 역사와 문화의 '복합 텍스트'다."(p.254)

132 이 점에 대해서, 김수환은 도시 페테르부르크의 신화를 구성하는 핵심적 대립 요소로서 물과 돌의 충돌을 환기하면서 다음과 같이 설명한다.

"자연력을 대변하는 '물'과 문화를 대변하는 '돌' 사이의 충돌은 도시의 신화를 지탱하는 기본 축이다. 페테르부르크는 습지 위에 바위로 쌓아놓은 인공물이다. 돌로 건설된 이 도시는 이성과 합리의 결과물, 즉 인간의 이성과 의지가 자연에 거둔 승리를 상징한다." 위의 논문, p.239.

133 유리 로트만, 『문화 기호학』, 한국어 번역본, p.294.

학적 만남을 주선한다. 상이한 국가, 사회, 양식적 코드와 텍스트가 서로 마주치는 장소인 도시는 새로운 정보의 강력한 발생 요인이며, 이를 가능하게 하는 혼혈화, 재코드화, 기호학적 변형의 장소이다. (…) 도시는 영원히 자신의 과거를 재창조하는 메커니즘이다."[134]

예컨대 서울이라는 도시 공간을 하나의 텍스트로 상정하고 한국 문학에서 나타나는 서울이라는 공간 텍스트를 상세하게 분석할 수 있다. 오늘날 서울의 도시 공간뿐만 아니라 과거 서울의 도시 공간을 각각 공시태와 통시태의 관점에서 분석해내는 시도가 가능하다. 물론 서울이라는 도시의 공간 언어는 문학이라는 언어 텍스트로 한정되지 않으며 시각, 후각, 미각 등의 다양한 감각적 텍스트들로 이뤄진 이질적 텍스트라 할 수 있다. 자신의 고유한 기호학적 언어를 갖는 공간적 대상인 서울과, 서울을 기술하는 상이한 텍스트 사이에는 늘 상호작용이 존재한다. 또한 서울이라는 신화 공간을 생성하는 지속적인 약호를 구별해낼 수 있을 것이다. 서울이라는 공간 텍스트의 저변에 존재하는 핵 구조들은 서울의 내면적 상태의 양가적 진화로 표현될 수 있을 것이다. 이를테면 고통, 병든 상태, 권태, 고갈 대對 향유, 건강, 생명력, 몽상 등의 정신적 신체적 이분법을 포함해 서로 모순적인 감동을 촉발시키는 자연현상들, 이를테면 어둠, 밝음, 안개, 홍수, 비, 눈, 열기, 태양, 황혼, 큰 강, 신선함 등의 요소를 적용해 서울의 상태 변화를 기술하는 것이 가능할 것이며, 전통, 현대, 초현대, 아방가르드, 젠더, 권력, 사회적 갈등과 긴장 등의 문화적 속성으로 골목길, 대로, 달동네, 전통 한옥, 한옥의 문턱, 자물쇠, 계단, 초현대식 빌딩, 학교 복도, 청와대, 압구정동, 신촌 등을 기술할 수 있을 것이다. 이 같은 다양한 공간적 기표를 분석함으로써 텍스트와 공간 사이의 논리적 관계를 추론할 수 있을 것이다. 텍스트와 공간 양자 모두는 하나의 메시지로 파악할 수 있다. 인간이 발송하는 대부분의 메시지와 마찬가지로 텍스트는 현실이라는 공간에 놓이며 그런 이유에서 그 자체는 동시에 하나의 공간 텍스트라 할 수 있다.

---

134 위의 책, p.297.

끝으로 20세기 도시 인문학의 지성사 차원에서 도시 텍스트의 모델이 탄생한 지성사적 문화적 맥락을 간략하게나마 살펴볼 필요가 있다. 탈산업 사회, 후기구조주의, 탈근대주의의 지성사적 흐름 속에서 기존의 패러다임들, 즉 대서사의 모델과 은유를 초월하는 새로운 도시 모델과 은유가 출현했으며 그 가운데 우세한 도시 은유는 텍스트와 콜라주라 할 수 있다.[135] 도시 디자이너들과 건축가들은 도시를 포함해 인간 문화 전체를 기능보다는 의미의 총체로 간주하면서 마치 문학 비평가가 한 편의 텍스트를 해석하듯이 도시와 공간의 본질을 분석, 해석, 설명하려는 노력을 경주하면서 언어학과 문학 비평에서 실험된 새로운 언어 분석 방법론에 관심을 보였다.

건축과 도시계획 이론가들은 텍스트라는 은유에 집요한 관심을 보여주었는데, 이들의 과도한 집착은 텍스트와 유사한 다양한 용어들, 담화, 판독가능성, 서사, 해석 공동체 등의 사용에서 전면적으로 드러나며, 특히 건축과 도시의 '읽기'와 '쓰기'라는 은유적 표현 속에서 분명하게 확인된다. 또한 텍스트는 건축의 설명 모델에서 가장 빈번하게 사용된 언어 은유 가운데 하나로, 사실상 그 줄기는 모더니즘 이전인 19세기 초로 거슬러 올라가며, 위고, 러스킨, 헤르더 등의 계보를 갖고 있다.[136] 또 하나 지적할 점은 이 같은 건축 기호학의 반응에 대해, 마르크스 계열의 건축사가인 만프레도 타푸리 Manfredo Tafuri는 근대 건축의 문제가 언어적 문제라는 사실에 동의하면서도 언어학이나 기호학 모델이 근대 건축의 의미론적 위기 해결에 실질적으로 기여할 수 없을 것이라는 냉혹한 비판을 개진했다는 것이다. 그에 따르면 텍스트를 비롯한 언어 유추에 기초해 제2차 세계대전 전후에 전개된 건축 기호학의 발전은 건축의 총체적인 의미론적 위기에 따른 반응 또는 징후로 설명

---

135 이 점에 대해서는 다음 문헌 참조.
Ellin, N., *Postmodern urbanism,* New York, Princeton Architectural Press, 1996, pp.280-288.

136 Forty, A., *Words and Buildings: A Vocabulary of Modern Architecture,* London, Thames & Hudson, 2000, pp.72-79. (한국어 번역본) 에드리안 포티, 이종인 옮김, 『건축을 말한다』, 미메시스, 2009.

될 수 있다.[137]

1950년대와 1960년대 서구 인문학계를 풍미했던 문학 비평과 구조주의, 기호학, 언어학 등의 모델에서 건축 이론의 새로운 통찰과 방법론의 이론적 단서를 찾아내려는 시도를 하는 발견 과정에서 일군의 건축 이론가, 도시 디자이너들, 문화인류학자는 1970년대 중반기에 태동한 해체주의에도 적극적인 관심을 기울였다. 해체주의의 기본 전제는 기표와 기의가 불가분의 관계로 맺어진다는 소쉬르의 기호 이론에 토대를 둔 근대주의적 전제에 문제를 제기하는 데 있다. 바르트는 해체주의와 유사하거나 동일한 맥락에서 기호의 중단 없는 연쇄작용을 설명하면서 '기표는 늘 다른 기표의 기의가 되며, 그 역도 마찬가지'라는 급진적인 진술을 펼쳤다. 이 같은 주장이 함의하는 것은 최종적인 기의는 없으며 오직 무한한 은유의 연쇄만이 존재한다는 점이다. 그 결과 이 같은 해체적 사유를 건축과 도시 공간에 적용해 형태는 기능을 따르며 그 순수성이 획득될 수 있다는 근대주의적 전제에 의문을 제기하는 데 이르렀다. 해체 이론에 따르면 우리가 순수성을 획득할 수 없는 결정적 이유는 순수하지 않은 세계, 곧 순수성 자체가 존재하지 않는 세계에서 살기 때문이다. 해체주의는 텍스트, 아울러 텍스트가 확장된 개별적 삶, 문화 전체, 건물과 도시 모두를 과거의 경험으로부터 물려받은, 서로 교차하는 일련의 텍스트로 간주했다. 미국의 비판적 지리학자 데이비드 하비David Harvey에 따르면, "해체주의는 텍스트의 순수성에 근본적인 문제를 제기하면서 '콜라주'와 '몽타주'를 포스트모던 담론의 주된 형식으로 간주"했다.[138]

자크 데리다Jacques Derrida가 고안한 이중 독법 개념은 도시 디자인 이론에서 몇 가지 흥미로운 유추를 발견하게 해주었다. 이를테면 건축이라는 텍스트를 읽어내려 할 때 건축가의 지각과 비건축가의 지각으로 이원화될 수 있

137 Tafuri, M., *Theories and History of Architecture,* trans. Verrecchia, G., London, Granada Publishing, 1980.

138 Harvey, D., *The Conditions of Postmodernity,* Oxford, Blackwell, 1989, p.51. (한국어 번역본) 데이비드 하비, 구동회 옮김, 『포스트모더니티의 조건』, 한울, 2006.

다. 또는 이 같은 이원화의 대안으로 '역사적 근원'과 '새로운 맥락'이라는 이원화도 가능하다. 건축 이론과 도시 디자인 이론 분야에서 활용된 이중 독법은 건축의 다원주의와 아이러니의 언어를 발굴했던 모스트모던 계열의 건축가이며 건축 이론가인 벤투리가 제안한 포함적 접근법에서 나타난다.[139] 또한 찰스 젱크스Charles A. Jencks가 주장한 이중 약호화 개념도 동일한 맥락에서 이해될 수 있을 것이다.[140] 또한 피터 아이젠만Peter Eisenman은 데리다와의 공동 작업을 통해 플라톤의 저술 『티마이오스』에 나타난 '코라chora' 개념을 해체하면서 건축을 하나의 글쓰기로 제시했으며, 건축을 역사, 이성, 실재의 시뮬레이션이 아니라 모종의 허구로, 즉 건축 그 자체의 재현, 곧 그 건축의 가치와 내재적 경험으로 제시했다.[141]

네트워크 모델

도시 공간을 네트워크로 개념화하는 시도는 최첨단 정보 통신 네트워크가 설치된 21세기 현대 도시의 주요 양상을 성립한다. 도시는 시초부터 하나의 네트워크, 즉 촘촘한 망網으로 기능했기에, 도시 공간의 본질적 속성은 조직적 네트워크의 차원에서만 이해될 수 있다. 가시적이거나 비가시적인 온갖 종류의 연결망에 기반을 두고 생성되는 네트워크인 현대 도시는 이제 과거의 도시가 미덕으로 간직했던 도시의 기념비성의 상실과 전통적 도시 형태의 소멸이라는 우려를 낳고 있다. 전통적 도시 공간이 해체되는 양상은 이미 산업혁명이 촉발한 매우 상이한 종류의 이질적 도시 형태가 출현할 때부터

---

139 Venturi, R., *Complexity and Contradiction in Architecture,* New York, Museum of Modern Art, 1966. (한국어 번역본) 로버트 벤투리, 임창복 옮김, 『건축의 복합성과 대립성』, 동녘, 2004.

140 Jencks, C., *The Language of Post-Modern Architecture,* New York, Rizzoli, 1977.

141 Eisenman, P. and Derrida, J., *Chora L Works: Jacques Derrida and Peter Eisenman,* Monacelli Press, 1997.

감지됐다고 할 수 있다.[142] 말하자면 도시는 이미 19세기 중반기부터 도시 공간에 설치된 기술 네트워크의 확장을 경험했으며 그 같은 망은 도시 개념을 전통 사회에서 경험했던 걸어 다니는 도시로부터 오늘날 우리가 지각하는 교통과 통신의 네트워크의 도시로 변형시켰다.[143]

네트워크 연구에서 도시는 이상적인 주제이다. 하나의 공간 도면으로 정의되고 기능적 차원에서 자신의 독특한 차이를 만드는 개별 도시는 자신의 배후지와 명료한 관계를 맺고 있으며 전반적인 기능 작동은 균형 상태를 유지한다. 그러나 도시계획가와 도시 사학자는 도시를 여전히 공간적 구성 요소의 패치워크patchwork, 잡동사니로 보는 경향이 있다.

이 같은 맥락에서 도시를 하나의 네트워크로 간주한다는 사실의 함의를 정확히 이해하는 것이 도시 사상 담론의 계보에서 중요한 사안이다. 따라서 도시를 네트워크로 이해하려면 하나의 망network, réseau의 개념을 숙지해야 한다. 형식적 정의를 참조한다면 하나의 네트워크는 상호 연결된 점 또는 구성항의 집합이며 이 같은 상호 연결성은 시각적 그래프로 형식화할 수 있다. 더 정확히 말하면, 하나의 네트워크는 그것을 구성하는 모든 항이 다른 항과 맺는 연결 가능성에 힘입어 잠재적으로 다른 모든 항과 결합할 수 있는 관계의 장치이다. 즉 국부적local인 항들이 연결과 접속을 통해서 전체 망에 도달할 수 있다.

그렇다면 다양한 사용 관례로 이뤄진 네트워크의 다양한 유형 속에서 네트워크의 작동 방식을 이해할 필요가 있다. 먼저 네트워크의 어원적 의미를 살펴보면 다음과 같다. 실제 그물을 지시하는 라틴어는 레테rete 또는 레테쿨룸reticulum이다. 하나의 그물은 일정한 간격을 유지하는 상호 교차된 촘촘한 직물이다. 즉 하나의 망은 가로 세로 두 개의 축을 기준으로 삼아 규칙적인 간격으로 서로 교차된 직물의 격자이다.

하나의 망을 유지시키는 것은 각각의 칸이 다른 칸과 더불어 연결될 가

---

142 네트워크로서의 도시에 대한 본 절의 주요 내용은 다음 문헌에 기초하여 작성됐다. Hénaff, 앞의 책, pp.125-145.

143 Dupuy, G., *L'urbanisme des réseaux: théories et méthodes,* Paris, Arman Colin, 1991.

능성이다. 물론 도시에는 이미 산업 시대 이전에도 길이 망을 형성하고 있었으며 상하수도 역시 도랑과 더불어 망을 형성했다. 하지만 산업화와 더불어 수돗물의 보급과 정화 시설 시스템은 본격적 체제를 갖추었다. 도시의 커뮤니케이션 망은 개인적 접촉을 가능하게 하고 재화와 서비스를 방대한 공간에서 순간적으로 실현하는 것을 가능케 한다. 고전적 도시 구획 도면과 비교할 때 현대 도시는 시간과 공간의 물리적 제약을 해체시킨 기술 네트워크에 힘입어 무분별한 도시 팽창을 겪어왔다.

고전적 도시계획은 도시 내부의 공간 개발 개념에 기초한 반면, 네트워크 도시는 이동성과 변화를 함의한다. 또한 세계의 도시들 자체가 하나의 네트워크를 형성했다는 점도 주목할 필요가 있다. 예컨대 카스텔스는 현대의 정보 경제가 하나의 네트워크 사회를 성립하는 '흐름flow'의 공간에서 작동한다고 보았다. 네트워크 사회는 여러 층위에서 작동하는데 대표적인 예로는 세계 도시 네트워크를 들 수 있다. 카스텔스는 "세계 도시가 정태적인 개념중심지, 지점, 복합체, 거점들 대신 하나의 과정을 개념화한다"고 설명한다. 서비스의 생산, 소비의 중심지와 보조적인 지역 사회들은 하나의 글로벌 네트워크로 연계된다.[144] 따라서 도시는 도시 내부의 정적인 요소가 아니라 도시 안팎의 역동성, 즉 '흘러가는 것flows'으로부터 부와 권력을 축적하고 유지한다.

망 개념의 계보학에서 숙지해야 할 중요한 두 개의 요소는 연결 장치와 플럭스flux, 일련의 흐름의 순환이라 할 수 있다. 전자는 도로망, 철도망, 항공망, 무선망 등으로 이해할 수 있으며 후자는 보행자 통행, 자동차 통행, 기차 통행, 전기의 순환, 정보 순환 등을 포함한다. 전문 용어로는 첫 번째 것을 '토폴로지 망'이라 부르며, 두 번째 종류를 '유동적 망'[145]이라고 부른다.

망 개념의 발생은 수학, 화학, 전기학, 지리학 등 다양한 분야와 연관을 맺는 복잡한 과학사의 문제라 할 수 있다. 예컨대 프랑스의 과학철학자 세르는 망의 근대적 개념이 제시되기 훨씬 이전에 이미 철학자 고트프리트 라이

---

144 Castells, M., *The Rise of the Network Society,* Oxford, Blackwell, 1996, p.380.

145 프랑스어로는 réseaux rhéologiques이라 부르며 이는 '흐르다'는 의미를 갖는 라틴어 동사 rhein에서 유래한다.

프니츠Gottfried Leibniz가 근본적으로 망 개념을 중심으로 조직화된 사유 체계를 구축했다는 점을 강조했다.[146] "데카르트의 전통이 모든 사물의 이유들의 진전 과정progression, 급수을 단일성과 단선적 연결의 이미지를 통해 구체화시켰다면, 라이프니츠의 철학에서 강력하게 제시된 이미지는 복수의 진입점을 가능케 하는 경쟁적인 여러 개의 연쇄로 이뤄진 하나의 망의 이미지이다. (…) 따라서 라이프니츠의 체계성을 이해하려면 하나의 망을 구성해야 하고, 미로의 도면을 성립해야 한다."[147]

특히 지리학자들이 제시한 망 개념 접근법은 매우 상이한 성격을 보이는데 이는 영토의 조직과 관리의 문제와 직결된다고 할 수 있다. 또한 지리학에서 구축된 망 개념은 일정한 영토에 건설된 다양한 형태의 정착지의 존재 양상과 그곳에서 진행되는 여러 활동의 양상을 포착하는 데 사용된다. 특히 지리학자들은 하나의 밀집 지역의 중심성과 다기능성 사이에 존재하는 관계의 특징을 탐구했다. 이를테면 하나의 밀집 지역을 가정할 때, 이 지역과 그 이상의 크기를 가진 또 다른 밀집 지역이 호혜 관계를 유지하려면 어떤 평균 거리가 필요한가를 분석했다. 그리고 과연 이 두 밀접 지역의 거리가 최적의 거리인가를 분석했으며 교통과 커뮤니케이션 수단이 이 같은 관계의 본질을 변화시켜나가는 양상을 관찰했다.[148]

그렇다면 위에서 서술한 망 개념이 어떤 양상으로 건축과 도시 공간의 개념화에 영향력을 행사했는가를 파악해야 할 것이다. 그 문제를 다루려면 일반적인 망과 관련된 형태적 특질들을 제시하고 특히 도시 공간의 망에 적용할 수 있는 망 일반의 특징을 이해하는 것이 필요하다. 이를테면 망의 보편적 이해를 가능케 하는 주요 특질의 유형론을 제시할 수 있을 것이다.[149]

첫 번째 특질은 탈중심화 또는 다중심성으로 설명될 수 있다. 이는 모

---

146 Serres, M., *Le Système de Leibniz et des modèles mathématiques,* Paris, PUF, 1968, pp. 13-17.

147 위의 책, p.14.

148 Pinchemel, P., et Pinchemel, G., *La Face de la terre,* Paris, Armand Colin, 1988.

149 Hénaff, 앞의 책, pp. 125-145.

든 망이 보여주는 차별적 속성이자, 인식론적 차원에서 망 개념의 독창성을 보여주는 특질이다.[150] 고정된 점으로 이뤄진 고전 물리학과 형이상학과 비교할 때, 망은 관계의 무리 차원에서 사유할 것을 장려한다. 망 개념은 망에 접근할 수 있는 입구의 다중성을 가능케 하는데, 망의 준거는 유일무이한 개별 위치가 아니라 다양한 연결들로 이뤄진 전체 집합이기 때문이다. 도시 순환의 관점에서 보았을 때 이 점은 다음과 같이 이해될 수 있다. 직각으로 이뤄진 도식이 있다고 가정할 때 모든 점으로부터 다른 점을 연결할 수 있으며 아울러 직각에서 교차하는 두 개의 선이 최소량으로 한정될 때 상이한 선에 또 다른 점을 결속시킬 수 있다. 이 같은 연결 가능성은 도시 공간 내부에서 순환의 자유를 의미한다. 또 다른 수준에서 다양한 사회적 관계의 가능성 또는 신축성, 즉 근접성의 가치 부여가 제시된다.

두 번째 특질은 다양한 유형의 망의 좌표 속에서 완수되는 수미일관성 또는 상호 종속성이다.[151] 규정상 망의 수미일관성이란 하나의 망이 서로 연결된 점들의 총합으로 성립된다는 사실을 지시한다. 연결 지점들로 이뤄진 집합은 하나의 그래프 또는 그래프의 무리로 표상될 수 있으며 이때 항들 또는 점들은 오직 관계로서만 존재한다. 이 같은 표상이 제기하는 구체적 문제는 상호 연결성이며 전기전자 네트워크가 대표적 사례이다. 이 같은 수미일관성은 비록 중심적 명령 체계를 배제하지는 않지만 국부적 연결과 접속으로 이뤄진다는 점이 핵심적이다. 따라서 망의 특질을 사회적 관계의 차원에서 살피면 도시 거주자가 도시 공간 속에서 자신의 이웃과 맺는 연대성의 의미를 추적할 수 있다. 이러한 연대성은 넓게는 도시 전체, 작게는 작은 동네의 내부에 적용할 수 있다.

세 번째 특질은 망의 개방성 또는 확장 능력이다. 이것은 새로운 연결망을 개발할 수 있는 지속적 가능성을 의미한다.[152] 망 장치가 보여주는 비중

---

150 위의 책, p.125.

151 같은 책, p.126-127.

152 같은 책, pp.127-128.

심화는 망이 준거가 되는 유일한 점에 종속되어 불균형 상태에 빠지는 것을 막아줄 수 있다. 이 사실은 전체가 형태가 균형을 단절시키지 않으면서 크기를 바꿀 수 있다는 중요한 사실을 함의한다. 이 점은 근대 도시계획의 본질적인 요건 가운데 하나로서, 이미 작동된 망의 탈중심화는 망을 형성하는 분절 가능한 단위를 통해 또는 복세 가능한 집합을 사용해 망의 확장을 기능케 한다. 네트워크에 기초한 새로운 도시 공간의 철학은 도시로 몰려드는 이동 인구의 이주와 정착 과정을 중심과 외부의 이분법으로 사유하지 않고 전체 망이라는 틀 속에서 일관적으로 파악할 수 있다는 가정에 기초한다.

네 번째 특질은 망의 특수화 또는 특이화로, 이는 모든 망은 전체 집합 내부에 관계의 둥지를 성립할 가능성과 자율성을 지니면서 동시에 적법한 하위 집합을 형성할 가능성도 지닌다는 사실을 의미한다.[153] 특정 공간이 중심성을 주장할 수 없을 때 동일한 원리로 그 어떤 공간도 주변적이지 않다. 망은 지역적으로 유기적인 특수한 공간을 성립하도록 해줄 뿐만 아니라, 전체적으로 연결된 특수한 공간을 참작할 수 있게 해주며, 도시 공간에서 이뤄지는 구체적인 삶의 방식의 가장 특이한 표현을 비롯해 다양한 전통에서 생산되는 여러 표현을 수용할 수 있다. 그 같은 도시 공간의 특이성은 다름 아닌 개별 도시의 생생한 역사라 할 수 있다. 이렇듯 망으로 이뤄진 도시 공간 구조는 중심을 다중화한다. 그처럼 다중적인 중심으로 이뤄진 도시 공간의 사유 체계는 도시 공간의 개방성의 능력, 탈중심화의 능력, 상호 연결성의 능력으로 압축되는 이상적 분배 모델이라 할 수 있다.

다섯 번째 특질은 접근 가능성으로, 모든 망의 형태에서 표현되는 주요 성질이다.[154] 이 같은 망의 독특한 성질은 모든 점이 다른 점에 접근하는 것을 가능하게 해줄 뿐만 아니라, 망의 어떤 특정 점도 이 같은 접근을 차단할 권력을 갖지 못한다는 것을 함의한다. 아울러 만약 특정 권력 집단이나 특정 개인이 접근 가능성의 차단 권리를 행사할 경우 그 집단이나 개인은 도시 공

---

153 같은 책, pp.128-129.

154 같은 책, pp.129-130.

동체의 다른 구성원으로부터 표출되는 비난과 이의 제기 등, 다양한 형태의 저항에 봉착하게 된다. 이유는 간단하다. 접근 가능성이야말로 망의 본질에 속하기 때문이다. 이 같은 접근 가능성은 도시 자체가 바로 교차의 장소 또는 가장 다채로운 상호 연결의 중첩 장소라는 개념을 가능하게 만든다. 바르트가 도시에서 이뤄지는 다양한 종류의 만남의 가능성을 일러 도시의 관능성이라 설파한 것은 이 같은 도시 공간의 특질과 일맥상통한다고 할 수 있다. 즉 도시는 다양한 종류의 망들을 아우르는 총체적 망이라 할 수 있다.

여섯 번째 특질은 특정 시작점과 다른 한쪽의 종결점을 표시하는 망의 이동적 성격이다.[155] 본질적인 사실은 도시 공간의 망의 이동성은 망이 전제하고 제안하는 가능성이라는 점이다. 잘라 말해 망은 탈중심이라는 사실과 아울러 망을 형성하는 매듭과 결점nodes의 다중성이라는 사실로부터 연유되는 이동성을 전제로 한다. 다중심 망이 존재할 수밖에 없는 것은 망의 어떤 위치도 영구적으로 고정된 것이 아니라는 점과, 망의 기능과 힘은 망을 이루는 모든 점의 운동을 해방시킬 수 있는 자유로운 태도 때문이다. 풀어 말해 망의 잠재력은 망의 확장성, 즉 가소성의 능력을 말하며 지속적으로 자신의 프로그램을 갱생하는 능력을 말한다. 이동성의 문제는 도시계획의 문제들 가운데 심장부에 놓인다 말해도 과언이 아닐 것이다. 왜냐하면 도시는 그것의 기원부터 다중적인 교환과 결부되며 정의상 다양한 종류의 플럭스를 재활성화시키는 기구이기 때문이다.

망의 특질을 검토한 후에는 '망 차원이 현대 도시 공간에서 왜 해방됐는가?'라는 핵심 물음을 제기해야 한다. 모든 도시가 해결해야 할 문제들은 건설된 공간에 일정 인구의 집중화, 조직화, 행정 제도의 마련, 인구의 안정적 거주 실현, 인력, 재화, 정보의 소통, 순환 실현, 식량 공급, 상수도와 하수도 등의 물 관리, 재화의 생산과 같은, 보편적 조건으로 주어진 것들이다. 이 같은 조건의 최상의 해결책은 격자 모델로, 이는 플럭스와 위치의 관계, 일시적 운동과 고정된 장소의 관계, 인구 밀도와 순환의 관계에서 탁월한 효과를

155 같은 책, pp.130-131.

발휘한다.[156]

도시의 출현이 외부와의 교환 운동과 분리될 수 없다는 점은 자명하다. 이는 도시 물적 하부구조를 제공해주는 도시 외부의 집단과 맺는 관계망을 함의한다. 도시 공간의 내부와 외부 사이의 관계 방식을 표상하는 대표적 예가 정치적 관계와 상품이라 할 수 있다. 친족 체계의 망이 존재하는 시골 마을과 비교할 때 도시는 직업의 전문화와 교환 원리에 기초한 다른 구성원과의 열린 관계망을 전제로 하며, 그 같은 열린 관계 방식을 도모한다는 점에서 본질적 차이가 있다. 그 결과 이처럼 도시의 출현을 표시하는 내부와 외부 사이의 새로운 관계를 유도하는 망 모델은 도시의 기능이 작동하는 과정 자체의 차원과 그것의 정체성의 변형 속에서 이해되어야 한다. 이것은 최소한 세 가지 양상들로 나타날 수 있다.[157]

첫째로, 다양한 길로 이뤄진 장치는 그것이 격자 모델이든 아니면 다른 형태의 모델이든 간에 전통의 권위를 표상하는 기념비적, 위계적 질서를 사회적으로 약화시키거나 공간적으로 소거하려는 망 모델을 성립한다. 예컨대, 도시 공간에 만들어진 하나의 길은 그것의 공간적 존재 차원에서 도시 공간의 고유한 가능성을 표상한다. 이를테면 두 개의 지점을 연결하는 하나의 길은 두 공간의 평등적 관계의 가능성을 함의한다. 이와 같은 전통적 기념비성과 사회적 위계화 또는 성층화에 작동하는 망 모델의 효과는 도시의 행정 조직화로 나타난다.[158]

둘째로, 이 같은 위계화에 맞서 이뤄지는 도시 공간의 창조적 관계의 놀이는 또 다른 장치를 개발하는데, 여기에서 관계들은 역행 가능하며 다극화된 축들을 갖는다. 상업 교환, 수공예, 거리의 축제, 상이한 세대들 사이의 관계가 창조적 관계들의 예인데, 이 같은 관계망 속에서 이른바 시민사회라 명명할 수 있는 것이 발명된다. 이것을 사회학적인 공통의 공간 개념으로 확

---

156 같은 책, p.134.

157 같은 책, pp.135-136.

158 같은 책, pp.138-139.

장할 수 있을 것이다. 이는 도시 공간의 고유한 현상이다. 또한 이는 친족 관계와 민족적 소속을 초월하며 전달된 유산으로 물려받은 위상이 아닌 직업적 소속에 가치를 부여한다.[159]

마지막으로, 망 효과가 갖는 현실은 도시 공간 자체에서, 행정 시스템에서 그리고 정보와 지식의 순환 속에서 도시 공간 장치의 모든 물질적 제도적 층위를 관통한다.[160] 순환도로, 상수도망, 하수도 처리 시설, 에너지망, 전기와 가스, 원격 텔레커뮤니케이션 등 도시 공간에서 망은 가공할 만한 위력을 지닌다. 또한 원칙적으로 망은 편재성을 가지므로 특정 망이 다른 망에 비해 특권화될 수 없다. 특히 디지털 기술의 발달과 세계화와 더불어 가속화된 정보통신망의 전 지구적 확산은 물리적 지형과 지리와 무관한 가상공간과 디지털 공간을 도처에 생성했으며, 따라서 도시 지리학은 새로운 공간 독법과 사유 체계를 요구받는다. 도시 경제학자 사스키아 사센Saskia Sassen에 의하면 글로벌 공간과 디지털 공간은 과거의 고전적 물리적 공간 인식에 바탕을 둔 도시의 지형학을 대체하고 있다. 그녀를 비롯한 일부 도시 사회학자들이 지적한 것처럼, 글로벌 과정들global processes이 현대의 도시에 지대한 영향력을 행사하고 있으며, 이와 동시에 수많은 도시에서 디지털 과정들digital processes은 전통적인 물리적 조건들과 더불어 혼융되고 있다. 이 같은 현상을 일러 사센은 현대 도시에서 진행되고 있는 글로벌 과정들과 디지털 과정들의 공간화라고 부른다.[161]

---

159 같은 책, pp.139-142.

160 다음 문헌을 참조할 것.
Dupuy, G., *L'Urbanisme des réseaux,* Paris, Armand Colin, 1991.
Parrochia, D., *Philosophie des réseaux,* Paris, PUF, 1993.
Castells, M., *La Société des réseaux,* 3 vol. Paris, Fayard, 1996-2001. (한국어 번역본) 마누엘 카스텔스, 박행웅 옮김, 『네트워크 사회: 비교문화 관점』, 한울, 2009.

161 Sassen, S., "Reading the City in a Global Age", (ed) Read, S., Rosemann, J. and Eldjik, J. van., *Future City,* London and York: Spon Press, 2005, pp.145-155.

복잡계 모델

영국의 생물학자이자 사회 개혁가였던 게디스는 19세기와 20세기의 도시 사상사에서 중요한 인물로, 도시계획의 정교한 복잡성과 자연계 사이에 존재하는 평행성과 호응 관계를 인지한 최초의 도시 이론가로 인정받는다. 그의 비교 인식론적 연구는 제이콥스[162]가 『미국 대도시의 죽음과 삶』[163]에서 도시를 조직화된 복잡계의 문제로 인지하는 데에 지적 영향력을 행사했다.

제이콥스는 과학의 세 가지 문제에 천착했는데 단순성의 문제천체 운동, 비조직화된 복잡성기체 분자의 운동 그리고 조직화된 복잡성생물학의 사안이 그것이다. 요컨대 세계적 지명도를 누린 미국 최초의 이 여성 도시 비평가는 생명과학에서 생명 현상을 복잡계로 이해하는 것에 착안하여 도시 현상을 조직화된 복잡계의 문제로 파악했던 것이다.[164]

그녀는 "도시 공간은 그 내부에서 수많은 하위 단위가 동시적으로 매우 정교하게 상호 연결되는 방식으로 변화하며, 도시 공간의 변수는 하나의 유기체적 전체로 상호 연관되어 있다."라고 진술한 바 있다. 무엇보다 그녀는 현대의 도시 문제와 도시의 작동 방식을 설명하고 현안을 해결해줄 수 있는 구체적이며 실천적인 도시 디자인을 모색했다. 그 노력의 일환으로 그녀는 당시 새롭게 부상했던 창발성의 과학, 즉 복잡계 이론을 도시 공간에 적용할 것을 시사했다. 이를테면 도시 공간의 개별 요소들의 작동 방식과 그 개별 요소들이 도시의 전체 환경을 개발하는 양상에 대해 복잡계 모델을 적용할 것을 제안했다.

---

162 제이콥스에 대한 보다 구체적인 맥락을 소개하자면 그녀는 1958년 과학자 워런 위버(Warren Weaver)가 록펠러 재단에 기고한 보고서(Annual Report of the Rockefeller Foundation)에서 결정적 영감을 받아 도시에 대한 사유와 관련하여 전략적 변화를 가능케 할 수 있는 과학적 사유를 개진한다. Jacobs, J., *Death and Life of Great American Cities,* New York, Random House, 1961, pp.442-446.

163 Jacobs, J., "The kind of problem a city is", in *Death and Life of Great American Cities,* New York, Random House, 1961, pp.442-462.

164 위의 책, p.446.

생명과학에서와 마찬가지로 도시 역시 여러 하위 문제가 서로 연관돼 있지만, 도시는 세분화된 요소들로 분석할 수 있다. 도시의 변수는 다수이나, 하나의 유기체적 전체로 상호 연관되어 있다. 그녀는 생명과학의 역사로부터 교훈을 얻지 못한 도시학의 인식론적 편협성을 아쉬워하면서 다음과 같이 토로한다. "근대 도시 사상의 역사는 불행하게도 근대 생명과학의 역사와 사뭇 다르다. 종래의 근대 도시계획 이론가들은 도시를 단순성의 문제로 보아왔으며, 탈조직화된 복잡성의 문제로 잘못 파악한 채 그 문제들을 분석하고 다루려 했다."[165]

예컨대 전원 도시계획 이론의 창시자인 하워드는 마치 단순성의 두 가지 변수 문제를 분석하는 19세기 물리과학자처럼 도시계획의 문제를 다뤘다. 전원도시의 계획 개념에 존재하는 두 개의 변수는 주택의 수량과 일자리의 숫자이다. 도시 전체를 직접적이며 단순한 것으로 인식한 그는 도시와 그린벨트의 관계로 이뤄진 두 개의 변수 가운데 한 가지로 파악했다.[166] 르 코르뷔지에의 '빛나는 도시' 개념 역시 탈조직화된 복잡계 시스템의 통계적 렌더링rendering, 실물 예상을 가정했다. 공원에 세워진 그의 초고층 건물들은 통계학의 잠재력과 현대 수학의 승리를 축성한다.[167]

실제로 20세기 후반기부터 최근에 이르기까지 도시 사상 담론에서 복잡계 과학의 중요성을 인정하면서 그것을 도시계획에 적용할 수 있다는 생각에 동조하는 학자의 숫자가 늘고 있으며 그 결과 적지 않은 도시 이론가와 분석가들이 복잡계와 도시 공간을 연결해 비교하는 작업을 시도한 바 있다.[168] 현대 도시 이론가 중 이 분야에서 수십 편의 논문과 저술을 내놓은 마

---

165 같은 책, p.448.

또한 도시 복잡계 이론의 권위자인 베티 교수에 따르면 제인 제이콥스는 이 같은 조직화된 복잡성의 문제들이 도시들을 포함한다는 사실을 제안한 최초의 도시 연구자였다. Batty, M., *Cities and comlexity,* The MIT Press, 2007, pp.1-6.

166 에벤에저 하워드, 조재성·권원용 옮김, 『내일의 전원도시』, 제1장 「도시. 농촌. 자석」, 한울, 2006, pp.29-39.

167 Jacobs, 앞의 책 p.450.

168 상이한 도시 스케일에서 작동하는 프랙탈 기하학과 견주어서, 복잡계와 도시계획을

이클 베티Michael Batty 교수의 저서 『도시와 복잡계』[169]는 복잡계 도시 이론의 방법론적 인식론적 토대를 집대성한 대표적 업적이라 할 수 있다. 베티는 도시가 창발적 구조로 다뤄질 수 있다는 철학을 피력하면서 아래에서 위로부터 발생하는 창발적 과정은 도시 공간이 발전하는 형태와 구조에 궁극적으로 내재함을 강조한다. 복잡계 이론이 도시 공간에 적용된다는 것은 도시가 소유하는 복잡하면서도 유기적인 질서를 인지하려는 경향을 함의하거니와 복잡계로서의 도시 공간은 단순히 '계획된 주거지'와 '총체적 무질서'로 분리되는 기존의 이분법과는 전혀 다른 차원에 속한다.

도시의 복잡성은 무엇보다 도시 공간이 생성되는 역동적 방식으로부터 나타난다. 여기에서 역동적이라는 것은 도시가 시간의 추이에 따라 변화한다는 것을 의미한다. 또한 이 변화는 특정한 외재적 동작 주체가 촉발하는 것이 아니며, 단지 현재의 상태로부터 정확하게 예측되는 성질의 것도 아니다. 조금만 성찰해봐도 인간이 만들어낸 모든 시스템과 마찬가지로 도시는 정적인 평형성과는 거리가 멀다는 사실을 감지할 수 있다. 하나의 시스템을 마치 평형 속에 존재하는 것처럼 대략 추정하는 것은 오직 변화가 거의 없다는 가정하에서만 수용될 수 있다. 하지만 실제의 도시 공간을 보면 이러한 가정은 현실과 동떨어진 것임을 간파할 수 있다.

특히 1980년대 중반, 컴퓨터 연산 능력의 획기적 발전은 도시의 공간 구조가 형성되고 창발하고 발전하는 방식을 포착할 수 있게 해주었고, 이는

연결하는 몇 가지 시도들은 다음과 같다.

Batty, M., and Longley, P., *Fractal Cities: A Geometry of Form and Function,* London and SanDiego, Academic Press, 1994.

Bovill, C., *Fractal geometry in architecture and design,* A Birkhäuser Boston book, 1996.

Johnson, S., *Emergence: the Connected Lives of Ants, Brains, Cities and Soft-ware*, London, Penguin, 2002.

Peterlin, M., "Design of Processes", in *Design out of Complexity Workshop,* University College London, July 2005a.

________, "Emergent Patterns in Urban Form", *9th Computers in Urban Planning and Urban Management conference (CUPUM '05),* University College London, July 2005b.

169 Batty, M., *Cities and Complexity: Understanding Cities with Cellular Automata, Agent-Based Models, and Fractals,* Cambridge, MA, The MIT Press, 2005.

복잡계 이론을 수용하게 유도한 결정적 요인 가운데 하나이다. 컴퓨터의 대단위 계산 능력에 힘입어 복잡계 이론은 기존의 도시 인식의 틀을 총체적으로 변화시켰으며 전통적 도시 이미지는 유지가 어렵게 되었다. 도시는 우리가 일반적으로 가정하는 것보다 훨씬 더 복잡한 것으로 시각화됐다.

즉 도시의 공간 구조를 설명하고 예측하고자 개발된 기존 이론들은 하나같이 도시를 하나의 닫힌 시스템으로 다루고 있다. 이처럼 닫힌 도시 시스템 안에서 도시의 내부 경제는 단일 중심적 공간 조직을 생산하는 동력으로 다뤄졌다.[170]

오늘날 도시 공간의 변형은 글로벌 경제 요인에 더 많이 의존하며 비지역적 경제 요인에 종속되기도 한다. 또한 도시의 인구 증가 비율은 경제 기반 차원에서 비지역적 요인의 영향을 받기도 한다. 이것은 물리적, 전자적 커뮤니케이션의 제고에서 비롯된 결과이며 좀 더 다양화된 경제적 기회와 개인이 부를 축적할 가능성에 기초한 노동 시장의 다변화의 결과라고 볼 수 있다. 요컨대 사람들이 지닌 도시 이미지는 여전히 도시가 자족적이며 닫힌 시스템이라는 관념의 지배를 받으며, 도시 공간의 구조를 설명하는 데 사용되는 도시 이론과 모델은 여전히 강력한 중심적 초점 개념과 결합한다. 베티 교수에 따르면 이 같은 단일 중심적 모델은 지난 150년간 도시 공간 구조를 설명하려는 거의 모든 시도에 이론적 기초를 제공했다.

그런데 이제는 이 같은 자율적 도시 공간 모델이 적합하지 못하다고 판명됐다는 것이 그의 핵심적 메시지이다. 따라서 오늘날의 도시 현실이 내포하는 의미를 파악할 새로운 이론이 요구된다는 것이다. 이런 맥락에서 글로벌 도시 세계의 공간적 구조화를 설명하기 위한 광범위한 탐색의 일환으로, '산업화에 기초한 단일 중심적 도시 공간의 개념화로부터 어떻게 탈산업적이며 다중심적인 도시 개념화로 이동했는가'라는 문제로 연구의 주안점을 바꿔야 한다는 논지는 설득력을 얻는다.[171] 이 해답의 단서는 '도시 변화의

---

170 Batty, 앞의 책, pp.17–24.

171 같은 책, p.19.

역동성을 다뤄야 한다'는 데 있다. 그 이유는 기존 도시 이론들이 그 설명의 기초를 '정태적 세계' '평형 속에 존재하는 세계'에 두고 있기 때문이다.

도시 공간을 복잡계 이론으로 접근하는 것은 경제적이라기보다는 물리적이다. 이는 공간적 구조를 물리적 차원에서 일반화시키는 이론으로, 도시 창발을 설명할 때 사용해온 다양한 역학과 일치한다. 복잡계 모델에서 도시 공간에 적용된 대표적 모델은 프랙탈 기하학이라 할 수 있다.[172]

프랙탈 이론의 구축자인 브누아 망델브로Benoit Mandelbrot의 정의에 따르면 프랙탈fractals은 공간 형태가 '불규칙적이며', 수많은 크기로 그 불규칙성이 기하학적으로 반복되는 온갖 종류의 물질적 대상을 뜻한다. 간단히 말해 형태의 불규칙성은 한 크기에서 다른 크기로 변화할 때 유사하며 이때 그 대상은 자기 유사성self-similarity 또는 크기 불변성scale-invariance의 속성을 소유한다. 아울러 기하학적으로 시각화되거나 분석될 수 있는 모든 시스템은 그것이 실재적이건 수학적 이미지화의 산물이건 이 같은 특징이 있다면 모두 프랙탈적이라고 정의된다.[173]

도시는 그것의 기능이 여러 수준의 스케일로 자기 유사성을 보여준다는 점에서 프랙탈 구조를 갖는다. 도시 공간을 형성하는 소규모 동네, 이보다 더 큰 크기의 구역, 섹터라는 관념을 비롯해 상이한 차원에 속하는 교통망이라는 관념, 경제적 의존도에 따른 도심 장소의 서열화 등은 도시 지리학과 공간 경제학의 초석을 형성하는 프랙탈 구조의 예를 제공한다. 즉 도시는 정의상 복잡하며 고도로 질서화되어 있고 프랙탈적이다.[174]

---

172 프랙탈 기하학은 프랑스의 수학자 망델브로가 20세기 중반기부터 구축한 이론으로 그의 이론적 토대는 물리학, 수학, 생물학을 비롯해 사회과학 전반에 지대한 영향을 미친 그의 주저 『자연의 프랙탈 기하학』에 체계적으로 정리되어 있다. Mandelbrot, B., *The Fractal Geometry of Nature,* San Franciso, CA., W.H.Freeman and Company, 1983.

173 프랙탈의 전형적 예는 나무이다. 나무의 크기와 상관없이 가지는 전체 나무와 동일한 형태론을 갖고 있다. 전부는 아니지만 대부분의 복잡계는 프랙탈적이며 모든 스케일에서 조직화 또는 질서를 제시한다. 이것은 시스템이 관찰되는 스케일이 무엇이건 그것의 요소들은 다른 요소와 동일한 관계를 유지한다는 사실에 기초한다.

174 Jacobs, 앞의 책, pp.457-514.

혼란스러운 도시 형태로부터 두 개의 패러다임이 창발한다. 어떤 도시는 나무의 형상을 띠고 있는 반면, 다른 도시는 나뭇잎의 형상에 해당된다. 나무 형상과 나뭇잎 형상 사이의 존재하는 차이는 엄청나다. 하나는 닫혀 있고, 다른 하나는 열려 있다. 하나는 중간 층위와 전적으로 연결되어 있고 다른 하나는 동일한 층위에서 전적으로 연결이 끊어져 있다.[175] 유구한 역사를 갖는 도시는 나뭇잎, 삼각주, 은하계, 인간의 심장, 뇌, 혈액 순환계와 마찬가지로 모든 층위에서 다층적으로 연결된 복잡한 프랙탈 구조이다. 이러한 구조는 그 크기의 층위가 어떠하든 동일한 복잡성과 연결성의 정도를 나타낸다. 복잡계 이론에서 이 같은 구조는 층위와 상관없이 불변한다고 말한다. 나뭇잎의 프랙탈 구조는 여러 개의 층위로 이뤄진 다층적 연결성을 지니며, 나무의 구조보다 훨씬 더 복잡하다.

근대 도시계획의 역사는 바로 나뭇잎 망으로부터 나무 유형의 망으로 전환한 역사이며 이것은 효율성의 상실임과 동시에 회복력의 상실을 불러왔다.[176] 도시 시스템의 구조적 효율성은 프랙탈 구조에 따라 형상화될 때 극대화된다. 그렇다면 프랙탈 구조는 왜 자연 속에서 보편적일까? 주지하다시피 대칭은 물리적 현상 속에서 근본적 역할을 맡는다. 다양한 대칭은 하나의 시스템이 기하학적 변형을 감수할 때 확인되는 물리학 법칙의 속성이다. 물리학 방정식은 공간과 시간 속에서 변환을 통해 불변한다. 이 같은 시각에서 프랙탈 기하학은 팽창의 대칭 또는 층위의 불변성이라는 대칭 형식에 해당된다. 프랙탈 구조를 선호하며 진화해온 자연현상과 생명체 속에서 그 같은 기하학은 또다시 발견된다. 역사적 도시들은 시간의 흐름 속에서 마치 하나의 나뭇잎의 구조처럼, 즉 준격자 모양의 프랙탈 구조처럼 위계화되고 다층적으로 연결된 구조를 획득했다. 이 같은 구조는 역사적 도시 공간의 연결 방식이고 직조 패턴이다. 그 구조는 도심의 대형 가로수 길과 연결된 큰길, 다시 그 대로와 연결된 작은 골목길을 지닌다.

---

175 Salat, S., *Les villes et les formes,* Trieste, Hermann, 2011, pp.17-26.

176 위의 책, p.17.

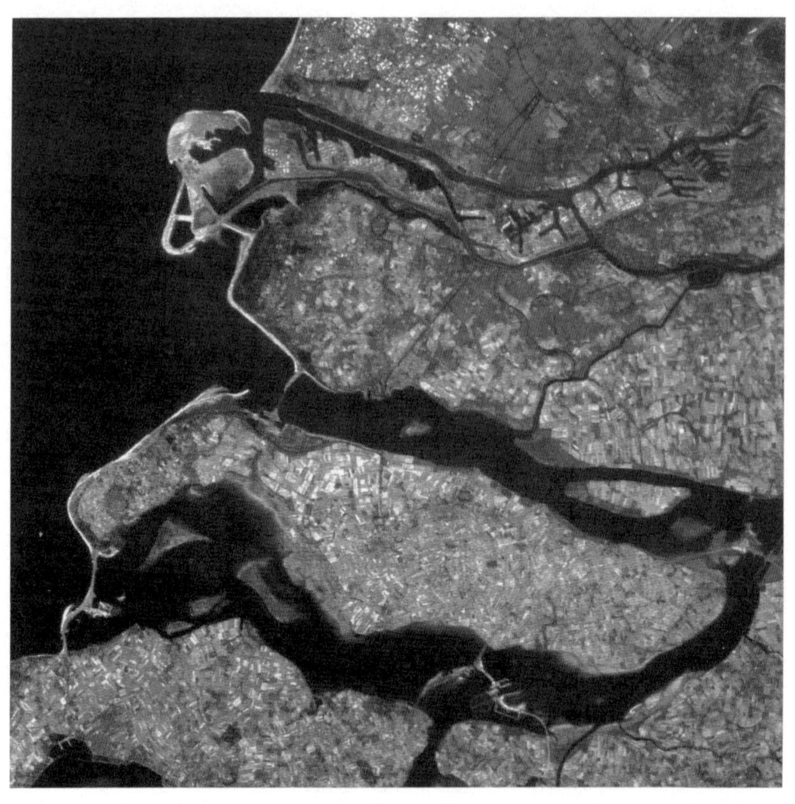

3 도시의 복잡계 이미지

다양한 프랙탈은 도시 현상을 분류할 때 효과적 도구이며 도시 현상의 복잡성을 이해하는 데 상당한 인식론적 진전을 가져다주었다. 프랙탈 기하학은 도시 배치의 형태 속에 숨겨진 질서를 계시한다. 즉 도시는 평범한 기하학의 분석 격자로는 지각할 수 없는, 상이한 층위에 복잡하게 이뤄진 내재적인 공간적 구조와 조직으로 짜여 있다. 아울러 프랙탈 구조는 프랙탈 오브제로 이뤄진 도시 공간의 배치와 짜임의 형태발생에 명시적 모델을 구성하는 것을 가능케 한다. 시에나, 베이징, 예루살렘 등은 인간, 기후, 도시의 관계가 검토되는 방대한 실험실이다. 대지, 태양, 바람의 힘에 직면해, 수많은 세대의 끈기 있는 노력으로 창조된 이들 도시는 프랙탈 구조였다.

역사적 도시들은 하나같이 프랙탈 개념화가 형성된 실험실이며 용광로였다. 역사적 도시 속에서 이뤄진 인간 활동은 공간 속에서 규칙적으로 분배되지 않는다. 이상적 도시 또는 근대주의적 도시와 달리 역사적 도시는 비동질적이다.[177]

프랙탈은 인공 세계와 자연 세계의 부분이며, 사회 시스템과 물리 시스템 모두에서 대규모로 확대되어 존재한다. 프랙탈 기하학을 사용해 도시 밀도의 변화를 설명하거나 인간의 결정이 도시에 미치는 영향력을 시각화할 수 있는 새로운 방식을 포함해, 궁극적으로는 '도시 형태의 더 나은 합리적인 계획'이라는 목적에 도달할 수 있다.[178]

이러한 프랙탈 이론의 핵심적 발견은 '세계란 피상적인 물리적 형태에서는 카오스적, 비연속적, 불규칙적이지만 이 같은 표면적 인상 수준을 넘어 심층 수준에서는 규칙적이며 무한한 복잡성에 속하는 하나의 질서를 수반한다'는 사유이다. 단지 이 같은 질서가 기존의 과학적 이해 방식에서는 연속적이고 순조로운 차원으로 단순화되어 왔을 뿐이다. 이런 의미에서 세계는 상당 부분 프랙탈적이라 말할 수 있다. 따라서 제 도시는 프랙탈의 탁월한 예라는 점은 이미 지적한 대로이다.

프랙탈 기하학은 기능과 형태에 이르는 진전 과정을 주어진 것으로 상정하고 시작하는 대신, 우리가 실재 세계에서 관찰하는 인간이 만든 패턴과 자연적 패턴을 낳는 다양한 기능과 과정의 탐구를 가능케 한다. 현대 과학에서 기하학은 유클리드의 기하학에 기초한 직선들의 차원에서만 파악할 수 없으며 반대로 연속성을 간직하면서도 불규칙성을 수용할 수 있다. 이 같은 기하학을 도시에 적용할 가능성은 곧바로 나타난다. 계획도시들은 유클리드 기하학 속에서 주물된 것이나, 이와 달리 전혀 계획되지 않거나 비교적

---

177 같은 책, pp.56-57.

178 프랙탈 이론과 관련해 또 다른 중요한 사실은 프랙탈 기하학은 도시 공간을 비롯해 생물학과 천문학 등 다양한 분야에 적용될 수 있다는 사실이다. 이 점에 대해서 망델브로는 다음과 같은 견해를 피력한 바 있다. "궁극적 분석에 있어서 프랙탈 방법들은 그것이 자연적이건 인공적이건, 자기 유사적(self-similar) 방식으로 '부분들'로 분해되고, 부분들의 속성들은 그 분절의 규칙들에 비해서 덜 중요성을 갖는, 모든 시스템을 분석하는 사용될 수 있다." (Mandelbrot, 앞의 책, p.114.)

덜 계획된 도시들은 그 같은 형태의 단순성을 보여주지 않는다. 더구나 모든 도시는 일종의 유기체적 성장 양식을 포함하고 심지어 계획된 도시조차 더 자연적인 방식으로 자신의 외부 환경 맥락에 적응한다.[179]

생태계 모델

생태계를 비롯해 도시를 하나의 시스템으로 보는 시각은 이미 1950년대부터 도시계획 분야에 사용된 주요 모델 가운데 하나이다. 하나의 형식적 방법인 시스템 접근법은 무엇보다 본질적으로 구성 요소의 집합 또는 속성의 구조적 집합으로 정의될 수 있는 하나의 시스템을 상정한다. 이어서 그것은 그 시스템의 내부에서 진행되는 전체적 작동 속에서 개별 구성 요소들이 담당하는 역할을 결정한다. 실제로 도시는 다양한 유형의 시스템으로 간주할 수 있다. 예컨대 여러 도시는 경제 시스템으로 간주되어 화폐, 재화, 서비스, 자원의 흐름 차원에서 해석할 수 있다. 한편 생태계로서의 도시는 에너지, 물, 화학 요소의 흐름flow 차원에서 파악되거나, 또는 인간을 포함한 유기체의 서식지로 간주할 수 있다. 따라서 도시계획 분야에서 도시 시스템 접근법을 사용하면 도시의 다양한 구성 요소의 분절에 초점을 두고 그 구성 요소 사이의 흐름과 과정을 부각할 수 있다. 또한 시스템 접근법은 도시의 미래에 좀 더 역동적이며 적응도 높은 사유를 유도하고, 환경을 비롯해 인간의 건강과 생태계 건강 차원에서 도시계획의 가능한 파급효과에 더욱더 첨예한 의식을 갖도록 해줄 수 있다.[180]

---

179 Batty, M., and Longley, P., *Fractal Cities: A Geometry of Formand Function,* London and SanDiego, Academic Press, 1994, p.2.

180 생태계로서의 도시에 대한 다음 연구 문헌을 참조할 것.
1. Douglas, I., "The analysis of cities as ecosystems", in Douglas, I., Goode, D., Houch, M. C. and Wang, R., *The Routledge Handbook Urban Ecology,* London and New York, Routledege, 2011, pp.17-25.
2. Alberti, M., *Advances in Urban Ecology: Integrating Human and Ecological Processes*

도시 영역에 시스템 접근법을 적용할 때는 외부의 영향으로부터 단절된 고립된 시스템을 다루는 것이 아니라 에너지와 물질의 전이가 일어나는 개방된 환경 시스템에 초점을 맞춘다. 모든 생물학적 시스템의 작동엔 에너지가 필요하며, 생존의 기본 조건 또한 영양분의 공급이란 점에서 도시 시스템도 마찬가지이다. 인간을 포함한 모든 생물체는 배설물이나 쓰레기와 같은 폐기물을 배출한다. 특히나 인간이 만든 쓰레기는 매립지 등에 축적되어 가며 미래 세대에게 심각한 환경오염 문제를 남겨준다. 도시를 생태계로 간주하는 시각은 크게 두 가지로 양분될 수 있다. 하나는 다양한 도시를 도시 공간 생태계로서 파악하는 시각이며, 다른 하나는 통합된 생물 사회적 시스템으로 도시를 바라보는 시각이다.

도시를 하나의 생태계로서 인식하는 첫 번째 시각에 함의된 다면적 개념은 다양한 맥락으로 적용할 수 있다. 이 시각의 핵심적 사유는 개별 유기체와 특수한 물리적 환경 사이에 존재하는 기능적 연계라 할 수 있다. 주로 도시의 경제적 문화적 기능으로부터 파생된 도시 패턴과 생태학적 과정 사이에 존재하는 복잡한 상호작용은 다중적인 규모로 발생한다. 이를테면 도시 발달에 대한 자연환경의 반응 차원에서 다양한 동식물의 종과 군집의 특성이 변화하는 양상과 방식을 이해하기 위해서는 도시 경관의 생태계 구조와 기능, 아울러 그 배후에 작동하는 요인들과 그 효과를 숙지하고 있어야 한다. 생태학적 관점에서 도시 생태계는 고도로 역동적이며, 다른 생태계에 존재하는 생물 다양성을 어떻게 관리해야 할 것인지에 대한 소중한 통찰을 제공한다.[181] 도시 생태계와 관련된 생물 다양성의 관심사는 크게 세 가지로 나뉜다. 첫째, 도시가 인접 생태계에 미치는 효과, 둘째, 도시 생태계 내부에서 생물 다양성을 어떻게 극대화할 것인가의 문제, 셋째 생태계 내부의 해로운 종을 관리하는 문제 등이다.

또한 도시 생태계는 다양한 규모의 차원에서 파악할 수 있다. 그중 하

---

in Urban Ecosystems, New York, NY:Springer, 2008.

3. Douglas, I., *The Urban Environment,* London, Arnold, 1983.

181 Douglas, 위의 논문, p.20.

나는 다양한 규모의 생명 서식지들로 이뤄진 복잡한 도시 공간의 모자이크 안에 존재하는 파편적 요소, 즉 작은 크기의 공간들을 생각해볼 수 있다. 이를테면 정원의 잔디, 도시 하천, 오염된 토지의 부분이 그 예이다. 또 다른 차원으로 들 수 있는 것은 건설된 지역들로, 도시 인구, 애완동물, 정원의 초목, 도시 환경에 적응된 동물과 유기체의 서식지 등이다. 이 지역은 생존에 필요한 에너지, 물, 재료 등이 외부에서 투입된다. 이외에도 식량, 에너지, 식량, 물, 재료 등을 포함해 생명 유지를 위해 도시 지역에 다양한 서비스를 제공함으로써 발생하는 도시화의 영향을 받는 지역을 연구할 수 있다. 예컨대 도시 지역에서 방출된 오염 물질과 쓰레기 등으로 훼손된 지역을 적절한 크기의 단위로 설정해 분석할 수 있을 것이다.

두 번째 시각은 생물 사회적 통합 시스템으로 명명된다. 이것은 도시의 본질을 간주하는 것과 관련해 1970년대부터 도시 생태계에 대한 생물 사회적 접근법의 새로운 흐름의 전개를 지시한다. 이 작업은 인간 생태계를 생물, 물리학적 요인과 사회학적 요인으로 이뤄진 수미일관적인 시스템으로 파악하려 한다. 인간 생태계처럼 이 같은 복합적 시스템은 시간의 흐름 속에서 적응과 지속 가능성을 획득할 수 있다. 이러한 시각을 개진하는 연구자들은 인간 생태계가 도시 생태계와 다른 생태계를 관리할 출발점이 될 수 있다고 주장한다.

인간 생태계는 다음 세 가지 유형의 주요 자원을 통합한다.[182] 에너지, 물, 재료 등의 '천연자원', 노동과 자본을 포함하는 '사회 경제 자원', 신화와 신념을 포함하는 '문화 자원'이다. 인간 생태계에서 자원의 흐름은 자기 조절 시스템이 아닌 예측 불가능한 사회 시스템으로 조절된다. 따라서 사회과학에서 축적된 사회 구조의 본질에 대한 지식과 자연 자원 및 제도적 재원에 대한 사회적 인식은 보다 넓은 도시 지역의 생태계 모델로 통합될 수 있다. 이를테면 사회적 차별화의 공간적 차원은 생태학에서 사용되는 주요 개념이나 데이터와 유사성을 지닌다. 다양한 도시 경험에서 획득된 이러한 지식

182 같은 논문, pp.22-23.

의 양상은 도시 생태계 이해를 개선하려는 인간 생태계의 프레임워크, 즉 기본 뼈대로 집결된다. 이 프레임워크는 생태계의 개방성은 인정하지만 도시 생태계의 평형성 또는 자기 조절 능력은 가정하지는 않는다. 또한 도시 생태계의 자연적 사회적 구성 요소 모두에서 공간적 이질성을 인정한다.

요컨대 하나의 도시 생태계는, 오히려 인간 생태 시스템의 다른 유형들과 몇몇 이론적 유사성을 공유하는 생물학적 시스템의 별종이라 할 수 있으며, 자신만의 특수하면서도 유일무이한 속성을 가진다. 도시를 집단적 실재로서 간주하는 패러다임을 표현하고자 생태계 또는 유기체적 유추를 사용한 이유는 그것이 가장 간단한 방법이기 때문이다. 도시는 한 그루의 나무가 아니라 나무들이 모여 있는 숲과 같다. 즉 도시는 집단적 실재이며 무한 성장한다. 하나의 숲 이상으로 도시는 하나의 전체적 생태계와 같다. 즉 나무의 집합일 뿐만 아니라 나무 위에 사는 지의류와 균류, 새와 곤충의 생태계인 것이다.

생태계인 도시는 그 유추적 관계 때문에 은유로 작동하는 것처럼 보일 수도 있다. 생태계는 숲 자체를 포함하며 또한 숲을 기능하게 하는 모든 것을 아우른다. 개별 건물은 개별 나무에 비유될 수 있다. 도시는 생태 시스템이 하나의 유기체인 것과 매일반이다. 따라서 하나의 도시 생태계는 건물 집합을 포함하며, 전체를 작동하게 하는 다른 가시적이며 비가시적인 것들을 담고 있는데 이는 역동적, 경쟁적 그리고 공생적인 관계에서 개별 유기체의 공존 원리와 흡사하다. 이 같은 사실은 하나의 건물이 고립된 물체가 아니라, 그 존재와 기능이 해당 건물이 각인된 도시 맥락에 달렸다는 점을 시사한다. 생태계나 환경은 그 속에 있는 유기체의 총합을 포함한다. 개체는 환경에 종속되며, 아울러 다른 개체는 환경의 부분이다. 도시는 생태계 같은 것이 아니라, 생태계 그 자체이다. 도시는 착취적 방식과 공생적 방식에 기초해 인간의 삶과 다른 종들의 방식을 떠받친다. 도시를 생태계로 보는 시각의 장점은 동일한 것 속에서 생물학적인 것과 비생물학적인 것을 모두 아우를 수 있다는 가능성에 있다.

기존의 도시 이론은 오랫동안 마치 도시가 진공 속에 존재하는 것처럼 다뤄왔다. 이를테면 도시 연구는 도시의 물리적 본질을 무시해온 것이다. 또한 생태학적 차원보다는 주로 사회적, 정치적, 경제적 차원에 강조점을 두었다. 하지만 도시는 생태학적 시스템이며, 사회적 경제적 힘의 복잡한 프리즘으로 매개되는 물리적 세계에 근거한다. 이 같은 맥락에서 최근 들어 도시를 생태학적 시스템으로 보려는 관심이 확산되고 있으며 환경 쟁점과 도시 관심사 사이의 복잡한 관계, 사회적 네트워크와 에코 시스템의 흐름 사이의 관계 등 다양한 문제가 다뤄지고 있다.

생태학적 시각에서 도시는 사회적, 경제적, 정치적 힘을 체현하고 반영하는 연계성 속에서 자연 세계에 연루돼 있다. 도시는 자연의 통합적 부분이며, 자연은 도시의 사회적 삶과 밀접하게 연관된다는 점에서 도시 생태학의 세 가지 핵심 개념을 지적할 수 있다.[183]

첫째, 도시는 생태 시스템이다. 도시에서 이뤄지는 인간 활동은 대부분 에너지와 관련된다. 도시 거주자가 추구하는 모든 종류의 활동이 에너지를 사용하므로 도시는 에너지 자원에 종속된다고 할 수 있다. 이를테면 물은 생명의 본질이다. 도시 거주자의 일상은 물론 모든 생산 행위와 상업 행위 역시 물에 크게 의존한다. 한편 도시의 주된 산출물은 쓰레기이다. 대량생산은 정교한 포장과 결합해 도시에 수많은 쓰레기를 배출한다. 도시를 하나의 유기적인 생태학적 통일성으로서 사유하고 그것을 이론화하는 작업은 도시 성장에 필요한 자원의 투입과 그 성장에 수반되는 생태학적 환경에 미치는 영향을 파악할 수 있는 새로운 가능성을 열어줄 것이다.

둘째, 자연과 도시의 근본적인 관계 성찰이다. 자연은 도시에 그 모습을 잘 드러내지 않고 기획되지 않은 방식으로 현존한다. 다채로운 형태 속에서 야생 생물은 도시에서 생태학적 적소를 찾는다. 도시의 생태학적 긴장은 도시와 야생 생물 사이에 놓인 심층적 관계의 서사를 통해 기록될 수 있다.

셋째, 도시의 지속 가능성이다. 도시는 환경 차원에서 장기간 지속 가능할 잠재력을 지닌다. 그러나 많은 도시가 도시의 장기적 미래가 산산 조각날 정도로 지나치게 환경 비용을 부과한다. 이를테면 화석연료의 지나친 의존,

---

183 Benton-Short, L. and Rennie Short, J., *Cities and Nature,* London and New York, Routeledge, 2008.

자동차의 지나친 사용은 온실가스 배출로 지구 환경을 열악하게 만들었다. 도시의 지속 가능성 문제와 환경의 질은 사회정의와 밀접하게 연결되어 있다. 사회정의를 위반하면서 진행된 최악의 환경 조건은 최하위 경제 수준의 도시 거주자에게 고스란히 부과된다.

흔히 생태학자들은 생태 시스템을 다양한 정보, 재화, 에너지 등의 흐름의 집합으로 개념화하는데 이 세 가지에서 물론 가장 중요한 것은 에너지의 흐름이라 할 수 있다. 최상이건 최악이건 서구 도시는 여전히 개발도상국이 추구하는 모델이다. 따라서 서구 도시의 생태학적 결점을 이해하고 생명 적소의 균형을 복구하는 대안적 사유를 창안하는 것이 중요하다. 그리고 과연 우리가 지속 가능성 원칙에 준거해 생태학적 도시를 건설할 수단을 가졌는지 근본적 물음을 비판적으로 제기해야 할 것이다.[184] 높은 수준의 기술공학적 수단은 마련했으나 여전히 우리가 놓치는 것은 인문적 정치적 상상력이다. 정치적 의지와 개인적 동기 부여와 실천도 마찬가지이다. 안타깝게도 현대 도시는 낭비와 방탕을 자초하는 기술로 자원을 사용한다. 도시 문명의 비극적 역설 또는 아이러니로 보일 수 있으나, 만약 수만 년 뒤 역사학자가 현대 도시를 하나의 기념비로 탐구한다면, 그는 현대 도시 문명이 인간의 생태학적 비효율성을 표상하는 전범이라는 결론에 도달할 것이다.

---

184 도시의 지속 가능성 개념의 계보와 도시 디자인 차원에서의 다양한 양상들을 체계적으로 분석한 다음 두 개의 문헌을 참조할 것.

1. Beatley, T., Wheeler, S. M., *The sustainable urban development reader,* London & New York, Routledge, 2004.

2. Twaites, K., *Urban sustainability through environmental design,* London & New York, Routledge, 2007.

제2장 • 근현대 도시 계획의 담론: 오스만에서 근대건축국제회의CIAM까지

근현대 도시 사상 담론의 계보와 지형을 파악하는 데 반드시 숙지해야 할 사조 가운데 하나는 19세기 중반 이후 약 1세기 동안 근대 건축가와 도시계획가가 도시 공간과 관련해 제시한 다양한 이념과 사유의 편린이다. 이와 더불어 근대 도시계획가가 정초한 이론적 토대를 근거로 이들 도시 공간의 생산자들이 실험적으로 건설한 다양한 도시 공간 자체가 중요한 자료로 사용될 수 있을 것이다. 이 문제는 서구의 근대 도시계획 사상사를 아우르는 방대한 연구 주제라는 점에서, 여기에서는 근대 도시계획 담론 계보의 주요 이정표를 제시하는 것으로 서술 내용을 국한할 것이다.[185]

복잡한 다의성을 띤 도시계획urbanism[186]이라는 용어 자체는 두 개의 의미론적 층위에서 접근할 수 있다. 하나는 통시적 접근법이며 다른 하나는 공시적 접근법이다. 근대에 창출된 도시계획이라는 개념은 건축가를 상징하

---

185 본 장은 서양 도시계획사와 도시계획 지성사에 대한 기초 연구를 전제로 한다. 이에 대한 국내외 대표적인 연구물을 소개한다.

1. Hall, P., *Cities of Tomorrow: An Intellectual History of Urban Planning and Design in the Twentieth Century,* Third edition, Oxford, Blackwell, 2002. (한국어 번역본) 피터 홀, 임창호 옮김, 『내일의 도시: 20세기 도시계획 지성사』, 한울, 2000. (1996년 영어본을 옮긴 것임)
2. Ragon, M., *Histoire de l'architecture et de l'urbanisme modernes, 1. idéologies et pionniers 1800-1910, 2. Naissance de la cité moderne 1900-1940, 3. De Brasilia au post-modernisme 1940-1991,* Casterman, 1986.
3. 대한국토도시계획학회, 『서양 도시계획사』, 보성각, 2004.
4. 김철수, 『도시 공간계획사』, 기문당, 2009.
5. 봉일범, 『도시: 사건과 구조』, Spacetime, 2002.

186 Urbanism은 도시계획의 이론과 실천, 도시계획 과학을 비롯해 도시계획 전반을 아우르는 폭넓은 의미장을 갖고 있을 뿐만 아니라, 도시성, 도시주의, 도시 집중화 등으로 옮겨질 수 있으며, 도시 생활의 특징적인 생활양식을 구성하는 다양한 성격들의 복합체로 정의될 수 있다.

미국 사회학자 워스는 도시 공간에서 특유하게 존재하는 인간관계, 행동 양식, 의식 형태들의 여러 특성의 총체를 '어버니즘'이라 칭한 바 있다. 하지만 본 장에서 사용한 '어버니즘'은 근대 이후 제시된 도시계획 이론과 실천이라는 의미로 국한된다.

는 도구인 자rule, 그리고 도시계획을 상징하는 정신적 모델, 즉 완벽한 도시를 구현하려는 유토피아 정신이 생명력을 불어넣은 모태matrix가 한 짝을 이룬다. 따라서 근대 도시계획은 유토피아 정신과 그것을 적극 뒷받침한 건축 이론이 엄연히 공존했다. 따라서 건축가의 예술적 작업과 도시계획가의 공학적 작업을 마치 적대적인 두 개의 실천으로서 양극화해 근대의 사상과 실천의 지형을 표상하려는 시도에는 무리가 따를 소지가 있다. 예컨대 건축가는 건물이나 건축적 단위에 적용되는 규칙을 제안하며, 도시계획가는 도시 공간 전체에 적용되는 보편적 모델을 상상한다는 점에서, 양자 모두 특정 공간을 조절하려는 의지를 표현한다고 말할 수 있다.[187]

다소 투박하게 말한다면 근대 도시 사상의 요체는 '급속한 산업화로 근대 이전의 도시 구조가 해체되면서 발생한 도시 공간의 카오스에 새로운 질서를 수립하려는 이론적 실천적 노력'으로 정의할 수 있는 '도시계획 담론'이다. 보다 구체적으로 말해 도시계획이라는 용어는 도시 공간에 대한 과학적 인식을 목표로 설정한 일체의 이론과 실천을 지칭하며, 스페인의 건축가 일데퐁스 세르다Ildefons Cerdà가 1867년 최초로 제안한 용어로서 그 역사가 채 150년밖에 안 되는 신조어이다. 하지만 우리가 분명히 기억해야 할 엄연한 사실은 도시 사유와 도시 이념은 근대의 과학적 사유보다 훨씬 더 오래전부터 온축되어왔으며 넓은 의미에서 도시계획 역시 도시 과학의 수립 역사보다 시간적 축적이 더 장구하다는 점이다.

또한 앞서 지적한 것처럼, 근대 도시계획의 양축을 받치는 두 개의 주춧돌인 공학적 합리성과 정신적 유토피아주의를 약간 다른 시각에서 조망한다면 다음과 같이 풀이할 수 있다. 즉 근대의 과학적 도시계획 담론의 기저에 흐르는 두 개의 흐름 가운데 하나는 종교 사상에서 영감을 받은 이론적 이념적 지류로, 도시 공간에 진정한 인간적 가치와 의미가 구현되는 길을 추구했으며, 또 다른 흐름은 도시 공간의 효율성을 개선하려는 실용주의의 지류였다. 이 두 개의 심층적 논리가 하나의 포괄적 사유 체계로 결합한 것이

---

187 Mongin, O., *La condition urbaine,* Paris, Seuil, 2005, p.102.

19세기 중반기에서 20세기 초반기이며, 이는 전통적 도시 사상이 추구했던 도시의 상징적 차원과 근대 도시 공간의 실용적 차원을 모두 아우르려는 종합적 사상으로서, 무엇보다 과학적 합법성을 열망했다. 19세기 말에 작동된 이 같은 전통적 사유와 근대적 사유의 종합 시도는 이번 장에서 상세히 살펴볼 기능주의적 도시계획 이론에서 그 절정을 이뤘으나, 예상치 못한 다양한 모순에 직면하면서 진퇴양난에 빠지고 말았다.[188]

근대 도시 계획 담론의 설립 배경

1. 근대 도시 계획 이론의 역사적 맥락: 정치적 사회적 건설 공학적 요인들

서양의 도시 경제사와 도시 역사학 전공자들은 통상적으로 18세기 말에서 1914년까지 진행된 도시화에 중요한 문명사적 의의를 부여한다. 이 시기를 파악하려면 근대 도시화의 경제적 인구통계학적 진화를 비롯해 근대 유럽의 도시가 경험한 다양한 문제점을 상세하게 다룬 역사, 경제, 사회, 지리 차원의 실증적 연구를 참조해야 할 것이다.[189]

무엇보다 유럽 인구의 폭발적 증가를 지적해야 할 터인데, 1750년부터 1910년까지 유럽 인구는 1,400만 명에서 1억 2,000만 명으로 폭증했다. 유럽의 도시 경제사 연구자들은 근대 유럽 도시의 급속한 성장의 주요 원인을

---

188 Bonfill, R. and Véron, N., *L'architecture des villes,* Paris, Editions Odile Jacob, 1995, pp.73-125.

189 1750년부터 1910년까지 유럽 지역의 도시화, 대도시의 성장 등에 대해서는 다음 연구서를 참조할 것.

Lees, A. and Lees, L., *Cities and the Making of Modern Europe, 1750-1914,* Cambridge, Cambridge University Press, 2007.

특히 프랑스에서 19세기 진행된 도시 성장과 산업화에 대한 경제적, 인구학적, 사회적, 지리적 배경에 대해서는 다음 문헌을 참조.

Agulhon, M. et ali, *La Ville de l'âge industriel: Le cycle haussmannien,* Paris, Éditions du Seuil, 1998.

민주화와 산업화가 추동한 힘에서 찾고 있으며 이 두 가지 현상을 일러 이중의 혁명이라 부르고 있다. 요컨대 유럽 도시 성장의 역사는 18세기 말부터 시작됐으며, 산업화, 도시화, 제국 건설이라는 세 개의 과정과 더불어 진행됐다는 점을 숙지해야 할 것이다.[190]

여기에서 유념할 사실은 근대 도시계획은 산업도시를 등장시키고 모델화한 기술적 경제적 과정 중에 탄생한 것이 아니라 그 뒤에 태어났다는 점이다. 다시 말해 급격한 산업화와 더불어 발생한 전면적인 사회적 정치 경제적 변화로 현실적인 처방을 내리는 것이 더는 불가능한 상황에 이르렀을 때 비로소 근대적 의미의 도시계획 이론이 잉태한 셈이다.

오늘날조차도 도시계획 기술은 개별 사안에 응급 치료를 수행하는 하나의 처방 성격을 띤다. 따라서 산업사회에서 이뤄진 근대 도시계획의 다양한 경험을 짚어보는 것은 근대 도시계획 담론의 발생을 이해하는 데 유익할 뿐만 아니라 필수적이다. 19세기 도시계획의 조건을 역사적 틀에서 포착하려면 먼저 몇 가지 역사적 객관적 사실들을 간략하게 환기할 필요가 있다. 계량적 관점에서 산업혁명은 도시에 엄청난 인구 증가를 동반했으며, 산업화는 전례 없는 도시 개발의 이윤을 남기며 촌락을 흡수해갔다. 이러한 양상은 개별 국가의 산업화의 순서와 수준에 따라 이뤄졌다. 1801년부터 인구조사를 시작한 영국은 이 같은 운동이 포착된 최초의 무대였다. 유럽 대륙에서는 프랑스와 독일이 1830년대부터 영국의 뒤를 따랐다. 인구 증가의 통계는 의미심장하다. 런던은 1801년 약 86만 4,000명에서 1841년에는 187만 3,000명으로, 그리고 1891년에는 423만 2,000명으로 인구가 늘었다. 채 한 세기도 지나지 않아 런던 인구는 무려 네 배 증가한 것이다. 유럽 도시 전체의 구조적 변화라는 측면에서 보았을 때 집중적 산업화로 특징지어지는 유럽 도시의 근대화는 무엇보다 생산수단과 교통, 통신 수단의 획기적 변화를 가져다주었으며 이는 곧 유럽의 전통 도시, 즉 중세 도시의 형태와 바로크 도시가 나란히 병치하던 기존의 도시 구조를 전면적으로 해체했다. 유럽

---

190 Lees and Lees, 앞의 책, p.42.

의 근대 도시에는 새로운 경제적 사회적 조건을 반영하려는 급진적인 도시계획의 실행 과정을 따라 새로운 질서가 창조됐다. 이런 의미에서 오스만이 파리를 제2제정의 경제적 사회적 요구에 적응시키고자 했을 때, 그것은 현실적 도시 개조이자 하나의 작품이었다. 그가 시도한 작업은 비록 노동자 계층을 박해하고 시인 보들레르를 비롯해 수동적 도시 탐미주의자들을 정신적 충격에 빠뜨렸으며 강제 이주한 소시민층을 궁핍한 상황으로 내몰면서 문화적 감수성의 타성에 역행했으나, 산업과 금융의 수장들에게는 유리한 해결책이었다. 이들은 산업사회의 가장 능동적인 주체 가운데 하나로 등장한다.[191]

새로운 질서는 몇 가지 특징을 바탕으로 도식적으로 정의할 수 있다. 먼저 교통과 도로망의 합리화와 대형 철도역의 등장이다. 이어 도시 구역의 기능적 사회적 특화, 새로운 도심부의 사무용 지대들, 금융가, 특권층을 위한 도시 외곽의 거주 지역 등의 지역 특화가 따랐고 거대 규모로 도시의 양상을 변화시킨 새로운 도시 기관이 창조됐는데 대형 백화점, 대형 호텔, 대형 카페 등이 이때 선보였다. 이 와중에 도시 외곽의 도시화는 점차 중요성을 띠게 됐다. 도시는 한계가 분명하게 그어진 공간적 실재에서 벗어났으며 산업 시설은 도시 경계 구역에 놓이고 중간 계층과 노동자 계층은 교외로 방출됐다. 개괄하면 19세기 대도시의 공간 구획과 정비는 크게 두 가지 범주의 도시계획 실천으로 분화된다. 하나는 도시 공간의 외연 확장을 추구하는 계획 방식으로 도시의 주요 도로와 대형 규모의 구조물을 관리하면서 도시의 성장을 제어하는 노력이었다. 다른 하나는 도심 공간의 효율적 재구조화와 집중화를 강조하는 시각으로 도심의 깊이에 천착하면서 새로운 도시 공간의 형상화에 방점을 찍었다. 전자의 예로는 바르셀로나에서 세르다가 실천한 도시계획 모델을 손꼽을 수 있고, 두 번째 범주의 예로는 오스만이 파리 개조에서 보여준 도시 개조 작업을 지적할 수 있다.[192] 하지만

---

191 Choay, 앞의 책, 1965, p.11.

192 Bonfill and Véron, 앞의 책, pp.107-112.

1900년대부터 종래의 재래식 도시계획의 임기응변식의 실용성만으로는 근대 도시 문명의 근본적 모순은 해결되지 못했으며, 구태의연한 도덕을 주창하는 도시 사상은 현대 도시의 구체적 문제들을 다루는 데 소홀했다. 이 두 진영의 무능함을 질타하면서 탄생한 기능주의 도시계획은 과학성을 지향하면서 새로운 도시 건설을 추진했으나 그것 역시 다양한 난관에 직면하고 말았다.[193]

한편 근대 도시계획의 역사적 맥락 이해와 더불어 우리가 주목할 사항은 그것의 도덕적 정치적 기원이라 할 수 있다. 이탈리아의 세계적 건축학자이며 도시 역사가인 베네볼로 교수는 근대 도시 경험의 '기술적'이면서도 '도덕적'인 이중적 기원을 명료하게 해명하고 이 두 가지 요인에 근거한 근대 도시의 질서를 나란히 재구성할 것을 제안한 바 있다.[194] 근대 도시계획의 이 같은 이중적 기원은 최초의 도시 공간 개척자들이 규정했던 두 개의 핵심적 차원을 지시한다. 첫 번째 차원은 19세기 초반기부터 극심한 불균형에 도달했던 도시의 경제적, 사회적 변형들이며, 다른 하나는 새로운 정치 이론과 사회 여론이 부상함으로써 이와 같은 불안정성을 불가피한 것으로 체념하지 않고 노력으로 극복할 수 있는 장애물로 인식했다.

이같이 산업도시의 온갖 문제점을 교정하려는 최초의 시도는 다음의 양 극단에서 최고 절정에 다다랐다.[195] 첫 번째 축은 유토피아적 순수 이론에 착안하여 구체적 도시 설계도를 구상하거나 또는 실제로 이상형의 도시 건설에 착수했던 급진적 진보주의적 도시상가들에 해당된다. 특히 이들은 공동 거주의 새로운 형태를 제시하고 그것을 기존 도시와 대립시켰다. 이 진영에는 통상적으로 도시 사상사에서 유토피아주의자라고 불리는 인물들이 속한다. 로버트 오웬Robert Owen, 클로드 생시몽Claude Saint Simon, 푸리에, 카베,

---

193 같은 책, pp.112-125.

194 Benevolo, L., *Aux sources de l'urbanisme moderne,* Horizons de France, 1972, pp.5-10. (한국어 번역본) 레오나르도 베네볼로, 장성주·윤혜정 옮김, 『근대도시계획의 기원과 유토피아』, 태림문화사, 1996.

195 위의 책, p.6.

장 바티스트 고댕Jean-Baptiste Godin 등으로 이들은 자신의 이상적 도시를 토마스 모어의 유토피아 이념의 방식대로 단지 소묘하는 데 머물지 않았으며, 좀 더 적극적 자세로 이상 도시의 건립을 직접 실천에 옮겼다. 또 다른 진영의 사람들은 모든 도시 문제를 원점에서 다시 검토했으며 서로 연관된 문제를 분리해 해결하고자 했다. 이 무리에는 전문가와 기능주의자들이 속해 있었으며, 이들은 위생법과 세부 규칙을 세우고 행정 서비스를 도입했다. 이 같은 변형을 실현할 기술적 법률적 도구들을 찾아야 했기 때문에, 이들은 사실상 근대 도시계획 입법화의 기원을 마련했다는 평가를 받는다. 하지만 이들은 상이한 문제 사이에 존재하는 연관성을 참작하지 않은 채, 새로운 도시 유기체에 대한 전반적 비전 없이 불편한 점만을 고립적으로 해결하는 임기응변의 경향을 띠고 있었다. 주도권을 틀어쥔 기술은 이들에게 하나의 이데올로기적 토대였으며 이들의 사상은 대개 근대 사회주의의 시초와 일치한다.[196]

이 같은 상황에서 마르크스와 엥겔스는 노동자 운동에서 하나의 결정적인 전환을 취하게 된다. 마르크스의 사회주의는 1848년 혁명의 근본적 원인을 엄밀하게 정치적인 이유에서 설명하려 했으며 그 이전 운동의 실패와 모순을 강조했으나, 정치와 도시계획 사이에 존재하는 심층적 수준에서의 구조적 연계성을 시야에서 놓치고 말았다.[197] 사회주의 초기만 하더라도 비록 단순화되기는 했으나 정치체제와 도시 형태 사이에 존재하는 그 같은 연계성이 포착됐다는 사실을 환기할 필요가 있다. 그럼에도 마르크스의 사회주의 정치 이론은 사회의 전면적 개혁을 통해 부분적 변화의 기획을 총체적 계획의 테두리 안에서 흡수하려고 시도했지만, 구체적 차원에서의 연구와 경험을 과소평가하는 오류를 빈번하게 범했다.

이 지점에서 베네볼로는 1848년 이후에 진행된 도시계획의 주요 경험에서 노출된 비참여적 성격과 신우파의 정치적 애국주의를 환기한다. 이는

---

196 같은 책, p.6.

197 같은 책, p.8.

21세기의 도시 담론의 주요 논쟁과 연관해 중요한 함의를 갖는다. 요컨대 도시계획 문화의 혁신적 경향들은 정치력과의 탄탄한 연대를 수립할 때 비로소 현실 속에 반영될 수 있다. 정치권력은 유사한 방식으로 사회의 총체적 변형을 지향한다는 점에서 도시계획가의 비전이 필요하다. 이렇게 보았을 때 도시계획가와 정치권력 세력 사이에 맺어진 공생 관계는 어느 정도 자명해진다.

이런 가운데 19세 중반기 이후로 도시계획의 이념, 실천과 정치적 좌파 사이의 간극은 더 깊어졌다. 근대 도시계획 지성사를 지배했던 유토피아주의와 보수적 정치 문화에 영감을 받은 도시계획 프로그램이 지향했던 테크놀로지의 차가움과 엄격성은 모두 그 같은 간극의 심화를 낳았다. 그 결과 근대 도시계획 분야에서는 순수한 기술 공학적 차원을 전면에 부각하는 경향이 노골화됐다.[198] 사실상 1848년 혁명 뒤 20년간 유럽의 주요 도시에는 최초의 급격한 변형이 목격됐다. 오스만의 대공사[1853~1869], 안스파크[Anspach]의 브뤼셀의 도시계획[1867~1872], 1857년부터 시작된 빈의 도심 순환도로망인 링[Ring]의 건설, 1859년부터 시작된 바르셀로나의 확장 공사, 죠셉 바잘겟트[Joseph Bazalgette]가 1848년부터 1865년까지 실현한 런던의 도시 구획 재배치와 템즈 강의 하수도 시설 정비 등, 이 모든 것이 새로운 세대의 공학자와 관료들의 작품이다. 베네볼로 교수는 이 점을 다음과 같이 분명하게 파악한다. "하지만 이 같은 기술의 자율성은 표면상으로만 그렇게 보일 뿐이다. 실제로 도시계획은 대부분 유럽의 신보수주의 운동에 속한다."[199] 이 점에서 프랑스의 나폴레옹 3세와 독일의 오토 폰 비스마르크[Otto von Bismarck]는 대규모 건설 공사 프로그램이 한 국가의 정치적 안정성의 확보 차원에서 지니는 중요성을 직시했던 대표적인 유럽의 통치자들이었다. 가장 선명한 양상을 띤 도시계획의 실천을 비롯해 이 같은 신개혁주의의 기원은 근대 도시계획의 전범으로 각인된 오스만의 파리 도시 개조 작업과 그것의 문화적 정치적 유산에

198 같은 책, pp.142-143.

199 같은 책, p.143.

서 찾아야 할 것이다.

한편, 근대 유럽 도시의 변천에서 기술이 맡은 역할은 너무나 빈번하게 무시됐다. 기술과 그 역사에 대한 철학적 성찰의 부재와 빈곤함은 도시 공간의 변천이라는 문제를 그것의 고유한 장으로부터 고립하려는 경향을 보여준다. 기술은 도시 공간의 형태발생인 동시에, 제반 정신과 도시적 행동 양식의 발생 속에 연루된다는 핵심적 사실을 놓치고 만 것이다. 세르다는 교통, 운송, 통신 기술을 도시 공간의 역사적 동력으로 삼으면서 이 같은 기술력을 객관적으로 측정한 최초의 인물이라 할 수 있다. 보다 구체적으로 그는 철도 발명과 전기 사용이 근대 도시 생성에 혁명적 역할을 맡았다는 사실을 간파한 장본인이다. 1870년대부터 2000년대까지 이뤄진 도시 공간의 변형 단계에 일종의 경표를 표시하려면 그간 성취된 기술혁신의 전반적인 진행 순서를 지적할 수 있을 것이다. 이 같은 기술 변화가 가장 첨예하게 노정된 영역을 열거하면 다음과 같다.[200]

첫째, 토목 건설 분야이다. 세르다는 이 영역을 언급하지 않았으나 이들 영역이 근대 도시 창조에서 맡은 역할은 나중에 가서 건축사가인 기디온과 레이너 벤험Reyner Banham이 지적한 바 있다. 19세기 중반부터 건설 공간에서 강철, 콘크리트, 유리와 같은 새로운 건축 자재가 사용됐고 그 같은 자재는 건축물의 위상을 변화시켰으며 단적으로 건축을 기술적 대상물로 변형시켰다. 도시의 공간 배치와 짜임의 밀도를 높게 만들었던 기계적 전기적 장비들은 대표적으로 고층 빌딩의 승강기와 각종 냉난방 시설을 보편화시켰다. 또한 건물의 산업화는 건축의 표준화와 도시 외곽의 거주지 건설 등 새로운 건축 공법을 통한 도시 공간의 분산된 투자를 가능케 했다.

두 번째로 지적할 영역은 교통 시설이라 할 수 있다. 1850년대부터 철도는 전례 없는 대중적 이동 수단으로 사용되기 시작했으며, 도시 접근성을 쉽게 만들면서 도시 인구밀도를 높이는 가장 큰 요인이 됐다. 이어 19세기 말부터 전차와 지하철이 출현하면서 이 같은 새로운 교통수단 역시 도시 공

---

200 Choay, F., "Le règne de l'urbain et la mort de la ville", in *La Ville: art et a architecture en Europe 1887-1993,* Paris, Centre George-Pompidou, 1994, pp.26-39.

간의 팽창에 일조했다. 특히 1930년대부터 대중화된 자동차는 도로망의 확대와 또 다른 도시 공간의 팽창을 낳고 인구 이동, 재화 이동을 비롯해 도시 공간의 이동성을 총체적으로 증가시켰으며, 1950년대부터 실현된 민간 항공은 도시 간 네트워크 형성에 기여했다.

셋째, 정보 통신 기술의 발전을 지적해야 할 것이다. 텔레커뮤니케이션, 전보, 라디오, 전화기 등의 전산화는 앞서 제시한 교통 시설과 더불어 도시 공간의 팽창과 원활한 기능 작동에 기여했다. 정보 통신 기술은 도시 거주자의 정보 교환에 기여했으며 도시민의 공간 경험과 시간 경험, 그들의 행동 양식의 구조를 획기적으로 바꿔놓았다.

2. 오스만의 도시 근대화 개조

오스만1809~1891의 파리 대공사는 학자마다 보는 시각이 다양하나 근대 도시 계획의 기원을 마련했다는 데 이의를 제기하는 이는 드물다. 1846년 감옥에서 탈출한 루이 나폴레옹 보나파르트Louis Napoleon Bonaparte는 1848년 파리로 돌아와 제2공화국의 대통령으로 선출되고 몇 년 뒤에는 제국을 복원해 스스로 나폴레옹 3세라 칭했으며 1850년부터 파리의 상당 부분을 다시 건설했다. 그러나 재건 열망은 있었으나 정치적 기반은 취약했기에 제2제국은 1870년 붕괴했다. 하지만 그가 다시 세운 파리는 건재했다. 넓은 신작로, 공공건물, 공원과 광장들, 새로 정비된 상수도망과 하수 처리 시설을 통해 그는 파리라는 도시에 영원한 인상을 각인했다.[201] 1870년 종료된 도시 대공사는 오늘날 우리가 경험하는 파리의 모습을 창조했다. 나폴레옹 3세와 그가 지명한 파리 시장 오스만은 '19세기의 파리'를 뛰어넘는 지울 수 없는 영원한 표식을 새긴 것이다.[202]

18세기까지만 해도 파리 인구는 완만하게 증가했으며, 고전적 도시계

---

201 Pinkney, D. H., *Napoleon III and the Rebuilding of Paris,* Princeton, N. J., Princeton University Press, 1958, p.3.

202 위의 책, p.4.

획의 전통은 무엇보다 아름다운 기념비와 광장을 유지하거나 건축하는 데 집중했고 그 같은 양상은 지속됐다.[203] 그런데 전대미문의 예상치 못한 현상이 19세기 초반기에 발생한다. 1800년부터 1850년대까지 파리 인구는 거의 두 배로 증가해 50만 명에서 100만 명 이상을 상회하는 가파른 증가 추세를 보였다. 아울러 당시까지 통치자들이 사용했던 지배적인 도시계획 이론은 효력을 상실하게 됐다. 그럼에도 도시 인구의 폭증이라는 그 같은 급격한 현상의 심각성을 의식하지 못한 채 왕정복고와 7월 왕정 체제는 수도 파리에 어떤 효과적 조치도 취하지 않았다. 오래된 중세풍의 거리는 인구가 과밀하지 않았을 때는 그럭저럭 참을 수 있었다, 하지만 주택은 과밀해졌고 신선한 물과 맑은 공기는 부족해져갔다. 하수 시설 부족은 좁은 골목길을 배변물의 도랑으로 만들었으며, 1832년부터 1849년에 콜레라가 창궐할 정도로 위생 상태는 최악에 이르렀다. 빅토르 위고Victor Hugo는 『레미제라블』에서 이 같은 상황을 생생히 묘사한 바 있다. 이 같은 다급한 상황에서 부패한 거리를 파괴해야 했으며, 도시 공간을 확대해 새로운 유입 인구를 수용할 주택을 건설해야 했다.

이런 맥락에서 보면 오스만이 파리의 건강을 되찾았고 그 뒤 1세기 동안 파리는 정상적 삶을 유지했다는 점은 부정하기 어려운 역사적 진실이다.[204] 실제로 오스만이라는 이름은 대부분 사람에게 수도 파리의 미화 작업, 근대화, 개조라는 단어를 제일 먼저 떠올리게 한다.[205]

오스만은 자신의 회고록에서 "꿈꾸는 인간이었던 나폴레옹 3세는 도시 재건 도면의 실제 저자일 뿐만 아니라 실행 주체의 충실한 버팀목"이었다는 점을 분명히 밝힌 바 있다.[206]

---

203 Ragon, M., *Histoire de l'architecture et de l'urbanisme modernes, 1. idéologies et pionniers 1800-1910,* pp.117-141.

204 Malet, H., *Le Baron Haussmann et la Rénovation de Paris,* Paris, Les Editions Municipales, 1973.

205 위의 책, p.362.

206 그의 회고록을 참조할 것.
Haussmann, G. E., *Mémoires du Baron Haussmann: Grands Travaux de Paris,*

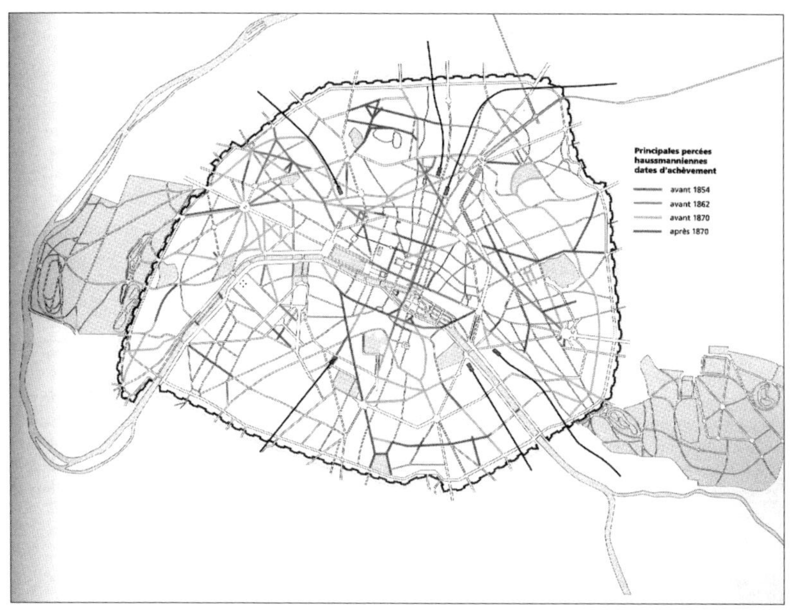

4 오스만의 파리 재건 사업의 주요 도로 관통 이미지(1854년부터 1870년까지)

그럼에도 오스만의 역할은 엄청난 것이었다. 무엇보다 그는 어떤 예속과 속박도 없이 그 유명한 도면 위에서 나름대로 창의적으로 사유했으며, 자신이 맡은 핵심적 역할과 부여받은 정치적 권한의 장점을 최대한 살려 방대한 실행 작업을 실천했다. 파리에서 태어나 유년기를 보낸 오스만은 도시의 오래된 정서적 기억을 지니고 있었으며 파리의 봉기와 소요 사태, 악화한 위생 실태를 훤히 알고 있었다. 한편 그의 정치사상은 엄격하게 보수적이었는데, 제국이 추락할 때까지 그는 나폴레옹 3세에게 충성의 서약을 지켰다. 현실적 조치에 정치적인 동기를 부여하는 대신 오스만은 객관적 필요성으로 전개되는 행정 차원의 실천을 제시했으며, 객관성은 그에게 하나의 전술적인 요소였다.[207] 그의 도시 사상의 핵심은 명료하고 간결한 관념들은 반드

Tome I et II, Paris, Guy Durier, Éditeur, 1979.

207 Benevolo, 앞의 책, pp.168–175.

시 응집성을 동반한다는 데카르트의 원리를 행정 영역으로 전환하는 데 있었다.[208] 오스만은 스스로 짊어진 업무의 책임감과 새로운 지배 계층에 봉사한다는 책임감을 실천한 전문 도시계획가의 전형이다. 더구나 그는 다른 국가 기관을 상대로 독립성을 발휘한 행정가로, 자신의 작품에 근대적이며 긍정적인 성격을 부여했다.

이른바 외과적 수술이라 부를 수 있는 오스만의 개조 작업haussmanisation이란 도로를 새로 뚫고 옛 거리를 철거하는 등 도시계획의 역사에서 한 시류를 장식했다.[209] 이러한 작업은 반세기 이상 파리라는 단일 도시를 넘어서 유럽 세계의 도시계획과 공공 건설 공학에 지대한 영향을 미쳤다. 제2제정 동안 프랑스의 다른 도시들은 오스만을 모방했다. 대형 가로수 길과 고전적 원근법의 적용 등 파리의 재건설은 방대하면서도 복잡한 작업이었는데, 그 역사는 단지 도면이나 건물 해체, 건설 등의 간단한 서사만으로 축소될 수 없으며, 건축과 공학의 복잡한 서사, 슬럼가의 일소와 위생시설, 도시 성장, 강제 철거와 이주의 법적 문제, 고비용 월세와 강제 퇴거 명령의 문제점, 공공 금융, 대공사에 헌신한 사람들과 정반대로 탐욕스런 이윤을 추구했던 부동산 투기꾼이 얽히고설킨 복잡한 문제를 발생시켰다.

특히 오스만의 도시계획 접근법은 너무 크고 지나치게 형식적이며 기념비적인 것으로 반대론자들의 거센 비판을 받았다. 가장 영향력 있는 비판은 도시계획의 불규칙성을 옹호한 지테의 저술 『예술 원리에 따른 도시계획』1889이다. 지테는 포스터Forster의 빈 도시계획은 찬양을 표현했으나 좀 더 예술적인 도시계획을 자신만의 고유한 접근법으로 개선해나갔으며 오스만식의 대도로를 혐오했다.[210] 상이한 맥락이기는 하지만 벤야민 역시 오스만

---

208 위의 책, p.174.

209 Carmona, M., *Haussmann,* Paris, Fayard, 2000, pp.565–574.

210 Sitte, C., trans. Collins, G. R. and C. C., *Ders Städte-Bau nach sienen künstlerischen Grundsätzen,* New York: Random House, 1965.

Collins, G. R. and Collins, C. C. and Sitte, C., *Camillo Sitte: The Birth of Modern City Planning,* Rizzoli International, New York, Rizzoli International Publications, 1986.

의 도시계획에 내포된 부르주아 이데올로기를 비롯해 소외와 착취를 비롯한 역효과에 힐난을 퍼부었다. "길게 일직선으로 뻗은 도로들로 원근법적 전망을 확보하는 것이 오스만식 도시계획의 이상이었다. 그것은 19세기에 반복적으로 등장했던 경향, 즉 기술상의 필요 사항을 예술적 목표로 고상하게 만들려는 경향에 상응하는 것이었다. 그리해 부르주아 계급의 세속적 종교적 지배 기관을 거리에 도입해 신격화해야 했다. (…) 오스만은 그의 독재권을 떠받치고자 파리를 특별 행정구로 만들려 했다. (…) 임대료의 급등은 프롤레타리아를 교외로 내몰았다. 파리의 구역은 이런 식으로 독자적 면모를 잃어버렸다. 그리고 '적색 지대'가 형성된다. 오스만은 자기를 '해체 전문 예술가'로 부른 바 있다. (…) 그러나 그는 파리 시민을 그들의 도시로부터 소외시켰다. 파리 시민은 파리에 살면서도 편하지가 않았다."[211]

한편 르 코르뷔지에의 오스만 비판은 혹평과 동시에 그 기능적 가치를 인정하는 양가적 태도를 보인다. 그는 오스만이 무자비하게 파리의 도심지를 절개했다고 비판하면서 이렇게 진술한다. "절개하면 할수록 오스만은 돈을 벌 수 있었다. 그는 파리를 절개함으로써 황제의 금고를 채웠다. 온갖 비난의 목소리에 귀가 먹어버렸을, 이 사람은 불결한 6층 건물을 호화로운 6층 건물로 대체하고, 형편없이 지저분한 구역을 화려한 구역으로 만드는 일 외에는 어떠한 것도 시도하지 않았다."[212] 이 같은 비판과 동시에 그는 오스만의 창의성과 선견지명을 예찬했다. "파리라는 훌륭한 도시가 존속할 수 있었고, 부의 심장부를 지속해 유지할 수 있었던 것은 바로 오스만과 그 이전의 일부 뛰어난 두뇌가 파리를 해부했기 때문이며, 동시에 선견지명으로 이 도시에 열정적인 내과 치료를 가했기 때문이다."[213]

한마디로 이 시기는 '도시의 형태'를 변화시킨 결정적 계기를 제공했다. 오스만식 도시 개조 모델은 특정 정치체제나 왕의 변덕스러움과 같은 우발

---

211 발터 벤야민, 조형준 옮김, 『아케이드 프로젝트』, 새물결, 2005, pp.108－109.

212 르 코르뷔지에, 정성현 옮김, 『도시계획』, 동녘, 2003, p.273.

213 위의 책, p.273.

적 사건이 아니라 시대의 상황에 대한 하나의 구체적 반응이었다.[214] 즉 그것은 19세기 초부터 파리를 살기 어려운 공간으로 만든 도시 안팎의 다양한 압력에 뿌리를 두고 있다. 오스만의 파리 도시 개조는 결코 하루아침에 발생한 것이 아니라 오랜 시간 누적된 문제와 그 해결책의 오랜 모색을 거쳐 잉태됐다고 봐야 할 것이다. 특히 유념해야 할 사실은 오스만의 도시 개혁으로 배태된 사상은 더 심오하게 사회적 차원을 목표로 삼는다는 점이다.[215] 따라서 그의 사상은 제국의 멸망과 더불어 사라지지 않았으며 도시 개조에 참여했던 도시 경영자와 행동 주체는 자신들의 실천을 다음 세대로 계승했다. 아울러 오스만식의 대응은 협의의 기술적 성격을 지니지 않았으며 그가 천명한 합리성에는 늘 사회적 선택이 동반됐다는 점을 기억해야 할 것이다. 경제 변화의 효과, 사람과 재화 사이의 순환, 교환, 이동, 그리고 도시적 가치의 순환 등이 오스만 도시계획의 실행과 결부됐으나 수공업 생산, 소규모 작업장, 공장 등은 무시됐다. 산업 지역과 노동자 거주지의 공간적 조직화는 고용 전략에 따라 방치됐으며 노동자나 광부의 집단 거주지 구성은 기껏해야 피상적 박애주의에 의존했을 뿐이다. 오스만의 도시 개조 모델이 한편으로는 기하학적 도시 구획 정비를 표출한 동시에 다른 한편에서는 무정부적 양상을 띤 도시 성장을 노출했으며 그 둘은 마치 물과 기름처럼 서로 환원될 수 없는 두 개의 현실이었다.

오스만의 파리 대공사가 갖는 철학과 의미에 대한 논쟁은 현재 진행형이라 해도 과언이 아닐 것이다. 도시계획화라는 공간 변형의 기술로 집약되는 오스만의 대공사는 신도시를 창조하는 정책의 반명제로서 재 모델화로 옛 도시를 새로운 도시 변형 기술에 적응시키는 작업이었다. 기존에 존재하는 도시 공간의 배열과 짜임에 개입하는 것은 불가피하게 파괴를 유발한다.

---

214 Roncayolo, M., "La production de la ville", in Agulhon, M. et al. *La Ville de l'âge industriel: Le cycle haussmannien,* Paris, Éditions du Seuil, 1998, p.77.

오스만 도시계획의 모델의 정치적, 경제적, 사회적 조건들 및 그것의 20세기 중반기까지의 여파에 대한 상세한 분석은 같은 책 다음 부분 참조. pp.81-167.

215 위의 책, p.78.

이 같은 관점에서 모든 시대는 그 선행 시대의 파괴자이다. 위고는 7월 왕정 체제 아래 과거의 흔적이 나날이 사라져가는 것을 안타까워했으며 근대성의 옹호론자들이 그러한 소멸을 찬양하는 현실을 직시한 위고는 반달리즘의 파괴주의가 오히려 찬양받는다고 한탄했다. 이런 맥락에서 한 연구자는 다음과 같이 적고 있다. "오스만이 파괴주의자라는 것은 크게 놀랄 일이 못 된다. 그는 수만 명의 파리 거주자를 강제 수용하게 만들었으며, 수만 명의 사람을 이동하게 만들었다. 권위적이며 실용적이고 효율적이었던 그는 모든 사물이 질서를 가져야 한다는 문제로 고민했다. 한 도시의 틀과 정신을 그처럼 모델화한 사람은 아마도 없을 것이다!"[216]

여기에서 우리는 오스만의 도시계획을 도시사 차원의 간략한 배경 속에서 이해할 필요가 있다. 1848년부터 1914년까지의 시기는 파리를 비롯해 유럽 도시들이 새로운 도시 형태의 주요 성격을 고착화하면서 각자의 통일성과 독창성을 세워간 집중적인 건설 활동 시기였다. 특히 이 시기에 도시계획과 도시 건축의 위상과 관련된 비판적 이론적 토론은 근대성과 전통의 적대적인 축으로 각인되었고 근대성은 무엇보다 위생 차원에서 파악됐다. 특히 새로운 사회적, 경제적, 기술적 구조의 창발은 전통적 도시 공간의 변형을 요구했다. 반면 역사학의 연구에 힘입어 전통적인 옛 도시와 과거 건축 형태의 가치는 재평가받기 시작했다.[217] 한편 계몽주의 시대의 유토피아적 진보주의의 가치는 18세기의 병원 건립을 비롯해 도시 밀집 지역의 합리화 모델을 제안했으며 이는 19세기 중반기에 탄생한 도시계획 이론에 영향을 끼쳤다. 도시 공간 조직의 구상에 미친 위생적 관심사의 영향력은 나폴레옹 3세의 통치하에 계속 확대됐다. 도시 공간의 공중위생과 의료 전담 부서의 창설과 더불어 이론적 체계가 마련됐으며 이는 19세기와 20세기 도시계획가에게 계승됐다.

---

216 Carmona, 앞의 책, p.574.

217 Choay, F., "Pensées sur la ville, arts de la ville", in Agulhon, M. et al. *La Ville de l'âge industriel: Le cycle haussmannien,* Paris, Éditions du Seuil, 1998, pp.171-172.
오스만 도시계획의 사상적 토대에 대해서는 같은 논문, pp.171-196 참조.

오스만의 파리 도시 개조 공사를 완결되게 이해하려면 정치적 경제적 제약을 우선 살펴야 한다. 아울러 그가 남긴 저술의 반성적 방법론적 토대를 재구성하는 작업 역시 필수적이다. 이것은 흔히 오스만의 공사를 단순한 치안 유지 차원으로 축소시키는 단견을 막기 위해라도 필요한 과정이다. 물론 오스만 자신은 군중 소요를 진압하는 데 자신의 도시 구획 정비가 갖는 이점을 노골적으로 드러낸 일면도 있다. 하지만 치안 유지의 효율성이라는 측면은 오스만의 총체적인 도시계획 시도의 부분적이며 부차적인 양상에 불과하다.[218] 그럼에도 여전히 오스만의 파리 대공사를 단순히 실용적 기능적 차원에서 접근하는 시각이 개진됐다. 예컨대 건축학자 제프리 브로드벤트Geoffrey Broadbent는 오스만 백작의 파리 개조 작업은 특별한 이념적 이론적 토대 없이 매우 실제적인 문제의 단도직입적이면서 실용적 해결책이었다는 다소 편파적이며 단편적인 해석을 내놓기도 했다. 특히 그는 오스만의 도시 계획이 치안 유지를 위한 방편이었다는 점을 강조하였다. "루이 나폴레옹이 오스만에게 부여한 숙제는 1848년 혁명 이후로 파리를 재개발해 다시는 성난 군중이 거리에 바리케이드를 쳐 민중 봉기를 일으키지 못하게 봉쇄하는 것이었다."[219] 벤야민의 다음과 같은 진술은 이를 강조한 대표적 사례이다. "오스만식 도시 개조 사업의 진정한 목적은 내란에 맞서 이 도시를 지키는 것이었다. 그는 시내의 바리케이드 설치를 영원히 불가능하게 만들려고 했다. (…) 엥겔스는 바리케이드전 전술 연구에 몰두했다. 오스만은 이를 이중의 방책으로 저지하려 했다. 즉 도로 폭을 넓혀 바리케이드 설치를 불가능하게 하고 병영과 노동자 지구를 최단거리로 연결하는 새로운 도로를 만들려 했던 것이다."[220]

오스만은 도시를 그 효율성을 제고할 하나의 기술공학적 대상으로 간주했다. 따라서 도시 공간 대상의 전반적이고 정확하며 세부적인 표상을 소

---

218 같은 논문, p.184.

219 Broadbent, G., *Emerging concepts in urban space design,* London and New York, Van Nostrand Reinhold, 1990, p.114.

220 발터 벤야민, 조형준 옮김, 『아케이드 프로젝트』, 새물결, 2005, pp.109 - 110.

유하는 것이 핵심 관건으로 부상했다. 이 같은 목적을 위해 그는 지역적 상황을 결집시키기에 충분한 전체적이며 세부적인 도면을 마련했다. 이 같은 작동 이외에 규제와 조절에 대한 오스만의 개념화는 연대를 이루는 세 가지 개념의 집합적 형식 아래 도식화될 수 있다. 먼저 목표가 설정된다. 교통과 위생과 같은 핵심 목표와 시민 편리성과 도시 미관 등의 부차적 목표가 그것이다. 두 번째 개념은 도시 공간 대상의 구조화 시스템으로 이는 목표의 실현을 가능케 한다. 끝으로 두 개의 황금 규칙은 상이한 시스템 사이의 상호 연결을 확보하고 각각 도시 공간 대상의 총체성에 규칙적이면서 동질적인 분배를 가능하게 해준다.[221]

이처럼 오스만 백작의 주도 아래 전면적으로 이뤄진 파리의 도시계획은 파리를 근대적 도시로 탈바꿈시킨 19세기 도시 변형의 중대 사건이라 할 수 있다.[222] 또한 도시계획의 역사에 크나큰 항적을 남긴 파리의 도시계획은 수많은 논쟁, 이데올로기, 자기 정당화 등을 비롯해 그것의 투사와 협상으로 획득한 다양한 형식과 장치로 정의할 수 있다. 하지만 오스만의 도시계획은 결코 무에서 탄생한 것이 아니라는 점에서 그 같은 도시 개조에 참여한 상이한 행위자를 구별해야 할 것이며, 그들에게 이념적 토대를 제공한 사유와 그 프로젝트의 가장 심오한 뿌리를 파악해야 할 것이다. 더구나 그 같은 혁명적 도시계획의 의미는 궁극적인 실천과 표상으로 해명되고 풍요로워질 수 있을 것이다. 그 점에서 인상주의 화가들의 기여는 본질적이다. 이들 예술가는 자신의 시각적 작품이 창조된 도시 공간과 그들이 지닌 감수성의 새로운 형식 사이에 존재하는 상응 관계를 계시할 뿐만 아니라, 그들의 독특한 '도시 읽기'로 파리라는 수도의 이미지를 창조했다. 실제로 이들의 상상력은 파리 도시계획의 주역들에게 실질적 영향을 미쳤다는 점에서 오스만적 공간의 또 다른 발명자들이라 할 수 있다.[223]

---

221 Choay, 앞의 논문, 1998, pp.185-186.

222 Ragon, 앞의 책, pp.117-141.

223 Roncayolo, M., *"Mutations de l'espace urbain",* in Dethier, J. and Guiheux, A., *La Ville, Art et architecture en Europe 1870-1993,* Paris, Centre Georges Pompidou, 1994, pp.57-60.

근대 도시 계획 이론의 발생: 근대 계획 담론의 선사

서양의 도시계획 사상사는 방대한 계보를 형성하고 있거니와 그 지식 지도는 아직 완성되지 못한 상태라 할 수 있다. 프랑스의 마르셀 롱카욜로Marcel Roncayolo 교수의 편집 아래 이뤄진 도시 사상 텍스트 선집은 18세기부터 시작해 20세기까지의 기간에 걸쳐 있으며 선정된 도시 사상가는 모두 53명이다.[224] 또한 근대 도시계획 이론과 실천의 계보에 천착한 쇼에 교수의 업적은 이 분야에서 과히 독보적인 권위를 인정받고 있다.[225] 그녀는 37명에 이르는 근대 도시계획 사상가의 주요 글을 선집 형식으로 편집했으며 장문의 서론을 썼다.[226] 그녀는 무엇보다 산업사회가 곧 도시 사회임을 천명하고 도시는 산업사회의 지평임을 명시한다.

19세기 산업화와 더불어 메트로폴리스, 산업도시, 대규모 주거 단지 등이 생산됐다. 하지만 산업도시는 이 같은 새로운 장소를 구획하고 관리하는 데 실패했다.[227] 한편 도시계획의 결과물이 현실에 적용되면서 적합성 여부에 대한 논쟁이 일어났으며 그것의 진정한 가치가 의문시됐다. 쇼에 교수의 작업은 기정사실에 대한 또 하나의 비판을 첨가하는 것이 아니다. 그녀는 근대 도시계획에서 범해진 오류의 이유와 오늘날의 도시 구획, 정비와 관련된 새로운 제안이 불러온 불확실성과 회의의 뿌리를 밝히면서 그 같은 기정사실들의 심층적 의미를 탐색했다. 특히, 그녀의 분석과 비판은 근대 도시계획

---

224 Roncayolo, M. et Paquot, T., *Villes & Civilisation urbaine:XVIIIe-XXe siècle,* Paris, Larousse, 1992.

225 Choay, F., *L'urbanisme, utopies et réalités,* Éditions du Seuil, 1965.
Choay, F., *La règle et le modèle: sur la théorie de l'architecture et de l'urbanisme,* Paris, Éditions du Seuil, 1980. (영어 번역본) ed., Bratton, D., *The rule and the model: on the theory of architectural and urbanism,* The MIT Press, 1997.

226 Choay, 위의 책, pp.7-83.

227 같은 책, p.7.

의 기초를 제공한 도시 사상들을 다루고 있다.[228]

현대 도시계획 이론의 설립자인 르 코르뷔지에의 표현에 따르면 도시계획의 과학은 '참된 관점'을 주창한다. 하지만 도시계획 이론에 근거해 탄생한 다양한 창조물에 가해지는 비판들 역시 진리의 이름으로 행해진다. 그렇다면 이와 같이 부분적이며 적대적인 진리의 대결은 무엇으로부터 기인하는가? 쇼에 교수는 도시계획가들의 이론과 이를 비판한 반명제가 내걸거나 또는 은폐하는 가치 판단, 정념, 아울러 신화가 무엇인지를 질문한다. 바로 이 같은 논쟁의 의미를 파악하려면 근현대 도시 사상사의 계보를 파악할 필요가 있다. "왜냐하면 도시계획 과학은 산업사회가 자신의 의식을 취하기 시작하고 자신의 성취를 문제 삼기 시작한 순간, 즉 19세기 초기부터 그것이 창조되기 이전에 제기된 하나의 문제기계적 도시의 공간 구획를 해결하기 원하기 때문이다."[229]

근대 도시계획의 이면에 담긴 다양한 수준의 동기 부여를 파악하는 일은 도시계획 사상사의 중요한 과제라 할 수 있다. 언어의 침전물, 무의식의 합리화, 역사의 술책에 따라 그 같은 심층적 동기 부여가 은폐됐다는 점에서 일종의 근대 도시계획 담론 연구엔 지식 고고학적 접근법을 사용할 필요가 있다. 이는 실로 방대한 작업으로서, 사실상 아직까지도 실행된 바 없으며 쇼에 교수조차 그 작업의 소묘를 그렸을 뿐이다. 19세기 초기 오웬에서 엥겔스에 이르는 도시 사상가는 모두 도시의 문제에 천착했으며 특히 사회적 관계의 구조와 의미의 물음과 도시 문제를 밀접하게 연관시켰다. 쇼에 교수는 이 같은 초기의 도시 사상을 '도시계획 과학 이전 시대' 또는 '선도시계획 이론pré-urbanisme'의 범주에 넣고 있다.

또 하나 지적할 사항은 도시계획 이론의 모든 저자들은(지테를 제외하고는) 모두 일정한 과학적 담론을 주창했다는 사실이다. 쇼에 교수의 표현을 빌리자면 그들은 마치 주문을 외우듯이 증거도 없이 도시계획 이론 일반,

---

228 같은 책, p.8.

229 같은 책, p.9.

특히 개별적인 제안의 과학성을 긍정하는 데 연연한다. 하지만 이러한 주장은 과학적 담론에 속하는 언어적 지표를 생산하는 데 머무를 뿐이며, 특히 도시계획 저서가 도시계획 자체에 어떠한 자기비판을 행하거나 스스로 인식론적 토대를 묻는 법은 거의 없었다.[230]

서양 근현대 도시계획 사상사의 또 다른 거장은 영국 학자 피터 홀Peter Hall이라 할 수 있다.[231] 비록 그는 주로 20세기 도시계획 사상사에 국한해 자신의 연구를 진행해왔으나, 무엇보다 20세기의 도시계획은 지적 사조이며 직업적 실천으로서 본질적으로 19세기 도시의 온갖 해악에 대한 반응을 표상한다는 기본 전제를 명시적으로 밝히고 있다.[232] 그가 제시하는 두 번째 전제는 근대 도시계획 사상사를 파악하는 데 본질적인 도움을 준다. 홀의 통찰에 따르면, 20세기의 도시계획 이론과 사상에서 극히 일부분의 사상만이 다시 반향을 불러일으키고, 재순환하면서 재연결되며, 각각의 도시 사상은 손가락으로 꼽을 정도의 몇몇 근대 도시계획 수립자에게 영향을 받았다는 점이다.

홀은 여기에서 근대 도시계획의 다섯 가지 유형을 제시한다. 첫째, 초기 도시계획 이론가들의 관심사는 빅토리아 시대에 빈민촌에 살아가던 수백만 인구의 비천한 생활환경에 대한 인간적 측은지심과 그 같은 악조건에서 그들을 해방시키려는 비전에서 비롯됐다.[233] 슬럼 도시의 해악의 해결책으로 제시된 가장 중요한 비전은 물론 전원도시 개념이다. 20세기 도시계획의 두 번째 유형은 지역 도시의 비전에서 비롯된다. 지역 도시 사상은 하워드의 핵심 주제를 개념적으로 심화하고 지리적으로 확장해놓았다. 지역 도시 이론은 거대 도시의 혼잡의 해결책이 지역 계획이라는 방대한 프로그

---

230 Choay, F., *La règle et le modèle: sur la théorie de l'architecture et de l'urbanisme,* Paris, Éditions du Seuil, 1980, p.312.

231 흥미롭게도 피터 홀은 쇼에 교수를 참고문헌에서 전혀 언급하고 있지 않다.

232 Hall, 앞의 책, p.7.

233 19세기 말 도시의 참혹한 빈곤과 그에 대한 다양한 해결 노력에 대해서는 다음 참조. 같은 책, pp.14-47.

램임을 분명히 한다. 여기에서 특이할 사항은 이 책의 10장에서 상세히 다룰 도시 공간의 생태학적 토대와 관련해 지역 계획의 도시 사상은 이미 '도시 지역의 하위 지역을 생태학적 균형과 자원 재활용이라는 원칙에 입각해 각 지역의 자원에 기초해 조화롭게 개발해야 한다'는 도시 생태학의 이론적 토대를 이미 간파했다는 사실이다.[234] 세 번째 도시계획 이론은 도시계획의 기념비적 전통으로 이것은 로마 시대의 비트루비우스까지 거슬러 올라가며, 각각 파리와 바르셀로나를 개조한 오스만과 세르다 등의 도시계획가의 손아귀 안에서 19세기에 다시 활기를 띠었다. 홀에 따르면 이 같은 기념비적 도시계획은 20세기 세계 전역에서 산발적으로 다시 등장하는 바, 영국 통치하의 인도, 아프리카 식민 도시, 히틀러 시대의 독일과[235] 무솔리니 시대의 이탈리아 등 전체주의 과대망상의 표상으로 사용됐다. 네 번째 유형은 전원도시의 비전과 기념비적 도시 비전을 모두 계승한 혼합형으로 그는 르 코르뷔지에의 도시계획 비전을 이 유형의 전범으로 제시한다.[236] 다섯 번째 도시계획 사상의 흐름 또는 도시계획 이데올로기는 도시는 시민의 손으로 직접 만들어야 한다는 주장을 내건다. 이 같은 도시계획 이데올로기는 대규모 조직 기관이 시민을 위해 도시를 건설해온 전통을 거부하고, 오히려 시민 자신이 스스로 도시를 건립해야 한다는 혁신적 사상을 기치로 내걸었다. 홀 교수는 이 다섯 번째 유형의 대표적 사례로 1885년부터 1920년대 사이에 진행된 게디스의 도시 재건 사조를 비롯해 근현대 도시계획 사상의 중요한 특징 가운데 하나인 무정부주의 도시 사상에서 그 사상적 원류를 찾고 있다.

---

234 같은 책, p.8, 지역 도시 개념에 대해서는 제5장, "The City in the Region", pp.142-187.

235 같은 책, p.9, 기념비들의 도시에 대해서는 제6장, "The City of Monuments", pp.188-217.

236 르 코르뷔지에의 도시계획 사상에 대해서는 같은 책, 제7장, "The City of Towers", pp.218-261.

1. 도시 계획 이론의 발생: 세르다와 소리아 이 마타의 도시계획론

'어버니즘'이라는 용어를 최초로 제안한 사람은 스페인 출신의 건축가 세르다로서 1867년 그의 저서 『도시계획의 일반 이론』에서 체계적 이론 수립이 제시됐다.[237] 그가 근대적 의미의 도시계획 담론을 의미하는 신조어를 발명한 것은 과학적, 지성사적으로 중요한 의의를 지니고 있으나, 도시계획과 관련된 다양한 실천이 이미 그 이전에도 서구 건축 사상사에 존재했다는 사실을 잊어서는 안 될 것이다.[238]

스페인의 공학자였던 세르다는 바르셀로나의 확장 때 그가 채택한 도면과 도시 구획 결정의 이론적 토대를 수립하고 이를 정당화하기 위해 이 저서를 썼다. 그는 라틴어 어근 우르브스urbs에서 'urbanisation'이라는 단어를 만들어내 하나의 구체적 사실과 동시에 오늘날 말하는 도시화 과정, 아울러 도시계획이라는 규범적 학술 분야의 의미를 정의하고 지칭했다. 그의 저서 제1부는 도시 현상의 공시적 통시적 연구를 지향한다. 세르다 자신의 표현을 빌리자면 그의 연구는 구체적 도시화를 구체적 사실로 제시한다. 그의 저서 제1권은 개관을 제시하고 제2권은 바르셀로나 도시와 관련된 통계적 데이터를 제공하면서 이론의 사례를 제공한다. 세르다는 이와 같은 해부 작업이 도시 과학의 원칙을 구축하는 선결 조건이라고 보았다. 흥미로운 사실은 세르다가 자신의 이전엔 마치 도시 이론이 수립된 흔적이 없었던 양 새로운 과학의 창조자로 자신을 내세웠다는 점이다. 그에 따르면 이처럼 전혀 새로운 과학은 새로운 문명의 도래가 요구한 것이다. 더구나 그는 과학 혁명의 결실로 정보 통신의 시대가 올 것임을 예고했다.[239]

이 같은 근대성의 경험과 19세기 후반기의 도시화 과정에서 이동과 커뮤니케이션의 역할은 세르다가 도시 과학의 대상에 부여한 정의에 적지 않

---

237 Cerdà, I., *Teoria general de la Urbanizacion,* Madrid, Imprenta Espanola, 1867.
______, *La Théorie générale de l'urbanisme,* Paris, Seuil, 1979.

238 Roncayolo et Paquot, 앞의 책, pp.61-154.

239 Choay, F., *La règle et le modèle: sur la théorie de l'architecture et de l'urbanisme,* p.294.

은 반향을 불러일으켰다. 그는 통계, 행정 또는 문화의 기준에 기초를 둔 기존의 전통적 도시 개념을 조목조목 반박하면서 그 가치를 부정했다. 그의 정의에 따르면 도시화는 구체적인 사실이며, 이는 전통적 도시에 제한되었던 관념의 범위를 훌쩍 벗어나 그 외연이나 분산과 관계없이 모든 가능한 도시 공간 밀집 지역을 포괄하는 현상이다. 또한 세르다는 최초로 기능적 정의를 제시했던 장본인으로서 도시화는 인간의 휴식과 운동에 사용되는 공간의 결합에 있다고 주장한다. 체류 목적인 '은신처'와 커뮤니케이션 망의 '조합'으로 공간 구획을 환원시키면서 세르다는 주택과 교통이라는 개념을 정식화한다.[240]

형식적 차원에서 그는 자신의 대상을 두 개의 접근법으로 다뤘다. 계량적 접근법과 구조적 접근법이 그것이다. 도시 데이터의 정량화는 통계라는 형식을 통해 과학성을 보장하는 필수적 요소이다. 이 밖에도 역사학이라는 하나의 구조적 태도와 더불어 두 개의 독립적인 과학인 해부학과 생리학이 그의 도시화 이론을 구성하는 데 동원됐다.

역사학은 무엇보다 도시 과학에서 상황과 맥락 차원을 고려할 수 있게 해주는 학술 분야이다. 도시는 역사의 산물이다. 하지만 당대 실증주의 이데올로기의 영향을 받았던 그는 역사를 사회적 실천이라는 성좌들의 불연속적인 흐름으로 파악했다. 도시화는 매번 이 같은 성좌들을 상징화하며, 그 성좌의 얼굴을 보여주고 가장 직접적으로 지각될 정체성을 내놓는다.[241]

또한 그의 역사적 접근법은 생물학적 접근법과 더불어 분절된다. 그가 채택한 역사적 시각은 연구 대상으로서 살아 있는 유기체를 다루는 고유한 방법론인 해부학과 생리학을 포용한다. 실제로 세르다는 명시적으로 이 두 개의 학술 분야를 천명했다. 그의 저술 도처에서 사용되는 해부라는 단어는 그의 방법론적 신념을 보여준다. 그는 도시 공간, 즉 대규모의 사회적 신체라는 유기체를 다루는 해부학자가 되기를 원했기에 그 유기체의 핵심적인

---

240 위의 책, p.295.

241 같은 책, p.297.

신체 기관을 재단하고 분해했다. 그 결과 도시라는 신체를 건물과 순환도로망이라는 두 개의 환원 불가능한 요소의 조합으로 정의하는 데 이른다.[242]

서구 도시계획 담론의 계보를 평생 천착한 학자 쇼에에 따르면 르네상스 이전에는 건축 공간의 생산이 하나의 자율적인 반성적 학술 분야에 속할 수 있다는 생각을 갖고 있지 않았다.[243] 건축술art d'édifier이 하나의 학술 분야로, 과학적 원칙과 규칙에 기초한 자율적인 지식 체계로 제시된 것은 알베르티의 저술 『건축술De reaedificatoria』에서이다.[244] 알베르티는 이 저서에서 일정 수의 원칙과 공리로부터 상상할 수 있는 모든 공간 기획의 건축을 가능케 하는 규칙을 합리적으로 도출하는 데 성공했다.[245] 물론 이 같은 규칙에 근거를 둔 학술 분야는 단지 고립된 건물의 건설에만 국한된 것이 아니라, 시골 풍경을 포함하고 도로와 항구에서 시작해 도시 전체를 비롯한 도로와 광장을 아우르면서 사람의 삶의 터전 전체를 다루는 거시적 분야였다. 이 같은 근대 도시 사상의 씨앗이 뿌려진 지 약 400년이 흐른 뒤 세르다는 도시계획 이론이 부동의 원칙들과 고정된 규칙들을 따른다는 독창적인 진술을 내놓은 것이다. 하지만 세르다가 알베르티의 유산을 역사적 계보로 물려받았음에도, 양자 사이에는 도시계획이라는 학문의 기본 얼개를 위해 선택한 기준, 역사적 맥락, 유토피아적 전통과의 연관성이라는 차원에서 분명한 차이점을 드러낸다.[246]

---

242 같은 책, pp.298-300.

243 같은 책, pp.334-338, pp.341-347.

244 1452년 교황 니콜라 5세에게 헌정된 이 저서는 1485년 출판됐으며, 프랑스어로 완역됐으며 총 분량은 599쪽에 이른다.

Alberti, L. B., *L'Art d'édifier,* trad. Caye, P. and Choay, F., Paris, Seuil, Sources du savoir Collection, 2004. 쇼에가 쓴 장편의 서론을 참조할 것, pp.11-39.

245 보다 자세한 내용에 대해서는 다음 문헌 참조.
Choay, F., "Urbanisme-Theories et réalisations", in *Encyclopaedia Universalis,* Paris, 2004.
아래 웹사이트에서도 열람가능하다.(최종접속일: 2010. 9. 26)
http://www.universalis.fr/encyclopedie/urbanisme-theories-et-realisations

246 Mongin, 앞의 책, pp.103-108.

차이점은 무엇보다 건축과 도시라는 연구 대상을 바라보는 두 저자의 접근법에서 나타난다. 알베르티가 세 가지 기준 요건인 '필요성' '편리성' '심미적 쾌락'의 측면에서 건축이라는 현상을 파악하려 했던 반면, 세르다는 곧바로 법칙과 규칙으로 환원되는 공리적 필요성의 기준만을 취하면서 건축 사용자의 요구 조건인 미학적 합목적성을 포함한 건축가, 건축 공간, 수신자 사이의 대화로 유도되는 편리성의 기준마저 도외시했다. 그러면서 세르다는 자신이 세운 법칙은 과학적이고 자연 과학의 법칙을 표준으로 삼아 수립됐으며 진리를 지닌 보편적 가치를 구비했다는 점을 이론적 전제로 상정했다.[247] 요컨대 근대 도시계획의 탄생은 주거 단지를 비롯해 도시 공간 전체를 건축하는 기술 원리들을 사유했던 서양의 오랜 건축 전통에서 비롯되었다는 점에서 서양 건축술의 역사적 직계에 속한다. 이와 동시에 그것은 교통망과 통신망의 네트워크의 집합으로 근대 도시를 변형시킨 산업화의 파급효과에서 그 시초를 찾을 수 있다.

도시를 도로, 정보, 물류의 순환 네트워크로 파악한 오늘날의 세계화에 앞서 이미 오스만식의 도시계획에서 다양한 플럭스flux, 흐름, 배출, 속도[248]에 가치를 부여하면서 이 같은 결정적 변천들을 반영했다는 점은 주목할 필요가 있다.[249]

세르다와 더불어 근대 도시계획의 기원을 마련한 또 다른 인물은 스페인의 발명가이며 공학자인 아르투로 소리아 이 마타Arturo Soria Y Mata, 1844-1920로서 그가 1882년 구상한 '선형 도시Ciudad Lineal'는 도시계획 사상사에서 한 획을 그은 이론이라 할 수 있다. 세르다의 경우와 마찬가지로 산업화가 최고 절정에 도달했던 19세기 후반기에 스페인의 도시 집중화 현상은 심화됐고

---

247 Merlin, P. and Choay F. & Collectif, *Dictionnaire de l'urbanisme et de l'aménagement,* Paris, PUF, Quadrige Dicos Poche Collection, 2005.

248 플럭스는 교통수단의 흐름, 정보의 흐름, 수많은 인구의 밀집과 이동 등, 도시 공간에서 이뤄지는 다양한 유형의 물리적 집적체의 이동, 결집, 유출을 말한다.

249 Broadbent, G., *Emerging concepts in urban space design,* London and New York, Van Nostrand Reinhold, 1990.

그런 상황 속에서 도시의 기능 작동을 개선하거나 정상적인 도시 성장을 제어할 수 있는 효과적 해결책을 마련하는 것이 그에게는 급선무였으며 특히 도시 외곽 주변부로 확산한 불결한 거주지의 슬럼화를 저지해야 할 상황에 놓여 있었다. 선형 도시 이론은 바로 이 같은 시대적 맥락에서 나온 방안 가운데 하나라 할 수 있다.[250] 1882년 한 잡지 논문에 실린 그의 선형 도시 아이디어는 10년이 지난 1892년 상세한 계획안으로 발전됐다. 개념의 핵심적 내용은 대도시로부터 뻗어 나가는 '시가 철도' 또는 경전철 시스템은 엄청난 선형 접근성을 실현할 수 있다는 점이다. 하지만 피터 홀이 지적한 것처럼, 선형 도시는 상업적 목적에서 개발된 통근 교외에 불과했다.[251] 비록 그의 도시 기획이 무질서한 도시 성장을 억제할 구체적인 도시 공학적 수단의 성찰에서 파생된 것일지라도 그는 기술적 차원을 넘어 도시화의 진정한 대안을 모색했던 도시계획 이론가로 평가받는다. 그는 도시와 촌락 사이의 균형을 수립하려 적극적으로 시도했고 국가 차원에서 이뤄지는 네트워크로 경제적 지역적 발전을 확보하면서 국토의 균형적 발전을 도모했다.

소리아 이 마타가 구상한 선형 도시는 철로를 따라 이어지는 단일 차원에 속하는 도시의 연속적 집합으로 이뤄진다. 이 구성은 대략 1에서 2제곱킬로미터의 넓이를 갖고 보다 밀도가 높은 도시 지대인 '도시 지점'을 서로 연결한다.[252] 그의 선형 도시는 40에서 100미터 넓이의 도로를 두고 대칭적으로 이뤄지며 가로수가 있는 도로는 자동차, 자전거, 동물 수송, 전차, 보행자 등을 위해 특화된다. 이 선형 도시의 발상은 거대 도시보다는 주로 산업화가 가속화된 공업도시를 위한 대안이었다. 도심은 대략 폭 500미터이며 길이는 무제한으로 이뤄져 일종의 띠를 형성하는 대상도시帶狀都市로서 중간

---

250 Mata, S. Y, trad. Benoît-Levy, G,. *La Cité linéaire. Conception nouvelle pour l'aménagement des villes. Introduction de Carlos Sambrico,* Paris, Centre d'études et de recherches architecturales, 1979.

251 Hall, 앞의 책, p.117.

252 Ragon, M., *Histoire de l'architecture et de l'urbanisme modernes, 1. idéologies et pionniers 1800-1910.* Paris, Casterman, 1986.

Mata, S. Y, *La Cité linéaire,* Paris, Ecole nationale supérieure des Beaux-Arts, 1984, pp.35-37.

에 전차 전용도로를 설치하고 300미터 간격으로 폭 20미터의 제2가로를 절단해 4만에서 6만 제곱미터의 블록을 형성하게 된다. 또한 중앙의 대형 블록은 공장, 상점, 광장, 군용지, 교회, 극장, 학교 용지로 사용하고 길을 따라 상하수도, 전선케이블, 난방파이프가 가설되도록 구상됐다.

사회주의적 생활공동체 주거 양식과 달리 소리아 이 마타는 개인 주거지에서도 매우 체계적인 구상을 선보였다. "선형 도시는 소수의 부유층의 독점적 사용 공간이 아니다. 그것은 모든 사회 계층을 위한 것이며, 특수한 동네 구역에 분할되는 대신 또한 동일한 주택의 상이한 층에 배치되는 대신에 동일한 블록 속에서 서로 이웃하면서도 완전한 독립을 마련할 수 있게끔 배려한다. 궁궐 같은 집이건, 초가집이건, 소박한 서민의 집이건 찬란한 정원을 갖고 있건 각자는 자신의 수단과 취향에 따라 집을 선택한다. 하지만 모든 사람은 진정으로 그 이름에 걸맞은 보금자리foyer를 갖게 될 것이며, 모든 근대적 편리함물, 전기, 목욕탕 등을 갖춘 진정한 집을 갖게 될 것이다. 또한 모든 사람은 빼어난 조건을 갖춘 정원을 갖게 될 것이다."[253]

소리아 이 마타는 이 같은 유형의 도시는 초국가적 수준에서 건립될 수 있을 것으로 판단했다. 따라서 그는 이를테면 브뤼셀과 베이징을 연결하는 하나의 축에 들어설 연속적 도시화를 구상했다. 그의 선형 도시 개념은 20세기의 몇몇 도시 이론과 사회주의 도시계획 유토피아에도 지대한 영향력을 행사했다.[254]

2. 초기 진보주의적 모델

산업혁명으로 파생된 경제적, 사회적, 문화적 변천은 19세기에 유럽의 다양한 사상가가 상상한 새로운 도시의 세계와 그 이미지에 큰 반향을 불러일으켰다. 프랑스혁명과 미국독립혁명으로 본격 등장한 평등 사회의 유토피아

---

253 Mata, 앞의 책, p.13.

254 Loupiac, C., *La ville: entre représentation et réalités,* Paris, CNDP, 2005, p.63.

는 그 이전까지의 한낱 문학적 허구로 머무는 것에서 벗어나 정치적 사회적 현실을 전면적으로 재수립하려는 하나의 능동적 원칙으로 작용하게 된 것이다.[255] 이를테면 프랑스에선 1830년대에 발생한 일련의 정치적 사건은 구체제의 잔재 요소를 일소하며 자유 부르주아의 이윤을 극대화했다. 정치권력의 분배는 무엇보다 경제 권력을 고려했으며 행정 시스템은 새로운 사회 구성에 적응했다. 그 같은 정치적 경제적 변동과 나란히, 농촌에서 도시로 엄청난 인구가 유입되면서 산업화가 가속화된 지역에서는 도시 인구가 기하급수적으로 증가했다. 이 같은 과정은 공적 영역의 소외에 의해 심화된 각종 투기의 효과와 결합되어, 이를테면 공적 공간의 제어 수단의 총체적 상실을 꼽을 수 있는, 불결하고 건강을 해치는 길거리와 동네가 우후죽순처럼 번져가는 현상을 촉발했으며 이는 전염병 창궐의 근원을 마련하고 하수도 시설이 결여된 비좁은 골목길의 특징으로 자리 잡게 된다. 그렇게 노동자 계층은 열악한 조건을 특징짓는, 신선한 공기도 빛도 없는 빈민촌 거주지에서 모여 살았다. 위생주의자들은 이 같은 상황에서 노동자를 비롯한 민중 계층뿐만 아니라, 사회 전체에 해가 될 수 있다는 비난을 퍼부었고, 이것은 도시 공간의 구획과 관리라는 문제를 진지하게 제기하는 결정적 계기를 마련해주었다. 따라서 18세기에 발현됐던 급진적 유토피아들과 개혁적 행동들 사이에 놓여 있던 경계선은 새로운 비중을 갖게 됐다. 가장 열악한 사람들의 생활 조건을 점증적으로 개선해줄 해결책을 옹호하는 사람들, 또는 새로운 조건에 적응하기 위해 도시를 새롭게 모델화하려는 사람에 대해, 진리 지향적 태도, 문화주의적 태도로 양분될 수 있는 유토피아주의자들이 맞선 것이다.

실제로 19세기 유토피아주의자들이 상상한 도시 또는 사회는 몇몇 저자의 몽상을 제외한다면 허구적 문학적 성격을 상실해가는 경향을 보여준다.[256]그것은 외계적 도시도 상상의 지방도 아니고 별천지 같은 사회는 더더욱 아니다. '미지의 땅terra incognita'이라는 용어가 한물간 과거의 표현이 되

---

255 위의 책, pp.50-51.

256 같은 책, p.50.

고, 역사 발전이 인간과 우주의 진화에 새로운 시선을 갖도록 하면서 19세기 유토피아주의자들이 상상한 도시는 대부분 정확한 소재지를 갖게 되었으며 그렇지 않더라도 최소한 개연성이 높은 환경 속에 각인됐다. 한마디로 근대 유럽의 도시 상상계가 허구의 세계에서 과학의 세계로 이동했다고 말할 수 있는 것이다. 물론 17세기와 18세기 계몽주의자의 합리주의적 모델도 과학에 상당한 자리를 부여했으나 19세기에 와서야 비로소 과학이 중심적 역할을 맡았다고 보는 것이 더 정확할 것이다. 과학은 사회주의적 유토피아주의자의 도덕적 사회적 기획의 토대가 됐으며 보편적 행복으로 유도되는 자연적 진화를 유리하게 만드는 기술을 조명하고 안내했다.[257]

첫 번째 진보주의적 모델은 오웬, 푸리에, 카베, 프루동의 여러 저술로부터 규정된다.[258] 이들은 인간과 이성의 본질에 대해 공통적 인식을 제시하면서 동일한 개념화의 진지를 구축했다.[259] 따라서 이 범주에 속하는 대표 인물들의 핵심 사상을 환기할 필요가 있다.

진보주의적 모델의 첫 번째 인물은 생시몽으로서 그가 구상한 산업도시를 언급해야 할 것이다.[260] 생시몽이 선보인 다양한 구상은 특히 과학의 효용과 혜택에 영원한 신뢰에 토대를 두었다는 점에서 진보주의적 태도와 비전을 표상한다고 볼 수 있다. 그는 국가가 사회를 통치하는 것이 아니라 산업 종사자들이 관리하는 실력 본위의 통치가 이뤄지는 황금시대를 예고했다. 이때 산업 종사자들, 즉 사회 발전에 유용한 노동자들은 학자의 안내를 받고 영감을 받는다. 그는 자신의 주저인 『제네바 시민의 편지Lettres d'un citoyen de Genève』1802와 『뉴턴 위원회Le Conseil de Newton』1804에 언급한 21명의 학자

---

257 같은 책, p.51.

258 진보주의적 모델에 대한 보다 상세한 내용은 다음 문헌 참조.
Loupiac, C., *La ville: entre représentation et réalités*, Paris, CNDP, 2005, pp.51-60.
Ragon, M., *Histoire de l'architecture et de l'urbanisme modernes, 1. idéologies et pionniers 1800-1910, 2. Naissance de la cité moderne 1900-1940, 3. De Brasilia au post-modernisme 1940-1991.*, Paris,Casterman, 1986, 생시몽과 푸리에, pp.57-78, 푸리에의 계승, Godin, pp.141-146.

259 Choay, F., *L'urbanism, utopies et réalités,* pp.16-20.

260 Loupiac, 앞의 책, pp.51-52

가 이끄는 세계를 상상했다. 이 같은 지혜로운 지도 아래, 평화 속의 인류는 생산과 지식의 진보에 헌신하며 자신의 행복을 위해 끊임없이 노력한다. 하지만 생시몽 자신과 그의 제자들도 이상 도시의 모델을 분명하게 표명하지는 않았으나, 놀라운 예외는 1832년에 제시된 미셸 슈발리에Michel Chevalier의 기획으로 마련된다. "나는 인간의 형태를 가진 새로운 도시 도면을 구상한다. 얼굴은 내가 구상한 도시의 사원이다. 정상에는 신성한 몸이 놓일 것이다. 그 도시의 양 측면에는 학자들과 산업역군들이 놓일 것이다. 중심부에는 음악가들과 다른 예술가들이 놓일 것이라고 짐작해본다. (…) 그 도시의 가슴 부위에는 상아탑, 대학들, 배움의 집들, 실력을 연마하고 교육과 관련된 모든 것을 볼 것이다."[261]

하지만 생시몽주의자들은 19세기에 고유한 진보성 속에서 이 같은 신념을 공고화했고 이해관계에 놓인 정치인들이 공간 구획에 큰 안목을 갖고 정책을 펼쳐나가도록 설득하는 데 기여했다. 아울러 생시몽의 유토피아는 구세주적 성격을 띠고 있으며 이 점은 그의 저서 『새로운 기독교Le Nouveau Christianisme』1825에서 명시적으로 나타나거니와 이 책은 사회적 종교의 기초를 수립한다. 하지만 그는 『유럽 사회의 재구성De la réogranisation de la société européenne』1814이라는 글에서 황금시대의 도래가 신의 결정에 달린 것과는 달리 세계의 미래는 사람의 손안에 있으며 새로운 예루살렘은 하늘에서 내려오는 것이 아니라 인간의 손으로 지상에 이루어진다는 점을 분명히 밝히고 있다. "인간 종의 황금시대는 절대 우리 뒤에 있는 것이 아니다. 그것은 우리 앞에, 사회적 질서의 완벽성 속에 존재한다." 참고로 이 같은 소박한 지복천년설은 19세기 유토피아적 기획 대부분 나타난 공통적인 성격 가운데 하나이다.

진보주의적 모델의 두 번째 사례는 오웬이 추구한 도시 문명의 조화이다. 생시몽과 마찬가지로 오웬은 도시의 이상적 토대를 산업 발전에 두면서 그의 희망을 피력했으나 동시에 산업화의 부정적 효과를 차단하는 시스템

---

261 Chevalier, M., *Le Livre Nouveau des saint-simoniens,* Gallica, document électronique, 1995, pp.193-194, Loupiac, p.52에서 재인용.

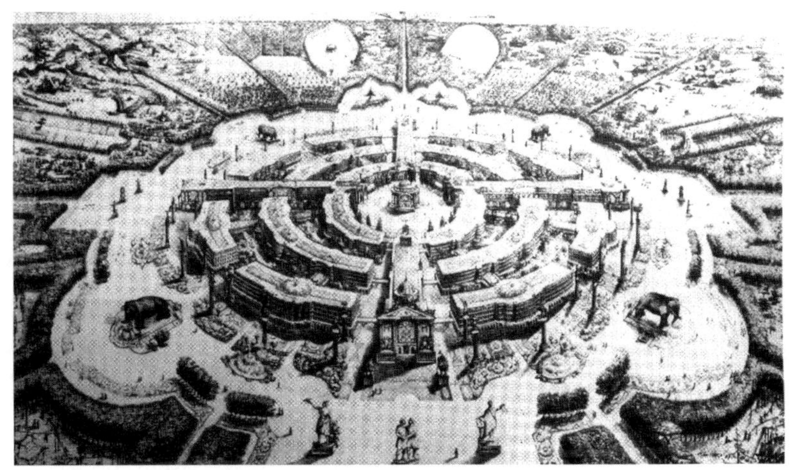

5 생시몽이 구상한 산업도시

을 구상하기도 했다.[262] 산업의 법제화 촉진자들의 영향을 받은 노동자 출신의 오웬은 산업의 주역이 되어 노동 조건을 개선하기 위한 다양한 공식을 실험하기 시작했다. 최상의 봉급, 축소된 노동 시간, 주거 편의시설의 확보 등이 대표적 예들이다.

오웬 철학의 핵심은 인간의 성격은 자신의 내부가 아닌 외부 환경에 의해 형성된다는 것이다. 따라서 올바른 성격 형성을 위한 비법은 한 인간이 어려서부터 적절한 물리적, 도덕적, 사회적 영향을 받게 해주는 데 있다. 한 인간이 어린 시절 경험하는 환경의 영향과 효과의 중요성은 교육과 사회 개선에 대한 오웬 사유 체계 전체의 근간을 이룬다. 이 같은 오웬 사상의 정수는 그의 최초의 저술인 「사회에 대한 새로운 견해, 또는 인간 성격의 형성 원리에 대한 시론A New View of Society, or Essays on the Principle of the Formation of the Human Character and the Application of the Principle to Practice」에 실려 있다.[263]

---

262 Benevolo, 앞의 책, pp.59-78.

263 총 4편의 시론들 가운데 첫 번째 시론은 1813년 런던에서 발표되었다. 재판은 다음과 같은 새로운 제목으로 1816년 출판되었다.

19세기의 유토피아주의자들이 인간 개조와 이상 사회 실현의 수단으로 교육의 중요성을 강조한 대표적인 예이다. 하지만 그가 설치한 서비스가 기능했음에도 그는 자기 사상의 타당성을 동료에게 설득하는 데는 성공하지 못했다. 따라서 그는 빈곤 문제를 해결할 다른 수단을 찾아야 했다.[264]

오웬은 기계가 실업률을 높이고 기계와 경쟁하는 노동자의 임금 하락을 불러온다는 사실을 고려하면서 기계화와 그것이 가능케 하는 생산성의 획득은 극빈자와 실업자의 노동에 봉사해야 한다고 진술했다. 그의 이상 도시에는 모든 노동자가 적당한 임금을 받을 수 있는 직업을 마련해주는 것이 관건이었다. 하지만 가난한 사람에게 적절한 일자리를 제공하고 그들을 불필요한 유혹으로부터 보호하기 위해 그들의 자녀에게 건전한 교육을 시키려면 적절한 환경, 즉 500명에서 1,500명을 수용할 수 있는 공동체가 필요했다. 오웬이 선호한 해결책은 탈도시적 선택이었다. 그것은 중심부가 400헥타르에서 500헥타르에 이르고 작물 재배가 가능하며 아파트, 방, 공동 침실, 물품을 저장하는 상점, 방문객을 재워줄 호텔, 약국, 성인의 대화 살롱, 도서관, 인쇄소, 박물관, 극장과 전시관 등을 수용하는 건물들이 사변형으로 이뤄진다. 네 변 가운데 세 변은 방 네 개짜리 주택들이 차지하며 각각의 방은 부부와 두 아이가 잘 수 있을 만큼의 규모를 제공한다. 식물원과 공중목욕탕은 도심의 중심부를 차지하며 모서리 부분에는 학교와 체육관이 놓인다. 높은 첨탑은 집단 주거 지역을 훤히 비추어주는데 사용될 뿐만 아니라, 시계를 포함하고 연기를 배출하는 데 사용된다. 끝으로 공동 구역 전체는 상품 적재를 위해 지하에 교통망을 장치한다. 사변형의 주위에는 산업 개발과 농업 개발을 위한 다양한 건물들이 마련되어 있으며 이 건물들은 플랜테이션plantation, 대규모 자본과 기술력, 값싼 노동력을 결합한 농업 생산양식을 갖추고 있다. 이탈

A New View Of Society: Or, Essays on the Formation of Human Character Preparatory to the Development of a Plan for Gradually Ameliorating the Condition of Mankind.

264 Ragon, M., *Histoire de l'architecture et de l'urbanisme modernes, 1. idéologies et pionniers 1800-1910, 2. Naissance de la cité moderne 1900-1940, 3. De Brasilia au post-modernisme 1940-1991,* Paris, Casterman, 1986, 제1권, pp.78-85.

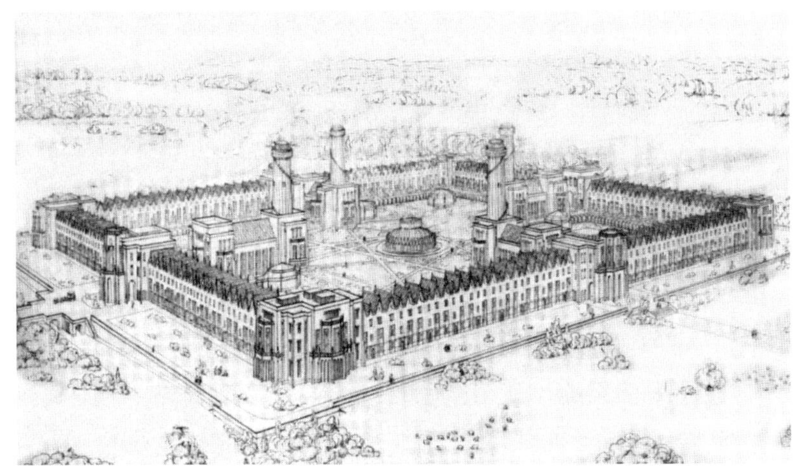

6 오웬이 구상한 조화로운 도시

리아의 건축사가 베네볼로는 오웬이 이 공동 주거 지역을 실현하기 위한 재원 마련까지 예상했다는 점에서 그의 기획을 정치적 경제적 전제 조건에서 건설 프로그램과 재원 마련까지 기술한 최초의 근대적 도시계획의 효시로 보기도 한다.[265]

진보주의적 모델의 세 번째 인물은 사회주의적 생활공동체phalanstère를 주창한 푸리에이다. 주지하다시피 그가 여러 저술에서 발전시킨 집단 주거 시스템은 독창적인 철학적 심리적 이론에 기초를 두고 있다.[266] 푸리에의 분류 강박관념은 백과전서파에서 나타난 계통 분류의 중요성과 접맥될 수 있다. 그는 정념이 사람의 마음을 끌어당기는 힘인력으로부터 인간의 행동을 도출했으며 12개의 근본적인 정념을 구별했다. 이 가운데 다섯 개는 감각적 정념이고 네 개는 우정, 야망, 사랑, 가족주의 등의 정서적 정념이며 세 개의

265 Benevolo, 앞의 책, p.72, Loupiac 앞의 책에서 재인용, p.54.

266 *Théorie des quatre mouvements et des destinées (1808), Traité de l'association domestique-agricole (1812),* 다음 제목으로 변경되어 1834년 재출간, *Théorie de l'unité universelle, Le Nouveau Monde Industriel et sociétaire (1829), La Fausse Industrie (1835-1836).*

정념은 분배적 정념으로서, 경박한 정념[다채로움의 욕구], 음모를 꾸미고 싶은 정념[계략의 욕구], 혼합적 정념[열정의 욕구]으로 이뤄져 있다.

푸리에는 이 같은 정념으로부터 810개의 인간 성격을 정의하고 이것은 사회주의적 생활공동체, 즉 사회주의적 생활공동체의 남성과 여성 거주자의 이상적 숫자를 1,620명으로 고정한다. 아울러 인간의 12개의 권리를 규정한다. 이 같은 조합에 토대를 두면서 그는 일곱 개의 시기로 분할되는 역사의 낙관주의적 해석을 제공한다. 그 결과 사회가 부족과 종족으로 이뤄지는 원시 시대, 국가가 부족을 대체하는 야만 시대, 농경과 축산을 특징으로 하는 가부장 시대, 산업 발전에 해당되는 문명 시대, 은행, 팔랑스테르 등의 제도가 발전하는 보장주의 시대가 이어진다. 그리고 공동체 구성원 사이의 연대를 제공하는 시대, 일련의 한계와 제약이 사유재산에 부과되는 사회주의로 이어진다. 끝으로 결사 조직을 일반화시키는 조화주의 시대가 이어진다.

푸리에는 자신의 시대가 가부장 시대와 문명 시대 사이의 과도기에 있다고 고려하면서 매우 상세하게 보장주의 시대의 도시를 묘사했다. 당시 도시의 무질서와 상반되게, 그것은 구심적 도식에 따라 조직화될 것이며, 건설된 건물들에 견주어 자유 면적의 증가를 표시하는 계수 C와 더불어 이뤄진다. 상업도시는 계수 C=1, 산업도시는 C=2, 농업도시는 C=3, 집의 높이는 도로의 폭에 따라 조정되고 담장은 생울타리로 대체된다. 소유자의 권리는 제한되며, 공동 작업으로 창출되는 잉여가치는 부분적으로 공동체에 환류된다. 하지만 푸리에에게 이 같은 합리화된 도시는 마지막 최종 시기로 향하는 과도기에 불과했으며 이 최종 시간 동안 생활과 사유재산은 전적으로 집단화되며 인간은 도시를 포기하고 1,620명의 개인으로 이뤄진 사회주의 생활공동체로 결집한다.

특히 벤야민은 아케이드가 사회주의적 생활공동체 건축의 규범이라는 점을 파악한 바 있다. "푸리에는 아케이드를 사회주의적 생활공동체의 건축을 위한 규범으로 보았다. 푸리에가 아케이드를 반동적으로 개조한 것은 매우 특징적이다. 즉 아케이드는 원래 장사를 목적으로 지어진 것이나 푸리에는 주거 장소로 바꾼 것이다. 사회주의적 생활공동체는 아케이드로 이뤄진

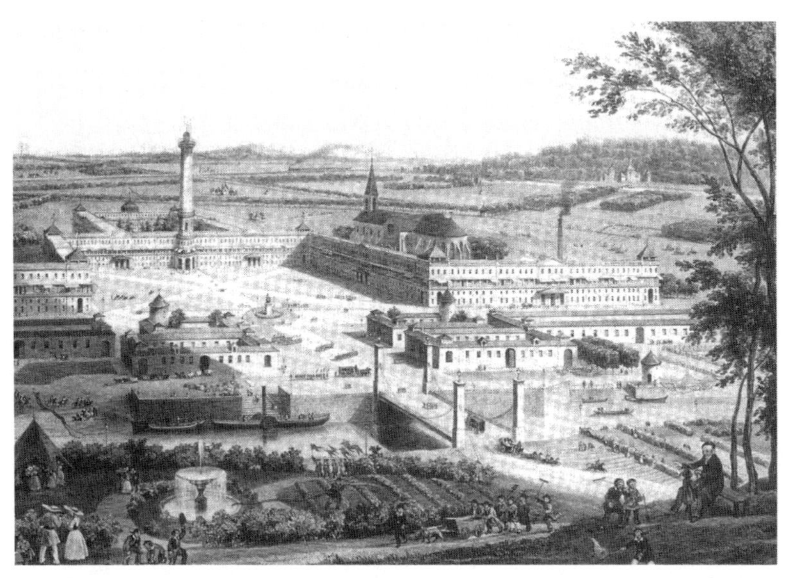

7 푸리에가 구상한 공동체 도시 팔랑스테르

도시가 된 것이다."[267] 아울러 벤야민은 푸리에의 유토피아주의에 존재하는 기계와 정념의 심층적 관계를 정확히 꿰뚫어보았다. "푸리에가 구상한 유토피아에 주어진 가장 내밀한 추진력은 기계의 출현에서 찾을 수 있다. (…) 푸리에가 꿈꾼 사회는 미덕에 기반한 사회가 아니라 정념을 동력 삼아 효율적으로 기능하는 사회였다. 모든 정념이 톱니바퀴처럼 맞물리는 것, 기계 정념과 음모 정념의 착종된 결합을 통해 푸리에는 집단 심리를 마치 시계 장치처럼 생각했다."[268]

푸리에의 도시 모델은 그의 생존 시와 그의 사후에, 프랑스는 물론 유럽 전역에서 크고 작은 시도로 이뤄졌다. 특히 미국에서는 1840년부터 1850년 사이에 무려 41개의 공동체 건설과 더불어 상당한 팽창력을 경험했다. 무신론적이었던 러시아 푸리에주의와 달리, 미국에서는 그 교리의 신비가

---

267 발터 벤야민, 앞의 책, p.95.

268 위의 책, p.118.

스베덴보리Swedenborg와 신기독교주의의 관념과 결부됐다. 한 연구자에 따르면 푸리에의 사상은 “미국 생활 속에 작동하는 근본적 힘들을 조명하기 원한다면, 연구되어야 할 공동체 운동들 가운데 가장 중요한 사조”이다.[269]

진보주의적 모델에서 간략하게나마 언급되어야 할 인물은 영국인 의사 벤저민 리처드슨Benjamin Richardson이다. 그는 전염병과 위생 문제에 가장 강박적인 표현을 제공한 인물이라 할 수 있다.[270] 그가 1876년 출간한 책의 제목에 등장한 이상적 도시 ‘히게이아Hygeia’는 자신이 살던 당대의 도시들의 비위생성에 맞서 투쟁한 ‘장치의 카탈로그’라 할 수 있다. 여기에서 장치란 치사율을 50퍼센트에서 5퍼센트로 낮추도록 해주는 것이다. 2만 채의 주택에 거주하는 10만 명의 거주자로 이뤄진 이 도시는 4,000에이커의 면적에, 동서남북 대로의 직각으로 짜진 도면에 따라 건설된다.[271] 건강과 청결을 가장 미세한 구성 요소에서 고려하는 이 도시에서 술은 금지되며, 심신을 고양하는 수많은 장비가 등장한다.

진보주의 도시 모델을 주창했던 사상가를 정리해보면 이들은 인간 유형의 독특한 개념화에 기초하고 있음을 알 수 있다. 진보주의 모델은 인간/유형의 고유한 속성으로부터 추출되는데 일체의 장소와 시간에서 모든 인간 무리에 적용할 질서/유형의 규정이 가능하며 이 같은 질서에는 몇 가지 성격이 있다.

첫째, 진보주의 모델의 공간은 상당 부분 개방되어 있으며 빈 공간과 녹지 공원이 들어선다. 그것은 도시 위생의 기본 요건이다. 특히 녹지는 조경과 신체 단련 문화와 여가 시간을 위한 공간의 틀을 제공한다. 공기, 빛, 물은 모든 사람에게 평등하게 분배되어야 하며 그것이 바로 진보성의 상징이었다.[272]

---

269 Bestor, A.E., *Blackwoods Utopias, the Sectorian and Owenist Phases of Communitarian Socialism in America 1663-1829,* Philadelphia, 1950, rééd, 1969.

270 Loupiac, 앞의 책, pp.58-59.

271 Richardson, B. W., *Hygeia, a City of Health,* London, Mamillan & Co, 1876.

272 Choay, F., *L'urbanisme,* p.17.

둘째, 도시 공간은 인간의 기능에 따라 재단됐다. 엄밀한 분류로 구별된 장소엔 주거, 노동, 문화, 여가와 관련된 시설이 들어선다. 심지어 푸리에는 노동의 다양한 형식을 분리해 그 소재지를 정해주는 데까지 이르렀다. 이 같은 세분화된 기능적 논리는 무엇보다 선명한 가시성을 만족시켜야 하며 단순성의 원리를 반영해야 한다. 이처럼 시각적 인상을 중시한 것은 진보주의적 도시계획 담론이 질서를 개념화하는 데 있어서 미학이 맡은 역할을 일러준다. 진보주의적 도시는 전적으로 기하학의 법칙을 수용하며 과거의 예술적 유산을 거부한다. 간소하고 합리적인 새로운 공간 구획은 전통적 성향과 장식을 대체한다. 몇몇의 경우 진보주의적 도시의 특수한 질서는 세부 사항의 정밀성과 엄격성으로 표현된다. 산업도시가 가져온 문화적 손실과 정신적 예속화로부터 일상의 삶을 해방시키려 했던 그 같은 성향에도 불구하고 아이러니하게도 정작 진보주의적 도시 모델의 여러 공간적 형태들은 오히려 거주자를 구속하고 억압하는 시스템으로 그 모습을 드러냈다.[273] 미리 결정된 공간적 틀은 엄격성에 의한 일차적 수준에서 그 같은 구속이 실행됐던 것이다. 요컨대 도시 공간의 진정한 민주주의와 기술적 엄밀성과 동떨어져 기하학적 질서로 무장한 다양한 진보주의적 모델들 속에서 작동한 정치적 권위주의는 최대한의 기능적 효율성이라는 공리적 목적과 결부됐다.

3. 영국 도시 사상의 문화주의적 토대: 러스킨과 모리스

근대 도시계획 사상의 두 번째 모델은 문화주의적 모델로, 존 러스킨John Ruskin과 윌리엄 모리스William Morris의 작품들로부터 도출된다. 아울러 문화주의적 모델은 19세기 말 전원도시의 설립자인 하워드가 실현한다.[274] 그것의 비판적 출발점은 도시 환경에 처한 개인적 상황이 아니라 그 같은 환경에서

---

273 위의 책, pp.19-20.

274 같은 책, pp.21-26.

야기되는 인간 집단의 상황에서 찾아볼 수 있다. 도시의 내부에서 개인은 진보주의적 모델에서 제시한 가설과는 달리 교환 가능한 단위가 아니다. 그 특수성과 고유한 독창성으로 인해 공동체의 각 구성원은 대체될 수 없다. 문화주의적 모델의 옹호자가 우려했던 역사적 파문은 산업화가 해체하고 소멸한 도시의 유기체적 통일성이었다.[275]

진보주의적 모델을 주창한 유토피아주의자들은 산업도시가 불러온 모든 악에 대한 반응으로서 그들의 도시 모델을 구상하기는 했으나, 그들은 근대화와 산업화를 거부하지도 않았으며 대도시의 존재 이유 자체를 부정한 것은 더더욱 아니었다. 이들과 달리 문화주의자들은 산업화 자체를 원천적으로 부정하기 일쑤였다. 그들은 도시와 촌락이 갈수록 추해지고 사회에 부정적 영향을 미치는 모든 악의 궁극적 책임을 산업화의 탓으로 돌렸다. 그들은 산업화 이전의 도시에 대한 향수를 피력했으며, 역사적 진리와 상반되게 산업화 이전의 도시에서 목가적 시간성과 장소성을 추구했다. 그곳에서 노동자들은 도시 근교의 촌락 주택에서 노동하면서 노동 장소에서 죽을 위험성에 노출되지 않은 채, 평온하고 정직한 삶을 살아가고 정원이나 텃밭을 일구면서 여가를 소일하는 것으로 묘사됐다.[276] 이와 같은 문화주의 모델은 완벽한 아름다움을 간직한 고대 도시의 향수를 제공한 낭만주의의 물결 속에 이루어진 고고학의 발달과 더불어 이뤄졌다. 영국에서는 러스킨과 모리스의 도시 사상이 산업 문명을 분석하고 비판했던 오랜 사유 전통에 기대 전개됐다. 일련의 대립 개념이 이원적으로 제시됐는데, 유기체 대 기계, 질 대 양, 참여 대 무관심 등이다. 구체적으로 이들은 디자인과 제작에서 정직함과 진실성을 강조했던 오거스터스 웰비 퓨진Augustus Welby Pugin과 토마스 칼라일Thomas Carlyle의 저서로부터 결정적 영감을 받았다. 예컨대, 퓨진은 유일한 기독교 형식으로서 가톨릭과 고딕 형식을 위해 투쟁했다. 그는 1836년 『대조Contrasts』라는 책을 출판해 당대 도시들과 그 도시의 1440년대의 모습을 비

275 같은 책, p.21.

276 Loupiac, 앞의 책, p.60.

교했다. 매연으로 얼룩진 굴뚝이 교회의 첨탑을 대체하고 모든 것은 추하고 더러워졌으며, 감옥, 가스 공장, 소외 계층의 보호소는 종교 건물을 대체했다. 하지만 퓨진은 정확한 도시계획 모델을 상상하지는 못했으며 단지 미래 도시는 고딕으로부터 영감을 받은 양식 속에서 건설되고 기계의 폭정에 종속되지 않는 정도와 그에 대한 모색을 소묘했을 뿐이었다. 칼라일은 1829년 그의 논문 「시대의 징후들」에서 근대적 기계주의와 과거의 유기체주의를 대립시켰다. 이 모델에서 제시된 비판은 처음부터 과거 도시에 대한 향수에 젖어 있었다. 이 모델의 이데올로기적 주춧돌은 진보 개념이 아니라 문화 개념이었다. 이 두 가지 모델의 차이는 극명하게 대립됐으며, 문화주의적 모델에서는 물질적 욕구를 멀리하고 영성 가치를 우선시했다.[277] 모리스는 예술이 도덕성, 정치, 종교와 불가분의 관계에 있다고 보았다. 또한 그의 정신적 스승이었던 러스킨[278]은 1849년에 출간한 그의 주저 『건축의 일곱 등불』에서 첫 번째 등불은 희생의 등불로 두 번째 등불은 진리의 등불로 삼았다. 여기에서 말하는 희생은 인간의 수공예는 신에게 바치는 헌사이며 생산의 진리성은 손에 달려 있었다. 그 두 개의 등불에서 러스킨은 중세의 두 가지 위대한 비밀이 숨겨져 있음을 인지했으며 르네상스에 대한 중세의 우월성을 옹호했다.[279]

그의 제자 모리스는 자신의 공상소설 「유토피아에서의 소식 또는 안식의 시대News from Nowhere or an Epoch of Rest」1884에서 21세기 런던의 상태를 묘사한다. 그 소설에서 그는 꿈의 나래를 마음껏 펼친다. 그가 유토피아에서 꿈을 꾸며 발견한 도시와 사회는 그 모습이 완전하게 탈바꿈한다. 그곳에서 수도의 포화된 도시 공간 조직과 구성, 산업화된 노동자 거주 구역의 불결함은 녹색 도시에 자리를 내주고 도시와 촌락은 하나가 되며 건물들은 14세기의 건축

---

277 cf. Pevsner, N., *Pioneers of modern design,* Bath, Palazzo, 2004, p.16.

278 러스킨은 그의 주저 『건축의 일곱 개의 램프들(The Seven Lamps of Architecture)』(1849)에서 이상적 도시를 상상하지 않았다. Loupiac, 앞의 책, p.61-62.

279 Ragon, M., *Histoire de l'architecture et de l'urbanisme modernes, 1. idéologies et pionniers 1800-1910,* 러스킨과 모리스, pp.89-93.

을 상기시킨다. "모든 집은 잘 가꾸어지고 꽃들로 가득한 정원 가운데 솟아 있다. (…) 모든 정원과 모든 집 한가운데에서 옛 거리의 도면을 알아보는 것은 물론 불가능했다. 하지만 대로는 옛날과 같았다."[280]

러스킨과 마찬가지로 모리스는 금속 건축과 사회의 산업적 자본주의적 조직을 거부하면서 산업 문명과 관련된 모든 것을 부정했다. 아울러 그는 수공예 기술로 돌아갈 것과 도시가 전통 마을 수준의 조직으로 다시 돌아갈 것을 원했다. 금속으로 건설된 교량 대신 돌과 나무로 만들어진 다리가, 공장 대신 거주자들이 수작업하면서 행복해하는 집단 작업장이 그 대안으로 제시되었다. 모리스가 보기에 산업 대도시는 모든 근대국가에서 예외 없이 동일한 변형을 감수했다. 도시 거주자는 버림받은 마을에 다시 투자했으며, 작은 소도시만이 산업화의 물결 속에서 빗겨갔다. 도처에서 빈곤이 사라지고 거주자는 모두 우정을 가지며 그들은 나이보다 더 젊게 보인다. 그곳은 군대도 경찰도 없으며 사유재산의 의미가 사라지고 무제약적인 생산성을 거부하면서 그 결과 신탁적 가치에 기초한 자본주의적 시스템으로부터 교환과 증여에 토대를 둔 공산주의 경제로 이동한다. 노동은 이제 고통이 아니며 각자는 자신의 가능성과 갈망에 따라 창조적 활동을 행사하고 노동의 생산물을 이웃에게 제공한다. 이렇듯 모리스의 도시 비전에서는 낭만주의 시대의 유토피아적 색채를 찾을 수 있으나 이 같은 유토피아의 또 다른 측면인 합리주의적 토대는 찾아볼 수 없다. 모리스가 꿈꾼 도시는 시대의 우려와 근심을 반영하며 따라서 그가 꿈꾼 도시화된 촌락과, 하워드가 상상한 전원도시 사이에 연관성을 찾는 것은 어렵지 않다.

진보주의적 모델의 도시 밀집 지역과는 상반된 이 같은 도시는 무엇보다 정밀한 한계와 내부 구획을 지닌다. 도시는 문화적 현상으로서 자연과 선명하게 대비돼야 했으며 자연에 대해 가장 야생적인 상태를 보존하려고 시도했다. 여전히 몇몇 유럽의 도시는 중세풍의 미를 간직한 채 소박했고 러스

---

280 Morris, W., trad. La Chesnais, P.G., *Nouvelles de nulle part ou une ère de repos,* Paris, Société nouvelle de librairie et d'édition, 1902, rééd, Paris, Aubier, 1990, p.161, Loupiac, 앞의 책, p.61에서 재인용.

킨과 모리스는 옥스퍼드, 루앙, 베니스 등의 중세 도시로부터 매혹적인 영감을 받았다. 문화주의적 모델에서 인구는 탈집중화됐고 여러 지점으로 분산됐다. 도시 내부에서 그 어떤 기하학주의의 흔적도 찾아볼 수 없었다. 예컨대 모리스는 유기체적 질서의 표식인 불규칙성과 비대칭성을 장려했다. 그는 생명의 창조력에 영감을 받았으며 가장 고양된 생명의 표현은 인간 지성으로 주어진다는 확신을 피력했다. 오직 유기체적 질서만이 역사를 통합할 수 있으며 도시의 특정 거점의 특수성을 설명해줄 수 있다.[281]

엄밀하게 말해 문화주의적 모델의 도시는 '도시 공간의 분위기[기후]'라는 측면에서 진보주의적 모델과 대립된다. 정치적 차원에서 공동체와 집단성이라는 관념은 민주주의의 공식 속에서 완수된다. 또한 경제적 차원에서 반산업화가 표면에 드러나고 생산은 효율성 차원이 아닌 개인의 조화로운 개발과 인간의 관계성 차원에서 파악됐다.[282]

진보주의적 모델과 문화주의적 모델이라는 이 두 개의 모델은 칼로 두부 자르듯이 모든 저자와 텍스트 속에서 늘 확연하게 구별되는 것은 아니다. 예컨대 표준 도시의 옹호자였던 푸리에는 도시의 거주자에게 쾌락과 다양성을 선사하려고 애썼으며 역설적으로 단조로운 질서를 비판했다. 중요한 것은 이들 초기 도시계획 사상가들이 도시의 미래를 모델 차원에서 사유했다는 점이다.[283] 아울러 초기 도시계획 사상의 모델은 근현대 도시 계획의 방법을 예고하면서 오늘날에도 엄청난 인식론적 이점을 제시한다.

---

281 Choay, 앞의 책, p.23.

282 위의 책, p.24.

283 같은 책, p.25.

문화주의적 모델의 전개:
하워드와 지테를 중심으로

문화주의적 모델은 진보주의적 모델 이전에 일찌감치 도시계획 이론의 형태를 취했으며 심지어 어버니즘이라는 단어가 창조되기 이전부터 형성됐다.[284] 이미 1880년대와 1890년대 독일과 오스트리아에서는 이론적 실천적 차원의 태동 기운을 인식할 수 있다. 마르크스가 제안한 법칙에 따르면 특정 국가의 산업적 후진성은 오히려 해당 국가가 개선된 근대화와 효과적 장비의 수혜를 입을 수 있다는 점에서 빈번하게 긍정적 요인으로 작용한다.

상대적으로 먼저 산업화된 국가의 장비는 아직 마모되지 않아 새로운 장비 시설을 갖출 수 없기 때문이다. 독일은 이 같은 법칙의 생생한 예가 될 수 있는데, 유럽 경제에서 첫 번째 자리를 차지했고, 도시계획 분야에서 유사한 장점들의 수혜를 입었다. 독일에서는 영국 최초의 산업도시들의 경험이 반복되지 않았다. 산업 팽창 현상은 20세기 초반기에 진입해서조차 영국의 문화주의적 도시계획 이론가들 의해 자신들의 이론을 입증하기 위한 예증으로 사용되었다.

문화주의적 모델의 이데올로기적 원칙은 그들의 선구자들이 내놓았던 원칙에 비교될 수 있다. 총체성도시 밀집 구역은 부분개인에 우선하고, 도시의 물질적 개념에 기초해 도시 공동체의 문화적 개념을 제시한다. 사회주의자 하워드는 초기 도시계획 이론가들과 마찬가지로 정치적 사회적 요인을 우선으로 고려했던 반면, 언윈과 지테의 비전은 탈정치화됐다. 특히 지테는 무엇보다 미학적 접근법을 취하고 있으며 도시계획에 고고학의 모든 재원과 '상상의 박물관'의 재원을 활용했다. 아울러 문화주의적 모델의 공간은 모든 점에서 진보주의적 모델과 대립된다. 문화주의적 모델 공간에서는 정확한 한계선이 할당됐으며 산업도시를 혐오했던 하워드는 자신이 구상한 도시 공동체의 거주자를 3만 명에서 최대 5만 8,000명으로 제한했다. 도시 공동체

---

284 같은 책, p.41.

는 그린벨트로 세밀한 경계가 그어졌으며 다른 밀집 지역과의 합체를 봉쇄하는 데 목표를 두었다. 따라서 전원도시는 팽창할 수 없게끔 설계됐다. 그것은 오직 살아 있는 세포의 방식으로 복제될 수 있으며 불어난 인구는 충분한 거리를 둔 채 새로운 중심에 토대를 세우고 그 중심지 자체에는 녹색 공간의 울타리가 쳐진다. 각각의 도시는 차별화된 방식으로 공간을 점유한다. 그것은 바로 문화주의자들이 개별성에 부여했던 역할의 파급효과이다. 차별화를 추구하면서 하워드는 특히 사회학적 요인을 강조했다. 노동의 모든 섹터에서 인구의 연령층은 균형 잡힌 몫을 유지해야 한다. 결정적으로 문화주의 모델은 향수적이다. 이 같은 향수의 본질을 완전하게 파악하려면 최초의 도시계획가들과 거의 동시대의 독일 저자의 작품을 열람해야 할 것이다. 이미 사멸된 과거를 재창조하려는 의지는 문화주의적 도시계획 이론의 이데올로기적 동력이다. 따라서 두 개의 비판적 파급 결과를 도출할 수 있다.[285] 첫째, 방법론적 사변적 차원에서 과거의 전통 도시에 대한 지나친 가치 부여는 시간의 고정화 또는 사물화로 치닫는 경향을 노출했다. 또한 그 같은 문화주의적 도시계획 담론은 마치 시간 차원을 공간 차원으로 환원시킬 수 있다는 인상을 풍겼다.

그 결과 상이한 노선들을 통해 진보주의적 도시계획 이론과 동일한 결과에 도달했다. "진보주의적 유토피아에 향수적 유토피아가 대립하고, 기능주의라는 종교에 태고적 조상의 가치들의 우상이 대립한다. 역사학과 고고학은 태고적 가치의 기능 작동 방식의 신비를 벗겨주었다."[286] 두 번째 비판 수준은 무의식의 차원으로, 문화주의적 도시계획 이론은 신경 장애 경향을 노출한다. 부권적 이미지에 대한 진보주의의 의탁 대신 이번에는 노골적인 과거로의 퇴행을 목격한다. 거의 의례적인 고대 행동 양식의 반복은 참을 수 없는 현재 앞에서 부적응과 도주를 노정한다. 궁극적으로 이 같은 태도는 실재 세계에서 기능성을 상실하며, 그 같은 상실감 또는 현실 앞에서의 좌절

285 같은 책, pp.45-46.

286 같은 책, p.46.

은 강제성을 띤 일종의 마술적 행동 양식에 의해서 만회된다.

1. 지테의 도시 미학 사상

근대 도시계획 사상사에서 지테는 절대 누락될 수 없는 중요한 인물이다. 그가 1889년 빈에서 출간한 『예술적 원리에 근거한 도시계획』[287]이라는 작은 소책자는 당시 유럽의 도시계획과 건축학 분야에 큰 반향을 불러일으켰다.[288] 지테의 작품은 '박학과 동시에 치밀함으로 도시 미학을 분석한 최초의 시도'라는 평가를 받는다.[289] 하지만 지테의 도시 사상의 수용사를 검토해보면 현대 도시계획 이론가들의 이데올로기로 난도질당했다고 보는 진술도 가능하다.[290]

지테의 저서는 도시의 미와 예술성 성찰에서 반드시 검토해야 할 필독서 가운데 하나로 도시 공간에 대한 인문적 예술적 토론의 자양분과 도시의 다양한 외연이 창조되는 원리를 제공했다. 이 책은 영국 소도시 도시계획 이론의 설립자인 언윈이 바이블처럼 여긴 명저이며 아울러 미국에서는 1920년대부터 그린벨트 개념을 고민하게 만든 이론적 원천이다. 1970년대 들어와 유럽과 미국에서 지테의 저서는 또다시 수많은 건축가와 도시계획가의

---

287 (프랑스어 번역본) Sitte, C., trans. Wieczoreck, D., préface de Choay, F., *L'art de bâtir: L'urbanisme selon ses fondements artistiques,* Paris, Éditions du Seuil, 1990. (영어 번역본 참조) Collins, G. R., and C.C., *Camillio Sitte: The Birth of Modern City Planning,* New York, Rizzoli, 1986. (한국어 번역본) 손세욱·구시온 옮김, 『도시.건축.미학: 까밀로 지테의 공간예술론』, 태림문화사, 2000.

288 지테의 도시계획 이론의 종합적 연구로는 다음 연구물이 대표적이다.

G. R. and C.C. Collins, *Camillio Sitte: The Birth of Modern City Planning,* New York, Rizzoli, 1986.

Choay, F., *Le règle et le modèle: sur la théorie de l'architecture et de l'urbanisme,* Paris, Éditions du Seuil, 1980, pp.312-328.

289 Bonfill and Véron, 앞의 책, p.114.

290 Choay, F., "Pour une nouvelle lecture de Camillo Sitte", Sémiotique de l'espace, *Communication,* 27, 1977, p.113.

공적 공간의 탐구서로 활용됐다.[291]

또한 이 책이 현재에도 유용한 자료로 활용되는 이유는 현재 우리가 목도하는 변천의 시초를, 특유의 명민함과 감수성으로 기록하고 있기 때문이다. 이 책이 구체적 사례로 삼은 것은 19세기 빈의 급속한 변형 과정으로, 프랑수와 요셉 황제는 중세 성곽 보루를 파괴해 방대한 도심 주변에 큰 혼란과 동요를 불러일으켰다. 그것은 링Ring으로 불린 도심 순환도로망의 건설이었다. 하지만 빈의 심장부의 도시 개조라는 특수한 사례 차원을 넘어서 지테는 유럽 도시의 운명에 대해 그리고 고대부터 물려받은 전통적인 윤곽선의 상실을 가져온 도시 스케일과 생활 방식의 변화에 대해 철저하게 비판적 성찰을 수행했다. 아울러 도시 공간의 새로운 생산방식에 대해서도 자문했다.

이어서 지테는 고대의 도시 형성과 배치에 대한 독창적 연구를 통해 도시 형태론의 창조자로 스스로 자리매김했다. 실제로 과거 도시와의 대립을 통해 당대의 도시를 포착하며, 근대 도시 공간의 결핍을 가차 없이 까발리면서 일체의 차이를 비난하는 거울 기법으로 이뤄진 이중적 기술을 보인다. 이 같은 거울 놀이와 비판은 모순적인 논쟁과 해석을 유발했다. 이를테면 1920년대부터 이 책은 CIAM의 구성원들을 비롯해, 근대 사조의 옹호자이 구태와 보수의 상징으로 취급했다. 르 코르뷔지에는 곡선을 옹호한 지테를 '당나귀 길'의 예찬론자로 몰아세웠고, 곡선 예찬은 직각에 할애된 근대성과 대비를 이뤘다. "도시계획은 지테의 작품에서 나왔지만, 자의적인 해석으로 가득 찬 작품이었다. 곡선을 찬미하고 더할 나위 없는 아름다움을 그럴듯하게 입증한다. 중세의 모든 예술 도시를 통해 입증됐던 증명, 작가는 그림 같은 '회화성'과 도시의 활기찬 '질서'를 혼동한다."[292]

결국 1960년대부터 근대 사조의 도시계획과 그 이론이 비판받게 되자 지테의 저서는 비로소 제대로 평가받게 됐다. 포스트모던 사조의 옹호자들

---

291 쇼에 교수가 쓴, 프랑스어 번역본의 서문 참조.
Sitte, C., *L'art de bâtir les villes: l'urbanisme selon ses fondements artistiques,* Paris, Éditions du Seuil, 1996, pp.1-13.

292 르 코르뷔지에, 앞의 책, p.23

은 지테와의 재회를 자축했으며 산업 시대 이전의 도시 모델로 다시 돌아갈 것을 옹호한 인물로 그를 평가했다. 동시에 지테는 역사적 유산의 새로운 위상을 위해 고대 도시의 보존을 촉진한 도시 사상가로 인정받았다. 하지만 이 세 가지 해석은 모두 그릇된 것이다. 지테는 복고주의자도 도시 모델의 옹호자도 아니며 역사 유산을 맹목적 투사한 인물은 더더욱 아니다.[293] 이 점을 깨닫게 해줄 유일한 방식은 편견 없이 그의 책을 읽는 수밖에 없다.

책의 초반부에서부터 지테는 자신의 탐구 방향을 예고하고 정확히 해명한다. 그의 목표는 도시계획 일반을 다루는 것이 아니라 그것의 미학적 차원만을 다루는 것이었다. 지테는 한 가지 분명한 문제의식에서 출발하는데 그것은 당대 도시 환경의 추함이다. 그는 이렇게 강조한다. "예술적으로 우리는 아무것도 성취한 것이 없다. 근대의 거대한 기념비적 건물들은 통상적으로 가장 보기 흉한 모습의 공공 광장과 가장 저질스럽게 분할된 주택지로 나타났다." 이 같은 추함은 산업혁명이 불러온 사회 변천의 틀 속에 위치한다.

위의 책에서 지테는 산업 시대 이전부터 상대적으로 오염되지 않고 살아남은 유럽 주요 소도시들의 예술적 성격을 분석했다. 그는 각 도시의 주요 광장, 거리, 건물과 기념비들이 외관상 지닌 우연적이면서 대략적인 레이아웃으로부터 당대 도시계획가들이 이룬 성과를 판단하면서 분석 절차상의 일련의 원칙을 추출해냈다. 지테는 옛 소도시를 근대적 도시로 탈바꿈시키는 데 사용된 조악한 기법에서 노출된 부조리하고 상투적인 속성들을 지적하고 전통적 도시 공간을 새롭게 분할한 레이아웃의 방식을 비판적으로 고찰했다. 이어서 그는 도시계획이 하나의 예술적 기초에 따라 어떻게 복원될 수 있는가에 대한 실제적 시사점을 제공했다. 그는 자신의 궁극적 목적이 공적인 부조물과 기념비의 위치 선정을 위한 편리하면서도 효과적인 지점을 마련하는 데 있다고 진술했다. 그것은 당대의 공학적 아름다움과 도시 삶

---

293 Choay, 앞의 책, p.3.

의 개선을 의미하는 하나의 이상이라 할 수 있다.[294] 실제로 지테가 보다 나은 도시계획의 방향성을 제시했는지 아니면 그보다 못한 것을 생산했는지의 논의는 현재에도 계속되고 있다. 하지만 도시계획 이론 분야에 그가 미친 영향은 심오했으며 그 점에 이견을 다는 사람은 거의 없다.[295] 예컨대 지테의 도시계획 이론에 대한 최초의 단행본을 출간했던 콜린스 교수는 서양 도시 건설 사상의 초석을 놓은 세 명의 도시 사상가로서 고대 로마의 비트루비우스, 르네상스 피렌체의 알베르티에 이어 지테를 그 반열에 올려놓았다. 콜린스는 이렇게 평가한다. "그가 제시한 사실과 그가 내린 결론은 옳건 그르건 우리에게 도시 생활의 정신과 건축적 정수를 정의하는 데에 유일무이한 도움을 주었다."[296]

당시의 국면과 관련한 지테의 비판 가운데 하나는 '기술자와 전문가'를 향한다. 그가 비판한 것은 어떤 구체적인 직업이라기보다는 건축가, 공학자, 도시의 선조 조상 사이에 존재하는 공통적인 '정신의 상태'였다. 지테가 비판의 대상으로 삼았던 기술자에게 나타나는 '다양한 과잉 또는 누락'은 당시 그가 관여했던 소도시 도시계획의 주된 성격이었다. 지테의 가장 기본적인 불만은 현장의 수량적 관찰에 기초한 도면을 우선시하고 오직 표면 조사Grundriss만을 실행한다는 것이었다. 그 대안으로 지테는 삼차원에 구상된 도시 도면Bebaunsplan, 즉 해당 거점에 건설될 건물이 올라가는 것을 보여주는 도면의 사용을 촉구했다. 특히 지테는 무의미한 기하학적 정밀성으로 도시 공간의 레이아웃을 그려대는 측량 기사들을 혐오했다. 그들의 기하학적 편견은 도시계획가로 하여금 도처에서 정방형 광장들, 직선, 삼각형의 개방 공간, 방사형 플라자나 별 모양의 플라자에서 모종의 특이한 미덕을 볼 수 있게 만들었으나, 지테는 그 모든 것을 조롱했다.[297] 이 중에서도 1890년대 빈

---

294 Collins, 앞의 책, pp.1-3.

295 위의 책, pp.76-101.

296 같은 책, p.2.

297 같은 책, p.17.

도심 내부의 재조직화를 위해 구상된 칼 마이레더Karl Mayreder의 도면에 대한 지테의 기본적 비판은 제안된 거리의 레이아웃과 교통이 옛 광장들을 피해 가는 것이 아니라 곧바로 광장들을 통과한다는 데 있었다. 당시에 출간된 거의 모든 도시계획 서적에선 구불구불한 길들이 아름답기는 하지만, 교통 편리성에서는 직선의 거리가 더 낫다는 것이 정설이었다. 당대는 곧 교통 문제에 강박관념을 지닌 시기였으며 교통 흐름을 저해하는 방해물은 모두 제거됐다.

또한 지테의 핵심 관건은 하나로 건설된 삼차원의 경관에 시각적이고 공감각적인 성질을 부여하는 구체적인 구조를 정의하는 것이었으며, 이 점에서 통시태는 분석의 필수적 차원이었다. 즉 각기 다른 시대의 도시 공간을 체계적으로 대입할 비율로 상수와 변수들을 사용하거나, 더 나아가 지테 자신이 분석하는 수십 개의 도시 공간 속에서 작동되는 상이한 조직 원리에 대해 오직 역사만이 하나의 의미, 특히 객관적 토대를 제공하도록 허락했다. 때로는 두 개의 갈등적인 경향이 그의 연구를 유도하기도 하지만, 한편으로 그는 고대, 중세, 르네상스, 바로크 등의 공간에 대한 각각의 특수성을 규명하는 데 연연했다. 아울러 각각의 공간적 구조가 독창성을 만들어내는 것을 지칭하기 위해 기초가 되는 예술적 관념künstlerisch Grundidee을 사용한다. 그는 도시계획은 하나의 예술임을 천명했다. 그의 통찰에 의하면 도시계획의 실천가들은 불멸의 시대에서 도래한 자연이라는 거장이 화가나 조각가에게 선사한 것과 동일한 조언으로부터 깨달음을 얻을 수 있다고 말했다. 더 나가 그는 도시 미학사를 분할시키는 상이한 유형의 도시 경관이 지속되는 과정 속에서 불변하는 구조를 발견하려 애썼다.[298]

지테에게 과거 도시의 전범은 건축 또는 도시 건설의 특정 양식을 위해 훈육하는 것이 아니라, '삶의 예술'의 기본적 생각을 일러주는 것이었다. 지테의 기여는 미술사학자 알로이스 리글Alois Riegl과 하인리히 뵐플린Heinrich Wölfflin처럼 도시 환경을 일체의 시대 양식의 기저에 흐르는 본질적 요소로

---

298 Choay, F., *Le règle et le modèle: sur la théorie de l'architecture et de l'urbanisme,* p.314.

환원시켰다는 데 있다. 이 미술사가들과 마찬가지로 지테는 그 분석의 기초를 근대적 관객의 지각 방식과 근대 시기의 지각 방식에 두었다. 그의 방식은 특정 역사의 양식보다는 추상적인 예술적 개념 차원에서 접근했다는 점에서 세계 도처의 도시에 적용할 수 있으며, 바로 그 점에서 그는 시종일관 모던하다고 볼 수 있다.[299]

근대 도시계획에 대한 지테의 제언은 "소도시 도시계획은 자연과 같이 오래된 스승이 있는 학교에 가는 것"이다. 빈 다음으로 피렌체와 로마는 그의 텍스트에서 전범적 도시로서 빈번하게 인용되고 있다.[300] 지테는 작금의 도시 배열이 동떨어진 미학적 기억을 상기하므로 개선해야 한다는 점을 강조한다. "여행의 가장 황홀한 회상은 우리의 가장 즐거운 몽상의 대부분을 형성한다. 위대한 타운 전경, 기념비와 광장, 아름다운 전망 등은 모두 사색에 잠긴 눈앞에서 펼쳐진다. 아울러 우리는 이처럼 황홀한 은총을 입은 사물의 환희를 맛본다. 우리가 한때 행복을 느끼던 존재들 속에서 말이다."[301] 이 같은 목가적 전원풍의 단락은 우리의 현재를 구성하는 안내로서 과거를 회상해야 할 필요성을 시사한다. 그에 따르면 우리가 사는 근대에는 도시를 확대하고 기본 윤곽을 잡는 과정이 순전히 기술적 관심사가 되고 말았다.[302] 지테는 만약 우리가 근대 아파트 주택의 단순 시스템을 벗어나 오래된 소도시의 아름다운 부분들을 구해낼 수 있다면 가치와 아름다움을 구비한 그 무엇인가를 구성할 수 있다고 믿었다. 즉 근대 도시에서 계속해서 해체하고 파괴했던 대상이야말로 오랫동안 곰삭은 걸작의 혼과 더불어 특별한 가치를

---

299 Collins, 앞의 책, p.50.

300 지테의 공간 사상에 대한 다음 논문을 참조할 것.
Frisby, D., "Strait or crooked streets: the contested rational spirit of the modern metropolis", in Whyte I. B., *Modernism and the Spirit of the city,* London and New York: Routledge, 2003, pp.57-84

301 Sitte, 앞의 책, 영어 번역본, p.141. (프랑스어 번역본) Sitte, C., trans. Wieczoreck, D., préface de Choay, F., L'art de bâtir: *L'urbanisme selon ses fondements artistiques,* Paris, Éditions du Seuil, 1990.

302 위의 책, p.142.

가져다줄 수 있다는 것이다.[303]

근대 도시의 공간적 상호작용의 병리를 지적한 지테의 처방은 보다 오래된 도시 형상화configuration의 자연적 개발과 근대 도시의 추상적이며 인공적인 개발 사이의 암묵적 구별에 기초해 이뤄진다. 불규칙하고 오래된 광장들은 미학적으로 매력적이기 마련인데, 이는 자연 속에서 점증적으로 발전했기 때문에 시선이 자연에 주목하면서도 초연하는 것을 허락한다. 반면 근대 도시 광장의 규격화된 형태는 자로 잰 것으로서 오직 텅 빈 표면에 존재하는 수많은 사각형일 뿐이다.[304]

따라서 지테의 과제는 과거 도시계획의 전범을 상기함으로써 도시계획이 단지 기술적 문제에 불과한 이 같은 상황을 전복시키는 지난한 작업이었다. 그것은 도시 경관에 긍정적인 예술적 효과를 창조하는 과거의 도시계획을 불러오는 것을 말한다. 바로 잡아야 할 근대 도시계획의 특질들은 직선과 직사각형성이 불러온 문제들이다. 근대의 도시계획가가 과거의 풍요로움과 경쟁하기 위해 제공하는 것은 단지 직선의 주택 라인과 입방체의 건물 블록이며, 그 결과 과거의 예술적 자질들로부터 남겨진 것은 아무것도 없으며 심지어 기억조차 사라지고 말았다.

다양한 분석과 결산을 거쳐 지테는 공간 차원의 모델 정의를 도출한다. 추상적인 공간, 즉 진보주의적 모델에서 건물의 형태/단위가 재단되는 추상적 모델 대신, 지테는 '구체적 공간과 건물의 바탕의 연속성에서 재단된 공간'을 권장한다. 그는 기념비들 차원에서조차 '고립이라는 근대적 질병'에 맞서 반응하는 것이 필요하다고 판단했다.[305] 바로 그런 맥락에서 지테는 유형론적 분석 대신 관계론적 분석을 제안한다. 길은 근본적으로 기관이며, 방향적인 형태는 건물의 형태가 아니라 통과 장소의 형태이며 만남의 형태이다. 이 같은 공간은 닫혀 있고 내밀한 공간인데, 지테에 따르면 고대 도시의

303 같은 책, p.170.

304 같은 책, p.197.

305 Sitte, *L'art de bâtir,* p.38

근본적인 성격은 공간과 인상의 한계 설정에 있기 때문이다. "이상적인 길은 닫힌 하나의 총체를 형성해야 한다." 인상에 분명한 한계가 그어질수록 구도는 더욱 완벽하다. 시선이 무한성 속으로 상실되지 않을 때 편안함을 느낀다.[306] 이 공간은 아울러 예측 불가능하고 다양해야 하며, 대칭의 몇몇 원리로 종속되는 것을 거부해야 한다. 영토는 자연적인 구불구불한 길의 형태와 태양 광선의 각도를 따라야 하며, 사용자의 가장 실존적인 편안함과 일치해야 한다.[307]

지테는 미학적 문제와 과거의 형태에 지나치게 연연한 나머지 노동 조건의 진화와 순환의 문제를 완전히 무시하는 한계를 노정하기도 한다. 오늘날에도 지테의 생각을 공유하는 건축가와 도시계획가가 적지 않다. 이러한 경향은 우리의 도시 환경에서 쉬지 않고 계속되는 테크놀로지의 발전에 직면한 인간적 스케일의 염원을 반영한다.[308] 물론 그의 저술은 인류가 아직 초고속 비행기나 마천루의 실루엣을 경험하지 못했을 때 발표됐다. 하지만 20세기의 급격한 도시 확장이 그의 관점의 유효성을 단번에 무력화하지는 못할 것이다.

2. 하워드의 전원도시

20세기 초반기의 도시계획에서 가장 위대한 모델 가운데 하나를 기획 구축한 하워드는 건축가가 아니라 영국의 속기 타이피스트였다. 지방 의회의 논쟁을 글로 옮기는 임무를 맡은 하워드는 정당을 포함해 모든 정치인이 과잉 인구로 몸살을 앓고 있던 영국 도시의 주택 문제와 일자리 문제를 해결하지 못하는 데에 놀랐다. 그는 포트 선라이트Port Sunlight와 같은 수호 성인의 도시를 알고 있었으며, 러스킨과 모리스의 저술을 통독했다. 하지만 그가 대도시

---

306 위의 책, p.137.

307 Choay, 앞의 책, pp.43-44.

308 같은 책, p.103.

위기의 해결책을 모색하고 전원도시 개념을 착상한 결정적 계기는 에드워드 벨아미Edward Bellamy의 저서 『뒤돌아보기Looking Backward』를 읽은 일이었다. 하워드는 1898년 전원도시의 도면과 원리를 담은 책을 출간했다. 『내일: 평화로운 개혁의 길Tomorrow: A Peaceful Path to Reform』은 4년 뒤에 『내일의 전원도시Garden Cities of Tomorrow』라는 제목으로 재출간됐다.[309]

영국의 도시계획가 하워드는 인간적 가치의 실현을 도시계획의 최고 이상으로 삼았다는 점에서 문화적 모델에 속하는 근대의 또 다른 도시 사상가이다.[310] 더 나은 삶의 성취라는 사회 개혁을 갈망했던 하워드는 영국 사회의 두 가지 긴박한 과제로, 살기 좋은 넓은 공간의 확보와 풍부한 노동 기회를 설정했다.[311] 그가 기획했던 전원도시는 빈민 문제와 고질적 실업을 해소한다는 최종 목표에 도달하기 위한 하나의 수단이었다.[312] 하지만 그것은 동시에 "그보다 더 높은 목표, 즉 새로운 문명 건설이라는 목표가 실현될 미시 세계를 입증하는 일"이었다.[313] "물론 문제의 핵심은 어떻게 주민을 농촌으로 복귀시키느냐 하는 것이다. 하늘을 가리는 차양이 있고, 그 위로는 바람이 불며, 따뜻한 햇살과 토양을 적시는 비와 이슬이 있는 우리의 아름다운 토지야말로 이 문제 해결의 마스터 키이다. 그 열쇠로 문을 조금밖에 열 수 없을지라도 그것은 무절제와 과도한 노동, 근심에 잠 못 이루는 고통, 찢어지는 가난에 빛의 홍수를 쏟아 부어주는 문을 여는 열쇠인 것이다."[314]

하워드는 러스킨과 모리스처럼, 도시와 촌락 사이의 균형을 지키려는 뜻을 품었으나, 문화주의적 개념화에 연연하지 않고 자신의 이상적 도시를

---

309 Loupiac, 앞의 책, pp.66-67.

310 하워드의 지성사에 대해서는 다음 문헌 참조.
Beevers, R., *The Garden City: A critical Biography of Ebenezer Howard,* London, MacMillan Press, 1988.

311 Hall, 앞의 책, pp.88-97.

312 위의 책, p.30.

313 같은 책, p.31.

314 에벤에저 하워드, 조재성 옮김, 『내일의 전원도시』, 한울, 2006, p.22.

대안적 도시 개발 모델로 구상했으며 산업 시대의 거주 지역 문제에 하나의 해답을 내놓으려 했다. 그것은 대도시로부터 독립된 소도시들를 창조하는 것이었으며 거주지와 직업 현장을 결합시키는 작업이었다. 그 외연에는 한계가 그어지며 도시 지역과 농경지 사이의 균형 잡힌 분배를 확보하면서 인구는 3만 5,000명을 넘어서는 안 된다. 전원도시의 도면은 방사형이며 개방되어 있고, 구심적인 몇 개의 정원들로 조직화되며 도시와 촌락의 장점을 조합하는 방식으로 장치된다. 모든 행정 기능과 제3의 활동은 중심부에서 다시 무리가 지어지며 중심부 자체는 정원으로 둘러싸인다.[315]

모리스의 공동체주의 비전에 맞서 하워드는 시대의 사회의 근간을 문제 삼지 않았다. 전원도시는 사적인 주도권에 많은 여지를 남겼다. 하지만 그는 부동산 소유의 집중화를 유발할 수 있는 부동산 투기를 피하기 위해, 동네 구역의 도시화와 그것의 유지는 공권력과 익명의 회사가 혼합적 방식으로 관리해야 한다고 주장했다. 이때 익명의 회사는 토지를 소유하나 거주지, 서비스, 경제활동을 소유하지는 않는다. 하워드는 푸리에, 오웬, 프루동으로부터 영감을 받아 19세기의 유토피아 사상이 갖고 있던 두 가지 특징을 자신의 것으로 삼았다. '위생'과 '자연과의 근접성'이 그것이다. 그가 보기에 인구 5만 명으로 제한된 미래의 도시는 낮은 인구 밀도로 이뤄진 건설물과 식물이 자라는 다양한 중심지여야 한다. 하지만 그 이전의 유토피아주의자들과 달리, 하워드는 이론의 실현을 목표로 삼았으며 런던 근방에 두 개의 전원도시 건설을 감독했다. 레치워스(Letchworth), 1903, 웰윈(Welwyn), 1919 하워드는 '위생'이라는 광범위한 흐름에 결속했다. 이것은 또 다른 과학적 영감의 발현이다. 대도시에 창궐했던 전염병에 대한 반응으로 의사들이 발전시킨 위생주의는 도시계획의 모든 요건 가운데 주택지에 햇볕이 들고 통풍이 원활하게 이뤄지는 것을 최우선시했다.[316]

---

315 하워드 전원도시계획 사상의 형성 및 미국과 유럽의 전원도시 개발에 미친 영향력에 대해서는 다음 참조.
Hall, 제4장, "The City in the Garden", pp.88-141.

316 Bonfill and Véron, 앞의 책, pp.114-115.

그는『내일의 전원도시』에서 산업도시의 주요 문제점을 날카롭게 지적하면서 치밀한 전략의 윤곽을 제시했다. 그가 소묘한 전략은 도시와 촌락의 균형을 오늘날 말하는 '지속 가능한' 방식으로 교정해줄 복안이었다. "농촌의 아름다움과 환희, 그리고 가장 원기 왕성하게 활동하는 도시 생활의 장점이 완벽하고 조화롭게 결합된 세 번째의 대안이 마련되어야 한다. (…)이것은 세 개의 자석 그림으로 묘사되는데, '도시'와 '농촌'은 장점과 단점을 동시에 가진 것으로 보이는 반면, '도시 농촌'은 각각의 단점에서 자유로워 보인다."[317]

그가 제시한 도시계획 이론은 '가장 혁명적인 도시 사상'은 '도시 건설에 종사하는 직업적 전문가보다는 오히려 도시와 관련된 일반 시민과 비판적 학자로부터 도래할 수 있다는 사실'임을 보여준 전범이라 할 수 있다.[318] 하워드가 설정했던 목표는 자신의 저서의 영향력으로 어느 정도 성공적으로 실현됐다. 그는 저서에서 하나의 '정신적 그림'을 창조했으며 그것의 의도와 그 결과가 판단의 기준이 되어야 한다고 말했다. 그것은 다름 아닌 하나의 이상형의 묘사이며 옹호이다. 하워드가 직면했던 생각은 변형된 영국의 산업 문명에 대한 비전이라 할 수 있다. 그의 비전에는 혁명이 없으며 참된 개혁에 이르는 평화로운 길만이 있을 뿐이다.[319]

하워드가 추구한 도시와 촌락의 균형 추구는 보다 지속 가능한 공동체의 창조를 위한 과제 설정에 핵심적 단초를 마련해주었다. 하지만 그가 살던 시대와 관점은 오늘날의 그것과 상이하다. 주택 부족, 식수 부족, 기초적 위생 시설 부족 등의 문제에 봉착한 고밀도의 19세기 도시와 달리 오늘날의 도시는 도심의 공동화와 자동차에 종속된 도시 외곽의 주택지를 접하고 있으며, 외곽의 주택지는 양질의 주택과 기반 시설을 갖추고 있는 대신 또 다

---

317 하워드, 앞의 책, p.25.

318 하워드의 전원도시 및 소도시계획 운동에 대한 보다 상세한 분석은 다음 문헌을 참조할 것. Macfadyen, D., *Sir Howard, E. and the Town Planning Movement,* Manchester, Manchester University Press, 1970.

319 위의 책, p.31.

른 문제에 봉착하는 상황이다. 따라서 하워드는 자신이 구상했던 전원도시를 건설하기 위해 단지 물리적 계획 원리를 포함시켰을 뿐만 아니라 세부적인 사회적 경제적 제안들을 내놓았고 사회적 토지 관리 방식을 명시했던 것이다. 구체적으로 그는 전원도시의 세입과 징수 방법, 지출과 행정, 자치제 대행 사업 등에 매우 구체적인 기술을 제공했다는 점에서 절대 단순한 비전에 그치지 않는다. 특히 그는 전원도시의 정의 실현을 제일의 조건으로 삼았다. "건물로 둘러싸인 마당에 정원을 만들고, 범람하는 계곡에 아름다운 물길을 건설하며, 혼돈을 대체할 과학적인 분배 체계를 확립하고, 우리가 사라지기를 바라는 이기심의 체계를 대신해 정의로운 토지 소유 체계를 수립하는 것이다."[320] 하워드에 따르면 기존의 과밀 도시는 문명사적으로 그 수명이 다한 것이었다. "과밀한 도시는 그 소임을 다했다. 그것은 이기심과 탐욕에 기초한 사회가 건설할 수 있던 최상의 것이었으나 우리 본성의 사회적 측면이 더 넓은 인식의 공유를 요구하는 사회, 다시 말해 자기애조차 우리가 동료의 복리를 더 배려하도록 이끄는 사회에서는 본질상 절대적으로 부적합하다."[321]

하워드에 따르면 도시 생활과 촌락 생활의 두 가지 대안만 있는 것이 아니라 세 번째 대안이 존재한다. 그는 이러한 대안을 통해 가장 열정적이면서 능동적인 도시 생활의 장점이 촌락의 아름다움과 환희, 그리고 이들 간의 완벽한 조합 속에서 확보될 수 있다고 보았다.

이 같은 이상적 삶을 영위할 수 있다는 확실성의 근거는 사람들이 번잡한 도시에서 벗어나 생명, 행복, 풍요, 힘의 근원으로 표상되는 자상한 어머니의 가슴인 대지로 자발적으로 이동할 것이라는 확신에 기초한다. 따라서 도시와 촌락은 모두 사람을 끌어당기는 두 개의 자석으로 간주될 수 있다고 보았다. 하워드는 사람을 도시로 끌어들이는 원인을 흡인력이라는 말로 설명할 수 있다고 주장한다. 즉 현재의 도시보다 더 큰 흡인력을 내놓지 못하

320 하워드, 앞의 책, p.172.

321 위의 책, p.165.

면 백 가지 처방이 소용없다는 것이다. "그 결과 낡은 흡인력은 새롭게 창출된 흡인력으로 극복될 것이다. 각 도시는 자석으로, 각각의 개별 인구는 바늘이다. 그렇게 생각한다면 현재 우리 도시가 가진 것보다 더 힘이 센 자석을 건설하는 방법을 발견해 자발적이고 건전한 방식으로 인구를 재배치하는 것이 효과적일 것이다."[322]

하워드에 따르면 소도시도 촌락의 자석도 혼자만으로는 자연의 완전한 계획과 목적을 표상하지 않는다. 인간 사회와 자연의 아름다움은 더불어 향유되어야 한다. 즉 그 두 개의 자석은 하나가 되어야 한다. 마치 남자와 여자가 그들의 다채로운 재능과 능력으로 서로 보완해주듯이 소도시와 촌락 역시 마찬가지이다. 소도시는 사회의 상징이며 상호 협력과 우애에 기초한 상호 협조의 상징이고, 부성, 모성, 형제애, 자매애의 상징이다. 소도시는 인간이 맺는 광범위한 관계의 상징이며 과학, 예술, 문화, 종교의 연대이다.

그리고 촌락은 신의 사랑과 인간에 대한 보살핌의 상징이다. 인간이 존재하는 상태와 소유하는 모든 것은 바로 그 사랑으로부터 도래한다. 촌락의 아름다움은 예술과 음악과 시의 영감이다. 촌락의 힘은 산업의 모든 수레바퀴를 돌리는 동력이다. 촌락은 모든 건강, 모든 풍요, 모든 지식의 근원이다.[323] 하지만 하워드에 따르면 촌락의 향유와 지혜의 충만함은 그 스스로 계시하지 않는다. 그는 사회와 인간의 성스럽지 못하고 비자연적인 분리가 지속되는 한 인간에게 영원히 그 본질은 계시되지 않을 것이라고 경고했다. 소도시와 촌락은 반드시 결합되어야 한다는 것이 하워드의 지론이다. 이 같은 기쁨을 가져다주는 결합으로부터 새로운 희망, 새로운 삶, 새로운 문명이 만발할 것이다. 하워드가 구상했던 전원도시는 바로 소도시와 촌락의 구성 방식을 채택한 창조적 제안이라 할 수 있다.

---

322 같은 책, p.23.

323 같은 책, p.27.

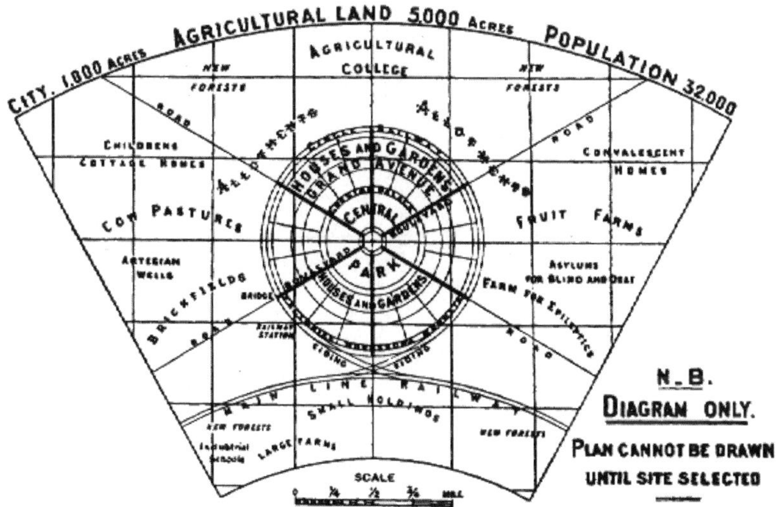

GARDEN CITY AND RURAL BELT

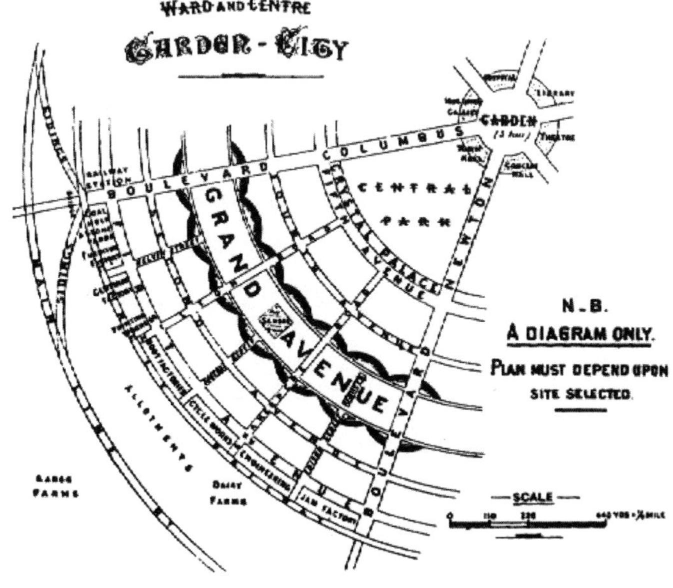

8 하워드가 설계한 전원도시 이미지

자연주의 모델과 인간생물학적 모델: 라이트와 게디스

1. 인간적 도시 구획: 게디스의 도시계획 사상

하워드와 더불어 문화주의적 도시계획 사상의 계보에서 반드시 기억해야 할 인물은 스코틀랜드 출신의 영국의 도시계획학자이자 생물학자, 사회학자, 역사학자, 지리학자, 소도시 도시계획가였던 게디스이다. 원래 진화 생물학을 전공했던 그는 점차 성장하는 도시 공간의 맥락에서 인간 생명의 진화 가능성에 관심을 가졌다. 도시 공간의 양적 팽창이 기하급수적으로 이뤄진 20세기의 전환기에, 그는 새로운 도시 문명 시대와 생활양식에 대해 오늘날 읽어도 그 심오한 가치가 고갈되지 않는 물음과 메시지를 던졌다. 특히 그의 도시 사상은 단순한 건축 규모 차원의 소도시 도시계획을 진술할 뿐만 아니라, 생태학적 함의를 비롯해 도시가 내포하는 형이상학적, 정신적 차원과 아울러 개인적 차원과 전 지구적 차원을 모두 아우르고 있다.[324]

특히 게디스는 도시계획의 궁극적 목표가 도시의 정신 속으로 진입하는 것이라는 심오한 주장을 내건다. 그의 생각에 따르면 우리는 단지 교통과 도로망의 기초를 마련하고 심미적 성질을 부여하는 것에 그쳐서는 안 된다. "도시의 혼, 도시의 역사적 정수essence 그리고 연속적인 삶 속으로 진입하려 노력해야 할 것이다. 우리의 도시 디자인은 도시의 최고 수준의 가능성을 표현하고 자극하고 발굴할 것이며 따라서 더 효과적으로 도시의 물질적 근본적 욕구를 다룰 것이다."[325]

그에 따르면 "도시의 공민적 성격, 그것의 집단적 영혼이 판별될 때, 비로소 도시의 능동적인 일상이 완전하게 파악될 수 있고, 도시의 경제적 효율

---

324 Geddes, P,. *Cities in evolution: An introduction to the town planning movement and to the study of civics,* London, Williams & Norgate Ltd. 1915, reprinted by Routledge/Thoemmes Press, 1997.

325 위의 책, p.6.

성이 보다 결정적으로 자극될 수 있다."[326] 다시 말해 도시 건설의 효율성과 예술적 효과보다 더 중요한 것이 도시의 주인공인 시민의 활력과 도시 내부에서 갱신되는 생명력, 그리고 더 나은 생활 조건임을 분명하게 인식할 때, 비로소 도시 내부의 순환이나 광범위한 교통과 도로망 등의 기능적 문제들이 더 명료하게 인식될 수 있다는 것이다. 실제 도시와 이상적 도시는 하나이며, 이상주의와 기정사실은 분리될 수 없다. 우리의 일상적 단계가 방향을 지닌 이상형의 안내를 받기 때문이다. "유토피아는 따라서 우리 주변의 도시 속에 있다. 그것은 시민으로서의 우리 자신이 바로 여기에서 계획하고 실현해야 한다."[327]

서식지와 환경 연구는 그의 생물학 연구에 뿌리를 두고 있으며 게디스는 인간의 생활이 소도시에서 대도시로 성장하면서 어떻게 개선되는가를 이해하고자 했다. 최근에 나온 그의 도시 사상 연구는 게디스가 단지 생명의 신비에 대해 심오한 사유를 개진하고 그 신비를 예술이나 문학의 상징적 상상적 형식 속에서 포착하려 했을 뿐만 아니라 생명의 본질 이해 차원을 넘어 어떻게 삶을 개선시켜나갈 것인가에 대해 고민했음을 밝혀냈다.[328]

인간의 거주 환경이 변하면 생활도 변한다는 평범한 진리를 자각한 게디스는 산업화와 도시 팽창을 목격하고 도시의 삶 자체에 연구 초점을 맞추었다. 당시 사상가들은 중세 시대와 고대 그리스의 도시 공동체 모델에서 해결책을 찾으려 했으며 게디스 역시 인간이 자신의 환경과 맺는 상호작용을 연구하기 위한 한 가지 방식으로 다양한 '사고 기계'를 고안했다. 특히 게디스는 공민학의 설립자인 아리스토텔레스에 주목했다. 게디스는 우리가 사는 도시를 우리의 눈으로 보는 것의 중요함을 최초로 역설하고, 그 방법론으로서 도시를 전체로 조망할 생동하는 구체적 시각인 총관적synoptic 시각을

---

326 같은 책, p.7.

327 같은 책.

328 Welter, V. M. and Whyte, I. B., *Biopolis: Patrick Geddes and the City of Life*, MA, The MIT Press, 2003.

강조했다.[329] "일반적 원칙은 총관적 원칙으로, 가능한 한 모든 관점을 인지하고 사용하려 애쓰는 것이며, 아울러 그렇게 해서 미래의 공공 도시 백과사전을 준비하는 것이다."[330] "이것을 위해서는 도시 생명에 대해 과학적일 뿐만 아니라 예술적 제시를 포함해야 하며, 현재 진행되는 도시의 진화 과정의 해석에 그 기초를 두어야 한다."[331]

그가 말하는 도시의 총관적 비전은 도시의 성장 단계의 각각에 대해 지역과 가정에 이르기까지 배열된다. 그는 기존의 지리학과 역사학에서는 도시의 본질적 이야기, 각 시대의 특징적 삶의 제시가 누락되어 있다고 지적한다.[332] 또한 철학자 앙리 베르그송Henri Bergson을 인용하면서 관념은 생명의 분할면sections에 불과하며 운동이 생명의 본질에 속한다는 점을 지적한다. "우리의 도시 조사는 우리 공동체의 생명 역사를 깨닫는 하나의 수단이다. 이 같은 생명 역사는 과거가 아니며 과거와 더불어 완료된 것이 아니다. 그것은 현재의 활동과 성격과 더불어 융합된다. (…) 늘 스스로 표현하는 이 같은 사회적 개성을 상기해야 할 것이다."[333]

그가 권장하는 사회학적 해석은, 사회적 삶 속에 뿌리를 내리는 것이며 인류학과 형이상학에서 머뭇거린 사회학이어서는 안 된다. "우리는 도시와 시민의 생명, 아울러 양자의 상호 관계를 탐구해야 하며, 이것은 마치 생물학자가 진화 중에 있는 개체와 종의 상호작용을 연구하는 것만큼이나 집중적으로 이뤄져야 한다."[334]

특히 게디스가 제시한 생활 공식Notation of Life은 가장 성공적인 공식 가운데 하나로 광범위하게 적용되고 있다. 그 공식은 소도시, 학교, 중세 시대 양

---

329 Geddes, 앞의 책, p.13.

330 위의 책, p.320.

331 같은 책, p.320.

332 같은 책, p.361.

333 같은 책, p.363.

334 같은 책, p.364.

식의 회랑, 참된 도시 등 네 개의 요소로 이뤄져 있고 이 요소는 노동, 장소, 사람으로 이뤄진 삼원체와 더불어 통합된다. 게디스는 이 같은 공식을 소도시에서 대도시로 진화하는 법칙으로서 소도시/대도시Town-City 공식과 더불어 사용하고자 시도했다. 이를 통해 거주자 개인의 인간적 삶의 중요성을 하나의 소도시가 대도시로 변형되는 과정에 있어 고려되어야 할 의식적 존재라는 보다 높은 수준으로 끌어올렸다.

특히 그가 중세식 회랑을 강조한 것은 도시의 혼을 창조하면서 도시 관념을 도시 공간의 구조 속에서 체현하려는 방책이었다. 실제로 게디스는 도시의 형이상학적 중심부의 필요성을 세밀하게 검토했으며, 이 중심부는 개인 스스로 전체의 한 구성원임을 체험할 장소로 인식됐다. 그것은 이를테면 도시 공간에 존재하는 생명의 사원이며 자연의 왕궁으로서 생물학, 인류학, 지질학, 천문학이 포함된 것이었다. 소도시의 대도시 변형을 창조하려면 개인의 '소도시 사유'나 '소도시 감정'이 필요할 뿐만 아니라, 하나의 전체적 공동체 경험이 필요하다는 것이 그의 지론이었다. 게디스는 하나의 물리적 공간은 결정적으로 이 같은 경험을 필요로 한다고 믿었으며 도시 자체를 축성하려면 도시 규모의 이벤트와 축제를 위한 하나의 장소가 필요하다고 보았다. 바로 이런 맥락에서 하나의 문화적 아크로폴리스로 간주되는 중세식 회랑을 파악했으며, 그곳에는 연극, 정신적 학습, 상아탑, 예술 등을 위한 센터가 자리 잡게 된다.

산업 대도시의 불균형적 개발을 목격하고 초기 도시계획 사상의 개혁주의적 제안의 유토피아적이며 선험적인 성격을 파악한 게디스는 도시계획의 절차에 구체적이면서 완결적 인간을 재통합시켜야 할 절대적 필요성을 단언한다.[335] 게디스는 도시 창조의 프로젝트가 다양한 요인의 복잡한 전체 집합에 대한 방대한 조사가 선행됐을 때 비로소 추상화에서 벗어날 수 있다고 보았다. 이를테면 지리학자와 위생학자가 모두 구체적인 사안을 다루면

335 같은 책, p.59.

서 사회학자와 공조해야 한다고 보았다.[336] 그것은 바로 사회학적 설문조사의 방법으로서 경제학, 인구학, 미학에 호소하며 현실 세계의 어떤 섹터도 특권시하지 않는다. "도시계획가는 도시계획을 자와 컴퍼스 차원에서 사유하려는 습관이 있으며, 마치 공학자와 건축가만이 구축할 수 있는 사안으로 간주한다. 하지만 진정한 도시계획이란 도면에 하나의 공동체와 한 시대의 모든 문명의 꽃이 만발할 때 가능하다."[337]

게디스의 도시 사상에서 역사는 핵심적 역할을 맡는다. 자신이 살던 시대의 첨예한 감각은 그로 하여금 자연스럽게 과거에 대해서도 예민한 감각을 갖게 해주었다. 그가 견지한 생명주의는 진화론에서 파생한 것이다. 비록 새로운 도시 밀집 지역의 창조가 현실의 섹터를 전제한다 해도, 이 섹터의 각각은 오직 과거를 조명할 때만 판독될 수 있다. 사상사, 제도사, 예술사의 형식 아래 과거를 도시계획 기획에 통합하는 것은 따라서 필수불가결하다. 게디스는 과거를 하나의 소중한 문화유산으로 간주하며 가치를 부여했으나, 여전히 그가 강조하는 것은 당대 상황의 환원될 수 없는 독창성이다. 그것의 특수성이며 현재는 과거의 발전과 변형이지만 반복은 아니다. 그는 구체적이고 창조적인 시간성을 주창했다.[338]

원칙적으로 그 같은 시간성은 예측에서 벗어난다. 아울러 도시계획가가 필요한 모든 예비 정보를 결합해도 도시 밀집 지역의 성격은 그에게 저절로 부과되지 않는다. 그는 오직 직관의 노력으로 그것을 발견할 수 있으며, 이는 문제가 되는 장소의 본질적 특징적 삶에 대한 능동적 동감의 노력을 통해 얻게 된다. 이것은 곧 구체적 시간성의 파악을 말한다. 그 같은 방법론적 수순은 모델에 대한 의존을 제거한다. 그에게 미래의 도시 유형은 없으며 수많은 개별 경우와 도시만이 있을 뿐이다.

게디스에게 도시는 현장 조사 이상의 대상이었다. 도시는 사회적 정치

---

336 같은 책, p.44, Choay, 앞의 책에서 재인용, p.59.

337 Geddes, p.211, Choay, 앞의 책에서 재인용, p.59.

338 Choay, 같은 책, p.60.

적 삶의 총체적 재구성을 위한 기초를 제공한다. 이 같은 통찰은 게디스가 당시 프랑스의 지리학자들로부터 차용한 사상이다. 특히 엘리제 레클뤼Élisé Reclus와 피터 크로폿킨Peter Kropotkin은 매우 중요한 영감을 불러일으킨 지리학자이다. 특히 크로폿킨의 무정부주의는 하워드와 게디스에게 지대한 영향을 미친 것으로 알려져 있다.[339] "레클뤼와 크로폿킨, 그들을 넘어 프루동으로부터 게디스는, 사회는 사유재산제 폐지와 같은 전면적인 정부 조치에 의해서가 아니라, 수백만의 개인의 노력으로 재구성되어야 한다는 입장을 취했다."[340]

이 밖에도 게디스는 크로폿킨의 역사적 테제로부터 중대한 교훈을 얻었다. 특히 대규모 산업 집중의 시대가 쇠락하고 산업 분산화의 시대가 도래할 것이라는 그의 통찰로부터 게디스는 깊은 감명을 받았다. 크로폿킨이 제시한 필연적 이유는 기술 발전이었다. 예컨대 수력, 전력 등의 새로운 동력의 원천은 대규모로 집중된 동력 장치를 더는 필요 없게 만들 것이라는 예상을 내놓았다. "공장을 들판 한복판으로 갖다놓고, 농업이 산업과 결합됨으로써 갖게 될 이윤을 만들고 (…) 산업과 농업의 조합을 위해 산업을 전원에서 분리하는 것은 다음 단계이다. 이 단계는 생산자 자신을 위해 생산하는 필요성 자체에 의해 부과된다. 이 단계는 건강한 남녀가 자유로운 야외에서 그들 자신의 삶의 일부분을 육체노동으로 보내야 할 필요성에 의해 부과된다."[341]

진보주의적 도시계획 사상은 그 원칙의 자의성과 구체적 현실 대한 무시로 인해 철저한 비판의 도마 위에 올랐다. 게디스는 이러한 비판을 전제로 인류학이 제공한 정보들로부터 출발해 전반적인 맥락에서 도시 문제를

---

339 유럽의 무정부주의 전통을 비롯한 게디스의 도시계획 사상의 지적 계보에 대해서는 다음 문헌 참조.

Hall, 앞의 책, pp.143-156.

340 위의 책, p.152.

341 Fields, K. P., *Factories and Workshops: or Industry combined with Agriculture and Brain work with Manual Work,* New, revised and enlarged edition, New York, G.P. Putnam's Sons, 2013, p.361, Hall, 같은 책에서 재인용, p.151.

재통합하고자 했다.[342] 이 시도를 인문주의적 도시 사상으로 명명할 수 있을 것이다.

2. 프랭크 로이드 라이트의 자연주의 모델

도시화에 맞선 미국 도시 담론의 조류는 하나의 새로운 모델에서 결정체를 형성한다. 현실에서 실현되기에는 지나칠 정도로 유토피아적인 것이 미국의 일부 사회학자들과 소도시 도시계획가들의 이론에서 피력됐다.[343] 이 모델은 미국의 위대한 건축가인 라이트가 평원도시Broadacre-City, 브로드에이커 시티로도 번역됨라는 이름으로 구축했다. 라이트는 평원도시라 부른 이유를 다음과 같이 설명한다. "한 사람당 최소 1에이커 또는 몇 에이커 정도의 여유 공간에 광범위한 기초를 두고 있기 때문이다." "하지만 더 중요한 것은 여기에 민주주의가 건설될 때 이것이 곧 민주주의의 도시라는 것이다."[344] 그것은 곧 자유의 도시이다. "우리가 여기에서 말하는 자유의 도시는 변화의 법칙 안에 있으며 우리에 대한 모든 것을 만드는 데 있다. 오래된 질서는 새롭게 갱신한다. 우리가 그것을 수긍하건 그렇지 않건 간에 말이다."[345] 그는 1931년부터 1935년까지 이와 같은 이상적인 도시 프로젝트를 연구했으며 1935년 거대한 축소 모형을 전시했다.[346] 이 계획의 기본 생각은 그가 1932년 발표

---

342 Choay, 앞의 책, pp.59-64.

343 Choay, F., *La Règle et le modèle: sur la théorie de l'architecture et de l'urbanisme,* Paris, Seuil, 1980, pp.317-319, pp.320-321, pp.326-327.

344 Wright, F. L., *When Democracy Builds,* Chicago, University of Chicago Press, 1945, p.56.

345 위의 책, p.57.

346 라이트의 도시계획 담론의 사상적 토대에 대해서는 다음 문헌 참조할 것.
Fishman, R., *Urban utopias in the twentieth century: Ebenezer Howard, Frank Lloyd Wright,* MA, The MIT Press, 1982, pp.91-162. 특히 평원도시에 대해서는 다음 부분 참조. pp.122-134.

한 『사라져가는 도시』[347]에서 제시된 바 있다.[348]

라이트는 대지와의 이 같은 기원적 근본적 관계를 마치 슈펭글러가 서구 문화의 기초를 재구성할 때 사용한 용어들을 사용하면서 기술한다.[349] 하지만 라이트의 판단에 따르면 메갈로폴리스의 예속화에서 벗어나는 것과 자연을 다시 찾는 것은 오직 민주주의의 실현을 통해서만 가능하다. 여기에서 민주주의란 용어는 도시계획 이론에 정치사상의 재도입을 의미하지는 않는다. 그것은 본질적으로 모든 사람이 자신의 방식으로 행동할 자유를 함의한다.[350] 라이트의 민주주의는 사회의 탈정치화와 결부된 완고한 개인주의를 지칭한다. 왜냐하면 궁극적으로 산업화는 산업화의 파급으로 나타난 손상들을 제거해주기 때문이다.[351]

라이트는 이 같은 전제 조건으로부터 하나의 해결책을 제안했으나 이와 동시에 늘 도시[city]라는 이름을 간직했다. 비록 그의 제안이 메가폴리스뿐만 아니라 도시 일반이라는 관념까지 제거한다 해도 말이다. 자연은 하나의 연속적 환경이 되며, 그 환경에서 모든 도시 기능은 축소된 단위로 분산되고 고립된다. 주택은 개인적이다. 집단 아파트 양식은 없으며, 단독주택이 존재하고 각각은 최소한 4에이커의 대지를 소유한다. 공간 거주자들은 농업과 다양한 여가에 시간을 할애한다. 라이트에 따르면 농업은 여가 문명의 특권화된 활동이다. 노동이 주택과 인접하거나, 아틀리에, 실험실, 개인 사무실 등 노동 활동은 전문화된 소형 중심지에 통합된다. 개인적 상업적 단위는 매번 생활 가능한 작은 볼륨으로 환원되고, 최소한의 사람을 위한 용도로 사용된다. 병원 중심지와 문화 기관도 마찬가지이다. 그 숫자는 분산을 보완하고 규모의 축소를 보완한다. 이 같은 모든 개인적 사회적 세포들은 지상과 공중

347 Wright, F. L., *The Disappearing City,* Chicago, 1945.

348 Choay, 앞의 책, pp.46-49.

349 위의 책, p.47.

350 같은 책, p.47.

351 Loupiac, 앞의 책, pp.69-71.

의 도로망으로 서로 연결되고 재결합된다.

당대 최고의 건축가였던 라이트는 탈중심적 시스템을 상상했으며, 그 시스템은 풍부한 순환적 망에 삽입된 점의 요소들로 구성된다. 평원도시는 획일적 도시 공간 짜임과 배치를 지향하며 진보주의적 모델에 견주어 그 이상으로 확장되고 전 지구를 포괄할 수 있다. 라이트는 단지 미국으로 한계가 그어진 지역에서 그의 이상을 실현할 것을 제안했다. 하지만 그에게 핵심은 전 세계 차원의 적용을 염두에 둔 보편적 해결책이었다.

평원도시의 공간은 특수하다. 평원도시에서 지형적 다양성은 부정되지 않는다. 정반대로 자연은 조심스럽게 모든 우발적 사건 속에서 보존되어야 한다. 건축은 추상적 공간 속에 함몰된 독립적 형태의 시스템이 아니다. 건축은 진정한 의미의 지형으로부터 비롯된다. 무한한 형태의 다양성을 통해 건물은 자연을 표현하고 땅의 성격을 표현하며 땅의 부분이 된다. "모든 개인적 자유 도시의 특질은 자연환경의 특질과 자연스럽게 조화를 이룬다."[352] 그는 평원도시란 자연과 어울려야 함을 강조한다. "평원도시는 자연과 더불어 교감 속에서 건설되어야 한다. 땅의 아름다움에 대한 심오한 느낌이 새로운 도시 건설자에게 근본적인 자격 기준이 되어야 한다."[353] 건축은 자연에 종속되며 그것을 존중해야 한다. 게다가 공간의 내밀성, 유기체성, 폐쇄성은 문화주의적 도시계획 이론가들에게 소중한 미덕으로서 개별 건물들의 수준에서 다시 발견된다.

먼저 평원도시의 분위기는 촌락의 성격을 통해 정의할 수 있다. 하지만 좀 더 분석을 진행하면 라이트가 기술의 진보에 주요 역할을 부여하면서도 결코 효용성과 효율성이라는 단어들을 발설하지 않는다는 점을 깨닫게 된다. 쇼에 교수에 따르면 평원도시는 유일하게 제약을 완결적으로 거부한 도시계획의 제안이다.[354] 여기에는 진보주의적 모델에 부과됐던 효용성과 생

---

352 Wright, F. L., *When Democracy Builds,* p.58

353 위의 책, p.58.

354 같은 책, p.49.

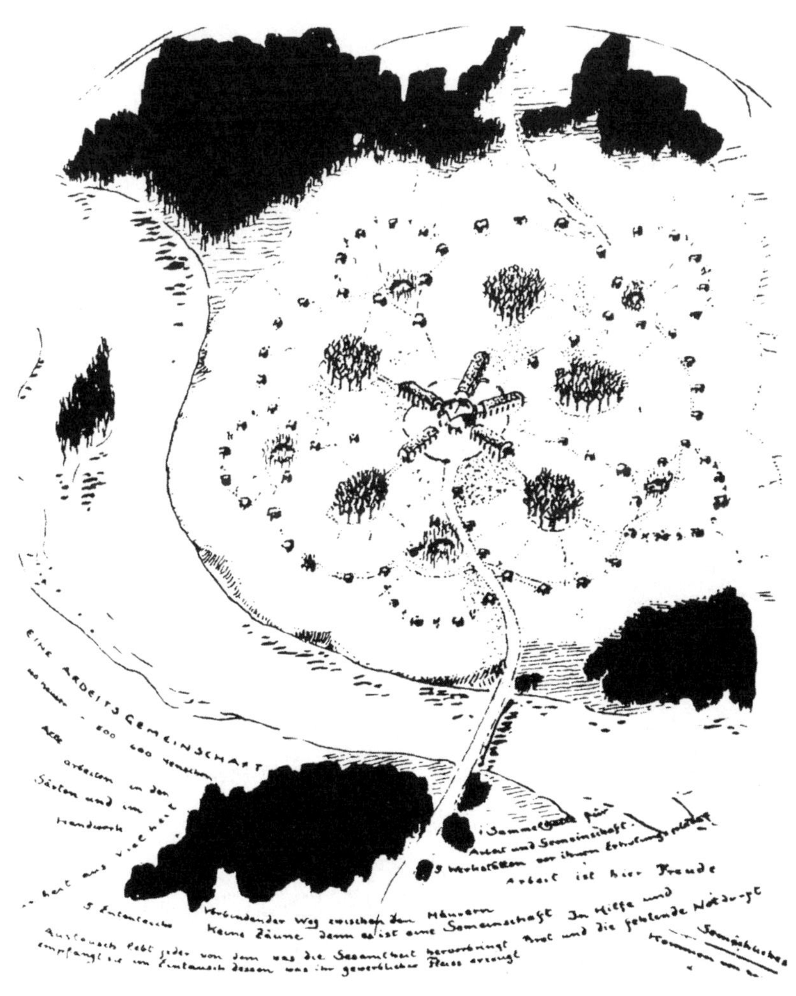

9 프랭크 로이드 라이트의 평원도시 이미지

산성의 강박관념은 나타나지 않는다. 흥미롭게도 이 자연주의적 모델은 허버트 마르쿠제Herbert Marcuse가 『에로스와 문명』에서 표명한 희망에 대한 가능한 답변이 된다. 마르쿠제의 용어와 이데올로기가 적용되면서 쾌락과 삶의 본능이 마침내 그곳에서 발효된다고 말할 수 있다.

라이트의 평원도시 모델에서 흥미로운 것은 그가 자동차와 전화 등 테크놀로지의 역할을 예상했던 대목이다. 그에 따르면 자동차와 전화의 시대에서 과밀 인구의 대도시는 더는 근대적이지 못하며 그 힘이 약화될 수밖에 없다. 비용이 많이 드는 집중화는 근대의 커뮤니케이션 수단이 물리적 거리의 한계를 극복하게 되면 단지 낭비적이며 비효율적인 시스템으로 전락한다는 것이다. 대도시의 형태에 기초를 둔 대규모의 중앙 집중화된 조직체가 더는 필요 없게 된다. 그것의 기능은 전원에 널리 퍼진 탈중앙 탈집중화된 주거 단위에서 보다 경제적으로 완수될 수 있다. 라이트는 마차가 자동차로 대체되는 것처럼 산업 시대의 대도시도 한물갈 것이라고 확신했다. 동시대의 미국인들처럼 라이트는 자동차에 매료됐고 그것이 현대 생활에 혁명을 가져올 것이라고 확신했다. 그는 자동차는 결코 공동체를 파괴할 것이 아니라 단지 새로운 시공간의 관리에 기초한 다른 종류의 공동체의 가능성을 열어주었을 뿐이라 점을 알고 있었다. 특히 라이트가 제시한 통찰의 핵심은 탈집중화가 자영 농업 종사자들에게는 물론 국가 체제의 효율적 관리를 위한 물질적 여건을 창조할 것이라는 소신을 피력했다는 데 있다. 제대로 기획된다면 도시는 촌락으로 확산될 수 있으며 여전히 그들의 응집력 또는 효율성을 상실하지 않을 것이다. 적절한 인구 분산은 국가 통치의 실행에 있어 필수적 조건이 될 것이라는 것이 그의 지론이었다. 라이트에 따르면 부와 권력이 집중화된 세계는 생산 수단이 광범위하게 공유되는 세계로 대체된다. 따라서 고도의 기술 발전은 18세기에 싹튼 민주주의의 희망이 다시 태어날 길을 지시했다. 이를테면 에디슨과 포드는 제퍼슨의 부활이었다.[355]

라이트는 자신이 철저하게 옹호했던 개인성과 개인주의의 기초를 바로

---

355 Fishman, 앞의 책, p.123.

촌락과 전원의 구조에 둔다. 사유재산의 소유자로 이뤄진 사회는 독립적 인간의 사회, 즉 민주주의의 근간이다. 그는 여러 차례에 걸쳐 철저한 개인주의의 미덕을 옹호했다. "자본주의는 고립주의자 또는 참견하는 사람meddler을 생산한다. 파트너십partisanship은 진정한 생산물이지만, 진정한 개인성의 자양분nourishment이 아니다. 따라서 국가가 알고 있는 절충주의는 민주주의가 아닌 우민정치Mobocracy를 낳는 개인성의 단순한 특성일 뿐이다."[356] 그에 따르면 취향의 타락과 민주주의라는 단어 자체가 부적절하게 존엄화될 때 개인성개성의 진정한 건강함은 소멸하게 된다. 개성personality은 외적인 것이며, 개인성은 내적이다. "민주주의는 개인성의 복음으로서 전혀 다른 곳에 있다." 그에 따르면 "우리가 계속해서 현재의 도시를 과잉 성장시킨다면, 많은 수의 자본주의자들은 위험할 정도로 아둔해질 것이다. 그들의 권력이 바로 그들 자신의 위험은 물론 우리 모두의 위험을 낳게" 된다.[357]

그가 기획한 평원도시에서는 모든 사람이 태어나면서부터 일정 몫의 토지를 할당받는다. 평원도시는 따라서 과거와 미래의 병치이며, 제퍼슨식 민주주의의 이상형이 근대 테크놀로지와 미래 비전 차원에서 새로운 의미를 획득한 것이라고 볼 수 있다. 이 같은 하이브리드는 효율성과 인간성의 표준을 제공한다. 라이트는 도시 생활의 정신과 심리가 국가의 정신 건강에 위험하다고 생각했다. 도시화된 세계는 생산적인 노동을 없앴으며 인간을 값싼 투기 재산의 한 조각으로 전락시켰다. 라이트가 꿈꾼 평원도시는 그가 도시 생활의 인간성을 소외시킨 근본적 원인으로 지목한 '임대rent, 토지와 건물 임대, 아이디어와 창조의 임대 등의 대리적 삶을 뜻함'가 없는 도시이다. 라이트는 경제적 대리, 정신적 대리, 지적 대리 등 대리적 삶의 모든 형태를 철폐하길 원했다. 그 기초 수단이 바로 토지 임대의 철폐를 통한 환경 개혁이다.[358] 그는 평원도시의 근본적 이념인 개인주의가 최고 수준에 이르면 하나의 독특하며 고유한

---

356 Wright, 앞의 책, p.56.

357 위의 책, p.57.

358 Fishman, 앞의 책, p.124.

질서로 유도될 것이라고 가정했다. 한마디로 라이트의 도시 사상에서 개인의 진리는 곧 세계의 진리로 통한다. 그는 탈집중화의 기획된 물리적 구조는 다른 모든 개혁의 기초가 되어야 한다는 신념을 피력했다. 도시의 비자연적 환경은 인간 본성을 역행시켰다는 것이 그의 판단이다. 오직 평원도시에서만이 사람들의 이해관계의 자연적 조화가 계시될 수 있다. 따라서 평원도시는 하나의 유기체적 사회가 될 것이다. 라이트가 던진 물음은 산업사회에서 자유와 민주주의의 가치를 어떻게 보존할 것인가의 물음이었으며, 그는 개인의 고양된 개념에 신뢰를 두었다.

라이트는 위대한 민주주의의 대지에 세워진 자유의 건축적 특질은 지형으로부터 자연스럽게 부상할 것이라고 진술한다. 즉 그 특질은 모두 대지의 본성과 성격에 기초한다. 새로운 건축은 변화무쌍한 다채로움 속에서 대지 위에 세워지며 대지의 한 부분이 되어야 한다. 아울러 그는 가능하다면 건축은 "통합적인 유기체적 특질이 되어야 한다"고 설파했다.

그는 독창적 발견이 하나의 실험임을 전제하면서, 그 실험이 성공한다면 그가 유소니아Usonia라고 부르는 탈집중화와 재통합으로 이행할 것이라고 전망했다. 그는 이러한 과정이 민주주의적 삶의 모든 형식을 위해 불가피하다고 주장했고 탈집중화와 재통합은 중앙 집중화에 능동적으로 맞설 것이며 그 같은 대립과 예술, 종교, 과학이 파급시키는 재해석은 진정한 민주주의로 향하는 길 위에 있다고 주장했다.[359]

진보주의적
현대 도시계획의 전개

근대 도시계획 이론은 두 가지 점에서 초기 도시계획 사상과의 차이점을 보인다. 먼저 근대 도시계획은 이론과 실천이라는 두 개의 형식 아래 전문가의

---

359 위의 책, p.37.

독점 분야가 됐는데 일반적으로 건축가들이 그 같은 독점적 역할을 맡았다. 또한 초기 도시계획 담론이 줄곧 정치적 선택 사양과 결부됐던 반면 근대의 본격적인 도시계획 이론은 탈정치화됐다.[360]

도시계획의 이 같은 변형은 자본주의 국가에서 진행된 산업사회의 진화에 의해 설명될 수 있다. 19세기의 투사鬪士적이고 영웅적인 단계 이후 자본주의 사회의 지도층은 19세기 사회주의 사상의 몇몇 생각과 제안을 다시 취했으나, 그 사상의 뿌리와는 단절됐다. 더구나 이 같은 초기 도시계획 사상은 유토피아에 머무르지 않고 실제 현실에 적용됐으며 근대 도시계획 이론은 기술자에게 실천적인 과제를 맡겼다. 하지만 근대 도시계획 이론은 상상계의 차원에서 여전히 한계를 노정한다.

20세기 초의 이론적 열광 이후에 기술적 효율성만을 추구한 기능주의는 점차 도시 사상의 주류로 부각됐다. 1930년대 초부터 유럽 도시계획 지성사를 다소 거칠게 요약한다면 도시에 대한 두 가지 접근법만 존재했다고 해도 과언이 아니다.[361] 첫 번째는 기능주의로서 이것은 '아테네 선언문'에 궁극적 반영이 나타난다. 두 번째 접근법은 전체주의적 정치체제에서 체계적으로 실행됐다. 이 두 번째 접근법은 전체주의와 연결돼 있다는 사실 자체만으로 신뢰를 상실했으며 따라서 1945년 이후로 기능주의는 승리한다.[362]

기능주의적 접근법은 바우하우스Bauhaus라는 독창적 예술 사조와 교육 체계에서 이론화됐다. 바우하우스는 엄밀히 말하면 디자인 교육 학교였다. 바우하우스의 엄격한 기능주의는 물질적 물리적 제약들에 대한 관찰만이 심미적 아름다움을 탄생시킬 수 있다는 확신에 토대를 두고 있다. 기능주의는 건축, 회화, 가구 등 미술과 건축 전 분야에 적용됐다. 하지만 바우하우스의 주요 인물은 구체적 실현에 관심을 갖고 있었으나 진정으로 도시계획에

---

360 Choay, 앞의 책, p.30.

361 Bonfill and Véron, 앞의 책, 도시 독트린, 기능주의, pp.117-125.

362 위의 책, p.117.

관심을 두지는 않았다. 다만 천부적 재능을 타고난 사변적이면서 격정적 논변을 즐겼던 르 코르뷔지에는 기능주의 사조 한복판에서 도시계획의 전문가로 발돋움했다.

1. 진보주의적 모델의 새로운 전환: 토니 가르니에의 '산업도시'에서 르 코르뷔지에의 '빛나는 도시'까지

진보주의적 모델의 새로운 버전은 기능주의 도시계획의 설립자 가운데 한 명인 건축가 토니 가르니에Tony Garnier의 저서 『산업도시』 속에서 최초로 표현된다. 리옹 출신의 건축가 가르니에의 이 저서는 하워드의 저서 이상의 인기를 누렸다.[363] 가르니에가 옹호했던 것은 도시계획가의 전문 용어로 지대 구분zoonage이라고 부른 것이었다. 즉 이것은 도시 공간의 기능적 공간 분리를 말한다. 일반적으로 전통적 도시가 다양한 도시 공간의 기능을 혼합시킨 결과 주택, 상업, 사무실, 행정과 작업실 등은 동일한 순환도로에 나란히 배치됐다. 이 같은 혼합 양식은 19세기의 도시계획에 의해 대부분 보존됐다.[364] 그러나 이와 정반대로 더 큰 효율성을 지닌 이론적 착상으로 이뤄진 지대 분할은 거주지, 산업 생산, 정부 기관, 상업 지역 등을 특화 지대로 정의할 것을 권장한다. 그 결과 "가르니에의 산업도시는 초고속 교통망의 하부구조로 서로 연결된 지대의 패치워크조각보인 것"이다.[365]

한마디로 가르니에가 구상한 이 같은 공동체는 순전히 하나의 유토피아라 할 수 있다. 왜냐하면 저자 자신은 그것을 실현할 목적을 갖지 않았기 때문이다. 가르니에의 도시 사상에서 실제로 도시는 하나의 기계이며 기계

---

363 (결정판본) Garnier, T., *Une Cité industrielle. Étude pour la construction des villes,* Paris, Vincent, 1917.

364 Ragon, *Histoire de l'architecture et de l'urbanisme modernes, 2. Naissance de la cité moderne 1900-1940,* 가르니에 산업도시, pp.47-54.

365 Bonfill and Véron, 앞의 책, p.116.

그 이상의 아무것도 아니다.[366] 이 문제를 해결하기 위해 도시계획가는 도시의 미학적이거나 상징적인 성질을 망각하고 오직 도시의 기능만을 고려했다. 그러나 도시의 기능을 오직 거주자의 행동에 초점을 맞춘 상태로 기술적 효용성만을 추구한 도시계획에서 인간의 감각은 제자리를 찾을 수 없었다. 요컨대 기능주의는 미학적 형식에 비해 기술적 기능을 우선시하는 사조로서 건축과 도시계획에서 탄생했다.[367]

진보주의적 모델의 주도자는 다름 아닌 르 코르뷔지에였다. 1887년 스위스의 산악 지방에서 태어나 그곳에서 청년기를 보낸 르 코르뷔지에는 도시 생활의 특수성에 대해 시종일관 무시하는 태도를 견지했다. 산악 마을에는 거리도 광장도 없으며 일 년 내내 추위로 산악 별장의 실내에서 머물러야 한다. 그는 공적 공간 이전에 실내 공간을 먼저 검토했으며 내부 공간, 그것의 아름다움, 그것의 편리함에 대한 배려는 초기 작품부터 나타난다. 심지어 건물 외양도 고산 지방의 별장들처럼 적대적인 자연환경에 견디도록 착상된 것 같은 인상을 준다.[368] 하지만 이 같은 자율성은 그것이 도시계획에 적용될 때 파괴적 힘으로 변형된다.

대도시의 다양성을 부정하면서 르 코르뷔지에는 단조로운 도시계획 도면들을 파리, 알제리, 베를린 등에서 수없이 만들었다. 그의 기능주의와 아테네 선언문의 기능주의는 무에서 탄생하지 않았다. 그는 앞서 간 도시 사상가들로부터 크게 신세 지고 있다. 특히 르 코르뷔지에는 가르니에가 구상한 지대 구분 개념을 자신의 개념화의 토대로 삼았다. 건축물의 건축과 구조적 짜임에선 나름대로 위생학적 사조를 다시 취했다. 하워드의 사조와 전원도시 사조의 영향을 받은 그는 녹색 공간에 부여된 우선권 원칙을 차용했다. 더 멀리 거슬러 올라가자면 도시의 도덕적 기독교적 비판과 공명한다. 그는 아고라 혐오증과 공적 공간에 대한 무시를 공유한다. 끝으로 그는 스스로 과

---

366 위의 책, p.116.

367 같은 책, p.116.

368 같은 책, p.118.

학적이라 선언하고 자신의 이익을 위해 합리주의적 유산을 다시 취했으나 대부분 단지 증명되지 않은 진술들만이 남아 있을 뿐이다.[369]

르 코르뷔지에의 사상을 이해하려면 그의 건축물을 인식하는 것만큼 그의 저술을 이해하는 것이 필요하다. 하지만 그의 저술 분량은 엄청나고 표면적 단순성의 이면에 배태된 복잡성을 지니면서 본질적인 변증법적 내용을 숨기고 있다.[370] 비판가에게나 찬동자에게나 그는 하나의 엄밀한 시스템을 완벽하게 만든 이론가로 남아 있으며 그의 작품은 차갑고 표준화된 논리와 양보할 줄 모르는 기능주의에 종속된 것으로 비춰진다. 이 같은 편파적 시각은 부분적으로 사실이다. 기질상 그는 데카르트주의자였다. 논리적 추론은 그의 모든 시도의 이론적 틀framework이자 토대였다. 그에게 합리주의는 싸움의 무기였으며 그가 선호하는 도구였다. 그런 맥락에서 르 코르뷔지에는 순수 기하학과 질서를 침이 마르도록 예찬했다.

그는 "도시는 순수 기하학으로 구성되어 있다. 그때 질서라는 것이 만들어진다"[371]고 반복적으로 진술했다. 특히 질서와 직선에 대한 그의 소신은 강박관념에 가까울 정도이다. "질서는 인간에게 필수 불가결한 것이다. 질서가 없다면 인간의 행위에는 결집력도, 일관성도 없을 것이다. 인간은 거기에 우수한 생각을 덧붙이고 공급한다. 질서가 완전할수록, 인간은 편안하고 안전하다."[372] "인간이란 본능적으로 질서를 지키며, 행동과 생각이 직선과 직각의 지배를 받는다. 단정적으로 직선은 인간에게 일종의 본능적인 수단이고 인간 사고의 높은 목적이다."[373]

한편 기계 혁명은 생산, 지식, 커뮤니케이션의 수단을 송두리째 바꾸어 놓았으며 르 코르뷔지에는 어려서부터 자동차, 영화, 전보, 비행기의 발명을

---

369 같은 책, p.119.

370 Choay, F., *Le Corbusier,* London, Mayflower, 1960, p.9.

371 르 코르뷔지에, 앞의 책, p.36.

372 위의 책, p.36.

373 같은 책, p.33.

목격했다. 하지만 그 같은 수단의 변화로도 우리의 일상 환경, 도시 또는 거주 장소의 구조의 변화는 동반되지 않았다. 새로운 기능에 대한 적응의 결핍은 시대를 앞서가며 번뜩이게 사유하는 스위스 출신의 이 천재적 인간에게 도저히 납득될 수 없는 상황이었다. 르 코르뷔지에가 보기에 20세기 인간은 한물 간 진리 위에 건설된 그릇된 환경 속에 살고 있는 형국이었다. 결국 그는 건축 혁명의 투사로 변신한다.[374]

그는 이런 맥락에서 건축의 인간학과 행복 창조력을 주창했다. "(그러나) 여기에 건축이라 불리는 경탄할 만하고 지극히 사랑스러운 것이 있다. 이것은 행복한 사람들이 만들어냈고 행복한 사람들을 만들어낸다. 행복한 도시에는 건축이 있다."[375]

이와 같이 진보주의적 도시계획 이론의 기저에 깔려 있는 핵심은 근대성이라는 관념이다. 이러한 근대성은 산업과 아방가르드 예술이라는 두 분야에서 작동한다.[376] 초기 진보주의적 도시계획 사상에서처럼 본격적인 진보주의적 도시계획 이론에서는 산업 시대에 대한 철저한 역사적 단절로서의 개념화가 작동됨을 알 수 있다. 하지만 이 시기의 도시계획가들의 관심은 경제적 사회적 구조로부터 기술적 미학적 구조로 이동했다. 근대적 효율성을 획득하려면 산업의 표준화 방법과 기계화 방법을 병합해야 했다. 온갖 종류의 형태와 원형의 합리화는 더구나 조형예술의 탐구와 겹친다. 바우하우스를 비롯해 네덜란드, 러시아, 프랑스 등지에서 건축가들은 조형예술가들과 긴밀하게 공조했다. 이 같은 다양한 사조는 오브제와의 새로운 관계를 제안했으며, 엄격하고 합리적인 미의 개념화에 토대를 둔 관계라 할 수 있다.[377] 그들은 보편적 형태를 추출하려 애썼으며 입체파 화가의 논리를 적극 수용했다.

---

374 Choay, 앞의 책, pp.14-18.

375 르 코르뷔지에, 이관석 옮김, 『건축을 향해』, 동녘, 2002, p.35.

376 Choay, 앞의 책, p.33.

377 위의 책, p.34.

이렇듯 산업과 예술은 보편적 차원을 지향하는 그들의 목표와 합치됐으며 이 같은 보편주의는 모든 척도와 상이한 문화에서도 적용될 인간 유형의 개념화로 특히 진보주의적 도시계획가의 태도에서 확인된다. 예컨대 르 코르뷔지에는 인간을 "심리적 생리적 상수의 총합"으로 정의했는데 이 같은 보편적 인간/유형의 이미지는 네 개의 커다란 기능의 틀 속에서 보편적 인간의 욕구를 분석한 아테네 선언문에 영향을 주었다. 거주, 노동, 순환, 신체와 정신 단련이 그것이다. 이 같은 유형은 동질적인 전 세계 공간에 동일하게 적용됐으며 지형적 요인은 부정됐다. 진보주의적 도시의 도면은 지형적 특성과 분리됐을 뿐만 아니라 문화적 전통의 제약과도 결부되지 않았다. 도시는 효율성과 미학에 봉사하는 오직 이성의 고삐가 풀린 자유의 표현에 불과했다.[378] 효율성과 미학이라는 이 두 개의 강령은 진보주의적 모델 공간에 특수한 성격을 부여했다. 효율성의 배려는 무엇보다 건강과 위생 문제에 부여된 중요성 속에서 발현된다. 위생 강박관념은 태양과 녹지 개념을 중심으로 집중화됐다.

진보주의적 모델이 문화주의적 모델과 달리 공동체 유형보다는 개인 유형을 선호했다는 점에서 최첨단의 탐구가 거주지에 집중된 것은 당연한 수순이었다. CIAM의 최초 작업들 역시 거주지를 중심으로 축을 맞추었다. 푸리에와 프루동의 시대와 마찬가지로 두 가지 유형의 거주 유형이 나란히 조준됐다. 저층의 개인 주택이나 소수의 가족들이 사는 공동주택으로 이 같은 해결책을 모색한 과정이 영국과 네덜란드 등지에서 연구됐다. 다른 한편으로는 거대한 집단적 주택 단지를 제안했는데 이것은 근대주의적 사회의 이상형에 해당된다. 르 코르뷔지에는 궁극적으로 가장 정교한 모델을 구상했으며 그것은 주거 단지 또는 '빛나는 도시'로서 프랑스의 남부의 유서 깊은 항구도시 마르세이유에서 최초로 실현됐다. 그가 착상한 '빛나는 도시'는 명시적으로 푸리에가 착상한 주거 밀집 지역 개념을 다시 취한다. 1,500명에서 2,000명으로 이뤄진 동일한 수의 가족을 위해 건설됐으며, 동

378 같은 책, p.35.

일한 집단적 서비스와 기관을 제공하고 특히 예술관 거리를 제안했다. 콘크리트와 승강기의 발명은 건물의 수평성을 17층 높이의 수직성으로 대체할 수 있었다.

그는 모든 현대의 자동차는 속도를 위해 제작됐으나, 우리가 사는 거리의 현 상태로는 가능한 속도가 고작 시속 10마일밖에 안 된다고 불만을 토로했다. 이제 거리는 가축의 트랙이 아니라 교통 기계, 교통 순환의 도구라고 설파했다. 즉 새로운 거리의 형태는 교통이 최대 속도에서 자유롭게 흘러갈 수 있도록 디자인되어야 한다는 논리였다. 최소한 시속 60마일은 되어야 한다. 르 코르뷔지에의 플랜은 고가 고속도로를 포함하고 있었으며 그 규모는 도시의 동서남북을 가로지르며 약 120피트의 넓이에 이른다.

다양한 르 코르뷔지에의 기여는 아테네 선언문 8년 전인 1925년에 제시한 플랑 브와젱에서 종합화됐다. 브와젱 계획에 대한 르 코르뷔지에의 진술은 다음과 같다. "파리의 '브와젱 계획Plan Voisin'은 도시의 영원한 중심지를 되찾는 것이다. (…) 이 계획은 가장 불결한 구역에, 가장 갑갑한 거리에 도전한다. 이 계획은 교통이 정체되는 간선도로의 심각한 압박으로 (…) 파리의 전략 지점에 눈부신 교통망을 개통한다. 7에서 9미터 또는 11미터의 도로가 20에서 30미터 또는 50미터마다 교차되는 그곳에, 350에서 400미터마다 교차하는 폭 50에서 80미터 그리고 120미터 주 간선도로를 갖는 바둑판 격자형 도시를 건설한다. 그렇게 만들어진 광대한 지구의 중심지에 십자형 평면의 고층 건물을 세우는, 이 계획은 수직 도시, 즉 땅 위에 납작한 단위를 다시 모아 그들을 멀리 떨어진, 대기와 빛 속에 배치한 도시를 창조한다."[379] "지금까지 표면의 70, 80퍼센트가 집으로 빽빽하게 뒤덮인 땅은 이제 5퍼센트 이상 집을 짓지 않는다. 나머지 95퍼센트는 주요 간선도로, 주차장, 공원에 바친다. 그늘을 드리운 가로수 길은 두 배나 네 배로 증가한다. 고층 건축물 아래의 공원은 사실상 이 신도시의 땅을 거대한 정원으로 만들

---

379 르 코르뷔지에, 『건축을 향해』, p.285-286.

것이다."[380] 파리 중심부인 마레Marais 지역에서 팔레 루아얄Palais Royal까지, 센 강에서 대형 가로수 길에 이르는 중심부의 재구조화를 위한 이 도면은 기능주의의 모든 특징을 집약하고 있다. 특히 플랑 브와젱이 제시하는 도시 모델은 그처럼 단번에 완결되어 다시 손을 볼 수 없게 된 것이다. 그것의 수미일관성은 최초에 제안된 도식에서 단 한 치도 벗어나는 것을 허락지 않는다. 그 결과 기능주의적 도시는 단번에 규정되고 구성된 오브제이며 시간의 변질을 감수하지 않으며 조심스럽게 있는 그대로 유지되어야 하거나, 아니면 완전히 파괴되어야 한다.

요컨대 플랭 브와젱은 미래의 실현을 수용하고 재결합할 수 있는 유연한 프레임이 아니며 지나치게 완결성을 추구한 나머지 신축적이지 못한 시스템으로서 내재적 시간적 차원을 갖고 있지 않다는 결정적 한계를 노출한다.

2. CIAM근대건축국제회의, Congrès International d'Architecture Moderne의 도시사상사적 의의

앞에서 언급한 CIAM은 르 코르뷔지에를 중심으로 1928년 결성된 유럽 건축가들의 근대건축국제회의를 의미하는 프랑스어의 약어로 현대 도시계획 담론의 요체라는 점에서 보다 상세한 이해를 필요로 한다.[381] CIAM은 정확히 1928년 스위스의 라 사라즈 성Château de La Sarraz에서 발족됐다. 그리고 최초의 회의는 르 코르뷔지에와 미술사가이자 건축사가인 기디온을 주축으로 파리에서 열렸다. 시작부터 CIAM은 1920년대에 부상한 신건축의 명분을 개선하기 위한 선전 도구로 사용될 요량으로 구성되었다. CIAM에서 제시한 최초의 방향 설정은 르 코르뷔지에와 다른 프랑스의 신건축 옹호자들, 그

---

380 Bonfill and Véron, 앞의 책, p.120.

381 본 절의 내용은 CIAM 의 기원, 전개, 효과에 대한 종합적 연구를 제시한 다음 연구 문헌에 기초해 작성됐음을 밝혀둔다.

Mumford, E., *The CIAM Discourse on Urbanism,* 1928-1960, London, the MIT Press, 2000.

__________, *Defining urban design: CIAM architecture and the Formation of a discipline, 1937-69,* London, Yale University Press, 2009.

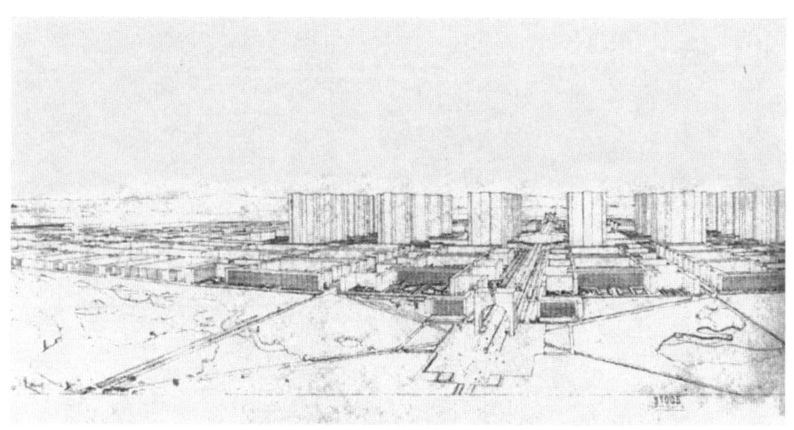

10 르 코르뷔지에가 구상한 인구 300만 명을 수용할 수 있는 현대 도시

리고 건축과 사회 조직에 대해 좌파적 기술 관료적 접근법을 추구했던 독일 대표자들과 더불어 이뤄진 상호작용에 의해 형성됐다. CIAM의 가장 유명한 구성원으로 이 단체에 핵심 이념을 제공하고 실질적인 활동을 지휘한 르 코르뷔지에는 의회 민주주의에 의구심을 품고 있었으며, 보다 현실적인 삶의 욕구에 기초를 둔 더욱 집단화된 미래 사회 구현에 힘썼다. 그는 건축가와 도시계획가가 부유한 사적 건축 의뢰인을 위해 작업하는 것, 우파와 좌파의 정부에 봉사하는 것, 그리고 당시 소련 등 다양한 권위주의적 전제 정치체제를 위해 일하는 상황이 불러오는 어떤 갈등도 인정하려 하지 않았다. 예컨대 파시시트 체제의 이탈리아, 브라질의 독재자 제툴리우 바르가스 Gertulio Vargas, 제2차 세계대전 당시 프랑스의 괴뢰 정부였던 비시 정권을 위해 작업하는 것에서 어떤 정치적 심리적 갈등도 느끼지 않았다. 그는 미래에는 보다 넓은 범위의 다양한 공조 체계와 기업의 작동이 좌파와 우파의 관료주의적 체제 모두에서 유사성을 가질 것이라고 예감했다. 초대 CIAM 총무 이사를 맡았던 기디온은 네덜란드 출신의 건축가이며 도시계획가인 코르넬리스 반 에스테렌Cornelis van Eesteren에게 보내는 편지에서 CIAM의 목표를 다음과 같이 피력했다. "첫째, 건축의 당대적 프로그램을 정식화한다. 둘째, 근대 건축의 관념을 옹호한다. 셋째, 이 같은 관념을 기술, 경제, 사회적 순환 속에

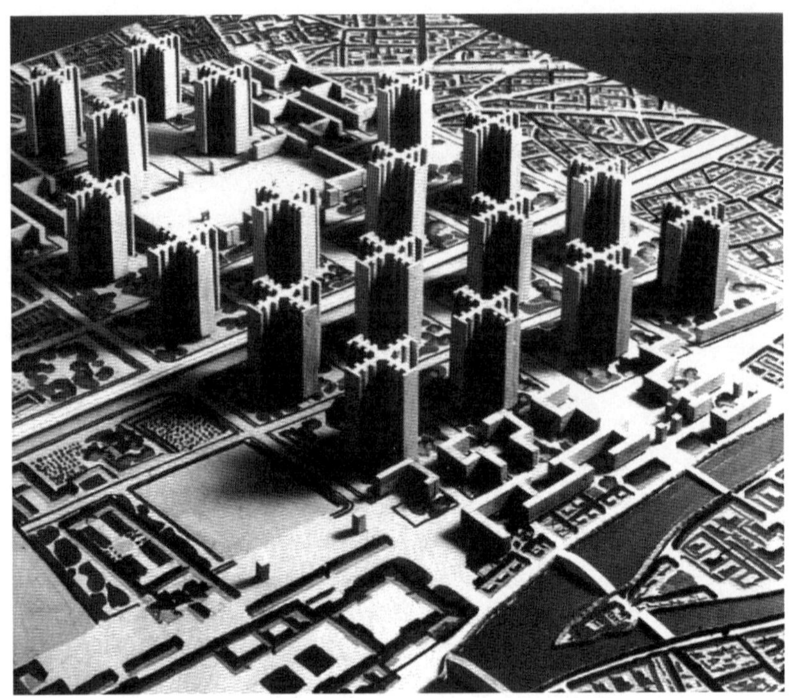

11 르 코르뷔지에의 플랑 브와젱 축소판 모형

적극 개입시킨다. 넷째, 건축적 문제의 해소를 검토한다."[382]

CIAM의 목적을 정리하면 '현대 건축의 문제를 정식화하고, 근대 건축 관념을 제시하며, 이 같은 관념을 기술, 경제, 사회의 원들 속으로 관류시키고 건축 문제의 실현을 감독하는 데 있다'고 요약할 수 있다.[383] 이 단체는 근대 건축과 도시계획의 핵심 이념을 정초하고 그들의 이념과 모델을 구체적인 도시 건설에서 실현하는 것을 도모할 목적으로 결성됐다. 이 단체에 소속된 유럽의 여러 회원은 건축의 규격화와 합리화, 저소득층을 위한 주택 계

---

382 Mumford, 앞의 책, p.10.

383 Le Corbusier, *La Charte d'Athènes suivi de Entretien avec les étudiants des écoles d'Architecture,* Paris, Éditions de Minuit, 1957, p.122.

획, 주택 단지의 합리적인 배치, 도시와 인간 등의 새로운 문제들을 제기하고 그 해결책을 모색하면서 활발한 활동을 진행했다. 약 30여 년 동안 다채로운 도시계획 이론과 다양한 의견이 분출됐는데, 1956년 건축가 그룹 팀텐Team 10이 주축이 되어 개최한 제10차 대회에서 전위적 이념으로 무장한 젊은 건축가들과 발터 그로피우스Walter Gropius, 르 코르뷔지에, 기디온 등 원로 건축가들의 의견 대립으로 갈등이 고조되면서 CIAM은 공식적으로 해체됐다. 비록 짧은 기간 동안 이뤄진 지적 실천적 모험이었으나 현대 건축과 도시계획 이론, 기능주의의 토대 수립, 합리주의 건축의 이론적 얼개를 전 세계에 전파시켰다는 평가를 받고 있다.[384]

초창기 구성원들은 기계주의가 촉발한 심각한 동요들을 의식하면서, 사회 구조의 변형과 경제적 차원의 변형이 운명적으로 건축 현상에 상응하는 변형을 유발할 것이라는 점을 인정했다. 그들은 근대 세계에 존재하는 다양한 요소의 조화를 추구하고, 건축을 경제적 사회적 차원에 다시 갖다놓으려는 의도를 갖고 모였다. 우선 '라 사라즈 선언문'을 살펴보면 다음과 같다. 먼저 선언문에는 그들의 기본 철학이 반영되어 있다. 그들은 라 사라즈 선언문에 서명한 건축가들에게 건설은 "생명의 진화와 밀접하게 연결된 인간의 기본적 활동"이라는 사실을 강조했다. "건축의 운명은 한 시대의 정신을 표현하는 데 있다. 건축가는 오늘날 현재의 삶의 물질적, 감정적, 정신적 요구를 만족시킬 수 있는 건축의 새로운 개념의 필요성을 인정한다."[385] 라 사라즈 선언문은 제일 먼저 일반 경제의 중요성을 환기하면서 국가적 차원에서 건축과 일반 경제와의 밀접한 연관성을 요구한다. 근대 생활의 공리로 도입된 효용성은 최대의 상업적 이윤을 함의하는 것이 아니라, 인간의 욕구를 완전하게 만족시킬 충분한 생산을 함의한다. 진정한 효용은 건축의 차원에서 신축적으로 적용된 합리화와 규범화의 열매가 될 것이다.[386] 건축은 수공예

---

384 Ragon, M., *Histoire de l'architecture et de l'urbanisme modernes, 2.* CIAM, pp.239-256.

385 Le Corbusier, 앞의 책, p.119.

386 위의 책, p.120.

장인에게 배타적으로 호소하는 대신, 산업 기술이 제공하는 엄청난 재원을 사용하는 것이 긴박하다.

라 사라즈 선언문에 따르면 '도시계획은 물질적 감정적 정신적 생활의 발전을 개인적 또는 집단적 발현 속에서 마련해주는 다양한 장소의 구획 정비 작업'이다. 도시계획은 임의적인 심미성의 규칙에 종속될 수 없다. "본질적으로 그것은 기능적 차원에 속한다."[387] 도시계획이 감독해야 할 세 가지 근본적 조건의 완수는 '거주' '노동' '여가'이다. 그것의 목적은 대지의 점유, 교통 순환의 조직, 입법화이다. 세 가지 근본적 기능은 현재의 도시 결집에 의해 우호적인 조건이 마련되지 않았다. 특히 교통 순환과 밀도의 문제는 다시 고려되어야 한다. 대지의 무질서한 분할은 땅의 판매와 투기의 결과이므로 재편성된 부동산 경제로 대체해야 한다. 현재의 욕구에 부응할 모든 도시계획의 기초인, 이 같은 재편성은 소유자와 공동체에, 공통의 이득의 작업으로부터 도출되는 잉여가치의 평등한 분배를 확보해줄 수 있을 것이다.[388] 다시 강조하거니와 CIAM의 건축과 도시 사상 담론에서 '거주'의 기능은 네 개의 기능인 '거주' '노동' '여가' '교통 순환'의 위계에서 으뜸을 차지했다. 또한 자연환경은 기존 도시의 불결한 외곽으로부터 보호되어야 한다는 점이 지적됐다. 르 코르뷔지에는 전원도시 패턴이 개인을 만족시킨 반면, 집단적 조직의 장점을 상실했다는 주장을 펼쳤다. 근대적 기술과 더불어 선호되는 집중화된 도시는 주택의 공간 확보와 건축 방식과 더불어 개인의 자유를 확보할 수 있다는 논리가 전개됐다. 특히 여가 활동과 그것을 실현하는 공간과 관련해 집단적 삶을 조직화하는 방식에 큰 관심을 갖고 있었는데, 이것은 개인은 거주로 결합되며 집단은 여가로 결부된다는 소신에서 비롯됐다. 이를테면 여가 공간의 연구 의제에 일상적 스포츠와 계절성 연구가 포함됐다는 점은 매우 흥미롭다.[389]

---

387 같은 책, p.120.

388 같은 책, p.121.

389 같은 책, pp.104–116.

CIAM은 20세기 초반부에 잉태한 새로운 반전통적 건축 사조 안에서 하나의 아방가르드를 창조하려는 의도를 갖고 탄생했다. 이 단체의 혁신성은 건축으로 사회를 개혁하려는 최초의 근대적 노력과 역사적 연결 고리를 갖는다. 이 단체의 회원이 공통적으로 받은 전반적인 영감은 생시몽이 최초로 제안한 혁명적 아이디어 속에서 이해될 수 있다. 프랑스의 철학자이며 최초의 사회 연구자였던 생시몽은 산업, 인류의 역사, 사회에 대한 과학적 이해의 가능성을 열어놓았으며 보편적인 인간의 결사, 결합에 기초해 새로운 사회 시스템이 가능하다는 사상적 단서를 제공했다. 생시몽은 상상력의 주체인 예술가가 사회의 첨병으로 사회 개혁에 봉사해야 한다는 신념을 피력했으며, 그가 시도한 과학적 분석과 정치적 예술적 급진주의의 결합은 CIAM의 최초 구성원에게 깊은 인상을 심어주었다.

하나의 조직체로서의 CIAM의 정치적 입장은 매우 다양해 간단하게 범주화하기는 어렵다. 그 구성원 상당수가 20세기 초반기의 정치 스펙트럼에서 좌파 진영에 속하지만 일부 다른 구성원 가운데는 심지어 파시스트도 있었으며, 이미 1930년대부터 유럽과는 전혀 다른 정치적 환경이 마련된 다른 국가들, 특히 미국으로 이주한 구성원이 다수 포진해 있었다. 어쨌건 CIAM은 결코 단일한 정치적 입장으로서 파악될 수 없을 것이다. CIAM의 역사를 면밀하게 추적한 멈퍼드에 따르면, 유토피아적 사회주의와 과학적 사회주의 사이에 존재하는 정치적 분할은 CIAM이 개최한 세 차례 회의의 의제 설정에 결정적 영향을 미쳤다.

CIAM의 초기 회원들은 산업화된 세계의 현실로부터 스스로 거리를 두면서도 건축은 미래의 도시 생활의 질을 수공업과 장인의 도제식 공예 craftmanship가 아니라 합리화된 생산방법의 채택에 바탕을 두어야 한다는 생각을 피력했다. 특히 CIAM은 저비용의 대량 주택을 보급하는 목표를 설정하고 보다 평등한 부의 분배와 건축과 도시계획의 표준화의 필요성을 강조했다. 이 단체는 규범적 차원에 속하는 건축과 도시 공간의 생산방식을 옹호하는 등 건설의 합리화를 위한 선결 단계로서 효과적인 생산방법의 도입을 적극적으로 모색했다.

CIAM은 전통적 도시 미학에서 단지 규칙성에 대한 형식적 취향 정도로 치부되었던 효율성이라는 조건을 전통적 수공예 공법에서 사용된 몇몇 기술 수단의 테두리를 훨씬 뛰어넘어 도시 디자인에서 수량과 질 차원에서의 제고를 위한 선결 조건으로 삼았다.

CIAM의 핵심적 모토 가운데 하나는 기능 도시라 할 수 있다. 기능 도시 개념은 CIAM이 제시한 가장 유의미한 이론적 접근법으로서 브뤼셀 회의 직후 이 단체의 담론을 지배하는 화두로 사용됐다. CIAM이 제안한 기능 도시를 의제로 삼아 이뤄진 회의는 1933년 여름에 개최됐다. 지중해 크루즈 선상에서 열린 이 회의는 하나의 신화적인 결정적 사건이었다. 이 회의의 결과는 1933년 『관찰들Constatations』이라는 제목으로 출판됐으며, 르 코르뷔지에가 1943년 출간할 「아테네 선언문The Athens Charter」의 기초를 형성했다. 이 글에서 CIAM의 구성원은 현재 도시들의 카오스적 조건은 '인구의 근간적 생물적 심리적 필연성에 부응하지 못한다'는 결론에 도달했다. 이와 더불어 거주의 문제가 도시화의 가장 근본적 요소 가운데 하나로 간주되어야 한다는 결의에 이르렀다. "몇몇 관례를 변경하는 것이 촉박하고 필요하다. 완벽한 입법화를 통해 돈과 관련된 일체의 문제를 벗어나 모든 사람이 접근할 수 있는 행복한 삶의 질을 가져다주어야 한다."[390]

아테네에서 개최된 제4차 CIAM 회의는 다음과 같은 공식을 천명했다. "태양, 녹지, 여유 공간은 도시계획의 세 가지 근본적 재료이다." 이 공식을 애지중지함으로써 기존의 것들을 평가하고 진정으로 인간적 관점에서 새로운 제안들을 평가하도록 해줄 수 있게 만들 것이다. 특히 햇볕은 매우 중요하다. "태양은 생명의 주인이다. (…) 모든 집에는, 심지어 일조량이 매우 열악한 계절에도 하루 수 시간 동안 해가 들어와야 한다."[391] "태양을 도입하는 것은 건축의 새로움이며 가장 시급한 사안이다."[392] 즉 우리의 삶은 24시간, 1년 내내 태양의 조절을 받는다. 이는 곧 거리와 높이를 제어하는

390 같은 책, p.40.

391 같은 책, p.50.

392 같은 책, p.51.

태양 체제를 의미한다.[393]

CIAM의 구성원은 자신들이 세운 제도 기관을 근대 건축과 도시계획을 상징하는 하나의 사건으로서 의도적으로 자리매김했기 때문에, 도시와 건설 인공물의 영역에서 그것의 정확한 영향을 하나로 딱 집어 말하는 것은 쉽지 않다. 최소 주택 단위, 합리적으로 계획된 주택 단지, 기능 도시 등은 CIAM이 완전히 새롭게 발명한 것이라기보다는 당시 존재한 건축과 도시계획의 사조와 방향을 세밀하게 관찰하고 진단해 새로운 사조를 촉진한 성공적 노력의 일환으로 보는 것이 더 정확할 것이다. 이런 이유에서 CIAM의 도시계획과 수많은 유사성과 더불어 이뤄진 도시 디자인 접근법은 CIAM 이전에도 발견된다.

도시 디자인이라는 작업 분야는 CIAM의 말기 단계에서 발전됐으며 건축과 도시계획학에서 이뤄진 최근 사유에 견주어서 다소 역행하는 측면이 없지 않다. 일부 비판과 달리 밀도가 높고 보행자 기초의 도시 환경은 CIAM에서 공유됐는데, 이 같은 도시 환경을 이해하려면 복잡한 지적 계보의 흔적을 파악할 필요가 있다. 도시 공간의 재조직화와 디자인에 대한 CIAM의 사유가 어떻게 미국 그리고 일정 부분 전 세계의 디자인 직업 교육의 표준이 됐는가를 설명하는 연구가 나와 있다.[394]

1960년대부터 도시 디자인은 하나의 학술 분야로서 꽃을 피웠으며, 최근에는 도시, 조경, 건축, 삼차원의 종합적 계획과 이상형이 도시 환경 디자인의 핵심적 조직 개념으로 귀환했다.[395]

CIAM의 비전의 아성은 양면에서 나타난다. 그것은 디자인 활동이라는 새로운 장을 상정하고 정의하는 데 성공적이었다. 그 활동은 국제적으로 널리 수용됐던 동시에 한편으로는 여전히 오늘날의 무분별한 도시 팽창으로 치부되는 수많은 부정적 양상과 결부된다. 새롭고 명시적인 강조가 건축

---

393 같은 책, pp.73-90.

394 Mumford, E., *Defining urban design: CIAM architecture and the Formation of a discipline, 1937-69*, London, Yale University Press, 2009.

395 위의 책, pp.63-100.

의 형태적 소통적 파워에 맞춰지면서 형태적 수단을 통해 사회적 목적을 성취하려는 모더니스트의 추구는 완전한 실패로 간주됐다.[396]

끝으로 새롭고 개선된 도시화의 패턴을 제안하려 했던 CIAM과 그 계승자인 현대 건축가와 도시계획가에게 계획의 실행implementation과 주체성agency의 두 가지 중요한 문제가 남는다. 이윤 추구와 근대 문화의 미적 성격화 사이에 그어진 이분화는 건물이 전형적으로 자산과 장비로 개념화됐다는 것을 의미했던 반면 비경제적 요소에 대해서는 별다른 신경을 쓰지 않는다. CIAM의 구성원은 도시와 건축이라는 기념비는 오직 소수 엘리트층만이 감상할 수 있다는 기존 관념을 비판하면서 보다 광범위한 근대 사조와 마찬가지로 초기의 건축적 접근법을 거부하고 이 같은 이분법을 파괴시키려 했다. 이를 위해 그들은 대중을 위한 공리적이며 자본주의적 건물의 요소들을 전유하려 했다. CIAM이 꿈꾼 희망은 현실에서 완전히 실현되지는 못했다. CIAM의 주인공들이 희망했던 평등적이며 합리적인 사회, 아울러 도시 환경 디자인으로 개선이 실현될 그런 사회는 아직 나타나지 않았다. 대부분 파생된 결과는 건물에 대한 공리적 태도의 합리화 정도에 머물렀으며 여기에서 근대 건축은 피상적 수준에 안주했다는 것이 냉정한 평가일 것이다.

3. 근대 도시 계획 사상의 세 가지 이념적 성격: 도덕주의, 과학주의, 유토피아주의

서구 도시 사상의 도덕적 차원

서구 도시 사상은 산업혁명 시대에 이르기까지 도덕적 문제가 지배해왔다고 말할 수 있다.[397] 긍정적이건 부정적이건 도시의 도덕적 의미를 모색하는 것이 관건이라는 의미이다. 서구의 도덕적 전통에서 도시는 일반적으로 신

396 같은 책, p.197.

397 Bonfill and Véron, 앞의 책, pp.77-81.

의 권위에 역행해 행사된 인간적 야심의 장소로 퇴색하고 말았다.[398] 히브리 유목 민족의 기원을 소상하게 기록한 구약엔 이 같은 생각이 스며 있다. 자신의 형을 살해한 카인은 친아들의 이름인 에녹창세기 4장 17절이라는 이름을 부여하면서 최초의 도시를 세웠다. 노아의 홍수 이후, 도시를 세우려는 인간의 그릇된 야망은 다시 바벨에서 표현된다. 최초의 대도시인 바벨은 인류의 역사에서 장소, 언어, 의지의 통일성을 표상한다. 구약의 신은 언어를 다양화시키면서 인간이 성취한 이 같은 통일성을 응징한다. 소통을 불가능하게 만든 언어의 다양화 도시와 고층 탑의 건설은 곧바로 정지된다. 최초의 반도시적 신화인 바벨탑 신화는 유대교와 기독교 도덕을 정초하는 몸짓 가운데 하나이다. 그때부터 도시는 진정한 가치가 인간의 야심과 유혹으로 타락되는 과도함의 장소로 나타난다. 초기의 원시 기독교 역시 도시의 본질에 대한 이 같은 증오심을 다시 불태웠다. 성 아우구스투스는 다음과 같이 기술한다. "두 개의 사랑이 두 개의 도시를 만들었다. 하나는 자신을 사랑하고 신을 무시하는 사람의 것으로 이것은 지상의 도시이다. 다른 하나는 자신을 무시하고 신을 사랑한 사람으로 가득 찬 천상의 도시이다."[399]

서구의 도덕적 사상의 거의 단골 메뉴로 등장하는 이 같은 도시 비난의 예는 수없이 많다. 이를테면 계몽주의 시대의 한복판에서 장 자크 루소Jean-Jacques Rousseau는 인간은 한곳에 모이면 모일수록 더욱더 타락하며 도시는 인간 종의 깊은 구렁이라고 말한 바 있다. 특히 익명성 때문에 도시는 최종적으로 절망적인 도덕적 상황에 도달하거니와, 이 점을 니체는 그의 저서『자라투스트라는 이렇게 말했다』에서 신랄하게 비판한 바 있다.[400]

하지만 거의 세기별로 반복된 이 같은 반도시적 비난이 있었음에도, 그 누구도 도시의 팽창을 막지 못했다. 대도시는 마치 심장이 유기체에 필요한 것처럼 인간 문명에 필요했다. 서구의 메트로폴리스의 그칠 줄 모르는 성장

---

398 위의 책, p.78.

399 Saint Augustin, *La Cité de Dieu,* Paris, Desclée de Brouwer, 1959.

400 Nietzsche, F., *Ainsi parlait Zarathoustra,* Paris, 10/18, 1972.

은 전원과 갈수록 동떨어지면서 도덕적 비판을 키워갔으나 동시에 그 같은 도덕적 비판의 공허함을 보여주었다.[401]

역설적이게도 20세기에 이뤄진 기술 발달 역시 대도시를 향해 퍼부어진 기존의 도덕적 비난의 핵심 논지를 읊조렸다. 기술 발달로 인한 물리적 거리의 축소가 대도시의 소멸을 가져올 것으로 믿었으나 현실에서는 전혀 실현되지 못했다. 역설적으로 르 코르뷔지에는 기계주의를 비난한다. "기계주의 시대의 도래는 인간의 행동 양식과 인구 분배 속에서 엄청난 동요를 불러왔다. 인류 역사에서 선례를 찾아볼 수 없는 갑작스럽고 보편적인 진화로서, 기계적 속도에 유리하게 도시 속에 제어할 수 없는 인구 집중화의 이동이 이뤄졌다."[402] 기계 사용은 노동의 조건을 전면적으로 변형시켰으며 도시와 시골 사이에 존재했던 균형을 파괴시켰다. 특히 주택은 가족의 은신처 기능을 제대로 수행하지 못하고, 가족의 친밀한 삶을 파악시키고, 생명과 관련된 필요조건들, 신체적 도덕적 요건에 대한 무지는 질병, 봉기, 등의 결과를 낳았다. "악은 보편적이며 도시 속에서, 무질서 속에서 축적된 온갖 문제로 표현된다."[403]

또한 르 코르뷔지에는 당대의 주택 상황의 열악함을 질타한다. 특히 그의 어조에는 도덕적 어조가 서려 있다. "사람들은 썩은 고기를 파는 정육점 주인을 비난하면서도, 현재의 법은 가난한 주민에게 썩은 집을 강요하는 것을 허락한다. 몇몇 이기주의자의 부를 위해 사람들은 끔찍한 치사율과 감수하기 어려운 온갖 종류의 질병에 시달리고 있다."[404]

도덕주의자들은 대안으로 인구 밀도가 낮은 대도시, 개인의 농가로 가득 차고, 자동차와 전화로 인해 시골 생활의 장점을 다시 찾을 수 있을 것으로 기대했다. 그렇게 꿈꾼 도시가 1930년대 초 미국의 건축가 라이트가 꿈

---

401 Bonfill and Véron, 앞의 책, p.80.

402 Le Corbusier, 앞의 책, pp.28-29.

403 르 코르뷔지에, 『도시계획』, p.29.

404 위의 책, p.35.

꾼 평원도시이다. 그는 "자동차라는 간단한 현상으로 옛날의 대도시는 한물간 구닥다리가 될 것이다."라고 진술했다.[405] 하지만 대도시가 시골로 변하는 상상 속의 변신은 한낱 시늉에 불과했다.[406] 그가 꿈꾼 대도시의 시골 생활은 개인 주택의 정원과 텃밭에서 겉모습만 재창조됐다. 그러나 마을 생활의 진정한 본질, 한정된 수로 이뤄진 공동체에서 동일한 위험에 모든 사람이 대면하면서 작동되는 기계적 연대성은 전혀 발달할 수 없었다. 생태학적 도시로서 착상되고 제시된 그의 평원도시는 여러모로 역설적이다. 그의 도시 모델은 그가 대체할 수 있다고 주장한 도시 모델에 비해 절대 자연에 가깝지 않았다. 굳이 현실 속에서 그가 상상했던 도시의 등가물을 찾으라 한다면, 마을을 중심으로 봉합된 시골 공동체보다는 오히려 로스앤젤레스와 같은 비대할 정도로 팽창된 대도시가 될 것이다. 하지만 라이트가 20세기 초에 예고한 것은 오늘날의 생태학의 양상들 가운데 하나가 될 것이다. 즉 도시를 거부하고 첨단 기술의 수혜를 포기하지 않은 채 건강한 전원생활을 동경하거나 실현하려는 양가적 성격이라 할 수 있다.

현대 도시 생태학의 주요 양상이 도시 문명에 대한 천 년의 비판을 계승했다는 것은 결코 우연이 아니다. 과거에는 도시 문명이 신으로부터 멀어졌기 때문에 비난받았다면, 오늘날에는 그것이 자연으로부터 동떨어졌다는 이유에서 지탄받는다. 이렇듯 서구 도시 사상사에서 도시는 인간의 숙명적 타락을 불러올 수밖에 없는 가공할 힘으로 인식되어 왔다.[407]

과학주의

앞절에서 자세히 살펴본 것처럼 도시계획 개념은 스페인 건축가 세르다가 제안한 용어이다. 최초로 발명됐을 때부터 도시계획이라는 용어는 두 개의 상이한 수순을 지칭했다. 무엇보다 도시계획 개념은 자율성을 천명하면서

---

405 Wright, F. L., *The Living City*, New York, Horizon Press, 1958.

406 Bonfill and Véron, 앞의 책, p.80.

407 위의 책, p.81.

도시의 개념화에 대한 하나의 과학이기를 갈망하는 새로운 학술 분야를 지칭했으며 이와 더불어 도시 공간과 관련된 제반 사실에 대한 완결된 제어 가능성을 상정했다. 이때 두 개의 흐름으로 분류될 수 있는 이론의 수립을 목적으로 삼는다. 하나는 진보적 흐름으로서 진보와 생산성을 겨냥하며, 다른 하나는 문화주의적 흐름으로서 인문주의적 목표에 초점을 둔다.[408] 도시 기호학은 바로 그 같은 두 번째 흐름을 반영한다고 할 수 있을 것이다.

그렇지만 이 두 흐름의 차이점에도 양대 진영의 이론은 동일한 절차에 토대를 둔다는 점에 유념할 필요가 있다. 이를테면 기존 도시의 비판적 분석, 구성 가능한 도시 모델, 그리고 무로부터ex nihilo 재생될 도시 공간의 구축 가능성을 말한다. 진보주의적 모델을 옹호한 진영에는 앞장에서 상세하게 다룬 CIAM과 르 코르뷔지에가 있으며, 이들은 모종의 전통 도시 공간의 해체를 궁극적 목표로 제안했다.

진보적 모델을 추구한 근대 도시계획의 과학적 주장은 곧바로 동일 시기에 이미 그 담론의 입지가 약화됐다. 잘라 말해 그들이 주장한 "객관적이며 중립적인 공간이라는 가정"은 호된 비판을 면치 못했다. 도시 구획 정비의 이면에 존재하는 정치적 이데올로기적 본질, 달리 말해, 그 같은 도시 공간 구획의 조직화의 기저에 도사린 가치의 선택이 분명하게 드러났기 때문이다. 다양한 학술 분야가 상이한 관점을 통해 도시 공간의 구조와 조직을 설명하는 데 기여할 수 있다는 점에서 도시에 대한 규범적 학문은 그 자체가 모순적 개념이라 할 수 있다. 도시 지리학, 도시 사회학, 도시 인류학, 도시 철학, 도시 기호학 등 도시 인문학의 다양한 이론과 성찰을 통해 도시계획 이론 자체가 시대착오적, 유토피아적 허구를 실체적으로 노출한 이데올로기라는 점이 드러났으며 다양한 의미의 켜들이 얽힌 도시 현실을 모델화하는 것은 전형적인 환원적 장치, 즉 인공적으로 축소된 일정 조건에 기초해 구성된 총체주의적 도구라는 점이 밝혀졌다.

이와 동시에 다른 한편으로 도시계획이라는 관념은 단지 실용적 차원

408 Choay, F., *Urbanism: utopies et réalité,* Paris, Seuil, 1965.

을 포함할 뿐 과학적 주장을 내세우지 않는 기술적 수순을 지칭하기도 한다. 풀어 말해 새로운 도시 공간 건설을 통해 사회를 변화시킬 수 있다는 과도한 확신을 자제하고 보다 겸손하게 공학과 기술의 효율성에 기초해 도시의 인구 증가와 유동성을 조절하고 조직화하는 것을 모색하는 것으로 국한됐다.

근대의 도시계획가들이 창조하려 했던 공간은 대규모 공장, 창고, 대형 산업의 공간보다는 오히려 만국 박람회나 제품 박람회, 금융 공간, 국제회의 장소를 비롯해 보이지 않는 다양한 만남을 실현하는 공간이었다. 다시 말해 생산 공간보다는 근대화를 상징하는 풍요로운 상품의 전시장을 만드는 작업이 더 중요하게 다뤄졌다.

도시적 형상화는 한편으로는 건축가의 규칙을, 다른 한편으로는 유토피아적 모델을 지시한다. 바로 이 같은 이중적 운동이 근대 도시계획의 생성을 특징짓고 있는 것이다. 바로 이 지점에서 심각한 문제가 대두되는데 근대 도시계획의 유토피아적 모델은 문화적 특수성을 너무나 쉽게 무시하는 보편화의 능력을 스스로 부여했고 이 점을 극명하게 보여준 것이 바로 르 코르뷔지에의 도시 건설 계획 이론과 실천이라 할 수 있다. 근대 도시계획 담론에서 표면적으로는 대립적인 것으로 나타나는 두 개의 상이한 전통이라 할 수 있는 CIAM의 진보주의적 전통과 하워드가 구상한 전원도시[409] 등의 문화주의적 전통은 과거에 대한 향수와 진보주의라는 형상을 취하면서 시간의 두 가지 근본적 축을 형성하는 과거와 미래 속에서 기본 방향을 설정했다는 점에서 앞서 지적한 유토피아적 모델에 속한다고 말할 수 있다.[410]

하지만 오스만 유형을 따랐던 세르다의 도시계획은 산업 시대에 이뤄진 도시계획 탄생의 상징으로서 절대 자신을 유토피아적인 것으로 표상하지 않았으며 교통 순환의 우선권을 중시하는 또 다른 법칙에 기초한다. 따

---

409 Howard, E., *Garden-Cities of To-Morrow,* BiblioBazaar, LLC, 2009.

410 Choay, 앞의 책, p.15.

라서 산업 시대의 교통 순환 공간이 세르다가 '어버니즘'이라 명명한 새로운 학술 분야와 동시에 출현했다는 점은 의미심장하다. 근대 도시계획에서 각각 국가와 과학이 맡은 역할을 상징화하는 오스만과 세르다의 작업은 그 이전까지 존재했던 도시계획 개념과의 단절을 표상하기는커녕 오히려 그 같은 기획을 더 철저하게 공고화시켰다는 진단이 더 적확할 것이다.

근대 도시가 직면한 또 다른 어려움은 이념과 현실의 괴리라 할 수 있다. 근대적 도시 공간의 합리성과 투명성에 대한 근대 도시계획가의 이론적 담론은 대중으로 하여금 도시가 완벽하게 제어될 수 있다는, 실증적으로 확인된 바 없는 가설에 맹목적 신뢰를 부여하도록 현실을 호도했다. 이들의 논리는 순진할 정도로 단순했다. 완벽한 도시의 꿈을 실현하려면 도시에 대한 완벽한 관념을 구성하는 것으로 족하다는 이념이 팽배해 있었던 것이다. 하지만 이들의 논리는 진정한 도시 공동체가 이 같은 인위적인 계획으로 성취되는 것이 아니라 오히려 구성원의 자유, 상상력, 아울러 일정한 자유방임으로부터 자유롭게 창의적으로 생성될 수 있다는 중요한 사실을 놓치고 있었다.

근대적 도시가 선보인 꿈들은 도심과 교외에서 매우 이질적인 다양한 괴물의 건물을 쏟아냈으며 특히 절대 권력을 상징하는 흉물스런 건축물을 만들어내는 것도 다반사였다. 인류의 건축사에서 20세기는 도시계획가의 유토피아적 꿈과 무소불위의 권력이 연대하고 공범하며 가장 파상적으로 그 같은 권력의 비극적 경험을 노출시킨 생생한 장을 연출했다.

유토피아주의

도시의 도덕적 성찰의 또 다른 경향은 도시 속에서 사회적 관계와 정치적 관계를 파악하면서 선善을 향해 인간이 비상할 수 있는 수단을 다름 아닌 도시에서 발견했다는 사실이다. 개인적 도덕 대신 인간을 올바른 길로 유도하는 것은 사회의 엄격한 조직이다. 대체로 구원의 도시는 현실의 불안정하고 타락한 도시에 대한 대안으로서 제시된 상상의 도시들이다.[411]

---

411 Bonfill and Véron, 앞의 책, pp.81-86.

이상적 도시 공간 조직의 추구는 태고로 거슬러 올라간다. 플라톤Platon의 『공화국』은 도시의 최초의 기능 가운데 하나인 경제적 교환에서 출발한다. 플라톤에 따르면 인간은 노동 생산물을 교환하기 위해 도시에 모여 살았다. 이 같은 필요성으로부터 플라톤은 엄격한 사회적 시스템을 구성하는데, 그것은 교육을 비롯해 사회 전체의 엄격한 수직적 조직을 핵심적 수단으로 사용하여 인간이 선을 발견하도록 만들기 위해 인간을 시골 생활로부터 단절시킨다. 즉 인간의 비상을 위해 인간을 총체적 소명을 가진 사회적 이데올로기적 시스템 속에 가두어놓는다. 그렇지만 현실의 도시에서 동떨어진 채 그처럼 엄격하게 짜인 시스템 속에서 인간은 개인의 자유를 누리지 못한다. 한마디로 플라톤의 공화국은 추상적 관념이었다. 반면 19세기 사회주의자들이 꿈꾼 유토피아는 빈번하게 사회적 조직만큼 도시 형태의 구체적 모델을 제안했다는 점에서 근본적으로 상이한 양상을 띠고 있다.

기독교에서 탄생한 도시 유토피아들 역시 대동소이하다. 그 유토피아들은 탁발 수도회에서 그 기원을 찾을 수 있다. 14세기, 유럽의 주요 도심 공간에 수도원을 다시 도입했던 도미니크회와 프란체스코회 수도사들은 기독교의 상상계 속에서 도시들의 새로운 가치 매김을 주도했다. 영국의 인문주의자 모어는 1516년 그의 저서 『유토피아』를 출간했는데 플라톤과 마찬가지로 그의 이상적 세계엔 건축과 공간 형태의 관심은 존재하지 않는다. 그렇지만 그는 일상에서의 도시계획의 훌륭한 기능 작동에 방점을 찍고 있다. 하지만 『유토피아』의 본질적 내용은 만민이 평등하게 권리를 누리는 사회적 조직에 있었다. 유토피아 도시는 무엇보다 정치적 조직의 새로운 시스템의 특권적 벡터였던 것이다.[412]

유토피아에 이어서 나온 상상의 상이한 도시적 창조물들은 구원적 도시의 본질적 의탁으로서 사회적 조직이 공간적 조직으로 옮아가는 것을 보여준다. 시간이 흘러갈수록 유토피아는 실천에 옮겨지기 위해 구상됐으며 그것의 구체적 성격은 더 정확히 정의되고 그것의 정식화는 정치적 행

---

412 위의 책, p.83.

동과 접맥됐다. 1610년부터 이탈리안 수도사였던 토마소 캄파넬라Thommaso Campanella는 사회적 혁명에 참여한 죄로 20년 동안 감옥에 수감됐다 풀려난 뒤, 유배지였던 파리에서 쓴 『태양의 도시』에서 일종의 통합적 공산주의가 적용되는 새로운 도시 유토피아를 묘사했다.[413] 그의 묘사는 모어의 저술보다 훨씬 더 상세하다. 도시는 일곱 개의 중심 지대로 분할되고 네 개의 대도로가 그 지대를 연결시킨다. 어쨌거나 유토피아의 창조자들은 도시 형태 분야에 있어 도덕주의자들이었으며 발명자들은 아니었다는 점을 분명히 환기할 필요가 있다.[414]

서구 사상사에서 19세기는 도시 유토피아에서 가장 비옥한 세기였다. 18세기 말부터 제시된 클로드-니콜라 르두Claude-Nicolas Ledoux의 프로젝트와 더불어, 1820년대와 1830년대부터 이뤄진 생시몽 사상과 콩트의 실증주의의 항적 속에서 이 같은 도시 공간 유토피아들은 제조 산업의 놀라운 팽창이 제기하는 사회적 문제의 해결책을 찾아줄 것으로 보였다. 푸리에와 그의 제자 빅토르 콩시데랑Victor Considérant은 도시 생활의 일종의 기초적이며 자율적인 단위라 할 수 있는 '팔랑스테르phalanstère'를 발견했다. 이것은 울타리가 쳐진 동일한 공장 속에서 주거지, 교육 장소와 여가 장소를 조합한 장소이다.[415] 이 같은 유토피아들 가운데 몇 개는 실행에 옮겨졌으나, 다른 것들은 순전히 상상으로만 남았다. 이를테면 사회주의자 프루동이 꿈꾼 파리의 개조가 그런 경우이다.[416] 실현 여부와 상관없이, 이들 창조물들 각각은 도시 생활을 전체적으로 재발명하려는 새로운 시도였다. 하지만 그 이전 시대와 달리 도덕적 판단이 문제의 관건이 아니었다.[417] 도시와 시골 사이의 전통적 균형은 농업혁명과 산업혁명으로 단절됐으며 일반적으로 사회주의자였던

---

413 Campanella, T., *La Cité du soleil,* Paris, Vrin, 1950.

414 Loupiac, 앞의 책, 근대 유토피아 모델에 대해서는 pp.32-36, 17세기와 18세기의 상상된 도시들에 대해서는 pp.37-48.

415 Fournier, C., *L'Harmonie universelle et le Phalanstère,* Paris, Librairie phalanstérienne, 1849.

416 Proudhon, P. J., *Du principe de l'art et de sa destination sociale,* Paris, Garnier Frères, 1865.

417 Loupiac, 앞의 책, p.84.

유토피아주의자들은 이 두 세계의 상보성을 축성하기보다는 두 세계 사이의 구별을 붕괴시키려 노력했다.

한편 20세기 근대 도시계획 담론의 주요 인물인 하워드, 라이트, 르코르뷔지에의 도시 사상의 유토피아적 속성은 이미 이 분야의 고전인 로버트 피시맨Robert Fishman 교수가 탁월하게 조명한 바 있다.[418] 이들 세 명의 근대 도시계획가는 도시 문제를 하나의 전체로 간주했으며 개별 도시에 고안된 단기적 해결책의 불가피한 한계로부터 벗어나기를 원했다. 근대 도시계획의 세 대가는 자신들의 이론을 삼차원의 모델에 토대를 두고 20세기의 이상적 도시를 제시하려 했다. 도시 재건과 사회적 혁명을 염두에 두면서 이들이 제시한 세 개의 이상적 도시전원도시, 평원도시, 빛나는 도시는 진정한 유토피아를 구현하려 한 시도로서, 결코 경멸적 의미에서의 유토피아, 즉 모호하고 실현 불가능한 꿈이 아니었다.[419] 그것은 현재의 급박한 상황을 초월하는 사유로서 앞으로 도래할 수미일관적인 행동 프로그램으로 정의할 수 있는 것이었다.[420]

피시맨은 이 세 사람의 도시계획 이론 선구자의 역사적 맥락을 재포착하면서 정치적 사조와 사상의 시대정신과 지적 기류를 파악한다. 이는 세 개의 이상 도시 디자인에 있어 세 명의 도시계획가의 혁신을 혁명적 목적과 연결하는 작업이라 할 수 있다. 아울러 이들 이상형의 도시에 대해 건축적 형성과 사회적 내용의 동일성을 복원하는 작업이기도 하다. 그는 이상적 도시를 평생 추구했던 이들 세 명의 상상력, 의지, 활력의 근원을 탐문한다. 그들은 모두 자신의 사회가 새로운 종류의 도시를 필요로 한다는 것을 철석같이 믿었다. 그들은 기존 도시를 철저히 재구성해 당대의 도시 위기를 해결할 뿐만 아니라, 사회적 위기까지 해결할 것이라 믿었다. 이들은 모두 도시계획

---

418 Fishman, R., *Urban utopias in the twentieth century: Ebenezer Howard, Frank Lloyd Wright*, MA, The MIT Press, 1982.

419 Loupiac, 앞의 책, pp.65-82.

420 Fishman, 앞의 책, p.10.

원칙의 총체적 재사유를 위한 계제가 도래했다고 판단했던 것이다.[421] 이들 세 명의 도시계획 사상가는 단지 옛 도시의 개선을 추구하지 않았고 도시계획의 총체적 변형을 수반하는 도시 환경을 추구했다.

이 세 개의 이상적 도시에는 부와 권력의 분배에 철저한 변화를 가져올 세부 프로그램이 마련되어야 한다. 이들 세 명의 도시계획가는 그 같은 변화를 도시 디자인 혁명 완수의 필수 요소로 보았다. 세 개의 이상 도시는 "절대 실제 프로젝트의 청사진으로 착상되지 않았다. 그것은 미래를 위한 도시의 이상적 유형이었으며 세 사람 각각이 옹호했던 일반 원칙을 구체적 사례로 보여주고자 고안된 엄밀하게 디자인된 정교한 모델이었다."[422]

이들 세 명의 도시계획가는 산업사회가 궁극적으로 조화롭다고 믿었다. 이들의 판단에 따르면 초기 산업혁명의 갈등은 오직 일시적 골칫덩어리며 불가피하게 새로운 조화의 시대가 도래할 것이었다. 한마디로 이들에게 역사는 곧 진보의 역사였다.[423]

---

421 위의 책, p.3.

422 같은 책, p.5.

423 같은 책, p.13.

제3장 • 도시 사회과학 담론의 근대 계보

서구에선 19세기에 이뤄진 사회과학의 제도화 이후 도시 문제는 사회과학 형성 초기부터 상이한 학술 분야의 연구 대상 가운데 하나로 탐구됐다. 마르크스, 에밀 뒤르켐Émile Durkheim, 베버, 짐멜 등 초기 사회학의 이론적 설립자들을 비롯해 지리학, 경제학, 인류학, 역사학 등에서 도시의 본질에 대한 다양한 이론, 모델, 개념을 축적해왔다. 도시 공간과 관련된 사회과학 담론의 역사를 체계적으로 정리하는 것은 이 책의 범위를 훌쩍 뛰어넘는 방대한 연구 과제라는 점에서 본 장에서는 도시 기호학의 사상적 정초를 마련함에서 인식론적 연관성을 가진 주요 도시 사상가들의 계보를 정리하는 것으로 국한한다. 또 하나 지적할 사항은 도시 사회과학과 도시 인문학의 경계가 생각하는 것처럼 확연하게 그어지기 어렵다는 사실이다. 예컨대, 근대성의 풍경을 오롯이 담고 있는 탁월한 공간으로서의 도시에 대해 독일 사회학의 태두인 짐멜이 제시한 성찰은 도시 사회학의 초기 역사를 장식함과 동시에 4장에서 다룰 도시 인문학의 전범이라는 점에서 두 범주 모두에 속한다고 봐야 할 것이다. 또한 르페브르의 도시 공간 사상 역시 사회학과 철학 모두에 속한다는 점에서 하나의 범주에만 배타적으로 소속시키는 것 역시 적절치 않기에 분류상의 어려움이 따른다.

본 장에서는 크게 도시 공간을 정치경제학의 시각에서 파악했던 지적 계보에 속하는 초기 사회학과 정치경제학의 설립자였던 마르크스, 엥겔스, 베버를 비롯해 프랑스의 대표적 도시 사상가인 르페브르의 주요 이론과 그로부터 영향을 받은 하비의 도시 이론을 한 축으로 삼고, 두 번째 축에서는 시카고학파Chicago School의 도시 공간 이론을 소상하게 정리한 후, 이 계열과 간접적으로 연관된 프랑스의 도시형태학 이론의 설립자 알박스에 대해 살펴볼 것이다.

초기 사회 과학자들의 도시 공간 인식

1. 마르크스의 도시 개념: 소외와 해방의 이중성

도시 사회과학 담론의 계보를 파악하는 데는 무엇보다 초기 사회학의 창시자들인 마르크스, 엥겔스, 베버 등에 대한 간략한 이해가 필요하다. 특히 근대 도시 사상사에서 마르크스의 저술과 그의 지적 계보를 언급하는 것은 필수적이다. 그 정도로 마르크스의 이론은 1960년대와 1970년대에 걸쳐 도시 사회학 분야의 인식론적 중핵을 차지한다고 말할 수 있다.[424] 르페브르의 표현을 빌리자면, 비록 마르크스가 엄격한 의미에서의 도시 사회학자는 아닐지라도 도시 사회학은 마르크스주의로부터 탄생했다고 볼 수 있다. 설사 마르크스 저술에서 도시 문제가 별도로 다뤄지지는 않았다 해도 도시는 마르크스의 정치경제학의 이론적 체계화를 수립하는 주요 원칙들을 통해 논리적으로 포착될 수 있다. 이를테면 상이한 계급 관계의 형성에서 국가가 맡는 역할을 비롯해 계급투쟁을 거쳐 사회 경제적 구조들의 심층적 의미에 이르기까지 거의 모든 마르크스 이론의 주요 문제에서 도시 문제를 연역할 수 있다.[425]

1867년 출판된 『자본』에서 마르크스는 조금 전 언급한 엥겔스의 현장 보고를 참조해 도시는 물론 농촌 노동자들이 갈수록 최악의 조건으로 치닫는 거주지의 진화에 대해 좀 더 세밀한 기술을 제공한다. 그렇지만 산업도시의 괴물성이 탈도시화를 비롯해 대지로 다시 돌아가려는 귀환을 꿈꾸는

---

424 다음 문헌 참조.
Stébé, J. M. and Marchal, H., *Sociologie urbaine,* Paris, Armand Colin, 2010, pp.13–28.

425 마르크스주의와 도시의 관계에 대한 개괄적 연구물을 참조할 것.
1. Katznelson, I., *Marxism and the City,* Oxford, Oxford University Press, 1992.
2. Lojkine, J., *Le Marxisme, l'État et la Question Urbaine,* Paris, Presses Universitaires de France, 1977.
3. Merrifield, A., *Metromarxism: A Marxist Tale of the City,* New York, Routledge, 2002.

지적 운동을 촉발시켰던 무렵 마르크스는 모든 전통적 구조들이 격변의 소용돌이 속에 빠져 있던 시대에서 단지 촌락으로 귀환해 전원의 환희를 되찾을 수 있다는 환상을 경계했다. 또한 『자본』에서 마르크스는 이른바 일정한 주거지 없이 떠돌이 생활을 하는 하류 프롤레타리아의 문제를 날카롭게 지적한다. 그와 동시대인이었던 오스만은 이들 떠돌이 하층민을 일러 '유목민 nomades'이라고 냉소적으로 불렀고 파리 노동자 인구의 상당 부분을 차지하는 이들이 도심을 파괴하고 있다고 주장했다.[426]

한편 마르크스는 1850년대 말에 집필한 『정치경제학 비판 요강』[427]에서 도시의 경제적 실존성과 유기체적 본질을 지적했다. "도시의 집합에서는 공동체 자체가 하나의 경제적 실존을 가진다. 도시 자체의 현존은 독립적인 기구들의 단순한 다수와는 다르다. 여기에서 전체는 그것의 부분들로 구성되어 있지 않다. 그것은 일종의 자립적인 유기체이다."[428]

특히 그는 역사적 물질성 측면에서 도시 일반이 맡는 핵심적 역할을 강조했다. 여기에서 마르크스가 말하는 역사적 물질성은 지배자와 피지배자 사이의 모순과 갈등에서 비롯된 생활양식에서 발현되는 물질적 조건의 진화를 말한다. 마르크스는 이 책에서 도시는 두 개의 사회적 계급, 즉 부르주아와 프롤레타리아 사이의 갈등이 전개되는 무대라는 생각을 피력한다. 그 결과 도시는 그 형태가 무엇이건 경제 발전의 장소를 구현한다. 따라서 도시는 사회적 변형들뿐만 아니라, 새로운 노동 방식, 새로운 삶의 리듬의 발명을 관찰하기 위한 탁월한 공간이 된다.

특히 1845년부터 1848년까지 마르크스와 엥겔스가 공저한 『독일 이데올로기』[429]에서 마르크스는 가장 명시적으로 도시에 대한 관심을 표현했다. 무엇보다 그는 도시의 출현과 도시의 정치적 본질을 설파했다. "도시의 출

---

426 Ragon, M., *Histoire de l'architecture et de l'urbanisme modernes, 1. idéologies et pionniers 1800-1910,* Paris, Casterman, 1986, pp.50-56,

427 칼 마르크스, 김호균 옮김, 『정치경제학 비판 요강 1, 2, 3권』, 그린비, 2007.

428 위의 책, 제1권, p.107.

429 칼 마르크스, 박재희 옮김, 『독일 이데올로기』, 청년사, 2007.

현이란 동시에 행정, 경찰, 조세 등 요컨대 통치 제도의 출현을 필연적으로 내포하고 있으며, 따라서 정치라는 것의 필연성을 내포한다."[430]

이 책에서 도시는 국가 차원에서 진행되는 노동 분화에서 비롯된 기본적인 생활 형식으로서 정의된다. 이렇게 해서 특정 노동 활동의 유형들을 수용하는 도시는 촌락과 대립된다. "물질적 노동과 정신적 노동 간의 가장 중요한 분화는 도시와 농촌 간의 분화이다. (…) 사실 도시는 이미 인구, 생산용구, 자본, 향락, 욕망의 집중체인 데 반해, 농촌은 그와 정반대의 사실, 즉 고립화와 개별화로 나타난다. 도시와 농촌 간의 이 대립은 오직 사유재산제의 틀 안에서만 존재할 수 있다."[431] 그렇지만 마르크스의 도시 개념에서 도시는 사회 진화에서 일차적이거나 결정적인 요인은 아니며 도시의 운명은 오히려 사회구조의 진화에 달려 있다. "한마디로 도시라는 대상은 여기에서 세계사 속에 끼어 있다."[432]

마르크스와 엥겔스의 정치경제학 이론에 따르면 세계사의 흐름에서 노동 분화의 상이한 시대가 이어지며 그 각각의 단계에는 상이한 재산의 소유 형식이 상응한다. 특히 도시는 촌락의 소유 재산을 특징짓는 봉건적 사유재산과 판이한 소유 양식을 보여준다. 촌락에서 영주는 농부, 특히 극빈자를 착취하는 반면, 도시는 오히려 협동조합 재산권의 형식에 속하며 이 같은 재산권은 협동조합에 속하는 직업들의 조직을 직접적으로 지시한다. 도시는 개인이 협동조합의 재산권의 원칙에 따라 스스로 조직화하면서 자신의 자유를 획득하는 장소이다. 하지만 도시는 그것이 육체노동이 아닌 지적 작업의 장소라는 점에서 촌락과 대립된다. 여기에서 말하는 지적 작업은 인력과 사물의 관리, 세금과 경찰의 서비스 등으로 귀결되는 일체의 활동을 말한다. 도시는 그것의 강력한 인구 집중화, 산업 생산 도구의 집중화, 자본의 집중화, 심지어 쾌락과 욕구의 집중화로 특징지어진다.

---

430 위의 책, p.90.

431 같은 책, p.90.

432 Stébé and Marchal, 앞의 책, p.15.

“대공업은 곧 경쟁을 일반화하며 교통수단과 근대적 세계 시장을 만들어 냈고 또한 상업을 자기 자신에게 예속시켜 모든 자본을 산업자본으로 전환했으며 또한 신속한 유통체계금융제도의 완성와 자본의 집중을 만들어 냈다.”[433] “대규모 산업은 노동과의 관련해 가능한 한 노동의 모든 자연적 성격을 파괴했고 또한 화폐 관계에서도 모든 자연 발생적 관계를 해체해 버렸다.”[434]

도시화 과정과 관련해 마르크스는 도시가 개인 사이의 상호 의존성을 강화시켰다고 보았다. 도시화된 개인은 자신의 개인적 욕구를 만족시키는 차원에서 타자에게 의존할 수밖에 없으며 바로 그 같은 상호의존적 관계로부터 동시 발생적으로 개인 사이에서의 고립과 경쟁이 늘어난다. 요컨대 도시는 궁극적으로 하나의 새로운 상호 의존성의 유형에 고유한 형태를 부여한 것이다. 풀어 말해 도시의 개인은 서로 연결되어 있으면서 동시에 고립되어 있어 그들은 사회적 관계의 물질적 형태를 스스로 선택하지 못하는 수동적 노동력이 된다. 여기에서 말하는 사회적 관계는 사적 이해관계와 사유재산을 중심으로 분절되는 일체의 관계를 지칭한다. 이런 의미에서 도시는 도시 거주자에게 경우에 따라 수단으로서의 노동과 목적으로서의 욕구에 중심을 둔 삶의 특정 물질적 조건을 부과할 뿐이다.

도시가 부르주아 계층과 프롤레타리아 계층을 대립시키는 계층적 대립 구조가 탄생하는 무대라 할지라도, 이와 동시에 도시는 분명한 이해관계와 대립들로부터 공동체적 의식이 실현되는 장소라는 특이한 사실을 기억할 필요가 있다. 마르크스의 분석에서 도시는 모호한 자리를 점유하는데, 그 이유는 도시가 이상적 사회의 도래를 가로막는 주요 방해물인 동시에 미래의 이상 사회를 실현해줄 적절한 영토로 간주되기 때문이다. 풀어 말해 도시는 촌락을 지배하고 소외시킨다는 점에서 이상적 사회의 방해물이지만, 동시에 공동체 조직의 윤곽을 잡을 수 있는 노선을 보여준다는 점에서 사적 이해

---

433 마르크스, 『독일 이데올로기』, p.102.

434 위의 책, p.103.

관계를 붕괴시킬 일종의 공산 사회의 전주곡이다. 도시에 대한 마르크스의 시각에서 노출되는 이 같은 모호함은 1960년대와 1970년대에 활동한 프랑스의 마르크스 사회학자들에게서도 동일 양상으로 나타나는데, 이들은 도시를 자본주의적 기술 관료적 사회에서의 소외의 장소로 간주하면서도 동시에 유토피아의 실현에 유리하며, 국가독점자본주의에 맞선 투쟁에 우호적인 공간으로 도시를 인식했다.[435]

마르크스는 프롤레타리아의 자기 조직, 가능한 자치 방식을 사유하는 데 총력을 기울였다. 이 지점에서 그는 해방과 자유의 이론가, 자본주의 지배의 종언을 예고했던 이론가로 모습을 드러낸다. 마르크스 이념에서 수립한 방향 설정의 장점 가운데 하나는, 도시 공간을 구조화시키려고 시도한 경제적, 정치적, 제도적 논리들을 가시화시켰다는 데 있다. 마르크스 사상으로부터 영감을 받은 프랑스 도시 사회학은 도시에서 국가가 부과한 사회적 정치적 질서를 보려 했다. 그때부터 도시계획은 국가라는 상부로부터 부과된 선택들을 통해 사회적 분화들과 지배 이데올로기를 재생산하는 정치적 행위로서 간주됐다.

주지하다시피 마르크스는 프롤레타리아와 부르주아 계층 등 산업자본주의가 생산한 새로운 사회적 계급에 관한 폭넓은 저술을 남겼다. 물론 그는 단지 두 개의 사회 계층만 존재한다는 생각을 일찌감치 포기했다. 프랑스의 1848년 혁명의 원인 분석에서 그는 일곱 개의 사회 계층 무리를 구별했으며 각각의 무리가 새로운 정부를 지지하거나 대립했던 이유를 설명했다. 도시의 산업 노동자들과 영세 자영업자들은 혁명을 지지해야 했는데 그 이유는 자신들의 경제적 정치적 이득이 정부 교체로부터 획득될 수 있었기 때문이다. 반면 전원에 사는 농부들과 도시에 거주하는 대규모 상인들은 새로운 정부가 들어서는 것에 저항했는데 그 이유는 그들의 사회적 이득 확보가 현 정부를 유지하는 데 달려 있었기 때문이었다. 또한 마르크스는 자본과 노동의 이해관계가 결코 동일하지 않다는 사실을 인지했다. 이것은 당시 경제 이

---

435 같은 책, pp.17-18.

론에 견주어 결정적인 인식의 단절이라 할 수 있다.[436] 그는 생산 비용과 상품이 시장에서 판매되는 가격 사이의 차이에서 이윤이 비롯되기 때문에 자본주의 생산자들은 어떤 식으로든 생산 비용을 줄이는 방책을 갈구할 것이라 진단했다.[437] 이 같은 마르크스의 분석은 19세기의 산업자본주의를 설명하는 데 적절했을 뿐만 아니라 오늘날의 독점 자본주의를 이해하는 데 여전히 유효하다고 볼 수 있다. 하지만 마르크스는 그의 명저 『자본』에서 도시 공간 자체에는 그다지 많은 분량의 글을 할애하지는 않았다.

2. 엥겔스의 도시 관찰과 비판

독일에서 방적업을 운영하던 부유층 집안 출신이었던 엥겔스는 20대 초반 청년기부터 마르크스와의 공동 연구에서 일찌감치 도시 문제에 관심을 가졌다. 영국 프롤레타리아 운동의 생생한 현실을 현장에서 목격하고 싶은 전의를 불살랐던 청년 엥겔스는 도시 공간 내부에서 작동하는 자본주의의 비인간적 풍경을 동시대의 그 누구보다도 예리하게 관찰했던 인물이라 할 수 있다. 그의 현장 보고는 그 유명한 『영국 노동자계급의 상태』에 고스란히 실려 있다. 1842년 가을 영국으로 건너가 2년을 보내면서 치밀한 관찰과 학술적 연구를 동시에 병행하면서 완성한 청년기 저술의 의의를 에릭 홉스봄Eric Hobsbawm은 다음과 같이 서술한 바 있다.

"노동자계급 상태의 단순한 조사 보고서가 아니라 산업자본주의의 전개, 그리고 노동운동의 발생을 포함해 산업화와 그것의 사회적, 정치적 귀결이 초래한 사회적 충격에 대한 일반적 분석이었다는 점"[438]을 지적한 홉스봄

436 Gottdiner, M. and Hutchison, R., *The New Urban sociology,* Philadelphia, Westview Press, 2011, pp.76-80.

437 Marx, K., *Capital,* New York, International Publishers, 1967(1867). (한국어 번역본) 칼 마르크스, 김수행 옮김, 『자본론』, 비봉출판사, 2004.

438 프리드리히 엥겔스, 박준식·전병유·조효래 옮김, 『영국 노동자계급의 상태』, 두리, 1988, 홉스봄의 서문(pp.5-17), p.7.

의 종합적 평가에 따르면 이 책은 도시 사회과학의 한 전범이다. "사회과학의 매우 완숙한 기여로서 자본주의적 공업화와 도시화의 사회적 충격을 분석해냈다."[439]

특히 엥겔스는 자본주의가 두 가지의 집중화 경향을 띤다는 점을 주목했다. 그의 분석에 따르면 자본주의는 자본 투자 또는 화폐를 비롯해 노동자들을 도시 공간에 집중화시킨다. 그는 이 같은 집중화 과정은 화폐와 노동력의 대규모화를 동반하고 이 둘의 근접성을 확보함으로써 산업 생산을 수월하게 해주었다는 진단을 내리고 있다.

엥겔스가 던진 본질적 물음은 '자본주의가 만들어내는 노동자계급의 종류가 무엇이며 그들의 생활 조건과 물질적 조건이 촉발시키는 개인적, 집단적 행동의 성격은 무엇인가'였다. 투박하게 말해 엥겔스는 자본주의는 산업화 이전에 존재했던 전통적 도시 생활환경을 배경으로 갖고 있던 새로운 프롤레타리아를 사회의 지옥으로 내몰았다고 보았다.

또한 엥겔스는 영국의 맨체스터 도시에서 전개된 산업도시화의 구체적 양상을 참조하면서 투자는 구도시 중심부에서 벗어나 도시의 주변부로 확대되어 나갔다는 사실을 환기했다.[440] 엥겔스는 도심부의 성장을 단일 중심이 아닌 다중적인 중심들로 파악했다는 점에서 현재의 도시 사회학에서 상당한 영향력을 행사하는 사회 공간 접근법을 예고한다.[441] 엥겔스는 도시 성장은 구체적 계획을 따라 진행되지 않으며 정부 기획으로 규제되거나 조절되지 않은 자본주의는 소형 중심부들을 양산하면서 하나의 공간적 '카오스'를 생산했다는 점을 지적했다.

특히 엥겔스의 독창적 관찰과 기록 가운데 하나는 전통 사회의 파열과 자본주의의 작동으로 야기된 인간적 비천함이라 할 수 있다. 그는 앞서 든 맨체스터 도시를 비롯해 영국의 여러 도시에서 최악의 빈곤과 비천한 경제

---

439 위의 책, p.11.

440 Ragon, 앞의 책, pp.98-103.

441 Gottdiner and Hutchison, 앞의 책, p.77.

적 사회적 상황의 수많은 사례를 치밀하게 묘사했다. 런던의 유명한 세인트 질레 빈민굴에 대한 엥겔스의 묘사는 적절한 예이다.

"그러나 이러한 모든 것도 도로 사이의 뒷골목에 있는 집들과 비교하면 아무것도 아니다. 집과 집 사이의 복도를 통해 들어갈 수 있는 이러한 거주 형태는 그 불결함과 집의 흔들거림이 말로 표현하기 어려울 정도이다. 창유리는 거의 보이지 않고 벽들은 부스러져가고 있다. 문기둥과 창틀은 헐거워지거나 깨져 있으며 낡은 판자로 된 문들이 못으로 박혀 있다. 쓰레기더미가 여기저기 널려 있으며 문 앞에서 흘려보내는 폐수가 악취를 풍기는 웅덩이로 모여든다. 여기에는 가난한 사람 중에서도 가장 가난한 사람들이 살며 가장 낮은 보수를 받는 노동자들이 절도범이나 매춘의 희생자들과 함께 무차별하게 모여 산다."[442]

청년 엥겔스는 외부인의 눈에 그 이전에 한 번도 노출된 적이 없는 빈곤한 노동자 계층 지역의 속살에서, 거의 구토에 이를 정도의 빈곤과 결핍의 그림을 생생하게 묘사한다. 청년 엥겔스가 맨체스터에 도착했을 때, 사람의 건강을 심각하게 위협할 정도의 토굴 비슷한 판잣집은 약 2만 채에 이르렀으며 썩은 고기를 팔다 고발당한 정육점이 다반사였고 아일랜드 출신의 노동자들은 감자로 끼니를 연명했다.[443] 일례로 맨체스터 구시가지의 극빈 노동자 계층 지역에 대한 엥겔스의 묘사를 살펴보자.

"적어도 2만에서 3만 명의 주민이 사는 이 지역의 건축을 특징짓는 요소들 즉 불결, 황폐, 주거 불가능 그리고 청결, 환기, 건강을 전혀 고려하지 않는다는 점들 (…) 이러한 지역이 영국 제2의 도시이며 세계 최초의 공업 도시인 맨체스터의 심장부에 존재한다. 인간이 얼마나 좁은 공간에서 움직이며 얼마나 적은 공기로 숨을 쉬고 얼마나 적은 문명의 혜택을 받으면서 살아가는지 보고 싶다면 여기를 여행해볼 필요가 있다."[444]

---

442 엥겔스, 앞의 책, pp.61-62.

443 Ragon, 앞의 책, pp.43-50.

444 엥겔스, 앞의 책, p.88.

엥겔스가 보기에 이 같은 도시의 비천함은 별다른 주목을 받지 못한 채, 노동 장소에서 자행되는 착취의 결과였으며 이 같은 착취는 노동자에게 적절한 주택을 제공하지 못한 자본주의의 실패로 설명될 수 있다. 바로 그 같은 이유에서 그는 노동 장소의 조건과 주거 공간의 조건을 연계시켰다. 마르크스 이론가들은 이 같은 주거 공간의 조건을 일러, 사회적 관계의 재생산을 포함하여, 세대를 통해 대물림되는 노동자 계층의 지속적 착취를 가능케 하는 자본축적의 확장된 조건이라고 부르고 있다.[445]

엥겔스는 근대 산업도시가 노동 분화와 노동 착취의 역사적 서사 과정을 입증하는 의심할 나위 없는 증거 표시들을 은폐한다는 사실을 폭로한다. 풀어 말해 그의 야심은 액면 그대로 한 단계씩 이 같은 노동 착취와 분화의 부정적 효과 또는 부산물을 폭로하는 데 있다.[446] 그는 노동과 산업의 도시는 아사와 질병으로 도시 한복판에서 비참하게 죽어가는 질식 상태의 수만 명 노동자의 희생을 대가로 치르고서야 기능한다는 것을 보여주려 했다. 엥겔스의 일차적 의도는 도시 공간의 사실을 철저하게 수집하는 데 있었다. 사실 수집과 통계 사용이 맹목적 이윤 추구를 위해 부르주아 계층이 상시 사용하는 무기라는 점에서 그의 도시 연구 방법론은 양가적 의미를 지닌다고 말할 수 있다.[447] 실제로 도시는 엥겔스의 책에서 다양한 양가성의 형상들로 나타난다. 외부와 내부 사이의 양가적 협상, 군중과 개인, 정신과 성격, 관념과 경험 사이의 다양한 양가적 양상들을 목격할 수 있다.

그가 관찰한 영국의 근대 산업도시는 수많은 강렬한 인상을 심어주고 있으나 그 어떤 의미론적 지시 체계를 제공하지 않으며 심지어 의미 부여마저 지연시킨다. 청년 엥겔스에 따르면 도시 거주자들과 마찬가지로 도시를

---

445 Ragon, 앞의 책, p.77.

446 다음 문헌 참조.
Blanchard, M. E., *In search of the city: Engels, Baudelaire, Rimbaud, Saratoga,* Anma Libri, 1985, pp.35–70.

447 Engels, F., *The Condition of the Working Class in England,* trans. Henderson, W. O. and Chaloner, W. H., Basil Blackwell, Oxford, 1958. p.337. (독일어 원전) Engels, F., *Die Lage der Arbeitenden Klasse in England,* Hannover, 1965, p.4.

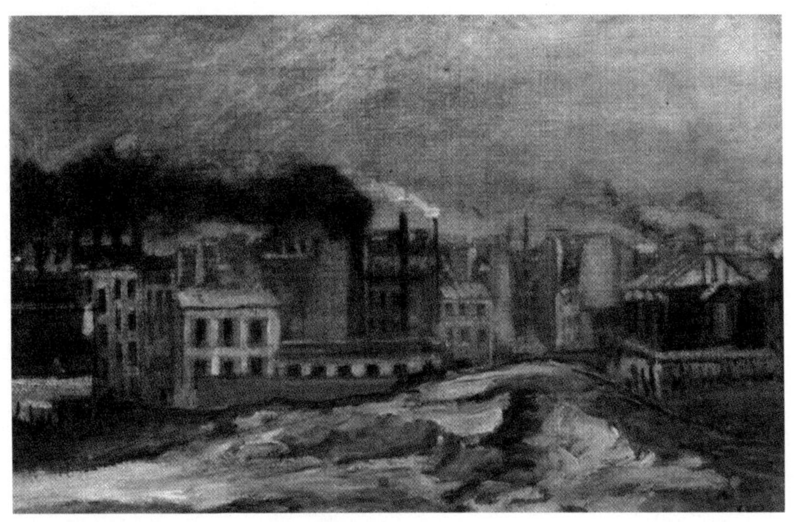

12 테오필 스타인레인, <공장의 풍경>(1895)

건설하는 사람들조차 도시의 구상에서 그 어떤 주도권을 갖지 못하며 감옥에서처럼 단지 도시 공간 내부에 갇힌 형국이다. 비록 도시라는 감옥에는 구체적 창살과 창문이 없으나 그들에게는 탈주의 의지와 희망도 없다.

집중화에 따른 비인간화와 단자적 해체, 그것이 바로 산업도시의 본질이다. "제한된 영역에서 개별 인간들이 한곳에 집중하는 경향이 커질수록 각자의 야만적인 무관심, 사적 이해로의 매몰은 더욱 냉혹하고 불쾌한 것이 된다. 그리고 개인의 고립과 협소한 이기주의가 어디에서나 우리 사회의 근본적인 원칙이라는 사실이 아무리 명백한 것이라고 하더라도 대도시의 인구 집중 현상이 나타난 바로 이곳만큼 그렇게 파렴치하게 뻔뻔스럽고 자기중심적인 곳은 어디에서도 찾아볼 수 없다. 개별적인 원칙과 목적을 가진 단자로 인류가 각각 해체되어버리는 원자의 세계는 여기에서 그 극한까지 이뤄진다."[448]

그는 도시라는 공간 거점을 삶에 총체적으로 부적합한 곳으로 노출시

---

448 엥겔스, 앞의 책,p.58.

키면서, 실제로 모종의 도시 신화가 그 기저에서 작동하고 있음을 주목한다. 이 같은 신화는 도시의 노동자 계층을 부르주아 계층으로 둔갑시키는 몸짓 속에 있다. 엥겔스는 이 같은 둔갑과 은폐 이후로 도시는 노동자 착취의 흔적들을 은닉하기 위해 디자인된 중산층의 작업 결과이기 때문에 도시는 완전히 부르주아의 제도이며 있는 그대로 폭로되어야 할 하나의 전선이며 이데올로기적 형상화라고 주장한다. 또한 엥겔스는 부르주아 도시계획이 은폐의 도구라는 사실을 다음과 같이 고발한다. "도시의 모든 길 배후에 숨겨진 것은 뒷마당의 골목이다. 이것은 좁은 골목길을 통해 접근할 수 있다."[449]

이 같은 민족지학적 탐사는 엥겔스로 하여금 맨체스터를 비롯해 여러 도시를 다룰 수 있도록 사유를 심화해주었다. 즉 당시 맨체스터에 거주하는 영국 노동자의 주거 조건은 '범죄자가 교묘하게 은폐한 착취의 보편적 범주'로 다른 모든 도시에 적용될 수 있다고 보았다. 따라서 도시의 꼭대기에서 내려다본 도시, 이를테면 스카이라인skyline과 육중한 기념비들과 더불어 본 아름답고 장엄한 도시는 현실에 반추해보면 진정한 실재 도시가 아니다. 그것은 오직 치장이며 장식일 뿐이다. 엥겔스에 따르면 도시의 정수를 파악하려면 이 같은 외부의 경계선을 넘어 가장 은밀한 내부를 관통해야 한다. 그러려면 위에서 내려와 도시의 가장 밑바닥에서 도시를 관찰해야 한다.

청년 엥겔스의 영국 도시 연구가 갖는 함의는 진정으로 모순적인 근대 산업도시의 양상을 보여줄 수 있는 그의 탁월한 관찰 능력이라 할 수 있다. 이를테면 같은 도시에서 부르주아 계층의 겉으로 드러나는 휘황찬란한 생활과 노동자 거주 지역의 비천함의 모순을 극명하게 대비한다. 이 같은 방식으로 도시 분석자는 이 같은 모순이 자본주의 시스템의 붕괴에 대한 이론적 변별성을 입증할 수 있다고 판단한다. 엥겔스의 도시 읽기 방법의 특징은 다음과 같이 압축될 수 있다.

먼저, 도시 이해는 오직 그것의 겉모습의 경험, 그것의 현상들의 경험으

---

449 Blanchaud, 앞의 책, p.52.

로 도달할 수 있다. 엥겔스가 관찰했던 대상은 도시 서술자의 묘사에 노출되는 현상이라는 점에서 그의 도시 읽기는 다분히 현상학적 접근법이라 할 수 있다. 하지만 엥겔스의 도시 공간 묘사는 개인의 의식이 어떻게 성공적으로 역사적 과정의 실행을 책임지는 집단의식으로 변형되는가 하는 문제를 본격적으로 다루지 않는다는 점에서 한계가 있다.

엥겔스는 자신의 도시 관람을 하나의 탐사로서 실행하고 있으며, 그 같은 발견 절차 배후에 존재하는 함의는 현장 탐사가 도시 현실의 가면을 벗기는 최상의 방법이라는 점이다. 하지만 그가 도시 외관을 전적으로 객관적 실재의 부정으로 사용하는 것에 대해 도시 연구자들은 완전히 동의하기 어려울 것이다. 엥겔스에게 현상은 오직 역사적 선택으로 결정된 이데올로기적 맥락에서만 나타날 뿐이며, 도시 현실의 외관적 현상 그 자체가 연구 대상은 아니라는 점에서 진정한 도시 현상학이라고 말하기는 어려울 것이다.

3. 베버의 도시 경제학

마르크스와 엥겔스와 달리 독일 사회학의 시조로 추앙받는 베버는 도시에 관한 별도의 책을 출간했다. 그는 자신의 주저 『경제와 사회』, 그리고 그보다는 훨씬 덜 알려진 소책자 『도시』에서 도시의 본질에 대한 중요한 단락들을 남겼다. 『도시』는 서구 도시를 하나의 공동체와 자율적 정치 단위로 사유할 것을 제안한 최초의 도시 사회학 작업이라 할 수 있다.[450]

베버의 도시 성찰은 산업 경제, 상업적 상품적 관계의 증가, 종교 권위의 약화, 직업 활동의 전문화, 개인이라는 형상의 창발, 특히 서구 자본주의의 도래 등으로 특징지어지는 사회적 정치적 삶의 근대적 조건을 총체적으로 고려하는 방대한 작업의 일환이라 할 수 있다.

마르크스의 정치경제학 이론에서 자본주의의 초기 역사는 도시 공간

---

450 Weber, M., *The City,* New York, Free Press, 1966.
________, *Economy and Society,* New York: Bedminster Press, 1968. (한국어 번역본) 막스 베버, 박성환 옮김, 『경제와 사회』, 문학과지성사, 2003.

내부에 소재하는 사회적 관계와 봉건 영토 내부에 존재하는 사회적 관계 사이에 존재하는 철학적 투쟁의 역사였다. 이와 달리 베버의 견해에 따르면 도시는 정치권력이 발달시킨 것이다. 특히 권위에 기초한 봉건적 관계로부터 도시 시민의 독립과 그들의 지역 정부 수립은 도시 발달에 결정적 요인이었다는 것이 그의 주장이다. 하지만 이 같은 인식의 차이에도 양자는 모두 봉건주의나 자본주의가 지닌 사회적 조직화의 양식이 도시라는 특수한 공간 형태를 통해 어떻게 작동하는가를 보여주었으며 그 같은 공간 형태에서 나타나는 사회적 관계의 본질을 꿰뚫어보았다. 바로 이 같은 시각에서 이들은 도시라는 정착지 공간에 정치경제학의 접근법을 투사한 최초의 도시 공간 사상가들이라 말할 수 있다.

예컨대 베버의 진술에 따르면 유럽의 중세 시대를 군림했던 봉건주의 시기 동안 무역 상인과 수공업 종사자들은 소규모 도시를 세웠고 봉건 영주의 억압적 활동에 맞서 왕의 보호를 얻고자 협상을 벌였다. 이 같은 소규모 도시에서 자본주의는 재화의 교역으로 번창했고 경우에 따라서는 봉건 경제를 추월했다. 따라서 자본주의가 유럽에서 지배적인 힘으로 자리 잡았을 때, 그것은 동시에 근대적 도시를 창조하게 된 것이다. 상이한 힘들의 특이한 시스템으로서의 도시는 오직 특별한 조건과 시간에서 나타날 수 있었을 뿐이다. 베버 연구의 상당 부분은 다채로운 지역에서 도시의 힘을 구성해 나가는 점증적 창발과 구조화에 할애된다. 이렇듯 베버가 이론적 정초를 제공한 정치경제학의 시각은 도시 공간 내부에서 진행되는 사회적 과정을 연구하는 데 유용하며 그 과정을 사회의 일반적 수준에서 발생하는 과정과 결속시킨다. 상이한 조건들 아래 그리고 그것의 차별적 형태로 변해가는 점증적 안정화 아래, 베버의 도시 정의는 경제적 개념에 기초하고 있다. "따라서 우리는 오직 지역 거주민이 지역 시장에서 자신의 일상적 욕구를 만족스럽게 할 경제적 실체적 경우에만 도시라고 말하고자 한다."[451] 도시는 무엇보다 시장 장소이다. 또한 영주나 왕의 거주지이기도 하다. "그것은 두 가

---

451 Weber, *The City*, pp.66-67.

지 종류의 중심지를 소유한다. 가정oikos과 시장이 그것으로서 특히 규칙적인 시장에 덧붙여 도시는 외국 상인들이 거래를 하는 주기적인 시장들로서 기능한다."[452] "만약 여러 도시가 경제적 차원에서 분류될 수 있다면, 그 같은 분류는 도시들의 지배적인 경제적 구성 요소 차원에서 수립되어야 할 것이다."[453]

짐멜과 마찬가지로 베버는 인구밀도의 중요성을 인정하면서도 그것이 도시 이론의 한 파편적 요소에 불과하다는 점을 곧바로 지적했다.[454] 베버의 견해에 따르면 인구밀도에 기초한 도시 이론은 도시 개념을 밀도 높은 큰 규모의 정착 지역으로 국한할 뿐만 아니라, 개인의 차원을 뛰어넘는 보다 보편적 성격이 인간사에서 출현하는 지점에서 문화적 요인이 하나의 역할을 맡는다는 점을 포착하지 못한다. 따라서 베버는 짐멜의 도시 개념이 완결하지 못하다고 보았다. 베버의 이론적 출발점은 사회적 행동주의의 한 형식으로서 기술될 수 있다.[455] 짐멜의 접근법과 달리 그는 사회학적 분석을 상호 정신적 형식들의 묘사로 국한하지 않았다. 다른 한편 베버는 확고부동한 유명론자였으며 인공적 실재들을 발명해야 하는 일체의 사회학적 절차를 의심했다. 끝으로 베버는 사회학의 과제는 유의미한 차원에서 인간 행동을 설명하는 일이라고 생각했다.

베버의 용어를 사용하자면 유럽의 도시 이론의 모든 형식은 도시의 제도적 이론들이다. 그것들은 서로 상이하나 오직 도시에 대해 중심적이거나 독창적인 것으로 취해지는 개별 제도에 견주어서 다를 뿐이다. 베버의 고유한 입장은 현재의 도시 이론에 대한 검토나 비판의 방식으로 전개되지 않으며 도시 본질의 독립적 연구로 진행된다.

베버의 도시 문제 접근법이 지니는 가치 가운데 하나는 사회 행동에 대

---

452 위의 책, p.67.

453 같은 책, p.70.

454 같은 책, 서론, pp.9-62. 특히, pp.50-62 참조.
Stébé and Marchal, 앞의 책, pp.43-51.

455 Weber, 앞의 책, pp.50-51.

한 사회학의 관점에서 짐멜과의 비교를 통해 엿볼 수 있다. 두 사람 모두 사회를 사회적 상호작용으로 환원시키거나 유의미한 상호 인간적 행동 양식으로 환원시킨다. 그렇지만 짐멜은 이것을 형식과 내용으로 분석하고 사회학을 형식 연구로 국한한다. 이 같은 짐멜의 접근법은 과학을 상호 정신적 형식들의 목록체로 환원시키며 사회학이 일반적으로 포함하는 소재의 많은 부분을 논외로 했던 반면, 베버는 사회학의 과제는 사회적 행동의 인과율적 해석이라고 파악하면서 형식과 내용의 구별을 논외로 한다. 이 같은 양자의 차이가 생산하는 가장 직접적 파급 결과 가운데 하나는 다음과 같은 사실이다. 베버의 도시 이론은 짐멜의 그것을 포용할 수 있는 반면 그 역은 성립하지 않는다. 베버의 도시 이론에는 도시의 정신성에 주의를 기울일 여지가 있다. 또한 베버는 아울러 가장 다채로운 사회적 유형의 도시에서 나타나는 외관을 설명할 수 있다. 베버는 따라서 다음 사실을 주목했다. 도시에서는 빈번하게 온갖 종류의 사람이 서로 이해하지 못한 채 만나고 뒤섞인다. 한마디로 베버는 도시 거주자의 심리적 동질성의 부재를 인지했다.

짐멜과 더불어 베버는 도시에서 모든 직업, 심지어 걸인과 매춘부조차 하나의 직업이 되려는 경향을 보여준다는 점을 인식할 수 있었다. 도시 거주자의 정신은 성찰할 시간이 거의 없이 온갖 인상들로 가득 차 있다. 그들은 신선한 것을 갈망하면서 반복과 더불어 초조해하고 늘 기묘한 것을 추구한다. 짐멜의 도시 이론은 베버 도시 이론의 하위 부분으로 환원될 수 있다. 하지만 이 점이 베버가 수많은 도시의 갈등적인 제도적 이론들을 어떻게 다뤘는가를 지시하지는 않는다. 베버가 취한 절차는 탄탄한 이론 구성의 모델이다. 그는 연속적으로 도시 개념의 한 가지 유형을 검토하고 이어서 다른 유형에 대한 검토를 진행한다. 도시와 농업의 관계인 경제적 유형, 정치적 행정적 도시 개념, 도시의 성곽과 요새 개념들, 성곽 요새와 시장의 융합 도시 모델, 도시의 사회적 위상 개념, 도시의 법률적 개념 등이 그것이다. 베버는 각각의 것을 고립화시키고 각각의 도시 개념에서 올바른 것을 취사 선택한다.

이것은 베버의 절차가 선별적이고 절충적이라는 것을 시사한다. 하지만 그의 이론 구성은 단지 기존 이론을 모아서 자신의 작품에 붙이는 목수의 작업이 아니다. 또한 그의 도시 이론 구성은 이론적으로 관련이 없는 파편의 기계적 결합이 아니다. 베버의 접근법은 각각의 도시 개념을 객관적 기준의 준거로 검토하는 데 있다.

예컨대 도시의 경제적 개념을 검토하면서 베버는 비농업 활동의 기초와, 생활의 행동 양식에서 도시의 차별적 속성을 분리해냈다. 도시 거주자의 생활에서 나타나는 지배적인 경제적 특징 차원에서 도시의 유형론이 가능하며 생산자의 도시와 소비자의 도시를 구별할 수 있으며, 또한 상업도시와 산업도시를 구별할 수 있고, 주요 도시와 위성도시를 도시의 하위 유형과 더불어 구별할 수 있다. 하지만 도시 경제가 도시의 필요조건이지만 충분조건은 아니라는 점을 유념해야 할 것이다.

형성체 개념은 그것에 힘입어 베버가 도시의 제도적 이론의 다채로운 형식을 더불어 묶고 초월할 수 있게 해준 개념으로서 당시에는 도시 공동체의 이론에 있었다. 베버가 취한 일반적 절차는 도시 개념을 세계사로부터의 증거 차원에서 검토하는 작업이었으며 이 같은 기초 아래 그는 도시 공동체의 개념을 수립했다.[456]

그에 따르면 도시 공동체를 포함해 모든 공동체는 구조화된 활동의 범주에 의탁하며 인간 생활의 차별화된 패턴이다. 도시 공동체는 일종의 평형성으로 귀결된 생명력의 총체적 체계를 표상한다. 그것은 소용돌이와 무질서의 국면에서 자신의 질서를 복원한다. 또한 일정한 한계가 그어진 패턴으로서 도시는 그것의 고유한 법칙을 준수한다.

따라서 도시 공동체는 다양한 힘들의 특별한 시스템이라는 점에서 특정 지역에서 탄생할 수밖에 없었다. 베버는 설득력 높게 다음과 같이 주장한다. 예컨대 도시는 아시아에서 출현하지 않았으며 오직 파편적으로 근동 아시아에서 출현했을 뿐이다.

---

456 위의 책, p.55.

시카고학파의 도시 생태학

1. 제도적 배경과 이론적 형성 과정[457]

시카고학파는 도시 현상을 본격적으로 다뤘던 20세기 도시 연구사의 전통에서 새로운 전기를 마련한 학파라 할 수 있다. 시카고대학교의 인류학과와 사회학과에서 탄생해 이른바 도시 생태학이라는 새로운 개념을 제시한 이 학파의 연구 활동이 절정을 이룬 시기는 대략 1920년대와 1930년대이다. 1930년대 말부터 시카고의 도시 생태학 학파는 소강상태로 접어들면서 시들해져갔고 시카고대학교는 물론 미국에서도 그들이 사용했던 직접 관찰의 방법은 보다 정량적인 새로운 경험주의에 자리를 내주었다. 하지만 시카고 도시 생태학 학파의 지적 유산은 방대하며 현대 도시 사상사의 계보에서 중요한 획을 그은 도시 이론임이 분명하거니와 도시 기호학의 이론적 체계 수립에서도 참조할 가치가 높다는 점에서 간략하나마 그 이론의 발생과 토대를 살펴보는 것은 유의미하다.

제1차 세계대전 시기부터 인류학자 윌리엄 토마스William Thomas가 시도했던 일련의 작업에 이어서 그 뒤로 배출된 미국의 신진 사회학자들, 로버트 파크Robert Park, 루이스 워스Louis Wirth, 로더릭 매켄지Roderic McKenzie 등과 어니스트 버지스Ernest Burgess로 대표되는 지리학자들은 미국의 대도시, 특히 시카고의 비약적인 도시 공간 성장에 동반된 엄청난 사회적 문화적 변화를 기술하고 이해하는 시대적 과제에 학문적 열정을 쏟아 부었다.

---

457 이 부분은 다음 연구 문헌에 기초해 작성됐음을 밝혀둔다.

1. Gottdiner and Hutchison, 앞의 책, pp.55-70.
2. Isaac, J. and Yves, G., *L'école de Chicago, Naissance de l'écologie urbaine,* Flammarion, 2004.
3. Stébé, J. M. and Hervé, M., *Traité sur la ville,* PUF, 2009, pp.625-665.

이 밖에도 시카고학파의 도시 생태학 전반에 대해서는 다음 문헌 참조.

4. Barry, B. and Kasarda, J., *Contemporary Urban Ecology,* New York, MacMillan, 1977.
5. Schwab, W.A., *Urban Sociology: A Human Ecological Perspective,* Reading, MA: Addison-Wesley, 1982.

여기에서 우리는 어떤 연유에서 1920년대 시카고대학교가 시카고 사회학파의 성장을 위한 창조적 센터를 마련할 수 있었으며, 특히 어떻게 1915년부터 1935년까지 사회학이 번성할 수 있었는지에 대해 간략하게 이해해야 한다. 간단히 말해 하나의 도시에서 공통의 문제를 중심으로 연구 프로그램을 수행하는 교수들과 대학원생들의 밀도 높은 네트워크는 1920년대 시카고 사회학을 특징지었다.[458] 시카고대학교는 미국 사회학을 선도했던 센터였을 뿐만 아니라 사회학과에서 채택한 접근법의 특징은 지적으로 광범위하고 집단적이었다. 비단 사회학과만이 아니었다. 존 듀이가 세운 철학 학파는 그 영향력에서 최고 절정에 도달했고 경제학과 정치학 분야에서도 선도적이었으며, 시카고건축대학원은 루이스 설리번Louis Sullivan과 라이트 등을 중심으로 해 발전했다. 시카고 사회학과의 두 명의 지도적 인물은 토마스와 파크였으며 이들은 광범위한 지적 문화를 갖춘 학자로서 그들의 작업은 도시 사회학 분야를 이론적으로 발전시켰다. 그들은 하나같이 자신들이 사는 현대 세계의 장 속에 연구 결과를 투입하는 데 있어 경험적 연구에 매진했으며 광범위한 연구를 정초했다. 요컨대, "시카고대학교의 사회학파의 특징은 현장의 직접 조사first hand 연구와 일반적 관념들을 융합시킨 데 있었고, 연구와 이론의 조직화된 프로그램의 통합에 있다."[459]

미국 사회학은 사상가가 현재 살아가는 도시의 본질과 그 문제에 주의를 기울이기 시작하면서 결정적 모습을 취했다. 1900년대, 최초의 사회학과가 창설됐으며 시카고대학교에서 비로소 사회학은 전문적 직업화에 도달하고 자율적인 학문으로서 발돋움했다. 사회학이라는 새로운 학문의 자연스러운 연구 대상으로서 도시는 세 가지 종류의 요구 조건에 종속됐다.

첫째, 도시 현상의 두 가지 양상에 대한 접근을 가능케 할 고유한 관점을 추구하는 것, 즉 소재지, 크기, 성장의 객관적 양상들, 도덕적 비평가들이

---

458 Bulmer, M., *The Chicago School of Sociology*, Chicago and London, The University of Chicago Press, 1984.

459 위의 책, pp.2-3.

주목한 사회적 양상들을 말한다. 둘째, 객관적 관점으로서, 경험 이전에 옹호하거나 파괴하려는 가치판단 없이, 단순한 이해를 가능케 하는 하나의 관점을 말한다. 셋째, 도시 환경의 사실들에 대한 현장의 직접 연구first hand를 제공할 수 있는 관점이다.[460]

이 모든 목적은 1915년부터 1925년까지 시카고대학교에서 촉진된 일련의 논문들, 박사 논문들, 연구 프로젝트에 현존한다. 그 결과물은 당시 시카고대학교 도시 사회학의 창시자들이 출간한 『도시The City』라는 단행본에 집약됐다.[461] 시카고학파의 주역이라 할 수 있는 로버트 파크를 중심으로 그의 협력자들이 내놓은 상당 분량의 단행본들은 이민자들의 사회적 공간적 이동, 일상 공간에서의 이동성, 군중의 움직임, 이웃 관계, 시민단체의 생활 방식, 주거 지역에서의 사회적 관리 형태, 소수자들의 공간적 차별화 등 다양한 문제들을 다뤘다. 이 학파의 구성원들은 경험적 연구에 머무르지 않고 현대 대도시에서 발생하는 전반적인 문제들에 대해 수미일관적인 사유와 이론을 제안하려고 했다. 시카고학파의 수장 격인 파크의 학문적 야심은, 도시 거주자들과 그들이 삶을 영위하는 환경 사이에 존재하는 관계의 전체 윤곽을 파악할 진정한 도시 생태학의 정초를 다지는 데 있었다. 당시 다윈 이론의 연장선에서 비약적으로 발전하던 동물 생태학과 식물 생태학은 파크에게 도시 거주자와 그 환경 사이에 존재하는 이 같은 관계들을 경쟁, 지배, 침입/계승, 갈등, 공생 등의 차원에서 사유하기 위한 이론적 준거 틀을 제공했다.[462]

아울러 『도시』는 시카고 도시 생태학의 기본 노선을 천명한 '매니페

---

460 Martindale, D., "Prefatory Remarks: The Theory of the City", in Weber, M., *The City*, translated and edited by Martindale, D., and Neuwirch, G., pp.20-30.

461 Park, R. E., Burgess, E. W. and McKenzie, R. D., *The City: Suggestions for Investigation of Human Behavior in the Urban Environment,* Chicago and London, The University of Chicago Press, 1925.

462 Joseph, I. and Yves, G.r, *L'école de Chicago, Naissance de l'écologie urbaine,* Flammarion, 2004, 서문 참조 I-VIII.

스토manifesto'의 성격을 띠고 있다.[463] 여기에서 시카고학파의 인식론적 토대를 소략하나마 정리하는 것은 시카고학파를 이해하는 데 있어 핵심적이다.[464] 먼저 우리가 주목해야 할 중요한 사실은 그들이 채택한 생태학적 접근법은 19세기까지 도시 문제를 다뤄왔던 당시 미국 학계의 연구 전통과 근본적으로 단절했다는 점이다. 당시 미국 도시 연구의 지배적 경향이었던 역사적 관점에서 벗어나 파크는 현재의 도시 현상과 그것을 기록한 데이터의 외부에 존재하는 역사적 인과율을 추구하려 하지 않았다. 그는 자신의 연구가 인공물로서의 도시에 관심을 둔 것이 아님을 반복해서 강조했다. 이를테면 그는 도시의 정신성과 자연적 생명력을 말한다. "도시는 하나의 정신 상태, 관습들과 전통들, 덩어리이며, 이 같은 관습들에 귀속되어 있으며 이 같은 전통과 더불어 전달되는 감정들의 조직이다. 달리 말해 도시는 단순히 물리적 기제와 인공적 구성물이 아니다. (…) 도시는 그것을 구성하는 사람들의 생명과 직결된 과정에 포함되어 있다. 그것은 자연의 산물, 특히 인간 본성의 산물이다."[465] "도시는 궁극적으로 문명화된 인간의 자연적 거주지이다."[466]

시카고의 도시 생태학 학파에 흔히 가해지는 비난의 핵심 요지 가운데 하나는 이 학파가 지나치게 자연주의를 신봉했다는 것이다. 하지만 일반적으로 이들이 견지한 자연주의는 도시의 정치적 비전과 도시를 살다간 영웅들의 숭배와는 차별화하려는 이론적 토대를 말하며, 도시 공간에서 발생한

---

463 Park, R. E., Burgess, E. W., and McKenzie, R. D., "Suggestions for Investigations of Human Behavior in the Urban Environment", in *The City*, Chicago, The University of Chicago Press, 1925.

464 다음 문헌을 참조했다.
Joseph and Yves, *L'école de Chicago, Naissance de l'écologie urbaine,* Flammarion, 2004, pp.7-52.

465 Park, R. E, "The City: Suggestions for the Investigation of Human Behavior in the Urban Environment", in Park, R. E., Burgess, E. W. and McKenzie, R. D., *The City: Suggestions for Investigation of Human Behavior in the Urban Environment,* Chicago and London, The University of Chicago Press, 1925, p.1.

466 위의 논문, p.2.

제반 과정과 경향들의 자연주의화를 말한다. 이 학파의 구성원들이 제안한 도시의 생태학적 조직에 대한 정의는 분명히 물질문화의 요소들을 지시하며 앞서 언급한 단행본 『도시』의 서문에서 파크가 언급한 인간 본성의 일반적 경향은 개인적 속성의 체계에 기초한다. 이와 반대로, 도시를 문화적 복합체로 정의하는 시각은 전통을 비롯해 물질적 구조를 통합시킨다. 이 같은 자연주의의 핵심적 생각은 다름 아닌 도시의 본질이 단지 정치적 사안으로 국한되지 않는다는 점을 강조하는 데 있다.

특히 파크는 도시 생태학 이론의 일반적 개념 틀을 제공했다.[467] 그는 도시가 특이한 문화적 유형들을 가진 하나의 '문화적 지대cultural area'라는 의미에서 '문명화된 인간의 자연적 서식처a natural habitat of civilized man'라는 전제를 설정했다. 파크는 하나의 자연적 구조로서 도시가 그 자체의 법칙들을 따른다는 점을 시사했다. 아울러 도시가 만들어낼 수 있는 자의적 변형들에는 '그것의 물리적 구조와 그것의 도덕적 질서'에 하나의 한계가 있다는 점을 강조했다.[468]

도시에서 교역과 산업을 용이하게 만드는 모든 장치는 더 많은 노동 분할과 개별 과제들의 전문화로 향하는 길을 터준다. 그것의 한 결과로서 가족 연대, 지역 결합, 문화, 카스트 등의 위상에 기초했던 질서 등, 좀 더 오래된 전통적, 사회적, 경제적 구조들의 연속적 단절이 나타난다. 이것은 도시의 성장에 따라 직접적, 면대면 관계가 간접적인 이차적 관계로 대치된다는 것을 의미한다.[469]

한편 대도시는 단지 직업적 유형뿐만 아니라 기질적 유형들temperamental types을 창조한다. 경험은 갈수록 우연적이고 가벼운 성격을 띠면서 과거에 존재했던 소공동체들의 영속적 결합의 내밀한 결합을 배제한다. 또한 개인의 위상은 유행과 흡사한 기호의 지배를 받는다. "'삶의 기술'은 대부분 이

467 같은 논문, pp.1-46.

468 같은 논문, p.4.

469 같은 논문, p.21.

가냘픈 표면들과 스타일과 매너에 대한 세심한 연구로 환원된다."[470] 이 같은 상황은 도덕적 환경의 분리, 즉 경쟁적 환경들의 증가와 상관관계를 맺는다. 파크의 도시 개념화를 한 문장으로 요약하자면 "도시는 그 자체의 법칙으로 생산된 공간 속에 존재하는, 외재적으로 조직화된 단위를 표상"한다. 공간 속에 존재하는 도시의 이 같은 외재적 조직화의 정확한 진술은 버지스에 의해 생태 기호학으로 곧바로 발전됐다. 아울러 이 같은 내재적 법칙들의 체계적 수립은 매켄지가 맡았다.

2. 자연적 질서로서의 도시[471]

여기에서 도시 공간의 자연화naturalization에 대한 더 자세한 설명이 필요하다. 도시 환경의 자연화는 도시 환경에 나타나는 다양한 규칙성과 변이를 보다 더 잘 파악하기 위한 도시 생태학의 인식론적 토대라 할 수 있다. 도시를 하나의 환경으로 보는 이 같은 시각을 이해하는 데는 은유적 시각적 우회가 필요하다. 이들의 도시 공간의 관찰과 실험은 분명히 주관적이라 할 수 있다. 도시 환경의 자연화는 무엇보다 매개체와 동시에 분석 요인의 역할로 사용되는 모종의 형상에 기초한다. 바로 파크가 독일 유학을 하면서 사사한 그의 스승 짐멜의 도시 연구에 나타나는 '이방인' '유대인' '보따리상인'의 형상, 또는 '뜨내기 노동자' 또는 '부랑자hobo'의 형상은 파크의 저술에서 두 가지 용도로 사용된다. 이 형상들은 모두 일정한 도시 공간의 환경을 불안정하게 만드는 요인으로 간주된다. 이들은 이동성, 이질성의 성격으로 특징 지워진다. "부랑자의 문제는 경험의 결핍이 아니라, 직업의 결핍이다. 부랑자는, 확실히, 늘 움직이지만 목적지를 갖지 않으며 당연히 그 어디에도 도달하지 않는다. (…) 부랑자는 그의 자유를 획득했으나, 그는 자신의 방향을 상실했다.

470 같은 논문, p.40.

471 Stébé and Hervé, 앞의 책, pp,631-636.

(…) 부랑자는 오직 변화를 위해 변화를 추구한다."[472] 파크에 따르면 사회는 이동을 수행하는 독립적 개인들로 이뤄지며 바로 이 같은 이동과 보행이라는 사실이 사회의 본질 자체를 정의한다.[473] 아울러 사회 속에서 영속성과 진보가 존재하기 위해, 아울러 일정한 의사소통을 유지하려면 사회를 구성하는 개인들은 일정한 장소에 소재를 두어야 한다. 오직 원활한 소통으로만 우리가 사회라고 부르는 움직이는 평형성이 유지될 수 있기 때문이다. 인간 존재 사이의 결합의 모든 형식은 궁극적으로 소재지와 지역적 결합에 의존한다. 근대사회를 특징짓는 소통의 특수한 수단들, 신문, 라디오, 전화 등은 단지 이 같은 소재지와 기능의 영속성을 보존하기 위한 장치들일 뿐이다. 하지만 부랑자는 모든 것과 단절한다.

"부랑자는 자신의 가족과 이웃과 연결된 지역적 결속과 단절함으로써 자신의 경력을 시작한 사람으로서 마침내 다른 결합들과도 단절한다. (…) 그는 단지 '집 없는 사람'일 뿐만 아니라 고향도 없는 사람이다."[474]

파크의 글에서 이 같은 형상은 문화적 특수 형상이 아니며 전체적으로 그는 시골적인 것을 도시적인 것과 대립시킨다. 그 결과 유대인의 정신성과 행동 양식을 해부하는 것은 곧 시골 사람에게 있어 나타나는 그 같은 양상을 해부하는 데 핵심 열쇠가 된다. 유대인 또는 이방인의 도시 생활 방식의 특징은 하나의 유형, 즉 도시성의 형상 속에 하나로 결집된다.

도시 환경의 자연화의 첫 번째 작동 요소는 곧 도시 공간의 물적 기반을 도시성urbanity 자체와 동일시하는 것이며 도시성은 바로 세계주의cosmopolitism로 동일시된다. 파크는 1928년에 발표한 논문에서 유대인의 특징을 도시인의 특징과 동일시하고 있으며, 특히 유대인들의 자수성가를 다룬 자서전을 분석하면서 그 공통적 특징을 주변인으로 파악한다.[475] 하지만 이

---

472 Park, R., "The mind of the hobo: reflections upon the relation between mentality and locomotion", in *The City,* 1925, p.158.

473 위의 논문, p.159.

474 같은 논문, p.159.

475 Park, R. E., "Human Migrations and the Marginal Man", *American Journal of Sociology,*

와 동시에 주목해야 할 사실은 그 특징은 하나의 평균적인 문화적 특질이 아니라는 점이다. 이민자, 상인, 이방인, 뜨내기 노동자 등의 형상의 배후에는 '이동에 천부적인 인간상'이 존재한다. 이들은 생존을 위해 반드시 이동적일 수밖에 없는 인간들로서 통상적 생산자 또는 소비자와는 다른 방식으로 관리될 수 있다. 파크는 도시라는 혼란스러운 폭발의 이미지를 시장과 주식 시장이라는 안경을 통해 표상하는데, 이동에 천부적 재능을 지닌 인간의 늘 덧없는 형상이 그것에 대응한다. 공동 연구서 『도시』에 실린 한 글의 제목은 「뜨내기 노동자의 정신: 정신성과 이동의 관계에 대해」로 파크가 제시하는 것은 하나의 특정 내용이나 문화적 모델이 아니라 도시의 고유한 사회화의 한 형식, 즉 하나의 정신성이라 할 수 있다. 바로 여기에서 그의 스승인 짐멜의 사상적 유산이 곧바로 감지될 수 있거니와 짐멜의 지적 영향은 파크의 동료 연구자인 버지스, 매켄지, 앤더슨Anderson 등의 연구에서 더욱 구체적으로 부각된다. 모든 도시 사회는 다양한 환경의 모자이크, 차별화된 유형의 상호작용의 장으로서 정의되며 상이한 직업들 상이한 기질들 상이한 배경을 표상하는 환상적 차이가 심화되는 공간으로 파악된다.

하지만 이방인은 단지 도시 이동성의 형상이나 분석 요인만은 아니다. 이방인은 그 존재 자체로, 이동성 지역을 선호하는 그의 공간적 경향, 그리고 그가 도시의 사회적 조직과 맺는 관계의 유형을 통해 다른 조직체들과는 전혀 다르다는 점이 핵심이다. 엄격히 말하면 그것은 전혀 조직체가 아니다.

도시 환경의 특징은 개체화의 현상을 다수로 늘려놓는 데 있다는 점에서 시카고의 도시 생태학에서 설정한 개인과 환경의 관계는 단지 전통적인 사회화의 방식을 통해 기술되는 관계와는 상이할 뿐만 아니라, '경쟁/적응'의 도식으로 대표되는 경제적 자유주의의 모델과도 대립된다. 또한 파크의 도시 이론은 매우 특이한 방식으로 도시화의 도덕적 파급효과에 대한 논쟁 속에 각인된다. 그는 도시 공간에서의 근접성과 밀도의 효과들이라는 문제

XXIII, 1928, n.6, pp.881-893.

를 제기하면서, 자신이 소묘한 도덕적 지역 이론을 통해 도시가 한 사람의 인격의 분화와 그 분기와 일탈divergence의 요소들을 어떻게 보상하고 고정시키는가의 물음을 제기한다. 이를테면 다양한 접촉의 편파성과 일시성의 덧없음에서 도출되는 평준화와 피상성의 효과들의 문제를 다루고 있다.

서정적 묘사가 가미된 그의 논문 대부분에서는 도시 생활에서 두드러지게 나타나는 그 같은 '덧없음'에 대한 아쉬움과 유감이 표현되고 있으나 그 같은 아쉬움과 슬픔은 실상은 개인에 대한 찬탄에 다름없다. 도시 현상의 특수성을 지지해주는 것은 하나의 형상, 세계인의 형상이다. 왜냐하면 도시화된 사회적 형성의 긍정성 실증성을 만드는 것은 그것이 개인을 고양하고 있기 때문이다. 도시 거주자가 바로 세계의 이방인이라는 사실은 파크와 그의 동료 연구자들 사이에서 서로 상이한 도시 거주자의 방식들이 따로 존재한다는 것을 의미하지 않는다. 이방인의 존재 방식과 마찬가지로 다른 존재 방식들 역시 개인적이며 나름대로 자유롭고 복잡하며 사회화와 탈사회화를 모두 노정하고 보편적이며 동시에 특수하다.

그뿐만 아니라 생태학적 가설은 늘 파크에게서 형식적인 것은 아니다. 일례로 1939년 논문 「도시, 자연적 현상」은 영토적/지리적, 경제적/경쟁적, 문화적 차원 등 세 가지 차원들을 구별하고 있으며 이 세 영역 각각에는 조직적 원리가 부여됐다. 본능, 경쟁, 소통이 그것이다.

이를테면 생태학적 차원에서 이주는 일정한 시장 중심에서 조직화된 경쟁적 질서 차원에서 파악할 수 있으며, 마찬가지로 소통에 기초한 문화적 차원은 각각 고유한 변이 원리를 도입한다. 요컨대 파크가 구축한 도시 생태학의 요지는 도시가 단지 인간과 물적 장비의 집합체가 아니라 하나의 고유한 정신 상태를 담지했다는 것으로서, 그는 도시들이 함축하는 자연사의 기초 원칙들을 파헤치며 그 점을 상기시키고 있다.

시카고학파의 사회학자들은 무엇보다 도시를 하나의 자연적 질서로 정의했다고 말할 수 있다.[476] 이 같은 용어를 통해, 그들은 도시의 공간 조직과

---

476 Chapouille, J. M., *La tradition sociologique de Chicago,* Paris, Le Seuil, 2001.

배치를 구성하는 상이한 지대들이 자신들만의 고유한 논리를 갖고 있음을 강조한다. 도시의 상이한 지대들이 배열하는 질서는 정치적 기획의 결과로 환원되지 않으며, 도시계획가의 프로젝트의 결과물도 아니다.

그뿐만 아니라 도시는 이미 세워진 질서 속에서 고정되지 않으며, 전통의 유산으로 물려받은 도시의 형태 속에 고착되지도 않는다. 도시 공간은 연속적인 운동 속에 있으며, 상호작용의 다중적 과정들로 이뤄진다. 도시 공간은 이를테면 기계공이 없는 기계에 비유될 수 있다. 도시를 살아 있는 자연적 질서로 보는 이 같은 생태학적 시각에서 도시적 삶의 형식은 대부분 특정 조건의 결정 차원에서 포착될 수 없으며, 일부 헤게모니를 쥔 지배계급 무리의 권력에서도 벗어난다.

도시 속에서 자연적 질서를 간파한다는 사실은 시카고학파 연구자들에게 그들의 공저 『도시』[477]에서 개발한 생태학적 은유들을 병행해 사용하도록 만들었다. 당시 도시 사회학의 일종의 실험실이었던 시카고라는 공간은 분배의 시각에서 다양한 민족 공동체가 점유한 상이한 공간이라는 차원에서 치밀한 분석이 이뤄졌다. 특히 그 책에서 저자들은 자연환경이라는 은유를 생태학적 의미에서 활용한다. 여러 나라에서 밀려드는 이민자의 물결이 나타나는 시카고의 도시 공간에 그 같은 생태학적 은유는 효과적이었다. 도시 생태학의 핵심은 다윈이 이론화한 동물 생태학과 달리, 공동체들 사이의 관계를 경쟁, 지배, 갈등, 그리고 공생의 차원에서 사유하는 데 있다. 그때부터 문제의 핵심은 시카고의 형태론을 구조화하는 상이한 도시 지대들의 파노라마를 정립하는 데 있었다. 도시 공간을 생태학적 차원에서 사유한다는 것은 특정한 문화적, 도덕적 모델들에 결속된 도시 공동체를 파악하려는 시도를 의미한다. 그렇게 함으로써 도시 공간의 상이한 지대들의 성좌를 형성하는 것이다. 이 같은 시각에서 버지스는 도시 팽창의 복잡한 메커니즘과 시카고라는 도시 공간의 도덕적 지대 형성이라는 복잡한 메커니즘의 가시화를 목표로 도시 구조의 생태학적 모델을 제안한다. 도덕적 지대는 도시의 외

---

477 Park, R. E., Burgess, E. W., and McKenzie, R. D., *The City. Suggestions for Investigations of Human Behavior in the Urban Environment,* Chicago, The University of Chicago Press, 1925.

부를 향해서 내부로부터 파생되는 과정의 표현이다. 그 결과 도시의 옛 중심부로부터 다섯 개의 중심적 지대가 발전된다. 버지스는 도시의 성장을 그것의 물리적 팽창과 공간에서의 차별화 차원에서 다뤘다.[478] 버지스에 따르면 도시의 팽창은 도시 외연의 연속적 지대를 표상하는 중심적 '링'들의 발달 형식을 취한다. 아무것도 개입하지 않을 경우, 하나의 소도시나 도시는 그것의 도심 업무 지역central business district으로부터 방사형으로 팽창한다. 제1루프는 도심 지역, 제2루프는 사무 지역과 경공업, 제3루프는 자신의 노동지에 쉽게 접근하려는 노동자들이 점유하고 제4루프 지역은 주택가이다. 버지스에 따르면 이 같은 차트는 팽창의 주요 사실을 명료하게 일러준다. 즉 각각의 내부 지대는 그다음의 외부 지대의 침입에 의해 자신의 지역을 팽창한다. 팽창의 이 같은 양상은 식물 생태학에서 이미 알려진 바와 같이 천이succession라고 불린다.

버지스는 확장과 천이 이외에도 도시 성장에서 팽창의 일반적 과정은 집중화와 탈집중화라는 적대적이지만 상보적인 과정들 포함함을 간파했다. 이를테면 모든 도시들에서는 중앙 사무 지역에서 지역적 교통과 외부 교통이 수렴되는 자연스러운 경향이 존재한다.

버지스는 도시 성장의 현상이 일종의 동화 작용과 이화 작용의 과정들에서 조직화와 탈 조직화의 결과라는 점을 시사한다. 그것은 곧 신진대사로서의 사회적 조직화와 사회적 분열을 사유할 가능성을 말한다.[479] 탈조직화는 태도들의 재조직화에 대해 선결적이다. 도시에 새로 이사 온 사람들은 타성적 관점들과 전통적 도덕성을 무시하면서 정신적 갈등과 개인적 상실감을 경험한다. 또한 도시의 팽창에서 하나의 차별화 과정이 발생한다. 즉 개인과 무리를 거주지와 직업으로 걸러내고 분류하고 다시 위치를 잡게 만든다. 따라서 도시에 이주해 온 떠돌이들의 공동체hobohemia가 출현한다. 아울러

---

478 도시의 전반적인 공간적 조직화에 대한 관념은 다음 논문에서 이뤄졌다.
Burgess, E. W., "The Growth of the City", in *The City,* Chicago, The University of Chicago Press, 1925, pp.47-62.

479 위의 논문, pp.53-58.

도심 사무 지역의 섹션을 에워싸는 쇠락 지역에서 늘 슬럼가가 발견된다. 이곳은 범죄와 사악함의 지하 세계이며 쇠락과 질병이 창궐하는 세계이다. 점증적으로 사람들은 공간적 차별화를 향해 이동하며 그 외 다른 사회적 적응들의 조합이 발견된다.

파크와 버지스는 도시 공간이 유형별로 차별화된 지역과 지대에 의해서 특징지을 수 있는 하나의 물리적 초상을 제시한다고 가정했으며 고유한 법칙들이 제시될 수 있다고 주장했다. 그 같은 도시화의 법칙 또는 과정들에 대한 가장 완성된 진술은 그들의 동료 학자인 매켄지가 제공한다.[480] 매켄지는 식물 생태학과 동물 생태학의 관계를 지적한 다음, 인간 생태학의 정의를 다음과 같이 제시한다. "환경의 선택적, 분배적, 적응적 힘들에 의해 영향을 받는 바대로 인간의 공간적 시간적 관계를 연구하는 인간 생태학은 근본적으로 시간과 공간 속에서 그 위치가 제도와 행동 양식에 미치는 효과에 관심을 갖는다."[481]

그의 이론에 따르면 인간의 공간적 관계는 경쟁과 선택의 생산물이며, 새로운 요인들이 기존의 경쟁 관계를 동요하기 위해 진입하면서 연속적으로 변화되어간다. 인간 제도와 인간 본성 자체는 인간의 일정한 공간적 관계에 적응해나간다. "이 같은 공간적 관계는 변화하면서, 사회적 관계의 물리적 기초가 변질되고, 그 결과 사회적 정치적 문제를 생산하게 된다." 매켄지는 기존 사회학이 그 같은 인간 사회의 생태학적 조직화를 파악하지 못했다는 비판을 가한다. "사회학자는 경쟁과 적응의 동일한 과정이 인간 공동체의 크기와 생태학적 조직화를 결정하는 데 작동한다는 사실을 인지하지 못했다."[482]

이어서 매켄지는 인간 공동체의 생태학적 분류 유형론을 제시했다. 첫

---

480 cf. McKenzie, R. D., "The Ecological Approch to the Study of the Human Community", *American Journal of Sociology*, 1924, pp.287-301.
다음 문헌에 재수록.
________, *The city*, pp.63-79.

481 위의 논문, pp.63-64.

482 같은 논문, p.64.

째, 일차적 서비스 공동체로 농업도시, 수산업도시, 광업도시, 임업도시 등 기초적 상품의 분배에서 일차적 단계로 사용되고, 소비를 위한 최종 생산물의 분배적 과정에서 최종 단계로 사용되는 공동체이다. 인간 공동체의 두 번째 유형은 상품의 분배 과정에서 이차적 기능을 충족시키는 유형이다. 그것은 주변 환경의 일차적 상품들로부터 기초적 재료를 수집하고, 더 광범위한 시장의 세계에서 분배한다. 세 번째 유형은 산업도시로서 상품의 제조업 거점으로 사용된다. 네 번째 유형은 특수한 경제적 기초가 결여된 유형으로서 그것은 경제적 호구지책을 세계의 다른 부분으로부터 추출한다.

그는 생태학적 변화가 공동체의 사회적 조직에 미치는 영향을 기술하면서 갑작스러운 변화로부터 발생하는 인구 이주는 자연적으로 이루어지는 정상적 인구 변화 사이클의 최고 절정 수준을 넘어 공동체 성장에서 과도한 팽창을 불러온다는 점을 지적했다.[483]

그는 공동체의 내재적 구조를 규정하는 생태학적 과정들을 검토한 뒤, 공동체의 성장 과정이 단순한 것으로부터 복잡한 것으로 발전하고 일반적인 것에서 특화된 것으로 발전하는 경향을 파악했으며 집중화에서 탈집중화로 이동한다는 사실도 밝혀냈다. 이 같은 관찰을 통해 그는 도시 생태학과 식물 생태학의 유사성을 다음과 같이 주장한다. "공동체의 구조적 성장은 식물 형성의 발전에서 나타나는 천이 단계들과 유사하게 천이의 연쇄들에서 발생한다."[484]

끝으로 매켄지는 침입을 불러오는 조건이 이루 헤아리기 어려울 정도라는 점을 지적한 후 그 가운데 중요한 것은 교통 형태와 루트의 변화, 물리적 마모에 따른 쇠퇴, 중요한 공적 구조물과 사적 구조물의 건립, 건물들, 가교들, 제도들, 새로운 산업 유형의 도래 등을 언급한다.[485]

---

483 같은 논문, pp.71-72.

484 같은 논문, p.74.

485 같은 논문, pp.75-77.

3. 공간적 형상화configuration로서의 도시

인간 공동체가 최대로 확대된 형식이라 할 수 있는 도시는 개인으로 이뤄진 시스템이고 동시에 상호 종속적인 제도의 시스템이며 무엇보다 하나의 공간적 질서이다. 한편으로 도시는 하나의 '메카닉스Mechanics, 기계 또는 기계학'이며 인류 문명이 빚어낸 인공물이다. 따라서 도시는 가능한 한 자연환경으로부터 가장 동떨어진 존재 조건을 인간에게 부과한다. 다른 한편, 기계의 은유를 사용하자면 도시는 기계공학자 없는 기계라 할 수 있다. 다시 말해 도시의 창발과 발달 양태성은 자연적 과정의 차원에서 사유되어야 한다. 따라서 시카고학파의 이론적 준거로 사용된 도시 모델에서는 도시 공간을 창조한 특정 주인공, 이를테면 위대한 군주나 도시계획가의 자리가 없다. 또한 특정 양식의 도시 공간을 통해 자신의 헤게모니를 표상하려는 특정 계층이나 사회적 무리의 자리도 마련되어 있지 않다. 도시에서는 몰개성적인 이질적이며 개별적인 힘만이 존재하며 이것은 사회적이면서 동시에 자연적인 힘이다. 그 이유는 크게 세 가지 의미에서 풀이될 수 있다. 첫째, 도시 공간에서 표출되는 사회적 자연적 힘은 제반 기술의 상태를 지시한다. 좀 더 일반적으로 말하면 인간이 물질을 변형하는 제반 조건을 지시하며 이와 더불어 인간이 자신의 물리적 환경에 영향을 미치는 조건을 가리킨다. 둘째, 그 힘은 각자의 개별적 자연과 본성 속에 각인된 특이성을 고양한다. 셋째, 그 특이성은 도시를 '슈퍼 유기체'로 성립시키는 파급효과를 낳는다. 여기에서 말하는 '슈퍼 유기체'란 동물 생태학과 식물 생태학에서 기술된 유기체와 유사한 초대형 유기체를 말한다.

위의 첫 번째 사항에 대해, 파크와 그의 동료는 당시의 역사학자, 지리학자, 사회학자들이 수행한 분석 결과를 완결된 기정사실로 삼았다. 에너지 사용과 산업화에서 노정된 근대적 형식의 중심화의 행동 양식, 운송과 커뮤니케이션 시스템의 중요성, 특히 산업 활동의 공간적 중심화로 유도된 층위화된 경제 등이 그것이다.

따라서 시카고학파는 그 자체로서는 도시계획의 독창적 이론으로 보기 어렵다. 그럼에도 도시 공간에서 만개하는 다양한 개별성의 차이화라는 주제는 시카고학파가 주목한 핵심적 문제이다. 노동 영역에서 나타난 기술 분할의 진보, 제반 활동의 특화, 새로운 기능의 출현, 대도시로부터 초래한 새로운 수요는 새로운 직업을 발생시켰고 여기에서 산업화와 도시화는 불가분의 관계에 있으며, 개인적 능력의 다양성에 기초한 사회적 차이화의 과정을 생산하기 위해 이 두 가지 요소는 결합된다.

동물 생태학, 식물 생태학 모델에 대한 이 같은 지속적 참조는 순수한 의도도 아니며 자연주의적 환원으로 국한되지 않는다. 도시를 슈퍼 유기체의 방식으로 사유하는 것은 무엇보다 사회와 공간의 관계를 보다 심오하게 파악하려는 태도이며 도시 공간의 형성을 식물 형성과 유사한 것으로 포착하려는 시도이다. 마치 자연의 생태계에서 개별 생물이 갖는 생태학적 적소의 의미와 마찬가지로 그 같은 이론적 가설의 목적은 개인과 제도에 대한 '위치의 효과'를 파악하는 데 있다. 하나의 사회는 공간 속에서 분리된 개인들, 즉 하나의 영토에서 분산된, 독립적 이동을 수행할 수 있는 개인들로 성립된다. 이 점에 대해 매켄지의 이론은 인간 공동체의 연구에 생태학적 접근법을 적용할 가능성을 기술한 가장 체계적인 분석으로 평가받고 있다.

그의 도시 생태학 이론에서 개인은 그들의 성격, 기획, 행동력에서 차이가 나며, 경쟁이 지배적인 공간에서 상호 관계를 맺는다. 이것은 동물과 식물에서 관찰되는 생명을 위한 투쟁 효과와 유사하다. 모든 생명체의 사회에서 가장 원기 왕성한 요소들은 특권적 장소의 제어를 독점하려 한다. 이것은 동물 생태학과 식물 생태학이 파악한 지배 법칙과 일치한다. 도시의 전략적 지점들, 특히 도심부를 비롯해 주요 상업과 산업은 가장 탐나는 지대를 소유하며 그 결과 도시 형상화의 주요 선들을 결정짓는다. 토지의 이 같은 지배적 사용에 견주어 주택지의 분배는 초질서화된 과정으로 나타난다. 사업의 중심 지역을 둘러싸는 도시의 외곽 지대들은 중심 지역의 확대로 지속 잠식당하면서 변두리로 쫓겨나고. 부분적으로는 경공업과 이민자가 이곳을 지배하며 사용한다.

한편, 시카고학파는 현대 도시 이론의 계보에서 인간 활동에 고유한 영토성territory의 중요성을 강조했다는 점을 인정받는다. 이들은 행동 양식, 사회적 조직의 형식, 사회적 변화를 이해하려면 그것들이 각인된 공간과 맺는 관계들을 참작해야 한다는 전제를 설정했다. 하지만 이 같은 학문적 성과의 인정에는 곧장 비판이 따른다. 이를테면 도시 생태학에서 공간에 할당된 지나친 역할에 대한 비판이다. 특히 일부 비판적 진영에서는 사회적 사실을 자연화시켰다는 호된 비난을 퍼붓는다. 이것은 공간적 논리로부터 사회적 사실의 생산을 사유하는 시카고학파의 이론적 수순에 대한 비판이라 할 수 있다. 요컨대 시카고학파의 계승자들은 사회적인 것을 공간적으로 설명하려는 생태학적 시각에 전면적 비판을 수행했다. 이들은 공간의 결정적 역할을 도시 분석의 원칙에 갖다 놓는 경향을 비판했으며 공간을 교환과 사회적 상호작용의 방해물과 극복해야 할 거리의 총합으로 보는 시각을 문제 삼았다.[486]

시카고학파는 도시의 자연사를 제시하려 시도했으나, 이것은 시카고학파가 도시 사회의 생산을 반드시 그것의 물질적 기층으로부터 사유하려 했다는 것을 의미하지 않는다. 파크와 버지스가 파악할 수 있다고 생각한 도시 공간 형성의 메커니즘과 과정은 사회적 본질에 속하는 것이며 도시 공간은 일정한 방식의 사회 생산물이며 더 나아가 그것의 간단한 반영이다.

공간은 사회의 거울이라는 이 같은 반영의 특이성은 바로 그 같은 공간적 반영이 사회적 차원의 인식을 위해 정체 파악이 가능하고 측정이 가능한, 따라서 소중한 흔적으로 제시된다는 것이다. 그 반영은 사회의 지표 요소로 작동할 수 있으며 심지어 유일한 지표 요소가 될 수 있다. 파크에 따르면 도시 연구자가 사회적 관계를 일정한 방식으로 측정할 수 있는 것은 오직 그가 사회적 정신적 현상을 공간적 현상들로 환원하거나 귀결할 수 있다는 것을 말한다.[487]

결국 이 공식의 행간을 읽어보면, 사회 무리 사이에서 나타나는 차별화의 지표는 바로 이민자의 통합과 동화의 수준을 일러주는 척도가, 도시 공간에서 나타나는 그들의 확산 정도로부터 표시된다는 것이다. 하지만 공간적

---

486 Firey, W., *Land Use in Central Boston,* MA,Harvard University Press, 1947.

487 Park, R. E., "The Urban Community as a Spatial Pattern and a Moral Order", in Burgess, E. W. and Park, R. E., *The Urban Community,* IL, Unversity of Chicago Press, 1926.

구조가 일정한 방식으로 사회를 다양하게 반영한다 해도 공간은 그 같은 사회적 등록의 간단한 표면으로 파악될 수는 없다. 인간 활동이 하나의 영토에서 전개된다는 사실은 사회생활의 양태성에 나름대로 영향을 미치기 때문이다. 이를테면 도시 공간의 형태는 집단적 조직 형태를 비롯해 제반 표상들에 영향을 미친다. 무엇보다, 사회적 삶의 물질적 흔적들은 일단 토지 위에 각인되면, 일정한 현실을 갖는다. 도시 공간의 형태는 그것의 고유한 역동성을 갖고 도시의 미래 진화에 어느 정도 엄격한 제약을 유도한다. 도시 형상화의 추상적 도식과 지도를 옆에 두고 파크가 시카고학파의 한복판에서 추구했던 도시 생태학의 또 다른 차원이 나타난다. 그것은 명시적으로 뒤르켐의 형태론적 분석을 천명하며, 사회의 물질적 형태에 주의를 기울인다. 파크와 버지스의 저서를 읽은 최초의 프랑스 독자 가운데 한 명이었던 알박스가 소중하게 여기는 표현을 다시 취하자면, 그것은 바로 "사회의 물질적 형태"이다.

그것이 바로 파크가 '자연적 지대'와 '도덕적 지대'를 이론적으로 전개한 내용이다. 파크의 서술에 따르면 "도시의 인구를 분배하고 분리시키는 경향을 보여주는 다양한 영향 아래 모든 이웃 동네는 '하나의 도덕적 지대'의 성격을 맡게" 된다.[488] 예컨대 대부분 도시에는 사악한 범죄의 온상 구역이 존재한다. 그렇지만 하나의 도덕적 지대는 반드시 거주 장소가 되는 것은 아니며 단순한 만남의 장소나 리조트의 장소가 될 수 있다.

그에 따르면 모든 대도시에서 이 같은 분리된 환경을 개발하려는 경향을 보여주는 다양한 힘의 정체를 이해하려면 그 같은 환경에서 억압된 충동들, 정념들, 이상형들이 지배적 도덕적 질서로부터 스스로 해방시키려는 다양한 노력의 진행을 파악하고 인간의 잠재적 충동을 참조하는 것이 필요하다.

요컨대 문명은 공통의 복지의 이익을 위해 야생적인 자연적 성향을 억압하거나 제어한다. 그것의 훈육을 개인에게 부과하는 과정에서 개인을 수

---

488 Park, R. E., Burgess, E. W., and McKenzie, R. D., 앞의 책, p.43.

용된 공동체의 모델과 일치시키면서, 사회적으로 가치가 있거나 최소한 순수한 형식 속에서 대리적 표현을 찾는다. 바로 이 같은 의미에서 스포츠, 놀이, 예술이 기능한다. "도덕적 지역이라는 표현에서 반드시 범죄적이거나 비정상적인 장소나 사회를 유추할 필요는 없다. 그 표현은 하나의 일탈적인 도덕 코드가 팽배한 지역에 적용된다. 그곳에 거주하는 사람들 즉 그 개인의 본성에 직접 뿌리를 둔 하나의 취향이나 정념, 또는 모종의 관심이 그곳을 지배하기 때문이다."[489] 따라서 도덕적 지대는 음악과 같은 예술이 될 수 있으며 또는 경마와 같은 스포츠가 될 수 있다. 한마디로 도덕적 지대는 그것의 관심사가 더 직접적이고 근본적이라는 사실에서 다른 사회적 무리와 차별화되며 이 같은 이유에서 그 같은 지대의 차이는 지적인 것보다는 도덕적 고립에 기인한다.

도시는 끊임없이 재정의되면서 복잡한 사회와 차별화된 공간의 결합이라 할 수 있다. 선별과 재무리화의 기제 덕분에 개인들은 각기 다른 공간 속에 터를 잡고 도시 공간에서 다양한 방식으로 이동한다. 특정 섹터에서 도시민들은 좋든 싫든 한곳에 집중화되는 경향을 보여주며, 그들은 공통적 친화성을 갖게 된다. 하지만 이 같은 공간과 특수한 환경 속에 각인되는 것은 개인에게 지역적 사회 문화적 특이성을 강화하면서 도시 인구의 전체적 차이를 강화시킨다.

도시 생태학 이론에는 근본적으로 두 개의 문제점이 노출된다.[490] 첫째, 그것은 도시의 사회생활 대신 도시의 지리적 물리적 양상들로 연구 방향을 정하면서 잘못된 경로에서 도시 분석을 시작했다. 사회생활은 인간의 상호작용의 구조이지 강철, 돌, 시멘트, 아스팔트의 구조는 아니다. 물론 상하수도 시스템과 쓰레기 처리 시설을 세심하게 분석하면 한 가정의 활동을 보다 심층적으로 이해하는 것은 가능하다. 하지만 이는 오직 활동의 부산물로 취해질 때만 가능하며 그것도 추론 수립의 증거 수준에 머무른다. 도시의 생태

---

489 위의 책, p.45.

490 Martindale, 앞의 논문, pp.29-30.

학적 연구는 지나치게 다양한 지대들, 자연 지대, 서식지 등의 물리적 속성의 수립에 집중했으며 그 같은 속성을 생산한 생활 방식에는 주의를 기울이지 않았다.

도시 생태학 이론의 두 번째 난점은 그것의 결정적 개념들의 불필요한 원초성primitivism이다. 이는 경쟁, 중앙 집중화, 차별화, 침략, 천이遷移 등의 용어를 사용하는 매켄지가 밀도 높게 요약했다. 시민의 삶은 실제로 그런 용어로 설명할 수 있으나 그것이 핵심 관건은 아니다. 난점은 바로 이 같은 용어로는 시민의 삶이 충분하게 차별화되지 않는다는 것이다. 시카고학파가 사용한 용어로는 쉽게 시골 생활과 도시 생활이 설명될 수 있었으며 과거나 현재의 맥락에서 사회생활에 적용할 수 있었다. 또한 그 용어는 인간을 비롯해 식물과 동물 등의 다른 생명체에도 적용할 수 있을 것이다. 따라서 도시 생태학적 이론의 기본적 개념화는 사회학 이론의 다른 분과들과 도시 이론을 충분히 차별화시키지 못한다.

르페브르의
도시 사상

르페브르는 현대 도시 사상의 지평에서 독보적 위상을 차지하는 인물이다. 그가 상재한 약 70여 권의 저서 가운데 절반 이상은 30여 개 언어로 번역됐으며 유럽, 남미 등에서 세계적인 지명도를 얻었다. 르페브르는 카스텔스의 주저 『도시 문제』의 영어 번역으로 영미권에 이름을 알렸으며, 특히 비판 지리학자 하비와 에드워드 소자Edward Soja가 그의 도시 사상을 널리 유포시키는데 일조했다. 하비는 그의 주저 『탈근대성의 조건』[491]에서 르페브르의 주저인 『공간의 생산』의 상세한 주석을 달았으며 소자는 『포스트모던 지리학』

491 Harvey, D., *The Conditions of Postmodernity. An Enquiry into the origins of Cultural Change*, Basil Blackwell, Oxford, 1989. (한국어 번역본) 데이비드 하비, 구동회 옮김, 『포스트모더니티의 조건』, 한울, 2006.

에서 르페브르의 공간 사상에 일정 분량을 할애했다. 소자는 르페브르의 명저 『공간의 생산』을 인간 공간성의 사회적 역사적 의미와 공간적 상상력이 갖는 놀라운 힘을 파악한 가장 중요한 저술이라고 천명한다.[492]

르페브르는 1975년 출간된 자서전에서 자신의 공간 연구의 발생을 회고하면서 공간 연구를 근대 세계의 복잡화를 파악하기 위한 길잡이로서 파악한 바 있으며 다양한 노선들 속에서 공간이라는 문제 설정에 도달했음을 주지한다. 크게 두 가지 노선을 손꼽을 수 있는데, 하나는 토지 임대 문제를 다룬 그의 농업 사회학으로서 이것은 토지 경제와 사회적 관계 사이의 상호 조건에 대한 물음을 통해서 진행됐다. 이 노선은 사회적 공간에 대한 프랑스 사회학의 전통, 특히 알박스가 도입한 개념을 발전시키면서 사회적으로 생산된 공간이라는 개념을 개발하는 작업이었다. 르페브르가 그의 공간 이론을 발전시킨 두 번째 시각은 1930년대의 일상생활 연구였다.[493] 그는 말년에 자신이 일상에 관심을 두기 시작한 이유가 양차 세계대전 사이에서 그가 목격했던 현상들로부터 비롯됐다고 술회한 바 있다. 보다 구체적으로 지적하면 일상생활의 공간적 규정들은, 전후 소비 공간, 도시 공간의 관료주의적 관리, 도시의 기능주의적 환원 등의 문제를 다룬 『일상성 비판』과 『현대 세계에서의 일상생활』의 초점을 이루고 있다.

1. 근대 도시 비판론

르페브르의 파란만장한 지성사를 여기에서 모두 상론할 수는 없으나 프랑스의 도시 철학자 티에리 파퀴오Thierry Paquot 교수에 따르면 르페브르는 열정

---

492 Soja, E., *Post-modern Geographies, the Reassertion of Space in Critical Social Theory*, London, Verso, 1989.

493 르페브르의 공간 연구에 대한 다음의 종합적 연구를 참조할 것.
Stanek, L., *Henri Lefebre on Space: Architecture, Urban Research, and the Production of Theory*, Minneapolis & London, University of Minnesota Press, 2011, pp.15-17.

적이면서 독창적인 두 개의 새로운 연구 장을 개방했다.[494] 일상생활과 리듬 분석의 연구 장이 그 하나이며[495] 도시 공간의 연구 장이 다른 하나이다.[496]

그가 제일 먼저 천착한 문제는 근대성의 도시 공간이라 할 수 있다. 물론 르페브르의 총체적 저술과 사상에서 도시 문제만을 별도로 분리하는 것은 무모하다. 어쨌건 그는 이미 1962년에 출간된 『근대성 서론』[497]에서 근대성의 의미에 철저한 물음을 제기하면서 현시대에 작동되는 다양한 모순을 파악할 것을 제안한다. 이를테면 "개인의 고독과 군중의 결합 사이에 존재하는 모순이야말로 새로운 것이 아닌가"라는 의문을 던지고 있다. 그가 말하는 군중이란 거대 도시, 초대형 기업, 초대형 사무실, 군대, 정당에 존재하는 대중을 말한다.

탁월한 마르크스주의자인 르페브르는 계급투쟁 차원에서 사회적 분석에 가치를 부여했을 뿐만 아니라, 부의 생산 조건을 규정하는 데 매진하며 부의 분배 조건을 분석했다. 그는 지배적인 생산 기구를 분석하면서 자연히 도시화와 산업화 사이에 존재하는 밀접한 관계를 설정한다.

르페브르는 산업화가 모든 것을 송두리째 바꾸어놓았다는 사실에 주목했다. 그것은 시간과 공간 차원에서 진행된 다양한 분열과 분리로서 노동의 기술적 지역적 분할들, 프롤레타리아와 부르주아 사이의 불평등한 관계, 일상 시간의 조직, 공장에서 리듬화된 시간, 부족한 수면 시간 등의 문제를 불러온다. 그는 특정 사회가 토지 위에 투영된 것으로 도시를 정의하면서

---

494 Paquot, T., "Henri Lefebvre, penseur de l'urbain", in Paquot, T. and Younès, C., *Le territoire des philosophes,* La Découverte, 2009, pp.237-254.

495 Lefebvre, H., *Critique de la vie quotidienne,* tome 1-3, Paris, Grasset, 1947, 1962, 1981. (한국어 번역본) 앙리 르페브르, 박정자 옮김, 『현대세계의 일상성』, 기파랑, 2005.
________, *Eléments de rhythmanalyse,* Paris, Syllepeses, 1992.

496 Lefebvre, H., *Le droit à la ville,* Paris, Anthropos, 1968.
________, *La Révolution urbaine,* Paris, Gallimard, 1970.
________, *La Pensée marxiste et la ville,* Paris, Casterman, 1972.

497 Lefebvre, H., *Introduction à la modernité,* Paris, Minuit, 1962. (한국어 번역본) 앙리 르페브르, 이종민 옮김, 『모더니티 입문』, 동문선, 1999.

그 같은 투영에는 다양한 틈과 간극이 존재한다는 점을 보여준다. 특히 그는 전통적 도시를 해체해가는 도시화 과정의 문제를 천착했는데 전통적 도시는 총체화된 도시화에 의해 상실됐다는 것이 그의 지론이다. 그는 주저인 『도시 권리Le droit à la ville』의 한 장 「산업화와 도시화」에서 그 점을 상세히 서술한 바 있다.

또 다른 저서 『도시 혁명La Révolution urbaine』에서도 그는 도시 거주자들의 일상이 실현되는 영토가 전면적으로 변형되는 과정에 대해 재론한다. 그는 이 책에서 서양에서 도시와 촌락 사이에서 야기된 여러 모순의 역사적 과정을 재요약하고 있으며, 산업화와 도시화로 나타난 도시 공간에서의 모순의 극복 방안을 상술한다.

앞서 내용이 도시 사회학에 대한 르페브르의 기여였다면, 그의 도시 철학과 공간 철학 역시 도시 공간의 이론에서 중요한 함의를 갖는다. 1966년에 출간된 프랑스 인문학자들의 공동 저서 『별장 거주지L'Habitat pavillonnaire』의 서론에서 르페브르는 '대지는 다름 아닌 거주'라는 진술을 하면서 하이데거와 가스통 바슐라르Gaston Bachelard를 인용하는 등 이미 거주의 철학을 시도했다. 반면 그의 주저 『도시 권리』1968에서 철학자들이 도시와 도시 공간에 별로 관심을 두지 않는다는 점을 아쉬워하면서 도시 철학의 필요성을 상기시키고 있다. 그는 그리스 철학은 바로 도시에서 탄생했다는 점을 환기하고, 철학자들로 하여금 도시 공간에 대한 현상학적 기술을 넘어서고 동시에 기호학적 구성의 차원도 넘어설 것을 독려하면서, 철학적으로 도시를 사유할 것과 도시 공간을 하나의 총체성으로 인식할 것을 주문했다. 그는 이 문제를 『도시 혁명』1970에서 다시 다뤘다. 하지만 당대의 철학자들은 그의 제안을 진지하게 경청하지 않았던 반면, 대부분 사회학자와 지리학자가 그의 도시 사상을 자신들의 이론적 준거로 삼았다. 물론 건축가들과 도시계획가들 역시 그를 참조했다. 『도시 권리』의 제2장으로서 「공간과 정치」라는 제목을 달고 있는 부분에서 그는 공간 개념의 이론적 위상이 무엇이며, 정신적 공간과 사회적 공간 사이의 관계가 무엇인지를 묻고 있다. 즉 지각된 공간, 착상된 공간, 표상된 공간을 비롯해 건설되고 생산되고 투영된 다양한 도시 공간 사이의 관계를 포착한다. 이어서 공간이 사회적 경제적 정치적 실천 속에서 각인되는 양상에 대해 물음을 제기한다.

르페브르는 다음과 같은 네 개의 가설을 제시한다. 첫째, 공간은 하나의 본질이며 플라톤적 관념이다. 둘째, 사회적 공간은 노동 분화로부터 실현되는 생산이다. 셋째, 공간은 하나의 기원도 아니며 목적도 아니고 매개물, 도구이며 환경이다. 넷째, 공간은 이 모든 것의 그 이상의 것이라는 점에서 공간 생산의 조건과 양태성, 파급 결과를 검토해야 한다.

이와 더불어 르페브르는 공간 생산에 대한 분석의 일환으로 리듬 분석의 정초를 마련했다. 실제로 리듬이라는 단어는 그의 초기 저술에서부터 빈번하게 나타난다. 공간이 사회적 집단적 생산으로부터 비롯되는 것과 마찬가지로, 시간, 즉 내밀함의 시간은 사회적 생산에 속한다고 말할 수 있다. 공간과 마찬가지로 시간 역시 수많은 모순에 직면한다. 도시 공간은 다양한 리듬을 작동시키며, 개별화된 사회적 시간의 시간성을 비롯해 공동체 구성원들이 모두 공유하는 사회적 시간을 작동시킨다. 모든 거리, 동네, 밀집 지역은 자신 만의 고유한 사용 시간을 가지며, 도시마다 일어나고 잠드는 시간 또한 조금씩 다르다. 이 같은 도시 공간의 시간성의 이질성에는 개별적 시간성의 출현이 동반된다. 달리 말해 도시 공간에는 이질적 시간의 파편화와 리듬의 다중화가 나타난다. 총체화된 도시 공간 속에서 거주한다는 것은 결코 하나의 공간을 전유하는 데 있지 않고, 서로 대조적이며 불규칙한 리듬을 통해 다원적으로 분산된 시간을 길들이는 데 있다.

카스텔스가 기능적 도시계획이 자본주의의 생산 질서에 예속화되는 현상에 주의를 기울인 반면, 철학자이며 사회학자였던 르페브르는 도시의 권리를 강조했다. 도시 권리를 제시한 이유는 기술 관료주의적 계획이 도시 사회를 억압하는 것에 맞서기 위한 이념적 발판을 마련하는 데 있다. 그는 도시계획 속에서 사회적 분할을, 즉 위로부터 강요된 선택을 통해 재생산하는 행위를 비난했다는 점에서 도시계획의 이데올로기를 비난했다고 말할 수 있다. 르페브르는 근대 도시계획의 합리성을 강한 어조로 비난하는데, 그 이유는 그가 보기에 그 같은 합리성은 도시의 본모습을 왜곡시키고 도시의 본질과 도시의 기능성을 혼동했기 때문이다. 이런 방식으로 도시를 읽는 것은 따라서 조작적 도시계획에 대한 대립 노선을 만들었다.[498] 그는 도시의 기술관료적 재단에 의한 도시적 사회성의 초토화를 막으려는 태도를 견지한다. 하지만 그는 사회적 차원을 경제적 차원으로 환원시키지 않는다는 점에서 구조주의적 마르크스주의자는 아니며 도시의 산업적 상품적 정의를 그것의 사용가치를 복원하면서 넘어서려 했다. 그가 '도시의 권리le droit à la ville'라 부르는 것은 바로 도시의 역사적 잠재력에 토대를 둔 삶의 질을 다시 회복하려는 시도를 가리킨다. 문화유산의 풍요로움, 도시 건축물 형태의 정체성, 도심부의 중요성 등, 도시 공간에서 거주하는 사람에게 다중적 사용 관례들을 참작할 수 있는 능력을 다시 부여하는 것을 말한다. 따라서 르페브르의 논지는 일상생활이 사회적 위상들의 한 반영이라는 소박한 생각과 대립된다.

마르크스주의로부터 영감을 받은 도시 연구는 도시 문제에서 은폐됐던 정치적 관건들을 해명하는 데 기여한 것이 분명하다. 하지만 이 같은 연구 방향 설정은 국가를 마치 내재적 모순이 없는 동질적 구조인 것처럼, 단일적인 덩어리로 지나치게 동화시켰다는 한계를 지닌다. 아울러 구조주의적 분석에서는 제도적 규칙과 더불어 창조적 놀이를 할 수 있는 거주자의 능력을 누락시켰다는 한계도 노정한다. 또한 그 같은 접근법은 사회적 관계와 그 관계가 표현되는 현실적 영토를 분리해 마치 도시 공간과 사회생활의 방식이 서로 전혀 영향을 미치지 않는 것처럼 가정한다는 점에서 비판받을 소지가 적지 않다.

2. 도시 기호학과 도시 철학에 대한 르페브르의 비판

르페브르의 도시 이론에서 가장 먼저 제기되는 문제는 산업화 현상이라 할 수 있다. 두말할 것도 없이 산업화 과정은 19세기 초반기부터 유럽 국가에서 발생한 모든 변형의 동력이라 할 수 있다. 이때 르페브르는 산업화의 유

---

498 Lefebvre, H., *La vie quotidienne dans le monde moderne,* Paris: Gallimard, 1968.
________, *La révolution urbaine,* Paris, Gallimard, 1970.
________, *Le droit à la ville,* Paris, Le Seuil. 1974.

도 요인inducteur과 산업화의 결과물인 유도 생산물induit를 구별할 것을 제안하면서 산업화 과정은 도시화를 유발한 유도 요인이며 도시와 관련해 진행된 도시 공간의 개발과 관련된 문제들은 유도 생산물로 보고 있다. 한마디로 산업화는 근대사회를 특징짓는 핵심어로써 그의 표현을 빌리자면 "산업화는 우리 시대에 대해 출발점을 제공"한다.[499]

그런데 여기에서 분명히 유념해야 할 사실은 도시는 이미 산업화 이전에 존재했다는 점이다. 가장 탁월한 도시의 창조들, 즉 도시의 삶을 실현한 최고의 아름다운 도시 작품들은 산업화 이전 시대에서 이미 나타나고 있다. 르페브르에 따르면 도시를 성찰할 때 세 개의 요인을 구별해야 한다. 사회, 국가, 도시가 그것이다. 이 같은 도시 시스템에서 각각의 도시 자체는 닫히고 완결된 시스템으로 성립되는 경향을 보여준다. 특히 르페브르가 강조하는 것은 도시의 사용가치 측면이다.

"도시와 도시적 현실은 사용가치에 속한다. 교환가치, 산업화를 통한 상품의 일반화는 도시와 도시적 현실을 자신에게 종속시키면서 기존의 것들을 파괴하려는 경향이 있다. 도시와 도시적 현실은 사용가치의 은신처로서 잠재적 우세와 사용의 재가치화의 씨앗들이다."[500]

여기에서 르페브르는 언어학과 기호학의 이론 모델을 차용해 도시 개발이라는 발화 작용énonciation과 도시 발화체의 주체들을 크게 세 부류로 나눌 것을 제안한다. 이를테면, 도시 공간 만들기, 도시 공간 읽기, 도시 공간 쓰기 등으로 나누어 생각해볼 수 있다.

첫째, '도시 공간 만들기'란 선량한 뜻을 갖고 도시 공간의 창조에 나름대로 기여하는 다양한 직업군의 주체들, 이를테면 건축가, 작가, 예술가 등이 실천하거나 착상하는 도시계획을 말한다. 르페브르는 그들의 성찰과 기획은 일정한 철학을 함의하는데 일반적으로 휴머니즘과 결부된다는 점을 날카롭게 지적한다. 보다 구체적으로 그것은 고전적이며 자유주의적인 고

---

499 Lefebvre, *Le droit a la ville*, p.1.

500 위의 책, p.5.

대의 휴머니즘이라 할 수 있다. 이들은 과거에 대한 모종의 향수를 가진 사람들로서 인간을 위한, 인간의 척도에 의한 도시 건설을 주창한다. 그들의 이데올로기, 그들의 이상주의는 마을, 공동체, 거리 등 빈번하게 농업 모델에서 차용된다. 한마디로 그들은 인간적 척도로 건물들과 도시를 세우려 한다. 하지만 그 결과는 대부분 실패이거나 미미하다.

"기껏해야, 이 같은 전통은 내용도 의미도 없는 모델을 채택한 형식주의 또는 옛 모델에서 아름다움을 느끼는 소비자의 취향에 먹잇감으로 던져진 심미주의로 귀결된다."[501]

둘째, 공공 영역과 결부된 행정 관료들의 도시계획을 손꼽을 수 있다. 이런 유형의 도시계획은 무엇보다 과학과 기술을 지향한다. 조작적 합리주의가 추구하는 엄밀한 형식들에 동반되는 이 같은 과학주의는 흔히 말하듯 인간적 요인을 무시하는 경향을 노출한다. 특정 과학이 하나의 기술적 우위를 점유하고 모든 기획의 출발점이 된다. 일반적으로 교통망과 커뮤니케이션의 기술이 대표적이며 현실에 대한 부분적 파편적 분석으로부터 얻어진 결과를 전체 현실에 확대 적용하는 방법론적 외삽법에 의존한다. 이 같은 기술 관료적 도시계획에 대한 그의 비판은 준엄하다.

"이 같은 기술 관료적이며 시스템화 된 도시계획은 그것의 신화와 그것의 이데올로기와 더불어(이를테면 기술의 우위) 자동차, 커뮤니케이션, 정보에 자리를 내주기 위해 도시에 남아 있는 것을 모조리 지워버리는 것도 주저하지 않는다."[502]

셋째, 건설사들과 부동산 개발자들을 비롯해 광고와 마케팅 종사자들의 도시계획을 열거할 수 있다. 그들은 이윤을 염두에 두고 도시 공간을 파악한다. 새로운 것, 최근의 것, 그들이 파는 것은 주택이나 건물이 아니라 도시계획이다. 이데올로기의 유무와 상관없이, 그들에게 도시계획은 한낱 교환가치의 대상일 뿐이다. 부동산 개발업자들이 진행하는 프로젝트는 바로

---

501 같은 책, p.28.

502 같은 책, p.29.

그 점을 명확하게 보여주는 특권적 기회와 장소로서 제시될 수 있다.

한편, 르페브르는 도시 인문학을 지향하면서 도시적 인식의 파편성과 부분성을 상세하게 언급한다. 도시는 역사학자, 경제학자, 인구통계학자, 사회학자, 지리학자의 연구 대상이며, 특히 역사학은 도시의 발생을 해명해준다는 점에서 다른 어떤 학문보다도 도시 사회의 문제 틀을 파악하는 것을 도와준다. 하지만 이들 분야는 제각기 전문화에 따른 지식의 파편화로 치닫는다. 그에 따르면 이 같은 분석적 재단들은 엄밀성을 결여하지 않지만, 과학적 엄밀성을 확보한다 해도 사람이 살 만한 공간을 보장해주는 것은 아니다.

이어서 르페브르는 도시 철학과 도시 기획 이데올로기의 연관성에 대해 중요한 성찰을 제공한다. 철학자들과 도시 철학자들은 그들의 사변에 따라 도시를 전체성으로 정의하면서 도시적 인간을 '호모 우르바니쿠스Homo urbanicus'로 정의한다. 도시 사학자 멈퍼드는 여전히 노동 분화를 넘어선 자유로운 시민들로 이뤄진 도시를 상상하고 고대 도시의 모델에 따라서 현대 도시를 사유하려 한다는 점에서 한 명의 도시 철학자이며, 르 코르뷔지에 역시 거주자와 도시 거주지를 우주의 순환적 시간과 더불어 그 관계를 기술할 때 그 역시 도시 철학자로서 사유를 진행했다고 말할 수 있다. 그러나 르 코르뷔지에가 현대 도시의 문제에 이론의 여지가 없는 실증적 지식을 가져다주었다는 점은 반박의 여지가 없으나, 그의 도시계획 비전은 도시계획의 실천, 이데올로기, 도시 사회를 건축가가 건축 현장에서 예측하고 명령 지시하는 기능들로 환원했다는 비판을 면키 어렵다. 이 같은 맥락에서 르페브르는 도시 철학과 도시계획을 모두 비판한다.

"도시 철학 또는 도시 이데올로기는 특정 유형의 도시가 진입했던 구조들 속에서 한 사회의 상부구조로서 탄생한다. 이 같은 철학은 과거의 소중한 유산으로서 빈번하게 과학으로 변장하는 사변들 속에 빠지고 만다. 왜냐하면 그것들은 몇 개의 현실적 지식을 통합하기 때문이다."[503]

---

503 같은 책, p.49.

르페브르의 판단을 경청한다면 도시를 교통 순환들의 네트워크, 정보와 정책 결정의 중심으로 정의하는 것은 절대적 이데올로기이다. 그 같은 이데올로기는 임의적이며 위험한 환원과 외삽으로 진행되며, 테러적 수단을 사용하면서 절대적 진리와 도그마로 자신을 표상한다. 이 같은 이데올로기는 두 가지 연대적 양상을 갖는데 정신적 양상과 사회적 양상이 그것이다. 정신적 차원에서 그 같은 이데올로기는 합리성과 조직화에 기반을 둔 이론을 함의하거니와 1910년대부터 그 공식화의 연원을 지적할 수 있다. 그것은 사회적으로 전면에 등장한 공간 개념으로서 도시 공간에서 시간과 생성의 차원을 주변부로 몰아냈다. 이런 맥락에서 그의 진단은 명확하다.

"이데올로기로서의 도시계획은 사회의 모든 문제를 공간의 문제로 표명하고 역사, 지식, 곧이어 이중화되는 이데올로기에서 오는 모든 것을 공간적 용어로 전환한다."[504]

도시와 사회는 늘 그 총합에서 밀접한 관계를 맺는다는 점에서 사회가 변화하면 도시 역시 변화한다. 아울러 그는 도시가 무엇보다 한 편의 예술작품으로 인식될 필요성을 강조한다.

"그 결과 도시는 단순한 물질적 생산물이라기보다는 예술 작품과 접맥되어야 할 것이다. (…) 도시는 하나의 역사를 갖는다. 그것은 역사의 작품, 즉 역사적 조건들 속에서 이 같은 작품을 완수하는 규정된 사람들과 무리의 작품이다."[505]

도시의 생산이 존재한다면 그리고 도시 속에서 사회적 관계들이 존재한다면, 그것은 인간의 생산과 재생산이라 할 수 있다. 이어서 르페브르는 도시 기호학의 시각을 수용해 도시는 분명 읽힐 수 있다는 중요한 진술을 남기고 있다.

"그렇다. 도시는 쓰였기 때문에 곧 하나의 글쓰기라는 이유에서 읽을 수

---

504 같은 책, p.50.

505 같은 책, p.53.

있다."[506]

하지만 도시라는 텍스트를 제대로 읽으려면 '컨텍스트', 즉 그 맥락을 파악해야 한다. 도시라는 글쓰기 또는 도시라는 언어로 글을 쓴다는 것, 즉 도시의 메타언어를 구축하는 것은 표면적으로 나타나는 도시와 '도시적인 것'을 인식하는 데 머물러서는 안 될 것이다. 도시 공간의 '컨텍스트'를 파악한다는 것은 해독해야 할 도시 텍스트의 아래쪽에 존재하는 것, 이를테면 일상생활, 비 직접적 관계, 도시적인 것의 무의식 등, 거주하는 공간 속에서 숨겨진 것, 성생활, 가족생활, 도시의 얼굴 속에 나타나지 않는 것을 모두 숙지해야 한다는 것을 지시한다. 동시에 이와 더불어 이 같은 도시 텍스트의 위에 존재하는 것, 즉 제도와 이데올로기 등을 파악해야 함을 말한다. 르페브르는 이 모든 것이 도시 기호학, 즉 도시라는 텍스트 해독에서 무시되어서는 안 될 핵심 요소임을 강조한다. 바로 이 점에서 그는 도시 기호학자가 빠질 수 있는 형식주의적 접근을 경계한다.

"도시는 따라서 하나의 유의미적 시스템으로서, 즉 시스템으로서 한정되고 닫힌 것으로서 파악될 수 없을 것이다. 현실의 제반 수준에 대한 고려는, 다른 곳에서와 마찬가지로 이 같은 체계화를 금지시킨다."[507]

도시 현상들의 분석이란 도시의 감각적 형태론, 사회적 형태론, 도시와 도시적인 것의 연계성을 모두 아울러야 한다는 것이 그의 확신이다. 따라서 도시의 형태, 기능, 구조를 파악하려면 모든 방법론적 도구의 사용이 필요하다. 따라서 글쓰기와 읽기, 시스템, 기표와 기의 등의 기호학적 개념이 유효함을 강조한다. 도시 이론가에게 형태는 동시성의 형태로서 만남과 교환의 장을 말한다.

이어서 기호학 이론을 활용해 도시 공간을 정치적 공간, 종교적 공간, 문화적 공간, 상업적 공간 등 각각의 수준에서 기호학의 전문 용어인 동위소 isotopie 개념으로 정의한다. 이 같은 동위소와 견주어 다른 공간 수준들은 '헤

506 같은 책, p.63.

507 같은 책, p.63.

테로토피hétérotopie'로서 발견된다. 하지만 각각의 수준에서 이 같은 관계 속에 들어오는 공간적 대립들이 발견된다. 예컨대, 집단적 거주지와 별장 거주지habit paviollonnaire가 그것이다. 특수한 차원에서 제 공간은 동위소와 헤테로토피의 기준에 따라 분류될 수 있다. 도시 전체는 가장 외연이 넓은 동위소를 구성하며, 다른 동위소들을 포함하거나 다른 동위소들과 중첩된다.

르페브르는 기호학적 시각에서 제시되는 제 수준의 구별은 도시 공간의 본질적 관계의 분석에서 매우 큰 유용성을 갖는다는 점을 분명히 강조한다. 공간에서 나타나는 포함/배제 관계의 분석을 포함해 그 같은 공간에의 소속과 비소속의 분석 역시 도시 이론을 위해 매우 큰 중요성을 지닌다.

도시는 특수한 차원에서 기존의 의미 작용들, 이를테면 정치적, 종교적, 철학적 의미 작용을 자기 것으로 전유한다. 도시는 건축물과 기념비, 거리, 장소들의 노선을 통해 그 같은 의미 작용들을 노출한다. 도시의 글쓰기 곁에, 도시적인 것의 '말'이 있다. 이 말은 도시의 삶과 죽음, 환희 또는 불행을 언급한다.

하지만 도시를 하나의 시스템으로 간주할 때는 신중해야 한다. 여러 가지의 시스템들이 존재하기 때문이다. 이 점에서 르페브르는 예리하게 기호학의 한계를 다음과 같이 지적한다.

"더구나 기호학은 도시의 실천적 이데올로기적 현실을 모두 파헤치지 못한다. 의미 작용들의 시스템으로서의 도시 이론은 하나의 이데올로기로 향하는 경향을 보여 준다. 기호학은 '도시적인 것'을 '기표/기의' 관계로 환원시키면서, 그것의 형태론적 기초로부터 분리하며, 사회적 실천으로부터 분리한다."[508]

르페브르는 기호학의 현실 비판 능력을 의심하면서 기표/기의의 형태적 관계의 물신화는 심각한 피해를 낳는다는 점을 강조한다. 기호학은 지배계층이 유도하는 소비 이데올로기를 수동적으로 받아들이거나 최소한 그 같은 수동적 태도의 확산에 일조한다는 것이다. 소비 이데올로기와 현실적

---

508 같은 책, p.71.

소비사회에서 기호들의 소비가 점차적으로 큰 역할을 맡고 있음을 목격하면서 그는 다음과 같이 진술한다.

"사람들은 오브제만큼이나 기호들을 소비한다. 행복의 기호들, 만족의 기호들, 힘의 기호들, 부의 기호들, 과학의 기호들, 기술의 기호들 등등. (…) 그들은 기호를 사고판다. 언어는 교환가치가 된다. (…) 따라서 도시와 도시적 현실을 기호의 시스템으로서 파악하는 사람은 그것들을 암묵적 통합적으로 소비될 수 있는 오브제로서 소비에 양도하는 것이다. 순수한 상태의 교환가치로서 말이다."[509]

3. 도시계획 개념의 공간 이데올로기 비판

르페브르의 도시계획 이데올로기 비판을 이해하려면 먼저 그가 제시한 '도시계획'의 정의를 숙지할 필요가 있다.

"도시계획은 공간의 소비와 주거지를 관리한다. 그것은 상부구조를 이루는 다양한 실천들, 사회적 관계들, 사회 자체와 구별되어야 한다."[510] 따라서 '도시계획'이라는 단어가 도시 공간을 지시할 때 유발하는 개념적 혼란, 즉 도시 실천과 도시 현상을 구별하는 것이 관건이다. 도시계획은 한정되고 경도된 합리성을 실현하는 수단으로 나타나며 그 합리성 속에서 공간은 기만적으로 중립적이며 비정치적인 모습을 띠며 하나의 객체, 즉 객관적 대상을 성립한다.

관료주의에 기반을 둔 자본주의 체제에서 이뤄지는 생산활동은 도시계획 책임자들과 부동산 개발업자들의 관리에서 빈번하게 벗어난다. 기술 전문가들과 기술 관료들 역시 도시계획의 기획 단계에서 자문해주고 도시 공간 정책의 입안자들은 그들의 조언을 경청한다. 하지만 공학자와 기술 관료들은 최종 결정권자는 아니다. 그들의 선의의 노력에도 그들은 자신들에게

509 같은 책, p.72.

510 같은 책, p.164.

주어진 위상의 한계에서 벗어날 수 없다. 기껏해야 이들은 압력단체의 위상을 갖거나 하나의 전문 엘리트 계층이 될 수 있을 뿐이다.

르페브르에 따르면 기술 관료적 사유는 합리적 논리와 전략으로 점유되는 공간, 즉 텅 빈 공간 또는 준 기하학적 공간을 표상하는 작업과 이 같은 '로직스logics'와 전략을 사용해 나타나는 사회적으로 점유되는 영속화된 공간을 표상하는 작업 사이에서 부유한다. 그들은 모든 공간이 하나의 사회적 생산물이라는 핵심적 사실을 지각하는 데 실패한다. 이 생산물은 그들의 개념적 사고에서 도래하지 않는다. 사회적 생산물로서의 공간은 생산관계로부터 비롯되며 여기에서 생산관계란 실제로 활동하는 사회적 무리가 관리하는 생산관계를 말한다. 르페브르의 지적에 따르면 도시계획가들은 바로 그들 자신이 이 같은 생산관계에서 한 축을 담당한다는 점을 이해하지 못한다. 그들은 공간의 건설을 집행하고 실행하나 그 생산물을 완전하게 제어하지 못한다. 그들은 자신들이 속한 사회의 명령에 부응하고 그것을 준수하나 정작 도시 공간을 사회적 차원에서 구체적 대상이나 생산물로 파악하면서 자신들의 연구 방향을 수립하는 데는 소홀하다.

이들에게 공간은 궁극적으로 판매 가능하며 교환 가능한 생산물이자 대상으로 인식된다. 근대에 진입하면서 공간 자체는 사고파는 대상으로 변형됐으며 공간 사용의 사회적 목적에 따라 인간적 가치를 담지하는 공간 개념은 퇴색했다. 공간은 더는 차이가 없는 매개체가 아니라 잉여가치가 창조되고, 실현되고, 분배되는 장소의 총합으로 인식된다. 풀어 말해 공간은 사회적 노동의 생산물이 됐으며 생산의 일반적 대상으로서, 잉여가치 형성의 대상이 된 것이다.[511]

현대에 들어와 하나의 총체성으로서의 공간은 하나의 생산물로 공간의 매매와 교환을 통해 생산 회로 속에 진입한다. 불과 수백 년 전만 해도 공간은 하나의 특정 지역에 소재를 두고 고유한 사회 문화적 정체성이 파악됐으며 대지는 성스러운 실재에 속했다. 토지는 결코 생산수단으로 인식되지 않

---

511 Lefebvre, H., *The urban revolution,* Minneapolis, Univ Of Minnesota Press, 2003, pp. 154-155.

았으며 성스러움과 더불어 소유자의 고유성을 드러내는 징표였다. 오늘날 이 같은 전통적 공간 이념은 붕괴했다.

물론 공간의 생산은 그 자체가 새로운 것은 아니다. 지배 무리는 오래된 도시의 생산, 전원 공간의 생산, 자연경관의 생산 등 늘 하나의 특별한 공간을 생산해왔다. 새로운 것은 사회적 공간의 전반적이며 총체적인 생산이라 할 수 있다. 공간 생산력의 엄청난 팽창으로 수혜를 입은 사람들은 공간의 매매와 부동산 투기 등을 통해 그것을 발명하고, 관리해 이윤을 얻는 당사자들이었다. 이 점에서 "자본주의는 공간의 정복에서 새로운 영감을 찾았다"[512]는 르페브르의 명제는 통찰로 번득인다. 자본주의적 공간 생산 양식은 다름 아닌 생산력의 사회화 여정이며 공간의 생산 그 자체의 여정이다. 자본주의는 잉여 생산에서 공간을 통합시켰을 뿐만 아니라, 정보와 의사 결정의 중심부에 속하는 다양한 기구들을 재편성시킴으로써 생산 자체의 총체적 재조직화에 성공했다.

도시계획은 그것의 근본적 특질, 의미, 목적을 산포하며 바로 이 같은 방대한 공간 생산의 작동을 포괄한다고 말할 수 있다. 유념해야 할 사실은 도시계획은 공간의 효율적 관리와 제어, 더 높은 이윤 창출을 위한 투쟁을 벌이면서 자본주의의 전략을 교묘하게 은폐했다는 점이다.

이 같은 자본주의의 도시 공간 전략은 공간 사용자, 참여자, 단순 거주자를 압도한다. 도시인은 단지 한 명의 거주자로서 작동하는 것이 아니라, 공간의 매입자로서 기능하며 잉여가치를 실현하는 주체이다. 공간은 다양한 기능들이 수행되는 장소가 된다. 새로운 방식으로 전체 사회의 잉여가치를 형성하고, 실현하고 분배하는 것은 가장 중요하면서 동시에 가장 잘 숨겨진 것이다.[513]

도시계획가들이 추구하는 이데올로기는 소위 말하는 일련의 계획된 활동의 중요성을 지나치게 강조한다. 그로 인해 자신들이 제시한 다양한 시각

---

512 위의 책, p.155.

513 같은 책, p.156.

적 표상을 접하는 사람들에게 혁신적이면서 긍정적인 방식으로 사람과 사물을 관리, 경영할 수 있다는 강한 인상을 심어주려 한다. 도시계획의 이데올로기와 그것의 기계적 적용은 현실의 공간 실천을 빈번히 무시하고 사용가치는 교환가치에 견주어 주변부로 밀려나고 계속해 도시계획가들이 제시하는 공간 표상에 의해서 압도된다. 한마디로 도시 주체들의 실천이 침묵하거나 수동적이거나 완전히 소멸된다.

도시계획 이데올로기는 다른 이데올로기와 마찬가지로 주거의 환원, 도시 공간 현실의 환원 등, 모든 실천의 여지를 축소, 환원시킨다. 마치 의료 이데올로기처럼, 도시계획가는 스스로 병든 사회, 병리적 공간을 보살피고 치유한다는 역할의 이미지화에 성공한다. 이제 공간 자체가 하나의 주체로 변형되어 그 주체는 고통받고 질병에 걸리고 치유를 통해서 도덕적 건강을 다시 회복한다는 논리이다.

르페브르의 도시계획 담론 비판은 다음과 같이 압축된다. "그것은 하나의 상황을 은폐한다. 또한 제 작동을 은닉한다. 그것은 지평의 시야를 차단한다. 도시 공간의 지식과 실천에 이르는 여정을 차단한다. 그것은 즉흥적인 도시의 쇠락과 역사적 도시 핵심의 쇠락에 동반된다. 그것은 이해보다는 권력의 개입을 함의한다. 그것의 유일한 수미일관성, 그것의 유일한 논리는 텅 빈 것, 국가의 논리이다. 국가는 오직 방대한 텅 빈 공터를 분리하고 분산시키고 권력의 이미지에 따라 건설된 교차로와 대로를 파낸다."[514]

도시계획 담론이 도시 공간 실천의 담론을 사용하면서 나름대로 이론을 구성하는 것으로 보일 수 있으나 사실은 미래에 대한 왜곡된 이미지를 심어주는 것에 불과하며, 이 같은 가능태의 왜곡된 이미지는 그 흔적과 지표를 남기는데, 이를테면 도시계획 프로젝트의 유토피아의 성격은 기술 또는 기술 중심주의의 남용으로 은폐된다. 한마디로 하나의 도시 공간 실천을 잠재적으로 생성할 수 있는 도시계획의 진정한 인식론, 곧 하나의 이론적 핵이 존재하지 않는다는 것이 르페브르의 요지이다.

---

514 Lefevbre, H., *The urban revolution,* pp.160-161.

자본, 공간, 계급:
마르크스 도시 사회과학의 계승

1. 카스텔스의 도시 비판 이론

스페인의 카탈랑 태생의 카스텔스는 청년 시절 프랑코 독재 체제를 피해 프랑스로 망명해 파리에서 사회학 박사를 취득했으며 파리, 부에노스아이레스, 몬트리올에서 강의한 뒤 1979년부터 1993년까지 미국의 버클리대학교에서 도시 경제와 지역 경제를 강의했고 그 뒤로 현재까지 서던캘리포니아대학교에서 커뮤니케이션 교수로 활동 중이다.

카스텔스는 1970년 초반부터 발표한 저술에서 도시 연구의 범주들을 엄밀하게 검토했으며 도시 사회학의 사유 방식을 다시 축조했다는 평가를 받고 있다. 그는 자본주의의 변화하는 국면 속에 존재하는 도시 구조와 공간의 역학, 이민, 도시 문화, 정보 경제 등에 대한 광범위하면서도 철저한 분석을 수행했다. 도시와 관련된 그의 저술들은 크게 세 개의 하위 영역으로 분할될 수 있다. '선진 자본주의 도시 이론' '사회 운동과 도시 문화' '정보사회와 도시'가 그것이다.[515] 그는 자신의 도시 연구를 종합적으로 회고하면서 정보사회의 새로운 도시 세계와 관련해 공간 변형은 사회 변형의 광범위한 맥락에서 이해되어야 한다고 진술했다. 즉 공간은 사회를 그대로 반영하는 것이 아니라 사회를 표현하며, 사회의 근본적 차원으로서 사회 조직과 사회 변화의 전반적 과정과 분리될 수 없다는 것이다. 따라서 그는 새로운 도시 세계가 자신이 정보사회를 특징짓는 핵심어로 수용한 네트워크 사회의 창발로서 분석했던 총체적 현상의 형성으로부터 도래한 것으로 보고 있다.[516]

카스텔스가 도시 사회학의 새로운 설립자들 가운데 한 명으로 인정받

---

515 카스텔스의 도시 관련 저술 모음집을 참조할 것. Susser, I., *The Castells Reader on Cities and Social Theory*, Oxford, Blackwell, 2002. 특히, 그가 쓴 결론 참조. "Conclusions: Urban Sociology in the Twenty-First Century", pp.390-406.

516 위의 책, p.393.

고 있음에도, 1980년대부터 네트워크 사회와 정보화 시대에 매진하면서 그의 초기의 도시 연구 성과는 사람들의 관심에서 사라져갔으며, 카스텔스 스스로 자신의 연구 축을 이동하면서 그에게 실제적인 학문적 명성을 안겨준 도시 연구를 포기하고 말았다는 점에서 아쉬움이 남는다.

본 절에서는 그의 초기 도시 연구의 핵심적 사항을 정리하는 것으로 논의를 한정한다. 주지하다시피 카스텔스는 초기부터 마르크스의 도시 공간과 사회적 쟁점들에 대한 접근법을 창발적으로 전유하고 구축하는 작업에 착수했다. 실제로 그는 루이 알튀세르Louis Althusser의 사회철학과 자본주의 철학을 도시 세계에 적용했다. 구조주의적 마르크스주의 접근법의 옹호자들은 일찌감치 도시를 하나의 경제적 시스템으로서 정의하는 데 주안점을 두었다. 이 같은 마르크스주의적 관점에 기초해 도시 공간을 경제적 시스템으로 파악하는 시각에서 보면 토지 구획의 정책들과 사회 경제적 개발 또는 도시 공간 조직을 실현하는 다양한 정책을 통해 일련의 불평등이 재생산된다. 마르크스주의자들이 특권시하는 연구 축의 하나는 도시의 토지가 궁극적으로 부르주아 계층과 자본주의에 봉사하는 국가 정책들을 수립하는 지배층 권력의 무대라는 가설이다. 도시 공간의 물적 조건들의 집적urbain은 결코 중립적이며 자명한 것이 아니라, 자본과 그것의 정치적 권력의 재생산으로 변형될 수동적 매개물로 이해된다. 마르크스의 사상으로부터 영향을 받은 일련의 도시 연구들은 도시 속에서 국가가 부과한 사회적 질서를 목격하며, 그 결과 이 같은 시각에서 도시의 진리는 도시 그 자체 속에 존재하지 않는다. 이 점에서 도시와 도시 공간에 대한 분석적 관점에서 더는 완전한 의미를 해석할 수 없다.

카스텔스에게 공간을 별도로 구하는 특수한 공간 이론은 있을 수 없으며 공간 이론은 사회 이론의 특수한 경우일 뿐이다. 알튀세르의 논리를 따라 그는 사회구조가 세 개의 근본적 심급으로 구성되어 있음을 주장한다. 첫 번째는 경제적 시스템으로서 최종적 심급에서 가장 결정적이며, 두 번째와 세 번째는 정치적 시스템과 이데올로기적 시스템을 꼽고 있다. 이 같은 사회적 시스템들은 공간 속에서 발현되며 따라서 공간 조직화는 이들 시스템과 그것의 상호 관련으로 정의된다.[517] 이데올로기적 시스템의 공간적 발현은 기호 시스템으로 구성되며, 그 같은 기호 시스템 안에서 기표는 공간적 형태들이며 기의는 이 같은 형태들에 상응하는 이데올로기이다.[518]

카스텔스는 생활환경 전반의 질적 악화, 시민의 자발적 실천의 부재와 표현 권리의 부재, 사회 영토적 분리 심화 등의 문제를 지적하고, 이런 문제의 해소를 도시 투쟁의 동력으로 이론화시키면서 일부 연구자들이 도시 이데올로기라는 마녀의 홀림에 무릎을 꿇었다고 비난한다. 실제로 그는 불과 서른 살에 출간한 529쪽에 이르는 방대한 분량의 『도시 문제La question urbaine』라는 저서에서, 도시화의 역사적 과정, 도시 이데올로기, 도시 구조, 도시 정치에 대한 자신의 이론을 집약했다. 그가 던지는 핵심적 물음은 '역사적 유물론의 근본적 개념들의 기초 아래 사회적 공간의 특수성을 어떻게 파악할 것인가' 하는 문제이다.[519] 모든 구체적 사회, 예컨대 공간 따위의 모든 사회적 형태는 여러 가지의 생산방식의 역사적 분절로부터 이해될 수 있다. 여기에서 말하는 생산방식에는 사회구조의 근본적 심급들 사이의 조합으로 이뤄지는 매트릭스로서, 경제 시스템, 정치/제도 시스템, 이데올로기 시스템이 핵심적이다. 예컨대 "공간에서 이뤄지는 정치/제도 시스템의 분절은 이 시스템을 규정하는 두 개의 본질적 관계를 중심으로 조직화된다. 지배/규제의 관계와 통합/억압의 관계가 그것이다. 제도적 시스템의 공간적 표현은 공간의 재단이며, 다른 한편으로는 공간의 경제적 조직에 대한 행동이다. 조절/지배를 통해 제도들은 공간적 반영, 즉 관리 과정을 포함해 경제 시스템

---

517 김왕배 교수 역시 이 점에 대해 다음과 같이 풀이한다. "카스텔스는 알튀세의 사회구성체 개념에 전적으로 의존해 도시 체계를 분석한다. 도시 체계(urban system)는 전체 사회구성체와 마찬가지로 경제, 정치, 이데올로기의 수준들이 접합되어 구성되어 있다고 주장한다.

정치적 수준에서는 체계의 통합과 유지를 위해 다양한 관계들을 조정하는 도시 정책이 포함되며, 이데올로기 수준에는 사회적 공간 내에서 형성된 도시의 상징적 의미 체계가 포함된다. 소비 체계의 경제적 수준은 생산 수단의 공간적 표현인 '생산(P)'과 노동력의 공간적 표현인 '소비(C)' 그리고 생산과 소비 사이에서 발생하는 '교환(E)' 관계로 구성된다." 김왕배 지음, 『도시, 공간, 생활 세계: 계급과 국가 권력의 텍스트 해석』, 한울, 2000, p.192.

518 Castells M., *La question urbaine,* Paris, Maspero, 1972, pp.163-172, pp.457-476.

519 위의 책, pp.165-169.

의 요소에 영향을 미친다."[520] 그는 이어서 도시 시스템 개념을 제안하는데 그것은 "구조 전체에서 내재적 관계와 그것의 분절을 사유하기 위해서"이다."[521] 즉 도시 시스템이란 노동력의 재생산을 담당하는 공간 단위의 내부에서 사회구조를 형성하는 핵심 요인들의 구체적 분절을 의미한다. 도시 시스템은 공간 구조에 속하는 요소 사이의 관계의 총합을 조직화한다. 그것은 경제 시스템의 두 개의 근본적 요소들, 즉 생산 요소와 소비 요소 사이의 관계의 총합이다. 주목할 것은 도시 시스템은 이 요소들과 더불어 공간적 형태의 층위에서 이데올로기의 특수성을 표현하는 상징계라는 요소를 포함한다는 점이다. 특히 카스텔스의 이론적 핵심을 도시 공간을 집합적 소비 단위로 파악하는 연구자의 견해도 눈여겨볼 필요가 있다. 김왕배 교수는 이 점을 다음과 같이 서술했다.

"카스텔스는 과학적인 도시 이론을 세워보겠다는 강한 집념 속에서 도시의 공간을 문화적 단위도 아니고, 정치적 단위도 아닌 사회적 단위로 개념을 설정하려 했다. 그는 도시의 공간을 '집합적 소비 단위'로 규정함으로써 도시 공간에 대한 사회적 개념을 부여했다. (…) 카스텔스는 노동력을 재생산하는 데 기여하는 사용가치, 이를테면 주택이나 교육, 공공시설들을 '집합적 소비collective consumption'라고 부르고 있다. 노동력은 이러한 집합적 소비를 통해 재생산된다. 카스텔스는 도시 공간을 집합적 소비 단위로 규정하고 노동력의 재생산이라는 측면에서 도시체계를 분석한다."[522] "카스텔스의 도시 이론을 집합적 소비에 대한 정치경제학으로 이름 지을 수 있을 만큼 집합적 소비는 그의 논의에서 핵을 차지하는 개념이다."[523]

한편 카스텔스는 도시 문화라는 문제 설정이 더는 변별적인 연구 대상이 아니라고 말한다. 도시 문화라는 명칭을 수용할 수 없는 이유는 특수한

---

520 같은 책, p.167.

521 같은 책, p.298.

522 김왕배, 앞의 책, pp.194-195.

523 위의 책, p.195.

도시 문화의 형태가 도시라는 특수한 생태학적 형태에 의해 생산됐다는 것을 암시하기 때문이다. 하지만 카스텔스는 도시를 단순히 물리적 규모의 성장과 인간 집단성의 복잡성에 토대를 두는 그 같은 사회 변화 이론이 터무니없음을 강조한다. "하나의 사회적 무리의 차원과 차별화의 모든 진화는 그 자체가 사회적 구조와 그것의 변형 법칙들의 생산물이기 때문이다."[524] 아울러 도시 문화라는 모호한 표현을 수용할 수 없는 또 다른 이유는 그것이 사회적 관계들과 계급의 결정성을 은폐하기 때문이다. 여기에서 말하는 계급의 결정성이란 도시 환경에서 사회적 서열화 또는 성층화를 지배하는 계급 결정주의를 말한다. 사회적 성층화야말로 도시 연구자에게 진정한 대상을 제공한다는 것이다.[525]

카스텔스의 관점에서 도시 생활은 특히 1970년대의 도시 투쟁을 통해 그것의 정치 경제적 결정 요인과 관련지어서 이해되어야 한다. 도시 세계의 현실은 예의범절, 집단적 생활의 규칙들, 사회적 교환 등 그것의 일상성의 더 구체적인 양상들 속에서 계속 머무르지 않는다. 오히려 경제적 불평등의 재생산 기능과 사회적 분할과 공간적 분할 선의 재생산 차원에서 도시 현실은 생생한 모습을 드러낸다. 따라서 물리쳐야 할 적은 기술 관료주의적 도시 정책이 아니라 부의 편중과 사회적 부당함을 유지하는 자본주의 체제이다.

도시에 대한 그 같은 비판적 시선은 프랜시스 고다르Francis Godard와 함께 쓴 『독점 도시Monopolville』에서 선명하게 나타난다.[526] 그 저서에서 저자들은 프랑스 칼레Calais 연안에 소재하는 둥커라는 신도시에서 진행된 도시화의 본질을 온전하게 이해하려면 새로운 도시 공간을 대기업과 국가 기구가 성립한 사회적 시스템 속에 편입시켜 놓고 조망해야 한다는 점을 강조한다. 따라

---

524 같은 책, p.113.

525 Castells, M., *La question urbaine,* Paris, Maspero, 1972.

526 Castells, M. and Godard, F., *Monopolville: Analyse des rapports entre l'entreprise, l'Etat et l'urbain a partir d'une enquete sur la croissance industrielle et urbaine de la region (La Recherche urbaine),* Paris, Mouton, 1974.

서 자본주의 체제를 유지하는 산업 국가에서 발생하는 도시 현상을 논하려면 곧 정치적 차원과 경제적 차원이 조합해 나타나는 공간의 작용 양식을 고려해야 한다. 이 조합 양식의 전형은 정치권력과 독점자본의 결합이라 할 수 있다. 그들이 제안하는 분석 격자는 저비용 노동력의 재생산 논리와 산업 지대의 조직화와 관련된 제약들 사이에 존재하는 모순들을 강조한다. 공사장 개발이 주거지 건설을 가로막거나 산업 관련 교통 시설이 개인용 자동차의 접근로를 가로막는 것 등이 대표적인 예이다. 이 같은 도시 공간의 조건 속에서 도시의 사회적 계층들은 정치적 역사적 관계들을 오롯이 반영한다고 말할 수 있다.

2. 도시 공간의 자본 축적 이론: 하비의 도시 공간 이론

마르크스의 정치경제학 이론에 착안해 도시 발달을 설명하려는 도시 이론가들 가운데 영국 출신의 지리학자 하비를 빼놓을 수 없을 것이다.[527] 그는 연구 초기엔 현대 지리학의 주류적 방법인 정량적 모델링 기술로 훈련받으면서 지리학자의 학문적 이력을 쌓았다. 그러다 1960년대 중반기부터 미국 대도시에서 발생한 빈곤과 범죄의 온상인 게토 지역에서 일어난 도시 폭동을 비롯한 폭력과 비천함을 목격하고서 새로운 도시 사상과 이론으로 무장해 본격적인 도시 공간 탐구를 결심하게 된다. 이렇듯 젊은 시절의 하비는 논리 실증주의를 수용해 지리학의 과학성을 확보하는 데 주력하다가 1970년대 초반 돌연 실증 과학과 절연하고 마르크스의 시각에서 서유럽과 미국의 도시를 이해하는 대탐사 작업의 장정을 개시했다. 그는 마르크스의 경제 분석을 현실의 도시 공간들이 처한 사회 경제적 조건들에 적용하는 한

---

527 하비의 저서 상당수는 한국어로 번역된 상태이다. 도시와 관련된 주요 저서는 다음과 같다.
데이비드 하비, 초의수 옮김, 『도시의 정치경제학』, 한울, 1996.
__________, 김병화 옮김, 『모더니티의 수도 파리』, 생각의 나무, 2005.
__________, 구동회 옮김, 『포스트모더니티의 조건』, 한울, 2006.
__________, 최병두 옮김, 『희망의 공간』, 한울, 2009.
__________, 임동근 옮김, 『신자본주의 세계화의 공간들』, 문학과학사, 2010.

권의 저서와 일련의 논문들을 출판했다. 바로 이때 하비는 마르크스와 엥겔스의 도시 분석을 다룬 르페브르의 초기 저술들로부터 적지 않은 영향을 받았다. 그때부터 그는 도시를 자본주의 경제 현실 속에 장치된 인간이 만든 복잡한 공간으로 인식했다. 이를 대변하는 그의 주저는 『사회 정의와 도시 Social Justice and the City』 1973로서 이 책에서 그는 지리학과 도시학이 결코 가치중립적인 이해와 설명에 도달할 수 없는, 심오하게 정치적 시도일 수밖에 없다는 엄연한 사실을 힘주어 강조했다.

연이어 1974년부터 1981년까지 하비는 미국 도시 볼티모어 Baltimore 연구에 기초해 자본주의 경제체제 아래 이뤄진 도시화의 과정을 다룬 10여 편의 논문을 발표했다. 그는 이 초기 논문들에서 특히 마르크스의 사회 이론 양상인 자본축적 이론과 자본주의 국가 이론을 다뤘다. 하비는 연구 프로그램에서 도시가 자본주의 경제의 위기들을 해결하기 위한 하나의 도구로 조종됐다는 점을 입증하면서 자본주의적 도시 과정의 탈신비화에 집중했다. 이를테면 그는 도시계획가들과 지역 개발자들이 자본주의 질서와 사회질서의 유지를 공고하게 다져가는 과정을 설명하기 위해 도시 사회학의 관점을 적용했다.[528] 일례로 그는 볼티모어의 주택 시장에 대한 마르크스적 분석과 더불어 금융 제도 기관과 사회 계층 연구에 중점을 두었다.

하비의 도시 사상은 점차로 마르크스 이론 틀을 본격적으로 수용하게 되거니와 그의 시각에서 복잡성의 진원지인 도시는 위기를 반영하고 동시에 생성하는 장소이다. 도시의 역동성은 경쟁하고 대립하는 계층들 사이의 심오하면서도 파상적인 투쟁들 가운데 있다. 그 위기는 잉여가치의 분배, 노동 착취의 실천들, 생산의 사회적 관계들에 뿌리를 내린 억압적인 정치적 전략을 둘러싸고 진행되는 자본과 노동 사이에 존재하는 적대성에서 도래한다. 자본의 계속되는 집중화와 중앙 중심화, 이윤율이 급락하는 경향은 과잉집중화와 투자의 이윤을 줄어들게 만든다. 하비에 따르면 핵심적 위기는 경제 회로에서 투자가 과잉 축적되는 경향을 보여준다. 거기에서 계층 사이의

---

528 Paterson, J. L., *David Harvey's Geography,* London & Canberra, Barnes & Nobles Books, 1984.

충돌이 필연적으로 발생하고 그로부터 새로운 정치경제적 힘들이 부상한다.

도시는 궁극적으로 자본축적의 도구이며, 경제 성장의 동력이다. 경제 성장의 일상적 리듬은 잉여가치를 창조하기 위해 노동을 착취하는 자본에 달려 있다. 『자본의 한계』1982에서 하비는 자본주의적 도시에서 공간과 시간에 대한 최초의 확장된 분석을 제공했다. 그의 분석은 자본주의적 위기에 내포된 세 개의 차원을 중심으로 조직화된다. 첫 번째 차원은 과잉 축적과 평가 절하의 사이클이 어떻게 도시 경제에서 정례화되는가를 강조한다. 투자가들은 주기적으로 생산에 자본을 집중화하고 과잉 축적의 기반을 설립하며, 낮은 이윤율을 설정한다. 위기의 두 번째 부분은 과잉 축적의 문제를 해결하려는 시도를 포함한다. 여기에서 투자자들은 현명치 못하게 텅 빈 자본을 창조해 투자와 급료 지출 사이의 동요를 관리하려는 패착에 빠진다. 국내 연구자 역시 이 점을 정확히 지적한다. "사회학적 상상력과 지리학적 상상력을 접맥해 도시를 연구할 것을 주장한 하비는 잉여의 축적과 지대, 그리고 '자본의 순환'이라는 측면에서 도시를 분석하고 있었다. 그의 궁극적 목표는 도시 공간의 자원 분배에 따른 계급 갈등과 사회정의의 실현에 있었다."[529]

세 번째 부분과 관련해 하비는 자신의 이론적 시각을 그의 저서 『도시 경험』에서 다음과 같이 진술한다. "도시화 연구는 물리적이고 사회적인 경관의 생산과 도시에 사는 사람들의 두드러진 사고방식과 행동방식의 생산 전개 과정의 연구이다. 도시화 연구는 법적 정치적 실체나 물리적인 유물에 관한 연구가 아니다. 그것은 자본 순환 과정, 노동력, 상품, 자본의 흐름, 생산의 공간적 조직과 시간/공간 관계의 변형, 정보의 흐름, 지형에 기초한 계급 동맹 간의 지정학적 갈등과 관련되어야 한다."[530]

그는 자본주의 도시에서 노출되는, 국가의 개입과 화폐자본 및 재정의 모순을 입증하기 위한 역사적 사례 연구로서 『파리, 근대성의 수도』2003에서 마르크스의 렌즈를 통해 1850년대부터 1860년대에 이뤄진 파리의 대대적

---

529 김왕배, 앞의 책, p.202.

530 Harvey, D., *The Urban Experience,* Baltimore, The Johns Hopkins University. Press, 1989. (한국어 번역본) 하비, 『도시의 정치경제학』, p.24.

개조 공사가 이윤 축적 과정의 불안정성에 대한 반응이었고 또한 자본의 순환에 대한 국가의 개입이었다는 점을 밝혀낸 바 있다.[531] "황제가 오스만에게 집행하라고 요구한 국가 부담의 공공사업은 적어도 원리 차원에서는 자본과 노동력의 과잉을 흡수하는 데 기여할 수 있으며 경제성장을 이룰 수만 있다면 납세자에게 더는 비용 부담을 지우지 않고도 자본과 노동력의 지속적인 완전고용을 보장할 수 있다."[532] 하지만 현실적으로 국가의 개입은 자본주의 재정의 모순 속에서 혹독한 대가를 치른다. "여기에서 과잉 축적이라는 거대한 문제를 적자 재정을 통해 자체 재정을 충당하는 방법으로 해결하려고 시도했던 한 국가 기구가 결국은 이권을 장악하는 화폐자본의 순환에 내포된 아슬아슬한 모순의 제물이 되고 만다."[533] 하비는 부동산 자본과 지역 정부가 추락하는 이윤을 막아내고 그로부터 수혜를 입는 과정을 보여주었다. 일차산업으로부터 건설업인 이차산업으로 자본이 이동하면서 도로, 고속도로, 철도 등을 건설하면서 이것은 금융업자들과 제조업자들을 부유하게 만들었다. 부동산과 산업 이윤을 뽑아내기 위한 건설 형태로서 파리를 새롭게 갱신했던 사회적 물리적 공간들을 산업적 소재지와 사회적 계층의 새로운 패턴들이 집단적으로 부과시켜놓았던 것이다.[534] 하비는 '자본이 어떻게 도시화되며 그 도시화의 결과는 무엇인가'라는 본질적 물음을 던지고 있다. 그에 따르면 이 물음에 대답하려면 자본주의 생산양식하의 도시화에 대해 마르크스가 이론화했던 공간과 시간의 역동성에 주목할 필요가 있다. 그에 따르면 화폐, 상품, 노동력의 서로 다른 계기를 검토하고, 자본 순환 내의 생산과 계기와 계기의 이행 등을 분석함으로써 어떤 종류의 통합에 이르는 경로에 들어갈 수 있다.[535] "자본 순환 내에서의 다른 계기와 변환에 대한

531 Harvey, D., *Paris, Capital of Modernity*, London, Routledge, 2003.

532 하비, 『모더니티의 수도 파리』, p.209.

533 위의 책, p.212.

534 Hutchison, *Encyclopedia of Urban Studies,* pp.341-344.

535 하비, 『도시의 정치경제학』, p.38.

검토를 통해, 노동과 상품 시장, 생산과 소비의 공간 분화, 위계적으로 조직된 금융 협업 체계의 유형화를 거친 그러한 과정의 지리적 기반을 설명할 수 있다. 자본의 흐름은 증가하는 분리와 세분화 가운데서 긴밀한 시공간적 협업들을 전제로 한다. 자본축적이 진행될 수 있는 '이성적 경관'으로서 어떤 유형의 도시화를 이루지 않고 그런 물적 과정을 상상하는 것은 불가능하다. 자본축적과 도시화 생산은 병행해 진행된다."[536]

하비의 연구 목적을 한마디로 압축하면 자본주의하의 도시 과정의 이해로, 즉 자본의 도시화라 할 수 있다. 도시화에 대해 그는 다음과 같이 상세히 기술한다. "도시화는 항상 경제적 잉여의 동원, 생산, 전유, 흡수에 관한 것이었다. 자본주의는 그것의 특별한 해석이라는 점에서 우리는 도시화 과정이 어떤 특별한 생산 양식에 대한 구체적인 분석보다 더 보편적인 의미를 갖는다고 합리적으로 주장할 수 있다."[537]

"도시화는 그 모든 것의 표현으로 제시될 수 있다. 도시화를 통해 잉여가 동원, 생산, 흡수, 전유되고 도시의 부패와 사회적인 타락으로 그 잉여의 가치가 저하되고 파괴된다는 것을 인식해야 한다. (…) 자본주의는 그 자신을 재생산하기 위해 도시화해야만 한다. 그러나 자본의 도시화는 모순들을 창출해낸다."[538]

하비는 자본주의의 기본 틀 내에서 도시 과정의 해석을 위해 축적과 계급투쟁이라는 두 개의 주제를 설정했다. "이 두 주제는 서로 통합되어 있고 동전의 양면자본주의 활동의 총체성을 조망하는 서로 다른 창으로 간주되어야 한다. 자본주의 사회의 계급 성격은 자본에 의한 노동의 지배를 의미한다."[539] 자본가 계급은 작업 과정을 지배하고 이윤 창출을 위한 과정을 조직한다.

르페브르와 마찬가지로 하비는 마르크스의 경제 분석 범주들을 도시

536 위의 책, p.43.

537 같은 책, p.79.

538 같은 책, p.80.

539 같은 책, p.86.

발달의 연구에 체계적으로 적용했다. 그는 네 개의 중요 진술을 명시했다.[540]

첫째, 엥겔스의 방식을 따라 그는 도시가 자본을 집중화시키고 순환시키는 하나의 공간적 결절점node으로서 정의될 수 있다는 점을 강조했다.

둘째, 자본과 노동자 계층들이 도시 공간에서 서로 충돌하고 갈등을 심화시키는 방식을 분석하기 위해 갈등이라는 사회학적 시각을 적용했다.[541] 하비의 주장에 따르면 사회학자들이 통상적으로 다양한 계층들에 대해 언급하는 방식과 달리 이 같은 근본적 갈등은 자본주의 계층과 노동자 계층 자체가 이윤 창출에 더 유리한 조건을 갖기 위한 투쟁의 파급으로 다양한 하위 무리로 분열됨에 따라 다양한 형식들을 취하게 된다. 예컨대 자본가의 계층은 대규모 백화점을 비롯한 다른 마케팅 자산의 소유자라 할 수 있는, 금융 자산의 주역인 금융 투자자와 제조업 또는 산업자본의 소유자인 대규모 공장 소유자로 분할될 수 있다. 노동자 역시 공장 노동자와 사무실에서 근무하는 화이트칼라 노동자 그리고 전문적인 금융 분석가로 분할되는 데 이들 부류의 직업은 모두 일정 임금을 받기 위해 노동한다는 공통점을 지닌다.

셋째, 하비는 다양한 경제적 이해관계로 얽혀 있는 역동적인 도시 공간의 혼합체 안에서 어떻게 정부 개입이 노동 계층의 저항을 억압하고 도시 계획을 차질 없이 진행하면서 자본가에게 이윤 창출의 안정적 여건들을 마련해주는가를 연구했다. 그는 다음과 같은 사실에 주목했다. 즉 일반적으로 자본은 노동, 임대 소유자, 건설업체 등의 상대적 권력에 의해 규정되는 건설 환경을 중심으로 진행되는 다양한 투쟁들을 감당하거나 완전하게 제어할 수 없다. 따라서 자본가 계층은 정부의 개입을 요청하고 도시 안에서 자신들의 이윤 창출 과정에 협조하라고 요구한다. 그렇지만 이따금 자본 투자는 도시의 일정 구역으로 유입되지 않는데 그것은 그 지역이 경제적 여건

---

540 Gottdiner and Hutchison, 앞의 책, pp.84-86.

541 Harvey, D., *Social Justice and the City,* Baltimore, Johns Hopkins University Press, 1973.
________, "Labor, Capital, and Class Struggle Around the Built Environment",
Politics and Society, 6, 1977, pp.265-295.

의 내림세를 보이는 등 투자 매력이 사라졌기 때문이다. 하비는 그 같은 경우에조차 정부는 일정한 조치를 취해 이윤 창출이 가능한 지역으로 만드는 구체적 수순을 밟을 수밖에 없다는 점을 주목한다. 통상적으로 이 같은 국가 개입의 형식은 해당 도시 지역의 기존 건물들의 파괴로 이어져 새로운 건설물들이 들어서는 과정으로 이뤄진다. 한국의 도시 개발에서도 익숙하게 나타나는 도시 갱생 프로그램과 뉴타운 건립이 바로 전형적인 예라 할 수 있다.

하비의 진단에 따르면 도시의 호경기와 불경기로 이뤄지는 이 같은 과정, 즉 새로운 건설 붐과 도시 공간의 쇠락은 자본주의 시스템에서 진행되는 도시 공간 변화의 기본 특징이다. 끝으로 하비는 자본주의 계층이 도시 공간 내부에서 현금의 가치를 창출하는 방식을 매우 세밀하게 분석한 장본인이다. 그는 르페브르의 자본 형식의 회로라는 개념을 차용해 정교한 개념을 구축했다.

하비는 세 개의 자본 순환 과정을 지적한다. 1차 자본 순환은 생산 영역의 자본 순환 과정이다. 2차 자본 순환은 투자 전환으로 생산에 도움을 주지만 그 자체로서 원료 투입을 할 수 없는 고정자본에 자본을 투자하는 것을 의미한다. 끝으로 그는 과학과 기술 그리고 노동력의 질적 증가를 위한 교육과 보건 시설 등에 대한 투자 자본을 3차 자본 순환으로 파악했다. 이 같은 자본 회로 모델을 수립한 하비는 과잉 축적의 문제를 해결하기 위한 일시적 방법은 2차 자본순환 과정에서 일어나는 투자의 전환이라고 보았다.[542] 또한 하비는 고정자본의 두 가지 범주를 구별하는데, 하나는 생산 과정 내부에서 작동하는 고정자본과 생산을 위한 물리적 형태로 작동하는 고정자본 등으로 구분하면서 두 번째 범주를 '자본을 위한 건조 환경'이라고 명명했다.[543]

특히 하비는 최초의 산업 회로에 관여하는 자본주의자들이 주로 도시 환경 내부에 있는 소재지에 관심을 갖고 그들의 제조 비용을 감축시킨다는

---

542 건조 환경과 자본 순환의 관계에 대한 보다 상세한 설명을 위해서는 다음 문헌 참조. 김왕배, 앞의 책, pp.202-206.

543 위의 책, p.204.

주장을 내놓았다. 두 번째 회로에 관여하는 자본주의자들은 투자의 흐름과 은행에서 빌린 자금의 이자율 또는 소유한 건물 임대료 등을 고려하면서 상이한 우선순위를 설정한다. 이 같은 차이점들은 자본 투자가 두 개의 회로 안에서 순환하는 상이한 방식들 속에서 반영된다.

공장에 대한 투자는 저렴한 주택이 가능한 장소들에 소재하는 반면, 두 번째 회로에 관여하는 자본주의자들은 보다 빈곤한 지역에 투자하는 것을 거부하고 도시에서 고비용의 임대료 지역을 추구한다. 그 결과, 상당수의 도시 지역들은 전반적으로 퇴락하고 심지어 완전히 포기되는데 그 이유는 산업자본의 행동들 때문이 아니라 부동산 투자자들이 이윤 창출을 위해 취하는 행동들 때문이다. 그 구체적 사례로 그는 자신이 살던 도시 볼티모어에서 나타난 도시 인구가 도시 외곽으로 이주하고 도심부가 쇠락하는 현상이, 정부 프로그램의 도움을 받은 자본이 두 번째 회로에서 설정한 우선순위들과 결부되어 있다고 진단했다. 앞서 언급했듯이 하비의 작업은 부동산 산업에 대한 르페브르의 사유에 기초하고 있으며, 자본주의 아래에서 이뤄지는 도시 발달의 생산 양식에 대한 엥겔스의 통찰에 신세 지고 있다.

프랑스 도시 사회학의 두 전범:
알박스와 숑바르 드 로베

1. 알박스의 도시 형태론과 집단 기억

프랑스 도시 사상사의 계보에서뿐만 아니라 유럽 도시 지성사에서 알박스는 다양한 영역에서 참신한 도시 연구를 착발한 도시 지리학의 태두라 할 수 있다.[544] 하지만 그는 여전히 프랑스 도시 사회학의 계보에서 제대로 된

544 본 절의 주요 내용은 다음 문헌에 의존했음을 밝혀둔다.
Stébé and Hervé, *Traité sur la ville,* pp.625-665.
Stébé and Marchal, *Sociologie urbaine,* Paris, pp.36-42.

평가를 받지 못했다. 제2차 세계대전 이후에 프랑스 도시 사회학의 전통을 계승한 현대적 도시 연구의 설립자들 가운데 그 누구도 진지하게 알박스를 참조하지 않았기 때문이다.[545] 1950년대 폴-앙리 숑바르 드 로베Paul-Henry Chombart de Lauwe를 비롯해, 1970년대 레이몽드 르드뤼Raymond Ledrut나 카스텔스도 알박스를 언급하지 않았다. 알박스의 저술과 관련해서는 다양한 시각에서 현대 도시의 무정부적 건설의 심층 속에 숨겨진 나름대로의 일정한 질서를 보여주려는 저자들이 이따금 참조한 것이 고작이다. 이를테면 로시, 롱카욜로 등이 언급한 정도였으나[546] 곧이어 그 같은 관심은 사그라졌고 인용은 됐으나 정독한 경우는 거의 없었다. 알박스의 도시 연구 업적을 총괄적으로 검토한 연구자의 진술에 따르면 "그의 저술들은 지식의 대상으로서의 도시와 실천 대상으로서의 도시가 구체적 지점에서 결합 가능한 방식을 탐문하는 것을 가능케" 한다.[547]

알박스는 서른두 살에 파리대학 법대에 「파리1860-1900에서 강제 이주와 토지 가격」[548]이라는 제목의 논문을 제출했으며 1913년에는 「노동자 계층과 생활 수준」[549]이라는 논문을 파리대학 문과대에 제출했다. 파리고등사범학교 출신이자 철학 교수 자격 시험에 합격한 최고의 인문학 엘리트가 왜 법대에서 파리의 토지 가격에 대한 박사 논문을 작성한 것인지 예사롭지 않다.[550] 확실한 것은 그가 프랑스 사회학파의 열성적 구성원이었다는 사실이

---

545 Topalov, C., "Maurice Halbwach et les villes (1908-1912): Une enquête d'histoire sociale des sciences sociales", *Annales. Histoire, Sciences Sociales,* 52e année, N.5, 1997, pp.1057-1083, p.1058.

546 Rossi, A., *L'archittetura della città,* Milan, Clup, 1978.
Roncayolo, M., *Les grammaires d'une ville,* Paris, Éditions de l'EHESS, 1996.
Topalov, C., *Le logement en France,* Paris, Presses de la FNSP, 1987.

547 Topalov, 앞의 논문, p.1059.

548 Halbwachs, M., *Les expropriations et le prix des terrains à Paris (1860-1900),* E. Cornely & Cie, 1909.

549 Halbwachs, M., *La classe ouvrière et le niveau de vie*, Paris, F.Alcan, 1913.

550 Topalov, 앞의 논문, pp.1057-1083.

다. 1898년 뒤르켐이 창간한 학술지 『사회학 연감Année sociologique』에 꾸준히 논문을 기고하면서 적극적 활동을 보였으며 1905년에는 뒤르켐 학파의 무리에 정식으로 합류했다.

이 같은 학문적 배경으로 인해 알박스가 도시 연구에서 채택한 방법은 사회 형태론이다. 예컨대 사회 형태론을 도로망에 적용할 경우, 도로망은 그것 자체가 형태론적 사실이며 도시의 구조를 변형시키며 더 나아가 거주자들의 공간 분할과 인구밀도를 변화시킨다. 알박스는 파리의 지역구들을 힘의 시스템으로 다뤘으며 무게 중심의 이동을 측정했다. 특히 그는 강제 이주라는 현상을 다른 경제적 사실들과 관련 맺으려 했다.[551] 알박스의 시각은 뒤르켐의 책 『사회학적 방법의 규칙들』에서 뒤르켐이 수립한 이론적 준칙을 엄밀하게 반영한다.[552] 그 준칙에 따르면 경제적 사실은 사회적 사실이다. 실제로 뒤르켐은 1903년 경제는 그것이 구체적 사실, 곧 사회적 사실에 관한 연구로부터 출발할 때 그때부터 비로소 사회과학에 속한다고 진술했다.

이 점에 착안하여 알박스는 도시라는 연구 대상에 대해 사회학자 뒤르켐이 제시한 형태론적 분석을 적용해 일정 인구가 토지에 거주하는 방식을 비롯해 도시 공간 속에 내재하는 다양한 형식의 운동을 비롯해 이동 양상과 거주지의 형태에 관심을 표명했다.[553] 뒤르켐의 계승자로서 그는 외부 환경으로부터 출발해 개인을 이해하고자 했다. 여기에서 그가 말하는 외부는 우리보다 앞서 살았던 인간들의 흔적을 간직하는 건축과 도시를 지시하며, 세계의 물질성 속에 각인된 집단적인 표상들을 말한다. 이를테면 성당 건축물을 비롯한 도시의 공공건물을 비롯해 정보 통신망과 교통망을 포함해 토지의 형태론 수준에서 이해되어야 할 제반 제도들을 말한다.

여기에서 뒤르켐의 사회 이론에 대해 짧게나마 그 요지를 환기할 필요

---

551 Halbwachs, M., *Les expropriations et le prix des terrains à Paris (1860-1900),* E. Cornely & Cie, 1909, p.14.

Topalov, 앞의 논문에서 재인용, pp.1063-1064.

552 Durkheim, E., *Règles de la méthode sociologique,* Paris, PUF, 1977, p.109.

553 Halbwachs, M., *Morphologie sociale,* Paris, A. Colin, 1970.

가 있다. 뒤르켐은 그의 주저 『사회에서의 노동 분할』에서 기계적 연대와 유기적 연대를 구별한다. 산업화 이전의 마을에서 개인들은 친족과 사회적 종속 관계로 이뤄진 기계적 결속으로 맺어진다. 여기에서 기계적이라는 표현의 의미는 그 결속 관계들이 미리 정해져 있고 개인이 지역 마을에 머무르는 한 그 같은 관계 양식의 제약으로부터 변화할 수 없다는 것을 말한다. 산업도시에서 개인은 더는 친족의 기계적 결속으로 맺어지지 않는다. 그 대신 도시민은 새로운 직업 유형에서 노동할 수 있고 더 광범위한 범위의 사람들과 교류할 수 있는 보다 폭넓은 기회를 갖게 됐다. 이 같은 상호작용은 노동 분화가 가져다준, 점차로 제고된 사회적 차이화로 자연스럽게 생겨난 유기적 결속이다. 기계적 연대와 유기적 연대라는 개념 표현들이 공장에서의 노동을 기계적이라고 표현하는 상식적 직관과 다소 거리가 있어 혼란을 유발하기도 하지만 뒤르켐이 전달하려 했던 핵심적 진술은 새로운 산업 경제는 봉건사회의 한정된 기회들에 비해 결정적인 개선을 가져다주었다는 점에 방점을 찍고 있다. 그는 새로운 산업 질서가 그 이전의 생활 방식을 대체할 것이라고 확신했다. 요컨대 뒤르켐은 직업적 전문화의 정도가 낮은 기계적 연대성에 기초한 전통 사회에서 벗어나 전문화의 정도가 높은 유기적 연대성과 상호 종속 관계에 기초한 근대사회로의 이행을 중요한 사회학적 변화 양상으로 파악했다.

알박스는 뒤르켐의 사회학 이론을 도시 형태에 적용한 수제자로, 개인 이해의 출발점을 외부에 두었다. 즉 세계의 물질성 속에 각인된 집단적 표상과 사회제도에서 출발했다. 알박스의 이론적 전제에 의하면 제도는 단순한 추상적 관념이 아니며 토지의 수준에서 이해되어야 한다. 알박스는 도시의 생활 형태와 관련된 세밀한 연구를 통해 정량적 탐구 기술에 기초하면서 뒤르켐의 성찰을 현실화하고 세련되게 다듬었다. 그 결과 알박스는 사회적 무리와 물질적 공간 사이의 관계를 연구하는 데 있어 독창적인 이론적 시각을 제시했다. 도시 공간은 더는 그곳에서 펼쳐지는 활동과 기능을 초월하는 공간이 아니다. 공간은 실체적인 것에서 관계적인 것이 되며 따라서 관계들의 분절된 놀이 속에서 취해진다. 이를테면 법, 종교, 정치, 경제 등의 세계 사이에서 이뤄지는 다양한 관계의 놀이를 말한다. 따라서 도시는 분명히 특수하며 이질적인 공간들을 통합시킨다.

알박스는 도시 공간의 형태론을 기술하지 않았던 뒤르켐과 달리, 정량적 기준에 기초하여 다양한 도시 상황의 유형을 발견하고자 했다. 이와 동시에 그는 인구의 사실성을 포착하는 방식으로서 사회 형태론을 설정하려 했다. 그 결과 형태론은 사회적 현실을 있는 그대로 포착하는 데 있어 중요한 층위로 자리매김된다.

알박스의 사회 형태론과 당시에 막 태동한 도시 과학 사이의 차이점은 다음과 같이 서술될 수 있다. 도시계획 이론가들은 도시를 하나의 복잡하면서도 특수한 총체성으로 바라보았다. 그들이 관찰로부터 추론한 일반적 법칙은 오직 도면과 거점에 최상으로 적용할 때만 비로소 이점을 지닌다. 이때 유기체라는 은유가 그들에게 부과됐다. 다른 사회 개혁자들과 마찬가지로 그들은 자신의 역할을, 사회 위생학이 변형해놓은 의료 모델에 기초해 파악했다. 하지만 그들의 언어에는 공통적 요소가 발견된다. 뒤르켐주의자들과 당시의 사회학자들과 마찬가지로, 도시계획가들은 법칙들, 특히 진화의 법칙을 정식화하려는 의도를 갖고 있었다. 그들이 도시 계획에 적용한 기술은 과학에 기초했으며, 그들은 오직 이 같은 자연법칙들을 가장 조화로운 방식으로 실현하겠다는 야심을 갖고 있었다. 바로 이 같은 공유된 확신이 알박스와 도시 건축 세계와의 만남을 가능케 했다. 그는 파리의 도시 공간 구획의 역사와 형태를 다룬 포에트의 저술들을 읽고 1920년 도시계획가들의 전문 연구지인 『도시 생활』에 「19세기 이전 파리의 확장과 구획 정비의 도면들」이라는 논문을 기고한다. 그에 따르면 파리는 "공통적 삶의 생명력을 지닌 유기체"이다.[554]

여기에서 물질적 공간은 사회적 무리를 통일시키는 하나의 틀로 나타난다. 자신의 고유한 기억을 안정화할 뿐만 아니라, 더 광범위하게는 자신의 정체성을 안정화하는 데 기여하면서 사회적 무리를 통일시킨다. 실제로 알박스에게 공간은 다양한 플럭스들과 모든 종류의 인상을 생산하는 기능을

---

554 Halbwachs, M., *Vie urbaine,* Vol.2, n.5, 15 févr, 1920, p.25.

맡는다. 조용함, 평화, 안정성에 대한 우리의 욕망은 다시 평정화된 의미의 공간을 구획하기 위해 도시의 주체들로 하여금 물질적 공간을 조직화하는 데 이르도록 한다. 도시 거주자의 정신은 오직 도시의 물질성 속에서 쉴 수 있을 때, 평온을 되찾는다. 알박스의 주요 기여 가운데 하나는 제 표상들의 안정화 속에서뿐만 아니라, 감정의 정체성을 안정화시키는 데 있어 공간이 갖는 중요성을 포착했다는 데 있다. 이것을 그는 집단적 수준과 개인적 수준이라는 두 개의 분석 층위에서 도출한다. 그가 집단적 차원에 위치할 때, "무리 속에서의 공통적 사상은 광적인 사유나 일관성이 결여된 사유가 될 위험에 처한다. 가장 몽상적인 꿈들 속에서 사라져갈 것"이다.[555]

집단 기억과 공간의 밀접한 관계를 강조하는 알박스의 『집단 기억』은 그의 도시 공간 사상을 이해하는 데 핵심적이다.[556] "이렇듯 공간적 이미지들이 집단적 기억에서 중요한 역할을 맡는다는 사실이 설명된다. 한 무리가 점유하는 장소는 숫자와 그림을 쓰고 지우는 칠판이 아니다. 칠판이 거기에 그려 넣은 것을 어떻게 상기할 수 있단 말인가. 칠판은 숫자에 무관심하기 때문이다. 아울러 동일한 칠판 위에 원하는 모든 형상을 복제할 수 있기 때문이다."[557]

하지만 장소는 사회 구성원의 흔적을 수용했으며 그 역도 마찬가지이다. "따라서 사회적 무리의 모든 수순들은 공간적 차원에서 번역될 수 있으며 그것이 점유하는 장소는 모든 구성 항의 결합에 불과하다. 이 장소의 각각의 양상, 각각의 세부는 그 자체가 오직 그 무리의 사회적 구성원만 판독할 수 있는 의미를 갖는다. 왜냐하면 그 무리가 점유했던 공간의 모든 부분은 그들 사회의 구조와 생활의 상이한 양상에 상응하는 만큼 최소한 좀 더 안정적인 것에 상응하기 때문이다."[558] 그는 도시에 대해 다음과 같이

---

555 Halbwachs, 앞의 책, p.185.

556 Halbwachs, M., *La mémoire collective,* Albin Michel, 1997. 제6장, 집단 기억과 공간, pp.193-236.

557 위의 책, p.196.

558 같은 책, p.196.

진술한다.

"도시의 내부에서 다양한 거리와 거리 안에 있는 집들은 하나의 고정된 위치emplacement를 갖고 아울러 나무와 바위들, 언덕 또는 고원만큼이나 대지에 결착되어 있다. 그 결과 도시 공간의 무리는 거리와 건물의 양상이 동일하게 남아 있는 한, 변화의 인상을 받지 못한다."[559] 도시는 격변을 겪지만 생활은 단절 없이 지속된다. "거주자들이 도시의 물질적 양상이라고 부르는 것에 대해 불균등한 주의를 기울인다. 하지만 아마도 가장 큰 숫자는 국가적 사건, 종교적 사건, 가장 심각한 정치적 사건 이상으로 그 같은 거리, 건물, 집의 사라짐에 대해 민감할 것이다."[560]

아마도 한 도시의 차이화는 결과적으로 기원적으로 사회적 기능들과 관습의 다양성으로부터 기인한다. 하지만 사회적 무리가 진화하면서, 도시는 그것의 외적 양상에서 한층 서서히 변화한다. 지역적 습관은 그것들을 변형하려는 경향을 보이는 힘들에 저항한다. 이 같은 저항은 무리에게 "집단적 기억이 얼마나 공간적 이미지에 기대고 있는지를" 깨닫게 해준다.[561]

전쟁, 점령, 약탈, 화재, 파괴 등으로 도시들이 변해도 도시가 인간과 맺은 관계는 쉽게 파괴되지 않는다. 그의 비유를 사용하자면 비록 돌이 운반된다 해도, 돌과 인간 사이에 설정된 관계를 바꾸기는 좀처럼 쉽지 않다. 풀어 말해 하나의 인간 무리가 오랫동안 타성에 적응해 채택한 고정 장소에서 계속 살았다면, 그 무리의 생각은 '외적 오브제를 자신에게 표상하는 물질적 이미지의 연속에 기초'한다는 것이다.

알박스는 최종적으로 공간과 기억의 밀접한 관계를 다시 강조한다. "그 결과 공간적 틀 속에서 전개되지 않는 집단적 기억은 전혀 없다."[562] 알박스에 따르면 공간은 지속하는 현실이다. 우리의 인상은 사라지고 우리의 기억

---

559 같은 책, p.197.

560 같은 책, pp.197-198.

561 같은 책, p.200.

562 같은 책, p.209.

정신 속에 남지 않으면 우리는 과거를 재포착할 수도 제대로 이해할 수도 없을 것이다. 그렇지만 우리를 에워싼 물질적 환경에 실재 아무것도 보존되지 않는다 해도 우리가 점유한 공간에서 우리의 상상력 또는 우리의 사유는 매순간 재구성될 수 있다.

만약 공동체의 공통적 사고가 무리의 볼륨과 안정적 형상을 연속적으로 표상하지 않는다면, 그리고 물질적 세계의 규칙적인 운동들을 표상하지 않는다면 그것은 몽상에서 용해된다. 그것은 살아 있는 힘이며, 그 같은 형태들 속에서 사회의 모든 획득이 보존된다는 의미에서이다. 이와 대칭적으로, 알박스는 다음과 같은 사실을 강조한다. 개인이라는 존재는 반드시 공간 속에 발을 내딛고 있어야 한다. 물체의 세계인 공간은 안정적이다. 그곳에서 형태는 지속하고 불변한다. 또는 형태가 변화한다 해도, 그것은 고정된 법칙에 따라 규칙성과 더불어 진행된다. 그 같은 규칙성은 인간의 정신 속에서 균형 잡힌 환경이라는 관념을 유지하고 재설정한다. 하지만 바로 균형 잡힌 환경이라는 의식 속에서 인간은 자신의 정신적 균형의 조건인 물질적 형태에 대해, 그리고 그의 신체와 견주어 환경에 대한 의식을 취한다.

물질적 형태의 고정성은 특정 공동체에 대한 소속감을 강화시켜준다. 개인이 더 쉽게 자신의 존재를 스스로 표상할 수 있기 때문이다. 따라서 공간은 도시 거주자에게 그들 스스로 더 큰 선견지명과 명료성을 촉발시키는 효과를 지닌다. 그들은 더 명료한 자기 관념을 갖게 된다. 달리 말해 공간은 오직 그들 자신에 대해 가진 관념을 공고하게 하고 재긍정하는 것만이 아니라, 그것을 명료화시킨다.[563] 알박스의 논지는 자아 구성의 매체와 정체성이 탈영토화되는 어려움 속에서 오직 역할과 기능만으로 한계를 그어서는 안 된다는 점을 강조한다. 물론 자아와의 관계는 역할을 통해 형태를 취한다. 하지만 불가피하게 영토, 공간, 상징화된 장소, 기억의 장소가 개입된다.[564]

주택, 자동차, 노동 공간은 의미, 사적 세계의 미시 영토이다. 그곳에서

---

563 같은 책, p.39.

564 cf. Segaud, M., *Anthropologie de l'espace. Habiter, distribuer, fonder, transformer*, Paris, Armand Colin, 2007.

인간의 통일성을 복원한다. 인간의 삶은 언제나 공간 안에 있으며 체험은 늘 공간 경험에 토대를 둔다. 공간적 요인의 중요성을 강조한 것은 알박스의 본질적 기여이다.

현대 도시 사회학은 알박스의 형태론적 분석으로부터 도시 공간을 특징지을 중요한 개념들을 유산으로 물려받았다. 주변, 중심, 중심성, 사이, 가득 찬 것과 빈 것 등을 말할 때 이것은 뒤르켐이 착발시키고 알박스가 정밀하게 구축한 도시 형태론에 신세를 지고 있는 것이다. 통상적으로 형태론적 접근법에 대해 두 개의 귀속적인 한계를 지적할 수 있다.[565] 첫 번째 것은 주어진 영토 위에서 인간과 사물의 분배 속에서 도시 생활의 결정적 배타적 요인을 보려는 데 있다. 하지만 공간적 차원과 사회적 차원 사이에는 반드시 상호작용이 존재한다는 점에서 그 같은 인식이 적용되지 않을 수 있다. 두 번째 한계는 사회적 현실을 고착화한다는 사실에 있으며, 사회적 삶을 한순간에 정지시키고 부동의 물질적 틀 속에 각인한다는 데 있다. 그 결과 형태론적 분석은 도시 생활의 이동, 관계의 복잡한 흐름, 리듬의 강렬함, 상호작용하는 세계의 복수성을 설명할 수 없게 된다.

알박스는 한 사회의 물질적 기층을 해당 사회의 구조와 동일시하는 것을 거부한다는 점에서 자신의 스승이었던 뒤르켐의 이론적 가정과 일정한 거리를 두었다고 말할 수 있다. 바로 이로부터 그는 물리적 형태론과 사회적 형태론 사이에서 작동될 구별을 제시한다. 그렇게 도시는 가시적이면서 동시에 비가시적인 형태론적 총합으로 그 모습을 드러낸다. 이를테면 인구의 공간적 분포와 거주지의 크기 등은 가시적이나, 사회적 표상과 이데올로기 등은 비가시적인 채로 남는다. 더 세밀하게 말하자면 물질적 공간은 사회적 무리를 구조화하는 일정한 틀의 차원에서 포착되며, 특히 무리의 집단 기억의 차원에서 이해될 수 있다.[566]

기억의 문제는 알박스가 쓴 최초의 논문, 「마르크스의 계급의식에 대한

---

565 Halbwachs, 앞의 책, pp.41-42.

566 Halbwachs, M., *La mémoire collective,* Paris, PUF, 1950.

비판적 성찰」에서 싹트기 시작했다. 그는 이 논문에서 기억의 문제에 중심을 두고 사회학적 체계의 발생을 추구했다. 집단 기억의 모든 이론은 사회적 기억에 중심을 두고 있다. 그런 이유에서 알박스에게 지적 삶의 총체적 목적은 사회적 기억이었다.[567]

도시의 사회과학 담론과 이론의 역사에서 형태론적 접근법은 이의를 달기 어려운 명증한 가설의 가치를 갖는다. 특히 알박스의 접근법은 개인의 삶을 성립하는 다양한 공간적 맥락의 특수성 자체로부터 비롯되는 환경 효과effets de milieu를 명백하게 밝혀놓았다는 점에서 그의 도시 형태론은 이론적 가치가 높다. 사회적 무리의 구성, 영토 분배, 특정 장소에 결부된 추억은 인간 행동의 실행 조건에 영향을 미친다는 점에서 능동적 요인이다. 요컨대 장소의 사회적 구성은 그의 도시 형태론에서 결정적 역할을 맡는다. 실제로 도시 공간에서 개인이 일정 지역에서 활동하는 방식은 그가 사는 지역에 거주하는 인구의 성격과 크기에 따라 결정된다. 아울러 사회적 거주지라 할 수 있는 우리가 사는 지역과 동네, 주거 양식의 형태 역시 중요한 요인이다.

알박스의 제자 중엔 르드뤼와 롱카욜로 등 프랑스 도시 사회학과 도시 지리학의 주요 석학들이 있는데 이 계보 속에서 알베르 레비Albert Lévy는 도시 형태론에 새로운 이론적 활력을 불어넣으면서 사회적 과정의 차원에서 도시 형태의 기호학적 의미를 파악하려는 노력을 경주한 프랑스의 중진 건축학자이며 건축 기호학자이다. 레비는 도시 경관에 관심을 갖고 도시 공간의 소리와 빛의 환경을 비롯해 도시 공간의 사회적 분할에 주의를 기울이면서, 역사적 단절에 주목하고 그 결과로 생성된 도시의 새로운 형태들을 세심하게 파악하려는 도시 형태론을 옹호했다.[568]

---

567 Namer, G. and Halbwachs, M., *La mémoire sociale,* Paris, L'Hemattan, 2000, p.8.

568 Lévy, A., "Formes urbaines et significations: revisiter la morphologie urbaine", *Espaces et sociétés,* (vol.)122, 2005.

2. 숑바르 드 로베의 파리 공간 구획 이론

프랑스 인류학의 설립자인 마르셀 모스Marcel Mauss의 제자였던 인류학자 숑바르 드 로베[569]는 프랑스 지성사에서 도시 문제에 진정으로 관심을 표출한 최초의 학자 가운데 한 명이라 할 수 있다.[570] 그는 사회 민족학과 심리 사회학 연구소의 창립자로서 일찌감치 도시 연구의 다多 학제성을 주창한 프랑스 사회과학의 주요 인물이다. 프랑스 도시 사회학을 대표하는 대표적 연구자라는 점은 확실하나, 나치즘에 항거한 레지스탕스 활동과 제2차 세계대전 참전 공군 비행사라는 그의 다채로운 경력에서 읽을 수 있듯, 그를 단일 학문의 범주로만 분류하는 것은 무리가 따른다.[571]

그의 가장 중요한 저술이라 할 수 있는 파리와 파리의 공간 구획과 정비에 관한 두 권의 책은 프랑스 도시 사회학에서 일대 사건으로 그 학술적 가치를 공인받고 있다.[572] 이 책은 1949년 그가 결성한 사회민족학연구회의 공동 연구물로서 특히 이들은 노동자 환경에 관심을 갖고 있었다.

파리라는 대규모의 도시가 최초로 자신의 고유한 성격을 부여받은 연

---

569 그의 주 저술을 명시하면 다음과 같다.

1. *Photographies aériennes. L'étude de l'homme sur la terre d'après les vues aériennes,* Paris, A. Colin, 1951.
2. *Sociologie urbaine,* Paris, UNESCO, 1955.
3. *la Vie auotidienne des familles ouvrières,* Paris, C.N.R.S., 1956.
4. *Paris, essai de sociologie,* Paris, Éd. ouvrières, 1965.
5. *Des hommes et des villes,* Paris, Payot, 1963.

570 다음 문헌 참조.

Stébé, and Marchal, 앞의 책, pp.84-95.

Roncayolo, M. and Paquoit, T. (sous la direction), *Villes & Civilisation urbaine*, Paris, Larousse, 1992, pp.353-367.

571 프랑스 도시 연구에서 그의 도시 사상의 중요성에 대한 종합적 평가를 제시한 다음 문헌 참조.

1. Paul-Henry, "Chombard de Lauwe et l'histoire des études urbaines en France", *Espaces et Scoitétes,* n.103, 2000.
2. Mouchtouris, A. (sous la direction), *L'actualité de Paul-Henry Chombard de Lauwe,* Paris, L'Harmanttan, 2012.

572 Chombart de Lauwe, P. H., *Paris et l'agglomération parisienne,* Paris, PUF, 1952.

구가 이뤄진 것이다. 잠시 뒤에 상론하겠으나, 파리에 거주하는 복합적인 인구가 유형화된 파리의 개별 구역arrondissements으로 분배된 것이다. 그와 그의 연구팀은 도시에 거주하는 주민의 사회적 문화적 경제적 정체성에 대한 물음을 던짐과 동시에 그들의 주거 양식을 탐구했다. 특히 그들은 일상을 세밀하게 관찰하고 탐구해 그 이전까지는 이론적 해석 범주에 수용되지 않았던 다양한 정보를 채집했다.

숑바르 드 로베가 제기한 도시 사회학의 핵심 쟁점은 도시 공간에서 발생하는 사회적 갈등, 문화적 특징, 그리고 거주자의 행동 양식의 양상이라 할 수 있다. 특히 그는 어떤 선험적 이론을 기계적으로 적용하기에 앞서 철저한 사회학적 현장 탐구와 지도 작성을 일차적 과제로 삼았다. 그의 진술을 들어보자. "우리는 도시의 다양한 표상과 일상생활 속에서 존재하는 실천 사이에 놓인 여러 관계에 대한 연구를 강조할 것이다. 각각의 인물의 범주에서 나타나는 모든 몸짓과, 학문적 모델, 이미지, 갈망, 민족지학적 관찰 속에서 동시에 더욱 체계적인 조사를 통해 우리가 파악할 수 있었던 욕구들 사이에 존재하는 연관성을 보여주면서 말이다." 특히 그는 거주자의 필요와 욕구를 파악하는 것을 일차적 과제로 명시했다. "대도시의 공간 구획과 정비는 거주자의 욕구와 갈망에 부응해야 한다. 모든 거주자에게 공통적인 필요와 욕구, 그리고 일정 무리에게 특수한 필요와 욕구를 다양한 사회과학의 실증적 연구를 통해 주기적으로 부각시켜야 한다. 이것들은 물질적 기술적 가능성에 따라 만족될 수 있다. 반면 거주자의 갈망은 비록 그것이 사회적 실천 속에서 부분적으로 표현된다 해도경제적, 정치적, 종교적, 여가적 도시의 주민이 결착된 하나의 사유 체계의 참조 없이는 만족될 수 없다."[573]

그의 가설에 따르면 도시 개발과 대규모 거주 지역 형태 연구와 도시 공간 구조의 분석은 이 같은 주거 구조와 사회적 구조 사이에, 대도시의 환경과 사유 방식 사이에, 경제생활과 정치적 종교적 흐름 사이에 존재하는 다양한 관계를 부각시킬 수 있다.

---

573 위의 책, p.354.

뒤르켐과 알박스로부터 도시 공간의 이론적 성찰의 영감을 받은 숑바르 드 로베는 인구가 토지에서 분배되는 방식을 계승해 형태론적 차원에 위치시켰다. 특히 그는 도시의 내재적 이주, 밀집 지역의 형태, 거주 형태 등의 문제를 연구했다. 하지만 그는 시카고학파의 저술들로부터 이론적 영감을 받았으며 프랑스에 최초로 소개하는 역할도 자처했다. 실제로 그는 도시 공간에 대한 생태학의 정밀한 지도와 사회적 구획의 정확한 지도 위에서 생태학과 도시계획의 공조 가능성을 파악했다. 그는 생태학적 데이터 수집을 통해 미래의 도시계획에 기여할 가능성을 다음과 같이 소묘한다. "생태학적 관점에서 문제의 핵심은 현재의 상황 분석과 역사적 진화 차원에서의 다양한 경향에 대한 연구에서 출발하면서, 그 같은 분석을 도시계획가들의 규범적 개념화에 비교하고, 그에 따라 미래를 준비하는 데 있다."[574]

하지만 그는 미국 시카고학파의 생태학적 시각의 한계를 지적하고 그것을 보완할 것임을 천명한다. "미국 학자들이 사용하는 좁은 의미에서 생태학은 외재적 관찰에서 출발해 공간의 분배 과정에서 생물학적 경제적 차원의 설명을 탐구한다. (…) 하지만 우리는 이 단계에 머무를 수 없을 것이다. 앞서 주목한 바 있듯이, 우리의 집단적 표상들은 공간적 분배를 지시하지만 그 역도 마찬가지이다. '생태학적 과정들'의 연구는 그것들과 결부된 집단적 사유의 메커니즘에 대한 연구와 분리될 수 없다. 바로 그런 이유에서 문화적 양상은 생물학적 양상과 분리될 수 없다."[575]

그는 생태학과 결부된 문화적 문제를 두 가지 차원에서 식별한다. 그중 하나는 행정, 과학, 공적 추모와 관련된 상징적 기념비의 분배, 역사적 기념비의 보존, 모든 사회적 계층이 이들 기념비의 범주에 접근 가능한 용이성의 문제이다. 문화적 차원에 속하는 두 번째 종류의 문제는 동네, 구, 도시 지역 등, 다양한 척도에서 진행될 문화적 장치라 할 수 있다.

1949년 창립된 사회 민족학의 연구 모임의 틀 속에서 숑바르 드 로베

---

574 *Paris et l'agglomération parisienne,* Paris, PUF, 1952. Roncayolo, M. et Paquoit, T., *Villes & Civilisation urbaine*에서 인용, p.356.

575 Roncayolo et Paquoit, 위의 책에서 인용, p.359.

는 파리의 밀집 지역에 대한 연구를 진행했으며, 버지스의 방사 중심형 도식의 합리적 적용을 제안했다. 시카고학파 도식의 공간적 구조를 경험적으로 확인하려 하면서 그는 알박스로부터 영향을 받아 버지스가 제안한 요소 가운데 일정 수를 단번에 제외시킨다. 이를테면 팽창과 천이, 개인들의 사회적 위치와 결합된 인구 물결 등은 문제 삼지 않는다. 아울러 도시에서의 상호작용도 문제 삼지 않는다. 숑바르 드 로베는 무엇보다 몇 가지 본질적 물음을 던지고 그 답을 제시하려 시도했다. 이를테면 이런 물음들이다.

어떤 공간에 파리의 도시 밀집 지역으로 간주할 수 있는 인구, 구조, 무리가 위치하는가? 이 공간의 한계와 분할은 무엇인가? 이 공간 속에 각인된 구조와 거주자의 집단적 개인적 표상 사이의 관계는 무엇인가?

숑바르 드 로베는 상이한 지대들 사이의 고정된 구획선이 존재할 수 없다는 점을 분명히 하면서, 오직 경계선의 주변부가 문제될 뿐이라는 점을 강조했으며, 파리와 그것의 밀집 지역을 네 개의 지대로 규정하는 데 이른다. 제1지대는 파리 최초의 네 개의 구arrondissement와 7구, 9구, 10구의 중요 부분을 포함한다. 그것은 수도 파리의 금융과 상업의 중심지를 성립한다. 제2지대는 최초의 10개 구속에 남아 있는 것과 주변 구의 내부를 포함한다. 제2지대와 제3지대 사이의 구획선은 대략 프랑스혁명 이전에 존재했던 도시 외곽의 옛 성벽의 도면에 해당한다. 그곳은 전이 지대, 퇴행 지대, 그리고 새로운 재생의 지대이며, 파리를 구조화시키는 옛 요소를 포함한다. 이는 파리의 동서축을 포함하며 이 요소는 인구를 다음과 같은 방식으로 분배한다. 동쪽에는 매우 가난한 '프롤레타리아 파리', 예컨대 벨빌Belleville, 바스티유, 몽마르트르Montmartre 등의 동네 구역이 조성한 파리가 있다. 그곳으로 예술가들이 모여들었다. 서쪽에는 '부르주아 파리'가 조직화됐다. 살롱과 호텔, 화려한 카페와 대사관저가 모여들었다. 이곳을 드나드는 고객은 국제적인 엘리트층과 부유층이었다. 그곳은 또한 기차역들과 이동 인구, 모든 종류의 혼합 지대이다. 제3지대는 파리 주변부에 신설된 아홉 개의 새로운 구의 외적 경계선으로 성립되며 12구역에서 20구역을 포함한다. 서쪽 지대에는 전형적으로 주택 지역이 형성됐으며 동쪽에는 산업 지대가 만들어졌으며, 중소기업이 집중적으로 모여들었다. 끝으로 제4지대는 파리 교외 지역을 포함하며 이곳에 대기업, 특히 자동차 공장들이 건립됐다.

숑바르 드 로베는 동서축 옆에 각 지대의 분할선이 겪는 왜곡을 선명하게 밝혀놓았다. 이것은 시카고학파의 도식으로부터 파리라는 구체적 도시 현실이 동떨어져 있다는 것을 말한다. 더구나 제1지대는 사무실, 은행, 상업 지역 옆에서 중요한 역사적 유산을 소유한다. 이것은 복잡성을 강화하는 문화유산의 요소이며 또 다른 유형의 유인력을 지닌다.

파리라는 도시 밀집 지역 속에서 인구 분포에 대한 독창적 연구를 넘어서, 이 연구는 사회적 공간에 대해 더욱 일반적인 성찰을 진행할 수 있는 기회였다. 형태론적 접근법으로부터 그는 사회 지리적, 인구학적, 경제적, 문화적, 인류학적 등 사회의 상호 영향을 이해하고자 다양한 공간에 대한 동시적 고려를 장려했다. 그에 따르면, 공간 구조는 부분적으로 물질적 조건과 기술에 의해 규정되고, 다른 부분에서는 집단적 표상에 의해 규정된다. 다른 한편, 공간적 환경과 구조는 인구의 물질적 욕구와 도덕적 욕구에 따라서 의도적으로 변형될 수 있다. "한마디로 사람들은 환경으로부터 지대한 영향을 받고 사람들은 현재 그들이 지닌 수단을 통해 이 같은 환경을 자신이 원하는 대로 변형시킬 수 있다."[576]

인간과 공간의 변증법적 관계는 숑바르 드 로베의 도시 사상에서 중요한 메시지이다. 비록 숑바르 드 로베의 도시 사상이 정치를 안내하기 위해 과학적 방법에 절대적 신뢰를 보내고 또한 공간과 사회 사이의 관계에 관한 단순화된 비전을 제시했다는 한계를 지니고 있으나 개인과 개인의 주거에 대한 그의 포착은 여전히 많은 시사점을 제공한다. 공간과 사회에서 어느 하나에 우세를 부여하는 것을 거부하면서, 그는 실제로 사람들이 자신의 주거지에서 갈망하는 방식에 대해 공리적 독법이 아닌 역동적 독법을 제안했다. 그의 야심은 가정家庭의 상징적 정서적 차원을 자명하게 만드는 데 있었다. 집은 세계의 개념화를 표상하고 상이한 가치들의 관계를 지시하며, 자아의 이미지와 가족의 이미지를 표현한다. 주택은 오직 기능적이고 합리적인 것

---

576 Chombart de Lauwe, P. H., *Paris et l'agglomération parisienne, 2 vol.* Paris, PUF, 1952, vol.1, p.24.

과는 거리가 멀게, 자아의 구성과, 자신의 삶을 자율적으로 살아가는 각자의 갈망과 연대를 이룬다.[577] 따라서 공간 구조가 사람에게 영향을 미친다고는 하더라도 사람들은 그 공간적 관계를 변형시킬 재원을 충분히 지니고 있다.

도시 연구의 방법론적 인식론적 차원에서 숑바르 드 로베는 학술적 칸막이화를 거부했다. 인식론적 다원주의를 표방한 그는 수많은 공간이 상호 영향력을 행사한다는 점을 입증하고 이 같은 다중적 공간이 인격의 구성과 사회적 정체성의 구성에 얼마나 개입하는가를 보여주려는 의지로부터 공간의 실천이 객관적인 사회적 공간과, 주관적인 사회적 공간 사이에 위치한다는 점을 밝혀놓았다. 아울러 사회적 공간의 표상은 늘 어떤 방식으로든 사회 지리적 공간으로 귀결된다는 점을 입증했다. 객관적 사회적 공간은 개인이나 무리, 또는 더 큰 인간적 집합이 진화하는 공간적 틀로 정의되며, 그 구조는 다양한 생태학적 요인 또는 문화적 모델에 의해 제어된다.[578] 객관적인 사회적 공간의 구조는 주체와 무리에 따라 상이한 방식으로 포착된다. 이 구조는 주관적 사회적 공간 속에서 자신이 스스로 선택한 요소를 정신적으로 재구성한다. 즉 지각과 지식의 이 같은 상이한 방식에 따라 주체와 무리는 자신의 행동 양식을 변형시킨다. 이에 따라 그들은 자신이 살고 있는 틀과, 객관적인 사회적 공간의 구조를 변형시킨다.

객관적 사회적 공간과의 관계 속에서 주관적 사회적 공간, 즉 표상되고 체험된 공간을 이해하려는 그의 관심은 인격의 구성이 어느 정도로 사회적 공간적 신체적이며 동시에 정신적 차원에 속하는 것인지를 보여주려는 다양한 접근법에 참신한 노선을 제공했다. 요컨대 공간과의 진화적 다차원적 관계 속에서 개인은 어느 정도 행복한 방식으로 세계와 더불어 자신의 관계를 구성하는 데 도달한다.

---

577 위의 책, p.92.

578 Chombart de Lauwe, P. H., *La Vie quotidienne des familles ouvrières,* Paris, éditions du CNRS, 1977, p.99.

제4장 • 도시 인문학 담론의 주요 이정표

도시 공간은 19세기 중엽부터 유럽에서 가파르게 진행된 대도시화를 목격하고 파리를 통해 근대성의 생생한 인간학적 문화적 징후들을 읽어낸 보들레르를 필두로, 예술과 문학을 비롯한 근대 문화 이론과 인문학 분야에서 중요한 획을 그은 서구의 주요 인문 지성들에게 세심한 관찰과 분석의 대상으로 떠올랐다. 독일의 도시 인문학 계보에서 가장 핵심적인 인물로 평가받는 짐멜, 크라카우어, 벤야민을 포함해, 프랑스에서도 앞서 언급한 철학자 르페브르와 세르토는 물론, 2009년 타계한 구조 인류학의 설립자 레비스트로스, 프랑스의 인류학자로서 비非장소 개념을 제시한 오제 교수, 소설가 쥘리앵 그라크Julien Gracq, 도시의 속도를 예찬했던 초현실주의자들을 비롯해 드보르를 중심으로 결성된 국제 상황주의자들, 느림의 시학으로 한국 독자에게도 널리 알려진 피에르 상소, 프랑스 인문지리학의 태두 앙리 말디니Henri Maldiney, 동양 지리학의 석학인 오귀스탱 베르크Augustin Berque, 이탈리아 건축가 로시, 미국 도시계획 이론의 태두 린치, 독일의 현상학적 건축학을 집대성한 노르베르크슐츠 등 인문학의 시각에서 도시 공간을 성찰하고 분석했던 학자와 예술가들의 수는 헤아리기 힘들 정도이다. 20세기 도시 인문학 담론의 성좌와 그 계보를 완결 짓는 것은 이 책의 범위를 벗어나는 방대한 지적 작업이며 앞으로 본격적으로 착수해야 할 인문학의 과제라고 생각된다. 따라서 본 장에서는 도시 기호학의 이론적 토대를 수립하는 데 있어 역사적 인식론적 연관성을 고려해, 도시 인문학의 대표적 사상가로 인정받는 벤야민, 짐멜, 세르토의 도시 담론을 중심으로 서술하고, 미국 도시 인문 비평의 두 거장인 멈퍼드와 제이콥스의 도시 담론을 간략하게 소묘하는 것으로 그 범위를 한정한다.

벤야민의
도시 공간 독법

1. 벤야민 도시 사상의 시대적 맥락과 의의

벤야민의 도시 사상에 관한 연구 서적과 논문들은 이미 방대한 분량으로 축적되어 있다.[579] 본 장에서 벤야민의 도시 담론의 핵심 요소를 파악하려는 이유는 그가 최초이자 최고의 도시 인문학자일 뿐만 아니라 바로 이 책의 핵심 주제인 도시 기호학의 이론적 토대와 직결되어 있기 때문이다. 요컨대 벤야민 도시 사상의 탁월한 연구자로 손꼽히는 영국의 길로흐 교수는 이 점을 다음과 같이 짚어내고 있다. "텍스트로서의 도시city-as-text에 대한 그의 비판

---

579 벤야민의 도시 사상을 다룬 주요 단행본 연구서 서지를 정리하면 다음과 같다.

1. Benjamin, W., *le passant, la trace,* Paris, Bibliothèque Publique d'Information, 1996.

2. Boltz, N. and Witte, B., *Passagen, Walter Benjamins Urgeschichte des neunzehnten Jahrhunderts,* München, Fink, 1984.

3. Boscali, M. and Duffy, E., *Joyce, Benjamin and Magical Urbanism,* Amsterdam and New York, Rodopi, 2011. (저자는 조이스의 『율리시스』와 벤야민의 『아케이드 프로젝트』는 도시 생활의 현실을 가장 잘 표상하는 근대주의적 글쓰기를 성립한다고 주장한다.)

4. Cohen, M., *Profane Illumination: Walter Benjamin and the Paris of Surrealist Revolution,* University of California Press, 1993.

5. Frisby, D., *Fragments of Modernity,* The MIT Press, 1988.

6. Gilloch, G., *Myth and Metropolis: Walter Benjamin and the City,* Cambridge, Polity Press, 1997.

7. Hanssen, B., *Walter Benjamin and The Arcades Project,* London & New York, Continuum, 2006.

8. Menzio, P., *Orientarsi nella metropoli: Walter Benjamin et il compito dell'artista,* Moretti & Vitali, 2002.

9. Morss, S. B., *The Dialectic of Seeing,* Cambridge, MA MIT Press, 1991.

10. Raulet, G., *Le caractère destructeur: Esthétique, théologie et politique chez Walter Benjamin,* Paris, Aubier-Montaigne, 1997.

11. Simay, P., *Capitales de la modernité: Walter Benjamin et la ville,* Paris, éditions de l'éclat, 2005.

12. Wismann, H., *Walter Benjamin et Paris,* Editions du Cerf, 1986.

국내의 경우 벤야민의 도시 사상을 종합화한 단독 연구자가 집필한 단행본은 아직 없는 실정이며 여러 벤야민 연구자들의 논문을 모아놓은 다음의 공동 연구물이 대표적이다.

발터 벤야민, 홍준기 옮김, 『발터 벤야민: 모더니티와 도시』, 라움, 2010.

적 구원적 독해는 도시로서의 텍스트text-as-city에 대한 그의 혁신적 내재적 글로 보완된다."[580] 이 지적에서 알 수 있듯이 벤야민은 도시를 텍스트로서 본격적으로 파악한 최초의 도시 기호학자라 할 수 있다.

벤야민 도시 사상의 주요 문제들과 사유의 독창성은 이미 상당수의 전문가가 본격적인 연구를 이뤄놓은 상태이다. 다만 기호학의 시각에서 그의 도시 사상에 천착한 심층적 연구물은 찾아볼 수 없는 실정이다. 필자는 이 책에서 벤야민을 두 곳에서 서술할 것이다. 도시 인문학의 성좌를 구성하는 본 장에서 일차적으로 소묘를 제시하고 도시 기호학의 발생 시기를 언급하는 다음 장에서 또다시 다룰 것이다.

최근 들어 건축학, 지리학, 사회학 등 도시 공간을 다루는 상이한 학술 분야들은 벤야민을 신줏단지처럼 모시며 도처에서 활용한다. 벤야민이 자신의 글 상당 부분을 도시라는 주제에 할애했다는 점에서 학계에서 불고 있는 이 같은 벤야민 도시 담론의 적용은 일면 수긍이 간다. 하지만 그의 분석들은 철학적 시론과 문학 비평, 아울러 자서전적 장르의 텍스트에 속하며 도시에 대한 기존 지식의 제도적 재단을 거부하고 있기 때문에, 필리프 시마이Philippe Simay 교수는 "특정 단일 학술 분야의 한복판에서 벤야민의 도시 분석의 자리를 결코 찾을 수 없다"고 진술한 바 있다.[581] 또한 시마이 교수는 지금까지 벤야민이 도시 연구에서 무시되어 온 이유를 다음과 같이 지적한다. "그 저술이 비전형적이며 일체의 분류에 저항한다는 점에서 도시 연구에서 무시됐는데 벤야민은 바로 그 자신의 횡단성과 학문적 엄밀성의 결여라는 이유 때문에 무시당한 독창적 인물 가운데 한 명이다."[582]

일부 학자들은 벤야민의 도시 철학이라는 표현을 사용하고 싶은 유혹에 빠질 수도 있으나, 그 같은 표현은 벤야민의 도시 사상을 규정하기에는

---

580 Gilloch, G., *Myth and Metropolis–Walter Benjamin and the City,* Cambridge, Polity Press, 1996, p.5.

581 Simay, P., "Walter Benjamin, d'une ville à l'autre", in Simay, P., *Capitales de la modernité: Walter Benjamin et la ville,* Paris, éditions de l'éclat, 2005, pp.7-18.

582 위의 논문, pp.7-8.

적합하다고 보기 어렵다. 비록 그의 도시 사상은 주변부로 밀려나 있었으나 "도시는 근대성에 대한 벤야민의 독법에서 단순한 변이가 아닌 무게 중심을 성립한다"[583]는 점을 환기해야 할 것이다.

벤야민은 도덕적이지만 배타적으로 정치적이기도 한 다른 근대화 이론들의 접근법과 거리를 두며 근대성의 의미를 가장 구체적인 도시 현상 속에서 추구했다. 그 이유는 무엇보다 근대성의 모순들이 다름 아닌 도시 공간에서 가장 첨예하게 관찰됐기 때문이다. 19세기 중반 이후로 신속한 산업화와 도시화, 신기술의 발달, 군중의 출현, 이어서 대중문화의 폭발은 도시를 질풍노도의 변형을 겪는 물리적 사회적 공간으로 만들었다.[584]

벤야민은 대도시의 변형을 연구한 최초의 인물도 유일한 인물도 아니었다. 빌헬름 시대의 독일에서 대도시는 이미 이제 막 탄생한 사회과학의 주된 대상이 됐다. 아울러 건축가, 도시계획가, 예술가 등이 공통으로 참조하는 하나의 철학적 사유와 과학적 인식의 대상이 됐다.

그렇다면 벤야민의 도시 성찰과 도시 사상이 도시의 근대성을 설명한 동시대의 다른 학술 분야의 연구들 사이에서 어떻게 자리매김할 수 있었는가 하는 물음이 제기될 수 있다.

특히 근대 도시의 새로운 교통 기술과 매체 환경은 도시 거주자의 지각과 경험에 심오한 영향을 미치면서, 인간의 감각계를 변화시켰다. 벤야민의 시각에서 보면, 예컨대 자동차 교통의 가속화로 보행자의 이동 행동에서도 기계적 운동이 규칙화된다. 주변의 소음, 전광판 신호와 각종 사운드의 폭발적 증가, 광고 사인의 범람은 개인을 전례 없는 감각적 자극에 노출시키고 그것들에 종속시킨다. 그 결과 대도시를 신속성, 방향 상실, 다양한 인상의 파편화가 지배하는 환경으로 만들었다.

벤야민의 이 같은 독법을 감각적sensive 속성을 띤 것으로 성격화할 수 있는데 그 이유는 주체적 경험의 생리적 심리적 변형의 프리즘을 통해 근대성

---

583 같은 논문, p.8.

584 같은 논문, p.8.

을 분석하고 있기 때문이다. 그 같은 감각적 독법은 대도시 거주자들이 체험한 주관적 경험에 초점이 모여 있다. 이 점은 벤야민의 분석 노선이 크라카우어와 공유하는 지점이기도 하다. 주지하다시피 이들은 모두 도시 사유를 발전시켜나가면서 그들의 스승이었던 짐멜로부터 결정적 영감을 받았다.[585] 하지만 잠시 뒤 살펴볼 짐멜과 달리, 벤야민은 그와 거리를 두면서 대도시를 사회학적 개념으로 삼지 않았다. 풀어 말해 벤야민은 도시를 사회성의 총칭적 형식으로 삼지 않은 것이다.[586] 또한 짐멜과 달리 그는 도시를 정신성의 총칭적 구조로도 삼지 않았다. 벤야민은 대도시가 마치 근대화 과정의 가장 완결된 문화적 형식인 것처럼, 근대 도시의 발현을 촌락에서 도시로 또는 소도시에서 대도시로 가는 공간적 연속성에 각인시키지 않았다.[587]

벤야민은 짐멜이 제기한 '사회의 대도시화'라는 주제에 관심을 두고는 있었으나 벤야민에게 문화적 형식은 도시 형태의 산물이 아닌 경제적 생산력의 표현이었다.[588] 벤야민은 경제와 문화적 표현 사이의 심층적 관계를 『아케이드 프로젝트』에서 구체적 사례들을 통해 탁월하게 설명한다.

"우리의 탐구는 문명이 이런 식으로 사물화되어 재현됨에 따라 우리가 19세기에서 물려받은 새로운 생활 형태나 경제와 기술에 기반한 새로운 창조물이 어떻게 환(등)상의 우주 속으로 들어가는지를 보여주는 것을 목적으로 삼는다. 이러한 창조물은 이데올로기적 치환에 의해 이론적 방식으로뿐만 아니라 감각적 현전의 직접성을 통해서도 이러한 '계시'를 받아들인다. 그것들은 환(등)상으로서 나타난다. 철골 건축의 최초의 활용이라고 할 수 있는 '아케이드'에서도 같은 식으로 나타나며, 오락 산업과 의미심장한 관계

---

585 cf. Füzesséry, S., Simay, P. and Collectif, *Le choc des métropoles: Simmel, Kracauer, Benjamin,* Editions de l'Eclat, 2008.

586 Simay, 앞의 논문, p.10.

587 Rafele, A., *La métropole: Benjamin et Simmel,* Paris, CNRS Éditions, 2010.

588 다음 문헌을 참조할 것.
Rémy, J., *Georg Simmel: Ville et modernité,* Paris, l'Harmattan, 2000.

를 맺고 있는 만국박람회에서도 그런 식으로 나타난다."[589]

바로 이 지점에서 짐멜과 벤야민을 갈라놓는 중요한 분할 선이 그어진다. 대도시는 합리적 사회, 전 근대의 미몽으로부터 깨어난 사회의 유형이 아니라 오히려 근대의 신화들과 환영들판타즈마고리의 생산 장소이다. 그것은 첨단 자본주의의 포화 효과로부터 비롯된 부산물이며, 중요한 사안은 그 같은 환영으로부터 해방되는 것이다. 한마디로 "벤야민의 저술에서 핵심적인 관건은 도시에 대한 근대적 시선의 발생"이었으며[590] 도시를 의식 속에 도래하게 만드는 조건들에 관한 선명한 해명이었다.

19세기와 20세기 도시 공간에서 선을 보였던 다양한 건축 재료와 건축적 형태의 정치적 분석, 도시의 다양한 실천과 대중 매체의 분석에 기초해, 그의 관심은 대도시의 심오한 문화적 변형들에 집중됐으며 동시에 도시적 삶의 가장 보잘것없어 보이는 미세한 풍경을 시야에서 놓치지 않았다.[591]

벤야민은 근대 도시의 거주자가 지녀야 할 능력 또는 전문성을 규정하려 애썼다. 그 전문성을 통해 대도시의 거주자는 자본주의적 생산과정에서 자신의 역할을 의식하게 된다. "이 같은 의미에서 근대성은 하나의 문화도 아니며 정신 상태도 아니다. 그것은 도시가 경험의 반사성 속에서 다시 포착되는 방식과 분리될 수 없다."[592] 이 같은 경험을 벤야민은 결코 특정 장소에서, 특권화된 장소에서 체험하지 않았다. 그것은 늘 둘 사이에서 이뤄진다. 그가 유년기를 보낸 베를린과 유배지와 다름없었던 파리를 비롯해 도시는 모순덩어리의 근대성이라는 운명이 투사된 곳이었다.

실제로 벤야민은 메트로폴리스, 즉 대도시에서 근대 자본주의의 모든 징후를 읽어냈으며 특히 도시 공간에서 진행되는 착취, 불의, 소외 등 인간성에서 일탈한 비인간화의 경향에 비판의 칼날을 세웠다. 예컨대 오락 산

---

589 발터 벤야민, 조형준 옮김, 『아케이드 프로젝트』, 새물결, 2005, p.114.

590 Simay, 앞의 논문, p.11.

591 근대 건축 및 근대 기술 등, 조형적 형태에 대한 벤야민의 독법을 다룬 다음 연구서를 참조할 것. Déotte, J. L., *Walter Benjamin et la forme plastique,* Paris, L'Harmattan, 2012.

592 Simay, 앞의 논문, p.11.

업이 가져올 인간 소외 현상에 대한 다음의 진술이 대표적이다. "만국박람회는 상품의 교환가치를 미화한다. 박람회가 만들어놓은 틀 안에서 상품의 사용가치는 뒤로 밀려난다. 만국박람회는 환(등)상을 열어주는데, 사람들은 기분 전환을 위해 그러한 공간으로 들어간다. 오락 산업은 인간을 상품의 높이까지 끌어올림으로써 쉽게 기분 전환을 할 수 있게 해주었다. 인간은 자기 자신으로부터의 소외와 타인으로부터의 소외를 즐기는 가운데 오락 산업의 조작에 몸을 맡긴다."[593]

하지만 벤야민은 혐오와 절망의 근원으로서만 도시를 바라보지는 않았으며 흥겨움과 희망의 싹을 목격하기도 했다는 점에서, 도시의 인간학적 의미에 대한 그의 태도는 양가적이라는 평가를 받는다. 국내의 벤야민 연구자 심혜련 교수 역시 이 같은 양가성을 정확히 지적한다. "도시는 옛것과 새로운 것이 공존하는 장이다. 마찬가지로 꿈과 깨어남의 계기를 동시에 가지고 있다. 한마디로 말해 도시 공간 그 자체는 하나의 문화적 다큐멘터리인 것이다."[594] 심 교수는 그 같은 양가성을 읽어내기 위해 벤야민이 발명한 독자적 방법론을 '도시 인상학'으로 정의한다.[595]

길로흐 교수에 따르면 도시를 향한 사랑과 증오의 양가성에서 오는 긴장이야말로 우리가 근대 메트로폴리스를 다룬 벤야민의 파편적이고 명상적인 글에 매료되는 근원이다. 1920년대부터 자신이 발견한 소도시들에 대한 기록과 에세이, 그가 유년 시절을 보낸 베를린과 프랑스 파리 국립도서관에서 집중적으로 진행한 연구와 저술 활동을 포함해, 모스크바, 나폴리, 노르웨이의 베르겐에의 소묘 등, 벤야민은 도시 공간을 정치하게 묘사하는 다수의 글을 남겼다. 특히 한국어로도 번역된 『아케이드 프로젝트』는 1,000쪽

---

593 발터 벤야민, 앞의 책, p.100.

594 서울시립대학교 도시인문학연구소, 『도시 공간의 이미지와 상상력』, 메이, 2010, pp. 135-165.

심혜련, 「도시 공간과 흔적 그리고 산책자」, 『시대와 철학』 제19권 3호 (한국철학사상연구회, 2008, 9)에 실린 논문 재수록, 2008, pp.135-165, p.140.

595 위의 논문, p.141.

이 넘는 초고와 관련 인용문을 포함하는 대작으로 벤야민 도시 인문학의 중핵이라 할 수 있다. 아케이드 프로젝트 가운데 세 편의 주옥같은 텍스트,「파리 19세기의 수도」,「보들레르에 있어서 제2제정의 파리」,「보들레르에 있어서 몇 가지 모티브」는 백미로 손꼽힌다.[596] 이 밖에도「프루스트의 이미지」,「마르세유」,「베를린」,「만보객flaneur의 귀환」을 다룬 글들도 도시 기호학의 관점에서 번뜩이는 통찰을 담고 있다.[597]

요컨대 벤야민의 도시 사상은 그의 아케이드 프로젝트Le Passagen-Werk에 고스란히 담겨 있다. 여전히 미완성으로 남아 있는 아케이드 프로젝트는 근대 세계의 자본주의적 기원들을 소상히 기록한 풍부한 역사적 어휘집이라 할 수 있다.[598] 그것은 언어적 이미지와 물질적으로 구체적인 이미지의 형식을 취하면서 근대 도시 생활의 경험에 대한 사실의 채집과 같다. 벤야민은 이 사실들을 마치 세대를 건너 비판적 메시지를 전달할 유토피아적 언어의 낱말처럼 다뤘다. 그는 몽타주의 형식적 원리를 사용하면서 이 같은 사실로부터 낱말의 구성을 창조했다. 그가 사용한 언어는 그와 동시대 독자들의 정치적 의식을 각성시킬 낱말들로 이뤄져 있다. 국내 연구자들의 평가도 이 같은 해석과 일치한다.

특히 벤야민의 도시 사상에서 파리의 중요성은 아무리 강조해도 지나침이 없다. 국내의 벤야민 전공자인 노명우 교수 역시 이 점을 정확히 지적한다. "파리 연구에 대한 파악 없이 벤야민의 사상을 이해할 수 없다. (…) 파리 프로젝트는 벤야민의 모든 지적 에너지를 빨아들이는 애착의 대상

---

596 가히 벤야민 연구의 '산업화'라는 표현을 사용할 만큼 벤야민의 필사본 발굴과 번역, 관련 연구서들이 쏟아지고 있는 해외 학계는 물론이거니와 국내 인문학계에서도 벤야민의 원전 텍스트 번역과 연구물들이 상당한 분량으로 축적되어 있는 상태로 약 20여 권의 번역서가 출간된 상태이다.

597 "Paris as Goddess"(125-127), "On the Image of Proust"(128-138), "Marseille"(139-143), "A Berlin Chronicle"(144-186), "The Return of the Flaneur"(187-191) in Eiland, H. and Smith, G., *Selected Writings, vol. 2, 1927-1934,* Cambridge, MA: Belknap Press of Harvard University, 2005.

598 Morss, S. B., "Le flâneur, l'homme-sandwich et la prositutée: politique de la flânerie", in Wismann, H., *Walter Benjamin et Paris, colloque international 27-29,* Paris, cerf, 1986, pp.361-402.

이 됐다."[599]

보들레르에 대한 시론이 문학 텍스트의 주석이었다면, 아케이드 프로젝트는 도시라는 구체적 현실에 대한 독법이라 할 수 있다. 바로 그 같은 복안을 갖고 벤야민은 자신의 두 가지 도시 독법 토대를 문헌학과 신학이라고 천명한 바 있다. 19세기 텍스트의 벤야민식 독법은 자본주의와 산업 세계의 새로운 삶의 조건에 대한 주관적 표현을 포착하게 해주었다. 다른 한편으로 그의 신학적 독법은 집단적 유토피아적 욕망이 그 텍스트 속에 표현된다는 본질적 사실을 읽어냈다.

그는 바로 파리의 아케이드를 핵심적 이미지로 선택했는데, 그 이유는 산업 시대 최초의 사치 도시였던 파리가 폐허가 되고 붕괴했기 때문이다. 벤야민의 다음과 같은 진술을 본다면 1931년부터 1937년까지 열렸던 파리의 만국박람회는 그에게 19세기 파리에 대한 연구 아이디어를 제공했을 것으로 판단된다. "자본주의 문화의 환(등)상은 1867년의 만국박람회 때 가장 휘황찬란하게 만개했다."[600]

『아케이드 프로젝트』에는 푸리에를 비롯한 유토피아적 도시계획의 일차적 도식들과 더불어 동시대인이었던 르 코르뷔지에가 1925년 자신의 혁명적 구상으로 제시한 파리 중심부의 초고층 밀집 도시계획인 플랑 브와젱에 대한 기술이 병렬적으로 나타난다.[601] 벤야민은 건축과 유토피아주의, 특히 도덕성 사이에 존재하는 필연적 친화성을 다음과 같이 정확히 꿰뚫어보고 있다.

"집단의 무의식 속에 보존된 그러한 사회에 대한 경험은 새로운 것과 철저하게 교차하는 가운데 유토피아를 낳는데, 이 유토피아는 오래도록 길이 남을 건축물에서 한순간의 유행에 이르기까지 삶의 무수한 배치 구성 속에 흔적을 남겨왔다. (…) 이러한 관계는 푸리에의 유토피아에서 찾아볼 수 있

599 노명우, 「벤야민의 파사주 프로젝트와 모더니티의 원역사」, pp.19-55, 홍준기, 『발터 벤야민: 모더니티와 도시』, 라움, 2010, p.24.

600 발터 벤야민, 앞의 책, p.101.

601 Benjamin, A. and Rice, C., *Benjamin and the Architecture of Modernity,* Victoria, re.press, 2009.

다. 이 유토피아를 탄생시킨 가장 내밀한 원동력은 기계의 출현이다. 그러나 이러한 사실은 유토피아에 대한 그의 서술에서는 직접적으로 표현되지 않는다. 오히려 그의 서술은 상거래의 비도덕성 그리고 이러한 상거래를 위해 동원된 도덕의 기만성에서 출발한다. 그는 팔랑스테르사회생활 생활공동체를 통해 인간을 도덕이 필요 없는 관계로 되돌려놓으려 한다."[602]

벤야민은 그의 당대적 삶의 원초적 형태Urform로서, 가장 자명한 사회적 유형들을 선택하는 대신 도시의 주변부로 내려가 역사적 형상의 만보객, 매춘부, 수집가를 선택했다. 이들은 하나같이 자신의 시대에서 그 존재가 경제적으로 불안한 형상이며, 사회에서 일시적인 이동transit 상태에 놓여 있는 사람들이다. 왜냐하면 산업화의 역동성은 궁극적으로 이 같은 사회적 유형을 소멸시키도록 위협하기 때문이다. 구체적으로 근대 도시의 도시계획은 신속한 교통 순환에 우선권을 두었으며 이것은 만보객의 종언을 의미한다.

벤야민이 파악한 바와 같이, 만보객은 아케이드가 제공했던 서식지의 평온함 속에서 자신의 일을 매듭짓지 않고, 게으름뱅이처럼 소요하면서 진열된 사치품을 선별하고 관찰하면서 소일한다. "1840년 당시의 유행은 아케이드에서 산책하는 것이었다."[603]

정작 벤야민이 묘사하는 만보객산책자의 얼굴은 100가지의 형상으로 나타난다. 만보객은 그 어떤 단일 범주에도 속하지 않는, 문턱의 존재이다. "산책자는 여전히 문턱 위에, 대도시뿐만 아니라 부르주아 계급의 문턱 위에 서 있다. 아직 어느 쪽도 완전히 그를 수중에 넣지는 못한다."[604] 산책자는 때로는 시장의 관찰자이며, 감정이입의 달인이고 특히 그는 무위론자이다. "산책자는 시장의 척후 같은 사람이다. 이처럼 척후라고 할 수 있는 그는 동시에 군중의 탐사자이기도 하다. 군중은 허물없이 다가오는 사람에게 일종의

---

602 발터 벤야민, 앞의 책, p.94.

603 Benjamin, W. *Das Passagen-Werk, Gesammete Schriften,* vol.5, edited by Tiedemann, R., Frankfurt am Main, Suhrkamp, 1982, p.532.

604 발터 벤야민, 앞의 책, p.105.

도취감을 불어넣는데, 이러한 도취에는 매우 특수한 환상이 수반된다."[605] 또한 그는 시장의 관찰자이다. "그의 지식은 경기 동향에 관한 비밀스러운 학문과 밀접한 관련이 있다. 그는 소비자의 왕국으로 파견된 자본가의 스파이이다." "산책자의 무위는 분업에 반대하는 시위이다."[606] 그는 또한 탐정가의 모습을 보여주기도 한다. "산책자의 모습 속에는 이미 탐정의 모습이 예시되어 있다. 산책자는 그의 행동 스타일을 사회적으로 정당화해야 한다. 이를 위해서는 무심한 모습이 그럴듯하게 보이도록 하는 것보다 더 안성맞춤인 것도 없을 것이다. 하지만 실제로 그러한 무시함의 이면에는 아무것도 모르는 범죄자로부터 한시라도 눈을 뗄 수 없는 감시자의 긴장된 주의력이 숨어 있다."[607] 그는 감정이입의 고수이기도 하다. "상품으로서의 감정이입은 근본적으로 교환가치 그 자체로서의 감정이입이다. 산책자는 이러한 감정이입의 달인이다. 그는 돈으로 살 수 있다는 개념 자체를 산책으로 이끈다. 백화점이 그의 발길이 향하는 최후의 행선지이듯이 그의 모습을 마지막으로 구현하는 것이 샌드위치맨이다."[608] 그는 노동보다 무위에 가치를 두는 신선 같은 존재이다. "산책에는 다른 무엇보다 무위로 얻는 것이 노동으로 얻는 것보다 더 가치가 있다는 생각이 깔려 있다. 산책은 잘 알려진 대로 '탐구'하는 것이다."[609] 만보객은 모든 것을 자기 것으로 만들 수 있는 탁월한 전유 능력의 소유자이다.

흥미로운 점은 벤야민이 만보객은 다른 어떤 도시보다도 파리에서 탄생할 수밖에 없는 필연적 이유를 제시했다는 사실이다. "산책자라는 유형을 만든 것은 파리였다. 로마가 아닌 것이 이상하다. 그렇다면 그 이유는? 로마에서는 꿈에서조차 일부터 닦아놓은 길을 따라가지 않는가? 그리고 로마에

---

605 위의 책, pp.128-129.

606 같은 책, p.985.

607 같은 책, p.1015.

608 같은 책, p.1028.

609 같은 책, p.1038.

서는 신전, 담이나 벽으로 둘러싸인 광장들, 국민적인 성소가 너무 많기 때문에 하나하나의 포석, 상점 간판, 계단 그리고 문으로 통하는 길을 지나갈 때마다 걸어가는 사람들의 꿈속에 그것들이 모조리 들어가는 것이 불가능하지 않을까? (…) 왜냐하면 파리를 산책자들의 약속의 땅으로 또는 호프만슈타일이 이전에 부른 대로 하자면 '진짜 삶만으로 만들어진 풍경'으로 만든 것은 이방인들이 아니라 바로 파리 토박이들 본인이었기 때문이다."[610]

이제 벤야민의 시대에는 대중 생산의 가속화 원리들이 널리 퍼져나갔으며, 이는 한가로운 소요에 전쟁을 선포한다. 바야흐로 인류는 자신의 부드러움과 평정을 상실했다. 이제는 흐름이 중요하며 만보객[611]은 거부당하고 자동차의 홍수 속에서 정신을 잃어버린다. 만보객은 산업 시대 이전의 부족과 흡사하다. 이제 그들은 인공적으로 창조된 공간의 내부에서, 정돈된 곳에 머문다.

『아케이드 프로젝트』는 매우 상세한 목차와 더불어 파리의 파편적 이미지와 다양한 방식의 문화적 반영reflection을 제공한다. 이 책에는 수많은 파리의 역사적 연구물과 건축가의 작품이 정신없이 쏟아져 나온다. 19세기에 출간된 파리와 관련된 풍속사, 요리사, 기행문을 비롯해, 문학사와 예술사는 물론, 기디온, 엥겔스, 짐멜, 에른스트 쿠르티우스Ernst Robert Curtius, 크라카우어, 로제 카유아Roger Caillois 이외에 수많은 군소 저자가 언급될 정도로 헤아리기 힘든 숫자의 고유명사가 즐비하다. 파리의 일상에 대한 매우 상세한 표상은 19세기와 20세기의 전환기의 파리, 대도시가 일상의 지배적 미디어의 자격으로서 스스로를 긍정하는 순간에 해당되며 또한 도시가 미디어 사회로 변형되는 순간에 해당된다.[612] 다양한 파편들은 강력한 과정들을 예기하면서 진정한 역동적 실재들로서 기능한다. 만국박람회 한복판의 광고 사인, 구경하는 인파, 극장 스크린의 빛, 거리의 광고판, 여가를 즐기려 나온 사람들과

---

610 같은 책, p.965.

611 프랑스어 단어 flâneur를 연구자들에 따라 산책자, 떠돌이, 아예 음역을 해 '플라뇌르'로 옮기는 경우도 있다.

612 Rafele, A., *La métropole: Benjamin et Simmel,* Paris, CNRS Éditions, 2010, pp.63-118.

유리창을 통해 보이는 이미지 등이 대표적인 형상들이다.

요컨대 아케이드 프로젝트는 불연속성을 역사적 사회적 과정의 본질적 구조로서 삼는다. 존재는 절대적인 것으로 제시되지 않고 과거와 연속성에 있지 않으며 오직 현재화된 살아 있는 형식을 통해서만 제시된다.[613] 현재라는 커다란 모자이크 조각들은 고립적 상태를 유지하거나 또는 특별한 방향을 제시하기도 하고 반복적인 모티브를 갖고 있다. 그것들의 가장 내밀한 형상화를 통해 신미술, 만국박람회, 인테리어, 사진 등은 역사의 메커니즘 속에서 용해되고 반사된다. 역사는 유행의 다양한 특질과 리듬을 취하며 불연속성의 무한한 연속이다.

2. 벤야민의 도시 공간 독법의 성격

유럽의 격변하는 대도시 풍경에 대한 벤야민의 독법은 자신만의 혁신적이고 실험적인 문학적 스타일을 통해 도시 공간에서 순간적으로 스쳐 지나가는 것을 포착하려는 독특한 현상학적, 기호학적 시도라 할 수 있다. 근대의 메트로폴리스에 대한 그의 재현 방법은 한마디로 이미지적 접근법이라 할 수 있다. 그것은 곧 사진과 영화 등의 새로운 시각 매체의 발명에 힘입어 새롭게 나타난 근대 도시의 시각 문화 현상에 대한 관심으로서, 도시 공간의 시각적 이미지에 내포된 '직접적인 것'과 '내재적인 것'에 대한 그만의 심오한 투시력을 기반으로 한다. 문학 역시 도시 공간을 이해하는 중요한 매체였다. 예컨대 벤야민은 파리를 소재로 다룬 작가장 지로두(Jean Giraudoux), 비베스코 공주 등들의 작품에 나타난 파리의 역사, 통계, 지형 분석을 참조했다. 특히 루마니아 출신의 비베스코 공주는 외국인의 신선한 시선으로 파리의 모습을 마치 꿈꾸는 듯이 묘사했으며 벤야민은 그녀의 예술성을 극찬했다.[614]

달리 말해 그가 독자적으로 발명한 도시의 시각적 독법이란 도시의 시

---

613 위의 책, p.65.

614 Benjamin, W., "Paris as Goddess", in *Selected Writings, Vol.2,* Belknap Press of Harvard University Press, 2005, pp.125-127.

각적 차원과 '이미지적' 차원을 핵심으로 삼아 도시의 초상화를 그리는 작업이었다. 벤야민 자신은 그것을 일러 사유 이미지Denkbild라 불렀다. 유년기를 보낸 베를린의 도시 풍경에 대한 그의 독법이 주로 과거 경험을 회상한 이미지들의 성좌였다면[615], 파리의 도시 공간 구석구석을 해부하는 아케이드 프로젝트는 역사의 시각적 성격과 이미지의 방법론적 규범을 강조한다. 그가 제시하는 도시 세계 또는 도시 풍경cityscape은 눈으로 본 것을 곧바로 문자로 옮기려는 시도로서, 벤야민의 지성사에 천착했던 한 연구자는 이것을 일러 '보기의 변증법'이라 불렀다.[616] 강재호 교수는 변증법적 이미지에 대해 다음과 같은 설명을 제시한다.

"변증법적 이미지 개념을 통해 벤야민은 자신의 사유를 헤겔의 역사적 '변증법'과 구별하면서 역사적 시간에 대한 이론적 틀을 세우고자 한다. 헤겔의 진화론적 시간 개념과 반대로 벤야민은 이전das Gewesen과 지금das Jetzt 사이의 동시적 관계, 연속적인 것과 일시적인 것 사이의 동시적 관계인 지금 시간die Jetzt으로서의 '변증법'을 언급한다."[617]

"변증법적 이미지의 본질적 성격은 일시적이며 형상figural적인 조합을 통해 '갑작스런 섬광'과 '순간적인 계시'로 묘사된다. 경험의 대상, 즉 역사는 이미지로 붙잡지 않으면 결코 볼 수 없는 것이다. 그렇게 순간적이며 동시적인 경험은 과거에 머무르는 것이 아니다. 오히려 그것은 '지금'의 이미지로 회복된다."[618] 이 점에서 벤야민 자신이 멋진 은유와 더불어 변증법적 이미지를 설명해놓은 단락이 도움을 줄 수 있을 것이다. "즉 이미지들이 역사적 지표를 갖고 있다는 말은 단순히 이미지가 특정 시대에 고유한 것이라는 것

---

615 Benjamin, W., "A Berlin Chronicle", in *Selected Writings, Vol.2,* Belknap Press of Harvard University Press, 2005, pp.144-186.

616 Morss, S. B., *The Dialectic of Seeing(Walter Benjamin and the Arcades Project),* Cambridge, The MIT Press, 1989.

617 강재호, 「모더니티의 스펙터클: 발터 벤야민과 문화 비판」, (pp.91-125), 홍준기, 『발터 벤야민: 모더니티와 도시』, 라움, 2010, p.105.

618 위의 책, p.106.

뿐만 아니라 무엇보다 특정 시대에만 해독 가능하게 된다는 것을 의미한다. 게다가 이처럼 '해독 가능'하게 된다는 것은 이미지의 운동이 내부에서 어떤 위기적 지점에 도달한다는 것을 말한다. 모든 현재는 이 현재와 동시적인 이미지들에 의해 규정된다. 모든 지금은 특정한 인식이 가능한 지금인 것이다. 이 지금 속의 진리에는 폭발 직전의 시간이 장전된다. (…) 과거가 현재에 빛을 던지는 것과, 그렇다고 있었던 것이 지금과 섬광처럼 한순간에 만나 하나의 성좌를 만드는 것을 말한다.[619]

"변증법적으로 사유하는 사람에게 중요한 것은 돛이 세계사의 바람을 맞도록 하는 것이다. 이들에게서 사유란 돛을 올리는 것을 의미한다. 어떻게 돛을 올릴 것인가가 중요하다. 말이 그의 돛이다. 어떻게 돛을 올릴 것인가, 그것이 말을 개념으로 만든다. 변증법적 이미지는 한순간에 빛나는 이미지이다."[620]

벤야민은 사진과 영화가 도시 공간이라는 복잡한 세계를 묘사하는 데 탁월한 모델이라는 점을 강조하면서, 작가와 학자들로 하여금 도시 공간의 이미지를 카메라에 담을 것을 촉구했다. 특히 도시 환경에서의 다양한 흐름과 운동을 포착할 수 있는 영화야말로 도시의 본질을 파악할 탁월한 접근 수단이라는 점을 강조했다. 하지만 벤야민은 도시 공간에 대한 총체적이고 통합적인 기술을 거부하며, 이미지적 접근법의 본령은 도시 속에서 사라져가는 덧없는 것들을 암시하는 데 있음을 분명히 한다.

영국의 벤야민 연구자 길로흐 교수는 벤야민이 기술하는 도시 풍경 또는 도시 세계를 정초하는 핵심 요소 가운데 관상학, 현상학, 신화학 등을 강조한다.[621] 첫째, 벤야민이 실천한 도시 공간 독법의 핵심은 도시의 관상학

---

619 발터 벤야민, 앞의 책, p.1056.

620 같은 책, p.1077.

따라서 인식 가능성으로서의 지금 한순간에 빛나는 이미지로서 과거에 있었던 것은 포착될 수 있다. "변증법적으로 사유하는 사람이란 돛이 역사의 바람을 맞도록 하는 사람을 가리킨다. 돛은 개념이다. 그러나 돛을 자유롭게 조종하는 것만으로는 충분하지 않다. 중요한 것은 돛을 세우는 기술이다."

621 Gilloch, 앞의 책, pp.5-20.

이라 할 수 있다. 벤야민에게 도시라는 복잡계는 근대성을 표상하는 핵심적 거점이며, 메트로폴리스에서 형성된 사회적 총체성은 근대성을 축소한 결정체라 할 수 있다. 도시는 일종의 모나드monad, 즉 단자를 구성한다. 풀어 말해 도시는 근대의 사회적 경제적 구조의 특징적 자질을 집약하는 실재이며, 정밀하고 명료한 해석을 위한 거점이라 할 수 있다. 근대 메트로폴리스의 공간과 구조에서 동시대의 문화는 해독을 가능케 하는 가장 지속적이며 첨예한 모습을 드러낸다는 것이 벤야민의 생각이었다.[622]

관상학적 방법에 대해서는 국내 연구자들 역시 언급한 바 있다. "벤야민에게 도시는 19세기의 소우주이며, 파사주는 19세기의 소우주인 도시의 모나드이다. 도시는 현대적 사회 경제 구조의 특성을 포괄하는 공간이다. 대도시는 인간이 행위하는 무대이며, 이 무대 속에 인간은 흔적을 남긴다. 도시의 관상학자 벤야민은 도시라는 공간 속에 숨어 있는 모더니티의 원역사Urgeschichte의 흔적을 찾아내는 고고학자이자 탐정이다."[623]

또한 노명우 교수는 도시 공간 해독에 있어서 알레고리의 중요성을 강조한다. "도시 관상학자이자 탐정인 벤야민은 파사주라는 파리의 모나드 속에서 모더니티의 알레고리를 발견하려 한다."[624] 한편 심혜련 교수는 관상학이라는 표현 대신 '도시 인상학적 이론'으로 명명할 것을 제안하고 도시 인상학에 대한 다음과 같은 주석을 제시한다. "도시의 인상학자인 벤야민에게 도시는 그 자체가 하나의 커다란 도서관이다. (…) 그리고 구체적인 도시 공간과 그 공간에서 삶을 영위하는 인간과 사물 세계는 서로 상호작용하면서 하나의 텍스트를 구성한다. 이 텍스트를 읽고 해석하고 이해하고 느끼고 그리고 비판하는 사람은 바로 산책자이다."[625]

---

622 같은 책, pp.6-7.

623 노명우, 「벤야민의 파사주 프로젝트와 모더니티의 원역사」(pp.19-55), 홍준기, 『발터 벤야민: 모더니티와 도시』, 라움, 2010, p.30.

624 위의 책, p.30.

625 서울시립대학교 도시인문학연구소, 『도시 공간의 이미지와 상상력』, 메이, 2010. 심혜련, 「도시 공간과 흔적 그리고 산책자」, 『시대와 철학』 제19권 3호, p.140.

관상학적 독법physiognomical reading이라는 개념은 벤야민의 단자론적 접근과 매우 밀접한 연관성을 맺는다. 즉 이 같은 독법 방식은 체계적 사유보다는 세부 사항과 특이한 현상에 대한 미시적 관찰과 분석을 선호한다. 벤야민이 보기에, 도시 환경을 구성하는 건물, 공간, 기념비와 오브제는 인간의 사회 활동에 대한 반응으로 만들어진 것이며 동시에 상이한 사회 활동을 반영하고 구조화한다. 요컨대 건축과 행동은 서로가 서로를 형성하며 그 둘은 상호 관류한다. 이렇듯 메트로폴리스는 인간의 사회적 활동을 위한 '프레임' 또는 무대를 구성한다. 도시의 건물과 특히 그것들의 실내 장식은 인간의 행동 양식을 규정하는 일종의 주물을 형성하고, 그 안에서 그리고 그 위에서 인간 주체는 공간을 살아간 흔적과 기호를 남기고 그들의 실존 방식에 대한 표시 또는 단서를 남긴다. 벤야민은 이렇게 적고 있다. "살아 있다는 것은 흔적을 남긴다는 것을 의미한다."[626] 그리고 근대 도시의 거주자가 남긴 이 같은 흔적은 도시 관상학자에 의해 세밀하게 보존돼야 하며, 그 의미는 해독돼야 한다. 길로흐 교수가 지적한 것처럼 벤야민이 생각한 도시 관상학자는 부분적으로 고고학자, 부분적으로 소장가, 부분적으로 탐정가이다. 바로 이 대목에서 벤야민은 도시 이미지와 기억이라는 문제를 본격적으로 사유할 수 있었으며 이는 마르셀 프루스트Marcel Proust의 이미지론에서 영감을 받았을 것이라는 추측이 가능하다. 특히 1929년에 발표한 『프루스트의 이미지에 대해』라는 글은 『잃어버린 시간을 찾아서』에 대한 세밀한 독서로서 기억의 문제를 집중적으로 다루고 있다.[627] 그는 프루스트의 이 작품을 신비주의적 침잠, 풍자, 폭넓은 학자적 지식이 어우러져, 허구적 이야기와 자전적 사실이 하나가 된 수작으로 평가했다. 특히 프루스트가 제시한 '무의지적 기억mémoire involontaire'의 의미를 언급하며, 실제로 일어난 삶이 아니라 삶을 체험했던 사람이 그 삶을 기억하는 방식으로 기술하는 독특한 기법이라는 점을 강조하

---

626 Benjamin, W., *Charles Baudelaire: A Lyric Poet in the Era of High Capitalism,* trans. Harry Zohn, NY, Verso, 1997, p 169. Gilloch에서 재인용.

627 "On the Image of Proust", in Eiland, H. and Smith, G., *Selected Writings, Vol.2,* Belknap Press of Harvard University Press, 2005, pp.128–138.

면서, 소설은 체험이 아니라 체험의 기억으로 창조된다는 점을 간파했다. 프루스트가 기억이라는 행위에서 찾고자 했던 것은 본래적 시간 또는 일상적 시간이다. 우리가 만약 프루스트의 방식으로 본래적 시간을 묘사한다면, 우리 역시 우리 자신의 본래적 시간을 현재의 삶 속에서 다시 발견할 수 있다는 점을 벤야민은 강조했다. 벤야민은 프루스트의 이미지가 최고의 관상학적 표현으로서, 문학과 삶 사이에 어쩔 수 없이 커져가는 간극이 그 같은 표현의 원인 제공자라고 말한다.[628] 또한 프루스트가 말하는 무의지적 기억은 기억보다는 오히려 망각에 더 가깝다는 점을 지적하면서, 그것을 순간적 즉흥적으로 일어나는 회상의 작업으로 파악했다. 실제로 프루스트는 기억을 통해 현재의 삶을 마술적으로 변형시키는 행복을 추구했으며, 이것은 바로 벤야민의 변증법적 이미지 개념과도 맞닿아 있다.

도시의 '성격'은 사람에 비유하자면 그것의 다양한 얼굴로 독해할 수 있다. 단자로서의 도시는 그 자체 안에 단자의 파편을 담는다. 벤야민은 이렇게 적고 있다. "수천 개의 눈동자, 수천 개의 오브제 속에서 도시는 반사된다."[629] 그것이 나폴리의 성당 건축물이건, 혁명적 모스크바 광장이건, 베를린 제국의 영광의 기념비이건, 파리에서 선보인 다양한 꿈을 재현하는 집들이건, 도시의 건축은 도시 관상학으로 읽어내야 할 비밀스런, 하지만 명시적 문자로 기록되지 않은 '텍스트'를 형성한다.

둘째, 현상학자로서의 벤야민의 진면목을 지적해야 할 것이다. 벤야민은 도시의 물리적 구조와 그것에서 발견되는 사회적 활동 지표로서의 물질적 오브제에 관심을 가졌다. 이를테면 그는 도시 인구의 세속적 경험을 파악하려 한다.[630] 벤야민은 특히 도시 환경의 세부 사항과 주변적인 것에 관심을 두었다. 실제로 프랑스 사진작가 으젠느 앗제Eugene Atget처럼, 벤야민은 도시의 랜드 마크엔 별 다른 관심을 갖지 않고 그냥 지나쳤다. 오히려 겉으로

---

628 Gilloch, 앞의 책, p.6.

629 Benjamin, W., *Gesammelte Schriften IV,* Frankfurt am Main, Suhrkamp Verlag, 1972, p.358. Gilloch, 같은 책, p.6.

630 Gilloch, 같은 책, pp.7-9.

는 통속적이고 진부해 보이는 메트로폴리스 특질들의 심층적 의미에 관심을 가졌고 또 이를 강조했다. 예컨대 마르세유 분석은 도시 공간에서 느끼는 감각적 차원에 대한 세밀한 독법이다. 기름 냄새, 소변 냄새, 인쇄기의 기름, 수세식 변기, 굴을 파는 노점상, 부둣가 사람들, 짐꾼, 창녀의 모습, 창녀촌의 가장 깊은 방에 숨겨진 남성들의 전리품에 대한 묘사를 비롯해 도시 공간에서 나오는 다양한 소음도 세밀하게 포착했으며 마르세유의 다양한 계층의 사람들을 흥미롭게 묘사했다.[631] 그가 실천한 도시 세계의 독법은 일상에 관통될 수 없는 것, 그리고 관통될 수 없는 것을 일상으로 지각하는 변증법적 시각을 전개하려는 시도이다.

이 같은 도시 현상학의 주된 테마는 경험의 파편화, 상품화, 내면화, 그리고 주변화이다. 또한 벤야민은 도시를 소란스런 삶의 풍경으로 재현하는 작업을 시도한다. 이를테면 그가 묘사하는 도시 세계는 길거리 삶 가운데 변화하는 패턴들을 다루고 있으며 특히 군중이 개인의 정신세계에 미치는 영향을 소묘한다. 짐멜과 마찬가지로 그는 근대적 경험의 실체를 바로 '충격'으로 보았다. 이에 첨가해, 대도시 생활의 가속화된 템포와 기계에 기반을 둔 새로운 리듬은 반복의 상품화에 뿌리내린 근대의 시간적 감수성으로 유도된다. 이를테면 시간과 돈의 등식화와 물신주의와 패션 등은 그 같은 새로운 근대적 감수성의 대표적 형상들이다.

경제적 실천과 교환 패턴의 성격 역시 벤야민의 분석에서 중요한 자리를 차지한다는 점에서, 도시 기호학의 시각으로 새롭게 해석할 필요가 있다. 나폴리 거리 시장에서 목격한 아수라장의 모습에서, 대도시에 건설된 다양한 형태의 아케이드를 비롯, 베를린과 파리의 백화점에 전시된 인공물의 세심한 디스플레이까지 벤야민은 도시를 상품의 환상적인 진열 거점으로서 연구했다. 그가 생산 형식에 대한 전통적인 마르크스 분석에서 탈피해 상품 진열, 광고, 소비 등의 방식을 탐구했다는 점은 최근의 기호학에서 다루는 디스플레이 방식과 브랜드 연구에 접맥될 수 있을 것이다. 벤야민의 분석에

---

631 Benjamin, W., "Marseille", in Eiland, H. and Smith, G., *Selected Writings,* Vol.2, Belknap Press of Harvard University Press, 2005, pp.139-143.

서 무대의 전면에 나타나는 것은 소외된 노동자의 경험이라기보다는 상품을 물신화하는 고객의 경험이다. 이 점에서 "벤야민의 도시 '현상학'은 그것의 가장 기상천외한 몇 가지 재현을 검토해 근대성의 경험을 이해하려는 시도"이다.[632]

셋째, 메트로폴리스 환경을 다룬 벤야민의 글들이 지니는 핵심 특질은 바로 신화적인 것의 정체 파악과 비판적 분석이다. 도시 '콤플렉스'의 오브제들과 건축으로부터 도시를 해독하는 벤야민의 작업, 그리고 그곳에서 마주치는 경험 형식에 대한 그의 고려는, 근본적으로 '환영적인 것phantasmagoric'과 신화적인 것의 거점으로서의 근대 메트로폴리스의 가면을 벗기게 된다. 그런데 비록 그가 신화라는 단어를 여러 편의 에세이 속에서 자주 사용하고 있지만, 상이한 의미는 결코 명시적으로 정식화되거나 명료화되지 않는다. 신화는 그에게 최소한 다음 네 가지 의미를 갖는다. 오류적 사고, 강제성compulsion, 폭정, 은유적 장치가 그것이다.[633]

벤야민은 오류적 사고와 잘못된 인식을 지칭하고자 신화라는 용어를 사용한다. 계몽주의 전통으로부터 파생된 이 같은 견해에 따르면 '신화'는 지각과 경험의 태고적 형식을 지시한다. 신화는 자연적 발생, 재앙, 초인적 존재, 유령, 악마, 마술 등의 현상을 설명하기 위해 사용되는 이야기들이다. 신화는 미신, 무지, 공포에 뿌리를 둔다. 신화는 오류적 관념들, 환영, 판타지아와 더불어, 피조물의 강제성creaturely compulsion을 지시한다. 신화는 진리와 자유의 반명제이다. 자연은 이해될 수 없을 뿐만 아니라 전지전능하다. 신화는 변질될 수 없는 자연법칙 앞에서 인간의 무기력을 포함하며, 자연환경의 맹목적 제어와 불가능한 힘 앞에서 이성의 종속을 포함한다. 인간 행동은 본능적 충동과 욕망의 필연성에 의해 지배된다. 이 같은 인간적 무기력은 중요한 시간적 차원을 갖는다. 자연의 리듬은 결과적으로 순환 성격을 갖는 신화적 의식을 지배하게 된다. 갱신은 쇠락에 뒤따르고 다시 갱신이 이어진다.

---

632 Gilloch, 앞의 책, p.9.

633 같은 책. pp.9-13.

인간 존재는 자연처럼 앞서 지나간 것의 연속적 반복에 처한 운명이다.

또한 벤야민은 근대 시기에서 자연에 대한 인간 굴종의 전복 또는 도치를 외시하기 위해 신화라는 용어를 사용했으며 근대성 자체가 신화의 종언으로서 스스로를 드러낸다고 진술했다. 벤야민에게 근대 시대는 계몽된 사유의 진전도 이성의 실현도 가져다주지 못했다. 벤야민은 근대성을 단지 신화적 형식의 역전으로 특징짓는다. 메트로폴리스는 근대성의 환영의 주요 거점이며, 신화의 새로운 발현이다. 도시는 자연직인 것에 대해 문화와 문명의 승리를 선포했으며, 신화적 힘에 맞서 요새를 건설했다. 메트로폴리스는 인류에 의한 자연의 정복과 굴종을 표시하는 기념비이다.[634]

만보객의 계보학

1. 만보객의 기원과 변천

벤야민에게 나타나는 만보객이라는 독특한 형상[635]의 성좌 전체를 파악하려했던 학자들, 아울러 그것이 표상하는 실험 공간의 본질을 파헤치려 했던 연구자들은 끝내 자신의 작업을 완성시킬 수 없었다. 실제로 만보객이라는 성좌에서 일의적인 정의를 찾는 것은 불가능하다.[636] 만보객 성찰은 벤야민의 도시 사상 전개에서 직간접적으로 그의 초기 논문부터 1940년까지의 오랜 기간을 점유한다. 1927년부터 1940년까지 그의 사유, 주관성의 제시 방식, 글쓰기 방식은 계속 진화했다. 만보객이라는 주제는 미로처럼 복잡하고,

---

634 같은 책, p.11.

635 Benjamin, W., "The Return of the Flaneur", in Eiland, H. and Smith, G., *Selected Writings,* Vol.2, Belknap Press of Harvard University Press, 2005, pp.187-191.

636 다음 논문 참조.
Robin, R., "L'écriture flâneuse", in Simay, P., *Capitales de la modernité: Walter Benjamin et la ville,* Paris, éditions de l'éclat, 2005, pp.37-64.

다의적이며, 모든 총체적 체계적 인식에서 벗어난다. 만보객은 단지 은유이거나 기호 대상물이거나 제유이거나, 포스트메트로폴리스 시대에 다시 해석되는 현상이다.[637] 어떤 학자는 그것을 하나의 예술 형식으로 파악하기도 한다. "만보와 소요flânerie는 도시의 예술 형식이자 여가 습관이었다. 이말은 보들레르 같은 댄디들이 만들어 유명해졌다. 한가롭게 산책하거나 걷기와 같은 건강을 염두에 둔 실천이 아니었다. 멜랑콜리에서 벗어나기 위한 수단으로서 의사들이 권장하는 놀이spazieren가 아니었다."[638]

벤야민의 위대한 기획은 자본주의의 문화적 표현에 대한 분석을 시도하는 데 있었다.[639] 앞에서 지적한 것처럼 그것은 상품의 물신숭배가 불러온 '판타즈마고리환영'에 대한 분석이기를, 상품화로 유도된 또 다른 미몽화와 문화적 형식에 대한 탈신비화이기를 원했다. 그가 원한 것은 문화 속에서 경제의 표현을 보여주는 것이었다. 달리 말해 경제적 과정을 하나의 기원적 현상으로 포착하려는 시도였다. 19세기의 아케이드 속에서 발현되는 모든 형식이 바로 그 기원적 현상에서 나온 것이라 할 수 있다.

만보객이라는 정의 불가능한 형상에서는 두 개의 심층적 의미를 도출할 수 있다. 첫 번째는 19세기 생리학에서 나타나는 텅 빈 기호이다. 만보객이라는 형상은 19세기 파리의 발명이다.[640] 그것은 벤야민이 훗날 파노라마라고 부른 새로운 산업 시대의 문학 형식에서 창발한다. 여기에서 말하는 생리학은 이를테면 일련의 삽화 모음집으로서 목록화와 분류를 통해 모든 도시 공간의 사회적 유형을 파악하는 작업이라 할 수 있다.

루이 위아르Louis Huart는 그의 저서 『만보객의 생리학Physiologie du flâneur』에서 하나의 정의를 제공하려 했지만 허사였다.[641] 그는 처음에는 부정의 형식

---

637 cf. Soja, E., *Postmetropolis,* Oxford, Blackwell, 2000.

638 Hanssen, B., *Walter Benjamin and the Arcades Project,* London and New York, Continuum, 2006, p.3.

639 Robin, 앞의 논문, p.37.

640 같은 논문, p.40.

641 Huart, L., *Physiologie du flâneur,* Paris, Aubert et Cie, Lavigne, 1841.

으로 만보객의 본질을 파악하려 했다. 만보객은 혹이 달린 사람이 아니며 절름발이도 아니고 뚱뚱보도 아니다. 그는 부유층에 속하지도 않으며 채무자도 아니다. 그는 일요일에 한가롭게 도시를 거니는 산책자도 아니다. 만보객은 부질없이 구경하기 좋아하는 사람들badauds과 빈둥거리는 사람들musard의 사촌뻘쯤 될 것이다. 그는 도로의 싸움꾼일 것이며 넝마주이와 이웃할 것이다. 완벽한 만보객의 범주에는 시인과 예술가를 묶어 넣을 수 있을 것이다. 게으름뱅이며 한가롭고, 비생산적인 만보객은 노동, 생산성, 사회적 활동에 토대를 둔 사회의 부르주아 이성을 문제 삼는다. 그는 도시 속에서 배회하고 도시는 방대한 포스터로 가득 찬 벽으로 변형된다. 파리는 광고와 낙서 기호로 가득찬다. 우아르에 따르면 만보객은 하나의 수수께끼이다. 소시민, 시인, 넝마주이, 독자, 이 모든 역할은 서로 교환된다. 그것의 복잡성, 그것의 다면적 얼굴은 어떤 정의도 좌절시킨다.[642]

1840년부터, 만보객은 모든 장소를 취할 수 있는 텅 빈 기호로서 나타난다. 만보객은 파노라마의 구현이다. 벤야민은 바로 이 파노라마 문학을 파리의 국립도서관에서 발견하고 열성적으로 독파했다. 이 독특한 장르의 문학으로부터 만보객의 형상은 알레고리로 변형되며, 핵심적 자리를 차지하는 새로운 문학적 기획으로 자리 잡았다.

따라서 만보객의 두 번째 개념적 변천인 알레고리는 핵심적이다. 만보객은 군중 속에 있고 동시에 군중으로부터 분리된다. 제2제정의 파리에서 만보객 시인이 왜 근대적 인간의 상징이 되는가를 이해하려면 벤야민이 크라카우어와 공유하는 몇 가지 핵심 개념을 참조해야 한다. 그것은 기분 전환이라는 개념으로서, 오락과 정신 분산을 의미하는 산만함이 그 하나요, 표피, 즉 피상성의 지배가 그 다음이다. 이 두 개의 개념은 서로 연관되어 있으며 만보객의 개념적 계보에서 절대적으로 중요하다는 것이 관련 연구자들의 일치된 견해이다.

"시인처럼 만보객은 마치 폐허를 거닐듯, 짝이 없는 상태에서 홀로 걷는

---

642 Robin, 앞의 논문, p.41.

다. 그는 알레고리의 추구자[643]가 된다."[644] 벤야민은 상징의 조화적 통일성에, 총체성에, 상징이 배치하는 총체성의 환영과 알레고리 속에 무정형의 파편을 대립시킨다. 그것은 의미 없는 파편, 쇠락으로서의 역사, 죽은 오브제, 부패된 풍경, 부분적 작품 등의 형상으로 나타난다.

알레고리는 사물의 관계를 파괴시키지 않은 채 단지 본래의 관계를 해체한다. 보들레르는 만보객의 전범적 형상으로서 알레고리의 시인이며 폐허가 된 세계와 대면하는 시인이다. 만약 부스러기 조각들밖에 없다면, 나머지와 흔적들밖에 없다면, 시인에게는 그것을 하나로 모으는 것 이상의 일이 남지 않으며 만보객에게는 수집가 또는 넝마주이가 되는 것 밖에 없다. 실제로 넝마주이라는 형상은 보들레르를 매료시켰다. 특히 벤야민은 보들레르를 매료시킨 군중이라는 형상에 주목한 바 있다. "보들레르에게 군중, 이들은 산책자 앞에 베일처럼 드리워져 있다. 군중은 도시의 고독한 개인이 찾는 마취제이며 개인의 모든 흔적을 지워버린다. 그것은 추방된 자의 마지막 은신처로서 마침내 도시의 미궁 속에서 가장 새롭고 가장 불가사의한 미궁이 된다. 이제까지 알려지지 않았던 지하 세계의 모습이 군중에 의해 도시의 이미지 속에 새겨진다."[645] 포스트메트로폴리스로 특징지어진 21세기의 오늘날에도 '만보와 소요'는 살아 있다.[646] 최근에 여러 학자가 만보객의 생성을 탐구했으며, 그들의 연구는 포스트모던 사회에서의 만보객의 존재 가능성과 더불어 사회과학과 인문과학의 파편적 글쓰기로까지 그 관심 분야를 확장했다.[647]

---

643 Huart, L., *Physiologie du flâneur,* Paris, Aubert et Cie, Lavigne, 1841.

644 Robin, 앞의 논문, p.41.

645 발터 벤야민, 앞의 책, p.1024.

646 Robin, 앞의 논문, pp.57-64.

647 Borchard, K., "Intersubjective Implosion", *Cultural Studies, Vol.1,* n.1, 2001, pp.70-85.
Featherstone, M., "The Flâneur, the City and Virtual Public Life", *Urban Studies, Vol.35,* n.5-6, 1998, pp.909-925.
Keith, T., *The flâneur,* London, Routledge, 1994.

이들 연구물에 따르면 일정 형식의 '만보와 소요'는 사라질 위험에 처했다. 단지 그것이 도시의 기억 속에 흡수될 수 없게 됐을 뿐만 아니라, 존재 가능성의 조건들이 소멸되어가는 와중에 있었기 때문이다. 거리의 공적 공간에서, 도시 공간의 배열과 짜임에서, 광장에서, 배회의 공간에서, 19세기의 만보객이 설 자리는 좁아져간다.

새로운 만보객은 최대한 느리게 걷는 사람이고, 진정한 만보객은 장소의 기능성에 저항하는 사람이며, 또한 장소의 기억 상실과 일체의 시뮬라크르에 저항하고, 기계적 리듬에 저항하는 주체로서 대중 소비의 허위적 유토피아 세계를 문제 삼는다. 이를테면 모든 사람이 자동차와 비행기를 탈 때, 자신의 두 다리 맨발로 걷는 사람이며 도심 거리의 변화를 여유롭게 관조하는 사람이다. 그는 관습적 공간 사용을 전복하고 장소와 기능성의 방향을 변형시키고 기존의 리듬을 바꾸어놓는다. 현대의 만보객은 바로 이 같은 의미 전환의 경험, 표류의 경험, 전복의 경험에서 새로운 알레고리의 형상으로서 모습을 드러낸다.

2. 보들레르의 도시 풍경

도시 공간에서 근대성을 읽어낸 최초의 시인은 보들레르이다. 보들레르는 그 유명한 논문, 「근대적 삶의 화가」에서 근대성modernité 개념을 도입하면서 근대성을 예술적 노력의 새로운 대상으로서 뿐만 아니라 근대적 삶을 특징짓는 하나의 독특한 성질로 파악했다.[648] 근대적 삶을 그리는 화가에게 이 같은 성질은 새로움nouveauté과 결부된다. 프리스비에 따르면 "보들레르의 근대성의 현상학의 심장부에는 현재의 새로움이 놓여 있다."[649] 특히, 근대성 개념의 도입과, 그것의 시간적 공간적 차원의 제시는 모더니즘 논쟁에서 핵심적 인식론을 제공하며 벤야민이 시도한 근대성에 대한 사회 문화적 이론

---

648 C. Baudelaire, "The Painter of Modern Life", in C. Baudelaire, translated and edited by J.Mayne, *The Painter of Modern Life and Other Essays,* London, 1964, pp.1-40.

649 Frisby, D., *Fragments of Modernity*, Cambridge, Massachusetts, The MIT Press, 2002, p.16.

작업에 결정적 영감을 불러일으켰다. 보들레르의 미학에 존재하는 '덧없는 것'과 '영원한 것'의 변증법은 근대성의 사회 이론가 벤야민에 의해 근대적 사회생활 자체의 다양한 차원들로 전이된다.[650]

도시 인문학의 이정표에서 보들레르의 '만보객'은 벤야민과 밀접한 개념적 연관성을 맺는다는 점에서 간략하게나마 그의 도시 읽기의 진면목을 환기하는 것이 필요하다. 보들레르에게 도시는 결코 자신의 가면을 벗지 않는다. 심지어 그것의 가장 사실적 발현들 속에서조차, 도시는 하나의 겉모습과 외피만을 보여줄 뿐이다. 이를테면 거리의 매춘부는 한 명의 여왕이 될 수 있고, 넝마주이는 왕이 될 수 있으며 부르주아는 늘 한 편의 만화이다. 보들레르가 묘사하는 도시는 결코 사실적이지 않다. 그것은 마치 일련의 그림과 만화의 컷들로서 독자는 각자 나름대로 행간을 읽어내야 한다.[651]

보들레르는 『파리의 우울』에 실린 아센느 우세Arsène Houssaye에게 헌정하는 편지에서 도시의 실존은 도시에서 삶을 살아가는 사람의 집단의식에 달려 있음을 암시한다.[652] 그리고 근대적 생활을 다룰 시적 산문을 기획한다. "우리 중 누가 한창 야심만만한 시절, 이 같은 꿈을 꾸어보지 않은 자가 있겠소? 리듬과 각운이 없으면서도 충분히 음악적이며, 영혼의 서정적 움직임과 상념의 물결과 의식의 경련에 걸맞을 만큼 충분히 유연하면서 동시에 거친 어떤 시적 산문의 기적의 꿈을 말이오."[653]

그 같은 집단의식은 거주자 개인의 사적 의식에 의해 결정된다. 하지만

---

650 위의 책, p.20.

651 보들레르의 작품에서 묘사되고 있는 도시 풍경과 그 독법의 주요 특징에 대해서는 다음 연구물을 참조할 것.

1. Blanchard, M. E., *In Search of the City: Engels, Baudelaire, Rimbaud,* Saratoga, Anma Libri, 1985, pp.71-114.

2. Thum, R. H., *The City: Baudelaire, Rimbaud, Verhaeren,* New York, P. Lang, 1994.

3. Sharpe, W., *Unreal Cities: Urban Figurations in Wordsworth, Baudelaire, Whitman, Eliot, and Williams,* Balimore and London, Johns Hoptkins University Press, 1990.

652 Baudelaire, C., "A Arsène Houssaye", in "Spleen de Paris", in *Oeuvres complèltes,* Paris, Gallimard, 1975, p.229.

653 샤를 보들레르, 윤영애 옮김, 『파리의 우울』, 민음사, 2008, p.19.

사적으로 구축된 도시의 표상들 가운데 어느 것도 이 같은 사적 맥락을 벗어나서는 타당하지 않다. 비록 각 시민의 정신 속에 도시의 내러티브가 존재한다 해도, 그것의 구조와 플롯은 다른 사람에게 적용될 수 없다.[654] 이 같은 의미에서, 도시의 어떤 장소도 어떤 기념비도 종이 위에서 선험적으로 미리 규정된 하나의 기능을 수행할 수 있다고 장담할 수 없다.

현실적인 기능, 시장, 공원, 대로 등 무엇이든 그 장소에서 이뤄지는 사람들과의 만남은 종이 위에서 가정된 것과는 다르게 이뤄진다. 보들레르의 파리 속에는 기념비가 거의 나오지 않고, 또한 방향과 목적, 도면, 지도, 소묘 등이 거의 나타나지 않는다. 더 주목할 것은 이 같은 기념비, 도면, 거리에서 체현된 기억이나 전통도 나타나지 않는다는 점이다. 시인은 도시 거주자와 더불어 과거의 모든 흔적을 소거하려는 데 노심초사한다. 도시는 현재의 장소이며 그 현재 속에서 스스로가 된다는 것은 무엇보다 타자와의 대면을 의미한다. 하지만 도시는 결코 텅 비어 있지 않다. 엥겔스가 영국의 대도시에서 간파했던 군중의 소외를 보들레르 역시 인식하고 있었으나 그는 무엇보다 도시를 그것의 생소함 속에서 포용하기를 바랐다. 실제로 보들레르가 묘사한 파리의 풍경에는 근대 도시의 부와 쾌락으로부터 소외된 가엾은 인간 군상이 적나라하게 나타난다. 비참한 노인과 노파, 과부, 가난한 넝마주이, 인생의 패배자로 넘친다. 하지만 그것을 욕망의 대상으로 환원하거나 전유하지는 않는다. 이를테면 하나의 물신이나 숭배적 대상으로 만들지는 않았다.

엥겔스와 달리 보들레르는 도시를 객관적 관점에서 기술하는 문제에는 별다른 관심을 두지 않으며, 도시에 대한 주관적 관점을 채택했다. 즉 그는 군중 속에서 스스로 길을 잃고 방황한다. "군중을 향유하는 것은 하나의 예술이다."[655] 도시는 하나의 무대, 하나의 볼거리가 되며, 도시에서 발생하는 예측 불허의 작은 사건들에 정신과 몸을 맡긴다. 그는 만보객flâneur이다. 도시

---

654 Blanchard, 앞의 책, p.75.

655 Baudelaire, C., "Les foules", in "Spleen de Paris", in Baudelaire, C., *Oeuvres complèltes,* Paris, Gallimard, 1975, p.243.

를 소유하는 것은 도시가 시작하고 끝나는 방식에 주의를 기울이고 그의 눈앞에 펼쳐지는 방식대로 걷는 것이며, 도시 풍경의 찰나를 포착하는 것이다. 그는 그 찰나적 만남을 통해 진행되는 계시에 의해 때때로 말로 설명할 수 없는 쾌락을 향락한다. 「괘씸한 유리 장사」라는 산문에서 그는 유리 장사에게 못된 짓을 하고는 쾌락에 도취된 상태를 다음과 같이 묘사하고 있다. "나는 발코니로 다가가 조그만 화분 하나를 들었다. 그리고 그가 다시 문 앞에 나타나자, 그의 유리를 받치는 가제 뒤 끝 위로 내 무기를 수직으로 던졌다. 그러자 그 충격으로 그는 나둥그러졌고, 이 초라한 행상의 상품은 그의 등 밑에서 박살나고 말았다. 이 깨지는 소리는 벼락을 맞은 수정 궁전이 파열하는 소리 같았다. 그리고 나는 나의 광기에 더욱 도취되어 그에게 노기등등하게 외쳤다. 인생을 아름답게! 인생을 아름답게! 그러나 이러한 신경질적인 장난에는 손해가 따르기 마련이다. 흔히 비싼 대가를 치르는 수가 있다. 그러나 1초의 순간이나마 무한한 쾌락을 얻는 자에게 영원한 형벌쯤 대수이랴?"[656]

보들레르의 『파리의 우울』에서 묘사되는 인물은 실제 인물들이 아니다. 그가 경험한 사실적 만남과 동화의 왕자와 공주가 뒤섞이고, 초현실적이거나 생소한 나라의 상상 속 여행 이야기와 혼합된다. 오직 지나가는 사람의 얼굴을 쳐다보는 것이 만보객의 주된 관심사이다. 그들은 자아를 부정하지 않고 객체에 대한 주체의 승리를 주장하지 않으며 관념적 의식의 지배를 관철하지도 않는다. 단지 생동하는 삶과 관찰에 의해 호출당한 주체가 그들과 절묘한 관계를 만들어간다.[657] 만보객은 자신이 관찰하는 사람과 사물을 개인적으로 알지 못하며 그것들이 사라진 뒤 기억 언저리에 남은 삶의 이야기를 재구성하고 재창조한다.

보들레르와 더불어 만보객은 움직이는 무대의 작동 주체이며 스스로

---

656 Baudelaire, C., "Le Mauvais Vitrier", in "Spleen de Paris", in Baudelaire, C., *Oeuvres complèltes,* Paris, Gallimard, 1975, p.240. (한국어 번역본) 샤를 보들레르, 윤영애 옮김, 『파리의 우울』, pp.58-59.

657 Blanchard, 앞의 책, p.78.

건축가와 소비자가 되어 파리 거리를 걷는 만보객은 사물의 기능을 평가하는 위치에 있지 않다. 그는 건물과 사람의 시장 가치를 평가하는 데에도 관심이 없다. 그저 도시 속에서 끊임없이 움직이며 현상의 외관에 관심을 갖는다.[658] 그가 추구하는 것은 도시와 더불어 시작한다. 현재가 하나의 꿈일 수 있다는 점을 완전히 의식하면서, 그는 그에게 관습들과 의무를 부과하는 특정 사회의 일원일 뿐이다. 하지만 그는 자신의 사적인 만남을, 예상과 기대와 후회를, 찰나의 충격과 덧없는 것을, 진정으로 근대적인 것을 찾으려 한다. 아직 지나가지 않은 시간의 정수를 추구하면서 만보객은 스스로 그가 살고 있는 장소의 속박들로부터 자유로워지기를 희망하며, 그를 폭정하는 군중으로부터 해방되기를 간절히 바랐다. 그는 새로운 의미를 희망하며, 그것을 잡으려고 희망을 건다. 도시 삶의 의례를 따르고 도시 동료 거주자의 활동 속에 참여하면서 도시에서 일어나는 사소한 사건에 감각의 촉수를 세운다. 거리를 걷고, 정원과 공원에서 배회하면서, 그는 스스로 도시의 전체 이미지로부터 추출한 의미가 오직 자신의 판타지아와 개인적 기억들로 결부시킬 때 비로소 유효하다는 것을 발견한다.[659] 특히 보들레르는 근대 도시에서의 모든 만남이 농촌과 마을에서는 경험할 수 없는, 모든 사람이 서로가 서로에게 이방인으로서 존재하는 찰나적인 접촉과 순간적인 시선의 교환을 포착한다. 예컨대, 『파리 풍경』에 나오는 한편의 시 <지나가는 어느 여인에게>의 한 단락을 감상해보자.

"그녀는 조각상 같은 다리하며 민첩하고 고상하다. / 나는 마셨다. / 넋나간 사람처럼 몸을 떨며, / 태풍 품은 납빛 하늘 같은 그녀 눈 속에서 / 매혹적인 감미로움과 목숨 앗아갈 듯한 즐거움을. / 한 줄기 번갯불…… 그리고 어둠! 그 눈빛이 / 순식간에 나를 되살리고 사라져버린 미인이여, / 영원 속이 아니라면 그대를 다시 볼 수 없는가?"[660]

---

658 같은 책.

659 같은 책, p.83.

660 샤를 보들레르, 『파리의 우울』, p.231.

그는 그 의미를 다시 전통의 한 부분으로 만들면서 그것을 새로운 기억, 수정된 기억 시퀀스로 만들 수 있다. 새로운 것은 덧없는 것이며, 그것이 전통적 담론의 부분이 되면서 곧바로 오래된 것이 되기 때문에, 그것이 어떻게 발견되는가를 결정하는 것도 중요하지만 아울러 어떻게 새로운 것으로 남을 수 있는가도 중요하다.

보들레르의 시가 내포하는 비밀 가운데 하나는 도시의 거리이다. 도시가 저장 창고에 간직하는 보물 상자는 오직 도시의 공범자가 되려는 사람들에게, 즉 자신의 기억을 교환하려는 사람들에게 열린다. 예컨대 일상의 산책길에서 마주하는 도시 풍경으로부터 오스만의 파리 대공사가 한창이던 시절을 목격하면서 자신의 추억을 상기하며 상상의 나래를 펼친다. 그리고 모든 것은 알레고리가 된다. 보들레르가 그리는 파리 풍경은 이렇듯 일상과 환상의 교직으로 이뤄지며, 특히 다음의 시에서는 역사의 뒤안길로 사라져 가는 옛 파리의 모습에 대한 짙은 회한과 향수가 배어나온다.

"내가 새로 생겨난 카루젤 광장을 지나고 있을 때 / 불현듯 내 풍요한 기억을 살아나게 했다. / 옛 파리의 모습은 이제 보이지 않는다! (도시의 모습은 아! 사람의 마음보다 더 빨리 변하는구나.) / 나는 머리 속에서만 그려볼 뿐, 진을 친 저 모든 판잣집들을 / 산더미 같이 쌓인 윤곽만 드러낸 주두와 기둥들 / 잡초며, 웅덩이 물로 파래진 육중한 돌멩이들 / 그리고 유리창에 빛나는 뒤죽박죽 골동품들을 / (…) / 파리는 변한다! 그러나 내 우울 속에선 / 무엇하나 끄덕이지 않는다! 새로 생긴 궁전도, 발판도, 돌덩이도 / 성문 밖 오래된 거리도, 모두 다 내게는 알레고리가 되고 / 내 소중한 추억은 바위보다 더 무겁다."[661]

보들레르의 시에서는 연상 작용을 통해 정체성을 추구하는 인물의 이야기를 볼 수 있다. 여기에서 기억은 오직 현상일 뿐이다. 그가 도시의 사건을 보는 방법도 흥미롭다. 먼저 그는 하나의 맥락, 하나의 장소를 묘사한다.

---

661 샤를 보들레르, 윤영애 옮김, 『악의 꽃』, 문학과지성사, 2003, pp.218-221,

그 같은 묘사는 개념적이거나 인식론적이지 않다.[662]

도시는 어떤 정의에서 벗어나 무정형으로 남아 있기에 이 같은 맥락은 도시 공간의 도식을 이해하기 위한 기초를 성립하지 않으며, 펼쳐질 도시의 서사를 이해하기 위한 기초도 아니다. 오히려 보들레르는 그 만남의 계획되지 않은 것, 예행연습이 되지 않은 것을 지적하는 데 관심이 있다. 그의 인물과 장소 선택은 도시의 객관적 지식이나 제어를 어떤 방식으로도 지시하지 않는다. 그것들은 도시의 사람과 사물을 공포에 질리게 하는 무의미한 매스와 더불어, 만보객은 감히 하나의 관계 속에 들어가려 한다는 것을 상기시킨다. 그가 책임을 지지 않으려는 관계이며, 그것은 신비화의 정신을 통해 이 같은 관계를 설명하려 한다.

이런 의미에서 만보객의 정신적 방랑은 산만한 독자, 삽화책의 페이지를 뒤적이는 사람과 흡사하다. 페이지를 뒤적이다 자신이 좋아하는 그림, 사진에 시선을 고정시킨 사람의 이미지와 흡사하다. 그는 삽화와 활자 페이지와의 관계를 무시하며 그의 발견은 맥락을 벗어나 우연을 소중히 여긴다.

보들레르는 정확한 지시 체계를 말하는 법이 없다. 도시 속에서 장소가 기억과 상상력으로부터 취하는 불가피한 연상 작용에는 극도로 수수께끼 같은 것들이 존재한다. 거리, 공원, 광장, 동네 등 그가 지시하는 명료하고 구체적인 참조 체계들은 온갖 종류의 모호성을 시사한다. 안쪽과 바깥쪽, 지나침과 영속성의 이원성, 교감과 소외, 창문의 투명성 대 거울의 불투명성, 개인 아파트의 사적 은신처 대 군중의 볼거리 등 헤아릴 수 없이 많다.

물리적 공간은 계획된 것과 계획되지 않은 건축 사이에 나타나는 동시 발생의 결과이며, 시인의 부유하는 정신에 공존하는 또 다른 종류의 공간이 존재한다. 그것은 명료하게 지시적이지도 않으며 총체적으로 상상적인 것도 아니다. 보들레르는 오직 느슨한 지시 체계를 언급하고 싶어 한다. 따라서 대도로, 공원, 거리 등은 실제로 이름을 묘사하기는 해도 정확한 지명 자체를 제시하지는 않는다.

---

662 Blanchaud, 앞의 책. p.88.

짐멜과 근대성의 도시 풍경

베를린에서 번창하던 유대인 사업가의 아들로 태어난 짐멜은 현대 사회학의 창시자 가운데 한 명이다. 근대 도시의 인간학적 문화적 특징을 포착한 그의 학문적 기여는 도시 인문학의 핵심적 주춧돌이라 할 수 있다. 그는 20권의 저서와 300편의 에세이를 발표했으며, 그 저술 범위는 사회학과 도시 연구 분야뿐만 아니라, 철학, 문학, 예술, 미학, 사회심리학, 문화 분석 등의 방대한 지적 스펙트럼을 아우른다.[663]

요컨대 짐멜은 근대성의 도시 풍경을 인문학적으로 독해한 도시 사회학과 도시 인문학의 효시라 할 수 있다. 보들레르가 근대성을 이해했던 의미에서 "하나의 전체로서의 사회 이론의 맥락에서 짐멜이 근대성의 최초의 사회학자라고 주장하는 것은 타당하다. 그의 동시대 사회학자들 그 누구에 비해서도 그는 '새로우며' '근대적인' 생활 세계를 경험하는 방식을 표현하고 분석하는 데 있어 가장 앞서갔다."[664]

짐멜은 앞서 3장에서 살펴본 미국 시카고학파에 결정적 이론적 영감을 주었을 뿐만 아니라 도시 공간과 관련된 벤야민의 사유 형성에도 적지 않은 영향을 미친 것으로 알려져 있다. 특히 시론의 성격을 띤 그의 짧은 글 『대도시와 정신적 삶』은 도시 연구의 명논문을 모아놓은 모든 선집에서 가장 많

---

663 1. Hutchison, R., *Encyclopedia of Urban Studies,* SAGE, 2010, pp.717-721.

2. Featherstone, M., and Simmel, G., *Theory, Culture and Society: Explorations in Critical Social Science,* Vol.8, N.3, Sage, 1991.

3. Frisby, D., *Georg Simmel,* London, Routledge, 2002.

4. Frisby, D. and Featherstone, M., *Simmel on Culture,* London, Sage, 1997.

5. Jazbinski, D., "The Metropolis and the Mental Life of Georg Simmel", *Journal of Urban History 30,* 2003, pp.102-25.

6. Simmel, G., Edited by and translated by Wolff, K.H., *The Sociology of Georg Simmel,* New York, The Free Press, 1950.

7. ________, *The Philosophy of Money,* 3rd ed. London, Routledge, 2004.

664 Frisby, D., *Fragments of Modernity,* p.39.

이 인용되는 글 가운데 하나이다. 무엇보다 이 글을 찬찬히 읽어보면 그는 근대 대도시가 인간의 내면적 정신생활, 지적, 감각적, 정서적 생활에 미치는 파급효과에 지대한 관심을 갖고 있었음을 감지할 수 있다.[665] 또한 대도시의 메트로폴리스에 새롭게 나타난 생활 방식이 불러온 신경질적
삶의 집중화 현상을 빈번하게 언급했다는 점 역시 이 같은 해석을 확인시켜준다.[666]

그런데 이 시론의 유명세로 인해 인문학적 시각에서 대도시 공간에 대한 분석이나 이론을 제시한 모든 도시 인문학자가 이 글을 기계적으로 인용함으로써 오히려 이 글을 몇 개의 테제를 담고 있는 닫힌 시스템으로 물신화시킬 위험성으로 치닫고 있다. 그 같은 물신화는 이 시론이 농축하는 열린 차원, 즉 해소되지 않은 긴장들로 지적 풍요로움을 간직하는 글의 생명력을 훼손할 소지가 있다. 짐멜의 다른 시론과 마찬가지로 이 글의 구조는 미완결적인 변증법적 형식을 제시하며, 그 텍스트의 구조에는 일찌감치 이율배반성이 노출돼 있고 결론부에 가서도 그것은 해소되지 않는다. 바로 그것이 짐멜의 시론을 해석학적으로 혹은 닫힌 실재로서 다뤄서는 안 되는 이유이다. 단지 짐멜이 채택한 시론의 형식은 그로 하여금 수많은 주제를 단 한 편의 논문에서 다루게 해줄 수 있을 뿐만 아니라, 시론 형식이 취하는 개방성 자체가 그의 작품의 다른 어떤 점과도 결합될 수 있도록 해준다. 따라서 그의 시론들, 특히 대도시에 대한 그의 시론은 벤야민이 다른 맥락에서 '힘들의

---

665 이 논문은 한국어로도 번역이 나와 있다. (게오르그 짐멜, 김덕영·윤미애 옮김, 『짐멜의 모더니티 읽기』, 새물결, 2005.) "대도시와 정신적 삶", pp.35-54.
독일어 원문은 다음과 같으며, 필자는 한국어 번역본과 더불어 프랑스어 번역본을 참조했다.
Die Großstädte und das Geistesleben.
이 논문은 총24권으로 이뤄진 짐멜의 전집에 실려 있다.
Simmel, G., *Gesamtausgabe.* in Simmel, G., Aufsätze und Abhandlungen 1901-1908.
Kramme, A., O Rammstedt, et al., *Francfort a. M.,* Suhrkamp, 1995, pp.116-131. (프랑스어 번역본) G. Simmel, "Les grandes villes et la vie de l'esprit", in *Philosophie de la modernité,* Paris, Payot, 1989, p.233-252.

666 짐멜의 이 시론에 대한 완결된 분석을 제공하는 다음 문헌을 참조할 것.
Frisby, D., *Cityscapes of Modernity,* Cambridge, Polity Press, 2001.

장'으로서 지칭한 것으로 고려할 수 있다. 실제로 대도시의 영향력은 임계점을 넘어선다. 그의 시론에서 다루는 도시의 공간 배치와 도시 풍경에 대한 기술은 전체 저술 속에서 길어올릴 주요 요소들이다.[667]

요컨대 짐멜은 근대적 대도시를 세밀하게 관찰하면서 그곳에서 인간 실존의 덧없이 흘러가고 일시적이며 파편화된 본질을 탐구하려고 애썼다. 아울러 그는 근본적으로 도시적 근대성이 개인의 내면적 감정생활에 미치는 파급 결과들을 탐구하는 데 집요한 관심을 가졌다. 현대 도시 사상사에서 불후의 에세이로 평가받는 이 글에서 짐멜은 도시를 상호작용의 망으로 제시하며 실처럼 짜인 사회적 관계의 복잡한 미로로 파악했으며, 그 미로 속에서 개인은 지속적으로 이미지, 기호, 볼거리, 사운드, 향기 등 메트로폴리스에 생산되는 다양한 경험의 폭격을 받으면서 서로 모르는 낯선 사람들과 부대끼며 살아간다.

그는 또한 도시 생활과 촌락 생활 사이의 차이가 되는 도시 생활에서 진행되는 감각적 사회적 경험의 속도, 다채로움, 질, 분량을 강조했다. 메트로폴리스의 거주자는 이제 '신경적 자극'에 맞서 스스로 보호해야 할 심리적 방어기제를 필요로 한다.

그 같은 생존 전략에 있어 도시 거주자는 감정의 교류가 아닌 순전한 지적 작업의 과정 속에 참여한다. 풀어 말해 도시 공간에서 그들은 타자와의 상호작용에서 가슴보다는 머리를 사용한다. 그 결과 도시는 거주자들로 하여금 타자와의 진정한 정서적 교류를 억압하도록 하면서 타자와의 상호작용에 형식적 논리적 기준들을 사용하도록 암묵적으로 강요한다.

이 같은 의미에서 짐멜의 통찰이 선사하는 메시지는 대도시 거주자 모두가 근대 도시 사회에서 이방인들이라는 것이다. 짐멜의 개념 규정에서 이방인은 하나의 사회적 유형화로서, 짐멜은 타자와 가까이 있으면서도 동떨

---

667 본 절의 주요 내용은 짐멜 연구의 권위자로 알려져 있는 프리스비 교수의 다음 연구물에 기초해 작성됐음을 밝혀둔다.

Frisby, D., "Simmel et le paysage urbain de la modernité", in Füzesséry, S. and Simay, P., *Le choc des métropoles,* Editions de l'éclat, 2008, pp.99-122.

어지게 존재하는 상호작용을 탐구하려는 수단으로 이방인의 형상을 사용한다. 늘 우리 의식의 모퉁이에 존재하는 이방인이라는 이미지로부터 짐멜은 명시적으로 이방인을 어떤 것들의 사이에 있는 인물로 요약한다. 오는 것과 가는 것 사이에, 알려진 것과 알려지지 않은 것 사이에, 소속하는 것과 초연하는 것, 친숙한 것과 몰개성적인 것 사이에 있는 이방인은 짐멜의 도시 공간 분석의 주요 양상 가운데 하나이다.

그것은 고정성과 이동성, 근접성과 원격성 등의 고진적 범주이다. 따라서 짐멜은 근대 도시 공간에서는 수많은 사람의 집중화와 밀집화로 새롭지만 잠재적으로 위험한 공간이 등장했고 바로 이곳에서 군중의 창발이 가능했다고 간주한다. 한곳에 결집된 군중은 충동적이며, 열광적이며, 동시에 조종될 수 있다. 이것은 익명성과 동시에 소속감의 양면성을 갖는 자유의 감각과 관련된다.

짐멜은 그가 설정한 탐구 과제 가운데 하나가 근대적 삶의 내재적 의미작용과 집단적 정신계에 미치는 문화적 파급 결과를 연구하는 데 있다고 천명한 바 있다.[668] '특별히 근대적인 삶'의 특징 가운데 하나는 근대의 대도시이며, 이것은 근대성의 집중화와 강화의 지점이며, 정확히 근대 경제가 근대성 경험의 확장 장소인 것과 매일반이다. 하지만 근대 대도시는 단지 근대성의 초점 또는 특권적 장소만은 아니다. 그것은 화폐경제의 거점으로서, 근대적 삶에 다양한 영향을 미치게 된다. 이 같은 의미에서 대도시는 근대성의 초점으로서 중요하다는 사실을 넘어서 화폐경제가 생성하는 근대성의 징후들과 더불어 이해돼야 한다. 대도시와 화폐경제는 양자 모두, 개인, 운송 수단, 상품, 화폐순환의 공간들이다.

짐멜에게 근대성의 특징을 표상하는 지표는 성숙한 화폐경제의 창조와 경험이었다. 이 점은 일상생활의 중요성에 대한 그의 분석적 시각에 뿌리를 두고 있다. 요컨대 그의 시각은 도시적 근대성의 공간과 상호작용 안에서 화폐경제의 경험을 통해서 표현되고 경험되고 규정되는 것에 뿌리를 둔다. 짐

---

668 짐멜의 근대성 탐구의 전반적 양상에 대해서는 다음의 한국어 문헌을 참조할 것.
김덕영, 『게오르그 짐멜의 모더니티 풍경 11가지』, 길, 2007.

멜이 초점을 두는 것은 생산계가 아니라, 순환, 교환, 소비의 세계이며, 메트로폴리스에 집중화된 소비자로서의 개인과 상품으로서의 개인이다. 그 이유는 화폐경제와 오브제 그리고 사람들의 사회적 세계의 물상화가 개인에게 가장 큰 충격과 영향을 주기 때문이다. 『돈의 철학』에서, 짐멜은 화폐의 매개를 통해 사회적 관계성이 증가되는 물상화를 체계적으로 자료화한다. 그는 그 같은 분석 작업을 통해 화폐 거래들에 의해 지배됨으로써 점차적으로 증가되는 객체적물체적 문화의 급부상으로 인해서 주체적 문화가 쇠락해 가는 과정을 보여준다.

『대도시와 정신의 삶』1903은 『돈의 철학』1900과 밀접하게 연결되어 있다. 특히 돈과 돈이 만들어내는 생활양식을 다룬 장과 밀접한 관계를 이루고 있다. 『유행』1905에서 개진한 시론과 더불어 이 텍스트들은 대도시와 그 효과에 대해 가장 완결적이면서 가장 명시적인 성찰을 제시한다. 이 두 권의 책은 하나의 진정한 이미지의 망을 배치하며 내재적인 도시 경험을 항목별로 상세하게 묘사하는 이미지들의 네크워크이다. 또 다른 관점에서 그것은 짐멜 사상의 기원과 운동을 설명하는 중심부를 형성한다.[669]

『대도시와 정신의 삶』의 내재적 조직화는 이중적 운동 속에서 분절한다. 또는 이중적 긴장, 초반부와 결론부 대 핵심부 사이의 대조가 불러오는 긴장이다. 핵심부에서 저자는 독자에게 세밀한 대도시 생활의 묘사를 제공하며 그것은 참여적인 기술이다. 왜냐하면 연구자는 자기 스스로 대도시의 삶 속에 몰입하기 때문이다. 그 결과 연구자는 이중화된다. 그 경험의 형식과 형상화를 보여주면서 그는 자기 관찰에 이른다. 또한 근대의 대도시는 이 같은 경험의 한복판에서 역사의 새로운 매체가 되며 과거의 전통적 소도시에 견주어 불연속적인 매체라 할 수 있다. 심지어 그 전면에서 개인에게 새로운 실천, 신념, 기능을 활성화한다.

특히 근대적 정신의 내면적 의미를 살펴볼 필요가 있다. 대도시의 정신성을 다룬 이 시론은 정확하게 도시 근대성의 몇몇 양상을 고찰하는데, 짐멜

---

669 짐멜론에 대한 다음 문헌 참조.
Rafele, A., *La métropole: Benjamin et Simmel,* Paris, CNRS Éditions, 2010, pp.21-57.

의 다른 저술에서도 근대성에 대한 성찰을 찾아볼 수 있다는 점에서 근대성의 풍경은 그에게 가장 본질적인 화두였다고 말할 수 있다. 짐멜은 이 시론보다 10년 앞서 쓴 예술에 대한 시론에서 두 개의 경향 사이에 존재하는 정신생활의 기묘한 갈등을 파악한 바 있다. 먼저 그는 사람에게 집중적인 인상을 감당할 수 있는 능력이 현저히 감소되고 있다는 사실을 목격한다. 아울러 이 같은 대립된 경향은 격렬한 흥분의 욕구와 필요에 의해 특징지어진다. 근대적 삶을 성격 짓는 이 두 가지 갈등적이고 미학적인 경향은 대도시 속에서 개인에게 심대한 영향을 미치며, 단지 미학적 차원에 그치지 않는다. 신체적 차원에서 극도로 신경적인 초흥분 상태는 초심미적 감성을 유발하며, 동시에 감각의 무화를 유발한다. 근대의 도시 공간에서 발생하는 온갖 종류의 감각적 인상의 충격과 영향으로 인해 건강한 감각에 해를 입히는 것과, 정신건강을 해치는 감수성의 축소라 할 수 있는 무감각화는 그 궤를 같이한다. 감각적으로 둔화된 인간의 태도를 창조하는 이 같은 갈등적 성향은 짐멜이 근대적 도시 풍경의 핵심 형상 가운데 하나로 묘사한 무감각해진 인간의 모습이다.

짐멜에 따르면 근대성이란 세계를 우리의 내적인 반응에 따라 체험하고 해석하는 것에 다름없다. 엄밀하게 말해 물리적 세계를 하나의 내면적 세계로서 해석하는 것이며, 고체의 내용물을 정신계의 액체 요소 속에 용해시키는 것을 말한다. 여기에서 근대성은 내적 세계의 플럭스로서 파악되고 체험된다. 그 내면적 세계의 실체적 내용은 지속적으로 운동에 의해 용해된다. 이 같은 개념화는 벤야민의 근대성 개념을 떠올리게 하거니와 그것은 곧 구체적인 역사적 경험Erfarung이 체험된 내면적 경험으로 이동하는 것을 말한다. 이 같은 개념화에서 암묵적인 사실은 경험의 용해 과정이 경험의 파편화를 유발한다는 것이다.

신경질적 삶의 철저한 집중화는 초심미화와 무감각 사이에 존재하는 갈등과 주저 속에서 자신의 형식 하나를 취하게 된다. 짐멜이 결정적인 방식으로 대도시와 결부시킨 무감각해진 인간은 그가 마주치는 사물에 대해 결합과 분리 사이에서 신속한 주저의 경험을 만들어낸다. 근대성의 주요 특질은 실체가 기능으로 용해되는 것이며, 영속성이 플럭스로 변형되며, 실체가 세계에 대한 경험의 단순한 심리적 현실로 변형되는 것으로 요약된다. 다시 말하면 플럭스 속에 사로잡혀 있는 내면세계로서의 경험을 말한다. 이 모든 것들이 대도시 속에서 그리고 화폐경제 속에서 파악될 수 있다.

이제 짐멜이 말하는 대도시의 삶에 대해 살펴볼 차례가 됐다. 대도시는 객관적 문화, 외적인 힘의 집합체로서 파악되는 문화와, 그것의 장 속에서 순환하는 개체 사이에서 지속적으로 확대되는 균열에 의해 특징지어진다. 이에 덧붙여 짐멜은 이 같은 객관적 문화가 남성 지배에 종속된다는 점을 강조하고 과연 여성 문화도 가능한지의 여부도 자문한다. 대도시는 개인, 교통수단, 화폐적 도구, 이미지의 순환 장소이며 아울러 이 같은 고립된 레지스터들 속에서 상호작용의 가속화가 이뤄지는 장소이다. 대도시는 이 같은 다양한 요소 사이의 긴장과 갈등의 장소이다. 오브제를 중시하는 도시 인의 물체 중심의 문화가 증가하는 것, 주체적 문화에 대한 객체적 문화의 우세, 감정에 대한 지성의 지배, 계산 가능하며, 예측 가능한 사회적 경제적 관계들의 관리가 제고되는 것, 우발성과 임의성이 지배하던 영역을 축소하는 것 등을 말한다. 예컨대 화폐경제와 이성 지배의 관계에 대해 다음과 같이 진술한다. "예로부터 대도시는 화폐경제의 본거지였다. (…) 화폐경제와 이성의 지배는 아주 깊이 연관돼 있다. 양자는 사람과 물건을 취급할 때 순수한 객관성이라는 공통점을 지닌다."[670]

내부적 소속과 외부적 존재 사이에 존재하는 변증법은 대도시에서 이방인과 국제인의 위상 속에서 발현된다. 대도시에서의 정신적 삶, 내면적 삶에 대한 그의 수많은 분석의 출발점은 실존의 차원에서 보면 사소한 것들에 의해 성립된다. 왜냐하면 실존의 표면에 위치하는 모든 점은, 그것이 실존으로부터 전개된다는 점에서, 영혼의 깊이에 음파를 보낼 수 있기 때문이다. 즉 가장 진부한 외적인 발현은 궁극적으로 삶의 의미와 스타일에 대한 궁극적인 결정으로 유도되는 선들이다.

겉으로 보면 사소하거나 무의미한 현상으로부터 출발하는 대도시에서

670 게오르그 짐멜, 김덕영·윤미애 옮김, 「대도시와 정신적 삶」, 『짐멜의 모더니티 읽기』, 새물결, 2005, p.37.

의 내면적 삶에 대한 그의 탐구는 다른 사회과학 전문가들의 접근법과는 매우 상이하다. 짐멜의 분석은 내면적 삶과 외면적 삶에서 모두 신경질적 자극의 강화에 집중했다는 점에서 다른 방향을 취한다. 짐멜이 근대 대도시의 발달과 더불어 결부시키는 신경질적 삶의 지속적 집중화는 연속적이면서도 동시에 영속적인 가속화 상태에 놓여 있다. "대도시에 사는 개인에게 전형적인 심리적 기반은 신경과민인데, 이는 외적 내적 자극이 급속도로 그리고 끊임없이 바뀌는 데에서 기인한다."[671] 우리의 감각을 종속하는 외부 자극의 폭격은 나중에 가서 감각 사회학으로 발전되지만, 감각은 이 같은 침공으로부터 우리를 방어하도록 제약한다. 도시의 삶이 우리에게 노출하는 다양한 자극은 시골의 지속적이면서 친숙한 인상과 대조를 이룬다. 시골과 달리 도시인은 변화하는 이미지의 신속한 축적에 직면한다. 신속한 불연속성, 도시인을 습격하는 인상의 예기치 못한 그 무엇, 이미지의 축적은 특히 대도시 대도로의 여러 곳에서 발현된다.

"인간은 차이를 본질로 하는 존재이다. 즉 그의 의식은 그때그때의 인상과 선행하는 인상의 차이에 의해 촉발된다. 우리의 의식은 인상이 고정된 경우, 혹은 그 차이가 경미하거나 대립적인 경우이더라도 이미지가 교체되면서 밀려오거나, 하나의 이미지 안에서 포착되는 내용의 변화가 급격하거나 밀려드는 인상이 전혀 예기치 못한 경우에는 더 큰 부담을 갖는다. 이러한 심리적 조건은 대도시의 거리를 걸을 때나 빠르고 다양한 경제적, 직업적, 사회적 삶을 경험할 때 발생한다."[672]

좁은 공간 속에 집중화된 이미지의 증식은 도심 거리의 건축, 보도, 교통, 운송 등의 모든 순환 형식과 더불어 구성된다. 일반적으로 우리는 대도시에서 힐끗 사람들을 쳐다볼 수 있을 뿐이다. 대부분 사람은 익명으로 다른 사람과 거래한다. 몰려드는 인상 속에서 예기치 못한 것의 충격은 대도시와 시골에서의 존재를 구별한다. 그것의 중요성은 대도시에서 사람들이 매 발

---

671 위의 책, p.36.

672 같은 책, p.36.

자국마다 우발적 사건과 마주친다는 것이다. 다양한 미디어에 의해 발송되는 다중적 이미지는 도시 공간의 카오스적 이미지를 암시한다. 사람들은 서둘러 움직이며 서로 마주치고, 서로가 속도를 내며, 순환의 다양한 형식은 도시인을 지배한다. 달리 말해, 도시 공간에서 작동되는 것은 개인적인 시간 논리이다. 이 개인적 시간 논리는 도시 거리의 실타래 속에서, 사건이 진행되는 공간 속에서 교착된다. 짐멜은 공공장소에서 회중시계로 시사되는 시간 제어를 다음과 같이 기술한다.

"대도시에서의 삶의 기술은 모든 활동과의 관계를 확고히 하고, 초주관적인 시간의 도식을 아주 정확히 따르지 않고서는 도저히 성립될 수 없다."[673] 이처럼 개인의 상이한 시간 사용과 순환 체계에 의해 유도되는 상호작용의 속도는 공간적 채널들과 도시의 공간 배치에 직면한다. 이 같은 상호작용 네트워크의 복잡성이 가능한 것은 오직 약속의 실현을 보장하는 정확성 덕분이다.

짐멜의 대도시 분석에서 정신적 삶의 감각적 토대는 일시적이며, 덧없는 다중적 시각의 역동적 불연속성에 대한 반응에 의해 지배된다. 그에 따르면 이 같은 반응들은 사람의 의식을 시골보다 더 강렬한 요청에 종속시킨다. 시골에서는 정신적 인상의 변화가 덜 심하다. 이와 대조적으로 대도시에서는 거리를 건널 때마다 경제적, 직업적, 사회적 생활의 다양한 템포와 더불어 더욱 고차원의 심리적 반응 능력이 요구된다. 이런 반응 유형은 시골 환경에서처럼 지속적인 적응의 규칙적 리듬으로 특징지어지는 게 아니라 일정한 거리, 무관심, 신속한 계산적 반응에 의해 특징지어진다. 이 모든 것은 대도시에서 삶의 리듬의 가속화, 감각적 정신적 이미지물의 가속화의 맥락 속에서 생산된다. "따라서 정신적 삶의 감각적 기반, 다시 말해 차이에 입각한 우리 존재의 속성 때문에 우리에게 요구되는 의식의 총량을 비교해 보면 대도시는 소도시나 시골의 삶과 커다란 차이를 보인다. 후자에서는 감각적

673 같은 책, p.40.

정신적 생활의 리듬이 더 느리면서 더 익숙하고 더 평탄하게 흘러간다."[674]

모든 경우에 있어, 일체의 상호작용의 층들은 대도시에서 지적 보호 장치, 계산적 정확성, 추상화, 거리에 의해 특징지어진다. 특히 모든 것의 계산 가능성을 다음과 같이 서술한다.

"현대적 정신은 점점 더 계산적인 정신이 되어왔다. 실제 삶의 계산적 정확성은 화폐경제가 이룩한 것으로, 이는 세계를 계산 문제로 환원하고 세계의 모든 부분을 수학 공식으로 표현하려는 자연과학의 이상에 부합된다. (…) 화폐경제는 우선 수많은 사람들이 하루하루를 저울질하고, 계산하고, 숫자로 규정하고, 질적 가치를 양적 가치로 환원하는 일로 소진하게끔 만들어버렸다. 화폐가 지닌 계산적 본질을 통해 삶의 요소들 간의 관계에서 동일한 것과 동일하지 않은 것을 규정하는 정확성과 확실성, 약속과 명확성이 지배하게 됐다."[675]

이 같은 전략들은 도시적 삶을 특징짓는 새로움과 더불어 항상적 대결을 하는 경험/충격과 맞서는 목적을 지닌다. 특히 『돈의 철학』에서 그는 전기가 바꿔놓은 대도시의 삶을 기술한다.[676] 20세기 초반의 베를린을 전기 도시eletropolis로 간주하고 전기, 충격, 도시적 자아에 대한 담론에서 신경 세포의 성좌라는 핵심적 특징을 확인한다.[677]

물론 벤야민이 지적한 것처럼, 도시 군중의 경험을 이루는 전기의 경험은 보들레르가 경험했던 감각 가운데 하나이다. 짐멜은 충격과 순간적 감각이라는 근대 도시의 새로운 경험에 대해 보다 파상적이고 심오한 파급 결과를 도출한다. 짐멜은 둔감함에 대해 다음과 같이 기술하고, 이어서 신경의 혹사로 인해 반응 능력이 상실되어가는 과정을 지적한다.

"아마 둔감함처럼 절대적으로 대도시에 해당되는 정신적 현상은 없을

---

674 같은 책, p.36.

675 같은 책, p.39.

676 Simmel, G., *Philosophie de l'argent,* Paris, PUF, 1999, p.317.

677 Killen, A., *Berlin Electropolis,* Berkeley, University of California Press, 2006, p.47.

것이다. 우선 둔감함은 대도시의 지성주의를 고양시킨다고 생각되는 신경 자극이 급속도로 변화하면서 대립적 형태로 밀려들기 때문에 생긴다. 즉 신경은 마지막 남은 힘을 다 써버리는 바람에 환경이 바뀌지 않는 한 더는 새로운 힘을 축적할 시간이 없을 정도로 이리저리 혹사당한다. 이렇게 되면 새로운 자극에 대해 거기에 합당한 에너지를 가지고 반응하는 능력이 없어지게 되는데 (…) 도시의 둔감함의 이와 같은 생리학적 원천에는 화폐경제에서 유래하는 다른 원천이 합세한다. 둔감함의 본질은 사물의 차이에 대한 마비 증세이다."[678] 돈은 궁극적으로 그 같은 둔감함의 원인으로 지목된다.

"돈은 사물의 모든 다양성을 균등한 척도로 재고, 모든 질적 차이를 양적 차이로 표현하며, 무미건조하고 무관심한 태도로 모든 가치의 공통분모임을 자처함으로써 아주 가공할 만한 평준화 기계가 된다. 돈은 이로써 사물의 핵심인 고유성, 특별한 가치, 비교 불가능성을 가차 없이 없애버린다."[679]

지적 능력과 계산 가능성이 근대 도시의 개인의 지배적 특징으로 나타나고 극도의 몰개성성을 불러온다면, 새로운 감각의 끝없는 추구는 정반대로 개성화된 주체성을 창조한다.

짐멜에 따르면 이것은 심지어 대도시의 아이들을 특징짓는 태도이다. 무감각해진 태도의 두 가지 근원은 자극 속에서의 지속적인 변화이며, 화폐경제에서 탄생한 무차이화이다. 첫 번째 경우에, 신경 세포를 폭격하는 신속하면서도 모순적인 자극들의 폭격에 종속된 후 요구되는 에너지와 더불어 새로운 감각에 반응할 수 없는 무능함이 존재한다. 두 번째 경우 오브제들은 무감해진 인간의 눈에는 획일적으로 빛바랜 회색으로 나타난다. 이것은 돈의 색깔의 부재와 무차이화를 반영한다. "이는 화폐 원칙에 현상의 개별성이 자리 잡지 못하는 것과 같다. 왜냐하면 모든 현상들에 공통적인 것, 즉 모든 성질과 특성을 단지 수량적인 문제로 평준화시키는 교환가치만을 문제

678 짐멜, 앞의 책, p.41.

679 같은 책, p.42.

삼기 때문이다."[680]

짐멜이 소묘한 모험가라는 형상은 계산적 인간 형상의 반대급부로 존재한다. 대도시에서 모험가의 형상에 주의를 기울여야 하는 또 다른 이유가 있다. 무엇보다 짐멜을 사회학자 만보객으로 이해할 수 있기 때문이다. 그의 시론에서 도시 공간과 도시 풍경에 대한 그의 성찰은 일상의 사회적 상호작용에 대한 것들로서, 짐멜이 다양한 상호작용과 사회화의 형식을 도시 공간에 통합시키고 있음을 시사한다.

대도시는 계산 가능성과 동시에 우발성의 장소이다. 계산의 세계, 무차이의 세계, 추상화의 세계는 우연, 우발적인 것, 계산에서 벗어나는 것과 대립한다. 짐멜은 모험에 대해 다음과 같은 정의를 내리고 있다. "우리가 모험이라고 부르는 것은 삶의 고리들이 서로 맞물려 있다는 생각, 또는 삶의 모든 역행, 굴곡, 결절이 있음에도 결국에는 삶을 연속적으로 이어주는 끈이 형성된다는 생각과는 상반된다."[681] 특히 짐멜은 모험의 우연성을 다음과 같이 예리하게 지적한다. "우연은 의미가 인도하는 통일적 삶의 모든 측면 저편에 위치하는데, 모험가는 도박꾼과 마찬가지로, 우연을 어떻게 해서든지 이 의미 안에 끌어들이려고 한다. 삶의 중심 궤도를 이탈한 모험에는 하나의 중심적인 삶의 감정이 관통하는데, 모험가는 바로 그러한 감정을 구축하게 된다."[682] 모험의 미학적 차원, 다른 세계로 향하는 탈주는 세계를 해석하는 구체적 방식과 일치한다. 그것은 계산과 동떨어진 방식이며, 특이성과 우발성에 가치를 부여하는 미학적 방식으로서 피상적인 것과 일시적이며 과도기적인 것 속에 사물의 본질이 숨어 있다는 생각에 기초한다.

이 같은 전제 조건은 우발적인 것, 불확실한 것, 피상적인 것을 축출하려는 계산 가능성이 지배하는 세계의 전제들과 대립된다. 비록 찰나의 짧은 순간일지라도 모험의 미학은 일상성의 세계와 분간된다.

---

680 같은 책, pp.37-38.

681 게오르그 짐멜, 김덕영·윤미애 옮김, 「모험」, 『짐멜의 모더니티 읽기』, 새물결, 2005, p.204.

682 위의 책, p.209.

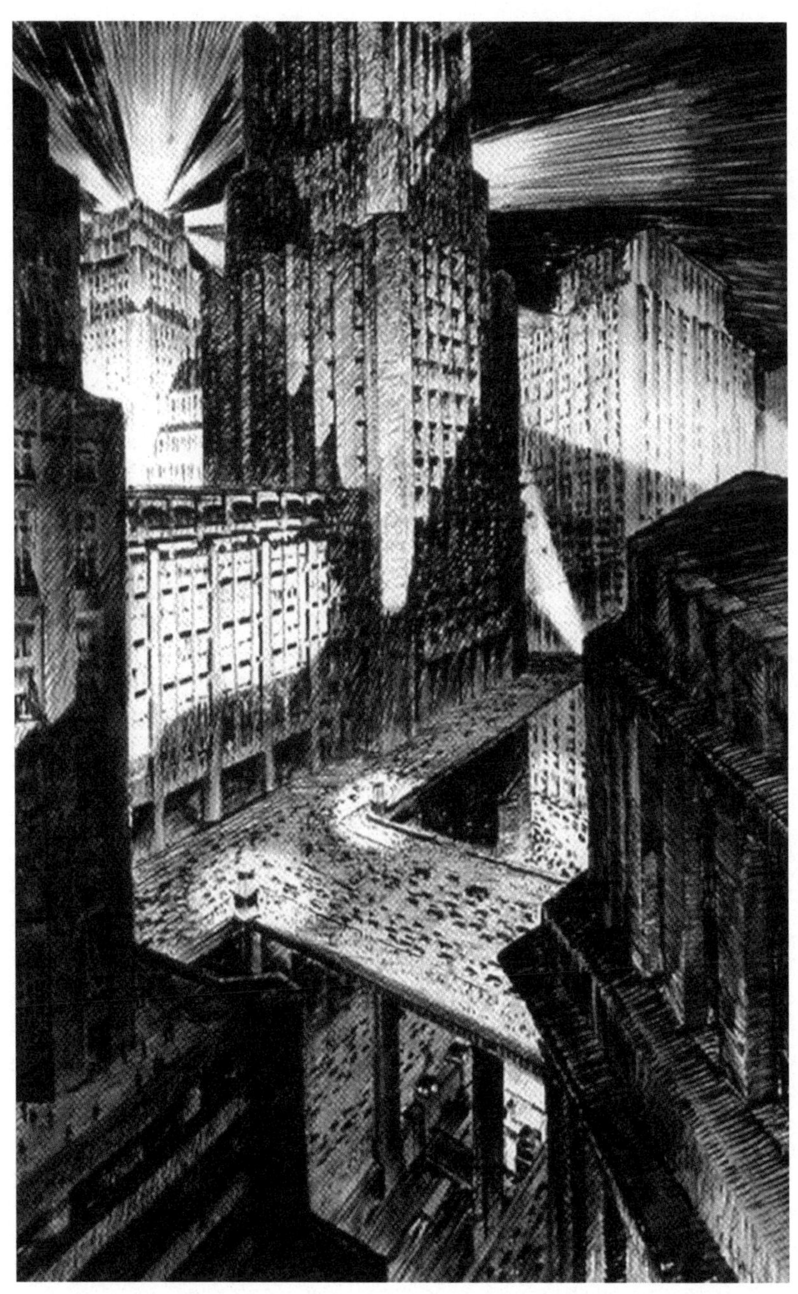

13 프리츠 랑, <메트로폴리스>(1926)

공간 사회 이론에 대한 짐멜의 공헌은 근대성 분석의 근본적 특질이라 할 수 있다. 그 같은 기여는 근대성의 도시와, 인간 상호작용의 파급효과에 대한 이해에서 중요하다. 그의 시론 '공간의 사회학'은 공간의 사회 이론에 대한 초기 업적이며, 상호적 상호작용으로서 사회를 개념화하는 것과 일치해 공간의 다섯 가지 양상을 제시한다. 배타성, 경계선, 고정성, 이동성, 근접성과 거리가 그것이다. 그의 공간 이론은 사회적 형식들을 위한 공간의 유의미성에 대한 탐구이다. 이것은 공간이 특정 형태를 취하고, 사회적 상호작용의 형태에 의해 모양새를 취하는 것에 통찰을 제공한다. 사회적 형식은 정서에 영향을 미치며, 정서에 의해 영향을 받는다. 따라서 사회적 구성과 환경 사이에는 역동적인 상징적 관계가 존재한다. 그 같은 역동적 관계는 전체로서의 도시 또는 거리, 동네, 건물 등 소비 공간과 여과 공간의 특정 장소와 공간의 구조적 공간적 조직화뿐만 아니라, 주체적 경험에 대해 지리적 결정성을 갖는다.[683] 이 점에서 짐멜은 도시 기호학과 친화력이 높다.

세르토의 도시 공간 실천:
도시 공간의 쓰기와 읽기

1. 『일상의 발명』의 인식론적 토대

세르토는 도시 공간 실천의 인문적 잠재력에 대해 창조적 성찰을 남겼다는 점에서 서구 도시 인문학의 산맥에서 중요한 봉우리를 차지한다고 말할 수 있다. 비록 세르토가 도시 공간에 대해 형식적 체계적 이론을 수립한 것은 아니나, 그가 프랑스의 일상성 연구의 지적 계보를 이어나가며 도시 경험의 문제를 중요한 주제로 부각시켰다는 데 이견을 달기 어렵다.[684] 프랑스 역사

---

683 cf. Zieleniec, A., *Space and Social Theory,* London, Sage, 2007.

684 프랑스 지성사에서 이뤄진 일상성 연구에 대해서는 다음 저서 참조할 것. Sheringham, M., *Everyday Life: Theories and Practices from Surrealism to the Present,*

학계의 문화사 분야에서 한 획을 그은 세르토의 저술 범위는 무척 방대하다는 점에서 간략하게 정리하는 것은 무리일 것이다. 그럼에도 최소한 그의 독특한 글쓰기 스타일을 상기하고, 그의 저술이 비약하게 된 역사적 정치적 국면에 대한 기본적 이해는 마련돼야 할 것이다.[685]

그의 저술이 이뤄진 시대의 정치적 지적 맥락은 두 가지로 요약된다. 먼저 세르토는 1960년대와 1970년대를 풍미했던 구조주의 모험과 떼놓을 수 없으며 또 다른 한편으론 그가 68혁명이라는 정치적 소용돌이의 시대를 경험했다는 사실을 빼놓을 수 없을 것이다. 그의 저술 가운데 하나는 68혁명을 다룬 『발언함La prise de parole』인데 이 저서에서 정치적 종교적 제도들은 정치적 권위와 가톨릭의 영적인 차원과 결부되고 있다. 이 같은 제도들은 내부와 동시에 외부로부터 요동을 친다. 당시 비판적 지식인들은 구조주의 패러다임이 노정하는 정태성과 비역사성의 한계를 지적하고, 시간의 차원을 희생시키면서 공간과 구조 차원에 과도한 가치를 부여한 것을 문제 삼았던 반면, 이들 비판자들에게 진행 중인 역사는 일정한 단절을 보여주고 패러다임의 변화를 만들어내는 사건의 방식에서 체감됐다. 하지만 세르토는 구조와 사건을 대립시키지 않았으며, 공시태와 통시태를 대립된 개념으로 간주하지도 않았다. 이와는 정반대로 그의 저술은 독창적 방식으로 레비스트로스와 푸코가 설정한 인식론과 거리를 두면서 내부로부터 하나의 구조, 하나의 '토포스', 하나의 담론의 질서가 어떻게 변신하는가를 파악하려 했다. 그는 다양한 분야들의 문화사를 주제로 다뤘던 해박한 연구와 독특한 글쓰기를 실천하면서, 하나의 질서로부터 다른 질서로 순탄하게 옮겨간다는 가설을 시종일관 받아들이지 않았다.

도시 인문학과 관련해 면밀하게 읽어야 할 저서는 세르토의 주저인 『일상의 발명』이다.[686] 『일상의 발명』은 대중문화를 다루고 있지 않으며 소

Oxford University Press, 2006. (세르토와 관련된 부분은 제6장 참조)

685 세르토의 지성사 전반에 대한 연구는 다음 문헌 참조할 것.
Dosse, F., *Michel de Certeau: le marcheur blessé,* Paris, La Découverte, 2002.

686 모두 2권으로 이뤄져 있으며 제1권이 세르토가 직접 저술한 것이며,

비자 행동에 대한 특별한 내용을 담고 있지도 않다.[687] 세르토가 이 책을 쓴 목적은 일상 실천의 기저에 깔린 공통의 논리를 발견하는 데 있었으며 그 같은 공통적 논리는 사람들이 일상생활에서 행동하는 방식에 해당된다. 그의 주된 관심은 소비자 또는 사용자와 관련된 양상들로서, 소비가 발생하는 주요 지점들, 즉 재화, 서비스, 도시 공간 환경 등을 생산하는 기술 중심의 관료주의적 시스템을 비롯한 여러 다른 사회 시스템 앞에서 그들이 보여주는 수동성에 우선 주목했다. 하지만 세르토는 여기에서 그치지 않고 소비자를 사회 시스템에 순종적이면서 지배 이데올로기에 의해 조종되는 주체로 기술했던 기존의 소비자 분석 시각을 문제 삼았다. 그의 가설은 소비나 사용은 사실상 능동적이며 생산적이라는 것이다. 소비자가 모종의 보이지 않는 권력의 조종에 종속될 소지가 있다면, 그 이유는 소비자는 이미지와 그 재현에 늘 노출되고 아울러 그들이 수용하는 물질적 차원을 누군가가 조종하기 때문이다. 따라서 소비자가 향유하는 이미지와 더불어 그들이 무엇을 행동에 옮기는지, 그리고 그들이 제작하는 것이 무엇인지 물어보는 것은 의미가 있다. 본래의 이미지와 그것의 사용 과정 속에 감추어진 이차적 생산 사이에는 의미론적 간극이 발생하기 때문이다. 이 같은 모델은 바로 당시 구조 언어학의 주요 개념 가운데 하나인 발화 작용énonciation에서 차용한 생각이다. 언어적 수행performance에서 언어 사용자는 사회적 공통의 시스템, 즉 '랑그'를 전유하거나 나름대로 재전유함으로써 다양한 발화체énocés를 생산한다. 발화체와 마찬가지로 소비자의 생산은 덧없는 것이며, 사라지는 것이고 구체적인 현재의 맥락과 결부될 뿐이다. 실제로 그는 그레마스가 결성한 기호학 연구회와 성서 기호학 소모임에 참여하면서 텍스트와의 직접적 관계를 수립하고 엄격한 역사주의에서 벗어나서 기호학자들과 친분을

제2권은 그의 연구팀의 공동 저서이다.

1. Certeau, M., *L'Invention du quotidien, I, Arts de faire, aris,* Gallimard Folio, 1990,

2. Giard, L. and Mayol, P., *L'Invention du quotidien, II, Habiter, cuisiner,* Paris, Gallimard Folio, 1990.

687 이 책의 기획이 담고 있는 지성사적 의미에 대해서는 다음 저서 참조.
Ahearne, J., *Michel de Certeau: Interpretation and its Other,* Cambridge, Polity Press, 1995.

쌓았다.[688]

바로 이 지점에서 세르토는 당시까지 별다른 주목을 받지 못했던 이런 종류의 미묘한 생산방식이 합리적, 지배적, 가시적 생산과는 현저하게 차이가 난다는 점을 주목했다. 요컨대 소비자가 즉흥적으로 발명해 수행하는 이 같은 사용의 작동 속에 비밀스럽게 존재하는 비가시적 생산은 "자신의 술책, 비밀성, 밀렵"을 갖는다.[689]

세르토는 『일상의 발명』의 서문에서 일상은 밀렵하는 수천 가지 방식과 더불어 발명된다고 밝히고 있는데 이때 일상 실천의 주체는 전문가가 아니라, 전술, 육감, 미학적 판단 등의 나름대로 주도면밀한 능력을 가진 일반적인 사람이다. 이 저술이 담고 있는 핵심적 기획은 바로 이 같은 다양한 소비 주체가 증언하는 '실천의 형식성', 즉 '행동의 논리'를 수립하는 데 있다. 그는 '걷기' '읽기' '하기' '말하기' 등의 상이한 행동 방식의 공통적 속성은 무엇을 의미하는가라는 근본적인 물음을 던진다. 시작 단계에서 볼 땐 이 같은 행동은 거리와 서비스의 레이아웃, 책의 장 또는 단락의 순서, 제품 공장의 경제적 목표에 의해 조절되는 하나의 사회적 장 속에서 발생한다. 하지만 그런 다양한 실천, 즉 행동 방식manières de faire의 본질적 핵심은 상이한 규칙에 따라 놀이를 하는 것처럼 초석으로 깔린 사회적 규칙을 나름대로 전유하면서 자기 것으로 창조해 나가는 데 있다. 그 결과 그는 이 같은 창조적 실천의 두 번째 수준을 도입한다.

이 같은 실천과 작동의 두 번째 특질은 그것이 이질적 다중성, 은유적 교환 가능성을 전시한다는 것이다. 세르토는 여기에서 또 다시 일상의 행동 방식이 노정하는 다원성을 강조한다. 아울러 그는 간극과 적소를 발굴하면서 체계의 관리에서 벗어나려는 일상적 실천의 능동적 힘을 부각시킨다. 여기에서 그의 은유적 전술을 발견할 수 있다. 이를테면 발화 작용 패러다임에 뿌리를 두면서 세르토가 세밀하게 초점을 두는 일상적 활동들 각각은 은

---

688 Dosse, F., *Michel de Certeau,* Paris, Editions la Decouverte, 2002, pp.296-316. (La traversée sémiologique)

689 Certeau, M., *L'Invention du quotidien,* Paris, Gallimard Folio, 1990, p.52.

유적으로 다른 활동들과 연관성을 갖는 것으로 간주될 수 있다. 예컨대 걷기는 공간적 환경을 읽는 방식이며 읽기는 여행하는 방식이고 말하기는 걷기에서처럼 공간들을 연계시키는 '이야기하기'를 포함한다. 이 같은 은유적 연계는 단순한 우연으로 치부되어서는 안 될 것이다. 사실 일상 실천을 표상하는 이 같은 활동을 만들어내는 것은 다름 아닌 이 같은 은유성이기 때문이다. 그 같은 활동은 은유와 마찬가지로 기존에 설정된 경계선과 위계를 가로지르는 작동이다. 일상이 발명적 자원을 가진 이유는 바로 그 같은 실천이 은유의 창조적 잠재력과 이동성을 취하고 있기 때문이다.

실천의 다중성과 더불어 일상 활동의 형식성에 존재하는 세 번째 특질은 각각의 실천이 단일적이고, 중심적이며, 전략적이고, 보편적이며, 무시간적이며 공간적인 하나의 질서에 대립해 존재한다는 사실이다. 걷기의 경우 이 같은 질서는 계획된 도시라는 개념에 의해 발현된다. 말하기의 장에서 발명적 실천이 대립하는 질서는 문자적 경제, 즉 글쓰기를 하나의 이미 지시된 제도로서 간주하는 것이라 할 수 있다. 문자의 경제는 외부성과 분리의 행위에 기초해 이뤄진다.

도시의 사용자들은 일상 속에서 다양한 방식으로 은유적 도시를 창조한다. 세르토에게 그것은 두 가지 구별된 상보적 방식으로 도래한다. 첫 번째 것은 발화 작용의 패러다임과 관련된다. '길을 잃어버린 발걸음pas perdus'이라는 프랑스어 표현은 걷는 사람의 무작위성과 계산 불가능성의 발걸음을 표상한다. 그 발자국을 하나의 발화 또는 합창으로 만드는 것은 이동성 자체라는 사실이다. 여기에서 세르토는 걷기의 신체성을 특권시한다. 즉 그는 걷기 행위를 촉각적 전유와 운동학적 전유 스타일의 핵심으로 보고 있다.[690] 신체의 자유분방한 움직임을 통해 미리 설정된 여행 경로와 이정표를 뒤섞어놓으면서 도시 공간은 창조적으로 전유된다. 도시 인문학 연구자 김동윤 교수 역시 유사한 지적을 한 바 있다. "걷기는 바로 우리가 도시와 거리를 몸으로 전유하는 가장 확실한 방법이다. 우리는 신체적 접촉으로부터 도시의

---

690 위의 책, p.147.

땅을 경험하게 되고 몸속에 각인되며 인간의 걷기는 도시의 공간에 흔적을 남긴다."[691]

스타일의 문제가 세르토에게 의미심장한 것은 문자로 기록된 역사에서는 부재하는 것을 다시 되살려 오늘날 사람들에게 들려주고 지나간 사람들의 발자국을 추적하기 위해 발화작용 방식에 가치를 부여했다는 점이다. 이 같은 그의 독창적 글쓰기는 역사학 담론의 인식론과, 발화작용 차원의 실천 분석을 관통하는 주제와 불가분의 관계에 놓인다.[692]

2. 행동 기술과 실천적 장소로서의 도시 공간

세르토가 수립한 도시 연구에서 두 개의 핵심어는 장소와 공간이라 할 수 있다. 사실, 이 두 개의 개념어는 지리학자, 사회학자, 인류학자 등의 다양한 전공 분야와 학자들에 따라서 완전히 상반된 정의를 제시하고 있다는 점에서 혼란을 유발할 수 있는 단어이기 때문에 세심한 이해가 필요하다.

세르토의 공간 이론에서 장소는 제도적 질서, 즉 '토포스topos'와 한계를 설정하는 질서이다. 이 같은 질서는 언어, 담론, 권력, 계획된 도시 정책일 수도 있다. 또한 그의 이론의 전제 조건에 따르면 공간은 이질적 실천들을 담아내는 그릇이며 그런 이질적 실천들은 최소한의 질서에 기초함으로써

---

691 김동윤, 「도시 시학과 호모파블라토르: 융합적 복합성과 인문적 상상력」, 『비평』통권 15호, 2007, p.318.

692 세르토 저술의 계보학과, 핵심 주제에 대한 논의는 다음 문헌 참조.
Delacroix, C. and Boureau, A., *Michel de Certeau. Les chemins de l'histoire,* Editions Complexe, 2002.
그의 공간 사상과 도시 인문학적 함의에 대해서는 다음 논문과 저서 참조.
Mongin, O., "Michel de Certeau, à la limite entre dehors et dedans", in Paquot, T. and Younès, C., *Le territoire des philosophes,* La Découverte, 2009, pp.91-115.
현대 프랑스 도시 문화와 계획의 관점에서 세르토 사상의 역할에 대한 논의는 다음 참조.
Yaari, M., *Rethinking the French City. Architecture, Dwelling and Display after 1968,* Amsterdam -New York, Editions Radopi, 2008.

실현될 수 있다.[693]

특정 장소와 특정 공간 사이에 존재하는 관계를 이해하는 것은 고유한 이론의 질서와 실천을 분절시키는 것을 말한다. 이 점에 대해 세르토는 다음과 같이 진술하고 있다. "그 출발점에 있어서, 공간과 장소 사이에서 나는 하나의 장場, champs의 한계 설정을 구별하기를 제기한다. 그것이 무엇이건 제요소가 공존의 관계 속에서 분배되도록 하는 질서는 하나의 장소이다. 거기에서는 두 개의 사물이 동시에 동일한 장소에 놓일 가능성은 배제된다. 그곳은 '고유성'의 법칙이 지배한다. 간주된 요소들은 서로 다른 것들 곁에 놓이며 각각은 고유한 곳에 위치한다. 하나의 장소는 따라서 위치들의 순간적인 형상화이다. 그것은 안정성의 지시를 함의한다."[694]

만약 하나의 장소가 질서, 안정성, 일의성, 장치, 국면이 정해진 임계점들을 지시한다면, 공간은 비고유한 것, 불안정적인 것, 이야기를 만들어내는 텍스트로부터 벗어난 것을 지시한다. 세르토의 이론에서 장소는 정체성, 고유성의 장소, 즉 고유한 것의 레지스터, 각자 자신의 자리에 있는 것의 레지스터를 말한다. 플럭스가 운동, 유동성과 동의어라면 이론적 질서는 유토피아를 지향하고 이와 더불어 어느 정도 완벽하게 현실에서 실현된 완결적 질서라는 관념을 지시한다. 이 같은 질서는 다름 아닌 토포스이다. 풀어 말해 토포스는 자신의 임계점을 제도적으로 부과하고 자신의 위치를 확정시키는 장소를 말하며 지도와 지형학은 토포스의 고전적 표상이다. 이와 대조적으로 공간은 미리 정해진 지형의 한계선을 동요시키는 실천을 자신의 운동 속에 갖다 놓는다. 왜냐하면 공간에 내포된 운동과 실천이라는 두 요소는 동일한 한 장소에 스며들 수 있기 때문이며 비고유한 실천은 지도와 권력의 질서를 따르지 않기 때문이다. 이 같은 시각에서 한계선의 문제는 동적이라는 점을 간파할 수 있다. 바깥쪽과 안쪽 사이에는 결코 건널 수 없는 도랑이 있는 것이 아니며 절대적 분리, 즉 이접移接이나 철저한 주변성이 존재하지 않는

693 Mongin, 앞의 논문, pp.99-102.

694 Certeau, 앞의 책, p.208.

다. 바로 이 지점에서 세르토는 이론적 질서가 기존 질서의 한계선을 끊임없이 동요시키는 운동과 실천을 베일 속에 감추려 한다는 심오한 진실을 꿰뚫어보았다.

이미 알려진 바와 같이 세르토는 자신의 실천 개념을 보다 탄탄하게 철학적으로 정초하기 위해 칸트의 실천 비판에 대해 심층적 독서를 수행했다. 그것을 통해 세르토는 작동 가능성과 반성적 성찰 사이에 존재했던 전통적 이율배반이 판단을 이론과 실천의 중간 항으로 삼는 새로운 관점에 의해 극복된다는 점을 깨닫는다.[695] 이것은 사유하는 뿌리에서 하나의 기술을 인지하는 관점으로서 이 같은 기술은 이론과 실천 사이의 종합적 통일을 성립한다.[696] 여기에서 행동하는 기술과 질서가 부과한 임계점 사이에 존재하는 관계를 다시 발견할 수 있다. 이때 핵심적 관건은 한계선들을 움직이게 만드는 것이며 한계선을 벗어나 늘 마찰을 일으키며 새로운 자리에 위치하는 것이다. 이것은 하나의 편차를 표시할 수 있는 능력, 하나의 시간적 운동을 표시할 수 있는 능력, 예술적 실천을 표시할 수 있는 능력을 지시한다. 세르토에게 있어 경험은 시종일관 경험/한계라는 복잡 미묘한 관계를 말한다. 이 점에 대한 그의 진술을 경청해보자.

"하나의 주어진 균형이 다른 균형으로 변형되는 것은 기술을 특징짓는다. 그것을 정확히 규명하기 위해, 칸트는 담론의 일반적 권위를 인용하는데, 그 권위는 늘 지역적이며 구체적이다. 내가 사는 골목 구석, 나의 지역, 나의 나라에서, 평범한 인간은 이렇게 말한다. 요술쟁이는 앎에 속하고, 줄타기를 하며 춤을 추는 사람은 기술에 속한다. 외줄 타기를 하는 것은 순간마다 매 발자국마다 새로운 개입 덕분에 균형을 유지하는 것이다."[697]

앞서 언급된 장소와 공간이라는 두 가지 주제 설정, 그리고 양자의 관계화, 한계선, 편차, 공간의 시간화 등과 관련된 세르토의 글들은 도시 공간

---

695 Mongin, 앞의 논문, p.102.

696 Certeau, 앞의 책, p,142.

697 같은 책, p.143.

에서 이뤄지는 다양한 실천을 두 가지 시각 속에서 각인시킨다. 그가 제안하는 첫 번째 시각은 토포스를 소유하는 엘리트들의 문화만을 참작하는 것이 아니라 지극히 평범한 것들의 문화를 참작하는 데 있다. 그리고 한계선의 문화를 통해 관계의 문제를 다시 이중화시키는 것이다. 실제로 도시적 실천은 신체적 실천이기 이전에, 일상적인 것, 평범한 것, 즉 제반 실천과 분리될 수 없다. 도시적 실천은 신체를 통한다는 점에서 평범한 것이라 할 수 있으나, 기존의 타성에서는 부재하며 비가시적인 것으로 간과되었던 도시 공간 주체의 신체에 능동적이면서 가시적인 현존성présence을 다시 부여한다는 점에서 참신한 시각임에 틀림없다.

이 같은 세르토 공간 이론의 인식론적 전제 조건을 숙지한 다음에는 행동하는 기술의 공간적 차원에서 이뤄지는 도시 공간의 주제화에 대해 살펴봐야 할 것이다. 한 가지 지적할 사실은 그가 쓴 다양한 텍스트는 도시 공간의 도보자와 여행자의 모습을 생생하게 묘사하는 반면, 건축과 도시 계획에 대한 구체적 언급은 거의 찾아볼 수 없다는 점이다. 뉴욕과 멕시코 시티가 이따금 언급되지만 그가 주로 언급하는 도시는 프랑스의 신도시 뢰됭Leudun이다.

그의 공간 실천 이론의 세밀한 이해를 위해서는 이와 관련한 세 편의 텍스트에 주목해야 할 것이다. 주지하는 바와 같이 이 세 편의 글을 싣고 있는 『일상의 발명』 제1권은 '행동하다, 공간의 실천'이라는 부제를 달고 있다. 여기에서 장소와 공간의 문제는 핵심적이다. 첫 번째 텍스트는 「선박과 감옥」이다. 이 글에서 세르토는 기차 여행을 언급하면서 그 여행을 가능케 하는 공간 관계에 대해 진술한다. 세르토의 접근법은 늘 장소가 인간의 시선에 고정됐다는 근본적 사실의 목격에서 출발한다. 그것은 다름 아닌 원근법 혁명이 갖는 의미를 말한다. 여기에서 '카메라 옵스퀴라'는 무한성 원리에 기초하며 그림에서 다른 감각들을 희생시키면서 사물을 눈이 볼 수 있는 거리에 갖다 놓는다. 이 같은 시각에서 「선박과 감옥」은 기차를 타는 여행자가 어떻게 안쪽과 바깥쪽으로부터 이중적으로 단절되는가를 보여준다. 왜냐하면 그는 움직이는 기차 안에서 부동의 상태로 부동의 볼거리를 보기 때문이다. 우리가 눈여겨봐야 할 두 번째 텍스트는 「도시에서의 걷기」로서, 도시 속에서 이뤄지는 다양한 공간적 실천을 기발한 언어학적 상상력을 통해 소묘하고 있다. 원근법적 시각과는 대조적으로 「도시에서의 걷기」는 역동적이며 다감각적인 공간적 주파로서 그 경로 과정에서 위에서 아래를 보지 않을 것을 요구받는다. 즉 세르토는 거리 두기, 안쪽과 바깥쪽 사이의 분리를 하지 말 것을 주문한다. 신체의 다감각적 경험을 가능하게 만드는 걷기 덕분에 눈이 아닌 다른 감각들과 더불어 도시 공간을 발견하는 능동적 작업을 개신해야 한다는 것이다. 세 번째 텍스트는 「공간의 이야기들」로서, 여행 행로의 관계들에 대해 서술한다. 이 세 개의 텍스트는 각각, "여행하는 아름다운 영혼", "보행자의 발화 작용", "길의 수사학", "여행의 이야기들"을 지시한다. 이 텍스트들 사이에 그리고 걷기와 이야기 사이에는 하나의 관계가 일관적으로 존재한다. 왜냐하면 모든 보행자는 이미 자신의 두 다리와 더불어 한 편의 이야기를 써내려가는 여행자이기 때문이다. 세르토의 표현을 빌리자면 도심에서의 걷기는 두 다리로 만들어내는 생성 문법이다. "공간의 이야기들"이라는 에세이는 모든 이야기가 하나의 걷기이며, 하나의 여행이며, 역으로 모든 걷기는 한편의 이야기라는 점을 보여주려는 심층적 의도를 갖고 써진 글이다.

세르토는 「선박과 감옥」에서 특정 장소가 하나의 실천된 공간이 되려면 '어떻게 하나의 장소를 보고 주파해야 하는가'라는 물음을 제기하면서 여행자의 감금 현상에 대해 스스로 물어본다. 이 글의 제목 표현은 부동의 사물들의 미끄러짐을 지시하는데 그 이유는 그 어떤 것도 안쪽이나 바깥쪽에서도 움직이지 않기 때문이다. 기차간은 감옥이면서 동시에 선박이다. 그것은 사변적인 것이 기계주의 한 복판에서 귀환하기 때문에 꿈과 기술을 결합한다. 만약 여행하는 영혼에 기대어 공간을 주파한다면 이때 영혼이란 안쪽에서 꿈을 꿀 수 있으며, 바깥쪽의 풍경에 대해 찬탄할 수 있는 아름다운 영혼을 말한다. 하지만 이것은 눈에 보이지 않는 엔진 또는 기계의 미덕 없이 가능하지 않을 것이다. 기계는 관객과 존재 사이의 분할 작업소이며 관계의 생산자이다. 이 관계는 유리창과 레일에 의해 가능해진다. 기차의 유리창은 보는 것을 가능케 하는 매개물이며, 레일은 안쪽에서 바깥쪽으로 관류하는 것을 가능케 한다. "이것은 두 가지 상보적인 분리의 방식들이다. 하나는 관객의 거리를 창조한다. 당신은 만질 수 없다. 당신이 덜 볼수록 당신은 덜 손으로 잡는다. 눈의 커다란 주파를 위해 손의 박탈이 이뤄진다. 다른 흔적, 지나치는 것의 금지, 그것은 문자로 적힌 질서, 하나의 직선의 질서이며 끝이 없다. 당신은 떠나고 이것은 당신의 나라가 아니다. 당신의 고유한 장소를 떠나면서 당신의 다리를 잃고, 공간에 대한 시각적이며 추상적 제어를 지불하도록 초연하는 강령이다."[698]

시각은 공간과 거리를 유지하며 여행의 부동 거리를 부과한다. 기차 여행처럼 부동적인 방식으로 여행하는 것은 부동의 공간을 시간화하지 않는다. 그것은 단지 주판된 공간일 뿐이다. 여행자는 부동의 방식으로 두 개의 분리 방식 덕분에 안쪽과 바깥쪽 사이에서 그를 갖다놓는 지름길의 방식을 차용한다. 다른 감각들을 중시하면서도 여전히 눈에 더 많은 가치를 부여해 바깥쪽과 분리시키는 유리창, 그리고 동적인 기계의 운동을 선호하는 레일은 여행자로 하여금 두 다리의 경험을 상실케 한다. 여행자는 볼 수 있으나 만지지 못하고 그는 걷지 않는다. 바로 그런 이유에서 이 같이 움직이는 눈은 부동성의 지표이다.

문화적 실천에 대한 탐구는 세르토로 하여금 자연스럽게 도시 공간에 대한 관심으로 연구의 시야를 넓혀주었다.[699] 세계무역센터 110층에서 그가 남긴 성찰들은 다양한 연구에 기원을 두고 있다.[700] 파놉티콘의 푸코적 분석 도식과 거리를 두면서 세르토는 당시 세계 최고의 고층 건물이 모든 것을 보도록 허용한다는 진술로 자신의 논의를 시작한다. 세르토는 이 같은 진술을 통해 신의 자리를 취할 수 있다고 주장하는 인간 시선의 환영들을 지칭한다. 하지만 모든 것을 한눈에 볼 수 있는 파노라마적 지식은 알고 보면 실천에는 전혀 무지한 한낱 지식의 모사물simulacre을 제공할 뿐이다. 그것은 경험의 흔적들이 지워진 글쓰기의 백색 페이지, 곧 타불라 라사tabula rāsa라는 근대적 환

698 같은 책, pp.200-201.

699 같은 책, pp.473-488

700 같은 책, pp.139-169.

영의 복제이다. 같은 맥락에서 근대 도시 계획을 구상했던 인물들은 도시적 사실을 도시의 개념으로 변형시키면서 도시 공간의 총체적 제어라는 환상을 주입시켜왔다.[701]

세르토는 이 지점에서 푸코의 도식에 견주어서 인식론적 차별성을 보여주는 결정적인 인식차를 명시적으로 드러낸다. "나는 다중적인 절차 중 몇 가지를 추적하고자 한다. 훈육에서 벗어나는 절차들. 그러면서도 그것이 실천되는 장에서 벗어나지 않으면서 말이다."[702] 그의 견해에 의하면 도시의 일상성에 대한 관심이야말로 유일하게 도시의 체험 공간을 복원시킬 수 있으며 도시의 식상한 친숙함과 결별하여 사물의 새로움을 발견할 수 있게 해 줄 수 있는 상상력의 밑거름이다. 그는 빈번하게 도시 사상사의 거장인 쇼에 여사와 더불어 도시적 유토피아에 대해 토론했으며, 창조성에 길을 터주기 위해 형식적 모델을 지양하고 역동적 규칙의 관념을 제시한다는 점에서 그들은 일치했다. 하지만 이들 두 명의 프랑스 도시 사상가들은 도시 근대화의 과정 속에서 나타난 행동 기술 상실의 사실 여부와 그 원인을 놓고 의견이 갈렸다. 쇼에는 세계화에 먹이가 되어 전통적 행동 기술의 소멸이 표상하는 인간학적 상실에 신경을 곤두세운 반면, 세르토는 이와는 정반대로 도시 공간의 행동 주체가 자신의 정체성을 다시 확인하고 찾을 수 있는 실천에 관심을 가졌다.[703]

3. 걷기의 수사학과 서사성: 보행자의 발화 작용[énonciation]과 길의 수사학

앞 절에서 살펴본 것처럼 세르토에게 중요한 것은 도시 공간에서 운동과 거리 두기를 창조하며 장소를 실천된 공간으로 탈바꿈시킬 수 있는 구체적 행

---

701 위의 책, p.142.

702 같은 책,, p.146.

703 Dosse, 앞의 책, p.474.

동의 존재이다.[704] 그것은 다름 아닌 손쉽게 실천에 옮기는 걷기의 기술 덕분에 가능하다. 이 같은 세르토의 독특한 신념에서 비롯하여 그는 줄기차게 걷기의 실천에 애착을 갖게 된다. 그것은 직선적 걷기가 아닌 다이달로스Daidalos의 미로를 실천하는 보행자의 발화 작용이면서 동시에 획일적인 직선의 논리에서 벗어난 창조적인 길의 수사학이다. 세르토가 말하는 보행자의 발화 작용은 주어진 상황과 맥락을 십분 활용하면서 실천된 공간을 서사적 형상 속에 각인시킴으로써 한 편의 이야기를 만들어내는 이 같은 독특한 걷기의 기술을 예고하면서 신비적 요소마저 가질 수 있다.

세르토의 말을 직접 경청해본다. "요컨대 공간은 실천된 장소이다. 그 결과 도시계획이 기하학적으로 정의해놓은 거리는 도보자들에 의해 공간으로 변형된다. 마찬가지로 장소 읽기는 하나의 기호 체계, 즉 걷기라는 글쓰기를 통해 성립된 장소 실천을 통해 새롭게 생산된 공간이다."[705]

현대 도시 문화는 시선과 과학으로 특징지어지며 마치 장소를 객체화하는 것과 같이 모든 사물을 위에서 보는 것처럼 대한다. 모든 여행자는 그가 언덕의 정상을 추구할 때 또는 마천루의 꼭대기에서 한눈에 도시를 내려다볼 때 그와 유사한 경험을 한다.

그렇다면 왜 위에서 보려는 것인가? 왜냐하면 그것은 일정한 쾌락과 더불어 도시 공간 전체를 볼 수 있게 해주며, 장소, 토포스, 도시의 소음, 번잡함, 초조함, 군중으로부터 분리해주기 때문이다. 위에서 보면 군중에 의해 압도당할 위험이 없다. 그리스의 신화 이카루스는 눈에 가치를 부여한다. 마치 공학자와 유토피아주의자처럼 이카루스는 그림과 지도를 위해 결단을 내리지만, 아쉽게도 다른 평범한 실천들을 희생시킨다.

도시의 평범한 실천가들이 도시를 바라보는 방법은 너무 아래쪽에 있기에 도시를 한 번에 볼 수 없다. 그렇지만 땅을 딛고 사는 아래쪽의 실천에 가치를 부여하면서 보는 사람은 비로소 걷는 사람이 된다. 그는 공간을 진

---

704 Mongin, 앞의 논문, pp.107-111.

705 Certeau, 앞의 책, p.208.

정으로 체험하면서 주파하는 사람이 되며 자신의 도시 공간 이야기를 써내려가는 사람이 된다. 하지만 자신이 쓴 이 텍스트를 그는 읽을 수 없고 그저 써내려갈 뿐이다. 바로 그런 이유에서 도시 경험은 저자도 관객도 없는 다중적 이야기이며 디지털 테크놀로지에서 경험하는 하이퍼텍스트의 구조와 닮아 있다.

요컨대 세르토의 사유에서 도시에서 걷기는 무엇보다 도시 공간의 생경함을 직접 체감하는 것을 지향한다.[706] 또한 초인간적이거나 은유적인 공간성에서 행동을 전개하는 방식을 지시한다. 걷는 사람은 공간을 모든 방향에서 실천하면서 공간을 시간화할 수 있다. 특히 세르토는 공간의 시간적 차원의 중요성에 대해 다음과 같은 심층적 설명을 제공해주었다.

"방향의 벡터, 속도의 수량, 시간의 변수를 고려하는 순간부터 공간이 존재한다. 공간은 움직이는 것들의 교차이다. 그것은 도시에서 펼쳐지는 운동들의 전체에 의해 생명력을 얻는다. 공간은 그것의 방향을 정해주고 상황과 국면을 정하고 그것을 시간화하는 작동에 의해 생산된 효과이다. 또한 갈등적 프로그램 또는 계약적 근접성의 양가적인 단위를 작동시키게 된다. 장소와 달리 공간은 일의성도 아니며 고유한 것의 안정성도 아니다."[707]

고유한 것과 비고유한 것의 대립은 질서와 실천적 공간의 대립을 제기한다. 하지만 도시 공간에선 고유한 질서는 유토피아의 질서가 될 수 있다. 실제로 도시는 유-토피아u-topia로서, 그리고 아-토피아a-topia로서 공간을 탈시간화시키는 세 가지 작동을 가능케 한다. 즉 고유한 공간의 생산, 비시간의 대치, 횡단적 주체의 창조 등이다.

"시각적 지식의 아토피아/유토피아는 오래 전부터 도시 공간의 결집의 모순들을 넘어서고 분절시키려는 기획을 지닌다. 원근법의 시각, 미래 전망적 시각은 불투명한 과거와 불확실한 미래를 처리할 수 있는 표면으로서의 이중적 투사를 성립한다. 이것들은 16세기부터 도시적 사실이 도시의 개념

---

706 같은 책, p.174.

707 같은 책, p.208.

으로 변형되는 것을 착수시켰다. 도시와 개념의 연합은 그것들을 동일시하지 않으며, 그것들의 점증적 공생을 갖고 놀이를 한다. 도시를 계획하는 것, 그것은 현실 세계의 다원성을 사유하는 것임과 동시에 다원성은 이 같은 사유에 실행성을 부여하는 것이다. 그것은 분절하는 법을 알고 분절할 수 있는 능력이다."[708]

걷는 실천은 언어의 원리와 접맥될 수 있다. 왜냐하면 걷기는 발화 작용의 체계이기 때문이다. 보행자의 발화 작용 차원에서 세르토는 세 가지 기능을 강조한다. 지형적 전유의 과정, 장소의 공간적 실현, 상이한 위치 사이의 관계들이 그것이다. 이 같은 세 개의 기능은 공간적 질서에서 간과될 수 있는 생소한 세 가지 특징과 연결된다. '현재성' '불연속적인 것의 가치 매김걷는 사람은 가까운 것, 멀리 있는 것, 여기와 저기를 성립한다' '교감적인 것의 가치 매김'이 그것이다.[709] 주지하다시피 교감적 기능은 접촉을 강조하는 언어 커뮤니케이션의 기능 가운데 하나이다. 그것은 장소들의 유지 또는 중단 사이에서 선택하도록 강요한다. 요컨대, 보행자의 실천 속에서 이것은 고유한 장소를 고양시키지 않는다. 모순들은 동일한 장소에 놓일 수 있으며 상이한 위치가 동일한 장소에서 공존할 수 있다.

걷기와 보행자의 발화 작용을 넘어서, 세르토는 보행자의 행동 기술에서 고유하게 나타나는 양상인 둘러보기와 우회 현상을 분석한다. 아울러 길의 수사학은 그것의 고유한 요소들로서 스타일과 사용 관례usage를 조합한다. "스타일과 사용 관례는 둘 모두 '행동 방식'을 겨냥한다. 하지만 하나는 상징계의 특이한 처리이며 다른 하나는 약호의 처리로서 간주된다."[710]

세르토는 다시 언어학의 이론을 빌려와 이 같은 둘러보기와 우회를 언어적 차원에서 수사학적 비유들과 동일시한다. 그것은 이론가들이 거주지의 수사학이라고 부르는 것으로 두 가지 대표적인 비유법이 있다. 하나는

---

708 같은 책, p.175.

709 Mongin, 앞의 논문, pp.110-111.

710 Certeau, 앞의 책, p.184.

제유법으로서 부분으로 전체를 명명하는 기법이며 다른 하나는 압축법이다. 하지만 걷기의 실천과 보행자의 실천은 장소의 결핍과 결여된 신체를 상기한다. "수미일관적이며 총체적인 공간의 테크놀로지 체계, 연결되고 동시적인 이 같은 공간 대신 길의 형상은 신화의 구조를 갖는 행로로 대치시킨다. 공간의 이 같은 스타일 변신으로부터 형상은 움직이는 몸짓의 나무가 된다."[711]

그렇다면 어떻게 미로 속에서 이뤄지는 걷기의 다원성으로부터 '도시 공간의 신체'를 다시 찾을 수 있을 것인가? 우리는 이미지 속에 결여된 것, 즉 도시 공간의 광고 혹은 도시를 표상하는 로고 등에서 결여된 것을 소비하며 잃어버린 신체를 찾으려 한다. 도시는 이름을 갖고 있어야 하며, 도시의 담론을 활동화시키는 '토포이'를 갖고 있다. 도시가 갖고 있는 다양한 이름은 그곳에서 펼쳐진 전설의 중추적 요소이며 추억과 꿈의 핵심 요소이다.[712]

토포스는 동시에 토포스의 질서와 거리를 두며, 핵심 요소는 텅 빈 곳 혹은 '텍스트를 벗어난 곳'에 자리를 내주며 이야기를 만들어야 한다. 믿을 만한 곳, 기억할 만한 곳, 유년 시절에 고유한 역할이 주어진 곳, 이런 곳들은 은유적 장소가 된다. 하지만 이 같은 텍스트를 벗어난 곳은 도시계획 질서와는 거리를 두면서 써지는 텍스트로서, 이야기화될 필요가 있다. 보행자 실천의 스타일과 표현법, 도시 공간의 수사학, 도시의 이름은 기억의 양피지 속에서 각인될 수 있는 한 편의 이야기의 세계를 만들어내는 창조적 언어이다. 길의 수사학, 보행자의 발화 작용, 공간의 이 같은 실천들은 마치 이야기를 만들 듯이 서사를 만들어야 한다는 점을 강조한다.

세르토는 공간의 실천을 언어와 서사의 관련성 속에서 파악하면서 이 같은 시각에서 일체의 관습적인 추론을 전복시킨다.[713] 그에게 중요한 것은

711 같은 책, p.187.

712 Mongin, 앞의 논문, p.111.

713 같은 논문, pp.111-112.

이미 존재하는 장소를 이야기로 옮기는 것이 아니다. 하나의 장소는 이미 한 편의 이야기이며 아울러 하나의 여행이다. 즉 실천된 공간으로서, 그 공간에는 진정한 여행의 아름다운 마음이 깃들어 있고 신체의 움직임 없이 기차로 여행하는 것과는 전혀 다른 차원의 이동성을 함의한다. 도시 공간에서 이루어지는 다양한 걷기의 모험은 이야기되어야 하는데 왜냐하면 이야기는 장소와 비非장소에서 놀이하는 하나의 여행이기 때문이다.[714]

간단히 말해 이야기된 모험들은 정신의 대리물이 아니라 그것들 자체가 여행을 하는 것이다. 이 같은 서사적 모험으로부터 공간조직을 실천하는 주인공이라 할 수 있는 여행자가 들려주는 이야기는 몇몇 기초 형태들을 정확하게 규명하게 해준다. 실제로 발화 작용을 하는 신체의 부분은 이야기가 장소를 공간으로 변형시키고 공간을 장소로 변형시키는 작업을 실행하게 해준다.

"이 같이 이야기된 모험은 동시에 행동의 지리학을 생산하고, 하나의 질서에 속하는 공통적 장소 속에서 표류한다. 그런 모험은 단지 보행자의 발화 작용과 길의 수사학에 대한 대리물을 성립하는 것으로 그치지 않는다. 이 같은 이야기된 모험은 언어의 장 속으로 경험의 모험을 이동시키고 전환시키는 것에 만족하지 않는다. 사실, 이 같은 이야기된 모험은 걷기를 조직화한다. 이야기된 모험은 다리로 여행을 실행하기에 앞서 또는 그것을 실행하는 그 동안 여행을 만들어낸다."[715]

이 같은 두 가지 사실은 공간 의미론, 지각 심리언어학, 장소의 기술을 담당하는 사회 언어학 등 영토의 조직, 행동, 현상학 등, 서사적 행동을 참작하지 않는 공간적 작동에 대한 연구에 견주었을 때 세르토의 도시 공간 연구를 차별화시킨다.[716] 바로 여기에서 세르토는 공간을 조직화시키는 실천의 몇 가지 기본 형식을 밝혀내는 데 관심을 갖는다. 지도와 행로의 양극성, 한

---

714 Certeau, 앞의 책, p.206.

715 같은 책, p.206.

716 Mongin, 앞의 논문, p.112.

계가 설정된 구획 짓기의 절차들, 발화 작용적 초점 두기, 담론 속에서 신체의 지표 등이 바로 그것으로 지도와 행로와 관련해 세르토는 지도 사이의 대립을 상기시킨다. 장소의 질서에 속하는 것, 즉 거리를 두고 보는 것, 공간화의 행동인 경로가 그것이다. 그런데 지도 제작술의 차원에서 경로는 점증적으로 영토를 형상 없는 지도에 양보했다. 만약 지도를 현재의 지리학적 형태 아래에서 취한다면, 근대 과학적 담론의 탄생에 의해 표시되는 시기 동안, 지도는 서서히 가능성의 조건인 이정표들로부터 분리됐다.[717] 그때부터 양자택일은 보는 것과 가는 것 사이에서 이뤄진다. "볼 것인지[장소들의 질서의 인식], 아니면 갈 것인지[공간화적 행동들], 아니면 한 편의 그림을 제시할 것인지, 아니면 다양한 운동들을 조직화할 것인지[들어가고, 횡단하고, 돌아가고 등등]에서 선택해야 한다."[718] 신체 경험이 동반된 여행 과정, 이에 반해 이야기가 없는 장소 사이에서 보행자는 당연히 다양한 경로와 여행 과정을 선호한다. 이야기는 다름 아닌 한계점이라는 현상을 주제화하는 한계를 다루는 기술이라는 점에서 걷기 행동과 맞닿는다. "걷는 사람은 실제로 도치와 이동을 불러온다. 닫는 문은 정확히 누군가 여는 그 무엇이다. 큰 강은 통과를 양도하는 것이며, 시선이 흘러가는 사이의 전체인, 울타리 등……." 이야기는 한계의 기술이며, 이중적 놀이를 유도하는 한계의 놀이다. 왜냐하면 한계는 그것이 말하는 것의 상반된 것을 행동하기 때문이다. 한계는 다리, 두 개의 사이에 있는 경계선을 지시한다. "이야기 속에서 경계선은 하나의 제삼자로서 작동한다. 경계선은 '둘 사이에 있는 것'이다. 제3의 장소, 상호작용과 회견의 놀이, 경계선은 하나의 텅 빈 것으로 보인다. 즉 교환과 만남의 서사적 상징으로서의 텅 빈 공간을 말한다."[719] 그것은 바로 여행 이야기의 구조이다. 도보와 몸짓의 이야기는 장소의 인용에 의해 이정표가 세워진다. 그때부터 경로와 여행이라는 하나의 서사는 한계 설정의 역할과, 공간의 놀이를 가능케 하며, 공

717 같은 논문, p.113.

718 Certeau, 앞의 책, p.211.

719 같은 책, p.223.

간을 조직화하는 결정거주지, 벽, 여행, 도시의 네트워크, 시골 풍경 등들을 지시한다. 세르토가 소묘한 걷기 수사학의 중요한 메시지는 신체적 체험에 기초한 이야기가 사라지는 곳에서 공간의 상실이 나타나는데, 왜냐하면 이야기는 한계를 설정하는 기술로서, 그 기능은 한계의 설정, 이동, 초과를 허락하는 기능을 맡기 때문이다.

현대 미국의 도시 인문 담론과 비평

1. 멈퍼드의 도시 인문 사상과 비평

20세기 도시 사상사에서 한 획을 그은 멈퍼드는 미국 현대 지성사의 대표적 인물이다. 멈퍼드는 1922년 발표한 처녀작 『유토피아의 이야기The Story of Utopias』를 시작으로 50여 년 동안, 약 30권의 저서를 상재하고 1,000편이 넘는 에세이와 서평을 발표함으로써 그가 다룬 지식 분야의 방대한 폭과 사유의 풍요로움에 있어 20세기 미국 지성사에서 독보적 사상가이자 천부적 작가로 평가받고 있다. 반세기 동안 멈퍼드는 미국에서 근대 건축과 도시계획의 가장 탁월한 비평가였으며 그의 비평은 철저한 인문 정신에 입각했다는 점에서 도시 인문 사상사에서 한 획을 그은 인물이라 할 수 있다. 그는 건축사, 건축 비평, 도시 비평, 도시 역사, 지역 계획 이론 등의 분야에서 주옥같은 저술을 남겼다.[720]

멈퍼드는 도시사의 권위자로 알려져 있으나 그는 그 누구보다 실천하는 행동가였다. 1950년대 뉴욕 시장이었던 로버트 모지스Robert Moses는 뉴욕

---

720 그의 다음 전기 참조할 것. 총 600쪽 분량에 이르는 이 저서는 현재까지 나와 있는 멈퍼드 전기의 최고 작품이다.

Miller, D. L., *Lewis Mumford: A Life,* Pittsburgh and London, University of Pittsburgh Press, 1989.

개발의 포괄적 플랜을 갖고 전반적인 도시 갱생을 실천할 권력을 쥐고 있었다. 멈퍼드는 모지스의 이 같은 무차별적 도시계획의 실행을 저지하기 위해 투쟁했던 비평가 가운데 한 명이다. 1940년대부터 시작된 그의 싸움은 모지스의 주요 고속도로 건설과 도시 재개발 프로젝트에 맞서 20년 동안 지속됐다.[721] 비록 그는 싸움에서 번번이 졌으나, 그 같은 투쟁 과정에서 도심 고속도로, 대중교통 시설, 도시 갱생 등에 대한 기존의 관습적 사유에 변화를 가져왔다. 그 시기 동안 미국 도처에서 도시를 파괴할 무렵 멈퍼드는 미국의 도시 공간에 대한 살아 있는 비판적 의식을 표상했던 대표적 지성이었다.[722]

당시 미국인들은 모지스를 일컬어 마스터 건설자Master Builder라고 불렀다. 하지만 정작 모지스는 건축가도 전문 도시계획가도 정치가도 아니었다. 알고 보면 모지스는 약 40년 동안 도시위원회와 주위원회의 관리들을 쥐락펴락하면서 무소불위의 권력을 휘두르며 현대 뉴욕을 새롭게 축조한 일개 행정 관료였다. 그는 미국 역사상 가장 위대한 도로 건설자로서 뉴욕의 주요 대형 도로를 모두 건설한 장본인이었으며 또한 대형 공원과 공공장소들을 건설하기도 했다. 링컨 센터와 유엔 본부를 건설하기도 하고 미국 슬럼가 문제의 해결을 맡은 최고 책임자였으며 미국에서 가장 큰 규모의 도시 개조 작업을 주도한 인물이었다. 특히 모지스는 최초로 도심 한복판을 관통하는 고속도로를 건설했던 인물로, 당시 공학자들이 그 비법을 전수받기 위해 그에게 오히려 자문을 구했을 정도로 그의 노하우는 축적되어 있었다. 하지만 멈퍼드의 표현을 빌리자면 그는 건설자가 아니라 비건설자un-builder였다. 초대형 도심 고속도로를 건설하기 위해 그는 무려 25만 명의 주민을 강제 이주시켰다. 멈퍼드는 모지스가 20세기 미국 도시에 가장 큰 영향을 끼친 인물이라는 점을 지적하면서 그의 영향력이 엄청나게 파괴적이었다는 점을

---

721 이 점에 대해서는 위의 책, pp.478-499 참조.

722 같은 책, p.478.

비판했다.[723]

멈퍼드는 모지스가 자동차 증가로 인한 교통 문제를 해결하기 위해 유일한 해결책으로 도심 고속도로를 도심 내부에 건설하기 시작할 때부터 모지스의 건설 프로젝트를 지속적으로 비판해왔다.[724] 멈퍼드는 아무리 수많은 고속도로를 건설해도 교통 체증을 완화할 수 없다는 점을 강조했다. 더 많은 고속도로가 건설되면 더 많은 자동차, 버스, 트럭이 고속도로를 사용할 것이기 때문이다. 멈퍼드의 예상은 적중했으며 뉴욕의 교통 체증은 악화됐다. 그는 1946년 발표한 글에서 "미국의 새로운 종교는 자동차라는 종교이며 지역 개발이라는 새로운 목적에 따라 자동차를 위해 대도시의 모든 지역을 개방시켰고 자동차가 도처를 누비게 했으며, 모든 곳에서 정지할 수 있는 성스러운 권리를 부여했다"고 힐난했다. 하지만 멈퍼드는 자동차에 대한 맹목적 반대자가 아니었으며 현대 생활양식의 필수적 부분으로 간주했다. 단지 자가용에 대한 열광으로 국민 전체가 다른 교통수단을 희생시켜나간 것을 문제로 지적한 것이다.

한편 멈퍼드는 건축 비평을 자신의 중요한 작업 가운데 하나로 실천해왔으며 그의 건축 사상은 평생 일관적이었다. 1960년대부터 그는 계속해서 건축을 사회적 도덕적 규범과 정전에 따라 판단했다. 단지 변화가 있다면 1920년대와 1930년대에는 개별 건물에 관심을 가졌다가 1960년대부터는 전체적인 도시 환경에 대해 건축물이 미치는 영향과 흐름에 관심을 두었다는 차이가 있을 뿐이다. 제2차 세계대전 이후로 근대 건축이 채택했던 노선과 방향에 대해 그는 깊은 실망감을 피력했다. 멈퍼드는 초반기에는 기능주의적이며 미니멀리즘적인 건축물에 매료됐다. 특히 사회적 욕구와 필요를 충족시킨 세련된 건물들, 밝고 넓은 학교, 공장, 아파트, 시민 센터 등을 건설한 바우하우스식의 건물을 선호했다. 하지만 멈퍼드는 장식을 최소화하

---

723 Hall, P., *Cities of Tomorrow: An Intellectual History of Urban Planning and Design in the Twentieth Century*, Blackwell, 2002 (Third edition) (초판1996). (한국어 번역본) 피터 홀, 임창호 옮김, 『내일의 도시: 20세기 도시계획 지성사』, 한울, 2000, pp.143-178.

724 위의 책, pp.295-303.

고 기능을 앞세워 명료한 형태만 표현하는 근대적 감성이 핵심적 요소라 수긍하면서도 그 이상의 무엇인가가 건축에는 존재해야 한다는 점을 부각했다. 그 무엇에는 '느낌'이 포함되어야 하고 인간의 욕구에 대한 가장 심오하며 복잡한 이해가 선행되어야 한다는 점을 강조했다. 이를테면 우리는 맑은 공기와 햇빛으로 가득 찬 집을 원하면서도 사생활 보호를 바란다. 모든 것이 제자리에 놓여 있는 공학적으로 완벽한 부엌을 원하지만 사람들은 현실적 삶의 공간에서 서정적이면서 예상치 못한 접촉을 선호하는 것이다. 멈퍼드는 형태에 맹신적으로 열광한 모더니즘을 비판한 최초의 미국인 건축 비평가였다. 그는 근대 건축을 피상적 미학이라 불렀으며 그 같은 미학은 마치 건물이 어떻게 건설되건 그 공법과 상관없이 기계를 존중하는 것처럼 새로운 건물을 만들어낸다고 보았다. 주지하는 것처럼 르 코르뷔지에는 우리가 기계 시대를 살고 있다고 선언했으며 따라서 우리의 건물은 주거 기계가 되어야 한다고 믿었던 장본인이다.

특히 멈퍼드가 맹렬하게 비난한 근대 건축가는 독일인 건축가 미스 반 데어 로에였다. 1930년대부터 미국으로 이주해 활동한 그는 근대 양식을 압축하는 초고층 건물들을 뉴욕과 시카고에 속속 건설했다. 멈퍼드는 근대 건축이 중요한 조건으로 여긴 미학적 고려에 동의하지 않았다. 그는 건축이 하나의 예술 형식인 것만큼은 분명하나 인간적 목적에 따라 유용하게 축조되어야 하는 예술로 보았으며 그것은 건축과 다른 예술들 사이에 존재하는 결정적 차이라고 주장했다. 바로 그 점을 미스 반 데어 로에가 망각했다는 주장이었다. 멈퍼드에 따르면 그의 건축물들은 그만의 플라톤적 상상력의 세계에서 홀로 존재했으며 장소, 기후, 절연insulation, 기능, 또는 내재적 활동과는 관련성을 갖지 못한다고 비판했다.[725]

멈퍼드가 개발 중심의 도시 갱생에 대한 대안으로 갖고 있던 생각은 그가 평생 발표한 글 속에 녹아 있다. 멈퍼드가 꿈꾼 도시는 다소 이상적으로 보일지라도, 인간적 가치를 마련하면서, 합리적 서식지에서 자연과 더불어

---

725 Mumford, L., "The Case Against 'Modern Architecture,'" *Architectural Record*, April 1962, pp.155-162, 위의 책에서 재인용, p.489.

사는 도시이다. 그 가치에는 가족과 자기 절제와 같은 덕목이 포함된다. 그는 구체적 해결책을 제시하지는 않았으나 유토피아적 계획자들과 달리 인간적 도시와 좋은 삶의 미덕에 대해 혜안의 통찰력을 제시했다. 그는 자신이 선호하는 도시계획의 유형을 유기체적 계획이라 불렀다. 특히 그는 새로운 도시를 건설하고 옛 건물을 재건설하면서 반드시 고려해야 할 요인으로서 시간을 손꼽았다. 평생 계속된 도시사 연구를 통해 그는 위대한 역사적 도시는 집단적인 예술 작품이며 작은 변화들로 이뤄진 수십 세기 동안의 긴 시간의 연속된 생산물이라는 점을 꿰뚫어보았다. 또한 진정으로 매혹적이며, 도시 건축적으로 문화적으로 다채로운 도시는 결코 한 세대, 한 명의 건축가의 건축적 구상과 발명으로 만들어지지 않는다는 교훈을 되새겼다. 하나의 도시에서 아름다움과 다양성은 시간의 흐름과 더불어 도입되는 것이며 도시계획가에 의해 인공적으로 만들어지지 않는다는 점에도 주목했다. 또한 멈퍼드는 도시계획은 사회적, 생물학적, 미학적 원리에 따라 세심하게 진행되어야 한다고 주장했다. 이 같은 원리들을 조화롭게 분절한 그의 안목은 도시 디자인 예술에서 주목할 만한 기여로 남을 것이다.[726] 도시 플랜은 신축적이어야 하며, 미래의 변화와 개선을 위한 자유의 넓은 지역을 남겨놓아야 한다는 것이 그의 지론이었다.

그의 유기체적 도시관은 평생 그가 존경했던 영국의 사상가 게디스로부터 영향을 받아 형성된 것이다. 게디스는 멈퍼드의 사상과 저술에 심오한 영향을 미쳤으며 그의 도시 관련 저술과 생명주의 철학은 멈퍼드의 관심사를 축조하는 데 있어서 결정적 요인이었다.[727]

멈퍼드는 자신이 유토피아적 사상가로 평가받는 것을 마음에 내켜 하지 않아했으나 그의 도시 사상에서 유토피아적 이상형이 중심적 자리를 차

---

726 위의 책, p.495.

727 멈퍼드는 1917년부터 게디스가 타계한 1932년까지 정기적으로 서신을 주고받았다. 서신록을 정리한 다음 문헌 참조할 것.

Novak, F. G. Jr., *Lewis Mumford and Patric Geddes: The correspondance,* London and New York, Routledge, 1995.

지하는 것만큼은 분명하다.[728] 그의 최초 저술인 『유토피아의 역사The Story of Utopias』1922는 인간의 조건에 대한 그의 보편적 관심의 표출을 일러주고 있으며 그의 이 같은 관심은 반세기 동안 지속됐다. 물론 멈퍼드는 실용주의자로서 건축의 건강한 디자인, 주택 양식에서 실제적 개혁, 지역 수준에서 이뤄지는 포괄적 계획을 통해 사회가 더 개선될 수 있다는 믿음을 견지했다. 하지만 도덕주의자였던 멈퍼드는 물리적 변화와 개인의 갱신이 동반하지 않을 경우, 삶의 실질적인 변화는 유도될 수 없다고 보았다. 그래서 그는 허황된 유토피아가 아닌 '이토피아', 즉 좋은 장소를 추구할 것을 시사했다.

멈퍼드는 또한 그의 비평에서 하나의 유기체적organic 근대 건축 개념을 촉진했다.[729] 그것은 사회학적 기능적 배려를 위해 형태와 양식의 문제를 부차적인 것으로 간주하는 개념이라 할 수 있다. 그에 따르면 하나의 건물은 그것의 지역region과 연계될 때 성공적이다. 예를 들어, 최대한의 빛과 통풍을 허용하는 방향으로 세워질 때, 그리고 쓸모없고 비용이 많이 들어가는 장식이 제거되고 건물이 인간적 욕구에 봉사할 때 비로소 그 건축은 성공적이다. 그는 비록 강철, 유리, 콘크리트와 같은 근대 재료들의 실제적 미학적 잠재력을 높이 평가했으나, 벽돌, 돌, 나무 등의 전통적 재료들의 사용에 반대하지 않았다. 따라서 근대 건축에 대한 멈퍼드의 유기체적 정의는 다채로운 문화와 그것들이 봉사하는 지역들만큼이나 광범위하다.

멈퍼드의 건축 비평은 광범위한 수준에서 본다면 영국의 미술공예운동에 뿌리를 두고 있다.[730] 특히 러스킨, 모리스의 사상으로부터 지대한 영향을 받았으며 이 같은 전통은 그가 흠모했던 영국의 도시 사상가 게디스의 중계로 전해졌다. 한편 그는 자신이 존경했던 영국 사상가 러스킨과 더불어 '건축이 문명의 기록'이라는 사실에 공감했다. 아울러 비평가는 자신의 환경을 문화적 맥락을 통해 해석해야 한다는 점도 그로부터 깨달았다. 그의 시각

---

728 Wojtowicz, R., *Lewis Mumford and American Modernism: Eutopian Theories for Architecture and Urban Planning,* New York: Cambridge University Press, 1996, p.1.

729 이 점에 대해서는 위의 책, pp.74-112.

730 같은 책, p.77.

에서 보면 근대 건축은 어쩔 수 없이 테크놀로지와 결속해 새로운 형태로 진화될 수밖에 없었다. 그는 기계의 강력한 매력, 미학적 잠재력과 경제적 효율성을 부정할 수 없었다. 하지만 그는 기계를 디자인의 만병통치약으로 수용할 수 없었다. 특히 멈퍼드는 새로운 기술 제품에 대한 마르지 않는 미국인의 탐욕을 경계했다. 그의 시각에서, 미국 건축은 시장의 힘에 종속됐으며 따라서 그는 토지 가치와 기술혁신이 인문적 요건들을 건축의 한낱 배경이나 부차적 조건으로 내팽개칠 위협을 경계하고 그것에 대해 비판을 가했다. 러스킨의 유기체적 인문주의 토대를 따라 멈퍼드는 근대 건축의 성공을 얼마만큼 그것이 사회에 봉사할 수 있느냐를 기준으로 삼았으며 형태적 기술적 기준은 부차적인 것으로 보았다. 그의 견해에 따르면 건축 그 자체는 사회를 개혁할 수 없으며 오직 더불어 일하는 참여적 인간들만이 그가 꿈꾼 좋은 세상 '이토피아'를 가져다줄 수 있다. 멈퍼드는 만년에 접어들면서 건축비평가의 역할에서 벗어나 현대 문명이 당면한 가장 복잡하고 시급한 문제들을 다루는 사회 철학자로 기억되기를 원했다.[731] 게디스와 하워드로부터 물려받은 사상적 유산을 바탕으로 멈퍼드는 스승들의 사상 가운데 가장 첨예하고 작동 가능한 양상들을, 도시를 비롯해 그것의 주변 지역을 아우를 수 있는 수미일관적인 갱생 프로그램으로 종합화했다.

물론 도시는 멈퍼드의 저술에서 특별한 위치를 점유한다.[732] 그의 시각에서 도시는 인간적 교제를 위한 일차적 여건이며 그것의 위치 선정, 플랜, 건축, 제도들은 문명의 프레임워크 그 자체이다. 그의 예언적 진단에 의하면 정치적 경제적 또는 사회적 태만으로 도시가 시들해지면, 문명 자체가 쇠락할 것이다. 도시계획 이론에 대한 그의 비평은 20세기의 도시 포화 상태, 정체된 도시 상태에서 발생하는 삶의 위협적 문제들을 조목조목 지적하고 그 처방을 모색했다.[733] 시작부터 멈퍼드는 도시를 하나의 플랜이나 건물의 무

---

731 같은 책, p.112.

732 도시계획 이론에 대한 멈퍼드 사상에 대한 다음 연구물을 참조할 것.
Fried, L. F., *Makers of the City*, Amherst, University of Massachusetts Press, 1990, pp.64-118.

733 위의 책, p.113.

리 그 이상으로 간주했다. 인간적 조건의 세밀한 관찰자로서 그는 도시가 형태적 기준으로 판단되는 것이 아니라 그것이 얼마나 자신의 공적 사용자들에게 봉사할 수 있느냐에 따라 판단된다고 보았다. 도시 공간은 적절한 크기, 방향, 계획이 최대한 인간적 상호작용을 쉽게 해주기 위해 조합될 때 최상으로 기능해, 마치 도시가 복잡한 삶이라는 드라마를 위한 무대 장치로 이해됐다. 그의 표현을 빌리자면 도시 속에서는 사람들의 맥박과 그들의 에너지, 그리고 인간적 삶의 드라마가 최고 절정에 도달할 수 있으며 도시의 물리적 여건인 건축과 도시 플랜은 이들의 드라마를 좌절시킬 수도 돋보이게 할 수도 있다.

그가 1938년 『도시들의 문화The culture of cities』를 쓴 이유는 본질적으로 역사 연구가 현대 문명의 문제의 근원을 밝힘과 동시에 몇 가지 창조적 해결책을 계시해줄 수 있다는 신념에서 설명될 수 있다. 자신의 스승인 게디스와 마찬가지로 멈퍼드는 도시가 유기체들 가운데 가장 연약한 것들 가운데 하나라고 믿었으며 과거의 발달을 재구성함으로써 정확한 진단을 내릴 수 있다고 보았다. 이 책의 출간과 더불어 그는 도시사와 도시계획 이론 분야에서 세계적 석학으로 부상하게 됐으며 미국의 수많은 도시 행정가들로부터 자문 요청이 쇄도해 자신의 비전을 현실에 접목할 기회를 얻었다.

철학자, 역사가, 비평가로서 멈퍼드는 그의 지적 에너지를 단 하나의 목적, '더 좋은 세상 만들기'에 모았다. 그는 완벽한 장소를 의미하는 유토피아를 자신이 추구한 이토피아의 대척점으로 보았고, 이토피아는 이성과 사회적 발명의 적용을 통해 사회를 개선할 가능성으로 보았으며, 따라서 그에게 이토피아적 세계는 한층 더 실천적이고 바람직한 목표였다.[734]

---

734 Mumford, L., *The Conduct of Life,* New York, Harcourt, Brace and Company, 1951, p.235. Wojtowicz, 앞의 책에서 재인용, p.162.

2. 도시 공간의 윤리성: 제이콥스의 도시 비판론

제이콥스 여사는 도시와 관련된 일곱 권의 저서를 출판했으며 가장 영향력 있는 책은 의심할 나위 없이 『미국 대도시의 죽음과 삶』이다.[735] 그녀는 평생 도시를 열정적으로 연구해왔으며 중기 이후부터는 도시 경제학으로 작업의 초점을 모았다. 그녀는 도시가 어떻게 경제 추인의 동력을 제공할 수 있는가를 탐구하고, 상업의 도덕적 본질을 탐구했다. 특히 그녀는 자신의 말을 행동에 옮겼다. 1960년대 그녀는 뉴욕에서 대형 건설 프로젝트에 맞서 성공적인 풀뿌리 투쟁을 전개했다. 그녀의 싸움이 없었다면 뉴욕 그리니치 빌리지Greenwich Village의 대부분은 파괴됐을 것이다. 또한 그녀는 맨해튼 도심 고속도로를 건설하려 한 모지스의 도시계획 철회를 이끌었던 장본인이다.[736]

뉴욕에서 한 건축 잡지의 편집자로서 일하던 무렵 『미국 대도시의 죽음과 삶』에 대한 그녀의 착상이 시작됐다. 이미 상당수의 미국 지성인들은 미국의 도시들이 위기 상태에 봉착했다는 것을 감지했다. 도심은 죽어가고 있었으며 사람들은 방치된 도심을 벗어나 교외로 달아났다. 도심에 남겨진 사람들은 극빈층과 유색인종이었다. 대중교통 시스템은 고사 직전에 있었고 연방 정부는 고속도로를 건설해 자동차 이용을 증가시켰다. 그녀는 공공 정책이 이 같은 경향을 개선하기는커녕 오히려 악화시키고 있다는 점을 최전선에서 목격했다. 1945년부터 연방 주택 법안을 시행하면서 수천만 달러가 도시 갱생 사업에 투입되어 슬럼가를 불도저로 밀어내고 초고층 프로젝트가 건설됐다. 특히 모지스의 재개발 정책은 대표적 사례였다.

『미국 대도시의 죽음과 삶』에서 제이콥스는 어떻게 강력한 공권력이 물리적으로 그리고 형이상학적으로 도시에 씻을 수 없는 상처를 입혔는가를

---

735 Jacobs, J., *The Death and Life of Great American Cities,* New York, Random House, 1961.
________, *The Economy of Cities,* New York, Random House, 1969.
________, *Cities and the Wealth of Nations,* New York, Random House, 1984.

736 Alexiou, A. S. and Jacobs, J., *Jane Jacobs: Urban Visionary,* New Brunswick, New Jersey, and London, Rutgers University Press, 2006.

상세하게 기술한다. 그녀는 인간적 교제가 가능한 이웃 동네의 중요성을 논의했으며 일정 도시 구역을 다정다감하고 우호적으로 만드는 요인이 무엇인지를 탐구했다. 그녀는 도시에서 오랜 시간 동안의 풍파를 견뎌낸 옛 건물들이 건재해야 할 필요성을 언급했으며 이웃 동네의 생명력에 해를 입히는 제한적 지대 구별에 기초한 공간 규제의 폐해를 알렸다. 그녀는 초고층화되는 주택 프로젝트를 목격하고 그것을 일러 디자인이 추할 뿐 아니라 이웃 지역의 영혼을 만신창이로 만들었다고 책망하고 혹평했다. 물론 그녀가 이 같은 문제에 비판적 사유를 제시한 유일한 사람은 아니다. 앞서 살펴본 멈퍼드 역시 초고층 건물이 즐비한 대도시의 획일성을 비판했다. 그녀는 이렇게 적고 있다. "오래된 도시가 겉으로 무질서할지라도 옛 도시는, 늘 성공적으로 작동하며 거리의 안전함을 유지하고 도시의 자유를 지속시키는 놀라운 질서이다." 물론 그녀의 저술에서 나타나는 단점의 하나로, 도시 공간에서의 인종 문제는 거의 언급하지 않았다는 사실은 옥에 티라 할 수 있다.[737]

『미국 대도시들의 죽음과 삶』은 1958년 시작해 1961년에 완성했다. 그녀는 집필 작업을 하면서 스스로 도심의 거리에서 목격한 것과 자신이 쓴 글을 비교하고 검토했다. 예컨대 그녀는 르 코르뷔지에의 비전에 토대를 두고 건설되어 당시 사람들로부터 칭송받던 프루트-이고에[Pruitt-Igoe] 아파트 단지를 직접 방문했다. 주지하는 바와 같이 그 집단 거주 공간은 범죄와 약탈의 온상지로 전락해 수년 뒤 완전히 해체되고 철거됐다.[738]

그녀의 책은 모든 도시에 대한 저서이지만 특히 뉴욕에 초점을 두고 있다. 실제로 이 책을 뉴욕시에 헌정한다고 책 서두에 언급하고 있다. 그녀가 든 사례들이 대부분 뉴욕에서 나왔지만 그녀는 뉴욕 이외의 다른 도시들과 도시 사상들의 상당 부분을 주목하고 학습했다. 그리고 그녀는 그 같은 관념들을 하나의 도시에서 다른 도시로 옮겨가며 직접 테스트했다. 그녀는 뉴욕이 겉으로는 무질서하게 보이지만 미묘한 사회 경제적 질서에 대해 사유하기에 더할 나위 없이 탁월한 장소라는 점을 인정했다.

737 위의 책, p.7.

738 『미국 대도시들의 죽음과 삶』에 대한 상세한 분석은 같은 책, pp.68-94 참조.

그녀 자신은 이 책의 백미인 서문에서 매우 거친 언어로 도시계획의 이론과 실천에 대해 혹독한 비판의 날을 세운다. "이 책은 현재의 도시계획과 재건설에 대한 공격이다. 아울러 이 책은 도시계획과 재건설의 새로운 원칙을 도입하려는 시도이다."[739] 제이콥스는 자신의 도시 비평이 현재의 건축과 도시계획 교육기관에서 가르치는 모든 것과 상이하며 심지어 그것들과 대립한다고 선언한다. 그녀는 "근대의 정통 도시계획과 재건설을 축조해온 원칙들과 목표에 대한 공격이다."라고 썼다.

실제로 그녀는 일상의 사소한 것들에 대해 적고 있다. 어떤 종류의 도시의 거리가 안전하며, 왜 몇몇 도시 정원은 빼어나게 아름다운 반면 다른 공원은 사악한 죽음의 덫인지, 왜 슬럼가는 계속해서 그 늪에서 허우적대는지를 묻는다. "요컨대 나는 도시가 현실적 삶에서 어떻게 작동하는가에 대해 쓸 것이다. 왜냐하면 이것은 어떤 도시계획의 원칙과 재건설에서의 어떤 실천이 도시에서 사회적 경제적 생명력을 촉진할 수 있는가를 배울 수 있는 유일한 길이기 때문이다."[740] "현재 도시의 경제적 근거는 하나의 거짓과 말장난이다."[741] 그 원리로 계획된 도시 재건설의 수단은 목적만큼이나 한탄스럽다. 그것은 오류로 점철된 실험장이며 교훈을 얻지 못한다. 연이어 "도시는 도시 건설과 도시 디자인의 시도와 오류, 실패와 성공의 방대한 실험실이다. 이것은 도시계획이 그것의 이론을 학습하고, 형성하고 시험했어야 할 실험실이다. 하지만 도시계획 분야의 실천가들과 교육자들은 현실 생활에서의 성공과 실패에 관한 연구를 무시해왔으며, 예상치 못한 성공의 원인에 관심을 기울이지 않았고 그 대신 소도시, 도시 교외 등의 행동 양식과 외관 폐결핵 요양원, 공진회, 이미지의 꿈의 도시으로부터 파생된 원칙의 안내를 받았다."[742] 이는 도시 자체가 아닌 다른 것으로부터 파생된 원리들이다.

---

739 Jacobs, J., *The Death and Life of Great American Cities: The Fall of Town Planning*, Penguin Books, 1964, p.13.

740 위의 책.

741 같은 책, p.15.

742 같은 책, p.16.

그녀는 도시 갱생 독트린에 선행하는 사유의 흔적을 추적하며 영국의 도시계획가 하워드와 그의 전원도시 운동을 다루고 있다. 하워드는 19세기 말 런던 빈곤층의 생활 조건에 주목했다. 그녀에 따르면 하워드는 도시의 잘못된 점과 실수를 증오했을 뿐만 아니라 도시 자체를 증오했으며 도시를 노골적이며 전면적인 악으로, 자연에 대한 대결로 생각했다.[743] 근대 산업도시에 대한 그 같은 부정적 인식 속에서 전원도시는 도시에 대한 하나의 대안으로서 또한 도시 문제의 해결책으로 착상된 하나의 계획 관념이었다. 제이콥스는 하워드가 도시계획을 본질적으로 권위적인 것은 아닐지라도 다분히 부권 중심적인 것으로 착상했다는 점을 지적한다. 제이콥스의 비판에 따르면 하워드는 자신이 주안점으로 삼은 유토피아와 상관없는 도시의 다양한 양상들에는 관심을 갖지 않았다. 특히 하워드는 메트로폴리스의 미묘하며 다면적이고 문화적인 삶은 다루지 않았다.[744] 하워드가 미국 도시계획에 미친 영향은 두 개의 방향에서 수렴된다. 한편으로는 소도시와 지역 계획가들로부터, 다른 한편으로는 건축가들로부터이다. 게디스는 전원도시 사상을 인구 성장을 흡수하기에 적절한 방식으로 보지 않았지만 하워드는 더 크고 더 포괄적인 패턴의 출발점으로 전원도시를 보았다. 그는 도시계획을 전체 지역의 계획 차원에서 사유했다. 지역 계획 아래에서 전원도시는 자원에 딱 들어맞는 것으로 농업에 대한 균형을 맞추면서 보다 큰 영토를 통해 합리적으로 분배될 수 있다.

하워드와 게디스는 멈퍼드의 주도 아래 결성된 미국지역계획협회Regional Planning Association of America의 주요 회원들을 비롯해 1920년대 미국 도시 담론에 지대한 영향을 미쳤으며 특히 멈퍼드, 스튜어트 체이스Stuart Chase, 클래런스 스타인Clarence Stein, 캐서린 바우어Catherine Bauer 등이 열광적으로 채택했다.[745] 제이콥스는 미국지역계획협회의 유일한 여성 회원이었던 바우어를 인용하는

---

743 같은 책, p.27.

744 같은 책, p.29.

745 Hall, P. *Cities of Tomorrow: An Intellectual History of Urban Planning and Design in the Twentieth Century*, London, Blackwell Publishing, 2002, pp.156-174.

데, 이들 추종자들을 탈집중화주의자Decentrists라고 부르며 비판한다. 이들은 인구 분산을 위해 대도시를 탈집중화시키는 것을 목표로 삼았다. "사물의 새로운 질서를 위한 필요성을 강화하고 극적으로 만들기 위해 탈집중화주의자들은 오래된 도시를 망치로 산산 조각냈다. 그들은 대도시에서의 성공에 대해서는 관심을 갖지 않았다. 그들이 보기에 대도시에서 모든 것은 실패였다."[746]

멈퍼드에 대한 그녀의 비판은 혹독하다. "멈퍼드의 책, 『도시들의 문화』는 대부분 병들고, 질병들로 가득 찬 카탈로그였다. 대도시는 메갈로폴리스, 폭군도시, 죽음의 도시였다. 괴물, 폭군, 살아 있는 죽음이었다. 그것은 사라져야 할 그 무엇이다."[747]

르 코르뷔지에의 도시론에 대해서도 그녀가 세운 비판의 칼날은 예리하다. 그녀에 따르면 이 모든 반反도시적 계획을 할 수 있는 권리를 부당성의 성채들 속으로 가장 성공적극적으로 정당화한 사상가는 유럽의 건축가 르 코르뷔지에이다.[748] 그는 1920년대 그가 '빛나는 도시'라고 불렀던 꿈의 도시를 고안했다. 그것은 탈집중화주의자들이 사랑했던 저층 건물로 이뤄진 것이 아니라, 하나의 공원 안에 마천루로 구성된 도시이다. "도시 전체가 하나의 공원"처럼 95퍼센트는 개방 공간으로 이뤄지며 단지 5퍼센트만 인구밀도가 높은 마천루가 점유한다. "르 코르뷔지에는 하나의 물리적 환경만을 계획한 것이 아니라, 사회적 유토피아 역시 계획하고 있었다. 르 코르뷔지에의 유토피아는 그가 최대의 개인적 자유라고 불렀던 것의 조건이었다. 여기에서 그가 말하는 자유는 무엇인가를 실천하는 자유가 아니라 일상적 책임으로부터의 자유를 의미했다."[749] 탈집중화를 주장하는 사람들과 전원도

---

746 Jacobs, 앞의 책, p.30.

747 같은 책, pp.30-31.
두 사람의 논쟁에 대해서는 다음 논문 참조.
Fishman, R., "The Mumford-Jacobs Debate", *Planning History Studies 10,* 1996, pp.3-11.

748 같은 책, p.31.

749 같은 책, p.32.

시 옹호론자들은 공원 안에 고층 빌딩을 짓는 르 코르뷔지에의 생각에 맞섰다. 그런데 아이러니는 빛나는 도시는 전원도시로부터 직접적으로 나왔다는 사실이다.[750] 르 코르뷔지에는 전원도시의 근본적 이미지가 고층 빌딩의 밀도를 위해 실용적이라고 받아들였다. "르 코르뷔지에의 꿈의 도시는 우리의 도시에 어마어마한 영향을 미쳤다. 그것은 건축가들에 의해 현기증을 일으킬 정도로 묘사됐으며 저소득층 주택 단지로부터 사무실 건물 프로젝트에 이르기까지 영향을 미쳤다."[751]

그녀는 건강하며 인간적인 도시의 공동체 또는 동네를 만들기 위한 네 개의 조건을 파악한다. 첫째, 건강한 근린지역neighborhoods은 이미 아리스토텔레스가 도시의 본질로 파악한 바 있듯이, 다채로운 활동과 더불어 창조되는 다양성을 포용하면서 도시 공간의 사용은 기능적 분리가 아닌 혼합을 수용해야 한다. 둘째, 건강한 근린 지역은 가능한 한 가장 광범위한 사용을 잉태하기 위해 오래된 건물과 새 건물을 비롯해 다양한 유형의 건물을 지니고 있어야 한다. 셋째, 건강한 근린지역은 연구의 일정한 밀도를 갖춘 집중화를 노출해야 비로소 일정한 활동의 매스mass에 도달할 수 있다. 끝으로 그녀는 도시 공간에서 선택의 기회와 교차로에서의 우연성을 극대화시키기 위해 거리를 상대적으로 짧은 블록으로 분할해야 한다는 점을 강조했다.

제이콥스의 도시 사상은 미국은 물론 유럽의 사회과학자들과 인문학자들에게 적지 않은 영향을 미쳤다. 영미권의 경우 도시학자 세넷의 초기 도시 연구에 영감을 주었으며 로버트 퍼트넘Robert Putnam의 시민 공동체와 사회 자본에 대한 탐구에도 결정적인 영향을 행사했다. 아울러 그녀의 도시 사상은 단순히 이론적 차원에 머무르지 않고 도시 민주주의 구현으로 추앙받으면서 도시 갱생에 대한 급진적인 비판에 정신적 영감을 불러일으켰으며[752], 도

750 같은 책.

751 같은 책, p.33.

752 Caro, R., *The Power Broker: Robert Moses and the Fall of New York,* New York, Random House, 1974.

시계획가의 작업에 직접 적용되기도 했다.[753] 특히 전통적 도시 풍경의 옹호는 건축가, 도시계획가, 보존주의자들에게 사상적 초석으로 쓰였다. 맹목적 권력과 권위에 끈질기게 저항한 제이콥스는 그 어떤 이념적 편파성을 타파하면서 공적 공간을 제멋대로 변화시키는 폭정의 힘에 맞서 싸우며 활력 넘치는 도시 공동체를 지속시키기 위한 담대한 비판적 사유의 씨앗을 뿌림과 동시에 자신의 이념을 실천으로 옮긴 위대한 인물이다.

---

753 Berman, M., *All That Is Solid Melts into Air: The Experience of Modernity*, New York, Simon and Shuster, 1982.

제2부

도시 기호학의 역사적 이론적 토대: 발생·전개·구조

•

도시 공간에 대한 기호학자들의 관심은 1970년대부터 싹트기 시작해 1980년대 진입하면서 본격적인 연구가 개시됐으나 몇 권의 논문 모음집이 출간됐을 뿐 체계적인 방법과 시각을 종합적으로 정리한 단행본조차 나와 있지 않은 현실은 사뭇 놀랍고 매우 아쉽다고 말하지 않을 수 없다.

도시 기호학의 효시는 1960년대와 1970년대를 거치면서 상당한 연구가 축적된 건축 기호학에서 찾을 수 있다. 건축을 하나의 의미 현상으로 파악하면서 개별 건축물의 구조와 형태를 기호 체계로 보는 연구들이 봇물처럼 생산됐던 것이다. 하지만 1990년대에 접어들면서 건축 기호학은 소강상태에 들어갔으며 도시 기호학은 복잡계 이론에 기초한 형태발생 이론을 적용한 매우 전문적인 연구물을 제외하면 이렇다 할 연구 성과를 내놓지 못한 채 답보상태에 빠져 있다. 이 같은 실정은 도시 공간이라는 기호학의 중요한 연구 영역을 적극 개발하지 못했다는 점에서 아쉬운 공백이라 하지 않을 수 없다. 2부는 바로 이 같은 간극을 메우기 위해 통합 기호학의 시각에서 도시 기호학의 발생 맥락과 역사적 형성 과정을 짚어보고 이론적 토대를 구축하는 데 목표를 두고 있다.

제5장 • 건축 기호학에서 도시 기호학으로

건축 기호학의 발생과 이론적 토대

도시 기호학의 이론적 가능성은 1970년대에 타진됐으나 그 이전에 이미 일부 기호학자들과 건축학자들은 건축적 물체의 기호학적 위상에 대한 관심을 표명했다.[001] 이탈리아, 프랑스, 미국, 그리스, 남미 등지에서 건축 기호학의 방법론적 타당성에 대해 심도 있는 인식론적 논의가 진행됐으며, 건축학계에서는 설계의 실제 과정에서의 유용성에 대해서도 다각적인 실험이 이뤄졌다. 건축 기호학의 역사는 대략 반세기에 이르는 상당히 긴 지적 궤적을 갖고 있다고 말할 수 있을 것이다. 한국의 경우, 건축 기호학의 수용과 연구에 대해서는 보다 상세한 서지학적 조사가 필요하겠으나, 건축학 전공 분야에서 제출된 몇 편의 박사 논문이 나왔으며[002], 결코 적지 않은 건축학 관련 논문들이 발표된 것으로 확인된다. 이 점에서 몇 해 전 타계한 건축가 정기용이 건축 기호학 이해의 필요성을 강조한 대목은 되새겨볼 만하다. "유럽의 건축 기호학의 방법이 반드시 한국 실정에 맞는지는 점검해봐야 하겠지

---

001 건축 기호학의 발생과 전개에 대한 종합적 연구로 다음 문헌 참조.
Krampen, M., *Meaning in the Urban Environment,* Pion Limited, 1979.
Presiosi, D., *Architecture, Language and Meaning,* Mouton, 1979.
건축 기호학과 관련된 국내 연구물은 다음과 같다.
1. 김치수·김성도 외, 『현대기호학의 발전』, 서울대 출판부, 1998, pp.428-463.
2. 정기용, 『사람, 건축, 도시』, 현실문화, 2008. (도시 기호학과 관련된 부분은 세 편의 글 참조. 「건축과 기호학」 pp.370-383, 「도시와 일상 건축의 기호학」 pp,384-387, 「건축 기호학에 대해」, pp.397-409.)
3. 박여성, 「공간 건축 도시 연구의 방법론 - 기호학과 텍스트 언어학을 중심으로」, 『로칼리티 인문학』 6, 2011, pp.175-204.

002 임석재, 「건축의 기호론적 해석-조선시대 상류 주택에의 적용」, 서울대학교 건축학과 박사학위 논문, 1987.

만 적어도 우리는 기호학적 접근을 할 기틀은 마련해야 할 것이다."[003]

특히 건축 기호학의 존재 이유에 대한 정기용의 설명은 통찰로 번득인다. "의미란 주어진 것이 아니라 하나하나 건축하는 것이다. 또한 의미란 단지 다른 것과의 구별에서만 가능한 것이라고 한다면, 적어도 우리에게는 한 사람 한 사람이 건축을 어떻게 생각하는가가 중요한 것이 아니라 건축에 대해 사회의 생각이 어떻게 변화했는지, 그것이 어떤 이념과 체제를 지향하는지도 가늠해보는 데에 기호학이 건축을 새롭게 이해하는 데 도움이 된다고 하겠다. 그렇지 못할 바에는 굳이 기호학의 원조를 기다릴 필요는 없을 것이다."[004] 결론적으로 정기용은 도시와 건축이 앞으로 기호학이 연구해야 할 무궁무진한 광맥이라는 점을 다음과 같이 분명히 지적했다. "우리 눈앞에 널려 있는 도시와 건축 텍스트들은 기호학자들에게는 널려 있는 의미의 창고들이다. 이런 사회 현상은 의미의 현상이고 이것을 읽어내는 것이 아마도 건축 도시 기호학자들의 몫이 될 것이다."[005]

1. 건축의 기능과 커뮤니케이션: 감베리니에서 에코의 건축 이론까지

도시 기호학의 전신이라 할 건축 기호학의 이론적 발원지는 이탈리아이다. 특히 1950년대 이탈리아에서는 건축학 분야에 다양한 인문학 지식과 새로운 방법론들을 수용하면서 활발한 건축 이론 담론들이 꽃을 피웠다. 이들 이탈리아의 건축가들은 무엇보다 급격한 도시화가 불러온 도시 환경의 의미 결여와 건축 디자인의 획일화에 대한 우려를 표명했다.[006]

---

003 정기용, 「건축과 기호학」, 『사람, 건축, 도시』, 현실문화, 2008, p.376.

004 위의 글, p.381.

005 정기용, 「건축 기호학에 대해」, (pp.397-409.), 『사람, 건축, 도시』, 현실문화, 2008. p.408.

006 Dorfles, G., *Il divenire delle arti,* Torino, G. Einaudi, 1959.
________, *Simbolo, comunicazione, consumo,* Torino, G. Einaudi, 1962.
Brandi, C., *Segno e immagine,* Milano, Saggiatore, 1960a.
________, *Ritratto di Morandi,* Milano, Saggiatore, 1960b.
________, *Struttura e architettura,* Roma, 1967.

이 같이 건축과 도시 공간에 대한 의미론적 비평의 필요성을 인식하는 가운데, 특히 제2차 세계대전 이후 도시 공간의 혼란스러운 상황에 직면하고 통일된 건축 이론의 학술 용어 체계가 요구되는 상황에서 이탈리아 건축학자들과 기호학자들은 서구 학계에서 제일 먼저 건축을 일정 집합의 규칙들을 준수하며 구성된 복잡한 시스템으로 파악했다. 따라서 그들은 건축과 언어 사이에서 일정한 유추 관계가 존재할 것이라는 가정을 제시하는 데 이르렀다. 피렌체건축대학교는 바로 이 같은 새로운 건축 연구 운동의 진원지였으며, 1953년 이탈로 감베리니Italo Gamberini**007**는 이 분야 최초의 종합적 연구 성과인 『건축 요소들의 분석을 위해Per una Analisi Degli Elementi dell'Architettura』를 발표했다. 그에 따르면 언어의 구성 요소들과 유추 관계에 있는 건축의 구성 요소는 크게 일곱 개로 정리된다. ①층, ②층과 층 사이의 수직적 연결, ③ 벽, ④ 외부와 내부 사이의 연결, ⑤지붕, ⑥기둥, ⑦공간의 의미를 강조하는 물체들이 그것이다.

언어학적 유추에 기초한 기호학 연구는 조반니 클라우스 쾨니그Giovanni Klaus Koenig**008**에 의해 계속됐는데, 그는 언어가 규칙의 집합으로 조직화된 기호 체계라는 미국 기호학자 찰스 모리스Charles Morris의 개념을 건축 기호학에 도입한 최초의 건축학자라 할 수 있다. 모리스에 따르면 기호는 특정 행동 양식을 촉발시키는 자극으로서 기능하며, 이때 행동 양식은 실제 대상물이 부재할 경우 기호에 의해 촉발될 수 있다. 이 같은 기호들은 일정 무리의 해석자들에게 공통적인 의미를 수반하며 그 의미는 상이한 상황 속에서 동일하다. 쾨니그는 이 같은 원리가 건축에도 적용될 수 있다는 진술을 피력했다. 예를 들어 집이라는 건축의 물체는 통상적으로 가족의 삶과 결합되는 특

Garroni, E., *La crisi semantica delle arti,* Roma, Officina, 1964.

007 Gamberini, I., *Per un' analisi degli elementi dell' architettura,* Firenze, Ed. Universitaria, 1953.
________ , *Gli elementi dell' architettura come parole del linguaggio architettonico,* Firenze, Coppini, 1959.
________ , *Analisi degli elementi costitutivi dell' architettura,* Firenze, Coppini, 1961.

008 Koenig, G. C., *Analisi del linguaggio architettonico,* Firenze, L.E.F., 1964.

수한 행동 패턴들을 상기시킨다. 집은 따라서 특수한 관계로 이뤄진 특수한 공간의 기호인 것이다. 이어서 『건축과 커뮤니케이션』[009]에서 쾨니그는 건축에서 커뮤니케이션 과정의 존재를 상정했으며, 건축이 하나의 언어라는 독창적 가설을 취하게 된다. 요컨대 건축은 커뮤니케이션의 기능을 수행해야 한다는 것이다.

건축 기호학의 최초의 이론적 종합은 에코에 의해 시도됐다. 그의 명저 『부재하는 구조』[010]에 실린 「기능과 기호: 건축 기호학」이라는 제목의 장은 에코의 건축 기호학 이론의 백미라 할 수 있다. 이 글은 건축 기호학의 이론적 토대를 비롯해 그 문제점을 일목요연하게 압축했다는 점에서 상세한 이해가 필요하다.

이 책에서 에코는 건축적 기호가 다른 행동 양식의 패턴을 지시하는 준비적 자극이라는 쾨니그의 행동주의적 이론을 비판한다. 에코는 건축이라는 물체 자체가 유의미한 자극으로서 그것의 의미, 즉 그것의 기의는 바로 건축물이 수행하는 기능이라는 주장을 내세우고 있다. 따라서 건축 기호들은 기술되고 열거되어야 할 기표들이며, 건축의 기표가 기의와 맺는 관계는 특수한 문화적 코드들에 의해 설정되고 유지된다. 건축적 물체는 그것을 사용하는 개별 문화 방식을 외시하는 것이다. 요컨대 에코의 건축 기호 이론은 건축의 기능과 커뮤니케이션의 상호성을 본격적으로 다뤘다고 말할 수 있다.

이 글의 내용을 좀 더 면밀하게 파악해보도록 하자. 에코는 시작부터 다음과 같은 본질적 질문을 던지고 있다. “만약 모든 문화적 현상이 기호 체계

---

009 Koenig, G. C., *Architettura e comunicazione,* Firenze, L.E.F., 1970.

010 Eco, U., “La funczione et il segno: semiologia dell’architettura”, in *La Struttura Assente,* Milano, Bompiani, ,1968.

영어 번역본은 다음 서지를 참조할 것.

Eco, U., *Function and Sign: the Semiotics of Architecture,* London, Routledge, 1997, pp.55-86.

한국어 번역본은 다음 서지를 참조할 것.

움베르토 에코, 김광현 옮김, 『기호와 현대 예술』, 열린책들, 1998.

로 이해될 수 있다면 건축은 기호학의 대상이 될 수 있는가?" 에코는 먼저 자신이 취급하는 건축은 건축적 가치를 지닌 산업디자인과 도시 디자인을 포함해 광의의 의미를 지칭하나 기타 의류나 음식 등 삼차원 공간에서 사회생활에 기능적으로 연결된 것들은 제외한다는 점을 지적한다.

에코는 먼저 건축이 기호학 이론에 하나의 어려운 문제를 제기하는 이유를 다음과 같이 설명한다. 대부분의 건축물이 '커뮤니케이션'하지 않고 단지 '기능'하는 데 머무른다면 과연 '기능'은 '커뮤니케이션'의 관점에서 해석될 수 있는가하는 물음이 제기될 수 있다. 그는 인간이 건축과 맺는 관계의 현상학적 고찰을 통해 건축을 그것의 기능성을 배제하지 않으면서도 커뮤니케이션 현상으로 감지할 수 있다는 가설을 설정한다. 에코는 특유의 기발한 은유를 들어 이 가설을 설명하는데, 그가 든 예는 원시인이 그린 동굴 이미지이다.

에코는 건축의 역사를 시작한 최초의 인간이 겪었을 상황을 생생하게 묘사한다. 최초의 원시인은 추위와 맹수들의 공격, 자연재해 등 여러 위협에 직면해 혼돈과 이성이 뒤죽박죽된 상태에서 다급한 판단을 내려 산속에 뚫린 구멍, 즉 동굴로 피신한다. 그 최초의 원시인은 동굴의 생김새와 크기 등을 관찰한 뒤 머릿속에 기억해둔다. 비바람이 멈춘 후 그는 밖으로 나와 입구와 동굴을 다시 관찰한다. 이런 식으로 형성된 '동굴의 이미지'는, 그것과 유사한 상황에서 하나의 '은신처'로서 동굴의 개념을 제공한다. 두 번째 동굴의 개념을 통해 그 동굴의 이미지는 하나의 '모델'로 유형화되어 특정 현상으로 인식되며 여기에서 동굴의 개념이 생겨난다. 이 동굴의 개념은 아직 사회적 차원에 이른 것은 아니나 다른 사람을 만나, 동굴이 보이거나 만져지지 않아도 그 그림을 기호로 전달할 수 있는, 추상적으로 '약호화'된 모델이다. 이를테면 건축의 코드가 하나의 도상 코드를 만든 것이며 이 '동굴의 원리'는 커뮤니케이션의 대상이 될 수 있다는 것이 에코의 주장이다.

이어서 에코는 본격적으로 기능과 커뮤니케이션의 밀접한 관련성을 논의하는 작업에 착수하는데 이때 인용하는 것은 바르트의 다음과 같은 유명한 인용문이다. “사회가 존재하는 한 모든 기능은 기호화된다.”[011] 예컨대, 수저를 사용해 입에 음식물을 넣는 행위는 수저가 가진 기능을 실현한 것이며 동시에 수저는 일반적으로 그런 기능을 유발한다. 또한 수저를 포함해 디자인된 모든 오브제는 그것의 적절한 기능이 이뤄지기 위해 커뮤니케이션한다. 그뿐만 아니라 사회적 사용 관례의 관점에서 수저의 사용은 음식물 섭취 시 사용되는 기능으로 한정된다는 사회적 의미를 획득하게 된다. 필자가 더 쉽게 이 원리를 풀이한다면, 예컨대 수저를 갖고 탁구를 치는 사람이 있다면 우리는 이 사람을 사회화의 관례에서 벗어나 하나의 예술적 퍼포먼스나 코미디를 연출하는 사람으로 추론할 것이다. 한 가지 첨언할 사항은 앞서 든 동굴과 마찬가지로 수저 역시 사용되지 않을 때조차 의미 작용을 수행한다는 점이다.

기호학의 표준 이론을 참조한다면 기호는 그것이 자극하는 행동이나 그것이 지시하는 사물을 반드시 참조할 필요가 없다. 기호의 의미는 적절한 문화의 맥락에서 설정된 기호 운반체sign vehicle를 통해 약호화된다. 이어서 에코는 건축의 기능과 커뮤니케이션 차원을 다루고 있다.

건물의 일차적 기능이 거주라는 진술은 상식적으로 수용될 수 있는 내용이다. 기호학의 용어를 빌리면 건물은 주거의 형태 혹은 공간을 외시한다. 그 공간에 누군가가 실제로 거주하지 않아도 외시 현상이 발생할 수 있음은 물론이다. 하지만 건축적 커뮤니케이션은 여기에서 그치지 않는다. 예컨대 어떤 건물의 창문을 쳐다볼 때 그것의 외시적 의미는 미약해지거나 아예 사라지고 건축적 리듬의 요소로서 창문이 건축물의 다른 요소들과 맺는 관계에 관심이 집중될 수도 있다. 마치 한 편의 시를 읽을 때 그 단어의 본래 의미는 희미해지고 그 단어가 다른 단어들과 맺는 통사적 기능을 탐구하는 것과 같은 원리이다.

또한 다소 예외적이고 인위적인 상황이기는 하나 건축가는 건축물에서의 개폐라는 본래의 기능을 수행하지 못하지만 심미적 감각을 보여주는 ‘가

011 Barthes, R., “Sémantique de l’objet”, in Nardi, P., *Arte e cultura nella civiltà contemporanea,* Firenze, Sansoni, 1966, p.41. Aventures sémiologiques, 1985 재수록.

짜 창문'을 만들 수도 있다. 하지만 건축적 맥락에서 그것 역시 창문으로 인정받는다. 그것은 미적 기능이라는 메시지를 전달할 수 있기 때문이다. 창문을 형성하는 다양한 요소는 그 창문의 기능을 외시함과 동시에 그 공간의 주거 개념과 방법을 지시한다. 또한 건축물 전체를 놓고 보면 창문의 모양을 비롯해 건축물 세부 양식 등은 건축가의 사상을 반영한다는 점을 알 수 있다. 예를 들어 원 모양의 아치나 첨두형 아치 등은 건축물의 의미를 독특한 방식으로 공시connotate한다. 따라서 건축물은 이 같은 공시적 특성을 통해 상징적 기능도 획득하게 된다.

건축물의 형태가 무엇이건 모든 건축물은 약호화된 방법으로 생산됐으며 동시에 사회적 규약에 따라 그 기능을 수행한다. 여기에서 에코는 또 하나의 재치 넘치는 엘리베이터의 사례를 제시하면서 논지를 이어간다. 설사 원시인이 엘리베이터를 발견한다 해도 그는 그 인공물의 약호를 알지 못하기 때문에 비록 제작자가 그 조작을 쉽게 만들었다 해도 그 기계 장치를 정확히 사용하는 데 이르지 못한다. 이를테면 엘리베이터의 제작자는 상하행 버튼과 조작 버튼을 알기 쉽게 만들었지만 엘리베이터의 약호를 모르는 원시인에겐 무용지물이다. 요컨대 건축물의 형태는 그 기능이 제대로 작동할 수 있어야 하고 그 기능이 완수되도록 건축물 사용자에게 올바르게 인식되어야 한다. 따라서 건축가는 반드시 기존의 사회적 관례와 약호를 따라야 한다. 하지만 또한 건축은 하나의 예술작품이 될 수 있다. 예술작품은 이미 알려진 정보를 제공함과 동시에 새로움을 가져다주어야 한다. 그것은 기존의 사회적 약호에서 일탈하는 요소들을 배치하면서도 동시에 그것의 개인 방언을 사회의 규약과 일치시키려 시도한다. 건축물도 동일한 원리라 할 수 있다. 즉 건축물은 기존의 형태 내에서 알려진 기능들과 약호들을 변화시켜나가되 그것은 점증적으로 이뤄져야 한다. 예컨대 지나치게 자신의 개성을 표현한다면 건축물은 본래의 기능적 차원을 상실하고 순수한 하나의 예술품, 즉 다양한 의미와 형태로 해석될 수 있는 애매모호한 오브제가 되고 만다.

한편 건축물은 그것의 기능과 아울러 고유한 이데올로기를 반영하기도 한다. 동굴의 예시에서처럼 그것은 '은신처'로서 기능할 수도 있지만 동시에 '가족' '공동체' 등의 의미를 공시할 수도 있다. 이런 공시적 기능이 '은신처'의 기능보다 덜 기능적이라고 말할 수는 없다. 또한 유용성utilitas의 개념을 내세워 '은신처'의 기능이 '공동체'의 기능보다 더 유용하다는 일반적 진술로 나가는 것도 무리가 따른다. 에코는 또 다시 의자라는 쉬운 예로 이 점을 명료하게 설명한다. 의자는 그 위에 앉을 수 있게 해주는 기능을 갖는다. 하지만 그것이 왕좌라면 그것은 무엇보다 왕권의 존엄성을 표상해야 하며 다양한 장식적 요소들로 조각되어 있어야 한다. 이 왕좌가 가진 존엄의 의미는 너무 강해서 그것의 '본질적'이자 '일차적' 기능과 의미를 압도하거나 훼손시킬 수 있다. 즉 무거운 왕관을 쓰고 거추장스러운 의복을 입은 채 착석하기에는 매우 불편할 수 있다.

요컨대 '기능'은 건축물의 모든 사용으로 확장될 수 있으나 건축물이 갖는 상징적 내포공시도 기능적 외시만큼 중요하다. 또한 상징적 내포들은 기능적 외시가 표현할 수 없는 사회적 규약을 전달하기도 한다. 예컨대 파티에 갈 때 입는 노출이 심하고 걷기에 불편한 긴 이브닝드레스를 생각해볼 수 있다. 따라서 에코는 기능적 외시와 상징적 공시를 유용성이라는 관점에서 파악하기보다는 더 명료한 구별을 위해 일차적 기능과 이차적 기능으로 표현할 것을 제안한다. 이어서 에코는 고딕 건축물을 사례로 들어 역사 속에서의 일차적 기능과 이차적 기능 사이에서 발생한 상호작용을 설명한다. 고딕의 첨두 모양의 아치에 관해서는 역사적으로 오랜 논쟁이 있어왔는데 성당의 여러 복잡한 요소의 미묘한 힘들을 지탱하면서 구조물의 균형 유지의 역할을 했던 것으로 보고 있다. 그것의 기능에 대한 논란보다 더 핵심적 논란은 이러한 첨두형 아치가 가리키는 지시체가 무엇이냐 하는 문제이다. 그것은 하나의 기능을 커뮤니케이션하기 위해 만들어졌을 것이 분명하다. 어떤 결론이 나오건 간에 건축 역사가들은 첨두아치가 어떤 관념을 전달한다는 것으로 보았으며 이러한 해석은 중세와 고딕의 건축물에 대한 약호 차원의 해석으로 확장된다.

특정 관념이나 의미를 전달하기 위해 사용되는 건축의 기호 운반체가 다른 하위 코드에 의존해 매번 모양새를 변형시켜왔음은 주지의 사실이다. 예컨대 12세기에 기록된 건축 관련 문서에서는 고딕 양식에서 사용된 스테인드글라스가 신성함의 충만한 활력을 표현했다고 적혀 있다. 19세기에 와

서 미술사가들은 고딕 양식이 특정한 종교적 감정을 표상하고 있으며 수직적 높이는 신을 향한 영혼의 고양으로 보았다. 오늘날에도 성당과 교회 건물은 이러한 가치를 고수하고 있으나 미국의 초고층 건물들은 건축물의 수직성이 내포하는 이러한 전통적 의미를 퇴색시켰다. 이렇듯 건축 기표의 일차적 기능과 이차적 기능은 시대마다 변할 수 있다.

이어서 에코는 건축의 해석 차원에서 약호를 규명할 때 제기되는 다양한 문제들을 일목요연하게 제시한다. 그것은 통사론의 차원, 의미론의 차원, 건축가의 의도성과 해석자의 의도성의 구별, 자연언어의 이중 분절의 적용 가능성 여부로 압축될 수 있다.

특히 건축 기호학의 차원에서 중요한 이론적 기여라 할 수 있는 건축 약호의 유형론을 소묘했다는 점을 환기할 필요가 있다. 에코는 모두 세 개의 하위 약호를 구별할 것을 제안한다. 첫째, 기술적 약호들technical codes로서 건축 기술의 과학과 연관된 종류의 분절을 말한다. 예컨대 들보, 마루, 원주, 도리, 보강 콘크리트 요소, 절연체, 와이어 등등. 이것은 기술과 구조적 기능에서의 진행이며 커뮤니케이션 차원이 부재하는 체계화된 단계로서 건축의 구조적 조건이라 할 수 있다. 둘째, 통사적 약호들syntactic codes로서 공간적 양상원형 도면, 그리스 십자가 도면, '열린' 도면, 미로, 고층 등에서 이뤄지는 분절로 고려되는 약호 유형으로 예시될 수 있다. 또한 통사론적 규칙을 고려할 수 있을 것이다. 예컨대 건축물에서 계단은 창문으로 나가는 방향에 만들어지지 않으며 침실은 일반적으로 욕실에 가까이 있다. 셋째, 의미론적 약호들semantic codes로서 건축물의 기표와 기의, 그리고 그것들의 개별적인 외시적, 공시적 의미 사이의 관계를 수립하는 의미론적 원리를 파악한다. 예컨대 건축물의 외시적 주요 기능지붕, 계단, 창문, 공시적 차원에 속하는 두 번째 기능들로서 거주의 이데올로기를 암시하거나공적 공간, 사적 공간 거실, 응접실, 유형론의 의미를 가진 기능적, 사회적 형태병원, 별장, 학교, 궁전, 철도역를 반영하기도 한다.

이 지점에서 에코는 건축 약호와 자연언어의 약호 사이에 존재하는 본질적 차이점을 짚어낸다. 언어 약호는 잠재적인 관계 체계를 표현하며 무한한 수의 메시지를 생성할 수 있는 거의 절대적인 자유 영역인 반면, 건축은 그 정도의 다양함을 허용하지는 않는다. 무엇보다 건축은 첫째로 사회적 건축학적 규칙에 따르는 공간이다. 물론 건축에 영향을 미치는 약호는 건물 내부의 다양한 조화로운 형태를 손상시키지 않는다면 표준화된 메시지로부터 약간의 변화를 허락할 것이다. 그러나 건축 방법은 사회의 규칙 체계를 따른다는 점에서 궁극적으로 건축은 완전한 창조적 자유 영역에 있지 않다.

에코의 요지는 다음과 같이 정리될 수 있다. 첫째, 건축은 사회적으로 용인된 기능을 전달하기 위해 일정한 약호 체계에 기초해야 한다. 둘째, 이 같은 건축의 약호에 의존해 생산된 건축의 메시지는 사회 집단에게 특정 생활 방식을 제시함으로써 또한 대중 역시 일정한 건축 형태를 기대함으로써 대중문화와 매스커뮤니케이션의 한 형태로 자리 잡는다. 셋째, 건축은 기존의 수사학적 이데올로기의 기대와 예상으로부터 일탈해 혁신적인 방향으로 선회하기도 한다. 넷째, 하지만 건축은 기존 건축 약호의 방향에서 총체적으로 이탈할 수 없다. 일정 종류의 약호에 기초하지 않는다면 효과적인 건축의 커뮤니케이션이 이뤄질 수 없기 때문이다.

2. 영미권의 건축 기호학의 수용과 전개: 브로드벤트, 프레지오시, 젱크스, 벤투리

이탈리아에서 시작된 건축 기호학은 영미권의 건축학계에도 곧바로 전파됐다. 브로드벤트, 젱크스, 도널드 프레지오시Donald Preziosi 등의 건축가들이 초창기의 수용에서 중요한 역할을 맡았다. 다음과 같은 세 권의 단행본이 건축 기호학의 대표적 생산물이라 할 수 있다. 『기호들, 상징들, 그리고 건축』[012] 『건축에서의 의미』[013] 『건축 환경의 기호학』이 그것이다. [014]

---

012 Broadbent, G., Bunt, R. and Jencks, C., *Signs, Symbols, and Architecture,* New York, John Wiley & Sons, 1980. (모두 14편의 논문을 싣고 있다.)

013 Jencks, C. and Baird, G., *Meaning in Architecture,* London, Barrie & Rockliffe, 1969.

014 Preziosi, D., *The Semiotics of the Built Environment: An Introduction to Architectonic Analysis,* Bloomington & London, Indiana University Press, 1979.

브로드벤트와 프레지오시

영미 건축학계에서 초창기부터 기호학 수용을 주도했던 브로드벤트 교수는 기호 이론이 건축에 대한 완전히 새로운 접근법을 열어주었다고 주장했다. 하지만 영미권의 주류 건축 이론가들은 건축에서의 의미라는 전체 장을 문제로 삼았으며 건축 기호학 이론은 너무 추상적이고 난해하고 지나치게 전문적인 용어로 점철되어 있어 실제 적용이 힘들다고 비판했다. 브로드벤트 교수는 이 같은 근거 없는 비판을 영미권 건축가들의 지적 빈곤을 일러주는 속물근성에 기인한다고 힐난했다.[015] 아울러 그는 기호학의 주요 개념들과 분석 방법이 건축에 대한 최상의 통찰을 제공할 수 있으며 가장 주관적인 미학의 봉토에 머물렀던 쟁점들을 합리적으로 탐구할 수 있는 계기를 마련해주었다고 보았다.[016] 특히 건축 이론에서 사용된 경험적인 과학 환경 심리학과 어깨를 나란히 하면서 건축의 의미라는 문제에 대한 완전히 상이한 접근법을 제공할 것으로 보았다.

특히 브로드벤트 교수는 노암 촘스키Noam Chomsky의 주요 개념이 기능주의적 건축이 지니는 최악의 단점을 피하게 해줄 수 있는 전도유망한 길을 열어주었다고 보았으며[017] 건축의 심층 구조 이론을 형성하는 네 개 요소를 지적했다.[018] 첫째, 인간의 활동을 위한 용기container로서 건물을 이해하는 것은 그 건물이 규모와 공간 차원에서 그 같은 활동에 적합한 내재적 구조를 가질 것이라는 사실을 함의한다. 아울러 이 같은 내재적 공간은 물리적 관계 속에서 존재할 것이다. 둘째, 기후 변화 장치로서의 건물은 그것의 표면, 특히 외부의 벽과 지붕이 닫힌 공간과 외적 환경 사이의 장벽 또는 여과기로서 기능할 것이라는 점을 함의한다. 셋째, 건축의 문화적 상징은 설사 기능적 건축

---

015 Broadbent, G., Bunt, R. and Jencks, C., *Signs, Symbols, and Architecture,* New York, John Wiley & Sons, 1980, p.4.

016 위의 책, p.3.

017 Broadbent, G., "The Deep Structure of Architecture", in Broadbent, G., Bunt, R., Jencks, C., *Signs, Symbols, and Architecture,* New York, John Wiley & Sons, 1980, pp.119-168.

018 위의 논문, p.137.

에 근거해 그 같은 상징성을 아무리 부정하려 해도 여전히 작동될 수밖에 없다. 넷째, 자원의 소비자로서의 건물을 언급할 수 있다. 모든 건물 소재는 그 위치가 정해지고, 건축 자재가 운반되고, 가공되고, 조합되어야 한다. 모든 건축 자재 각각의 가공을 통해 새로운 가치를 획득할 수 있다. 새로운 건물을 세운다는 사실은 특정 장소에 새로운 부가가치를 창출한다는 것을 의미한다. 단, 촘스키가 자신이 고안한 문법의 생성적 가능성을 알고리듬의 사용으로 국한시켰던 반면, 건축은 알고리듬의 사용에 국한해 배타적으로 생성되는 것으로 보기 어렵다는 차이점이 있다.

반대로 브로드벤트는 소쉬르가 언어의 새로운 형태가 생성되는 방식을 그의 통시태 이론에서 언급했다는 점에 주목해 소쉬르가 지적한 언어 변화의 네 가지 방식들, 음성 변화, 유추적 변화, 민간 어원 변화, 교착agglutination을 지적하면서, 이 네 가지 방식이 모두 건축에 적용될 수 있다고 주장했다. 예컨대 바로크 건축은 고전적 형태의 교착접합을 드러내며 민간 어원은 고전 건축의 규약이 토속적 건축vernacular에 적용될 때 목격된다. 특히 브로드벤트는 소쉬르가 지적한 음성 변화는 원재료 자체에서의 변화를 설명해주고 새로운 건축 형태를 생성하는 데 있어서 유추가 사용된다는 점을 강조했다. 이를테면 건축에서 사용되는 유추적 디자인은 통상적으로 시각 자료를 사용하면서 이뤄지는 드로잉에서 관찰되며 그것은 건축가가 풀어야 할 디자인 문제의 해결책에 사용된다. 예컨대 그리스의 도리아식 건축 원형은 그보다 앞선 관목 구조물에서 발견되며 이 같은 나무의 구조를 돌의 형태로 유추적으로 변형한 결과물이다. 아울러 유추는 창조적 건축의 기제가 될 수 있다. 미국 건축가 라이트가 존슨 왁스 공장 사무실Johnson Wax factory office, 1936에 사용한 수선화 형태와 르 코르뷔지에가 롱샹 성당Notre-Dame du Haut, Ronchamp에서 사용한 게딱지crab-shell 모양의 지붕 등은 모두 직접적 유추라 할 수 있다.[019] 흥미롭게도 브로드벤트의 논지에는 소쉬르의 랑그와 파롤 개념에 대한 부분이 언급되어 있지 않은데, 건축가 정기용은 그 같은 이분법적 소쉬르 개념의 건

---

019 같은 논문, pp.142-143.

축적 적용을 다음과 같이 명료하게 풀이하고 있으며 특히 시대의 상징성을 읽어내는 탁월한 기능에 방점을 찍고 있다.

"정교하고 세밀한 기호학적 분석들은 감춰진 의미들을 드러내주는 수단임이 틀림없다. 인간만이 전제되고 그 행위가 전제되지 않는 건축이 있을 수 없듯이 건축 공간 자체만의 독해는 중요한 또 하나의 축을 이을 수 있는데, 그것은 바로 한 시대의 삶의 의미는 일상성 속에 내재해 있고 따라서 모든 존재는 의미가 있다는 점이다. 이것을 드러내는 것은 한 시대의 상징 체계를 드러내는 것일 수도 있을 것이다. (…) 중요한 것은 건축 자체의 의미가 아니라 이 시대의 의미와 상징과 신화를 드러내는 것이다. 건축을 커다란 틀로 보아서 언어랑그라면 개별 건물은 발화파롤이다. 결국은 끊임없는 발화의 반복 속에서 드러나는 차이가 어떤 이미지와 상징과 신화를 만들어내는가 하는 것을 추적하는 일이다."[020]

한편 프레지오시 교수는 건축 환경을 하나의 기호 체계로서 분석하고 기술하는 이론적 체계를 수립한 영미권의 건축학자이다. 고대 그리스의 미노아 사원 건축물을 분석한 자신의 박사 논문[021]에서 시작된 그의 구조 형태적 방법론은 건축 기호학의 방법론적 수립으로 곧바로 이어졌다. 그는 건축 토대의 시스템architectonic systems을 형성하는 주요 방식을 수립하려는 목표를 세웠으며 건축 토대의 시스템이 다른 인간의 상징 커뮤니케이션 시스템에 견주어 가진 유사성과 상이점을 밝혀내려 했다. 프레지오시에 따르면 구술 언어와 마찬가지로 건조 환경built environment, 그는 이것을 건축 토대의 코드(architectonic code)라고 명명하고 있다.은 범인간적 현상이다. 인공적으로 자신의 환경을 재질서화하지 않는 인간 사회는 존재하지 않는다. 따라서 "모든 인간 사회는 건축적으로 소통한다."[022] 모든 건축 코드는 건물의 형성 과정에서 특정 물질적 요소의 어떤 분리나 이접이 그것의 의미에 있어서 다른 요소들 간의 차이가 어떤 상관

---

020 정기용,「도시와 일상 건축의 기호학」,『사람, 건축, 도시』, 현실문화, 2008, (pp.384-387), p.407.

021 Preziosi, D., *Minoan architectural design: formation and signification,* Berlin, Mouton, 1983.

022 Preziosi, D., *The Semiotics of the Built Environment,* 1979, p.1.

관계를 이루는지를 구체적으로 설명할 수 있다. 또한 하나의 기호 체계로서의 건축 시스템은 위계적으로 조직화되어 있다. 건축 코드는 본질적으로 관련성들의 체계로서 그 안에서 유의미적 실재들entities은 관련성의 다차원적 네트워크와 그것들의 상대적 위치 안에서 정의된다. 하나의 기호 체계로서 정의된 건조 환경은 진공 속에서 존재하는 것이 아니라 상이한 매체로 이뤄진 다른 기호 체계의 집합과 더불어 동시에 발생한다.

젱크스의 건축 기호학 개념

우리가 주목해야 할 또 다른 학자는 영미권의 건축학계와 건축 비평과 이론에서 건축 기호학 이론을 가장 명시적으로 종합화한 젱크스 교수이다. 그는 건축 기호학의 네 가지 핵심 주제를 지적했다.[023]

첫째, 건축의 본질과 관련해 기호학이 기여할 수 있는 새로운 관점이다. 로마의 건축 이론가 비트루비우스부터 포스트모던 건축 이론까지, 건축의 본질에 대한 정의는 다양하다. 생태학적 정의에서 시작해 양식적 정의를 포함해 현상학적 정의에 이르기까지, 그는 기존의 정의를 본질주의적essentialist 정의라고 규정하고, '건축은 기의를 분절시키기 위해 일정한 수단들을 이용하면서 이뤄지는 형태적 기표들의 사용'으로 보았다. 기표는 재료와 공간 울타리enclosures이며, 기의는 생활 방식, 가치들, 기능들이고, 수단은 구조물, 경제적, 기술적, 기계적 수단을 말한다.[024]

그는 건축의 기호학적 정의가 갖는 두 가지 장점을 지적한다.[025] 첫 번째 장점으로 기호학은 형태, 기능, 기술로 이뤄진 전통적 삼원소triad를 의미작용의 과정 안에서 포함시킬 수 있으며 이 같은 본질적 토대 위에서 건설되어야 할 부가적인 역사적 의미들을 허락한다. 젱크스에 따르면 건축은 은유적으로 표현하자면, 공학, 사회학 등 다른 실천들 모두와 관련해 이 같은 실

---

023 Jencks, C., "The Architectural Sign", in Broadbent, G., Bunt, R., Jencks, C., *Signs, Symbols, and Architecture,* New York, John Wiley & Sons, 1980, pp.71-118.

024 위의 논문, p.72.

025 같은 논문, pp.72-73.

천들을 독특한 조합 속에서 사용하면서 하나의 생태학적 적소를 차지한다. 건축 기호학의 방법론이 갖는 두 번째 장점은 건축에서 가장 특징적인 약호들, 이를테면 거주 가능한 공간으로서의 건축이 반드시 가장 중요한 건축 약호인 것은 아니라는 점을 밝혀줌과 동시에, 건축 기호를 형성하는 다양한 약호들을 판별하고, 그것들의 위계를 수립해줄 수 있다는 데 있다.

그가 제기한 두 번째 문제는 건축의 기표와 기의의 문제이다. 다른 기호와 마찬가지로 건축 기호는 분명히 표현면과 내용면의 이원적 구조로 이뤄져 있으며, 기표는 형태, 공간, 표면, 볼륨에 해당된다. 또한 이 형태들은 초분절적 속성들, 리듬, 색채, 질감, 밀도 등을 갖는다. 여기에 첨가해 두 번째 층위의 기표들이 존재한다. 소음, 냄새, 촉각성, 동작적 성질, 열의 양상들은 빈번하게 건축적 경험의 중요한 부분이다.[026] 삶의 경험이 어디에서 끝나고 중단하며 건축의 경험과 환경이 어디에서 시작하는지 명료한 지점이 없기 때문에 실존적 행동existential의 일반 기호학을 정식화하려는 시도를 해볼 수 있다. 젱크스에 따르면 건축 기호학은 일반 기호학의 한 부분이 될 것이다. 하지만 그의 판단에 따르면 그 같은 시도는 1980년대 당시로서는 시기상조였으며 건축의 다채로우면서 전체론적 경험을 강조했다. 왜냐하면 인간은 건물이라는 상당한 규모의 물리적 집합에 대해 전체적 분위기 또는 환경ambiance으로 경험하기 때문이다.

건축의 기의는 모든 관념의 집합이 될 수 있다. 단, 그것들이 지나치게 길거나 복잡하지 않아야 한다. 예컨대 아인슈타인의 방정식을 건물을 통해서 표상할 수 없을 것이다. 이와 유사한 맥락에서 건축가 정기용은 건축 기호학이 건축의 의미론적 차원과 물리적 차원을 모두 아우른다는 점을 강조한 바 있다. 필자는 그의 진술을 건축 기호의 기표 차원과 기의 차원을 종합화시킨다는 뜻으로 풀이한다. "건축 기호학은 건축을 의미 체계로 연구하는 것이지만, 그렇다고 해서 건축이 물리적 건설 체계에 의뢰하는 것까지 부정하는 것은 아니다. 그러나 물리적인 성격마저도 그 이전에 이미 체계와 밀접

---

026 같은 논문, pp.73-75.

한 연관 속에 놓여 있음을 잊어서는 안 된다."[027]

최근에 건축을 지배한 기의는 위에서 언급한 개념과 이데올로기이다. 하지만 젱크스 교수에 따르면 건축이 분절하는 무의식적이거나 암묵적인 기의의 또 다른 집합이 존재한다. 이 같은 범주는 묵시적 관습과 인류학적 데이터를 포함하고 있어 의식적으로 기호화되기에는 너무나 명백하거나 모호한 데이터들이며 보다 고차원적인 도상 해석학적 의미의 집합이다. 따라서 건축적 기의, 즉 내용 약호의 일차적 수준인 도상학 수준에는 의도적 의미, 미학적 의미, 건축적 관념, 공간 개념, 사회적 종교적 신념, 기능, 활동, 생활양식, 상업적 목적, 기술적 시스템 등이 속하며, 이차적 수준인 도상 해석학에는 숨겨진 의미, 잠복적 상징, 인류학적 데이터, 암묵적 기능, 근접 공간학, 토지 사용 등이 포함된다. 건축은 다른 모든 기호 시스템과 마찬가지로 새로운 해석을 향해 열려 있으며 의도되지 않거나 숨겨진 해석과 독해에 개방돼 있다. 따라서 건축 비평가가 그 공간을 탐구하는 것은 그의 고유한 지적 의무이며 권리이다.

젱크스가 제기하는 세 번째 문제는 의미 작용과 커뮤니케이션으로서, 이것은 건축 기호학의 핵심 사안이라 할 수 있다. 건축의 일차적 목적이 커뮤니케이션을 하는 데 있는 기호 체계인가의 여부에 대한 논쟁은 건축 기호학 초기부터 제기된 해묵은 문제이다. 의심할 나위 없이, 건축은 늘 무엇인가를 의미하나 하나의 메시지를 소통하기 위해 의식적으로 의도되지 않을 수 있으며 작품 설명을 스스로 제공하지 않는 침묵하는 울타리이다.

대부분 사람에게 특별한 영향을 미치려 할 때, 건축은 하나의 메시지를 소통하려는 의도를 지닌다. 더 나아가 하나의 건물은 그것을 기본적인 방식으로 작동하게 만들기 위해 이해 가능한 일정한 약호가 있어야 한다. 모든 건축은 최소한 의미 작용을 의도한다. 아니면 최소한 그 안에 존재하는 더 작은 범주인 의식적 커뮤니케이션을 의도한다.[028]

---

027 정기용, 「건축과 기호학」, 앞의 책, p.375.

028 Jencks, 앞의 논문, pp.76-80.

의미 작용의 시스템은 특정 형태의 채택과 재사용에 따라서 아울러 다른 형태와의 위치에 따라서 시간의 경과에 따라 건설된다. "하나의 형태가 한 시대의 다른 모든 형태와 관련지어 차지하는 자리는 따라서 그것의 의미 작용, 그것의 가치, 또는 하나의 의미론적 공간 안에서 차지하는 그것의 자리를 성립한다."[029]

물론 이 같은 의미론적 장들은 상이한 사람들의 집단에 따라 신속하게 그리고 완만하게 변화한다. 예컨대 1930년에 인터내셔널 스타일은 CIAM 등의 전문가 집단에게는 새로운 사회, 평등주의, 진보, 희망 등을 의미했으나 다른 무리에게는 비인간성, 야만성, 기계주의, 따분함을 의미했다. 따라서 어떤 의미 작용 시스템이 한 시점에서 더 타당하느냐는 문제는 물론 정치적 사안이다.

의미 작용의 시스템은 새로운 형태가 그 이전의 의미론적 장 속으로 도입돼 단편적이고 파편적으로 건설된다. 건축 형태의 의미 변화는 공리적 기초로부터 시작해 미학적 상징적 층위로 진행하면서, 이어서 하나의 기능적 층위로 진행하는 연속적 단계를 통해 추적될 수 있다. 변화하는 건축 기호의 주기에 속도를 높이는 것은 경제적 시스템에서 빈번하다. 소비자 사회에서 가장 성공적인 제품들은 이 같은 변형적인 재코드화를 겪는다. 마찬가지로 건물과 건축 기호들에서도 완만한 페이스이기는 하지만 그 같은 재코드화가 수반된다.

건축은 분명 커뮤니케이션 현상으로서 정의될 수 있다. 이 같은 관점을 채택하면서 세 가지 이론의 집합이 동원된다. 시스템 이론, 장이론, 정보 이론이 그것이다. 여기에서 목적은 총체적 환경을 모든 사회 물리적 에너지 패턴들 사이에서 상호 관계와 상호작용으로부터 생산된 행동 공간으로서의 장들로서 간주하는 데 있다.[030]

건축은 고체와 빈 공간이 아니고 건물의 단순한 물리적 건설이 아니

---

029 같은 논문, p.76.

030 Minai, A. T., *Architecture as Environmental Communication,* Berlin·New·York·Amsterdam, Mouton Publishers, 1984, pp.181–205.

며 시간적 경계선과 텅 빈 공간이 아니라, 모든 물질적 비물질적 물질/에너지 사건의 역동적인 연속적 흐름이다.[031] 건축은 하나의 행동 공간action space으로서 그 안에서 각각의 분자, 에너지와 물질은 총체적 장의 모든 점들의 구조적 속성에 의해 조건 지어지는 유일무이한 속성을 갖는다. 따라서 "건축을 문화의 물리적 발현으로서 사유하고, 문화를 공간과 시간에서의 커뮤니케이션 시스템"으로 사유할 필요성이 정당화된다. 왜냐하면 "문화라는 매체는 인간의 총체적 우주이며 그것의 메시지는 상징과 가치의 형식 속에서 물리적 차원과 형이상학적 차원의 상호작용의 형식을 통해 표명되기 때문이다."[032]

젱크스가 제기하는 네 번째 문제는 약호의 특수성이다. 그는 표현 약호와 내용 약호로 이뤄진 건축 약호들의 위계를 세웠거니와, 그가 지적한 열 개의 약호를 지적하면 다음과 같다.[033]

(1) 생활 방식의 기호, 민족 영역의 기호, 거주와 편안함의 기호로서의 건축으로 이 약호는 거의 건축에 전적으로 특수하다.

(2) 건설 행위의 기호, 건축적 변화, 개인적 참여, 구매와 판매 등의 역사적 과정의 기호이다.

(3) 전통적 관념과 신념들의 기호이다. 이것은 전통적 건축 이론에서 도상학으로 기술하는 의미 작용으로 알려져 있다. 모든 기호 시스템은 이 영역을 분절시킨다.

(4) 다채로운 기능들의 기호, 사용, 사회 활동, 구조적 능력, 환경 서비스, 온도 제어 등을 포함하는 기능들의 기호이며 상이한 범주의 건축물에서 다양하게 나타난다.

(5) 사회 인류학적 의미의 기호로서, 사회적 공간 차원들을 연구하는

---

031 위의 책, p.188.

032 같은 책, p.189.

033 같은 책, pp.80-113.

근접 공간학은 건축이 어떻게 사람과 무리 사이의 거리 조절을 통해 의미를 생산하는가를 연구한다.

(6) 모든 도시는 하나의 경제적 부류, 사회적 도상으로서 읽힐 수 있다. 단, 토지 가치와 사회적 위상이 실제로 어떤 기호 체계로 상호작용하는가의 문제에 대해서는 별로 알려진 바가 없다.

(7) 심리적 동기 부여의 기호로서, 이 범주의 건축 기호는 어떤 경우에는 감추어지지만 어떤 경우에서는 명시적으로 부각되기도 한다. 예컨대, 남근 중심적 약호나 다양한 성적 약호 등을 손꼽을 수 있으며 그 밖에 다양한 건축적 표현 약호들을 고려할 수 있을 것이다.

(8) 공간적 조종의 기호이다. 르네상스 건축가들은 벽과 구조적 패턴 사이의 간격으로서 공간을 실증적으로 재현하기 시작했다. 이 같은 표현 형태는 다른 사람에게 의식적으로 부과되기도 한다. 고대 그리스인은 내부 공간에 대해 현대인보다 더 발달된 개념을 갖고 있었으며, 외부 공간을 질서화하는 위상학적 관념을 지니고 있었다.

(9) 건축 표면 등, 건축 마감재의 기호를 언급할 수 있다. 이것은 건축물 의미의 마지막 켜로서, 건물의 외피라 할 수 있다. 다시 말해 심층적 건축 의미가 아니라, 건축의 피부epidermis인 것이다. 기호학적 중요성 차원에서 이것은 표현 약호에서 가장 먼저 위치돼야 한다. 이는 단지 그것이 가장 눈에 먼저 들어오기 때문이 아니라 리듬, 색채, 질감, 비례, 크기, 냄새, 촉각 등 다양한 분절 층위를 지니기 때문이다.

(10) 형태적 분절의 기호이다. 물질적 분절의 수많은 범주의 수를 결정하기는 어려우나 삼차원의 볼륨, 매스, 밀도 등은 표면과 분리될 수 있다.

한편, 젱크스 교수는 포스트모던 건축 이론에 대한 자신의 저서에서 건축 커뮤니케이션의 다양한 방식을 논하면서 은유와 약호의 문제를 중심으로 언어학 용어들의 건축에서의 유추에 대해 설명한 바 있다.[034] 사람들은 한결같이 하나의 건물을 다른 건물에 견주어 보거나 유사한 오브제들과 비교하는 등 하나의 은유로서 보려는 경향이 있다. 근대 건축물이 생소할수록, 사람들은 자신이 알고 있는 것과 은유적으로 비교하려 할 것이다.

요점은 지각 코드들은 우리가 건축을 보고 그것을 가치 매김하는 방식의 기저에 깔려 있다는 것이며, 개인적 학습과 배경 문화에 기초한 코드 제약은 건축 독법을 유도한다는 것이다. 글로벌 문명에서는 다중적 약호들이 존재하며 그 가운데 몇 개는 갈등을 일으키며 이것은 포스트모던 건축가에게 기본적인 출발점을 제시한다. 즉 이 같은 복수성을 어떻게 다룰 것인가, 어떻게 갈등적 의미의 균형을 잡을 것인가, 어느 약호를 선호하고 어떤 약호를 제거할 것인가라는 어려운 문제가 제기된다.

여기서는 일반적으로 두 개의 하위문화가 존재한다. 하나는 근대 건축가들의 훈련과 이데올로기에 기초한 당대의 약호와 관련되며 다른 하나는 규범화된 건축적 요소들의 모든 사람의 경험에 기초한 전통적 약호 또는 지역적 약호와 관련된다. 이 두 개의 약호가 서로 충돌을 일으킬 강력한 원인이 존재하며 건축은 그것의 창조와 해석에서 철저하게 정신분열적일 수 있다. 몇몇 건물은 다채로운 약호를 포용하기 때문에 대립적 의미와 더불어 혼합된 은유가 될 수 있다. 근대 건축가의 '순수한 볼륨'은 대중에게 '신발장' 또는 '캐비넷', '성냥갑'이 된다.[035]

예컨대 호주 시드니의 오페라 하우스 건축물은 모더니즘과 포스트모더니즘 사이의 분기점에 있어 다양한 은유로 해석됐다. 조개껍데기에서 비행하는 새의 날개, 그리고 시드니 항만에 떠 있는 요트에 비유됐다. 이것은 건축적 은유의 해석이 생각보다 신축적이며 구두 언어나 문자 언어에서 사용되는 은유 해석보다는 지역적 약호에 의존한다는 예상치 못한 함의를 갖는

---

034 Jencks, C., "chapter 2, The Modes of Architectural Communication", in Jencks, C., *The New Paradigm in Architecture,* New Heaven and London, Yale University Press, 2002, pp.25-52.

035 위의 책, p.27.

다. 지역 맥락이 건축물의 독법을 유도하고 은유에 한계를 긋는 것이다.

중요한 것은 이 같은 은유가 건물의 기능과 그것의 상징적 역할에 대해 얼마나 적합한가이다. 예컨대 유기체적 은유는 문화센터에 매우 적합하다. 성장을 암시하는 이미지는 창조성의 의미에 적합하기 때문이다.

젱크스 교수의 설명에 따르면 근대 건축가들은 대체로 상징적 기호의 재사용을 회피하려 했다. 왜냐하면 그들은 이 같은 역사적 요소들이 창조성의 결여를 뜻한다고 느꼈기 때문이다. 그들에게 상징적 기호들을 사용하는 건축가는 십중팔구 솔직하지 못한 속물로 비춰졌다. 근대 건축가들은 보편적인 기능적 유형에 기초해, 상이한 문화를 횡단하는 건축 사용의 일종의 '에스페란토Esperanto', 즉 보편적 언어의 구성을 희망했다. 기호학적으로 풀이하자면, 이 같은 근대 건축의 기호들은, 예컨대 화살표, 직선형 회랑처럼 건축 공간의 사용을 직접적으로 지시한다는 점에서 지표 기호의 범주에 속한다. 또는 도상적 범주에 속하기도 하는데 그 경우 건축 형태는 그 기능의 다이어그램이 될 수 있다. 근대 건축은 이 같은 유형의 기호들로 한정됐으며, 문화적 특수성에서 나타나는 상징적 기호들을 의도적으로 회피했다.

공간으로서의 건축에서 기호와 커뮤니케이션으로서의 건축으로: 벤투리의 건축 기호학

그 밖에 명시적으로 건축 기호학의 개념을 제시하지는 않았으나, 건축을 하나의 기호 체계로 간주할 것을 강조한 미국의 포스트모던 계열의 세계적 건축가인 벤투리를 언급할 필요가 있다. 그는 현대 건축 이론의 계보에서 중요한 획을 그은 자신의 주요 저서에서 공간적 인식으로부터 벗어나 기호로서 건축을 주목해야 할 발상의 전환을 강조했다.[036] 예컨대 그는 다음과 같

---

036 벤투리의 주요 저서들은 다음과 같다.

1. Venturi, R., *Complexity & Contradiction in Architecture,* The Museum of Modern Art, 1977 (한국어 번역본) 로버트 벤투리, 임창복 옮김, 『건축의 복합성과 대립성』, 동녘, 2004.

2. Venturi, R., Brown, D. S. and Izenour, S., *Learning from Las Vegas,* MA, The MIT Press, 1977.

3. Venturi, R., Mead, C. C., *The Architecture of Robert Venturi,* University of New Mexico Press, 1989.

이 진술한다. “공간으로서의 건축보다는 기호로서의 건축이다. 여기에서 건축은 정보 시대를 위한 것이지, 산업 시대를 위한 건축은 아니다.”[037] 이 같은 그의 시각에 따르면 건축은 구체적으로 “분절된 형태보다는 도상학적 표면” “예술적 표현보다는 명시적 커뮤니케이션” “추상주의보다는 도상학” “전기 게임보다는 전자 테크놀로지” “혁명적 이데올로기보다는 진화적 프래그매티즘” “표현주의적 순수성보다는 매너리즘의 멀티미디어”를 포함한다.

벤투리는 커뮤니케이션으로서의 건축을 이해시키기 위해 근현대 건축에서 이뤄진 최근의 선행 사조를 지적한다. 특히 20세기 초반과 중반에 선을 보인 고전적 근대 건축은 현시대의 건축을 설명해줄 타당한 선행 사례로 제시된다. 그것은 한편으로는 추상적 형태, 다른 한편으로는 산업적 상징성의 이상적이면서 동시에 갈등적인 조합을 모두 포함한다. 그에 따르면 이제 산업 시대는 가고 디지털 시대가 왔다는 것이다. “우리 시대의 모더니즘은 역사적 산업 시대로부터 파생된 장식적 요소들보다는 현재의 정보 시대에 적절한 전자 디지털 요소를 포함시켜야 하는 것이 아닌가?”[038]

역사적 맥락에서 위의 주장은 타당하며 건축이 기호 또는 커뮤니케이션으로서 갖는 본질적 성질을 명료하게 해준다. 벤투리가 제시하는 선행 사실들은 고급문화와 저급문화를 포함하는 본질적으로 건축의 모든 시대 또는 양식을 아우른다.

예컨대, 그는 고대 이집트 건축물에서 특히 사원 건축물의 표면이 상형문자들로 가득 차 있었음을 환기시키면서 그것은 오늘날의 정보 시대를 상징하는 광고 게시판에 비유될 수 있다는 암시를 했다. 또한 그는 그리스와

---

4. Venturi, R. and Brown, D. S., *Architecture as Signs and Systems,* Cambridge, MA., The Belknap Press of Harvard University Press, 2004.

5. Venturi, R. and Brown, D. S., *Signs and Systems for a Mannerist Time,* Cambridge, The Belknap Press of Harvard Press, 2004. (한국어 번역본) 로버트 벤투리, 유혜경 옮김, 『기호와 시스템으로 읽는 건축』, 애플트리태일즈, 2009.

037 Venturi, R. and Brown, D. S., *Signs and Systems for a Mannerist Time,* Cambridge, The Belknap Press of Harvard Press, 2004, p.12.

038 위의 책, p.17.

로마의 사원 건축물에서 나타나는 박공벽pediments이 조각으로 가득 차 있음을 목격한 뒤, 그 조각된 내용을 예술적 표현적 요소들로서 신과 여신에 대한 관념을 비롯해 종교의 이념을 전달하기 위해 건물이 수용했던 상징적 요소로 보았다. 비잔틴 실내 장식과 중세 고딕 성당의 스테인드글라스 등도 동일한 원리에서 이해될 수 있고 이탈리아 르네상스의 벽화 미술과 바로크 성당의 휘황찬란한 천장 벽화 역시 모두 도상 체계로서의 건축을 표상한다. 또한 교토의 정원들은 축소와 양식화를 통해서 자연경관을 재현하고 상징화하며 모더니즘의 한 형태인 러시아 구성주의 역시 그것의 형태적 구성들 안에서 도상학을 통합시키고 있다. 끝으로 미국 대도시의 현란한 광고 게시판은 상업적 요소로서 현대의 광고 게시판과 현대식 건물이 통합돼야 한다는 점을 웅변해준다.

결국 벤투리가 말하고자 하는 바는 서구의 경우 수많은 건축과 미술 작품에서 예술적 차원은 부차적으로 수반된 것이고 오히려 기술, 설명, 설득의 매체로서의 건축의 도시적 요소가 지배적이었다는 것이다. 바로 그 같은 개념은 특별히 전자 테크놀로지와 더불어 존재하는 오늘날의 정보 시대에 적절하다는 것이다. 그런 연유에서 벤투리는 다소 과장된 어조로 이렇게 외치고 있다. "전자 픽셀 만세, 다문화주의를 수용할 수 있는, 계속해 변화하며 진화하는 픽셀, 전자 픽셀 만세!"[039]

그의 이론적 주장은 다음과 같이 정리될 수 있다. 건축적 도상 차원의 의미가 역사적으로 축소된 것은 상당수의 인구가 책을 읽게 해준 활자의 발명과 영향으로부터 파생된 것이며, 최근에는 텔레비전이라는 매체의 발명과 지배로부터 파생됐다. 벤투리는 정보 시대에 귀속된 정보량의 증가와 그 지배력 차원에서 보다 복잡해진 문화적 복잡성을 인정하고 수용하기 위해 모든 형태의 커뮤니케이션을 사용할 필요성을 제기한다. 따라서 건축은 우리가 사는 역동적 시대에 적절하며 여기에서 형태는 무작정 기능을 따르기보다는 적절히 맥락에 적응하면서 기능을 수용한다는 것이 그의 요지이다.

---

039 같은 책, p.34.

이 밖에도 그는 게슈탈트 심리학의 기본 개념을 수용해 건축과 도시계획에서 맥락성을 주목했다. 그에 따르면 오늘날 건축적 사유와 과정을 지배하는 핵심 요소는 바로 '컨텍스트'라는 것이다. 컨텍스트가 중요한 이유는 그것이 특정 장소의 성질을 인정하고 단일 건물을 넘어서 전체를 인지하고 확장된 도시 공간의 통일성을 강화하기 때문이다. 컨텍스트에서의 조화는 대조와 유추로부터 파생하며 컨텍스트 속에서의 불협화음은 마치 베토벤의 교향곡 작품에서처럼 그 구성에서 긴장을 생산할 수 있다. 여기에서 말하는 컨텍스트의 범위는 문화적, 미학적, 사회학적, 도시학적, 형식적 또는 이데올로기적인 차원을 넘어서는 기호학적 복잡성이라 할 수 있다. 아울러 건축은 명시적으로 고급문화와 저급문화의 상징을 모두 포용해야 하며, 바로 여기에서 공간으로서의 건축보다는 기호로서의 건축을 재차 강조하는데 이것은 바로 산업시대의 건축이 끝나고 정보시대의 건축 개념이 새롭게 창발하고 있음을 역설하는 것이다. 여기에서 건축은 분절된 형태보다는 도상학적 표면을 포함하고 예술적 표현보다는 명시적 커뮤니케이션을 포함한다. 건축은 추상적 표현주의보다는 도상 체계로서의 다양한 문화를 수용할 수 있는 변화무쌍한 다채로움을 실어 나르며 표현주의적 순수성보다는 매너리즘의 멀티미디어라는 것이다. 그 결과, "장식용 대못에 견주어서 전자 픽셀이 승리를 거둔 것Viva electronic pixels over decorative rivets"이다.[040] 벤투리의 흥미로운 주장은 기호와 커뮤니케이션으로서의 건축을 표상하는 역사적 선례들이다. 앞서 언급한 것처럼 고대 이집트 건축의 상형문자는 원형 정보 시대의 간판이며 프랑스의 고딕 성당의 건물 파사드는 성인들의 부조물로 도심 한복판에 설치한 삼차원의 게시판에 비유되면서, 미국 상업 간판과 전광판과 동일 선상에 놓고 있다는 점이다. 한마디로 그가 힘주어 강조하는 것은 산업사회의 모더니즘 이후에 건축의 도상학적 요소가 기술, 설명, 설득의 지배적 요소로 부상했다는 것이다.

벤투리의 텍스트 가운데 건축 기호학적 의미를 가진 또 다른 책은 『건

---

040 같은 책, p.16.

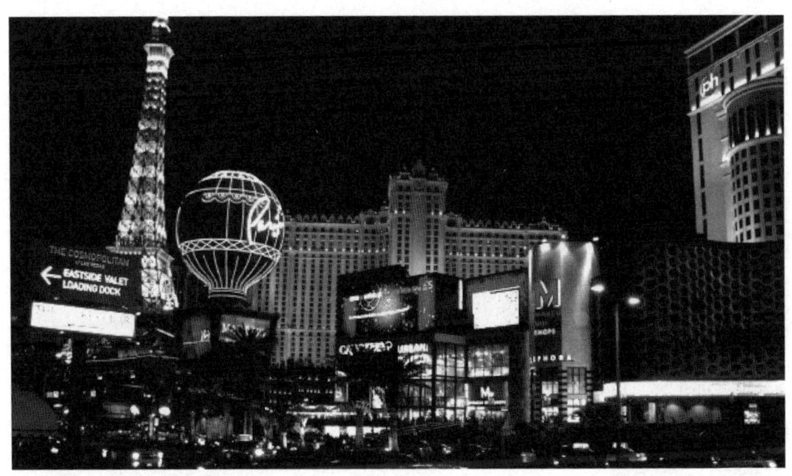

14 라스베이거스의 광고판

축의 복합성과 대립성Complexity and Contradiction in Architecture』이다. 벤투리는 의미의 명료성보다는 의미의 풍요로움을, 또한 명시적 기능과 더불어 암묵적 기능을 선호한다. 벤투리에게 유효한 건축은 의미의 여러 수준을 상기시키고 초점의 조합들을 상기시키는 것이다. 단순한 건축과 배제적 건축은 이를 기대할 수 없다. 이 같은 모든 다채로움을 위해 벤투리가 지향하는 복잡성과 모순의 건축은 전체에 대해 특별한 의무를 지니고 있고 그는 그것을 일러 '어려운 전체'라고 부른다. 벤투리의 전체는 배제의 쉬운 통일성보다는 포함의 어려움을 체현해야 한다.[041]

벤투리는 그의 프로그램을 두 가지로 분절한다. 첫째, 건축 자체의 매체를 재검토하는 것이다. 복잡한 목적들이 건축의 영역을 증가시키기 위해 어떻게 사용되는가를 알기 위해 그 목적들을 상세히 살펴보아야 한다. 우리의 시각적 다채로움에 귀속된 다채로움은 그것의 모든 모호함과 더불어 인

---

041 벤추리의 이 저서에 대한 상세한 분석에 대해서는 다음 문헌을 참조할 것.
Broadbent, G., *Emerging Concepts in Urban Space Design,* London and New York, Van Nostrand Reinhold, 1990, pp. 235-245.

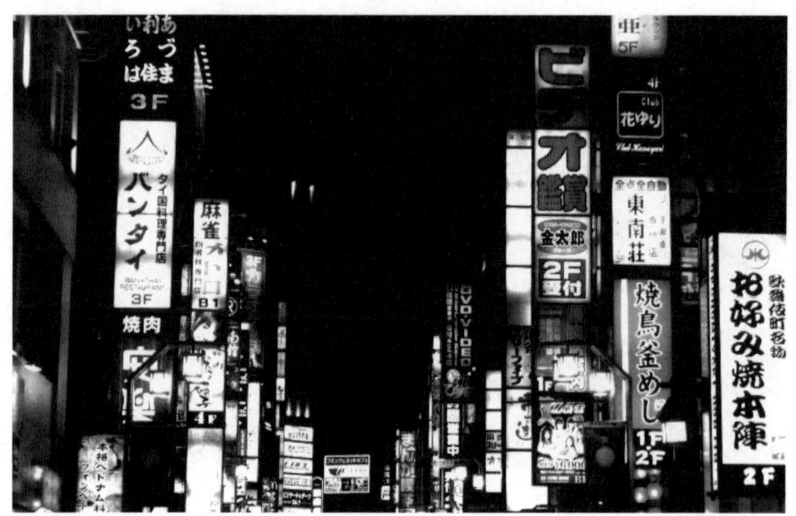

15 도쿄의 광고판

정되고 개발돼야 한다. 둘째, 기능적 프로그램들의 점차로 커가는 복잡성을 인정해야 한다. 연구소, 병원과 같은 특수한 건축 장르들을 기초해 도시 스케일과 지역 스케일에서 발생하는 문제들을 인지해야 한다. 심지어 단독주택 한 채도 범위에서는 간단하나 만약 당대적 경험의 모호성을 표현하려 한다면 그 의도에 있어서 복잡하게 된다.

벤투리가 강조하는 모호성은 하나의 전체로서의 예술 속에서 근본적 중요성을 지닌다는 점에서 필수적이다. 벤투리는 자신이 찬양하는 다양한 회화들의 종류에서 통일성 속에서 존재하는 유사한 모순들을 감지했다. 벤투리는 건축에서 복잡성과 모순은 두 가지 방식으로 표현될 수 있다고 시사한다. 하나는 우리의 지각 속에 기초하며 그 이미지가 무엇이냐 하는 것과 그것이 보이는 것 사이의 모순에 의해 야기된다. 다른 하나는 건물의 형태와 내용과 관련된다. 이는 그것의 프로그램과 구조 사이의 간극과 관련된다. 그는 스케일, 방향 개방성, 닫힘, 대칭이나 비대칭 등의 지각적 모호성에서 시작한다. 그는 이원성, 모호성, 계획의 이중 방식, 물리적 사실과 정신적 효과 사이의 다른 갈등을 발견한다. 벤투리는 이어서 그의 형태와 내용에서 그리고 프로그램과 구조의 발현에서 복잡성과 모순을 검토한다.

한마디로 하나의 질서가 유효하려면 하나의 복잡한 현실의 상황적, 국면적 모순들에 적응해야 한다. 제어와 순발성, 정확성과 용이성, 전체 안에서의 즉흥성 등을 말한다. 구체적 예로 그는 산마르코 광장에서 '채택된 갈등들contradictions adapted'이라고 부른 것의 선행적 요소를 발견한다. 주변 건물의 다채로운 높이와 양식은 물론이고 수미일관적 공간적 질서는 스케일, 리듬, 그리고 질감에 있어서 그것의 격렬한 모순들이 없지 않다. 그는 결국 한 건물의 내재적 공간은 그것의 외재적 형태에 의해 표현돼야 한다는 근대 건축 사조에 도전한다. 그에 따르면 외부에서 내부로, 내부에서 외부로 디자인하는 것은 모두 건축을 만들어내는 것을 도와주는 필연적 긴장들을 창조한다. 내부는 외부와 상이하기 때문에 벽은 그 변화의 지점이자 건축적 사건이 된다.

3. 프랑스 건축 기호학의 발생과 전개

이탈리아와 영미권 건축학계, 기호학계와 더불어 프랑스에서는 주로 그레마스의 구조 기호학을 중심으로 건축 기호학의 활발한 연구가 이뤄졌다.[042] 하마드 교수, 르니에 교수처럼 시종일관 그레마스 기호학을 천착한 건축학자를 비롯해 부동Pierre Boudon교수와 르드뤼 교수처럼 사회학과 지리학을 비롯한 다른 학제적 연구로 전향한 연구자 등이 풍성한 연구 결과물을 축적했다.[043]

---

042 프랑스 건축 기호학의 성과를 집약한 초기의 다음 문헌을 참조할 것.
"Sémiotique de l'espace", *Communication,* 27, 1977,
특히 다음 연구물을 참조할 것.
Boudon, P., "Introduction", pp.1-12.
Muntanola, J., "Remarques épistémologiques sur la sémiotique des lieux", pp.13-27.

043 Hammad, M., *Lire l'espace, comprendre l'architecture: essais sémiotiques,* Limoges, PULIM, 2006.
Boudon, P., *Introduction à une sémiotique des lieux: écriture, graphisme, architecture,* Paris, Klincksieck, 1981.
Ledrut, R., *La forme et le sens dans la société,* Paris, Libr. des Méridiens, 1984.

하마드의 건축 기호학: 인식론적 토대와 실제 분석

프랑스 건축 기호학의 역사에서 마나르 하마드Manar Hammad는 반드시 언급돼야 할 중요 인물이다. 1972년부터 1976년까지 그는 그레마스의 기호학 이론으로부터 영감을 받아 건축 기호학 연구 조직인 '그룹107Groupe 107'의 대표를 지냈으며, 그레마스가 지도했던 파리사회과학고등연구원 산하 '기호언어연구회'의 그룹에서 1971년부터 1987년까지 건축, 공간, 도시에 대한 기호학적 연구를 수행했다.[044]

현재 하마드 교수의 나이는 70대 중반에 이르렀으나 그의 지적 열정은 식지 않았으며 최근 들어 고대 근동 문명의 도시계획에 대한 심도 있는 연구를 진행 중이다. 건축 기호학과 관련된 그의 주요 연구물은 2006년에 출간된 프랑스어 저서 『공간 읽기, 건축 이해하기』에 실려 있다.[045] 그 이외에 『공간의 사유화』는 그의 대표적인 연구서이다.[046]

앞서 지적한 것처럼 하마드 건축 기호학의 이론적 출발점은 그룹107이 1970년대 초반에 출간한 세 편의 연구물이라 할 수 있다.[047] 이 공동 연구물에서 그는 기호학적 유의미한 시스템으로서 공간의 분석 모델을 제안했다. 기호학적 관점에서 구성된 모델은 루이 옐름슬레우Louis Hjelmslev와 그레마스의 이론들로부터 주요 개념들을 차용한다. 또한 그룹107은 공간이 의미를 취하는 것은 오직 그 공간에 대해 사람들이 행하는 사용 차원에서 비로소

Renier, A., "Espace, représentation et sémiotique de l'architecture", in *Espace & Représentation,* Paris, Les Editions de la Villette, 1989.

044 하마드 교수가 1994년 여름 한국을 방문했을 때, 당시 필자는 종묘를 함께 방문한 바 있으며 종묘의 건축적 장엄성과 숭고미 앞에서 연신 탄성을 지어내던 그의 감격하는 표정에 대한 기억이 지금도 생생하다.

045 Hammad, M., *Lire l'espace, comprendre l'architecture: essais sémiotiques,* Limoges, PULIM, 2006.

046 Hammad, M., *The Privatisation of Space,* Lund, Lund University Press, Sweden, 2002.

047 하마드의 초기 연구물은 다음과 같다.

1. *Pour une analyse Sémiotique des plans en Architecture,* I, Recherche DGRST, Paris, 1973/1976.

2. *Méthode d'analyse sémiotique des documents dessinées en architecture,* Copedith, 1976,

3. *Groupe 107, Sémiotique des plans en architecture,* vol.II, Paris, C.O.R.D.A, Copedith, 1976.

획득된다는 점, 풀어 말해 그 공간에서 진행되는 행동에 따라 의미가 나타난다는 점을 강조했다. 이 같은 행동은 내용 수준에서 제기되며 표현 층위에서 물질적 환경에서 이동하는 사람들의 현존을 요구한다. 따라서 내용 수준이 단위들로 이뤄진 일개 범주에 불과한 반면, 표현의 층위는 세 개의 구성 요소를 제시한다. '사람들' '그들의 운동 공간' '사람들이 관통할 수 없는 공간 즉 오브제들의 공간'이 그것이다. 아래 다음 세 가지 언급은 핵심적이다. 첫째, 건축 공간의 사용자들은 이 같은 기호학에서 매우 중요한 역할을 맡는다. 둘째, 운동은 사람들의 주요 특징 가운데 하나이다. 셋째, 위에서 지적한 세 개의 구성 요소는 그것들 자체가 표현 단위의 범주는 아니지만, 그것들은 이 같은 표현 단위의 형성에 기여한다.

하나의 행동에 해당하는 기호의 표현은 그룹107에 의해 '토포스topos, 복수형 topoï'라고 불렸다. 하나의 토포스는 하나의 공간이며 사람과 오브제를 포함하는 하나의 볼륨이다. 그것은 삼차원의 단위이며 그 경계선들은 표현 층위와 내용 층위를 동시에 고려하면서 결정될 수 있다.

실제로 하마드는 자신의 동료들과 공동으로 파리 남쪽에 설계한 한 집합 주거 단지의 마스터플랜을 분석한 바 있다. 그들은 건축 공간이 언어와 유사한 원리로 기능하며 건축가의 도면은 메타언어의 서술이라고 가정하면서 연구를 개시했다. 집합 주거 단지 전체를 부분으로 분할하고 의미소들을 가정해 그것이 하나의 마스터플랜으로 통합되는 양상을 분석한 것이다.[048] 그 뒤 하마드는 40년간 팔미르 고대 도시의 성지Tadmor-Palmyre에서 순례지 마타트Mattat에 이르기까지의 광범위한 분석을 실행했다.

그에 따르면 공간 기호학은 세 개의 상관관계를 이루는 다양한 차원에서 전개된다. 분석 대상의 각인 층위niveau d'inscription로서, 가설적 차원에서 이것들은 사람과 사물을 결합시키는 장소로 정의된다. 이를테면 그가 평생 연구했던 르네상스 건축, 일본 쇼군의 건축, 다도의 건축, 하나의 성소 또는 세미나 강의실 등은 구체적 장소들이다. 둘째, 방법의 층위로서 여기에서 채택

---

048 정기용, 『사람, 건축, 도시』, 현실문화, 2008. pp.403-405 참조.

된 그레마스의 접근법은 다양한 기호 체계가 혼합되는 융합적 대상의 변이형 가운데 하나로서 건축을 다룬다. 이 점에 대해 하마드는 다음과 같이 진술한다. "공간 기호학은 자연 세계 속에서 발현된 인간적 사실들의 융합적 접근의 진전에 참여한다."[049] 기호학적 방법은 지금까지의 전통적 접근법에서 상상할 수 없던 결과를 수립하는 것을 가능케 한다는 점에서 그 효율성이 입증될 수 있을 것이다. 세 번째는, 인식론적 제어의 층위로서, 결과들의 적합성과 변별성을 판단하게 해준다.

파리 기호학파는 최소 단위를 단어, 음소 등으로 파악하는 언어학자들이 취하는 방식으로 연구 대상에 접근하지 않는다. 하마드의 연구물에서 작동되는 기호학적 도구는 좀 더 확장되고 복잡한 단위들에 접근한다는 점에서 서사적이다. 그레마스 방법의 타당성은 결국 내용의 가설적 우세이다. 그가 세밀하게 분석한 바 있는 팔라디오의 르네상스 이탈리아 건축이건, 일본 다도의 건축이건, 의미는 오직 공간적 형상화들의 변형을 통해서만 나타난다. 이런 경우, 의미는 사물들 자체 속에 존재하지 않으며, 그것들의 변화, 아울러 대립 쌍들의 평행 속에 존재한다. 통사적 접근법의 중심부에서, 변형, 즉 행동은 바로 의미를 분절시키는 것이다. 의미를 초규정하고, 의미를 계시하는 것이 바로 변형이다. 반복적 의례 속에서 관찰되는 것이 무엇이건, 행동은 의미를 말하는 데 사용된다. 달리 말해 공간 기호학에서는 화용론 공식의 대척점이 실현된다. 즉 '말할 때는 행동하는 것이다.'라는 준칙에서 '행동하는 것은 말하는 것이다.'라는 정반대의 준칙으로 인식의 변형을 가져올 수 있다. 즉 자연 세계에서는 행동하는 것은 곧 말하는 것이다.[050]

요컨대 프랑스 건축 기호학에서 다룬 여러 문제들은 인간이 공간과 맺는 관계라 할 수 있으며 그 관계는 의미 차원에 의해 지배되는 것으로 개념화된다. 즉 그것은 개인적 특질적 의미가 아니라 문화적으로 규정된 의미로서 역사적 지리적 틀 속에 각인된다. 달리 말해 건축 기호학이 추구하는 연

---

049 Hammad, M., *Lire l'epace,* p.364.

050 "Définition syntaxique du topos", *Bulletin du Groupe de recherchers sémio-linguistique,* Vol.10, pp.25-27. *La privatisation de l'espace,* Limoges, Trames, 1989.

구 대상은 공간과 사물에 주어진 의미의 수준이며, 더 정확히 말하면 지각을 통해 파악된 의미론적 내용이라 말할 수 있다. 이때 조직화된 공동체들은 재료와 비물질적 공간 속에서 한편으론 자신들의 사회적 구조들을 각인시키고, 다른 한편으로는 위계화되고 대립되고 분절된 추상적 가치들을 새겨 놓는다. 추상적 가치들을 특정 공간 속에 각인하는 그 같은 시도에는 강력한 인간학적 차원이 존재한다. 건축과 공간 속에 각인된 의미로부터 출발해 건축 기호학은 집단적 구조 차원의 사회와 개인적 차원 모두에 속하나 특히 인간 정신의 심층적 구조들을 파악하는 노력을 경주한다.

하마드는 문화적 변이 아래에서 식별 가능한 보편적 메커니즘들이 존재하는가라는 물음을 던지면서 그 같은 기제들이 파악될 수 있다면, 그것들은 의미 차원에 속할 것이라는 궁극적 테제를 제시했다.

우리가 사는 일상의 공간을 '하나의 기호학으로 분석할 수 있는가'라는 물음을 던져볼 수 있다. 이때 최초의 기준은 언어의 일반 이론에서 나온다. 하나의 시스템이 하나의 기호학으로서 간주되려면 최소한 그 체계는 자신이 아닌 다른 것에 대해 말해야 한다.[051] 건축 기호학의 기본 전제 가설은 하나의 기호학은 표현과 하나의 내용을 갖는다는 것이다. 또한 표현에 해당하는 건축의 단위에는 내용의 단위가 상응해야 한다. 문제는 건축은 표현의 완결된 차원으로서 파악되지 않는다는 데 있다. 바로 이 지점에서 인간 주체는 의미 또는 내용의 구성을 위해 필요하다. 인간 주체는 표현을 통해 발화된 내용의 수신자/해석자로서가 아니라 표현 시스템의 부분으로서 간주돼야 한다.

건축 기호학의 구성은 건축이라는 기표를 고립적으로 간주하는 것을 지양하고 공간, 오브제, 인간을 포함하는 방대한 유의미적 집합 속에 건축을 포함시킬 때, 비로소 방법론적 완결성을 갖게 될 것이다. 그 결과, 융합 기호학은 보다 빈번하게 공간 기호학이라는 용어에 의해 지칭됐으며 공간 기호학 속에서 건축은 개별적 속성들을 구비한 하위 집합으로서 자리매김된다.

---

051 "Espace comme sémiotique syncrétique, Actes sémiotiques", 1983, pp.6-27.

르니에의 건축 기호학

그레마스로부터 영감을 받아 형성된 건축 기호학의 주요 논점을 비교적 체계적으로 수립한 학자는 알랭 르니에Alain Renier 교수라 할 수 있다.[052] 무엇보다 그레마스 학파의 건축 기호학자들은 기호학적 대상으로서의 공간과 재현 문제의 핵심은 공간과 그것의 재현 모델들이 은유적으로 과연 언어인가를 알아보는 것이 아니라, 그것들을 발현manifestation의 시스템으로 간주할 수 있냐는 본질적 물음을 관건으로 삼고 있다.

르니에의 종합에 따르면 프랑스 건축 기호학 연구자들 사이에서 건축 기호학의 성격에 대한 논의는 대체로 다음과 같은 문제들로 집약될 수 있다.

첫째, 건축의 자율성과 학제성을 지적해야 할 것이다. 건축 위상의 문제와 건축학이라는 학술 분야의 학문적 성격에 대해서는 오래전부터 문제가 제기돼왔다. 1950년대에 태동한 건축 사상의 흐름은 학제성의 강조였다. 이에 대한 반동으로 1970년대에는 건축의 역사적 차원을 고려해 전통적 건축학 학술 분야 그 자체로 귀환한다. 건축의 위상, 과학적이며 화용적인 학술 분야로서의 건축학의 위상은 사회적 실천의 총합 속에 통합돼 기호학의 조명 아래 정확하게 정밀화될 수 있다.

둘째, 건축 기호학은 건축을 의미 작용 체계로 연구하는 학술 분야이다.[053] 그것은 건축이 물리적 건설construction 시스템으로 강력하게 결정된다는 것을 부정하지 않는다. 그것은 물리적 건설 시스템이 의미 작용의 시스템과 밀접한 연계 속에서만 존재할 수 있다는 가정을 상정한다. 이것은 바로 그레마스 건축 기호학의 기본 가정이다. 이 같은 언급은 겉으로는 진부하나 수많은 교육적 실천들과 대조를 이룬다. 건축학에서는 먼저 건물의 건설 원리와 공법을 강의한다. 그 의미가 건축에서 어떻게 성립되는가에 대한 참조 없이 말이다. 이는 모든 사회적 표현의 영역에 존재하는 기표와 기의의 밀접한 결합에 대해 이루어놓은 지난 수십 년간의 성찰과 다학제성에도 불구하고

---

052 위의 책, pp.5-33.

053 Renier, 앞의 논문, p.11.

건축 학교에서는 놀랍게 지속된 교육 패턴이다.

셋째, 건축 기호학은 공간의 생산, 일상의 사용과 그에 따른 변형에서 비롯된 발현 시스템을 탐구한다. 이런 의미에서 건축 기호학은 자율적이며 그것의 특수성은 개별 오브제의 차별적 성격에서 도래한다. 생산과 사용의 실천은 오브제에 작동한다. 그것은 자율적 기호학이다. 왜냐하면 그것은 건축의 특수한 발현 체계를 탐구하기 때문이다. 즉 생산 사실과 사용 사실로 이뤄진 발현이다.

하지만 건축 기호학은 다른 지식 영역에서 성립된 개별 기호학과 독립돼 있지 않다. 실제로 건축이라는 총체적 사실은 단번에 탄생하지 않으며 그것은 수많은 글쓰기, 그래픽, 조형적 실천으로 성립된다. 그것들은 매개적 생산에 대한 참조를 필요로 한다. '텍스트' '시뮬라크르' '계산' 등의 매개물의 결합은 최종 생산물과 분리될 수 없다. 물리적 정신적 수고를 통해 획득한 최종 결과물은 사용을 통해 반영구적 작품으로 변형된다. 건축은 비독립적 기호학이다. 왜냐하면 그것은 개별 기호학에서 연구되는 텍스트들을 사용하기 때문이다. 언어 텍스트, 과학 텍스트, 법률 텍스트, 비언어적 텍스트, 도면, 시뮬라크르, 조형적 시뮬라크르, 사용 행동 양식 등은 모두 재현의 차원에 속하며, 공간 생산과 소비에 속한다.

넷째, 건축 기호학의 특수성의 문제이다. 건축이 몇몇 특이성에 따라 구별돼야 한다면, 그 같은 차별성은 다음의 사실에서 인식해야 할 것이다. 요컨대 건축의 대상은 개념적 구성적 실천의 장소를 포함한 장소의 실현, 다양한 사회적 실천의 전개를 위해 실현된다. 사회적 실천으로서의 건축의 자율성은 이미 언급됐으며 건축은 다중적 발화 작용의 대상이며 이와 동시에 발화 작용을 생산하는 환경 장치dispositif이다. 이를테면 다중적 발화 작용의 대상으로서 건축은 구술과 문자 교환을 통해 탄생한다.

다섯째, 공간 기호학과 건축 기호학의 관계에 대한 추가 설명이 필요하다. 오직 건축이 구성된 공간을 고려할 때만 건축 기호학의 엄격한 자율성을 보장할 수 있다. 하지만 건축이 단지 매개적 생산을 담당할 뿐 아니라 공간의 사용을 담당한다는 점에서 동시에 양자의 상호의존성을 염두에 두어야 한다. 실제로 공간 기호학과 건축 기호학은 밀접하게 연계돼 있다. 공간 기호학은 그 자체가 개별 기호학들의 이론적 토대라 할 수 있다. 하지만 건축은 공간으로 환원되지 않는다. 건축적 실천은 단지 공간적 오브제를 생산하는 데 있지 않고 그 공간적 대상을 도와 사회적 실천을 성립하기 때문이다. 건축 공간은 일개 장소 이상의 환경을 아우르는 생물계biome를 성립한다.

건축 기호학에서 제기되는 문제는 건축에 포함된 커뮤니케이션, 의미 작용, 기호 체계 차원들의 인식론적 관계라 할 수 있다.

첫째, 건축의 커뮤니케이션과 발현 차원을 지적해야 할 것이나. 모든 발현 시스템은 반드시 기호 체계인 것은 아니다. 물론 통상적으로 사용하는 오브제물건와 실천의 도구는 그것을 기호로 삼을 수 있다. 하지만 그것의 최초의 착상은 그것의 기능으로 환원되지 않는다. 오브제는 그것의 사용자에게 일정 수의 서비스를 제공하기 위해 제작된다. 우리는 여기에서 기호 체계라는 명칭을 모든 요소의 집합에 국한시킨다. 기능 작동의 규칙을 구비한 요소의 집합, 그 오브제는 일차적으로 커뮤니케이션의 수립이다. 이런 의미에서 건축은 기호 체계로 간주될 수 없으며 단지 발현 체계로 간주될 수 있다. 이는 그 구성 요소가 기호를 만들 수 있는 발현 체계를 말한다.[054] 건축은 공간의 요소가 기호를 만들어낸다는 점에서 의미 작용의 체계로 간주할 수 있다. 하지만 모든 발현 체계가 기호 체계를 성립한다는 위의 기준에 부응하지 않는다는 점에서, 건축은 아울러 의미 작용 체계로서 연구될 수 있다.

둘째, 건축을 기호의 체계로 보아야 할 것인지 아니면 의미 작용의 체계로 보아야 할 것인지의 논의이다. 건축 기호학자인 르니에 교수는 바르트식의 기호론 요소 모델을 사용 방식과 생산된 공간 방식으로 이뤄진 건축적 착상의 여러 실천 가운데 어느 하나에 적용하기는 어렵다고 진단한 바 있다.[055] 보다 근본적으로 커뮤니케이션 체계와 발현 체계의 차이는 충분히 제기되지 않았으며 체계들의 혼동은 하나의 건물을 기호 체계로서 연구하게 유도한다. 그런데 건축을 의미 작용의 체계로 간주하려면 한 가지 근본적 구

---

054 같은 논문, p.14.

055 cf. Barthes, R., "Eléments de sémiologie", *Communication* n.4, Seuil, 1964.

별이 필요하다. 즉 건축을 커뮤니케이션으로 강조하는 기호론sémiologie이 아니라 의미 작용에 무게 중심을 두는 기호학sémiotique의 대상으로서 말이다.

기호론은 커뮤니케이션 체계의 연구에 기초하며 더 구체적으로 말하면 기호와 문장으로 이뤄진 자연언어의 연구에 토대를 둔다. 그것은 경우에 따라서는 직접적으로 관찰 가능한 요소들의 체계이며 요소적 분자들로 구성된 체계가 아니다. 이것은 마치 원자나 전자처럼, 직접 경험에서 벗어나며 오직 추상화의 과정으로만 탐지할 수 있는 단위들이다. 한편 그레마스와 그의 학파가 발전시킨 기호학은 의미 작용의 내용 연구라는 일차적 원칙을 제기한다. 그것은 생산의 집합을 지배하는 의미 작용의 내용, 구술 텍스트, 영화의 서사적 구성, 도시에서의 행로 등 다양하다. 물론 이들 집합의 각각은 요소들로 분해될 수 있다.

셋째, 불연속적 기호에서 의미 작용의 연속체로 나갈 가능성의 문제이다. 건축을 표현면과 내용면의 두 면으로 이뤄진 기호의 기표와 기호 면을 대립시키는 불연속적 기호 개념과 의미 작용의 연속적 집합의 양면으로 파악하는 연속론적 개념화가 가능하다.[056] 만약 두 경우 모두 의미가 어떻게 성립되는가를 연구하는 것이 관건이라 해도 연구를 접근하는 방식에서 본질적 차이를 발견할 수 있다. 건축 기호학은 하나의 건물, 도시 공간의 장소, 더 일반적으로는 하나의 공간을 기호의 집합으로 간주한다. 그 각각은 장소의 배열 속에서 유의미적 시퀀스로 되기 이전에 기호 요소의 선결적 존재를 전제하는 의미 작용의 '푼크툼'이다. 건축 기호학은 다음과 같은 원칙에서 출발한다. 공간에서 생산된 모든 현상은 오직 의미 작용의 연속체continuum de signification를 고려함으로써 비로소 연구될 수 있다. 그 연속체 안에서 장소들의 독법과 전유가 각인되고 작동된다.[057]

---

056 cf. Hjelmslev, L., *Prolégomène à une théorie du langage,* Ed. Minuit, 1971.
(한국어 번역본) 루이 옐름슬레우, 김용숙 옮김, 『랑가쥬 이론 서설』, 동문선, 2000.

057 Renier, 앞의 논문, p.16.

건축 공간과
그레마스 구조 기호학 모델의 적용

건축 기호학은 도시 기호학의 이론적 선행 분야였으며 도시 기호학의 중요한 요소가 건축이라는 점에서도 반드시 다뤄야 할 주제이다. 건축 기호학은 1960년대 말부터 일반 기호학의 비약적 발전과 더불어 거의 동일 시기에 활발하게 전개됐다. 구조 기호학으로 국한해 보더라도 레비, 르니에, 피에르 펠레그리노Pierre Pellegrino, 라고풀로스, 하마드 등의 쟁쟁한 건축학자들이 기호학을 활용해 지난 수십 년간 연구를 진척시켜왔다. 건축 기호학은 여러 영역에서 건축학자와 기호학자들에 의해 적용되면서 생산적이고 다양한 결과를 산출했다는 점에서 그것의 이론적 실제적 기여는 인정받아 마땅하다.

1. 건축, 공간, 사회

건축 공간의 본질에 대한 심층적 논의는 건축학의 인식론에 속하는 핵심 문제라 할 수 있다. 미술사, 인류학, 기호학을 포함해 다양한 인문 사회과학은 외재적 관점에서 건축 공간의 성격을 조명할 수 있다. 건축학과 다른 인접 학문의 접맥에서 최대 관건은 그 같은 접맥의 인식론적 조건을 정확히 규명하는 작업이라 할 수 있다. 하지만 건축 공간의 고유한 성격을 규명하려는 내재적 관점에서 보면, 건축을 예술, 기하학, 기호 체계 등으로 파악하는 것은 건축 공간의 본질 이해를 가로막는 인식론적 장벽이 될 소지도 있다는 점을 유념해야 할 것이다.[058]

건축을 주로 시각적 양식 차원에서 많이 언급하지만, 그것의 가장 광범위한 실제적 효과는 단지 외관의 수준에 있지 않으며 공간 차원에 있다는 것이 더 정확한 지적일 것이다.[059] 인간이 자신이 삶을 영위하는 물질세계에 모

---

058 건축 공간의 인식론에 대해서는 다음 저서 참조.
Boudon, P., *Sur l'espace architectural,* Marseille, Edition Parenthèses, 2003.

059 공간으로서의 건축과 사회 사이에 존재하는 관계에 대한 본 절의 내용은

양과 형태를 부여하면서 건축은 인간이 생활하고 움직이는 장소들의 공간 체계를 구조화한다. 건축이 공간과 맺는 그 같은 기능에 따라 건축은 상징적 관계 이상으로 사회적 삶과 직접적 관계를 맺는다. 이를테면 건축은 이동, 만남, 피신 등의 공간적 패턴을 실현하기 위한 물질적 선先 조건들을 제공하기 때문이다. 이동, 만남, 피신 등은 모두 사회적 관계의 물질적 실현으로 볼 수 있다. 이런 의미에서 건축이 우리의 일상적 경험에 편재하고 그 경험에 지대한 영향을 준다는 점에서 단지 그것의 양식적 시각적 속성의 차원으로 국한해 인식해서는 곤란할 것이다.

그런데 일상적 경험의 도처에 편재한 이 같은 공간과 사회적 삶의 관계는 너무나 빈곤하게 이해되고 있다. 사회과학에서는 그것은 늘 수수께끼였으며 논쟁의 근원이었다. 공간적 조직화와 사회적 삶 사이에 존재하는 관계의 정확한 본질과 속성에 대한 이해의 결여는 더 나은 공간 디자인을 막는 방해물이다. 따라서 공간적 조직이 어떤 의미에서 얼마나 사회적 구조의 산물인가를 이해하는 것은 일찌감치 사회과학자들의 연구 주제였으며 특히 지리학자들과 인류학자들이 먼저 이 문제에 천착했다.

인공물의 디자인은 그것만의 고유한 논리를 갖는다. 먼저 모든 인공물은 기능적 목적을 성취해야 한다. 따라서 인공물의 재료나 요소는 목적을 위해 작동하는 형태로 적절하게 조합되어야 한다. 첫 번째 목적인 기능의 완수가 이뤄지면 두 번째 차원의 목적이 첨가될 수 있다. 그것은 바로 스타일, 즉 고유한 양식의 차원이다. 이것은 장식이나, 미화, 모양새의 변화로 나타나며 인공물에 실제적 사용 이상의 유의미성을 부여한다. 이 같은 고유한 스타일의 세계는 문화적 정체성의 세계에 속하며 하나의 복잡한 의미의 세계라는 점에서 응당 건축 기호학의 대상이 된다. 물론 하나의 인공물을 이루는 어떤 양식이 이 두 개의 세계에서 어느 하나에 속하는가를 정확히 알아내기는 쉽지 않다. 하지만 의심할 나위 없이 모든 인공물은 두 세계 모두에 속한다는

다음 문헌을 참조했다.

Hiller, B. and Hanson, J., *The Social Logic of Space,* Cambridge, Cambridge University Press, 1984.

점은 분명하다. 인공물은 이미 선사시대 이후로 특정 기능을 수행하면서 동시에 고유한 의미를 갖는 것으로 지각됐다. 인공물이 첫 번째 범주, 즉 기능 차원에 속할 경우 그것은 실제적 사용의 차원에서 파악된다. 두 번째 경우에는 사회적 사용 관례에 속한다. 즉 인공물의 사용을 통해 문화적 정체성을 인식시키거나 특정 문화의 가치를 지속시키는 효과적 수단이 되는 것이다. 이 같은 간단한 도식은 건물 따위에 가장 널리 편재한 인공물의 대상에도 적용된다. 사람들은 건축물이 궁극적으로는 일정한 기능을 수행할 것으로 예상하고 기대한다. 이 점에서 건물의 외관은 빈번하게 문화의 중요한 양상이 되며 그 결과 공적인 논쟁의 대상이 되기도 한다. 또한 건물은 다양한 요소를 조합해 하나의 물리적 오브제가 된다는 점에서 다른 인공물에 견줄 수 있다. 하지만 건축은 그 오브제로부터 하나의 행동 패턴으로 나아가는 사실에서 비롯되는 고유한 기능, 즉 공간의 텅 빈 볼륨을 창조하고 명령, 지시한다는 점에서 다른 인공물과 비교될 수 없다. 이 같은 공간의 질서화는 건축만이 지니는 고유한 목적이기 때문이다. 건축의 독창성은 건물이 목적을 가진 한, 그것은 단순한 물리적 오브제가 아니라 그 오브제를 통해 공간을 변형시킬 수 있다는 점에서 그 빛을 발휘한다.

요컨대 건물을 통해 표출되는, 기능과 사회적 의미 사이에 존재하는 특수한 관계를 창조하는 것은 공간의 본령에 속하는 사실이다. 건물 내부에서 이뤄지는 공간의 질서화는 실제로 사람들 사이에 설정된 관계의 질서화를 반영한다. 바로 이런 맥락에서 영국의 공간 지리학자인 힐리어 교수는 사회는 건물들의 본질과 형태 속에서 표상된다는 점에서 건축은 그것이 실현하는 다양한 형태와 오브제들을 통해 사회적 오브제가 된다는 중요한 사실을 깨닫게 해준다.[060] 그에 따르면 건축은 단지 건물이 사회의 중요한 시각적 상징이기 때문에 하나의 사회적 예술social art이 되는 것이 아니라, 건물이 개별적이고 집단적으로 공간을 창조하고 질서화하는 방식에 따라 우리가 사회를 재인식한다는 점에서 건축이 그 같은 반열에 오를 수 있는 것이다.

---

060 위의 책, p.2.

2. 건축 공간의 서사적 프로그램

앞서 에코의 건축 이론에서 살펴본 것처럼 건축물은 처음에는 그 자체로 커뮤니케이션하지 않으며 단지 일정한 기능을 수행할 뿐이다. 따라서 건축물을 분석할 때 커뮤니케이션 행위에 대해 언급하는 것은 결코 자명하지 않다. 따라서 건축 기호학은 처음부터 몇 가지 인식론적, 방법론적 물음에 직면한다. 즉 건축의 기능성을 커뮤니케이션과 관련시키는 것이 가능한지의 여부와 건축을 기호학적 관점에서 분석할 경우 건축의 기능들을 더 쉽게 그리고 상이하게 지각할 가능성이 마련될 수 있는가의 문제로 정리된다.

기호학은 기호의 형식적 분석이나 유형을 제시하는 것이 목적이 아니라 문화 현상 전체를 기호 체계로 설정한 후, 문화의 커뮤니케이션 차원과 의미 작용 차원을 연구하는 학문이라는 점에서 건축은 분명 기호학의 분석 대상이 될 수 있다.

파리 기호학파에서 형성된 건축 기호학은 무엇보다 건축물을 단일한 자율적 대상으로 간주하며 그것의 구체적인 발현을 탐구했다. 그레마스에 따르면 자연언어로 이뤄진 텍스트에서 내용과 표현 사이의 완결적 동형성 isomorphism은 오직 완벽한 시詩에서 발생한다.[061] 시처럼 건축에서도 표현과 내용의 완벽한 일치는 건축이 도달하고자 하는 이상형이다. 그레마스 자신은 건축에 대한 기호학적 분석을 실천한 적이 없으나 앞서 살펴본 것처럼 그의 제자들 가운데 건축학자를 중심으로 건축 기호학의 다양한 사례 분석과 이론적 토대 수립이 병행됐다.[062]

---

061 Greimas, A. J., *Essai de sémiotique poétique,* Paris, Larousse, 1972.

062 파리 기호학파에서 형성된 건축 기호학의 이론적 토대에 대한 논의는 다음 논문을 참조해 작성됐다.

1. Kuznetsova, K. J., "Architectural space and Greimassian semiotics", *Societal Studies,* 2011, 3 (4), pp.1269-1280.

2. Hammad, M., *Lire l'espace, comprendre l'architecture: essais sémiotiques,* Paris, Librairie Orientaliste Paul Geuthner, 2006.

3. Lévy, A., "Pour une socio-sémiotique de l'espace. Problématique et orientations de recherche", in Ostrowetsky, S., *Sociologues en ville,* Paris, l'Harmattan, 1996, pp.161-177.

먼저 건축 기호학은 공간 기호학의 하위 범주로서 파악될 수 있다. 그레마스의 기호학에서 공간은 하나의 발화체énoncé로서 간주된다. 즉 인간 주체에 의해 구성되고 변형된 발화체를 말한다. 인간은 공간을 시각적으로 지각할 뿐만 아니라 모든 감각을 사용하면서 공간을 지각할 수 있다.[063] 그레마스에 따르면 공간은 하나의 외연과의 관계에서 인식될 수 있다. 순수한 외연성의 차원에서 보면 공간은 실재의 연속이면서 일체의 차이가 부재한다. 예컨대 우주가 생성되기 이전의 카오스의 공간을 생각하면 될 것이다. 정반대로 우리가 외연성을 인간이 인위적으로 만들어낸 구성물로서, 즉 하나의 장소로 간주할 때 이곳은 비연속적이면서 차이화된 공간으로 특징지어진다. 그 장소는 그곳에 불연속성을 창조하는 사물들에 의해 만들어진다.[064] 아무것도 없던 황무지에 길이 나고 건물들이 들어서고 도시가 건립되고 토지 개념이 발생하는 경우에서 외연은 장소들로 분할되면서 일정한 목적을 수행하는 의미 작용을 성취하지만 역설적으로 본래의 외연의 의미는 빈곤해지는 것이다.

장소들로서 외연성을 창조하는 것은 공간이 그 외연의 기표가 될 때 일련의 기호학적 대상으로 성립될 수 있다. 공간은 지극히 추상적이면서 광범위한 의미 장을 포괄한다. 인간은 지구, 도시, 건물, 숲, 바다, 산, 지도, 조각, 문학 작품 등에서 공간을 경험한다. 또한 공간이라는 용어는 기하학뿐만 아니라 철학, 문학, 심리학 등의 분야에서 은유적으로 사용할 수 있다. 그뿐만 아니라 공간은 아울러 사회 문화적 현상으로서 장소라는 주제를 포함한다.

건축은 공간 기호학의 한 가지 범주로서 좁은 의미에서 건물들을 지시한다. 건축의 의미는 기능에 부합되는 적합한 형태를 획득하는 과정과 인간의 감각들에 호소하는 양상들을 비롯해 건축물의 상징성을 아우른다. 하나의 건축물은 두 가지 과정의 종합화라 말할 수 있는데 첫 번째는 건축물이 일련의 절차를 거쳐 완성되는 과정이며, 두 번째는 그 건축물의 의미가 구체

---

063 Greimas, A. J. and Courtés, J., *Dictionnaire raisonne de la theorie du langage,* Paris, Hachette, 1979. 공간 항목 참조.

064 Greimas, A. J., *Pour une sémiotique topologique,* Paris, Seuil, 1976.

적 맥락에서 사용 주체의 일상적 사용으로 다양하게 변화하는 경우이다. 따라서 주체의 문제는 건축 기호학에서 논외로 방치될 수 없다는 점은 분명하다. 공간 기호학에서와 마찬가지로 건축 기호학에서도 주체건축가, 엔지니어, 사용자 등는 건축 공간의 의미 생산에 기여한다.[065] 이런 이유에서 건축 기호학의 연구 대상은 개별 건물로 국한되지 않으며, 건물을 생산한 사람으로 한정되어서도 안 될 것이며 그 건물을 사용하고 재정의하고 본래의 의미를 변화시키는 주체의 다양한 활동을 모두 포괄해야 할 것이다.

서사 차원에서 본다면 하나의 건축물을 짓는 과정에는 다양한 서사 프로그램이 포함되며 이 프로그램들은 컴퓨터 프로그램처럼 고정불변 상태로 기계적으로 적용되는 것이 아니라 건축물이 완성되는 동안 상황에 따라 적절하게 변화한다. 따라서 하나의 건축물이 완성되는 최종 단계는 본래 구상했던 다양한 서사 프로그램에 맞서는 반프로그램anti-programmes이 종합된 결과물이며 조종, 경쟁, 실현, 추인, 재제 등의 복잡한 상호작용의 단계를 포함한다. 이를테면 건축가의 예술적 의도를 반영하는 서사 프로그램은 현실적인 건축주의 재정적 상황과 그의 요구로 변경되거나 심지어 포기될 수 있다. 이 같은 반프로그램에는 건축물이 들어서는 지역 주민의 반대 또는 정부의 규제 등 다양한 형식들을 생각할 수 있을 것이다. 어쨌건 타협과 협상을 통해 건축의 서사 프로그램과 반反서사 프로그램은 갈등에서 화해로 나가면서 건축물은 완성될 수 있다.

좀 더 구체적인 예로 파리 기호학파에서 시각언어 연구의 권위자였던 장 마리 플로슈Jean-Marie Floch는 프랑스 리옹의 대형 유통 매장 건물을 세울 당시 공간 배치와 관련해 구조 기호학 이론을 활용한 자문을 제공한 바 있는데, 그는 구조 기호학의 모델을 활용해 건물 내부의 구체적인 공간 디자인을 제안했다. 이를테면 어떤 소비자는 대형 매장에서 장을 볼 때 효율성과 신속성에 우선 가치를 부여해 매장에 신속하게 진입해 가능한 한 짧은 시간에 용무를 보고 건물에서 빠져나오기를 원하는 반면, 다른 소비자는 여유를 갖고 홍

065 Renier, 앞의 논문, p.11.

미로운 이벤트를 기대하거나 사교의 장소로 삼고자 한다. 이 구체적 사례를 통해 플로슈는 정교한 기호학적 분석 도구를 적절하게 사용할 경우 특정 기능을 수행하는 구체적 유형의 건축 공간을 세울 때 공간 사용자의 기대를 예측해 디자인하는 것이 가능함을 탁월하게 보여주었다.[066]

한편 역사적 유산의 가치를 지닌 오래된 건축물은 앞서 말한 건축의 서사 프로그램과 반서사 프로그램의 충돌 가능성을 보여주는 극명한 사례라 할 수 있다. 그 건축물이 지니는 다양한 유형의 의미론적 가치로 인해 그 건축물의 보존, 보수, 해체 등 해당 건축물에 영향을 미치는 이질적 주체는 자신들의 이해관계에 따라 목적 달성을 이루기 위한 고유한 논리를 내세운다. 역사적, 미학적 가치와 사회 경제 정치 차원의 논리가 갈등을 일으킬 수 있다. 물론 미학적 역사적 가치와 경제적 가치가 절묘하게 화합될 수 있는 논리를 발견해 행복한 해결책이 등장하는 경우도 있다. 옛 중앙청 건물의 철거, 옛 서울역 건물의 예술 박물관 개조 등, 구체적 사례를 수집해 건축 기호학의 서사 프로그램 관점에서 분석해보면 흥미로운 결과를 얻을 수 있을 것이다.

또한 기호학적 접근법은 건축물을 예술작품으로서 바라볼 수 있는 심미안과 분석적 통찰을 선사한다. 개별 건축 작품은 건축가의 고유한 생산물이지만 그 작품을 사용하거나 감상하거나 분석하는 참여자의 관심을 통해 그 의미가 더 풍요로워진다. 이것은 곧 건축의 예술적 창조는 이제 건축가들만의 배타적 작품이 아니라는 것을 시사한다. 건축의 일차적 과제는 유용한 공간을 생산하거나 형성하는 데 있다. 어떤 경우에도 건축은 인간과 공간을 이어주는 매개적 요소이며 그것의 예술적 가치는 자기 충족적이지 않다. 다시 말해 순수 미술 작품과 달리 건축은 사회로부터 동떨어진 고립 상태에서 존재하는 것이 아니라 구체적 사용 공간을 창조하고 조형적 형태를 제시하는 기획된 아이디어의 산물이라는 점에서 융합 예술이라 할 수 있다. 건축 기호학의 방법론적 토대는 다음과 같이 서술될 수 있다.

---

066 Floch, J. M., *Sémiotique, Marketing et Communication,* Paris, PUF, 1990, pp.138-164.
장 마리 플로슈, 김성도 옮김, 『기호학 마케팅 커뮤니케이션』, 나남, 2003.

첫째, 표현과 내용의 형식을 파악하는 문제이다. 건축 영역에 기표와 기의의 관계를 적용해볼 수 있다. 이것을 옐름슬레우의 용어로 풀이하면 다음과 같다. 기표, 즉 표현의 차원과 기의, 즉 내용의 차원으로 나누어 기술할 때, 먼저 표현의 형식과 표현의 실질은 건축에서 각각 건축의 물질적 토대와 건축적 오브제로서 파악할 수 있을 것이다. 물질적 토대를 건축에서는 텍토닉스tectonics라고 부른다.[067] 다른 한편, 내용의 형식과 내용의 실질은 각각 의미론적 통사적 구조들을 지시한다. 기호/대상과 그것을 통해 소통된 의미를 형성하는 구조들이다. 건축은 또한 준상징적semi-symbolic 체계이다. 그것은 표현과 내용의 형식 사이에 모종의 호응 원리를 갖는다. 완결된 기호학 분석은 통상적으로 표현 형식과 내용 형식의 양면성을 모두 분석하면서 수행되며 일반적으로 표현 형식의 분석에서 시작한다. 회화와 조각에서처럼 공간 기호학과 건축 기호학 역시 조형적 차원을 다뤄야 하는데 그 조형적 차원은 다름 아닌 표현 형식의 물질성으로 이뤄진다. 조형적 차원은 공간이나 건물을 구성된 공간으로 변형시키며 조형적 범주들은 색채와 형상의 범주들을 포괄한다.

둘째, 건축의 담화 구조를 파악하는 단계이다. 건축물의 내용의 형식 차원을 분석하려면 그레마스의 기호학 이론의 핵심 가운데 하나인 생성 행로parcours génératif의 층위들을 순서에 따라 적용할 수 있을 것이다. 먼저 담화 층위의 분석이 수행되어야하며 세 개의 축, 즉 행위자, 시간, 장소를 검토할 수 있을 것이다. 건축을 담화 차원에서 분석할 경우 먼저 건축물에 관여되는 행위자들을 다뤄야 하는데, 이를테면 건축가로서의 주체와 건축주로서의 주체의 구별이 이뤄져야 할 것이다. 물론 양자 사이에는 다양한 삼인칭들이 존재할 수 있다. 아울러 건축의 생산, 즉 발화 작용의 주체로서 수용자를 간과하지 않는 것도 중요하다. 이를테면 건축물을 특정인에게 헌정할 수 있으며 그 사람이 바로 건축의 수용자가 될 수 있다. 또한 도시의 거리, 공원, 건축물, 기념비 등은 빈번하게 유명한 고유명사로 명명되기도 한다.

---

067 Lévy, A., *Sémiotique de l'espace: architecture classique sacrée,* Paris, EHESS, 1979.

건축에는 발화 작용을 반영하는 다양한 구성 요소가 존재한다. 특히 행위자의 상화aspectualisation의 문제가 발생한다. 행동자/관찰자는 자신과 공간 사이에 존재하는 관계를 관찰한다. 이때 행위자의 기능들 속에 내포된 다양한 성질을 예측하는 것 역시 매우 중요하다. 행위자는 자유롭게 행동할 수 있으며 어떤 경우에는 장애물에 봉착할 수 있다. 어떤 행위자는 단 한 가지 방식으로 처신할 수 있으며, 다른 행위자는 상이하게 행동할 수 있다.

장소는 담화 통사론의 구성 또는 조직화에 속하는 연구 축들 가운데 하나로서 파리 학파는 발화체의 공간적 탈분리의 세 가지를 언급한다. '공간적 위치 소재' '공간적 프로그램화' '공간적 상화'가 그것이다. 공간적 위치 소재는 선별된 '토픽적' 장소에 달려 있으며 주변 지역은 '헤테로토픽' 공간으로 불린다. 물론 그 같은 분리는 상대적이다. 그것은 관련 장소에서 주체가 점유하는 위치에 달려 있다. 또한 '토픽' 공간 안에서도 유토피아적 공간과 '파라 토픽' 공간으로 구별될 수 있다. 공간적 프로그램화는 구체적 사례들의 예로 쉽게 이해될 수 있다. 백화점, 기차역, 공항 등은 각각 그 공간에서 이뤄지는 주체의 사용 프로그램을 이미 규정한다. 식당은 식사 행위를 수행하는 공간이며 주방은 음식을 조리하는 공간이다. 또한 공원은 사람들이 산책하거나 휴식을 취하는 곳으로, 지정된 장소에서 조용히 공연을 관람하는 공간 프로그램과 관련지어 보자면 여가 활동이라는 공통점을 지닌다는 점에서 완전히 이질적인 공간이라 볼 수 없으나 두 공간은 상이한 성격을 갖고 있음이 분명하다. 끝으로 공간의 상화는 행동자/관찰자와 관련되며 이것은 주체가 공간을 전유하는 방식들의 문제이다. 예를 들면 특정 공간을 다급하게 주파하는 것, 여유를 갖고 천천히 전유하는 것, 심리적 압박감에서 공간을 활용하는 것 또는 몽환적 상상 속에서 공간을 거니는 것 등의 다양한 양태가 존재하며, 특정 공간을 진입하거나 시작할 때의 공간 경험과 그 공간 경험을 마무리할 때의 양태가 존재한다. 이 같은 양상에 대해서는 2부 다다름의 기호학에서 좀 더 자세히 다룰 것이다.

세 번째 단계는 표층 수준과 심층 수준의 구별이다. 건축 기호학적 분석의 최종 단계는 표층 수준으로서 담화 수준과 마찬가지로 통사적 구성 요소와 의미론적 구성 요소를 갖는다. 먼저 표층 수준의 통사적 구성 요소는 연접과 이접에 의해 설명된다. 주체와 대상이 동시에 하나의 공간 안에 위치하는 상태를 연접이라 부를 수 있고 주체와 대상이 일정 순간에 서로 다른 공간에 위치하는 상태는 이접으로 부를 수 있다. 그 결과 안과 밖 사이에 존재하는 일정한 대립과 주체와 대상 사이의 대립이 나타난다.

공간의 표층 수준과 건축물의 표층 수준 사이에 존재하는 관계에 대해서는 건축 기호학의 권위자인 하마드 교수가 심도 있게 분석한 바 있다. 먼저 그는 건축물을 세우는 사람들은 그 건축물에 몇 개의 통사적 역할을 부여한다는 점을 지적한다. 공간이 몇몇 역할과 더불어 분할되면, 다른 행동자들과 마찬가지로 고유한 통사적 역할을 갖는 토픽 공간들로 나타나며 다양한 서사 프로그램에 참여한다.[068] 특정 공간이 커뮤니케이션 수단으로 사용되거나 고유한 의미를 수반하는 것과 별개로 또한 그 공간에 진입하는 행위자들과 독립된 그 공간의 내재적 조직화에 대해 언급할 수 있다.[069] 예컨대 그 공간의 몇몇 '세그먼트'들은 발신자의 역할을 가질 수 있다. 사회적 집단은 이 발신자의 역할을 공간의 핵심 장소나 요소들, 즉 '토포이topoi'에 부여할 수 있다. 따라서 건축가는 소도시에서 토픽 공간이 조종 역할을 가질 수 있다고 판단할 수 있다. 발신자는 길이나 소도시에 존재하는 다양한 표시들이 될 수 있으며, 횡단보도, 상업 간판, 길 자체가 될 수 있다. 그 결과 공간의 발신자는 인간 행동자를 조종한다. 예컨대 도심에 설치된 장벽은 운전자로 하여금 우회하도록 만든다.

하마드 교수는 또한 다음과 같은 중요한 사실을 지적했다. 즉 공간의 핵심 장소이며 요소인 '토포이'는 양태적 대상의 역할을 맡는다. 이것은 양태적 가치 또는 능력이 하나의 장소와 결합하는 경우를 말한다. 그 결과 '토포이'는 이 같은 상이한 장소를 점유하는 행동자에 할당된 능력과 결합할 수 있다. 이렇듯 '토포이'는 몇몇 수행적 양태성을 조종하고 부여한다. 그 같은 공간의 양태적 능력은 다양한 종류의 경계선에 의해 차이화된다. 그 경계선

068 Hammad, M., *"Définition syntaxique du topos", Bulletin du GRSL,* 10, 1980, pp.25-27.

069 Hammad, M., *La privatisation de l'espace,* Université de Limoges, 1989, pp.4-5.

은 상상의 산물일 수도 있고 사적인 장소와 공적인 장소를 나누는 사회적 경계선일 수 있으며 또는 물리적 형태를 가질 수 있다. 어떤 경우이건 공간의 경계선은 차이화된 '토포이', 다시 말해 상이한 양태적 능력과 결부된 '토포이'를 지적한다. 요컨대 다양한 사회적 역할과 능력은 위상학적으로 표시된다. 또한 '토포이'는 그 장소를 경험하는 주체가 추구하는 가치의 대상이다. 이를테면 한 사람이 사는 집은 하나의 가치 대상으로 여기에서 주체는 그가 원하는 사생활과 외부로부터의 침입을 막아줄 안전의 가치를 획득한다.

건축물이라는 구성된 공간은 주체의 소통을 도와주며, 사람들의 관계를 비롯해 사람이 사물과 맺는 관계는 언어나 행동 양식의 도움을 빌어서 규정되거나 지배된다. 구성된 공간은 주체들 사이의 관계를 계약적, 논쟁적, 논쟁적/계약적 관계로 형성한다. 기호학의 관점에서 건축은 사람들 사이의 관계를 조종하고 관리할 수 있다는 점에서 위임된 주체의 역할을 맡는다고 말할 수 있다. 따라서 건축은 건축 공간을 점유하는 두 개의 행동자 사이의 상호작용에 통합된다. 또한 행동자적 역할은 발송자와 주체가 조종의 시퀀스와 관련지어 분석될 때 위계적으로 조직화된 프로그램으로서 정의된다.

위에서 서술된 다소 추상적인 내용은 그레마스가 정기적으로 세미나를 했던 파리의 사회과학고등연구원의 강의실 공간 구조에 대해 하마드가 그의 동료들과 함께 분석했던 논문을 살펴봄으로써 더 구체적으로 설명할 수 있다.[070]

세미나실의 기호학적 분석은 이 세미나 방이 하나의 텍스트라는 점, 달리 말해 공간 기호학의 시스템에 속하는 하나의 과정이라는 점을 전제로 한다.[071] 그 같은 분석은 연구의 대상이 되는 텍스트 속에 중첩된 세 개의 시스템의 동시 발생을 목격하는 것을 가능케 하거니와 이 같은 시스템의 각각은 고유한 흔적의 도움을 통해 읽힐 수 있다. 먼저 직접적 관찰에 주어지는 시스템은 그레마스의 세미나실이다. 그런데 그 방은 수많은 세미나의 부류를

---

070 Hammad, M. et ali, "L'espace du séminaire", *Communications* 27, 1977, pp.28-54.

071 위의 논문, p.29.

생산하는, '사회과학고등연구원'이라는 또 다른 기호 시스템을 전제로 한다. 또한 이 두 번째 시스템은 사회과학고등연구원이라는 건물을 세운 건축 주체들로 이뤄진 세 번째 시스템을 전제로 한다. 그 같은 전제 관계는 세 개의 시스템을 하나의 직선적인 논리적 연쇄로 질서화하며 그 결과 이 같은 질서는 시간적 질서와 일치한다. 세미나실에서 기의화된 행동은 지식 소통이라는 행동이다. 요컨대 세미나실에서 교수가 특정 주제에 대해 발언하는 것은 하나의 지식 소유의 표현이라 볼 수 있으며 이때 설명하는 주체는 자신의 지식을 학생에게 전달하고 소통시키는 행동을 실천한다. 이때 소통된 지식에 비판을 가하는 사람은 자신이 경청한 사람을 평가한다는 점에서 또 다른 지식을 증언하는 반면, 해당 주제를 이해하지 못해 질문을 던지는 사람은 상대적인 비지식non savoir을 표현한다. 세미나에서는 사실 모든 참여자가 일정 정도 자신의 그 이전의 지식을 부정한다고 볼 수 있는데, 그것은 그들이 새로운 지식의 생산을 추구하는 암묵적 계약을 수용하기 때문이다. 두 번째 시스템은 파리 사회과학고등연구원이라는 시스템으로서, 그것의 기의화된 행동은 첫 번째 시스템의 틀 외부로 소통되는 지식의 생산이다. 즉 세미나의 개방성 의무가 존재하며, 이것은 세미나의 공적 특징에 의해 표현된다. 세 번째 시스템은 다른 두 개의 시스템에 의해 전제되며, 건물을 세운 건설자의 시스템이다. 세미나실에 도달하기 위해 먼저 건물의 마당, 홀, 정원을 가로질러 계단을 올라가야 한다. 목적지에 도달하기 전에 다섯 개의 문과 네 곳의 장소를 건너야 한다. 세미나실은 일련의 장소들의 통합체적 연속의 가장 사적인 축에 위치한다. 하마드는 두 가지 이유에서 세 번째 시스템에 대한 분석으로 시작한다. 세 번째 시스템은 다른 두 개의 시스템들에 의해 전제되기 때문이며 이런 의미에서 그것은 일차적이고 오직 표현면에서 더 간단하다. 그는 이 세미나실에 대한 세밀한 분석을 시도했는데 그 대상은 위상학적 구조이다. 두 번째 시스템은 세미나실에 놓여 있는 가구들과 그 배치이다. 공간의 협소함으로 인해 강의 수강생들이 강의실을 마음대로 돌아다닐 수 없다는 물리적 제약을 비롯해, 의자에 사람들이 모두 착석했을 경우에 움직이지 못하는 상황 등, 하마드는 공간 사용 주체들에 부과된 행동의 제약들을 지적한다.

한편, 내용으로서 전제한 행동은 표현 수준에서 사람을 전제로 하며 강의실 전체를 하나의 '토포스'로서 고려한 후, 그 공간에서 이뤄지는 분할을 제시한다. 세미나실은 크게 교수가 점유하는 '토포스'와, 수강생의 '토포스'로 나누어지고, 다시 수강생의 '토포스'는 10여 명이 착석하고 필기할 수 있는 긴 테이블을 중심으로 이뤄지는'토포스'와 나머지 부분으로 이뤄진다. 첫 번째 시스템은 공간의 사용자들을 포함한다. 두 시간 동안 이뤄지는 세미나에서 참여자들은 공간을 사용하고 그들의 행동은 그 의미를 초규정한다.

세미나실의 표현 분석에 이어 내용 분석이 이어지는데 이때 중요한 기호학적 개념은 프로그램과 계약이다. 세미나의 목적은 지식의 생산이며, 지식의 전달과 변형으로 분석될 수 있는 생산이다. 즉 지식을 소유하는 주체로서 발신자인 사람과, 지식을 갖고 있지 않은 반주체 사이에서 지식이라는 대상이 전달된다. 반주체는 하나의 비지식을 긍정하면서 세미나실에 온다는 점에서 결핍의 상황을 긍정한다고 말할 수 있다. 아울러 세미나에 참여하는 것은 하나의 지적 추구이다. 따라서 수신자의 이동에 의해 표현되는 하나의 앎에 대한 욕구가 존재한다. 참여자는 하나의 지식이라는 대상의 획득을 통해 결핍이라는 상황을 해소한다. 참여자는 그가 추구하는 것을 알고 있으며, 또한 세미나에서 그가 찾을 수 있는 것이 무엇인지를 알고 있다. 다른 한편, 세미나의 수강생이 이 같은 지식을 하나의 대상/가치로 수용하려면 수강생 스스로 추구하는 바를 만족시킬 선행 지식을 소유해야 한다는 전제가 성립한다.

이것과 대칭적으로 교수인 발신자는 수강생의 비지식을 긍정한다. 왜냐하면 그는 세미나가 지식의 변형을 작동시킨다는 점을 수용하기 때문이다. 주체와 반주체 모두에게 세미나의 행동은 따라서 서사적 프로그램으로 귀결된다. 하나의 지식의 획득, 변형, 생산 등으로 이뤄지는 이 같은 프로그램의 실현은 말하기, 듣기, 쓰기, 쳐다보기, 걷기, 신체의 이동 여부, 내부와 외부 등 세미나에서 이뤄지는 일정 수의 다른 행동을 통해 동시적으로 진행된다. 모든 행동은 표면 층위에 속하는 반면, 지식의 생산은 심층 수준으로서 발현된다.

이외에 하마드 교수의 건축 기호학적 연구에서 흥미로운 결과물 중 그가 일본에 수 년 동안 체류하면서 수행했던 일본의 전통 다도의 공간에 대한 치밀한 연구물을 손꼽을 수 있다.[072] 그레마스의 방법을 채택해 이뤄진 이 연구는 건축 공간이라는 융합적 발현에서 출발해 의미의 역동성과 의미의 변형들에 초점을 둔 기호/서사적 독법을 통해 표층의 기저에 흐르는 기본 수준을 재구성하는 데 목표를 둔다. 하마드 교수는 무엇보다 건축물이 고립적으로 그 자체로 해석될 수 있는 대상이 아니라는 점을 직시하면서 새로운 대상을 다시 구성하는데, 그것은 건축물 외에 사람들, 다양한 오브제들, 그리고 정태적/역동적으로 앞에서 언급된 요소들에 의해 조직화된 외연으로서의 공간을 결합시킨다.[073]

하마드 교수는 건물, 사람, 물건, 공간 등의 다양한 기호학적 현상이 혼합되는 공간을 일러, 옐름슬레우의 용어를 차용해 융합 기호 체계sémiotique syncrétique라고 부른다.[074] 그 같은 복잡한 대상물의 틀 속에서 제한된 건축은 하나의 특이한 구조적, 즉 통사적 위상을 구비한 요소로 이뤄진 집합으로 나타난다. 요컨대 건축물은 건축 공간에서 서로 상호작용하는 사람들 사이에서의 다양한 관계를 조절하는 탁월한 발화 작용적 역할을 맡는 것이다.

그는 현재에도 여전히 실천되는 일본 전통 다도CHAJI의 의례를 자료로 삼아 그것을 수행하는 주체의 존재가 함의하는 미학적 윤리적 행로 속에서 진행되는 일체의 변형들을 치밀하게 분석했다. 그의 연구에서 가장 독창적인 부분은 다도에 초대받은 손님과 주인이 각각 건축 공간을 일정한 상황과 조건에 따라 이동하고 재단하는 방식이다. 예컨대 하마드는 나지막한 담

---

072 "L'architecture du thé", *Actes sémiotiques,* IX, 84085, CNRS_EHESS, 1987.
다음 편집서에 재수록.
Hénault, A., *Questions de sémiotique,* Paris, PUF, 2002, pp.199-244.

073 위의 책, p.201.

074 융합 기호 체계에 대한 상세한 논의는 다음 논문 참조.
Hammad, M, "L'espace comme sémiotique syncrétique", *Actes sémiotiques,* Bulletin VI, 1983. p.27.
_______, "Primauté heuristique du contenu", in Parret, H. et Ruprecht, H.-G., *Exigences et perspectives de la sémiotique. Recueil d'hommages pour A.J.Greimas,* Amsterdam, Benjamins, 1985.

장이 맡는 인지적 차원을 비롯해 주인이 준비가 덜 됐을 때, 벽이라는 차단막이 갖는 '할 수 없음'이라는 양태성 등의 양상을 짚어낸다. 또한 다도 공간에서 벽과 문이라는 장치가 기호학적 차원에서 갖는 세 개의 양태적 투자 investissements를 갖는다는 점을 지적하고 있다.

초대 받은 집의 문이 닫혀 있을 경우, 이것은 너무 일찍 도착해서 아직 주인이 준비가 되지 않았다는 것을 의미하며 이 경우 손님은 동네를 산책하거나 돌아갔다 다시 방문해야 하며 절대로 집 앞에서 기다려서는 안 된다. 따라서 닫힌 문은 '반드시 무엇을 해야 함devoir'의 양태성을 투자받은 것이며, 진입 금지, 산책하거나 돌아가거나 등의 다양한 행동의 연쇄를 초규정한다. 문이 반쯤 열린 경우, 이것은 통과의 금지를 부과하지 않는다. 따라서 손님은 '할 수 있음pouvoir'의 양태성, 즉 문을 통과할 수 있다. 그렇지만 이때 집 안으로 들어왔을 때 땅에 물이 젖어 있지 않으면, 손님은 집 안의 뜰로 들어가서는 안 된다. 땅에 물기가 없는 경우는 문이 반쯤 열려 있는 상태보다 우선적 가치를 지닌다. 기호학적으로 풀어 말하자면, 문과 집의 통과 지점에 있는 물기는 잠재화적 양태성modalités virtualisantes을 투자받은 것으로 나타난다. 즉 물기가 없으면 '무엇을 하지 말도록 만드는 것'이며, 물기가 있으면, '무엇을 하고 싶도록 만드는 것'이다. 반면 문은 오직 현동화적 양태성modalité actualisante 만을 투자받는다. 문이 닫혀 있으면 '할 수 없는 것'이며, 반쯤 열려 있으면 '할 수 있는 것'을 지시하기 때문이다. 시간이 돼서 손님이 문 안으로 들어오면 주인과 손님은 서로 마주하며 이때 문이 열려 있다는 것은 '할 수 있음'의 양태성에 해당된다. 여기에서 주인의 인사는 집 안으로 들어오라는 초대의 역할을 맡는다. 기호학적으로 말해, 손님은 주인을 보면서, 잠재화의 양태성은 직접적으로 전달된다. 문과 집 안의 통과 지점에 있는 물기에 의해 간접적으로 판단될 필요가 없다. 이렇듯 손님이 초대받은 다도 예식의 공간에 진입하는 과정을 그는 세 개의 임계점을 넘어서는 양상으로 묘사한다.

하마드 교수는 임계점의 장소들이 변화했으며 장소들의 기술적 투자들 내부/외부 또는 양태적 투자 사적/공적가 변화했으며, 임계점을 표시하는 장치가 또한 변화했다는 점을 지적한다. 잠재화와 현동화에 이어 실현 단계에 대한 기술도 치밀하게 이뤄진다. 집 안에서 바깥쪽 정원SOTOROJI에 위치한 손님은 집 안에 있는 쪽문을 통해 안쪽 정원NAKAROJI를 볼 수 있다. 그 쪽문은 두 개의 정원 사이에 있는 임계점을 표시한다. 다도가 진행되는 일본의 전통 건축 공간에 대한 세밀한 분석을 통해서 하마드 교수는 첫째, 건축 공간이라는 융합적 표현에서 출발해 내용의 기본적 수준, 즉 일련의 가치들과 의미론적 변형들의 수준을 겨냥한다. 둘째, 공간 단위들, 즉 '토포이'의 규정에 있어 그는 두 개의 상보적 절차들에 의존했다. 첫 번째 절차는 공간에서 일정한 문턱을 넘어서는 것이 일정한 조건에 따라서 이뤄지는 임계점임을 인지하는 것이고 두 번째 임계점은 한 명의 행위자가 하나의 행동을 완수하는 장소를 인지하는 데 있다. 즉 토포스는 그 공간에서 진행되는 행동에 의해 규정된다. 이 두 가지 절차들은 통사에 토대를 두고 있으며 획득된 단위들은 행동에 의존한다. 끝으로 그가 결론에서 지적하는 것은 두 개의 절차는 관찰 가능한 것의 의미론적 몫을 식별하기 위해 사용됐다는 점이다. 주목할 사실은 의미 체계는 통사에 의해 규정되는 것으로 나타난다는 점이다. 즉 의미 체계는 구체적 장소에서 진행되는 행동에 의해 재활성화된다.[075] 다도 건축 공간에 대한 연구를 통해서 하마드 교수는 다양한 공간적 장치들이 맡는 통사적 역할들을 설명해내고, 장소들의 의미론적 투자가 미묘한 규칙들에 의해 제어되는 절차에 따라 인식되며, 다시 재단되고, 조직화될 수 있다는 점을 입증했다.[076]

3. 건축의 구상과 설계 단계에서의 건축 기호학의 기여

기호학과 건축의 만남의 역사를 추적하는 일은 그 자체가 방대한 연구 과제이며 여기에서는 건축의 기획 단계에서 실제로 기호학 이론이 기여할 수 있는 바를 간략하게 소묘한다.

건축 기호학의 대상 범위가 확장될 가능성에 대한 건축가 정기용의 진

---

075 같은 책, p.244.

076 같은 책. p.233.

술은 건축 기호학의 응용성을 확인시켜준다. "여기에서 우리는 건축 행위에서 자연언어로 직접 소통되는 부분이 대단히 많음을 알 수 있다. 건축 허가를 낼 때의 양식, 도면에 적힌 각종 언어, 건물이 지어진 뒤 건물에 부착되는 각종 간판을 보아도 그러하다. 이런 점에서 건축의 기호학적 접근은 공간을 위상학적 관점에서 보고 메타언어를 만들어 설명하려는 어려운 태도를 비롯해 건축 행위 중 언어에 관계된 부분의 텍스트를 분석하는 방법도 가능하다는 것을 알 수 있다. 그러나 건축 기호학의 대상은 여기에 머무르지 않고, 재료나 공간의 특성을 이용한 정신지체인의 치유법 등의 응용에도 연장되고 있음을 주목해야 할 것이다."[077]

여기에서는 건축가이자 건축 기호학의 권위자인 레비 교수가 자신의 건축 실무 경험을 바탕으로 발표한 최근 논문을 참조해 소략한다.[078]

건축 착상과 개념화에 대한 건축 기호학의 기여: 건축의 생성적 접근

첫째, 건축 기호학은 건축물의 착상에 도움을 주고 건축의 이론적 개념화에 기여할 수 있다. 이것은 건축적 개념화의 연구와 관련되며 건축의 방법론적 본질에 속한다. 따라서 건축의 기획projet을 기호학적 관점에서 연구 대상으로 삼는 것이 가능하다. 건축 기호학은 구체적인 건축 프로젝트의 개념화를 명시적으로 이론화시키는 것을 가능케 하며, 특히 의미의 관점에서 건축물의 생산방식을 이론화할 수 있다. 또한 개별 건축 프로젝트를 일반적 모델에서 파생된 특수 사례로 삼을 수 있다. 언어학의 개념적 원리를 적용하자면 이론적 개념화가 개별 건축 프로젝트와 맺는 관계는 랑그가 파롤과 맺는 관계와 같다. 개념화/프로젝트의 이분법착상/기획(conception/projet)에 랑그와 파롤, 랑그와 담화, 발화 작용과 발화체, 능력과 수행, 도식과 사용 등의 고전적 이분법을 적용할 수 있다. 하나의 구체적 건축 프로젝트를 간주할 때

---

077 정기용, 앞의 책, p.376.

078 Lévy, A., "Sémiotique de l'architecture: Contribution à une étude du projet architectura", *Nouveaux Actes Sémiotiques,* N.111, 2008.
http://revues.unilim.fr/nas/document.php?id=2092. 2011년 12월 26일 열람.

오직 개념화만이 과학적 연구의 대상이 될 수 있다. 그 같은 과학적 접근법은 구조적 시각을 취하나, 건축 기호학의 개념화를 순수한 닫힌 체계로 한계를 그으면서 엄밀하게 계열체적 시각으로 환원시켜서는 안 될 것이다. 오히려 건축 과정에 해당하는 통합체적 축을 포함시킴으로써 건축 프로젝트를 생산하는 종합 과정으로서의 건축적 개념화에 대해 탐구하는 것이라 할 수 있다.

건축 기호학의 두 번째 기여는 건축 공간성의 이론에 대한 기여라 할 수 있다. 안타깝게도 이 같은 공간 이론은 지리학자들과 건축학자들 모두에게 결여되어 있다. 공간과 사회의 관계에 대해 작업하는 사회과학자들과 공간의 총체적 환경과 분위기인 앰비언스ambience를 연구하는 전문가들도 사정은 크게 다르지 않다. 기하학적 관점, 심리적-생리적 관점, 사회-문화적 관점 등 대상으로서의 공간은 다양한 관점에서 정의될 수 있다. 다른 한편, 건축사의 맥락에서 건축 공간의 복잡성에 대한 성찰을 마련해야 한다. 이미 천 년 전 로마의 건축가 비투리비우스가 착발시킨 건축 공간 이론에서 제시한 견고성solliditas, 유용성utilitas, 쾌락성venustas의 원칙을 비롯해 르네상스 시대의 화가이자 이론가인 알베르티가 발전시킨 건축 공간 이론의 원리인 필요성necessitas, 편리성commoditas, 관능성voluptas 등도 심도 있게 재론되어야 한다.

건축적 개념화의 모델화에 대한 레비 교수의 접근법은 건축적 공간에 대한 이해를 지향하면서 두 가지 가설에 기초한다. 먼저, 건축적 개념화의 이론은 개념화시켜야 할 대상의 이론적 정의를 생략할 수 없다. 즉 건축적 공간에 대한 논의를 생략할 수 없는 것이다.[079] 건축적 개념화의 특수성을 옹호하는 것은 바로 개념화시켜야 할 대상, 그것의 본질, 그것의 구조를 탐구하는 것이며, 그것들에 대해 이론적 규정을 제시하는 것이다. 건축적 개념화의 이론은 아울러 개념화시켜야 할 건축적 대상의 이론이어야 한다. 그다음으로 유의미적 구조로서 제기되는 건축적 공간은 의미의 관점에서 파악되어야 한다. 건축을 하나의 언어로서 간주할 수 있다는 가설은 두 가지 가

---

079 이 점에서 건축 공간의 인식론을 다룬 다음 연구서를 참조할 것.
Boudon, P., *Sur l'espace architectural,* Marseille, Edition Parenthèses, 2003.

정을 함의한다. 첫째, 공간은 의미하기 위해 말할 필요가 없으며 어떤 매개체 없이도 의미할 수 있다. 둘째, 공간은 그 자체의 물리적 물질적 속성 이외의 다른 것을 의미한다. 건축가의 활동은 아울러 기호학적 활동, 즉 의미 작용을 생산하는 활동으로서 파악될 수 있으며 넓은 의미에서 보면 건축가의 활동은 문화적으로 유의미적 실천들을 포함한다.

건축 공간의 개념화 이론에 대한 건축 기호학의 세 번째 기여는 생성적 접근법으로 압축된다. 즉 건축이라는 대상을 그것의 생성 과정, 다시 말해 생산 방식을 통해 파악하는 것을 말한다. 건축 기호학의 생성적 접근법은 순수 계통적인 접근법과 대립하며 동시에 발생적 유형의 접근법과도 구별되어야 한다.

건축의 '생성적' 접근법이란 구체적 건축 프로젝트의 생산과정에 관한 일반 이론이다. 따라서 건축 프로젝트의 창조와 관련된 역사가 연구 대상이 아니며, 시간적 추이와 외적 조건들에 의해 건축물의 실현을 설명하려는 방식도 아니다. 아울러 건축 담론의 이데올로기적 역사를 탐구하는 것도 아니다. 건축 공간의 생성적 접근법의 요체는 공간의 논리적 조직화이며 공간의 생성 문법을 구축하는 것을 말한다. 이 점에서도 르니에 교수의 연구는 중요한 기여를 했는데, 예컨대 1982년부터 그는 의미 작용의 생성 행로, 즉 의미 작용의 기본 수준, 서사 수준, 담화 수준을 건축물에 적용해 설명했다.

레비 교수는 각각의 레지스터에서 이 같은 생성 차원을 참작하면서 세 개의 주요 절차들을 통해 이 같은 건축 공간의 생성 문법을 구성하려 한다.

첫 번째 절차는 하나의 조합술이라 할 수 있으며 간단한 요소로부터 복잡한 요소로 이동하는 것을 말한다. 조형 공간의 레지스터 상에서 이뤄지는 건축 언어의 이중 분절이나 건축의 물질적 하부구조의 세그먼트나 조형적 변별적 자질들을 추출하는 것을 말한다. 두 번째 절차는 하나의 층위에서 다른 층위에로의 전환을 포착하는 데 있다. 이를테면 일반적인 층위에서 특수한 층위로 옮겨가거나, 일반적인 분배적 이상형에서 특수한 분배적 유형으로, 사용 공간 레지스터에서 특수한 역사적 경우로 이동하는 것을 말한다. 레비는 종교 건축물의 구조를 면밀하게 관찰하면서 전환 절차를 통해 이뤄지는 특이한 양태성들 속에서 적용되는 이상적 유형을 파악하려 했다.[080] 세 번째 절차는 도상화로서 추상적인 것에서 구체적인 것으로의 이동을 말한다. 다시 말해 공간의 구체적, 점증적인 의미론적 풍요화를 통해 구체적인 것으로 이동하는 것을 말한다. 도상화 과정은 건축 공간의 형태가 더 세밀해지는 과정을 말하며 이것은 레지스터들의 생성 과정을 구조화시키는 절차들이다. 이것은 기호학의 생성 행로 개념과 결부될 수 있는 건축 프로젝트에서의 공간성의 생성 과정이라는 개념이라 할 수 있다.

건축 공간의 다양한 레지스터

건축적 공간은 복잡한 공간으로서 다의적 구조와 다형태적 구조로서 정의된다. 즉 공간의 다양한 레지스터들과 상관관계를 맺는 의미의 다양한 레지스터들로 구성되는 구조를 말한다. 건축학자 르니에는 다음과 같이 적으면서 이미 그 점을 강조한 바 있다. "공간 기호학은 의미가 작동하는 공간이 무엇인지를 지시할 수 있을 때 비로소 자신의 의미를 취한다."[081] 나아가 레비 교수는 의미 수준들과 상관관계를 맺는 다섯 개의 공간 레지스터를 추출한다.

모든 건축이 도시 공간적이라는 점에서 건축 공간의 첫 번째 레지스터는 도시 공간이다. 도시 공간은 건축 공간과 도시 공간 사이의 접면과 관련되거나 건축물과 도시 공간 배치와 짜임tissu urbain 사이에 존재하는 관계를 비롯해 건축과 도시 공간 사이의 일반적 관계를 포함한다. 이 같은 도시 공간은 도시에 대한 여러 관념, 도시의 역사적 유형들, 도시 형태의 의미를 지시한다. 또한 도시 공간은 형태와 의미의 상이한 레지스터들로 변형될 수 있다.[082] 도시 공간은 구체적 실행implantation에 의해 생산되며 빈번하게 도시 기

---

080 Lévy, A., *Les machines à faire-croire I. Formes et fonctionnement de la spatialité religieuse,* Paris, Anthropos/Economica, 2003.

081 Greimas, A. J. and Courtés, J., *Sémiotique, dictionnaire raisonné de la théorie du langage,* tome 2. Paris., Hachette, 1986, p.31.

082 Lévy, A., "Formes urbaines et significations: revisiter la morphologie urbaine",

획 또는 도시계획이라는 이름을 취한다. 르니에는 도시 형태를 연구하는 학술 분야인 도시 형태론을 비판하면서 세그먼트 형태론을 파편적 형태론과 대립시킨 바 있다. 즉 그가 추구한 도시 형태론은 유의미적 재단découpage에서 도출된, 거주민의 실천들로부터 나온 의미론적 재단을 말한다.[083] 도시 형태론이 작동시키는 대규모의 의미론적 재단들은 역사적 본질에 속한다.

건축 공간의 두 번째 레지스터는 사용 공간으로서 그것은 공간과 사회적 실천들 사이에 존재하는 관계를 다룬다. 사용 공간은 오랜 시간이 흘러 축성된 개별적인 분배적 유형론들에 의해 조직화된 사용과 관례를 지시한다. 예컨대, 주거 환경의 경우, 가사 공간과 그 가정의 유형 사이의 관계를 생각해볼 수 있으며 그것은 공간 분배의 작동 원리에서 비롯된다. 바로 이 같은 공간에 대해 르니에는 건축적 장치dispositif architectural라는 개념을 비롯해 그것의 통사적 행로, 통합체적 연쇄, 세그먼트와 파편의 대립 등의 개념을 사용해 작업했다.[084]

세 번째 레지스터인 미학적/상징적 공간은 공간과 기하학, 공간과 수학적 척도 사이에 존재하는 관계에 대한 것이다. 이 공간은 기하학의 기의들과 상징계, 특히 미술사를 통한 상징계를 지시한다.

네 번째 레지스터인 생물 기후적 공간은 물리적 공간과 그것의 구체적 환경 사이에 존재하는 관계를 말한다. 그 공간은 환경적 매개 변인들에 의해 그 성질이 파악될 수 있는 공간이다. 예컨대 건축의 생물적, 기후적 공간은 쾌적함, 행복, 건강 등의 기의들을 지시할 수 있다. 그 공간은 특수한 공간 장비나 공간적 장치에 의해 마련될 수 있다. 이 같은 레지스터에 대해 건축학자 르니에는 인공 생명 환경biome이라는 개념을 도입한 최초의 학자라는 점에서 독창적 기여를 했다. 환경의 총체적 조건을 의미하는 프랑스어 단어 '앙비앙스ambience'와 동의어인 인공적 생명의 환경, 또는 인공 생물의 기호학

Espace et Société, 122, 2005, pp.25–48.

083 Renier, 앞의 논문, p.21.

084 Greimas and Courtés, 앞의 책, p.16.

등의 용어를 도입해 건축을 자연환경의 제어 학술 분야로 다루고 인공 기후 창조 학술 분야로 다뤘다. 건축은 오직 조형적 표현의 학술 분야가 아니라, 자연환경의 관리이며, 인공적 기후의 창조의 제어 학술 분야이다.[085]

건축 공간의 다섯 번째 레지스터는 물질적 조형적tectonico-plastique 공간으로서 이 공간은 공간의 감각적 차원과 관련되며 특히 그것은 미술사, 양식사와 관련된 의미 작용들을 지시한다. 건축 공간의 이 같은 레지스터는 표현의 작동을 통해서 획득된다.

건축 공간의 복잡성 또는 복합성을 규정하기 위해 제시된 이 같은 상이한 레지스터들의 제시 순서는 결코 어떤 가치의 비중을 반영하는 위계화에 기초하지 않는다. 각각의 레지스터는 하나의 표현면과 하나의 내용면에 의해 성립되며 그것들은 상호 독립적이며 하나의 체계를 이룬다. 각각의 공간 레지스터에 대해 지역적 형태 차원에서 말할 수 있으며, 그것들의 상호 관계들과 관련해 글로벌 형태 차원에서도 언급할 수 있다. 예컨대 15세기 알베르티가 제시한 세 개의 차원으로 이뤄진 건축 공간론에 견주어서 위에서 언급한 사용 공간과 생물 기후적 공간의 레지스터는 그가 말한 편리성commoditas 개념에 해당된다고 말할 수 있다. 또한 미학적/상징적 공간과 조형적 공간은 그가 제시한 건축 공간의 관능성voluptas의 차원을 상기시킨다.

건축에서 도시 공간으로:
도시 기호학의 선사先史

1. 텍스트로서의 근대 도시 공간

도시를 한 편의 텍스트로서 간주하는 개념은 도시 기호학의 발생 이전에 이미 19세기 작가들에게서 다양한 장르와 형태에서 나타났다. 도시 공간을 하

---

085 Renier, A., "L'espace architectural et ses configurations de lieux", *Bulletin AFS,* 3, Juin 2003, p.45-49.

나의 텍스트로서 개념화하는 시도는 몇 가지 전제 조건에 기초한다.[086] 먼저, 도시는 텍스트적 구조의 속성을 갖고 있어야 한다. 기초적 수준에서 도시 공간은 잠재적으로 해독 가능한 기호와 상징으로 이뤄진 기호학적 성좌이다. 즉 도시 공간은 가장 기초적 수준에서 하나의 언어가 전제되며 늘 '읽기'의 체계가 전제된다. 이를테면 텍스트로서의 도시는 그것을 읽어줄 개별 독자 또는 다수의 독자를 전제로 한다.

보들레르 이후로 근대 도시 공간을 읽는 독자는 빈번하게 산책자의 형상과 더불어 파악되어 왔으나, 그 뒤 도시 공간의 독법은 부분적으로 텍스트적 접근법에 기초해 세부 공간이 다양한 켜들로 위계화되었으며 이어서 권력, 젠더, 사회계층, 인종, 세대 등에 따라 성층화됐다.

텍스트로서의 도시는 원칙적으로 판독 가능성을 전제로 한다. 물론 이 같은 판독 가능성이 반드시 현재 당장에 실현되어야 할 필요는 없으며, 미래에 실현될 수도 있다. 예컨대 벤야민은 19세기의 도시 공간의 판독 가능성의 도래가 20세기에 이뤄질 것이라는 예언적 진술을 한 바 있다.[087] 벤야민에 따르면, 원칙상 판독 가능성은 오독을 배제하지 않으며 이때 텍스트로서의 도시라는 대상은 오류와 더불어 점철된다.[088]

도시를 하나의 텍스트로서 파악하려는 개념화에서 발생하는 문제와 주

---

086 대도시 공간을 텍스트로 보는 사유 방식에 대한 다음 네 편의 텍스트를 참조할 것. 하나는 짐멜 사상의 권위자인 프리스비가 쓴 논문이다.

1. Donald, J., "Metropolis: The City As Text", in Bocock, R. and Thompson, K., *Social and Cultural Forms of Modernity,* Cambridge, 1992, pp.418-61.

2. Frisby, D., "The Metropolis as Text: Otto Wagner and Vienna's Second Renaissance", in Leach, N., *The Hieroglyphics of Space: Reading and Experiencing the Modern Metropolis,* London and New York, Routeledge, 2002, pp.15-30.

3. Leach, N., *The Hieroglyphics of Space: Reading and Experiencing the Modern Metropolis,* London and New York, Routeledge, 2002.

4. Stierle, K., *La capitale des signes,* Paris, Editions de la Maison des sciences de l'homme, 2001, pp. 1-38.

087 Morss, S. B., *The Dialectics of Seeing,* Cambridge, MA., The MIT Press. 1989.

088 Benjamin, W., *Charles Baudelaire: A Lyric Poet in the Era of High Capitalism,* London, 1973, p.103. (한국어 번역본) 발터 벤야민, 김영옥·황현산 옮김, 『보들레르의 작품에 나타난 제2제정기의 파리(보들레르의 몇 가지 모티프에 관해 외)』, 길, 2010.

제들을 파악하려면 텍스트로서의 도시 공간이 논의되는 방식 가운데 몇 가지를 검토하는 것이 필요하다. 짐멜과 벤야민의 도시 사상을 오랫동안 천착해온 프리스비 교수는 근대성과 관련된 작가들에서 그 같은 예를 선별한다. 근대성과 텍스트로서 도시 공간을 읽어내려는 독법 방식 사이에 존재하는 연관성은 우연이 아니다. 도시 공간을 한 편의 텍스트로 읽는 활동 자체가 근대 메트로폴리스에서 새로운 것을 인지하고 분석하기 위한 욕망에서 탄생한 것이라 할 수 있다. 19세기부터 새롭게 형성된 도시 공간인 메트로폴리스는 근대성의 핵심적 거점 가운데 하나였으며 양적으로 질적으로 급격한 변화를 겪는다. 메트로폴리스를 독해하려는 관심은 객관적 자료 수집 차원에서 이뤄질 수도 있으나 시적, 정치적, 사회적 독법도 얼마든지 가능하다.

보들레르에게 근대적 메트로폴리스는 '모더니티', 즉 근대성의 거점이었으며 근대성은 바로 메트로폴리스 공간 속에서 나타나는 '덧없는 것', '흘러가는 것', 우발적 요소들로 표징된다. 근대적 메트로폴리스 안에서 창발했던 '모더니티'의 특질들은 그것들이 상징적으로 재현되는 한 일정한 해석과 표상을 요구한다. 근대적 삶을 묘사하는 화가는 그 같은 해석의 주체이다. 보들레르가 '인간은 상징의 숲을 가로질러 간다.'고 말할 때, 이것이 말하는 것은 비록 인간이 상징들의 숲을 창조했으나 그 상징들이 반드시 판독 가능한 것은 아니라는 점을 암시한다.[089]

도시 공간을 한 편의 텍스트로 읽어내려 한 시도는 이탈리아의 미래파 예술가들에게서도 명확히 나타난다. 이들에게 근대 도시는 단지 모더니티의 결정체일 뿐만 아니라 동시에 근대 기술의 결정적인 '쇼 케이스'이다. 미래파의 이념을 제공한 마리네티에게 일상 기술의 새로운 형상화는 우리가 근대적 메트로폴리스를 경험하는 방식들을 변형시키고 도시 경관에서 읽어내야 할 새로운 사물의 집합을 창조한다. 하지만 마리네티는 주로 전보, 전화, 녹음기, 기차, 영화, 비행기 등의 기술과 매체에 초점을 두었으며, 도시 공간에서 생산된 다른 기호들에 대해서는 별다른 주목을 하지 않았다.

---

089 Baudelaire, C., *The Painter of Modern Life and Other Essays,* London, 1964.

19세기에 만들어진 도시계획이라는 새로운 학술 분야 설정의 목표 가운데 하나는 단지 도시 공간의 다양한 물적 하부 구조의 시스템을 건설하는 데 국한되지 않고 도시 공간의 의미를 읽어내려는 데 있었다. 초기의 도시계획가들은 도로의 배치, 교통수단의 유형, 거리의 시설물 등을 비롯해 도시 공간의 물리적 조건은 우리가 도시를 어떻게 지각하는가를 조건 짓고, 더 나아가 인간 신체 운동을 조건 짓는다는 점을 이미 인지하고 있었다.

이들에겐 근대 메트로폴리스의 복잡한 텍스트를 독해하면서 문제가 되었던 몇 가지 쟁점을 제기하는 과제가 남아 있었다. 벤야민과 공동 작업을 기획했던 독일 작가 프란츠 헤셀Franz Hessel[090]은 도시 공간을 도시 산책자가 독해해야 할 하나의 텍스트로서 간주하는 개념화를 명시적으로 작동시킨다. 그는 만보객의 활동을 다음과 같이 서술한다. "느리게 도시를 걷는 것은 일종의 거리 읽기이며, 그 거리에서 사람들의 얼굴, 상가 창문, 카페 테라스, 거리의 자동차, 나무 등은 알파벳에 견주어서도 손색이 없는 도시 텍스트의 철자들이다. 이 철자들은 영원히 새로워지는 책의 단어, 문장, 페이지로 이어간다."[091]

하지만 그는 도시 공간의 이미지에 관심을 집중했으며 도시 공간 기표의 통사론과 의미론에는 별로 관심을 갖고 있지 않았다. 그는 텍스트로서의 도시가 산책자에 의해 직접적으로 읽힐 수 있다고 가정했다. 동시대인이었던 크라카우어는 건축가 출신답게 도시를 파편적 기호들의 미로로서, 즉 한 편의 텍스트로서 연관시켰다. 아울러 그는 메트로폴리스라는 텍스트를 이미지들의 성좌로서 판독할 수 있는 문제를 본격적으로 제기했다. 텍스트로서의 도시 공간 읽기는 도시 속에 숨겨진 것을 파헤치거나 해독할 수 있는 방식으로 읽어야 한다는 것을 말한다. 크라카우어에게 있어 공간적 이미지는 한 사회가 꾸는 꿈들이다. "모든 공간적 이미지의 상형문자가 해독되는

---

090 Hessel, F., *Spazieren in Berlin,* Verlag, Verlag Für Berlin-Brandenburg, 2011.

091 Hessel, F., *Ein Fläneur in Berlin,* Berlin, 1984, p.145.
Frisby, 앞의 논문에서 재인용, p.17.

곳에서 사회적 현실의 기초가 스스로 모습을 드러낸다."[092]

앞서 1부 4장에서 살펴본 것처럼 벤야민의 메트로폴리스 독법은 다면적인 독법으로서 거기에서 도시는 읽어야 할 공간, 즉 관상학의 관점에서 탐구됐다. 또한 도시 공간은 현상학적으로 읽을 수 있으며 신화학으로서, 역사로서, 정치로서, 그리고 하나의 텍스트로서 읽힌다. 벤야민의 표현을 빌리면 텍스트로서의 도시는 곧 하나의 언어적 우주로서, 독해되어야 할 비밀스러운 텍스트이며 근대 메트로폴리스 삶에 대한 특별한 종류의 독자를 요구한다.[093]

물론, 도시 공간을 텍스트로 보는 시각에 문제가 전혀 없는 것은 아니다. 하나의 도시 공간을 텍스트로 볼 때, 도시라는 텍스트, 그리고 도시에 대한 텍스트는 독자들에 의해 모두 동일한 방식으로 이해되지 않는다. 근대적 도시 공간과 도시의 삶에 대해 전문가의 독법과 일반인의 독법은 다를 수밖에 없다. 여기에서 1부 4장에서 살펴본 세르토가 제시했던 구별은 시사적이다. 그는 도시를 기하학적 공간으로는 읽는 것과 도시를 특징짓는 불투명성과 맹목적 이질성의 성격을 읽어내는 수준을 구별한다. 건축가들과 도시계획가들이 시각적 이론적 구성물을 통해 도시 공간을 보려 한다면, 이와 달리 은유적 도시는 계획되고 판독 가능한 도시 공간의 명료한 텍스트를 늘 미끄러지게 만든다.

그런데 이 같은 세르토의 구별에는 몇 가지 물음들이 제기될 수 있다. 무엇보다 현상학적, 민족지학적 통찰에 기대고 있는 은유적 독백과 더불어 계획되고 판독될 수 있고 명료한 텍스트로서의 도시 공간을 파악하려는 개념에서 문제가 발생한다. 이 같은 독법은 기하학적 또는 지리학적 공간의 명료성을 함축한다. 이 두 가지 독법의 구별이 현실적 타당성을 갖는가를 알려면 이른바 도시 전문가들의 도시 공간 독법에 대한 실증적 연구가 이뤄져야 할 것이다. 또한 세르토가 주장한 것처럼 과연 모든 도시가 공학적 명료성에

---

092 다음 문헌에서 재인용.
Frisby, D., *Fragments of Modernity*, MA, The Mit Press, 1988, p.109.

093 Gilloch, G., *Myth and Metropolis. Walter Benjamin and the City*, Oxford, 1996.

기초해 창조된 것인지도 검토해야 할 것이다.

세르토의 구별이 '근대적 삶'의 독법에 적용될 수 있다면 그것은 단지 의식적 독법과 우발적 독법 사이의 구별과 친화성을 갖는데 머무르지 않고, '모더니티'에 대한 두 가지 상이한 독법 사이의 구별과 관련될 수 있기 때문이다. 합리화의 과정으로서의 '모더니티'와, 시간, 공간, 인과율의 기본 범주의 해체로서의 '모더니티', 일시적이며, 덧없고, 우발적인 것들로서의 경험은 모더니티에 대한 두 개의 상이한 개념화를 말한다. "만약 도시가 한 편의 텍스트라면 그것은 그 도시를 창조하고 형성하고 변형시키기를 추구하는 사람들에 의해 읽혀야 한다. 도시에 대한 그들의 독법은 도시 텍스트에 대한 그들의 쓰기를 결정적으로 규정짓는다. 텍스트와 도시는 일정한 거리를 두고 읽힐 수 있으며, 바로 그 거리에서만 오직 그것들의 윤곽이 가시적이며 따라서 추상적으로 나타날 수 있다."[094]

2. 도시 공간의 판독 가능성: 도시 기호학의 선구자 벤야민과 바르트

벤야민은 「파리, 19세기의 수도」에서 파리라는 도시 공간의 판독 가능성의 문제를 제기한 최초의 인물이라 할 수 있다. 이 에세이는 정신적 고독과 경제적 빈곤 등으로 점철된 극한적 상황 속에서 치열하게 탐구했으나 끝내 미완성 상태로 남겨놓은 불후의 에세이 『아케이드 프로젝트』에 수록되어 있다. 벤야민은 파리라는 도시 공간의 텍스트를 통해 자연의 책으로부터 도시의 책으로 이동하는 것을 가능케 하는 구조적 친화성 또는 기호학적 상동성의 관계를 파악했다고 말할 수 있다.[095] 벤야민은 다음과 같이 적고 있다. "자연의 책이라는 표현은 현실의 세계를 하나의 텍스트로서 읽을 수 있음을 지시한다. 그 결과 우리는 여기에서 19세기의 현실을 앞에 놓고 적절한 수

---

094 Frisby, 앞의 논문, p.19.

095 Stierle, 앞의 책, 독일어본, pp.15-25.

순을 밟아갈 수 있는 것이다. 우리는 작품으로 완성된 책을 열게 된다."096

벤야민의 도시 읽기를 도시 기호학의 전범으로 볼 수 있는 근거는 최근에 발표된 벤야민 연구 성과에서 다양한 시각으로 제시된 바 있다. 예컨대 벤야민 자신이 수많은 이미지와 기호를 활용했으며, 그래픽 형태를 세심하게 배려했고 자신이 작성한 필사본의 물리적 배열에도 비범한 시각적 감수성을 갖고 있었다. 따라서 벤야민의 필사본에서 나타나는 텍스트와 이미지의 공간적 관계와 공간적 조직화, 분할은 흥미로운 연구의 대상이다.097

특히 벤야민의 통찰은 19세기 근대성의 현실을 반영하는 하나의 전범적 공간으로 선택한 파리의 도시 이미지들을 치밀하게 읽었다는 점, 그리고 그 판독 가능성과 조건의 문제를 그 누구보다 예리하게 지적했다는 점에서 더욱더 빛난다. 그는 다음과 같이 진술한다.

"이 같은 이미지들은 '정신과학'의 범주와 완전히 구별되어야 하며, 사람들이 '하비투스 양식'이라는 부르는 것과도 구별되어야 한다. 이미지의 역사적 코드는 단지 그 이미지가 규정된 한 시대에 속하고 있음을 지시할 뿐만 아니라, 특히 하나의 규정된 시대에 대해서만 판독 가능성에 도달할 수 있음을 일러준다. 판독 가능성에 도달할 수 있다는 사실은 그 이미지를 활성화시키는 운동 속에서 일정하게 규정된 비판적 지점을 표상한다. 각각의 현존하는 사물은 그것과 더불어 동시적으로 존재하는 이미지들에 의해 규정된다. 지금이라는 것은 바로 규정된 인식 가능성의 지금인 것이다. 그것과 더불어 진리는 시간을 노출하는 만큼이나 시간을 머금고 있다."098

"읽어낸 이미지, 즉 지금의 의식 속에서 진행되는 이미지는 그 최고의 정도에서 요컨대 모든 독법에 속하는 결정적인 위험한 순간의 표시를

---

096 Walter, B., "Das Passagen-Werk", in *Gesammelte Schriften V,* (eds.)Rolf Tiedemann, Francfort/Main, 1982, p.580. (프랑스어 번역본) trans. Lacoste, J., *Capitale du XIXe siecle,* Paris, Cerf., 1993, p.481.

097 cf. Marx, U. et al., trans. Leslie, E., *Walter Benjamin's Archive: Image, Texts, Signs,* London & New York, Verso, 2007.

098 Benjamin, 앞의 책, 프랑스어 번역본, p.479.

지닌다."[099]

여기에서 판독 가능성의 문제는 두 가지로 압축될 수 있다. 즉 독자는 판독 가능성을 과용할 소지가 있으나 정작 판독 가능성과 비판독 가능성 사이의 경계는 약화될 수 있다. 벤야민이 19세기 파리 공간에 대해 스스로 판독 가능성을 제기한 것은 도시 인문학 담론 계보에서 전례가 없는 독창적 시도였다. 그것은 지성사적 기념비성을 간직하고 있으나, 벤야민 그 자신은 누구보다 그 같은 기호학적 독법의 기회와 동시에 위험성을 의식했다. 벤야민이 판독 가능성의 개념을 무조건적으로 소박하게 사용하고 있지 않음은 의심의 여지가 없다. 그는 '읽다.'라는 단어가 포용하는 다중적인 인지적 활동에 대해 가장 철저한 성찰을 시도했던 20세기의 사상가들의 반열에 속하기 때문이다.[100]

벤야민에게 '읽는다는 것'은 의도된 경험이며 의미의 구성이라는 과감한 모험이다. "글로 적혀 있지 않은 것을 읽는다."라는 호프만의 표현을 전유하면서, 그는 적혀진 것에서 적혀지지 않은 것, 즉 행간을 읽으려 했다. 마르지 않는 샘과도 같은 다양한 기호학적 기능들이 펼쳐지는 하나의 열린 마당이라 할 수 있는 텍스트는 해독이라는 문화적 기술들과 더불어 글쓰기에 선행하는 흔적의 총합에 대한 경험을 집약시킨다. 그뿐만 아니라 텍스트는 서로 포개어지는 판독 가능성의 다원성으로 유도된다. 말하자면 "텍스트는 하나의 숲이며, 그곳에서 사냥꾼은 독자"이다.[101]

주지하다시피 벤야민은 텍스트의 판독 가능성의 문제를 도시 공간을 어슬렁거리는 산책자 또는 만보객이라는 형상에 대한 그의 성찰의 맥락과 결부시켰다. 산책자는 도시라는 매체 속에서 도시 공간의 새로운 사냥꾼으로서 기호의 흔적을 읽어낸다. 텍스트는 하나의 숲이며 그 숲은 도시의 이미지이고 도시는 판독 가능한 텍스트가 된다.

---

099 같은 책, 프랑스어 번역본, p.480. 독일어 번역본, p.578.

100 Stierle, 앞의 책, 독일어본, pp.16-18.

101 Benjamin, 앞의 책, 프랑스어 번역본, p.963.

벤야민의 독법은 형식적 분석보다는 직관과 명상으로 가득 차 있으며, 텍스트를 파편들의 장소로 삼고 있다. 그 파편들은 텍스트의 유도선 위에 자리 잡고 의미의 만화경이 되며, 도시 텍스트는 명상적 관찰자가 다루는 만화경으로서 그 관찰자는 읽은 것 속에서 아직 읽지 않은 것에 다가서려 애쓴다. 여기에서 강조할 것은 벤야민의 사유와 시선은 도시 그 자체로 향하지 않고 도시 텍스트로 향한다는 점이며 바로 그 지점에서 도시의 판독 가능성은 일찌감치 본질적 문제로 제기되고 있다.

고립과 관계 맺기의 경험을 통해 벤야민은 잠자는 우리의 도시 의식을 각성시키길 원했으며, 그가 그렇게 했던 이유는 과거를 가장 의식적인 현재들 가운데 하나로 변화시키기 위해서였다. 20세기에 살았던 벤야민은 19세기 속으로 시간 여행을 떠나 근대성을 읽어내는 현상학자로서 파리 공간 한복판 속으로 잠입한다. 그에게 파리는 근대적 속성이 가장 밀도 높은 징후들 속에서 나타나는 탁월한 장소이다. 파리는 자신의 재작업, 왜곡, 이동, 현실의 집중화 등과 더불어서 몽상적 활동의 징후들을 내포한다. 그러므로 "꿈, 그것은 19세기의 선사시대를 증언하는 재회들이 이뤄지는 땅이다."[102]

판독 가능성이 만화경적 형식 속에서 반사되는 도시 텍스트에 대해 독자는 몽환적, 집단적, 역사적 의식의 분석자가 된다. 꿈을 읽는다는 것은 그것을 변형시켜 이미지들 사이에서 이미지들을 연결시키는 작업에 착수함을 말한다. 벤야민에게 텍스트는 의식에 도래하는 텍스트 파편들의 만화경이 되며, 그 점은 그 같은 파편들débris이 새로운 형상화 속에서 실험적 요소로 각인됐다는 사실에 기인한다.

벤야민이 진정한 기호들의 장소인 파리에 대해 사용한 판독 가능성이라는 개념은 니체의 기호학적 성찰을 떠오르게 만든다. 알다시피 니체는 문헌학의 훈련을 통해 철학에 도달했던 사상가였다. 언어라는 문제 설정과 관련한 표현과 개념의 발명자였던 니체는 최초로 『도덕의 계보』의 서문에서 '판독 가능성'이라는 용어를 사용했던 장본인이다. 그곳에서 그는 인간의 도

---

102 같은 책, 프랑스어 번역본, p.113, 독일어 번역본, p.140

덕적 관념 속에 녹아 있는 언어적 기원 문제를 본격적으로 제기하면서 그 용어의 문제점을 강조했다. 벤야민 도시 사상의 권위자인 독일의 슈티를레 교수에 따르면 벤야민이 기호학적으로 판독 가능성 개념을 활용해 사물을 기술하면서 자신의 경험을 요약할 때 이 같은 니체의 통찰을 염두에 두고 있었을 것으로 본다. 니체에게 판독 가능성은 미래의 전망적 범주라는 점에서 텍스트의 판독 가능성은 시간과 더불어 무르익는다. 벤야민은 그가 말하는 인식의 가능성으로 특징지어지는 현재에 대해 철학적 역사적 사변의 형식을 부여한다. 현재는 역사적 각성의 순간으로서 간주되는 지금의 이 순간을 말한다.

19세기의 파리가 판독 가능성의 단계에 진입했다는 인상을 심어준 벤야민의 관점은 시대의 무의식을 읽어내려 했던 초현실주의의 관점과 일맥상통한다.[103] 벤야민이 파리에서 마주친 핵심적 이미지는 그가 자신의 기상천외한 기획의 엠블럼으로서 삼은 19세기 파리의 가장 전형적인 건축물인 아케이드라는 건축 양식이다. 통과, 통로, 단락 등 풍부한 의미 장을 갖는 프랑스어 '파사쥬passage'라는 단어 자체가 이미 텍스트와 도시 사이에서의 전이와 이동을 지시한다. 이 같은 풍부한 의미의 성좌는 벤야민에게 너무나 본질적이어서 그는 이 같은 의미론적 성좌를 연구의 중심으로 삼았던 것이다. '파사쥬'는 그가 도시의 판독 가능성의 본질을 지칭하기 위해 사용한 이름이다.

벤야민의 도시 읽기에 사용한 또 다른 방법론적 원칙은 19세기에 이뤄진 파리의 묘사들을 읽어낼 때 등장한다. 그것은 바로 도시와 그 경험에 대한 몽상적 텍스트들을 해독하기 위해 꿈의 해석에 사용된 정신분석학의 절차이다.[104] 주지하는 바와 같이 프로이트에게 도시의 판독 가능성은 정신세계의 판독 가능성의 모델을 수립할 수 있는 이론적 단초를 마련해 주었다. 벤야민에 앞서 이미 프로이트는 로마의 폐허를 통해 도시의 판독 가능성을

103 Stierle, 앞의 책, pp.25-30.

104 같은 책, pp.19-21.

성찰한 사상가였다. 세계의 판독 가능성이 도시의 판독 가능성을 위한 패러다임이 됐듯이 도시의 판독 가능성은 정신세계의 판독 가능성이 됐던 것이다. 프로이트는 저서 『꿈의 해석』에서 로마를 비롯한 몇몇 대도시 공간에 매료된 모습을 상세히 묘사한다. 프로이트는 로마를 방문하고 싶은 그의 욕망이 충만하게 표현되는 꿈을 이야기하고 있으며 파리는 꿈에서 그가 보고 싶은 도시로 나타난다. 정신분석학자는 과거가 남겨놓은 기호들로부터, 과거의 모습을 추측하고 예상하는 과제, 즉 과거를 구성하는 과제를 맡는다. 그는 한마디로 의식의 고고학자이다. 기호의 판독 가능성의 패러다임이 될 수 있었던 이 같은 기호 과학의 하나인 고고학은 또한 개인사의 판독 가능성의 이미지라 할 수 있다.

특히 프로이트의 도시 읽기에서는 흔적 개념이 결정적이다. 실제로 정신분석학의 작업에서 도시의 판독 가능성의 경험은 흔적이라는 핵심적 개념 속에서 제시된다. 그는 자신이 정신 분석학에서 제시한 흔적 개념과 탐정가가 추구하는 흔적 개념 사이에 근접성이 존재함을 잽싸게 간파했다. 흔적의 신화는 19세기 파리에 구축된 도시 신화에서 본질적이다. 가장 하잘것없는 것조차도 기호의 가치, 즉 흔적의 가치를 갖는다. 흔적이라는 개념이 도시의 판독 가능성에서 핵심 관념으로 부상한 것은 우연이 아니다. 파리에 존재하는 수많은 텍스트의 해석에서 열쇠로 사용한 꿈의 기호학적 축조 방식, 흔적으로 짠 복잡한 직물이라는 개념, 읽힐 수 있는 도시라는 개념 등, 프로이트의 통찰은 벤야민의 도시 기호학 사상에 결정적 영향을 미쳤다. 프로이트는 꿈의 텍스트와 꿈의 작업을 구별하면서, 꿈의 해석에 꿈의 텍스트와 꿈의 작업 사이의 상관관계를 재구성하는 과제를 할당했다. 동일한 원리에 따라 프로이트는 도시 공간의 판독 가능성이라는 개념을 설명함에 있어 도시 텍스트와, 흔적, 기호, 발현 등의 용어로 이뤄진 도시 텍스트의 객관화, 즉 능동적 삶의 맥락에서 표출되는 역동성을 구별한다.[105]

벤야민은 무엇보다 일련의 '반복'이 지배하는 도시 세계에 대해 지속적

105 같은 책, p.18.

으로 언급했다. 기계로 인한 인간 소외 현상, 환경의 기계화, 기술과 커뮤니케이션 체제의 급속한 발전, 여가의 대중화와 같은 현상을 바라보는 벤야민의 태도는 양가적이다. 그는 단순한 거부를 넘어 도시 세계의 복잡성을 포착하려 했다. 시각적, 청각적, 촉각적 기호들의 자극과 습격 도시 거주자들이 어떻게 대처하는가를 관찰하는 것은 곧 인간이 어떻게 세계에 대처하는가를 관찰하는 것이라는 가정에서 출발한다.

이와 같은 벤야민의 관찰은 그가 도시를 근대성의 판독 가능성으로 봤다는 사실을 알려준다. 벤야민은 19세기 파리 건축물에서 근대성의 선사prehistory of Modernity를 보았으며 도시의 창발, 도시의 생리를 생생하게 기억하고 집단적 문화의 다양한 형식을 포착했다. 그 같은 형식들의 포착은 도시에 대한 기호학적 착상이라 할 수 있으며 도시는 한 권의 책처럼 읽을 수 있는 대상이 된다.[106]

도시 공간의 가독성readability 또는 도시 읽기의 관점에서 벤야민 연구는 기호학적 연구와 밀접한 관계가 있다. 대도시의 대형 쇼핑몰과 대형 쇼핑몰에서의 배치, 공적 공간의 소멸은 만보객을 통한 변증법적 이미지를 탄생하게 만들었다. 19세기 파리의 흔적은 근대성의 서사를 재구성할 수 있게 해줄 결정적인 기호학적 단서들로서 벤야민은 그 같은 방대한 작업을 자신이 궁극적으로 추구했던 지적 매트릭스를 형성하는 '아케이드 프로젝트'에서 실현하려고 했다. 벤야민은 미학, 역사학, 도시계획, 건축학, 기호학 한복판에 자신의 위치를 각인했다. 또한 벤야민의 성찰은 도시 거주자가 도시 세계를 자기 것으로 전유하는 방법과 능력을 관찰했다는 점에서 도시 현상학의 전범이라 할 수 있다.

도시 거주자는 대도시 속에서 생활과 결부되는 신경적 자극의 집중화, 오감의 총체적 자극을 경험한다. 관찰자로서의 도시 거주자는 도시 생활의 총체성을 파악함과 동시에 도시의 가장 구체적이며 시시콜콜한 디테일을 읽어낼 수 있다. 파리의 아케이드는 19세기의 꿈과 몽환을 파악할 수 있는

---

106 같은 책, pp.18-19.

길목이었다. 밀랍 박물관, 선술집, 싸구려 호텔 등은 당시 초현실주의자의 상상력을 자극했다. 두 건물 사이에 세워진 상품 갤러리의 강철 기둥과 유리 천장은 근대성의 중의성을 압축하고 있었다. 한마디로 기술의 정신이 몽환의 세계를 낳았다. 특히 그 안에 있는 고급 상품들은 물질의 천국이라는 꿈 같은 장면을 현실화했다.

이 점에서 마르크스와 벤야민은 상품의 물신성에 착안했다는 데에서 공통점을 가진다.[107] 상품의 가치, 생산 조건은 이차적 배후로 사라지고 시장은 사람들 사이의 관계가 아닌 사물들 사이의 관계만을 드러낸다. 시장은 상품의 교환가치만을 유지하고 사람들은 상품 자체에 대한 물신 사상에 빠지게 된다. 벤야민은 상품이 진열되는 형식을 눈속임, 즉 베일로 가리고 감각을 도취하게 만드는 것을 자본주의의 본질로 보았다. 아케이드는 거울, 고급 물건으로 인간의 감각계를 마비시키는 일종의 특수효과로 주마등, 환등과 같은 영화의 선사시대와 연결됐다.

벤야민은 영화라는 대중문화를 도시의 전문성을 구성하기에 적절한 대상으로 여겼고 그 속에서 평상적 지각이 포착하지 못하는 다양한 가능성을 포착했으며, 영화의 특수한 기법을 통해 도시의 휘황찬란함을 그대로 복제 가능한 것으로 보았다. 19세기 파리는 잠자는 도시 상품과 시장의 판타스마고리아였다.

벤야민은 상품의 물신성이 감각을 마비하고 도시민을 도취시킨다는 점을 분명히 지적하고 있으나 그것이 선사하는 꿈 그 자체를 비판하지는 않았다. 오히려 그는 19세기 파리 풍경을 통해 꿈의 구조를 파악하려 했다. 벤야민은 어둠과 동시에 섬광/해방의 잠재력을 함께 밝혀냈다. 꿈의 어둠과 섬광은 그 시대의 욕망, 기다림, 희망에 관련되어 있었다. 벤야민은 사회 경제적 현실을 정확히 인식한 상태에서 19세기를 '판타스마고리아'로 재구

107 롤프 티데만(Rolf Tiedemann)은 "벤야민이 반복해서 사용하는 판타스마고리아 개념은 마르크스가 상품 물신성이라고 불렀던 것을 다른 용어로 표현한 것이다."라고 평가한다.

Smith, G., *On Walter Benjamin: Critical Essays and Recollections,* Cambridge, The MIT Press, 1988, p. 277.

성한 것이다. "벤야민이 판타스마고리아를 상품 문화에 대한 신랄한 비평을 명명하기 위해 사용할 때 그는 그의 탈계몽주의적 비평 행위가 안고 있던 문제를 풀었다."[108] '판타스마고리아'가 지배하는 세계, 그것이 바로 근대성이다.

프랑스의 원시 공동체 사상가인 푸리에는 이상적 공동체는 아케이드로 만든 도시가 될 것이라 보았다. 푸리에는 아케이드에서 원시 공동체에 대한 영감을 얻어 이상적 공동체의 건축적 전형인 팔랑스테르phalanstère를 제시했다. 원래는 상업적 목적으로 지어진 건축물이 거주지가 되고 근대성은 인간을 매료시키는 몽상이 된 것이다. 테크놀로지의 혁명, 최첨단 아케이드와 원시 공동체의 이미지는 충돌하며 양가성을 형성한다. 푸리에는 전형적 이미지들 간에 충돌을 일으키는 아케이드와 같은 곳에서 미래의 이상적 공동체가 살아갈 것이라 보았던 것이다. 팔랑스테르의 변증법적 이미지는 꿈들을 돌출시킨다. 그 돌출의 순간이란 꿈이 잠에서 깨어나는 지점을 향하고 가리고 있던 베일이 찢어지는 카타르시스의 순간이다. 이 점에서 변증법적 이미지는 근대적 이론의 양가성ambiguity과 합류한다.

또한 벤야민에게 근대성은 충격shock과 떼려야 뗄 수 없는 것이었다. 소음, 파편, 새로운 것들, 정보, 상품 등은 몸과 마음을 복잡하게 만들었다. 산업화 시대의 기계는 노동자들의 삶을 분열시키는 동시에 획일화했다. 1부 4장에서 확인했듯이 짐멜은 외부의 지나친 신경 자극은 정신생활을 왜곡시킨다고 보았다. 기계적이고 외적인 자극은 개인이 체험의 지속성 속에서 각인할 수 있는 모든 것을 봉쇄한다. 근대적 삶의 충격은 매 순간을 원점에서 시작하게 만든다. 근대의 시간성은 순간과 순간의 연결일 뿐이다. 노동자들의 경험은 끊임없이 반복되며 오로지 순간만이 중요해진다. 엄밀한 의미에서 근대의 시간성은 반복만이 존재해 앞과 뒤의 연결성은 결여된다.

끝으로 벤야민의 도시 공간 읽기에서 행복 이미지는 구원 이미지와 분리될 수 없는 것이다. 행복 이미지와 구원 이미지의 관계는 역사가 탐구하는

---

108 Margaret, C., "Walter Benjamin's Phantasmagoria", *New German Critique,* No.48, 1989, pp. 87-107.

과거의 이미지와 같다. 이 점에서 벤야민은 근대성의 고고학자라 할 수 있다. 일례로 그는 영화가 시각적 무의식을 열어젖힌다고 보았다. 또한 벤야민은 진보 이데올로기를 비판하고 역사를 직선적이지 않은 것으로 생각했으며 끊임없이 귀환하는 것으로 보았다. 그에게 본원적인 시간이란 없다. 시간은 서로 환원될 수 없는 순간들의 병치이며 과거와 미래는 순간으로 응축될 뿐이다.

3. 도시 공간의 기호학적 경험

좁은 의미에서의 기호학 이론과 모델을 명시적으로 활용한 도시 기호학 연구는 1990년대 중반기부터 소강상태에 접어들었으나, 암묵적 의미 차원에서는 도시를 기호학적으로 읽으려 했던 니체와 프로이트로 거슬러 올라갈 수 있다. 이를테면 명시적 도시 기호학의 성립 이전에 이미 근대 유럽의 지성사에서 도시를 기호학적으로 읽기 시작한 풍부한 시도들이 존재하며, 특히 파리는 도시 기호학의 촉매제가 됐다.[109] 예컨대 폴 발레리Paul Valéry 는 "비로소 파리에서 도시는 인간의 의식에 도래했다"는 진술을 통해 도시 공간에 대한 의식이 파리에서 최초로 스스로를 표현할 수 있게 됐다는 점을 강조한 바 있다. 파리에 대한 성찰을 통해 발레리는 대도시를 사유한다는 것이 의미하는 바를 묻는데, 그의 에세이 『파리의 현존Présence de Paris』[110]에서 도시는 파악될 수 없는 것, 잡히지 않는 그 무엇이며 부재하는 만큼 현존한다. 도시의 지도는 그것의 도로망들의 미로와 막다른 골목길과 더불어 마음속에 존재하는 도시처럼 의식의 이미지를 만든다. 도시는 삶 자체의 끈질긴 변천, 삶이 의식으로 변천하는 그 무엇으로 묘사된다.

발레리는 도시 공간이 인간의 의식 구조를 갖고 있다는 것을 발견하면

---

109 Stierle, K., 앞의 책, pp.1-38. (독일어 원본) Der Mythos von, Paris, Zeichen und Bewustsein der Stadt, München & Wien, Carl Hanser Verlag, 1993, pp.12-50.

110 Valéry, P., "Présence de Paris", in *Regards sur le monde actuel et autres essais,* Paris, Gallimard, 1945(orig. 1937).

서, 유럽 도시의 역사가 유럽의 유대교 기독교 사상을 가로지르는 사유 형식을 띠고 있음을 지적했다. 세계를 한 권의 책으로서 개념화한 시도는 세계와 의식 사이의 상동 관계를 설정한 독일 역사학자 한스 블루멘베르크Hans Blumenberg의 저서 『세계의 판독 가능성Die Lesbarkeit der Welt』에서 책으로서 착상되어서 절대적 은유의 역사로 재구성된 바 있다. 그 은유의 계보를 보면 상이한 인식론적 전제 조건과 더불어 세계가 원칙적으로 의식에 의해 판독될 수 있다는 생각이 피력되고 있음을 알 수 있다.[111] 책으로서 인식되는 세계 속에서 '가능한 경험의 총체성'이 계시되는 것이다. 책은 세계를 표상하는 가장 강력한 은유이다. 가능한 경험의 무한성은 책으로 스스로를 변신시키면서 판독 가능성의 차원을 취한다. 그런데 이와 동시에 책은 인간이 파악할 수 없는 미지의 세계이기도 하다.

하지만 발레리는 데카르트적 정신의 소유자였으며 그에게 의식은 기호들의 우회를 필요로 하지 않는다. 왜냐하면 발레리에게 의식으로서의 도시는 어떤 매개물 없이 즉각적으로 의식에 부응하기 때문이다. 이와 달리 세계로서의 책이라는 은유는 기호들의 영역을 개입하게 만든다. 세계라는 책과 책이라는 세계 사이에 매개하는 제3의 항이 바로 기호이다. 즉 "세계의 구조는 의식의 유추물로서 그것은 곧장 스스로를 계시하는 것이 아니라, 단지 기호들의 우회를 통해서 스스로를 드러낸다."[112] 바로 세계가 그 자신의 기호가 되며 따라서 이해될 수 없는 미지의 세계에서 벗어나 스스로를 이해 가능케 하면서 비로소 기호들을 읽는 의식의 접근을 허용한다.

대도시는 또한 '가능한 경험의 총체성'이며, 바로 이런 자격으로 세계이자 동시에 책이라 할 수 있다. 이렇게 해서 도시의 판독 가능성이라는 생각과 더불어 세계의 판독 가능성에 기초하는 역사의 새로운 장이 열리는 것이다. 다시 말해 책의 역사가 도시의 책이 된다면 판독 가능성의 새로운 구조가 출현할 수 있을 것이다. 도시는 그것의 외연이 넓어진다 해도 하나의 한

---

111 Stierle, 앞의 책, 독일어본, pp.12-13.

112 같은 책, p.2.

계가 그어진 장소로서 그것의 사회적 현실은 거리, 광장, 건축물의 성격에서 계시된다. 동시에 도시는 사회적 실천의 탁월한 장소이며 상징적 형식의 장소이다. "대도시는 기호학적 공간으로서 그 공간에서 어떤 물질성도 기호화되지 않은 채 있는 그대로의 상태로 남지 않는다."[113] 아울러 파리는 가장 풍부한 기호화가 이뤄지는 도시이며 자신에 대해 도시 경험자들이 갖는 가장 강렬한 의식에 부응한다. 파리는 세계이자 동시에 책이다. 스스로를 우주의 거울 또는 축소판으로서 간주하는 도시는 상징적으로 판독 가능한 층위에서 세계를 결집시키려는 기획을 착상한 최초의 인간적 인공물이라 할 수 있다.[114] 이 같은 도시의 기호학적 독법을 제공한 인물 가운데 단연 압권은 바로 1부에서 서술했던 벤야민이라는 사실에 이의를 제기하기 어려울 것이다.

도시 기호학의 원칙을 요약하자면 첫 번째, 대도시의 모든 경험을 담은 기호의 구조는 '멀리 떨어진 것의 근접성, 가까운 것의 멀리 떨어짐'으로 정리할 수 있다. 가장 멀리 떨어진 것, 가장 근접할 수 없는 것은 근본적으로 상대적인 거리로 파악되는 대도시에서 발견된다. 모든 거리는 공간적이라기보다는 상징적이기 때문이다. 다른 한편 가장 가까이 있는 것은, 직접적으로 시선에 제공되는 것이며, 근본적인 동떨어짐 속에서 벗어나는 것이다. 익숙한 것보다는 생소한 것이 우세한 것이 대도시이다. 18세기, 특히 19세기 말의 파리는 바로 이 같은 생소한 경험의 도시였다. 하지만 가까이 있다는 것이 늘 생소한 것은 아니다. 도시 거주자는 서로 중첩되는 추억의 편린을 통해 역설적으로 마음에 떠오르는 부재의 지평을 목격한다. 시각의 장에서 나타나는 모든 것은 이미 부재에 의해 중첩되고 그것에 대한 강박 속에서 체험된다. 도시에 대한 의식이 강화됨에 따라서 부재하는 것의 무게도 증가된다. 그것이 바로 도시 기호학의 두 번째 원칙이다. 도시 공간은 바로 현실이 늘 기호학적 하락과 쇠퇴effritement 상태가 되는 것을 예증하는 매체이며, 기표와 기의 사이의 분열 상태가 나타나는 공간이다. 모든 현상을 가로지르는

---

113 같은 책, p.3.

114 이 점에 대해서는 다음 저서 참조.
Schabert, T., *L'architecture du monde,* Lagrasse, Éditions Verdier, 2012.

이 같은 균열 속에서 그 정체성은 부서지며 그 자신이 아닌 다른 것으로 귀결되는 기호를 만들어버린다. 도시의 비현실성이라 명명할 수 있는 것에 대한 경험의 토대가 바로 그것이다.

"하지만 이 같은 비현실성, 사람들이 훈련받은 이 같은 상상계의 흐름은 발현되는 모든 것의 끊임없는 기호화로부터 도래하는 것이며, 현실의 결여와 등가가 아니다. 문제의 관건은 현실 세계를 위반해 비현실적 세계로 향하는 것이다."[115]

파리가 구현하는 그 같은 도시는 바로 가장 첨예한 의식의 장소이다. 도시 내부에서 진행되는 도시의 의식은 기호학적 흥분이라는 이유에서 영속적인 흥분의 상태이다. 한마디로 파리는 기호의 도시이다. 슈티를레 교수는 이 점을 다양하게 진술한다. "도시, 특히 권리에 따라 사람들이 기호의 도시라고 부를 수 있는 도시는 기호의 고갈되지 않는 생성자이다. 바로 여기에서 도시 기호의 현실은 행복한 방식으로서 도시적 기호계의 모험이 되며 기호학적 의미의 무한한 흥분의 모험이 된다. 파리, 기호의 도시, 그것은 동시에 현전과 아름다움의 도시이며 그 섬광은 덧없는 것을 향한다."

도시 기호학은 또한 거리 두기가 필요하다. "기호학적 공간으로서의 도시 경험은 도시를 활성화시키는 직접적인 제반 목적과 갈망의 세계에 견주어서 하나의 거리를 전제로 한다. 그 같은 거리 두기에서 고립된 디테일은 도시에 대한 의식을 획득하는 산책자에게 하나의 기호가 된다."[116] 산책자는 도시 철학자의 탁월한 형상이며 동시에 그는 기호학자로서 어떤 판독 가능성의 이론도 정식화하지 못한 것을 해독해낸다. 도시 기호학자는 기호와 흔적을 운동 속에 갖다 놓아서 그것들로부터 도시에 대한 의식에 도달하려 한다. 도시의 완결된 기호 체계를 구축하기를 원하는 것은 공허할 것이다. 하지만 몇 가지 분류적 관점들을 제시할 수 있다. 도시 속에서 지각 가능한 기호는 그 기호를 창조하려는 의도 속에서 도래한다. 하지만 도시의 현실 세계

---

115 Stierle, 앞의 책, p.24.

116 같은 책, p.25.

는 선결적 의도가 없이 기호로서 변형된 이차적 기호화의 결과물이기도 하다. 파리는 의도적으로 설정된 차이의 마당이며 그것들은 차이의 기호로서 작동한다. 패션은 특히 차이를 표시하는 기호의 체계이며 더 신속한 리듬 속에서 현존하는 시사성과 과거 속에 진입한 것 사이의 경계 설정을 세우려 한다. 또한 도시는 이름의 장소이다. 거리, 광장, 집은 모두 이름을 갖는다. 그것들의 차이화된 기능을 넘어서 그 같은 이름은 기호로서 도시의 지나간 역사로 귀결되며 도시 역사의 전문가들이 추억할 수 있는 기호들이다. 도시의 이름은 의미 작용의 우연의 구상화로서 읽힐 수 있는 것이다. 언어처럼 도시도 성층으로 구성되며 과거를 증언하는 돌들과 더불어 멀리서 온 이름들, 총체적으로 상이한 경험의 영역으로부터 온 이름들과 더불어 다양한 도시 공간의 켜를 형성한다.

거리 속에서 산보하는 사람은 수 세기 동안 모델화되고 재모델화된 도시의 거리들, 추억의 풍경을 주파하는 것이며 그 풍경에서 가장 이질적인 요소와 그 신속한 변화 속에 나란히 서 있다. 세속의 역사와 성스러운 역사, 장인과 학자의 추억, 발명가의 추억, 정치인의 추억이 고스란히 담겨 있기 때문이다. 기념비는 전혀 다른 차원의 기호로서 물질적 안전성 덕분에 과거의 현존을 유지한다.

도시는 가장 기초적인 의미에서 건축적 구조로 읽힐 수 있다. 즉 도시의 정신이 새겨지는 구조로 서로 포개지고 연속되고 대치되는 건축 양식의 언어 속에서 판독될 수 있다. 도시의 이 같은 판독 가능성에 대해 죽은 자들의 도시라는 또 다른 도시의 판독 가능성이 첨가된다. 공동묘지는 판독 가능성의 특수한 장소이다. 각각의 무덤은 그것의 이름, 비문, 엠블럼과 더불어 도시 거주자의 체험된 삶을 지시한다.

어떤 상징언어도 자연언어 자체만큼 세련되지는 못하다. 대도시는 결코 침묵하지 않는 환상적 질료이다. 도시의 단어들은 쉬지 않고 도시의 에너지를 발산하며 끝없는 시간의 순환 속에서 옛 의미의 성층을 지배하는 도시의 현재 정신이 각인된다. 운동 속의 언어는 도시의 역동성을 고정시키는 문자 속에서 부동의 것이 된다. 문자는 고체성과 운동의 이원성 속에서 일시적이며 덧없는 양상들이 통일되는 매체이다.

자의적인 기호들, 언어와 문자, 대도시는 결코 명시적 의사소통에서 결과 되지 않는 파악하기 어려운 기호의 다원성을 경험한다. 도시에서 하나의 디테일은 도시의 총체성을 상징화할 수 있다. 하나의 디테일은 하나의 부류 또는 고립된 개체들의 무리를 지시할 수 있다. 다차원적 도시의 텍스트, 말 없는 언어는 지속되는 증언들과 흔적들 속에서 읽힐 수 있다. 도시의 판독 가능성에 대한 의식, 도시의 총체성에 대한 접근을 찾을 수 있는 가능성의 의식, 반성적 의식 등은 파리에서 다양한 수준의 밀도를 취한다. 파리에서 새로운 지식의 제도들 속에서 자연과 인간 이외의 생명을 해독할 수 있는 새로운 학문들이 발전된다. 생리학과 고고학은 넓은 의미에서 또 다른 기호학으로서 그것의 보는 방식은 도시로 옮길 수 있다. 그것은 관상학과 의학 기호학의 연구나 병을 진단하는 의료 기술처럼, 도시를 해독할 수 있게 해주는 판독 가능성의 모델을 제공한다.

하지만 도시 속에서 찾을 수 있는 기호 세계의 복수성은 개별 기호학으로 환원될 수 없다. 기호들과 상징적 형상들의 공존은 의식에 도래하기 위해 물질적으로 표상되어야 한다. 도시가 하나의 글쓰기가 될 때 그 독법은 그것의 최대의 집중성과 정밀성을 얻는다. 도시 공간에 존재하는 다양한 기호와 상징들의 표상 형식만이 기호학적 모호함과 주저에서 벗어나 안정적인 형상을 부여한다. 그것은 동시에 주의attention의 형상으로서 거기에서 도시의 기호들은 하나의 망을 형성하게 된다. 파리에서 그 기원을 갖는 도시 표상의 새로운 형식들과 더불어 도시의 복잡한 판독 가능성을 가능케 하도록 여정된 기호학적 기관들이 성립된다. 도시의 복잡한 경험은 도시의 표상을 전제로 하며 이 같은 발견은 늘 도시의 현상을 참조하고 표상과 연계된 분절된 시각 방식을 참조한다.

도시 공간의 기호학적 경험은 바르트의 도시 읽기에서도 포착된다. 도시 기호학의 가능성은 비록 체계적 이론이 제시되지는 않았으나 바르트의 기호학 연구에서 소묘됐다고 말할 수 있다. 바르트의 기호학에서 파리는 기호학적 독법을 적용할 수 있는 하나의 공간적 전범이 된다.[117] 현대 소비사회에 대한 이데올로기 비판에서 출발해 현대 부르주아 사회의 신비화와 신화를 밝히려는 의도는 그로 하여금 소쉬르, 옐름슬레우로부터 영감을 받은 기호학 개념들을 분석 도구로 삼아 현대 신화의 기호학적 본질을 판독할 수 있게 해주었다. 바르트에게 신화는 근대성의 표현이 아니라 비시간성의 환상을 만들어내면서 이뤄진 근대성의 억압이다. 바르트는 먼저 광고라는 매개체를 통해 재현되는 현실 세계의 묘사들로부터 시작한다. 바르트는 광고에서 신화적 환상은 현실을 쉬지 않고 은폐한다는 점을 파악했다. "신화는 역사적 의도를 자연에, 우연성을 영원성에 그 토대를 놓는 역할을 담당한다."[118]

바르트가 그의 저서 『신화지』에 고스란히 모아놓은 현대의 신화들은 근대성의 표현이며 동시에 가면이다. 지배 계층 이데올로기의 비판이라 할 수 있는 바르트의 기호학은 그 중심을 근대적 파리 공간에 두고 있는 근대성의 신화를 판독 가능하게 해주었다. 그는 파리의 형식적 표현성을 외시적 denotative 기호 체계로서 변형시키면서, 그것은 다시 공시connotation, 내포 또는 함축를 통해 이차적 기호 체계를 포함한다는 점을 밝혀낸다. 이 같은 이론적 기초로부터 다양한 기호로 이뤄진 모든 문화적 시스템을 파악하려는 과제를 떠맡는 기술적 기호학sémiotique descriptive이 구축된다. 이를 통해 바르트는 소쉬르가 착상했으나 실현하지 못한 생각을 실천하게 된다. 처음으로 그는 파리에서 근대성의 본질적 발현 가운데 하나이며 기호들의 세계 가운데 하나인 의상과 패션이 기호 체계를 구성한다는 것을 명시적으로 증명하려 했다. 기호학자의 자격으로서 그는 도시 공동체의 기호학이라는 기획을 소묘한다. 그것의 본질적 개념은 도시의 판독 가능성이라는 기획이다. 바르트의 시론 「기호학과 도시계획」에서 미국의 도시학자 린치를 참조하면서 린치의 가독성 legibility 개념을 인용한다. 린치는 가장 첨예한 도시 공간 구조에서 나타나는

---

117 Barthes, R., *Mythologies,* London, Vintage, 1993. (한국어 번역본) 이화여자대학교기호학연구소, 『현대의 신화』, 동문선, 1997.

118 같은 책, p.251.

성질로서 판독 가능성을 이해했다.[119] 물론 린치가 말하는 가독성 개념은 앞서 서술했던 니체나 벤야민이 의미했던 것과 전혀 다른 차원에 속하는 것으로 린치가 말하는 도시의 가독성이란 도시 공간의 기본적인 요소를 식별하고 그것을 선명하게 인식할 가능성을 말하며 그가 이미지의 선명성imagibility이라 부른 것에 해당된다.

바르트가 자신의 도시 기호학의 출발점으로서 린치가 제시한 도시 공간의 가독성 또는 판독 가능성이라는 개념을 취한 것은 자신이 발견하기 시작한 도시의 판독 가능성이라는 생각과 대립시키기 위해서이다. 이를테면 도시 기호학자는 지금까지 엿보지 않은 과제에 직면한다. 바르트는 다음과 같이 기술한다. "바로 그런 이유에서 가장 중요한 것은 도시의 조사 또는 기능적 연구를 증가시키는 것이 아니라 도시 읽기를 다양하게 시도하는 것인데, 불행하게도 오직 몇몇 작가만이 그 같은 예들을 제시했다."[120]

바르트는 이 글을 쓸 당시 벤야민의 미완성 작품 '아케이드Passages'를 접할 수 없었다. 벤야민의 판독 가능성의 개념은 도시학자 린치의 가독성 개념보다 그와 훨씬 가까이 있다. 바르트가 도시의 독자들을 염두에 둘 때, 특히 작가들을 염두에 두고 있다는 것은 당연한 것이라 할 수 있는데 왜냐하면 도시를 판독 가능성의 공간으로 삼는 것은 바로 작가들이기 때문이다.

「에펠탑」1964이라는 제목을 달고 있는 바르트가 도시에 대한 쓴 가장 아름다운 텍스트에서 그는 도시 엠블럼의 판독 가능성을 발견하면서 도시의 의식을 향한 여정을 찾을 수 있다는 것이 의미하는 바가 무엇인지를 일러준다. 이데올로기 비판의 시각에서 일상적 신화들의 하나하나를 탈신화화시키는 대신 그는 파리의 근대적 신화에 대해 계속해서 작업한다. 그 같은 비판적 시각과 상보적 시각에서 에펠탑은 도시가 판독 가능한 파노라마로서 장치되는 장소로 나타난다. 관찰자의 시선은 읽어야 할 세계로서 나타난다. 하지만 동시에 에펠탑 자체는 파리의 일상적 신화 속에서 도시를 요약하는

---

119 Lynch, K., *The Images of City,* The MIT Press, 1960, p.2.

120 Barthes, 앞의 책, p.13.

큰 기호가 된다. "에펠탑은 환유를 통해서 파리가 된다."[121]

파리라는 도시 공간 위에서 근대 기술과 공학의 승리를 표현하는 제스처로 우뚝 솟아 있는 에펠탑이라는 기호는 근대성의 파리를 표상하며 그곳에서 근대성의 신화는 중심부를 갖는다. 그것은 역사적 단절의 기호이며 동시에 근대성이 그 기원을 프랑스혁명에서 갖는다는 추억의 기호이다. 1889년 세워진 에펠탑은 100년 전, 100년 후를 내다보면서 그 기억을 상기시킨다. 에펠탑은 제어 장치 없는 은유이다. 그것은 어떤 의미 작용에서도 멈추지 않는다. 근대성의 엠블럼으로서 그것은 바벨탑의 신화적 건축물에 대한 신화적 지시이며 동시에 그 신화를 넘어서는 인간적 발명의 자신만만한 자기 긍정이다. 그것의 물질성은 관찰자 쪽에서 보면 늘 새롭게 갱신되는 의미 작용들의 투자에 개방되어 있다. 하지만 더 본질적인 것, 즉 도시 공간의 총체에서 나타나는 은유적, 환유적 작동, 그 이상 더 본질적인 것은 바로 그것이 인지적 기호의 본질에 속하며 근대성의 도시가 발현되는 구조 속에서 작동될 뿐이라는 것이다. 이 같은 이원성을 통해 에펠탑은 늘 새로운 의미론적 현동화actualisation로 초대하는 기호이다. 도시 기호학자가 쓴 한 편의 텍스트는 그 같은 의미론적 현동화를 매듭지으려 하면서 최종적으로는 직선적 텍스트의 결과물로 나타나는데 그것은 에펠탑이라는 텍스트이며 동시에 읽어낸 도시의 텍스트이다. 에펠탑에 대한 기호학적 해독을 수행하면서 바르트는 근대성의 도시를 지성, 기술적 합리성, 기능성, 아름다움, 민주주의의 기호 아래에서 기념한다.

---

121 같은 책, p.73.

도시 기호학의 발생과 전개

도시는 온갖 종류의 기호로 가득 차 있는 탁월한 기호학적 공간임에 분명하다. 도시는 바르트가 일본 문화론에 사용했던 제목, 이제는 거의 상투적 표현이 된 '기호의 제국'이라 해도 과언이 아니다. 서울을 예로 들어보자. 남대문, 세종로, 광화문의 현판, 신촌과 강남역 사거리의 현란한 간판, 식민지 시대의 건축물인 옛 서울 시청 건축물과 이와 대비를 이루는 현대식 신청사 건물, 한국의 최고 부유층이 사는 타워팰리스 건물과 빈곤층이 거주하는 달동네, 재래시장에서 흥정하는 상인들의 목소리와 체취 등은 모두 서울의 도시 공간에서 발생하는 사물과 사건이며 동시에 감각 작용의 원천이라 할 수 있다. 사진이라는 시각 매체를 통해 도시의 기호학적 시론을 시도한 사진 이론가이자 비평가인 이영준은 기호의 집적체인 도시를 읽을 수 있는 기호학적 방법의 부재를 지적하면서 다음과 같은 중요한 진술을 한다. "도시는 읽을 수 있는 대상이기 이전에 힘과 속도, 밀도의 집적체이다. 도시를 보고 걷고 물건 팔고 사업하고 살아가는 사람들은 그런 집적체로서의 도시를 복합적이고 중층적인 풍경으로 인식한다."[122] 이어서 그는 기호학적 해석 행위에 맞서는 방법으로서 망원렌즈를 통해 도시의 원근법을 시도할 것을 선언한다. "나와 도시 사이에는 몸과 감각이 있다. 기존의 도시 읽기가 도시를 텍스트로 바꿔서 해석의 그물로 포착해내려는 힘의 작용이라면, 사진 찍기는 카

---

122 이영준, 『초조한 도시: 사진으로 읽는 도시의 인문학』, 안그라픽스, 2010, p.28.
비록 저자 자신은 해석적 활동인 기호학과 도시를 살아가는 방편으로서의 '실존적 반응'을 대비시키고 있으나, 나름대로 도시 기호의 원근법을 구상하고, 도시의 다양한 기호들을 사진으로 기록하여 그 의미를 해독한 사진 비평가 이영준의 책은 도시 기호학의 탁월한 시도라 할 수 있다.

메라와 몸으로 도시와 맞부딪치는 행위이다."

무엇보다 우리는 도시라는 물질적 공간 속에서 존재하는 차이들을 지각한다. 우리는 직관적으로 명동성당 건물과 신촌의 유흥가를 구별하고, 북촌의 한옥 마을과 대규모 아파트 단지를 구별한다. 이 같은 차이를 지각하면서 우리는 그 공간에 맞는 적절한 행동 양식을 조절하고 주의를 기울인다. 두 번째 수준에서 도시의 거주자들은 사회적 수준에서 존재하는 차이들을 파악할 수 있다. 그들은 공적 영역과 사적 영역, 백화점의 개점 시간과 폐점 시간을 구별하고 노동 공간과 여가 공간을 구별할 수 있다. 앞서의 물질적 공간에 대한 차이들을 지각할 수 있듯이 도시 공간의 사용자는 사회적 차이를 지각하는 능력을 갖고 있으며 이 같은 능력에 힘입어 그들은 이동의 신체적 가능성을 제어한다. 명시적이거나 묵시적인 규범에 따라 공간 사용의 주체는 일정한 공간에 적합한 행동 양식을 취할 수 있다. 세 번째 수준은 일련의 이데올로기적 차이로 이뤄지며 이 같은 차이들은 윤리적 미학적 가치에 따라 세계를 해석하는 격자를 제공한다.

도시 공간에서 매 순간 우리가 경험하거나 실천하는 감각 작용은 바로 그 자체가 기호학적 활동을 촉발하게 만드는 기호 작용의 시초이다. 지각 작용과 의미 작용은 서로 불가분의 관계에 놓여 있기 때문이다. 풀어 말해 도시 기호의 일차적 층위인 감각 작용은 단순히 사물을 지각하는 수준에 머물지 않고 공간적 형태 아래 존재하는 물질적 사회적 이데올로기적 구조의 복합체와 밀접하게 결합되어 있다. 요컨대 도시는 물질적 사회적 이데올로기적 복합체라는 점에서 필히 기호학적 문제의 틀을 성립시킨다.[123] 또한 우리는 이 같은 구조의 관찰자일 뿐만 아니라 그 구조의 한 부분을 형성한다. 도시에 존재하는 모든 물질적인 것을 지각하는 것은 그 자체가 곧바로 기호학적 해석 활동을 개시하는 것이다.

---

123 Larsen, P. S. E, "Séméiotique urbaine, Prospect Park à Brooklyn", in Hénault, A., *Questions de sémiotique,* Paris, PUF, 2002, pp.441-466, p.442.

1. 도시 공간은 하나의 언어인가: 도시 기호학의 발생

건축 기호학은 1970년대부터 공간 기호학의 한 부분으로 자리매김되면서 연구의 외연을 확장하기 시작했다.[124] 파리에서 결성된 건축 이론가들의 모임인 그룹107[125]은 그레마스의 구조 의미론에 기초하면서 건축 기호학의 이론적 체계를 수집한 뒤, 인간 행동과 공간 매체에 대한 분석을 연구 주제 목록에 포함시키면서 연구 지평을 넓혔다. 공간은 특정 무리의 인간들이 다른 무리의 인간들과 더불어 맺는 관계를 비롯해, 주체가 자신의 환경을 에워싸는 물체들과 상호작용하면서 일정한 관계를 맺는 활동 무대로서 파악됐다. 이 같은 관계는 그레마스가 제안했던 행동자 분석analyse actantielle의 기호학적 모델에 의해 기술될 수 있었다. 여기에서 말하는 행동자 분석이란 특정 문화의 서사물narrative에서 작동하는 역할과 기능에 대한 분석을 말한다. 에코와 마찬가지로 이들 파리 기호학파의 기호학자들 역시 옐름슬레우의 모델에 기초하면서 공간 속에서 두 가지 층위를 구별했는데, 그중 하나인 표현면plan de expression은 물체와 개인을 포함하는 물리적 집합으로 이뤄지며, 다른 하나인 내용면plan de contenu은 제반 활동의 의미론적 집합으로 이뤄진다. 표현 층위의 구성적 단위는 '토포스topos'라 지칭되며, 그것의 내재적 관계 또는 다른 '토포이topoi'와 맺는 관계에 따라 분석될 수 있다. 에코가 건축 물체의 공간적 특징을 상이한 여러 특징 가운데 하나로 보았을 뿐 별다른 중요성을 부여하지 않았던 반면, 인간과 물체 사이에 존재하는 역동적 공간적 관계를 강조한 그룹107의 안목은 높이 평가되어야 할 것이다.

이 점에서 스위스의 건축학자이자 기호학자인 펠레그리노가 주장하는 도시 공간의 기호성sémiocité 개념 역시 동일 선상에서 환기될 필요가 있다.[126]

---

124 Hammad, M. et al., *Sémiotique de L'Espace,* Paris, Publication du Group 107, 1973.
________, *Sémiotique des Plans en Architecture II,* Paris, Publication du Group 107, 1976.
________, *L'espace du séminaire.* Communications, n.27, 1977, pp. 28-54.

125 Hammad, 위의 책, 1973.

126 다음 논문 참조.

사회적 주체로서의 발화자énonciateur는 자신 앞에 놓인 발화체énoncé, 즉 도시라는 텍스트에 직면해 존재한다. 펠레그리노는 소쉬르와 피아제의 연구 결과물에 기초해 주체의 정체성 형성과 변형 과정을 주체 자신이 전제하는 표상 속에서 이뤄지는 기호적 행위로 파악하려 했다. 펠레그리노는 주체와 그의 행위 공간을 연구의 중심축에 놓으면서 의미의 생산 속에 현존하는 세계와 가능 세계 사이에 존재하는 관계의 함의에 무게중심을 두었다. 그는 다섯 개의 공간을 제시하는데 '체험 공간' '변형된 공간' '눈으로 본 공간' '말해진 공간' '묘사된 공간'이 그것이다.

요컨대 그의 인식론적 전제는 공간은 하나의 기호 체계이며 그 자체가 기호학의 차원으로 인식될 수 있다는 것이다. 그가 말하는 공간은 그 토대에 있어 연속성과 분리, 질서, 주변voisinage과 주위entourage, 현실 영역들 사이의 층위와 비례의 관계 등으로 정의된다. 공간은 행동의 장소를 포함하고 동시에 그 장소를 서로 연결시켜 준다. 또한 공간은 지각 장의 상태와 변형을 형상화한다. 공간은 물체의 변형을 조절하되 물체에 일정한 불변소들을 부과시키기거나, 다양한 문화적 공간, 즉 건축이 다룰 지형과 토지, 회화가 그리는 풍경, 산업디자인이 생산하는 일상적 오브제, 도시계획에서 다루는 거주지에서처럼 문화적 특수성을 지니기도 한다. 다시 말해 인간적 공간에 내포된 이 같은 차원 속에서 다양한 문화적 실천과 기호의 파생이 변형시키는 유의미적인 메커니즘, 다시 말해 기호학적 메커니즘에 따라서 서로 포개지고 연쇄된다.

한편 건축적 기호와 다른 언어적 단위들단어, 최소 의미소, 형태소 등 사이에 존재하는 지속적인 유추는 앞 장에서 언급한 것처럼 초기 이탈리아 건축학자들의 사유로부터 유래한다.[127] 음소에 비교될 수 있는 기본적인 건축적 단위를 추구하면서 언어학적 유추가 일견 자명하게 보였던 것이다. 초기 건축 기호학에서는 모든 언어는 단어로 이뤄졌으며 모든 단어는 기호라는 언어 중심

Pellegrino, P., "Sémiologie générale et sémiologie de l'espace", in Pellegrino, P., *Figures architecturales Formes urbaines,* Genève, La Bibliotheque des formes, Anthropos, 1994, pp.3-48.

127 특히 앞 장에서 언급된 Gamberini, Koenig의 저서 참조.

적 모델화의 유혹에 빠졌다. 게다가 촘스키의 언어학에서 핵심적 역할을 맡았던 '문법'이나 '통사'와 같은 용어들이 여기에 첨가됐다. 쇼에[128]가 보여준 바 있는 것처럼, 생성적 장치에 대한 건축적 관심의 뿌리는 이미 알베르티로 거슬러 올라간다. 옐름슬레우와 더불어 모든 언어는 표현면과 내용면을 갖고 있으며, 그 각각은 다시 형식과 실질로 나눠진다는 점은 보편적으로 수용되는 기호학 모델이다. 하지만 모든 언어가 그렇게 하위 분할된다 하더라도 내용면과 표현면으로 분할될 수 있는 모든 것이 '반드시 하나의 언어일 수밖에 없다는 것을 의미하는가'의 문제는 까다로운 물음이 될 수 있다. 이 문제는 외시와 공시 개념에서 더 복잡한 양상을 띤다. 건축적 기능을 일차적 기능외시적 기능과 이차적 기능공시적 기능으로 나누는 것이 반드시 필요한 것인가에 대해서도 문제를 던져볼 수 있다. 만약 그렇다면 어떤 건물은 오직 상징적 기능만을 수행하고 또 어떤 건물은 오직 외시적 기능만을 수행한다는 진술이 가능하다. 이를테면 고도의 상징성을 띠는 성당과 가람이 전자의 경우일 것이며, 공장의 경우는 두 번째 범주에 속할 것이다.

'도시 공간은 하나의 언어인가'라는 물음에 대해 부연 설명해보자. 통상적으로 도시에는 거리, 광장, 일부 사회 계층을 위한 특권적 공간, 중심지 등이 반드시 존재하기 마련이다. 사회적 구별, 동네, 길 등은 없어서는 안 될 도시의 공간적 장치들이라고 말할 수 있다. 바로 이 같은 자격에서 거리, 동네 등을 언어의 일차적 층위의 등가물, 즉 통사적 분절의 형태들로 간주하는 것도 타당한 인식이라 할 수 있다. 여기에서 말하는 언어의 일차적 층위는 프랑스의 언어학자 앙드레 마르티네André Martinet가 주장한 언어의 이중 분절 가운데, 일차 분절, 즉 모든 언어가 의미를 갖는 최소 단위인 단어의미소로 쪼개어지는 성격을 지칭한다. 반면 이보다 간단한 몇몇 다른 공간적 표현은 좀 더 기본적인 형태적 역할을 맡을 수 있다. 이를테면 두 번째 층위에서 고층, 특정 재료의 사용, 건물 크기 등의 형태적 역할을 갖게 된다.

그 결과 도시는 언어에 비유하자면 문장에 해당하는 구조적 틀로 보일

---

128 Choay, F., *L'urbanisme, utopies et réalités,* Paris, Seuil, 1965.
Choay, F. and Paoli, M., *Alberti: Humaniste, architecte,* Paris, ENSBA, 2007.

수 있으며, 다른 한편으로는 단어에 해당하는 요소로 나타난다. 또한 돌, 아스팔트, 콘크리트 등은 언어 이론에서 말하는 실질substance이 될 것이며, 이른바 형태적 요소들은 음운론에서 설정한 음소에 해당될 것이고, 끝으로 공간적 장치는 언어 이론의 통사에 해당될 것이다.

도시 공간 언어와 자연언어 사이의 이 같은 유추로부터 두 개의 새로운 가설이 개진될 수 있다. 첫째, 도시는 하나의 유일하며 동일한 언어랑그로서, 이 경우 도시는 다양한 형태들과 개별적 변화들을 넘어선 그것의 본질essence 속에서 인식된다. 그것은 일종의 도시의 국제 언어로서, 그 언어의 민족적, 지역적 영상들은 다양한 도시 공간의 변이형들을 성립할 것이다. 마치 전 세계에 존재하는 수천 개의 언어의 표면 구조를 넘어서 심층 구조 또는 보편적 문법이 존재하는 것처럼, 고대 중국 당나라의 장안, 고대 로마, 중세의 성곽 도시, 17세기의 바로크 도시, 20세기의 현대 도시를 가능케 하는 보편적 구조를 식별할 수 있을 것이다.[129]

두 번째 가설은 첫 번째 가설과 달리, 단 하나의 도시 공간 언어가 아닌 다수의 언어가 존재한다는 가설을 내세우는 것이다. 다양한 형태는 상이한 세계에 속하는 상이한 규칙들에 따라서 변화무쌍하게 다양화된다. 이를테면 도시의 중심부가 존재할 수 있거나 전혀 부재할 수 있다. 길과 거리가 문화에 따라서 전혀 상이한 표현을 담아낼 수 있다. 이 같은 두 번째 가설과 더불어 완전 폐쇄형 도시에서 포스트모던의 도시에 이르기까지 공간적 장치의 다양한 조직을 파악하는 것이 가능해질 것이다. 첫 번째 가설은 도시 공간의 심층적 깊이, 즉 보편적 장치를 추구한다면, 두 번째 가설은 도시 공간 언어의 수평적 확장을 도모한다. 첫 번째 가설이 도시의 일차적 데이터로서의 도시 공간 언어의 무의식을 전제로 한다면, 두 번째 가설은 도시 공간 기표의 다양성을 부각시킨다.[130]

어쨌거나 도시 공간의 의미화 과정이 자연의 사실이라기보다는 사회적

---

129 Ostrowetsky, S., *L'Imaginaire bâtisseur: les villes nouvelles françaises,* Paris, Librairie des Méridiens, 1983, pp.217-218.

130 위의 책, pp.218-219.

사실이라는 점을 수용한다면, 각각의 사회, 역사가 구축한 고유한 공간적 사유와 실천의 '종합'을 밝혀내려는 작업은 타당하고 합법적이다. 그런 시각에서 본다면 고대 그리스의 도시와 한국의 대규모 아파트 단지 사이에는 진정한 도시의 존재와 부정이라는 대립이 있는 것이 아니라 공간적 장치의 차이가 있을 뿐이다.

2. 도시 공간의 의미화 또는 탈의미화: 바르트, 쇼에, 그레마스

언어학적 유추가 도시 기호학에 적용될 수 있다는 논리적 결과는 만약 건축이 하나의 언어라면 도시 역시 하나의 텍스트가 될 수밖에 없다는 추론을 유도했다. 도시 기호학의 개념적 얼개를 제시한 세 사람은 기호학자 바르트[131]와 그레마스, 그리고 건축학자 쇼에라 할 수 있으며, 그 뒤 전문 건축학자들이 참여하는 방식으로 연구의 외연이 확대됐다.[132] 아울러, 도시 기호학이라는 명칭을 명시적으로 사용하지 않았을 뿐이지, 미국 도시계획 이론의 태두인 린치와 이탈리아 건축가 로시의 도시 사상은 도시 기호학의 인식론적 방

---

131 Barthes, R., "Éléments de sémiologie", *Communication,* n.4, Paris, Seuil, 1964.
________, *Système de la mode,* Paris, Editions du Seuil, 1967.

132 이 점에서 도시 기호학의 주요 이론가들의 명논문을 선집한 다음 문헌은 도시 기호학의 중요한 이정표라 할 수 있다.

Gottdiener, M. and Lagopoulos, A. Ph., *The city and the Sign, An Introduction to Urban Semiotics,* New York, Columbia University Press, 1986.

이 책의 서론부에 개진된 사회 기호학적 방법은 도시 기호학의 새로운 출구를 마련했다는 평가가 내려질 수 있을 것이다. 아울러 건축 기호학과 도시 기호학을 공간 기호학의 범주 속에서 포섭한 스위스의 건축 기호학자 펠레그리노가 편집한 장편의 연구물도 도시 기호학의 주요 연구 성과라 할 수 있다.

Pellegrino, P., *Figures architecturales,* Formes urbainses, Anthropos, 1994, p.779.

국내의 경우, 기호학의 방법과 개념을 도시 공간에 적용한 논문들이 나와 있으나 도시 기호학의 인식론적 방법론적 토대를 체계적으로 종합화시킨 단행본 수준의 연구는 찾아보기 힘든 실정이며 박여성 교수가 발표한 두 편의 논문을 손꼽을 수 있는 정도다.

박여성, 「도시 기호학을 위한 다섯 가지 쟁점」, 『한국영상문화학회』 31집, 2008, pp.51-81.

박여성, 「공간 건축 도시 연구의 방법론 - 기호학과 텍스트 언어학을 중심으로」, 『로칼리티 인문학』 6, 2011, pp.175-204.

Barthes, R., "Semiology and Architecture", University of Napoles, May, 1967.

법론의 전범이라 해도 과언이 아니다. 필자가 제안하는 통합 기호학은 바로 이같이 광범위한 의미에서 설정된 도시 기호학을 지시한다.

먼저 바르트는 나폴리에서 개최된 국제 학술대회에서 건축 기호학에 대한 자신의 개념을 개진했다.[133] 바르트는 그 강연에서 도시는 제반 요소의 관계와 일련의 대립으로 이뤄진 언어이며 인간에 의해 땅 위에 각인된 하나의 '텍스트'가 될 수 있다는 견해를 피력했다. 그에 따르면 하나의 텍스트로서의 도시가 갖는 의미는 그 텍스트에 대한 독자의 지각에 달려 있으며, 인간적 만남과 교환의 장소로서의 도시의 중심부는 자연언어의 의미소 semantèmes에 비교될 수 있는 특별한 의미를 수반한다.[134] 도시 시학의 인식론적 정초를 다지는 연구를 진행해온 김동윤 교수는 바르트의 도시 기호학에 주목해야 할 이유를 다음과 같이 명쾌하게 지적한 바 있다. "오늘날 도시계획과 정책의 기반을 제공한 현대 도시 과학과 기술공학은 이른바 객관성이라는 이름으로 대지와 공간이 지닌 풍부한 의미와 상징성 그리고 삶의 실존적 차원을 매우 척박하게 만들었다. 바르트는 이러한 인간적 차원의 회복을 위해 도시와 기호학을 연결시키고자 했다. 도시 기호학의 기본적인 인식 틀은 도시 텍스트의 의미 작용과 기호 상징 체계가 산술적 도구적 이성과 획일적인 기능주의와의 갈등을 겪는 대립적이고 상충적인 공간으로 파악하는 것이다."[135]

바르트는 먼저 '도시가 하나의 언어'라는 진술이 결코 은유가 아니라는 의미심장한 발언으로 자신이 갖고 있던 도시 기호학의 비전을 개시했다. "도시는 하나의 담론이며 이 같은 담론은 진정으로 하나의 언어이다. 도시는 거주민에게 말을 건네며, 우리는 도시를 말하고, 우리는 단지 도시 속에서

---

133 Barthes, R., "Semiology and Architecture", University of Napoles, May, 1967.

134 Barthes, R., "Semiology and the urban", *L'Architecture d'Aujourd'hui(La ville),* December 1970- January 1971, n.153, pp.11-13.
이 논문은 앞의 책 *The city and the sign*에 재수록되어 있으며 여기에서는 영어 번역본을 인용한다.

135 김동윤, 「도시 공간에 대한 인문적 담론 구성 시론 I」, 『기호학 연구』 제22집 (99-123), 2007, p.105.

살아가며 도시를 통해 방황하고 도시를 쳐다봄으로써, 도시에 존재한다. 여전히 문제는 '도시 언어'라는 표현을 순전히 은유적인 단계를 벗어나 사용하는 것이다. 영화 언어, 꽃의 언어 등을 말하듯이 도시 언어를 말하는 것은 은유적으로 너무 쉬운 일이다. 진정한 학문적 도약은 우리가 은유 없이 도시 언어를 말하게 될 때이다."[136]

바르트는 자신이 구상하는 도시 기호학의 인식론적 전제로서 세 가지를 제시한다.

첫째, 상징성symbolism은 오늘날 일반적 규칙으로 작용하지 않으며, 기표와 기의 사이의 규칙적인 대응으로서 파악되지 않는다. 바르트는 여기에서 상징이라는 단어를 의미론적 차원에서가 아니라 통합체적 계열체적 의미의 조직화로서 지시한다. 따라서 상징의 의미론적 차원과 상징의 통합체적 계열체적 본질을 구별해야 할 것이다. 예컨대 도시의 거리 기능은 약 30개 정도로 환원될 수 있는 반면 "도시의 기의는 마치 신화적 피조물과 같아서 극도로 부정확하며 어떤 순간에 그것은 늘 다른 무엇인가의 기표가 된다. 기의는 늘 일시적transient인 반면, 기표는 그대로 남아 있다."[137]

둘째, 상징성은 본질적으로 기표들의 세계, 특히 결코 최종적이며 충만한 의미 작용의 시스템이라는 울타리 속에 가두어둘 수 없는 상관관계의 세계로 정의되어야 한다.

위고의 직관에 의존해 바르트는 다음과 같은 멋진 시적 비유를 사용한다. "도시는 글쓰기이다. 도시를 통해 움직이는 사람, 즉 도시의 사용자우리가 바로 그런 경우이다.는 일종의 독자로서 자신의 의무와 운동에 따라 도시 발화체의 파편들을 전유해 도시 글쓰기와 도시 읽기를 비밀리에 실현한다."[138] 이를테면 도시 공간 속에서 움직일 때 그것은 마치 시를 읽는 것처럼 시 한 줄을 바꾸면 전혀 다른 시를 발견하듯, 우리는 매 순간 도시의 시를 변화시켜 읽

---

136 Barthes, 위의 논문, p.92.

137 같은 논문, p.94.

138 같은 논문, p.95.

는 아방가르드 독자의 모습과 흡사하다.

셋째, 오늘날 기호학은 결코 결정된 기의의 존재를 전제로 하지 않는다. 달리말해 하나의 기의는 늘 다른 기의를 대신하는 또 다른 기표가 된다는 것을 의미한다. 바로 여기에서 바르트는 도시의 은유적 차원을 제기한다. 그 출발점은 바로 무한한 은유이다. 즉 은유의 무한한 연쇄라는 라캉의 생각을 도시 공간에 적용한 것이다. 여기에서 바르트는 도시의 관능성이야말로 도시 담론의 무한한 은유적 본질로부터 우리가 얻을 수 있는 심오한 교훈이라고 진술한다. 그는 자신이 사용하는 관능성의 의미가 가장 넓은 의미에서 이해되어야 한다는 점을 힘주어 강조했다. 즉 도시는 쾌락을 추구하는 특정 지역을 지칭하는 것이 아니며 오히려 이 같은 쾌락 장소의 개념이야말로 도시 기능주의의 가장 끈질긴 신비화의 하나라는 점을 날카롭게 지적했다. 바르트는 관능성과 사회성을 동의어로서 사용하거니와 도시의 정수는 그것이 곧 만남의 장소라는 데 있다.

"도시는, 본질적으로 그리고 의미론적으로 우리가 타자와 만나는 장소이며 바로 이런 이유에서 모든 도시의 중심은 사람들이 모이는 장소이다. (…) 특히 도시에서 우리는 은유적 연쇄, 에로스를 대치하는 연쇄를 발견해야 할 것이다."

도시 중심부는 바로 전복적 힘, 단절의 힘, 놀이적 힘들이 길항 작용을 하는 곳이다. 바르트는 심지어 소비사회에서 이뤄지는 식사, 구매 등도 모두 관능적 활동으로 보았다. 따라서 구매와 만남이 이뤄지는 대형 쇼핑 장소의 의미 작용은 관능적 차원에서 새롭게 조명할 수 있다. 끝으로 그는 도시의 기능성에 대한 설문 조사 방식을 조속히 중단하고 독자의 고유성을 살리는 의미론적 모험에서 도시 기호학을 진행시킬 것을 강한 어조로 권고했다.

바르트의 도시 기호학이 도시 공간의 사용 관례usage에 대한 보편적 의미화semantization라는 일반적 테제에 기초하는 것과 대조적으로 여성 건축학자 쇼에는 점증적으로 제고되는 탈의미화 이론을 개진했다. 도시 기호학에 대해 그녀가 취하는 개념은 역사 속에서 연속적으로 발전해온 세 개의 기호학적 체계를 포함한다.[139] 만약 하나의 도시가 오랜 역사의 과거를 갖는다면, 세 개의 시스템 모두가 도시 안에서 공존한다. 이 같은 세 개의 시스템은 '중세' '르네상스' '산업화'이다. 중세 도시는 하나의 '글로벌 기호 시스템'으로 그 안에서 공간의 의미는 가급적 인간 접촉을 풍요롭게 촉진하는 데 있다. 르네상스 도시는 도상적 기호 시스템으로서 그 공간의 의미는 지각적 성질에 기초하며 일차적으로 심미적 기능을 수행하는 공간과 더불어 이뤄진다. 끝으로 산업혁명과 더불어 형성된 도시 공간은 자신의 의미를 상실하고 순환교통, 재화, 정보의 기능적 도구로 전락한다. 근대 도시는 크게 두 개의 시간성chronology으로 환원되는데 쇼에는 그것을 '느린' 시간과 '빠른' 시간으로 부르고 있다. 빠른 시간성은 가속화된 기술 발달을 포함하는 반면, 느린 시간성은 영토적, 심리적, 문화적 행동 양식 등과 같은 상대적으로 영속적인 변수를 포함한다. 흥미로운 사실은 쇼에의 기호학적 분석은 기능적으로만 파악되고 따라서 단일 의미적monosemic인 성격을 띤 근대 도시가 그 거주민의 영토적, 심리적, 문화적 행동 양식 때문에 실상은 단일 의미적으로 사용되지 않는다는 점을 보여준다는 점이다. 계급사회의 한 산물로서 사회에 특정 의미가 주입된 것은 지배 계층에 의해 주도된 것이며 도시 공간의 의미가 기능적 이해관계로 환원된 것이다. 결과적으로 쇼에는 닫힌 도시 기호학으로부터 도시의 의미에 대해 다의적이며 개방된 시스템이라는 새로운 개념이 진화되어야 할 것이라는 결론에 도달했다. 1980년대 후반에 발표한 논문에서 그녀는 "도시 기호학이라는 원대한 학문적 기획은 은유와 이론적 근사치의 단계를 넘어서지 못하면서 오늘날에는 뚜렷한 성과를 내지 못하는 실정"이라고 진술했다. 그럼에도 그녀는 도시 기호학은 근대 도시의 의미론적 붕괴와 기호학적 와해라는 차원에서 1950년대 말부터 일반화된 두 개의 과정을 적확하게 해석했다는 미덕을 지니고 있음을 인정한다. 옛 도심부의 파괴와 새로운 도시 구획 정비 논리에 따라 이뤄진 도시 외곽의 가속화된 도시화가

---

139 1. Choay, F., "Sémiologie et urbanisme", *L'architecture d'aujourdhui,* juin-juillet, 1967.
2. Choay, F., "Les signes de la ville", in *Pour une anthropologie de l'espace,* Paris, Seuil, 2006, pp.131-143.

그것이다.[140]

근대 도시의 탈의미화를 개진한 쇼에의 이론은 건축학자이며 도시 기호학자였던 르드뤼에 의해 비판받았다.[141] 그는 도시를 유사 텍스트pseudo-text로서 기술하면서 현대사회의 상이한 사회적 계층에서 나타나는 다양한 라이프스타일을 밝혀내려 했다. 이 같은 의미에서 근대 도시는 과거의 도시가 그렇게 했던 것처럼 나름대로 커뮤니케이션을 수행하고 있다는 것이다. 한마디로 오늘날 도시 메시지의 내용은 계급사회의 소외와 모순이다. 하지만 도시는 소외의 지속적 상태의 반영일 뿐만 아니라, 역사적 행동이 발생하는 장소이기도 하다. 어떻게 그 같은 행동이 도시의 의미를 변화시킬 수 있느냐는 문제는 도시의 상징적 사용의 상이한 유형을 시도한 카스텔스[142]가 분석한 바 있다. 카스텔스가 든 예는 파리에서 발생한 68혁명 당시에 진행된 일련의 사건이다. 그는 역사적 행동이 궁극적으로 이 같은 계급사회를 극복할 때 도시가 새로운 의미를 삼투시킨다는 견해를 내놓았다.

다른 한편, 그레마스는 더 나아가 위상 기호학과 도시 기호학의 인식론적 정초를 다진 독창적 논문[143]에서 탈의미화가 단지 도시적 문제일 뿐만 아니라 유의미한 인간 행동 양식이 자동화된 프로그램에 의해 대체되는 과정에 기초하는 일반적인 기호 현상들 가운데 하나라는 점을 암시했다. 이를테면 전통적인 온돌 방식이 아파트의 중앙난방으로 바뀜으로써, 가족 간의 따스한 인간적 정서의 유대 관계는 사라진다. 하지만 이 같은 탈의미화의 과정은 재의미화resemantization 과정에 의해 보충된다. 예를 들면 아파트에 온돌 방식을 다시 도입하는 경우를 생각해보면 된다. 그레마스가 여기에서 말하려는 바는 의미화와 탈의미화가 인간 역사에서 변증법적으로 상호 종속적인 과정이며 결코 돌이킬 수 없는 흐름은 아니라는 점이다. 그레마스의 탈의미

---

140 Choy, 위의 책, pp.131-132.

141 Ledrut, R., *Les images de la ville,* Paris, Anthropos, 1973a.
________, *Sociologie urbaine,* PUF, 1973b.

142 Castells, M., *La question urbaine,* Paris, Maspero, 1972.

143 Greimas, A. J., *Du sens,* Paris, Seuil, 1970.

화라는 개념은 동시대의 지리학자들과 사회학자들에 의해 '탈공간화'라는 새로운 용어로 개념화됐다. 그들의 요지는 공적 공간이 전자 매스미디어의 파상적인 팽창에 기인해 도시 문화의 한낱 효과로 환원됐다는 것이다. 풀어 말해, 텔레비전이나 컴퓨터 앞에서 사회 세계의 제어와 관리는 외부의 공적 공간과 전혀 접촉하지 않은 채 발생한다. 즉 물질적 공간에서 다른 사람들과의 물리적 만남 속에서 주체들이 서로 맞서고 상호 규정하는 사회적 소통 대신 몸을 사용하지 않고 실내의 사적 공간에서 전자 픽셀을 통해 탈신체화된 소통이 발생한다. 하지만 도시 기호학자 라르센은 도시는 본성상 상징의 창조자인 인간이 만든다는 점에서 도시 문화는 재의미화를 창조한다고 주장한다. 즉 도시는 긍정적인 의미론적 잠재력을 지닌다는 것이다.[144] 또한 그는 전자 미디어가 편재해도 도시의 삶은 결코 간단하게 탈공간화될 수 없다는 점을 지적한다. 인간의 신체가 존재하는 한 반드시 공간이 존재하고, 공간이 존재하면 자신의 몸과 타자의 몸의 경계를 설정하는 상호 신체적 관계가 반드시 존재한다는 점에서 이 같은 고유한 몸 자체는 사회적 상징적 차원을 함의한다는 것이다. 따라서 도시 기호는 체화되고 동시에 차별화된다는 점에서 도시 기호는 결코 텅 빈 기표들의 시뮬라크라가 아니라 의미를 갖고 공간에 뿌리를 내리고 있다는 것이다. 특히 여기에서 강조할 것은 도시의 기호가 지시하는 것은 정태적인 사물이라기보다는 도시 거주자의 신체적 현존이라는 사실로부터 우리가 직접 참여하는 과정을 표상한다는 점이다. 이런 시각에서 보면 도시는 공간적 현상보다 시간적 현상이며 시간적 변형의 과정이 공간적 표현보다 더 근본적이라고 말할 수 있다.[145] 그래서 거리의 역동성은 광장이나 기념비보다 더 중요한 도시 공간의 요소라 할 수 있다.[146] 요컨대 도시는 도시 기호를 인식하고 해석하는 법을 터득하는 것을

---

144 Larsen, P. S. E, "Séméiotique urbaine, Prospect Park à Brooklyn", in Hénault, A., *Questions de sémioique,* Paris, PUF, pp.444-445.

145 위의 논문, p.445.

146 Larsen, S. E., *La rue- espace ouvert,* Odense, Odense University Press/Grenoble, Presses Universitaires de Grenoble, 1997.

요구할 뿐만 아니라, 도시 기호를 관찰하면서 도시에서 살아가는 법을 터득하는 공간적 구조를 제공하며, 특히 도시는 새로운 도시 기호를 창조해내면서 우리 자신의 삶이 능동적으로 공간에 참여할 것을 주문한다. "도시는 우리가 참여하는 기호학적 공간이다. 참여와 관찰 사이의 관계는 도시 기호학의 두 가지 근본적 모순 가운데 하나이다."[147]

한편, 그레마스의 구조 의미론에 기초해 리처드 포크Richard Fauque[148]는 거주자가 도시를 지각하는 방식에 기초를 둔 도시 기호학을 개발했다. 포크에 따르면 유일하게 가능한 출발점은 도시에 대한 사람들의 지각을 결정하는 의미론적 대립이나 성질이다중심 대 주변, 가까운 것 대 먼 것, 고밀도 대 저밀도 등. 따라서 도시 공간에 대한 인간의 지각은 그들의 언어적 표현을 통해서 파악될 수 있다. 도시의 기본 요소에 대한 관심은 포크의 접근법에서도 분명하게 드러난다. 모든 구체적 도시소urbème는 구체적 특징의 집합으로 이뤄진다. 이를테면 위계적으로 관련되거나 분리된 성좌 속에서 관계를 맺은 도시의 최소 의미 단위로 이뤄진다. 따라서 하나의 주어진 건축 구조이를테면 고층 건물는 특수한 성질과 특수한 위치성을 갖게 될 것이며예컨대 중심성, 이 같은 특징의 특수한 배열의 결과로서만 비로소 의미를 갖게 된다.

지금까지의 논의에서 살펴본 것처럼 도시 기호학에 대한 주요 이론과 가설은 건축 기호학의 이론적 얼개와 크게 다르지 않다고 말할 수 있다. 도시 공간 환경을 하나의 텍스트로서 개념화한 것은 건축적 오브제를 언어의 단어로서 파악한 것과 평행적임을 보여준다. 만약 도시가 하나의 텍스트라면 도시민은 한 명의 독자가 된다. 그 같은 실천은 도시 공간에 존재하는 상징적 양상의 인식 또는 변별적 대립의 지각으로 환원된다. 그런데 도시 기호학과 유사한 건축 기호학의 접근법은 건축적 물체를 그것의 물질적, 역사적, 경제적 양상을 희생시키면서 기호로서 환원시켰다는 비판을 받은 바 있다.

---

147 Larsen, 앞의 논문, p.445.

148 Fauque, R., "Pour une nouvelle approche sémiologique de la ville", *Espaces et Sociétés,* n.9, July, 1973, pp.15–27.

3. 도시 이미지의 기호학: 린치의 인지적 접근

도시 기호학에서 제시된 도시의 이산적 단위는 도시 이미지 이론의 선구자인 린치가 제시한 개념과 비교될 수 있다. 린치의 주저 『도시의 이미지』는 도시 기호학과 인식론적 방법론적 접점이 넓다는 점에서 그 핵심 쟁점을 파악할 필요가 있다.[149] 특히 일부 유럽의 건축학자와 기호학자들이 린치의 작업에 대해 인지적 형식주의라는 한계를 지닌다는 비판을 한 것과 달리, 그의 다른 관련 저서들을 검토해본 결과 그의 도시 이론은 인지 지리학의 틀을 벗어나 도시 공간의 인문적 가치와 의미에 대해 최고 수준의 담론을 제시하고 있으며, 따라서 통합 도시 기호학의 비전에서 종합화시킬 필요가 있다.[150] 린치는 도시 공간을 형성하는 주요 요소로서 도시의 주요 도로street, 모퉁이edges, 경계선을 형성하는 직선적 요소들, 구역district, 결절 지점nodes, 랜드마크landmarks 등 모두 다섯 개의 기본 요소를 제시한 바 있다. 한 도시의 의미는 단지 도시의 기능들로부터 파생될 뿐만 아니라 그 요소들 사이에 존재하는 관계의 구조적 형상화로부터 만들어진다. 린치는 도시 기호학이라는 이름을 사용하지 않았을 뿐 그의 도시 개념은 근본적으로 기호학적 인식에 바탕을 두고 있다. 그의 논지를 풀어보면 결국 도시는 하나의 기호학적 복합체이다. 자신의 직계 스승이었던 라이트의 작업이 마련한 인식론적 노선을 따라 도시 문제를 파악한 린치의 접근법은 심리학, 철학, 인류학의 교차로에 위치한다. 그의 저술은 도시 공간에 대한 시각의 다원성을 강조하고 있거니와 하나의 도시는 늘 우리의 눈이 볼 수 있는 것 이상을 포함한다고 주장한다. 늘 개방된 의미 작용과 시각이 풍요로운 도시 환경에 통합되면서 도시의 의미 작용은 끊임없이 변경되는 집단적 생산물이 되고, 그 생산물을 포착하려면 문화적인 유의미적 오브제의 현상학이 전제되어야 한다. 린치는 먼저 도시 경관의 가

---

149 Lynch, K., *The Image of the City,* MA, The MIT Press, 1960.

150 필자가 검토한 문헌은 다음과 같다.
Lynch, K., *What Time is This Place,* MA, The MIT Press, 1972, p.277.
Lynch, K., *Good City Form,* MA, The MIT Press, 1984, p. 514.

독성이라는 개념을 추출해낸다. 그것은 인지 가능한 상징, 곧 유의미하고 수미일관적인 총합을 지시한다. 도시 거주자에게 도시 공간은 무엇보다 정신적 이미지로서 주어지며 거주자가 그 같은 도시 이미지를 통해 방향을 잡는 도시는 늘 과거 경험이 유의미하게 통합된 직접적인 감각 작용의 종합이 된다. 도시의 의미라 할 수 있는 도시 이미지는 거주자에게 실천적이며 동시에 정서적인 중요성을 지닌다. 더 나아가 우리는 그 같은 도시 이미지가 개인의 발달에 참여할 수 있다고 간주할 수 있으며, 도시의 이미지는 새로운 지각을 조직화하는 효과적 수단과 참조의 틀로서 사용되며 심지어 시적 차원을 갖고 있다. "도시는 강한 의미에서 체험에 의해 시적으로 변화한다."[151]

도시 거주자는 도시 공간 기구의 물리적 제약을 탈피하면서 자신의 고유한 공간 사용을 통해서 상상의 나래를 펼치며 도시를 새롭게 축조한다. 하나의 도시에 대해 사람들이 형성하는 이 같은 정신적 이미지는 지식을 축적하기 위해 구조화된 기초를 제공한다. 상징과 집단적 추억의 일차적 재료를 제공하는 것은 바로 그 같은 정신적 이미지이며, 그 결과 하나의 사회적 무리의 한복판에서 소통을 가능케 한다. 자신의 환경에 대한 좋은 이미지는 그 이미지를 소유하는 사람에게 정서적 안정감이라는 심오한 감정을 제공한다. 그것은 심지어 인간적 경험의 깊이와 강렬함을 증강시킨다. 이 같은 린치의 도시 이론의 요지를 압축하자면, 도시 이미지는 거주자가 자신의 도시 세계를 조직화하는 데 핵심적 역할을 맡는다는 것이며 자신이 사는 도시에 대한 이미지 구성에 있어 그 스스로 창조적 역할을 맡는다는 사실이다. 이 점에서 하이데거가 거주와 집짓기 사이에서 밝혀낸 심오한 어원적 친화성을 상기할 수 있다. 린치는 인간이 도시적 환경과 맺는 상이한 관계 가운데 몇 가지 도시계획의 원칙을 도출했다. 무엇보다 도시 환경은 인간에게 적응되어야 하며 그 역은 참이 아니다. 도시 환경은 인간의 상징적 욕구에 부응해야 하며 과학적 진리라는 관점에서 도출된 이론적 표준형 속에 끼어 맞추기 위해 인간을 왜곡하거나 절단시켜서는 안 될 것이다. 도시 공동체는 인간이 만든

---

151 Mayol, P., "Habiter", in Certeau, M. de, Giard, L. and Mayol, P., *L'invention du quotidien,* tome 2, Paris, Folio Essais, 1994, p.26.

인공적 오브제이며 따라서 인간적 목적과 일치해야 한다. 달리 말해 삶의 환경을 인간의 지각적 구조와 상징적 과정에 적응시켜야 한다. 도시계획을 인문적 차원에 대한 고려와 더불어 순치시키는 것은 보편적 인간학을 통해서 비로소 이뤄질 수 있다. 무로부터 창조물을 만들어내는 고차원의 작업을 맡은 도시계획가는 그 같은 창조가 거주자들에게 촉발시킨 정신적 이미지의 성질을 세심하게 살펴봐야 할 것이다.

도시 기호학의 이론적 요소

1. 옐름슬레우의 모델에 기초한 도시 기호학의 개념적 기초

도시 공간에 대한 사회 기호학적 분석은 상이한 기호학적 모델을 조합하는 양상으로 이뤄진다. 이러한 양상은 먼저 옐름슬레우가 제안한 기호 모델에 따라 공간적 기호를 분해하는 것과 관련된다. 옐름슬레우의 기호학에서 말하는 기호는 기표와 기의로 이뤄진 양면적 단위이며, 이보다 더 일반적인 문화적 상황과 국면에 토대를 두는 의미 작용의 근원은 물질적 인공물과 결합한다. 이 같은 옐름슬레우의 접근법은 사회 기호학적 시각과 부합된다. 왜냐하면 그것은 명시적으로 이데올로기적 시스템 그리고 비기호적 환경과의 사회적 연계성을 파악하고 있기 때문이다. 소쉬르의 기초 이론 용어인 기표와 기의에 해당하는 옐름슬레우의 표현과 내용은 다시 각각 형식과 실질로 분할된다. 기호의 내용에서 실질은 그 기호 자체를 가능하게 만드는 더 넓은 문화에 위치한 약호화되지 않은 의미 작용의 수준으로 이뤄진다. 도시 기호학의 경우, 내용의 형식은 공간 속에서 발현되는 약호화된 이데올로기로 이뤄진다.[152]

---

152 옐름슬레우의 언어 이론을 도시 공간 이론에 적용할 수 있는 이론적 논의에 대해서는 다음 문헌 참조.

이와 대조적으로 기호의 표현 수준에서, 실질은 의미 작용을 담지하는 물질적 공간의 부분이 된다. 물질적 공간은 그 자체가 기호는 아니지만, 기호학은 공간을 의미 작용의 수단으로 만드는 그 같은 물질적 성질을 연구할 필요가 있다. 끝으로 표현의 형식은 도시 기호학에서 사회적 구성이나 거주 공간의 조직화에서 사용되는 공간적 기표 또는 형태론적 요소가 될 것이다. 정리해 말하면 옐름슬레우의 모델에서 도시 기호는 내용과 표현 각각의 형식과 실질이라는 네 개의 분리된 층위로 이뤄진다. 이 같은 모델에 따르면, 기표는 그 자체가 기의와 연계될 뿐만 아니라 그것은 각각 문화적 물질적 맥락과 관계적 기능적 연계성을 지닌다.

한편 도시 공간을 하나의 텍스트로 볼 수 있느냐는 논란이 제기될 수 있다. 일부 학자들은 도시 공간은 텍스트가 아니라, 유사 텍스트라고 정의할 것을 제안한 바 있다.[153] 왜냐하면 도시 공간은 기호적 과정뿐만 아니라 비기호적 과정에 의해 생산되기 때문이다. 아울러 역사적으로 조건 지어진 건축 환경에서 늘 명시적 발신자가 존재하는 것은 아니기 때문이다. 도시 기호 체계에 대한 사회 기호학적 분석은 다음과 같이 진행된다. 먼저 표현의 실질과 형식에 대한 관찰 데이터를 수집한다. 공간 기표spatial signifer의 실질substance은 도시 공간의 물질적 토대에 대한 기술을 가능케 하는 반면, 공간 기표의 형식form은 의미 작용을 수반하는 구체적인 공간적 요소에 해당된다.

다른 한편 문화 연구는 도시 공간 기호의 내용의 형식과 실질을 조사하기 위해 필요하다. 그 같은 과제는 먼저 역사적 문화적으로 설정된 의미 작용에 대한 세밀한 분석과 주의를 요구하며, 도시 공간이 각인된 해당 사회의 일반적인 문화적 특질 연구를 통해 실현된다. 둘째, 공간의 기의를 구조화시키는 약호화된 이데올로기의 자료 조사를 위해 상당 분량의 사례 연구가 이뤄져야 한다.

Ostrowetsky, S., *L'Imaginaire bâtisseur: les villes nouvelles françaises,* Paris, Librairie des Méridiens, 1983, pp.220-234.

153 Ledrut, R., "Speech and the silence of the city", in Lagopoulos, Ph. A., *The city and the sign,* Columbia University Press, 1986, pp. 114-134.

기의	내용	실질	약호화되지 않은 이데올로기
		형식	공간에서 물질화되고 약호화된 이데올로기
기표	표현	형식	형태론적 요소들
		실질	공간의 물질적 오브제들

표 1 도시 공간 기호의 구성 모델

아울러 도시 기호학은 공간의 기호학적 생산과 소비로 분할될 수 있다. 공간의 조직은 사회적 생산물이며, 공간의 생산은 구체적인 사회적 형성을 특징짓는 사회적 과정에 의해 지배된다. 이 같은 사회적 과정은 정치, 경제를 비롯해 문화적 활동들, 다시 말해 비기호적 과정과 기호적 과정을 모두 포함한다. 사회적 실천은 물질적인 요소의 차이화를 통해서 약호화된 이데올로기를 따라 물리적 공간을 축조하고 해석한다. 사회 기호학적 분석은 공간의 생산 수준에서 공간적 생산의 매개소로서의 공시적 약호와 외시적 약호의 역할을 파악한다. 즉 우리가 경험하는 건축 환경은 공간적 이데올로기를 통해 매개화되는 비기호적 과정과 기호적 과정 사이의 상호 교차의 결과물인 것이다.

그렇지만 사회의 상이한 수준에서는 공간 생산자라는 특정 사회적 무리가 아니라 공간의 사용자를 말하는 것이 가능하다. 공간의 사용자가 도시라는 무대에 나타날 때, 이데올로기의 공시적 외시적 약호가 작동된다. 도시 이미지로 알려진 인지적 접근 역시 이 같은 접근법 안에 위치될 수 있다. 공간의 기호적 생산과 개념화는 전통적인 사회과학과 병합될 수 있다. 기호 체계는 상징적인 사회적 관계에 의해 생성되며 이 같은 상징적 관계는 도시 공간의 사회적 실천의 매개적 차원을 성립한다. 즉 도시 공간의 기호 체계는 그 자체로 존재하는 것이 아니라 사회의 물질적 실천에 뿌리를 내리고 있다. 달리 말하면 의미 작용의 체계는 기호적 실천으로부터 나오는 것이며, 기호적 실천은 사회의 일반화된 사회적, 정치적, 경제적 실천을 감싸고 있는 것이다.

2. 도시 공간의 기호학적 요소와 단위의 문제: 르드뤼의 비판적 시각

기표와 기의의 관계를 도시 기호의 의미 작용에 적용하면 도시 기표를 도시 속에 존재하는 사물로서 취할 수 있을 것이다. 도시의 사물이란 도시 공간에 존재하는 물질적 생산물을 말한다. 하지만 언어학에서 최소 단위인 음소에 해당하는 도시 공간의 최소 단위를 규정하기는 쉽지 않다. 연구자가 직면하는 가장 근본적인 물음은 '도시 공간의 의미 작용에서 기표와 기의를 결합시키고 동시에 분리시키는 관계의 유형이 무엇이냐'는 것으로 압축된다.[154]

하나의 기호가 있을 때 그 의미 작용의 구체성과 특수성은 시스템 속에 통합되는 방식에 달려 있다. 이 같은 통합 방식은 기표와 기의의 관계 방식으로부터 분리될 수 없다. 기호성의 유형을 기표와 기의의 상이한 통합 방식이라 부를 수 있다. 따라서 자연언어에 고유한 기호성의 유형이 존재하며 도시 공간의 고유한 기호성이 별도로 존재한다. 도시 공간은 마치 한 편의 예술작품 또는 문학 작품처럼, 하나의 단어나 문장에 대한 직접적인 독법 규칙과 사뭇 다른 규칙을 따른다. 물론 모든 작품의 역사에는 변화하는 다양한 독법과 해석이 존재한다. 기표와 기의의 관계는 여기에서 근본적으로 공시의 관계이다. 즉 도시가 하나의 텍스트인 이유는 그것이 하나의 서사물narrative이기 때문이다.[155] 즉 도시는 한 편의 이야기라는 것이다. 하지만 그 역은 성립될 수 없다. 즉 도시가 한 편의 이야기인 이유는 반드시 도시가 그 본질에서 한 편의 텍스트이기 때문은 아니라는 사실을 강조할 필요가 있다. 도시와 그 요소들은 첫 번째 층위를 성립하며 바로 그 수준에서 도시 현실은 자연언어를 사용하는 외시의 언어로 표현된다. '도시' '길' '광장' 등의 도시

---

154 Ledrut, R., "Speech and the silence of the city", in Lagopoulos, Ph. A., *The city and the sign,* Columbia University Press, 1986, pp. 115-116.
그의 단행본 저서도 참조할 것.
Ledrut, R., *La forme et le Sens dans la Société,* Paris, Librairie des Méridiens, 1984.

155 Ledrut, 위의 논문, p.117.

공간의 단위, '이쪽 길로 가면 오거리가 나옵니다.' 등의 방향 표현 등이 바로 그 예들이다. 도시는 기호화되며 의미화된다. 도시 공간의 표현면이라 할 수 있는 이 같은 수준에서는 도시 공간에서 각각 서로 연결된 사물들 이외에는 없다. 한편 도시 공간을 표상하는 데 사용되는 언어 기호들은 서로 연계되어 있다. 이 수준에서 언어 체계와 도시 공간 체계가 유기적 관련 속에서 존재한다.

그런데 또 다른 유형의 의미 작용이 존재하는데 이것은 기호를 다른 층위의 기표들로 만들어버린다. 심리학적 용어로 말하자면 상기작용evocation이라 할 수 있다. 이는 어떤 사물을 보면 다른 사물이 연상되거나 환기되는 심리적 현상을 말한다. 이것은 바로 옐름슬레우가 해명한 공시적 기호성connotative semioticity[156]이다. 첫 번째 층위의 기호이 층위에서는 '도시'와 '도시의 사물들'이 존재한다.는 새로운 기의를 갖는 기표가 된다. 즉 그의 용어를 사용하자면, 두 번째 층위의 표현면은 첫 번째 면의 내용면이 된다. 도시의 공시적 기호학의 대상은 의미 작용의 두 가지 층위의 관계이다. 직접적인 외시적 의미 작용의 수준과, 이 같은 최초의 의미 작용으로 공시화된 의미 작용의 수준을 말한다. 이 같은 공시적 의미 작용은 언어적 의미 작용뿐만 아니라 도시 공간의 기호 또는 사물에 의해서도 형성된다. 도시 공간에서 표현면은 순전히 사물로 환원되고, 거주자는 도시에서 이 같은 사물을 접하며, 그것들은 시각적, 청각적 표상의 대상이 될 수 있다. 일부 도시학자는 그것을 일러서 도시 이미지라고 부르기도 한다. 도시에서 마주치는 사물은 건물, 옷, 음식, 등이 있으며 각각의 지각 장은 구체적인 의미론적 장을 형성한다.

도시 기호학의 이론적 쟁점 가운데 하나는 바로 공시 체계의 연구라 할 수 있다.[157] 물론 도시 공간에서는 단일한 약호 또는 단일한 레퍼토리가 존재하지 않는다. 도시 공간에서 약호들이 나타날 경우 그것들은 다중적이며 공시의 부분적 조건만을 만족시킨다. 시각 메시지와 관련해 에코는 이미 다

---

156 같은 논문, p.117.

157 이 점에 대한 상세한 논의는 다음 논문 참조.
Ledrut, 앞의 논문, pp.114-134.

양한 약호들의 분석을 제시한 바 있다.

만약 도시 공간과 도시 공간을 이루는 요소들이 자연언어에 의해 외시된다면 그 요소들은 지각적 경험의 부분을 이룬다고 말할 수 있다. 즉 도시 공간의 요소는 눈으로 보이는 것이며 시각 이외에도 청각과 공감각적 작용을 수반한다. 도시 공간은 이미지의 복합체이고 이것은 자연언어를 통해서 의미화되며 그 자체로서, 아울러 단어를 통해 스스로 의미화한다.[158] 수많은 약호가 공시적 기호학에서 나타나며, 이를테면 알아보기 약호, 억양 약호, 도상적 약호 등이 존재한다. 이 같은 상이한 약호들이 관심을 끄는 이유는 오직 그것이 일반적인 공시적 과정들로 통합될 때이며 인간학적 기표로 다뤄지는 도시 세계의 공시 시스템과 관련지어서 지각되는 경우이다. 물론 이 같은 약호들은 어느 정도 문화적이거나 역사적이다.

사물의 의미 작용에 함의된 것의 바탕 속에는 의미 작용의 문화적 과정이 존재한다. 도시의 의미도 예외는 아니다. 아울러 도시 공간 경험의 장에 대한 독법에 내재하는 세계관에 관해 말할 수 있다. 공시적 기호학은 하나의 사물 또는 사물들의 집합이 일정 시간과 일정 장소의 사람에 대해 표상하는 것을 문제 삼는다. 공시는 따라서 세계관을 반영하며 역사와 사회에 결속된다는 점에서 근본적으로 문화적이다.[159]

흔히 '도시는 인간에게 말을 걸다.'라는 표현을 사용하는데, 하지만 이것은 '숲이 말을 걸어오다.'라는 표현처럼 특별한 의미를 갖지 못하는 진술이다. 도시는 무엇인가를 우리에게 말해준다. 자연적인 오브제, 하나의 형태, 색채 역시 우리에게 말을 건넨다. 하나의 사물은 한 사람에게 다른 사물보다 더 많은 것을 이야기할 수 있다. 하지만 이것은 문제의 핵심이 아니며 중요한 사실은 도시 공간은 다른 사물에 비해 그에 못지않게 의미있다는 것이다.

도시 공간은 다양하면서도 복잡한 의미를 갖고 있으며, 인간의 경험과 광범위하면서도 심오하게 연계되어 있다. 만약 도시가 의미를 갖는다면 그

---

158 같은 논문, p.118.

159 같은 논문, p.118.

말의 풍요로움과 모호성은 인간과의 소통 방식을 다룬다는 점에서이다. 하지만 도시는 엄격히 말해 대화 상대자는 아니다. 그것은 발화 주체라기보다는 한 편의 텍스트, 하나의 담화, 말해진 음성 즉 하나의 발화체에 해당된다. 물론 건축가처럼 도시의 명시적 발화자가 존재하지만, 그것은 도시의 파편에 불과하다. 도시 공간의 메시지의 다의성은 도시 세계의 보편적 특질이다. 이 점에서 도시 현실의 생산자가 발송하는 다중적이며 계속적인 메시지의 커뮤니케이션 의도와 수용에 대한 분석은 그 나름대로 유효하다. 그 같은 수용자 차원의 연구는 상투적 약호와는 차별화된 상이한 약호를 발견하게 해줄 것이며 창발적 의미를 계시할 것이다. 이를테면 도시 공간에 존재하는 기념비성의 약호를 꼽을 수 있다.[160]

도시는 유사 텍스트와 동시에 유사 발화 주체로서 나타난다. 도시는 발화자이며 그 발화자를 통해 도시는 말을 한다. 이것은 도시가 말을 할 때 오직 자신만을 표현한다는 것을 의미하지 않는다. 궁극적으로 모든 '모나드', 즉 단자는 전체 우주를 표현한다. 도시 또는 도시의 유형은 일정한 방식으로 특정 사회를 표현하고, 아울러 이 사회가 지향하는 세계를 표상한다. 은유적으로 말하자면 도시라는 입을 통해 사회는 말을 하는 것이다. 그렇지만 사회가 발화자라고 말하는 것은 오직 은유적 의미에서이다. 사회는 도시라는 작품의 최종 생산자이다. 도시 공간에서 기표와 기의의 관계는 개별적 화자와 수신자에 따라서 제각기 다르게 설정되며 일정한 약호 체계가 존재함에도 절대 일대일 대응 관계로 환원될 수 없다. 르드뤼 교수는 그 이유를 다음과 같이 파악했다. "따라서 엄밀한 의미에서 도시 의미론은 존재하지 않는다. 왜냐하면 도시는 하나의 텍스트가 아니며, 유사 화자와 혼동된 유사 텍스트이기 때문이다."[161]

르드뤼 교수의 견해에 따르면, 따라서 옷이 최소 단위인 의상소, 맛이 최소 단위인 미각소로 분절될 수 있는 것과 달리 도시 공간의 변별 단위라

---

160 같은 논문, p.119-120.

161 같은 논문, p.120.

할 수 있는 도시 공간소urbèmes는 존재하지 않는다.[162] 왜냐하면 보편적인 도시 공간의 논리 테크닉urban logo-technique이 없기 때문이다. 더구나 도시계획가의 담론에서 도시소의 구성을 조준하는 어떤 의도를 감지할 수 없다. 도시를 만드는 것은 분명 하나의 음식 메뉴나 옷을 만드는 것과는 전혀 다른 차원에 속하며 사용 방식도 다른 미시적 기호 현상과는 현저하게 다르다.

그렇다면 '도시적 형태소는 무엇이며 그 같은 형태소 단위에 속하는 경험의 차원은 무엇인가'라는 물음을 제기할 수 있을 것이다. 그것은 순전히 시각적이거나 청각적인 요소일 수 없으며, 구별적인 지각적 차원으로부터 비롯되는 혼합된 요소일 수도 없다. 도시 현실은 파편화될 수 없는 전체적 경험의 오브제이다. 그것은 우리가 보고, 가로지르고, 사용하는 대상이다. 하나의 도시적 요소는 하나의 장소이지만 반드시 지형적 지리적 장소인 것은 아니다. 우리는 지극히 작위적인 외재적 프레임워크를 부과하지 않는 한 도시 담론의 최소 단위가 그것 자체로 의미를 갖는 공간의 일정 몫이라는 단언으로 나아가는 데는 무리가 따른다. 이를테면 도시의 최소 단위가 반드시 거리나 광장이 될 필연적 이유가 없다.

기존의 도시 기호학 모델은 하나의 특수한 개별 언어에 주어진 특권에 기초한 '토폴로지' 모델로서 도시 공간 세계를 모두 규명하지 못한다. 문제는 도시 공간 기호의 장은 그 같은 개별 언어로 환원될 수 없다는 데 있다. 요컨대 도시는 건축가와 도시계획가가 기획했던 도시 공간 담론의 요소들과는 상당히 다른 것들로 이뤄져 있으며, 이들 전문가의 담론은 도시 공간에서 교통 패턴과 건축 환경의 하위 분할에 기능적 가치를 우선시하면서 지극히 빈곤한 담론이 된다. 특수한 형식화 방식의 하나인 도시 위상학은 따라서 의미 작용의 요소에 도달한다는 주장을 내놓을 수 없다. 중심과 주변과 같은 기본적인 공간적 구조는 나름대로 유익하나, 기호학적 특수성에 속하지 않는다. 따라서 이 같은 공간의 질적인 구조적 형식화와 도시 공간의 기표들 사이에 존재할 수 있는 관계를 추구해야 한다.

---

162 같은 논문, p.120.

반복되는 이야기지만, 언어학에서 말하는 형태 의미소 또는 옷의 단위와 같은 동일한 의미에서의 도시적 요소는 존재할 수 없다. 도시는 하나의 건물이나 옷과 닮지 않았다. 건물이나 옷 한 벌은 하나의 유일하며 직접적인 의미 작용 차원에 속하는 분리 가능한 요소로 이뤄진다. 반면 도시는 단 한 명의 발화자가 존재하는 것이 아니라, 집단적인 유사 화자가 존재하게 만드는 과정 때문에 도시 공간의 층위에서 의미의 요소를 분명하게 판별하는 것을 어렵게 만든다. 도시의 생산은 사회적 실천이다. 물론 몇몇 사회적 무리와 계층이 도시 공간 창조에서 더 많은 권력과 영향력을 행사할 수 있으나 도시는 상이한 실천의 상호작용과 통합에 의해 형성된다. 도시는 바로 그러한 방식으로 참된 도시가 되는 것이다. 따라서 르드뤼 교수는 도시 기호학의 궁극적 지평을 다음과 같이 파악한다.

"만약 도시 기호학이 존재한다면, 그것은 도시 인간학에 의존한다."[163]

도시에서 의미의 변화는 도시 언어에의 변화로부터 파생되지 않으며, 거주하는 방식의 변화, 살아 있는 집단적 공간 방식의 변화로부터 파생된다. 즉 문화와 사회적 체계에서의 변화에 기인한다. 의미 작용의 변형은 언어적 구조에 대한 사회적 효과의 결과가 아니라, 실천과 사용에서의 변화에 기인한다. 그 같은 변화는 도시 경험의 장들의 변형을 통해 어떤 언어 체계의 변화 없이 의미 작용에 영향을 미친다. 이 같은 르드뤼 교수의 견해를 종합화한다면 결국 도시 공간의 기호학에서는 기본적인 단위나 어휘부가 존재한다고 말하기가 어렵다는 결론에 도달할 수밖에 없다.

3. 도시 공간의 의미화와 이미지

적지 않은 기호학자들은 여전히 도시 공간이 고유한 의미 작용을 담지했다는 믿음을 갖고 있다. 도시 공간을 연구하는 다양한 기호학적 접근법이 존재한다는 점에서 상이한 기호학적 모델과 접근법의 관계를 식별하는 것은

---

163 같은 논문, p.122.

쉽지 않다. 하지만 분명한 사실은 도시 공간에 대한 기호학적 접근법이 직관적 주관적 접근법과는 다르다는 점이다. 물론 사회적 사실이 구체적 도시 공간 형상 속에서 반영되는 과정과 양상에 관한 문제는 기호학 이외에 다른 인문 사회과학에서도 관심을 가진 중요한 주제이다.

만약 의미 작용의 운반체로서 도시 공간이 하나의 텍스트이며 우리에게 말을 건넨다면, 심지어 그것이 하나 이상의 독법의 대상이 될 수 있다면, 이 같은 단계에서 중요한 물음 가운데 하나는 '표현 층위에서 도시 공간의 짜임새를 성립하는 기표가 무엇인가'라는 물음이다. 방법론적 관점에서 이 같은 기표의 소재지를 어떻게 정할 것인지를 물어봐야 할 것이다. 또한 도시 공간의 계열체적 층위와 통합체적 층위 사이에 존재하는 '요소들 사이의 관계의 질서는 무엇인가'라는 물음도 남는다. 또한 과연 도시 공간의 문법에 하나의 통사가 존재하는지, 만약 그 답이 긍정이라면 그 통사적 분절의 본질과 유형에 대한 탐구가 이뤄져야 할 것이다.

통합체와 계열체

먼저 도시 공간에 하나의 이미지를 부여할 수 있는 논리의 다원성을 지적해야 할 것이다. 도시의 이미지는 체계적으로 조직화된 요소로 이뤄진 집합의 이미지를 말한다. 따라서 연구자가 채택하는 세분화의 기준에 따라 기능적, 미학적, 경제적, 기술적 등등 상이한 기호 체계의 성립이 가능하다. 어떤 경우이건 도시를 기능적, 경제적, 기술적 대상으로 생성할 수 있는 조합의 원리를 설정하는 작업이 핵심이다.[164] 일부 언어학자와 기호학자의 주장을 따르자면, 유추를 통해 언어학과 기호학에서 형태소, 의상소, 신화소를 말하는 것처럼 도시 공간의 최소 기술 요소urban technemes, 심지어 최소 미학적 요소를 언급할 수 있다. 이 같은 최소 요소는 선별된 기준에 달린 일정한 방식에서 배열된다. 만약 도시를 상당량의 정보, 인간, 에너지 등의 흐름을 일정 방향으로 유도하

---

164 도시 공간의 통합체를 프랑스의 신도시에 적용한 다음 예를 참조할 것.
Ostrowetsky, S., *L'Imaginaire bâtisseur: les villes nouvelles françaises,* Paris, Librairie des Méridiens, 1983, pp.234-242.

는 기계로 간주한다면, 도시 공간의 일정한 요소들이를테면 광장, 주차장, 공원이 주어졌을 때, 그것을 오직 단일한 기능적 의미론적 요소집회, 일방향 입구, 휴식 등와 결합시키는 것이 가능하지 않다는 점을 쉽게 보여줄 수 있다. 예컨대 주차장이라는 도시 공간은 양방향 입구라는 요소와 결합되거나 최소한 반대 방향으로 진행하는 두 개의 요소와 결합될 수 있다. 따라서 일련의 계열체적 고리가 형성된다.[165]

또한 도시 기호학자는 이 같은 기본적 요소를 유한한 집합으로 조직화할 통합체적 규칙을 수립하는 과제에 직면한다. 이것은 바르트가 시도한 설명이기도 하다. 미학적 건축적 기준을 사용하면서 건물의 기둥은 건물의 다른 부분과 더불어 근접성의 실제 관계에 놓일 수 있으며 건물 전체의 층위에서 세부 사항의 연결 고리를 형성한다. 다른 한편, 소쉬르가 언어의 계열체를 설명할 때 예로 든 것처럼 이 같은 기둥이 도리아 양식이라면 그것은 이오니아, 코린트 양식의 다른 건축적 질서와 비교될 수 있다. 이것은 대치의 가상적 관계로서 연합체적 또는 계열체적 관계이며 스타일의 다양한 변이에 해당한다. 이 같은 조합 규칙은 다양한 공간 형태를 생성할 수 있다.

도시 공간의 의미화

한편, 도시의 의미화 과정의 경우 최소한의 유의미적 단위의 세분화를 위한 기준은 도시 공간이라는 전체 담화에 의해 제공되며, 단지 미학이나 테크놀로지 차원에 의해 제공되지 않는다. 두 가지 가능성을 생각해볼 수 있다. 의미화 과정은 커뮤니케이션 행위의 발신자의 차원에서 발생하거나 또는 수신자 차원에서 발생할 수 있다. 그중 하나는 명시적 커뮤니케이션보다 상위 수준에서 발생하는 도시 공간의 의미화이다.

프랑스의 건축 사상가 쇼에가 언급한 것처럼, 서구는 15세기 도시 공간이 건설되기 이전부터 문자로 적고 기술하고, 소묘했다. 그 결과 의미화의 기준은 건축가, 경관 건축가, 공학자에 의해 명시적으로 제공됐다. 그들

---

165 위의 책, pp.242-270.

은 그저 물리적 건물을 짓는 것으로 만족하지 않았으며 그들이 견지한 이데올로기적 태도기술 중심적, 민주적, 결정주의적, 기술 관료적, 자유주의적, 문화주의적 태도가 도시 건설의 기초를 형성한다.[166] 그 같은 이데올로기적 태도의 계시는 건축 행동에 동반되는 합리화 담론 덕분에 가능하다. 즉 건축가는 왜 자신이 특정 건축물을 특정 위치에 건설했는가의 합리적 이유를 제시하려 한다. 이 같은 이데올로기적 시도는 스스로를 도시 공간의 배치와 짜임 속에 각인시키고 있다. 도시 공간의 짜임새의 내용은 도시 공간의 연속체를 세분화시키는 기준으로서 사용될 수 있으며, 이 같은 담론은 대치적 기호 시스템을 사용한다. 즉 그 자체 속에서 자율적 체계를 성립하는 도면, 소묘, 스케일 모델에 의해 중계된다. 그다음 주목할 사실은 이 같은 이데올로기적 담론은 결코 순수한 것이 아니며 기능적, 경제적, 기술적, 미학적 담론들에 의해 부과된다는 점이다.

도시 공간에서 발생하는 의미화 과정의 두 번째 유형은 커뮤니케이션의 아래쪽 수준에서 진행되는 도시 공간의 의미화이다.[167] 이를테면 도시 공간의 의미론적 세분화의 수단을 제공하는 것은 발신자의 담론이 아니라 수신자에 의한 도시 읽기이다. 가능한 도시 독법의 상이한 층위가 존재하며 몇 가지 구별을 제시하면 다음과 같다.

첫째, 실제로 발신자와 수신자 사이에 발생하는 정직하며 양심적이며 명시적인 커뮤니케이션이 존재한다. 이를테면 교통신호 체계, 또는 약국을 나타내는 간판, 정육점을 나타내는 붉은색 형광등, 곧바로 형상을 알아볼 수 있는 남녀 화장실 표시 등이 그런 경우에 속한다.[168]

둘째, 명시적 기호 체계 이외에도, 도시 공간에 존재하는 수많은 기념물, 공공건물, 사적 건축물, 도로, 광장, 강, 수로, 공원, 설비 등은 모두 고유한 의미 작용을 수반하며, 그것의 의미론적 위상을 정의하는 것은 쉽지 않다.

---

166 이 점에 대해서는 다음 문헌 참조.
Fauque, R., "From a new semiological approache to the city", in Gottdiener, M. and Lagopoulos, A. Ph., *The city and the sign,* Columbia University Press, 1986, pp.136-175.

167 위의 논문, p.142.

168 같은 논문, pp.142-143.

실제로 '도시는 우리에게 말을 건넨다'는 진술의 타당성을 결코 증명할 수 없다. 다른 한편, 도시가 말을 하도록 만드는 것이 사용자라는 점을 증명할 길도 없다. 개인마다 해석의 편차가 존재할 것이며 따라서 도시 공간의 다양한 독법이 존재할 수밖에 없다.[169]

도시 공간에서의 행동과 이미지

도시 공간이 과연 하나 또는 복수의 기호 세계를 구성한다는 테제를 확인하려면 다음과 같은 두 가지 방법을 사용할 수 있다. 먼저, 도시 공간의 행동자를 관찰하는 일이다. 산책자가 선택한 산책로의 여정은 무엇인가? 도시 공간에서 가장 아름다운 곳, 가장 흥미로운 곳 등을 관찰하고, 그곳에서 사람들의 행동 양식을 관찰해보는 것이다. 도시 공간을 걸어 다니면서 그들이 보고, 느끼고, 숨 쉬는 모습을 살펴보는 것이다. 엄밀하게 말해, 자동화된 도시 공간의 행로가 있다. 이를테면, 직장과 거주지를 매일 반복적으로 왕복할 때가 그렇다. 다른 한편 완전히 개인의 선택에 달린 경우가 있다. 예를 들면 백화점에서 쇼핑할 때의 가능 동선이 그렇다. 또는 이따금 우리는 특정 장소를 향하지 않고 발길 닿는 대로 정처 없이 거리를 걷는다. 따라서 도시 공간의 독법에서 변이들을 설명할 수 있는 변수의 세 계열을 독자 측면에서 생각해볼 수 있다.

- 여정의 성질: 일상 대 예외적인 것.
- 도시 공간 독자의 정서적 상황을 지시하는 변이들: 행복 대 불행.
- 도시 공간 독자의 물질적 상황을 지시하는 변이들: 행인 대 운전자.

다른 한편, 도시 공간의 측면에서 다음과 같은 다양한 이미지를 구별할 수 있다.

---

169 같은 논문, pp.143-144.

- 청각적 이미지.
- 정태적인 시각적 이미지.
- 역동적인 시각적 이미지: 군중의 운동, 교통 흐름 이 같은 역동적 이미지들은 일반적으로 다음과 같은 의소들과 결부된다. 공격성, 혼란 등.
- 후각적 이미지.
- 외부 지향의 지각적 이미지 촉각적, 열감각적 등: 바람, 비, 눈, 냉기, 열 등 질식, 자유, 유쾌함, 슬픔 등의 의소들과 결합됨.

도시 공간 형태의 기호 해석학 모델

모든 도시는 자신의 정체성을 공간 차원에서 구현한다. 기호학의 시각에서 보았을 때 다른 어떤 대상보다 도시는 다의적이다. 어떤 사람은 도시에서 다양한 오브제를 보고, 다른 사람은 단순한 인구밀도를 목격하며, 또 어떤 이는 권력의 기관을 강조하거나 인간 진화의 거점을 파악한다. 도시는 하나의 장소이자, 하나의 개념이고, 조화로운 공동체이다. 마키아벨리에게는 자유의 용광로이나 루소에게는 문화의 무덤인 반면 칸트에게는 지식의 거점이다.

도시 기호학은 곧 도시 해석학과 일맥상통한다. 이 점에서 기호학의 구조주의적 공식에서 벗어나 도시 현상을 하나의 담론으로서 인식할 필요가 있다. 즉 도시의 이미지를 생성하는 도시 공간 형태의 배열들, 즉 발화체의 조직에 의해 성립된 사유 방식을 말한다. 즉 도시를 상호주관적인 현실로서, 또 하나의 표상으로서 간주하는 것을 말한다.

요컨대 형태발생적 기호 발생에 기초한 도시 공간에서의 실천에서는 형태와 의미의 발생을 추적하는 것이 관건이기 때문에 도시를 성립하는 발화체를 분해하려는 시도를 할 경우 도시의 해석을 해석학적 시각에 위치시키는 것이 가능하다. 이것은 곧 우리가 이해하고 체험하는 바대로의 도시를 말하며 또한 기호학적 작동 가능성에 따라 우리가 구성하거나 묘사하는 도

시를 말한다.[170]

도시의 기호 해석학은 도시 형태의 짜임을 형성하는 회화 발화체, 문자 발화체, 건축 발화체 등의 도시의 발현으로부터 도시 영토의 상징적 현실을 재해석하고 인간이 대지의 질료 위에 각인시킨 오래된 텍스트를 해석하는 작업이라 할 수 있다. 도시는 곧 영토의 양피지가 된다.[171]

도시의 도상학이 무엇인지를 이해하려면 순차적으로 그것이 어떻게 수십 세기 동안 상호작용하는 세 개의 주요 요소를 분절시켰는가를 기술할 필요가 있다. 첫째, 그것은 보이는 것, 즉 전체적 또는 부분적 시야로서 장면이나 다른 것에 비유되거나 형상화된 활동이며, 두 번째 요소는 회화, 판화, 사진, 영화 등 도시를 시각화하는 매체이고 끝으로 세 번째 요소는 건물 자체의 생성을 꼽을 수 있다.

도시는 이차원의 도면으로 표상되며 동시에 도시 형태론은 건물의 분배, 건축적 구성 등, 그것의 삼차원을 성립한다. 그 결과 도시의 공간 형태를 공식으로 표현하면 다음과 같다.

$$[xy + z]$$

이 공식에서 xy는 이차원의 평면이며 z는 삼차원의 요소이다.[172] 모든 도시 형태는 건축적 차원, 글쓰기의 차원, 회화적 차원에 속하는 상이한 발화체에 따라 읽힐 수 있다. 이 기호의 가시적 몫에 하나의 추상적 부분을 해당하게 만드는 발화체의 본질이 바로 이 같은 삼차원에 존재한다. 이 같은 네 번째 차원을 의미라고 부를 수 있다. 따라서 다음과 같은 공식이 가능하다.

---

170 Morisset, L. K., "Pour une herméneutique des formes urbaines: morphogénétique et sémiogénétique de la ville", in Morisset, L. K. et Breton, M. È., *La ville: phénomène de représentation,* Presses de Université du Québec, 2011, pp.33-59.

171 Corboz, A., "Le territoire comme palimpseste", in *Le territoire comme palimppseste et autres essais,* Paris, L'Imprimeur, 2001, p.107.

172 Morisset, 앞의 논문, p.45.

[xy + z]=[s]

여기에서의 s는 의미이다. 그 같은 구체적인 도시 형태의 축적과 추상적 도시 형태의 함축적 의미위의 공식 속에서 표상으로서의 도시는 그 결과 바르트적 의미에서 하나의 메타언어에 속한다. 이것은 하나의 관념이 형태의 집합에 결합되는 것을 말한다. 이 같은 형태는 하나의 순간, 장소, 즉 다양한 문화적 준거 시스템에 따라 하나의 의미 작용을 획득한다.

하지만 도시를 그것을 구성하는 독서의 매개 변수로부터 연구할 때 기술 가능한 기초적 요소로 분해되면서 주어진 한 순간에 존재하는 것이 아니다. 형태와 의미의 균형을 파악하는 것은 형태발생과 기호 발생 사이에 균형이 존재한다는 것을 상정한다.

여기에서 시간의 차원이 개입한다. 도시의 오랜 시간이 인간의 시간에서 벗어난다 해도 나에게 보여지는 도시의 시간은 그 도시에서 살았던 사람이 만들어낸 시간의 양피지이며, 도시계획가의 천부성에서 집단적 지성의 천재성에 이르기까지 각각은 시대와 문화의 기능적 요건을 구비한다.

도시 공간에서 상이한 형태와 상이한 의미는 상이한 시간 속에서 계속되며 각각의 시간에 대해 형태와 의미의 균형이 상응한다. 더 정확히 말해, 도시 형태의 삼차원은 하나의 시간 t에서 이뤄지며 지표적 의미와 균형을 이룰 수 있거나 이 시간에 종속된다. 따라서 다음과 같은 새로운 공식이 추가된다.

[xy + z]t=[s]t

그 결과 도시의 오랜 시간 속에서 상이한 시간들, a, b, c 등에서 도시 형태들을 기술할 수 있다.[173]

---

173 같은 논문, p.49.

[xy + z]ta=[s]sens a / [xy + z]tb=[s]sens b / [xy + z]tc=[s]sens c

그 같은 모델의 중개를 통해서 기술될 수 있는 도시 형태들은 지나간 시간에 의해 인수분해되어 주어진 시간 속에서 이 시간이라는 요인에서 비롯된 의미의 생산물과 더불어 균형을 찾는다. 시간의 연쇄는 일차적 기호학적 시스템을 이차적 기호학적 시스템으로 변형시키며 신화적 본질에 속한다. 따라서 아래와 같은 공식으로 의미 작용을 공식화하는 것이 가능하다.

[xy + z]tn=[s]n / [xy + z](현재)=[S]

여기에서 x는 넓이, y는 길이, z는 깊이, t는 시간, s는 의미다. 도시의 형태발생 속에는 늘 시간의 추이를 통해 언제나 기호 발생이 상응한다.[174] 또한 이 같은 기호 발생을 형태발생의 분석을 통해서 추적할 수 있다. 도시의 기호 발생은 도시 공간의 상이한 켜 속에 침전된 다양한 형태와 그 질료와 기억 속에 가인된 의미 작용의 풍경 속에서 생겨난다.

4. 도시 공간의 생성 문법: 부동의 형태 통사론 모델

도시 공간에 존재하는 다양한 지역 형태, 그것의 조합 방식, 그리고 그 같은 조합을 지배하는 규칙의 유형을 연구하는 도시 공간의 형태 통사론을 생각해볼 수 있다. 이 같은 관점에서 우리는 특정 도시의 지도예컨대, 서울 지도를 취해서 광장, 주택 형태, 여가 공간 등을 갖춘 도시 전경을 분석해볼 수 있다. 그리고 그 같은 공간적 배치가 우연의 소치가 아니라, 일정한 논리로 귀결된다는 점을 입증할 수 있을 것이다. 이 같은 시각에서 바로 도시 공간 기호학은 언어학에서 말하는 형태 통사론에 근접한다. 언어학에서 등위 배열과 종속 배열의 다양한 문장 조합 방식이 존재하는 것처럼, 즉 발화의 의미는 오

---

174 같은 논문.

직 이 같은 발화체들의 조합 형식을 통해 이해될 수 있다. 그렇지만 이 같은 형태 통사론적 접근법은 국부적임을 의식해야 한다. 즉 형태 통사론적 접근법으로 하나의 도시를 구성하는 현상의 전체 복합체를 모두 포함할 수 없는 것이다. 이것은 도시 공간뿐만 아니라, 소규모의 마을 공간에 대해서도 마찬가지이다. 예컨대 그 마을에 사는 주민의 공간 심리와, 자연을 표상하는 방식을 모두 포착할 수는 없는 법이다. 그렇다면 도시 공간의 형태 통사론에서 가장 먼저 고려해야 할 것은 무엇인가? 먼저 도시의 지도를 언급할 수 있다. 특히 특정 공간의 형상과 분류를 고려해야 할 것이다. 장소는 많은 층위에 걸쳐 현존하며, 장소의 생성 문법은 이 같은 차이화를 층위별로 나누어 반영해야 한다. 가옥이나 건물 수준, 마을이나 단락 수준, 그리고 도시 공간의 조직화 수준 등이 가능하다. 문법 차원에서 다음과 같은 수순을 밟을 수 있다.[175]

- 기하학적 문법 그래픽 도안 문법: 직선적, 세분화된(segmented), 동시 발생적(concatenated)
- 형상적 문법 면으로 이뤄진, 세분화된/비세분화된, 조합적
- 토픽적 지역적 단위 문법 집, 마을, 진영, 도시

이 같은 도식을 염두에 두면서, 이런 도식에 기초해 구성된 문법 각각이 그것의 형태적 절차에 기초해 차이화될 수 있다는 점을 환기할 필요가 있다. 예컨대, 규칙의 형식과 그것의 조합, 직선성과 평면성 등의 속성을 선별할 수 있을 것이다.

일반적으로 문법은 한정된 수의 규칙으로 이뤄지며, 그 규칙에는 순서가 매겨져 있고 무한한 수의 형태의 집합을 생성할 수 있다. 문법의 힘은 수용될 수 있는 형태와 수용될 수 없는 형태 사이를 구별할 수 있다는 데 있다. 따라서 도시 공간 문법에서 다양한 형상의 일치 규칙을 찾아내야 할 것이다. 또는 가능한 것과 불가능한 것의 판단을 가능케 해야 한다. 부동 교수가 착

---

175 Boudon, P., "Introduction to the semiotics of space", in Gottdiener, M. and Lagopoulos, A. Ph., *The city and the sign,* Columbia University Press, 1986, pp. 99-113.

안한 도시 공간의 생성 문법은 크게 다음과 같이 제시될 수 있다.[176]

→ 다시 쓰기 기호

X 분석 층위 수준

X, Y, Z, XY, Ø 문법에 의해 생성되는 형상들의 버팀목의 상징

- 조합 속에서의 그것들의 맥락

  — X (좌측 맥락)

  X — (우측 맥락)

  G = X-X

- 그것들의 종속관계:

  『X』 Y or X 『Y』

  버팀목들의 범주화 특질 각각의 버팀목에 결부된 변별적 자질들의 매트릭스

- 이 같은 상징들이 규칙으로 조합
- 이 같은 규칙들의 순서화

문법이 형태의 구성을 가능케 한다면, 통사는 이 같은 문법적 생산물 사이에서 등가의 관계가 설정될 수 있는 분석 층위를 구성한다. 아울러 하나의 조합 형태로부터 다른 조합 형태로의 이동을 가능케 한다. 이것은 변형적 힘으로서 특정 통사는 하나의 문법으로부터 나타나는 다양한 시퀀스 사이에서의 관계를 창조하면서 작동된다. 이 같은 변형적 힘은 일정한 분석 수준에서 정의된 형상의 집합을 지배한다.

한 가지 사례로서 그래픽 도안의 문법과 장소의 문법을 취해볼 수 있다. 이때 그래픽 도안의 문법을 장소의 문법 속으로 삼투시킬 수 있으며 그 정반대도 가능하다. 이를테면 서구 건축은 르네상스 이후로 평면으로 이뤄진 도면이 거주지의 형태로 또는 도시적 요소로 투사된 건축이다. 평면은 건축적 그래픽 도안이며, 왕궁, 정원 등의 거주 형태는 장소의 문법이다. 여기에서

176 위의 논문, pp.106-107.

부동 교수는 그래픽 도안 문법과 알파벳 문법을 비교하는 시도를 한다.

- 알파벳 문법: 기본 형상들
- 형태의 규칙은 다음과 같다.

  R1『직선적』

  R2『직선적』 방향성을 갖는: 왼쪽에서 시작해서 오른쪽에서 끝남

  R3『직선적』 차원: 수평적, 수직적, 휘어 있는

  R4『곡선』: 열린, 닫혀 있는

  R5 - X-: 단순, 복합

  R6『복합적』: 이차적, 단순한 것의 반복

선행하는 규칙과 그것의 순서를 계속 받아들일 수는 없다. 왜냐하면 시작점부터 반드시 조합이 있는 것은 아니기 때문이다. 형상은 존재하지만 그것의 구성은 반드시 동일한 기제에 종속되지 않는다. 특히 연속적인 것과 불연적적인 것을 선명하게 구별할 수 없다. 따라서 다음과 같은 문법을 필요로 한다.

- 그래픽 도안의 문법

윤곽선	축
표상의 한계들	수직적, 관통하는 차원
형상들	콜라주
그 장르가 규정될 수 있음	형상들의 병치를 통해서 구성되어 있음

문법 1은 직선적으로 순서화된 반복적 규칙의 집합이다. 문법 2에서 우리는 총칭적으로 형성된 형상들로부터 출발할 수 있으나, 그것은 윤곽선에서 형성되거나 축에서 형성될 수 있다. 우리는 하나의 도면에서 형상의 병치를 형성할 수 있을 것이다. 문법 2의 규칙들의 집합은 비직선적으로 순서화되어 있으며 그것의 반복은 순서화가 될 수도 있으며 그렇지 않을 수도 있다.

예를 들어 하나의 형상이 있다고 해보자. 그것은 하나의 윤곽선으로서 새롭게 각인된 형상을 포함할 수 있다. 이 같은 관점에서 보면 우리는 문법 1이 단순히 왼편에서 오른편으로 진행되어가는 반복성을 띤다고 말할 수 있을 것이며 문법 2는 자기 기입이 가능하다. 즉 형상은 다른 형상을 기입할 수 있다.

도시 공간을 읽는 세 가지 접근법을 구별해볼 수 있다.[177] 이를테면 형식주의적 접근법, 기능주의적 접근법, 현상학적 접근법이 가능하다. 형식주의적 가설은 장소에 있어 시스템의 몇몇 속성을 반영하기 위한 문법의 다시 쓰기 규칙의 놀이 형성과 관련된다. 전반적인 현상학적 개념화에 견주어 형식주의적 접근법은 부분적이다. 둘째, 현상학적 가설은 그것의 총체성에 있어 연구 대상에 직접적으로 접근한다. 그것은 도시 공간을 환기하면서 이뤄진다. 도시와 소설, 도시와 영화, 대상의 동시성에 각인된 복제와 재현을 통해서 이뤄진다. 하지만 그 같은 접근법은 현존하는 기표의 일관성을 담보할 수 있는 증명 방식에는 이르지 못했다. 셋째, 기능주의적 가설은 그것의 최초의 원칙들로서 형태의 장과 이 같은 형태에 작용하는 동작 주체의 장 사이의 등가를 설정한다.

앞서 든 예에서 부동 교수는 문법을 규정하기 위해 단지 표현의 자질을 고려했을 뿐이다. 그 결과가 바로 형태 통사론으로서, 형상들의 형태, 위치, 크기를 참조하며 다른 형상에 견준 빈도수를 참작한다. 동시에 표현의 특질과 내용의 특질을 동시에 고려할 수 있는 일정한 문법을 구축할 수 있을 것이다. 예를 들면, 중심=남성, 주변=여성의 등가를 설정하거나 또는 수직성=성스러움, 수평성=세속성의 등가가 제시된다.

이 같은 경우, 표현 특질수직성, 수평성과 내용 특질성스러움, 세속적, 사적인, 공적인, 개인적, 집단적의 등가가 이뤄진다. 이 같은 등가는 수직성과 수평성 사이에 존재하는 의미론적 관계의 정의를 가능케 한다.

---

177 같은 논문, pp.109-110.

5. 도시 공간에서의 행로와 도시 공간의 텍스트화

행로로서의 도시 공간

도시 기호학의 조건은 행로parcours의 차원에서 건축과 도시를 파악하고 해독하는 데 있다. 기호학에서 행로라는 용어는 의미 작용의 구성이 작동되는 층위를 표시하기 위해 사용된다. 도시를 하나의 텍스트로 구성할 수 있는 근거는 도시를 주파할 수 있다는 사실에 있다. 모든 도시 텍스트에는 반드시 그것을 읽는 차원이 수반되며 그런 관점에서 채택할 수 있는 최소한 두 개의 태도가 존재한다. 첫 번째는 우리의 시선을 통해 도시를 두 눈으로 찍는 것이다. 조형적 대상을 하나의 순간적인 이미지로 변형시키는 것, 또는 두 눈으로 도시라는 조형 작품을 주파하고 그곳에 하나의 여정을 각인시키는 작업이라 할 수 있다. 즉 도시 공간 속에 존재하는 요소의 위치가 무엇이건 도시 공간 요소를 통시적 연속으로서 조직화시키는 것이다.[178] 도시 공간이라는 조형 작품은 물질적으로 성립된 생산의 결과물이며, 그것 자체로 우리에게 읽힐 수 있는 대상이다. 도시 공간의 행로는 연속적인 의미 작용으로 이뤄지며 도시라는 생산물의 내재적 구조 배후로 사라진다.

여기에서 전개하는 논지는 조형 표현의 상이한 방식을 다루는 것이 아니라, 주로 사회적 생활의 장소를 담아내는 건축을 지시한다. 하지만 건물은 도시 공간의 부분적 장치에 불과하다. 도시 기호학 연구의 대상을 성립하는 것은 도시 그 자체이다. 텍스트를 각인시킬 수 있는 능력으로서 착상된 도시를 말하며 단지 도시를 물질적 장치의 총체성으로 보는 것이 능사가 아니다. 도면과 지도는 도시의 재현을 제공할 수 있으나 도시 사용자의 전유를 통해서 텍스트화 된 도시에서 비로소 시각적 기표, 청각적 기표, 후각적 기표, 촉각적 기표의 놀이에 의해 획득된 의미 작용이 발현된다. 이 기표는 공간의 사용과 연결된 것으로 국한되지 않고, 환경 현상의 지각과 결부된다.

---

178 Renier, A., "Espace, représentation et sémiotique de l'architecture", *Espace & Représentation*, Paris, Les Editions de la Villette, 1989, pp.18-33.

도시의 지각은 거주자에 의해, 서예의 은유를 빌리자면, 마치 초서체적인 전유로 조직화된다. 지각은 도시가 제안하는 환경들의 여과 작업을 작동시킨다. 따라서 모든 건물, 모든 도시 장소, 환경의 공간적 장치의 모든 부분은 하나의 요소로서 고려될 수 있으며 연속적으로 주파된 공간의 연쇄 요소의 집합으로서 간주될 수 있다. 더 나아가 도시는 다중적 행로의 장소이며 그 요소 각각은 단지 공간적 계속성의 연쇄 속에 각인될 뿐만 아니라 상이한 여러 연쇄에 의해 성립된 공간적 연계성의 망 속에서 구성된다.

그 결과 도시 공간 읽기는 그 실행 행로 과정 동안 도시가 생산하는 의미 효과의 이유 그 자체에서 도시 공간성의 재조직화로 이뤄지며, 도시는 자신의 외관적 조형성으로 환원될 수 없다. 이것은 아울러 환경적 플럭스의 변이로서 이 플럭스는 물질적 장치와 결합되며 독법의 대상을 성립하는 변이이다.

이것은 결코 현대의 건축적 유형 형태론 연구에 속할 수 없으며 도시계획가의 가상적 의미 작용은 현실 속에서 구체적으로 발생하는 의미 작용 sifgnification occurentielles을 설명하는 데는 한계가 있다. 여기에서 말하는 의미 작용은 지각적 행로에 의한 스스로의 발견을 통해 획득한 의미 작용을 말하며 도시 공간의 정전화된 표상에서는 포착될 수 없다.

행로로서의 도시 공간에서 연구할 문제는 의미 효과의 표기법의 시간적 구조를 찾는 데 있다. 어떤 유형의 행로를 고려해야 하는가? 지각 행로는 대부분 도시 속에서 길을 주파하는 보행자 행로에 달려 있으나 그것에만 달린 것은 아니다. 이 같은 행로는 상이한 프로그램에 따라서 실행될 수 있다. 거주자가 도시 공간의 사용 속에서 작동시키는 프로그램 또는 도시 공간의 계획자가 완수하는 프로그램, 공간을 전유하는 거주자의 행로, 사용 행로를 해석하는 연구자의 행로, 사용자를 매개화하는 도시계획가의 행로, 프로젝트 기획자에 의한 공간 판독의 행로, 도시계획을 실행하는 건설자의 행로, 그 계획의 의미 작용의 생성적 행로 등 그 종류가 다양하다.

행로들과 공간의 텍스트화

텍스트화textualisation는 문학 이론 분야에서 도시 기호학 이론으로 수용된 개념으로서 좀 더 구체적으로 지적하면 담화 기호학에서 차용한 용어이다. 커뮤니케이션의 다양한 체계 속에서 텍스트화의 행위자는 말 연쇄의 생산에 필요한 낱말을 자신의 어휘 창고에서 끄집어낸다. 그러면서 행위자는 모든 언어를 성립하는 두 면을 구성하는데 이때 표현면과 내용면의 조합을 텍스트화라 부른다. 이것은 언어 차원에서 모든 발현에 앞서는 선결적 작동이다. 발현 시스템이 무엇이건 의미 생산이 오브제의 생산과 결합될 때 텍스트화와 등가화équivalence의 작동을 식별하는 것이 가능하다.

만약 도시의 모든 요소가 그것을 관찰하기 전에 제자리에 놓인다면, 연구해야 할 텍스트를 성립하는 것은 도시 그 자체이다. 우리는 매우 복잡한 조형적 대상을 앞에 두고 이 같은 조건 속에 놓인다. 요컨대 도시를 그 조형적 구성 요소의 총체성 속에서 연구할 수 있을 것이다. 도시 공간을 연구하려면 공간 그 자체에 대한 고려에서 도시에 대한 전체적 표상으로 이동해야 한다.

도시를 이해하는 또 다른 방법은 도시 독법을 통한 도시의 텍스트화라는 절차이며 이것은 하나의 행로로서 읽어가는 것을 말한다. 이 같은 시각에서 도시의 몇몇 요소는 그들 사이에서 서로 분절되며, 공간적 계속성의 연쇄를 따라, 이 같은 요소를 성립하는 지각 행위에 따라, 이 요소를 가치의 대상으로 설정하면서 이뤄진다.

그 결과 도시의 몇몇 요소를 하나의 통합체적 연쇄로 결합시키는 이 같은 절차는 텍스트화 작동의 특징을 갖게 된다. 왜냐하면 사용 가능한 도시 표현의 저장소로부터 이 같은 텍스트화의 행위자에게 의미 작용의 내용을 담고 있는 표현을 추출하기 때문이다.

요컨대 텍스트화는 의미 작용의 생산을 이해하기 위해 변별적인 작동이라 할 수 있으며, 단지 문학 담론, 과학 담론, 시 담론뿐만 아니라, 조형적 오브제의 생산과 사용에 의해 성립된 발현 시스템 속에서도 작동된다.

액면 그대로 말하자면 도시는 하나의 텍스트는 아니다.[179] 하지만 그것

---

179 Renier, 앞의 논문, p.25.

의 발현은 텍스트의 위상을 가질 수 있다. 도시 속에서 행위자의 연출은 행위자의 텍스트화를 생산한다. 이 같은 조건에서 텍스트화는 공간과 그것의 표상을 다루기 위한 변별적인 작동인 것이다.

기호학에서 텍스트화는 표현면과 내용면을 결합시키는 작동으로서 그것은 의미 작용의 발현에 선결적인 단계이다. 일반 기호학은 내용면에서 의미 작용의 조직화를 추상적 행로 속에서 제안한다. 이 행로는 의미 작용의 창발에 제 구조들을 구축하는 세 층위에 의해 특징지어진다.

이 행로는 다음과 같은 가정에서 비롯된다. 모든 기호학 대상은 그것의 생산방식에 의해 정의될 수 있다. 의미 작용의 생성 행로는 가장 간단한 요소로부터 가장 복잡한 작동들로 진행되며 가장 추상적 구조로부터 가장 구체적인 구조로 이동한다. 구조의 층위는 의미 작용의 분절 층위에 해당된다. 텍스트 구조와 더불어 생성 행로의 가장 추상적인 층위를 성립하는 기호/서사적 구조들은 심층 수준에 놓이며 서사 구조의 표면 구조를 담당하는 담화 구조는 표면 층위로 분할된다.

도시 공간의
사회 기호학적 접근

1. 일반 기호학과 사회 기호학

현재까지도 도시 기호학 분야에서 유일한 단행본여러 저자들의 논문 모음집인 『도시와 기호』의 편집자였던 그리스의 건축학자 라고풀로스는 이 단행본의 서론이자 권두 논문에서 도시 공간에 대한 사회 기호학의 이론적 토대를 제시한다.[180] 이 텍스트는 도시 기호학의 인식론적 토대를 제공했다는 점에서 정확한 이해가 필수적이다. 특히 앞서 제시했던 옐름슬레우의 기호학 모델을 사

---

180 Gottdiener, M., and Lagopoulos, Ph. A., "Introduction", in *The city and the sign,* Columbia University Press 1986, pp.1-24.

용해 공간 이데올로기의 차원을 형식적으로 파악하려는 시도를 제시했다는 점에서 단행본의 전체 내용과 유기적으로 연관되어 있다. 그 핵심 논지를 파악하면 다음과 같다.

기호학에 있어서 건축물이나 도시 공간, 또는 도시에 존재하는 개별 오브제는 외시denotation의 수준에서 그 자체가 가진 기능의 기의로 변형된다. 하지만 그것의 개념화된 기능적 사용을 넘어서, 도시의 오브제는 단순한 공리적 도구적 기능 이상의 상징적인 기능을 갖고 있다. 따라서 도시 공간은 두 번째 층위인 공시connotation 차원에서 해당 공간이 맡고 있는 특정 기능 이외의 것을 의미할 수 있다. 더구나 바로 이 같은 두 번째 수준의 의미 양상이 도시에 대한 개념화를 지배한다고 말할 수 있다. 또한 사회 기호학적 시각에 따르면 공시적 약호들connotative codes은 도시적 실천 속에 참여하는 사회 구성원과 다양한 계층에 의해 생산된 사회적 생산물이라 할 수 있다. 그 같은 구별을 통해서 사회 기호학적 접근법은 도시 공간의 연구에서 지배적인 패러다임으로 자리 잡은 인지 지리학의 단점을 회피할 수 있다. 이를테면 인지 지리학에서 노정된 심리주의, 행동주의, 개인주의 등의 한계를 말한다. 공시적 약호의 존재, 그리고 공시적 외시적 의미 작용이 문화적 약호에 종속된다는 점, 아울러 도시 공간과 관련해 이 같은 두 가지 수준의 유의미한 역할 등은 도시 환경이 매우 풍부한 의미 작용의 원천이며 도시 생활과 매우 밀접하게 연계된 상징의 수원지라는 점을 시사한다.

앞서 살펴본 것처럼 역사적으로 공간 기호학에 대한 최초의 접근법은 건축 기호학이었다. 그런데 건축 기호학은 약 50여 년 동안 활발한 연구를 진행하면서 몇 가지 심각한 한계에 봉착했으며, 따라서 건축 기호학의 모델을 도시 공간의 기호학 모델로 적용하는 데에는 무리가 따른다는 결론이 났다. 이 같은 한계점들 가운데 결정적인 것은 기호학 자체에 대한 오해, 그리고 기호학의 주요 개념의 작동 방식을 비기호적 사회 과정에 무턱대고 적용했던 오류에 기인한다. 특히 언어학 모델에 지나치게 의존했던 것은 그 같은 맹점 가운데 하나라 할 수 있다. 또한 건축 언어를 그것의 시적 기능만으로 동일시했던 것도 문제였으며 의미 작용을 외시적 층위로 환원시킨 것도 문제였다. 특히 라고풀로스 교수는 결정적 오류 가운데 하나로 도시의 사회적 삶에서 기호적 과정과 비기호적 과정 사이의 분절에 대한 무시를 지적한다.[181] 따라서 건축 기호학자는 빈번하게 의미 작용의 사회적 성층화를 무시하고, 금융자본가[182], 부동산 개발업자, 노동자 계층, 주로 십대로 이뤄진 그라피티공공장소의 낙서 작업자 등을 도시의 개념화 연구에서 동일한 무리의 거주자로 상정하고 한 바구니 속에 넣으면서 도시에 대한 단색의 획일적인 견해를 견지했던 것이다.

물론 이 같은 한계점은 건축 기호학에만 귀속된 것은 아니며 기호학 전체 연구 장이 발전하면서 구체적인 역사적 단계로부터 발생한 결과로서, 도시 기호학의 발전 과정에서도 나타난다.

요컨대 사회 기호학의 발달은 공간에 대한 기존의 기호학적 접근법에 대한 비판을 통해 진행됐다. 물론 지나친 사회 기호학적 맹신은 곤란하다. 건축 기호학과 인지 지리학 모두 공간적 의미 작용에 대한 연구에서 나름대로 유용한 시각을 제공할 수 있다. 단지 사회 기호학의 도입으로 보다 온전한 도시 공간 기호학 모델의 디딤돌로 삼을 수 있다는 것이다. 물론 도시 기호학은 인지 지리학, 도시 생태학, 인문지리학 등 기존의 다른 연구 장들로부터 유용한 장점을 수용할 수 있을 것이다. 도시 사회학의 이론과 적극적으로 접촉해야 하며 인지 지리학에서 개발된 세밀한 계량적 기술들도 기호학 연구에 도움이 될 것이다.

사회 기호학은 일상생활에서의 이데올로기의 역할에 대한 물질주의적 탐구라 정의할 수 있다.[183] 사회 기호학은 공간의 이데올로기적 생산과 개념화에 있어 기호적 과정과 비기호적 과정 사이의 분절을 설명하려 한다. 이때 공간의 이데올로기적 생산과 개념화는 단지 물질적으로 결정될 뿐만 아니라, 구체적이며 특수한 역사적 생산 양식에 의해 규정된다. 현대 기호학의 기원으로 돌아가 자세히 살펴보면 몇 가지 근본적 한계들을 식별할 수 있

---

181 위의 논문, pp.12-13.

182 같은 논문, p.13.

183 같은 논문, p.13.

다. 이를테면 소쉬르의 구조 기호학은 지나치게 공시태 차원의 체계로서의 랑그에 치중한 것이 사실이다. 소쉬르에게 랑그의 통시태적 변형은 파롤에 기인하며, 이것은 개별적인 문화적 실천으로서 이때 언어 수행은 언어의 공시태적 체계에 의해 지배된다. 그런데 언어 체계에 대해 관심을 집중시킨 결과, 소쉬르의 언어 모델은 일상의 문화적 과정들을 소홀히 다루는 결과로 이어졌으며, 결정적으로 언어를 현실로부터 독립된 자율적 실재로 다뤘다. 그래서 일부 도시 기호학자들은 소쉬르를 일컬어 실증주의자였을 뿐만 아니라 관념주의자라는 라벨을 붙이기도 한다. 레비스트로스의 경우도, 사회적 시스템을 커뮤니케이션 시스템으로서 간주했으며, 따라서 사회 인류학 전체를 기호학의 한 지류로 보았다. 그는 커뮤니케이션 체계 외부에 고립된 사회적 사실이 존재할 것이라 믿었으며, 소쉬르와 마찬가지로 공시태의 구조인 기호적 구조에 초점을 두었다. 그에게 통시태적 변형은 기호학적 요인에 의해 지배된다. 그 결과 구조 인류학은 사회 인류학의 물질적 토대를 본격적으로 연구하지 않았다. 레비스트로스에 따르면 주거지는 보편적인 기호적 구조를 준수하는 복잡한 기호학적 텍스트이다.

한편 도시 공간에 대한 형식적 기호학의 접근법은 사회 기호학과는 사뭇 다른 접근법이라 할 수 있다. 그것은 분석을 공간 구조의 기저에 있는 생성 문법의 발견으로 한정짓는다. 따라서 도시 기호학은 '세미오시스semiosis', 즉 기호 현상을 통해 외재화되는 패턴과 디자인으로부터 파생된 공간적 구조의 연구가 된다.[184] 기호학적 시각은 이 같은 공간적 문법들을 비기호적인 생산과정으로부터 독립적으로 연구한다. 이를테면 그레마스는 공간을 문화적으로 규정된 공간 언어들의 기제를 통해 생산되고 착상된 것으로 간주한다. 이 같은 공간 언어를 그는 도시 기호학의 한 지류인 위상 기호학에 의해 연구될 수 있다는 점을 설파했다. 그레마스는 비기호적이며 사회학적 맥락과 분리된 공간의 생산과 개념화에 있어 변별적인 의미 작용의 체계에 대해 분석적 강조점을 갖다 놓는다. 건축 환경의 기호학적 내용은 곧 공간 문법

184 같은 논문, p.14.

또는 공간 언어의 고립을 통해서 연구되며, 그레마스의 이 같은 접근법에서 사회의 비기호적 차원은 중립화되며, 주관적, 정신적, 담론적 차원에 포함된 내재화된 양상 속에서 다뤄진다.

정리해 말하면 기존의 표준 기호학은 의미 작용의 체계와 사회 세계의 비기호적이며 물질적인 과정 사이의 관계를 무시하면서 구조와 커뮤니케이션 체계에 주안점을 두었다는 한계를 지닌다. 그 결과 주류 기호학은 관념주의에 빠졌다는 것이다. 반면 사회 기호학의 핵심적 연구 주제는 기호적 과정과 물질적 과정 사이의 분절화이다.

2. 사회 기호학적 접근의 인식론적 조건

언어학 중심의 모델을 넘어서 사회 기호학적 접근법으로 도시 공간에 대한 기호학적 시각을 적용할 경우를 상정하면서 라고풀로스 교수는 먼저 기호학의 인식론적 중핵으로 크게 다음 세 가지 조건을 규정한다.[185]

첫째, 기호학은 한 개인의 사회적 자연적 환경 아울러 자신의 내부 세계의 인지와 관련된 기호들을 연구한다. 이 같은 기호는 자연언어뿐만 아니라, 다른 문화적 기호 시스템과 관련된 외시적 언어를 구성한다. 이를테면 복잡한 의미 작용을 내포하는 도시 공간이 그 예이다.

둘째, 의미 작용 시스템은 메타 언어적 작동을 통해 이해되고 구축될 수 있다. 이를테면 일차적 수준의 대상 언어에 대해 언급할 수 있는 능력을 소유하는 두 번째 층위의 담화에 대한 접근을 통해서 가능하다. 이 같은 메타 언어는 순전히 주관적인 담론 방식에서 객관적이며 형식적이거나 과학적 언어에 걸쳐 있다.

셋째, 의미 작용 시스템 자체는 외시적 기호를 포함해 그 같은 기호에 사회적으로 할당된 가치, 이를테면 문화의 공시적 코드를 포함한다. 바로 이 점은 이데올로기에 대한 기호학적 연구에서 가장 중요하게 제시한 구별로

185 같은 논문, p.15.

서 도시 기호학의 인식론적 기초 가운데 하나가 된다.

따라서 도시 기호학은 인류학, 인문지리학, 미학 등과 중첩될 수밖에 없다. 특히 도시 기호학에서 물질적 대상은 의미 작용의 운반체라는 점에서 상징적 행위는 늘 일정한 물리적 대상과 아울러 그 물체에 대한 사회적 담론을 포함한다. 도시 기호학의 경우, 이 같은 물체는 도시 공간의 요소들, 즉 거리, 광장, 건물, 건물 외벽 등이다. 기호학적 분석은 따라서 건축물 소유의 약호, 도시계획의 문자 텍스트, 디자이너의 설계도, 도시 사용자에 의한 도시 담론, 부동산 광고 등을 모두 포함하는 식으로 확대될 수 있다.

도시 공간에 대한 사회 기호학적 접근법의 출발점은 기호 시스템이 외시적 약호뿐만 아니라 외시와 분리될 수 없는 공시적 약호로서 작동하는 사회적으로 구성된 가치들 또는 이데올로기를 포함한다는 사실이다. 이 같은 입장은 기호학적 분석의 대상이 경험적으로 관찰되고 문화적으로 특화된 이데올로기 시스템이라는 점을 함의한다. 특히 기호학을 이데올로기에 적용한다는 것은 분석 대상이 모든 종류의 메타언어 배후에서 작동하는 문화적으로 특화된 가치 시스템을 포함할 수 있음을 상정한다. 이데올로기 연구로 기호학 탐구가 방향을 튼 것은 그레마스가 사회 기호학이라고 부른 것에 해당된다. 사회 기호학은 신화적 인식론, 즉 기호와 관련된 이데올로기에 대한 연구를 비롯해 사회적 이데올로기와 언어에 대한 연구를 포함한다.[186] 그레마스 자신이 구상한 사회 기호학을 통해 역사적 사회적 생산물로서 파악될 수 있는 사회적 가치 시스템과 담론 방식을 포함시키고 있다. 그레마스의 구별에 따르면, 도시 기호학에 대한 두 개의 분리된 접근법이 나타난다. 첫 번째 것은 순전히 기호적인 접근법으로서 사회적 맥락과 독립적으로 간주될 수 있는 의미 작용 자체의 공간적 시스템에 초점을 둔다. 반면 두 번째 시각은 그 같은 시스템을 이데올로기에 대한 연구를 통해 그 시스템의 사회적 맥락과 연계 짓는다. 따라서 사회 기호학은 외시 시스템과 메타 언어적 시스템 양자 모두를 연구하며, 이때 그 같은 외시 시스템 배후에서 작동하는 문

---

186 같은 논문, pp.2-3.

화적으로 규정된 공시 시스템과 관련지어 연구한다.

도시 기호학의 인식론적 입장 역시 사회 기호학적 접근법을 수용해 기호의 세계 속에서 국한되어서는 안되며 의미 작용 시스템을 설명할 수 있는 물질적 사회적 과정을 포함해야 한다는 것이다. 아울러 공시 시스템으로서 작동하는 약호화된 이데올로기는 도시 공간 안에서 외시적 시스템에 선행한다는 점을 기억할 필요가 있다. 돌려 말하면 외시적 약호들은 도시 환경에서 공시적 약호들로부터 파생된다. 이 같은 시각의 대척점에 있는 도시 공간 연구는 앞서 언급한 린치가 발명한 도시 이미지 접근법으로서 순전히 외시적인 수준에 대한 시각으로 한계가 그어진다. 요컨대 린치는 도시 공간의 내포적 의미, 즉 공시적 수준을 무시하는 것이다. 정반대의 의미에서 쇼에는 자신의 작업 초점을 도시 공간에 대한 이데올로기적 담론의 유형론에 두고 있다. 하지만, 쇼에의 접근법은 기호학적 분석이기는 하나, 공시적 수준으로 국한되고 있다는 점에서 도시 공간에서 의미 작용의 과정을 이해하기 위한 보다 통합적인 접근법이 요구된다.

기호학의 시각에서 모든 건축적 도시적 대상은 외시 수준에서 그 자신의 기능의 기의로서 변형된다. 하지만, 그것의 개념화된 기능적 사용을 넘어서 건축적 도시적 대상물은 상징적 기능이라는 또 다른 기능을 갖는다. 즉 그것은 공시라는 두 번째 수준에 착근해 의미하는 것이다. 더구나 사회 기호학적 시각에 따르면 공시적 약호들은 도시 공간의 실천 속에 참여하는 무리와 계층에 의해 야기된 생산물이다.[187] 앞서 이미 지적한 것처럼 그 같은 구별을 통해서 사회 기호학적 접근법은 인지 지리학의 단점을 극복할 수 있다. 공시적 약호의 현존, 공시와 외시 차원의 의미 작용 모두가 문화적 코드에 종속된다는 것, 그리고 도시 공간에 견주어서 이 같은 두 가지 수준이 맡는 유의미적 역할은 도시 공간 환경이 의미 작용의 풍부한 근원지이며 도시 생활과 밀접하게 연결된 상징의 근원지라는 점을 시사한다.[188]

---

187 Greimas A.J. and Courtés, J., *Sémiotique: dictionnaire raisonné de la théorie du langage*, Tome I. Paris, Hachette, 1979.

188 위의 책, pp.6-9.

따라서 사회 기호학의 전개는 부분적으로 공간에 대한 이전의 기호학적 접근법을 통해서 진행된다. 그렇지만 사회 기호학 만능주의나 제국주의적 입장을 경계해야 할 것이다. 이 책에서 필자가 지향하는 통합 기호학의 방법론적 통합성 차원에서 강조했듯이, 건축 기호학, 인지 지리학 등의 다른 방법론과 모델도 적극적으로 수용해야 할 것이다. 따라서 사회 기호학은 일상생활에서 이데올로기의 역할에 대한 물질적 탐구를 포함할 것이며, 공간의 이데올로기적 생산과 개념화에서 작동하는 기호적 과정과 비기호적 과정 사이에서 이뤄지는 분절을 설명하려 할 것이다. 공간의 이데올로기적 생산은 물질적으로 기초를 두고 있을 뿐만 아니라, 특수한 역사적 생산 양식의 본질에 의해 규정된다.[189]

물론, 도시 기호학의 이론적 흐름 가운데서 도시 공간에 대해 형식적 기호학을 전개한 이론과 모델들 역시 그 쟁점을 파악할 필요가 있다. 대표적인 경우는 부동과 그레마스가 될 것이다. 앞 절에서 소개한 부동의 도시 기호학 모델은 생성적 입장을 취해 공간 구조의 기저에 존재하는 생성 문법을 발견하는 것으로 자신의 분석을 한계 지었다. 따라서 도시 기호학은 '세미오시스'를 통해 외재화된 다양한 패턴과 디자인의 내재화된 문법으로부터 파생된 공간적 구조에 대한 연구가 된다. 기호학적 시각은 비기호적인 사회적 과정들로부터 독립된 이 같은 공간 문법을 연구한다. 예컨대 그레마스는 공간을 문화적으로 규정된 공간 언어의 메커니즘을 통해 생산되고 파악되는 것으로 간주했다. 이 같은 공간 언어를 위상학적 기호학을 통해 연구할 것을 주장했는데, 위상 기호학의 한 가지가 바로 도시 기호학인 것이다. 그레마스는 비기호적, 사회적 맥락으로부터 단절된 공간의 생산과 개념화에 변별적인 의미 작용의 시스템에 분석적 강조를 위치시켰다. 따라서 도시 공간 환경의 기호학적 내용은 공간 문법 또는 공간 언어의 고립을 통해 연구됐다. 그 결과, 그레마스의 접근법에서 사회의 비기호적 차원은 중성화되고 주관적 정신적 담론적 것과 결합된 내재화된 양상에서 다뤄진다.

---

189 같은 책, pp.13-16. 또한 같은 책에 실린 다음 논문 참조. Lagoupoulos, A. Ph., "Semiotic urban models and modes of production: A socio-semiotic approach", pp.176-201.

3. 공간 이데올로기에 대한 사회 기호학적 접근법: 미국 쇼핑몰의 공간 분석 사례

앞에서 서술한 옐름슬레우의 기호학 모델에 착안해 사회 기호학적 시각에서 도시 공간과 건축물이 내포하는 공간 이데올로기의 차원을 분석한 탁월한 연구 사례로서 미국의 사회학자 고트디너가 수행한 미국 쇼핑몰의 분석을 손꼽을 수 있다.[190]

그는 먼저 미국 쇼핑몰 현상에 대한 이해는 1950년대 중반부터 미국 도시 공간 환경에 영향을 미친 사회 공간의 조직에서 진행된 근본적 변화의 맥락에서 이해될 수 있다는 점을 전제로 제시한다. 좀 더 구체적으로 이 시기부터 미국에서 발생한 대규모 인구 이동의 과정에서 중산층을 중심으로 상당수의 인구가 도시 주변부로 거주지를 옮겼으며, 그 결과 상업, 정치, 금융, 여가 등의 활동이 총체적으로 분산됐다는 점에 주목해야 한다는 것이다. 이 같은 상황은 후기 자본주의의 주거 공간의 형태를 근본적으로 변형시켰다는 것이 그 핵심이다. 후기 자본주의의 공간 생산양식의 한 단계로서 발생한 이 같은 도시 공간의 중심부 해체에 의해 야기된 본질적인 사회 공간적 변화는 중심적 도시의 기능적 통일성의 파열과, 더 광범위해진 도시권의 다중핵 지역을 통해 발생한 도시 활동의 총체적 분산을 발생시켰다. 아울러 이 같은 도시 형태는 도시 중심을 생산으로부터 소비의 가장 중요한 거점으로 대체시켰다.[191]

고트디너 교수는 본격적 기호학 분석에 앞서 건축 환경의 양상에 대한 기호학적 분석은 먼저 해당 공간과 더불어 분절하는 구체적인 디자인 실천들에 대한 파악에서 시작해야 한다는 점을 지적한다. 미국 쇼핑몰의 경우 그것은 두 개의 구별적인 원리의 교차 지점으로서 이해될 수 있다. 먼저, 몰은

---

190 Gottdiener, M., "Recapturing the center: a semiotic analysis of shopping malls.", in Gottdiener, M. and Lagopoulos, A. Ph., *The City and the Sign: An Introduction to Urban Semiotics*, Columbia University Press, New York, 1986, pp.288-302.

191 위의 논문, pp.289-291.

대규모로 소비재를 판매하려는 유통업체의 의도를 물질적으로 실현한 공간이다.[192] 따라서 쇼핑몰은 상품 구입을 촉진시키기 위해 도구적으로 디자인된 기호로 이뤄진 구체적 표상을 체현한다. 다른 한편 쇼핑몰은 도시 공간 분위기의 일정한 유형 속에 참여하도록 해주는 물리적 공간으로서 유통업자에게 이윤을 가져다주는 소비자가 그 공간 내부를 순환하는 것과 동시에 상품을 갈망한다. 이 점은 바로 디자인 실천의 두 번째 방식을 강요할 수밖에 없으며 이 방식은 쇼핑몰 공간을 생산하기 위해 첫 번째 방식과 분절한다. 실제로 생산이 소비로 변형되는 과정은 이윤 추구의 이데올로기와 소비 이데올로기의 교차에 의해 구조화된다.

공간 디자인과 더불어 두 개의 분리된 이데올로기로 이뤄지는 이 같은 분절은 바로 쇼핑몰의 기호 체계를 생산한다. 쇼핑몰의 기호 체계를 읽어내는 것은 그 공간의 의미 작용이 두 개의 분리된 의미 차원을 참조하면서 발생한다는 사실을 인지함으로써 조직화된다. 그 두 개의 차원은 바로 계열체적 차원과 통합체적 차원이다. 첫 번째 것은 쇼핑몰 자체의 디자인 모티브 또는 쇼핑몰의 연합체적 축과 관련되며 두 번째 것은 쇼핑몰 내부의 분리된 요소들이 서로 결합해 최적의 상태로 그 공간을 구성하는 방식에 대한 분석으로 이뤄진다.

먼저 쇼핑몰의 모티브에 해당하는 계열체에 대한 분석이다. 쇼핑몰의 목적은 소비재를 판매하는 데 있다. 따라서 그 공간의 디자인 기능은 생산자와 소비자 사이에 존재하는 교환 관계를 은폐하는 데 있다.[193] 자본주의 사회에서는 이 교환 관계에서 늘 생산자가 수혜를 갖도록 되어 있으며, 따라서 소비자의 판타지아를 자극하는 시뮬레이션을 통해 그 같은 도구적 목적을 도와주는 통합된 공간의 '파사드'를 인지 가능한 방식으로 제시한다. 따라서 하나의 전체로서 취해진 쇼핑몰은 그 자체로 하나의 기호가 된다. 왜냐하면 그 공간은 그 기능을 은폐하는 가면인 하나의 모티브의 사용을 통해

192 같은 논문, p.292.

193 같은 논문, pp.293-296.

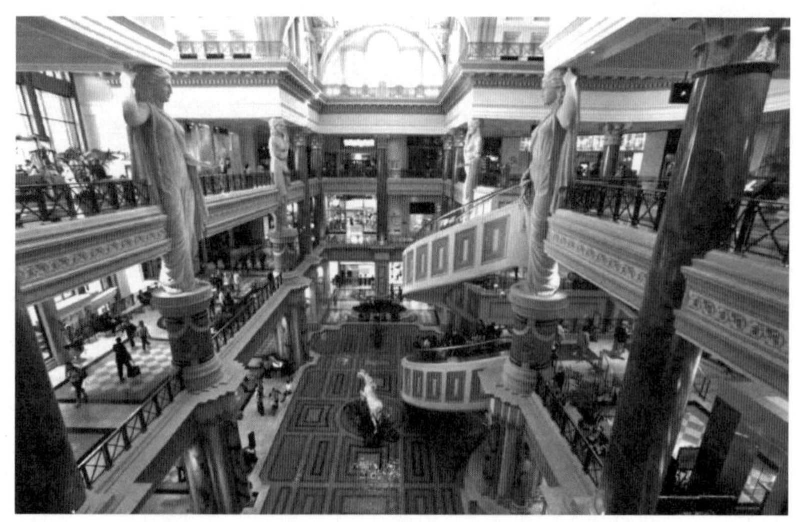

16 미국 쇼핑몰 전경

서 그것의 주된 기능이 아닌 다른 무엇인가를 내포하기 때문이다. 쇼핑몰의 모티브는 소비자의 특수한 판타지아를 통합시키는 하나의 약호로서 사용된다. 디자이너들은 그 같은 판타지아를 쇼핑몰 전체를 아우르는 연상적연합적 이미지로서 선택했으며 그 같은 판타지아의 모티브가 쇼핑몰의 진정한 도구적 본질을 가려줄 것으로 기대한다. 바로 이런 의미에서 쇼핑몰의 모티브는 하나의 기호이지만 그것은 자본주의 형식 아래에서 생산되는 광고 형식을 특징짓는 특별한 유형의 기호이다. 옐름슬레우의 기호학 모델을 사용한다면 기호의 구성 요소들은 모두 이윤 추구를 위한 도구적 욕망에 의해 규정된다고 말할 수 있다. 이것은 유의미적 실천을 위한 선조건이며 쇼핑몰이 표상하는 기호 외부의 맥락적 과정이다.

여기에서 옐름슬레우의 용어를 빌려와 고트디너 교수는 기호 자체와 관련해 내용의 실질을 소비주의의 이데올로기로 파악한다. 이 같은 이데올로기는 그 기호의 다른 양상들에 대한 도구적 관리를 행사한다. 그 결과 표현의 실질은 무엇보다 그 이데올로기의 발현이다. 간단히 말해 내용 층위에서와 아울러 표현 층위에서 쇼핑몰 전체를 통해서 존재하는 디자인의 형태적 요소들은 쇼핑몰 자체의 도구적 기능에 의해 그 각각의 가능성이 제약을 받는다. 따라서 쇼핑몰의 전체를 아우르는 도구적 약호는 기호 층위에서 소비주의의 판타지아와, 디자인 요소들을 통해 실현되는 구체적 물질화 사이에서 하나의 짧은 회로를 생산한다.

이어서 고트디너 교수는 쇼핑몰 내부에 존재하는 디자인 요소의 분절, 즉 통합체 차원의 분석을 제시한다.[194] 즉 디자인의 두 번째 차원은 쇼핑몰 내부의 공간 공학을 포함한다. 몰 내부의 디자인 목적은 소비자의 소비 행위를 관리하는 데 있다는 점에서 순전히 도구적이다. 하지만 이 같은 기능은 공간 속에서 물질화되는 순간과 동시에 가면을 사용해 가려져야 한다. 옐름슬레우의 용어를 사용하자면, 쇼핑몰 전체를 아우르는 약호인 내용의 형식은 표현의 형식을 성립하게 될 디자인 요소들을 이미 설정한다. 그 결과 몰이라는 가면은 그 공간의 모든 부분 속에서 적절하게 조합된다. 몇 가지 대표적인 기술을 열거하면 다음과 같다. 첫째, 쇼핑몰은 심미적으로 상당히 추한 백색 외벽으로 울타리가 쳐져 있다. 즉 모든 활동은 내부로 향하게 디자인되어 있다. 이 같은 공간 형식은 마치 중세 시대의 성처럼 가치 충족적이며 보호적 분위기를 연출한다. 화려한 상품의 세계에 도취되어 쇼핑하는 동안 외부의 현실 세계에서 일어나는 온갖 갈등과 사회적 차별화에 대해 초연하게 만드는 공간이다. 쇼핑몰 건설에서 나타나는 두 번째 특질은 소비자가 진입하는 중심 지역에서 그들을 맞이하는 방식에서 발견된다. 디자이너들은 도시의 기호 기능을 쇼핑몰 내부에서 유희적 중심부로 재활용한다. 대부분의 경우 쇼핑몰의 진입 지역은 마치 도심의 광장처럼 넓은 열린 공간이며 쇼핑 자체와 직접적으로 연결되지 않는 특별한 매력의 형식을 포함한다. 아이들을 위한 회전목마나 소비자들이 즐길 수 있는 생음악이 연주되기도 한다. 유희적 공간으로서의 쇼핑몰의 또 다른 예는 지중해 풍의 광장을 만들어놓고 그 주위에 분수, 벤치, 작은 골목길을 만들어놓는다. 이 모든 공간 연출은 마치 진정한 도시 공동체의 공적인 삶이라는 환상일 뿐이며 쇼핑몰 공간

---

194 같은 논문, pp.296-301.

의 도구적 본질과 특히 치밀하게 계산되고 관리된다는 본질을 가려준다. 요컨대 쇼핑몰의 기호 체계는 대부분 소비라는 일차적이며 단일 의미적 지표라 할 수 있다. 내포적공시적 요소들이 존재하는 경우에도 사회적 신분을 알려주는 신호에 불과하다. 따라서 쇼핑몰의 기호 체계는 도처에서 발견되는 광고의 내용을 확대한 것에 불과하다.

이 연구를 통해 고트디너 교수가 전하려는 메시지는 오늘날의 많은 대도시 공간에서 일상적 삶과 그것의 핵심인 사회성이 후기 자본주의의 도구적 공간과 현대사회의 온갖 병리적 파급 결과에 의해 찬탈됐다는 것이다. 공적 공간은 허공 속으로 증발되고 일상의 삶에 필요한 사회적 교제와 상호작용의 공간은 쇼핑몰 경영의 마케팅 기술과 상업적 관리에 무릎을 꿇고 말았다는 아쉬움을 피력하면서 논문을 맺고 있다.

그레마스의 위상 기호학:
시스템에서 가치론으로

1. 인식론적 전제와 방법론적 문제

그레마스가 1970년대 초반에 발표한 「위상 기호학을 위해」는 도시 공간을 기호학의 연구 대상으로 삼아 공간 기호학의 이론적 정초를 다진 불후의 명논문으로서 위상 기호학의 효시이며, 도시 기호학의 인식론적 정초를 제공했다는 점에서 그 논문의 학문적 중요성은 아무리 강조해도 모자라지 않을 것이다.[195] 필자가 통합 기호학의 시각에서 도시 공간의 기호학적 연구의 기

---

195 Greimas, A.J., "Pour une *sémiotique topologique*", 다음 세 권에 모두 실려 있다.
In Sémiotique et sciences socials, Paris, Seuil, 1976.
Sémiotique de l'espace(architecture urbanisme sortir de l'impasse), Denoël/Gonthier, 1979.
영어 번역본은 다음 문헌에 실려 있음.
Gottdiener, M. and Lagopoulos, A. Ph., *The city and the sign, an introduction to urban semiotics,* Columbia University Press, New York, 1986, pp.25-54. 여기에서는 독자의

본 방향을 잡을 수 있었던 것 역시 이 논문으로부터 영감을 받았다는 점에서 핵심 논리와 논지를 상세히 파악할 필요가 있다. 한 가지 아쉬운 점은 이 논문은 그레마스가 도시 공간에 대해 연구한 최초이자 유일한 연구라는 사실이다. 어떤 연유인지는 몰라도 그레마스는 이 논문 이후로 도시 공간 연구를 계속하지 않았고 후속 연구는 건축학과 도시계획을 전공하는 그의 제자들의 몫으로 돌아갔다.

먼저 그레마스는 위상 기호학의 인식론적 전제로서 세계에 대한 지식은 연속성에 대한 불연속성의 투사에 의해 가능하다는 다소 추상적이긴 하지만 매우 근본적인 공간적 사실을 지적함으로써 논문의 서두를 열고 있다. 이것은 곧 물리적 세계의 존재 양식을 '팽창/공간'으로 대립시킴을 의미하며 팽창은 연속성에서 파악되며 모든 감각 채널을 통해 그 충만감으로서 우리에게 제시되는 자연적 인공적 오브제들로 가득 차 있다. 바로 인간에 의해 팽창은 하나의 형식인 공간으로 변형된다. 즉 의미 작용의 목적에 사용될 수 있는 공간을 말한다. 형식으로서의 공간은 따라서 하나의 구성체로서 그것은 인간 사회에서 무엇인가를 의미하기 위해 변별성의 수준을 만족시키면서 실재 대상의 몇몇 속성만을 선별한다. 쉽게 풀이하자면 너무 미세한 속성이나 너무 거대한 속성 모두 인간의 공간 형식에서는 변별적이지 않다는 점에서 그 같은 속성은 선별 대상에서 제외된다.

따라서 인간이 작위적으로 행하는 모든 공간 구성은 빈곤화이며 순수한 물리적 외연과 팽창이 가진 풍요로움의 대부분은 인간이 구성한 공간의 창발과 더불어 사라진다. 하지만 물리적 속성 차원에서 상실되는 것은 구체적이며 체험된 충만함 속에서 물리적 외연 자체를 유의미적 공간espace signifiant으로서 설정함으로써 의미 작용에서의 다양한 획득에 의해 보상된다.

그레마스의 위상 기호학의 두 번째 인식론적 전제는, 모든 장소는 다른 장소와 그것을 관련지어서 고정시킴으로써 비로소 이해될 수 있다는 관계론적 상대적 공간 개념에 기초한다. 이 같은 공간적 이접분리은 '이곳/다른

편의상 영어 번역본으로 인용.

곳'으로 나타나며, '포위되는 것/포위하는 것'으로 분절된다. 어떤 경우에서 이건 토피아장소와 공간의 전유는 오직 헤테로토피아heterotopia, 이질적 장소와 공간를 상정함으로써 가능하며 이 같은 공간 분리의 계기로 진입할 때 공간에 대한 담론은 설정될 수 있다. 그런 방식으로 토대가 세워진 공간은 단지 하나의 기표이기 때문에 공간 이외의 다른 것을 의미하며 고유한 기의를 지시한다. 즉 모든 언어의 기의는 바로 인간이다.[196]

그레마스가 위상 기호학의 세 번째 인식론적 전제로 제시한 것은, 공간은 우리가 과학적 형식으로서 파악하느냐 아니면 기호학적 형식으로서 취하느냐에 따라 질적으로 전혀 다르게 나타나거나 경험된다는 점이다. 과학적 형식은 공간의 차별적 성격의 분절을 기록하는 형식이며, 기호학적 공간 형식은 의미 작용 속에서 불연속성의 토대를 세워준다. 따라서 두 개의 위상학, 즉 수학적 위상학과 기호학적 위상학이 가능하다. 바로 이 지점에서 그레마스는 "공간 언어들의 기술, 생산, 해석을 위상 기호학"이라는 이름으로 지칭한다.[197]

공간 언어는 결코 이 같은 사회적 형태론morphologie sociale을 표현하는 유일한 수단은 아니다. 이를테면 사회 언어학에서도 사회적 언어들의 분류를 설정하려 시도할 때, 거의 다음과 같은 동일한 범주들이 재발견되는 것은 우연이 아닌 것이다.

성스러운 / 세속적
사적 / 공적
외재적 / 내재적
우월한 / 열등한
남성적 / 여성적

---

196 같은 논문, pp.27-28.

197 같은 논문, 영어 번역본, p.28.

이 같은 범주들은 산업사회 이전에 존재했던 도시 공간의 내부에 있는 건물의 유형론을 설정하는 데 있어서나 공간적 복합체의 내부에서 공간의 배분을 위해 설명하는 데 있어서 원활하게 작동된다. 이 경우에서 관건은 모든 언어를 통해 스스로 발현시키려 애쓰는 정태적인 사회적 형태론이라 할 수 있다.

이 같은 안정적인 사회 형태론이 붕괴되는 것은 바로 상업사회, 산업사회의 도래부터이다. 점차적으로 이 같은 안정적 사회 형태론은 이동성이 높은 사회적 무리의 역동성에 의해 대체된다. 그 같은 변화의 논리적 귀결로서, 공간적으로 또는 언어적으로 발현되고 의미 작용의 체계로서 지각됐던 과거 도시 공간의 계통론들은 커뮤니케이션 체계의 틀 속에서 말하고 청취되는 특수한 담론에서 전개되는 새로운 사회 기호학적 통사론에 의해 대체된다. 이제 그 자체로서 파악되고 그 자체를 위해 의미되는 도시는 비로소 고유한 하나의 인식 대상으로서 파악된다. 도시는 스스로를 구성하면서 자신과 구별되는 개별적 요인에 의해 구성된다.

위상 기호학이라는 문제 설정과 그 범위는 매우 방대하고 복잡한 영역이라 할 수 있다. 위상 기호학의 목적은 이중적이라 할 수 있는데, 그것의 연구 기획은 공간 속에서 이뤄지는 사회의 각인을 파악함과 동시에 공간을 통해 이 사회를 읽는 작업으로 정의될 수 있다. 그레마스는 이 두 개의 차원을 각각 공간적 기표와 문화적 기의로서 잠정적으로 명명할 것을 제안하면서, 그 두 개의 차원이 바로 위상 기호학을 성립하고 있다고 진술한다. 이 두 개의 차원은 자율적으로 다뤄질 수 있으나 오직 양자의 상관관계를 맺는 작업만이 위상학적 대상을 구성할 수 있다는 점을 그는 분명히 밝히고 있다.

"그 자체로서 간주되는 공간적 기표는 공통 감각의 세계라 불리는 자연 세계와 그 외연을 공유한다. 이 세계를 통해서 우리는 세계의 형상들의 형식 속에서 나타나는 의미 작용의 무한성을 읽는다."[198]

더구나 이 같은 공간적 기표는 다양한 물체로 이뤄진 세계의 구성을 위

198 같은 논문, p.30.

해 세계의 범주 설정을 위해만 사용되는 것은 아니다. 그것은 그 자체를 진정한 공간적 언어로 설정할 수 있다.

"만약 공간적 기표가 고유한 언어로서 나타난다면, 그것은 의미의 운반체로서 만들어질 수 있으며 무엇보다 세계 속에서 인간의 현존을 의미하는 운반체로 만들어질 수 있다."[199] 또한 공간의 변형은 유의미적인 것으로 읽힐 수 있다. 공간 변형의 모든 과정에 현존하는 직접적 기의는 스스로를 그것의 기표와 절연시키고 새로운 분절을 수용한다.

2. 도시의 이데올로기적 모델

그레마스에 따르면 도시라는 위상학적 대상을 취할 때 그것은 도시 기호학이라 부를 수 있는 개별 기호학에 속하는 것으로 간주할 수 있다. 도시를 대할 때 우리는 의미의 포괄적 효과로서만 직접적으로 파악될 수 있는 복잡하며 다의적인 대상의 존재 앞에 놓이게 된다. 도시는 포괄적 대상으로 파악돼 다중적인 동위소적 독법이 가능하다.

현대 도시는 세속적 신화론 차원에서 파악되며 '유쾌/불쾌'라는 일반적 축에서 진, 선, 미에 대한 세 개의 담론 속에서 자신의 공간을 분절시킨다. 이 같은 사회학적 삼원성은 도시 공간 독법에서 주요 동위소isotopie의 설정을 위한 출발점으로 사용된다. 또한 도시 공간은 도시를 건설한 생산자의 치열한 꿈, 고민, 성찰의 흔적이 깃든 곳이다. 이 점에서 도시를 있는 그대로 읽어내려는 기술 기호학sémiotique descriptive의 관점과 달리 도시 공간의 생산자들은 자신들이 설정한 가치를 도시 공간에 구현하려 한다는 점에서 규범 기호학sémiotique normative을 실천한다고 말할 수 있다.

'유쾌/불쾌' 범주에 따라서 긍정적이며 부정적인 가치에 따라서 분절되는 세 개의 시스템은 다음과 같다.

---

199 같은 논문, p.30.

- 미학적 아름다움과 추함
- 정치적 사회적 도덕적 건강함
- 합리적 기능 작동의 효율성, 행동 양식의 경제성 등.

도시 공간을 구성하는 이 같은 세 개의 시스템은 통합체적 차원에서 세 개의 구별되는 동위소를 생산한다. 이 같은 세 개의 동위소는 도시 공간을 구성하는 부분적인 대상을 더불어 묶어줄 수 있으며 이 세 개 이외의 다른 많은 동위소 속에서 다뤄질 수 있는 다의적 의미를 가지는 대상의 중의성을 해소할 수 있다.

한편, 하나의 새로운 범주가 현대 도시 공간의 다중적 차원을 더 복잡하게 만든다. 그것은 보편성의 성질과 더불어 두 개의 개념을 부여받은 근대 도시 공간에서 나타나는 대립으로서 '사회/개인'이 그것이다.

태고적 마을이 자신의 사회적 조직의 공간적 표현이라는 점은 일반적으로 인정되는 사실이다. 그 같은 사회적 정태론에서 파악하건 사회적 역동성에서 파악하건, 공동체라는 개념에 기초해 공간과 외연을 사용한다는 사실에는 변화가 없다. 그런데 현대사회에서는 '사회/개인'의 대립은 '공적인 것/사적인 것'의 대립이라는 이보다 오래된 형태 기호학적 범주와 더불어 더는 동형성isomorphism을 갖지 않는다. 그레마스는 '사회/개인'이라는 대립의 유용성을 이렇게 설명한다.

"만약 그것의 추상적이며 순전히 시차적인 성격의 사실로 인해서 사회/개인의 대립이 다양한 의미론적 투자들 때문에 다중적인 이데올로기적 게임을 생산하고 풍부한 도시의 신화학을 생산할 수 있다면 그것은 또한 도시에 취해질 담론을 이원화시키는 인식론적 범주로서 사용될 수 있다. 이를테면 '유쾌한 담론 대 불쾌한 담론'의 이분법이 그것이다. 사회/개인의 대립은 미학적, 정치적 또는 합리적 동위소에 기초해 이뤄진다. 그 주체로서 사회도시 공동체 또는 개인시민을 가질 수 있다. (…) 사실, 정확히 도시가 아름답고, 행복하고, 기능적으로 조직화되어 있을 수 있는 것과 마찬가지로, 사회 속에 각인된 개인 역시 아름다움을 느낄 수 있으며 행복하거나 불행할 수 있고 최소 노력의 법칙에 따라 자신의 욕구가 충족되는 것을 볼 수 있다."[200]

따라서 두 개의 의미론적 범주와 더불어 사회/개인, 유쾌/불쾌 세 개의 가치론적 동위소 미학적, 정치적, 합리적로 이뤄진 도시 공간의 이데올로기적 모델을 구성할 수 있다. 도시 생산의 다양한 조합을 가능케 하는 매트릭스에서 도시 공간 요소의 목록을 읽어내고 그것을 수립할 수 있는 하나의 독서 격자를 구성할 수 있다. 이 같은 격자와 목록체는 결코 정밀하거나 필연적인 것은 아니다. 하지만 역사적으로 지리적으로 규정된 영역에 대해 도시의 이데올로기적 모델을 구성해야 한다. 도시 공간의 이데올로기 모델은 복수로 존재하는 현대적 신화론을 생성하는 모델이며, 공간적 기표를 다루는 취급 조건 아래에서 도시 기호학에 속하는 위상학적 오브제를 생산할 수 있다.

그레마스는 도시 공간의 이데올로기적 모델의 세부 설명 사항들에 대해 다음과 같이 첨언한다.[201] 첫째, 도시 공간의 이데올로기적 모델은 오직 도시 공간을 읽기 위한 모델로서만 간주되어서는 안되며, 무한한 수의 규칙적인 도시 형태를 생성하기 위해 사용될 수 있는 추상적이고 심층적 구조로서 간주되어야 할 것이다. 따라서 도시 공간의 이데올로기적 모델은 규범적인 모델이 아니며 진, 선, 미에 대한 학문에 속하는 것이 아니라 아름다운 도시뿐만 아니라 추한 도시, 행복한 도시와 더불어 불행한 도시, 기능 원활과 기능 장애의 도시들의 생성 조건을 예측할 수 있어야 한다.

둘째, 도시 공간의 이데올로기적 모델은 심층 구조의 수준에 위치하기 때문에 그것을 구성하는 구조는 형식적 범주로서 간주되어야 한다. 따라서 이 모델은 하나의 문화적 문맥에서 다른 문맥으로 옮겨가면서 다양화되는 의미론적 투자에 대해 적용될 수 있다. 동시에 이 모델은 진정한 가치론적 미시 세계의 출현을 가능케 하는 투자된 내용의 하위 분절에 대해서도 가능하다. 미학적 정치적 범주 일반에 대해서는 말할 것도 없이 문화적 차이는 모든 수준에서 다양한 감각 채널에서 발현된다. 이를테면 주거 공간에서 경

---

200 같은 논문, pp.35-36.

201 같은 논문, pp.36-37.

험되는 열 감각의 유쾌감은 한국인과 미국인이 다를 수 있다. 한국 전통 온돌의 따스한 감각은 유쾌감을 줄 수 있으나, 그것을 처음 경험하는 사람에게는 그렇지 않을 수 있다. 도시 공간에서 나타나는 청각과 후각의 유쾌함도 마찬가지이다.

셋째, 계통적 조직화에 첨언해, 도시 공간의 이데올로기적 모델은 그것의 조합 매트릭스의 현동화의 방향을 잡아줄 수 있는 한정된 수의 규칙을 함의한다. 따라서 사회적 또는 개인적 차원에서 나타나는 두 개의 유쾌 또는 불쾌의 양립 가능성을 비롯해 공동체 문화와 개인적 라이프스타일의 양립 가능성과 관련해 하나가 다른 하나를 지배하는 규칙이 공식화될 수 있다. 이 같은 우선권의 규칙이 도시 공간 구성의 다양한 동위소에 주어질 수 있다. 이를테면 기능적 합리성보다는 윤리성의 동위소에 비중을 둘 수 있고, 미학적 동위소보다는 합리성의 동위소에 비중을 둘 수 있다.

3. 도시 문법 프로젝트: 발화체로서의 도시와 도시의 발화 작용

공간 언어를 통해서 이뤄지는 이 같은 도시 공간의 이데올로기적 모델을 구성하는 범주들은 발현되거나 읽혀야 한다. 도시와 같은 복잡한 대상을 위상학적 대상으로 분석하게 만들어주는 다양한 접근법 가운데 커뮤니케이션 모델의 적용은 가장 생산적 모델 가운데 하나이다.

"발신자/생산자와 수신자/독자로 이뤄지는 이 같은 기본적 구조의 프레임워크 안에서 우리는 도시를 이 같은 메시지에 선행하는 절차를 상상하면서 또는 도시/대상의 생산으로 유도하면서 또는 그것의 모든 암시와 그것의 모든 전제와 더불어 메시지를 해독하려 시도하는 독자의 절차를 환언하면서 약호가 해독되어야 할 대상/메시지로서 각인시킬 수 있을 것이다."[202]

하지만 도시라는 텍스트는 결코 드로잉이나 스케일 모델로서 재현될 수 있는 표면과 볼륨의 외관을 취하기는커녕 무엇보다 존재와 사물의 집합

202 같은 논문, p.38.

체로서 상상되어야 한다. 그 가운데 기호학자는 도시 공간에서 관찰한 일련의 목록체나 발화체의 형식에서 메타 텍스트를 구성할 수 있게 해주는 심층적 관계를 지각하려는 시도를 할 것이다. 주어는 인간 즉 도시 사용자이며, 문법적 목적어는 사물 즉 주체가 접촉하고 다루는 사물이다.

이것은 대체로 포괄적 발화체로서 간주되는 도시 공간의 텍스트 문법의 구성으로 유도되는 단순화된 절차가 될 것이다. 도시 기호학에서 분석하려는 도시 텍스트는 공간 언어에서 발현되기 때문에 그 공간 언어는 감각적 성질의 세계에 대한 독해를 가능케 하며, 그 텍스트에서 인지된 주체와 더불어 관계 속에 놓여 있는 대상은 시각적, 청각적, 열감각적, 후각적인 다양한 자극의 존재로 인해 다양한 양태성 아래에서 주체의 관심을 끈다. 공간 자체는 오직 이 같은 성질들을 총체화하는 개념으로서 바로 여기에서 도시 공간은 완전하게 파악될 수 있다. 따라서 사용자는 도시 공간의 해석자로서 정의될 수 있다.[203]

그 같은 접근법은 감각적 지각 수준에서 유쾌/불쾌의 범주를 다시 언급하도록 만든다. 도시 공간에 전체적으로 적용될 경우 그 범주는 개인에게도 적용할 수 있다. 특정 개인이 도시 공간에 대해 갖는 기분 상태는 도시 공간과 유쾌한 관계의 범주를 맺느냐 또는 불쾌한 관계의 범주를 맺느냐에 달려 있다. 도시 체험, 느낌, 지각과 같은 모호한 표현들은 주체가 공간과 맺는 이 같은 관계로 환원될 수 있다. 이 같은 공간 사용은 그것이 사유되건 경험되건 한마디로 유의미한 공간을 말한다.[204]

앞에서 진술한 것은 인간에 작용하는 모든 공간에 적용될 수 있다. 따라서 도시 공간은 그것의 특수성을 규명하는 방향에서 다시 정의되어야 할 것이다. 단지 도시 공간이 생산하고 인간에게 소통하는 성질에 의해서뿐만 아니라 이 같은 성질에 대해 매체로 사용되는 대상의 구성된 본질에 의해서도 정의되어야 할 것이다. 공간 언어를 변별적 자질로 분석하고 최소 단위로

---

203 같은 논문, p.38.

204 같은 논문, pp.38-39.

분석하는 것은 도시 공간이라는 하나의 기표를 기술하기 위해 변별적 수준임에 분명하나 동시에 그것은 불충분한 분석 수준이라 할 수 있다. 변별적인 이유는 바로 이 수준에서 세계는 인간에게 유의미하기 때문이며, 불충분한 이유는 도시의 생산과정은 구성된 대상의 미리 정해진 위치 설정 없이는, 즉 감각적 동위소의 설정을 지지하고 조건 짓는 구성된 대상의 시스템 없이는 기술될 수 없기 때문이다.

바로 주체가 세계와 맺는 관계의 형식화를 가능케 하는 상태 발화체 énoncé d'état가 이 같은 상태의 생산이나 변형을 설명할 수 있는 행동 발화체 énoncé d'action를 전제로 한다. 따라서 열 감각적 유쾌의 상태를 창조하기 위해 주체는 땔감을 마련하고 불을 지피는 등, 즉 일련의 열 감각 상태의 생산을 겨냥하는 행동 프로그램을 실행해야 한다. 그의 최종적인 신체 행동은 의미 작용의 프로그램이다. 도시 공간의 기호학적 발현은 '열 감각적 기표/유쾌한 기의' 관계로 해명되며 이것은 주체의 일정한 행동을 전제로 한다.

한편 그레마스는 도시 공간의 또 다른 문법을 언급하고 그것을 도시의 발화 작용이라 부를 것을 제안한다. 그레마스가 말하는 도시의 발화 작용 énonciation은 도시 공간을 생산하는 전문가들, 즉 건축가와 도시계획가의 공간 생성 논리를 말한다. 도시 기호학의 문제 설정에서 건축적 대상은 분리된 상태로 다뤄지는데, 그것도 오직 시각적 동위소의 차원에서만 고려되며 형태라는 하위 동위소만을 강조하고 색채와 빛을 배제한다. 그레마스에 따르면 기존의 건축 문법은 건축물이라는 대상의 기표 차원에서만 다뤄왔다는 것이다. 특히 장 카스텍스Jean Castex와 필립 판느레Philippe Panerai의 건축 문법을 예로 들면서 공간 사용자에 대한 의미 작용 차원에서 구성된 오브제와 매체의 시스템으로 채워진 개별적 요인만을 다룰 뿐, 개인이 공동체의 삶 속에 참여함으로써 나타나는 일체의 의미 작용을 배제하고 있음을 그레마스는 지적한다. 이 같은 시각에서 공간 형식의 조직은 건설된 공간으로서 그 같은 공간 형태가 발현되기 이전에 이미 설정된 생성 행로의 최종적 심급으로서 나타난다.[205] 왜냐하면 전체 절차는 오직 심층 속에 위치한 이데올로기적 심급으로부터 출발할 때 비로소 조준될 수 있기 때문이다. 이 같은 이데올로기적 모델은 의미론적 본질에 속하는 것으로 먼저 공간적 발현 언어의 기의 차원과 결합할 때만 비로소 공간적으로 발현된다. 기의가 자신의 표현을 찾는 것은 공간적 형태의 건축 덕분이다.

4. 도시 공간 메시지의 발신자와 수신자

앞서 제시한 두 개의 가능한 방법론적 접근법은 즉 해석적 접근법과 생성적 접근법은 커뮤니케이션 구조의 두 축, 즉 발신자가 발화한 도시 공간의 축과 수신자가 판독할 수 있는 전체 발화체로 간주되는 도시 공간의 축을 포함한다. 이 두 가지 유형에서 발신자가 발화한 도시 공간은 기호학적 시각에서 도시 공간의 문제를 다루고 싶어 하는 건축가가 삼을 수 있는 고유한 연구 대상이다. 도시계획가는 이 같은 수순을 채택하면서 자연스러운 이데올로기적 경관에 자신의 위치를 설정한다. 그는 스스로 발신자와 동일시하면서 도시의 발화자 도시의 생산자가 된다. 그러면서 자신의 개인주의적이고 반동적인 이데올로기를 은폐한다. 그레마스는 바로 창조적 개인이라는 신화가 얼마나 끈질기게 자기만족적인 것인지를 환기시키고 있다. 발화 작용의 주체, 즉 기호학적 장소는 규정된 방법론적 수순의 채택을 통해 합법적으로 특권시될 수 있는데, 도시 공간을 생산한 그 주체는 바로 그 지점에서 도시 기호학의 구성을 지연시키면서 일체의 이데올로기적, 미학적, 사회학적 불편함들을 만들어내는 고정 종양으로 변형된다.[206]

또한 그레마스는 다음과 같은 중요한 사실을 강조한다. 도시의 기호학적 파악을 쉽게 해주는 커뮤니케이션 도식은 형식적 모델로서 구체적인 도시 공간의 생산과 독법의 사례로 이뤄지는 것이 아니다. 아울러 도시 기호학

---

205 같은 논문, pp.44-48.

206 같은 논문, pp.48-52.

의 과제는 실제 도시를 기술하는 것도 아니고 실제 생존해 있는 도시의 생산자를 기술하는 것이 아니며, 규범적 대상들과 통사적 행동자들을 기술하는 것이라는 점을 분명히 기억해야 한다. 어떤 공간의 인구는 자신의 위상학적 공간의 생산자와 독자의 통사적 역할을 동시에 또는 순차적으로 맡게 된다. 예컨대 '파리를 건설한 사람은 누구인가'라는 물음에 대한 답은 지극히 어렵다. 신도시의 건설이 특정 건축가와 도시계획가에게 할당된다는 것도 환상일 뿐이다. 즉 그는 복잡한 집단적 행동자 가운데 한 명일 뿐이다. 즉 그 같은 집단적 행동자를 분석해보면 건축가나 도시계획가보다 훨씬 더 강력한 경제적 정치적 구성 요인이 나타나게 된다.[207]

바로 이 지점에서 도시 공간의 사회 기호학은 또 다른 연구 대상을 발견한다. 이를테면 생산자는 능력을 구비한 발화 작용 주체로서 파악될 수 있다는 점에서 능력은 생산자의 '할 수 있음pouvoir-faire', '하기를 원함vouloir-faire', 그리고 '할 줄 앎savoir-faire'과 밀접한 관계를 맺는다. 따라서 도시계획가는 실제적 능력을 갖고 있지 못한 상태에서 부분적으로는 죄의식에서 벗어날 수 있으며, 최소한 부분적으로는 그가 누릴 수 있는 두 개의 통사적 역할을 혼동하지 않게 될 것이다.[208]

집단적 행동자의 구조는 '할 수 있음' '하기를 원함' 또는 '할 줄 앎'의 양태성 가운데 유일한 성향으로 이뤄지지 않는다. 그 구조는 이데올로기적 내용의 투자를 포함한다. 이 같은 행동자의 상이한 구성적 의지가 때로는 모순되는 가치의 혼합바로 이 같은 혼합은 건설될 도시의 이데올로기적 모델의 출현을 낳는다.을 결합하는 과정에 대한 연구는 앞서 검토한 세 개의 동위소에 근거해 도시의 건설로 귀결되는 의사 결정 메커니즘을 기술하는 것을 가능케 한다.

세 번째 가능한 분석 유형은 통합체적 분해 속에서 도시 생산의 전체 프로그램의 집단적 또는 개인적 행위자로 이뤄질 것이다. 생성적 형식을 채택하면서 이루어지는 그 같은 기술은 텍스트 문법 모델을 제안하면서 앞서

---

207 같은 논문, p.48.

208 같은 논문, p.49.

소묘된 수순의 역전된 행로로서 나타날 것이다. 생성적 형식 아래에서 그 같은 기술은 상이한 행위자에 의해 실현된 과정과 프로그램의 표상을 제시할 것이다.

도시 공간 메시지의 발신자의 관점에서 수신자의 관점으로 이동하면서 어려움은 가중된다. 도시 공간의 독자, 사용자, 소비자 등 용어들은 상이한 학술 분야와 이데올로기적 태도에 속하는 단어로서 빈번하게 은유적 사용으로 유도된다. 더구나 도시를 대상/메시지로서 간주하는 기호학적 개념화 역시 중의성을 띤다. 커뮤니케이션이 결코 자연언어의 매개를 통해서만 이뤄지는 것은 아니라는 점에서 도시를 체험한다는 표현과 같은 비언어적 메시지의 의미 작용에 대한 해석은 그것을 정식화할 때는 명료해도 막상 실천할 때면 모호해진다. 그 같은 해석은 도시의 일차적 의미가 의식적 사유나 도시에 대한 명시적 담론과 혼동하지 말 것을 요구한다. 그 같은 해석은 자신의 도시를 체험하는 방식에 있어서 의식된 것과 무의식적인 것 사이의 경계가 허물어지거나 지연될 것을 함의한다.

끝으로 그레마스는 여느 기호학의 형식주의와 달리 도시 거주자의 삶의 양식이라는 문제를 도시 기호학의 의제로 시사한다.[209] 한 개인이 도시에 산다는 것은 곧 모든 공간적 메시지들이 수렴되는 장소가 된다는 것을 의미한다. 아울러 그 개인에게 요청하고 구속하는 다중적인 프로그램과 메커니즘 속에서 역동적으로 참여하면서 이 같은 메시지에 반응한다는 것을 의미한다. 따라서 원칙적으로 삶의 모델, 즉 도시 거주민의 삶의 스타일에 대한 의미론적 표상을 구축하면서 도시 공간 수신자/행동자의 내용의 구조를 파악할 수 있는 것이다. 물론 그 같은 삶의 스타일은 유형론적일 수밖에 없는데, 그 이유는 도시 공동체의 사회적 계층화와 역사적 상대화에 기인하는 수많은 변수가 존재하기 때문이다. 도시 독법의 종류도 도시를 읽는 사람의 사회적 범주, 공간적 위치, 가치론에 따라서 상이할 것이다. 그레마스는 이 기념비적 논문의 결론을 다음과 같은 예상으로 끝맺고 있다. "도시 발신자

---

209 같은 논문, p.51.

에 대한 분석과 마찬가지로 도시 공간에서 수신자가 맡는 역할과 의미에 대한 분석 역시 위상 기호학의 관심 범위를 훌쩍 넘어, 집단성의 위상을 지니는 가치론의 체계와 밀접한 연관 관계를 맺는 사회구조에 대한 고려를 수행하게 될 것이다."

건축, 도시, 경험:
도시 기호학의 현상학적 토대

1. 생활 세계로서의 도시 공간

도시 공간의 경험 차원에 대한 현상학적 시각은 통합 도시 기호학에서 필수적인 요소이다. 이 점에서 건축과 도시 공간의 현상학적 토대를 다룬노르베르크슐츠의 작업은 중요한 의미를 지닌다. 그의 도시 건축 사상은 도시 기호학과 도시 현상학을 접목시킬 결정적인 이론적 단서를 마련해줄 수 있다는 것이 필자의 생각이다.

우리의 일상적 실존은 사물과 사건의 세계에서 형성된다. 서로 다른 모습을 띤 도시의 거리를 걸어 다니고, 걷는 동안 다양한 사람을 만나며, 건물 속으로 들어가고, 건물 밖으로 나오며, 디자인된 장소에서 일정한 기능을 수행한다. 도시 공간에서 인간은 수많은 사물나무, 식물, 집, 인테리어, 가구, 일상적 사용을 위한 오브제 등에 의해 둘러싸여 있다. 대부분 인간은 도시 공간이라는 복잡한 세계에 살고 있으며, 이와 관련해 후설은 직접적으로 현존하는 구체적 세계를 기술하기 위해 생활 세계라는 술어를 제안한 바 있다. 후설에 따르면 생활 세계는 인지 이전의 자연적 경험에서 우리가 경험하는 바대로의 사물들의 공간적 세계를 지시한다.[210]

도시 공간에 대한 기호학 방법의 분석적 접근법을 나름대로 활용하기

---

210 Husserl, E., *Die Krisis der europaschen Wissenshaften,* 1936. (한국어 번역본) 에드문트 후설, 이종훈 옮김,『유럽의 인간성 위기와 선험적 현상학』, 한길사, 2007.

이전에 인간은 이미 이 같은 사물들의 세계 속에서 살고 있다. 자연적 경험은 순전히 주관적인 것도 순전히 객관적인 것도 아니며, 신체와 의식 사이의 분리를 설정하지 않는다. 따라서 지각과 반응 모델에 기초한 지각 심리학도 순수한 기호의 형식적 분석도 도시 공간의 본질을 기술하기에는 미흡하거나 부적절하다. 우리는 생활 세계 속에서 살고, 하이데거의 표현대로, 그것은 세계 속의 존재, 즉 '다자인Da-sein'으로 기술된다.[211]

자연적 경험은 질적 차원에 달려 있으며 질quality은 사물의 정체성이 직접적인 현존으로서 존재하는 것을 지시한다. 생활 세계는 질적인 것이며 이 같은 의미에서 지각적이며 의미적이다. 건축과 도시 공간은 이 같은 생활 세계의 통합적 부분을 구성하며 오직 이 세계의 기능으로서 이해될 수 있다. 과학적 세계관으로 사물을 바라보는 사람은 물이 자연적 구성물의 가장 복잡하며 가장 매혹적인 것 가운데 하나라고 배우는 것이 아니라, 세계의 기원이라는 점을 깨닫지 못한 채, H_2O라는 공식으로 배운다. 생활 세계의 구체적이며 이질적인 공간은 삼차원 좌표로 대치된다. 수학 좌표에서 모든 점은 동일한 가치를 갖는다.노르베르크슐츠에 따르면 우리가 도시 공간학에서 유념해야 할 사실은 질적 세계가 수량화의 희생양으로 전락했다는 점이며, 이로 인해 인간의 일상생활 경험의 심오한 의미로부터 인간을 소외시키고 있다는 사실이다.

따라서 노르베르크슐츠는 도시 공간의 단순한 형식적 분석을 넘어서, 생활 세계의 기본 구조로 다시 돌아가는 것이 급선무라는 점을 강조한다. 하이데거가 말한 공간성Räumlichkeit는 일상적 삶의 공간으로서 모든 것이 자기 자리를 갖고 있으며 이 모든 장소는 삶이 자리를 잡아가도록 해주는 환경적 전체의 창조에 기여한다. 따라서 도시 공간의 현상학적 기초는 도시 기호학의 화용론적 차원과 가깝다고 말할 수 있다. 요컨대, "이 같은 총체성은 생활 세계의 일상적 실존이다."[212]

---

211 Heidegger, M., *Sein und Zeit,* Tubingen, Max Niemeyer, 1927.

212 Norberg-Schultz, Ch., *Architecture: Presence, Language,* Place, SKIRA, 2000, p.31.

하나의 장소는 생활 세계의 외관적 발현으로서 유일무이한 공간 구획과 성격을 지니는 고유한 정체성을 갖고 있으며 각각의 장소가 제자리에 놓여 있는 상황을 말한다. 그런데 매일 경험하는 다양한 장소를 당연히 여기고 박제화시키면서 그 장소들은 상상력의 열매를 맺지 못하는 불모의 장소가 되고 상상과 영감의 원천이 되는 것을 멈추게 된다. 바로 여기에서노르베르크슐츠가 우려하는 것은 획일화에 기초한 근대의 공간 기획은 장기적으로 엄청난 신체적 피로와 정신적 불편함을 만들어내었으며, 이것은 장소의 상실을 불러올 것이라는 점이다. 이 같은 장소감의 상실과 그것이 인류에게 의미하는 바를 정확히 인식할 필요가 있다. 장소감의 상실은 구획과 성격 차원에서 곧 장소가 정체성을 상실했다는 것을 의미한다.[213] 과거에는 하나의 정착지가 선명하게 구별되는 총체성으로 이뤄졌다. 그것은 일관적인 경관을 배경으로 창발했던 총체성을 말한다. 예컨대 1960년대의 서울의 모습을 보면 바로 이 같은 일관성을 목격할 수 있다. 이것은 달리 말해 경계 구획이 선명했다는 것을 말한다.[214]

그런데 오늘날 도시 밀집 지역은 너무나 광범위하게 분산돼 있어 한 장소의 시작과 끝을 구별하지 못한다. 도시 공간의 정착지는 너무나 이질적이어서 일정한 통일성의 인상을 주지 못한다. 선명한 공간 구획과 구별이 사라지면서, 장소는 자신의 정체성을 상실한 것이다. 한국의 시골 경관도 마찬가지이다. 이와 동시에 의미 있는 통일된 배경으로서의 경관의 특징이 상실됐다. 경관을 단절시키는 데 일조하는 것은 단지 분산된 정착지만이 아니다. 인간의 정체성은 그가 장소의 정체성에 참여하는 기능이라는 점이다. 소외라는 용어는 소속감의 상실을 함의한다. 황량한 불모의 공간으로 변해버린 장소에서 정신적 신체적 소속감을 실감하려는 것은 마치 사막에서 우물을 찾으려는 것과 같다.노르베르크슐츠는 그 같은 삭막한 공간을 일러 다음과

---

213 이 점에 대해서는 다음 문헌 참조.
에드워드 렐프, 김덕현 외 옮김, 『장소와 장소 상실』, 논행, 2005.

214 다음 책 참조.
이규목, 『한국의 도시 경관』, 열화당, 2002.

같이 예리하게 파악한다. "생활은 늘 발생하지만, 장소는 이제 세계가 아니며, 유의미성의 매트릭스가 없는 은신처일 뿐이다."[215]

여기에서 그가 말하는 소속감은 단지 편안한 느낌을 말하는 것이 아니라 정체성을 가진 장소와 동시에 사람이 사는 공동체를 포괄하는 세계 속에서의 삶을 말한다. 세계가 열악한 형편이고 불모일 때, 비록 우리가 대중매체를 통해 전체 우주를 획득할 수 있다 해도 소외는 계속된다. 미디어를 통해 표상된 세계는 결코 인간적 근접성 또는 유의미성을 가진 것은 아니기 때문이다.

바로 이런 이유에서 풍요롭고 구체적인 세계에 소속할 필요성이 제기되는 것이다. 장소의 상실은 삶의 일관성의 결여를 내포하고 삶과 장소의 연계에 나타나는 간극을 지시한다.노르베르크슐츠의 진술은 한국 도시의 소외감, 도시의 삶을 위협하는 생태학적 위기를 웅변적으로 진단해준다.

도시 분석의 개념을 물리적 증거, 환원주의, 인과율, 정밀성 등의 시각에서 파악하는 것은 도시 공간의 표상에 대한 전체론holism의 접근법과 시각에서 문제시될 수 있다. 모든 표상은 실제로 대상의 부재 속에서 그것을 상기하는 데 있으며, 다른 대상물을 지시하면서 그 지각을 완결짓는 데 있다. 그런데 과학적 표상과 인간의 성찰과 내성을 분리시키는 것은 쉽지 않다. 과학적 행동은 인간 존재와의 분리가 아닌 그것의 연장을 성립한다. 연구자는 표면의 관찰을 넘어서 인간과 그들의 삶의 장소를 연결시키는 미묘하고 복잡한 이 같은 관계들을 숙지해야 한다.

도시 현상학에서 주안점을 두는 것은 바로 역사적으로 사회적으로 주어진 환경 속에서 거주자는 구조적인 것, 기능적인 것, 상징적인 것을 분절시키면서 자신의 고유한 현실을 구성한다는 중추적 사실이다. 즉 어떻게 '도시 공간을 실존적 경험으로 다시 돌려보낼 것인가.'라는 문제에 천착해야 할 것이며, 각각의 장소에서 현실계와 상상계가 분절되는 과정을 연구해야 할

---

215 Norberg-Schultz, 앞의 책, p.33.

것이다.[216] 도시를 연구하는 모든 연구자는 복잡한 세계, 실존적 경험의 카오스의 세계에 직면한다. 그것의 창조와 진화를 이해하려면, 즉 이 같은 카오스 속에서 질서를 추구하기를 원한다면, 그는 지식의 주체적 성격, 인간 행동의 비합리성을 수용해야 할 것이다.

도시 인문학자는 아울러 바슐라르의 방식으로[217], 또는 프랑스의 도시 철학자 안 코클렝Anne Cauquelin처럼[218] 장소의 상징성과 신화적 양상에, 『도시 시학』의 저자 쌍소의 방식으로[219] 공간의 주체성과 함축적 차원에 관심을 기울여야 할 것이다. 인문지리학자, 이 푸 투안Yi-Fu-Tuan은 그것을 장소 애호증과 장소 혐오증으로 풀이했다.[220] 도시는 그 자체로 취해지는 것이 아니며, 실존적 장소가 되려면 그것을 체험하는 사람의 의식과 이데올로기로 귀결돼야 한다. 이 같은 신비로운 세계는 그에게 영속적으로 의문을 제기하고 그를 호출한다. 그가 도시의 역사, 진화, 조직을 알고 싶다면, 또한 거리, 거주지, 기능의 표면적 무질서 속에서 질서를 찾기를 원한다면 그것을 체험 공간으로 다루는 법을 배울 필요가 있다.

그것은 도시를 건축물의 기능성과 그것의 구조를 넘어서 현상학적으로 접근함을 말한다. 인간의 역사와 체험은 도시의 기억 속에서 혼합되어 하나의 독특한 분위기를 창조하며, 도시에 혼을 불어넣는다.

---

216 Bailly, A., "La ville, esapce vécu", in Derycke, P. H., Huriot, J. M. and Pumain, D., *Penser la ville,* Paris, Anthropos, 1996, pp.163-172.

217 Bachelard, G., *La poétique de l'espace,* Paris: Presses universitaires de France, 1958.

218 Cauquelin, A., *Essai de philosophie urbaine,* Paris, Presses universitaires de France, 1982.

219 Sansot, P., *Poétique de la ville,* Paris, Klincksieck, 1971.

220 Tuan, Y. F., *Topophilia: a study of environmental perception, attitudes, and values,* Prentice-Hall, Englewood Cliffs, NJ, 1974.

2. 장소의 구조화와 사회적 의미 작용

이처럼 도시의 상징을 제시하는 작업은 우리로 하여금 도시 연구의 궁극적 목적이라는 본질적 문제를 제기하도록 만든다. 이를테면 도시 기호학은 도시 시스템을 발견하는 것인가, 아니면 거주자의 체험을 이해하는 것인가를 자문해볼 수 있을 것이다. 아마도 둘 모두일 것이다. 일반적으로 도시 연구에서 첫 번째 관점이 흔히 수용되는 반면, 두 번째 관점은 여전히 관념적이며 이상적인 것으로서 치부된다. 달리 말하면 별로 장래성이 없는 담론으로 치부되는 것이다. 도시 기호학은 양자 모두를 아우른다. 하지만 다음과 같은 도시학자의 물음은 도시 공간의 체계와 공간에 대한 경험이 하나임을 시사한다. "그렇지만, 인간에 대한 명시적 지시와 참조 없이, 인간의 경험을 참작하지 않은 채 어떻게 참된 성찰을 착상할 수 있단 말인가?"[221] 인간 경험에 내면화된 도시 읽기만이 우리로 하여금 상호 학습에 필수불가결한 이 같은 이중적 목적에 도달케 할 것이다. 즉 사람들에게 도시의 공간을 학습시키는 것, 그리고 도시적 창조에 사람을 창발적으로 관여시키는 것이 문제의 핵심이다.

이 같은 관심은 이미 도시 표상에 대한 초기 분석에서 나타난다. 도시 표상은 크게 두 가지 유형으로 나뉜다. 하나는 장소의 구조에 대한 관심으로서 인간에 의해 지각된 구체적 공간을 말하며, 다른 하나는 공간의 경제적 사회적 의미를 말한다.

린치[222]가 연구한 첫 번째 경우에, 각각의 도시민은 도시 공간에서 자신의 위치를 설정하기 위해 자신의 정신 속에서 주요 식별 지점을 추출한다. 도시 거주자는 도시의 의미 작용에 대한 참조와 동시에 문화적 역사적 상징성을 참조한다. 도시의 구조적 상징적 구성 요소에 대한 이중적 독법을 통해 도시를 실천하게 만들어주는 참조 체계의 망을 정신적으로 구성한다. 경관

---

221 Bailly, 앞의 논문, pp.165-166.

222 Lynch, K., *The image of the city*, MA, The MIT Press, 1960.

의 사회적·공간적 구성 요소를 예시하면 다음과 같다. 좌측에 있는 항들은 도시 공간의 기표에 해당하며 우측에 있는 항들은 도시 공간의 기의에 해당한다.

장소의 특징	장소의 사회적 경제적 의미 작용
구조적 축과 축들의 관계	상징적 좌표들
식별점과 볼륨	문화적 역사적 한계 지점들
기능과 경관	이미지와 표상

도시 표상에 대한 모든 분석은 공간적 상상계의 역할에 가치를 부여한다. 그것은 도시의 구조와 도시의 실천 사이에서 필수적인 중간 매개물이다. 1966년부터 지리학자들에 의해 연구된 도시 공간의 정신적 지도는 개개인이 상상하는 도시의 풍요로움을 계시해주었으며 우리의 공간적 실천과 사유 방식에 대한 이해를 용이하게 해주었다. 도시 거주자의 해석은 도시의 숨겨진 차원을 드러내주고, 실천과 표상이 서로 간섭하는 방식을 일러준다.

요컨대 장소는 그 장소를 체험하는 주체와, 그것을 연구하는 연구자와 독립해서 간주될 수 없다. 도시 공간의 정신적 지도는 인간의 표상의 기저에 있는 인지적 과정에 대한 탐구를 가능케 한다. 인간의 지식은 시간적, 공간적, 사회적 경험을 통해 획득된다. 모든 종류의 표상과 상상계는 지식의 발생으로 귀결된다. 이 같은 표상과 인간 행동 사이에는 직간접적 관계가 존재한다. 도시 공간의 조직과 표상에 대한 린치의 연구는 도시 연구에서 필수 문헌으로 인정받는다. 그것은 세 개의 구성 요소로 이뤄진 정신적 표상에 토대를 둔 일관적인 도식으로 이뤄진다, 정체성, 구조, 의미 작용이 그것이다.

바로 이 지점에서 결정적으로 바슐라르의 공간 시학의 의미를 이해할 수 있게 된다. 바슐라르는 삶의 장소를 더 잘 파악하고 우리 자신을 더 잘 이해하기 위해 지형 분석topo-analyse을 창조했다. 바슐라르는 "많은 형이상학이

지도술을 요구할 것이다."라는 모토를 내걸었다.[223] 과학의 가장 심오한 가치는 '인간이란 무엇인가'라는 근본적 물음을 제기하는 방식에서 얻을 수 있으며 도시 분석은 그 가치에 첨가된다. 따라서 도시 분석은 도시에서 인간은 무엇을 하며 '왜 그리고 어떻게 도시 공간을 전유하는가'라는 물음을 던져야 할 것이다.

다소 이상적으로 보일 수 있으나, 이 같은 시선은 현실과 상상의 영속적 혼합에서 그 풍요로움을 얻는다. 현대사회와 더불어 인간이 이동되면서 가장 동질적인 환경 속에서 삶을 영위했기 때문에 그 뿌리를 상실했다고 생각하는 것은 오류이다. 인간은 삶의 장소의 상징성을 가치 매김하며 그것의 시적 두께를 감식할 수 있어야 한다. 신화학자 질베르 뒤랑Gilbert Durand[224]의 말을 환언하자면, 도시 분석이 처한 근본적 어려움은 너무나 빈번하게 인간적 삶의 조건을 질식시키는 기능주의적 비전을 맹목적으로 수용하면서 이미지와 신화를 최소화시켰다는 데 있다.

체험된 공간의 다의성, 여러 표상의 중첩은 이 같은 접근법을 필요하게 만든다. 지역, 도시, 거리 등은 사회의 거울로서, 꿈과 동시에 악몽이다. 인간의 내면화된 관계의 풍요로움을 통합하면서 장소의 상징계, 아울러 체험된 도시 공간의 분석은 단지 기능적인 것이 아닌 인간학적 다원성을 머금은 도시성을 재발견하게 해줄 것이다. 정신적 내면성, 장소들의 상징계, 체험성을 포용하는 도시 인간학은 도시를 가장 인간적이고, 살기에 쾌적하게 만드는 대안적 모델이라 할 수 있다.

---

223 Wunenburger, J. J., "Gaston Bachelard et la topoanalyse poétique", in Paquot, T. and Younès, C., *Le territoire des philosophes,* Paris, La Découverte, 2009, pp.47-62.

224 Durand, G., *L'imagination symbolique,* Paris, PUF, 1964.

3. 다다름의 기호학: 도시 공간에서 도착, 진입, 머무름의 현상학적 기호학[225]

도시 공간 분석에서 기호학과 현상학을 접목할 가능성의 한 가지 예로서 장소 사용을 기호학적 역사적 맥락에서 살펴보는 것은 유의미하다. 장소 사용은 구별적인 순간 또는 계기와 관련된다. 모멘트moment는 라틴어 모멘툼momentum에서 왔으며, 이 단어는 시간과 장소의 의미를 모두 갖고 있었다. 생활 세계에서 장소의 역할을 정의하려면 환경이 하나의 지배적인 의미를 갖는 경우를 고려해야 할 것이다. 이것은 한 사람이 어떤 도시를 처음 방문했을 때 발생한다. 도시를 방문하는 상황에는 여러 부수적 이유가 있으나 그 목적은 장소 그 자체이다.

첫 번째 계기는 도착이다. 도착은 오직 장소가 자신만의 정체성을 갖고 있을 때 의미를 갖는다. 기호학적 술어로 도착은 기대를 함의한다. 도착이란 다른 장소로부터 오는 것을 말하며, 일정한 여정을 수행한 뒤 도달점이라는 새로운 장소를 만날 준비가 되어 있는 것을 말한다. 따라서 도달점은 출발점과 비교되어야 한다. 일반적으로 사람은 하나의 경관을 통해 공간을 주파하며, 이때 하나의 경관은 오래전부터 존재해온 자연적 거점을 포함하고 도착의 경험을 함의한다.

자연환경과 인간이 만든 인공물의 조화, 진정한 삶의 발생이 있으려면 인간의 창조물은 자연의 초대에 부응해야 한다. 바로 그런 경우에라야 비로소 도착은 진정으로 하나의 고유한 입장이 된다. 즉 다다름은 '들어감'이 된다.도착은 하나의 지대zone로부터 다른 지대로의 일시적 통과transit를 함의한다. 그것은 하나의 경계를 가로지르면서 발생한다. 첫째 새로운 장소는 우리가 그 외부에 있을 때 일정한 거리를 두고 나타나며 가까이 갈수록 우리

---

225 본 절은 공간에서 도착의 의미를 현상학적으로 포착한노르베르크슐츠의 통찰을 다다름의 현상학적 기호학이라는 문제 틀로서 변용하려는 예비적 시도이다. 특히 슐츠의 다음 저서를 참조했음을 밝혀둔다.

Norberg-Schultz, Ch., *Architecture: Presence, Language, Place,* SKIRA, 2000.

는 그 장소에 진입하게 된다. 밖/안의 관계는 장소의 정체성에서 근본적이다. 과거에 도시의 성문은 단순한 방어적 건축물 그 이상의 것이었다. 그것은 장소를 표상했고, 모든 기대를 확인시켜주었다.[226] 르 코르뷔지에 역시 이 점을 강조했다.

"20세기까지 도시는 군사 방어 프로그램에 따라 설계됐다. 도시 주변은 명확하게 만들어졌고, 성벽, 성문, 도심지에 이르는 길과 도심지 밖에 이르는 길로 된 명쾌한 조직체이다. 더욱이 19세기까지 사람은 도시 주변을 통해 도시로 들어갔다. 오늘날 도시의 문은 도심지에 있다. 그 문은 역이다."[227]

그런데 오늘날 도시 정착지와 주변 환경의 명확한 구분은 실제적으로 사라졌다. 이제 성문은 어떤 의미도 갖지 않으며 그 결과 도착의 경험은 장소의 정체성을 감소시켰다. 물론 여기에서 옛 한양의 성문을 그대로 원형 복원하자는 것이 아니다. 다만, 도착의 인간학적 경험을 다시 획득하는 것이 반드시 필요하다는 점을 강조하려는 것이다. 장소와의 진정한 만남은 그 장소 속에 진입할 때 발생한다. 바로 그 지점에서 기대는 '발견' 차원에서 그리고 '알아보기' 차원에서 만족된다. 왜냐하면 기다림은 우리에게 이미 익숙한 무엇인가를 기다리는 것을 의미하기 때문이다.

어떤 한 사람이 한 장소에 도달했을 때, 즉 그가 그곳에 당도했을 때, 사람을 만났을 때, 어떤 일이 일어나는지 세밀하게 관찰할 필요가 있다. 장소 사용은 단지 우리가 노동하고 살아가는 건물과 공간의 사용만을 말하는 것이 아니라, 장소 그 전체의 사용을 말한다. 이것이 중요한 이유는 기능주의적이며 실용적인 태도는 사용을 분리된 행동의 총합으로 정의하려는 경향을 보여주기 때문이다. 하지만 우리가 거리라는 공간을 사용할 때, 이것은 반드시 이 거리에 있는 상가나 사무실의 기능을 사용하는 것으로 국한되지 않는다. 길거리의 공간을 사용한다는 것은 거리에서 진행되는 삶의 발생taking place에 능동적으로 참여하고 있음을 말한다.

---

226 Smith, E. B., *Architectural Symbolism of Imperial Rome and the Middle Age,* Princeton, 1956.

227 르 코르뷔지에, 정성현 옮김, 『도시계획』, 동녘, 2003, p.101.

도착에 이어서 나타나는 머무름에서 만남은 체류가 되고 공간은 진정한 만남의 장소가 된다.[228] 이것은 주요 사거리 또는 시장에서 발생한다. 광장은 장소를 말하는 또 다른 이름이며 목적지에 당도했음을 지시하는 그 무엇이다. 그 안에서 다중성은 더불어 획득되며, 원근법적 근접성에서 배열되고 선별은 참여로서 제시된다. 하지만 만남의 장소는 반드시 하나의 동의와 일치agreement를 함의하지 않는다. 만남의 장소는 명상과 성찰로 이뤄질 수 있다. 만나는 사람을 분리하는 일정한 거리가 발생할 수도 있다. 만남의 장소는 다양성을 만나는 장소이며, 동의와 일치는 만남의 장소가 공동체가 되는 장소를 요구한다. 공동체는 공동의 것을 공유하는 것을 말하며 공동의 동의를 표현하는 장소는 제도라 불린다.

모든 제도 가운데, 성스러움을 포함하는 제도는 특별한 역할을 갖는다. 그것은 사회적 동의와 일치를 표상할 뿐만 아니라, 장소와 우주적 맥락을 연계시키는 명증화clarification를 표상한다. 사물의 정화라는 맥락은 신앙과 세계관을 의미한다. 유럽에서 교회는 장소를 정화시켰으며 우주 질서의 집단적 부분으로서 그것의 삶을 정화시켰다.[229]

장소의 사용은 도착, 마주침, 만남, 정화 또한 고립을 포함한다. 거주지의 경계를 넘어서 비로소 우리는 집에 있게 된다. 집은 우리의 개인적 정체성을 유효하게 만드는 장소이며, 안전함과 안심을 제공하는 장소이다. 사용의 각각의 계기는 기대와 지식과 같은 다른 계기를 포함한다. 따라서 각각의 계기는 자신의 고유한 지평을 갖고 있으며 그 지평 속에서 알려지거나 알려지지 않은 단어가 개방된다.

"따라서 장소 사용은 복잡한 과정으로서 신체 기관적 행동, 감각적 인상, 정서적 경험 또는 논리적 이해의 수준으로 환원될 수 없다. 왜냐하면 그것의 구조는 모든 차원을 포함하기 때문이다."[230]

---

228 Norberg-Schultz, Ch., *Architecture: Presence, Language, Place,* SKIRA, 2000, p.36.

229 위의 책, p.39.

230 같은 책, p.42.

도시 공간에서 이뤄지는 장소 사용의 다양한 계기에는 몇 가지 공통점이 있다. 기억, 방향성, 정체 파악이 그것이다. 장소가 사용되기 위해 기억은 가장 중요한 요건 가운데 하나이다. 우리는 장소의 형상적 표시, 그것의 초석과 같은 근본적 요소를 인식해야 한다.

인간이 만든 장소에서 지시적 기호는 일차적으로 건물이 될 것이다. 때때로 자연과 건물은 기억 속에서 단일한 이미지로서 창발하는 단일한 실재로서 용해된다. 프라하의 경우, 성곽과 다리, 강의 모습은 우편엽서에 등장하는 단골 메뉴로서 도시의 기억을 풍요롭게 해주는 모티브들이다. 형상적 표시figural marking를 갖지 못하는 장소는 약한 정체성을 가지며, 방향성과 정체 파악은 불가능해진다. 기억/지식 또는 알아보기는 방향성의 전제 조건이다. 달리 말해, 어디엔가 도달하기를 원한다면 당신은 어디로 가는지 알고 있어야 한다. 환경은 형상의 표시figural markings와 초석을 갖고 있어야 할 뿐만 아니라, 방향성을 제공하는 도로를 갖고 있어야 하며, 이해 가능한 공간적 조직을 갖고 있어야 한다.

기억은 모든 주어진 환경의 정체 파악에서 근본적 기능을 수행한다.[231] 장소의 정체성을 인지하려면 장소의 질적 상태를 알고 있어야 한다. 경관은 자연적 성질을 부여받았으며, 바로 우리는 그곳을 통과하는 동안 일정한 관계를 맺는다. 그 결과 도달과 머무름이 실감을 획득한다. 장소의 정체 파악을 가능케 하는 것은 환경의 특이한 성격이다.노르베르크슐츠는 현대 도시 환경의 성격의 결여는 정체 파악을 어렵게 만든다고 진단한다. 이것은 장소 상실의 요인 가운데 하나이다. 지속적으로 강조할 것은 실존의 양상은 인간을 물리적 정서적 방식으로 참여시키면서 그 총체성 속에서 인간과 관련된다는 점이다. 도착, 마주침, 머무름, 재발견, 일치agreement, 정화clarification등의 다양화된 계기들이 자리를 잡는 동안 발생하는 기억, 방향성, 정체 파악의 양상들은 진정한 의미에서 이해comprehension가 이 같은 상이한 계기 발생의 필연적 조건임을 보여준다. 만약, 한 사람이 길의 방향을 잡지 못한다면, 여행

231 Smith, 앞의 책, p.43.

을 할 수도 없으며 목적지에 도달할 수도 없다. 고유한 장소genius loci 또는 장소의 정신과 더불어 정체성을 파악하지 못하면, 하나의 정신적 일치agreement에 도달할 수 없다. 더구나, 한 장소를 구성하는 특질에 대한 기억 없이는 그 장소의 소속을 경험하는 것이 불가능하다.[232] 언급된 모든 요소는 장소의 사용에 결정적이다. 하이데거의 근본적 성취는 바로 인간을 '다자인', 즉 '세상 속 어디엔가 있는 존재'로 이해한 것이며, 이것은 결코 독립적 주체가 아니다. 이것은 모든 사람이 자신의 세계에 대한 특수한 성질을 결정하고 조건 짓는 방식을 갖고 있다는 것을 말한다. 도시 기호학의 맥락에 있어 핵심적인 이 같은 구조는 바로 공간성Räumlichkeit이다. 이런 경우 공간은 추상적인 수학적 연속성을 지시하는 것이 아니라, 구체적 장소들 사이에서 질적인 관련성을 강조한다.[233]

장소 사용에서 존재하는 관련성을 밝히기 위해,노르베르크슐츠는 존재함presence으로 번역하는데, 이것은 기억, 방향, 정체 파악을 통해 사람은 구체적 장소에in loco 존재할 수 있기 때문이다. 이 같은 진술은 모든 시간, 모든 상황에서 참이며, 아울러 과거 장소의 경험을 가능케 만든다.

이해의 기초는 바로 자연환경과 인간이 만든 환경 사이의 일치agreement로서, 그것들이 서로 상호작용하게 만들면서 가능하다. 이 같은 양상은 아울러 진정한 공간 사용을 허락하면서 주변 환경의 총체적 통일성에 대한 접근을 가능케 한다. 달리 말해, 총체적 이해는 비규정된 것도 아니고 부유하는 것도 아니며, 어떻게 진정한 거주가 가능한가를 설명해주는 구조를 부여받고 있다. 장소 사용의 계기와 양상은 바로 거주 속에서 재확인된다. 거주지는 단지 지붕 아래의 은신처 이상의 것임을 말한다. 일상에서 이뤄지는 공간 사용은 늘 해석적 본질을 지닌 실행을 포함한다. 즉 장소를 그것의 사용에 적응시키는 실행을 말한다.

장소 사용의 다양한 계기를 고려하면서, 거리, 사거리, 건물 외벽, 건물

---

232 Norberg-Schultz, Ch., *Genius loci: towards a phenomenology of architecture,* New York, Rizzoli, 1979.

233 Heidegger, M., *Sein und Zeit,* Tübingen, 1927, p.102.

내부 등의 상호 관련성을 참작하면서 정확한 유형론을 수립해야 할 것이다. 이 같은 양상은 건축적 호응correspondance을 갖는다. 방향성은 공간을 지시하며, 정체 파악은 환경의 구체적 형태를 지시하고, 기억은 그것이 구성된 엠블럼 이미지를 지시한다. 이 같은 양상과 계기는 모두 실존적이며 지역적 구조이며, 개별적인 것을 그의 환경과 상징적 기호학적 의미에서가 아니라 기원적 통일성의 부분으로서 결합시킨다.

건축과 삶의 공존에서 핵심은 개별적인 좌표로 환원된 기능과 사용 개념을 말하는 것이 아니라, 총체적 실존적 구조와 더불어 시작되는 유의미성을 획득하는 계기와 관련된다.[234] 마찬가지로 건축적 형태는 분리된 상태로 나타나지 않으며, 자연이 참여하는 미리 정렬된 장소에 의해 조건 지어진다. 따라서 건축은 인간 행동의 결과가 아니라, 이 같은 행동을 가능케 하는 세계를 구체적으로 만든다. 아울러 그 세계를 구성하는 요소는 질적으로 다양하기 때문에 그것은 순전히 합리적 논리를 통해 이해될 수 없으며, 시적으로 표현되어야 할 것이다. 이것이 건축의 과제로서, 건축은 현상학적 이해에 토대를 두고 공간, 형태, 형상의 차원에서, 즉 장소의 예술성의 차원에서 다중성을 조합하고 해명한다.노르베르크슐츠는 이탈리아의 고도 우르비노Urbino를 예로 들어 설명한다. 이 소도시는 풍요롭고 포근한 장소인 아담한 높이의 언덕 위에 자리 잡고 있다. 우르비노의 건물은 주변 환경을 반영한다. 우르비노의 예는 한 장소의 공간적 조직화가 위상학적이거나 기하학적임을 보여준다. 달리 말해 공간을 이루는 거리, 목적지, 지대가 좀 더 자유롭거나 엄밀하게 조직화될 수 있음을 보여준다. 다양한 경로의 연속성에 기초한 위상학적 질서, 목적지의 본질적 여유, 영토의 한계는 근원적 질서이다.[235] 여기에서 하이데거의 다음과 같은 명언의 의미를 곱씹어볼 필요가 있다. "공간은 공간 자체로부터가 아니라 장소성으로부터 그 본질을 취한다."[236]

---

234 Smith, 앞의 책, p.45

235 Norberg-Schultz, Ch., *Existence, Space and Architecture,* London, Allen and Unwin, 1971.

236 Heidegger, M., "Bauen Wohnen Denken", in Heidegger, M., *Vortrage und Aufsatze,* Pfullingen, 1954.

제7장 • 도시 공간 구조의 형태 기호학적 토대

앞 장에서 확인한 바 있듯이 그레마스의 도시 기호학 모델에서 제시된 도시 공간을 구성하는 세 개의 시스템 가운데 하나는 공간적 합리성이었다. 따라서 본 장에서는 이 같은 도시 공간 구조의 형태와 합리성에 주안점을 두고 도시 형태의 기호학적 토대를 수립하고자 한다. 도시 기호학의 주제 가운데 하나는 기존의 도시 디자인 접근법에 존재하는 이론적 간극을 메우는 것이라 할 수 있다. 실제로 상당 종류의 도시 디자인 관련 문헌을 검토해본 결과, 전통적 건축학 이론이 지배하는 이론적 준거 틀, 즉 건축 환경의 물리적 차원에 규범적으로 접근하는 시각이 대부분을 이루고 있음을 확인할 수 있었다. 이 같은 공학 중심의 건축학 일변도의 인식은 도시 공간의 사회적 차원에 참여하는 주체를 비롯해 도시계획가, 도시 지리학자, 도시 사회학자, 도시 디자이너 사이에 마련되어야 할 도시 공간의 인간학적 차원에 대한 이해를 결여한다. 따라서 도시 기호학은 도시 건축 환경의 물리적 차원과 사회적 차원의 연속성을 확보할 중요한 역할을 맡을 수 있다.

도시 디자인을 다루는 접근법은 크게 세 유형으로 나뉠 수 있다. 첫 번째 접근법은 도시 디자인을 기본적으로 기술 과정으로 보는 시각으로서 이 같은 기술 적용의 과정에 필요한 과학적 정보가 동반된다. 따라서 도로 표준, 개방 공간의 물질적 조건, 나무, 식물, 조명, 기반 시설, 교통 시설의 설치 방식, 인도 등의 건설은 근본적으로 과학과 기술의 소산이라는 생각이다. 두 번째 접근법은 도시 디자인을 창조적 과정으로 간주하는 시각으로서 건축학 저서들에서 광범위하게 사용되는 이 같은 접근법은 디자인을 살기 좋은 도시 공간을 만드는 성공적인 요소와 방법으로 간주해왔다. 세 번째 접근법에서는 도시 디자인의 본질을 사회 공간적 과정을 창조하는 작업으로 고려한다. 바로 이 영역에서 도시 디자인의 기호학적 본질이 탐구될 수 있을 터인데, 이 같은 탐구는 정치적, 경제적, 문화적 과정에 뿌리를 두면서, 사회/공간적 구조와 상호작용하는 행위 주체agency의 문제를 포함한다. 요컨대 도시 기호학의 시각에서 보자면 도시 디자인의 요체는 오직 그것의 사회적 공간적 맥락에서만 온전한 파악이 가능하다고 말할 수 있다.

따라서 도시 디자인에 대한 기호학적 분석에서, 도시 공간은 단지 건물 사이에 있는 공간, 즉 물질적 매스mass와 구별되는 텅 빈 공간을 지시할 뿐만 아니라 그보다 광범위한 외연을 가지면서 도시 환경에 존재하는 모든 건물, 오브제, 다양한 하위 공간을 포함한다는 점에서 보다 폭넓은 개념으로 이해되어야 할 것이다.

공간의 개념적 토대

1. 사회와 공간

온갖 종류의 인간 사회는 무엇보다 공간적 현상이라 할 수 있다. 인간이 건설한 사회는 지구 표면의 일정 지역, 즉 일정 공간을 점유하며 이 같은 지역 공간 사이에서 물질적 재원이 순환되고 사람의 접촉과 소통이 이뤄지고 정보가 전달된다. 즉 모든 사회는 일차적으로 특정 장소에서 존재한다는 사실을 인지할 수 있다.[237]

하지만 사회는 단지 공간 속에 존재하는 것에 머물지 않고 두 가지 한정된 공간적 형식을 취한다. 첫째, 특정 사회는 구성원을 일정 공간 속에 배치하며 구성원은 상호 연관을 맺으면서 일정 소재지를 선택한다. 그들이 정하는 소재지는 그 결집 정도나 분산의 정도, 즉 공간적 밀도에서 차이를 보여주며 다양한 움직임과 만남의 패턴을 생성한다. 예컨대 대도시 거주자와 사막의 거주자 사이에서는 공간의 밀도, 이동, 상호작용의 양식이 판이하다.

둘째, 모든 사회는 건물, 경계선, 경로, 표시, 지대 등에 의해 공간 자체를 고유한 방식으로 배열하며 그 결과 특정 사회의 물리적 환경은 결정적인

---

237 Hillier, B. and Hanson, J., *The Social Logic of Space,* Cambridge, Cambridge University Press, 1984, pp. 26-33

패턴을 취하게 된다. 두 가지 의미에서 개별 사회는 인지 가능하고 결정적인 공간적 질서를 획득한다. 무엇보다 공간적 질서는 서로 상이한 사회적 형성체 사이에 존재하는 문화적 차이를 알아볼 수 있도록 해주는 가장 선명한 수단 가운데 하나이다. 이 때문에 이들 상이한 사회의 구성원은 자신의 사회적 역할을 수행하고 그것을 재생산하는 방식에 차이가 난다.

예컨대 이 같은 상이한 공간에서 나타나는 사회적 존재 방식의 차이는 분주한 도시에서 살 때와 한적한 전원에서 거주할 때 극명하게 대비된다. 같은 도시 공간이라도 이웃과 서로 소통할 수 있고 동네의 거리와 직접 연결된 거주 방식과 서로 만날 수 있는 거리로부터 거주자들을 차단하고 고립시키는 주거 양식 사이에는 분명한 공간적 사회적 차이가 있다. 어떤 경우이건 공간적 질서는 일반적 원칙에 기초한다는 점에서 문화의 한 부분으로 나타난다. 이를테면 일정 공간의 특징적인 공간적 주제가 반복되는 것을 통해 우리는 그 공간에서 특정 민족성을 알아볼 수 있다. 또한 일상의 삶과 언어에서 이뤄지는 공간적 형성의 경험은 사람이 사회 자체를 경험하는 방식에서의 내면화된 무의식적 차원이라 할 수 있다.[238]

공간은 특정 사회가 그 사회의 형태를 획득하고 변화시키는 방식과 심오하게 결합해 있다. 통상적으로 보면 사회 진화에서 발생하는 가장 큰 변화는 공간 형태의 결정적 변화를 동반하고 있음을 알 수 있다. 여기에서 강조해야 할 사실은 이 같은 공간적 변형과 이동은 결코 사회적 변화의 부산물에 그치는 것이 아니라 사회적 변화의 내재적 부분을 성립한다는 점이다.

공간의 사회적 논리를 오랜 기간 천착해온 영국의 지리학자 힐리어 교수의 지론을 따르면 사회와 공간 사이에 존재하는 관계를 파악함에 있어 사회 형태, 공간 형태와 더불어 사회 구성원이 가진 신념의 형태가 반드시 주요한 사안으로 참작되어야 한다. 이를테면 사회 구성원이 공간에 대해 주의 깊은 의식적 관리를 유지함으로써 그 사회의 물리적 환경과 공간적 형태는 더 큰 효율성과 쾌적성을 획득하고 사회의 원활한 작동을 유지해준다. 사

238 위의 책, p.27.

회 구성원이 가진 신념의 결과로서 사회와 공간 사이에 존재하는 관계에 대한 사회 공동체의 개입은 공간 디자인에 대한 일종의 도덕적 과학으로 자리 잡는다. 여기에서 도덕이라는 단어가 의미하는 것은 한 사회의 공간 개조는 '좋은 공간'이라는 궁극적 가치에 대한 구성원의 동의와 의사 수렴에 기초해서 이뤄지는 것을 말한다. 이와 더불어 우리가 주목해야 할 사실은 도덕적 토대에 기초를 둔 사회에서 마련된 제도적 장치는 규범성과 능동성을 지니나 분석적 반성적 차원에서는 취약성을 드러낼 수 있다는 점이다. 요컨대 공간에 대한 도덕적 과학은 사회와 공간의 관계에 관한 보다 개선된 이론을 만드는 데 상당한 한계를 노정한다.

그 결과 빈번하게 이 같은 도덕적 과학의 최초 산물과 그것이 지지하는 공간의 변형은 환경의 개선이 아니라 전혀 예상치 못한 전대미문의 환경적 병리를 유발할 수 있다. 사회적으로 전혀 작동되지 않을 뿐만 아니라 오히려 사회적 문제를 촉발시키는 건축 환경을 생산함으로써 인위적 공간 디자인이 야기한 환경 문제에 직면하게 될 소지가 있다.

요컨대 특정 사회와 그것의 공간적 차원 사이에 존재하는 관계에 대한 적절한 이론의 필요성이 첨예하게 제기되는 지점에서, 도시 기호학은 도시 형태에 대한 심층적 이론을 통해 이 같은 문제 해결에 일조해야 한다. 이 점에서 이미 구조 인류학자 레비스트로스는 공간 조직이 한 사회의 사회적 이데올로기와 상상계를 표상하는 인류학적 구조를 담지하고 해당 사회의 상징적 의미 작용을 분절시키고 있다는 심오한 진실을 발견한 바 있다.

그는 아마존 유역의 보로로Bororo 인디언 마을에서 나타나는 공간 배치의 문제를 다룬 탁월한 분석에서 그 사회의 다양한 부족 사이에서 허락되거나 금기된 친족성 관계의 토대를 조직화하는 두 개의 형태론적 형상화configuration의 존재를 재구성한 바 있다.[239] 첫 번째 형상화에는 집중적인 공간

239 Lévi-Strauss, C., "Contribution à l'étude de l'organisation sociale des indiens bororo", *Journal de la Société des Américanistes,* vol.28, issue 2, Paris, 1936, pp.269-308.

________, *Tristes tropiques,* Paris, Plon, 1955.

________, *Anthropologie structurale,* Paris, Plon, 1958.

배치의 유형이 속하며 그것은 남성의 공간과 중앙에 놓인 성스러운 집을, 주변부에 놓인 여성의 거주 공간과 세속적인 가족 오두막집과 대립시킨다. 여기에서 보로로 부족 사회를 구성하는 여덟 개의 하위 부족 각각은 세 개의 동족 결혼을 허용하는 부족으로 분할되며 각각 상층, 중간층, 하층으로 불린다. 두 번째 형상화는 직경으로 이뤄진 종단의 유형에 속한다. 이 축은 두 개의 수직축을 포함하며 중심에 놓여 성스러운 집에 근접한 춤의 장소에서 다시 재단된다. 이 축들의 하나는 동서쪽으로 방향을 잡고 있다. 이 축은 상호 호혜의 관계를 유지하는 체라Cera와 튀가레Tugaré라는 두 지역을 분리해 마을을 절반으로 분할한다. 동서축은 여덟 개 부족을 네 개의 부족으로 갈라놓고 있는데 그 부족의 계보는 모계사회이며, 족외혼을 실천하는 부족이다. 다른 축은 남북 방향으로 향해 있으며 여덟 개의 부족을, 각각 족외혼을 실천하며 위와 아래라고 불리는 네 개의 무리로 재분배한다.

이 같은 공간의 재구성으로부터 레비스트로스는 마을의 공간적 조직과 그 사회의 상징적 의미 작용 사이에 존재하는 상관관계의 문제를 심층적으로 포착했다. 그는 그 같은 관계의 본질을 표현 관계로 다루면서 다음과 같은 주장을 개진했다. 즉 보로로족이 그들의 사회적 구조에 대해 스스로에게 행하는 표상들은 마을의 공간 속에 투사된다는 것이다. 이 같은 공간의 투사적 개념화에 따라 집중성과 직경의 원리에 기초해 이뤄진 형상화는 친족 관계의 흔적으로서 나타난다. 따라서 지리적 공간은 인류학적 구조가 각인되는 무정형의 외연으로서 간주됐다.

지리학과 기호학을 접목한 일부 연구자들은 레비스트로스의 분석을 다시 읽으면서 다음과 같은 사실을 강조했다.[240] 공간의 투사적 개념화에서는 사회적 통일성이 보로로족 마을의 지리적 구조화로부터 어떻게 창발하는가라는 문제를 이해하려 하는 순간부터 까다로운 문제가 제기된다. 연구자들은 지리적 공간을 무정형의 간단한 연속체로 유도하면서 사회과학에서 통상적으로 수용되는 공간의 투사적 개념화는 형태론적 구조화의 과정에 대

---

240 Desmarais, G., *La morphogenèse de Paris: des origines à la Révolution,* L'Harmattan, Paris, 1995, pp.42-44.

해 상세한 분석을 제공하는 데 있어 한계를 지닌다는 점을 지적한다. 이 같은 사회적 통일성이 오직 공간성에 대한 외재적 방식을 통해서만 사유할 수 있다는 점을 목격한 비판적 연구자들은, 사회적 조직화와 상상계의 상징적 의미 작용 사이에 존재하는 관계가 생각보다 훨씬 더 복잡하다는 점을 보여 주었다.[241]

요컨대 이들 비판적 지리학자들은 사회적 통일성의 창발적 개념화를 제시하면서 공간적 조직화와 상징적 의미 작용을 더 이상 상호 외재적인 실재로서 간주하지 않는다. 양자가 유지하는 관계는 단순히 표현 관계로 간주되지 않으며 층위 변화에 의한 역동적 생성 과정이 된다.

2. 공간 개념의 주요 유형론[242]

주관주의와 객관주의

건축 공간, 도시 공간, 지역 공간 등 인간이 건설한 공간은 복합적 사회적 생산물로서 경제적, 기술적, 사회적, 정치적, 기호적 과정으로 이뤄진 복잡한 집합에 의해 생산된다. 수많은 요인이 공간 생산에 개입하고 그로 인해 공간 양상의 다면성이 존재하는 것과 마찬가지로 공간을 연구하는 관점 역시 다양할 수밖에 없다. 이를테면 도시 공간의 경우 공간 사용의 소재지, 교통 흐름, 기타 지표들을 도시 공학의 관점에서 연구할 수 있을 것이다. 도시 공간 연구의 중심적 역할을 맡았던 주류 도시 지리학은 1960년대 초까지 주로 물리적 공간과 관련된 이 같은 상이한 종류의 관점들을 채택했다. 즉 인식론적

---

241 Desmarais, G., "Projection ou émergence: la structuration géographique de l'établissement bororo", *Recherches Sémiotiques/Semiotic Inquiry,* vol.12, n.1-2, Montréal, 1992, pp.189-215.

242 실천적 공간, 지각 공간, 실존 공간, 건축 공간, 인지 공간, 추상 공간 등의 공간 유형론에 대해서는 다음 문헌 참조.

Relph, E., *Place and Placelessness,* London, Pion, 1976 (한국어 번역본) 에드워드 렐프, 김덕현 외 옮김, 『장소와 장소 상실』, 논형, 2005, 제2장 「공간과 장소」, pp.37-73. 장소의 본질에 대해서는 제3장 「장소의 본질」, pp.75-104.

주요 공간 개념과 연구 방법을 개괄한 국내 연구물을 참조할 것.

이진경, 『근대적 주거 공간의 탄생』, 그린비, 2007, pp.91-130.

술어로 말하자면, 도시 공간은 관찰자 외부에 있는 외재적 대상으로 간주됐으며 관찰자는 이 대상을 관찰하는 외적 관찰자를 의미했다. 이후 1960년대 중반기부터 공간 기호학의 창발과 더불어 현상학적 시각을 수용하면서 새로운 인문지리학 학파가 출현했다. 이제 공간은 유의미적 실재가 됐으며 추상적 공간은 구체적 장소가 된 것이다. 공간 분석의 인식론적 대상에 대한 이 같은 철저한 변형은 인문지리학의 범위를 벗어나 공간 연구 전체 영역에서 공간 이해를 위한 주요 패러다임의 하나로 자리 잡는다.[243] 그리스 출신의 공간 기호학자이면서 건축 기호학자인 라고풀로스 교수는 이 같은 인식론적 이원성에 기반한 공간 연구를 객관주의와 주관주의로 구별한다.[244] 객관주의는 공간을 하나의 객체화된 외재적 현실실재로서 추상적이고 중립적으로 연구하는 접근법을 말한다. 이 현실은 대상 외부에 있는 관찰자에 의해 개념적이고 간접적으로 접근되는 실재이다. 반면, 주관주의에서 제시된, 장소로서의 공간은 하나의 내재화되고 구체적인 기호학적 실재로서 인간 주체에 의해 직접적으로 그리고 내밀하게 의식 속에서 경험되고 따라서 그 경험은 "이해, 상징적 의미, 가치, 느낌 등과 더불어 형성된다."[245] 주관적 공간의 대표적 범주는 지각 공간perceptual space으로서 각 개인이 현실을 지각해서 직면하는 자아 중심적인 공간을 말하며 경험과 의도로부터 분리될 수 없다는 점에서 이 공간은 내용과 의미를 가진 완전한 기호학적 공간이라 할 수 있다. "따라서 지각 공간은 한계가 있으며 결코 중립적이지 않다. 다시 말해 지각 공간은 한정적이며 이질적이고, 주관적으로 정의되어 지각된다."[246]

인문지리학자들은 공간의 실존적 기호적 차원을 장소라는 개념에서 획득함으로써 자신들로 하여금 공간의 고유한 내적 구조에 대한 접근을 가능

---

243 Lagopoulos, A. Ph., "Postmodernism, geography, and the social semiotics of space", *Environmental and Planning D: Society and Space,* vol. 11, 1993, pp.255-278.

244 Lagopoulos, A. Ph., "The social semiotics of space: Metaphor, ideology, and political economy", *Semiotica* 173-1/4, 2009, pp.169-213.

245 Lagopoulos, 위의 논문, 2009, p.174.

246 에드워드 렐프, 김덕현 외 옮김, 『장소와 장소 상실』, 논형, 2005, p.43.

케 했다. 실존 공간이란 한 개인이 경험하는 문화적 차원의 의미로서 그 공간은 지각 공간을 아우르면서 동시에 인간의 능동적 활동에 의해 새롭게 창조되고 다시 구성되는 공간이다.

"실존 공간 또는 생활공간은 공간의 내부 구조이며, 우리가 한 문화 집단의 구성원으로서 세계를 구체적으로 경험하는 과정에서 드러나게 된다. 실존 공간은 상호주관적이어서 그 집단의 모든 구성원에게 적용된다. 그 구성원 모두가 경험, 기호, 상징이라는 공통집합에 따라 사회화됐기 때문이다."[247]

요컨대 장소는 기호학적으로 경험될 뿐만 아니라, 더 나아가 기호학적으로 생산되고, 그 생산과정에 있어서 인간의 사고와 감정은 건축 환경에서 물질화된다. 따라서 건축 환경은 인간의 사고와 감정에 의해 축조되는 것이다.[248]

공간에 대한 객관주의와 주관주의는 지난 수십 년 동안 나란히 발전하면서 서로 갈등 관계에 있었으나 포스트모더니즘의 극단적 태도에서 나타난 것처럼 객관적 공간이라는 개념 자체를 제거하는 것은 적절치 못하다. 장소와 공간은 모두 합법적 연구 대상이며 서로 상보적인 관계에 있고 공간을 다루는 통일된 이론의 맥락에서 조합되어야 할 것이다.

특히, 공간의 객관성과 주관성을 모두 아우르는 상호주관적 공간의 범주도 지적할 필요가 있다. 이를테면 본능적 무의식적 차원을 머금고 있는 원초적 공간이 그 같은 사례에 속한다. 문화 지리학자 랠프Edward Relph는 다음과 같이 친절하게 풀이한다. "원초적 공간은 유아기부터 신체의 운동과 감각을 통해 원초적 경험을 쌓아가는 과정에서 무의식적으로 구조화된다. (…) 따라서 이런 경험들은 거의 모든 사람에게 공통된 것이므로 상호주관적이라 할 수 있으며, 개별적인 경험만으로 볼 것이 아니라 모든 문화 집단들에 해당하는 기본적인 공간적 맥락의 일부로 이해해야 한다. 이러한 경험은 종종

---

247 위의 책, p.47.

248 Tuan, Y. F., *Space and Place: The Perspective of Experience,* Minneapolis, University of Minnesota Press, 1977.

무의식적으로 표현되기도 한다."[249]

물리적 공간과 사회적 공간

도시 디자인 전공자들은 일반적으로 도시 공간이라는 용어를 두 개의 의미에서 정의한다. 사회적 공간과 건조 공간built space이 그것이다.[250] 사회적 공간은 사회적 제도들의 공간적 관여를 말하며 주로 사회학자들과 지리학자들에 의해 연구된다. 주목할 사실은 사회적 공간을 중히 여기는 관점은 건조 환경의 물리적 성격을 주변적 현상으로서 간주하는 경향을 보여준다는 점이다. 다른 한편, 건조 공간에 비중을 두는 시각에서는 그것의 물리적 공간과 형태론을 연구하고 그 공간이 인간의 지각에 미치는 영향과 건조 공간이 사람에 의해 사용되는 방식에 초점을 두며 그 공간이 생산할 수 있는 의미에 주목한다.[251] 이 같은 시각은 두 가지 접근법을 수용한다고 말할 수 있는데, 그중 하나는 그것의 공간 형태를 기능과 독립된 것으로 보는 시각이며, 다른 하나는 기능이 형태를 규정하는 것으로 간주하는 접근법이라 할 수 있다.[252] 기능과 형태에 존재하는 상호 연계성에서 바로 두 번째 시각은 지리학자와 사회학자가 채택하는 접근법에 근접하는 경향을 보여준다. 한편, 일부 건축학자는 공간에 대한 새로운 정의를 도입하지 않은 채, 도시 공간을 외재적 공간으로 파악하고 있고 이 같은 관습적 시각에서 도시 공간이란 도시에서 건물 사이에 존재하는 모든 유형의 공간을 말하며 순수한 물리적 공간으로 국한된다. 따라서 이 같은 순전히 물리적인 공간론은 도시 공간의 기본적 요소길, 광장의 기본 형태, 사각형, 원, 삼각형, 그리고 다양한 변이형들과 조합들를 열거하면서 형

---

249 에드워드 렐프, 앞의 책, p.41.

250 Colquhoun, A., *Modernity and the Classical Tradition: Architectural Essays, 1980-1987,* Cambridge, MA, and London, The MIT Press, 1989, p.223.

251 도시 공간의 다양한 개념들의 체계적 정리를 위해 다음 문헌에 의존했다.
Madanipour, A., *Design of Urban Space,* New York, Wiley, 1996. pp.3-30.
Norberg-Schulz, Ch., *Existence, Spaces & Architecture,* London, Studio Vista, 1971.

252 Madanipour, 앞의 책, pp.10-12.

태론에 국한된다.[253]

대부분의 도시 디자인 연구자들은 사회적 기능의 역할을 참조해 물리적 공간과 사회적 공간 사이에서 이뤄진 종래의 구별을 재확인시켜준다. 건축의 역사주의적 상대주의적 시각을 취하는 일부 도시 디자인 학자들은 도시를 사회적 기능의 주변 현상으로 간주하는 모더니스트 경향을 비판한다. 이 같은 비판의 날을 세우는 진영은 물리적 공간을 자율적인 형태적 시스템으로서 간주하면서 물리적 공간과 사회적 공간을 분리시키려는 포스트모던 비평가들 편에 놓여 있다.

물리적 공간과 사회적 공간 사이의 관계, 즉 형태와 기능 사이의 관계는 모더니스트 건축 언어에서 제기된 논쟁적 사안으로서 모더니즘에 대한 포스트모던주의자들의 비판적 핵심 주제 가운데 하나였다. 이를테면 설리번의 유명한 모더니스트 공식, "형태는 기능을 따른다Form Follows Function"는 표어는 사회적 공간과 물리적 공간 사이의 관계를 극단적으로 단순화시키는 결정주의적 방식으로 양자의 관계를 이해했다. 포스트모더니즘의 다소 도발적인 견해는 이와는 극명하게 대비를 이뤄 물리적 공간을 자율적인 형태적 시스템으로서 취하면서 양자에 대한 이 같은 단순화된 관계를 분리시켜 물리적 공간 자체에 초점을 둔다. 하지만 도시 공간의 기호학적 토대를 정초하려 할 때 모더니즘과 포스트모더니즘의 건축과 공간론 모두를 전폭적으로 수용하는 것은 적절치 못하다.

왜냐하면 모더니스트 건축과 도시계획에서 사회적 공간과 물리적 공간이 조합됐던 협소한 직선적 방식도 문제지만, 사회적 공간을 무시한 포스트모더니스트와 결부된 정치적 회피주의도 도시 환경의 의미에 대한 온전한 이해를 위해 액면 그대로 수용하거나 전면적으로 지지하는 데에는 무리가 따르기 때문이다.

---

253 Krier, R., "Typological and morphological elements of the concept of urban space", *Architectural Design* 49(1), 1979, pp.2-17.

________, *Urban Space,* London, Academy Editions, 1979.

자연적 공간과 인공적 공간

자연이라는 물리적 환경은 도시 공간의 중요한 요소임이 틀림없다. 그것은 건조 환경built environment이 일정한 모양새를 취하는 최초의 일차적 맥락이다. 서울이라는 도시 공간에서 북한산과 한강을 지운다면 그 도시는 더 이상 서울이 아닐 것이다. 하지만 자연이 도시 공간의 물리적 사회적 성질에 미치는 영향력의 인지를 강조한다 해서 이것을 환경이 인간 행동의 과정을 제어한다는 환경적 결정주의로 잘못 오해해서는 곤란하다. 분명한 것은 도시 환경의 몇몇 요소는 인간 행동과 자연의 물리적 공간 사이에 존재하는 상호작용의 산물이라는 사실이다. 사회적 과정은 시간의 추이를 통해 자연적 공간과 더불어 상호작용함으로써 인공적 공간을 창조한다. 따라서 인공적 공간의 특질은 자연적 공간의 특이성과 그 공간을 점유해오고 변형시켜온 사람들의 사회적 특징 사이의 상호작용을 통해 대부분 결정된다. 인간 사회와 자연환경 사이의 상호작용은 도시 공간에 두 가지 상이한 방식으로 영향을 미칠 수 있다. 한편으로 자연적 공간은 인간 공간의 물리적 사회적 성질에 영향력을 미치며 다른 한편으로 인간 사회는 도시 공간의 개발을 통해 자연에 영향을 미친다. 도시 공간의 물리적 성질에 대해 자연이 행사하는 영향력은 도시의 역사를 통해 분명하게 나타난다.[254]

물리적 형태와 자연적 성질의 다양성은 또다시 도시 공간의 사회적 성질에 영향을 미친다. 도시 창조의 역사적 과정에서 이 같은 조건은 다양한 차이와 분리를 설정하기 위해 상징적으로 실천적으로 빈번하게 사용됐다. 예컨대, 동양의 풍수지리설 또는 지형학은 전체 역사를 통해 정신적 시간적 힘을 표현하기 위해 사용된 개념적 실천적 도구라 할 수 있다. 자연적 공간을 변형시키면서, 창조된 환경과 사회적 형식의 켜들이 시간을 통해 축적되며 이와 더불어 도시 공간을 만들어낸다. 따라서 도시는 하나의 귀속적이며 가시적인 시간적 차원과 더불어서 하나의 사회적/공간적 현상이다. 그것은 시간의 산물로서 역사적 창조이자 체현이며 그것 자체가 역사적 과정이다.

---

254 Madanipour, 앞의 책, pp.35-43.

이 점을 도시사학의 대부인 멈퍼드는 평생의 연구를 통해 보여준 바 있다.[255] 도시의 사회적 형식 역시 역사적 과정이며 그 과정을 경험하는 사람 역시 과거를 체현하는 것이다. 오랜 시간 동안 생산된 다양한 켜들이 오늘날의 도시를 성립하고 있으며 그 켜들은 인공물들뿐만 아니라 눈에 보이지 않는 관념과 실천에 의해 형성된다.

공간, 장소, 시간

공간space과 장소place에 대한 개념은 전공 분야와 학자에 따라 다르게 정의되고 있다.[256] 통상적으로 공간이 하나의 열린, 추상적 팽창으로 간주되는 반면 장소는 공간의 한 부분으로서 특정 인간 또는 사물에 의해 점유되는 곳으로서 의미와 가치를 구비하는 것으로 인식되고 있다. 또한 장소는 사람과 그들 앞에 놓인 직접적 환경과의 상호작용이며 주변 영역들과 대비되는 특징을 갖는다. 장소는 몸으로 느낀 가치를 담고 있는 중심이며 물리적 안전성 또는 정서적 안정성과 결부된 가치로서 몸의 생물학적 욕구를 충족시켜 준다. 장소는 아직 차이가 없는 공간의 개방성과 무한한 자유와 대조를 이룬다.[257] 공간이 운동이 발생하는 것을 허락한다면 장소는 하나의 정지를 제공한다. 장소와 공간의 이 같은 대비에도, 두 개념의 의미는 상호의존적이다.[258]

또한 장소의 정태적 본질과 관련해 일부 비평가들은 장소 개념을 빈곤

---

255 다음 문헌 참조.
Benevolo, L., *The History of the City,* London, Scolar Press, 1980.
Mumford, L., *The Culture of Cities,* London, Secker & Warburg, 1940.
Olsen, P., *The City as a Work of Art:* London, Paris, Vienna, New Haven and London, Yale University Press, 1986.

256 장소 개념의 철학적 계보에 대한 다음 연구 참조.
Casey, E. S., *The Fate of Place: A Philosophical History*, Berkeley and Los Angeles, University of California Press, 1997.

257 Madanipour, 앞의 책, pp.20–26.

258 Tuan, Y. F., *Space and Place,* University of Minnesota Press, 1977.

하게 만드는 이데올로기를 비판하기도 한다. 이에 따르면 배타적 장소에 대한 민족주의적, 지방주의적, 지역적 주장은 과거의 향수의 거점으로 장소를 파악하는 정태적 관점에 의존하게 됨을 힐난한다. 이 같은 비판에 따르면 이 두 부류의 진영은 장소를 단일하고 무시간적이며 고정되고 단일한 논란의 여지가 없는 진정한 정체성과 결속된 것으로 개념화시킨다. 그런데 만약 공간/시간 개념의 역동성을 사용한다면 장소는 열린 스밈이 가능한 곳으로 이해될 수 있다. 장소는 모든 스케일에서 계속적으로 변화하는 사회적 관계의 망 속에서 하나의 계기일 뿐이다. 장소의 정체성은 사회적 관계의 특이한 혼합이며 따라서 비고정적인 동시에 다중적 성격을 지닌다.[259]

다중적 정체성을 지닌 시련의 공간으로 장소를 개념화하는 것은 다양한 장소들에 대한 공간 기호학적 이해의 역동성을 제공할 수 있다. 그 같은 장소의 역동적 개념화는 장소들 자체에서 나타나는 특이한 공간적 다양성과 차이를 파악하는 것을 가능케 하며 그 장소들의 보다 넓은 맥락과 관련지어서 이해하는 것을 가능케 한다. 국내에서도 번역된 명저『살과 돌』의 저자인 도시 사회학의 태두 세넷은 확신에 찬 어조로 이렇게 주장한다. "하나의 배제, 동일성 또는 향수에 기초한 장소 만들기place-making는 사회적으로 독소적이며 심리적으로 무용하다." 세넷은 장소 만들기에서 더 다양하며 밀도 높고 개인주의를 뛰어넘는 인간적 접촉의 사용을 주문한다.[260] 특히 그는 도시 시민의 신체적 인식의 중요성을 다음과 같이 설파했다. "시민의 연민은 순수한 선의나 정치적인 판단에서 오는 것이 아니라 우리 자신의 결함에 대한 신체적 인식에서 오는 것이다."[261]

그렇지만 장소의 이 같은 역동적 모델이 제공하는 유체성fluidity과 신축

---

259 Massey, D., Space, *Place and Gender,* Cambridge, Polity Press, 1994.

260 Sennett, R., "Something in the city", *The Times Literary Supplement,* No.4825, 22 September 1995, pp.13-15.

________, Flesh and Stone, London, Faber & Faber, 1994. (한국어 번역본)
리차드 세넷, 임동근 외 옮김,『살과 돌-서구문명에서 육체와 도시』, 문학과학사, 1999.

261 위의 책, 한국어 번역본, p.389.

성의 차원에도 한계가 있다. 그 모델의 역동성은 세계 도처의 다양한 소재지에 대한 변화 속도의 다양성이 연구될 때 그 한계가 노정된다. 세계적 도시의 중심은 빈번하게 빠르게 움직이는 장소이고 다중 정체성과 기호학적 다원성의 잠재력을 지니며 따라서 사회적 관계의 파편화를 지닌다. 서울의 광화문과 강남대로, 뉴욕의 타임스퀘어 등의 장소는 수많은 인구의 집중화, 정치적 경제적 결정권자들의 헤드쿼터headquarter를 수용하는 공간으로서 동일한 진술이 동떨어진 시골 마을에 해당될 수 없다. 외진 시골 마을의 사람과 장소는 현대 기술과 상품화 과정에 의해 거의 영향을 받지 않으며 이곳에서 변화의 속도는 더 완만하고 메트로폴리스metropolis의 역동성은 부재한다.

여기에서 하나의 장소는 고정될 수 있으나 결코 죽은 것을 뜻하지 않으며 느린 변화 속도는 정체성 변화의 보다 완만한 속도의 리듬을 의미할 뿐이다. 또한 이는 사회적 공간과 물리적 공간 사이에 존재하는 수미일관적인 관계의 집합을 의미할 수도 있으며, 이와 달리 착취와 불평등의 다양한 형식의 영속화를 의미할 수도 있다. 분명한 사실은 장소의 역동적 개념화는 좀 더 현실적으로 사회적 실천과 정체성의 다중성을 표상할 수 있다는 것이다.

어쨌거나 장소의 기호 인류학적 본질은 장소가 인간의 인식, 의도, 의미를 아우르는 보편적 범주라는 점에서 분명한 사실이다. 인문지리학의 석학인 랠프 교수는 그 점을 다음과 같이 일목요연하게 서술한다. "그러므로 장소는 인간의 모든 의식과 경험으로 구성된 의도의 구조에 통합된다. (…) 인간의 의도는 단순히 신중하게 선택된 방향이나 목적으로 이해될 것이 아니라, 의미 있는 인간과 의미를 부여하는 세계 사이에 존재하는 관계로 이해해야 한다. 따라서 세계 속에 있는 사물과 특징은 그 의미 속에서 경험되는 것이지 의미와 분리될 수 없다. 사물의 의미는 바로 우리가 그 사물에 대해 가지고 있는 의식에 의해 부여되기 때문이다." "즉 장소 자체의 특성과 그것이 당신과 다른 사람들에게 주는 의미 때문에 장소에 대한 진정한 책임과 존경이 존재한다."[262]

262 에드워드 렐프, 김덕현 외 옮김, 『장소와 장소 상실』, 논형, 2005, p.103.

3. 건축 공간의 패러독스: 피라미드와 미로

절대적 공간과 관계적[상대적] 공간 사이에서 촉발된 논쟁의 또 다른 파생물은 정신적 공간과 실재적[real] 공간 사이의 구별이다. 이 같은 논쟁에서 실재적 공간은 인간적 감각을 통해 이해되는 공간을 말하며 하나의 정신적 구성물을 창조하는 인간이 만들어내는 세계에 대한 지적 해석과는 구별된다.[263] 관념적 공간[정신적 과정의 산물]과 실재적 공간[사회적 실천의 산물] 사이의 구별은 이데올로기적 차원을 포함한다는 점에서 여전히 그 간극은 해소되지 않는다. 정신적 공간과 실재 공간 사이에 놓인 딜레마를 적절히 표현한 사람은 세계적인 포스트모던 계열 건축가 베르나르 추미[Bernard Tschumi]라 할 수 있다. 프랑스 초현실주의 작가인 바타유의 사상으로부터 영향을 받은 추미는 건축 이론에서 제시하는 현실 세계에 대한 규범적 개념들과 실제 경험 사이에 존재하는 관계에 관심을 집중시켰으며 이러한 관계를 건축의 주된 패러독스[paradox]로 파악했다. 건축 공간의 첨예한 인식론적 문제를 파악했다는 점에서 그의 논지를 보다 상세하게 서술할 필요가 있다. 또한 건축의 공간 개념에서 추미가 제시하는 공간의 역설 개념은 공간 기호학의 시각에서 함의하는 바가 적지 않다.[264]

추미는 무엇보다 "건축가들이 물리적 건물을 세우는 행위를 자신들의 건축 활동의 유일하며 불가피한 목적으로 삼지 않았다"는 진술로 논의를 시작한다. 현대 건축가들은 건축과 관련해 이데올로기적, 철학적 기능을 수행하는 능동적인 역할 임무에 대해 새로운 관심을 보여주었으며 건축가의 존재 이유는 지배적 생산방식을 단순히 반영하는 데 있는 것이 아니라 전혀 다른 세계를 건설할 수 있는 가능성에 의해 정당화됐다고 보았다. 더구나 1970년대부터 건축에서 개념적 목적에 대해 새로운 관심과 중요성이 부각됐고 개념의 소통을 위해 사용된 매체가 건축이 됐다는 점을 추미는 지적한

---

263 Madanipour, 앞의 책, pp.16-20.

264 Tschumi, B., *Questions of Space,* London, Architectural Association, 1990.

다. 따라서 정보 자체가 건축이었으며 공간을 대하는 태도와 문자 프로그램도 넓은 의미에서 건축으로 인식됐다. 이처럼 새로운 건축 개념에 대해 추미는 다음과 같이 진술한다. "단순한 물질적 활동으로서의 건설에서 노정된 예측 가능한 이데올로기적 양보들에서 벗어나면서 궁극적으로 건축가는 더 이상 물질적 오브제들의 제작이 제공할 수 없었던 감각적 만족을 성취할 수 있었다."[265]

현대 건축과 건축 이론이 개념들의 세계로 이동하면서 탈물질화된 것은 여타 아방가르드 집단의 사유에 견주어서도 한 시대를 특징짓는 중요한 변화이다. 따라서 이와 같은 인식론적 변화는 다양한 방향에서 전개됐다. 근본적 물음은 만약 모든 것이 건축이라면, 건축가의 결정에 따라서 건축과 인간의 다른 활동을 구별시켜주는 것은 무엇인가라는 질문이다. 건축의 정체성에 대한 탐구는 건축가의 자유는 반드시 건축의 자유와 일치하는 것은 아니라는 중요한 진실을 일러주었다. 건축이 건축 과정의 사회적 경제적 제약으로부터 자유를 획득했다는 것은 곧 건축적 정수를 소유한다는 것을 말한다.

추미는 건축 공간과 관련된 두 개의 유추에 주목한다.[266] 첫 번째 이론은 건축이 단순히 건물을 세우는 것을 넘어 의미론적 팽창이 이뤄질 수 있다는 주장이다. 건축은 무엇인가를 재현하고 표현하면서 표상의 공간이 된다. 건축은 단순 건물과 구별되면서 사회적 구조, 왕의 권력, 신의 관념 등 다른 무엇을 표상한다. 추미는 공간의 역설과 공간과 관련된 주요 용어들의 인식론적 토대에 대해 자신의 논의를 집중한다. 그는 공간 개념의 역설에 내포된 역사적 맥락을 환기하고 건축을 정신의 산물로 보는 경향, 즉 탈물질화된 또는 개념적 학술 분야로 보는 태도를 일러 '피라미드'라고 부른다.

그에 따르면 개념적 접근은 하나의 피라미드에 의해 시각화되며 이성의 궁극적 모델이다. 그 결과 공간의 본질을 진술하기 위해 건축은 탈물질화

---

265 위의 책, pp.15.

266 같은 책, pp.18-19.

되며 그 자체가 이론적 관심사의 대상이 된다. 이 같은 방식으로 물질에 대한 관념의 지배는 공간을 이해하고 변형하는 합리적 이론적 접근에 의해 확보된다.[267]

두 번째 이론은 건축을 그 자체의 내적 구조를 벗어나 외부의 세계를 지시하는 하나의 언어로서 이해하는 것을 문제 삼는다. 이 주장에서는 건축이 사회적 가치의 삼차원적 번역으로 이뤄진 해석이라는 가정, 즉 건축이 사회적 결정 요인의 언어적 산물과 다름없다는 주장을 부정한다. 따라서 이 같은 이론에서 건축적 오브제는 순수한 언어이며 건축은 건축적 기호의 문법과 통사의 끝없는 작동에 불과하다.

건축은 그 요소들의 대립, 대조, 재분배와 더불어 과거 건축의 요소들로부터 선별된 고유한 어휘를 갖는다. 건축은 그 자체를 지시할 뿐만 아니라, 그 스스로의 역사를 지시하며 기능은 실재적인 것보다 가상적인 것이 된다. 그 결과 건축이라는 언어는 스스로 안에 닫혀 있으며 건축은 진정으로 자율적인 유기체가 된다. 형태는 기능을 따르지 않고 다른 형태를 지시하며 기능은 상징과 관련된다. 궁극적으로 건축은 스스로를 실재로부터 분리시킨다. 잘라 말해 형태는 외재적 정당화에 호소할 필요가 없다.

추미의 견해에 따르면 "이처럼 순수한 감각적 접근법은 20세기의 공간 이해와 평가에서 반복적인 주제였다."[268] 주체의 이 같은 중요성은 실재와 현실의 직접적 지각을 객체화시키려는 모든 철학적 역사적 시도들에 맞선다. 이렇듯 두 번째 이론의 공간 개념화는 감각들에 집중하는 경험적 연구로서, 추미는 그것을 공간의 경험과 공간과 실천과의 관계로 파악하고 미로라고 불렀다. "미로와 그것의 실천에 대해 말한다는 것은 여기에서 그것의 주체적 양상들을 강조함을 의미한다."[269] 이와 같은 직접성은 안과 밖, 사적 공간과 공적 공간 사이의 새로운 분절을 도입한다. 따라서 다음과 같은 결론이

---

267 Tschumi, 앞의 책.

268 같은 책, pp.20-21.

269 같은 책, pp.24-25.

제시된다. “오직 건축적 규칙을 인지함으로써 공간의 주체는 경험의 깊이와 그것의 감각성에 도달할 수 있다. 에로티시즘과 마찬가지로 건축은 시스템과 과잉을 필요로 한다.”[270]

이 같은 감각적 경험은 변화무쌍한 인상들의 만화경을 창조하는 운동이라 할 수 있다. 추미는 인간의 내면으로부터 발생하는 공간의 이 같은 경험을 표상하기 위해 특정 미로의 이미지를 사용했던 것이다. 이 같은 관점에서 “공간은 실재적인 것인데, 왜냐하면 나의 이성 훨씬 이전에 나의 감각들에 영향을 미치기 때문이다.”[271] “나의 신체의 물질성은 공간의 물질성과 일치하고 동시에 투쟁한다. 나의 신체는 그 자체 속에서 공간적 속성들위, 아래, 오른쪽, 대칭, 비대칭과 공간적 결정을 수반한다.”[272]

피라미드와 미로에서 양자택일은 사실상 상보적이다.[273] 그것의 존재론적 형식에서의 건축의 탈물질화 분석피라미드과 감각적 경험미로의 분석은 다르지 않다. “피라미드의 정상은 하나의 상상적 장소이며 이카루스는 추락한다. 미로의 본질은 피라미드의 꿈을 포함하는 꿈들에 자양분을 제공한다.”[274]

하지만 추미에 따르면 미로의 중요성과 그것의 공간적 경험의 중요성은 다른 곳에 있다. 피라미드는 건축적 오브제의 분석, 그것의 형태와 요소를 분리하는 것으로 주체의 문제를 벗어나서 모든 것을 분석적 이성적 차원에서 다뤘다. 감각적 건축적 실재는 의식에 의해 이미 변형된 하나의 추상적 오브제로 경험되는 것이 아니라 직접적이며 구체적인 인간 활동에 의해 경험된다. 여기에서 바로 주체성의 문제와 더불어 하나의 패러독스가 발생한다.

실재적 공간과 관련될 수 있는 유일한 길은 인간 감각의 도움을 빌려 공

---

270 같은 책, p.29.

271 같은 책, p.20.

272 같은 책, pp.20-21.

273 같은 책, pp.24-25.

274 같은 책, p.20.

간에 대한 직접적 경험을 통해 이해하는 길밖에 없다. 따라서 추미에 따르면 건축의 패러독스는 공간의 본질에 대한 물음 던지기와 동시에 실재적 공간을 만들거나 경험할 수 없다는 불가능성에서 온다. 이것은 곧 공간에 대한 이성 중심적 접근과 경험주의적 접근 사이에서 출현하는 패러독스이다. 즉 우리는 경험하는 것에 대해 경험과 사유를 동시에 수행할 수 없는데 그 이유는 공간 개념은 공간 속에 있지 않기 때문이다.

이러한 딜레마에서 빠져나올 유일한 길은 르페브르의 작업이 예증한 것처럼 건축 개념을 건축 공간의 전개 과정으로 이동시키는 것이다. 이 같은 방식을 통해 정신적 과정의 산물인 관념적 공간과 사회적 실천에 의해 생산된 실재적 공간 사이의 철학적 간극을 메울 수 있다. 공간은 역사적 과정에서 생산되며 그 같은 역사적 과정은 공간의 관념적 실재적 양상을 모두 생산하고 조건 짓는다.

실제로 르페브르가 견지한 문제의식의 출발점은 정신적 공간과 실재적 공간 사이의 간극이라 할 수 있거니와 그는 공간을 정신적인 것, 즉 정신적 장소로 보는 철학적 사고를 잉태한 근대 인식론의 경향을 비판한 바 있다. 동시에 그는 주체성을 정치적 경제적 이해관계에 통합시키고 다른 한편으로 정신적 공간을 그것의 사회적 물리적 맥락 속에 통합시키면서 기호학의 한계를 비판한다. 결과적으로 르페브르는 공간의 세 가지 차원, 즉 정신적, 물리적, 사회적 차원의 분리 불가능성을 주장하고 공간의 통일 이론을 공식화할 것을 주문한다.

도시 공간 형태의 통시적 변화와 도시 공간 개념화의 계보

1. 도시 공간의 형태 발생과 역사적 진화

도시 공간 형태의 발생, 진화, 변형 등의 문제를 비롯해 도시 공간 개념의 계보는 도시 기호학에서 핵심적 주제로 삼아야 할 중요한 문제들이다. 여기에서 우리는 공간에 대한 상이한 개념의 역사적 문화적 상대성을 주목해야 할 것이다. 공간 개념의 역사는 이 책에서 상술하기에는 너무 방대하므로 여기에서는 도시 공간 개념의 계보에 대한 서술로 한정한다.[275]

서양의 경우 기독교 이전의 도시사에서 나타나는 지배적 특질은 도시를 정초하고 조직화하는 데 있어서 신들이 중추적 역할을 수행하고 도시의 형이상학적 이념을 체현해야 한다는 굳건한 신념을 바탕으로 삼았다는 사실에 있다.[276] 고대의 거의 모든 소도시에서 도시는 특정 수호신 또는 판테온 신전에서 모신 신들에 의해 보호되며 도시는 신이 거처하는 큰 집이라는 생각이 보편적으로 수용됐다. 하지만 모든 소도시가 신성한 논리와 일치해 물리적으로 구조화된 것은 아니다. 완만한 성장 기간에는 신성한 도시 건축의 적용보다는 지역적 여건에 기초해 결정된 유기체적 성장으로 향하는 경향을 보여준다.[277] 미리 구상된 도시 성장은 곧 도시계획이며 그것의 완전한 전개를 위해서는 두 가지 조건이 필요했다. 성장 또는 인구 이동을 통해 소도시가 자유롭게 정초되거나 확장됐으며 자연스럽게 그 같은 소도시를 배열하고 레이아웃을 짜는 데 관심이 모아졌다. 둘째, 이 같은 소도시들의 건설자들은 보통 사람의 행복한 삶과 평범한 거주를 위한 적절한 공간 배치를 궁리하게 된다. 진정한 문제는 하나의 도시계획 도면을 마련하는 일이었다. 국가의 규모가 지리적으로 팽창함에 따라 도시 디자인의 복제를 향한 강력

---

275 다음 문헌을 참조할 것. 특히 필자는 이 문제를 집중적으로 천착한 스위스 출신의 건축학자이면서 동시에 공간 기호학자인 펠레그리노의 연구물을 참조했다.

1. Pellegrino, P. et al., *Temporalités subjectives et figures urbaines,* CRAAL-FNSRS, Genève-Berne, 1992.

2. Pellegrino, P. et al., *L'espace urbain et le temps de l'habiter,* GRAAL-FNSRS, Genève-Berne, 1993.

3. Morris, A. E. J. *History of Urban Form: Before the Industrial Revolutions,* Essex, Longman Scientific & Technical, 1994.

4. Vance, James E. Jr. *The Continuing City: Urban Morphology in Western Civilization,* Baltimore and London, The Johns Hopkins University Press, 1990.

276 Vance, James E. Jr. *The Continuing City: Urban Morphology in Western Civilization,* Baltimore and London, The Johns Hopkins University Press, 1990, pp.41-78.

277 위의 책, p.42.

한 요구가 생겼고, 특히 중앙 집권적 행정 체계를 구비한 국가에서 이 같은 경향이 두드러졌다. 이때 두 가지 조건이 충족되어야 했다. 첫째, 도시는 생존과 번영이라는 합리적 기대를 갖고 있어야 했다. 둘째, 중앙 권력의 권위는 광범위하게 확산된 국가를 유지하는 데 도움을 줄 수 있는 도시 공간의권위를 창조하려는 욕망을 갖고 있어야 했다. 도시의 물리적 형태에 대한 표준 해결책을 추구하면서 도시 건립자 대부분은 자신의 정당성을 확보하기 위해 신에게 의탁했다. 1장에서 간략하게 언급한 것처럼, 고대 도시 공간에서 도시 생활의 주요 공적 표현은 종교적 색채를 띠었으며, 심지어 몇몇 학자들은 도시는 종교적 목적을 실현하기 위해 최초로 출현했다는 주장을 펼치기도 한다.

그리스의 신전은 사람들의 만남을 위한 장소가 아니었으며 도시의 안녕을 확보하려는 희망 속에서 신에게 헌정된 건물이었다. 시민의 교류는 실외에서 이뤄졌으며 그리스인은 아고라 로 불리는 공적 외부 공간을 창조했다. 초기의 아고라는 군중을 수용할 수 있는 능력을 구비하지 못했으며 종교적 또는 통치적 목적을 위해 마련된 특화된 울타리 정도였다. 한편, 도시의 중앙 지역이 진화하면서 두 가지 종류의 건축적 성장이 실현됐다. 첫 번째 성장은 건물의 특화이며 두 번째는 건물 내부에서 이뤄진 수직적 차별화이다. 아고라 지역의 형태적 조직화는 기원전 4세기에 이뤄졌으며 기능적 분리를 위해 의식적 디자인을 수립하기도 했다.

주지하다시피 고전 그리스는 '폴리스'라고 불린 사회적 집단에 속하는 다양한 시민을 디면의 정치적 법칙 평등의 힘을 빌려 통일시켰다. 민주주의 도시 아테네에서 정치 지도자들은 이 같은 통일성을 책임졌으며 모든 아테네 시민에게 법 앞에서의 평등을 보장하고 도시 공간의 공평한 공유와 중심부에 대한 평등한 접근 권리를 보장했다.[278] 시민이 다양한 사안을 놓고 자유롭게 토론했던 공적 광장인 아고라와 정치적 결정들이 취해진 의회 bouleuterion에 대한 평등한 접근 권리를 보장했던 것이다. 관련 학자들의 연구

---

278 Payot, D., *Le philosophe et l'architecte,* Paris, Aubier, 1982.

에서 입증된 것처럼, 정치적 결정을 취하는 데 있어서 보장된 이 같은 평등은 태고 시대에 존재했던 그리스 소도시의 왕들이 소유하고 있던 도시 건립의 발화, 즉 신화Mythos와 대립한다. 앞서 언급한 고대 아테네 시민이 누렸던 평등은 현재에 이뤄지는 집단적 결정을 통해 합당한 미래의 토대를 수립한다는 사실로 인해 과거의 권위에 의존해 의사 결정을 내린 사실과 대립한다.

그런데 사람들이 상대적으로 덜 확실하게 인식하는 것은 공간에 대한 이 같은 민주주의적 정치 시스템이 건축의 일차적 의미를 발생시켰다는 사실이다. 그리스어 어원을 분석하면 그 점은 명백하게 드러난다. 건축을 의미하는 단어 '아키텍처architecture'는 두 개의 고대 그리스어 동사에서 나왔는데 하나는 일차적 의미를 가지며 다른 하나는 파생된 의미이다. 고대 그리스어의 동사 '아르케인archeïn,은 '시작하다.'라는 의미를 갖고 있으며, 두 번째 의미로서 '명령하다.'라는 뜻을 포함한다. 또한 동사 '텍타이네인tektaïnein,은 '생성하다' '낳다.'라는 의미를 갖고 있으며 두 번째 의미는 '건설하다.'라는 의미를 지닌다. 또한 '텍토나르코스tektonarchos'는 후대에 가서 건축가라는 의미를 획득하는데 이 단어는 본래 일체의 생성, 발생의 초반을 시작하는 사람을 뜻했다. 이 단어는 파생적 의미를 통해 하나의 건설을 명령하는 사람이라는 뜻을 지니게 된다. 건축이라는 작품을 만드는 사람은 미완성 상태에서 무엇인가를 시작하면서 명령을 내리는 사람이며 생성하면서 건설하는 사람, 자신의 피붙이가 성장해 스스로의 모습으로 생성하도록 내버려두는 사람이다.

한편 고대 라틴어에서 도시 공간을 의미하는 '우르브스urbs'는 성스러운 마당을 의미했으며 고대인들은 그 앞에 큰 구덩이를 파고 경계선을 표시했다. 도시 공간에 표시하는 행위를 뜻하는 라틴어는 '우르바레urbare,이다. 로마의 토대를 세운 대형 도랑, 바로 그 밭고랑을 침범하는 것에 맞서 로물루스Romulus와 레무스Remus는 죽음을 무릅쓴 대결을 한다. 그것은 사방으로 열려진 밭고랑이며, 그들은 도시 공간의 경계를 그리기 위해 쟁기urvum를 사용한다. 이렇듯 도시는 쟁기라는 경작자의 도구를 사용하면서 대지 위에 새겨진다. 도시 사회는 배제의 공간적 윤곽을 새겨놓기 위해 큰 구덩이를 파고 큰 문을 세우고 농부가 토지를 경작할 때 사용하는 몸짓을 빌려와 촌락 사회와 구별된다. 도시는 이렇듯 라틴어의 어원이 일러주는 것처럼 대지로부터 도래한 것이며 동시에 그 대지와 구별된다.

아울러 도시는 그때부터 '아레아area', 즉 표면과 면적을 건설하기 위해 하나의 땅을 소유한다. 도시는 건물을 포함하고, 아울러 광장을 세워 도시 거주자들이 서로 만날 수 있으며 발언 할 수 있는 중심지를 소유하도록 해준다. 이 같은 도시의 중심지에는 민주적 발언을 할 수 있는 포룸forum, 시장, 그리고 사원 앞에 있는 광장에서 진행될 다양한 의례, 그리고 연극을 포함하는 다양한 정신의 유희가 진행된다.

도시는 이렇듯 자신의 내면 깊은 곳에 사회적 교환을 위해 열려진 다양한 장소들의 위계를 배치하는 것이다. 자유롭게 내버려진 공간은 하나의 외연spatium으로서, 사람은 이 외연을 마음껏 주파하고 넓이와 길이를 따라서 왕복한다. 이 외연은 정신을 여유롭게 해주는 장소이거나 산책을 하는 장소이지만 동시에 장을 보는 실용적 장소가 될 수 있다. 이처럼 특정 장소들 사이에 놓인 개방 공간은 자유로운 자리를 제공하기 위한 간격이라 할 수 있다. 그것은 개간을 통해서 열려진 장이며 무질서로부터 분리된 외연이다. 이 같은 공간화는 다양한 간격을 통해서 사람들이 측정하는 공간으로서 그 공간을 주파하기 위해 건너야 할 간격이다. 고대 로마에서는 모든 척도의 준거축들인 '카르도cardo'와 '데쿠마누스décumanus'라는 주요 경로의 축에 따라서 방향이 설정됐다.

사람들이 측정하는 주파 경로의 공간과 더불어 시간은 질서화된 간격들의 연속이 된다. 공간의 그 경로는 그래서 고차원적 상징성과 서사성을 함축한다. 로마에 패한 적의 수장을 로마 시내로 데리고 오는 것은 그를 제국의 중심에 갖다 놓는 것이며 그를 그곳에 굴종시키는 행위의 표상으로서 이방인을 로마제국의 한낱 노예로 전락시키는 상징적 행위이다. 그것은 로마 이외의 다른 세계가 발화할 수 있는 힘을 말소시키는 몸짓이다. 이것은 곧 패자의 서사 프로그램, 로마 이외의 다른 가능한 세계의 타당성을 인정하지 않겠다는 결연한 의지를 표상한다.

그런데 고대 그리스와 로마 시대를 지나 중세 시대로 오면 중심에 대한 생각은 달라진다. 중심은 다른 곳, 이 세상 넘어서 존재할 수 있다. 중세의 기독교는 중심을 바로 이곳이 아닌 다른 곳에 위치시킨다. 지상에는 그 상징을 저 멀리 떨어진 곳에 위치시킨다. 그것은 다름 아닌 이교도에 의해 에워싸인 예루살렘이다.[279] 십자군전쟁 시절에는 바로 그 상징을 해방하는 것이 지상 과제였다. 바다와 미지의 땅을 건너 순례자의 최종 도착 장소로 삼기 위해서였다. 상징을 해방한다는 것은 아울러 그 상징에 다시 합류하는 것이며, 그 흔적을 다시 복제해야 할 전범으로 삼는 것을 말한다. 중세의 도시는 천상의 도시 이미지로 가득 차며 십자군은 지상의 도시 예루살렘의 형태 그 자체 속에서 그 천상의 도시를 보는 것으로 믿었다.

유럽의 경우 11세기에서 15세기 사이의 중세 유럽에 존재했던 소도시들은 그것들의 기원에 기초해 크게 다섯 개의 범주로 분류된다.[280] 첫째, 로마 시대에 기원을 둔 도시들로서 중세 시기 동안 로마 제국의 멸망 이후에 그 규모가 크게 줄었으나 도시 형태를 유지한 소도시이며 둘째, 군사 요새 지역으로 정초된 자치구borough로서 이후 상업적 기능을 획득한 소도시이다. 셋째, 마을 정착지로부터 발달하여 유기체적 성장으로 진화한 도시이며, 나머지 두 개의 범주는 계획된 새로운 소도시로서 완전한 도시 위상을 갖추고 특정 시간에 형태적으로 수립된 도시들이다. 프랑스, 영국, 웨일즈에서 세워진 무장 소도시와 일반적으로 유럽 전역에 건립된 조립 소도시들이 이 범주들에 속한다.

이슬람이 지배했던 스페인 도시를 예외로 한다면, 중세 소도시는 대부분의 유럽 국가에서 유사한 사회적, 경제적, 정치적 맥락을 갖고 있었다. 그것은 대부분의 시각적 세부 사항에 있어서도 유사하다. 중세 소도시의 구성 요소는 통상적으로 성벽, 탑, 성문이며, 주요 도시의 길들과 관련된 순환 공간이며 시장과 기타 상업 건물이 있었으며 교회는 보통 자신의 고유한 공간에 건립됐다.

도시 공간의 역사에서 르네상스 시기는 15세기 초기에서 시작해 18세기 말까지의 기간에 해당되며 이탈리아에서 시작된 것으로 보고 있다. 유념

---

279 Duby, G., *Le temps des cathédrales,* Paris, Gallimard, 1976.

280 Morris, A. E. J., *History of Urban Form,* New York, Longman Scientific & Technical, 1994, pp.92-156.

할 사실은 르네상스의 도시 구조는 이탈리아로부터 서서히 유럽의 다른 국가로 확산됐으며 프랑스에 도달하는 데 약 75년, 영국에 도착하는 데는 약 85년이 걸렸다는 점이다.[281]

도시 구조의 핵심적 선행 요소인 르네상스의 건축은 고딕 양식의 계기가 시들해지면서 고딕 양식을 인수하고 동시에 변형시키면서 발전됐다. 이탈리아에서는 결코 강력하게 정립되지 못했으나 고딕 건축은 르네상스가 피렌체와 로마에서 꽃을 피울 시기인 15세기에 영국에서 최고 절정기에 이르렀다. 르네상스 시기는 유럽 도시의 규모와 인구 증가 시기와 일치한다. 예컨대, 1530년 런던의 인구는 5만 명에서 1600년대에는 22만 5,000명으로 불어났으며, 베를린의 인구는 15세기 중반기에서 17세기 사이에 다섯 배가 늘어났다. 가장 극적인 변화는 로마로서 1370년대 1만 7,000명에서 1650년대에는 12만 4,000명이었다.

반면, 도시 역사에서 르네상스 기간 동안 공간 디자인의 미학적 규정과 공간을 에워싸는 건축의 심미적 차원은 그 어느 시기에 견주어보아도 모자람 없이 밀접하게 통합됐다. 이 점은 초기 단계와 바로크 단계에 대해서도 동일하게 적용된다. 여러 도시 도면들, 삼차원의 매스, 건물의 세부 디자인을 지배하는 비례의 적용 규칙이 도시 공간의 조직으로 확장됐다. 르네상스와 중세 도시 구조를 대비시킨다면 15세기부터 건축 디자인, 미학 이론, 도시계획의 원리는 동일한 관념에 의해 유도됐으며, 특히 훈육과 질서에 대한 욕망은 고딕 공간의 상대적 불규칙성과 분산의 양상과 대비를 이뤘다. 중세 고딕 공간의 특징적인 비격식성은 고딕 건축의 비대칭적 부피감과 독특한 스카이라인을 낳았다. 그 대신 르네상스 건축은 균형과 규칙성의 고전적 의미를 위해 비대칭적인 비격식성을 거부했다. 아울러 강조점은 수직보다는 수평적 차원에서 주어졌다.[282]

초기 르네상스와 바로크 건축 사이의 본질적 차이를 요약하는 데 있어

---

281 Pellegrino, et al., 앞의 책, pp.157-190.

282 Pellegrino, et al., 같은 책, pp.159-160.

서 미술사가 뵐플린의 통찰은 유용하다. 그에 따르면 모든 것에서 영속성과 휴식을 추구했던 르네상스 미술과 대조적으로 바로크 미술은 처음부터 결정적인 방향 감각을 갖고 있었다. 그에 따르면 "르네상스 미술은 평정함과 아름다움의 미술이고 그것의 창조물은 완벽하다. 그것은 그 어떤 강요되거나 금지된 것, 불편하거나 동요된 그 어떤 것도 드러내지 않는다." 반면 "바로크 미술은 그것의 직접적이며 압도하는 힘과 더불어 우리를 동요하게 만든다. 바로크 미술의 임팩트가 오직 순간적이기를 의도하는 반면, 르네상스의 임팩트는 보다 완만하고 조용하며 보다 지속적이다. 바로크 미술의 순간적 임팩트가 강력하나 곧 우리에게 모종의 황량함을 남겨준다."[283]

뵐플린의 심오한 통찰은 도시 구조와 도시계획에도 적용될 수 있다. 초기 르네상스의 공간 구조는 평정하고 자족적인 균형을 갈망했다. 대조적으로 바로크의 도시 구조는 무한한 공간의 환영을 추구했다. 또한 무한한 원근법을 성취할 수 있었으며, 개인적 반응의 차이를 인정한다 해도, 그 같은 방대한 도시 공간의 원근법의 경험은 일종의 황량함의 감각을 만들어낼 수 있었다. 바로크 시대의 도시에서 무한한 원근법과 대규모 공적 공간이 성취됐을 때, 그것은 몇몇 유럽 도시 국가의 우두머리에게 주어진 어마어마한 중앙집권적 권력의 결과로서 가능했다. 절대적 통치자들은 당시까지 엄두를 못 낸 대규모의 복잡한 도시계획을 촉진하고 실행하기 위한 정치적 권력과 경제적 수단을 획득했다. 가장 주목할 만한 사례는 베르사유 궁전을 지은 프랑스의 루이 14세와 루이 15세, 로마의 도시계획을 수립한 교황 식스투스 5세 등이다.

르네상스 기간 동안 몇몇 지배적인 미학적 고려가 모든 국가에서 도시화에 대한 일반적 태도를 규정했다. 그것은 첫째, 대칭에 대한 관심으로서 계획 프로그램의 부분들의 조직화로서 한 개 이상의 주축 선에 대한 균형 잡힌 구성을 만들려는 프로그램을 말한다. 둘째, 개별 건물들은 하나의 단일한 수미일관적인 건축적 앙상블에 통합됐고, 기본적인 상승적 디자인

---

283 Wolfflin, H., *Renaissance and Baroque,* London, Collins, 1964.

의 반복을 따라서 이뤄졌다. 셋째, 원근법 이론은 미술사의 구성적 사실들 가운데 하나로서 모든 예술적 재현이 준수해야 할 정전 가운데 하나라고 여겼다.[284]

이에 반해 바로크 시대의 공간은 공간에 대한 두 개의 정의 사이에서 균형을 이룬다. 조합을 통해서 무한하게 변화하는 형태의 공간과 운동 속에 있는 질료의 안정화가 그것이다. 중심에 기초한 도면은 상이한 힘으로부터 오는 긴장 사이에서의 균형을 설정한다. 그 도면은 다중 형태이며 순환적이고 다각형적일 수 있으며 그것의 극성화의 힘을 간직한다. 두 개의 초점을 갖고 있으며, 타원형 등 다양한 도면이 다양한 긴장을 만들어낸다. 복잡성은 순수한 형태의 구성에서 도래하는 것이며 순수한 형태의 운동은 힘들 사이의 상호작용에서 도래하는 것이다. 계몽주의 시대의 도시는 순수 형태의 투사이며 그것은 이성의 엠블럼emblème의 발현이다.[285]

한편, 산업을 위해 탄생한 제작과 기술의 공간은 노동의 공간이다. 노동을 사용하는 도시 공간은 신체적 도덕적 위생의 공간이기도 하다. 그것은 산업 시대의 행동 방식에 필요한 조직화의 공간이다. 자유 도시는 오직 연속적인 교정을 통해서만 비로소 이 같은 조직화의 필요성에 부응한다.[286] 자유 도시는 산업 시대의 기업 정책이 자신에게 부과시킨 이 같은 이성화에 저항한다. 왜냐하면 자유 도시는 상업과 쾌락의 장소이기 때문이다. 개인은 교환의 두 가지 일반적인 형식 사이에 존재하는 노동 경제의 형식과 상업 경제의 형식에 사로잡힌다. 이 같은 형식은 마르크스가 주장했듯이, 개인을 자신의 노동 생산물로부터 소외시키게 된다.

도시의 역할에 있어 이러한 변화는 대부분 완만하게 진화됐으나 1850년대부터 약 100년 동안 진행된 도시 지리에 있어서의 변화는 그것의 형태론, 경제, 사회, 문화에 있어서 급격한 변화를 초래하며 복합 도시를 창조하

284 Pellegrino, et al., 앞의 책, pp.160-161.

285 Starobinski, J., *Les emblèmes de la raison,* Paris, Flammarion, 1973.

286 Benevolo, L., *Histoire de la ville,* Parenthèses, Roquevaire, 1983.

는데 이르렀다.[287] 이 같은 변형의 산업화에 의한 추동력은 도시화의 규모 측면에서 이뤄진 엄청난 증가로서 특히 지리적 공간적 특화로 유도됐다. 공간적 분화는 도시의 크기에서 이뤄진 신속한 변화에 의해 파생됐으며 시민이 사용할 수 있는 교통 운송의 복잡성에 의해 구조화된다. 더불어 상업 시스템의 진화된 형태는 18세기와 19세기 동안 서구 문명을 강타했던 산업화의 대폭풍을 발생시킨 근본적 토대였다. 재화에 대한 수요 팽창은 이 같은 재화의 생산에 있어서의 성장을 위한 필수적인 선행 조건이었던 것이다. 더구나 상업도시는 이제 막 태동한 산업, 사업 실천과 조직 시스템을 위해 필요한 위험 자본을 제공하면서 산업혁명을 장려하는 데 중요한 역할을 맡았다.[288]

2. 도시 형태 발생의 일반적 과정과 도시 공간의 복잡성

도시 형태의 주요 과정

도시 형태에서 나타나는 최초의 역동성은 외부 환경에 적응된 도시와 새롭게 시작한 도시 모두에 적용된다. 도시 발달의 최초 단계를 다룰 때는 토지 할당을 해결하는 데 큰 문제가 없으나 소도시가 성장하고 진화하면서 토지 할당의 문제는 난제가 된다.[289] 토지 할당의 과정은 본질적으로 도시에서 작동하는 최초의 역동성이다.

도시의 형태발생에서 작동하는 두 번째 과정은 연결 과정이다.[290] 일단

---

287 Vance, James E. Jr, *The Continuing City: Urban Morphology in Western Civilization,* Baltimore and London, The Johns Hopkins University Press, 1990, pp.364-455.

288 산업도시의 초기 발달은 영국과 벨기에에서 예측 가능한 이유로 인해 먼저 발생했다. 영국과 벨기에는 엄청난 석탄을 갖고 있었으며 섬유 제조의 오랜 역사를 갖고 있었고 촌락의 풍부한 노동력을 갖고 있었다. 영국은 최초의 상업 무역 국가였으며 따라서 가장 많은 재화를 판매한 국가였다. 영국의 경우, 강력한 기계 동력을 위해 석탄에 의존했고 이것은 촌락 지역의 노동 계층이 토지를 소유하지 못했다는 사실과 더불어 기존 도시의 산업화를 장려했다. Vance, J. E. Jr., 위의 책, pp.30-31.

289 Vance, 위의 책, p.33.

290 같은 책, pp.33-34.

하나의 정착지가 마을이나 작은 소도시 수준을 넘어 성장하면, 연결 문제는 그 자체의 생득적 성질에 의해 설명되어야 한다. 그 성질은 두 개의 표현을 갖는다. 내재화된 연결과 상호 기능적 연결이 그것이다. 결속은 그 같은 기능적 지역 사이에 존재하며 그 같은 활동의 기능적 클러스터에는 내재적 연결도 존재한다. 기능적 클러스터 외부에 존재하는 결속에 대해서는 '여정journey'이라는 단어를 사용하기도 한다. 이를테면 집에서 직장과 쇼핑 매장으로, 재화를 판매하기 위한 장소로, 그 외에 사회적 욕구를 만족시키기 위한 곳으로 이동하는 것을 말한다. 이 같은 연결은 상호 기능적이다. 교통 운송 수단은 직장으로 이동하는 이동 공간에 의해 축조된 도시 형태를 규정하는 데 있어 결정적 역할을 맡는다.

도시 형태의 역사적 과정에서 고려해야 할 세 번째 양상은 도시의 물리적 형태들의 건설을 위한 자본축적의 과정과 투자이다.[291] 어떤 형태이건 일정한 계획은 초기부터 많은 도시에서 작동했던 과정이다. 도시들이 왕의 의도에 따른 창조일 경우, 그것은 대부분 뉴욕의 주요 도시의 전면적 갱생이 무소불위의 행정 권력가였던 모지스의 의지에 따라 이뤄진 것처럼, 철저하게 계획됐다. 미리 착상된 소도시 패턴은 엄청난 정도의 계획 행위이다. 그것은 늘 바람직한 형태, 크기, 기능에 대한 가정을 포함한다. 오직 16세기에 이뤄진 자본주의의 발달 이후로 도시계획은 하나의 분리된 관심사가 됐다. 핵심적 사실은 자본주의 도시는 개인의 도시라는 것이다. 자본주의 도시 이전에는 길드와 왕정이 도시 개발을 관리했으며 그들은 공공의 선을 갖고 있었다. 반면 자본주의의 도입과 더불어 공공선에 대한 그 같은 배려의 추정은 만들어질 수 없었다. 그런 와중에서 개발, 투기, 개인의 욕망이 암흑의 노동으로서 간주됐고, 제약, 공적 행동, 권위적 제어는 계몽의 노동으로서 간주됐다. 계획과 시장 메커니즘은 매우 특수한 방식으로 도시 형태를 축조하는 단일한 구성 요소였다.

이 밖에 수렴, 분리, 결속 등의 과정이 존재한다. 도시에서 성장하는 다

---

291 같은 책, pp.24-36.

양한 활동은 한정된 특화 지역에서 결집하려는 강력한 경향을 보여주며, 이것은 내부적 연계를 통해서 수렴된다. 같은 재료를 공유하거나, 특정 종교의 실천, 특정 언어의 사용을 위해 제도적 실천은 수렴 과정을 형성한 것이다. 반면, 융합과 대조적으로 외부의 힘에 의해 유도되는 유사한 개인의 무리화가 있다. 더불어 모이는 대신 분리를 통해서 물리적으로 특정 공간에 모여 사는 경우이다. 수렴과 분리의 작동은 특수한 사회적 무리의 주택을 넘어서 토지 할당에서 상업, 산업, 제도적 활동으로 확대된다. 끝으로 결속은 내재적 욕망에 의해 집합하려는 것도 아니고, 외부적 압력을 통해 배제하려는 것도 아닌 하위 과정으로서 그 목적은 단지 상호 이득을 위해 사물을 공동으로 유지하는 것이다. 도로는 보편적 상호 연계를 획득하기 위해 결속 과정에 의해 도입된 도시 공간 형태의 구체적 사례이다.

비록 위에서 말한 과정들을 개별적으로 다뤘으나, 현실적으로는 이들 과정은 도시를 축조하기 위해 서로 결속해서 작동한다. 이 같은 구조적 과정의 전반적 효과는 바로 도시 공간의 형태발생이라는 것에 해당된다. 즉 그것은 도시 형태의 창조와 연속적인 변형을 말한다. 대부분 과정과 마찬가지로, 형태발생은 특정 시간대에서 더 급격하게 작동하며 조건적 평형의 개입 시기와 더불어 발생한다. 중세 도시는 점유했던 가정집이 대부분 피고용인의 노동력의 거주지와 노동 장소를 결합하면서 오랫동안 지속할 수 있었다. 산업혁명의 개시와 더불어 이러한 호응은 계속 유지되지 못했다. 노동 장소에로의 여정이 도입됐고 도시의 전통적 평형성은 차단되어 파상적인 형태발생의 새로운 시대가 도래해 궁극적으로 거주 지역의 분리와 더불어 도시의 새로운 형태를 유도했다. 사회적 과정과 형태발생적 과정은 지속적으로 밀접하게 상호작용하나 사회적 과정은 도시 형태에 대한 모든 설명을 포섭하지는 못한다. 따라서 도시가 그것의 형태를 취하는 과정에 대한 완전한 이해를 위해서는 형태발생을 면밀하게 관찰해야 한다.[292]

멈퍼드는 모든 시대에 걸쳐 건설된 도시를 두 가지 원칙의 다양한 조합

---

292 같은 책, pp.36-39.

의 표현으로 보았다. 축적과 정복이 그것이다.[293] 이 같은 접근법의 또 다른 버전은 집중화와 중심성이라는 두 가지 과정을 파악하는데 이것은 도시 형성과 도시 시스템에서 작동하는 것을 말한다. 도시는 모자이크로서 간주되며 각각의 부분은 상이한 환경들에서 생성된 방향성의 산물이며 그것의 구체적 형태는 상이한 조합에서 이뤄진 이 같은 방향성에 의해 영향을 받는다.

한편, 장 고트만Jean Gottman 교수에 따르면 도시는 근본적으로 사회적 정치적 현상으로서 세 개의 구성 요소의 동시 발생과 더불어 존재한다. 상당 규모의 인구, 그들이 거주하는 건축 환경, 삶의 모델의 조합이 그것이다. 그는 생활과 도시의 형태는 직간접적으로 사회를 변형시키는 힘에 의해 영향을 받는다는 점을 지적하는데 전통적으로 네 개의 제목 아래에서 범주화된다. 이는 인구, 경제력, 기술 변화의 영향력, 문화적 변이이다.[294]

또 다른 도시학자는 도시의 모양을 형상화하는 과정을 두 개의 주요 범주에서 파악할 것을 제안한다. 토지 소유와 관련해서 선행하는 패턴이 도시의 성장에 미치는 영향력, 그리고 정책 결정권자와 도시 기획자들의 역할을 포함하는 정치적 과정이 그것이다.[295]

도시의 역사적 분석에서 제시된 또 다른 경향은 도시의 역사적 변형을 자연 세계의 생물학적 진화에 비교하면서 '자연적' 현상으로서 간주하는 태도에서 나타난다. 이탈리아의 마르크스주의 건축가 타푸리는 자연현상으로서의 도시는 계몽주의 세기와 자본주의 발달로 거슬러 올라간다고 말한 바 있다.[296] 이 같은 자연선택의 진화론적 시각에서 도시의 역사적 발달은 일련의 문화적 적응으로서 파악된다.

---

293 Mumford, L., *Findings and Keepings, 1914-1936: Analects for an Autobiography,* New York, Harcourt Brace Jovanovich, 1975.

294 Gottman, J., *Forces Shaping Cities,* Department of Geography, University of Newcastle upon Tyne, 1978.

295 Scargill, D. I., *The Form of Cities,* London, Bell & Hyman, 1979.

296 Tafuri, M., *Architecture and Utopia: Design and Capitalist Development,* Cambridge, MA., The MIT Press, 1976.

역사적 접근법은 의식 비평 또는 실천적 비판을 제공하기 위해 도시 형태론을 연구하는 경향을 보여준다. 예컨대 타푸리는 도시 형태의 발달과 건축적 양식의 발달을 자본주의의 개발을 통해서 설명한다. 따라서 근대 건축은 세계 시장의 자본주의적 재조직화를 반영하며, 생산 양식의 발달을 특징짓는 불균형과 모순을 해소하기 위한 시도로 간주된다.[297] 거리, 광장, 사거리 등 산업화 시대 이전에 건설된 도시 요소의 정체성은 과거의 기념비를 통해 집단적 기억을 숭앙시키고, 공적 현실 공간의 재통합을 통해 자본주의에 맞서 투쟁하는 데 기여하는 기초를 형성한다.

이상에서 언급된 다양한 접근법의 차이에도 불구하고 이들 모두는 도시 공간이라는 직물fabric의 역사성이라는 개념을 공유한다. 이 같은 개념은 도시는 오랜 시간 동안 건설됐기 때문에 도시 형태에 대한 모든 접근법은 이 같은 역사적 진화를 설명해야 한다는 요지로 수렴된다. 여기에서 공간 기호학의 시각에서 주목해야 할 사실은 도시 공간의 구성과 배열은 사회적 물리적 상징적 차원을 갖고 있기 때문에 도시 공간의 의미 작용과 커뮤니케이션을 연구하는 도시 기호학의 시각은 도시 공간에 대한 이해의 지평을 확대시켜줄 것이라는 점이다.

도시 공간의 복잡성: 국가, 시장, 세계화

도시라는 주거 밀접 지역은 하나의 영토 형성 속에서 발생한다. 따라서 도시 공간을 연구하려면 도시적 사실을 영토적 사실로 파악할 필요가 있다. 여기에서 말하는 영토적 사실은 과거의 도시를 현대의 주거 밀접 지역으로 변형시킨 사실을 말한다. 오늘날의 도시 정착지는 비도시 공간과 관련된 한계와 문턱을 넘어서 확장됐으며 도시 공간의 형태와 의미를 근본적으로 변화시켰다.

도시 공간의 물적 토대는 그것의 구성 원리에 의해 파악될 수 있으며 획일적 모델보다는 구체적인 규칙으로 좀 더 온전하게 이해될 수 있다. 물

---

297 위의 책.

론 모든 도시 공간이라는 대상을 설명할 수 있는 획일적 모델이나 규칙들은 존재하지 않는다. 도시 공간의 경제적 요인들이 제각기 다르며 도시 공간을 만들어내는 행위 주체들도 상이하기 때문이다. 다만 일반적으로 세 가지 논리들이 도시 공간의 생산에서 첨예하게 대결한다고 말할 수 있다.

첫째, 모든 도시에서 작동되는 필요의 논리로서 이것은 경제적 구조와 교환의 논리이며 제반 가치를 순환하게 하는 도구의 생산을 요구한다. 둘째, 도시 공간에서 추구하는 이상형의 논리가 존재하는데 이것은 상징적 상부 구조의 논리, 욕망의 논리, 투사의 논리로서 공간의 생산 조건들 자체를 변형하려 한다. 셋째, 도시 공간의 생산에서는 가능성의 논리가 존재한다. 이것은 건축물과 하부구조의 논리로서 다양한 도구들을 매체로 취하는 상이한 행동에 대해 도시 공간의 물질적 능력을 제공하는 도구의 논리라 할 수 있다.[298]

이 세 가지 논리들 사이에 존재하는 관계는 그것들이 분절되는 맥락과 무관하지 않다. 시대와 장소에 따라 이 세 가지 논리 가운데 어느 하나의 중량감이 더 부각될 수 있다. 일반적으로 20세기 동안 이뤄진 도시 공간의 다양한 기획은 점증적으로 도시 건설의 급격한 확장에 적용됐으며 그 같은 팽창은 도시 경제에 부응하면서 가장 역동적인 것을 중심부에 갖다놓는 양상으로 나타났다.

이러한 시각에서 공간과 시간 속에서 이뤄지는 제 사회의 형성을 다루면서 펠레그리노를 비롯한 일부 도시 기호학자들은 도시 공간의 발생과 변천의 문제를 제기한 바 있다. 현대의 영토 생산에서 그들의 작업들은 도시 밀집 거주 지역의 동일성과 이타성을 그 공간의 통일성과 다원성에서 분절되는 것으로 이해한다.

도시 공간의 다원성은 일정한 시간성 속에서 그것의 통일성을 발견한다. 그것은 오랜 기간의 역사에서 형성된 다원성으로서 단절만큼이나 영속성으로 이뤄진다. 하지만 그 같은 다원성은 좀 더 신속한 리듬 속에서 일정

298 Pellegrino, P., *Le Sens de l'espace, livre II: La dynamique urbaine,* Anthropos, 2000, pp.7-12.

한 통일성을 발견하게 해주며 그 리듬의 주기는 건축가와 도시계획가의 천재성과 더불어 개별성 속에서 완수되는 다양한 프로젝트와 텍스트에서 다양화된다.

도시 기호학은 도시 공간의 시간성에서 나타나는 전반적인 역동성의 문제를 다뤄야 할 것이다. 20세기로 국한해 도시계획의 문제를 다룰 때 무엇보다 우리는 하나의 영토를 조직화하는 기능을 맡았던 국가의 활동을 고려해야 할 것이다. 실제로 국가는 하나의 영토에 대해 주권을 갖는 사회적 형성을 담당하는 기구이다. 그렇지만 현대의 문제는 지배적 공간이 사회적 형성들이 이뤄지는 정치적 공간보다는 세계 시장의 경제적 공간으로 변모했다는 사실에 있다.

도시계획가가 19세기와 20세기에 자신의 전문 지식을 국가의 과제와 합치시키는 수완을 갖고 있었다면 21세기 도시계획 전문가는 이제 국가 주도형 기획 의지를 지닌 채 활동하는 기술자의 역할에 만족하지 않을 것이다. 오늘날의 도시계획 전문가는 도시 공간의 현상을 그것의 세계적 맥락과 지역적 맥락 모두에서 이해하려고 노력한다. 따라서 도시 공간 축조에서 그의 기여는 도시 공간의 구성 규칙들을 검토하는 데 있으며 도시적 사실을 형성하는 존재 조건들을 파악하면서 도시 공간의 조직 모델들을 간파하려고 애쓴다.

그렇게 해서 오늘날의 도시계획 전문가는 실제로 시장과 도시 공간 사이의 상호 종속이 너무나 자명해 지역적 수준에서 기획하거나 규제하거나 협상할 여지가 과연 존재하는지 그 여부를 자문하게 된다. 이를테면 그는 이 같은 시장 지배적 공간에 적절하게 타협하는 정도가 유일한 방안이 아니겠느냐 하는 자조적 태도를 취할 수도 있다.

그럼에도 수많은 경우 도시의 밀집 지역은 하나의 경제적 행위자로 스스로 자리매김한다. 지역의 권력 주체들은 이 같은 효과를 도시의 브랜드 개발이나 이미지 정치에 활용하며, 이 같은 이미지에서 도시계획 전문가는 특정 도시의 성공적 상징들을 물질화하거나 경제적 야심의 상징들을 가시화시키는 역할을 부여받는다.[299] 시장경제의 사도들로서 건축 전문가들은 도시 공간에서 하나의 장식을 생산하는 작업에 부름을 받으며 지역 생산물의 연출을 맡는다. 지역 생산물은 이어서 대규모 시장의 기능으로 환원된 공적 공간 속에 이식된다.

도시적 사실은 하나의 특정 세계관에 해당되며 또한 사회에서 존재하는 특정 방식에 대응한다. 도시의 의미는 무엇보다 타자와의 만남을 의미하며 타자와 더불어 살면서도 동시에 자유롭게 존재하는 삶의 방식의 의미가 무엇인지 일러준다. 하지만 이 같은 공통 감각 또는 상식은 때로는 역사 속에서 저촉을 받는 경우가 발생하는데 특히 국가라는 기구의 헤게모니 의지에 의해 이 같은 자유가 제약받는다. 다시 말해 오늘날 국가는 시장경제의 다양한 규정들에 의해 그 역할과 정체성이 도전받고 있는 것이다.

이러한 새로운 세계화의 조건들은 도시 형태의 생산 원칙들을 변형시킨다. 첨단 정보 통신 기술의 발달과 더불어 도래한 '세계화globalization' 현상과 더불어 세계성의 맥락은 전혀 새로운 의미를 취하게 된다. 공간의 형성은 특정 국가 조직의 기획 의지에서 벗어난다. 21세기의 도시계획이 봉착하는 주된 문제가 바로 이 같은 시장의 파상적 힘이다. 사스키아 사센Saskia Sassen 교수가 주장한 것처럼 세계 수준의 도시들은 자본, 전문 인력, 이민자, 사업가들에 대해 국경선을 넘나드는 횡단적 지리학을 창조한다는 점에서 글로벌 도시들로 '프랜차이즈 도시'라는 개념을 확대시킬 수 있을 것이다.[300] 따라서 도시 연구의 수순을 필요로 하며 도시의 다양한 공간들과 시간들을 다루는 학문의 성립에 기여하는 일체의 수순과 절차를 일러 도시 공간학의 논리urbanologique라는 명칭을 사용하기도 한다.[301]

도시 형태의 생산 체계와 과정에 대한 이해를 목표로 삼는 새로운 도시학은 타학문들에 견주어 보다 횡단적이고 학제적이기에 다양한 차원을 가

---

299 김성도, 「도시 브랜딩의 기호학적 접근」, 『텍스트언어학』 제23집, 2007, pp.303-337.

300 Mangin, D., *La ville franchisée: Formes et structures de la ville contemporaine,* Paris, Editions de la Villette, 2004.

301 Claval, P., *La logique des villes,* Paris, Litec, 1981.

치와 의미를 구비한 하나의 전체로서 파악하려 애쓴다. 새로운 도시학은 복잡성의 학문이다. 복잡계는 다양한 방식으로 다뤄질 수 있으며 복잡성의 처리는 상이한 방법을 창출하고 그 접근법은 도시 공간의 데이터의 파악과 통일 속에서 완결된다. 의미의 생산은 그것의 복잡성이 큰 만큼 더욱더 난해하다. 복잡성은 경제성과 대립된다. 하나의 복잡한 의미를 소통시키도록 해주는 기호학적 체계는 오늘날 복잡한 현상을 비교적 단순한 원리로 환원시킬 수 있는 역량을 지니고 있다. 모든 유기체가 생존하려면 환경을 이루는 요소들, 즉 주변 사실의 복잡성을 보다 간단하게 환원시켜야 한다.

여기에서 제시하는 일반적 성찰은 시스템의 요소가 머금고 있는 의미의 환원에 대한 것이다. 기호적 과정에서 분류의 논리는 계열체적, 결여적, 시리즈적 결합이 동반된다. 그 같은 결합은 조합적, 통합체적 계산에 기초해 이뤄진다.[302]

의미로 가득 찬 복잡성에 두 개의 극단이 대립했다. 하나는 부조리로 가득한 카오스이며 다른 하나는 규칙성으로 가득 찬 단조로움이다. 경제성의 관리 차원에서 근대성은 교환의 구성 항의 환원이라는 작동 기술을 발명했다. 근대성은 교환의 요소를 위계적 수형도 상에서 분배하도록 해주는 분류론 중심의 수학에 호소하는 시스템 이론을 작동시켰으며 데이터의 복잡성을 클러스터의 칸막이 속에 갖다 놓으면서 그 복잡성을 환원시킨다.[303]

도시 형태론의 이론적 토대

도시 지리학에서 형태론은 형태의 과학을 의미하며, 모양, 형태, 외적 구조나 배열, 특히 대상의 분류를 말한다. 주로 생물학에서 사용된 이 용어는 주

---

302 Barthes, R., *Eléments de sémiologie,* Paris, Denoël-Gonthier, 1965.

303 Pellegrino, 앞의 책.

로 식물, 동물, 미시 유기물 등의 모양, 구조, 크기 등의 연구를 지칭한다. 도시 형태론은 도시 공간의 형태, 모양, 도면, 구조, 기능에 대한 연구로서, 건설된 도시 공간의 구성과 짜임built fabric을 연구한다. 이러한 측면에서 도시 형태론에서 반드시 지적할 문제는 공간의 심미적 차원이다. 만약 미학적 기준을 참조하지 않은 채 도시 공간 개념을 정의하려 한다면, 건물들 사이의 텅 빈 공간만을 고려하는 다분히 무미건조한 작업이 되고 말 것이다. 도시 공간은 판독 가능한 기하학적, 미학적 성격을 소유할 때 비로소 하나의 인간적 공간으로서 체험될 수 있다.[304] 만약 우리가 하나의 도시를 계획한다면 즉 도시 디자인 또는 도시의 공간적 질서를 이해하기 원한다면, 이 같은 도시 공간이라는 대상의 본질, 그것의 구성 요소, 잠재적 건물 블록, 그리고 이 같은 상이한 부분이 서로 관계를 맺는 방식, 그리고 전체와 부분이 맺는 관계를 이해할 수 있어야 할 것이다. 이것을 일러 도시 해부학 또는 도시 형태론이라 명명한다.[305]

이를 위해 먼저 삼차원에서 해석되는 기본적인 도시 공간의 단위들하위 성분 요소들과 건물의 무리을 파악하고, 이어서 이 같은 요소 사이의 관계를 면밀히 탐사하고, 체계적 질서를 이해할 수 있는데 이것은 바로 도시 통사론에 해당된다. 즉 각각의 개별적인 자연언어의 특성이 통사론에서 나타나듯이, 도시의 개성으로서 인지될 수 있는 것이 바로 도시 통사론이다.[306] 우주는 수

---

304 Krier, R., "Chapitre 1 Eléments typologiques et morphologiques de la notion d'espace urbain". in *L'espace de la ville,* AAM Editions, 1980.

305 1. Conzen, M. R. G., *Alnwick, Northumberland: A Study in Town Plan Analysis,* Publication n.27, London, Institue of British Geographers, 1969.

2. Whitehand, J. W. R., "*The Urban Landscape: Historical Development and Management: Papers by M.R.G.* Conzen", M. R. G., *IBG Special Publication no.13,* London, Academic Press, 1981.

3. Moudon, A. V., "Getting to know the built landscape: typomorphology", in Franck, K. A. and Schneekloth, L. H., *Ordering Space: Types in Architecture and Design,* New York, Van Nostrand Reinhold, 1994.

4. ________ , "Urban morphology as an emerging interdisciplinary field", *Urban Morphology,* n.1, 1997, pp.3-10.

306 Marshall, S., *Cities, Design & Evolution,* London & New York, Routledge, 2009, pp.59-87.

많은 구성 단위로 이뤄져 있으며, 인간은 그 하위 단위를 인지할 수 있고, 더 나가 최하위 단위와 최상위 단위를 인식할 수 있으며, 미세 원자에서 슈퍼은하계에 이르는 다양한 크기에서 작동되는 단위를 인식할 수 있다. 다시 말해, 도시 형태론의 과제는 도시 맥락과 관련해 상이한 스케일에서 작동하는 유사성과 차이를 파악하는 일이라 할 수 있다.

1. 도시 형태의 본질

형태 언어morphic language

도시 형태는 다른 수많은 종류의 형태들과 마찬가지로 하나의 형태 언어라 할 수 있다.

형태 언어는 "하나의 통사에 의한 상이한 배열들로 질서화된 실재들의 모든 집합"으로 정의될 수 있다.[307] 예컨대 공간은 하나의 형태적 언어이다. 각 사회는 일정한 원리에 따라 공간을 배열함으로써 민족적 영역을 구성한다. 이 같은 원리의 추상적 기술description을 재생함으로써 그 사회에 대한 사회적 양상을 직관적으로 파악할 수 있다. 그 기술이 재생 가능한 이유는 공간 배열이 통사적 원리로부터 생성되기 때문이다. 사회적 관계는 하나의 형태적 언어이다. 예컨대 각 사회는 구성원을 위한 만남의 패턴을 성립한다.

형태 언어의 개념은 인식 가능성의 문제를 형태론의 문제와 연계시킨다. 인식 가능성은 특징적인 패턴이 일정한 현상의 집합에서 배열의 추상적인 원리에 대한 참조를 통해서 어떻게 인식될 수 있는가라는 물음이라 할 수 있다. 형태론을 조합의 원리로 환원시키는 것은 인식 가능성의 원리로 환원시키는 것이라 할 수 있다. 조합 원리의 집합은 다름 아닌 통사이다. 통사는 형태 언어의 가장 중요한 속성이다. 형태 언어의 공간적/시간적 윤곽에 대

307 Hiller, and Hanson, 앞의 책, p.48.

해 인지할 수 있는 것은 형태 언어의 통사에 기인한다.[308]

마찬가지로 통사는 공간적 시간적 배열을 가능케 해 체계적인 유사성과 차이를 노출한다. 형태 언어의 본질은 자연언어와 수학 언어라는 두 가지 다른 유형의 언어와 비교하면 확연하게 드러난다. 자연언어의 일차적 목적은 세계를 표상하는 데 있다. 즉 언어 그 자체와 닮지 않은 의미를 전달하는 데 있다. 무한하게 풍부한 세계에서 표상의 과제를 완수하기 위해 자연언어는 두 개의 결정적인 특징을 갖고 있다. 첫째, 자연언어는 강력하게 개별화될 수 있는 일차적 차원에 속하는 형태적 단위의 집합을 갖는다. 풀어 말해 각각의 단어는 다른 단어와 상이하다. 둘째, 자연언어는 형식적 또는 통사적 구조를 통해서 문법적으로 올바르게 구성된 문장을 생성한다. 또한 자연언어에서 통사적으로 제대로 배열된 문장의 존재는 하나의 의미가 존재하도록 허락한다. 하지만 통사는 그 의미를 규정하지도 보장하지도 않는다.

반면 형태 언어에서는 통사적으로 잘 형성된 문장은 의미를 보장하고 규정한다. 그 이유는 형태 언어의 의미는 단지 그 같은 패턴의 추상적 구조이기 때문이다. 형태 언어는 실재 세계에서 추상적 구조들이 실현된 것이라 할 수 있다. 형태 언어는 무엇인가를 표상한다는 언어 의미론적 차원에서 의미를 전달하는 것이 아니라 오직 패턴을 성립한다는 차원에서 고유한 의미를 전달한다.

도시 형태의 본질: 중심성과 조합성

르페브르는 자신의 주저 가운데 하나인 『도시 혁명The Urban Revolution』 제6장의 서두를 '도시 현상의 본질은 무엇인가'라는 물음으로 시작한다.[309] 그는 과거에는 고전적 도시에서 정치, 행정, 상업 등의 생산적 기능을 분류해왔는데, 현대에는 단순히 이러한 기능만을 나열하는 것은 의미가 없다는 점을 지

308 같은 책, pp.45-51.

309 Lefebvre, H., *The Urban Revolution,* Minneapolis, University Of Minnesota Press, 2003, p.115-164.

적한다. 이 같은 기능들은 중심성과 조합성이라는 두 가지 성격을 내포한다. 중심성의 기능은 도시 중심지에서 관리하고 지배하는 네트워크로 포괄하는 영토와 도시 자체와 관련된다. 여기에서 말하는 도시는 생산 시설과 분배망을 갖춘 통합된 도시를 말한다. 도시 현상의 특징은 물론 이 두 가지 기능의 접합부와 그것의 분절 지점에 위치한다. 따라서 이 같은 기능을 단순히 열거하는 것은 의미가 없다. 다시 말해 그 기능에 대한 기술은 학술 분야마다 다를 것이며 세부 분석은 두 개의 기능의 분절에 이르지 못한 채 별개로 따로 놀 것이다.

르페브르는 도시의 핵심 개념은 순환이라는 점을 강조한다. 그는 도시 현상의 본질적인 양상은 그것의 집중성에 있으며 이것은 도시를 만들거나 파괴해버리는 변증법적 운동과의 결합으로 이해될 수 있는 집중성을 말한다. 모든 지점이 중심이 될 수 있다는 사실은 도시의 공간과 시간의 핵심적 의미라 할 수 있다. 예컨대 르페브르는 농업도시와 산업도시를 구체적 사례로서 언급한다. 농업은 자연을 기반으로 삼아 이뤄지며 자연 성장의 원리 법칙에 의해 농산물을 생산하고 자연과 함께 발전한다. 자연법칙이 씨, 꽃, 과일로 진행되는 한, 농부의 공간과 시간은 그 사이클을 깨지 않으며 그 안에 통합된다.

도시는 생산의 모든 요소를 결집시킨다는 이러한 점에서 촌락과 상이하다. 도시는 시장을 통합시키고 농업, 산업, 상품 시장을 모두 포함한다. 도시는 지역적, 국가적, 전지구적 차원에서 자본, 노동, 토지, 시장을 집약시키며 다른 곳에서 생산된 모든 것을 자신의 공간 속에 모아 놓는다. 여기에는 자연과 노동을 통해 생긴 과일, 물건, 상품, 생산자, 활동 등이 포함된다. 이렇게 볼 때 도시가 만들어내는 것은 바로 창조를 집중화시키는 데 있다. 르페브르에 따르면 결국 도시는 모든 것을 생산하는 공간이라 할 수 있는데 그 이유는 도시에서는 그 어떤 것도 교환, 집합, 관계성 없이 존재하지 않기 때문이다. 도시는 서로 다른 것이 순서대로 발생하고 개별적, 고립적으로 존재하지 않는 특이한 상황을 만들어낸다. 도시 상황의 고유성은 바로 그 다른 것의 차이에 의해 만들어지는 것이다. 도시는 모든 다른 것에 관심을 갖고 통합한다는 점에서 사회적 관계성의 본질을 구성하고 증명하고 전달한다.

따라서 도시 공간의 기호는 조합assembly의 기호이다. 길과 표면, 돌, 아스팔트, 골목길 등, 조합을 촉진시키는 사물들과의 조합인 것이다. 이러한 도시 공간은 밤에 빛나는 조명에 의해 강력하게 상기된다. 특히 비행기를 타고 도시를 바라볼 때를 생각해보면 된다. 결론적으로 르페브르는 다음과 같이 진술한다. "따라서 도시는 순수한 형태이다. 만남, 조합, 동시성의 장소이다."[310]

도시 형태는 특정한 내용을 갖고 있지 않은 채, 단지 사람을 끌어당기는 힘임과 동시에 생활의 중심지이다. 그것은 추상이지만 형이상학적 실재와는 다르며 도시 공간은 하나의 구체적 추상으로서 실천과 결부된다. 살아 있는 피조물, 산업 생산물, 테크놀로지와 부, 문화의 작품들, 라이프스타일, 상황들, 일상의 변조와 단절 등 도시 공간은 그 모든 실천의 내용을 축적해간다. 하지만 르페브르가 강조하듯이 도시 공간은 축적 그 이상의 것이다. 도시 공간의 내용, 사물, 오브제, 사람, 상황은 이질적이고 다양하지만 상호 현존하고 조화되기 때문이다. 도시 공간은 형태이면서 동시에 내용이고 텅 빈 곳이며 동시에 가득 찬 충만함이며 초의식인 동시에 의식들의 총체성을 담고 있다.

도시 공간은 수학적 형태와 결부되며 모든 것은 계산 가능하고 수량화가 가능하고 프로그램화된다는 점에서 기하학적 형태와 결부되며 격자형, 순환형, 대칭과 반복과 결합된다. 따라서 도시의 모든 경로는 시간의 비가역성에도 불구하고 가역적이며, 다른 말로 표현하면 판독 가능하다. 도시 공간의 동시성은 공존하는 요소의 합리적 질서와 더불어 마치 언어나 문학과 유사하다. 하지만 그것의 사회적 논리에도 불구하고 도시 공간은 단일한 시스템을 구성하지 않는다. 결론적으로 말해 형태와 내용 사이의 상대적 독립성과 자율성 때문에 하나의 도시 시스템으로 환원시키거나 도시를 형태의 통일적 시스템에 삽입할 수 있는 가능성은 없다는 것이 르페브르의 견해이다. 따라서 도시 현상과 도시 공간을 시스템 차원에서 사유하거나 하나의 단

---

310 위의 책, p.118.

일 시스템으로 정의하는 것을 배제한다는 점에서 그는 기호학적 테제를 정면으로 부정하는 셈이다. 또한 그의 이 같은 시각은 도시를 하나의 대상이나 실체 또는 의식 등의 단일 주체로서 정의하는 것을 배제한다.[311]

요컨대 도시는 하나의 형태이다. 바로 그 같은 이유로 인해 도시는 상이한 생산방식과 생산적 관계를 통해 새로운 양상의 중심성을 만들어내고 있으며 그 같은 경향은 의사 결정 중심지에 영향을 미친다. 이를테면 단일 중심성이 아닌 다중심성과 편재적 중심성을 향하고 있으며 이것은 중심지와의 단절이며 분산을 의미한다.

도시 인공물의 개별성

로시에 따르면 도시의 형태는 도시의 건축으로 집약되며 이때 도시 건축은 두 가지 양상에서 이해될 수 있다.[312] 첫째, 도시를 하나의 거대한 인공물로 간주하면서, 시간의 온축과 더불어 성장한 일정 크기를 갖는 복잡한 형태를 띠는 공학 또는 건축의 작품으로 파악하는 것이 가능하다. 둘째, 전체 도시 가운데 한정된 범위, 즉 그 자체의 건축과 형태에 의해 특성화된 도시 인공물에 대해 언급할 수 있다. 특정한 구체적 도시 인공물을 분석할 경우, 이 같은 모습을 훨씬 쉽게 파악할 수 있으나 동시에 일련의 복잡한 문제에 봉착하며 이 문제의 핵심은 개별 도시 인공물의 질과 개별적 특성에 관련되어 있다. 로시는 그 한 예로서 이탈리아 북부 도시 파도바Padova의 재판소 건축물을 언급한다. 유럽의 모든 도시에는 대형 팔라초palazzo, 복합 용도의 건물, 인구 밀집 지역 등이 도시를 구성하는 핵심적 부분들로서 존재하며 대부분 최초의 기능과는 다르게 사용되고 있다. 로시의 관찰에 따르면 파도바의 재판소 기념물을 방문할 때 놀라는 것은 이 건물이 수용했던 기능의 다양함과 그 기능이 건물의 형태에서 완전히 독립해 있다는 사실이다. 특히 그는 방문객의 마음에 깊은 인상을 남기는 건축적 경험의 진수가 바로 이 건축물의 형

311 같은 책, p.119.

312 Rossi, A., *The Architecture of the City*, MA, The MIT Press, 1984, pp.103-137.

태라는 사실에 주목한다. 로시는 이 같은 건물의 개별성이 어디서 도래하는가라는 본질적 문제를 던지면서 그에 대한 답으로서 건축물의 재료도 중요하나, 형태가 차지하는 비중이 더 결정적이라는 점을 강조한다. 건축물의 형태는 바로 시간과 공간 속에서 복합적이면서 정교하게 다듬어진 형태에서 탄생한다. 특히, 시대가 변화하면서 본래의 건물 기능이 사라져도 건물의 물질적 차원보다는 건축물에 내재하는 정신적 가치를 인식할 것을 로시는 주문한다. 그의 지론에 따르면 특정 건축물로부터 획득한 개념과 집단의 산물로서 그 건축물이 가지고 있는 보편적 기억을 파악해야 하며 건축물을 통해 맺은 사회 집단과의 관계도 중요한 요소이다. 파도바의 재판소 건물을 비롯해 도시 공간을 거니는 동안 사람들은 여러 다양한 경험을 수행하고 인상을 받는다. 동일한 장소와 도시 공간에 대해 자신의 불행했던 시간을 회상하는가 하면 어떤 장소에서는 행복한 추억과 의미를 부여하기도 한다. 이러한 다양한 경험과 인상의 총체가 바로 도시 공간을 구성하는 것이다. 로시가 우리에게 선사한 통찰은 도시 공간에서 숫자와 객관적 인식으로 파악될 수 없는 고유한 성질을 인식할 수 있어야 한다는 심오한 메시지라 할 수 있다. 따라서 단지 도시의 형태적 분석에 매몰되는 심리학적, 인지적 실험에 기초한 분석에 만족하지 말고 보다 더 깊이 있는 인문적 통찰과 혜안, 감각적 분석이 요구된다.

도시의 개별성에 대해서는 영국의 도시계획 이론가 언윈 역시 상세하게 다룬 바 있다.[313] 그에 따르면 "도시를 사랑하는 사람에게 이 같은 개별성은 진정한 미덕을 지닌 고유한 성질quality로서, 도시계획 도식의 위험성 가운데 하나이며 우리가 경계해야 할 위험성은 바로 이 같은 개별성을 소거하고 모든 소도시를 유사한 유형과 패턴으로 반복적으로 주입시키려는 경향이다."[314] 언윈의 탁견에 따르면 오직 각각의 도시가 지닌 개별성을 종합적인 안목에 기초해 평가할 때에만 이 같은 바람직하지 못한 경향을 피할 수 있

---

313 Unwin, R., *Town Planning in Practice: An Introduction to the Art of Designing Cities and Suburbs,* London, Adelphi, 1909, pp.15-114.

314 위의 책, p.16.

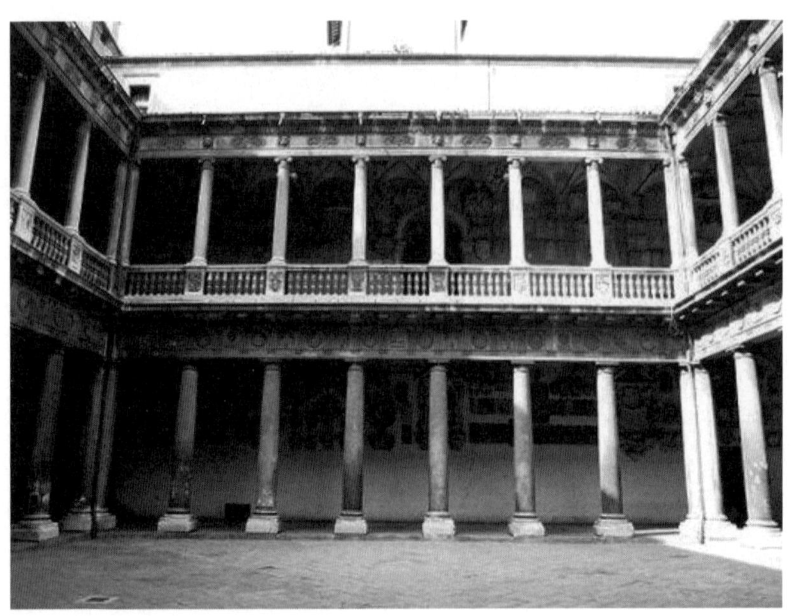

17 파도바 재판소

다. 여기에서 말하는 개별성은 바로 각각의 소도시들이 가진 개성이라고 할 수 있으며, 각 소도시의 풍경을 만들어내는 자연환경, 지역 건물의 소재가 지니는 색채, 시민의 삶, 도시의 주요 구역에 널리 퍼져 있는 산업의 성격 등의 어울림으로부터 솟아나는 그 도시의 고유한 성격이라 할 수 있다. 언윈에 따르면 바로 이 모든 요소가 하나로 어우러져 각각의 소도시에 그것의 개별성을 부여하며 그 도시의 멋을 만들어내는 것이다.

2. 도시 형태의 복잡계[315]

도시 형태Forma urbis란 결코 도시의 기하학적 형상으로 국한되지 않으며 도시를 보고, 사유하고, 감동하고, 추억하는 것을 말한다.[316] 무엇보다 멀리서 보는 것과 같은 환상을 주나 실상은 관찰 가능한, 그 어떤 현실도 반영하지 않는 원근법적 도면이 가진 잘못된 성격에 주목해야 할 것이다. 도시 전체는 늘 재구성된 표상이다. 도시를 하나의 총체적 시선으로 파악한 뒤 오브제의 집합으로 기계적으로 환원시키는 것은 유럽에서는 계몽주의 시대에 시작됐다. 그 같은 기계적 환원은 르 코르뷔지에가 구상한 인구 300만 명으로 이뤄진 현대 도시의 시야와 더불어 심화됐다. 이 같은 비전은 과거 시대의 과학과 사상에 속하며 구체적 도시는 그와는 전혀 다르다. 브라이스 그뤼에Brice Gruet 교수는 다음과 같이 설파한다. "도시를 고려하는 두 가지 상이한 방식을 구별해야 할 것이다. 일종의 도시의 꿈처럼, 전체적이면서 무구별적인 관념으로서의 도시가 한 가지 범주라면, 다른 하나는 구체적 도시로서 상이한 층위에서 지각될 수 있으며, 그 가운데는 작은 길이 포함될 것이며, 그것을 기술하려면 가장 큰 정밀성을 필요로 한다."[317]

복잡계 이론이 우리에게 알려주는 사실은 도시를 살아 있는 생명체로서 파악하려면 도시의 부분과 그 관계의 탐구에서 시작해야 한다는 교훈과 더불어 상상적이며 관념적인 총체성으로 접근해서는 안 된다는 지침이다. 그렇게 해서 하나의 새로운 패러다임이 창발하는데, 요소 그 자체보다는 요소 사이의 관계에 의해 특징지어지는 복잡한 형태의 패러다임이라 할 수 있다.

---

315 Salat, S., *Les villes et les formes,* Trieste, Hermann, 2011, pp.53-70.

316 위의 책, pp.26-52.

317 Gruet, B., *La rue à Rome, miroir de la ville: Entre l'émotion et la norme,* Paris, Maison de la Recherche Paris-Sorbonne, 2006, pp.365-366.

형태들의 복잡성

형태라는 단어는 형상화configuration, 구조, 패턴, 조직화, 관계의 체계 등의 다양한 의미를 갖는다. 한 도시의 형태는 그 도시를 구성하는 사회적 공간적 패턴으로 이뤄진다. 다시 말해 도시의 네트워크, 구성된 공간, 텅 빈 공간을 기하학적 차원에서뿐만 아니라 이차원, 삼차원, 심지어 시간의 깊이를 포함하는 사차원으로 이뤄진 위상학적이며 위계화된 용어로 기술할 수 있도록 해주는 공간적 사회적 패턴을 말한다. 끝으로 형태는 도시를 관찰할 때 나타나는 해상도의 정도와 분리될 수 없다. 공간적 삼차원에 해상도의 층위라는 추가적 차원을 첨가하려면 국부적 형태와 포괄적 형태 사이의 단순한 대립을 넘어서야 할 것이다.[318]

형태의 분석적 연구는 도시 공간 시스템의 파악을 가능케 하며 공간과 시간을 통해 이뤄진 도시의 진화에 대한 완결된 이해를 위한 발판이다. 도시 형태는 수많은 힘의 결과물이다. 도시 형태는 시간과 생성 속에서 취해지며 더 정확히 말하면 비가역성, 불안정성, 비결정성에 의해 표시되는 세계 속에서 시간과 생성에 의해 발생한다.

도시의 외재적 형태는 도시 공간 시스템의 비가시적인 구조적 법칙의 발현이다. 따라서 형태는 정태적 실재로서 연구돼서는 안 되며 형태를 발현시키는 시스템의 역학 한복판 속에서 연구되어야 한다. 시스템의 구조는 그 시스템을 구성하는 요소에 의해 정의되며, 또한 그 요소의 상호작용을 정의하는 관계에 의해 정의된다. 제 요소와 관계는 상이한 위계들 속에서 다시 무리 지어지며, 그 가운데 어떤 것들은 공간적이고 다른 것들은 비공간적이다. 도시의 블록, 동네, 거리, 소도시 등의 건설된 형태들의 위계, 커뮤니케이션 네트워크, 도시의 서비스, 주거, 고용, 상업, 교육, 여가 등의 인간 활동은 서로 중첩되는 수많은 위계를 형성한다. 이 같은 세 가지 유형의 위계는 지속 가능한 도시에 도달하기 위해 세밀한 망으로 이뤄진 구조 속에서 조화를 이뤄야 한다. 형태와 도시 공간 시스템의 프랙탈적 위계라는 관념은 도시

---

318 Salat, 앞의 책, p.27.

형태론의 새로운 이론적 도구이다. 그것은 우리로 하여금 어떻게 제 시스템이 자신의 부분을 변형시키면서도 그것의 포괄적 형태를 유지하면서 변화할 수 있는가를 이해하도록 해준다.[319] 이것은 영속성과 회복성의 형태를 성립한다. 요소의 연속적인 첨가 또는 제거로부터 이뤄지는 형태의 점증적 성장은 선택과 적응 과정을 통해 자신의 환경에 적응된 형태로 유도되는 반면, 지나치게 신속한 성장이나 비적절한 층위에 이뤄진 개입에 의해 도시 형태는 파괴될 수 있다. 따라서 도시 공간의 개념화는 도시 시스템이 상이한 위계적 층위를 통해서 진화하는 방식에 대한 온전한 이해에 토대를 두어야 한다.[320]

문화적 사실로서의 도시 형태론

도시는 물리적으로 건설된 하나의 사건이기 이전에 하나의 문화적 사실이다.[321] "도시 형태론은 사회 형태론과 분리될 수 없다." 다시 말해 도시 형태론은 도시의 물리적 형태에 대한 연구로 환원될 수 없다. 도시의 현실은 복잡하고 생동하며, 물리적이면서 동시에 정신적이라는 점에서 선명하게 구별될 수 있는 요소로 분간될 수 없다. 반면, 도시 형태론은 상이한 층위에서 아울러 다수의 관점에 따라 분석될 수 있다. 몇몇 형태론적 접근법은 그들의 관심사의 한복판에 형태와 도시 경관의 문제를 갖다 놓고 있다. 물론 형태가 도시의 모든 것은 아닐지라도 그것은 도시의 물리적 정신적 구조로서 수천 년간 지속될 수 있는 부동성과 영속성을 지니는 구조라 할 수 있다.

도시 경관의 형태

도시 경관은 세계의 모든 문화권과 역사의 시기 속에서 형태화의 대상이었다. 예컨대, 이탈리아 중부 도시 시에나의 중심부Campo처럼 그 외관에 있어

---

319 같은 책, p.28.

320 cf. Alexander, Ch., *Notes on the Synthesis of Form,* Cambridge, MA, Harvard University Press, 1964.

321 Salat, 앞의 책, p.28.

서 가장 유기체적인 형태들은 수 세기 동안 오랜 시간에 걸쳐 성찰되고 기획되어왔다. 토스칸 지방의 작은 소도시들은 기념비와 광장의 기하학적 질서가 그곳 지방의 지형의 곡선을 따라 생성된 가옥들로부터 탄생한 골목길의 구불구불함과 완벽하게 통합됐다.

미국 도시계획 이론가 린치의 분석 방법은 한 도시의 공간적 이미지와 개인들의 지각을 비교할 수 있도록 해주었다. 도시 공간에 대해 개인이 가진 지각은 선별적이며 그들의 정신적 지도에서 나타나는 몇몇 요소에 초점을 두고 있는 것이다. 따라서 도시 경관은 재구성된 그 무엇이다. 오직 하나의 개별적 시선에 대해서만 경관이 존재하는 것이다. 이 같은 심오하게 인간화된 도시 경관은 오늘날 사라져가고 있다. 역사적 도시 공간들의 연속성, 오목형, 정보적 풍요로움이 근대주의적 대형 블록 오브제들처럼, 중립적이며 어떤 차이도 없는 텅 빈 공간에 의해 대체됐기 때문이다. 이를테면 대도시 도처에 있는 주차장과 고속도로에 할애된 인간이 살지 않는 거대한 공간을 생각하면 쉽게 이해가 될 것이다. 이것은 도시 형태의 최초의 가시적이며 자명한 위기이다. 도시 형태들의 파열은 사회적, 환경적, 에너지적 차원에서 부정적인 파급 결과를 낳았다.

요컨대 도시 형태론의 인간적, 본질적 차원을 시야에서 놓쳐서는 안 될 것이다. 바로 이 같은 인간적, 문화적, 인류학적 차원은 왜 형태론이 본질적이면서 동시에 무한하게 다양한 것인지에 대한 이유를 설명해준다.

도시 공간 시스템

제 도시 형태들은 포괄적인 도시 공간 시스템의 물리적 기층이다. 이 같은 시스템은 단순한 인과적 연쇄로 사유되기에는 너무나 복잡하다. 도시 공간 시스템은 무엇보다 사회적이다.[322] 바로 그 같은 이유에서 인간 활동의 성층은 도시 형태론에서 전면에 나타난다. 도시는 사회적이면서 동시에 공간적인 실재이다. 도시는 공간화되고, 복잡하며 열린 시스템이다. 도시 공간 시

322 같은 책, p.33.

스템의 판독 가능성과 분석을 위해 그것을 여러 개의 성층들과 요소로 분해할지라도, 중요한 것은 성층과 요소 사이의 상호작용이다. 논의의 단순화를 위해 공간적 구조와 그것을 가로지르는 플럭스들을 구별할 수 있을 테지만 양자는 서로 영향을 미친다. 예컨대 자동차 이동의 플럭스는 미국 도시를 파열시켰으며 그 대가로 미국 도시의 분산적이며 무정형의 구조는 자동차에 더욱더 의존하게 만드는 악순환의 과정을 심화시켰다.

도시 형태론의 구성 요소들: 상호작용하는 성층들의 중첩

최근의 연구에 따르면 도시 형태론을 여섯 개의 상이한 성층들로 분절할 수 있다.[323]

첫 번째 성층은 사람과 활동에 해당된다. 사회적 상호작용은 도시의 조직을 상당 부분 지배하며 마찬가지로 도시 공간 구성은 이 같은 상호작용에 영향을 미친다. 도시는 교환과 활동의 장소이다. 두 번째 성층은 길과 거리의 망과 도시의 도로망에 해당된다. 길의 조직화는 그것이 순간 발생적으로 만들어진 것이건 공공 정책 결정권자에 의해 기획됐건, 교통과 운송, 이동 방식, 도시로부터 부상하는 사회적 활동, 그것의 생태학적 자극 등에 있어서 근본적 역할을 맡는다. 세 번째 층위는 토지 구획의 연구이다. 토지 구획의 조직화는 건설 공간의 형태에 있어 결정적인 역할을 맡는다. 예컨대, 토지 구획이 매우 작으면 대형 고층 건물을 건설하는 것은 매우 어렵다. 두 개의 고층 건물 사이의 공간이 쾌적한 환경을 창조하기에는 불충분하기 때문이다. 네 번째 층위는 도시 거점의 지형과 기복을 포함한다. 지형은 길과 거리의 패턴에 영향을 미친다. 예컨대 스위스의 중세 도시 취리히Zürich의 세밀한 도시 공간 짜임은 호숫가와 강가 주변에 그대로 남아 있었으며, 첨단 기술 발달에 힘입어 도시가 작은 언덕을 정복할 수 있을 때까지 중세의 형태가 남아 있었다. 도시의 작은 언덕과 큰 강은 길과 거리의 패턴을 곡선으로 물결치게 만들어 그 도시의 지형과 결합한다. 서울을 비롯해 로마와 도쿄도 이

323 같은 책, pp.33-36.

같은 경우에 속한다. 다섯 번째 성층은 토지의 사용과 활동의 분할에 해당된다. 이것은 사람의 흐름, 교통과 연관된 에너지의 소비, 상이한 건설 지역의 조직화 등에 영향을 미치는 결정적 요인이며 사회적, 경제적, 환경적 반향을 불러일으킨다. 여섯 번째 성층은 도시를 삼차원에서 포착한다. 따라서 바람, 태양, 오염 물질의 제거, 온도 등을 총체적으로 참작한다. 도시 건축의 형태론적 연구와 결부된 이 같은 기후 요인에 대한 연구는, 예컨대 냉난방 에너지의 필요에 대한 새로운 평가 방법을 구축하는 것을 가능케 한다.

계량학과 위상 기하학

도시의 거리를 측정하는 계량학과 위상 기하학은 각각의 층위에 대해 역사와 지형의 우발적 사건 아래 숨겨진 심층적 구조를 계시해준다. 그 두 개의 접근법은 다양한 유형론과 계통론을 구성하는 것을 가능케 한다. 도시의 형태 과학을 비교 계량학에 기초해 수립하는 것은 결코 시도된 바 없는 과학적 기획이다. 엄밀한 수학적 모델에 기초한 형태의 과학과 공간의 문화 인류학을 접목시키는 것이 관건일 것이다. 도시의 전체 부분은 각 부분이 살아가는 방식의 구체적 기호를 제시하며 그것의 고유한 형태와 기억을 갖고 있다.[324]

이 같은 특징을 심화시키기 위해 계량학과 위상 기하학에 토대를 둔 형태론적 연구들은 역사적 작업에 의해 심화되어야 할 것이다. 문화적 공간의 보이지 않는 차원에 대해 주의를 기울임으로써 비합리적인 것, 우연적 사건, 감동 등의 놀라움을 도입할 수 있을 것이다. "즉 도시의 물리적 기하학적 규칙성이라는 단순 개념을 넘어서 또 다른 규칙성, 상징, 감동, 의미의 규칙성이 숨어 있는 것이다."[325] 따라서 "도시의 형태는 그 자체가 사회적 현상으로서 개인들에 대해서뿐만 아니라 노동 분화 또는 가족 구조에 대해 지대한 영향"을 행사한다.[326]

---

324 같은 책, p.37.

325 Gruet, B., *La rue à Rome, miroir de la ville. Entre l'émotion et la norme,* Maison de la Recherche Paris-Sorbonne, Paris, 2006, p.23.

326 Bofill, R. et Véron, N., *L'architecture des villes,* Paris, Editions Odile Jacob, 1995, p.22.

3. 도시 공간 형태의 사회적/공간적 기하학

'도시 공간의 형태urban form'라는 용어는 여러 이론가의 제각기 다른 관점에 의해 정의되어왔다.[327] 실제로 관련 분야의 연구자들은 도시 형태와 공간적 구조와 같은 용어들을 별다른 개념적 엄밀성을 갖지 못한 상태에서 사용한다. 이 같은 이질적 다양성이 노출되는 이유는 도시 형태가 다양한 학술 분야에서 상이한 정의, 상이한 개념적 프레임워크에 의해 연구되어 왔기 때문이다. 따라서 도시계획과 도시디자인, 건축학, 도시 지리학에서 제시된 도시 공간과 형태에 대한 접근법에 대한 개괄적 언급이 필요하다.[328]

초반기 도시 형태의 의미는 소도시 건설 지역에서 관찰되는 가시적 형태를 포함하는 전체 경관을 말한다. 그것의 세 가지 구성 요소는 '도로 계획 또는 레이아웃' '건물의 건축적 양식과 그 디자인' '토지 사용'이다.[329] 그 이후 동일한 노선을 따라 각 구성 요소들의 기하학은 도시 형태로서 정의됐다. 한편 도시 디자인에서 제시된 개념은 도시 형태의 물리적 요소들을 의미하며, 토지 사용, 건물 형태와 밀집, 교통 순환과 주차, 개방 공간, 보행자 인도, 활동 지원, 각종 표시판을 아우른다.[330]

건축학에서는 빈번하게 도시의 물리적 구성과 배열physical fabric에 주목하고 미학적 기능적 차원을 집중 연구했다. 건축학자에게 도시 공간은 인간 의지의 행위가 실현된 공간이며 운동의 건축과 휴식의 건축이라는 두 요소로 이뤄진 예술작품이다.[331] 몇몇 저자들은 도시 형태를 두 개 차원에서 정의할 것을 권고한다. 먼저 이차원에서 도시 형태의 물리적 외연, 거리 패턴과 상이한 지역을 파악할 수 있으며, 삼차원에서는 도시 내부에 있는 형상의 구조

---

327 Bourne, L. S., "Urban spatial structure: an introductory essay on concepts and criteria", in Bourne, L. S., *Internal Structure of the City,* New York, Oxford University Press, 1982, pp.28-45.

328 cf. Madanipour, A., *Design of Urban Space,* New York, Wiley, 1996.

329 Herbert, D. T. and Thomas, C. J., *Urban Geography,* Chichester, John Wiley, 1982.

330 Shivrani, H., *The Urban Design Process,* New York, Van Nonstrand Reinhold, 1985.

331 Bacon, E. N., *Design of Cities,* London, Thames and Hudson., 1967.

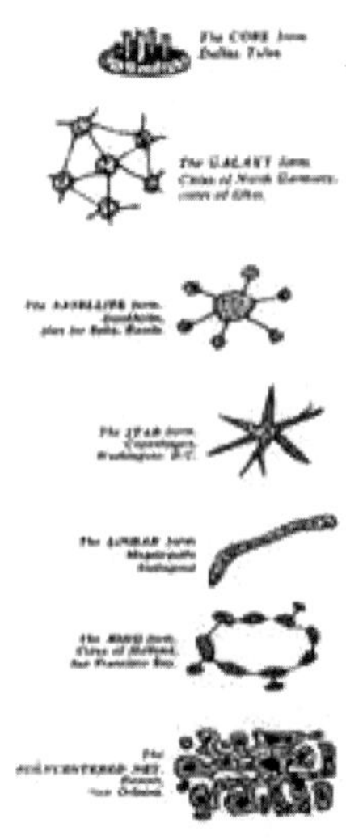

18 이차원의 도시 형태

적 차원과 함께 도시의 스카이라인을 고려하면서 공간 구조를 파악할 수 있다.

'도시 공간의 단위urban unit'는 분할과 집합의 인지가 가능한 하나의 원으로 표현될 수 있다. 도시 세계는 데카르트적 공간의 추상적 의미에서 말하는 단지 삼차원적인 것만은 아니며, 도시, 건물, 나무, 동물, 강 등의 촉지 가능한 오브제들의 세계이다. 그런데 이 같은 삼차원의 세계가 삼차원의 고체는 아니다. 도시가 제대로 그 기능을 작동시키려면 고체와 텅 빈 공간을 서로 결합시키면서 도시라는 조각물을 상감해야 한다.

앞서 진술한 이론적 토대에 기초해 알리 마다니프Ali Madanipour 교수는 도시 형태를 사회적/공간적 연속체의 기하학으로서 파악하는 것이 가능하다고 결론 내린다. 연속체에서 개별적 요소는 물리적 사회적 차원과 더불어 복잡한 조합을 형상화하면서 그것의 상호 관련성을 통해 점증적으로 조합된다. 달리 말해 전체로서의 도시는 다양한 스케일에 속하는 상이한 구조들의 스펙트럼에 의해 형성된다. 모든 수준에서 구조의 물리적 차원과 사회적 차원은 비록 그 연계에서 구별되고 변경 가능하지만 서로 얽혀 있다. 도시 형태에 대한 연구는 따라서 물리적 실재가 생산되고 사용되는 방식, 그것의 공간적 배열, 그것의 상호 관련성을 연구하는 것이며, 아울러 어떻게 화폐적 상징적 가치들이 그 같은 물리적 실재에 할당되는가를 연구하는 작업이기도 하다.

이를 위해 먼저 우리는 기본적인 도시 공간의 단위가 무엇인지를 살펴야 할 것이다. 이것은 마치 기호학에서 하나의 텍스트를 구성하는 기본 단위가 무엇인지를 알아내야 하는 것과 동일한 원리라 할 수 있다.

도시 공간의 형태론적 요소는 흔히 거리, 광장, 건물 블록으로 파악된다.[332] 또한 이 같은 형태론적 관심을 기능적 차원과 결합시키려는 다양한 시도가 있었는데, 여기에서 소도시는 건물과 다른 구조물로 이뤄지며, 개방된 공간과 폐쇄된 공간, 교통 순환과 보행객의 순환, 도심과 주변, 사무실과 주거지역, 산업 지역, 여가와 휴식 지역으로 분할된다.[333] 롭 크리어Rob Krier는 미학적 기준을 부과시키지 않은 채, 도시 공간의 개념을 명료하게 하려고 정의하려 할 때 도시 속에 존재하는 건물과 다른 장소에 존재하는 모든 유형을 도시 공간이라 지칭할 것을 제안한다.[334] 이러한 공간은 다양한 기하학적 수직 건물에 의해 결속되어 있으며, 외적 공간을 도시 공간으로 의식하고 지각하게 만드는 기하학적, 미학적 성격의 명료한 판독 가능성을 지시한다. 이때 내재적/외재적 공간의 양극성은 지속적으로 자명하다. 그것은 기능에 있어서 유사한 법칙을 준수할 뿐만 아니라, 형태에서도 유사한 반응을 따른다. 내재적 공간은 기후와 환경으로부터의 은신처로서 사생활의 실제적 상징이다. 외재적 공간은 공적 지역, 준準공적 지역과 사적 지역과 더불어 이동을 위한 개방 공간으로 간주된다.

도시 공간의 미학적 성격의 기저에 있는 기본 개념은 유형별로 다뤄질 수 있다. 모든 미적 분석은 취향의 주관적 물음에 기대려는 위험성을 갖고 있다. 크리어의 도시 공간 유형론에서 도시 공간의 두 가지 요소는 광장과 길이며 내부 공간에서는 회랑과 방을 언급한다. "모든 개연성에 있어서 광장은 인간이 도시 공간을 사용하면서 발견했던 최초의 방식이었다."[335] 광장은 개방 공간을 중심으로 주택들을 무리지음으로써 생산된다. 이 같은 배열은 내부 공간에 대한 높은 수준의 관리 능력을 제공했으며 외부의 공격에 맞서 공격에 노출될 수 있는 외재적 면적을 줄이면서 지속적 방어를 쉽게 해주는 데 사용됐다. 이 같은 마당의 종류는 상징적 가치를 지니게 되며, 다양한

---

332 Krier, R., *Urban Space,* Rizzoli, 1979.

333 Reekie, R. F., *Design in the Built Environment,* London, Edward Arnold, 1972.

334 Krier, R., *Urban space,* London, Academy Editions, 1979, p.15.

335 위의 책, p.17.

성스러운 장소들의 건설을 위한 모델로서 선택된다.

일단 집들이 그것의 중앙 광장을 중심으로 모인 모든 사용 가능한 공간 위에 건설되면 정착지의 확산이라는 결과를 낳는다. 길은 토지 분배를 위한 프레임워크를 제공하고 개별 플롯들에 대한 접근을 제공한다. "길은 광장보다 더 명시적으로 드러난 기능적 성격을 갖는다. 그 규모 덕분에 광장은 길에 비해서 시간을 보내기에 더 매력적인 장소이다."[336] 길에서는 사람과 교통의 번잡함에 사로잡힐 수 있다. 서구 도시의 경우, 유산으로 물려받은 길의 레이아웃은 매우 상이한 기능적 목적을 위해 고안됐다. 과거의 도로는 사람, 말, 마차의 통행을 위해 기획됐으며, 자동차의 흐름을 위해서는 부적합하다. 길은 자율적인 고립 공간으로서 작동하는 법이 거의 없다. 길은 주로 하나의 네트워크의 부분으로서 지각될 뿐이다.

도시 공간의 유형론을 정식화하면서 공간적 형태와 그것의 파생은 그것의 지상 도면의 기하학적 패턴에 따라서 세 개의 주요 무리로 분할될 수 있다. 그것은 '사각형' '원' '삼각형'이다. 하나의 도시 공간의 규모는 그것의 기하학적 성질과 관련됨은 확실한 사실이다. 또한 크리어는 하나의 공간 유형의 변조를 언급한다. 매트릭스에서 기본 요소, 기본 요소의 변형, 공간 속에서 각도의 확대 또는 축소되는 경우 각은 지속적으로 남아 있고 양면의 길이는 동일한 비례 속에서 변화한다. 각과 외적 차원은 자의적으로 변질되며 모든 변화 과정은 규칙적 형상과 불규칙적 형상을 보여준다.[337]

4. 힐리어의 공간 통사론

건축 이론과 도시형태학의 권위자로서 공간 패턴 분석의 선구자인 런던 대학의 힐리어교수가 제시한 공간 통사론Space Syntax 역시 주목할 가치가 높다. 공간 통사론은 현재 도시와 건축 관련 연구에서 통용되는 공간 분석 방법으

---

336 같은 책, p.17.

337 같은 책, pp.23-24.

로서 공간 배치 분석을 시도하는 일련의 기술과 이론을 말한다. 본래의 목적은 건축가가 자신들이 디자인한 건축 공간이 초래할 사회적 효과를 시뮬레이션하기 위한 도구로 개발됐다. 공간 통사론의 이론적 가정은 상이한 공간들이 요소로 분할될 수 있으며 고유한 선택에 따른 네트워크로 분석되어 각 공간 사이의 통합성과 상대적 연결성을 표시하는 그래프와 지도로 재현될 수 있다는 것이다.[338]

먼저 그는 '물리적 도시The physical city'와 '기능적 도시The functional city'의 구별을 강조한다. 물리적 차원에서 도시는 건물과 외부 공간, 이를 잇는 도로의 집합이라 할 수 있다. 이와 동시에 기능적 차원에서 도시는 이러한 물리적 요소만으로는 설명되지 않는 사회적, 문화적, 경제적 요소의 분포로 이뤄져 있다. 요컨대 도시 전체를 이해하지 못하고도 도시의 각 부분에 실제로 형태를 부여하는 모순 가운데 있는 것이다. 도시가 급격히 대규모로 성장하고 복잡해지면서 인간이 이를 이해하고 다루는 능력이 미처 이 같은 규모의 대형화를 따라오지 못했기 때문이다. 그런 가운데 인류가 다급하게 선택한 방법은 '도시를 이해하고 사유하는 것understanding, thought'과 '디자인하고 행동에 옮기는 것design, action'을 분리해 다루는 것이었다. 쉽게 말하자면, 도시 공간을 파악하는 것과 설계design하는 것을 분리시켰다는 것이다.

정리하자면 우리는 '전체를 추상적인 차원에서만 이해'하거나 '부분을 구체적인 차원에서 구상'하는 것은 각각 어느 정도 성취할 수 있으나 '전체를 구체적인 차원에서 이해하고 구성'하는 것은 우리의 인식 능력 범위를 벗어났다는 말로 풀이된다. 힐리어의 공간 통사론의 두 번째 요소는 '다기능성multi-functionality'과 부분과 전체의 문제라 할 수 있다. 도시는 단순 기능이 아닌 다기능을 갖는 공간이며 도시의 물리적 부분 역시 세부 부분과 더불어 하나의 전체로서 존재한다.

셋째, 공간 속에서 형태와 기능은 독립적이지 않다. 바로 여기에서 힐리어는 도시 공간 통사론에서 '움직임movement' 개념을 제시한다. 그가 말하는

---

338 Hillier, B., *Space is machine,* Cambridge, Cambridge University Press. 2007.

'움직임'은 계획적으로 인위적으로 정해놓은 도시의 주요 간선축과 같은 개념이 아니라, 도시 공간 내에서 임의적이고 자유롭게, 언제나 어디서나 발생할 수 있는 가상적인 움직임을 의미한다. 그는 도시 공간에서 자유롭게 발생하는 이러한 움직임이야말로 도시의 물리적 기능적 요소가 확증되고 그 성격을 가질 수 있게 하는 형상화configuration를 만드는 것이라고 말한다. 도시의 중요 건축물의 기능은 구체적이고 인공적인 요소이나 도시가 움직이는 근본적인 힘을 설명해주는 요소는 아니다. 도시의 가장 근본적인 에너지는 인간의 움직임이며, 이후 움직임을 배경으로 기능이 발생한다. 이런 측면에서 보면 도시 내에서 움직임이 형성하는 체계, 즉 형상화가 마련되고 여기에 근거해 도시의 기능이 발생하고 작용한다고 말할 수 있다.

공간 통사론을 주창한 힐리어 교수는 오늘날 도시 설계의 문제는 도시를 물리적 요소와 기능적 요소를 종합적으로 판단하지 못한 것에서 기인하며 이로 인해 도시 공간의 부분과 전체를 효과적으로 연계시키지 못하는 것으로 보고 있다. 그리고 이는 도시 공간이 근본적으로 발생하는 원리, 즉 수없이 많은 움직임이 생겨나면서 도시가 형성됐음을 간과하고 있기 때문이라고 진술한다. 풀어 말하자면 기존의 도시 형태론은 동적인 움직임의 집합체인 도시를 멈추어 있는 기능의 집합으로 이해하려 했다는 한계를 노정한다는 것이다. 도시 공간에서 모든 기능은 움직임에 의해 발생하는 것으로서 움직임 자체가 어떤 공간에 잠재력을 부여하게 되고 그 결과로 기능이 발생한다는 것이 공간 통사론의 핵심 요지이다. 따라서 도시를 근본적으로 이해하고 설계하려면 먼저 움직임의 구성을 이해할 필요가 있다는 결론이 나온다.

5. 도시 형태의 의미 작용

프랑스의 건축 이론가이며 건축 기호학자인 르드뤼가 이미 지적한 것처럼 도시 현실은 다양한 형태와 다중적 의미를 갖고 있다.[339] 도시 형태의 이 같은 복잡성과 도시 공간이 가진 다의성은 선험적으로 보면 자명한 것이나, 그 분석을 위해서는 어려운 이론적 방법론적 문제들을 해결해야 한다. 따라서 일차적으로 이상의 문제들을 개괄하면서 도시 형태 복잡성 연구의 접근법에 대한 도시 형태론의 최근 작업과 그 한계를 정리할 필요가 있다. 이어서 현재의 도시 형태 관련 작업을 관류하는 또 다른 문제로서 도시 형태와 역사의 관계를 지적해야 할 것이다. 도시 형태의 기원과 진화의 문제를 도시 형태의 역동성에 대한 성찰로부터 시작해 도시 형태의 원인과 의미, 도시 문법의 변천과 조건을 비롯해, 도시 형태가 자체 의미 작용과 분절하는 양태성을 탐구하면서 살펴봐야 할 것이다.[340]

도시 형태론의 인식론적 문제

도시 형태론의 대상은 도시 공간의 형태urban form이다. 형태라는 점에서 이것은 처음부터 그 정의의 문제를 제기한다. 형태론의 일차적 작업들이 보여준 것은, 도시 형태는 결코 선험적으로 주어진 것이 아니라 정신적, 인지적, 이미지적, 문화적, 사회적으로 늘 구성된다는 것이다. 그것은 형태에 대한 특정 정의의 가설로부터, 아울러 고유한 표상과 관점으로부터 구성된 연구 대상이다. 즉 도시 형태는 도시 공간 배치의 형태로서 이해된다. 직물을 의미하는 프랑스어 단어 '티슈tissu'와 영어 단어 '패브릭fabric' 개념은 프랑스, 이탈리아, 영국의 도시 형태론 연구 학파들에 의해 발전된 것이다.[341]

---

339 Ledrut, R., *La forme et le sens dans la société,* Paris, Librairie des Méridiens, 1984.

340 Lévy, A., "Formes urbaines et significations: revisiter la morphologie urbaine", *Espaces et sociétés,* 2005/4, n.122. pp.25-48.

341 Moudon, A. V., "Urban morphology as an emerging interdisciplinary field", *Urban Morphology,* vol.1, 1997.

일반적으로 도시 형태론의 연구는 이중적 난관에 봉착한다. 첫째, 유일하게 배타적인 관점으로 도시 형태를 한정짓는 것이며, 둘째, 도시 형태에 대한 세분화된 영역의 칸막이화가 노출된다. 이 같은 난관에 대해 르드뤼는 새로운 형태의 레지스터를 도입하고 특히 형태와 의미 사이의 관계를 도입하면서 사회적 형태론과 기호학 사이의 관계를 추구했다. 그가 내놓은 가설은 바로 "사회 현실은 다양한 형태들과 다중적 의미들을 갖는다는 것이다."[342]

그는 형태와 관련된 다양한 목록체를 제시하는데 형태/도식 또는 형태/대상, 형태/기계, 형태/수량, 형태/기호 등의 목록체로 요약된다. 그것은 공간-구조, 공간-외연, 공간-유기체, 문화적 공간으로서의 정해진 공간과의 대응을 설정하는 일이다. 그는 그것의 관계를 다음과 같이 분명히 지적한다. "공간을 문제 삼지 않은 채 사회적 형태를 상기할 수도 말할 수도 없다."[343] 르드뤼의 이 마지막 연구는 바로 사회적 형태, 공간, 그리고 의미 사이의 분절을 다시 발견하려는 것을 목표로 삼았다. 도시의 유형론은 오직 사회적 형태와 사회적 공간의 유형론 이외의 것이 될 수 없다는 것이 그의 지론이다. 이 같은 형태와 이 같은 공간이 어떻게 서로 결합해 있는지를 아는 것이 관건이다. 외연으로서, 인구로서, 작품으로서, 상징으로서, 도시와 그것의 공간을 다루는 다양한 방식이 존재하며 이 같은 양상을 서로 결부시켜야 하며 아울러 그 통일성을 발견해야 한다는 것이다.

프랑스에서 도시 형태에 대한 연구를 수행한 또 다른 학자는 롱카욜로이다. 그는 도시 형태론에서 이뤄진 건축가들의 작업에 주의를 기울이면서, 특히 그 자신이 알박스의 제자로서 사회 형태론의 연구를 수행한 인물이다. 그의 형태론은 아울러 사회적이라 할 수 있는데 그 이유는 인구의 분배, 사회적 무리, 공간적 운동들의 분배를 연구하기 때문이다. 더 나아가 물질적

---

342 Ledrut, R., *La forme et le sens dans la société,* Paris, Librairie des Méridiens, 1984.

343 위의 책, p.105.

구조는 특히 사회적 구성이며 실천의 장소이기 때문이다.[344] 그는 다음과 같이 첨언하는데 그것은 유형 형태론에 대한 진술이다. "유형 형태론의 한계는 그것의 방법론적 실패로부터 오는 것이 아니라, 그것의 핵심적 물음으로부터 나온다. 즉 물질적 형태와 사회적 형태 사이의 관계라는 질문이다."[345]

도시 형태의 개념 유형

앞에서 강조한 것처럼 도시 형태는 상이한 양상에 의해 파악될 수 있다. 도시 공간 배치의 형태와 도면의 형태에 대한 연구물 이외에도 이것은 주로 유형 형태론 접근법이 연구한 양상이다. 따라서 먼저 그것의 복잡성을 인식하면서, 우리는 도시 형태에 대한 다른 정의로 향해야 할 것이다.

첫째, 도시 형태를 도시 경관의 형태로 고려하는 접근법이다. 즉 도시 공간을 그것의 삼차원성과 조형적 물질성 속에서 시각적으로 파악한 질감, 색채, 재료, 양식, 부피 등을 말한다. 이른바 도시 읽기라고 부르는 것은 이 같은 형태 레지스터와 관련된다. 이 같은 다양한 요소들은 다양한 지각의 개인적 사회적 변이로 지각되며 따라서 그것의 함축적 내포들이 동반된다.[346]

둘째, 도시 공간 형태를 사회적 형태로서 접근하는 시각이다. 또는 사회 형태론으로서 접근하는 시각을 말한다. 즉 다양한 사회적 무리에 의한 그것의 점유 속에서 연구되는 도시 공간을 말한다. 사회적 무리, 인구통계학적 무리, 가족 유형, 도시 속에서 활동과 기능의 분배 등의 요소가 포함된다.

셋째, 도시 형태를 생물 기후적bioclimatique 형태로 접근하는 것이다. 즉 도시 공간을 그것의 환경적 차원에서 연구하는 것이다. 그것은 도시 공간의 미시적 기후 조건, 도시 공기의 오염 정도를 다루고 있으며. 도시 기후학에 대

---

344 Roncayolo, M., *Lectures de villes: Formes et temps,* Paris, Parenthèses, 2002.
________ , *Les grammaires d'une ville: Essai sur la genèse des structures urbaines à Marseille,* Paris, EHESS, 1996.

345 위의 책, p.186.

346 Ledrut, R., *Les images de la ville,* Paris, Anthropos, 1973.

한 저술 속에서 이 같은 접근법을 찾아볼 수 있다.

넷째, 도시 형태를 도시 공간의 배치의 형태로서 접근하는 것으로 구성 요소 사이의 상호 관련성을 연구하는 것으로 이뤄진다. 토지 구획, 공공 도로, 자유로운 공간, 건설 공간 등은 일체의 도시 공간 배치를 구성하며 몇몇 특권화된 구성 요소에 대한 분석을 초점화한다. 이 같은 분석의 목적 가운데 하나는 건물의 유형론과 도시 공간 형태 사이의 인과율이 아닌 변증법적 관계를 확인하는 데 있다. 일반적으로 도시 공간 형태의 의미 작용은 도시 공간 배치의 역사적 주기화와 관련되며, 이 같은 공간 배치의 개념화를 위해 집결된 도시 공간 문화를 비롯해 도시 형태는 도시 공간의 실천과 관련된다.

다섯째, 도시 형태를 도시 공간의 도면의 형태로서 접근하는 것은 도시 지도의 기하학적 형태를 지시한다. 유기체적 지도/기하학적 지도, 직각적 지도/방사형적 지도가 그 사례이다. 그것은 아울러 도시 공간의 구성 개념과 그것의 의미 작용을 지시한다. 언윈은 규칙적 구성과 생동적 구성을 구별하고 정원 도시의 구성 도면을 내세운다. 여기에서도 의미 작용은 도시계획의 역사와 관련되며 상징적 함축과 관련된다.[347]

이상에서 지적한 다섯 개의 레지스터로 이뤄진 도시 형태에 대한 정리로부터 분석 방법에 대한 두 개의 결론을 도출할 수 있다.[348] 우선, 사회적 형태를 물리적 형태의 기의로 고려하는 대신 이 같은 도시 형태에 대한 접근법은 각각의 레지스터가 그것의 고유한 형태에 의해 정의된다는 것을 보여준다. 두 번째로 도시 형태는 형태 레지스터들의 다양성으로 성립된 복잡한 형태로서 다형태적이고 다의적이다. 도시 형태는 체계적 성격, 상호 종속적인 형태의 레지스터가 전체 도시 형태를 생산하기 위해 분절된다.

---

347 Unwin, R., *L'étude pratique des plans de ville: Introduction à l'art de dessiner les plans d'aménagement et d'extension,* Paris, L'Équerre, 1981.

348 Lévy, 앞의 논문, "Formes urbaines et significations: revisiter la morphologie urbaine", pp.40-48.

도시 형태의 인지적 현상학적 토대:
노르베르크슐츠의 현상학적 도시 건축 이론

노르베르크슐츠는 하이데거 사상으로부터 지대한 영향을 받아 자신의 공간 이론과 건축 이론을 독창적으로 구축했다. 그는 기디온과 더불어 20세기 최고의 건축사(상)가의 반열에 올랐으며 하이데거와 모리스 메를로-퐁티itMaurice Merleau-Ponty의 현상학을 건축사, 도시 공간론, 건축 이론에 접목시킨 대석학이다. 초기에는 퍼스 기호학 이론을 건축에 적용하려 노력했으나 이후 현상학과 실존주의에 매료되면서 건축 기호학의 이론적 심화 작업에 착수하지는 않았다. 그는 무엇보다 도시 공간의 형태에 대해 특정 장소가 질적, 총체적 현상임을 강조하고 장소적 속성의 어느 하나로 환원시킬 경우 구체적 본질을 놓칠 수밖에 없다는 지론을 펼쳤다. 그의 도시 공간 이론에서 제시되는 다양한 개념을 비롯해 그가 사용한 핵심 용어의 어원적 정의를 통해 자연언어의 다양한 표현 속에 녹아 있는 건축과 공간의 심오한 의미를 탐색하는 그의 초학제적 방법론은 통찰로 번득인다. 요컨대 그는 근대 건축 사조를 비판하기 위한 도구로 현상학을 사용했으며 장소에 기초한 건축으로 다시 돌아갈 것을 촉구했다. 본 절에서는 도시 형태의 인지적 현상학적 차원을 읽어낸 그의 독창적 시각을 파악하는 데 주안점을 두었다.

1. 도시 공간의 형상성

노르베르크슐츠는 파리를 구체적 사례로 들어 형태론과 위상학에 대해 상세히 기술한다.[349] 파리의 특수한 분위기는 바로 건물, 도시 공간 등과 같은 형상으로부터 나오는 것이며, 자연적 특질이 전체를 규정한다. 예컨대 센느강과 한강이 없는 파리와 서울을 생각하기 힘들며 몽마르트르 언덕과 남산

---

349 그의 다음 단행본 참조.

1. Norberg-Schulz, Ch., *Architecture: Presence, language, place,* Milan, Skira Editore, 2000.
2. Norberg-Schulz, Ch., *Architecture: Meaning and place,* New York, Rizzoli, 1988.

이 없는 파리와 서울을 상상할 수 없다. 즉 이 점은 대부분의 도시가 마찬가지이다. 도쿄, 뉴욕, 상하이 역시 물의 흐름을 경험할 수 있다는 사실에 의해 정의된다. 다른 특질보다도 바로 물이라는 도시의 몸이 도시 복잡계에 정체성을 부여한다. 그 결과 전체적 윤곽은 엠블럼과 형상의 특질을 취한다. 파리에서 센느 강은 일차적 유의미성을 갖고 있으며 서울에는 크게 한강과 북악산이라는 두 개의 커다란 공간 기표가 있다. 그리고 특수한 공간 효과를 유도하는 강둑이 존재한다. 이때 강의 양 지역을 연계하는 특수한 형상으로서의 다리를 주목해야 할 것이다.

물에 에워싸인 시테 섬Ile de la Cité은 전체의 한복판에 있으며, 섬 위에는 노트르담 대성당이 우뚝 서 있어 도시의 궁극적 목적지를 표상한다. 그 대성당의 예술적 가치는 무엇보다 성당 외벽과 내부에서 구현됐으며 도시 자체의 표현을 반영하는 특질을 조합한다. 그 결과 게슈탈트의 성질을 공유하는 건물과 도시 공간을 창조한다. 루브르Louvre는 그 방대한 크기뿐 아니라 웅장한 원주로 부각된다. 원주는 건축물의 방대한 조각으로서 존재하지만 전체와 완전하게 어울린다. 프랑스의 전몰 군인들을 추모하는 오텔 데 젱발리드Hôtel des Invalides는 그것의 닫힌 돔으로 인지되며, 에펠탑은 개방된 공간 속에서 어떤 긴장을 만들면서 높이 솟아 있다. 그 어떤 경우에도 형상적 정체성은 자명한 것 그 이상이다. 제 구조들은 선명하게 구별되는 단위로서 부각되며, 그것이 상이한 방식으로 땅과 하늘 사이의 관계를 발현하는 이상, 그 관계는 그 단위들의 공통분모이다.

아마도 이 같은 형상적 표시figurative marking 이상의 것이 파리에 그 같은 개성을 부여한다면, 그것은 파리라는 도시 공간 그 자체라 할 수 있다. 17세기에 만들어진 사거리들은 의도적으로 하나의 고유한 정체성으로서 디자인됐다. 방돔 광장Place Vendôme, 도핀 광장Place Dauphine은 삼각형이며, 보주 광장Place des Vosges은 사각형, 빅투와르 광장Place des Victoires은 원형이다. 파리의 블르바르Boulevard, 즉 대형 가로수 도로는 그것의 연속성으로 부각되며, 별모양의 개선문과 그 거리는 즉각적으로 이해되는 기하학으로 주목받는다. 또한 파리의 건축적 짜임은 프랑스식 창문과 망사르 지붕mansard roof의 2단 경사로 특징된다. 이러한 요소는 파리의 도처에 나타나며 이렇게 구상화된 전체는 강둑이

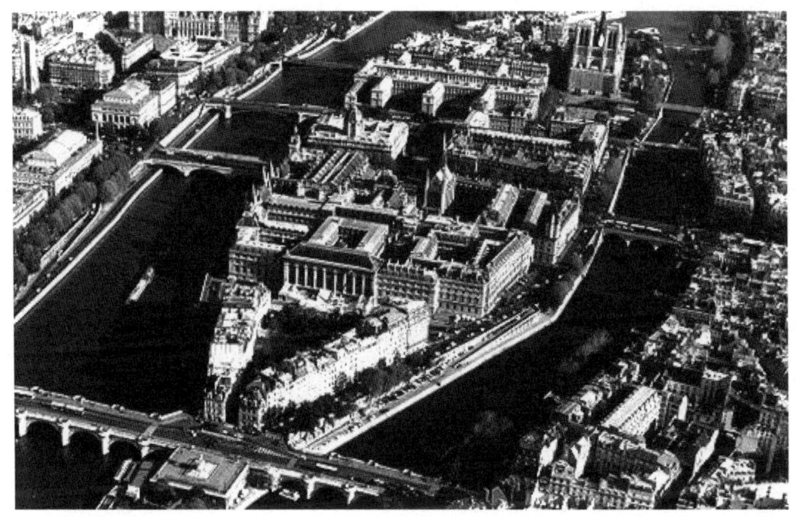

19 파리 센강의 시테 섬

나 대로와 같은 경계에 의해 하위 분할된다.

파리의 형상적 구조에 대한 이러한 참조는 하나의 장소가 유형론적 단위의 복잡하면서도 위계적인 상호작용에 의해 해석될 수 있다는 것을 시사한다. 이 같은 단위는 구체적 정체성이며 그것은 점, 선, 면과 같은 추상적 요소로서 환원될 수 없는 것이다.[350] 그것은 고차원의 형상으로 발현되는 방식으로 이해되어야 한다. 장소와의 만남은 총체성의 재인식으로 이뤄진다. 이것이 발생하려면 이 같은 총체성은 게슈탈트적 성질을 소유해야 한다. 즉 둘 모두는 자연적으로 존재하는 것에 종속되며, 동시에 인간의 작품에 의해 도입된 조형물들fine-tunings에 달린 것이다. 달리 말해 장소의 요소는 그것이 공간적 분위기와 내적 구조를 발현한다는 점에서 총체성에 의해 정의된다. 이것은 정신이 스민 '고유한 장소들genius loci'을 가시화시킨다. 파리의 도시 구

---

350 Ching, F. D. K., *Architecture: Form, Space and Order,* New York, Van Nostrand Reinhold, 1979.

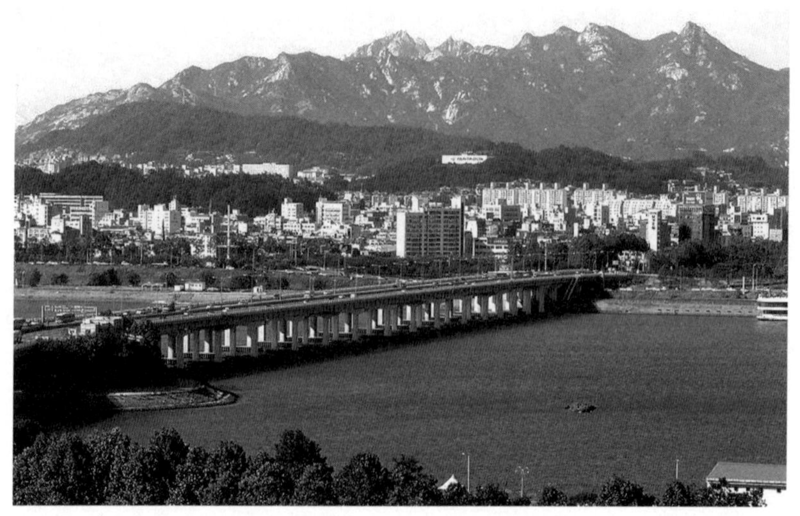

20 서울의 북한산과 한강

조에서 파사드 제작 방식은 중세부터 신고전주의를 거쳐 현재의 퐁피두 센터Centre Pompidou까지 분명하게 보존되어왔다. 여기에서 강조해야 할 사실은 유형적 단위가 필연적으로 '장소들의 안정성stabilitas loci'를 확보한다는 것이다.

노르베르크슐츠의 통찰에 따르면 파리라는 도시 공간이 형상과 공간의 게슈탈트 심리학의 탁월한 전범이 될 수 있는 이유는, 무엇보다 그 환경을 구상화하는 모든 것을 땅과 동시에 하늘 아래에 토대를 둔다는 점 때문이다. 이 같은 두 가지 관련성은 수평적 외연과 수직적 상승을 포함한다. 그는 이것을 일러 '리듬'과 '긴장'이라 부르고 있다. 이것은 공간과 형태 속에서 표현되며 변화의 흐름에도 불구하고, 지속적인 그 무엇으로서의 형상에서 발현된다.

노르베르크슐츠는 하나의 형태가 실행되는 과정에서 중요한 차원을 리듬과 긴장으로 파악하고 있으며 특히 형태의 성격을 규정하는 것이 긴장이라 강조한다. 모든 형태가 땅과 하늘의 관계를 표현한다는 점에서, 리듬은 본질적으로 기능적 사용에 달려 있다. 이런 맥락에서 긴장은 명시적으로 사물의 토대와 하늘을 향한 상승을 지시한다. 긴장은 자연과 인간이 만든 인공물 모두에 적용된다. 그런 의미에서 차이와 유사성을 알아볼 수 있는 능력은 선험적으로 존재하는 능력이라 할 수 있다. 공간적인 게슈탈트, 곧 영역dominion은 경계와 외연에 의해 구별되며, 영역의 구성적 요소는 동일한 장르에 속한다. 영토territory는 우리가 빈번하게 방문하는 곳이며, 경로path는 우리가 밟아가는 곳이고, 경계threshold는 우리가 가로질러가는 곳인 동시에 목적지destination는 우리가 도달하는 곳이다. 따라서 영토의 근본적 형태는 외연, 경로는 연속적인 통과, 경계는 분리적인 전이, 목적지는 무게 중심이라 할 수 있다. 그렇지 못하면 환경은 그것의 내재적 일관성을 상실한다. 건물은 일상적 방식에 유형적 토대를 제공하는 익숙함을 제공한다. 예컨대 경로는 무엇보다 수평적 구조를 가리킨다. 연속적 통과로, 도시 형태에서 그것은 이질적인 것과의 만남의 역할을 취하는 것이다. 그러므로 개별 건물은 길과 거리에 무엇인가를 제공해야 하며 길과 거리의 근본적 형태는 다양한 연속성으로 간주되어야 한다.

파리는 위상학적 기하학적 변수와 더불어 수많은 거리의 게슈탈트의 예를 제공한다. 사실 파리는 대로의 포괄적 시스템 덕분에 거리의 도시라는 별명을 갖는다. 하나의 거리가 상이한 사거리를 연결할 때, 그 전이는 경계로 이해된다. 경관과 정착지가 구별되어 구성된다는 것은 우리의 환경 이해에 근본적 중요성을 지닌다. 통과로passageway는 자체가 공간이다. 목적지는 장소 구조에 엄청난 중요성을 지닌다. 방사형적 기능을 가지면서 하나의 무게 중심이기 때문이다. 목적지는 무엇보다 운동이 정지되고 중심적 장소가 표현하는 기초 구조가 된다. 중심적 공간은 위상학적 공간이며 순환적이고 다면적인 기하학적 구조이다. 예컨대 탁월한 중심적 공간인 시장의 사거리는 자유로운 만남의 장소이며 건물을 명료화시키는 광장ante-plaza으로 작용한다. 여기에서 울타리는 게슈탈트 성질의 근본적 조건이며 일관적으로 공간의 한계를 설정한다.

2. 도시 형태의 '아우라'와 장소성

자연과 인간의 작품 사이에 존재하는 어울림과 한 사회의 형성을 표시하는 일치로부터 환경의 고유한 성격의 흔적은 용솟음친다. 환경은 특별한 분위기의 증거로서 순간적으로 인지될 수 있다.[351] 하이데거에 따르면 환경의 '분위기atmosphere'는 인간이 세계 속에 존재하는 근본적 방식이며 현존의 토대이다. 총체적 분위기는 인간과 환경 모두와 관련되며 동시에 지속적이며 변이적인 상황을 모두 표상한다는 것을 함의한다. 따라서 하나의 장소는 기후, 태양의 순환, 계절의 순환과 일치해 근본적 분위기의 현존을 지시한다. 이것은 마치 개별 인간이 가진 특수하며 개성적인 아우라에 비교될 수 있다.

환경을 이루는 부분은 각각 구별되는 요소로서 하나의 고유한 특징을 이루는 전체에 속한다. 이 특징은 인간의 성격과 비교될 수 있다. 이를테면 프라하를 비롯한 구유럽의 도시는 개성 있는 '각인들imprints'을 담고 있으며 '고유한 장소성genius loci'으로 부상되는 자신만의 차별화된 분위기를 갖고 있다. 하나의 장소가 가진 혼은 단순히 형상의 집합적 총합이 아니라 고차원적 정신성에서 이해되어야 할 아우라인 것이다.[352] 따라서 장소의 혼은 땅과 하늘 사이의 원초적 관련성으로 정의할 수 있다. 그 관계에서 빛은 지배적 역할을 맡는다. 그렇게 장소의 혼은 땅과 밀접하게 연결되어 있다. 한 장소의 분위기는 그 장소를 특징짓는 고유한 성격의 형태를 통해서 보존된다. 이러한 성격의 형태가 바로 장소 형태론의 출발점이다. 하나의 인간 정착지의 토대가 세워질 때 중요한 것은 지역적 성격을 존중하는 일이다. 이런 방식으로 분위기는 건축 형태의 구성적 부분으로 첨예하게 부각된다. 분위기와 건축 형태는 동전의 양면처럼 고유한 장소성으로 나타난다. 분위기는 그 자신의 고유한 실존이라는 점에서 비밀스러운 차원을 갖고 논리적 인식의 범위에서 벗어난다. 그런 측면에서노르베르크슐츠는 "파리 특유의 성격과 혼이 살

---

351 Norberg-Schulz, 앞의 책, pp.159-187.

352 같은 책, p.160.

아 있는 고유한 장소들은 두 개의 근본적이며 소거될 수 없는 모티브에 의해 조건 지워진다"[353]라고 주장하는 것이다.

프랑스식 창문과 고딕 스타일의 높은 지붕은 둘 모두 빛의 효과에 의존한다. 파리 근방 지역에서 빛은 바로 영역을 구별하는 성질을 갖고 있으며 이 성질은 중세처럼 완전히 이해되고 해석됐다. 프랑스식 창문은 빛을 하늘로부터 수용하되 땅과의 접촉을 유지한다. 일종의 발코니를 마련해 거주자들은 동네의 삶에 참여할 수 있다. 창문의 위치는 외부의 환경에 대한 내부의 반응이라 할 수 있다.노르베르크슐츠의 핵심 메시지는 "건축 형태와 주어진 환경의 성격은 귀속적으로 연계되어 있으며 이것은 형태론이라는 용어를 참조할 기회를 제공했다"는 것이다.[354] 무엇보다 벽은 하늘과 땅 사이에서 하나의 상승으로서 위를 향하며 보다 큰 건물 형상에 속하기 때문에 모종의 긴장감을 자아내고 그 형상에 구체적 현존성을 부여한다.노르베르크슐츠가 사용하는 '토폴로지'의 의미는 형태론에 보다 가깝다.[355] 건물 형태가 수직으로 상승하고 그런 상황의 성격을 구현한다면, 공간 조직은 인간의 공간 사용을 허용하며 장소가 수평적으로 확장되는 방식을 나타낸다.

앞에서 언급했듯이 구체적 형태는 무엇인가가 발생하도록 공간을 열어놓는다. 달리 말해 장소의 사용은 진공 속에서도 추상적인 수학적 공간에서도 발생하지 않는다.[356] 무엇보다 공간이 허락하는 것, 가능케 하는 것이 무엇인지에 대해 물음을 던져야 한다. 그런데 사실상 건축가들이 빈번하게 그리는 도면은 도식적이며 비현실적 성격을 지닌다. 이것은 근대 건축이 추상적 공간으로 장소를 대체하고 장소를 등방cube의 좌표계로 정의했다는 사실에 기인한다. 이와 달리노르베르크슐츠는 사용 순간의 공간적 상응으로 다시 돌아가면서 하이데거의 건축 철학에서 영감을 받아 환경을 '사방 세계

---

353 같은 책, p.163.

354 같은 책, p.164.

355 같은 책, pp.189-219.

356 같은 책, p.189.

Quadrature'의 구조의 하나로서 재정복할 것을 촉구한다. 공간적 조직화는 단지 다양한 활동을 수용하는 지역과 구역으로 영토를 하위 분할시키는 것으로만 이뤄지는 것이 아니라 오히려 그 한계를 연결하며 관련 맺어야 하는 것이다. 그래서 공간적 조직화는 땅 위에서의 생명에 상응하고 하나의 조직화된 운동인 리듬을 요구한다. 이것은 곧 외연으로서 "정량화될 수 있는 공간의 전통적 개념이 질적인 실존적 이해에 의해 대체되어야 한다는 것"[357]을 의미하는 것이기도 하다.

3. 도시 공간의 위상학적 차원: 내부와 외부

건축 형태가 수직적으로 부상해 상황의 성격을 구현한다면, 공간적 조직화는 인간적 사용을 수용하면서 각각의 장소가 수평적으로 확대되는 방식을 일러준다. 여기에서 수용한다는 것은 다른 사람의 견해를 위한 여지를 마련한다는 것을 의미한다. 그러므로 무엇보다 공간이 수용하는 것이 무엇인지를 생각해야 하며, 다음으로 어떤 방식으로 이것이 발생하는가를 질문해야 한다. 앞서 언급했듯이, 이 점을 명료하게 하기 위해노르베르크슐츠는 공간과 장소 사용의 순간이라는 문제를 재사유할 것을 시사한다.[358] 그에 따르면 공간을 사용하는 순간과 계기는 대부분 독특하고 위상학적 전제를 구성한다. 이 전체는 비선형적이며 복잡하고 위계적이다. 더구나 사용 순간의 공간적 상응은 위상학적, 기하학적으로 조직화되어야 한다. 그러므로 어떤 경우이건 공간적 조직화의 기본적이며 구성적 요소는 영토dominion, 경로path, 목적지destination라 할 수 있다. 이 요소는 내외부의 다면적 관계를 성립시키고, 이때 문턱, 즉 경계 부분은 중요한 역할을 맡는다. 그리고 문턱은 정확히 안팎의 힘이 만나는, 다시 말해 건축이 발생하는 곳에 존재한다.

따라서 공간의 전통적 개념이 '외연을 갖는 사물res extensa'로 수량적으로

---

357 같은 책, p.189.

358 cf. Norberg-Schulz, Ch., *Architecture: Presence, language, place,* Milan, Skira Editore, 2000.

인식된 반면, 조직화는 질적이며 실존적인 이해로 대체되어야 마땅하다.노르베르크슐츠는 이러한 질적 공간을 재발견한 건축 이론가로 린치를 명시한다. 린치의 결절 지점node, 경로path, 구역district, 주변margin 등의 실존적 공간 구성 요소들은 모든 유형의 거주지에 대해 유효한 변별성을 구비하고 있기 때문이다. 만약 우리가 경관을, 인간이 거주하는 경관inhabited landscape이라 말할 때, 실제로 우리는 물리적 거점situs에 정신이 깃든 장소loci가 되는 환경을 말한다. 자연의 외부와 관련해, 모든 인간 작품은 내부이다. 따라서 장소의 기본적 성질은 부사라는 문법적 범주인 '안에서within'로 표시되며, 이것은 그것의 존재가 '밖without'과 관련된 무엇인가라는 점을 시사한다. 하나의 장소가 무엇인가를 수용한다는 것은 곧 그 안에서의 본질이다.

그런데 현대 도시계획에서 그와 같은 개념은 망각됐다. 한 장소의 일차적 구성 요소는 안팎의 관계를 고려하지 않고 위치되고 구상화된다. 그래서 지역적 정신은 상실된다. 장소 상실은 형태적 문제일 뿐만 아니라 무엇보다 인간이 사용으로서 참여할 수 있는 총체적 이해의 결여와 관련된다. 이해의 실행에서 안에서라는 말은 인간이 작업하기 위해 설정하는 질서를 말한다. 경관에서 그것이 의미하는 것은 자연 역시 안과 밖의 관계를 수용한다는 것이다.

"어떤 방식으로 장소는 안팎을 수용하는가?"라고 질문했을 때, 안/밖의 관계는 복잡한 상호작용의 장을 구성하며 운동을 포함한다고 대답할 수 있다. 그러므로 장소를 이해하려면 길거리 구조로 구체화되는 맥락에 속하는 장소의 본질을 이해하는 것이 필요하다. 이러한 구조는 단지 장소 사용의 전제 조건일 뿐만 아니라 환경적 정체성의 이미지를 반영해야 한다.

만약에 장소가 더 작은 장소인 농장이나 마을로 국한된다면 형상적 성질은 직접적으로 파악된다. 예컨대 장소는 한 지대에서 다른 지대로 이동하는 경계에 의해 상징화되어야 한다. 그런 의미에서 도착은 두 가지 공통적 의미를 갖는다. 장소를 알아보기 위해 그것에 진입하는 것이다. 또한 도착은 내부/외부 관계를 함의한다. 그러므로 내부와 외부 같은 술어는 순전한 위상학적 정의 이상의 무엇인가를 지시한다.

따라서 도착의 현상학, 아니 도착의 기호학다다름의 기호학은 장소라는 선이해의 기초적 기대에 따라서 그리고 주어진 경관에 반응하면서 이해되어야 한다는 사실을 알려준다. 한 장소에서 다른 장소로 이동한다는 것은 목적 없이 회전한다는 것을 말하지 않는다. 그것은 도착을 만남과 정화를 위한 준비로 경험한다는 것이다. 그 결과, 모든 장소는 정체성과 소속을 소유해야 한다. 즉 분절의 원칙인, 분리와 연계를 만족시켜야 한다. 그것도 땅에서 발생하는 운동의 리듬을 지시하는 것이기도 하다.

땅에서 분리는 경계로서 분절되며, 벽의 구조화에서 방향성과 정체 파악과 관련된다. 일본 건축가 안도 타다오Ando Tadao에서 목격할 수 있듯이 건축은 벽에서 발생한다. 그 같은 발생은 세계를 조합한다. 벽은 형상이 된다. 벽의 욕망은 도시 공간의 울타리에서 형상이 되려는 욕망이며, 그것이 파사드에서 제시될 때에는 내부에 속하려는 욕망이 된다.

끝으로 운동과 정지에 대해 진술해보자. 도로는 운동의 근본적 형태이며, 사거리 광장은 정지를 제안한다. 도로와 광장은 만남과 재발견을 제공하고, 공공 기관은 재발견의 정지를 명료하게 만든다. 달리 말해 사회가 설정되는 것은 도시 중심부이며, 도시 공간에서의 이동이 시작된다.

전통적으로 모든 도시는 변두리outskirts와 도심으로 이뤄진다. 변두리 외곽과 도심 중심부는 총체성의 조건에 기여하는 두 개의 주요 구성 요소이다. 그런데 이 두 요소 모두 문제점으로 나타난다. 도시 외곽 변두리는 갈수록 거대 기관 시스템 등의 촉수가 되고, 중심은 교통과 비즈니스로 질식당한다. 교외와 도심이 의미하는 바가 무엇인가 질문했을 때, 도심은 경계의 내부에 있는 주변 환경이라 말할 수 있다. 구역은 명백히 중심을 감싸고, 경계는 전통적 울타리 벽이었다. 과거 우리가 도시에 도착했을 때 울타리 벽은 어떤 상황에서도 우리에게 정체성, 총체성의 인상을 심어주었다. 그리고 도시의 대칭적 입구는 내부 질서의 존재를 함축하고 있었다. 문을 통과하면 보통 주도로가 뻗어 있어 목적의 기대를 강조하는 반면 변두리는 결코 목적을 구성하지 않는다. 주도로의 다른 쪽의 도로 선과 통로의 줄기는 우리를 미지의 세계로 유도한다. 이때 주변부는 만남의 장소로서의 도시의 다면적 본성을 표현한다. 만남의 장소는 일치의 장소가 아니라 발견과 선택의 장소이다. 따라서 그것은 엄격하고 질서적이라기보다 오히려 다채롭고 무질서적이다.

무질서는 장소가 존재하기 위해 제어되어야 한다. 이것이 바로 울타리 벽의 과제이다. 게슈탈트의 근접성과 울타리의 원칙들은 무리화된 위상학적 구상화에 협조한다. "일반적으로 외곽outskirts은 밀도성에 기초를 둔 위상학적 구조와 더불어 다중성에 의해 특징지어지는 환경의 집합으로 구성된다."[359] 중심은 외곽을 선명하게 해주며, 경계는 분할을 표시하는 것이 아닌 하나의 초월을 표시한다. 거리, 사거리, 건물은 주어진 것의 해석을 표상한다. 주변 환경, 외곽, 중심은 하나의 장소에 속할 때 이해될 수 있고, 살아 있는 통일성을 구성한다.

다시 파리의 경우를 생각해보자. 파리에 도착했을 때 방문객은 곧장 특이한 분위기를 식별한다. 블르바르 대로는 장소를 구획하는 데 있어서 중요한 역할을 맡는다. 하지만 무엇보다 파리를 구별하고 특징짓는 것은 분명한 '각인imprint'이다. 특이한 형태들의 현전인 독특한 창문, 고딕 취향의 경사 지붕, 파사드의 선명한 색채 등의 특징들은 북프랑스 환경과 상응한다. 도착은 바로 방문객의 기대를 만족시킨다. 틀림없는 이 측면은 모든 종류의 구조에 영향을 주고, 시간의 흐름에 변하지 않은 채로 남아있다. 중세 시대의 격자 세공latticework 파사드에서 고딕의 복잡한 얽힘, 프랑스 호텔의 직선적 고전주의, 현대적 골조 건물인 퐁피두 센터 등은 도시의 특징적 각인imprint과 관련된다. 그것은 밀도가 있는 조직화된 위상학적 건축 직물의 기초 구조에서 현전한다.

그 같은 질서의 각인은 이미 로마 시대의 레이아웃layout에서 현존하고 있었다. 도시의 중심부를 남북으로 관통하는 카르도cardo에 기초한 것으로 시테 섬이 그 예이다. 센 강은 늘 데쿠마누스decumanus, 즉 동서축을 맡는다. 이 같은 넥서스nexus는 기하학적 구조의 포괄적 기획을 위한 자극으로 사용됐다. 시테 섬의 역할은 도핀 광장의 삼각형 플랜에 의해 재확인된다. 퐁뇌프와 도핀 광장은 후속 개발의 원형적 플랫폼으로 사용된다. 도핀 광장을 섬의 끝 쪽에 위치시킴으로써 섬은 파리의 최초 중심지가 되었으며, 이

---

359 Norberg-Schulz, 앞의 책, p.203.

것은 곧 중심의 구조가 이미 완벽하게 이해됐음을 증명한다. 그 디자인은 장소의 정체성을 존중했다. 나중에 점증적으로 개발되는 포괄적인 기하학적 시스템 역시 동일한 개념을 따른다. 그러나 파리의 공간적 구조는 도로, 광장, 사거리로만 이뤄지는 것은 아니다. 많은 유의미한 건물이 이 같은 연계성에서 명료화의 역할을 계속해서 맡는다. 파리의 당대의 도시계획에서, '고유한 장소genius loci'가 특징지은 공간적 조직화를 이해하는 것은 그래서 중요하다. 그것은 기하학적 위상학적 구조의 상호작용으로 이뤄지는 것이기 때문이다.

그렇기 때문에 내부와 외부라는 용어는 등방의 공간 안에서 순수하게 위상적인 정의 또는 특정한 방향 이상의 그 무엇을 나타낸다. 외부는 밖에 있는 것을 의미하며 현존의 필요를 만족시키기 위해 이해와 실행을 요구한다. 반면, 내부는 비록 베일에 가려져 있고 도달할 수 없는 심오함을 포함한다 해도 친숙한 거주지이다. 물론 우리가 자연을 외부와 연결시켜 이야기하자면 사람의 모든 일은 내부이다. 따라서 장소의 기본적 성질은 부사 '안에within'에 의해 표현될 수 있다. 이것은 장소의 존재가 오직 '밖에'라는 것과의 관계에서 발생하는 그 무엇이라는 것을 의미한다. 하나의 장소가 허용할 수 있는 것은 따라서 그것의 '안'의 본질과 관련된다.[360] 그런데 바로 그 같은 심오한 개념이 오늘날 망각됐다는 것이노르베르크슐츠의 진단이다. 하나의 장소의 일차적 구성 요소는 그것의 안과 밖을 고려하지 않은 채 계량적으로 위치되고 형상화된 나머지 지역적 혼이 상실됐다는 것이다. 장소의 상실은 단지 형태적 문제가 아니라 무엇보다 인간이 공간 사용으로서 참여할 수 있는 총체적 이해의 결핍과 관련된다.[361]

'안'은 무엇보다 사람이 스스로 혹은 집단으로 모여 작동시키기 위해 설립한 질서를 의미한다. 풍경에서는 '내부'의 인상을 심어주는 자연적 장소가 존재한다. 이것은 자연 역시 안과 밖의 관계를 수용했다는 것을 의미한

360 같은 책, p.190.

361 같은 책, p.191.

다. 풍경이 안과 밖의 자연적 구조를 포함했다는 놀라운 사실을 발견하는 것은 언어 표현을 관찰할 때 당연한 것이다. 예컨대 이것은 '숲으로 들어간다.'라는 표현, '바다를 가로지른다'는 표현에서 나타난다. 이것은 숲이 바다보다 우리에게 더 친숙하다는 것을 시사한다. 숲은 바다보다 더 구조적이고 그러므로 우리의 물질성, 유형성에 더 큰 관계를 확립시켜준다. 숲은 제한적인 수평성 안으로 우리를 이끌고 가고 우리를 에워싸는 반면, 바다는 공간의 무한성을 개방한다.

내부에 적당하고 알맞은 성격을 부여하는 것이 건물 형태이며 물질, 색, 표현을 통해서 개별 건물은 주변 환경과 상응하려 한다. 그것이 풍경이라고 일컬어지고 여기에서 도시의 맥락은 정해지는 것이다.

도시 공간의 형태 발생:
도시적 사실과 도시 공간의 매트릭스

1. 도시적 사실과 형태발생의 기호학

도시적 사실fait urbain의 구조와 본질[362]

도시적 사실은 도시 공간의 조직과 사회화 속에서 형태 개념의 창발로 부상한다.[363] 예컨대 우리가 서울을 기술한다고 할 때, 그것은 주로 도시 형태 연구를 말하며 이러한 도시 공간 형태는 현실적 경험을 지시하는 구체적 데이터이다. 서울이라는 도시 공간이 곧 서울의 경험이듯, 상하이와 아테네, 로마와 파리는 각각 개별 도시의 경험을 지시한다. 도시 공간의 형태는 무엇보다 도시의 건축 속에서 집약된다. 도시의 건축이라는 표현은 공학과 건축으로 빚어낸 도시의 거대한 작품과 동일시되거나 도시 공간 전체에서 보다 한

---

362 Lamizet, B., *Le sens de la ville,* Paris, Harmattan, 2002, pp.167-189.

363 위의 책, p.167.

계가 선명한 파편을 지시한다. 또는 도시의 건축이란 표현은 고유한 건축과 고유한 형태에 의해 특징지어지는 도시적 사실을 지시하기도 한다.[364]

도시의 건축과 도시의 형태를 통해서 구체적인 것을 지시할 수 있는데, 그 이유는 도시의 형태는 도시의 기원을 비롯한 도시적 사실의 총체적 성격을 집약하고 있기 때문이다. 한편, 도시 형태의 기술은 경험적 데이터의 총합을 성립하며 관찰로 이뤄질 수 있다. 도시적 사실의 형태에 대한 체계적 기술은 다름 아닌 도시 형태론을 말한다. 하지만 도시 형태론은 도시 기호학 연구의 한 단계, 하나의 도구에 불과하며 도시 공간 구조의 인식을 위한 한 걸음일 뿐이다.

흥미로운 사실은 서구의 지리학자와 도시학자는 도시적 사실의 구조에 접근하는 순간, 목록 속에 체계화시킨 형태론적 요소를 넘어서 도시의 영혼, 다시 말해 도시적 사실의 고유한 성질을 언급한다는 점이다. 하지만 정작 그들은 도시 구조의 의미 작용을 탐구할 생각은 하지 못했다. 여기에서 프랑스의 지리학자 조르주 샤보Georges Chabot를 언급할 필요가 있다. 샤보에게 도시는 그 자체로 구성된 하나의 총체성으로서 도시의 모든 요소는 도시의 영혼을 형성하는 데 기여한다. 이 점은 도시 연구에서 얻은 가장 중요한 성취 가운데 하나이다. 도시적 사실의 구조를 구체적으로 인식하려면 이 점을 늘 염두에 둘 필요가 있다.

따라서 도시를 기능 연구로 환원시키려는 소박한 기능주의자의 태도를 경계해야 할 것이다. 샤보의 생각을 다른 시각에서 해석하자면, 결국 삶을 설명할 수 있는 것은 오직 삶뿐이라는 이야기로 이해된다. 즉 도시는 오직 그 자체에 의해 설명되어야 하며 기능들에 의한 분류는 완전한 설명과는 거리가 멀며 기술적 시스템 속에 속할 뿐이다. 즉 도시 공간의 기능에 대한 기술은 도시 형태론의 다른 접근법들과 마찬가지로 하나의 도구일 뿐이다. 도시 생활의 종류와 도시 구조 사이에 존재하는 연속성의 요소를 확보하지 못한다면, 도시 기능의 기술은 수많은 분석 가운데 하나에 불과한 것이다. 따

---

364 같은 책, pp.177-178.

라서 총체성으로서의 도시라는 관념을 간직해야 하며 도시의 다양한 발현과 행동 양식에 대한 연구에 힘입어 이와 같은 총체성 이해에 도달할 수 있는 것이다.

소박한 기능주의자들의 견해를 수용하기 힘든 이유는, 그들의 분류가 모든 도시적 사실들이 정태적 방식으로 일정한 기능을 위해 성립됐다고 전제하기 때문이다. 이와 정반대로 도시는 다양한 변형들을 통해 지속되는 그 무엇이라고 말할 수 있다. 시간의 흐름 속에서 도시가 수행하는 단순 기능 또는 복수의 기능은 도시 구조의 현실 속에서 계기일 뿐이다.

도시 형태발생의 기호학

'형태발생morphogenèse' 개념은 특정 도시의 공간 구획 형태의 어원, 즉 최초의 발생 형태를 표상한다. 이러한 개념은 도시 형태의 발생과 그 진화를 분절시키는 과정과 역동성의 총합을 지시한다.[365] 도시 공간의 특정한 형태발생은 그 도시의 사회화의 상징적 역사이다. 도시성은 사회적으로 조직화된 거주로부터 시작되며 도시의 역사는 사회 계약의 기초 아래 결집된 민족 탄생과 더불어 시작된다. 도시 중심부의 구성과 공간 속에서 사회화의 각인은 도시의 두 번째 계기를 이룬다. 따라서 도시는 타자의 존재를 의식하는 장소이며 이것은 사회화 획득의 첫 번째 계기이다. 바로 도시 중심부에서 우리는 다른 거주자의 존재를 지각하며 자신의 사회적 소속을 실감하게 된다. 요컨대 도시 중심부는 도시 구성원의 사회화와 공동체적 소속의 공간적 투사projection가 이뤄지는 곳이다.

도시성은 공적 공간의 존재에 의해 특징지어지는데, 기호학적으로 말해, 공적 공간은 그 공간을 드나드는 사람의 무차별성을 표상한다. 그들은 어떤 구별도 없는 거울과 같다. 공원, 거리, 광장은 특정 계층이나 연령층에 속하는 특정 주체의 공간이 아니라, 오히려 그와는 정반대로 그 공간을 지나가는 사람에게 도시의 시민성을 구성하는 무차별성, 즉 완전한 평등과 동일

---

365 같은 책, pp.167-169.

시되는 가능성을 표상한다. 끝으로 도시는 여러 기념비를 통해 시민의 소속과 사회성을 판독 가능하게 만들어주는 공간이다. 여러 기념비는 무차별성을 표상하는 공적 공간과 달리, 사회화의 공간 안에서 소속을 표시하는 공통 문화를 의미한다. 예컨대, 서울의 광화문 광장은 단지 문화적 실천의 장소를 표상하는 데 그치지 않으며 시민의 권리를 성립한다는 점에서 문화적 매개화의 역할을 수행한다.

도시 기호학은 도시 형태의 구조의 의미 작용을 도시의 문화와 사회화를 정의하는 상징적 실천의 장 속에서 사유한다. 따라서 도시 기호학을 정치적 사실과 마찬가지로 사회화의 정치적 형태로서 도시의 생성을 사유하게 만들어주는 문화적, 상징적 사실로서 성찰하는 것이 중요하다.

도시 형태는 도시 공간의 사회화에 대해 공간적으로 판독 가능한 문법을 구성한다. 이런 의미에서 그 같은 형태는 해석 코드, 즉 도시 기호학에 속하며 동시에 도시의 어원, 즉 형태발생에 속한다.[366] 도시 형태는 도시의 사회사, 경제사, 정치사, 문화사에 속하는 복잡한 공간의 생성 속에 각인된다. 문제의 요건은 사회적, 인류학적 사실로서의 도시성의 역사적 표현이다. 도시성은 사회적 사실로서, 도시에 산다는 사실 자체 속에서 표현되는 것과 관련해 사회적 관계를 표상한다. 끝으로 도시성은 시민권의 토대가 마련되는 순간부터 진정한 사실로서 설정된다. 또한 제 도시의 기호학은 하나의 진화론적 과정 속에서 하나의 형태발생의 과정 속에 각인된다. 도시 기호학은 다양한 기표로 생성되며 기표는 도시의 다양한 변형을 표현하는 풍경 속에 각인된다. 도시 기표의 진화와 연속성은 도시 기호학의 생성을 실현한다.

도시 형태들의 의미 작용과 분석 방법론

현재의 도시 형태를 읽어낸다는 것은 기능적, 정치적, 상징적 도시 형태의 유형론을 표상하는 것이라 할 수 있다.[367] 다양한 도시의 형태발생은 도시

---

366 같은 책, pp.172-174.

367 같은 책, pp.181-185.

진화의 세 가지 커다란 유형의 존재를 나타나게 만든다. 하나의 유일하면서도 연속적인 역사적 중심부로부터 계속된 중심화와 집중화[파리], 상이한 중심의 계속적인 병치, 기존에 존재하는 도시 중심부의 흡수[런던]가 그것이다. 도시 형태의 진화와 그와 관련된 이 같은 세 가지 유형은 도시의 현재 속에서 읽힐 수 있는데, 그 이유는 도시 형태의 진화 모습은 도시의 거주민이 자신의 일상생활 속에서 도시의 형태를 경험하도록 만들어주는 행로와 이동의 논리 속에서 발견되며 도시 지명의 어원 속에서도 발견되기 때문이다. 여기에서 말하는 도시 지명이란 도시 거주민의 커뮤니케이션과 언어 실천 과정 속에서 상이한 부분을 구별하고 위치시키는 것을 가능케 만드는 기표들을 말한다. 이러한 조건들 속에서, 도시 지리학은 기호학적 지리학이 되며 그 핵심 의제는 공간 속에서의 도시 형태의 배분을 사유하는 것보다는 도시 형태의 상황, 즉 공간성과 같은 형태의 의미 작용인 기호학적 성격 간의 관계를 분절시키는 작업이다.

예컨대 서울의 경우, 중심부는 도시와 산, 그리고 강[작은 개천들을 포함] 사이의 분절에 위치한다. 서울이라는 지리적 거점을 기호학적으로 분석해보면 몇 가지 핵심 사실을 얻을 수 있다. 첫째, 서울이라는 도시는 산이 둘러쳐 있으며, 동시에 남산을 비롯한 여러 산이 서울 안에 존재한다. 서울의 도시성은 멋진 경관의 북한산과 우람한 한강이 각인된 도시 공간을 성립한다. 아울러, 서울은 서울의 중심성의 상징성을 획득한 자신의 주산을 중심으로 구성되어 있다. 도시 형태의 역사는 정치적 체제의 특수한 역사적 장과 일체의 소속과 사회화의 제반 사실의 장을 표상한다. 도시 형태의 역사는 세 가지 기점으로 만들어진 역사를 성립한다. 먼저 정치사로서는 도시가 특정 장소를 마련한 정치적 기획의 역사를 표상하며, 도시의 공간적 형상화, 기념비성, 이주의 본질과 동력 속에서 생산된다. 이것은 바로 도시 기호학의 정치적 차원을 말한다. 다음으로 문화사로서 도시의 역사는 도시가 도시 시민에게 부여하는 표상의 역사이다. 그것은 문화적 장소의 역사이며, 도시의 문화적 활동이 전개되는 장소의 역사이다. 마지막으로 도시의 사회사는 도시라는 공간 한복판 속에서 진행된 여러 갈등의 역사를 통해 읽힌다.

도시의 형태발생을 역사 속에 위치시킬 때, 그것은 도시 진화의 정당화로서 사유된다. 즉 그것은 도시 거주민의 일상적 실천 속에서뿐만 아니라, 그 생성의 역사적 논리 속에 각인된 역동성을 표상한다.[368] 이러한 의미에서, 그것은 도시 진화에 일정한 방향과 의미를 부여한다. 역사에 힘입어 우리는 서울의 형태발생을 판독 가능성과 합리성의 과정으로 성립시킬 수 있다. 즉 서울의 역사야말로 도시 형태의 진화를 판독하고 이해시키는 것을 가능케 한다. 따라서 역사적 합리성에 토대를 둔 논리 속에 각인되지 않는 도시들의 형태발생이란 존재하지 않는다.

한편 미학적 상징적 차원에서 도시성은 도시 문화라는 개념에 의해 지칭될 수 있다. 즉 도시 거주민으로 하여금 도시의 형태를 이해하게 만들고, 이러한 형태를 지각하고 인지하고 정체를 파악하게 만들어주는 코드와 규약을 말한다.[369] 이와 같은 조건 속에서 도시는 서로 분절되는 두 가지 논리에 기초한다. 하나는 도시의 기억을 구성하게 만들어주는 역사적 논리로서, 도시의 과거 속에 정박한 정체성의 요소를 부여한다. 다른 하나는 도시의 유기적 기능성을 사유하고 구조화하는 논리로서, 지금 여기에 놓인 현재의 요소들을 부여하며 경제적, 사회적 차원을 포함한다. 정치적 차원에서, 도시성은 도시적 시민성 개념에 의해 지칭될 수 있으며, 도시의 거주민이 스스로에 대해 정치적 의식을 공유하고 도시 형태의 진화에 대해 책임 의식을 갖는 것을 말한다. 도시는 도시 형태의 형태발생이 거주민에게서 벗어나는 자연적 과정으로서만 파악되지 않고, 도시 주민이 책임감을 공유하는 제도적 상황에 속하는 과정으로서 파악될 때 비로소 존재한다. 도시 형태의 발생은 도시에서 살아가는 사람의 참여를 요구한다.

정리하자면 도시 형태는 도시를 의미의 공간으로 만든다는 점에서 기호학적 개입은 그 정당성을 확보할 수 있다. 도시 형태는 단지 도시를 보는 것 이상으로 이해하고 해석하는 대상으로 만들어, 도시를 의미 논리 속에 각인시킨다. 도시의 역사는 도시 형태가 다양한 심미적 형태를 출현시키는

---

368 같은 책, p.183.

369 같은 책, p.184.

도시의 역사적 문법을 구성할 때 비로소 해석 가능한 역사가 된다.[370]

2. 도시 공간의 매트릭스

역사적 보존의 상이한 양상을 도시 디자인의 맥락에서 강조할 필요가 있다. 원형 그대로 잘 유지된 역사적 동네와 거리는 일부 도시 인문학자가 말하는 도시 매트릭스를 증명해준다.[371] 도시 매트릭스란 도시에서 사람이 이동하는 길의 소재지와 디자인을 지배하는 개념적 프레임워크 또는 상상적 격자를 말한다. 도시의 거리, 골목길, 사이길, 인도 등 동네의 구조에서 제대로 형성된 도시 매트릭스는 도시의 개별적 조각을 상호 연결시키며 개별 요소를 전체로 결속시켜 사람과 사람의 교환이 최적의 효율성으로 발생할 수 있게 해준다. 주목할 것은 연계성의 매트릭스는 하나의 추상적 아이디어의 창발과 그 물리적 표현으로서 애초 디자인 과정의 시작부터 결정되어야 한다는 점이다. 오직 매트릭스가 디자인된 다음에야, 특정 조각을 디자인하고 건설하는 것이 의미가 있다. 연계성의 매트릭스는 개별 조각이 하나의 수미일관적인 기능적 전체 속에 합치되는 패턴이며 원칙이다. 매트릭스는 하나의 시스템이 팽창하거나 스스로를 복제하는 원칙이다.

이런 의미에서 도시 매트릭스는 하나의 언어와 같다. 즉 모든 요소가 유기적으로 관련된 구조물이다. 도시 매트릭스의 정의를 보다 자세히 상술하면 다음과 같다.

첫째, 도시 매트릭스는 사람들이 도시 공간에서 이동할 수 있으며, 다른 사람과 교환에 참여할 수 있는 모든 수단을 위한 이동 경로를 지시하는 격자이다. 이때 유념할 사실은 도보, 자동차, 버스, 자전거, 그리고 교환에 있어서 가장 중요한 것은 발로 걷는 도보 행위라는 점이다. 둘째, 도시 매트릭스는 사람들로 하여금 이러한 이동 경로를 따르게 만드는 리듬적 구조를

---

370 같은 책, pp.188-189.

371 Greenberg, M., *The Poetics of Cities,* Columbus, Ohio State University Press, 1995.

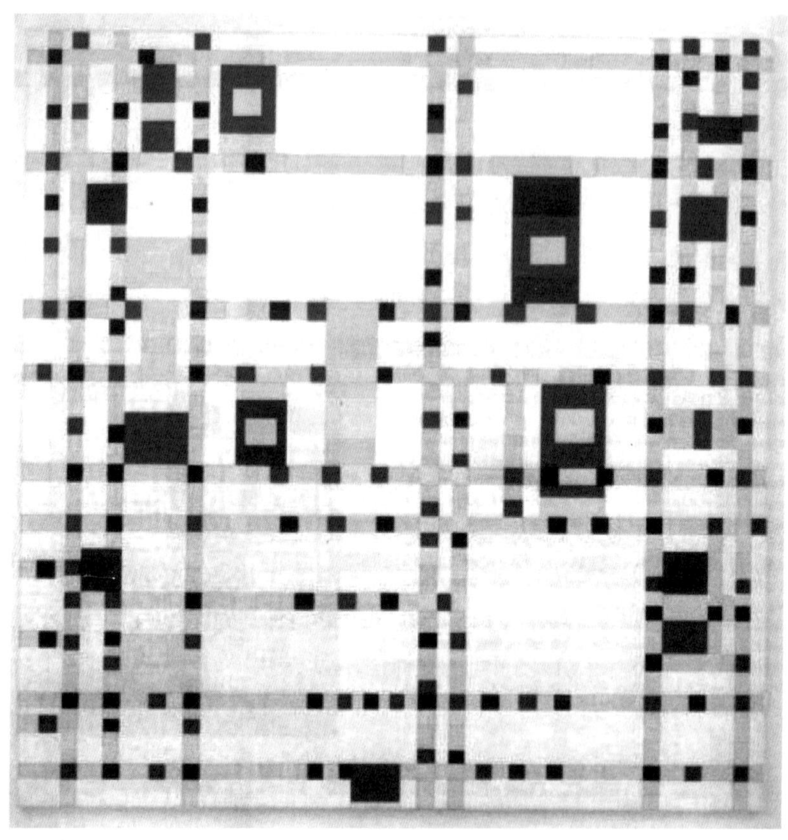

21 몬드리안, <브로드웨이 부기우기>

말한다. 셋째, 도시 매트릭스는 개별적 장소집, 상점, 사무실, 도서관 등등가 공공계의 이동 경로와 나란히 존재하는 규칙들 말한다. 넷째, 도시 매트릭스는 교환 활동의 장소들이 결절 지점들nodes로 합체되는 유기적 원칙을 말한다. 즉 교환의 장소가 효과적으로 그리고 풍부하게 서로 연계될 수 있도록 해주는 도시 형태를 말한다. 결과적으로 "제대로 형성된 도시 매트릭스는 재즈 악보와 같아서 공조뿐만 아니라 즉흥을 위한 프레임워크"[372]와 같다.

---

372 위의 책, p.62.

개념적으로나 도식적으로 도시 매트릭스는 화가 피트 몬드리안Piet Mondrian의 후기 회화 작품인 <브로드웨이 부기우기Broadway Boogie-Woogie>와 닮아 있다. 몬드리안의 그 작품은 순수한 사각형, 직선의 격자 속에서 원색들로 이뤄지며, 배경은 하얀색이다. 하지만 몬드리안은 실제로 늘 재현을 중시하는 화가였다. 즉 몬드리안은 우리에게 자신의 주변 세계를 보여주고 있는 것이다. 그렇지만 몬드리안 작품의 전면focal plane은 그의 보다 성숙한 작품으로 접어들면서 이동했다. 초기 작품에서, 몬드리안은 사물의 표면적 외관을 재현하려고 애썼다. 즉 삼차원으로 이뤄진 우연적 형상들, 지금 여기에서 만져질 수 있는 것들을 말이다. 하지만 오브제의 심층 구조에 관심을 가지면서 특수를 보편으로 돌려보내기 시작한다. 1943년경 만들어진 작품 <브로드웨이 부기우기>는 사물의 기저 구조를 표상하는 문제의식에 있어서 몬드리안이 평생 진행해온 사유가 드디어 종반부에 도래했음을 알리는 그런 작품이다. 이 작품은 맨해튼 도시의 추상 또는 희석으로도 볼 수 있다. 사각형의 구성은 맨해튼 거리의 격자를 암시하고 있기 때문이다.

하지만 몬드리안은 직접적으로 지도를 재현하지는 않았다. 오히려 집중적이며 침묵으로 스며든 활동들의 리듬으로서 지도를 그려내고 있다. 의미심장한 것은 몬드리안의 회화 속에서 이동 경로는 단지 획일적 검은색 선들이 아니라는 것이다. 이동 경로 길들은 적색, 파란색, 노란색 펄스pulse로 보인다. 아주 짧고 촘촘해진 공간은 남북 대로의 페이스를 암시하고, 보다 길고 덜 다채로운 것은 동서 길들의 청명함을 시사한다. 박자는 길이 또는 색채 시퀀스에 있어서 획일적이지 않다. 신축적이며 유기적인 리듬으로 어디서나 방향성 또는 경향성을 갖는다. 몬드리안의 탁월하게 정확한 통찰은 이 회화 작품의 제목과 디자인에서 표현되는데 도시의 이동 경로는 단지 콘크리트의 정태적 리본이 아니라, 운동과 리듬이라는 것이다. 재즈로 치면 상투적인 리듬에서 벗어난 일종의 쾌조인 것이다.

같은 맥락에서 하나의 건설된 도시에서 도시 매트릭스는 두 가지 양상, 또는 두 개의 분석 수준에서 목격될 수 있다. 첫 번째 양상은 거리의 깊이에 의해 표현되는 연결성의 물리적 시각적 매트릭스이며, 그것은 건물의 크기와 도로와의 거리, 원주의 리듬, 창문에 의해 표현된다. 두 번째 양상은 기능적 혼합에 의해 표현된다. 오래된 중심지에서, 집, 쇼핑, 문화, 여가 센터, 학교에 접근하기 쉬운 도보 길이 그것이다. 이는 시민 생활의 활동을 분리시키는 것과는 다른 것이다. 기능적 매트릭스에 처음부터 부과된 것은 사회적 매트릭스이다. 만약 다양한 활동이 전통적인 이웃 동네에서 연결된다면, 다양한 종류의 사람은 이 같은 이웃 속에서 더불어 살아가게 될 것이다.

그러므로 제대로 형성된 도시 매트릭스는 시민 공간의 본질을 정의하는 것을 도와줄 수 있다. 그러나 사적 공간과 공적 공간이라는 고전적 구별 또는 닫힌 공간과 열린 공간의 구별은 도시 공간의 고체성과 유체성, 능동성과 형성적 역할을 간과한다. 따라서 사람들이 자신의 공간을 조직화하기 위해 선택한 방식은 그 공간에서 그들과 타자가 어떻게 행동하는가를 기대하면서 그들의 이상형과 희망을 반영하는 것이다. 그래서 세심하게 디자인된 공간은 바로 공간 사용자에게 그 같은 이상형과 희망을 부과할 수 있어야 한다. 따라서 제대로 형성된 도시 매트릭스는 자연스럽게 "시민 공간을 규정한다"[373]라고 말할 수 있게 되는 것이다.

그런 관점에서 보게 되면, 여기에서 가장 중요한 의미가 도출될 수 있는데, 그것은 도시 매트릭스를 위한 척도의 기본 단위는 바로 인간의 신체로부터 비롯된다는 사실이다. 20세기 초까지만 해도 건축가들은 다른 선택의 여지없이 인간 신체에 의해 설정된 매트릭스를 받아들여야만 했다. 그 같은 매트릭스는 도시 만들기에서는 가장 기본적인 사실이었다. 대부분의 사람이 대부분의 시간 동안 걸어서 이동하는 시절, 삶의 모든 필요와 즐거움은 걸어 다닐 수 있는 인간적 정서가 스며 있는 거리 공간 안에서 발견됐던 것이다. 19세기 건설 기술은 원주 사이의 밀접한 사이 공간을 선호했으며, 지배적인 유럽의 건축 양식은 구조적 테크놀로지를 표현했다. 직선적이며 반복적인 방식이 아니라 모더니즘 분위기의 수사적이며 풍부하게 연주되는 교향곡의 방식으로 말이다. 따라서 인도를 따라서 도보의 리듬과 건축적 분절 사이의 밀접하면서도 신축적인 관계가 존재할 수 있었던 것이다. 당시의

373 같은 책, pp.67-68.

음악처럼, 파사드의 구조는 변이와 전개의 원칙에 따라서 구축됐던 것이다. 걷는 사람은 거리를 따라서 구역에서 구역으로, 블록에서 블록으로, 마치 교향곡을 듣는 청자가 한 소절에서 다른 소절로 건너뛰는 것처럼, 에피소드에서 에피소드로, 한 악장에서 다른 악장으로 이동하는 것처럼 걸어 다닐 수 있었던 것이다.

도시 건축 환경의 아름다움을 평가하는 여러 기준 가운데서, 최적의 기준은 도시의 레이아웃 전체이며 또한 그 세부에서 교환의 다면적 과정을 쉽게 해주느냐의 여부이다. 하지만 한국의 도시를 비롯한 대부분의 도시에서 이 점은 철저히 무시되고 있다.

3. 형태 발생 이론의 개념 구조와 인식론적 조건

공간 기호학에서 도시 공간이라는 인간 정착지의 발생 속에 관여된 형태론적 차원과 기호학적 차원 사이의 관계는 중요한 주제로 부각될 수 있다.[374] 건축 기호학에 이어서 복잡계 이론과 형태 역학 이론[375]을 도시 공간에 접목시킨 도시 형태발생 이론은 비록 그 연구자가 소수에 그치고 있으나 도시 기호학에서 반드시 언급되어야 할 이론적 사조라 할 수 있다.[376] 도시 기호학 이론에서 말하는 '형태발생'은 지리적 역사적 최적화 과정으로서 안정성과 불안정성의 조건과 연계된다.

모든 형태는 그것의 안정성의 조건으로 향하는 경향을 보여준다. 하나의 역사적 시기는 안정성의 조건이며, 반면 두 시기 사이의 순간은 불안정성의 순간으로서 도시의 형태론적 형상화의 현동화actualisation 조건에 해당된다. 이와 같은 개념화에 따라서 한 도시의 형태는 무엇보다 역동적, 내

---

374 Desmarais, G., *La morphogenèse de Paris: Des origines à la Révolution,* L'Harmattan, 1995.

375 Petitot, J., *Physique du sens,* Paris, Éditions du CNRS, 1992.
Thom, R., *Apologie du logos,* Paris, Hachette, 1990.

376 Marcos, I., *Le sens urbain: La morphogenèse et la sémiogenèse de Lisbonne - une analyse catastrophiste urbaine,* Aarhus, Universitéd Aarhus, Ph.D, 1996

재적인 토폴로지에 의해 생성된다. 그러한 형태론은 하나의 사회적 행위자에 의해 구상되고 계획되는 것이 아니며 시공의 전반적 성층화 과정에서 비롯된다. 따라서 형태발생은 한 도시를 살아갔던 세대를 통해서 전승되는 집단 기억이라고 말할 수 있다.[377] 형태발생은 도시 형태와 사회 문화적 힘이 확산되면서 보다 세밀해지는 역동적 토폴로지인 것이다. 그런 측면에서 형태발생은 시공간 성층화의 전반적 과정으로서 크게 세 개의 성층을 포함한다.[378]

첫 번째 성층은 물리적/상징적 형태로 이뤄지며 여기에는 도시의 주요 방위와 그에 해당하는 가치가 포함된다. 특히 이 두 개의 영역은 고도로 현저성이 높은 지역을 중심으로 확산되며 '성스러운 진공sacred vacuum'을 창조하기도 한다. 두 번째 성층은 사회 문화적 형태로 이뤄지며 형태론적 추상적 구조의 성립으로서 도시 거주자의 위상과 제도의 분배에 해당된다. 즉 위상학적 표면의 상이한 주제화라 할 수 있다. 이러한 사회적 모티브는 질적 불연속성을 생성하는 힘의 비례, 즉 끌어당기는 힘과 밀어내는 힘을 유지한다. 세 번째 성층은 구체적 형태인 건축적 형상화라 할 수 있다. 예컨대, 구체적 형태의 건립과 관련해 중세 시기로부터 르네상스 시기, 또는 하나의 시기에서 다른 시기로 옮겨가는 과정을 이해하려면 주제적 가치와 동시에 그 가치의 기저에서 진행되는 발달 과정을 이해해야 할 것이다. 이를테면 14세기 말 한양이 조선 왕조의 수도로 건립됐을 때 경복궁과 종묘는 기념비적 건축물로 세워졌으며, 급속한 경제성장과 더불어 1970년대 이후엔 진행된 강남 개발의 진행을 목격할 수 있었다. 첫 번째 경우는 조선 왕조의 권위라는 주제적 가치의 안정화를 지시하며 두 번째 예는 근대화를 통한 경제적 번영이라는 주제의 상징이라 할 수 있다. 이러한 세 번째 성층에서는 구체적 형태를 강하게 표현하는 건축물이 생산된다.

따라서 형태론 차원과 기호학 차원을 함께 사유하려면 도시 형태 이론

---

377 Marcos, I., "Urban morphogenesis", *Semiotica, vol.*192, 2012, p.1.

378 위의 논문, pp.2-14.

의 두 가지 인식론적 전제 조건을 다시 취해야 할 것이다.[379] 첫째, 인간 정착지의 공간적 조직화는 추상적인 형태론적 구조에 속한다. 풀어 말해 인간 정착지의 확장 과정에 나타나는 구체적 형태의 지리적 조직화는 추상적 형태론의 구조를 지니며 또한 그 구조의 내재적 역학은 상징적 의미 작용들을 공간화한다. 둘째, 이러한 형태론적 구조화를 생성시키는 과정은 기호학적 차원에 속하는 내재적 질서에 속한다. 이러한 일차적 전제 조건의 시각에서 다음과 같은 사실을 연구하는 것이 관건이라 할 수 있다.

여기에서 제기되어야 할 물음은 어떻게 상징적 의미 작용은 공간적으로 하나의 형태발생 차원에서 현동화actualiser될 수 있는가라는 물음이다. 먼저 형태발생은 질적인 불연속성의 체계를 전개하며 감각적 세계 속에서는 관찰될 수 없는 불연속성이다. 여기에서 말하는 감각적 세계란 이를테면 지리적 공간을 도시와 촌락의 위치적 가치가 투자된 텅 빈 영역으로 범주화시키는 감각적 세계를 말한다. 둘째, 구체적인 형태의 건축물을 건설할 때 인간 거주지의 형태발생은 텅 빈 공간 영역이 가치화되는 과정을 실현한다. 셋째, 어떻게 위치적 가치들이 영역의 경제적 가치화를 제약하는가의 문제가 제기된다. 임대를 통해서 텅 빈 공간의 경제적 가치가 창출되는 과정을 비롯해 생산력에 의해 구체적 형태가 건설되는 과정과 그것의 수익 창출에 의해 경제적 가치화가 실현되는 과정 모두가 연구 대상들이다.

첫 번째 전제 조건은 인간 정착지의 정의, 특히 도시라는 인간 정착지를 정의하기 위해 통상적으로 개진되는 기준에 대해 거리를 유지한다. 도시를 규정하기 위해 제안된 기준은 모두 자의적인 것이며 사실 도시와 도시가 아닌 것 사이의 경계선을 작동시키기 위한 만족할 만한 기준이 아닌 것으로 판명됐다.

하나의 추상적 형태발생에 의해 구조화된 구체적 형태로서, 도시, 공동체, 마을 등은 세포적 단위의 축적된 합으로 환원되지 않는다. 이 같은 구

379 Desmarais, G., "Des prémisses de la théorie de la forme urbaine au parcours morphogénétique de l'établissement humain", *Cahiers de Géographie du Québec,* vol.36, n.98, 1992, pp.251-273.

체적 형태는 오히려 비물질적인 내재적 구조에 속한다. 조직의 추상적 형태는 종속으로 이뤄진 형식적 관계로부터 비롯된다. 즉 부분을 유기적으로 하나의 전체 속에서 연결시키는 관계로부터 비롯된다.[380] 기존의 도시 형태론에서는 오직 관찰된 구체적 형태로 국한되는데, 구조 이론에서 말하는 형태적 구조와, 건축 형태의 의미에서 관찰된 형태론을 혼동하지 말아야 할 것이다.[381]

추상적 형태적 구조는 지각되거나 관찰될 수 없다. 그것은 이론적 대상을 성립하며 그 현실은 명시적 증명 차원에서 재구성될 수 있다. 이와 같은 형태론적 구조는 있는 바 그대로 비가시적이며, 구체적인 건축적 형태 속에서 체현된다. 이러한 조직의 추상적 구조는 건축적 형태 속에서 그것의 구체적 실현을 안정적이며 판독 가능하게 만든다.

도시 형태의 이론이 취하는 수순은 따라서 관찰 가능한 건축적 형태의 수준 기저에 존재하는 추상적 조직의 수준을 파악하는 데 있다. 그 결과 인간 거주지의 형태론적 구조의 이중적 위상이 나타난다. 즉 그것은 조직의 추상적 형태로서 동시에 건축적 형태 차원에서 구체적인 실현으로서 나타난다. 이처럼 형태발생 구조의 이중적 위상은 관념적이면서 동시에 실재적이다. 또한 이런 형태는 그것의 감각적 실현의 이해와 설명을 가능케 한다. 예컨대 소쉬르 언어 이론의 이분법인 랑그와 파롤의 경우가 그렇다. 바로 그런 이유에서 모든 구조적 접근법에서 늘 그 존재론적 위상이 상이한 구체적 현상과 추상적 대상을 다시 발견하게 된다.

지리적 공간의 추상적, 형태론적 구조는 인류학적, 정치적 질서에 속하는 내재적 역동성에 의해 생산된다. 이러한 내재적 역동성은 도시/촌락 쌍의 토대를 정치적으로 세우는 전유와 관련된다. 정치적 전유는 자연적인 지리적 공간을 문화적, 지리적 공간으로 변형시키는 것을 맡는다. 물론 인류학적 가치의 선별에 토대를 둔다는 점에서 그렇다. 이와 같은 전유는 그때부터

380 Petitot, J., *Morphogenèse du Sens, tome 1,* Paris, Presse Universitaire de Frnace, 1985.

381 Merlin, P. and Choay, F., *Dictionnaire de l'urbanisme et de l'aménagement,* Paris, Presse Universitaire de France, 1988.

질적 불연속성의 시스템 생성과 전개의 근원에 놓인다. 자연적, 지리적 공간은 그 결과 도시와 촌락의 위치적 가치가 투여된 공허한 추상적 영역으로 범주화되고 문화적으로 차별화되고 사회적 행동자의 이동성을 초규정하는 정치권력에 따라서 차이화된다.

내재적 역동성의 원리는 다음 사실을 예고한다. 즉 위치적 가치의 지리적 구조적 현실의 차원은 인간학적 가치의 상징적 차원으로부터 경제적 가치의 수량적 차원으로의 이동을 매개화한다는 것이다. 따라서 인간 거주지의 구체적 형태는 특수한 역동성에 의해 즉 인류학적, 정치적 질서에 속하는 역동성에 의해 생산됨과 동시에 그것은 구체적 형태들이 체현되는 기층과 독립해 추상적, 기하학에 의해 제약된다. 바로 그런 이유에서 도시와 촌락을 위치시키는 형태론적 구조들은 과학적 인식으로 환원될 수 없을 정도로 다양하지도 않으며 그렇다고 물질적 생산방식의 역사적 진화의 자의적인 결과물도 될 수 없다. 그렇다고 주관성의 구조들이 반영된 우발적인 투사도 아니다.

형태발생 이론의 두 번째 전제 조건에 따르면 의미의 생산은 인간 정착지의 형태발생에 개입하는 근본적 차원이다. 두 번째 전제 조건의 시각에서 핵심 문제는 지리적 공간의 의미 작용을 건축적 형태와 그곳을 이동하는 주체 사용자 사이에 존재하는 관계로부터 연구하는 것이 아니다. 여기에서 말하는 주체란 건축 공간에서 공간 사용의 신체적 행동 양식을 채택하는 사용 주체를 말한다. 공간 사용의 주체는 정서적 내용과 해석의 인지적 행동을 투자하며 또한 방향 식별의 이정표를 투자한다. 이 같은 두 번째 전제 조건에서는 인간 정착지의 구체적 형태들 기저에 있는 추상적인 형태의 구조를 통해 의미의 생산을 탐구한다.[382]

도시 형태의 이론에 따르면 의미는 이미 형상화된 도시, 기능적 활동 상태에 있는 도시로부터 단지 차이의 생산과 파악을 목표로 삼는 것이 아니다. 도시 형태 이론에서 의미는 지리적 공간을 형태론적으로 구조화된 영역

---

382 동네와 길에 대해 갖는 정서적 애착에 대한 연구는 다음 문헌 참조.
Noschis, K., *Signification affective du quartier,* Paris, Librairie des Méridiens, 1984.

으로 차이화시키는 과정인 것이다. 달리 말해 인간 정착지의 구체적 형태들은 함께 위치하는 영역 속에서 형태의 위치 덕분에 하나의 의미를 획득한다. 구체적 형태는 추상적인 형태론적 구조에 속한다. 구조 내부에서 터 잡기는 그것 자체가 인류학적으로 정치적으로 유의미하다.

따라서 인간 거주지의 형태발생의 행로는 전제 조건의 관계에 의해 위계화된 네 개의 구조적 층위를 포함한다. 첫째, 인류학적 '상상계'[383]의 심층적 수준으로서 텅 빈 공간에서 공간적으로 그 가치들을 투자하는 주관화의 과정에 의해 담당될 때 그 공간은 정서적 현저성prégnance이라는 가치들로 변형된다. 둘째, 내재적 역동성의 층위로서 여기에서 이동성의 정치적 관리와 결부된 갈등들이 관여한다. 셋째, 지리적 층위로서 여기에서 땅의 표면은 질적인 불연속성의 배치에 의해 추상적으로 구조화된다. 넷째, 건축적 형태의 건설은 추상적 형태의 토지의 가치화에 의해 자극된다.

상상계의 기호학적 위상과 관련해 그레마스 이론은 기호/서사 구조의 존재를 재구성했다. 그 구조는 단지 신화, 민담, 다양한 종류의 이야기를 조직화할 뿐만 아니라, 여전히 일상의 구획된 공간에서 이데올로기, 사회적 행동, 역사 등에서 체험된 모든 행동 양식들을 조직화한다. 레비스트로스의 신화 사상을 계승하면서 구축되어온 기호 서사 구조의 의미론적 구성 요소는, 계열체적 가치를 분절하는 가상적 존재이다. 삶과 죽음, 자연과 문화, 성스러운 것과 속세적인 것, 남성과 여성 등의 가상적 가치는 사회적, 문화적 실천의 표면에서 관찰할 수 있는 기호와 형상의 다양성으로 동일시되지 않는다. 왜냐하면 이러한 잠재적 가치는 지시체의 시각에서 정의 가능한 의미 작용에 해당되지 않기 때문이다. 이와 같은 다양한 발현의 기저에 존재하는 잠재적 가치는 차라리 무의식적 약호를 구성한다. 즉 그 같은 잠재적 가치는 개인적 집단적 운명과 관련된 심층적 표상의 신화적 수준에 위치하는 기본적 의미론이라 할 수 있는 것이다.

---

383 인류학적 상상계의 층위에서 '진공(vacuum)'이라는 개념은 지리적 공간의 추상적 형태론과 개인과 집단의 운명과 관련된 심층적 의미 작용의 상징적 차원 사이에 존재하는 내재적 관계를 설정하기 위해 리쇼(Ritchot)가 도입했다.

제3부

도시 기호학에서
도시 인간학으로

제8장 • 도시 공간의 시학적 상상력

시적 공간poetic space으로서의 도시 공간

1. 공간의 시적 상상력과 도시 공간의 시적 지평

공간의 시학poetics of space이라는 개념은 19세기 중반기부터 20세기 초반부에 걸쳐 보들레르, 발레리, 벤야민, 바슐라르 등에 의해 개념화되고 정교하게 이론화됐다. 시적 공간은 문학, 조형예술, 음악 등에서 창조될 수 있으며 예술가의 환상fantasy과 상상력에 의해 작위적으로 만들어진 공간이기도 하다.

이 책에서 큰 비중을 두고 다룬 건축 철학자 노르베르크슐츠는 현상학적 건축을 주창하면서 실존적 공간existential space[001]을 제시했고, 바슐라르Gaston Bachelard는 거주의 현상학을 비롯해 심오한 공간 시학 사상의 주춧돌을 놓았다.[002]

바슐라르의 공간 시학: 안과 밖의 시적 상상력

거주의 현상학은 인간의 의식과 꿈이 서린 공간에서 이뤄진다. 시와 집이 상호 지향하는 곳에 공간의 현상학이 위치하는 것이다. 행복한 공간의 이미지는 상상력과 장소 분석에 기인한다. 특히 바슐라르는 집을 상승과 하강의 변증법적 작용 공간으로 보았으며 영혼과 정신을 구분해 각기 독특한 지향성

---

001 Norberg-Schultz, Ch., *Intentions in Architecture,* Oslo, Universitetsforlaget, 1963.

002 바슐라르의 공간 사상에 대해서는 다음 연구물을 참조할 것.
1. Casey, E. S., *The Fate of Place: A Philosophical History,* Berkeley and Los Angeles, University of California Press, 1998, pp.299-323, pp.456-464.
2. Wunenburger, J. J., "Bachelard et la topoanalyse poétique", in Paquot, T. and Younès, C., *Le territoire des philosophes,* La Découverte, 2009, pp.47-62.

을 갖는 것으로 해석했다. 시란 영혼의 참여로 감정의 반향을 '넘어서는' 것이므로, 영혼은 수직적이다. 현상학적 분석에서 영혼의 깨어남은 정신의 울림이자 반향인 동시에 감각적 반응이다. 감각적 반응이란 표현이 존재를 생성하고, 표현의 생성은 곧 존재의 생성이 된다는 것을 의미한다. 영혼의 울림은 존재의 조건이다. 다시 말해 영혼의 울림은 존재의 심화이자 내면적 깊이이다. 반면 반향은 흩어지는 것으로 표현적인 정신에 해당한다. 수직적 지향성을 갖는 영혼과는 달리 '흩어지는' 정신은 수평적 지향성을 갖는다. 이로써 영혼과 정신의 울림과 반향은 각각 공간의 수직축과 수평축을 형성하게 된다. 이러한 인간적인 일체의 것은 로고스logos적 사고와 시적 이미지로 드러난다.

바슐라르는 그의 명저 『공간의 시학』에서 당대 프랑스 시에 나타나는 건축적 기호들의 몇 가지 사례를 탐구한 바 있다. 바슐라르는 회상의 흔적과 그림들, 사물과 시간에 대한 꿈과 욕망이 상상력을 통해 생산된 환상적 공간의 그림 속에 어떻게 반영되는가를 심오한 시적 언어를 통해 보여준다. 요컨대 시적 공간은 새로운 영적 상상적 현실을 창조하기 위해 건축적 공간의 기능과 기술적 구성을 초월하려고 시도한다.

바슐라르는 『공간의 시학』에서 다음과 같은 요지의 진술을 한다. "과학철학의 근본적 주제들에 연연하며 자신의 모든 사유를 형성한 철학자는 자신의 모든 지식을 망각해야 하며, 그가 만약 시적 상상력에 의해 제기된 문제들을 연구하기를 원한다면 철학적 연구의 모든 타성과 단절해야 할 것이다." 철학자는 먼저 객관적 지식의 정신분석학을 포기해야 한다. 최소한 상상력은 정의상 직접적으로 객관성에 도달하지 않는다. 시적 상상력은 지각이 자동적으로 실재와 일치하는 이미지들을 형성하는 능력에 있지 않다. 오히려 그것은 지각이 제공한 이미지들을 왜곡시킬 수 있는 능력이다. 그것은 일차적 이미지들로부터 우리를 해방시켜 이미지들을 변화시킬 수 있는 능력인 것이다.[003]

---

003 Bachelard, G., *L'air et les Songes. Essai sur l'imagination du mouvement,* Paris, José Corti, 1943, p.7. (한국어 번역본) 가스통 바슐라르, 『공기와 꿈』, 정영란 옮김, 민음사, 1993, p.10.

바슐라르는 시적 상상력에 대해 “우리는 이제 이미지들의 현상학적 규정을 추구하려 한다”[004]고 천명한 바 있다. 시적 상상력은 피상적 유추와 상식과 몽상의 감정적 확실성을 거부한다. 그것은 이미지의 정신적 풍요에 대해 주의를 기울인다.[005] 이미지는 풍요의 요인으로 간주되고 정신적 호르몬으로 파악되어 그것을 맞이하는 의식과 분리될 수 없다.[006]

바슐라르는 『공간의 시학』에서 자신의 상상력 이론에 인과율 원칙을 도입하는 것을 단호히 거부한다. 또한 정신분석학 방법보다는 현상학적 방법을 선호한다. 이 책에서 그는 “시적 상상력은 아무렇게나 불쑥 생겨나는 생각”에 종속되지 않으며 과거의 공명이 아니라는 점을 분명히 밝히고 있다. 즉 시적 이미지는 인과율에서 벗어나지만 정신적 복잡성 속에 각인된다는 점을 강조한 것이다.

바슐라르가 안과 밖의 변증법으로 분석한 내용은 여러모로 시적 공간에 대한 통찰을 제공해준다.[007] 내부와 외부에 대한 기하학적 인식의 차원을 넘어 바슐라르는 공간의 보다 심오한 형이상학적 의미를 강조한다. 그의 요지는 이렇다. 안과 밖은 분단의 변증법을 성립하며 그 변증법은 기하학적으로 재단된다. 안과 밖은 모든 사상을 지배하는 이미지의 토대가 되며 철학자들이 제시하는 존재와 비존재의 사유의 준거가 되고, 그 보편적 공간 범주가 미치는 영향력은 신화의 수준에 도달한다. 동일한 맥락에서 이곳과 저곳의 변증법은 절대적 존재 결정의 힘을 갖고 있다.

존재의 진정한 탐구를 위해서는 모든 존재론적 경험들의 편차를 포착해야 하며 단순히 ‘기하학적’ 표현만으로는 빈약하다는 것이 바슐라르의 진

---

004 Bachelard, G., *La poétique de l'espace,* Presses Universitaires de France, 1961, p.2.

005 보들레르의 시적 상상력에 대해서는 다음의 명저를 참조할 것.
Pire, F., *De l'imagination poétique dans l'œuvre de Gaston Bachelard,* Paris, Librairie José Corti, 1967.

006 위의 책, p.23.

007 가스통 바슐라르, 곽광수 옮김, 「제9장 안과 밖의 변증법」, 『공간의 시학』, 동문선, 2003, pp.355-382.

단이다. 또한 현존재에 대해 사유할 때는 존재에 갇혔다 다시 나오고 또다시 들어감의 사유가 필요하며 이것이 바로 나선형의 순환적 사유이다. 바슐라르는 장 타르디유Jean Tardieu의 다음과 같은 시 구절에서 이러한 순환적 사유의 단서를 포착한다.

"나는 부동이 살고 있는 회오리바람 / 나아가기 위해 제자리에서 돌고 있다네."

공간의 시적 상상력을 제고하기 위해 바슐라르가 제안하는 것은 화석화된 언어의 고착성을 지양하고 언어의 극단적 가변성을 활용하라는 것이다. 그때 비로소 공간의 형이상학의 방대함이 개방된다. 그에 따르면 존재는 보이는 것이 아닌 들리는 것이다. 존재는 그려지는 게 아니며 그것은 무無와 맞닿아 있지 않다. 존재의 중심에 가까이 간다 해도 존재는 확고한 것으로 발견될 수 없으며 그 중심에서 오히려 방황한다.

때때로 존재는 자신의 밖에서 확고함을 경험하기도 하며, 외부에 갇혀 있기도 한다. 빛과 소리, 열과 냉기 등의 영역에서 이미지들을 취한다면 기하학적인 이미지에 근거한 존재론보다 더 풍부한 공간적 의미를 획득할 수 있다는 것이 바슐라르의 지론이다.

기하학적 접근은 굳건한 벽과 같으며 우리는 이러한 확정적 직관을 피해야 한다. 무엇보다도, 안과 밖은 서로 대립적이지 않으며 상상력에 의해 경험된 안과 밖은 단순히 상호성의 개념으로 파악될 수 없다. 바슐라르는 앙리 미쇼Henry Michaux의 시 <이방인의 소식Nouvelles de l'étranger>을 통해서 공간의 시적 차원을 시사한다.

"공간(하지만 당신들은 생각할 수도 없을 것이다.) 그 지긋지긋한 안/밖, 그것이 참된 공간이라면 / 특히 어떤 것들(그림자들)은 마지막으로 팽팽하게 긴장해, '그들의 유일한 통일성에 들어가 있기' 위해 절망적으로 노력한다. 결과적으로 그들은 어려운 상태에 처한다. 나는 그들 가운데 하나를 만났다. / 그것은 벌을 받아 사멸되어, 이젠 하나의 소리, 그러나 엄청난 소리에 지나지 않았다. / 거대한 세계가 그것을 아직도 듣고 있었지만, 그러나 그것은 오직 그리고 다만 한의 소리로만 되어 이젠 존재하지 않았다. 그리고 그 소리는 아직도 수 세기 동안 으르렁거렸지만, 그러나 마치 결코 존재한적이 없었던 것처럼 완전히 스러져버리게끔 운명 지어져 있었다."

위의 시에서 말하는 영혼은 현존재를 잃어버리고 그림자조차되지 못하여 위치 자체를 잃어버린 영혼을 말한다. 존재함 자체가 죄라서 헛되고 의미없는 존재라는 벌을 받은 영혼이라고 해석하는 것이다. 존재는 통일성을 갈구하나 결국은 무력화된다. 바슐라르에 따르면 존재는 무화되며 분산되는 응집이기도 하고밖, 중심으로 역류하는 분산안이기도 하다. 안과 밖의 경계면은 양쪽으로 고통스럽고 현존재의 중심점은 흔들린다. 이 영혼이 느끼는 무서움은 밖에서 오거나 안에서 오는 것이 아닌 존재 그 자체이다.

이러한 불안은 형이상학적 설명이 아닌 '이미지의 존재를 체험하는 것'으로 풀어야 한다. 형이상학적 국면은 이미지의 차원에서 탄생하기 때문이다. 따라서 이미지는 상상력의 영역에 들어갈 수 있는 마약과도 같은 통로이며, 이미지의 과장됨을 통해 환원의 습관안과 밖으로 단순하게 환원하는에서 벗어날 수 있다는 것이다. 따라서 공간의 시학을 상상하려면 순수한 상상력, 느닷없이 솟아오르는 인상, 이미지들의 극단 등이 필요하다. 이러한 관점에서 인간의 열림과 닫힘, 존재의 나타남과 숨김은 다양한 형상으로 변신하고 자주 역전되므로, 인간은 '반쯤 열린 존재'라고 결론지을 수 있다. 바슐라르가 제시하는 예는 '문'이라는 보편적 형상이다. 문door은 반개半開한 우주이며 몽상의 시원이다. 여기에서 문입구은 신성한 것이다.

이미지는 유기체적인 자극과 상관없는 순수하고 자유로운 상상력이기에 그것을 유지시키려는 노력은 불필요하며 그 존재만으로 충분하다. 이미지는 증상이 아니라, 있는 그대로 대해야 하는 것이다. 결코 객관적일 수 없는 이미지를 잘 받아들이려면 과잉된 상상력의 시간도 필요하다. 이미지 속에 더 잘 살려면 시인의 도움을 받아 공간을 전도시켜야 하며, 묘사하고 싶은 곳으로부터 거리를 유지해야 한다. 바슐라르는 공간의 시적 상상력에 있어 시적 언어가 갖는 중요성에 대해 다음과 같이 진술한다.

"시적 상상력의 현상학은 우리로 하여금 인간 존재를 표면같은 것의 영역과 다른 것의 영역을 분리하는 표면의 존재로 탐구할 수 있게 한다. 이 예민화된 표면 지대에서는 존재하기에 앞서 말해야 한다는 것을 잊지 말도록 하자. 시적 언어에 의해 새로움의 물결이 존재의 표면 위로 흘러 퍼진다. 이리하여 언어는 열림과 닫힘의 변증법을 자체 내부에 지니고 있는 것이다. 뜻으로서 그것은 갇히고 시적 표현으로서 그것은 열린다."008

도시 공간의 시적 지평

도시는 결코 객관적 지표로서 환원될 수 없는 특별한 장소로서, 그곳에서 한 사람의 삶은 다른 사람들의 삶과 긴장과 갈등 관계 속에 놓이며 역동적 균형 속에서 다양한 모순이 상호 충돌한다. 도시 공간에서는 '과거의 현존'뿐만 아니라, 미래의 위험과 불확실성이 지각된다. 다양한 계층, 상이한 개인과 하위문화의 공존을 통해 도시는 자신만의 시학을 형성하며 다양하게 읽힐 수 있는 한 편의 텍스트가 된다. 19세기부터 유럽의 대도시는 시적 공간으로 인지되고 기술되어왔다. 요컨대, 모든 메트로폴리스는 자신만의 '뮈토스', 즉 문화적 과정을 통해 고양되는 신화의 차원을 형성한다. 도시 공간의 상투적 지각을 넘어서 시적 도시 공간의 속살, 곧 숨겨진 현실과 그 이미지를 도시의 구체적 건물과 거리를 통해 읽어내려는 시도가 바로 도시 시학이다.

도시 시학은 문학 전통의 시학에서 사용되는 낯설게 하기 기법을 통해 도시 공간의 심층부에 녹아 있는 정신적 현실을 발견하려는 시도라 할 수 있다. 근대 도시는 한정된 지리적 영토 안에서 시적 감수성을 통해 기호들의 무한한 세계를 담지하는 매혹적인 생소함의 장소로 다시 태어난다. 도시 시학의 중요한 신념은 모든 도시는 그것의 물질화된 현실보다 더 복잡하고 신비스러운 상상적 도시와 공존한다는 점이다. 깊은 밤, 도시 공간에 새어나오는 빛은 대낮에 경험하는 밝음의 '헤테로피아'라 할 수 있다. 마찬가지로 도시 공간의 상이한 건축물들은 서로 상이한 이질적 시간성을 형성한다. 이질적 시간성은 상이한 시간적 리듬, 반反시간을 지시하며, 도시의 다른 시간을 지시한다. 이 같은 질적으로 다른 시간은 공간과 시간의 팽창이며 해방감을 작동시킨다. 도시의 공간과 시간은 결코 도시계획가들이 의도하고 할당시킨 고정적 의미의 장소로 한정되지 않고, 그것을 초월하고 범람한다. 도시

---

008 가스통 바슐라르, 곽광수 옮김, 『공간의 시학』, 동문선, 2003, p.363.

의 공간과 시간은 세계의 총체성을 포함하는 단자monad로서 나타난다.

"도시는 인간에게 의미의 지평이라는 이유에서 하나의 세계이며, 인간은 오직 이 같은 조건에서만 도시에 거주할 수 있다. 하나의 도시가 거주 가능한 것은 그것이 의미의 펼침dépli에 기초하기 때문이다."[009]

또한 인문지리학자 에드워드 렐프Edward Relph가 정확히 꿰뚫어 보았듯이, 도시 공간을 비롯해 한 장소의 시적 본질의 근본에는 그 장소의 뿌리 내림이 강조되어야 할 것이다. 우리가 어떤 도시 공간에 대해 책임과 존경을 갖게 되는 이유는 단순한 기대와 관심 그 이상의 것, 즉 그 공간의 유일무이한 심오한 의미 때문이다.

"한 장소에 뿌리를 내린다는 것은 세상을 내다보는 안전지대를 갖는 것이고, 사물의 질서 속에서 자신의 입장을 확고부동하게 파악하는 것이며, 특정한 어딘가에 의미 있는 정신적이고 심리적 애착을 갖는 것이다."[010]

2. 도시 시학의 윤리적 차원: 이웃과 근접성의 의미

도시 거주자는 정서적 유대에 기초한 공간적 근접성의 세계에서 살고 있다. 영어 단어에서 이웃, 동네, 지역 등의 의미를 가진 네이버후드neighborhood는 단순히 도시 개발자의 공간 계획의 하위 분할 단위나 섹터, 거리의 지도를 의미하는 것이 아니라, 휴식, 문화 활동, 사회화를 위한 풍부한 기회와 더불어 존재하는 통합된 도시 공간의 소우주urban microcosm를 의미한다.

도시에서 생활하는 사람은 공동체라는 손으로 만져질 수 없는 무형의 정신적 지주로부터 어떤 안정감을 향유한다. 이웃이란 단지 물리적 환경을 공유하는 것을 말하지 않으며 이웃 동네의 인도, 공원, 상점, 식당에서 형성되는 정서적으로 공유된 공동체의 삶을 의미한다. 우리는 자신의 개별적 자아를 발명하고 표현하는 동시에 공동체의 참여자들이다. 그런데 급속한 경

---

009 Cambier, A., *Qu'est-ce qu'une ville?*, Paris, VRIN, 2005, p.54.

010 에드워드 렐프, 김덕현 외 옮김, 『장소와 장소 상실』, 논형, 2005, p.95.

제성장과 더불어 가파르게 진행된 도시화로 인한 건물들의 기계적 패턴들에 의해 개인과 공동체 모두 서로가 서로에게 무관심해졌다. 사람이 아닌 자동차의 우위, 부동산업자들의 농간으로 인한 공동체의 파괴, 풀과 나무 대신 콘크리트와 아스팔트가 지배하는 삭막한 환경 등에 대한 불평을 귀가 따갑도록 듣는다.

대부분의 한국의 대도시에서 새로운 건물 방식을 허가하거나 장려하는 도시 정책과 재개발 정책들은 경제개발, 뉴타운 개발, 도시 갱생이라는 이름 아래 정당화됐다. 그리고 그것에 맞서는 것은 삶의 질이라는 생태학적 인식이었다. 권력을 손에 쥔 정치인과 대자본을 가진 건설회사는 자신들이 수립한 도시계획 전략을 국가가 도시개발 정책으로 채택한다면, 효율성, 편리성, 지속 가능한 성장, 환경보호, 아름다움 등을 모두 얻게 되리라 호언장담했다. 동시에 이 같은 정책을 포기할 경우, 대기업은 도시에 대한 투자를 포기할 것이며, 일자리는 고갈될 것이고, 빈곤의 악순환에 허덕일 것이라는 으름장을 놓았다. 경제개발 진영에 속하는 이들은 그들이 말하는 친성장, 친비즈니스 정책을 옹호하고 인간적인 삶을 우선시하는 공공 정책과 대립한다.

도시 공간에서 삶의 질이 반드시 경제개발의 비용을 치르거나 혹은 경제개발을 막으면서 추구해야 할 것이라 생각할 필연적 이유는 없다. 경제개발과 삶의 질을 동일한 현상을 지시하는 수레바퀴로 인식할 필요가 있는 것이다. 즉 도시 공간에서는 결코 이기심만 난무하는 것이 아니라 다른 사람들을 위한 가치 창출을 시도하려는 사람들의 이타성의 성향도 동시에 존재하며, 이것은 자유롭게 쌍방적으로 이득을 얻고 다면적인 교환을 창출할 수 있는 사람들의 성향을 말한다.

우리는 경제개발과 삶의 질이 의미하는 바를 치밀하게 따져볼 필요가 있으며, 그것들이 도시의 콘크리트, 유리, 풀, 살, 플럭스, 실제 이웃들, 삶을 살아가는 사람들 속에서 서로 어떻게 연관되어 있는가를 물어볼 필요가 있다. 요컨대 도시 시학과 도시 경제는 결코 분리되어 사유되어서는 안 되며

유기적 연관성 속에서 성찰되어야 할 것이다.[011]

바로 여기에서 고대 그리스의 철학은 매우 소중한 영감을 제공한다. 고대 그리스에서 시학poetics이라는 용어는 현대인들이 말하는 시poetry로 국한되지 않는다. 아리스토텔레스의 영문 번역자 케네스 텔퍼드Kenneth Telford는 고대 그리스어에서 포에틱스poetics는 생산 과학productive science로 옮겨질 수 있으며, 모든 종류의 제작, 즉 유용한 기술과 조형미술의 생산물뿐만 아니라 그것들의 생산과정을 포함한다고 주석을 달았다. 호머의 『일리아드』도 한 편의 시가 될 수 있으며 아름다운 다리도 찻잔도 대수학적 방정식도 하나의 시로 인식될 수 있다는 점을 강조한 바 있다. "아울러 하나의 도시 역시, 한 편의 시이다."[012]

아리스토텔레스는 제대로 창작된 희곡 작품의 특징들과 관련해 시학을 논한다. 이를 통해 도시 시학이라는 맥락에서 시학의 관점을 제대로 형성된 도시의 특징과 관련시킬 수 있을 것이다. 시학은 사람이 만든 사물을 다루기 때문에 만드는 것의 규칙들은 자연법칙 속에 각인된 것이 아니라 경험, 실천적 이성, 토론에 의해 도출된다. 이때 유념할 사실은 시학의 방법은 시적 대상들에 대한 우리의 경험에 기초를 둔 에토스를 개발시킨다는 데 있다는 점이다. 아리스토텔레스의 시학에서 에토스는 품성, 즉 개인의 인격이라는 의미를 담고 있다. 도시 시학의 맥락에서 에토스는 관습, 사물이 행해지는 방식, 즉 사회적 무리 또는 국가의 실천적 성격을 의미하며 '도시의 품격'이라 할 수 있다.

에토스가 주어진 공동체에서 구성원들이 서로 공유하는 기준과 가정을 지시한다면 윤리는 보다 개인적인 힘, 나와 다른 사람들이 서로를 어떻게 대해야 하는가를 다루는 사안이라 할 수 있다.

여기에서 중요한 사실은 시학은 윤리적 차원을 포함하고 있으며 인간의 사용을 위해 만들어진 모든 오브제는 사용자를 향한 제작자의 행동 방식

---

011 이 점에 대해서는 다음 문헌 참조,
Greenberg, M., *The Poetics of cities,* Ohio State University Press, Columbus, 1995.

012 Greenberg, 위의 책, p.7.

을 위한 대리물의 성격을 띠고 있다는 사실이다. 이를테면 도시 공간이라는 하나의 오브제를 제대로 만드느냐 아니면 형편없거나 병든 것으로 만드느냐의 문제는 그것의 사용자를 제대로 인간답게 다루느냐 아니면 형편없이 나쁘게 다루느냐의 문제라 할 수 있다. 아울러 도시라는 하나의 오브제를 만든다는 것은 사용자에 대한 인간학적 가정들을 수립하는 것이며 비록 사소한 방식일지라도 사용자의 삶을 바꾸어놓는 것이다. 요컨대 시학은 일정 수준에서 하나의 윤리학이며 따라서 도시 시학은 도시의 윤리와 일맥상통한다. 이 같은 맥락에서 국내 학계에서 도시 시학의 중요성을 주창해온 김동윤 교수의 진술은 문제의 핵심을 짚어내고 있다.

"시학poesis은 이야기를 만드는 행위이고 이야기를 구성한다는 것은 미메시스를 통해 삶의 피륙을 재조직하는 행위이다. (…) 인간은 이야기를 만들어나가는 창조적 존재인 호모파블라토르Homo Fabulator인 것이다. 아리스토텔레스의 전통에서 볼 때 인간은 삶을 텍스트화하고 도시는 그 텍스트를 저장하고 다시 호모파블라토르는 도시 텍스트를 통해 삶의 이야기를 만들어내는 미메시스의 순환 구조를 갖는다. 도시를 하나의 삶의 장과 텍스트로 바라볼 때 그 공간은 인간에 의해 의미가 생성되고 축적된 의미의 층은 다시 인간의 삶에 그대로 투영된 순환을 통해 이야기가 만들어지는 것이다. 이야기하는 행위는 철저히 인간적인 것이므로 미학의 차원뿐만 아니라 가치와 윤리의 차원을 반드시 포함한다."[013]

기본적으로 모든 사람은 편리하고 쉽게 사용할 수 있는 방식으로 도시 공간을 만듦으로써 이웃들을 어떻게 다룰 것인가의 문제에 직면하게 된다. 그것은 거창한 것이 아니라 아이, 노인, 가난한 사람, 맹인 등 모든 사람이 도시가 제공하는 좋은 장소로 자유롭게 이동하도록 편리한 접근성을 마련하는 것이다. 정치적 경제적 자유는 실천적인 이동의 자유와 행동 없이는 아무것도 의미하는 바가 없다.

좋은 도시 디자인은 직접적이며 명백한 방식으로 가치를 창출하면서

---

013 김동윤, 「도시 시학과 호모파블라토르: 융합적 복합성과 인문적 상상력」, 『비평』 15호, 2007, p.309.

사람들로 하여금 효율적이고 안전하게 그리고 유쾌한 방식으로 주위 환경을 경험할 수 있도록 해준다. 동시에 좋은 도시 디자인은 도시의 거주자로 하여금 스스로 가치를 창출하게 만들면서 자유로운 교환을 통해 다른 사람들에게 그러한 가치를 사용 가능하게 만드는 동시에 삶의 여유와 정신적 가치를 창조할 수 있게 해주는 것이다. 도시 디자인을 통해서 만들어진 도시 공간이 도시의 하드웨어와 관련된다면 도시민의 창발적 사용과 행동은 소프트웨어에 해당된다.

바르트도 도시의 '에로스'라는 표현을 통해서 암시한 바 있듯이 도시에서 사람들이 행하는 것 가운데서 가장 중요한 것은 서로 만나고 사물을 교환하는 것이다. 재화, 서비스, 화폐뿐만 아니라, 생각, 신념, 지식, 사랑을 다른 사람들과 교환하는 것이다. 그런데 여기에서 또 다른 핵심은 교환의 전제 조건은 모든 사람이 정서적으로 이웃해야 한다는 것, 즉 근접성이다. 한국에서 경험하는 아파트라는 주거 양식에서는 밀집 주거지역 형태로 바로 1미터 앞에 이웃이 있지만, 우리는 이름도 직업도 성격도 모른 채 1년 동안 말 한마디 건네지 않고 지낼 수 있다는 점에서 근접성 대신 익명성의 조건에서 그저 동일한 물리적 공간을 점유할 뿐이다. 이런 맥락에서 미국의 도시 철학자는 이렇게 말한다. "교환은 근접성에 달려 있다. 그리고 근접성은 도시의 핵심 사안이다."[014]

서구 도시화의 경우 제2차 세계대전을 기점으로 그리고 점차 1960년대 이후에 접어들어 도시 형태는 지역의 쇼핑몰, 대형 할인매장, 패스트푸드 프랜차이즈, 오피스 파크, 고속도로, 고립화된 주거지역, 토지 사용의 지대 구분zooning에 의해 동반된 기능적 분리 등과 더불어 근본적으로 변화했다. 요컨대, 도시 근교화suburbanization를 비롯한 미국 스타일의 도시 개발이 전 세계의 도시화 모델로 퍼져나갔다.

도시 공간에서 전통적으로 유지되어온 근접성과 연계성connectiveness은 주변 도시의 팽창, 도시의 쇠락과 이어진 도시 갱생 계획 등과 더불어 파편화

---

014 Greenberg, 앞의 책, p.8.

와 분리의 모델로 대체됐다. 전통적 도시 공동체의 이념이라 할 수 있는 재화, 지식, 생각의 교환은 봉쇄됐다. 물론 디지털 시대에서도 텔레비전, 라디오, 컴퓨터 게시판, 전자 미디어가 인공적 근접성을 제공하나, 이것들은 참된 근접성의 창백한 모방에 불과하다. 창문을 통해서 아이들이 뛰노는 모습을 보고 방문객을 쳐다보며 인사하고, 가까운 거리에 있는 이웃을 방문하는 것으로 이뤄진 참된 근접성이 실종된 것이다.

그렇다고 지리적 결정론자가 되어서는 곤란하다. 교환을 쉽게 만들어주는 도시 공간의 이상적 구성과 배열이 도시의 질병들을 모두 해결하지는 못한다. 연계성과 근접성은 건강한 경제, 문화, 공동체를 위한 필연적 조건이지만 유일한 필요조건은 아니며 충분조건은 더욱더 아니다. 따라서 옛 시절의 황금기에 대한 향수에 빠져서는 곤란하며 합리적이며 실천 가능한 희망을 피력해야 할 것이다. 즉 현대 문화의 이 같은 특질들이 많은 종류의 교환을 용이하게 하는 일관적인 프레임워크 속으로 통합되는 것, 이것이 바로 도시 시학의 희망이다.

도시는 인류 문명의 태동기에서부터 그 본질에 있어서 테크놀로지이며 커뮤니케이션의 매체이다. 첨단 전자 통신은 기존 도시를 한물간 것으로 만들지는 못했으며 오히려 더 많은 사람이 집에서 나와 공원, 광장, 극장에서 시간을 보내고 있다. 제대로 만들어진 도시와 동네들은 다른 커뮤니케이션 매체들의 영역을 넘어서는 몇 가지 본질적 능력을 갖고 있다. 얼굴을 맞대고 이뤄지는 면 대 면 소통은 바로 소통 기술로서의 도시가 성취될 수 있도록 디자인된 것이다. 인간다운 사생활도 첨단 경제활동도 결코 건강한 공동체적 삶과 분리될 수 없다. "제대로 형성된 도시에서는 제아무리 강력하고 탁월한 테크놀로지에 의해서도 복제될 수 없는 가치 창조의 에너지가 존재한다."[015]

도시 시학의 과제는 이 같은 창조적 힘을 충분하게 사용할 수 있도록 만들기 위해 도시다움cityness을 획득하고 생동감을 다시 살려내는 일이다.

여기에서 우리는 공동체 구성원들이 암묵적으로 서로가 서로에게 기

---

015 같은 책, p.10.

뻄을 선물할 수 있다는 선물 공동체gift community의 개념을 환기할 필요가 있다.[016] 선물 공동체란 단지 정태적 미학의 문제가 아니라 안전, 사회적 질서, 경제 발전을 위한 이점을 서로에게 제공하는 것을 말하며, 선물의 교환은 사람들, 재화, 생각의 이동을 포함하고 우리가 타자에게 어떻게 행동해야 하는가를 일러주는 것이다. 이를테면 집 앞의 보도와 이웃 사이의 근접성은 선물 공동체를 위해 본질적이다. 이웃과의 소통과 근접성이 실종되는 도시에서는 서로가 서로에게 정서적 기쁨을 제공할 수 있는 선물 공동체 역시 종료된다. 또한 선물이 선물로 남기 위해서는 사회 구성원들 사이에서 순환되어야 한다. 하나의 선물이 순환되면 그 가치를 제고시킬 수 있는 반면, 선물을 한 사람이 독점하면 그 가치는 줄어들기 때문이다. 또한 도시 구성원들이 주고받는 시적 선물은 곧 행복의 바이러스로서 전염성을 갖고 있기 때문이다.

3. 도시 시학의 몇 가지 요소

공간의 전체 분위기와 환경ambience

시적 장소는 농밀한 경험이 이뤄지는 장소로서 그 내밀한 경험은 언어로는 적절하게 표현이 될 수 없다. 그 점에 대해 인문지리학의 태두인 투안 교수는 다음과 같은 이유를 제시한다. "내밀한 경험은 우리의 가장 깊은 곳에 자리하는 존재 속에 은폐되어 있어 그 같은 경험들에 적절한 형태를 제시할 수 있는 단어들을 결여할 뿐만 아니라 빈번하게 우리는 그 같은 경험들을 의식조차 하지 않는다."[017]

공간은 독특한 '앰비언스', 즉 자신만의 독특한 환경과 전체 분위기를 갖고 있다. 공간은 쾌청한 하늘, 온화한 바람, 청아한 소리 등의 자연현상과

---

016 Hyde, L., *The Gift: Imagination and the Erotic Life of Property,* New York, Random House, 1983.

017 Tuan, Y. F., *Space and Place,* University of Minnesota Press, 1977, p.136. (한국어 번역본) 이푸 투안, 구동회·심승희 옮김, 대윤, 『공간과 장소』, 1995, p.220.

건축물의 아름다움과 웅장함으로 나타나는 물리적 현상의 총체라 할 수 있다. 인간은 공간의 자연적 물리적 현상을 시선과 목소리를 통해 접근한다. 결국 물질, 자연, 관계, 시선, 목소리, 침묵 등이 공간의 분위기를 결정하며 이는 공간에 대한 인간의 감정을 유쾌와 불쾌로 나누는 열쇠가 된다. 기호학과 현상학에서 유쾌와 불쾌는 각각 끌림의 세계와 꺼림의 세계이다. 예를 들어 침묵에도 여러 가지 종류가 있을 수 있다. 부석사의 타종 소리가 멀리 사라지고 난 뒤 공간을 감싸안는 침묵은 경건한 침묵이며, 열차가 떠난 뒤 남겨진 침묵은 부재의 침묵이다. 이렇듯 살면서 체험하는 공간의 분위기는 종합적인 감각의 작용이라 할 수 있다.

자연과학과 공학에서 연구하는 '공간의 분위기'는 열 감각, 음향 시설 등이 주는 감각적 직관을 정량적 지식으로 환원하는 것을 주된 목적으로 한다. 반면 건축가들이 연구하는 분위기의 내용은 분위기를 자아내는 특유의 방식mode과 음색tone이며, 이는 단번에 객관적 지식으로 환원될 수 없는 성질의 것이다. 결국 분위기는 기술만으로는 온전한 연구가 불가능하므로 다양한 인문학자들의 도움을 필요로 하게 된다.

'구체적 삶의 국면 속에 녹아 있는 분위기ambience in situ'는 탁상공론in vitro이 되어서는 안 된다. 공간의 환경과 분위기 연구는 다음과 같은 의제에 따라 구체적으로 연구되어야 한다. 첫째, 양과 질을 모두 아우르는 다양한 분위기를 통합할 수 있는 판독 가능한 모델 연구, 둘째, 환경 인류학, 환경 인식론, 기호학을 통한 상호 감각성의 관계와 분위기의 사회적 표상 연구, 셋째, 건축된 형식에 내재하는 환경과 분위기의 미학과 감각의 형상화에 대한 연구 등이다.

공간의 환경과 분위기는 구체적 건축 형식으로서의 모든 건축물이 함의하는 풍요로운 관계, 즉 양/질, 물질/인간, 개념/체험, 이론/실제 등의 관계를 연구하는 중요한 인문학적 주제로 이는 공간에 대한 인문학적 연구가 정적인 '상태의 사상'에서 동적인 '과정의 사상'으로 이행함을 의미한다.

공간의 환경과 분위기의 인간학적 의미를 강조하면서 현대 철학자 중 건축에 대해 가장 의미 있는 저술을 남긴 사람은 하이데거라 할 수 있다. 하이데거는 독일의 젊은 건축가들과 도시계획가들에게 강연하기 위해 쓴 「건축함 거주함 사유함Building, Dwelling, Thinking」[018]에서 '사방으로 열린 터'로서의 건축을 사유했으며, 하이데거의 사유는 후일 노르베르크슐츠 등의 건축학자들에게 결정적인 영감을 주었다. 이 점은 다음 절에서 보다 상세하게 다룰 것이다.

하이테크high-tech 시대의 건축학자들이 흑림Black Forest 속 오두막집에서 은둔자적 전원생활을 했던 로우테크low-tech형 철학자인 하이데거의 사유를 진지하게 경청했다는 것은 시사하는 바가 크다. 하이데거는 일찍이 기술 중심주의의 허점을 간파하고 기술 중심적 문명을 비판했다. 그가 보기에 중요한 것은 인간의 실존과 경험이었으며 기술 중심주의는 영혼을 통한 깊이 있는 경험을 망각하게 할 따름이었다. 모든 기술의 본질은 매개에 있으므로 기술은 살아가는 모든 인간의 윤리적 토대ethos에서 비롯된 것이다.

테크놀로지가 생활을 침범하면서 실존 경험은 줄어들게 된다. 실존의 질이 높으면 더 좋은 삶이 되며 실존의 질을 높이려면 짓기와 살기를 통합하고 생각하기까지 하나여야 한다. 이것이 바로 '참살이'요, 건축함, 거주함, 사유함의 하나됨이다.

하이데거에게 건물은 장소와 거주자의 특수성에 따라 세워지는 것으로서 물리적 지세와 인간적 지세를 모두 가지고 있었다. 집짓기와 살기는 은밀하게 그리고 밀접하게 결속되어 있다. '-을 짓기'와 '-에 살기'는 모두 활동activity과 연결되고, 이 활동은 장소에 대한 이해에 다름없다. 건축에서 중요한 것은 외관적 아름다움beauty이 아니며 사람과 세계 사이의 평온한 합일peaceful accommodation이다.

건축물은 사는 사람의 에토스를 반영하므로 세대와 젠더 등의 관계를 드러내고 인간의 갈망과 희망을 반영한다. 예를 들어 동아시아 유교 사회에서 건축물의 배치는 유교 사회 내 계급과 세대, 젠더 간의 관계를 반영하고, 부석사 무량수전에 이르는 봉황산 길은 도덕적 승화와 비상, 자연적 리듬의 생생한 현전을 드러낸다. 건축물의 인상impression은 자신의 현존으로서 그 순

---

018 마르틴 하이데거, 이기상·신상희·박찬국 옮김, 「건축함 거주함 사유함」, 『강연과 논문』, 이학사, 2008, pp.183-290.

간 '살아 있구나'라고 느낄 수 있는 종류의 것이어야 한다. 달리 말해 건축물은 삶에 대한 높은 친화력과 근접성을 가져야 하는바, 훌륭한 건축물은 자연을 닮아 있어야 한다. 이로써 건축공학의 테크놀로지만으로는 건축물의 근접성 문제를 풀 수 없다는 사실이 밝혀진다.

밀도와 집중성

장소의 시적 밀도에서 중요한 요인은 장소에 대한 애착을 갖기까지 걸리는 시간의 문제라 할 수 있다. 즉 경험의 질과 강도는 얼마만큼 지속적인가의 문제로서 이 점에 대해 투안은 다음과 같은 세세한 묘사를 제공한 바 있다.

"한 장소를 아는 데에는 얼마만큼의 시간이 걸리는가? 현대인은 매우 이동성이 강해 뿌리를 내릴 시간을 갖지 못한다. 그래서 현대인의 장소 경험과 이해는 피상적이다. 이것은 틀에 박힌 생각이다. 장소에 대한 추상적인 지식은 즉석에서 획득될 수 있다. 환경의 시적 특성은 예술가적 심미안을 가지고 있다면 재빨리 기록될 수 있다. 그러나 장소에 대한 '느낌'을 획득하는 데에는 더욱 오랜 시간이 소요된다. 그것은 매일매일 그리고 여러 해에 걸쳐 반복되는, 주로 순간적이고 극적이지 않은 경험들로 구성된다. 그것은 시각, 청각, 후각의 고유한 혼합물이며, 일출과 일몰 시간, 노동과 놀이 시간과 같은 자연적/인공적 리듬의 독특한 조화이다. 장소감은 사람의 근육과 뼈에 기록된다. 선원의 자세는 대양에서 요동치는 배의 갑판에 적응되어 있으므로 그의 걸음걸이는 독특하다."[019]

특히 투안은 강렬한 인상의 중요성을 다음과 같이 역설했다. "짧지만 강렬한 경험은 과거를 무효화시킬 수 있다. 그래서 우리는 기꺼이 약속의 땅을 위해 집을 버릴 수 있다. 더욱 놀라운 것은 사람들이 직접 혜택을 입지 않아도 어떤 유형의 환경에 대한 열정을 가질 수 있다는 사실이다."[020] "한 장소에서 여러 해를 지내더라도 우리가 회상할 수 있거나 회상하고 싶은 기억

---

019 이푸 투안, 앞의 책, p.293. (영어본, pp.183-184)

020 같은 책, p.294. (영어본, p.184)

의 흔적은 거의 남지 않을 수도 있다. 다른 한편 단기간의 강렬한 경험은 우리의 삶을 변화시킬 수 있다."[021]

밀도density는 일정 수량과 점유 공간 사이의 관계로 개발, 지속성, 이동이라는 개념과 연결된다. 개발, 지속성, 이동은 순차적인 하나의 축을 형성해 원인과 결과의 관계를 갖게 된다. 밀도의 문제가 도시계획과 연계될 때 가장 중요한 것은 '적절한' 밀도의 정의와 유지이다. 지속 가능한 도시는 한정된 영토공간에 적절한 건축물을 지어야 하고 생태의 문제와 직결되는 에너지 소비에 있어서도 밀도가 미치는 영향은 매우 크다. 개발을 합리적으로 규제하고 난개발을 막기 위해서도 적절한 밀도 유지가 중요해진다. 따라서 밀도는 현대 도시 문제의 핵심이라 할 수 있다.

수리적으로는 건축물과 건물 바닥, 즉 점유 토지 비율 간 상관관계가 곧 밀도이다. 하지만 인간이 느끼는 공간의 밀도는 절대적 기준으로 수치화될 수 있는 것이 아니다. 삶 자체가 고밀도인 세계 도시민들에게 있어 밀도는 균일하지 않다. 헥타르 당 거주민 수라는 기준은 사회적 범주에 따라 변하기 마련이며 동일한 건물이라도 건물의 사회적 의미에 따라 밀도는 매우 다르게 나타난다. 그렇다면 밀도의 문제를 어떻게 인문학적으로 사유할 수 있을까.

도시의 복잡성을 파악하고 도시를 살아 있는 유기체 맥락으로 이해하기 위해서 밀도라는 개념의 정립은 우선 산술적 밀도와 지각적 밀도의 격차를 줄이는 데서부터 시작해야 한다. 밀도는 절대적 기준이 아닌 상대적 개념이기 때문이다.

로시는 장소성locus을 일러 "그 안에서 특정한 위치와 건물들이 갖게 되는 관계"라고 정의했다.[022] 이는 생태학적이고 심리학적인 문제이다. 집단적 과잉인구의 상태에 처한 삶의 터전에서 인간이 지각하는 밀도와 감각적/심리적 장소성은 유의미한 관계를 가진다. 밀도는 곧 도시성을 창조하는 도시

---

021 같은 책, p.295. (영어본, p.185)

022 Rossi, A., trans. Ghirardo, D. and Ockman, J., *The architecture of the city*, MA, The MIT Press, 1984, p.103.

의 본질적 기능이다.

세르토는 도시를 기획된 도시와 읽히는 도시, 발화자와 판독자 간의 교차로 인식했다. 르네상스 원근법의 발견 이후 인간은 투시적 시각perspective vision과 전망적 시각prospective vision이라는 이중적 투사를 통해 도시의 표면을 조직했고 이는 곧 도시적 사실urban fact이 아닌 도시의 개념concept of a city으로 전이하는 결과를 낳았다.

개념 도시concept-city는 공간의 생산성에 주력하고 도시를 전통, 역사, 기회의 공시적 시스템으로 만들어 결국 보편적이고 익명적인 주체로서의 도시를 창조하게 한다. 세르토가 보기에 개념 도시는 정치적 신화를 위한 테마에 불과하다. 따라서 도시는 일상의 실천적 행위를 통해서 다시 파악되어야 한다.[023]

인간은 걷는 행위, 즉 걷기를 통해 도시의 집중성intensivity과 팽창성expansion을 다시 쓸 수 있다. 집중성은 도시 공간의 사용과 이미지를 모두 이해 가능하도록 하는 개념으로, 도시에서 이미지의 집중성은 풍경적이고 건축적인 동시에 정신적 이미지와 가시적 이미지를 모두 포괄하게 된다. 집중성은 인문학적 밀도 개념으로, 도시의 이미지와 사용에 관계하는 감각적 심리적 장소성이다.

도시에 있어 사용의 집중성은 시간을 창작한다. 시간을 창작하려면 반드시 프로그램이 필요하다. 공간에 보물을 가져와 계시할 수 있는 것이 바로 사용의 질quality of uses이다. 활동의 밀도와 거주 형식의 과밀성이 도시의 집중성을 성립한다.

또한 밀도의 개념은 도무스domus 개념과 직결된다. 도무스는 라틴어에서 온 법률적 개념으로 제2차 세계대전 이후 유럽의 주거 문제에서 핵심으로 떠오른 개념이었다. 주거의 위기가 등장하자 처음에는 수량적 문제가 제기됐으나 주택을 수량 등 기능적 필요성이 아닌 삶의 실존성으로 구비하는 것을 '도무스'라고 한다. 우리 식으로 말하자면 정情 붙이고 살 수 있는 공간

023 Certeau, M. de, *The practice of everyday life,* University of California Press, 2002, pp.93-96.

이 바로 도무스로 집과 거기 사는 사람들 사이의 애착이다. 도무스는 의미의 집중성을 형성하고 이러한 의미의 집중성은 근접성, 즉 거주의 준거가 된다.

건축 환경의 '테크닉스'와 '포에틱스'

공간, 형태, 소재 등의 건축 요소와 난방, 통풍, 조명 등 기계적 시스템 사이에 존재하는 관계를 설정하는 일은 중요한 관건이다. 이 두 종류의 요소들은 건축적 환경의 테크닉, 즉 기술학으로 성립한다. 하지만 기술학, 테크닉, 테크놀로지만으로는 그것들이 아무리 중요한 역할을 맡는다 해도 건축 공간의 핵심적 사안을 놓치게 된다. 건축에서 의미 있는 제안들은 상상력의 행위에 기초한다. 그 상상력 속에서 '테크닉스technics'는 시적 목적의 봉사에 사용된다.[024]

여기에서 우리는 20세기의 세계적 건축가였던 루이스 칸Louis Kahn의 다음과 같은 진술을 곱씹어 볼 필요가 있다. "진정으로 가치 있는 발견은 (…) 측정 가능한 것은 오직 측정될 수 없는 것의 하인이라는 점을 인정하는 것이다. 아울러 인간이 만드는 모든 것은 근본적으로 측정될 수 없다."[025]

칸의 진술은 과학기술의 본질과 유용성, 그리고 건축의 관심사와 맺는 관계에 근본적 물음을 제기한다. 여기에서 강조할 것은 시적 건축물의 문화적 상징적 성질과 우리가 환경적 기능이라고 부르는 것 사이에 존재하는 관계에 대한 세밀한 지각이 그 건축물의 착상과 실현의 필수불가결한 부분을 이룬다는 점이다. 20세기로 옮겨오면서 초기에는 환경적 편리함을 설명하는 건축 이론의 토대를 수립하려는 핵심적 작업을 목격할 수 있었다. 여기에서 목적은 건물과 인간의 욕구와 열, 빛, 소리 등의 환경적 조건의 물리적 요인 사이의 관계를 설정하는 데 있었다. 많은 경우에서 이 같은 작업은 오늘날의 환경 디자인 실천의 기초를 제공한다. 이 모든 것은 테크닉이 건축의

---

024 Hawkes, D., *The Environmental Imagination: Technics and poetics of the architectural environment,* London and New York, Routledge, 2008.

025 Kahn, L. I., "Silence and Light," lecture given at ETH, Zurich, 1969, in Ronner, H. and Jhaveri, S., *Louis Kahn Complete Works,* Basel, Birkhaüser, 1987.

형태와 언어와 맺는 관계의 근본적 변형과 더불어 건축에서 근대 사조의 창발과 함께 발생했다.

난방, 냉방, 통풍, 조명 등을 위한 기계적 시스템의 잠재력이 높이 평가됐으며 건축의 언어와 건축적 환경의 본질이 변형됐다. 안드레아 팔라디오Andrea Palladio와 프랭크 심슨Frank Smythson과 같은 건축가에게 건축의 환경적 기능은 르네상스의 철학적 지적 종합에 의해 포용됐다. 20세기에 접어들어서 건축은 전문화와 수량화의 사안이 됐다. 건설 과학의 시도는 역사학자들로부터 상대적으로 별다른 주의를 끌지 못했다. 산업 시대, 탈산업 시대, 디지털 시대를 넘어가면서 건물에서 요구되는 정확하며 복잡한 요구 사항을 제기하기 위해 건축학의 물리적 잠재력이 확장되었다. 실용적 차원에서 보면 그것은 분명히 성공이었다. 이제 건물은 수량적으로 정밀하게 규정된 환경이 건물 짜임새와 기계적 플랜트의 계산된 형상화에 의해 만들어 질 수 있다. 하지만 이 같은 성공은 크나큰 대가를 치렀다. 환경 디자인의 주요 목적으로서의 수량적 차원을 지나치게 강조함으로써, 루이스 칸이 표현했던 측정 가능한 것과 측정 불가능한 것 사이의 갈등을 비롯해 수량화와 기계화가 건축 환경의 본질에 대한 시적 해석과 공존할 수 있다는 점을 소홀히 한 것이다.

현대 건축에서는 주로 환경 관리의 영역을 도구적 차원에 속하는 것으로 간주한다. 건물의 기능을 전적으로 기술적 차원에서 정의하며 열, 빛, 소리 등의 조건들을 설정하는 것이다. 또한 그 같은 도구적 인식은 편리함이라는 관념을 우선시한다. 환경 관리 전략의 개발은 온도, 통풍, 조명 등의 코드화의 과정과 나란히 진행된다. 이것은 공학 메커니즘을 통해 실현된 계산의 문제이다. 이 같은 접근법이 표상하는 데 실패하는 건축 경험의 결정적 차원이 존재한다. 건축 공간의 형태와 빛, 공기, 소리의 물질성 상호작용은 건축적 상상력의 정수 바로 그 자체이다. 건물에서 우리가 향유하는 복잡한 감각적 경험은 온도 변화와 편리함에 주안점을 둔 공학의 실용적 기계적 과정과는 전혀 다른 개념과 차원을 건축 환경에 제공한다. 바로 이 같은 구별은 '테크닉스'와 '포에틱스' 라는 용어로 표현된다. 한편으로는 객관적이거나 수량적인, 다른 한편으로는 주관적이거나 정성적인 차원으로 차이화되며 양자는 서로 배타적인 것이 아니라 얼마든지 상호보완적으로 파악될 수 있다.

도시계획 이론가 언윈은 수많은 소도시의 다양성에도 불구하고 소도시 디자이너들은 크게 두 종류의 학파로 나뉜다는 점을 강조한 바 있다. 한 진영은 도시계획이 근본적으로 형식적이면서 규칙적이어야 한다는 확신에 기초한 반면, 다른 진영은 도시 디자이너는 격식에 얽매이지 않는 비형식성이 오히려 바람직하다는 확신을 내건다.[026] 두 진영 모두 높은 수준의 도시미는 자신들의 방법으로 획득될 수 있다는 소신을 굽히지 않는다. 기하학적 엄밀성을 준수하는 엄격한 직선과 정확하게 각진 광장, 대칭적인 공간은 거의 찾아볼 수 없는 대학 도시 옥스퍼드에서 우러나오는 아름다움에 많은 사람이 감각적으로 예민해 한다. 그렇지만 파리나 코펜하겐의 일부 도시 공간에서 나타나는 직선의 도로, 규칙적인 광장과 대칭적 그림을 연출하는 형식성에 강한 인상을 받는 것도 사실이다. 따라서 도시 시학에서 추구하는 시적 요소는 언윈이 언급한 두 가지 도시 디자인의 유형인 형식성과 비형식성 모두에서 발견될 수 있다. 도시 시학의 관점에서 본다면 형식주의의 과오는 자신의 질서를 작위적으로 도시 공간에 부과시키고 반드시 준수되어야 할 고정된 규칙으로 도입한 데 있다. 야생적 자연의 미는 통상적으로 비형식적인 것이 사실이나 이것은 결코 아름다움이 우연의 결과이거나 일체의 제약으로부터 벗어난 자유의 결과라는 것을 의미하지 않는다. 언윈의 통찰에 따르면 오히려 야생적 자연 속에서 우리가 아름답다고 발견하는 형태들은 가장 완벽하면서도 복잡한 법칙들을 준수함으로써 획득한 결과이다.[027]

도시와 물

도시의 서정성과 시적 본질을 일깨워주는 요소 가운데 하나는 물이다.[028] 강이나 바다와의 행복한 접촉을 결여한 황량에 땅에 세워진 도시는 삭막할 수

---

026 Unwin, R., *Town Panning in Practice: An Introduction to the Art of Designing Cities and Suburbs,* London, Adelphi Terrace, Leipsic, Inselstrasse, 1909, pp.115-139.

027 위의 책, p.119.

028 도시에서 물이 갖는 미학적 의미에 대해서는 다음 문헌 참조.
Magne, É., "Introduction", in *L'esthétique des villes,* Paris, Infolio, 2012 (1908).

밖에 없으며 궁극적으로 쓸쓸함 속에서 사라질 공산이 크다. 도시는 그곳의 거주자들에게 정감어린 무언의 말을 건네고 쉼 없이 흘러가는 강물이나 바닷물을 필요로 한다. 단지 정서적 차원에서뿐만 아니라 물은 도시의 상업과 산업의 싹을 트게 만드는 필수 요소이다. 한강이 없는 서울은 이미 서울이 아니다.[029] 도시 공동체의 사회성을 마련하는 데 있어 물이 갖는 의미도 중요하나 여기에서는 도시 미학적 차원을 간략하게 언급할 것이다. 물은 도시 시학의 중요한 요소로서 물이 흘러가며 스스로 또는 조명과 어우러져 자아내는 빛과 색은 도시 미의 결정적 요인이라 할 수 있다. 아담한 크기의 강 위에 떠 있는 돛단배는 시적 이미지를 만들어낸다. 나날을 축성하고 집과 나무를 반사하는 것이 바로 강물이 맡는 중요한 시적 기능이다. 강물의 기능은 다양하다. 도시 거주자에게 식수를 제공하거나 외부의 공격을 막아내는 방어용 장치로 사용되거나, 아니면 오직 쾌적한 도시 풍경을 자아내는 심미적 기능을 맡는 경우도 있다. 드물기는 하나 또 어떤 경우에는 도시의 분위기와 완벽하게 삼투되어, 도시와 강물이 하나가 되기도 한다. 이를테면 런던 템스 강에 짙게 낀 안개는 독특한 도시 분위기를 연출한다. 그 어떤 경우든 강은 도시 미학에 결정적으로 기여한다. 이 밖에도 바다에 접한 항구 도시 역시 제각기 다른 정취를 만들어낸다. 어떤 도시는 화려한 색채의 건물 파사드를 뽐내는가 하면, 옛 모습 그대로 평온하게 노화해가는 도시의 모습을 보여주기도 한다. 남프랑스의 항구 도시와 북부의 항구 도시는 전혀 다른 서정적 분위기를 만들어낸다. 황혼의 시간대에 마르세유는 햇살 속에서 금빛으로 빛난다. 하지만 항구 도시의 진정한 미는 부두에서 일하는 노동자들의 시간에서 그 속살이 드러난다. 강과 바다를 끼고 있는 도시들의 미학에서 또한 가지 환기할 것은 유유자적 도시의 물살을 가로질러가는 배들이다. 강 위에서 지나가는 배를 볼 때 우리는 모험, 상상력, 설렘의 미묘한 감정들을 경험하기도 한다. 늘 다른 곳으로 탈주하고 싶은 인간의 영원한 욕망 때문인지

---

029 하지만 어느 지리학자의 다음과 같은 푸념처럼 서울 한강의 현실은 암울하다. "같은 한강의 물이지만, 서울의 한강은 물만 있을 뿐 산도 없고, 들도 없고, 강마을도 없다. 오로지 아파트 마을 村뿐이다." 심승희, 『서울: 시간을 기억하는 공간』, 나노미디어, 2004.

배의 시적 심미적 분위기는 우리에게 너무나 선명하고 쉽게 손에 잡힌다.[030] 하지만, 쾌적성과 속도를 중시하는 현대의 여객선은 서정적 태도 또는 명상이나 향수감을 자아내기에 적합하지 못하다.

요컨대 물은 도시 공간에 생명의 본질적 요소, 따라서 아름다움의 정수를 마련해주었다. 하지만 이 같은 물의 생명성과 심미성을 인식 못 하고 획일적으로 수변을 정리해 도시 시학의 관점에서 보았을 때 죽어가거나 병든 도시가 적지 않다. 그런 도시들이 하는 일이란 그저 죽어가는 임종의 과정을 아름답게 치장하는 작업에 몰두하는 데 있다.[031]

끝으로 물은 도시에 고유한 색깔을 입히고 운동감을 불러일으킴과 동시에 예술가의 노력으로 특이한 기념비의 창조를 촉발하기도 한다. 온갖 종류의 교량, 분수, 강가에 설치된 공공 미술 작품 등이 바로 이 같은 범주에 속한다. 이를테면 한강 교량의 중요한 요소는 교량의 형태가 가진 심미성이라 할 수 있다. 특히, 고대 시대에 건설된 다리의 미학은 그것들의 조화로운 선들에 있다기보다는 장식에 있었다. 동양과 서양의 교량의 비교 문화사를 연구한다면, 수많은 모티브와 환상을 비롯해 휘황찬란한 아름다움이 발견될 것이다.

도시의 불빛

불의 발견 이후로 불은 문명의 이기이자 우상 숭배의 대상이었으며, 오늘날에도 불은 도시 문명에서 다양한 종류의 인간의 욕구를 만족시키는 필수적 요소이다. 도시 시학에서 밤에 은은하게 빛나는 불빛은 아름다움의 충만감을 더한다.[032] 도시에 어둠이 서서히 내리면서 가로수의 가스 등에 하나 둘 점등되는 불빛은 도시의 서정을 깊게 해준다. 그 순간은 마치 도시에서 빛이 점멸하는 모습과 같다. 일시에 켜지는 전기 가로등보다는, 20세기 초에 가

---

030 같은 책, p.174.

031 같은 책, p.176.

032 Magne, É., *L'esthétique des villes,* Paris, Infolio, 2012, p.201.

스등에 하나씩 켜지면서 서서히 화염이 타오르는 옛날의 도시 불빛이 보다 시적인 정취를 자아냈다. 어쨌거나 도시의 가로수 길이나 동네의 한적한 골목길의 조명에서 새어나오는 불빛은 도시 동맥의 영원한 길잡이이다. 수 킬로미터에 걸쳐 나란히 켜진 조명등에서 뿜어 나오는 장엄함과 좁은 길에 홀로 켜져 있는 고독한 불빛은 묘한 대조를 이룬다. 외로운 도시의 불빛에서 우리는 말로 형언하기 어려운 멜랑콜리의 감정을 느낄 수 있다.

부촌의 주택가에서 새어 나오는 불빛과 달동네의 불빛은 전혀 다른 시적 '아우라'를 만들어낼 것이다. 삶의 활기가 넘쳐나는 재래시장에서 반짝이는 불빛과 대형 빌딩에서 새어나오는 엄정한 불빛은 다른 서정적 효과를 만들어낼 것이다. 서민의 애환과 서글픔을 희미하게 부각시켜주는 불빛 또는 노동을 마치고 집으로 귀가하는 인간적 모습을 보여주는 불빛, 빈민가의 비천함의 민낯을 드러내는 야생적 불빛 모두 도시 시학에서 불빛이 자아내는 다양한 풍경들이라 할 수 있다. 어떤 경우에서나 도시의 길가에서 빛을 내뿜는 조명등은 밤의 거리에 아름다움을 가득하게 실어준다. 도심의 조명등은 밤거리에 내밀함, 모호함, 명암을 남겨놓는다.

어쨌거나 도시의 시적 아름다움을 경험하려면 늦은 저녁 시간이나 야밤에 거닐어봐야 할 것이다. 이를테면 새벽 한 시에 덕수궁의 가로수 길에 켜진 조명의 불빛을 보거나, 파리의 생 쉴피스Saint-Sulpice 대성당을 이른 저녁 시간의 불빛과 더불어 감상하는 것은 불빛의 도시 시학이 무엇인지 짐작하게 해줄 것이다. 또는 파리의 룩셈부르크 공원에 점등된 가스 등을 감상하거나, 경복궁의 야간 개장 때 마련된 고즈넉한 조명을 통해 고궁의 심미성을 감상하는 것 역시 도시 시학의 또 다른 매력 요소가 될 것이다. 더구나 삭막한 전기 조명보다는 청사초롱의 불빛이라면 우리는 전혀 다른 고궁의 심미적 경험을 얻을 수 있을 것이다.

또한 백화점을 비롯한 상점들에서 뿜어 나오는 화려한 네온사인의 불빛도 조명의 오케스트라처럼 얼마든지 도시 시학을 연출해낼 수 있을 것이다. 지금까지의 이미지가 평상시 상태의 밤의 도시를 묘사했다면 이와 더불어 축제의 열기와 흥분의 도가니가 된 도시의 밤을 상상해볼 수 있을 것이다. 이를테면 부처님 오신 날에 서울을 비롯한 도심에서 이뤄지는 연등 축제를 상상해보라. 낮보다 밤에 이뤄지는 행렬은 더 큰 장관을 이룬다. 물론 축제 때 이뤄지는 불꽃놀이는 도시 시학의 꽃이라 해도 과언이 아닐 것이다.

끝으로 공적 기념비들의 야간 조명은 어떤 조명을 하느냐에 따라서 그것이 만들어내는 정서적 반응은 차이가 크게 날 것이다. 필자는 매일 저녁 사적으로 지정된 중세풍 대학원 건축물의 파사드를 밝혀주는 외부 조명의 불빛을 보며 더할 나위 없는 정신적 기쁨을 누린다.

거주의 시학:
하이데거로부터 배우기

1. 하이데거의 거주 철학 다시 읽기

하이데거의 거주 사상과 건축 사상

하이데거가 『인간과 공간Mensch und Raum』이라는 제목으로 1951년 8월 5일 독일에서 개최된 특별 강연에서 행한 시론인 「집짓기 거주하기 생각하기Bauen Wohnen Denken」와 '횔덜린Hölderlin'의 시 구절 '인간은 시적으로 거주한다Dichterisch wohnt der Mensch'를 제목으로 삼아 쓴 동일 제목의 텍스트[033]는 최근에 들어와 많은 건축가와 도시계획 전공자들에게 인문적 영감을 주고 있다.[034] 독일어 제목에서 하이데거가 쉼표를 사용하지 않은 의도는 집짓기, 거주하기, 생각하기 개념들 사이에서 그가 지각했던 통일성을 강조하기 위해서이다.

이 논문에서 하이데거는 먼저 발표한 논문 「사물Das Dinge」에서 자신이 탐구한 몇 가지 주제들을 발전시키고 있다. 그는 '집짓기'와 '거주하기'가 서로 밀접하게 결속되어 있음을 고古 독일어의 어원 분석을 통해 밝혀내고 있

---

033 1954년 Vorträge und Aufsätze에 실렸다. 한국어 번역본으로는 『강연과 논문』(이기상 외 옮김)에 실려 있으며, 영어 번역본은 모두 *Poetry, Language, Thought*에 실려 있다. Heidegger, M., *Poetry, Language, Thought,* New York, Harper & Row, 1971.

034 Sharr, A., *Heidegger for Architects,* London and New York, Routeledge, 2007.

다. 이 두 개의 활동은 장소에 존재하는 사물과 관련된다는 점에서 공통점을 지니며, 또한 그 같은 활동이 장소의 의미를 창조하는 시도라는 점에서 심층적 접점을 갖는다.

하이데거의 시론「집짓기 거주하기 생각하기」는 두 개의 물음을 중심으로 구조화되어 있다. "거주한다는 것은 무엇인가"와 "집짓기는 어떻게 거주하는 것에 속하는가?"가 그것이다. 하이데거는 거주한다는 것은 개인과 세계 사이의 평화로운 조정과 화해라고 주장한다. 인간학적 거주하기는 사방의 조건을 통해 집짓기와 통합된다.

"인간이 이 땅 위에서, 하늘 아래에서, 신적인 것들 앞에 머물러 있는 한, 오직 인간만이 죽고 혹은 정확히 말해 늘 [끊임없이] 죽는다. (…) 넷의 하나로 포개짐을 우리는 사방das Geviert이라고 명명한다. 죽은 자들은 거주하고 있기에 사방 안에 존재한다. 그러나 거주함의 근본 특성은 소중한 보살핌이다."[035] 하이데거는 거주하는 보살핌의 사차원적 존재론을 다음과 같이 제시한다. 첫째, 치사자들, 다시 말해 죽을 수밖에 없는 존재인 인간은 땅을 구원하는 한에서 거주한다. 둘째, 치사자들은 하늘을 하늘로서 받아들이는 한에서 거주한다. 셋째, 치사자들은 신적인 것을 신적인 것들로서 기다리는 한에서 거주한다. 넷째, 치사자들은 곧 죽음을 죽음으로서 흔쾌히 맞이할 능력이 있다는 그들 고유의 본질로 인해 훌륭한 죽음이 존재하도록 이끄는 한에서 거주한다.

하이데거는 그의 논증을 평범하고 구체적 예를 들어 전개한다. 특히 다리와 18세기에 지어진 농가의 예가 대표적이다. 그에게 농가는 집짓기와 거주하기가 어떻게 장소 만들기와 장소 적응을 의미하는지 오롯이 부각시켜 준다. 다리에 대해 하이데거는 이렇게 진술한다. "다리는 하나의 장소이다. 그러한 사물로서의 다리는 땅과 하늘 그리고 신적인 것들과 죽은 자들이 그 안으로 들어오도록 마련된 하나의 공간을 허락한다. 다리가 허락한 공간은

035 마르틴 하이데거, 이기상·신상희·박찬국 옮김,『강연과 논문』, 이학사, 2008년, p.191.

다리와의 상이한 가까움과 멂 속에 있는 많은 자리를 포함한다."[036]

논문「사물」에서처럼,「집짓기 거주하기 생각하기」는 하이데거 특유의 어원적 발굴, 수사학적 문제 제기, 산문의 탁월한 밀도와 시적 상상력에 의해 특징지어진다. 하이데거가 던지는 핵심적 메시지 가운데 하나는 진정한 거주는 건축 그 자체만으로는 충분하지 않다는 것이다.

하이데거는 건축가들과 역사학자들이 미학적 선호와 우선권에 따라 건축의 성격을 판단하는 경향을 보여준 나머지, 스스로를 위해 장소를 만들어 가고 장소에 거주하는 사람들에 대한 배려가 부족하다는 점을 주목했다. 그에게 이것은 우려할 만한 사안이었다. 하이데거는 건축이라는 단어가 그 사안의 본질에 있어 일부분임을 시사하면서, 건축이라는 말 대신 집짓기와 거주하기라는 표현을 선호했다. 그는 이렇게 적고 있다. "집짓기에 대해 사유하는 것은 건축적 아이디어를 발견하는 것은 아니다. 건축은 집짓기를 위한 규칙만을 제시한다."[037]

하이데거는 건축을 이미지화와 건설 관리를 위한 규칙과 결부시키는 건축적 관념^{원칙, 안내, 정책}들을 문제 삼았는데, 이 같은 관념들은 일부 전문가가 다른 전문가의 소비를 위해 준비한 것에 불과하다. 하이데거는 다음과 같이 단도직입적으로 말한다. "건물 세우기는 건축이나 공학 건설 차원에서는 적절하게 이해될 수 없다."[038]

「집짓기 거주하기 생각하기」에서 건축이라는 단어의 사용은 따라서 다소 경멸적인 의미를 내포하기도 한다. 실제 건축이란 단어의 의미장은 매우 풍성하며 가치 평가도 상대성을 드러낸다. 예컨대 건축사가 니콜라우스 페브스너Nikolaus Pevsner는 창고를 단순히 건물building로 치부하며, 링컨 성당을 건축으로 칭송했다.[039] 19세기의 많은 건축가와 역사가들은 페브스너처럼 건

036 위의 책, p.199.

037 Heidegger, M., *Poetry, Language, Thought,* New York, Harper & Row, 1971, p.145.

038 위의 책, p.159.

039 Pevsner, N., *The Buildings of England: Herefordshire,* Uk, Penguin 1963.

축을 예술로 지각하면서 철학적 미학을 추종했다. 그들은 이상적인 건축적 형식의 추구에 있어서 건축과 진화하는 시스템에서 미의 상대적 우월성을 주장했으며, 이런 주장의 대부분은 시각적 배려에 중심을 두었다. 특히, 하이데거가 이 논문을 쓸 무렵 많은 건축 저서들은 장식 예술작품으로서 건물들의 시각적 평가를 강조하는 경향을 보여주었다.[040]

바로 이런 맥락에서 하이데거는 건축에 대한 개념화가 충분하지 않다는 점을 감지했다. 하이데거가 보기에 이러한 미적 평가는 인간 거주human inhabitation의 모든 중요한 차원을 평가절하하는 것이다. 건축이라는 단어 대신, '집짓기'와 '거주하기'라는 단어들은 하이데거로 하여금 미학의 우선권에 견주어 건축의 거주와 경험의 차원을 사유하는 것을 가능케 한다. 하이데거는 이 논문을 다음과 같은 물음으로 시작한다.

"거주한다는 것은 무엇인가?"[041] 하이데거는 현대의 생활양식을 과거의 거주하기와 비교해 문제시한다. "다리와 대형 운동장과 발전소는 건물이지만 거주지는 아니다. 철도역과 고속도로, 댐과 시청 홀은 건설됐으나 거주하는 장소들은 아니다. (…) 주거지 건물은 보금자리를 제공한다. 오늘날의 집들은 잘 기획되어 있으며, 저렴하고, 외부의 대기, 빛, 태양에 개방되어 있으나, 집들 그 자체에서 거주하기가 발생한다고 보장할 수 있는가?"[042]

이 단락은 하이데거가 「사물」에서 제시한 근접성에 대한 설명을 상기시킨다. 하이데거의 생각에 따르면 사람은 건물을 매일 점유하지만 그 건물에서 집처럼 편안함을 느끼지 않으며 자신과 가까운 것으로 느끼지 않는다. 철학자 하이데거는 자신이 비판하는 기술 관료적 단어들을 집중 조명하면서 거주하기와 관련해 다양한 유형의 윤곽을 제시한다. 그는 '잘 기획됐다는 것' '지속이 용이한 것' '매력적으로 저렴한 것' 등은 거주하기의 핵심을 놓치고 있다는 점을 시사한다. 그는 인간 거주의 우선권에 대한 생산 시스템을

---

040 Arnold, D., *Reading Architectural History*, Routledge, 2002, pp.83-126.

041 Heidegger, 앞의 책, p.145.

042 같은 책, pp.145-146.

강조하는 주거지, 주택 등의 용어에 대해서도 세심한 주의를 기울였다. 이를테면 체계화된 건설 산업에서 일하는 전문적인 직업인은 이름 모를 소비자를 위해 시장에 내놓은, 그저 상품으로서의 건물을 제공할 뿐이다. 하이데거는 여기에서 건물을 단지 소비자를 위한 생산물로 보는 개념에 문제를 제기하는 것이다. "집짓기는 단지 거주하기를 위한 수단이나 길이 아니다. 집짓기는 그것 자체가 이미 거주하기이다."[043]

거주의 인간학과 지속 가능한 도시

도시에 산다는 것은 어떤 주거 양식과 형태를 취하건 인간학 차원에서 거주의 문제를 제기한다. 거주한다는 것의 의미는 크게 세 가지 관점에서 정의될 수 있다. 자연 세계, 사회 세계, 그리고 내면성의 세계가 그것이다.

사실 거주의 문제를 사유함에 있어 시적인 차원le poétique에 초점을 둔 시각은 서구 사상사에서 오랜 전통에 속한다고 말할 수 있다. 20세기로 한정지어볼 때 그 결정적 동기는 20세기 현상학, 특히 하이데거의 철학과 접맥되며 그 가운데서도 1950년대에 출간된 두 편의 유명한 텍스트가 결정적인 계기를 마련했다. 최근 들어와 인문학계와 건축학계에서는 하이데거의 통찰을 재해석해 건축학과 도시계획에서 새로운 영감의 수원지로 삼고 있다. 그 가운데 대표적인 경우로 프랑스의 세계적 인문지리학자이며 동아시아 공간 사상의 석학인 베르크와 그의 연구팀이 내놓은 연구 성과를 손꼽을 수 있다.[044]

앞서 언급된 공동 연구서 『지속 가능하지 못한 도시』[045]에서 제기된 문제는 현재 주요 선진국에서 팽배하는 거주 형태forme d'habitat의 지속 불가능성insoutenabilité에 대한 문제의식으로서, 이것은 오늘날 목도되고 있는 도시 공간의 무모한 팽창과 확산에 대한 우려를 반영한다.

---

043 같은 책, p.146.

044 Berque, A., Biase, A. L. de and Boonin, P., *L'Habiter dans sa poétique première,* Paris, Editions Donner Lieu, 2008.

045 Berque, A., Boonin, P., and Ghorra-Gobin, C., *La ville insoutenable,* Paris, Belin, 2006.

도시 기호학의 시각에서 이것은 세 가지 차원에서의 지속 불가능성을 말한다. 하나, 생태학적으로 지속 불가능하다. 둘, 도덕적으로 윤리적으로 정당화될 수 없다. 셋, 심미적으로 수용되기 어렵다. 바로 이 같은 차원에서 도시의 지속 불가능성이라는 주제는 필자가 제시한 통합 도시 기호학의 토대인 윤리성, 심미성, 생태성과 접맥된다. 특히, 도시 시학의 관점에서 무분별한 도시 팽창과 도시 확산, 지속 불가능한 거주지는 시적인 도시와 대립한다. 현재의 도시 확산은 본질적으로 소비 중심의 문명 양식과 결부되어 있으며, 도시 공간은 엄청난 공간 소비, 에너지 소비, 경관의 소비, 그리고 건축 유산의 소비, 사회적 가치의 소비이며 결코 창조적이지 않다. 요컨대 현재의 도시 공간은 시적 공간과 상반되는 길로 치닫고 있는 것이다. 따라서 도시 공간에서 시적인 것이 내포하는 본질적인 의미를 탐문한다는 것은 이미 도시 시학의 핵심임과 동시에 도시 공간에 대한 인문적 비판의 요지라 할 수 있다. 도시 시학의 요체는 거창한 형이상학이 아니라, 땅의 파괴자보다는 땅을 창조적으로 거주할 수 있도록 해주는 지혜와 수단을 깨우치는 데 있다. 이와 동일 선상에서 김동윤 교수는 하이데거의 거주 사상을 다음과 같이 옹호한다. "논자는 하이데거의 거주의 시학과 '거주를 생각하기'는 매우 인간적이고 적극적인 사유의 실천이라고 본다. 그 이유는 도시 인문학의 궁극적인 목적이 공생공락의 삶la convivialité의 윤리적 미학적 가치, 그리고 진정한 거주의 의미 회복과 시학적 차원을 회복하는 것이기 때문이다."[046]

거주의 인간학적 본질에 대해서는 타계한 한국의 건축가 정기용 역시 주옥같은 깊은 사유의 편린을 남겨놓았다. "거주한다는 것은 사람인간이 주체가 되어 집 속에 머무는 것이다. 여기에서 주체란 스스로가 자기의 주인이라는 말뜻과 개체화되는 개별성으로서의 주체이다. 개체와 개인이 성립하는, 또한 성립시키는 공간이 집이다."[047] 정기용 자신이 하이데거의 거주 철학을 언급하면서 거주의 위기, 특히 한국인의 거주 위기를 지적했다는 점에

---

046 김동윤, 「서울의 기호학: 어제, 오늘, 내일; "Poiesis-civitas-semiosis"의 도시 인문학과 담론 구성의 조건」, 『기호학 연구』 제25집, 2009, p.103.

047 정기용, 『사람, 건축, 도시』, 현실문화, 2008, p.52.

서 의의가 있다.

그는 먼저 근대 거주의 위기를 다음과 같이 정확히 진단한다. "근대화와 도시화 과정을 거치며 집은 해체되고, 분열되고 있다. 우리가 거주의 위기를 말하는 것은 내부와 외부 사이의 균열을 말해주는 하나의 징후이다. 자아와 세계가 본질적으로 서로 다르고, 영혼과 행위는 서로 일치하지 않음을 말해주는 하나의 표지이다."[048] "별이 빛나는 창공을 보고 갈 수가 있고 또 가야만 하던 시절은 이미 종말을 고한 지 오래됐다. 우리가 맞이한 거주의 위기는 어떤 빛으로 갈 길을 밝힐 것인가? 하이데거가 말하던 존재론적인 거주는 이제 더 이상 불가능한 것인가? 이러한 질문에 답하기 전에 적어도 우리는 위기 속의 거주를 되돌아볼 필요를 느낀다. 그 실체를 더욱 깊게 잘 가늠해봄으로써 우리가 지금 여기에서 어떻게 거주하는지를 알 수 있을 것이다. 그리고 이제 우리는 또 다른 거주의 방식을 배워야 할지도 모른다."[049]

그는 한국적 거주의 위기를 적나라하게 힐난한다. "주택이 상품으로 시장에 나오면서 사람들은 시장의 노예가 됐다. 존재론적인 집은 복권처럼 확률 게임의 대상이 되어 온 가족은 새벽부터 아파트에 당첨될 꿈을 안고 줄을 선다. 거주는 확률 게임이면서 동시에 재산 증식의 테크닉이다. 사람들은 더 이상 집에 거주하는 거주자가 아니라 재산 관리인이 되고 말았다."[050]

2. 하이데거의 공간 개념의 영향: 공간의 실존성과 장소의 정신성

하이데거 사상에 있어 존재 그 자체 또는 존재하는 것은 공간적이다. 그렇다면 하이데거가 말하는 공간 개념에 대한 최소한의 이해가 필요할 것이다. 하이데거가 이미 1927년 내놓은 기념비적 저술인 『존재와 시간』에서 지적한

048 위의 책, p.53.

049 같은 책, p.53.

050 같은 책, p.54.

것처럼 세계 내 존재Being-in-the world는 바로 공간 속에 존재하는 것이다.[051] 그렇지만, 이 공간은 사물과 독립적으로 존재하지 않는다. 사물들은 미리 존재하는 공간 속에 포함되어 있지 않다. 하이데거에 따르면 공간은 인간과 대면하는 그 무엇인가가 아니다. 공간은 외재적 대상도 아니고 내적인 경험도 아니다. 하이데거는 인간이 있고, 그것을 넘어서 그 위에 공간이 있는 것이 아님을 재차 강조한다.[052] 인간은 절대적 준거점 이상의 것이다. 인간과 공간은 두 개의 구별적인 실재들이 아니며 인간 존재는 공간을 통해 지속함으로써durchstehen 존재한다.

이 점에 대한 하이데거 진술의 한국어 번역문을 인용하면 다음과 같다. "그러나 공간은 인간에 대해 마주해 있는 것이 아니다. 그것은 외적인 대상도 아니고 내적인 체험도 아니다. 인간이 있고 그 밖에 공간이 있는 것이 아니다."[053] "죽을 자들이 존재했다는 말은 곧 죽을 자들이 거주하면서 사물들과 장소들 곁에서의 자신들의 체류를 바탕으로 삼아 공간들을 이겨내고 있다는 것을 의미한다. 그리고 죽을 자들은 오로지 자신들의 본질에 따라 공간들을 이겨내고 있기 때문에 공간들을 통과할durchgehen 수 있다."[054]

하이데거의 사유에서 번뜩이는 통찰은 인간이 공간과 맺는 관계가 은유적으로 아울러 액면적으로 '건축함'에 종속된다는 사실을 강조했다는 사실이다. 장소가 거주함을 가능케 하는 사물들로부터 파생된다는 개념, 아울러 거주함은 세계 속 인간과 동일시된다는 생각이다. 즉 그 개념의 요체인

---

051 하이데거 사상에서 공간과 장소의 개념에 대한 심층 분석 연구는 다음 문헌 참조.
Malpas, J., *Heidegger's Topology: Being, Place, World,* Cambridge, Massachusetts, MIT Press, 2007.

052 Heidegger, M., "Building Dwelling Thinking", in *Poetry, Language, Thought,* New York, Harper Colophon, 1971, p.156.
________ , "Bauen Wohnen Denken", in *Vorträge und Aufsätze,* Pfullingen, Neske, 1954, pp.150-151.
마르틴 하이데거, 이기상·신상희·박찬국 옮김, 『강연과 논문』, 이학사, 2008년.

053 마르틴 하이데거, 위의 책, 이학사, 2008년, p.201.

054 같은 책, p.202.

장소는 바로 인간들이 세계 속에 존재하는 곳을 말한다.[055]

제2차 세계대전 이전부터 이미 일부 학자들은 공간 개념을 주관적 관점에서 접근한 바 있다. 이런 맥락에서 1945년 메를로퐁티는 『지각의 현상학』에서 지각 심리학의 학술적 성취를 요약한다. 다양한 지식의 장들로부터 얻은 증거가 모아지면서 결국 기하학적 공간과 실존적 공간을 구별해야 할 필요성이 정식으로 제기된 것이다. 기하학적 공간은 추상적으로 수량화된 관계들을 다루는 인간 지성의 이론적 구성물이며 실존적 공간은 메를로퐁티가 말했듯이 인간학적 공간으로서 공간에 위치한 관계들의 경험 세계라 할 수 있다. 그에 따르면 공간은 실존적이며 실존은 공간적이다. 공간들은 자연적 공간에 기초해 스스로를 드러낸다. 그는 자연적이며 근본적 공간은 기하학적 공간이 아님을 후설과 하이데거의 저술을 인용하면서 재차 강조한다.[056]

노르베르크슐츠는 거주의 진정한 의미를 다음과 같이 설명한 바 있다. "인간은 그가 하나의 환경 안에서 자신의 방향을 설정하고, 그것과 더불어 자신의 정체성을 파악할 때 비로소 거주한다. 즉 그가 환경을 유의미한 것으로 경험할 때 거주한다. 거주는 따라서 은신처 이상의 것을 함의한다. 그것은 생명이 발생하는 공간들이 장소들임을 함의한다. 하나의 장소는 구별적인 성격을 가진 공간이다."[057]

여기에서 말하는 장소의 뚜렷한 성격이란 린치가 말하는 사람들의 마음속에 심어진 좋은 환경 이미지를 옹호하기 위한 것이 아니다. 그것의 목적은 사람들이 환경 속에 통합되도록 하는 것이며, 스스로를 그 안에서 파악하도록 하는 것, 즉 거주하는 데 있다. "한 사람이 거주하는 법을 터득할 때, 세

---

055 하이데거의 공간 사상과 건축 사상에 대한 본 절의 주요 내용은 다음 문헌에 기초하고 있다. 이 연구서는 하이데거 건축 철학의 체계적 설명을 제공하고 있다.

Lefas, P., *Dwelling and architecture: from Heidegger to Koolhaas,* Jovis Verlag Gmbh, 2009.

056 Merleau-Ponty, M., *Phenomenology of Perception,* London and New York, Routledge, 2002, pp.342-343.

057 Norberg-Schulz, Ch., *Genius Loci: Towards a Phenomenology of Architecture,* London, Academy Editions, 1980, p.5.

계는 하나의 내부가 된다." 장소들은 거주자가 자신의 환경과 동일시되는 곳이다. 거주는 오직 장소들에서만 발생한다. 이 같은 진술에서 하이데거 사상과의 근접성은 자명하다.

노르베르크슐츠는 하나의 공간이 하나의 장소가 되려면 식별 가능한 본질적, 자연적, 문화적 특질들을 갖고 있어야 한다는 주장을 펼친다. 그의 주장을 명료하게 하기 위해, 그는 장소의 정신성genius loci 개념을 발전시켰다. 장소의 정신은 본래 한 장소의 귀신을 비롯해, 숲, 강, 산 등에 기거하는 의인화된 비가시적 힘을 의미하거나 건물과 도시의 수호천사를 뜻하기도 했다.

노르베르크슐츠에게서 장소의 정신성에 부여된 새로운 의미는 인간이 존재하는 구체적 현실을 기술하는 것을 말한다. 장소의 정신성은 자연환경에서 체험되는 곳에 현존한다. 장소의 정신성이란 사람들이 그곳을 존중해 줄 것을 암묵적으로 호소하며 사하라 사막 언저리에 건물을 짓거나, 남해 연안의 작은 모퉁이에 아담한 집을 짓는 것과 같은 장소의 숭고함에 대한 존중을 말한다.

고유한 성격을 가진 모든 공간은 하나의 정신, 혼을 갖고 있으며 모든 장소 역시 정신, 혼을 갖고 있다. 하나의 장소는 우리가 그 안에서 식별할 수 있는 특징들의 합 그 이상의 것이다. 그것의 혼과 정신은 알아볼 수 있으나 순식간에 사라져가는 성질이며, 객관적으로 과학적으로 기술될 수 없다. 이 점에서 동양의 풍수지리설을 참조할 필요가 있다. 하이데거의 견해를 보다 친숙한 언어로 건축 언어에 이식시키면서 노르베르크슐츠는 "장소는 따라서 질적이며, 총체적 현상으로서 우리는 공간적 관계 따위의 장소의 속성들 가운데 어느 하나로 장소의 본질을 환원시킬 수 없다. 환원시키는 순간 장소의 구체적 본질을 상실하게 된다"[058]고 주장한다.

앞에서 살펴본 바와 같이 하이데거의 시론 「집짓기 거주하기 생각하기」에서 장소는 인간 행동의 생산물이며 집짓기의 생산물이다. 그의 건축 사상에서 과정으로서의 집짓기는 결정적 중요성을 지닌다. 그것이 장소들

---

058 위의 책, p.8.

을 창조하기 때문이다. 장소들은 사방 세계가 모여지는 곳이다. 노르베르크 슐츠가 그의 주된 준거로서 하이데거의 논문을 참조한 것은 자연스럽다. 왜냐하면 거주하기는 집짓기의 부산물로서 지각되기 때문이다.

1970년대부터 장소 개념은 건축가, 도시 기획가, 인류학자, 사회 지리학자, 역사학자들 가운데서 진행된 담론에서 가장 열띤 쟁점이 됐다. 장소는 인간적 환경과 더불어 파악되고, 집으로서 경험될 수 있는 배경으로서 파악됐다. 이때 하이데거의 영향력은 결정적이다. 건축 비평을 위해 하이데거의 견해를 채택한 사람들은 아쉽게도 자신이 편안하게 느낀 견해만을 선별적으로 취사선택했다. 장소topos 문제는 하이데거 사상에서 출발부터 잉태된 핵심 주제로서 그의 사상을 관통하는 문제였다. 어떤 학자는 하이데거의 작품은 철학적 토폴로지의 실천을 예증하는 전범이라고 말했다.[059] 또한 그는 하이데거의 거주에 대한 사유에서 문제가 되는 것은 상이한 역사적 시대 사이에서의 삶의 질에 대한 비교가 아니라, 장소와 밀접하게 결합된 인간의 본성임을 다음과 같이 부각시켰다. "따라서 거주는 인간에게 속하는 위상학적 존재 방식을 가리키는 하이데거의 화두이다."[060] 하이데거는 근대성에 도래한 세계의 기술 변형은 인간의 본질적 성격에 대한 심각한 도전이며 대결로 보았다. 왜냐하면 진정한 거주는 인간을 소비, 생산성, 공리성으로 재현하는 것과 근본적으로 갈등할 수밖에 없기 때문이다.

장소 개념은 그것의 형이상학적 함의가 제거된 채 건축가들과 이론가들에 의해 채택됐다. 하이데거의 독법을 적용해 거주는 장소와 불가분의 관계에 놓이며 장소는 단지 인간 환경을 의미하게 된다. 장소 개념은 약호화되고, 요소들로 환원된다. 그 안에서 사람들은 심리적, 사회적, 문화적 유의미성을 인지한다. 이는 린치가 파악한 인간 환경의 정신적 재구성을 이루는 실재들과 거리가 멀지 않다. 장소는 그것의 속성들의 운반자가 됐다. 장소 개념을 그것의 속성들의 담지자로서 파악하는 것은 인간과 장소의 거리 두기

---

059 Malpas, J., *Heidegger and the Thinking of Place,* MA, The MIT Press, 2012. 특히, pp.43-70.

060 Norberg-Schultz, 앞의 책, p.67.

를 함의한다. 그런데 이 같은 거리 두기는 하이데거에게 있어 자기 모순적이다. 노르베르크슐츠는 그것의 속성들 가운데 어느 하나로도 환원될 수 없음을 누차 강조한 바 있다.

3. 건축의 예술성과 거주의 시학: 노르베르크슐츠의 하이데거 해석

앞에서 언급한 것처럼 하이데거의 건축 사상이 내포하는 심오한 메시지를 가장 먼저 갈파했던 인물은 그를 절대적으로 추앙했던 건축가 노르베르크슐츠라 할 수 있다. 건축과 거주의 문제를 직접적으로 다룬 하이데거의 시론들을 비롯해 노르베르크슐츠는 하이데거의 대표작이라 할 수 있는 『존재와 시간』은 물론 그의 다른 예술론 관련 글들을 총체적으로 분석 대상으로 삼고 있다.[061] 따라서 여기에서는 그의 논의의 핵심적 테제를 파악하는 기회를 가지고자 한다.

노르베르크슐츠의 하이데거 건축론은 먼저 여전히 철학자로서 각인되어 있는 하이데거가 건축에 관해서는 어떠한 저서도 남기지 않았다는 진술에서 출발한다. 하지만 그는 하이데거 철학의 요체라 할 수 있는 '세계 내 존재'라는 개념은 인간이 만든man-made 인공적 환경에 대한 사유의 단초를 함축한다는 점을 강조한다.

물론 하이데거는 "시적으로 거주하는 것"이라는 문제를 제기하면서 명료하게 건축물의 예술적 차원을 언급한다. 따라서 하이데거의 건축론을 파악하는 것은 그의 철학에 대한 해석에서 별개가 아닌 통합적 부분으로 간주되어야 한다. 특히 하이데거의 건축 사상에 대한 심오한 이해는 현시대의 복잡한 환경 문제들을 불러온 근본적 이유에 대한 심도 있는 성찰을 제공해줄 것이다. 노르베르크슐츠가 주목하는 첫 번째 글은 『예술작품의 기원The origin of the work of art』이라는 시론으로서 여기에서 하이데거가 예술작품의 주요 예시

---

061 Norberg-Schultz, Ch., *Architecture: Meaning and Place,* New York, Electa/Rizzoli, 1988. Norberg-Schultz, Ch., *Architecture: presence, language and place,* Skira Editore, 2000. 특히, 다음 장 참조. "Heidegger's Thinking on Architecture", pp. 39-48.

로 든 것은 건축이며, 특히 그는 해안 절벽 위에 세워진 고대 그리스 신전의 존재론적 의미를 통해 문학적, 형이상학적 상상력을 발휘한다.[062]

"하나의 건물인 그리스 신전은 아무것도 나타내지 않는다. 그것은 단순히 바위의 갈라진 틈 한가운데 서 있다. 그 건물은 신의 조각상을 둘러싸고 있고 건물에 의해 숨겨진 신의 조각상은 열린 현관을 통해 부각된다. 신전의 도움으로 신은 신전 안에 존재한다. 신의 존재는 성스러운 곳으로 이뤄진 구역의 확장과 한계 안에 그 자신의 존재를 두고 있다. 그러나 신전과 신전의 구역은 규정되지 않는 곳으로 사라져버리지 않는다. 신전은 우선 서로 잘 맞고 동시에 신전의 주변에 인간의 운명을 얻어내는 길들과 연결들을 모은다. 그것은 탄생과 죽음, 재난과 축복, 승리와 불명예, 인내와 타락이다. 모든 것을 지배하는 넓게 트인 지역은 이 열린 상관관계의 맥락에서 역사적 인간들의 세계이다."[063]

"거기에 서 있는 건물은 바위 틈에 얹혀 있다. 건물work을 받치는 것은 투박하지만 자연적으로 발생하는 바위의 신비로움에 기초한다. 거기에 서 있는 건물은 맹위를 떨치는 폭풍우에 대항해 땅을 착근하며, 폭풍우가 스스로 그의 맹렬함을 드러내도록 만든다. 비록 태양의 은총에 의해서만 빛나지만, 빛나는 바위는 그러나 우선 낮의 빛과 하늘의 광활함과 밤의 어둠을 비춘다. 견고하게 우뚝 솟은 신전은 공중의 보이는 공간과 보이지 않는 공간을 만들어낸다. 신전이 가진 불변하는 성질은 밀려드는 파도와 대조되며, 신전이 가진 안정성은 바다의 격렬함을 끌어낸다. 나무와 잔디, 독수리와 황소, 뱀과 귀뚜라미는 먼저 그들의 독특한 모습으로 한눈에 들어오고, 그래서 그들 본연의 모습을 드러낸다. 그리스에서는 그 자신과 모든 것들 안의 출현과 상승을 '피시스phusis'라고 부른다. 피시스는 사람과 그 사람이 사는 주거지를 분명히 한다. 우리는 이러한 땅을 '지상 또는 대지earth'라고 부른다."[064]

---

062 위의 책, p.39.

063 Heidegger, M., "The Origin of the works of Arts", in Heidegger, M., *Poetry, Language, Thought,* NewYork, 1971, p.41.

064 위의 책, p.36.

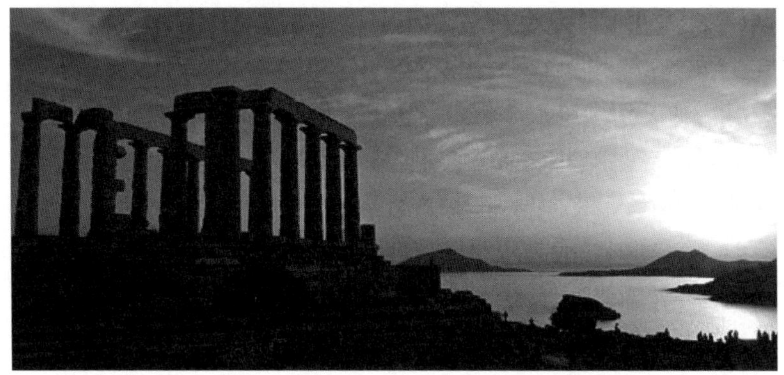

22 고대 그리스 신전

고대 그리스 신전의 의미를 기술하는 이 구절의 의미를 이해하려면 먼저 이 구절이 사용된 맥락을 인지해야 한다. 무엇보다 하이데거가 그리스 신전을 언급한 이유는 예술작품의 본질을 부각시키기 위한 하나의 방편이었다는 점을 주지해야 할 것이다. 하이데거는 단순히 현실을 재현하는 차원을 벗어나는 예술의 형이상학적 차원을 강조하기 위해 고대 그리스 신전을 선택해 그 의미를 묘사한다.

하이데거에 따르면 예술작품은 존재하는 것을 그저 '다시 표현'하지 않는다. 즉 예술은 결코 재현하는 데 머무르는 것이 아니라 그 자체로 존재한다. 그의 표현을 빌리면 예술작품은 존재하는 곳으로 그 어떤 것을 데리고 온다. 하이데거는 이 같은 예술의 존재성을 '진리'라고 정의했다.[065]

그리스 신전의 예시는 건축물의 예술성을 강조하고 있고 동시에 예술작품으로서의 건축물은 "진리를 보존한다"는 통찰을 제공한다. 위의 인용문은 바로 예술작품이 무엇을 보존하며 또 어떻게 그것을 보존하는가라는 두 가지 질문에 답을 제공한다.

노르베르크슐츠에 따르면 여기에서 예술이 '무엇'을 보존하는가라는 물음에서 '무엇'이란 그리스 신전의 예시를 통해서 세 가지 요소를 담고 있

---

065 Norberg-Schulz, 앞의 책, p.39.

다. 첫째, 신전은 '신을 존재하도록' 만들었다. 둘째, 신전은 '인류의 문명을 만드는 것'과 일치한다. 셋째, 신전은 지상에 존재하는 모든 것들을 '알아볼 수 있도록' 한다. 하이데거의 표현을 빌리자면 바위, 바다, 하늘, 식물, 동물, 심지어 낮의 빛과 밤의 어둠까지 알아볼 수 있도록 해준다. 요컨대 신전은 '세계를 열어줌과 동시에 세계를 지상으로 돌아오게 한다. 그 결과 지상은 진리를 예술작품으로 구현하는 것이다.

위에서 진술된 의미를 파악하기 위해 노르베르크슐츠는 '어떻게'라는 두 번째 물음으로 넘어간다. 그는 하이데거가 위의 시론에서 무려 네 번에 걸쳐 '거기에 서 있는'이라는 표현을 사용하면서 신전이 그 같은 일을 수행하고 있음을 강조했다는 점을 주목했다. 그냥 그곳에 우뚝 서 있다는 표현은 매우 중요하다. 신전은 다른 어디에도 서 있지 않고 바로 거기에 서 있다. 물론 '갈라진 바위틈 계곡의 한가운데'라는 묘사적 표현을 제공하고 있으나 '갈라진 바위 틈'은 결코 단순한 장식물로서 도입된 것이 아니며 오히려 그것은 신전들이 특수하고 중요한 장소에 지어졌다는 것을 지시한다. 건축물을 통해서 하나의 장소는 외연과 한계를 획득하고 그 같은 공간적 한계를 통해 신을 위한 성스러운 구역이 형성된다. 다시 말해 하나의 주어진 장소는 숨겨진 의미를 가지는데 그 의미는 신전을 통해서 비로소 드러난다. 그 건축물이 과연 인간 존재의 운명을 어떻게 만들어놓는가라는 점은 명확하게 설명되지 않으나 신의 집과 동시에 인간의 운명이 발생한다는 심오한 진리가 함축되어 있다.[066]

부연하자면 인간의 운명은 장소와 내밀하게 결합되어 있다. 끝으로 우리가 사는 이 지상의 시각화는 신전이 거기에 '서 있음'으로써 돋보이게 된다. 땅 위에서 받혀진 신전은 공중에 우뚝 솟아 있는데 그렇게 함으로써 신전은 사물에게 자신의 본모습을 부여한다.

한편 건축물을 빗대어 진리를 '작품으로 빚어내는 것setting-into-work'으로 파악하는 하이데거의 해석은 기존의 예술론에서 보면 생소한 것이라 할 수

---

066 같은 책, p.39-41.

있다. 오늘날 우리는 예술을 흔히 표현과 재현의 차원에서 사유하는 것에 익숙하며 예술의 기원을 인류의 탄생과 사회의 기원에서 파악하는 시각에 보다 친숙하기 때문이다. 하이데거에 따르면 고대 그리스 신전은 무엇인가를 재현하는 것이 아니며, 있는 그대로 존재하는 기정사실factum est로서 신전이라는 예술작품을 통해 비로소 세계는 열리는 것이라고 말한다. 이 같은 사건은 세계가 사물들에게 그 본모습을 보여주기 위해 열릴 때 드러난다. '세계'와 '사물'은 따라서 상호의존적인 개념이며, 하이데거의 건축 사상에서 반드시 유념해야 할 핵심적 사실이다.

『예술작품의 기원』에서 세계의 본질에 대한 일체의 설명을 제공하지 않고 있는 반면, 『존재와 시간』에서 하이데거는 세계를 사물의 전체로서 간주하고 존재와 관련된 것으로 정의하며 사물의 존재 그 자체로서 존재론적으로 세계를 정의한다. 또한 세계란 인간이 삶을 영위하는 바로 '그곳'을 의미한다. 바로 그의 건축 사상은 이 같은 존재론을 바탕으로 그의 후기 저술에서 구체화되는데, 그가 말하는 '그곳wherein'은 땅, 하늘, 인간, 그리고 신의 사방 세계로 해석된다.[067]

앞 절에서 우리가 살펴본 하이데거의 사방 세계 개념을 세계에 대한 상식적 차원에서 이해하려 할 때 난해하면서도 동시에 당혹스럽기까지 하다. 통상적으로 우리가 세계를 이해할 때 그것은 물리적 차원이거나 사회적 차원이나 문화적 차원의 구조의 측면에서 사유한다. 이 점에서 하이데거가 우리에게 전달하고 싶은 메시지는 인간이 매일매일의 삶을 영위하는 데 있어서 세계는 과학의 관념보다는 실재하는 '사물들'로 구성된다는 엄연한 사실이었다.

그런 맥락에서 하이데거는 이렇게 진술한다. "땅earth은 땅의 열매에 영양을 공급하고, 물과 바위와 식물과 동물을 관리하는 건축하는 전달자the building bearer이다. (…) 하늘은 태양의 길이며 달의 방향이고 별의 반짝이는 빛이고 한 해를 이루는 계절들이고 밤의 우울함과 불빛이며 날씨의 관용과 혹

067 같은 책, p.41-42.

독합이고 표류하는 구름과 높은 하늘의 푸른 깊이이다." "신들은 하느님의 손짓하는 전달자이다." "죽을 수밖에 없는 유한한 존재mortals가 인류이다. 그들은 죽을 수 있기 때문에 치사자mortals라고 불린다."[068]

사방 세계, 즉 땅과 하늘, 신과 인간은 각각 자신만의 세계를 갖고 있으면서 동시에 타자를 반영한다는 점에서 거울 역할을 수행하고 그 거울을 통해 사물들은 스스로 모습을 드러낸다. 인간은 땅과 하늘의 가운데 위치하고 탄생과 죽음의 한복판에 존재하며 기쁨과 고통의 한가운데 머무르는 존재이다. 여기에서 다시 강조해야 할 사실은 그리스 신전에 대한 묘사에서 간파할 수 있듯이 하이데거가 말하는 세계는 결코 이상형의 세계로 상상되는 것이 아니다. 여기 그리고 지금 주어진 세계로서, 세계는 사실에 근거한 전체로 각인된다는 점이다.[069]

사물을 전체로 파악한다고 해서 세계를 단지 사물의 집합으로 정의하는 것은 결코 아니다. 하이데거가 사방 세계의 징후로서 사물을 이해할 때, 그는 '사물thing'의 본래 의미가 '한곳에 모으는 것gathering'에 있다는 어원적 사실을 복원시키고 있다. 이런 맥락에서 그는 다음과 같이 진술한다. "사물은 세계와 더불어 인간을 찾아간다." 또한 그는 사물의 본질을 기술하기 위해 물병과 다리라는 구체적인 사례를 제시한다. 물병과 다리는 모두 사물이며 자신의 방식으로 사방 세계를 한곳에 모아놓고 있다. 물병은 인간 중심의 환경에서 사용되는 도구의 한 부분인 반면 다리는 주변 환경의 속성들을 종합적으로 밝혀준다.

하이데거는 다음과 같이 말한다. "다리는 강으로 둘러싸인 경관으로서의 대지를 모아놓고 있다. (…) 다리는 단지 이미 거기에 있는 둑을 연결하는 것은 아니다. 그 둑들은 다리가 그 강을 가로지름으로써 둑으로서 나타난다." 따라서 다리는 한 장소가 진정으로 존재하는 것이 되도록 만들며 동시에 그 장소의 요소로서 스스로를 드러낸다. 노르베르크슐츠는 하이데거

---

068 같은 책, p.42.

069 같은 책, p.42.

가 사용하는 '대지earth'라는 단어와 '경관landscape'이라는 단어는 단지 위상 기하학인 개념으로 환원되지 않으며, 다리는 한곳에 모아놓는 것을 통해서 드러나는 사물을 가리키기 위해 사용됐다는 점에 유념할 것을 주문한다. 장소를 의미하는 영어 단어 플레이스place 의 숙어적 표현을 활용해 노르베르크슐츠는 인간의 삶은 땅 위에서 "장소를 취하는 것take place, 일어나다"임을 강조한다. 다리라는 형상은 바로 이 심오한 진리를 드러내는 데 효과적이다. 요컨대 하이데거가 물병과 다리라는 예시에서 강조하고자 했던 것은 사물의 "사물성thingness", 즉 사물들이 한곳에 모아놓는 세계이다.

하이데거가 『예술작품의 기원』을 발표했을 당시 그는 아직 사방 세계의 개념에 도달하지는 못했으나 앞서 살펴본 고대 그리스 신전에 대한 그의 묘사에는 이미 모든 요소가 함축적으로 존재하고 있음을 알 수 있다. 즉 신, 인간, 땅, 하늘이 언급됐다. 하나의 사물인 신전은 이 모든 것과 밀접하게 결합되어 있고 이 네 개의 요소가 그들 자신을 드러내게 한다. 그리고 동시에 그 네 개의 요소는 하나의 전체로 통합된다. 신전은 인간이 만든 것이고 그것은 의도적으로 세계를 드러내기 위해 창조된 것이다. 하지만 자연적인 사물들 또한 사방 세계를 갖고 있으며 그들의 사물성을 밝혀줄 수 있는 우리의 해석을 요구한다. 이러한 사물의 계시는 바로 시에서 나타나고, 특별한 의미에서 그 자체로 시라 할 수 있는 언어에서 드러난다. 언어는 처음에는 사물에 이름을 붙이면서 단어가 되지만, 사물에 이름을 불러주면서 비로소 그 사물의 본모습이 드러나도록 해준다.[070]

노르베르크슐츠는 하이데거의 예술론과 건축론을 온전하게 이해하기 위하여 그의 언어 개념과 언어 사상을 호출할 것을 제안한다. 그는 예술의 기능을 단지 현실을 재현하는 것으로 이해하지 않았으며 더 나가 언어를 습관과 관례에 기초해 의사소통의 수단으로 해석하는 고전적 언어관을 수용하지 않았다. 사물에 최초로 이름이 붙여질 때 비로소 사물은 그 자체로서 인식된다는 것이 하이데거의 생각이다. 즉 사물이 단지 일시적인 현상이기

---

070 같은 책, p.42.

이전에 이름은 그 사물이 유지되도록 하고 그때 비로소 그 사물의 세계는 열린다. 그런 의미에서 언어는 본래의 예술 그 자체이다.[071]

하이데거는 대지, 그리고 사람들이 살아온 세계가 그들 자신이라는 것을 강조한다. 우리가 사는 이 땅이 바로 세계이기 때문이다. 언어는 그[the] 세계를 유지시켜주지만 그것은 또한 어떤[a] 세계를 말하기 위해서도 사용된다. 바로 그런 맥락에서 하이데거는 언어를 일러 "존재의 거주"라고 빗대어 말한 바 있다. 다시 말해 인간은 언어 안에서 거주한다. 즉 인간이 언어를 듣고 반응할 때에 그것이 진정으로 의미하는 세계가 열리는 것이며 진정으로 사물이 존재하는 것이 가능하게 된다. 하이데거는 이것을 일러 '시적 거주'라 불렀다. 따라서 하이데거는 다음과 같이 말하고 있다. "그런데 우리는 거주와 시의 본질에 대한 정보를 어디에서 얻는가? (…) (우리는) 그 본질을 언어를 말하는 것으로부터 (얻는다). 물론, 오직 (우리가) 언어를 본질로서 존중하는 때에 한한다. 언어 자신의 본질은 시적인 것이고 우리가 언어를 시적으로 사용할 때 비로소 '존재의 거주'는 열린다."

인간의 삶은 사실에 근거한 구체적인 의미에서 땅과 하늘의 사이에서 일어나야 하고, 장소를 구성하는 사물들은 그들의 직접적인 존재가 드러나야 한다. 이것은 그리스 신전에 의해 밝혀진 것과 같은 종류의 것이다. 따라서 하이데거는 사람이 "예술작품과 단어의 중간 사이에" 거주한다고 말한다. 단어는 세계를 열고, 작품과 세계를 존재하게 한다. 작품에서 세계는 땅으로 역행하는데, 작품은 직접적인 여기와 지금의 부분이 되며, 그것에 의해 작품은 그것의 존재를 드러낸다. 하이데거는 사실상 "사물과 함께 머무르는 것은 어떤 시간에 의해 획득된 사방 세계 안에서 머무르는 방식이다."라는 점을 강조했다. 인간이 사물과 사방 세계의 방식으로 머무를 때에, 그는 "땅을 보존하고, 하늘을 받아들이고, 신을 기다리고, 사람들을 접한"다. 그러므로 "사람들은 양육하는 사물들이 자라도록 보살피고, 자라지 않는 사물들은 특별히 구조화"한다. 건물들은 그러한 구조화된 사물들이며, 이것들은 세계

---

071 같은 책, pp.43-44.

를 모으고 거주하는 것을 허락한다. 하이데거에 따르면 바로 그 같이 지상에 모아놓는 것이 바로 사람들이 거주하는 경관이다.

풍경이란 인간의 삶이 생겨나는 공간이다. 따라서 풍경은 수학적 공간이나 동일 구조의 공간이 아니라 하늘과 땅 사이에 놓인 '살게 되는 공간'이다. 『존재와 시간』에서 하이데거는 세계 안에 존재한다는 것은 바로 공간 안에 있다는 점을 지적한 바 있다. 물론 하이데거가 말하는 공간은 결코 추상적인 차원이 아닌 지극히 구체적인 공간이다. 천장은 위를 지시하고 바닥은 아래를 지시하는 것으로서 공간의 본질을 파악한다. 실제로 그는 해돋이, 한낮, 해 질 녘, 한밤중의 형상들을 언급하고 있으며 이것을 삶과 죽음의 영역과 연결시키고 있다.[072]

이 지점에서 노르베르크슐츠의 설명을 통해 파악한 건축 예술에 대한 하이데거의 사상을 마무리해보자. 어떤 의미에서 그것은 건축물의 바깥에 멈추는 것이라고 말할 수 있는데, 그의 건축 사상은 통상적으로 말하는 건축적인 형태Gestalt의 문제를 다루지 않기 때문이다. 그러나 그리스 신전에 대한 논의는 형태의 본질을 암시한다. '확장' '한계' '서 있음' '받치고 있음' '우뚝 솟음'이라는 단어는 공간성의 측면에서 세계에 존재하는 방식을 가리킨다. 비록 그 가능성이 무한하더라도 이러한 방식은 항상 원형의 변주로서 드러난다. 우리는 모두 '기둥' '박공' '돔' '타워'와 같은 단어들을 알고 있다. 이처럼 사물에 이름을 붙이는 속성을 지닌 언어는 공간성의 기본 구조를 시각화하는 이미지의 종류로서, 그것들의 중요성을 입증한다. 하이데거의 건축 사상은 그의 겸손에도 불구하고 건축 사상의 인문적 기초를 마련해주었으며, 건축에 대한 심오한 사유의 통찰을 제공해주었다. 건축 작품은 거주하는 경관을 인간과 가까운 곳으로 인도하고 인간이 시적으로 거주하게끔 하는데, 이것이 건축물의 궁극적인 목표이다.

하이데거의 건축 사상에서는 실제로 방대한 관심사가 표출되고 있다. 제2차 세계대전 이후 삶의 혼란스러움과 위기의 순간에서 그의 사유는 거

---

072 같은 책, pp.44-45.

주의 참된 인간학적 의미를 묻고 있다. 양차 세계대전 사이에서 근대 건축은 철저한 기능주의의 관점을 확립시켰는데, 그것은 "형태는 기능을 따른다"는 슬로건 안에서 건축의 본질을 파악하려 했다. 이 같은 기능주의에서 건축적인 해결책은 따라서 실제 공간 사용의 패턴들로부터 직접 도출됐다.[073] 지난 몇십 년간 이러한 실용적인 접근이 인간 거주의 가능성에 대한 진정한 탐색을 가로막으면서 몰개성적인 주거 환경을 양산하게 만들었다. 따라서 건축물의 철학적 의미에 대한 문제는 전면에 부각된다. 지금까지는 기호학적인 용어 안에서 건축의 의미에 대해 접근했으며 그것에 의해 건축물은 관습적인 '상징들'로 이해된다. 그러나 기호학적인 분석은 보통 말하는 건축 작품들을 설명하는 데 한계가 있는 것으로 드러났다.[074] 여기에서 하이데거는 건축 기호학의 한계를 보완할 수 있는 사유를 던져주었다. 따라서 진실을 구현하는 매체로서 건축을 정의하는 그의 사상은 건축의 예술적 차원과 그것의 인간학적 의미를 되찾을 수 있는 모티브를 제공한다.[075]

4. 거주 시학의 생태학적 함의

인간학적 차원에서 '거주하기'에 내포된 제1의 시학la poétique première은 바로 세계라는 시詩이다. 바로 이 시에 기초해 인간이 세운 작품은 세계에서 땅을 배치하면서 '에쿠멘느ecoumene', 즉 인류가 거주하는 지역으로 탈바꿈되어 인간이라는 존재의 처소, 곧 거주하는 땅이 되는 것이다.[076] 이 같은 시학은 인간이라는 존재와 인간 생명에서, 그리고 인간이 땅에서 창조하는 모든 형태에 이르는 일체의 차원 속에서 발휘된다. 그 같은 시학은 공간의 펼침이며 동시에 시간의 펼침이기도 하다. 그 물음은 사실상 인간 활동의 모든 영역과

---

073 같은 책, p.48.

074 같은 책, p.48.

075 같은 책, p.48.

076 다음 문헌 참조.
Berque, A., *Écoumène: introduction à l'étude des milieux humains,* Paris, Belin, 2000.

관련되며 특정 영역으로 한정지을 수 없다.

도시 시학에서 다룰 문제는 다수이나, 일차적으로 다음과 같은 주제들을 생각해볼 수 있다. 첫째, 도시 공간에 사는 사람들의 신체성의 '펼쳐짐'으로서 생물학에서의 '코레오그래피choreography'까지의 영역을 아우른다. 둘째, 도시 공간의 시간성의 펼쳐짐으로서 계절 변화에서 도시의 일상적 리듬까지를 포함하는 템포의 문제이다. 셋째, 공간성의 '펼쳐짐'으로서 인간의 정신적 형상들로부터 건축적 형태들까지를 아우른다. 넷째, 도시의 사물들이 인간의 말로 펼쳐지는 것을 말하며 도시에 대한 또는 도시 속에서 기계 신화까지를 포함한다. 다섯째, 대지가 인간에게 확실하게 일러주는 공간적 한계점들과 이 모든 것의 의미의 조건들에 대한 탐구이다.

인간은 시간과 공간 속에서 세계에 존재하는 삶의 방식 속에서 거주를 펼쳐놓는다. 공간과 시간의 두 차원은 너무나 밀접하게 섞여 있어서 오직 인위적으로만 식별할 수 있을 뿐이다. 여기에서 말하는 시간이란 인간들 사이의 관계를 동일한 시간성에 갖다 놓기 위한 복잡한 구성이며 자연적인 우주적 사이클에 기초한다.[077] 거주 방식과 습관들에 대한 관찰, 다양한 거주의 실천들에 대한 관찰은 실존적 의미의 집을 의미하는 고대 로마의 도무스Domus에 관한 지속적인 표상에 기초한다. 또한 도시 시학의 차원에서 집의 의미에 대한 망각되거나 은폐된 표상들을 포함해 문명성과 반문명성의 행동 양식들, 보존과 퇴락, 책임과 포기, 유지, 미화 등은 거주하는 공간에 대한 애착의 방식과 상관관계를 이룬다는 점에서 모두 중요한 주제들이라 할 수 있다. 거주의 문제에는 또한 타자를 맞이하는 호혜와 영접의 문제들도 포함된다.[078]

거주의 동양적 어원을 살펴보면 하이데거의 사유와 만날 수 있는 인식론적 접점이 발견된다. 한자 '살 주住'는 왼쪽에 사람 인人 변이 있다. 오른쪽에 있는 부수 주主는 발음이다. 그것 자체가 멈춤이라는 의미를 지닌다. 거주

---

077 Elias, N., *Du temps*, Paris, Fayard, 1984.

078 Bonnin, P., "Le temps d'habiter", in Berque, A. et al.(dir.), *Écoumène: introduction à l'étude des milieux humains,* Paris, Belin, 2000.

한다는 것은 곧 걷는 것을 멈춘 인간 존재의 이미지를 표상한다. 설문해자說文解字에 주主는 나타나지 않는다. 즉 다른 글자에서 온 것인데, 그것은 서 있는 나무를 형상화한다. 궁극적 의미는 동일하다. 움직이지 않은 채 서 있는 것이다. 연상적 계보는 인간을 식물과 결합시키고 있다. 원래 그것은 집의 그릇, 불을 피우는 난로로서 한 장소에서 안정되어 있다는 의미이다. 세 개의 의미론적 기원을 각각 땅과 봉합시킬 수 있다. 정착된 유목민의 의미, 그 장소에 할당된 나무의 의미, 집의 의미가 그것이다.[079] 한마디로 하이데거와 동양의 거주 철학에서 인간 거주는 모두 흙과 관련됨을 알 수 있다.

거주와 관련해 강조할 것은 거주를 맡는 건축은 자신의 방식으로, 각자 자신의 작은 세계를 절대화시키려는 인간적 충동을 증언한다는 것이다. 즉 자신의 보편성을 증언하기 위해 다른 것들을 무시하는 것을 말한다. 예컨대, 초고층 아파트를 세움으로써 가질 수 있는 시야를 뽐내는 것은 다른 이웃의 시야를 파괴한다는 사실을 교묘하게 은폐한다. 하늘을 향해 스스로를 직립하는 것이 인간적이라는 것은 물론 은유에 불과하다. 하지만 이는 원초적이고 우리의 살에 각인된 일차적 은유이다. 인간 존재가 자신의 존재와 그의 삶 속에서 집약시키는 것, 자신의 몸을 세우고, 하늘로 사물들을 세우는 것, 그것이 인간의 운명이다. 바로 그것이 건축이 표현하는 것이며, 인간이 스스로 몸을 세우듯 건축이 인간 거주지를 세우는 것이다.

상징적 차원에서 코페르니쿠스 혁명을 근대성의 초기로 정할 수 있다. 근대성은 철저하게 과거에 하나였던 것을 분리시킨다. 중심적 세계, 구체적 세계, 현상적 세계가 그것이다. 근대 과학 이전에 세계와 우주는 하나였다. 19세기까지 근대성은 과학이 우주 속에서 발견한 것이 절대적 진리라는 확신에 의해 추동됐다. 그러다 이 같은 진리는 20세기에 이르러 유일할 수 없다는 것이 드러났다.

그런데 바로 파악할 수 없게 되어버린 이 같은 관계를 물질화시키는 과제가 건축에 주어졌다. 따라서 바로 건축에서 저속한 근대성의 비우주성이

---

079 Berque, A., “De terre en monde, La poétique de l’écoumène”, *Écoumène: introduction à l’étude des milieux humains,* Paris, Belin, 2000.

가장 분명하게 표현됐다. 근대 건축은 수천 년의 역사 속에서 실현한 것을, 불과 수십 년 동안의 도시 건설로 해체했다. 건축가들이 갈망한 도시계획은 도시를 다시 해체했고, 촌락도 마찬가지 신세였으며, 더불어 도시 확산이라는 반생명적 기류도 낳았다. 물론 건축가들만이 책임져야 할 일은 아니다. 하지만 일차적으로 거기에서 벗어날 수 있도록 해주는 길을 보여주어야 할 의무는 건축가들에게 있다. 이유는 간단하다. 건축가들이야말로 땅에서 인간 정착지를 담당하는 사람들이기 때문이다. 지금까지 말한 것은 우리에게 좋은 안내를 제시할 것은 결코 천상의 건축이 아니다. 그것은 너무나 순전히 물리적 기초와, 실존의 파악할 수 없는 닫힌 기초, 그리고 착상된 공간의 기호들 사이에서 현실을 분할시켜놓았다.

살로부터 해방된 공간은 너무나 분명하게 저속한 근대성의 비우주성acosmie을 상징화할 뿐이다. 인간의 땅은 그 같은 세계를 유지할 수 없으며 생명성이 결여된 순전히 물리적 세계는 실제로 지속될 수 없는 세계이다. 무엇보다 그것은 생태학적으로 지속될 수 없다. 그것을 위해서는 지구 같은 별이 하나 더 있어야 할 것이다. 윤리적 차원에서도 지속될 수 없다. 그것은 갈수록 불평등하고 부당한 세계이기 때문이다. 미학적 차원에서도 지속될 수 없다. 그것은 경관을 죽이는 세계이기 때문이다.

우리의 세계를 다시 우주화하는 것, 그것은 먼저 우리가 살아 있는 생명체라는 것을 망각하지 않는 것이다. 이 같은 명목에서 우리의 세계는 기계적 우주가 아니다. 이것은 총체적 기운과 성질이 혼융되는 세계이다. 이 세계는 환경의 객관적 요소들의 단순한 합산에 의해 성립되지 않는다.

생물체의 고유한 현실과 공간을 의미하는 움벨트Umwelt와 추상적 의미의 환경Umgebung의 차이는 야콥 폰 윅스퀼Jacob von Uexküll에 의해 자명해졌다. 그가 선구적으로 창시한 동물 생태학은 각각의 종은 자신의 고유한 환경 세계를 구축한다는 가설에서 출발한다. 모든 종은 자신에게 고유하게 현실인 것을 구축하며 현실은 과학이 고려하는 환경 이상의 것이다. 예컨대, 물리적 환경에서 색깔은 파동 길이의 보편적 현상이나 사실상 젖소의 질적 세계에 빨강색은 존재하지 않는다. 그의 눈은 우리의 눈이 미세한 색을 지각하지 못하는 것과 마찬가지로 특정 색을 지각하지 못한다. 나비의 눈이 지각하는 질은 보라색ultraviolet도 인간은 지각하지 못한다.

땅의 세계를 포섭하는 것이 바로 거주의 시학이다. 에쿠멘느는 인간 존재의 처소이며 생명계에서 나온다. 그것은 곧 지역성과 전통의 회복이며 신화성의 복원이다. 몇 해 전 타계한 건축가 정기용은 이 점을 정확히 짚어내고 있다. "그래서 나는 먼 데서가 아니라 아주 가까운 우리들의 땅과 역사와 그 속의 일상적 호흡 속에 우리가 의연하게 지속시켜야 할 우리의 건축이 있다고 믿는다. 그리고 그것들은 바로 저 흙 속에서도 길어낼 수 있는 것이다. 그렇게 해서 우리는 잊어버린 우리들의 신화를 되찾아야만 할 것이다. 이것은 상식의 명령이다."[080]

앞에서 상세히 다뤘던 하이데거가 발표한 두 편의 텍스트는 건축에서 창발한 근대주의 운동의 기능주의자들의 아성을 전복시키면서 거주하기의 존재론을 도입한다. 그 텍스트들은 근대 합리주의의 편협한 노선, 17세기 과학 혁명에 의해 수립된 합리주의, 즉 땅을 살아 있는 생명체로서가 아니라 그것의 물리적 차원으로, 즉 르 코르뷔지에가 호출하는 기계의 차원으로 환원시키려 했던 서구적 사유의 역전을 말한다. 하이데거가 발표한 이 두 편의 글은 이와는 정반대로 인간의 공간, 즉 인간 실존의 공간은 근대적 객체의 한계점들을 넘어서 인간의 온기와 기운 등의 인간적 차원이 발휘되는 것이라는 점을 설파한다. 인간적 공간은 데카르트가 설정한 수학적 외연 또는 뉴턴이 증명한 공간의 절대성과는 다른 그 무엇으로서 근대성이 세계를 삼켜버린 객관적이며 보편적인 용기인 절대적 공간이 아닌 것이다. 물리적 환원주의를 통해 절대적 공간은 세계의 시라고 고대 시대부터 명명된 것을 침묵하게 만들었다.

서구 문명사에서 집짓기, 살기, 생각하기는 공간에 대한 근대적 비전이 그 토대를 상실하는 경계 지점으로서 남을 것이다. 그 같은 토대들의 문제 삼기에도 불구하고, 근대적 비전은 계속해서 세계의 진화를 지배하고 있으며, 그것은 근대성의 전복으로 인식되는 포스트모더니즘에 이르기까지 마

---

080 정기용, 『사람, 건축, 도시』, 현실문화, 2008, p.102.

찬가지이다.

이런 맥락에서 베르크의 작업은 바로 근대적 패러다임과 그 발현과는 생소한 다른 무엇인가의 존재를 입증하는 데 있었다. 근대성이 구현된 곳은 서구이며, 근대성은 인간 주체의 존재와 구별되는 대상들로 사물을 환원시킨 것이다. 인간 존재는 절대적 공간 속에서 개체의 총합으로 간주됐다. 대상이나 주체와도 존재론적 관계를 갖지 않는 것으로 말이다. 이 같은 중립적 공간은 존재와 관계를 맺지 않으면서, 데카르트의 외연으로서 순전히 정량적이며 정량화될 수 있다. 데카르트의 좌표종/횡/제3번는 이 같은 개체들의 위치를 정확히 규정할 수 있게 만들었다. 이것은 사물들과 인간적 주체성 사이의 실존적 관계의 추상화를 함의한다. 물리학의 관점에서 보면, 물질에 동화된 데카르트 외연은 뉴턴 공간의 진공성으로 대체됐다. 뉴턴 공간은 동질적이고 동형이며 무한하다. 그런데 이는 19세기의 비유클리드 기하학에 의해 문제시됐고, 20세기 아인슈타인의 공간과 시간에 의해 축출됐다. 인간 존재를 고려한다면 데카르트는 결정적인데, 주체성의 내부적 공간과 대상들의 외부적 공간 사이의 철저한 이원성을 설정했기 때문이다. 이것은 세계의 객관화를 가능케 했고 근대적 개인화 도래의 토대적 조건을 형성했다. 그것은 나를 절대적이며 다른 타자와의 관계에서 스스로 존재하는 것으로 만들었다. 바로 그 같은 이유에서, 근대적 존재론에 대한 철저한 비판에서 하이데거는 특히 데카르트의 외연 개념을 비판했다.[081]

하이데거의 거주 철학은 동양의 전통적 공간론을 연상시킨다. 이 점에서도 역시 베르크의 통찰을 환기할 필요가 있다. 그는 먼저 서구 근대 과학의 공간론과 상이한 질적인 공간론의 토대로서 다음과 같은 세 가지 기본 가설을 제시한다. 첫째, 모든 사회에는 다양한 양상 사이에 존재하는 유추 관계가 존재하며, 이것은 사회의 토대를 받혀주는 관계들이다.[082] 둘째, 한 사회는 자신에게 고유한 공간을 생산하며 이 공간은 사회로서 그의 실존의 조

---

081 Dewitte, J., “Monde et espace. La question de la spatialité chez Heidegger”, in *collectif Le Temps et l’espace,* Bruxelles, Ousia, 1992, pp.201-219.

082 Berque, *Vivre l’espace,* PUF, 1982, p.15.

건이다.[083] 셋째, 공간의 조직화는 유추적 메커니즘에 기초한다.

베르크는 르페브르의 공간의 생산방식 이론에 의해 영감을 받아 이 세 가지 기본 가설의 전개를 일본의 공간 철학에 적용해 설명한다. 르페브르는 공간의 정신적 조직화, 공간의 물리적 조직화, 공간의 사회적 조직화로 나누어 공간의 삼원적 차원을 다룬 바 있다. 베르크는 일본 공간성의 세 가지 항목들이 일련의 유추에 의해 부응한다는 사실, 특히 몇몇 경우에는 거의 구조적 상동성에 도달한다는 점을 보여준다.[084]

베르크에 따르면 동양의 공간 이념은 서구 근대 과학의 공간 개념과는 철저하게 다른 공간으로서 무엇보다 실존의 구체적 공간이다.[085] 구체적이라는 것은 특수한 경우의 특이성을 함의하며, 인간 실존의 공간을 추상화시키지 않는다면 이 같은 구체성은 모든 공간성의 공통적 특질이다. 근대적 패러다임은 현실 속에서 사람들을 사물들과 더불어 성장시키는 실존적 관계를 제거, 탈세계화, 탈구체화, 즉 비인간적 세계를 생산하는 경향을 보여준다. 비인간적이라 함은 인간적 실존을 추상화시키고 삶과 격리되는 것, 즉 순전히 기계적인 세계를 지칭한다. 그렇다면 과연 동양의 공간성은 서구 근대의 공간성의 대안인가. 여기에서 그는 생태학적 인식을 제공한다.

그가 구상하는 에쿠멘느ecoumene의 일반 이론은 영토적 외연 속에서 인간 사회들의 존재적/지리적 관계를 말한다. 에쿠멘느는 그리스어 오이케인oikein에서 왔다. 즉 인간적으로 거주하는 땅을 말하며 땅과 세계와의 관계를 의미한다.[086] 이 같은 관계는 근대 과학의 패러다임의 술어 속에서는 생각조차 할 수 없다. 근대적 패러다임은 대상을 절대화시키며 그것을 대문자 실

---

083 위의 책, p.21.

084 유추에 대한 이론적 연구로는 다음 문헌 참조.
Lichnerowicz, A., Perroux, F. and Gadoffre G., *Analogie et connaissance,* vol.2, Paris, Maloine, 1980.

085 Berque, A. and Sauzet, M., *Le sens de l'espace au Japon, Vivre, Penser, Bâtir,* Paris, Editions Arguments, 2004.

086 Berque, A., *Écoumène: introduction à l'étude des milieux humains,* Paris, Belin, 2000.

재 세계Réel로 간주한다. 에쿠멘느 속에서 문제는 인간적 거주이다. 그것은 땅 위에서 생명과의 직접적 지각의 층위 속에서 사는 것을 말한다. 물론 이것은 다른 층위로부터의 현실의 표상을 포함하지만 이 모든 것의 요람은 바로 체험하는 몸이다. 바로 몸으로부터 사물들의 성질이 규정된다. 만약 지도가 영토가 아니라면, 즉 지도가 현실이 아닌, 단지 현실의 표상이라면, 그 이유는 몸은 지도 속에서 살아갈 수 없기 때문이다.

동양 문화에서 자연 세계의 미학적 파악은 서양의 미적 체험과는 사뭇 다르다. 미학은 여기에서 단지 아름다움과 관련된 것을 의미하지 않으며, 느낄 수 있는 능력과 관련된다는 점에서 심미성이라 말할 수 있다. 즉 그리스인들이 '아이스테시스aisthèsis'라 불렀던 것을 말한다. 이것은 데카르트의 어휘 속에서 감정에 해당되며, 이 감정은 이성과 척도를 수단으로 우주를 파악하기 위해 추상화시켜야 할 대상이었다. 반면, 동양에서의 감정은 개념들을 발명하는 데는 물론, 환경을 조직화는 데 있어서 핵심적이다. 감정은 바로 우리의 삶 그 자체인 것이다. 이성의 세계에서 감정을 배재하면서 유럽의 근대성은 그것을 주관성이라는 모퉁이로 몰아넣었으며 이것은 감정을 좁은 의미로 환원시켰다. 이 점에서 동양의 공간 사상은 세계의 사물들 속에 우리 삶의 감정을 재도입한다는 점에서 전범의 가치를 갖는다.

도시 공간의 시적 전유

1. 도시 경험으로서의 도시 유랑

20세기 초부터 서구의 예술가들과 사상가들은 갈수록 말초적 감각을 자극하는 볼거리로 얼룩져가는 도시 공간을 목격하면서 비판의 날을 세웠다. 이 같은 '도시 공간의 볼거리화spectacularisation urbaine'를 자본주의의 피할 수 없는 현대적 과정으로 인식하면서도, 다른 한편으로는 도시를 자유롭게 떠돌거나 부유하는 도시 공간의 유랑을 예찬했다. 도시 공간의 부유 또는 유랑은 다름 아닌 도시 공간 속에서 이뤄지는 참여적 경험을 말하며, 이것은 프랑스의 사회학자 드보르가 정의했던 의미에서 볼거리 사회의 대척점이라 할 수 있다.[087] 도시 공간에서 이뤄지는 유랑 관념의 이론적 형성은 도시를 경험하는 사람들의 존재론적 토대이며 동시에 도시에 거주하는 예술인들의 사상적 정초를 마련해주었다.

특히 국제 상황주의자들의 도시 공간 실천은 이 점에서 중요한 의미를 지닌다.[088] 드보르를 중심으로 형성된 이들 예술 집단은 르 코르뷔지에와 CIAM이 주도한 기능주의적 도시계획의 도그마를 비판했다. 예컨대, 주택, 노동, 여가, 등의 핵심 기능들에 의해 도시 지역을 획일적으로 분할하는 지대 구별zooning을 문제 삼으면서, 드보르는 일체의 경계선을 인정하지 않고 모든 것을 아우르는 도시계획urbanisme unitaire를 주창했다. 노동과 여가, 공적 공간과 사적 공간의 분리들이 궁극적으로 용해되는 단일적 인간 환경을 주창했던 것이다. 한마디로 근대 도시계획의 합리성을 전복시켜 예술적 상상력이 꽃을 피울 수 있는 도시 공간을 꿈꾸었다. 국제 상황주의자들은 자신들의 건축이 언젠가는 일상생활에 혁명을 가져올 것이며 평범한 시민을 실험, 무정부, 놀이의 세계 속으로 데려갈 것이라고 약속했다. 특히 그들의 심리 지리적 표류는 도시에 대한 그들의 지각 방식을 변화시켰다. 심리지리psychogeography는 유희적이고 별다른 경제적 비용이 들지 않으며 대중적이다. 그것은 갤러리 또는 극장 등의 전통적 예술 공간들보다는 거리의 일상 공간에서 실행되는 예술적 활동이다.[089] 그뿐만 아니라 이들은 심리 지리학과 더불어 도시를 그저 가시적 세계의 무차별적인 상태로 환원시키는 상아탑의 지리학에 맞서 사회 지리학을 수용했다. 한 공간의 성격을 규정하는 것으로 가정된 물리적 요인들에 대한 상아탑 지리학의 과학적 계통론에 맞서 사회 지리학은 공간을 사회의 생산물로 이론화했다. 하지만, 드보르를 비롯한 국제 상황주의자들은 정념의 마당으로서의 도시는 무한하게 미묘하며, 그 분

---

087 Debord, G., *La société du spectacle,* Buchet- Chastel, 1967.

088 다음 연구물 참조.
Sadler, S., *The Situationist City,* London, The MIT Press, 1998.

089 위의 책, p.69.

위기의 통일성은 오직 특정 사회적 관계와 자본 관계의 부분적 생산물이라고 주장했다.

바로 이 같은 맥락에서 도시를 방랑하고 목적지 없이 표류하는 것은 효용성을 최고의 선으로 간주하는 시간 경제에서는 시간 낭비로 비춰졌다. 하지만 도시 공간의 표류는 시간의 기념비적 파편들을 소비할 수 있다. 그것은 대중교통과 순환에 저항하는 작은 무리에 의한 조직화이며 종래의 사회적 규약에서 벗어나는 사회적 활동이다. "따라서 표류는 소외된 세계의 위반이 됐다."090

드보르는 그 같은 도시 공간의 표류에 대해 도시에서 생소한 장소들에서 다양한 상황들을 촉발시킬 수 있는 '가능한 만남들'의 게임이라고 시사했다. 이 같은 표류를 통해서 그가 전해주고 싶었던 메시지는 사람들이 일상이라는 판에 박힌 생활 속에 갇혀 있음을 일깨워주기 위한 것이었다.

주지하다시피 도시의 볼거리화에 대해서는 이미 많은 비판이 개진됐다. 무엇보다 이 같은 '볼거리화'는 드보르가 주창한 시민 참여의 축소, 즉 수동적 관객으로 전락된 도시 행위자의 은폐에 의해 야기된다. 또한 존재하는 그대로의 순수한 행동 자체가 뒤로 물러나고, 일상적, 미학적 또는 예술적 실천으로서의 도시 공간의 신체적 경험이 봉쇄당하는 상황에 의해 야기된다. 도시 공간에서의 자유분방한 행동과 일상적 예술적 공간 실천이 바로 여기에서 말하는 도시 공간의 유랑errance이라 할 수 있다.091 근대 도시계획의 공식적 역사의 주변부에는 보다 인간적 공간을 염원하는 도시 시학적 비판이 늘 존재했는데, 아쉽게도 그것은 늘 부차적인 것으로 간주됐다. 하지만 그 같은 도시 시학의 사유는 과학과 기술로 무장한 주류 도시학자들의 개입에 의해 도시가 볼거리 중심의 인공물로 변형되는 것에 맞선 저항이며 비판이었다. 도시 공간을 정의하는 이 같은 공학적 시각과 예술적 시각의 핵심 화

---

090 같은 책, p.94.

091 Berenstein-Jacques, P., "Éloge des errants: L'art d'habiter la ville", in Berque, A., Biase, A de and Bonnin, P., *L'habiter dans sa poétique première. Actes du colloque de Cerisy-la-Salle,* Paris, editions donner lieu, 2008, pp.29-45.

두는 신체의 문제가 될 것이다. 볼거리 중심의 인공화로 인해 도시 공간에서 진정한 인간적 행동이 축소되는 현상은 아울러 신체성의 상실과 현상학적 의미에서 도시 공간 자체의 '살'의 상실을 불러온다. 도시는 이제 몸이 없는 단순한 장식들로 환원되고 그 결과 몸의 경험이 미약해지거나 아예 소거되는 탈체현된 공간들로 환원되는 것이다.

이 같은 도시 공간의 소외는 우리로 하여금 도시계획과 신체와의 관계를 재사유하게 만든다. 도시의 '몸'과 시민의 '몸' 사이의 관계, 이것은 다른 가능성들을 열어놓거니와 현대 도시 사회의 '볼거리화'에 대한 또 다른 비판을 위한 가능성을 개진한다. 그것은 우리로 하여금 도시의 신체적 경험, 즉 '살'의 복원으로 유도할 것이다.[092]

도시 공간에서 실천되는 다양한 부유와 유랑은 도시 공간 전유의 특수한 유형이라 할 수 있다. 그것은 도시계획가들에 의해 사유되지도 계획되지도 않은 것이며, 도시 공간의 다른 전문가들도 예상하지 못한 도시 공간의 발명이라 할 수 있다. 이것은 원칙상, 학술적 장으로서의 도시계획을 벗어나 있다. 도시 공간의 시적 발견과 실천, 즉 도시 시학이라는 관점에서 우리는 형식주의적 도시계획과 도시 프로젝트 일반, 도시계획의 관리에서 벗어나는 것들에 관심을 둘 필요가 있다. 특히 도시 공간을 유랑하는 정신 상태에 관심을 가질 필요가 있는데, 이것은 질 들뢰즈Gilles Deleuze와 펠릭스 가타리Félix Gattari의 사유 방식을 빌리면 부유적 생성, 도시계획가 자체의 부유하는 생성이 될 것이다. 부유하는 유랑적 도시계획가urbaniste errant는 유랑을 통해 도시를 경험하는 부유하는 정신 상태를 추구하는 사람을 말한다. 이 같은 도시 공간에 대한 창조적이며 시적인 정신세계는 설계 도면의 표상, 기획, 투사보다는 오히려 자신의 몸을 사용해 이뤄지는 구체적 실천, 행동과 주파를 통해 성취될 수 있는 것이다. 도시 시학은 결코 도면과 지도, 이미지 우상에 기초하지 않는다. 유랑하는 도시계획가는 도시를 지도 유형의 표상된 이미지 위에서 내려다보지 않는다. 그는 내부의 도시를 경험하며, 이 같은 경험에 대한 표

---

092 위의 책, p.30.

상을 반드시 형식적으로 재생산하지는 않는다. 도시의 본질을 파악하는 사안과 관련된 이 같은 입장은 이미 도시계획 담론에 대한 하나의 강력한 비판이 된다. 도시계획이 대부분 통계 자료, 객관적이며 총칭적인 자료들에 기초한다는 점에서 도시의 시적 전유는 도시계획 학술 분야의 가장 널리 퍼진 방법들에 견주어서, 그 자체가 이미 하나의 비판이 될 수 있다.

현대 도시 과학의 분석 방법들, 그리고 그 같은 과학적 방법을 투사해 얻어진 결과들 가운데 하나로서 간주될 수 있는 볼거리 도시는 한층 더 도시 경험, 체험, 도시 실천과는 거리가 먼 것이다. 바로 이 점에서 부유와 유랑이라는 실천은 도시계획가에 의해 창조적 경험의 도구로서 사용될 수 있으며 주관적이며 특이한 장치로 재발명될 수 있다. 즉 기존의 전통적 방법을 따르는 도시계획 모델의 정반대 노선을 열어놓을 수 있다. 도시 공간에서 길을 잃고 정처 없이 떠돌아다니는 것, 즉 부유와 유랑은 진정한 도시 경험을 옹호하는 것이며, 이것은 누구나 실천할 수 있다. 즉 그것은 일상성의 문제와 직결된 것이다.

바로 여기에서 우리는 일상의 시적 창조를 주창한 프랑스 역사학자 세르토와 해후한다. 세르토는 그의 주저 『일상의 발명』에서 도시 경험을 실천하는 다양한 유형의 사람들에 대해 언급한다.[093] 세르토는 이른바 조감도의 시각적 경험, 즉 도시계획가들이 도시 공간을 위에서 내려다보면서 지각하는 것과 정반대로 도시를 아래로부터 경험하는 방식을 참조할 필요가 있다는 점을 지적한 바 있다. 세르토는 이 같은 경험을 실천하는 사람들을 도시의 평범한 실천가들이라 부른다. 『일상의 발명』의 한 장은 '도시 속에서의 걷기'로서 그는 걷기를 도시 경험의 가장 기본적 형식으로 간주한다. 동양은 물론 서양에서도 루소, 니체, 칸트를 비롯해 다수의 사상가가 걷기의 문제를 철학적으로 다룬 바 있다.[094] 프랑스의 대문호 오노레 드 발자크Honore de Balzac는 『도보 이론Théorie de la Demarche』에서 그 주제를 다룬 최초의 사람이다. 도

---

093 Certeau, M. de, *L'Invention du quotidien, 1. Arts de faire et 2. Habiter, cuisiner,* Paris, Gallimard, 1990.

094 Gros, F., *Marcher: Une philosophie,* Paris, Carnetsnord, 2009.

시 시학에서 걷기의 문제는 중요하며 앞서 상술한 도시 유랑의 개념과 밀접한 관계를 맺고 있다. 하지만 도시 유랑자는 단순한 걷기 문제를 넘어서 주파의 경험에 도달하며, 주파는 다른 이동 수단들을 통해서도 이뤄질 수 있다. 세르토는 이 같은 실천가들에게 고유한 공간적 지식 또는 그가 주관적, 유희적, 애호적 지식과 관계를 맺은 도시 공간의 포착 형식이 존재함을 보여준다.[095]

한편 세르토는 공간과 도시에 대해 또 다른 지식을 부여할 수 있는 어떤 맹목성에 대해 언급한다. 일단 시각적 이미지와 표상들이 도시 경험에서 우선권을 갖지 않는다면 도시 공간을 정처 없이 유랑하는 정신 상태는 맹목적일 수 있다. 도시 공간의 유랑자들에게 특히 중요한 것은 체험된 행동들이며 그의 전술과 그의 지름길과 더불어 다양한 전유이며 이 같은 전유들은 단지 보일 필요가 있는 것이 아니라 몸의 다른 감각들과 더불어 체험될 필요가 있다. 한마디로 "도시는 몸을 통해서 읽힌다"는 것이다.[096]

도시 공간을 유랑하는 몸은 그때부터 몸의 그래픽corpographie으로 명명될 수 있는 것을 써내려간다. 몸으로 써내려가는 그래픽은 신체의 도시적 기억이 될 것이며, 도시 경험을 기록하는 특이한 방식이 될 것이다. 볼거리 이미지 또는 장식은 이와 반대로 오직 시선과 시각만을 요구한다. 도시 거주민들에 의해 만져질 수 있는 도시, 즉 실제로 체험될 수 있는 도시를 '거주된 도시'라고 부를 수 있을 것이다.

그 도시는 감각성, 냄새, 맛 등을 갖고 있으며, 시각 및 도시 경험의 복잡성과 더불어 실험하고 구성하는 사람에게 고유한 것들이다. '거주되는 도시', 도시 삶 자체의 이 같은 경험은 도시 기획이 보통은 명상하지 않거나 논외로 하는 것을 보여준다. 즉 체험된 공간의 일상의 미시적 실천들, 도시 공간의 가장 상이한 전유들, 술책ruses들은 통상적으로 전통적인 도시계획 학술 분야들에서 벗어나 있다.

---

095 Certeau, 앞의 책, p.141.

096 Berenstein-Jacques, P., "Éloge des errants: L'art d'habiter la ville", in Berque, A., and Boonin, P., *L'Habiter dans sa poétique première,* Paris, Editions Donner Lieu, 2008, p.39.

도시의 실천자들은 구체적 도시 공간들을 창발적으로 실천함으로써 그 나름대로 도시 프로젝트와 도시계획 자체를 창조적으로 실현한다. 도시계획가들은 기획되고 투사된 가능한 사용들을 지시하지만, 그것들을 현실화하는 것은 일상 속에서 그것들을 경험하는 사람들이다. 도시계획가들의 언어가 '랑그'라면 계획된 공간을 창조적으로 실천하는 것은 도시 실천가들의 '파롤'이다. 그 같은 개인의 창조적 행위는 다양한 전유, 전술, 즉흥들로서 계획적으로 공간에 투사된 것을 합법화시키거나 아니면 정반대로 그 계획을 위반하거나 인정하지 않을 수도 있다. 거주민들, 지나치는 사람들, 또는 유랑자들에 의한 도시 공간의 이 같은 경험들은 바로 일상 속에서 이 같은 공간들을 재발명한다. 세르토는 원칙적으로 안정되고 고정된 장소와 불안정한 움직임 속에 있는 공간을 구별한다. 장소 속에서 움직이는 실천가의 몸의 각인은 그 장소를 공간으로 변형시킨다. "요컨대, 공간은 실천적 장소이다. 그 결과, 도시계획에 의해 기하학적으로 정의된 거리는 걷는 사람들에 의해 공간으로 변형된다."[097]

요컨대 도시 공간에서의 경험은 상이한 방식으로 경험될 수 있다. 도시 공간에서 진행되는 부유와 유랑이라는 측면에서 사람들이 가장 많이 의존하는 것들 가운데 크게 세 가지 성격을 파악하는 것이 가능하다. 정처 없이 헤매는 것, 느림, 신체성이 그것이다.

도시계획은 도면과 지도를 통해 방향성을 추구하는 반면, 유랑자들의 관심은 획일화된 방향으로부터의 일탈, 즉 탈방향성désorientation으로서 특히 도시적 타성들을 해체한다는 사실을 유념해야 할 것이다. 모든 도시계획의 교육은 바로 이 같은 방향성 관념과 연관되며, 헤맨다는 관념의 정반대에 해당된다. 두 번째 요소는 유랑자들의 느림으로서 느림을 실천하는 사람들의 특징적 운동 유형을 꿰뚫어 보아야 할 것이다. 도시 유랑자들은 현대 세계에 의해 부과된 신속한 리듬을 거부하는 사람들을 말한다. 끝으로, 도시 유랑자들의 신체성을 인식할 필요가 있으며 특히 그들의 몸과 도시의 몸 사

---

097 Certeau, 앞의 책, p.173.

이의 전염성을 인식할 필요가 있는데, 여기에서 말하는 전염성이란 도시를 통해 방황하는 행동을 통해서 생산되는 전염성을 말한다.

신체적 전염성은 공간과의 혼융incorporation, 즉 물리적 신체적 물질성과 결부된 내재적 행동을 낳는다. 이것은 오늘날 가상 세계, 비물질 세계, 비육체적인 것을 추구하는 것을 추종하는 현대적 경향에 저항하는 것이다. 이 같은 신체적 전염, 또는 혼융성은 정처없이 헤맬 때, 그리고 다름 아닌 느린 운동 속에서 도래한다. 이 세 가지 속성들은 상이한 강도를 지닐 것이며 상이한 형식들과 더불어 관계를 맺을 테지만, 도시 공간의 유랑을 특징짓는다는 점은 분명하다.

길을 헤매는 것으로부터 다시 방향을 잡는 데 이르는 과정을 통해 공간적-시간적 관계, 곧 세 가지의 시간성을 파악하는 것이 가능하다. 방향성, 탈방향성, 재방향성이 그것이며, 이 같은 생각들은 주로 영토화, 탈영토화, 재영토화 개념들을 통해서 들뢰즈와 가타리의 리좀 사상과 결합될 수 있다. 예컨대, 탈방향성은 방향성에서 재방향성으로 옮겨가는 이동 계기가 될 것이다. 도시 공간을 부유하거나 유랑하는 사람의 관심은 바로 이 같은 계기와 순간이며, 그것은 헤매는 것의 계기, 탈영토화, 공간적 감각적 탈방향성의 이 같은 일시적 상태를 말한다. 시각 중심주의를 넘어 탈방향성의 계기에서 우리의 다른 감각들은 보다 첨예해지고, 이것은 또 다른 감각적 지각을 가능케 할 것이다.

도시 공간의 유랑자들이 탈방향성 속에 놓일 때, 방황의 실천을 통해 공간이 재영토화될 수 있는 반면, 도시계획가들과 도시계획 학술 분야들은 대부분 획일화된 방향성을 추구하며 도시 속에서 헤매는 가능성 자체를 제거한다. 헤매는 속성은 바로 부유하는 정신 상태라고 지칭되는 것의 강력한 특징들 가운데 하나이다. 이 같은 속성은 또 다른 속성과 연결되는데 바로 느림이다. 일반적으로 도시 공간을 헤맬 때, 사람들은 느린 유형의 운동으로 향하며 다른 공간적 시간적 준거들을 추구한다. 들뢰즈와 가타리에게 느림은 운동의 가속화와 탈가속화의 정도가 아니라 더 빠른 것에서 더 느린 것으

로 나가는 또 다른 운동의 유형이다.[098]

도시 공간에서 유랑자의 운동은 그것이 아무리 신속하다 해도 이 같은 느린 유형에 속한다. 따라서 도시 공간의 유랑은 가장 신속한 교통수단을 통해서도 가능하다. 이러한 느림은 단순히 과거에 대한 향수가 아니며 현대의 맹목적 가속화 추구에 대한 비판 또는 저항으로 간주될 수 있을 것이다. 그렇지만 느림은 절대적이며 객관적인 시간성을 지시하지 않는다. 그것은 차라리 상대적이며 주관적인 시간성을 지시하며 순전히 시각적 표상을 넘어선다는 점에서 도시 공간의 포착과 지각에 대한 또 다른 양태성을 성립한다. 느림은 유랑의 한 속성으로서 헤매는 행동 속에 함의된 탈방향성과 관계를 가지며 신체의 문제와 직접적으로 연관된다. 또한 느림은 느린 사람들의 신체성의 문제와 직결된다. 이 같은 느린 신체성은 탈방향성에서 용솟음치는 신체의 정신이 될 것이다. 즉 그것은 고유한 시간성을 가질 것이며 고정적이며 틀에 박힌 시간성, 형식적인 본질과는 상이하다는 점에서 정주적인 삶이 아니다.

도시는 유랑을 통해 비로소 고유하면서도 특이한 비기관적인 신체성을 획득할 것이다. 그것은 유기체 도시라는 관념과 대립되며 기관 없는 신체Corps sans organes이다. 이 같은 또 다른 도시적 신체성은 유랑자의 신체성과 정서적 관계와 집중성의 관계를 맺는다. 이것을 혼융incorportation이라 부를 수 있을 것이다. 이 세 가지는 헤게모니를 쥐고 있는 현대 도시계획 사상에 대한 저항이나 비판으로 간주될 수 있을 것이다. 요컨대 도시의 유랑자와 도시 공간의 관계는 혼융 일치라 할 수 있으며, 바로 이 같은 친밀한 관계로부터 도시를 이해하고 포착할 수 있는 또 다른 방식이 출현하고 도시를 새롭게 만들어낼 수 있는 또 다른 혜안이 암시될 것이다. 그것은 바로 삭막한 현대 도시 공간의 신체적, 살적, 감각기관적 재발명으로 우리를 유도할 것이다.

---

098 Deleuze, G. and Guattari F., *Mille Plateaux–Capitalisme et schizophrénie 2,* Paris, Les éditions de Minuit, 1980, p.460.

2. 도시 공간의 시적 경험: 도시 유랑의 작은 역사

공식적인 도시사와 나란히 도시 공간에서 이뤄졌던 유목주의nomadime라는 또 다른 역사를 말할 수 있을 것이다. 들뢰즈와 가타리가 지적한 것처럼, 유목학nomadologie 또는 유랑의 이 같은 역사는 현대의 '노마드'들 또는 도시 유랑자들의 서사로 구성될 수 있다. 도시 공간의 유랑자들은 더 이상 초원이나 들판에서 부유하지 않는다. 특히 근대의 도시 유랑자들은 근대적 도시계획들이 지향했던 총체적 관리를 거부한다. 그들은 도시계획가들의 작위적인 기계적 개입 방법을 직간접적으로 비난하며 도시 속에서 일어나는 인간들의 행동들은 일부 전문가들의 독점물이 돼서는 안 될 것이라고 목 놓아 외쳤다.

이 같은 도시 유랑자들은 도시 시학의 실천자들로서 이 가운데 우리는 도시 공간에서의 부유와 유랑을 실천한 다수의 예술가, 작가, 사상가들을 만나게 된다. 그들은 어떤 특별한 목적 없이 도시 공간을 부유하거나 유랑한다는 유일한 목적을 갖고 도시 공간을 편력했다. 그들의 예술작품과 글을 통해서 또 다른 방식으로 도시 공간을 포착하는 것이 가능하다. 도시 유랑자들의 출발 원칙은 획일적으로 계획되고 건설된 도시 공간을 문제 삼으며, 특히 인위적 도시계획의 개입을 거론한다. 예컨대, 이들 예술가들과 작가들에게서는 도시 공간에서 자유롭게 이뤄지는 걷기라는 단순한 행동조차 도시계획 담론에 대한 비판이 될 수 있을 것이다. 요컨대 이 같은 비판은 이들 다양한 무리들이 도시 속에서 실천했다. 창조적 경험으로부터 또한 도시 공간을 유랑하는 예술가들에 의해 생산된 텍스트와 이미지들을 통해서 목격할 수 있다.

예컨대 보들레르를 읽으면서 우리는 19세기 중반기 중세풍의 옛 파리 도시 공간을 전면적으로 변형시키려 했던 오스만의 도시 개혁을 한탄하고 동시에 그것을 질타하는 시적 반응을 감지할 수 있다. 한 가지 다행스러운 일은 오스만은 옛 도시의 철저한 도시 변화들을 증언하기 위해 사진술에 호소했고 샤를 마르빌Charles Marville은 보들레르의 유랑적 사유를 자극했던 옛 파리의 건축 유산의 소실을 도큐멘테이션 형식으로 모아놓았다는 사실이다. 전문적인 직업과 이론적 실천적 학술 분야 등 다의적인 의미장을 가진 '도시계획'이란 용어는 고대 유적의 흔적 또는 중세풍의 모습을 띤 전근대적 도시들을 변형시켜 근대의 대도시로 탈바꿈시키려는 의도와 더불어 출현했다. 이것은 곧 옛날의 인도를 자동차를 위한 대규모 교통 운송 도로로 만든다는 것을 의미했으며, 걷기를 통해 얻을 수 있는 도시의 신체적 경험에서 얻을 수 있는 다양한 가능성의 축소를 유발했다. 시기적 중첩이 다소 있기는 하지만 근대 도시계획을 세 개의 상이한 계기들로 분류할 수 있다. 첫째, 19세기 중반기부터 20세기 초반기까지 진행된 유럽 도시들의 첫 번째 근대화이다. 둘째, 근대 아방가르드와 근대 건축 사조로서 1910년부터 1959년CIAM 종료까지 진행됐다. 셋째, 제2차 세계대전 이후부터 1970년대까지 계속된 것으로 후기 모더니즘이라 명명할 수 있다.

본 절에서 다루는 도시 공간에서의 부유와 유랑의 역사 또한 세 개의 계기로 나누어질 수 있거니와 근대 도시계획의 지속 기간을 구성하는 세 개의 계기와 거의 동시대적이다. 첫째, 19세기 중반기부터 20세기 초반기까지 진행된 소요, 즉 한가로이 거닐기flânerie의 시기로서 도시 공간의 최초의 근대화에 대한 비판과 더불어 진행됐다. 둘째, 1910년대부터 1930년대까지 진행된 산보와 배회déambulation의 시기로서 근대적 아방가르드의 부분을 이루며 CIAM의 초기에 제시됐던 도시계획 사상들을 비판했다. 셋째, 1950년대와 1960년대, CIAM의 기본 전제 조건에 대한 비판들과 더불어 이뤄진 표류dérives라는 개념으로서 전후에 주장된 모더니즘을 비판했다. 이를 상술하면 다음과 같다.[099]

첫 번째 계기인 소요의 계기는 주로 보들레르에 의한 만보객flâneur의 형상의 창조에 해당된다. 도시 공간을 특별한 목적 없이 떠돌아다니는 이 같은 형상은 『파리의 우울』과 『악의 꽃』 속에서 나타나며, 이에 대해서는 벤야민이 1930년대에 탁월한 분석을 해놓았다. 그뿐만 아니라 벤야민은 스스로가 파리의 도심과 아케이드 속에서 도심 공간에서의 소요를 실천했던 장본인

---

099 다음 문헌 참조

Berenstein-Jacques, P., "Éloge des errants: L'art d'habiter la ville", 앞의 논문.

Sadler, S., *The Situationist City,* London, The MIT Press, 1998.

이다. 특히 벤야민은 아케이드passage라는 건축 양식을 예찬했는데, 그것은 매개적인 도시 공간, 즉 내부와 외부, 사적인 것과 공적인 것, 건축과 경관 사이의 공간을 의미하는 독특한 알레고리로 작동한다.

두 번째 계기는 다다이즘과 초현실주의자들에 해당하는 도시 공간에서의 배회의 계기이다. 진부한 장소들을 새롭게 보는 도시 공간에서의 소풍excursions, 또는 아라공, 브르통, 프랜시스 피카비아Francis Picabia, 트리스탄 차라Tristan Tzara 등에 의해 조직화된 일시적인 배회 등이 바로 그 전범들로서 그들은 실재적인 도시 공간 속에서 부유와 유랑을 신체로서 경험하고 '객관적 우연hasard objectif'이라는 관념을 발전시켰다. 이들은 브르통의 작품 『나자Nadja』, 루이 아라공Louis Aragon의 소설 『파리의 농부Paysan de Paris』에서 자신들의 상상력의 샘을 길어 올렸다. 특히, 초현실주의자들이 야밤에 행한 배회에 대해 불문학자 조윤경 교수는 로베르 데스노스Robert Desnos의 작품을 분석하면서 다음과 같이 설명한다. "밤은 돌이킬 수 없는 모험의 시간이다. 초현실주의자들은 종종 일상 속 신비를 찾아 밤의 도시 속으로 모험을 떠나곤 했다. 밤의 도시는 브르통이 '일상의 마법'으로 미셸 레리스Michel Leiris가 '일상의 성스러움'으로 지칭했던 것처럼, 일상 속의 신비와 경이로움을 발견하는 탁월한 장소이자 시간으로 의미가 부여된다. (…) 밤은 지상과 천상의 모든 것들을 뒤섞는다. 현실과 꿈의 사이를 잇는 매개항이자 새로운 사건들이 일어나는 낯선 시간인 밤은 시간의 흐름을 식별할 수 없게 하며, 일상의 것들이 잠들고 비일상의 것들이 끼어들어 활동하도록 한다. 따라서 밤의 도시를 탐험하는 것은 미로의 굴곡 속으로 빠져드는 것이며 불안한 산책을 하는 것이다."[100]

세 번째 계기는 표류의 계기로서 국제 상황주의자들이 실천에 옮겼던 도시 사상에 해당되며 근대 도시계획에 대한 철저한 비판을 담고 있다. 도시 공간에서의 일탈이라는 개념과 더불어 도심의 거리를 통해 의지에 따라 실천된 방황 개념과 더불어 이뤄졌으며 드보르, 바네이겜Vaneigem, 또는 콘스탄트Constant의 행동들 속에서 나타난다. 이상의 세 개의 계기를 통해 앞에서 언

100 조윤경, 「초현실주의와 도시 기호학-로베르 데스노스의 작품을 중심으로」, 『기호학 연구』 제22집, 2007, pp.301-302.

급한 보들레르, 벤야민, 다다이스트 또는 초현실주의자, 상황주의자들은 모두 도시 시학의 정신을 통해 도시 공간에서의 부유와 유랑을 실천했던 인물들이며, 텍스트와 이미지를 통해서 표상된 이 같은 경험들은 다름 아닌 파리라는 동일한 도시 공간에서 이뤄졌다.

이들 도시 유랑자들에 의한 도시 공간의 탐사 경험은 도시 공간의 시학적 가능성과 아울러 시적인 도시계획의 잠재력을 시사한다. 그 같은 도시 공간의 시학은 또 다른 형식의 도시 포착의 실천을 통해서 시사된다. 실제로 도시 시학은 우리로 하여금 도시에 대한 시적, 감각적 재발명에 이르게 만들어준다.

그렇다면 삭막하고 기계적인 비인간적 도시 공간을 어떻게 시적 공간으로 만들 것인가? 근현대의 도시계획가들은 과도한 기능적 형태적 관심으로 인해 도시 세계의 엄청난 시적 잠재력, 도시 공간에 대한 신체적 경험을 통해서 진행되는 인간의 몸과 도시라는 몸 사이의 불가피한 관계를 망각했다. 이 같은 두 개의 몸 사이에 존재하는 관계는 필수불가결한 그 무엇이다. 현대 도시계획에서 주체와 객체 사이의 거리, 도시의 직업적 실천과 신체적 경험 사이의 거리는 매번 문제들을 불러온다. 기계로서의 도시 공간과 인간 경험의 축인 몸 사이에 존재하는 이 같은 간극은 인간의 감각계의 가능성을 도외시한 채 도시 공간이 보다 시적인 의미론적 존재론적 깊이를 가질 가능성, 한마디로 도시 공간의 인간적 차원을 제거할 것이다. 우리의 신체적 몸과 도시의 몸은 서로 만나고, 도시 공간 속에서 서로가 서로를 만진다. 현대의 도시계획가들은 매번 그들의 고유한 도시 경험들로부터 동떨어진 지극히 기능주의적 시각에 매몰됐다. 도시 시학은 도시계획가들에게 도시 공간의 '파토스'와 '삶'의 세계를 보여줄 수 있을 것이다.

3. 인도와 걷기에 대한 문학적 기호학적 성찰: 길과 거리의 시학

건축물은 그것을 경험하는 주체에게 쾌락, 두려움, 우울 등의 정념적 상태들을 불러올 수 있다. 이것은 인간의 지각적 정서적 능력에 기인한다. 여기에서 차도가 아닌 사람들이 걸어 다니는 인도人道의 개념에 대해 기호학적 성찰을 시도할 여지가 있다. 인도 개념이 가질 수 있는 의미 작용에 대한 기호학적 성찰 속에서는 주체의 현상학적 경험의 중요성이 강조되어야 할 것이다.[101] 먼저, 인도의 개념을 정의해보자. 인도가 진정한 교환과 인간적 소통의 공간이 되기 위해 고려해야 할 조건들에 대해 성찰하는 것은 핵심적이다.[102]

여기에서 프랑스의 소설가 미셸 투르니에Michel Tournier의 소설 『작은 산문』[103]은 훌륭한 길잡이가 될 수 있다. 논의의 출발점으로 문학 텍스트를 삼는 이유는 부분적으로 문학 작품의 실천성 때문이며 문학 텍스트가 빈번하게 인문과학을 앞지르는 선구적인 통찰을 갖기 때문이다. 투르니에는 풍경의 조화는 그 풍경의 매스masses와 인간 사이에서 이뤄지는 소통의 미묘한 균형에 의해 확보될 수 있다고 말한다. 투르니에는 세 가지 요소들을 구별한다.

첫째, 중립적인 것들언덕, 계곡, 평원로서 여기에서 각자는 역동성과 안정성에 가운데 선택할 수 있으며, 둘째, 집이나 나무처럼 뿌리를 두고 정착하거나 부동하는 것들이며, 셋째, 길과 강처럼 역동적인 요소들이다. 그런데 이 같은 요소들은 일반적으로 상보적이며 연대적이다. 만약 이 요소들 가운데 하나가 결여된다면 단절감이 생기고, 불쾌한 정념적 상태들이 야기된다. 그 결과 "이를테면 가시적 접근로가 없는 숲 속에 처박힌 관목으로 된 오두막집은 치명적으로 비인간적 분위기 속에 에워싸여 그곳에서는 고독, 두려움, 더구나 범죄의 예감을 갖게 된다. 거기에는 너무나 많은 고정성, 심장을 옥죄는 거의 감옥 같은 부동성이 존재"한다.[104]

마찬가지로 오늘날 거주의 일차적 기능과 교통 순환의 이차적 기능의 균형을 잡아야 할 도시는 사실상 혼란 상태에 놓여 있다. 사람이 다니는 인

---

101 Gehring, M., "Fonction et signification: les rues piétonnes," in Association internationale de sémiotique de l'espace, *Congrès, Figures architecturales, formes urbaines,* Paris, Anthropos, 1994, pp.263-326.

102 Amphoux, P., Jaccoud, C. and Perrinjaquet, R., *Dictionnaire critique de la domotique,* Lausanne, IREC, 1989, pp.166-167.

103 Tournier, M., *Petites Proses,* Gallimard, 1986, pp.207-209.

104 위의 책, p.207.

도보다는 차들의 교통 순환이 더 우세하기 때문이다. 마지막 장에서 투르니에는 걷기 위해 만들어진 길과 자동차 길을 비교한다. 그는 이 두 가지 순환의 물질적 수단들이 양립될 수 없는 매체 수단들을 전제로 한다는 점을 지적한 후 도보 순환을 특권시하면서 인간의 지각, 상호 개인적 소통, 공간과의 관계에 가치를 부여한다. 이를테면 우리가 자동차로 도시를 순환할 때 완전히 사라지거나 혹은 그 본질이 변화하는 도시 공간의 청각적 차원을 생각해볼 수 있다. 이때 차도를 우선하는 자동차 문명의 문제가 고스란히 드러난다. 첫째, 고정되고 안정된 요소들과 교통 순환의 기능 사이에 존재하는 연대성과 상보성은 동시에 사유되어야 하는 요소들이다. 둘째, 인간적 관계와 세계와의 관계의 관점에서 차륜의 요구와 발의 요구의 양립 불가능성을 지적해야 할 것이다. 셋째, 공간 지각을 위해 보도를 사용하는 신체적 이동의 중요성을 지적할 수 있다.

현재의 인도 개념에 대한 비판적 시각을 직시할 필요가 있다. 도시의 내부에서 그 같은 불균형이 부분적으로 지배하고 있으며 사람이 걷는 인도는 현재의 개념에서 보았을 때 사회적 수준에서, 인간관계들의 관점에서, 그리고 공간과 더불어서 맺는 관계의 관점에서 기대되는 효과를 낳는데 성공하지 못하고 있다.

인도 개념은 1950년대 근대 운동의 독트린에서 나온 도시계획 정책들에 대한 반응으로서 출현했다. 고전적 도시계획 담론에서 전통적 도시 공간의 길과 거리는 '아카이즘 낙후성', 해로움, 도덕적 무질서의 상징이었다. 그래서 자동차를 배제한 전용 인도를 만들었다. 그런데 이 같은 인도조차도 동일한 진퇴양난에 빠졌으며, 기능주의적 교리와 논리에 침윤되고 말았다. 그 증거로서 경제적 사회적 분리, 정체성과 도시성의 상실 사회성을 갖춘 연결망의 소멸 새로운 유형의 해로움, 미학적 진부성 소재의 상투화, 글로벌 양식으로 인해서, 세계 도처에서 인도는 너무나 서로 닮아갔다.

도시 시학의 관점에서 사람이 다니는 인도의 의미론적 빈곤과 그 실패는 그것이 일체의 금기와 경계 설정 등 닫힌 공간으로서 간주됐다는 사실에 기인한다. 이와 달리 인도는 구성되어야 할 공간으로서 지속적이며 연속적인 행로로 구성되어야 한다. 인도 개념에 대한 일차적 분석은 세 가지 요소

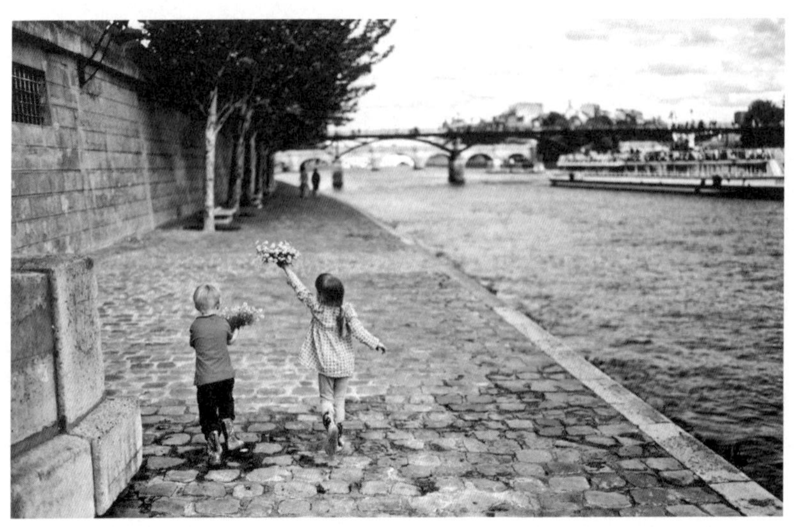

23 센 강변을 거니는 아이들의 모습

를 추출케 한다. 첫째, 보행자를 기호학적 행위자로 인식하면서 그 심층적 의미를 해명하는 작업이다. 둘째, 걷는 행위의 의미를 기호학적 이동의 표상을 통해 기술할 수 있다. 셋째, 공통적 매체인 인도 자체의 시적 의미와 기호학적 의미를 연구할 수 있다.

기호학적 의미에서 인도를 연속적 행로로서 다양한 행로들의 망으로서 파악할 필요가 있다. 그 행로에서 도시민은 우체국에 가고, 극장에 가고, 시장에 가서 장을 보는 등 자신의 모든 사회적 기능들 속에서 도시를 실천할 수 있을 것이다. 인도는 총체적 행로가 되어야 하며 연속성에 토대를 둔 행로의 망이어야 한다. 그런데 한국 도시에서 인도의 가장 큰 문제는 인도가 물리적으로 계속 중단된다는 것이다. 차로에 의해, 상점에 의해, 공사판에 의해 말이다.

인도는 구성되어야 할 공간이다. 이 같은 관점에서 도시는 더 이상 공간의 기능성을 기준으로 총체적으로 지대zones나 하위 공간으로 재단할 수 있는 공간이 아니다. 그 같은 지대는 공간적 가상성에 불과하다. 인도는 항시적으로 재구성되고 구성된 공간이 될 것이며, 그 길이 닫히고 한정된 수의 기능들로 한계가 그어지지 않는다는 점에서 그 길을 걷는 주체에 의해 창조적으로 구성된다.

실제로 인도는 그 자체로 존재하지 않는 공간이다. 공원이 그런 것처럼 지도에서 찾을 수 없는 공간이다. 도시 기획의 구획 정비는 그 결과로서 차도와 인도의 이분법을 낳았다. 즉 보행자에게만 속하는 공간과 전적으로 자동차에게만 속하는 공간이 그것이다. 이 같은 이분법은 심각한 결과를 초래했다. 자동차 통행 말고는 속하는 데가 없는 모든 공간의 가치를 절하시켰다. 도시의 유일한 공간 속에서 의사소통의 설정과 더불어 인도에 할당된 공간의 중심화가 실종됐다. 인도는 주체의 행로에 의해 끊임없이 재정의되어야 한다.

끝으로 도보로 이동하는 행위의 의미를 지적할 수 있다. 만약 위의 생각을 수용한다면, 고정된 요소들 거주지, 건물 등은 과거와는 전혀 다른 의미를 갖게 될 것이다. 실제로 공적 공간들은 그곳에 접근할 수 있도록 해주는 행로 덕분에 중요성과 가치를 갖는 것이다. 걷기의 리듬은 그것이 절과 교회로 향하는 것이건, 기타 목적지를 향해서 걷는 것이건, 이동 목적지에 대해 전혀 다른 유형의 접근을 가능케 한다. 순례의 경우가 그 증거이다. 물론 도시에서 걷기가 연속적인 순례라고 말하는 것은 지나침이 있을 것이다. 그래도 순례의 장소에 의미를 부여하는 것은 본질적으로 그곳에 이르는 여정과 길이다.

따라서 넓은 의미에서 이동과 거주가 얼마나 서로를 전제로 하는가를 깨닫게 되며, 길과 건축물이 일정한 유형의 이동과 순환을 전제로 하는가를 알게 된다. 걷는 주체는 인도의 기본적 요소이며 인도는 행로이고 단지 물리적으로 접근하는 공간이 아니다. 여기에서 우리는 신체의 중요성을 존중해야 한다. 신체는 서구 공간의 건축 사상에서 근본적인 중요성을 갖는다. "도시의 지각을 변화시킬 수 있는 것은 걷기에 의해 제공되는 공간적 운동의 가능성이다."[105] 멈추기, 다시 돌아가기, 일어서기, 고개 들기 등등 공간과 더

---

105 Gehring, 앞의 논문, p.268.

불어 소통하기 위한 직접적이며 필수적인 작동들은 자동차 안에서는 수행할 수 없는 것들이다.

일반적으로 감각적 지각들은 단순한 걷기 행위만으로도 생겨날 수 있으며, 유쾌를 비롯한 정념적 상태들을 생산할 수 있다. 교환, 소통, 사회적 삶이 존재하게 만들기 위해 별도의 특수한 이동 장치와 애니메이션이 필요한 것은 아니다. 근본적 요소들이 충분한 이유는 단순한 사실에 기인한다. 걷기는 그것들을 가능케 하기 때문이다. 투르니에가 지적한 두 가지 기능, 거주의 기능과 순환의 기능 사이의 균형은 인위적으로 창조되어서는 안 되며 도시 전체와 관련된다는 점에서 도시의 특정 지대로 한계 지어서는 안 된다.

4. 길과 거리의 초월성

길과 거리street, strada, strase의 일차적 기능은 단번에 거리를 바라보는 사람의 마음을 사로잡는 데 있으며, 인간과 길과 거리 속에서 비로소 사람들은 열린 공간, 즉 지나칠 정도로 정확하게 규정된 기능과 동질적 규정으로부터 벗어난 공간 속에 놓인다. 도시 거주자들은 길과 거리에서 완벽하게 예측되거나 의도적 제어에 따라 실행되지 않는 사건적 행위들을 통해 서로 대면하게 된다. 따라서 늘 길과 거리의 생명력은 고대 시대부터 오늘날까지 그 같은 우연성으로서 기술되어 왔다. 길과 거리 자체에서 사람들은 완전히 카오스적인 것은 아닐지라도, 체계적 틀로 조직되지 않은 삶을 경험하고 실험한다.[106]

도시의 길과 거리들은 하나의 물질적 망을 형성하며 그 망의 기능은 이중적이다. 이 같은 이동적 기능은 거리에 중의성을 부여하며 그 같은 중의성 또는 모호성은 도시 공간의 본질적인 상징적 요소를 구성한다. 길과 거리가 수행하는 내재적 기능은 도시 공간의 요소들 사이에서 내재적 커뮤니케이션을 공고히 다지는 데 있으며, 그 요소들은 도시에 필요한 일관성을 부여한다. 도시를 하나의 전체로서 구성하는 것은 길과 거리의 망이다. 두 번째 기

---

106 Larsen, “La rue entre ville et nature” in Larsen, S. E. and Petersen, A. B., *La rue - espace ouvert,* Odense, Odense University Press, 1997, pp.14-63.

능은 외재적 기능으로서 도시 내부와 도시 외부 사이의 과도적 과정transition 으로써 도심 외곽, 시골, 다른 도시들, 도시에 견주어서 타자로 향하는 곳을 의미한다. 즉 다른 곳으로 이르는 통과 도로via, road, rue를 말한다.[107]

따라서 길과 거리는 도시라는 문화적이면서 동시에 물질적인 실재와 그 도시의 외부에 존재하는 것 사이의 경계선을 성립한다. 길과 거리의 요소들, 그것들의 활동들과 기호학적 의미 작용들은 복잡하며 고도의 상징적인 표현성을 지니고, 그 결과 도시 공간이 얼마나 인간적 공간인가를 계시한다. 이것은 도시가 보다 미묘한 의미 속에서 간주되는 자연과 맺는 관계의 중요성을 정당화한다. 도시 공간은 물리적 환경 그 이상의 것이며 보다 더 심오하고 방대한 차원에 속한다. 이것은 길과 거리로 이뤄진 도시 공간의 시학적 서사적 차원이라 할 수 있다.

길과 거리가 도시와 맺는 관계 속에서 자연은 타자의 발현이면서 동시에 도시에 대립되며, 도시의 존재 조건 그 자체라 할 수 있다.[108] 고대 시대부터 유럽 도시는 우주의 축소판이자 복제물로서 간주됐다. 도시는 인간적 크기로 이뤄진 적절한 삶의 공간이며 인간이 자연 속에 통합되는 탁월한 전범으로 인식됐으며, 달리 말하면 이것은 목적론적 질서에 의해 우주 속에 각인되는 인간의 통합을 말한다. 인간 자체는 자연의 피조물로서 그 질서의 부분을 이룬다. 이 우주적 질서는 인간적 창조는 아니지만 인간은 도시를 창조함으로써 특히 도시의 물질적, 사회적, 상징적 구조 속에서 그 질서를 재창조할 수 있는 능력을 지닌다.[109]

---

107 Anderson, P. M., and Detmer, J. H., *Architectural field guides and style guides dictionaries of architecture, 2nd ed.,* Portland, Maine, Portland Landmarks, 1986.
Çelik, Z. and Favro, D. G., *Streets: Critical Perspectives on Public Space,* University of California Press, 1994.
Hitzer, H., *Die Strasse*, Callwey, 1971.

108 Fumagalli, V., *Landscapes of Fear: Perception of Nature and the City in the Middle Ages,* John Wiley & Sons, 1994.

109 Dougherty, J., *The fivesquare city: the city in the religious imagination,* University of Notre Dame Press, 1980.

서양의 도시 역사에서 자연적 질서의 개념들과 원리에 기초한 수학적 원칙은 문화 일반에 대해 지대한 영향을 미쳤다. 특히 도시 공간과 그 문화는 대표적 사례이다. 이를테면 17세기와 18세기 유토피아적 도시 이론들은 엄밀하게 형식적인 기하학적 원칙들에 기초한 도시 구획 정비를 전제로 한다. 그곳에서 획일성 자체는 휴머니즘과 기능성의 보장을 성립한다.[110] 뉴욕에서 출현한 근대적 도시 격자는 도시 공간의 구조가 근대의 경제적 기술적 요구에 대한 적응을 가능케 하기 위해 탄생했으나, 그것은 특별히 도시와 관련된 것이 아니라 자본주의 산업 문화의 일반적 효과라고 보는 것이 타당하다. 즉 그 같은 도시 공간의 격자 구조는 영토의 자본축적을 쉽게 해주는 하나의 현상이었다. 이와 달리 고전적 기술 격자는 기능적, 상징적, 동시에 미학적 개념화에 기초했으며 주어진 자연환경에 대한 생태적 배려를 첨가했다.

무엇보다 길과 거리는 인간 존재가 이 같은 우주적 질서를 전유하도록 하는 것을 가능케 한다. 여기에서 그 질서는 그것이 체험된 구체적, 시각적, 접근 가능한 인간 공간 속에서 발현되는 방식으로 재구성된다. 사회적 구조의 반영물로서의 길과 거리는 한 사회의 문화적 수미일관성을 표현하고 표상하며, 그 결과 길과 거리는 보이지 않는 초월적 질서의 물질화처럼 그 질서는 자연에 기초한 우주론에 의해 정당화된 하나의 요소를 구성한다. 따라서 기능주의적 토대에서 탄생한 현대 도시에서 길과 거리는 우주론적 질서와 맺었던 내밀한 관계를 상실할 위험에 처했다.

---

110 Collingwood, R. G., *The Idea of History,* Oxford, Oxford University Press, 1960. Sennett, R., "Chapter 4", in Knopf, A., *The Conscience of the Eye: The Design and Social Life of Cities,* New York, Alfred A. Knopf. 1991.

제9장 • 도시 공간의 서사성: 기억, 서사, 시간

도시 공간의 기억

1. 흔적과 집단적 기억으로서의 도시 공간

도시 공간은 이탈리아의 세계적 건축가이며 도시 사상가인 로시가 지적한 것처럼 그 자체로 역사를 보관하는 저장소라는 점에서 도시를 역사의 유산으로서 설명하는 역사적 방법론은 도시 공간에 대한 어떤 모델이나 가설에 비해서 보다 확실하고 설득력이 높다. 로시는 두 가지 다른 관점에서 역사적 방법론을 바라볼 가능성을 소묘한다.[111]

첫째, 시간과 더불어 건설되면서 시간의 편린과 흔적을 간직하는 구체적 인공물로서 도시를 연구하는 관점을 말한다. 중세의 은유에서 흔히 나타나거니와, 도시는 한 권의 책에 비유될 수 있으며 그 책 속에는 건축의 역사와 도시 자체의 역사가 고스란히 담겨 있다. 따라서 도시 공간을 연구할 때 도시의 역사 차원을 회피하면서 도시 현상들의 본질을 이해하는 데는 한계가 있다. 도시의 정수essence는 역사적 요소가 선명하게 부각된 도시의 구체적 인공물들을 통해서 발현되기 때문이다. 이 점에서 역사적 방법론은 도시 공간을 실증적으로 파악하기 위한 유일한 방법론이라 해도 과언이 아니다. 두 번째 방법은 역사를 통해 도시 인공물의 기초 형태와 구조를 탐구하는 관점이다. 이 관점은 첫 번째 관점을 보완하고 완결 짓는 시각으로서 도시의 실질적 구조를 비롯해 도시를 일련의 가치들의 종합적 실현으로 보는 이념과도 밀접하게 연결되어 있다. 이 관점은 특히 집단적 상상력과 결합된다. 로시의 심오한 통찰에 따르면 도시의 구조적 맥락에서 도시의 정신은 곧 도시의 역사가 되고 도시 공간에 남아 있는 구체적 증거가 되며 도시를 구별하고

---

111 Rossi, A., *The architecture of city*, MA, The MIT Press, 1984, pp.127-130. (한국어 번역본) 알도 로시, 오경근 옮김, 『도시의 건축』, 동녘, 2006.

결정짓는 주된 특징이 되면서 도시의 기억이 된다.

도시 기호학의 핵심적 연구 의제들 가운데 하나는 상이한 문화권의 도시들을 구체적 사례 분석의 대상으로 삼아서 비교 방법을 채택해 도시적 사실들의 고유한 성질을 인식하는 데 있다. 도시의 기억을 통해 궁극적으로 파악하려는 것은 도시적 사실들의 형태론적 기술에 이어서 도시의 구조적 얼개이자 도시의 영혼이라고 말할 수 있다. 도시의 영혼은 곧 도시의 역사이며, 오랜 시간의 흔적을 담고 있는 건축물, 광장, 성곽, 고궁, 골목길 등에 각인된 구체적 기호들을 통해 발현된다. 프랑스의 사회학자이며 지리학자인 알박스는 자신의 기념비적 명저『집단 기억』에서 이렇게 적고 있다. "한 집단의 사람들이 특정 공간에 정착할 때, 그들은 공간을 자신들의 생각에 따라 변형시키기도 하지만 동시에 자신들에게 저항하는 물질적인 것들에 복종하거나 적응하기도 한다. 집단은 자신이 건설한 영역 속에 갇히게 된다. 외부 환경의 이미지와 그 외부 환경과 집단의 안정된 관계의 이미지는 집단 자신이 형성하는 이념에서 근본적 역할을 획득한다."[112]

요컨대 도시 자체는 도시 거주자의 집단 기억을 고스란히 담아놓은 결집체라 할 수 있다.[113] 기억이 구체적 인공물과 장소에 관련된 것과 마찬가지로, 동일한 원리에서 도시는 집단적 기억의 '로쿠스locus, 장소'가 된다. 이 같은 집단적 기억의 '로쿠스'와 도시 거주자들의 관계는 뚜렷한 도시의 이미지가 되고 건축이 되며 도시의 경관이 된다. 다양한 도시 인공물들이 도시 거주자들의 기억 속에 포함되는 것처럼 새로운 물질적 형성물들이 도시 속에서 함께 성장한다. 이처럼 장구한 세월을 통해 획득된 도시의 이념은 도시의 역사를 가로지르고 그렇게 해서 그 역사를 형성한다. 로시의 테제를 확장시키면서, 우리는 도시 자체가 민족들의 집단적 기억 그 자체라고 말할 수 있을 것이다. 한마디로 도시는 역사적 전통과 도시 거주자들의 의식을 담고 있는 그릇이라는 점에서 집단적 기억의 '로쿠스'라 할 수 있다.

---

112 Halbwachs, M., *La mémoire collective,* Paris, Presses Universitaires de France, 1950.

113 Rossi, 앞의 책, pp.130-131.

또한 로시는 건축물 없는 도시는 없으며 건축물은 도시의 가시적 이미지를 형성한다고 보았다. 실제로 도시는 상이한 건축물들의 총합에 다름없으며 집합적인 건축이 곧 도시를 표현한다고 말해도 과언이 아니다. 따라서 건축은 긍정적이면서도 실용적인 의미의 건축, 즉 집단적 삶의 환경 창조에 대해 말할 수 있어야 한다. 한마디로 "도시는 집단 기억의 장소"인 것이다.[114]

건축물은 도시, 도시의 이미지, 건설, 시간의 추이, 즉 공시태와 통시태를 모두 조합하는 개념이자 영속적이며 필연적인 인공물이다. 도시는 아름다움을 표현하려는 미학적 의도, 생명 보호와 안전을 마련하기 위한 필요성, 기능적이고 실용적인 목적에 따라 만들어진 인간의 창조물이다. 건축은 사회와 자연에 구체적 형식을 부여한다는 점에서 다른 조형예술과 과학과는 근본적으로 다르다. 오히려 건축이 예술과 과학보다 더 오래됐다고 말하는 것이 더 적절할 것이다. 도시는 보편과 특수, 개인과 집단, 공적 공간과 사적 공간, 그리고 합리성과 장소성을 모두 포괄하며 공동체 구성원들의 의식과 기억을 획득하면서 그 자체로 성장한다. 기억이 파괴되면 도시 역시 파괴되고 만다. 그런 이유에서 유구한 역사를 가진 문화적 도시의 기억에 담긴 가치는 그만큼 진실되고 보편적이라고 말할 수 있다.

이 점에서 한옥 보존을 예로 들어 기억의 중요성을 강조한 건축가 정기용의 탁견을 되새겨봄 직하다. "다락이 사라진 아파트에 기억은 없다. 다락 속에 보전되던 하찮은 물건들 속에 가족의 숨결이 숨어 있다. 한옥은 하찮은 것이 아니다. 그것은 기억 속에서만이 아니라 우리가 이 도시에서 지켜야 할 증언이다. 한옥은 우리의 추억이 아니라 욕망이어야 한다. 한옥을 서울 땅에서 모두 제거하는 것은 기억을 제거하는 것이며, 그때 서울은 치매에 걸릴 것이고 우리는 모두 미칠 것이다. 한옥은 서울의 손금이다. 우리는 서울의 손금을 지울 권리가 없다."[115]

건축물이라는 협소하고 고정된 대상에서 벗어나는 순간, 도시 연구는

---

114 같은 책, p. 130.

115 정기용, 『사람, 건축, 도시』, 현실문화, 2008, p.179.

비로소 인문학과 만난다. 로시는 도시 과학이 보다 광범위한 인문과학의 복합체, 즉 인간의 문제로 되돌아가야 한다고 보았다. 로시가 특히 강조한 것은 문화사이며, 문화사 연구의 가장 중요한 방법으로 그가 손꼽은 것은 바로 비교이다. 비교는 곧 역사적 방법론으로 비교와 역사는 함께 진행될 수밖에 없다. 또한 로시는 소쉬르가 제시한 '관점'이 도시 과학에도 적용될 수 있다고 보았으며 현재 존재하는 언어로 동시대에 존재하는 도시를 기술description 할 수 있다고 진술했다. 소쉬르가 설정한 언어학 연구의 궁극적 목표에 착안해 말하자면 도시에 대한 기술은 과거와 현재에 존재했거나 존재하는 세계의 모든 도시라는 인공물에서 영속적이고 보편적인 방식으로 작동하는 힘force을 찾는 작업이라 할 수 있다.

도시를 실감 나게 묘사하려면 강렬한 경험이 필요하며, 경험은 기억의 문제로 귀결된다. 예를 들어 도시에서 의례ritual의 문제는 집단적 기억을 공유하는 기념비monument에 해당한다. 건축물은 필연적이고 영속적인 인공물로서 미학적 의도와 기능적 의도를 겸비하며 바로 이러한 인간의 창조물에 의해 비로소 도시가 공통적으로 구성된다. 바로 이 점에서 로시는 기능주의functionalism를 신랄하게 비판하며 도시 그 자체가 예술작품이 될 수 있음을 역설했던 것이다. 그는 도시의 기능적 분류를 데이터로는 인정하지만 도시 인공물의 구조를 분류, 작동의 문제로 환원하는 것은 받아들일 수 없다고 분명히 선을 그었다. 도시를 설명하기 위해 채택된 그 같은 소박한 기능주의는 심각한 왜곡을 초래할 수 있기 때문이다. 개별성individuality, 장소성, 기억, 디자인은 도시 기호학의 주요 화두이자 곧 도시 인문학의 핵심적 의제이다. 이 점에서 도시 기호학은 도시를 단순히 기능으로 보는 시각을 거부한다. 도시 인공물의 구조와 형성을 기능의 측면에서만 바라볼 경우 적지 않은 오류에 빠질 수밖에 없다. 도시 속에는 특수한 기능이 주어지지 않은 인공물이 많으며, 특별한 기능이 부여되지 않은 도시도 적지 않기 때문이다. 따라서 도시 분석에서 건축물의 심오한 가치를 인정하려면 도시를 기능 일변도로 파악하는 시각을 거부할 수밖에 없다.

이 점에서 로시가 아름다움과 기능이 조화를 이룬 진정한 도시의 본질을 구현한 예로서 아테네를 제시한 것은 눈여겨볼 만하다.[116] 그에 따르면 아테네는 도시적 인공물의 과학을 위한 최초의 전범을 증언한 도시이다. 아테네는 자연으로부터 문화로 나가는 여정을 표상하는 도시이며 이러한 여정은 도시 인공물의 내부에서 신화를 통해 드러난다. 신화가 신전을 통해 구체적 인공물이 될 때 이미 도시의 논리적 발달 원리는 자연과의 관계로부터 출현한 것이라 말할 수 있다. 아울러 도시의 논리적 발달 원리는 세대를 거치면서 전달 가능한 경험이 된다. 서구의 도시 역사를 천착한 대부분의 연구자들은, 서양의 역사에서 도시에 대한 기억은 그리스의 고대 도시로 올라갈 수 있다는 점을 공통적으로 서술한다. 고대 그리스의 도시에서 형성된 도시 인공물은 그리스의 철학과 예술 사상에 호응하며 고대 그리스인들의 상상력은 그들의 역사와 경험에 밑거름이 되었다. 로시에 따르면 바로 이런 연유에서 건축가가 분석하는 서양의 구체적 도시들은 그리스 도시를 기원으로 한다. 고대 그리스 도시에서 본질적으로 도시에 대한 불변적 경험으로 새겨진 도시의 아름다움과 도시의 건축을 인식하는 것이 가능하다. 이렇듯 고대 그리스인들은 도시 건축의 개별 요소들과 전체의 어울림, 미적 조화의 탁월성을 유감없이 발휘했다.

그리스 예술과 그리스-도시라는 실재, 곧 진정한 현실reality은 특정 신화 이론, 아울러 자연과의 신화적 관계를 전제로 한다. 따라서 그리스 도시를 자연과의 신화적 관계와 비교 또는 유추하는 시도는 고대 그리스의 도시국가들을 구체적으로 탐구할 때 심화시킬 필요가 있다는 것이 로시의 일관된 주장이다. 특히, 이집트와 메소포타미아의 도시 문명과 달리, 고대 그리스의 도시들에서는 신전 이외에도 자유로운 정치적 삶을 위한 의회, 시민 회의, 법정 등을 비롯해, 사회적 요구를 만족시키기 위한 건축물들, 이를테면 체조 경기장, 극장, 육상 경기장, 야외 음악당 등이 도시를 형성하는 주요 요소들이었다. 따라서 아테네라는 도시는 인간의 집단적 삶을 한 단계 더 높은

116 Rossi, 앞의 책, pp.131-137.

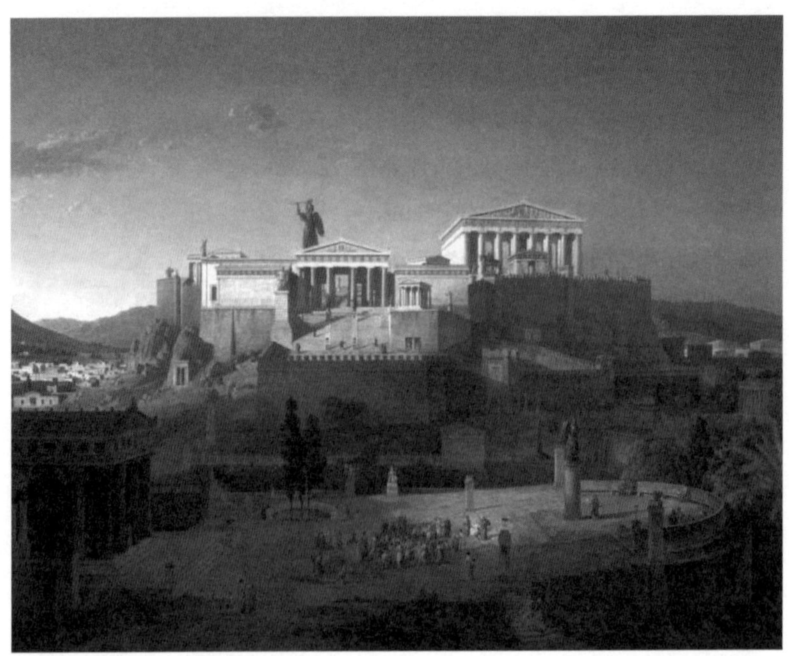

24 고대 아테네

수준으로 고양시킨 인류 도시 문명의 전범을 표상한다.[117]

신전을 비롯해 정치적, 사회적 활동을 펼치기 위해 마련된 주요 기관들의 건축물들이 도시의 중심부에 놓였고, 이어서 그 둘레에 주거지역들이 다양한 형태의 모습을 띠며 배치됐다. 그리스의 도시 구조를 오랜 기간 연구했던 프랑스의 문헌학자 포에트의 연구물에 기초하자면, 그리스 도시는 복합적 정치 조직 이외에도 내부에서 외부를 향해 전개되는 특징을 보여주며 주거지와 신전 등의 주요 구성 요소들을 중심으로 형성됐다.[118] 그리스 도시는 그 자체로서 국가를 형성하고 시민의 거주와 활동을 위해 디자인된 공간이

117 Ragon, M., *L'Homme et les villes,* Paris, Albin Michel, 1995, p.49.

118 Poète, M., *Introduction à l'urbanisme. L'évolution des villes, la leçon de l'histoire, l'antiquité.* Paris, Éditions Anthropos, 1967.

었으며 처음부터 절대 군주의 의지를 필요로 하지 않았고, 신화의 형태를 통한 자연과의 독특한 관계가 존재했다. 민주 도시인 아테네를 특징짓는 중요한 요인 가운데 하나는 도시와 그 주변 지역의 유기적인 결속이라 할 수 있다. 시민이 만들었던 도시 국가 아테네에서는 상당히 넓은 지역에 시민이 분산되어 살았으나 도시 중심부와 밀접한 관계를 유지하고 있었다. 주지하다시피 도시를 지칭하는 '폴리스polis'라는 단어는 국가를 의미하기도 한다. 또한 이 단어는 은신과 숭배, 도시의 행정을 위한 최초의 장소이며 아테네 시민의 모임을 위한 발상지라 할 수 있는 아크로폴리스를 지칭했다. 요컨대 폴리스라는 단어에는 국가라는 의미와 시민 광장인 아크로폴리스를 모두 의미했다. 폴리스라는 단어와 대비해 주거지역을 지칭할 때는 통상 '아투스hatus'라는 단어가 사용됐다.

이와 같은 사실로 미뤄보았을 때, 아테네 시민을 도시 공간과 결속시킨 것은 근본적으로 정치적, 행정적 동기 부여에서 설명되며 거주 동기와는 거리가 다소 멀었다는 핵심적 사실을 깨달을 수 있다. 도시 그 자체를 국가로 인식하고 정치적 삶의 핵심 거점으로 파악한 그리스인은 도시 공간의 조직을 위해 고차원의 사색과 성찰을 실천했다. 즉 정치적 공동체의 삶을 위해 가장 이상적인 도시 형태에 대해 사유하고, 시민의 정신적 고양에 가장 적합한 정치적 문제를 다루는 이론적 문제를 고민했던 것이다. 이를 통해 로시는 그리스 고대 도시의 심미성은 필시 그리스 도시의 건축이 담지하는 이 같은 심오한 사색적 성격에 기인하다는 점을 지적하면서 "아테네는 결코 다시는 반복될 수 없는 가장 순수한 인류의 경험으로 존재한다"[119]는 문장으로 아테네에 대한 예찬을 맺고 있다.

한편, 도시의 성스러움에 대한 강조를 비롯해 도시 형태가 거주자의 행동 양식과 신체에 미치는 영향 등과 관련해 과거의 건축 유산이 오히려 정신적으로 과도한 부담감으로 작용할 수 있다는 견해가 있다. 예컨대 프로이트는 히스테리에 대한 그의 이론에서 이 문제를 집중적으로 조명한 바 있다.

---

119 Rossi, 앞의 책, p.137.

프로이트는 정신분석 치료에 대한 단순화된 설명에서 시민이 자신의 도시에 존재하는 기념비들의 구체적인 기억술의 본질을 병리적 조건의 유추적 현상으로 다루고 있다. 그런데 프로이트와 정반대의 견해를 개진하는 것도 가능하다.[120] 도시를 하나의 총체적인 기억 장치의 상징으로 사유할 수 있거니와 최소한 다양한 상징들로 이뤄진 구조화된 복합체로 생각해볼 수 있을 것이다.[121] 그 상징적 복합체 속에서 시민은 수많은 거리 행렬, 계절의 축제, 제례 등의 신체적 실천들을 통해서 도시의 과거와 그 설립자들과 자신을 동일시함으로써 도시와 일심동체를 체화한다. 그렇지만 프로이트가 우려한 것과는 달리 도시 공간에서 펼쳐지는 이 같은 다양한 신체적 실천들의 기구는 억압적이지 않다. 그와는 정반대로 프로이트가 정상적 관계의 특징들로 파악한 화해적이고 통합적인 양상들을 띨 수 있다.

2. 건축과 기억: 기억 개념의 근대적 계보와 정치학

앞서 상세하게 다뤘던 도시와 기억의 문제에서 확인한 바 있듯이 집단 기억의 구현 또는 특정 인물이나 사건을 기념하기 위한 건물들의 창조는 건축의 가장 오래된 목적들 가운데 하나이다. 건축물로부터 발생하는 기대와 예상을 통해 개인의 정신적 회상 차원을 넘어 특정 사람들 또는 사건들에 대한 집단적인 사회적 기억을 보다 폭넓은 영역으로 확장시킬 수 있다는 가설이 설득력을 얻는다.[122] 여기에서 말하는 특정인들은 특정 사건에 참여했던 당사자들 또는 사건들을 직접 인지하고 있었거나 목격했던 개인들을 말한다. 주지하다시피 서양 문화사로 국한해 말해본다면 고대 이후로 기억과 회상은 건축의 성격을 말할 때 줄곧 제시된 특징들이었다. 실제로 종교, 정치, 도

---

120 Rykwert, J., "The city as a curable disease: ritual and hysteria", in *The Idea of a Town: The Anthropology of Urban Form in Rome, Italy and the Ancient World*, MA, MIT Press, 1976.

121 위의 책, p.189.

122 Forty, A., *Words and Buildings: A Vocabulary of Modern Architecture*, Thames & Hudson, 2004, p.206-219.

덕, 문화, 교육 등 특정 목적을 달성하기 위해 세워진 의도적 기념비intentional monument의 생생한 예들은 세계의 도시 도처에 편재한다. 의도적 기념비란 특정 사람들이나 사건들을 추모하거나 기억하기 위해 건설된 기념비를 말한다. 여기에서 한 가지 유념할 사실은 건물은 기억을 환기시키고 시간과 공간의 차원에서 기억을 연장시킬 수 있으나 동시에 완전하게 신뢰할 수 없는 물질적 수단들 가운데 하나라는 점이다.[123] 어쨌거나 현실의 모든 장소가 어느 정도까지는 회상될 수 있는 이유는 그곳이 유일무이한 장소이기 때문이며 또 다른 한편으로는 우리의 신체에 영향을 미쳤고 우리의 사적 세계에서 그 장소를 유지하기 위해 다양한 연상 작용들을 생성시켜왔기 때문이다. 참된 장소들이란 계속적이며 다의적인 독법이 가능한 곳이며 그만큼 복잡하며 중의적이다. 특히 오랫동안 기억될 수 있는 건축을 위해서는 신체의 내재적 가치가 지니는 시적, 서사적 의미를 반드시 고려해야 할 것이다.[124]

기억과 건축 사이에 존재하는 밀접하면서도 복잡한 관계에 대해 천착한 서구 근대 지성들의 관심은 의도적 기념비에 한정되기보다는 모든 종류의 건축 작품들을 지각하는 데 있어 기억이 담당하는 역할에 초점을 두고 있었다. 세계적 건축사가인 영국의 에이드리언 포티Adrian Forty 교수에 따르면 기억이 건물 경험의 필수적 요소여야 한다는 개념은 18세기 이후로 세 번의 상이한 형식들 속에서 출현했다. 물론 이 문제는 건축 사상과 도시 사상사에서 기억의 계보학이라는 보다 방대한 연구 주제라는 점에서 포티 교수의 시각은 하나의 단편적 예에 불과하다는 점을 분명히 지적해야 할 것이다. 또한 포티 교수는 1980년대부터 초미의 관심사인 포스트모더니즘에서의 기억의 문제를 전혀 언급하지 않았다는 점은 보완되어야 할 것이다. 기억의 개념적 계보학의 차원을 넘어 기억의 정치적 사용이라는 보다 복잡한 이데올로기의 문제가 첨가된다는 점에서 이 문제는 실로 복잡한 연구 장이라 할 수 있다.

---

123 위의 책, p.206.

124 Bloomer, K. C. & Moore, C. W., *Body, Memory, and Architecture,* New Haven and London, Yale University Press, 1997, p.107.

포티 교수 역시 건축의 본질을 파악하는 데 있어 기억이 차지한 역할과 기능에 관련해 시대에 따라 여러 굴곡이 있었다는 점을 지적한 후 기억과 건축의 관계에서 제기되는 문제점들을 주지시키고 있다. 첫째, 기억이 어떤 의미에서 건축 미학의 중요한 장場을 성립하는가라는 문제는 전혀 선명하지 않으며 더구나 기억이 건축 미학에 속하는가의 여부조차 분명하지 않다. 둘째, 역사와 기억의 차이는 늘 명료한 것은 아니며 두 단어는 거의 동의어로 나타난다. 셋째, 세 개의 역사적 시기에서18세기, 19세기, 20세기 기억은 상이한 의미를 지녔다. 예컨대 포스트모던 계열의 건축가 아이젠만이 20세기에서 말하는 기억의 의미는 러스킨이 19세기에 논했던 기억의 의미와 동일하지 않다.

여기에 덧붙여 포티 교수는 건축가들과 도시계획가들이 특히 포스트모던 시기에 들어오면서 기억의 문제에 매료된 이유를 예리하게 지적한다. 그에 따르면 그 원인은 고대 시대 이후로 수많은 철학자, 심리학자들을 비롯해 예술가와 문호들에 이르기까지 건축과 도시를 기억의 정신적 과정의 현상을 기술하기 위한 방편 가운데 하나로 삼아 효과적 은유로 사용해왔다는 사실과 깊숙한 연관성을 맺고 있기 때문이다. 그러나 대부분의 경우 기억을 도시와 건축에 비유하는 유추를 통해 내려진 결론은 양자가 분명히 다른 종류의 것들이라는 것을 확인하는 것이 고작이었다. 그럼에도 불구하고 서구 지성사에서 건축과 기억의 유추는 매력적인 비교로 활용됐다. 한 가지 예로서 프로이트는『문명과 그 이단자들』[125]에서, 정신 속에 축적된 자료들의 보존을 설명하기 위해 로마라는 도시를 예로 들고 있으나 동시에 그는 이 같은 이미지가 정신적 유기체mental organism와 비교되는 데 있어서 적절하지 못하다는 점을 강조했다. 물론 건물과 기억의 연계성의 사상적 계보를 해명한 역사학자 예이츠의 작업은 오랫동안 잊혀왔던 고대 수사학 전통의 기억술을 재발견한 의미 있는 학문적 성과이다.[126]

---

125 Freud, S., *Civilization and Its Discontents,* New York, W. W. Norton, 1962. (한국어 번역본) 지그문드 프로이트, 강영계 옮김,『문화에서의 불안』, 지식을만드는지식, 2012.

126 Yates, F., *The Art of Memory,* Chicago, University of Chicago Press, 1966.

포티 교수가 파악하는 건축과 기억의 관계를 개념화한 세 개의 역사적 단계를 상술하면 다음과 같다. 포티 교수에 따르면 기억이 건축 미학에서 하나의 중요한 요소로서 최초로 발현한 것은 18세기이다. 기억의 문제가 그때 출현한 이유는 과학혁명으로 인해 발생한 지식의 팽창에 의해, 또한 문화와 문명의 정체성 상실에 의해 야기된 파편화에 저항하기 위한 힘으로서 기억이라는 요소를 주목했기 때문이다. 이를테면 예술작품에 대한 반응의 양상으로서의 기억의 고양cultivation은 일종의 회복reparation의 형식에 대한 희망을 낳을 수 있다는 전제가 작동되고 있다. 또한 건축이라는 특수한 장 안에서 기억이 가진 특별한 가치로서 주체의 자유를 수립한다는 점을 지적해야 할 것이다. 18세기 이전까지, 건축의 성질들은 주로 비례의 규칙에 의해 판단됐으며, 권위에 의존해 그 토대가 수립됐다. 반면 기억에 부여된 가치는 각자 개인들로 하여금 작품으로부터 자신의 쾌락을 파생시킬 수 있는 자유를 선사했다.

로크의 지각 이론에 기초해 조지프 애디슨Joseph Addison은 쾌락이란 단지 시각으로부터 발생하는 것이 아니라, 상상적인 것을 명상하면서도 경험할 수 있으며 상상력의 이 같은 이차적 쾌락은 정신의 작용으로부터 진행된다는 점을 강조했다. 애디슨에 따르면, 예술작품의 힘은 바로 그것이 상기시키는 관념들의 연상 작용과 결합에서 생겨난다. 하지만 문학 이론에서 구축된 그의 이론은 정작 건축과 관련해 관념의 연상 작용과 기억에 대해 언급하고 있지는 않다. 그럼에도 불구하고 그의 이론은 특히 조경 분야에서 적극적으로 활용됐으며 그에 따라 18세기 초반기 정원 건축물과 다양한 조각 작품들의 목적은 구체적 기억과 연상 작용을 상기시키는 데 있었음을 밝혀낸다.[127]

한편, 18세기 후반기에 들어오면서 토마스 휘틀리Thomas Whateley의 이론에 힘입어 18세기 초반기까지 연상 작용에 의해 지시된 특정 규약에 근거하는 상징적 방식emblematic에서 벗어나 표현적 방식으로 이동하는 계기를 마련했다. 표현적 방식에서 자연의 풍경 장면들은 그것이 지시하는 구체적인 지시

---

127 Forty, 앞의 책, p.208.

체 없이도 모든 개인에게서 구체적인 관념들의 연쇄를 상기시킬 수 있다. 그 같은 연상들이 바로 미학적 쾌락의 원인이 됐으며 그 결과 18세기 후반기의 영국 미학에서 정신 활동의 세 가지 수준 사이에 존재하는 관계, 즉 대상의 '직접 지각', '기억', '상상력'의 관계는 핵심 주제로 부상한다.

한편, 관념들의 연상과 결합은 미학적 수용 이론으로서 심각한 결점을 지닌다. 첫째, 그것은 너무 지나치게 개인적 취향과 판단에 의존했다. 상당 부분 미학적 쾌락을 자유 교육의 혜택을 입은 사람들에게 국한시켰으며 오직 그들만이 기억의 충분한 저장을 향유했다. 그 같은 설명 도식에서 보통 사람은 그 동일한 예술작품으로부터 아름다움에 대한 매우 저열한 감동을 느낄 뿐이다.[128]

포티 교수가 지적하는 건축과 기억의 두 번째 단계는 19세기의 문예 사상가 러스킨이다.[129] 그는 18세기의 연상 작용 이론을 보다 지속력을 갖추고 건강한 개념으로 탈바꿈시킨 장본인으로 인정받고 있다. 러스킨은 그의 기념비적 저술인 『건축의 일곱 등불』[130]의 여섯 번째 권인 『기억의 등불』에서 다음과 같이 적고 있다. "인간들이 가진 망각에 맞설 수 있는 두 가지 강력한 정복자들이 있다. 시와 건축이 그것이다. 둘 가운데 건축이 우월했다. 왜냐하면 건축은 단지 인간이 사유하고 느꼈던 것을 제시했을 뿐만 아니라, 그들의 손들이 다뤄왔던 것, 그들의 강점이 지닌 것, 그들의 눈들이 지닌 것을 제시하기 때문이다."[131]

달리 말해, 건축만이 진정한 인간 작품의 기억을 제공할 수 있다. 손으로 만든 것, 정신적 작업 모두 건축의 소산이다. 이 점을 풀어 말하자면 고대 건축을 시각적으로 경험하면서 촉발되는 기억들은 고대의 미덕과 자유 등

---

128 같은 책, p.211.

129 같은 책, pp.211-215.

130 Ruskin, J., *Seven Lamps of Architecture,* J. Wiley, 1849. (한국어 번역본) 존 러스킨, 현미정 옮김, 『건축의 일곱 등불』, 마로니에북스, 2012

131 Ruskin, J., "The Lamp of Memory", in *Seven Lamps of Architecture,* chapterVI, J.B. Alden, 1885.

의 추상적 주제와 관련된 것이 아니라, 건축물이 생산되었을 당시의 그 작품의 본질과 노동의 조건들에 대한 정확한 감각과 의미와 내밀하게 결부된다는 점이다. 이 점에서 러스킨이 말하는 기억 개념과 그보다 앞선 18세기 선행자들 사이의 차이는 본질적이다. 무엇보다 건축물을 통해 기억되는 것은 정신적 이미지화의 끝없는 연쇄가 아니라, 정확하며 결정적인 것, 바로 건축이라는 구체적인 노동 작업이다. 또한 기억은 결코 개인적 차원에 속하는 것이 아니라, 사회적이며 집단적이다. 문학과 시처럼, 건축은 한 민족이 공유된 기억들을 통해 자신의 정체성을 성립하는 수단들 가운데 하나이다. 셋째, 기억은 단지 과거와 관련되는 것이 아니라, 현재가 미래를 향해서 갖는 의무이다.[132]

러스킨의 기억 개념은 그의 역사 개념과 밀접하게 연관되어 있다는 점에서 양자를 구별하지 않으면 러스킨의 기억 개념의 핵심을 놓치고 만다. 러스킨 생존 당시에 촉박했던 문화적 사안은 고대 건물들의 보존이었다. 그의 주장의 핵심은 시처럼 건축은 특정 개인에 속하는 것이 아니며, 단지 현재에만 머무르지 않고 미래에 속한다는 본질적 사실이다.[133]

한편 포티 교수는 근대 건축사론에 있어 기억에 대한 심층적 이해는 물론이요 언급 자체를 찾아보기 힘들다는 의미심장한 누락을 지적한다. 요컨대 근대주의자들은 심지어 기억의 가치 그 자체를 무시하려는 경향을 보여준다. 근대 건축의 인식론적 전제에 녹아 있는 방어적 논리에 따르면, 작품의 내재성으로부터 벗어나는 모든 것 즉 건축 작품과의 직접적 경험과 만남에서 벗어나는 외적 요인들의 개입에 저항해야 하며, 더 나가 작품을 위협하는 속성들 가운데 가장 경계할 것은 기억이다.

흥미로운 사실은, 근대 문예사에서 회화, 조각, 건축 등 조형 예술들의

---

132 Forty, 앞의 책, p.211.

133 러스킨의 건축 사상에 대한 다음의 연구 문헌을 참조할 것.

1. Daniels, R. and Brandwood, G., *Ruskin & architecture,* Spire Books, 2003.

2. Garrigan, K. O., *Ruskin on architecture: his thought and influence,* Madison, University of Wisconsin Press, 1973.

3. Unrau, J., *Looking at architecture with Ruskin,* London, Thames and Hudson, 1978.

틀 속에서 기억의 자리와 기억의 고유한 기능이 거부된 반면, 모더니스트 아트의 형식 가운데 하나인 문학에서는 기억의 문제에 대한 관심이 최고 절정에 도달했다는 점이다. 모더니스트 문학의 비평가들에게 기억은 문학의 중요한 방식이며 쓰기와 읽기의 행위 속에 포함된 능력이다. 이 점에 있어 프루스트의 소설 『잃어버린 시간을 찾아서』는 벤야민이 주목했듯이 망각의 작품이다. 왜냐하면 회상은 씨실이며 망각은 날실이기 때문이다. 프루스트는 망각 없이는 기억도 있을 수 없으며, 기억의 관심은 바로 망각과의 변증법에 있다는 핵심적 진실을 일러주었다. 이것은 프루스트가 기억에 천착한 프로이트와 접촉하고 있었다는 방증이다. 하지만 프루스트는 특히 건축과 기억의 맥락에 또 다른 관심을 갖고 있었다. 그는 러스킨의 열성적 독자였으며 『아미엥의 성서The Bible of Amiens』를 프랑스어로 옮겼던 장본인이다. 프루스트는 건물, 문학, 기억 사이에 있는 관계에 대한 러스킨의 개념을 정확히 이해했으며, 그것을 문학적으로 전유했던 것이다.[134]

하지만 프루스트가 발전시킨 기억 개념은 러스킨의 것과 결정적 차이를 표출한다. 러스킨에게 건축은 기억 그 자체였던 반면 프루스트에게 기억은 건축을 포함한 모든 오브제와 관련해 불안정하며 늘 개념적 파악에서 벗어나는 그 어떤 것이었다. 프루스트에게 건물들은 비의지적 기억들mémoires involontaires을 유발시키는 반면, 그 과정은 우연적이며 완전하게 믿을 수 있는 것이 아니다. 기억이 근대주의적 미학에서 중요한 문제로 제기됐다면 그 이유는 기억의 가치가 오브제라는 물리적 세계, 건축, 기억의 정신적 세계 사이에 존재하는 차이, 불연속성을 인정하는 태도로부터 온 것이다.[135]

끝으로 포티 교수는 건축 기억의 세 번째 단계인 20세기 후반기를 언급

---

134 Forty, 앞의 책, pp.212-213.

135 회상과 기억에 대한 프루스트의 성찰에 대해서는 다음 연구 문헌 참조.

1. Vultur, I., *Proust et Bloch: les frontières du temps, les frontières de la mémoire,* Paris, L'Harmatthan, 2003.

2. Martens, L., *The promise of memory: childhood recollection and its objects in literary modernism,* Cambridge, Mass and London, Harvard University Press, 2011.

한다.[136] 이 세 번째 단계의 특이성을 파악하려면 특정 맥락을 환기해야 하거니와, 그것은 20세기가 일반적으로 기억과 더불어 강박관념에 사로잡힌 시기로 성격 지을 수 있다는 점에서다. 20세기에 우후죽순처럼 생산된 박물관, 기념비, 추모비, 아카이브, 역사 연구, 유산 프로그램 등은 망각을 두려워하는 문화의 징후들이다. 아울러 20세기에는 역사와 기억을 구별하려 했던 다양한 시도들이 선을 보인 시기로서, 가장 설득력 있는 것은 벤야민의 성찰이라 할 수 있다. 벤야민의 통찰에 따르면 19세기에 탄생한 근대적 학문인 역사학은 지배 권력들의 이해관계에 봉사하면서 사건들에 대한 왜곡된 비전을 창조했다. 기억을 통해서 과거의 파편들은 현재 속에 폭발적으로 진입했으며 역사의 헤게모니에 저항할 수 있는 주된 수단은 다름 아닌 개인 자신이었다.

서구 문명은 역사학의 이데올로기에 물들어 기억의 쇠락에 저항할 수 있는 물질적 오브제들의 능력에 대해 거의 절대적 신뢰를 보여주었다. 이 같은 역사적 기억 이데올로기가 가장 극명하게 표출되는 것은 다양한 종류의 전쟁 기념관의 건설이다. 이 같은 기념비들의 기본 전제 조건은 개인 차원에서건 집단 차원에서건, 죽은 사람들을 망각하는 것은 현대사회의 가장 큰 위험이라는 인식을 바탕에 깔고 있다.[137]

한편, 수많은 기억 활동이 서구 사회에서 진행되면서 1960년대 건축가들은 풍부한 정서적 의미를 담지하는 기억이라는 이 같은 오래된 저장소를 응시했다. 후기 모더니즘 계열 건축에서 나타나는 텅 빔과 침묵에 맞선 기억과 더불어서의 재참여는 그들에게 특히 호소력을 갖고 있었으며 이때 바슐라르 공간의 시학은 사상적 토대를 제공했다.[138] 사실 공간의 시학에서 제시된 진정한 주제는 공간이라기보다는 기억으로 파악될 수 있을 것이다. 바슐라르의 주장은 집은 인류의 사유, 기억, 꿈이 통합된 가장 위대한 힘 가운데

---

136 Forty, 앞의 책, pp.215-219.

137 Gillis, J. R., *Commemorations,* Princeton University Press, 1994.

138 Bachlard, G., *La poétique de l'espace,* Paris, Presses universitaires de France, 1958. (한국어 번역본) 가스통 바슐라르, 곽광수 옮김, 『공간의 시학』, 동문선, 2003.

하나라는 점을 보여주는 데 있다. 하지만 이 같은 바슐라르의 통찰은 기억의 심오한 사상을 그로부터 발견하려 했던 건축가들에게 백지 지도를 주는 것이나 다름없었다. 왜냐하면 바슐라르가 말하는 기억은 순전히 정신적인 것이었으며, 건축적, 공간적, 명시적으로 번역되기 어렵다는 한계가 있기 때문이다. 요컨대 개인의 기억들은 건축물들에 의해 촉발될 수 있고, 심지어 공감각적 성격에 착근할 수 있으나 건축 작품들은 기억이 창조하는 정신적 세계와 비교해서 만족할 만한 유추가 될 수 없기 때문이다.

포스터 교수가 다루지 않은 중요한 사안으로서 탈근대성에서 기억을 다루는 태도에서 드러나는 양가성 또는 모호성의 문제를 간략하게 지적해야 할 것이다.[139] 요컨대 근대 건축과 도시계획에서 사용된 기억의 정치학에 대한 비판적 관점을 취할 필요가 있다. 이 문제를 심층적으로 다룬 크리스틴 보이어Christine M. Boyer 교수는 현대 도시에서 발견되는 재현 이미지들과 건축적 오락들과 유희성을 탐구함으로써 건축의 실천, 도시 기획, 역사적 보존에 대해 특수한 방식의 비판을 개진한 바 있다. 그는 이 같은 기술들이 여전히 그것들의 시각적 상상력 안에서 19세기의 도시 건설 절차들과 재현적 시각들의 영향을 수반한다는 점을 인지했다. 보이어 교수에 따르면, 아마도 무의식적으로 또는 빈번하게 명시적으로, 탈근대적 건축가들과 도시계획가들은 19세기의 문제와 욕구의 표현으로서 표명된 건축적 파편과 흔적을 다루기 위해 과거로 거슬러 올라간다. 하지만 그들은 총체적으로 변화된 상황과 욕망에 의해 제어되는 현대의 맥락들 속으로 이 같은 파편들을 다시 등록시키고 있다. 반면 공적 장소들에 대한 집단적 기억은 그 같은 가공된 역사적 재구성들에 의해 무너지고 있다. 이를테면 그 같은 인공적 장치들이 일련의 차단과 무질서로 얼룩진 현대 도시 공간에 맞서 병치될 때, 이 같은 역사적으로 세부적인 구성들의 맥락으로부터 분리된 돌발적 출현은 심지어 더 과장되거나 조악한 것이 된다.

따라서 역사와 기억의 역할, 아울러 도시 건설의 기술들에서 공간과 시

---

139 Boyer, M. C., *The City of Collective Memory: Its Historical Imagery and Architectural Entertainments,* Cambridge, The MIT Press, 1994.

간의 개념들은 그 이전의 시기들에서 공식화된 구성원들과 모델들에 명시적으로 적용될 때 다시 고려될 필요가 있다. 만약 이 같은 기술들이 19세기의 제작 공법들, 예컨대 갈수록 박물관을 닮아가는 세계의 주요 대도시들에서 사용되는 오락풍의 시간 여행, 눈속임의 벽화, 무대 장면 세팅 등이라면 이 같은 시각적 장르들의 역사적 조직화를 그것들의 본래의 공간적, 시간적 맥락들에서 이해할 필요가 있으며 그것들이 오늘날의 심미화된 도시 풍경 안에서 각인되는 맥락의 의미를 정확히 이해할 필요가 있다.

요컨대 보이어 교수는 현재에서 역사로, 근대에서 전통으로, 20세기에서 19세기의 도시 형태로 시야가 이동하면서 많은 물음이 해결되지 않았다는 점을 지적한다. 예컨대 1970년대와 1980년대 도시 프로젝트들의 디자이너들은 잘 디자인된 파편들의 매트릭스가 출현할 때까지 도시의 장식적 장소들을 배열하고 세부적으로 다루려는 의도를 지녔다. 이 같은 구성적 방식들에서 그들은 심미적 건축물이 탄생할 때까지 역사에 호소하거나, 지역 전통에 호소해 디자인 코드와 조절들을 통해 특수한 장소들의 분위기와 스타일을 특화시키려 했다. 하지만 장소들의 매트릭스는 부분적, 파편적 비전을 장려했고, 사이에 있는 공간들을 시야에서 벗어나게 만들었다.[140] 이처럼 환영으로 얼버무려진 총체화된 시야의 매트릭스가 우리의 지각과 인식에서 제거하는 것은 역설적으로 연계성과 총체성의 물음이다. 즉 과거, 현재, 미래가 어떻게 관련될 수 있는가를 묻는 본질적 물음이 누락된 것이다.

근대주의자들과 전통주의자들 사이의 모든 단절 지점에서는 늘 기억의 위기가 발생한다. 19세기 말과 20세기 전반기에서, 현재와 과거의 규범적 관계에 대한 문제 설정이 제기됐음은 주지의 사실이다. 기억의 위기는 아마도 하나의 단절을 수립하려는 욕망에 의해 촉발되며, 최근의 전통들과 단절하려는 욕망이며 근대론자들과 탈근대론자들이 도발적으로 제안한 것처럼 아버지를 살해하려는 욕망에 의해 촉발된다. 기억의 위기는 현재에 무엇인가가 단절되어 있다는 것을 인정함으로써, 과거로부터 징표들을 수집하려

140 위의 책, p.2.

는 욕망이 꿈틀거릴 때 발생한다. 과거의 흔적들을 박물관에 수집해서 저장하려는 욕망, 즉 시간의 먼지 속에서 소멸된 과거를 다시 포획하려는 욕망에 사로잡힌다.

오늘날 기억하고 회상하는 것은 현대 메트로폴리스에서 지속적 정보들의 원천이 되고, 정보의 중계소가 되면서 새로운 중요성을 지니는 동시에 이미지들과 메시지들이 휘감기는 물리적 거점들을 재현한다. 하지만 결정적으로 현대 정보사회에서는 지속적 맥락을 결여한다. 기억은 더 이상 한 사람의 사회적 물리적 공간과 연계되는 의미에서, 아울러 가치들과 전통들의 전승과 결부된 의미에서 집단적이지 않다. 기억과 전통을 유의미한 현대의 형태로 번역하는 해석 시스템의 존재는 이제 소멸됐다. 그렇기 때문에 오늘날 기억의 위기는 도시를 통해 제 연계들을 다시 설정하기 위해라도 차단적, 측정 불가능한 이미지들의 실타래를 다시 직조하기 위한 현실적 필요성에 기초해야 할 것이다. 지나치게 프로그램화된 현대 소비문화의 포장된 메시지들에 저항하고 그것들을 전복할 수 있는 새로운 지도를 창조해야 한다.[141]

3. 도시 공간의 표상성과 상상계

도시 공간의 표상성

르페브르는 모든 사회적 경험의 형식들은 공간 속에서 그리고 공간을 통해 구성된다는 주장을 펼친 바 있다.[142] 일상의 삶으로서 사람들이 경험하는 세계의 범위가 개발되는 곳은 바로 도시 공간 속에서이다. 그는 도시 공간 경험의 세 가지 구별된 양상을 제시한 바 있는데, 그것은 르페브르가 사회적 환경으로서 제시한 유명한 개념적 삼각형이다. 첫째, 공간적 실천들spatial practices은 공간 안에서 개별적, 사회적 형성 과정을 생산하고 재생산하기 위

141 같은 책, pp.28-29.

142 Lefebvre, H., *The Production of Space,* Oxford: Blackwell, 1991.

해 공간 안에서 발생하는 모든 물질적, 사회적 상호작용들을 포함한다. 단순히 말해 이 같은 실천들은 실제로 생겨나는 것들로서 직접적인 물리적, 사회적 파급효과들을 갖는다. 둘째, 공간의 표상representations of space은 사람들이 물질적 공간과 공간적 실천들을 토론하고 이해하는 데 사용하는 사회적 약호들이다. 이 같은 규약들은 장소들의 이름과 장소에 대한 기술을 포함한다. 공간에서 이뤄지는 사회적 삶의 현실에 대한 사람들의 지각은 그들이 이해하거나 믿는 것을 통해 여과되고, 또한 그들이 그 현실을 이해하는 과정을 통해서 형성된다. 셋째, 표상적 공간representational spaces은 복잡한 상징적 연상 작용과 이미지를 통해 그들의 거주민들에 의해 체험된다. "그것은 그 대상물들에 대한 상징적 사용을 만들면서 물리적 공간을 압도한다."[143] 이 같은 이미지화는 상징적 거점들과 같은, 실제 소재지를 비롯해, 공간적 실천을 위한 새로운 가능성들의 정신적 발명을 포함한다. 즉 이상적, 디스토피아적, 또는 대안적, 사회적, 공간적 형성체가 그것이다. 표상적 공간들은 그것들이 물질적 존재를 갖건 그렇지 않건, 구체적 의미들이며, 사회적 공간에 대한 관념들을 지시한다. 르페브르는 이 같은 세 가지 양상들이 분석되어야 할 모든 공간에서 늘 현존하고 상호 관련된 것임을 강조한다. 도시 공간에 대한 대부분의 비평가는 공간적 실천들을 검토한다. 공간의 표상과 표상적 공간에 대한 르페브르의 개념은 단순한 물질적 분석을 넘어서 공간이 무엇이냐는 정의에 있어 공간 지각과 의미의 구성이라는 중핵을 꿰뚫고 있다. 그에 따르면 공간의 표상은 "언어 기호들의 체계로 향하는 경향을 보여준다."[144] 그런데 언어 기호는 지식의 형식으로서 디자인되며, 경험으로부터 동떨어지고, 추상화된다. 그 같은 공간 표상들은 직접적으로 체험되기 위해 구성되지 않고 명료한 목적과 더불어 소통되기 위해 축조되며, 따라서 제반 실천들과 발명들의 우발적 뉘앙스를 상당 부분 제거한다. 그것들은 아울러 사회에서 작동하는 보다 광범위한 권력관계들의 부분으로서 형성된다. 따라서 그들은 공

---

143 위의 책, p.39.

144 같은 책, p.39.

간의 다른 양상들보다 더 첨예하게 이데올로기적이다. 개념화된 공간은 "모든 사회에서 지배적인 공간이며, 생산관계들과 연대를 이루며, 이 같은 관계들이 부과하는 다른 질서와도 연대된다."[145]

도시-텍스트의 상상계와 시각 체제

도시의 상상계imaginaire, 즉 도시의 이미지 세계는 무엇보다 감각적 경험으로부터 도래하는 이미지들을 말하며, 여기에는 소박한 사실주의의 경험이 포함된다. 상상계는 반드시 현실의 세계와 단절하는 것은 아니다. 다시 말해, 도시 상상계는 환영적 몽상이나 순수한 판타지아에 불과한 것이 아니다.[146] 19세기 프랑스에서 출간된 라루스 사전에 따르면 고전적 심리학에서는 두 가지의 상상력을 구별한다. "우리의 정신이 불연속적이며 순서도 없고, 현실과 일치하는 사고 없이 그저 다양한 이미지들과 사실들을 환기한다면 그것은 수동적 상상력을 증언한다. 반면, 이미지들과 사실들을 조합하면서 순서를 배열하면서 의지에 따라 상기시킨다면, 그것은 능동적 상상력이다. 상상하는 것은 그 단어의 고차원적이며 진정한 의미 속에서 이상형을 실현하는 것을 말한다. 그것은 지성적 진리를 감각적 본질에 속하는 형태들 속으로 하강시키는 것이며, 가시적인 것을 통해 비가시적인 것을 표상하고, 유한한 것을 통해 무한한 것을 표상하는 것을 말한다."[147]

능동적 상상력은 특정 질서의 재생산에 기여할 수 있다. 하지만 그것은 무엇보다 발명, 발견에 참여한다. 또한 상상계는 고립적으로 구성되지 않는다. 그것은 현실 세계와의 대면, 이야기, 언어들을 먹고 살아가며 집단적 기호들과 결착된다. 예컨대 물질적 형태들과 풍경들과 같은 집단적 기호들을

---

145 같은 책, p.33, pp.38-39.

146 1. Roncayolo, M., *Lectures de villes: Formes et temps,* Paris, Éditions de Parenthèses, 2002, pp.349-361.
2. Bonfill, R. and Véron, N., *L'architecture des villes,* Paris, Editions Odile Jacob, 1995, pp.175-217.

147 Nîmes, C. Lacour, "imagination", in Larousse, P., *Grand dictionnaire universel du XIX siècle [1866-1876],* Buenos Aires, Editorial Rescate, 1990.

말한다.[148] 집단성은 부분적으로 개인 심리학의 기본적 행위들을 제어한다.

요컨대 상상계는 사회적 관계들과 더불어서 이뤄지는 이 같은 이중적 관계를 통해 집단적 정신성들의 토대들 가운데 각인된다. 하나의 도시는 조감도, 도면, 지도를 통해서 표현된다. 재현의 기술적 방식들과 기획들은 일반적으로 외부 세계를 사유할 수 있는 한 가지 방식으로부터 도래한다는 점에서 그 같은 도시의 해석은 다양한 방식으로 진화한다.

도시의 상상계와 더불어 지적해야 할 또 다른 개념은 도시의 상징계라 할 수 있다. 도시의 상징계에는 다양한 표상과 차별화가 녹아 있다. 도시는 상이한 표상들을 통해 스스로를 차별화하고, 조직화하고, 위계화하려는 경향을 보여준다. 문제는 이 같은 표상들이 의미하는 바가 무엇인지를 인식하는 일이다.[149] 예컨대, 파리의 상징계는 서울과 로마의 상징계와 동일한 방식으로 작동하지 않는다. 각각의 상징계는 일정한 전체 이미지를 정의할 수 있는 가능성과 결부되어 있다. 하지만 그 같은 진술은 결코 모든 거주자들과 도시의 모든 실천가들이 동일한 표상을 갖고 있다는 것을 의미하지 않는다. 상징계의 정확한 개념은 "전체의 동일한 표상에 참여하는 가능한 표상들의 위계화 원칙이 존재함을 의미한다."[150]

두 번째로 지적할 사실은 모든 사람이 동일한 방식으로 도시 상징계를 읽지 않는다는 것이다. 물론 모든 사람이 알고 있는 강력한 표식으로 구현된 상징계들이 존재한다. 공화국 전통의 상징계, 왕권의 상징계, 시민사회와 결부된 상징계가 대표적 예라 할 수 있다. 이 같은 시각에서 본다면 파리의 상징계 가운데에 노동자 조직과 그것과 결부된 장소들의 특별한 역할을 위치시켜야 할 것이다. 파리의 상징적 조직화는 시민 사회에 고유한 지형으로 이뤄진다. 물론, 그것은 사회적 배경들과 사람들에 따라서 획일적 방식으로 감지되지 않는다. 한 도시의 상징적 지리학은 바로 상이한 시선들과 지각들의

---

148 Roncayolo, 앞의 책, p.351.

149 같은 책, pp.363-373.

150 같은 책, p.353.

미묘한 조합으로 이뤄지며 바로 그런 이유에서 도시 공간의 심층적 의미 해독을 어렵게 만든다.[151] 다름 아닌 이 같은 긴장과 혼합이 노동자 도시의 영토인 파리에 특별한 힘을 갖도록 해준다. 위고는 '파리는 정신이며 정신은 곧 민중'이라고 말한 바 있다. 혼이 실린 도시, 민중의 도시, 코뮌의 도시, 파리는 여러 얼굴을 갖고 있다. 이를테면 파리의 지리학에서는 모순적인 극성들과 더불어 다양한 상징적 차원들이 읽힐 수 있다.

요컨대, 공간의 직접적 지각은 도시의 정신적 표상을 구성하는 성층들 가운데 첫 번째 성층에 불과하다. 이 단계를 넘어서, 보다 포괄적이며 추상적인 도시 공간 지각의 또 다른 층이 존재하는데 그 같은 심층적 켜는 공간의 시각적 감각을 포괄하는 내면적 이미지를 지시한다.[152]

현실 속에서 실재하는 도시와 대조적으로, 상상적 지형학은 가장 정교한 상징적 재료들과 더불어 형성될 수 있다. 구체적 맥락 속에서 특수한 개인들에 의해 실재 도시에 할당된 정신적 공명은 상대적으로 안정적일 수 있다. 따라서 상상적 지형학의 지시체는 결코 역사적 도시가 아니라, 그것에 의해 생성된 정신적 모델이다. 제 도시들의 현실과 회상 사이의 쉽지 않은 관계는 심오한 의미론적 뿌리를 갖고 있다. 상상적 도시 텍스트 또는 계열체적 텍스트는 현실적 도시에 기초하며, 대안적인 기억 세계들의 성좌에 의해 에워 쌓인다. 한편으로는 현실과 그것의 이미지 사이의 관계, 다른 한편으로는 현실과 기억의 이중적 관계라는 은유는 무엇보다 표상의 과정이다. 따라서 일체의 공간적 회상 속에서 기억과 망각의 얽힘은 본질적이다. 이 같은 자기반성 과정은 표상의 연쇄에 대한 단서이다. 표상 과정의 여러 단층의 복수성은 도시 텍스트를 하나의 기억의 양피지 도시로 만든다. 바로 이 점에서 20세기 초부터, 도시의 본질적 특징을 정의하려는 다양한 시도들이 존재해왔다.[153]

---

151 같은 책, p.365.

152 Bonfill, R. and Véron, N., *L'architecture des villes,* Paris, Editions Odile Jacob, 1995, p.175.

153 이 점에서 영화, 건축, 지리, 디자인, 지도 제작술을 종횡무진하며 도시 공간의 기억과 상상의 흔적을 독창적으로 분석한 하버드대학교의 시각연구학과 교수인 줄리아나 브루노(Giuliana Bruno)

따라서 도시 공간의 서사적 차원에 대한 심층적 이해를 위해서는 다양한 매체를 통해 이뤄지는 주요 도시들의 시각적 재현에 대한 연구도 필요하다. 문학을 비롯해 조형예술, 사진, 영화 등의 시각예술 속에서 외부 세계의 표상은 결코 현실의 정확한 전사가 되는 법이 거의 없고 오히려 비현실적이거나 비가시적인 세계들을 발굴한다. 특정 사안에 대해 초점을 가하면서 다분히 주관적인 번역을 감행한다는 점에서 도시에 대한 모든 재현이나 표상은 상상계에 속한다고 말할 수 있다. 실제로 모든 것은 작가의 의도, 객관성의 정도, 사실성의 정도에 달려 있으며 도시 현실에 대한 상상적, 시적 비전에 속하는 것을 극대화시키거나, 또는 도시 현실에 대한 가능한 가장 참된 재현을 시도하려는 노력을 경주할 수 있을 것이다. 이 같은 사실로부터 도시의 표상에 대한 세 가지 주요 큰 범주들을 구별할 수 있다. 첫째, 발명자의 꿈과 사고 속에서만 존재하는 가상적 도시들의 묘사 또는 일러스트레이션, 개인적 비전의 전시를 위한 매체로 사용되거나 아니면 미학적 교리나 도시 프로젝트 또는 이상적인 사회의 전시를 위한 매체로 사용되는 경우가 이에 속한다. 둘째, 도시 현실 또는 그 양상들에 대한 객관적, 더 나가 과학적 전사이기를 원하는 표상들이 있다. 셋째, 도시의 기능 장애에 강조를 두거나 도시의 위기로서 체감되는 것에 대한 예술적 감수성을 증언하는 표상들의 경우로서 이 같은 범주 속에는 단지 도시의 변화와 긴장을 증언하는 예술작품뿐만 아니라, 도시 유토피아들의 위험성을 비난하는 반유토피아로서, 도시 기능의 조절 기능 부재로 인한 표류를 예고한다.

서구 도시들의 발전의 궤적을 추적한 사회 비평가와 문학 비평가들의 지각과 반응은 낙관론과 비관론으로 크게 나뉘었으며 그 같은 표상의 편파성과 잠정성은 정치적으로 의미심장한 것이다. 도시에 대한 당파적 성격은 선/악, 유토피아/디스토피아, 현실/비현실 등과 같은 이분법적 시각 속에서 선과 악의 도덕적, 낭만주의적 윤리학과 결합된다. 이런 맥락에서 프랑스 영화학자 크리스티앙 메츠Christian Metz의 용어, '시각적 체제'는 윤리적 알레고리

교수의 『감동의 지도』(*Atlas of Emotion*, Verso, 2002, p.484)는 독창적 연구로 평가받고 있다.

의 이 같은 대립적 시각을 기술하고 문제화시키는 데 유용하며 도시 공간을 동질화된 정치적 문화적 거대 서사로 표상하려는 시도에 대한 해체를 가능케 한다. 시각 체제는 다양한 시각들을 포괄하는 시각적 실천들의 현실계에 위치하며, 따라서 단순화된 윤리적 이분법의 대립적 분류로 반드시 국한될 필요가 없다.

만약 도시 공간이 사회의 구조와 삶의 질을 세밀하게 드러낸다면, 포스트모던 도시에 대한 담론들을 중심으로 이뤄진 현재의 이론적 전개는 도시가 탐사되고 표상되는 새로운 시각 체제가 창발했음을 시사한다. 이 같은 맥락에서, 보드리야르 이론의 은유적 힘을 압축하는 '시뮬라크르'와 '시뮬레이션'은 도시 공간의 표상을 위한 지배적인 패러다임으로 널리 퍼져나갔다. 이러한 은유법은 현대 도시의 발전을 표상하는 시각적 체제를 표현하고 구축하기 위한 이론적 기초를 마련했으며, 이것을 소멸의 시각적 체제라고 부를 수 있다. 폴 비릴리오Paul Virilio와 같은 도시 문화 이론가들에 따르면, 21세기에 진입하면서 글로벌 정치, 경제, 문화에 영향을 미친 테크놀로지 혁명과 더불어, 우리는 현재 편재성, 순간성, 그리고 공간의 거주를 대체하는 시간의 거주로 특징지어지는 테크놀로지의 황금시대 속에 살고 있다.[154] 그 같은 공간의 탈물질화된 개념은 소멸의 관념 속에 함의되어 있으며, 전자 미디어와 커뮤니케이션 테크놀로지 속에서 이뤄진 급속한 발전에 의해 다급하게 다가온 '보이지 않는 도시'의 도래를 예기한 멈퍼드의 저술에서도 나타난다.[155]

---

154 Virilio, P., *Esthétique de la disparition,* Paris, Galilée, coll. folio essais, 1994.
________, *Ville panique: ailleurs commence ici,* Paris, Galilée, 2004.
________, *Vitesse et politique: essai de dromotologie,* Paris, Galilée, 1977.

155 Mumford, L., *The City in History: Its Origins, Its Transformations, and Its Prospects.* New York, Harcourt Brace and World, 1961.

도시 공간의 서사적 차원

1. 도시 건축의 정체성identity과 서사성[156]

건축은 인간의 실존을 정의하고 인간의 위치를 세계와 관련지어 규정하게 해준다. 모든 건축물에는 나와 세계의 관계가 있다. 또한 건축은 인간의 자기 정체성 규정에 기여할 수 있는데 그 이유는 건축의 정체성과 사람의 정체성은 상호 규정의 관계로 맺어져 있기 때문이다. 따라서 인류는 자신의 이미지로 건축물을 짓게 된다. 그리스 신화에서부터 모든 종교에 이르는 조물주의 행위 토대는 곧 건축이다. 건축은 먼저 도구의 역할을 한다는 점에서 이차적 관념으로 볼 수 있으나 이념을 전달하고 운반한다는 점에서 정체성 개념과 밀접하게 연관되어 있다.

건축은 물질과 정서의 복합체이다. 물질적 구성과 정서적 역할을 맡는 건축은 한 편의 이야기를 들려주고 이야기 자체를 구현한다. 건물을 짓는 행위와 그 과정 자체가 하나의 이야기이다.

사물에 대한 회상을 가능케 하는 상기력evocation의 측면에서 볼 때, 건축의 정체성은 거울 놀이와 흡사하다. 주지하다시피 정신분석학과 기호학에서 기의는 기표, 곧 모두 물질성 너머에 있다. 또한 건축은 건축물이 가진 물질성을 초월한다는 의미에서 상징계에 속한다고 말할 수 있다.

정체성을 세워주는 토대설립자는 집을 짓는 행위 그 자체이다. 이때 재료들이 건축의 형태를 주물하면서 형태학이 중요성을 갖게 된다. 추상적 차원에서 보면 건축은 자신의 환경을 포함하게 되면서 장소를 만들어내고 집단

---

156 도시 공간과 건축의 정체성과 서사성에 대한 본 절의 주요 내용은 다음 문헌을 참조했음을 밝혀둔다.

1. Rossi, A., *The architecture of the city,* The MIT Press, 1984. 제3장, pp.102-138.
2. Lynch, K., *Good city form,* The MIT Press, 1984, pp.5-36, pp.131-150.
3. ________, *What tims is this place,* The MIT Press, 1972.
4. Norberg-Schultz, Ch., *Presence, Language, Place,* Skira Editore, 2000.
5. Hiller, J. and Rooksby, E., *Habitus: A sense of place,* Ashgate Publishing, 2002.

적 정체성 구성에 있어 중요한 기능을 하게 된다. 건축은 동일한 공동체, 즉 그 공동체의 도시 거주자들의 정체성을 상호 규정하게 되며, 이들에게 자기 동질화self-identification를 허용한다. 여기에서 정체성identity과 동질화identification의 문제가 제기된다. 정체성은 그 자체, 즉 자체성이라 할 수 있다. 여기에서 말하는 정체성은 건축이 운반하는 정체성에 대한 총칭적 개념이자 존재'한' 것과 존재'할' 것에 대한 집단적 개념으로 동질화를 포괄한다.

건축은 집단적 정체성을 노출하는 집단 예술이다. 따라서 건축은 정확하게 민족정신의 표출 혹은 생산물로 볼 수 있다. 민족정신은 고유한 천부성[157]에 해당한다. 천부성의 관점에서 보면 건축과 언어는 일맥상통한다. 언어 역시 민족정신의 발로로 공동체가 수많은 기간 동안 함께 쌓아 올려야 하는 공든 탑이라 할 수 있다. 이때 집단의 정체성은 부동의 상태가 아닌 끊임없이 변화하는 상태이다. 정체성을 끊임없이 재구성하고 문제시하는 것, 이로써 건축은 민족의 정체성을 촉구하게 되고 필연적으로 건축의 정체성은 시대사상과 밀접한 연관을 맺는다.

건축과 정체성과의 관계가 명시적 연구 대상이 된 것은 근대에 들어와서부터이다. 철학자 아렌트는 그리스의 도시에 견주면서 근대성의 도래가 전통적 도시의 상실을 가져온 것으로 보았다. 그녀는 그리스 도시국가에 대해 다음과 같이 서술한다. "폴리스는 가장 폭넓은 의미에서 현상의 공간이다. 이 공간에서 나는 타인에게, 타인은 나에게 현상한다." 따라서 "폴리스는 사람들이 함께 행위하고 말함으로써 발생하는 사람들의 조직체이다. 그리고 폴리스의 참된 공간은, 그들이 어디에 있든지 간에 이 목적을 위해 함께 살아가는 사람들 사이에 존재한다."[158] 반면, 이러한 전통적 도시 개념의 상실은 정체성의 위기를 촉발했으며 정체성 위기의 기원에는 산업과 과학의 우세가 있었다. 한마디로 근대성은 시간과 공간, 즉 세계에 대한 개념을 바꾸어 놓았다.

---

157 프랑스어 génine에 해당하며 유전적 자질, 천성적으로 타고난 민족성을 일컫는 말이다.

158 한나 아렌트, 이진우·태정호 옮김, 『인간의 조건』, 한길사, 1996, p.261.

뿌리를 잃어버린 사람들의 디아스포라, 야만적 도시화, 전례 없는 이동mobility은 산업화의 양상을 갖게 됐다. 세간의 표현을 빌리자면 이는 '오염된 풍경'이다. 헤겔 철학에 기반한 역사의식은 세계에 대해 통일된 비전을 제시해 세계를 총체성으로 이해해왔다. 즉 한 치의 여지 또는 나머지가 없는 역사의식이었다. 과학 사상은 진화론과 계통론으로 자연 세계를 읽기 위한 독서의 격자를 만들어주었고 사상의 프레임을 더 세세하게 쪼개기 시작했다. 또한 이는 민주주의 이론의 부흥을 가져옴과 동시에 전통적인 세계 판별 기준의 붕괴를 가져왔다. 19세기에는 과거에서 역사라는 기념비를 발굴하기 시작해 고고학이 등장하기도 했으며 역사학의 전면적 부상에 대해 니체는 유럽이 역사에 대한 열병을 앓고 있는 것으로 보았다. 정체성이 사라지면서 인간들은 역사를 발굴하기 위해 땅을 파기 시작했다. 동시에 만국박람회는 진보를 표상하고 계통적 비전을 제시할 뿐만 아니라 개별주의와 특수주의의 상징으로 우상화됐다.

근대인은 정체성의 메커니즘을 축조할 필요가 있었다. 각 나라는 건축을 자신이 찾고자 하는 정체성의 가장 효율적인 수단, 즉 정체성의 지시체로 삼았다. 건축이 의미 작용을 드러내려면 정체성의 준거reference에 의존할 수밖에 없다. 정체성은 공간과 시간의 좌표를 모두 사용하고 전통의 개념을 분절한다. 시간성의 역할은 건축의 실재를, 공간성의 역할은 건축의 동기를 규정하는 데 있다. 이는 추상적 발현이 아닌 정서적 차원으로 공간은 지리학, 시간은 역사학에 의해 발현된다.

민족의 고유한 거점이라는 측면에서 공간은 시간을 밀어젖히고 정체성의 지시체로서의 우선권을 갖게 됐다. 정체성과 공간의 관계는 고유한 장소성genius loci과 거점site의 관계로, 보다 직접적이고 가시적이다. 반면 시간과 정체성의 관계에 있어서는 헤겔이 보편적 시간관념을 제공해야 했다. 시간은 총체적 제스처로, 시간 속에서 정체성 이미지는 역사 속 천재들로 파악됐다. 천재들은 과거의 위대한 작품들에 다름없었다. 이러한 이유로 19세기에 역사학, 경제학, 언어학, 심리학, 미술사학 등이 한꺼번에 등장하게 된 것이다.

건축은 민족의 정체성과 천재성을 드러내는 역사의 연구 대상이며, 이방인을 맞이하는 최초의 인상이다. 건축물을 지은 사람들의 위대한 이미지는 건축의 정체성을 형성한다. 이는 건축과 역사의 동화이다. 건축과 역사의 동화는 1771년 청년 괴테가 스트라스부르크 대성당Strasbourg Cathedral 앞에서 '이것이야말로 위대한 독일 민족성의 발현'이라고 감탄한 데에서도 찾아볼 수 있다. 1820년 위고는 노트르담 성당에서 건축사와 문자사를 비교하며 건축물은 알파벳을 더 풍요롭게 한다고 보았으며, 19세기 말 러스킨은 건축의 장식은 이야기책보다 훨씬 더 많은 가치를 가지고 있다고까지 말했다.

과거의 기념비로서의 건축물은 역사에 의존하는 일종의 우상숭배이다. 역사주의는 미학적 규범을 촉구한 결과물로 예술의 메커니즘 분석을 추구한다. 즉 예술의 메커니즘을 분석한 결과가 역사주의이다. 역사주의는 하나의 결과물로 정체성 사명에 있어 도덕적, 이데올로기적 차원을 포함한다.

건축물이 갖는 정체성의 이미지는 근본적으로 서사적narrative이다. 바로 이런 맥락에서 린치는 도시 공간의 판독성이 높아지려면 강력한 서사가 마련되어야 한다고 진술했던 것이다. 유사한 개별 건축 형태를 다르게 인지할 수 있는 까닭은 그것이 동일 목적의 결과물이 아니기 때문이다. 인지 가능성은 곧 서사에서 비롯되며 발칸 민족, 네오비잔틴 등 건축물에서 나타나는 민족적 요구와 추앙은 민족성의 수단이자 시대정신의 발로였다.

건축과 공간과의 관계에서 건축의 근본적 좌표는 추상적 공간이다. 추상적 공간은 상이한 독법들을 가능케 하고 추상적 공간을 구체적 공간들로 번역 가능한 거점을 마련한다. 환경의 맥락인 추상적 공간은 건축과 은밀한 연대성을 가진다. 건축은 상이한 반응을 촉발해 역사에서 민족성으로 이동하게 한다. 이로써 전통의 이해가 복잡해진다. 건축은 지나간 시대의 결과물이 아닌 땅의 결과물이다. 다시 말해 그 땅에 사는 사람들이 지리적 조건, 기후 등을 고려해 생산하는 것으로 일종의 토속적, 민족적 건축이 건축 언어로서 나타났다. 이는 장소성의 완벽한 반증이라 할 수 있다. 근대인이 받아들이는 건축의 유일한 형식인 장소성으로서, 장소성은 기억과 건축과의 관계를 포함한다. 바르트식으로 말하자면 건축의 영zero도, 넘치지도 모자람도 없는 관계이다.

시간과 건축과의 관계는 매개적인 것이다. 시간은 경험할 수 없으므로, 표상된 시간만이 경험 가능하다. 시간은 해석의 문제를 야기하며 시간의 흔적은 언제나 변화한다. 하지만 공간과 건축과의 관계는 직접적이다. 공간은 경험 가능하며 점유와 적응adaptation의 문제를 불러온다. 또한 공간의 흔적은 변화하지 않는다. 공간은 지리geography이면서 신성한 존재이자 앞으로도 영원히 존재할 것이다. 땅 위에 세워진 인간 문명은 일시적인 존재일 뿐이다. 따라서 건축의 진정성에 진리의 요구가 추가된다.

민족적 양식의 생존자들은 세계화에 반대하고 특수성을 주장하며, 장소의 고유성에 매우 민감하게 반응한다. 그들은 세계적이기보다는 특이성, 개별적 뉘앙스를 강조하며 이데올로기와 미학 사이의 관계를 연구하도록 유도한다. 예를 들어, 불교와 건축과의 관계에서 볼 때 불교 건축물이 가지는 점증성graduation은 불교의 이데올로기이자 불교 건축의 미학이라 할 수 있다.

도시의 특이성과 개별성에 기반한 정체성은 시적 도착poetic arrival이 무엇인가를 생각하도록 만든다. 도착할 때 가질 수 있는 모든 느낌, 이 모든 것은 선명해야 한다. 더불어 도시 공간에서 헤어짐은 서사가 어떠해야 하는가에 대해서도 생각할 필요성을 제기한다. 예를 들어 한 도시의 공항, 기차역은 도착과 헤어짐의 서사를 동시에 지닌다. 이는 지극히 보편적 경험으로 감응이 반드시 필요하다. 이러한 경험에서 느낌과 관념은 선명하게 구분될 수 없을 것이다. 더 나아가 도시 공간의 양태 문제도 불거진다. 불교의 정신성은 낮은 곳에서 높은 곳으로 승화한다. 산 중턱에 위치한 불교 사찰에 이르는 동안, 인간은 정신적 정화를 몸소 체험할 수밖에 없다.

불교 사찰에 담지된 정신성이 도시 공간에서도 실현될 수 있을까라는 물음을 던져본다. 만약 그 답이 긍정이라면 도시의 고유한 정신성은 무엇인가라는 물음에 대한 답은 바로 도시의 시간과 장소, 건축, 그리고 인간이 상호 침투하는 정체성에 대한 해답이 될 것이다.

2. 도시 공간 서사성의 몇 가지 요소

개별성과 이질성

일찍이 프랑스의 지리학자 샤보[159]는 도시에 대한 완벽하게 정확한 정의는 불가능하다고 보았다. 늘 도시에는 정확히 기술될 수 없는 잔여물 또는 잔여 공간, 즉 정확하게 계산되지 않는 나머지reminder가 있기 때문이다. 도시에서의 나머지는 액면 그대로의 나머지가 아니다. 때론 그것이 도시 공간의 핵심을 성립할 수 있기 때문이다. 샤보가 의미보다는 형태 분석에 주력한 것도 바로 이러한 이유 때문이었다. 하지만 많은 경우 형태 분석은 기능 연구로 축소되는 경향을 보여준다. 물론 집단의 결집체인 도시는 그곳의 거주자인 인간이 사용하는 기능을 근거로 적절히 설명되며, 따라서 도시의 기능은 곧 도시의 존재 이유가 된다. 그렇다고 하더라도 도시를 상업도시, 문화도시, 산업도시, 군사도시 등으로 명확하게 분류하는 것은 문제를 지나치게 단순화하는 결과를 초래한다. 건축 설계와 현실 사이에 권력이 개입한다는 것은 주지의 사실이다. 도시계획과 여론, 정부는 언제나 결탁하게 마련인데, 근대성을 특징짓는 모든 단계에는 이 결탁 과정이 늘 도사리고 있었다. 하지만 도시는 도시계획이라는 단순한 정치적 개념으로 환원될 수 없다. 도시를 액면 그대로 다루는 것은 사회적 갈등과 재앙을 촉발한다. 도시 기획을 하나의 계획plan으로 접근하는 너무나 단순화된 표상은 도시 정체성을 파괴할 위험 소지가 있다. 아리스토텔레스의 말처럼 동질적이면서 닫힌 통일성은 애초부터 도시의 목적이 아니다. 본래부터 동질적 공간이란 불가능한 것이며 도시는 무엇보다 다양성과 이질성을 기초로 한다.

또한 도시는 인간 그 자체이다. 이러한 이유로 도시는 절대적으로 엄밀하고 합리적인 건설의 대상이 될 수 없다. 아렌트[160]는 도시를 자연과 문화, 과거와 미래가 통합된 조직화된 기억이라 보았다. 도시는 역사, 행동 주체,

---

159 Chabot, G., *Les villes: Aperçu de géographie humaine,* Paris, Armand Colin, 1948.

160 한나 아렌트, 이진우·태정호 옮김, 『인간의 조건』, 한길사, 1996.

개인의 욕망을 담아내는 변화여야 한다. 처음부터 도시는 합리적일 수 없으므로 합리적 도시는 모순어법이다. 공학 중심의 도시계획이 문제가 되는 것은 그것이 인간적 맥락human context을 적극적으로 읽으려 하지 않기 때문이다.

짐멜[161] 역시 도시의 씨줄과 날줄은 개별성, 구체성, 개인적인 것에서 나오는 것으로 보아 도시계획의 절대적 합리성을 부인한 바 있다. 합리적, 이성적이란 말에는 구체성이 결여되어 있으므로 순전히 합리적 이성에 매몰된 도시계획은 개별성, 구체성, 개인성에는 무관심할 수밖에 없다. 이 같은 비판적 의식을 고취시킴으로써 도시를 구성하는 인간적 맥락에 대해 사유할 수 있는 인식론적 계기가 마련될 수 있을 것이다. 도시는 권력 조정 공간 그 이상이자 건설의 효율성과 성능 그 이상 그리고 예술가들이 가진 경험의 파편 그 이상이다. 권력의 장으로서의 도시는 건설, 예술가들, 경험 모두를 포함하는 동시에 그것들을 초월한다. 아리스토텔레스는 도시가 공동체와 마찬가지로 우리 개개인에 선행한다고 보았다.

인구 관리와 공간 관리가 근대 도시의 이데올로기로 작용하면서 적절한 환경을 만들 수만 있다면 관리 가능한 사회가 될 것이라는 어리석은 생각이 팽배하게 됐다. 20세기 건축가들은 나름의 도시 사상을 피력하며 현대의 도시 담론을 지배했다. 이로써 공간 계획의 물리적 집적체로서 파악되는 도시가 승리하고 공동체로서의 자치 구역 도시는 퇴색했다.

공동체성: 키비타스civitas

현대 도시 공간의 본질에 대해 건축가들은 다양한 이동성mobility를 통해 그것을 정의하려 했다. 이러한 정의 이면에는 이동이 인간의 본능이라는 주장과 일하는 공간과 거주 공간이 서로 근접하는 것이 인간의 진정한 본성을 존중하는 것이라는 상반된 주장이 대립한다. 노동이나 소비의 목적으로 이뤄지는 이동을 연구의 대상으로 할 때, 지하철 등의 교통 공간과 대형 소비 공간, 박물관, 아카이브 등의 근대적 공간들은 중요한 가치를 가진다. 벤야민은 근

---

161 Simmel, G., “The Metropolis and Mental Life”, adapted by Weinstein, D. from Wolff, K., (Trans.) *The Sociology of Georg Simmel.* New York, Free Press, 1950(orig. 1903), pp.409-424.

대 도시 공간을 수려한 인문학적 문체로 묘사했으나, 그의 도시 사상을 계승해 도시 인문학이라는 학술 분야가 제도적으로 안착되지는 못했다.

1860년대부터 급격한 변화를 겪어온 유럽에 있어 도시는 일종의 혁명으로 인식된다. 근현대 유럽 도시 담론을 형성해온 주요 개념은 어버니즘과 테크놀로지이다. 고대 로마인들에게 도시 공간을 의미하기 위해 사용된 단어인 우르브스urbs는 일차적인 뜻 외에도 로마 제국 시대에는 도시들의 전범인 로마를 의미하기도 했다.[162] 우르브스는 배제의 원칙을 가지고 있으며, 의미론적 차원에서 정신적, 추상적 기반보다는 물리적 집적체로서의 도시에 가까웠다. 하지만 고대 로마인들의 또 다른 도시 개념인 키비타스civitas는 시민이라는 의미의 키비스civis에서 파생한 단어로서 키비타스라는 단어가 지시하는 의미에서의 도시는 시민의 공동체를 뜻했다. 그것은 곧 특정 인구 집단의 이상적이면서 고정된 공간적 상호 소속을 의미했다. 키비타스에서 도시민들은 서로가 맞물려 있으면서 더불어 소속되어 있었으므로 누구도 배제할 수가 없게 된다. 키비타스는 물리적 토대와 함께 추상적 기반도 가지고 있었던 것이다. 김동윤 교수는 키비타스에 대해 명료한 개념 풀이를 제공한다. "도시 시학의 차원에서 존재론적 근거를 얻은 또 다른 도시의 인문학 구성 요소는 키비타스Civitas로서, 함께 더불어 살아가는 에틱의 차원과 정치적 국면을 동시에 포괄한다. 원래 키비타스는 문명civilisation의 의미뿐만 아니라 고대 그리스 폴리스의 정치 공동체 구성의 핵심 요소이다."[163]

하지만 근현대 유럽 도시 담론에서 도시계획은 우르브스의 개념에 치중해 도시를 물리적 집적체로 단순 환원하는 오류를 범했다. 이와 유사하게 산업화 이후 유럽에서 도시를 의미하는 프랑스어 단어 'ville'는 본래는 시골의 자치 구역을 의미했다. 근대 이전 유럽의 모든 자치 구역은 촌락에 속했으며 잘 알려져 있다시피 중세 도시는 모두 촌락으로부터 탄생했다.

---

162 Pétonnet, C., "U comme Urbs", in *L'espace anthropologique,* Paris, Edition du patrimoine, 2007, pp.161-165.

163 김동윤, 「서울의 기호학: 어제, 오늘, 내일: "Poiesis-civitas-semiosis"의 도시 인문학과 담론구성의 조건」, 『기호학 연구』 제25집(pp.83-118), 2009, p.105.

스페인의 도시 공학자 세르다는 공동체보다는 건축물의 집적체에 가까운 라틴어 '우르브스'를 바르셀로나 도시계획1855-1863에 도입한 근대 도시계획의 원류이다. 그는 건설 기술을 도시 공간 역사의 동력으로 보고 근대 건설 기술이 가진 힘을 정확하게 파악했다. 건설 기술의 힘은 철도와 전기의 발명 등 테크놀로지의 발전과도 무관하지 않았다. 벤야민이 정확히 인식했듯 기술의 문제는 강철과 유리, 콘크리트 등으로 건축물의 위상을 변화시켜 도시의 질감을 바꾸고 도시의 밀도를 높여 집적화했으며, 엘리베이터 등 전기 장비와 냉난방 시설 등 전자 제어를 가능하게 해 도시 공간 형태를 바꾸었다. 도시 형태의 변화와 근대적 정신성의 발생은 상호 밀접한 연관성을 가진다.

도시계획은 산업혁명의 공간적 영향력에 대한 성찰에서 비롯된 150년 역사를 지닌 개념이다. 짧은 역사를 지닌 도시계획이라는 개념은 자율성, 기능성과 함께 완벽한 제어 가능성을 전제로 한다.

성스러움the sacred

그 자체가 로마 도심이라는 속세에 속해 있음에도 성 베드로 성당과 같은 건축물은 성스러움을 부여받는다. 성스러움은 건축물 그 자체에 깃들어 있는 것이 아니다. 성 베드로 성당이 마땅히 경배될 수밖에 없는 그 어떤 특별한 재료나 양식으로 건축된 것도 아니다.[164] 비트루비우스에 따르면 건축의 존재는 물질성내구성, 심미성, 공리성에 기초한다. 따라서 건축물 그 자체가 성스러울 수는 없다. 성스러움은 공동체에 의해 축성되는 것이다. 카유아는 『인간과 성스러움Man and the Sacred』에서 "성스러움이란 사물에 첨가되는 혹은 첨가될 수 있는 신비적 아우라"[165]라고 정의했다. 사물은 체계적으로 성스러운 가치를 가지지 않더라도 그 가치가 제거될 수는 없다. 성 베드로 성당은 베드로 시신을 안치하면서 성스러움과 결부됐고, 이는 성스러운 장소를 알

---

164 Nishida, M., "S comme sacré" in *L'espace anthropologique,* Paris, Edition du patrimoine, 2007, p.135.

165 Caillois, R., *Man and the Sacred,* University of Illinois Press, 2001, p.20.

리는 기호가 됐다. 차츰 성스러운 세계는 세속과 구별되고 성스러운 예술을 모방해 공간을 재조직하고 우주론을 표상하게 된다.

성스러움에는 중심, 경계 설정, 신적인 구조가 필요하다. 종교적 인간에게 공간은 결코 동질적이지 않다. 공간은 세계의 중심을 기축으로 조직화되며 중심은 성스러움이 계시되는 장소로서 다른 장소와 분리된다. 경계 설정은 문턱을 통해 이뤄진다. 문턱 역시 성스러운 자리이다. 종교적 공간은 세계 창조의 표상으로 신격화되어 우주론을 표상한다. 종교적 공간의 표상들은 일상 속에서도 쉽게 파악할 수 있는 표상이다.[166]

중심과 한계 설정, 신적인 공간 이 세 가지가 설명할 수 없는 것을 설명하는 것이 상징성symbolism이다. 상징성은 다름 아닌 사회적 코드를 지시한다. 수잔 랑거Susanne Langer의 『감정과 형식Feeling and Form』[167]은 예술작품의 상징성을 다룰 때 가장 빈번하게 인용되는 문헌들 가운데 하나로서 인간과 세계의 관계 방식을 심오하게 다룬 명저이다. 삶의 세계와 죽음의 세계 사이에 존재하는 관계 속에서 상징은 성스러움에 속한다. 건축적 표현이 가지고 있는 어마어마한 신비는 인간을 매료시킨다. 신비감이 없으면 성스러움은 없다. 성스러운 가치는 물질적인 것이 아닌 상징으로 체험과 가상virtual, 즉 초월적인 것을 동시에 불러온다. 몸과 동시에 정신으로 체험하는 것이 바로 성스러움이다.

먼저 중심은 성스러운 것이 될 수 있다. 동시에 중심은 건축 조직에서의 준거점, 중심축으로 고대에 중심축은 본질에 해당했다. 중심으로부터 세계의 축axis-mundi이 나오게 된다. 바슐라르의 시학에서 중심은 빈번하게 원의 형식을 가진다. 이슬람 사원의 중심을 가진 설계와 순환적 건축물의 구조에서 보듯이 성스러운 건축물은 원의 형식을 띤다. 모든 종교적 공간은 중심을 가지며 또 중심을 통해 모든 것이 수렴된다. 결국 중심은 우주의 배꼽omphalos

---

166 Nishida, 앞의 논문, p.136.

167 Langer, S. K., *Feeling and Form,* Prentice Hall, 1977.

인 것이다.[168] 그렇다면 현대 도시 공간의 중심은 무엇이며 어디에 있는가. 공간에 대한 사유의 한계를 설정한다는 것은 말 한마디를 던져 사유의 길을 열어주는 동양식 설법과 같다. 들뢰즈는 철학이란 개념을 만드는 것, 사유를 만들어낼 수 있는 것이라 했다. 우리의 중심은 우리 스스로 사유해야 한다.

그다음에 제기되는 물음은 성스러운 공간의 한계를 어떻게 사유할 것인가라는 문제이다. 바슐라르는 집의 현상학을 안과 밖의 현상학으로 설명했다. 이는 종교적인 측면에서도 중요하다. 문의 수사학, 문과 문 사이의 거리, 불연속적 혹은 연속적인 문의 나타남이 무엇을 의미하는가를 생각하며 한계 설정을 사유할수록 문을 사이에 둔 외부와 내부, 안과 밖의 상호 매개성intermediality은 더욱 중요해진다. 예를 들어, 전통 한옥의 마루는 외부 공간과 내적 공간을 매개하는 공간으로 상징적인 공간임과 동시에 완전한 밖도, 완전한 안도 아니다. 그렇다고 해서 한계 설정이 늘 어떤 중간적인 장소만을 의미하는 것은 아니다. 생 드니 수도원은 돌, 벽의 구조를 중요하게 여긴다. 그곳에서는 공간의 구조가 자연의 빛을 진리의 빛으로 변화시키는 역할을 한다. 물체를 상호 매개하는 것은 이처럼 공간일 수도 있다. 매개는 모든 인류학적 상상이며, 성스러운 공간은 바로 경계이다. 일본 신사와 한국의 절의 초입부에 서 있는 부도는 그저 투박한 돌로서 어떤 공간의 경계도 엄밀하게 설정하지 않는다. 서양과는 다른 방식으로 동양에서는 돌 하나도 성스러운 가치를 매개할 수 있다. 성스러운 공간의 경계 설정 형식은 매우 다양하다.

현재성nowness

과거, 현재, 미래의 시간 가운데 도시에서 가장 중요한 것은 현재이다. 과거와 미래에 대해 우리가 가진 이미지들은 계속해서 재창조되는 현재의 이미지들이다. 시간에 대해 우리가 가진 감각의 핵은 "지금"이라는 감각이다.[169] 도시의 다양한 장소에서 시간과 시간의 작동 방법을 파악해야 한다. 이는

---

168 위의 논문, pp.136-137

169 Lynch, K., *What Time is This Place,* MA, The MIT Press, 1972, p.65.

개인적, 집단적 경험이 어떻게 시간과 관계하는가의 문제이기도 한다. 건축과 도시는 다시간성polychrony과 다의성polysemy을 갖는다.

도시의 다시간성은 축제에서 나타난다. 모든 공동체를 막론하고 매년 여러 번의 축제를 하게 된다. 축제의 시간은 의례적인 시간이다.[170] 추석, 설, 미국의 추수감사절 등이 이러한 의례적 시간이다. 의례적 시간을 구조화하는 것은 신화이며 명절이면 어김없이 돌아가는 고향과 같은 기원적 장소이다. 사람들은 조상, 신화, 기원적 장소, 의례성으로 설정된 휴식, 정지에 상응하는 나날들을 축적한다. 여기에서 도시는 다양한 공동체, 세계의 디아스포라를 서로 공유하는 시간적 지식이 된다. 이로써 물리적 장소로서의 도시가 갖는 중요성이 퇴색된다. 도시라고 하는 것은 만남의 장소로 교환과 공유의 특징을 갖는다. 이것을 바르트는 도시의 '에로티시즘'이라고 표현했으며 여기에서 에로티시즘은 인간적인 만남을 의미한다.

전통 가옥과 아파트를 비교해보자. 아파트는 말, 시선, 감동의 교환이 없다. 교환이 없으면 공유도 없다. 교환과 공유란 물리적 근접성의 관계로 단순하게 환원될 수 없다. 교환과 공유는 근접성의 관계를 초월한다. 특히 전자·통신 혁명 이후 모든 것이 동시화되면서 거리를 초월해서 교환이 가능하게 됐다. 멀리 떨어져 있는 장소에서 교환과 공유가 가능하다는 것은 지역적 시간과 세계화된 시간이 병립함을 의미한다. 우리는 결국 여러 개의 시간이 병립되는 장소를 살아가게 된다. 이것이 현대 도시의 다시간성이다.

다시간적 도시의 시민은 여러 개의 사회적 가면social mask을 필요로 하게 된다. 사는 시간성과 장소에서 삶의 기획은 상상과 행동을 통해 우리를 시간 속에 참여하게 한다. 여름에는 수영장, 겨울에는 스케이트장이 되는 타임스퀘어와 같은 순환적 장소와 한강, 남산, 북한산 등과 같이 기념비화된 여러 장소들, 사라진 옛 영화관처럼 일시적 장소가 순환적 시간 속에 나란히 놓이게 된다.

시간에서 가장 중요한 요소는 템포tempo이다. 모든 장소는 시간과 공간

---

170 위의 책, pp.83-89.

이 융합된 장소, '크로노토포스chronotopos, 시간장소'이다. '크로노토포스'는 도시 거주자의 공간 사용 리듬으로서 시간의 사용은 성스러운 달력과 세속적인 달력으로 분할된다. 도시의 흔적과 기억은 곧 시간이 만들어낸 집중성이며, 집이 쾌적할 수 있는 이유는 시간의 편안함 때문이다. 브라질리아, 캔버라와 같은 인공 도시가 갖는 문제점들은 축적된 시간의 부재에서 비롯된다. 시간의 집중성과 편안함이 상실된 신도시는 황량하기 그지없다.

도시의 장소들은 특이한 구성으로 이뤄진다. 러시아워의 주기적 반복처럼 도시 속에 공존하거나 교체하는 사회적, 물리적 현상들은 리듬을 만들어낸다. 빠름과 느림의 리듬, 속도감은 주어진 환경에 의한 것으로 속도의 운동 속에 속해 있는 사람이 느끼는 상대성이다. 상대적 속도감 때문에 장소는 정태적이지 않고 항상 변화한다.

장소는 말이 없으나 고유한 템포가 있다. 결국 시간이란 춤의 지형도 chorography 곧 무도와 같다. 장소의 고유한 템포는 겉으로는 드러나지 않으며 장소에 사는 사람들만이 그 템포를 은밀하게 인지하고 있거나 향유한다. 이것은 문자로 기록될 수 없는 경험의 백과사전과 같다. 모든 장소와 모든 풍경에는 지속과 사이클이 있다. 상호 예속 가능한 기억과 사람들로 이뤄진 장소는 밀물, 썰물의 리듬을 가진 바다처럼 은밀한 템포를 구성한다. 템포는 시간에 대한 감각이다. 달리 말해 "템포는 주체의 속도와 세상의 속도 사이에서의 시차적 요인"[171]이다.

그렇다고 해서 시간이 템포를 제시하는 것은 아니다. 판에 박힌 일상생활을 할 때보다 여행 시에 더 농밀한 시간을 가지게 되는 것처럼 결국 우리는 몸을 통해 템포의 은밀한 척도를 취하게 되는 것이다. 시간성과 장소성은 상이한 시간적 지표의 분절을 갖는다. 시간은 상대적인 것이자 일상적으로 경험하는 리듬의 분절을 의미한다.

그렇다면 살기 좋은 도시의 리듬은 무엇인가라는 물음을 다시 던져본다. 그것은 규칙적인 시간의 분절인가, 아니면 어긋나는 시간의 분절인가.

---

171 김성도, 『기호, 리듬, 우주: 기호학적 상상력을 위해』, 인간사랑, 2007, p.732.

버스가 정시에 도착하는 도시와 빠르거나 늦게 도착하는 도시 중 어디가 더 인간적인가. 이러한 삶의 기획은 언제나 미래를 내다보는 계획 속에서 현재를 어떻게 배치할 것인가의 문제로 귀결된다.

시간 속에서 인간이라는 존재는 현재의 상상계에 의해 지배된다. 한 사람은 미래를 향하는 현재를, 다른 한 사람은 과거로 향하는 현재를 살아간다고 하자. 결국 두 사람 모두 과거/현재/미래가 위치하는 준거 체계에 의해 등록되어 있는 것이다. 과거로 향하는 현재를 사는 사람은 시간을 거슬러 추억하는 사람으로 그 역시도 추억에 빠져 잠시 졸다 보면 과거와 미래가 투사되지 않는 현재만이 남게 된다. 과거와 미래는 지향성의 문제일 뿐, 중요한 것은 현재이다.

모든 건축과 도시의 기획은 지금 진행되고 있는 것의 전과 후, 이전과 다음을 가진다. 지금, 그 이전, 그 다음 세 개의 순간이 있다. 도시는 현재, 미래, 과거를 모두 담아야 한다. 오늘날을 투사하는 것은 여기에 있고 미래로 전달transmission될 수도 있어야 한다. 세대와 세대를 거쳐 도달하는 지식, 이 모든 것이 사유의 대상이다.[172]

인문학의 주제 중 권력의 문제로부터 자유로울 수 있는 주제는 없다. 이집트 가자 지역의 피라미드와 같은 기원전 2500년에 지어진 건축물도 힘의 산물이다. 건축에 있어 권력은 너무나도 명료하게 그 모습을 드러낸다. 피라미드는 무덤이다. 무덤의 기하학이 갖는 완벽한 별자리 운행 사이클은 이념적으로는 영원한 지속을 위한 것이다. 왕의 영원한 거처지인 피라미드는 결국 권력의 문제이다. 7세기 일본의 이세신궁은 20년마다 의례에 따라 새로이 건축된다. 의례는 전달이다. 가자의 피라미드나 종묘 모두 지속, 전달, 기억, 미래와의 관계에 대한 대안적, 총체적 제안을 제시한다. 모든 건축과 도시는 공간 척도의 기준이며 모든 기준은 시간의 차원을 포함한다. 건축과 도시는 가능한 현재들을 발굴하는 것을 가능케 하는 효과적 미디어이다.

세계화를 향해 건설되는 인공 도시들은 기호sign없는 표지mark와 같다.

---

172 cf. Lynch, 앞의 책.

기호와 표지는 형이상학적 차이를 갖는다. 기호는 공간 개념으로 다양한 장소성을 가질 수 있는 반면, 표지는 단지 현상에 해당한다. 인공 도시들은 장소성 없는 현상을 향해, 시간의 기억과 흔적이 없는 미래의 황량함을 향해 달려가고 있다. 새로운 도시들 속에서 살아가는 인간들의 삶이 충만해지려면 도시 공간은 인간학적 척도를 획득하고, 과거와 미래 사이에서 현재 진행을 제어하는 시간의 마술temporal magic을 복원해야 할 것이다.

3. 도시의 서사성: 도시 공간의 서사적 밀도와 패러독스

무한한 여정과 행로를 가능케 하는 유한한 공간

도시의 형태와 관련된 첫 번째 기준은 개인의 신체가 무한하게 움직일 수 있는 가능성으로 귀결된다.[173] 하나의 도시는 모든 방향에서 그리고 모든 층위들에서수평, 수직, 아래, 지하 등 신체적 행로를 가능케 할 수 있어야 한다.[174] 이 같은 무한한 경험의 조건은 도시 공간의 프레임 그 자체이다. 도시 공간에서 발생하는 행로들의 무한성은 단일한 도시 공간과 한 짝을 이룬다. 예컨대 촌락이나 사막에서는 도보가 무한할 수 있으며 방향 상실은 위험 그 자체라는 이유에서 하나의 행로를 선택해야 하며, 또한 선택된 행로를 유지해야 한다. 이 같은 열린 공간들 속에서 여행의 무한성은 나침반을 요구한다. 도시 공간은 이와는 반대로 도보를 위한 하나 이상의 틀을 제공하면서 길을 잃지 않고 모험을 할 수 있게 만들어준다. 한편, 도시 공간에서 걷기는 광적인 속도에 대한 전혀 다른 템포의 대응 방식이라 할 수 있다.

도시 공간의 프레임은 자의적이지 않으며, 중심과 주변 사이에서 주저하고 그런 식으로 두 개의 극단 사이에서 영속적으로 움직인다. 도시는 도심 외부를 통해 중심으로부터 벗어나려는 갈망과 도심 내부의 힘을 통한 구심

---

173 Mongin, O., *La condition urbaine,* Paris, Editions du Seuil, 2005, pp.39-42.

174 이 점에 대해서는 다음 문헌 참조.
Reymond, H., Cauvin, C. and Kleinschmager, R., *L'Espace géographique des villes, Pour une synérgie des multistrates,* Paris, Editions Anthropos, 1998.

력의 유지라는 유혹 사이에서의 왕복 운동을 선호한다.

도시는 외부로 둘러싸여 있는 한정된 공간이다. 공간적 구획 설정은 무한하고도 과감한 주파의 가능성의 조건이다. 도시는 이산적 실재discrete entity로서 하나의 환경으로 제한된 공간이며 그것의 외심적 성격은 구심적 관계에 의해 다시 균형을 잡는다. 이 같은 장치는 바로 도시 패러독스를 낳는 원인이다. 여러 다양한 행로와 주파들은 한정된 공간에서 발생하기 때문에 무한하다. 도시는 무한성으로 열려 있지 않으며 수평적으로 귀결되지도 않는다. 그것은 무한한 경험을 가능케 하는 유한한 공간이다.

도시 경험과 서사는 무엇보다도 상상과 발명을 낳는 걷기에서 시작된다. 도시에서 걷기를 통해 써내려가는 글쓰기는 일체의 기술 없이도 진행되는 정신적 이미지에 해당하는 신체적 운동 속에서 그 활력을 끌어온다. 도시 공간은 하나의 긴장으로서 도시에 산다는 것은 곧 현존의 공간, 즉 공간/시간을 생성시키는 것이다. 왜냐하면 긴장, 그리고 라틴어의 스파티움spatium은 기다림과 희망을 의미하는 라틴어 단어 스페스spes와 동일한 어근을 갖는다는 점에서, 시간에 대해 그리고 공간에 대해서도 타당하다.

정신적 공간 또는 '코사 멘탈레cosa mentale'

도시의 행로가 총체적으로 비결정적이거나, 몰이성적이거나, 단순한 꿈으로 환원되는 것이 아니라면, 도시의 형태는 특정 기념비와 건축물에 종속되어 있지 않다. 물론, 여러 기념비는 도시가 지리적인 연속적 성층들로 이뤄진 하나의 역사에 의해 고유한 리듬을 갖고 있다는 점을 상기시킨다. 하지만 행로를 점유하는 장소들은 하나의 정신적 이미지의 매트릭스로서 이 같은 정신적 이미지는 점증적으로 형성되고, 도시에 대한 관념 자체와 합치된다.[175]

도시의 형태와 그것의 정신적 이미지는 이질적 요소들의 연접이다. 도시의 정신적 이미지 속에는 장소들, 행로들, 그리고 도시의 관념을 비롯해 하나의 이름을 지시하는 성명학, 도시의 모든 이야기를 담고 있는 모든 이름

---

175 Mongin, 앞의 책, pp.42-44.

이 포함된다. 도시의 정신적 이미지, 즉 규정된 도시 공간에 대한 상징적 참조, 하나의 '토포스'에 대한 소속 감정은 도시가 다시 재건되고 폭발하는 경우들에서도 유지된다. 도시가 갈수록 창백해지고, 여전히 참담해져도 도시에 대한 소속 감정은 지속된다. '정신적인 것cosa mentale'으로 이뤄지는 도시의 형태는 시간의 성층화, 기념비에 토대를 둔 주어진 기억과 불가분의 관계에 놓여 있다.

그렇다면, 과거와 현재를 교차하는 이 같은 행로들을 선호하는 공간들은 무엇인가? 달리 말해, 하나의 장소, 또는 여러 장소의 얽힘은 어떻게 하나의 도시, 하나의 행로, 하나의 정신적 이미지가 되는가? 외부와 내부를 긴장 관계에 갖다 놓으며 위와 아래도 마찬가지이다. 여러 경로, 다양한 갈림길들, 광장들을 선호하는 도시의 장소들은 현재에서 공간의 외연 속에서 기념비들, 능동적 기억의 상징들과 더불어 도시의 모든 가능성의 리듬을 짠다. 도시의 리듬은 한 장소에서 다른 장소로 논리적으로 또는 자연적으로 움직이지 않는 관계를 선호하는 변화무쌍한 운동의 장소들과 불가분의 관계에 놓인다. 만약, 도시가 하나의 기억을 상기하고, 미래를 예기하는 상징적 단위라면, 그것은 동시에 '장소/문턱'을 요구하고 동시에 불연속성을 만들어내는 두 개의 사이를 요구한다.

만약 위에서 언급한 두 기준두 방향에서 중심과 주변을 연결 짓는 리듬, 단절과 시소 효과를 선호하는 공간들을 받아들인다면, 도시의 형태는 특정 건축에 해당되지 않으며, 중심과의 관계를 선호하지 않는다는 점을 인지할 수 있을 것이다. 그것은 하나의 형성으로 귀결되는 정신적 이미지에 혈맥을 제공한다. 왜냐하면 도시는 한 편의 성장 소설이기 때문이다.[176] 도시의 형태는 너무 중심으로 가도 안 되고, 너무 주변으로 가도 안 되는 영속적인 추의 운동과 한 짝을 이룬다. 도시의 통합은 도시 자체로부터 벗어나는 경험이다. 도시의 이동성은 나선형의 영적 경험이기도 하다. 그것은 하나의 공간 속에 진입하는 것을 가능케 하며, 외부로부터 스스로를 절연시키게 만들 수도 있으며 아울러 이 공간으

---

176 같은 책, pp.45-46.

로부터 스스로를 해방시켜 바깥쪽으로 다시 돌아가는 것을 가능케 한다. 도시적 경험은 여러 방향에서 이뤄지는 벗어나기와 넘어서기의 경험이다.

서사적 직물: 시간을 포함하는 공간

우리는 도시의 형태와 하나의 고유 명사 속에서 표현되는 도시의 관념 사이의 관계를 보다 더 잘 이해하게 된다. 도시라는 고유 명사는 하나의 토대, 소속 감정을 창조한다. 도시, 현재 속에서 체험되는 서사적 직물은 자신의 토대 건립을 끊임없이 재창조하고 자신의 역사와 계속해 놀이를 한다. 도시의 형태, 그것의 정신적 이미지는 도시기획자와 엔지니어가 기획하는 집합에 상응하지 않는다. 예컨대, 도시 모조판 위에서는 도시를 더 살고 싶게 하거나 아니면 보다 돈독한 유대성에 기초해서 만들어지는 리듬을 파악할 수 없다.[177] 도시는 개인들이 특이한 공간 속에서 잠정적인 관계들을 만들고 스스로 시민으로서 간주할 때 비로소 존재한다.[178] 도시가 그것의 정체 파악을 가능케 하는 하나의 고유 명사를 가질지라도 그것은 동시에 차별화된 다양한 리듬들이 관류하는 복수적인 것이다. 도시는 불균형성과 탈중심성을 선호하며, 이것들 없이는 도시는 살 수 없다. 예컨대, 서울을 강북과 강남으로 나누는 것은 곧 시간과 공간에 따라서 이뤄지는 분할로서 한강을 사이에 두고 생성되는 이동의 조건을 반영한다. 기억의 문제가 있으나, 이 기억은 서울의 건립 정신을 새롭게 갱신하는 의미가 있으며 일방향적인 것이 아닌 다양한 '내레이션'의 얽힘이라 할 수 있는 한 편의 거대 이야기의 선들과 더불어 새로운 관계를 맺는다. 도시는 다양한 성층, 축적된 시간과 공간들, 새롭게 만들어지는 질서들로 이뤄진다. 도시는 한 편의 이야기인 것이다.

관념적, 이상적 '내레이션'으로서의 도시, 이것은 곧 도시가 하나의 과거, 미래, 또는 이상화된 현재로서 환원될 수 없으며, 결코 하나의 중심과 주변으로 동화될 수 없음을 함의한다. 즉 도시는 시간적, 공간적 리듬에 상응

---

177 같은 책, pp.48-52.

178 Réda, J., *Le Citadin,* Paris, Gallimard, 1999.

하는 것으로서, 이 같은 리듬은 모든 건축물 위에서 놀이화되며, 이중적 탈중심화를 가능케 한다. 즉 공간적, 시간적 탈중심화를 말한다.[179] 도시는 절대적 시초도 없으며 결정적인 종말도 없고, 연속되는 토대화의 작업으로 이뤄지며 늘 새로운 것이 시도되는 공간으로서 물질적이면서 영적이고 동시에 물리적인 공간이다. 정신적 이미지로서의 도시는 끊임없이 스스로를 갱신하고 연출하는 모험이다. 도시는 시간을 포함하자마자, 불연속성과 연속성의 자양분을 섭취한다. 이야기와 매일반이다.[180]

그런데 바로 이 같은 도시의 모양새는 일체의 이야기를 응축하는 하나의 현재 속에서 각인된다. 마치 무의식처럼 말이다. "형태의 레지스터 차원에서 다음과 같이 말하는 것은 하나이다. 도시는 역사적 현실만을 가지며, 아울러 현재 속에서만 존재하기를 원한다." 현대 도시는 모든 이야기를 선행하는 시간들을 응축하는 공간의 현재성 속에 각인시킨다. 한마디로 도시는 시간을 포함하는 공간이다. 역사적 성층의 다양성이 리듬을 만들어내는 장소인 것이다. 이런 의미에서 도시라는 장소는 정신적인 그 무엇이며, 필연적으로 비고유한 그 무엇이다. 즉 고유하며 스스로에게 울타리를 치는 장소와 구별된다. 하지만 하나의 이름과 역사를 갖는 도시에 대한 소속과 거기에서 신체적으로 자신의 리듬을 발견할 가능성 사이에는 관련이 없다. 바로 그런 이유에서 물리적 행로, 신체적이며 은밀하고, 결정을 내리지 못하는 경험은 도시의 미학적 열정과 아름다움에 대해 우세한 것이다.

도시의 숫자만큼이나 다양한 도시의 상상계들이 존재한다. 아울러 그만큼의 도시에서 존재하는 방식, 걷기와 움직임을 가능케 하는 다양한 방식들이 존재한다. 바로 이 같은 시각에서 레비스트로스가 『슬픈 열대』[1955]에서

---

179 Mongin, 앞의 책, pp.49

180 폴 리쾨르는 그의 주저 3부작, 『시간과 이야기』(Paris, Seuil, 1983, 1984, 1985)에서, 시간성과 내레이션 사이의 관계를 강조한다. 놀라운 것은 그가 건축을 이 같은 독서 격자를 통해 고찰할 것을 제안한다는 것이다. 그의 다음 논문 참조.

Ricoeur, P., "Architecture et narrativité", in *Urbanisme,* n.303, novembre-décembre, 1998.

제안하는 도쿄라는 도시에 대한 이중적 상기는 의미하는 바가 매우 크다.[181] 사람들은 레비스트로스에게 도쿄가 "과밀 인구, 무정부적, 아름다움도 없고, 지나치게 대형화된 아울러 1945년 폭격 이후에 재건된 도시"라는 험담을 늘어놓았다. 하지만 1977년, 1986년 두 차례에 행한 일본 여행에서, 그는 공간들과 장소들의 변화무상함이 상이한 기억의 공명을 가져오는 대비의 도시라고 증언한다.[182] 여기에서 도시적 경험은 씌어 있던 글자를 지우고 다시 글자를 써넣은 양피지의 형식과 결합된 하나의 지속과 불가분의 관계에 놓인다. 레비스트로스는 초고층 빌딩과 대로들을 벗어나서 아담한 집들과 작은 골목길이 공존하는 도쿄를 다양한 도시적 대비들이 공존하는 매력적 공간으로 파악한 것이다.[183]

4. 건축, 기억, 서사: 도시 공간을 낯설게 하면서 읽기

시간과 서사의 관계를 평생 천착했던 프랑스의 철학자 폴 리쾨르Paul Ricoeur는 도시 공간의 서사와 기억의 문제를 파악하는 데 있어 많은 시사점을 줄 수 있을 것이다.[184] 특히 말년에 그가 발표한 논문「건축과 서사성」[185]은 건축과 서사의 관계를 심도 있게 다뤘다는 점에서 상세하게 언급할 가치가 있다.

먼저 서사성의 개념을 이해하려면 무엇보다 기억의 문제를 제기하지 않을 수 없다. 리쾨르는 자신의 작업을 통해서 기억은 이야기에 의해 언어와 작품들에 돌출된다는 근본적 사실을 지적한 한 바 있다. 따라서 기억이 이야기로 이동하는 과정은 필연적으로 부과된다. 사적인 방식이건 공적인

---

181 Lévi-Strauss, C., *Les tristes tropoqies,* 1955. (한국어 번역본) 클로드 레비 스트로스, 박옥줄 옮김,『슬픈 열대』, 한길사, 1998.

182 Lévi-Strauss, C., "Aux gens de Tokyo", *Magazine Littérire,* juin, 1993.

183 같은 책, pp.50-52

184 Ricoeur, P., *Temps et Récit, I, II, III,* Paris, Seuil, 1983, 1984, 1985. (한국어 번역본) 폴 리쾨르, 김한식·이경래 옮김,『시간과 이야기』1,2,3, 서울, 문학과지성사, 1999, 2000, 2004.

185 Ricoeur, P., "Architecture et narrativité", *Urbanisme* 303, 1998, pp.44-51.

방식이건 추억한다는 것은 바로 '나는 그곳에 있었다'는 것을 선언하는 것이다. 바로 기억의 이 같은 선언적 성격은 다양한 목격담, 증언들 속에 각인될 뿐만 아니라 내가 체험했던 것을 다른 사람들에게 말하는 이야기 속에 새겨지기도 한다.

이렇듯 리쾨르는 시간과 서사의 관계를 다룬 자신의 저술 속에서 두 개의 전제 조건에 대해 성찰했다고 말할 수 있다. 첫째, 과거에 선행했던 것을 현재화하는 것, 둘째, 담화를 통해서 뿐만 아니라 '이야기로 만들기mise en récit'라는 근본적 작동을 통해서 선행했던 것을 작업시키는 것이 그것이다. 그는 이 같은 이야기로 만드는 작동을 일러 형상화configuration라고 부른다. 그는 이어서 건축과 서사성narrativité 사이에 존재하는 밀접한 평행성에 착안해 하나의 강력한 유추를 부각시킨다.[186] 즉 건축이 공간과 맺는 관계와 이야기가 시간과 맺는 관계는 모두 형상화configuration의 작동이라 할 수 있다. 풀어 말해 공간 속에서 건물을 세우는 것과, 시간 속에서 이야기를 만드는 것 사이에는 평행 관계가 존재한다는 것이다. 그런데 흥미로운 점은 리쾨르가 건축과 서사 사이의 이 같은 유추를 파악하는 것에서 그치지 않고, 공간의 건축적 형상화와 시간의 서사적 형상화 사이에는 진정한 하나의 교차가 가능하다는 독창적 사유를 개진한다는 사실이다. 즉 '건축하기'와 '이야기하기'를 통해 공간과 시간이 교차되는 것이다. 이것은 이야기의 공간성과 건축 행위의 시간성을 양방향 속에서, 일종의 공간/시간의 교환을 통해 얽히게 만드는 작업이라 할 수 있다. 그 결과 건축 행위의 시간성의 인도 아래, 이 같은 활동의 심장부에서 기억과 건축 기획의 변증법을 다시 발견할 수 있다는 논의를 전개한다. 이 점에 대해 다시 상술하면 다음과 같다.

먼저 건축과 서사의 유추이다. 상식적으로 돌이나 다른 재료 속에 새겨

---

186 건축과 서사의 관계에 대해서는 다음 연구서 참조.
소피아 사라, 조순익 옮김, 『건축과 내러티브: 공간의 형성과 문화적 의미』, Spacetime, 2010. 저자에 따르면 "내러티브 구조와 지각적 경험, 그리고 재현의 관계는 건축과 가장 관계있는 내러티브의 측면(p.2)"이며 또한 서사는 다양한 방식으로 건축에 개입하는데, 그것이 상징하는 개념적인 '메시지들'부터 모델과 도면, 기타 재현적인 형식들을 통한 디자인 표현에까지 다양한 영역을 아우른다.

지는 건축 기획과, 언어 속에 새겨지는 문학적 서사성 사이의 간극은 자명하다. 하나는 공간 속에서, 다른 하나는 시간 속에 위치한다. 이야기는 읽기에 제공되고 건축은 하늘과 땅 사이에 만들어져 가시성을 위해, 즉 보기 위해 만들어진다. 이야기된 시간과 건설된 공간 사이의 편차는 매우 크게 보인다. 하지만 이야기의 시간과 건축의 공간이 보편적 시간과 기하학자들이 연구하는 공간의 단순한 분할로 한정되지 않는다는 점을 주목하면 점차적으로 그 편차를 줄여갈 수 있다. 이야기의 시간은 물리적 시간과 심리적 시간 사이의 봉합 지점에서 펼쳐진다. 즉 이야기의 시간은 체험된 시간과, 연대기적 시간을 표상하는 시계의 시간 사이의 혼합인 것이다.

예컨대, 기억은 과거를 현재 속에 불러오는 것이며, 기다림은 미래의 현재화이고, 주의는 현재의 현재화이다. 서사적 시간의 기초에는, 보편적 시간 속에서 하나의 단절인 단순 순간과, 오직 지금이라는 현재밖에 존재하지 않는 생동하며 느끼는 현재 사이에 놓인 이 같은 혼합이 존재하는 것이다. 마찬가지로 건축 공간은 살아 있는 몸의 환경을 에워싸는 삶의 장소들과, 삼차원으로 이뤄진 기하학적 공간 사이의 일종의 혼합으로 볼 수 있다는 것이 리쾨르의 생각이다. 건축 공간도 모든 점들이 좌표에 힘입어 다른 점들로부터 연역될 수 있는 데카르트의 공간 속에서 파악될 수 있으며, 동시에 건축 공간은 삶의 장소이다. 서사적 시간의 매듭인 현재를 본떠, 건축 공간의 거점은 창조하고자 하는 공간의 매듭이 된다.

리쾨르가 개진한 건축과 서사성의 논지는 바로 혼합적 시간과 혼합적 공간 속에 뿌리를 내리고 각인이라는 근본적 개념을 근거로 전개되고 있다. 보다 구체적으로 그는 자신의 3부작인 『이야기와 서사』에서 채택한 창조적 재현의 세 단계를 다시 활용한다. 첫 번째 단계는 선형상화préfiguration 단계로서, 여기에서 이야기는 일상생활 속에 관여하며 아직 문학적 형식을 생산하지는 못한다.[187] 공동체에서 더불어 살고 있다는 인간적 접촉의 발판은 바로 우리가 일상에서 타자와 교환하는 삶의 사소한 이야기들로 시작한다. 이 같

---

187 Ricoeur, 앞의 논문, p.44.

은 이야기들은 오직 기억, 체험담, 미래 계획 등의 교환들 속에서 비로소 의미를 지닌다.

두 번째 단계는 서사화된 시간 단계로서 그가 형상화configuration라고 부르는 논리적 계기이다.[188] 이것은 일상생활의 맥락을 넘어 문학의 세계 속에 진입하는 본격적인 이야기하기 행위이다. 이 단계에는 글쓰기와 문학적 기교를 통해서 이뤄지는 각인이 존재한다. 이 두 번째 형상화 단계에서 핵심적 과정은 이야기의 실타래를 짜는 행동mise-en-intrigue이라 할 수 있다. 그것은 사건들과 더불어 하나의 이야기를 만들고, 따라서 하나의 실타래를 형성하는 것으로서 이 같은 실타래는 사건들을 한곳에 모을 수 있도록 해줄 수 있을 뿐만 아니라, 원인, 이유, 우연 등 행동의 양상들을 결집시키고 일련의 규칙들로 이뤄진 변형들로 진행된다. 이 같은 서사 단계에서 가장 핵심적인 기능은 얽히고설킨 복잡한 삶의 이야기들을 읽힐 수 있도록 해주는 판독 가능성이라 할 수 있다. 끝으로 모든 서사는 다른 이야기들과 견주었을 때 상호 관련성을 맺는 상호 텍스트성의 작동으로 이뤄진다.

세 번째 단계는 재형상화reconfiguration라는 독서와 재독서의 상황 속에서 진행되는 과정이다.[189] 바로 이 세 개의 문학적 재현 단계들은 '건축하기'에서 그것들에 해당하는 평행적 운동을 발견할 수 있다. 선형상화의 단계는 거주 행위와 연결될 수 있으며, 두 번째 단계는 건축 행위라는 보다 명백한 개입 단계이고, 세 번째 재형상화 단계는 우리가 사는 도시들과 모든 거주 장소들의 다시 읽기 단계에 해당된다. 즉 첫 번째 단계에서 '거주하기'는 '건축하기'의 전제 조건이며, 두 번째 단계에서 거주를 책임지는 것은 '건축하기'이고 이때 거주는 건축의 기억을 다시 만드는 성찰된 거주이다.

길, 거리, 광장이 건축에 속하는 이유는 그것들이 유도하는 행위들이 거주 행위 속에 통합된다는 점에서 그렇다. '거주하기'는 다양한 리듬들, 정지와 운동들, 고정화와 이동들로 이뤄진다. 장소는 단지 텅 빈 곳이 아니며

---

188 같은 논문. p.44.

189 같은 논문, pp.49-50.

주파해야 할 간격이다. 도시는 은신처와 이동의 이 같은 변증법의 첫 번째 표면이라 할 수 있다. 그 결과 건축의 요구와 도시계획의 요구가 동시에 탄생한다는 점을 보게 된다. 그만큼 집과 도시는 원초적 건축하기/거주하기 속에서 동시대적이다. 그렇다면 이 첫 번째 단계에서 서사성과 건축 사이의 평행성은 무엇인가라는 물음이 제기된다. 문학 형식 이전의 이야기의 어떤 기호들이 거주 공간과 관련될 수 있는가라는 물음을 던져볼 수 있을 것이다. 무엇보다 모든 삶의 이야기는 삶의 공간 속에서 전개된다. 행동이 사물의 흐름 속에 각인되는 것은 사물들의 공간적 성향에 영향을 주는 사건들의 공간을 표시하는 데 있다. 또한 대화의 이야기는 기억들의 교환에 한정되지 않고, 장소들의 이동 행로와 동일한 외연을 갖는다.

문학적 서사를 통한 시간의 형상화 역시 건축적 기획에 의해 공간의 형상화를 해석하기 위한 안내자이다. 두 개의 시적 행위들 사이에는 단순 평행 차원을 넘어서 건축 프로젝트의 시간적, 서사적 차원이 나타남을 알 수 있다. 서사적 건축적 가치들이 교환되는 공간/시간의 발현을 찾아볼 수 있다는 것이다. 다시 말해, 건축적 서사성을 말하는 것은 합당하다는 결론을 맺을 수 있다. 일단 첫 번째 수준인 건축 행위는 서사의 형상화 행위의 주된 특질, 즉 이질적인 것의 시간적 종합에 해당하는 단계로서, 이질적인 것의 공간적 종합이라고 부를 수 있는 것 속에서 등가를 발견할 수 있다. 건축 기획은 공간의 세포들, 매스, 표면 등의 다양한 양상들이 하나의 통일성을 발견하는 오브제들을 창조하는 것을 겨냥한다. 건축 작품은 하나의 폴리포니의 메시지로서 그것은 전체적 독서와 분석적 독서 모두에 개방된다. 전체와 부분 사이의 상호성, 그리고 그 결과 나타나는 해석의 순환성은 모두 건축의 구성 요소들의 쌍방적 함의들 속에서 정확한 등가를 찾을 수 있다. 각각의 새로운 건물은 그것의 건설 속에서 그 건축물의 화석화된 기억을 제시한다. 건축 공간은 응축된 시간에 속한다. 공간 속에 시간을 이같이 주입시키는 것은 건축 행위와 거주 행위 사이의 동시적 형상화 작업을 고려하면 보다 분명해진다. 즉 거주의 기능들은 건축 공간의 조형 차원에 각인된 건축 작동들과 마찬가지로 끊임없이 발명된다. 리쾨르에 따르면 거주 행위와 건설 행위에서 비롯된 건축은 동시에 축조되는 것이다. 형상화 수준에서 문학적 서사와 건축 사이에 존재하는 두 번째 평행성은 뒤얽히고 복잡한 것을 이해 가능한 것으로 만드는 판독 가능성에서도 발견된다. 이야기의 형상화 행위를 공간으로 운반하는 동일한 각인이, 건축에서 이뤄지는 각인에서도 발견된다. 문학적인 것에 지속을 부여하는 것이 글쓰기라면, 건축된 사물의 지속을 보장하는 것은 재료의 견고함이다.[190]

반성성의 층위에서도 시간성은 건축적 구성의 이야기와 관련된다. 여기에서 리쾨르가 말하는 것은 건축에 대해 기록된 이야기가 아니라 형상화 행위에 대해 다음과 같은 사실을 부여하는 역사성을 말한다. 즉 문학적 공간과 동일한 침전화의 성격을 제시하는, 이미 세워진 건물들 사이에서 새로운 건물이 솟아난다는 사실을 말한다. 이야기가 건축물에서 그것의 등가를 갖는 것과 마찬가지로, 상호 텍스트성의 현상은 새로운 건축물을 맥락화시키는 이미 세워진 건축물의 망 속에서 나타난다.

세 번째 단계인 재형상화 단계에서도 건축의 서사성을 설명할 수 있다. 서사는 늘 자신의 독자를 통해서 완성된다. 글쓰기와 책 읽기 사이에는 변증법의 관계가 존재하는 것이다. 여기에서 변증법이라 말할 수 있는 이유는 읽는 행위 속에서 다시 취해진 텍스트는 독자의 삶을 훤히 밝혀줄 능력을 전개하기 때문이다. 독자는 삶의 감추어진 것을 발견하고 동시에 그것을 계시할 수 있는 능력을 지니며, 이 능력은 진부한 해석을 변형시킬 수 있는 것을 말한다. 건축물과 도시 읽기에서도 마찬가지의 능력을 언급할 수 있다. 우리의 거주 방식으로 삶의 장소들을 읽고 다시 읽을 가능성이 발견된다. 리쾨르는 독서 모델의 힘은 거주 행위를 재평가할 수 있게 해줄 만큼 크다고 결론짓는다. 독서 모델에 기초해 거주를 '건축하기'에 대한 하나의 반응으로서 사유할 필요가 있다는 것이다. 건축적 기획이 제대로 사유된 것으로는 충분하지 않다. 즉 건축 공간이 이해되고 수용될 수 있도록 해주는 합리성의 확보만으로는 충분하지 않은 것이다. 건축 기획의 합리성의 규칙들과 대중에 의한 수용 가능성의 규칙들 사이에는 큰 간극이 존재한다. 따라서 리쾨르는

---

190 같은 논문, p.50.

거주 행위를 단지 욕구들의 보금자리로 간주하는 것을 넘어, 다양한 기다림의 보금자리로 파악하는 법을 학습할 것을 권고한다. 문학 텍스트의 수용이 다원적 독서의 실현을 착발시키는 것과 마찬가지로, 수용적, 능동적 거주하기는 도시 환경에 대한 세심한 재독서와 양식들의 병치의 연속적인 재학습, 그리고 기념비들과 모든 건축물이 그 흔적을 지니는 이야기들을 함의한다. 이 같은 논의를 통해서, 문학과 건축은 모두 기억의 장소라는 공통적 관념을 지닌다는 결론에 이른다.[191]

공간과 시간의 합리적, 성찰적 구성으로서의 기억의 장소를 말한다. 장소들 속에서 종합화된 상이한 시대들의 기억들이다. 이 같은 기억의 장소들은 하나의 기억의 작업에 호소한다. 기억의 작업은 프로이트가 반복의 충동이라 부르는 강박관념의 반복과 대립된다. 이 같은 반복에서 과거에 대한 다원적 독서는 제거되며 상호 텍스트성의 공간적 등가는 불가능해진다. 건축물과 문학 텍스트 모두에서 두 가지 유형의 기억들이 경쟁하고 있음이 환기된다. 기억/반복에서는 이미 알려진 것만이 가치를 가지며, 새로운 것은 가증스럽고 추악한 것이다. 반면, 기억/재구성에서 새로운 것은 호기심과 더불어 수용되어야 하고, 옛것을 재 조직화하려는 배려는 이 같은 새로운 것에 자리를 내준다. 익숙한 것을 낯설게 하는 것이며, 익숙하지 않은 것을 친숙하게 만드는 작업인 것이다. 그는 바로 도시에 대한 이 같은 다원적 독서의 가능성으로 끝맺고 있다.[192]

5. 공간, 감각, 느린 시간: 도시 서사의 잠재적 요소들

서사와 감각의 회복

도시의 서사적 차원에서 결정적인 문제들 가운데 하나는 도시 거주자들과 방문객들의 마음속에 확연하게 각인될 수 있는 선명한 도시 이미지를 심어

191 같은 논문, p.51.

192 같은 논문, p.51.

주는 작업으로서 이것은 보다 일반적으로 도시 서사의 기획이며, 도시의 이미지를 장소들의 역사들 속에 정박시키는 일이라 할 수 있다. 그 결과 도시의 이미지는 자신의 역사를 이야기함으로써 도시의 혼과 역사적 정체성이 텔레커뮤니케이션 정보와 이미지들의 홍수로 흡수되는 것을 피할 수 있다.

도시 서사성의 뿌리는 도시의 시간성 곧 역사성이다. 한 편 또는 여러 편의 이야기를 들려주는 장소들은 결코 표피적이고 부박한 이미지들의 범람에 의해 사라지지 않으며, 이와는 정반대로 도시의 문화적 소비를 지배하는 글로벌 상업화의 파산적 쇄도로부터 우리를 구해줄 수 있다. 도시 공간의 시간성에 토대를 두는 이 같은 역사적 지리학은 도시 거주자들에게 공간의 진정성을 보여주어야 한다. 왜냐하면 도시 마케팅의 기법을 동원한 꾸며진 도시 공간이 아니라, 오직 도시 거주자들의 일상적 삶의 터전에서, 그들은 '지리적 공간'에 대한 강한 인상과 직접적 지각을 가질 수 있기 때문이다.

도시가 한편의 감동적인 이야기를 들려주려면, 도시 거주자들에게 효과적인 인지적 행위를 유도해야 하며, 이야기의 통합적 부분들은 장소들의 도시 서사urban epic에 필요한 적절한 해석을 거쳐야 하고 구체적 장소가 포용하는 이야기가 서술되어야 하며, 그 맥락에 대한 기본적 묘사가 마련되어야 한다. 독일 영화감독 빔 벤더스Wim Wenders는 도시와 역사의 미묘한 관계를 다음과 같이 진술한 바 있다. "도시들은 이야기를 해주지 않지만, 우리에게 역사에 대해 무엇인가를 소통시켜줄 수 있다. 도시들은 자신들의 역사를 보존하고 보여줄 수 있으며, 역사를 가시적으로 만들거나 숨겨놓을 수 있다."[193] 요컨대, 도시는 자신의 심오한 역사를 간직하고, 필요할 경우 효과적으로 전시할 수 있으며, 도시 공간의 행위urban act를 통해서 거주자들의 상상력에 자양분을 제공할 수 있다.

도시 공간을 읽어내는 법을 터득하는 것은 단지 도시 장소들이 그들의 이야기들과 더불어 계시하는 장소의 역사적 의미를 파악하는 것에 의존하지 않는다. 도시 공간의 판독 능력은 무엇보다 사회적 학습의 고단한 과정,

---

193 Wenders, W., *The Act of Seeing,* Frankfurt, Verlag der Autoren, 1992.

즉 도시 지식의 새로운 문화로부터 파생되는 것이다. 그 같은 도시 지식의 문화에서 비로소 시각적 메시지들의 홍수에 의해 압도당한 현대인의 눈은 비판적 시각을 갖추며, 도시의 기호들을 해석하기 위해 애쓰면서 도시 공간에 대한 시선의 외부성, 즉 거리 두기의 조건을 마련할 수 있다.

벤야민은 이 같은 개념을 '도시 보기'와 '도시 듣기' 사이의 관계를 탐구하면서 발전시켜나갔다. 예컨대, 벤야민은 근대 대도시 거주자들의 눈이 도시 공간의 시각 체제에 의해 압도당하는 것을 관찰한다. 이 같은 진술을 제시하면서 그는 자신의 스승인 짐멜의 성찰을 인용한다. 짐멜에 따르면 듣지 않고 보는 사람은 보지 않고 듣는 사람에 비해서 더 많은 초조함에 휩싸인다. 이 같은 심리적 상황은 대도시를 특징짓는다. 대도시에서 사람들 사이의 상호 관계는 청각에 대한 시각 활동의 강력한 우세에 의해 차별화된다. 공공 교통 운송 시스템은 이 같은 현상의 주된 원인이다. 19세기 전차, 철도 등이 도래하기 전에 사람들은 스스로가 결코 한마디도 하지 않은 채 서로를 쳐다보면서, 몇 분 동안, 심지어 몇 시간 동안 머물러야 하는 경험을 해본 적이 없었다.

근대 문화에 있어 청각에 비해서 시각의 우세는 현실에 대한 시각적 재현의 강조로 유도된다. 이 같은 상황은 현실에 기초한 가능한 세계들을 상상하고 구성하기 위해 현실에 대한 기본적인 비판적 해석을 방해한다. 즉 듣지 않고 보기만 하는 사람들은 도시라는 현실에 대한 재현적 개념에 닫혀버리는 형국이다. 재현은 늘 하나의 상징이며, 모든 재현은 대상의 상이한 면들의 상징일 뿐이다.

도시에 대한 완결된 감각적 경험을 갖기 위해 모든 감각들을 사용할 필요가 있다는 사실은 독일 영화감독 벤더스의 영화에서 탁월하게 다뤄진다. 그가 만든 영화 <리스본 스토리Lisbon Story>의 주요 모티브 가운데 하나는 바로 영혼이 없이 맹목적 눈으로 도시를 보는 것의 문제를 제기하면서 예리한 시각으로 그 문제를 다루고 있다.

벤더스는 영화 속에서 문화적 소비의 상징적 요소들, 즉 판에 박은 비디오 관광객video-tourist의 마모된 관광지를 보여주지 않는다. 그 같은 상투적 관광지는 현대 도시의 무대장치 위조품이며 앞에서 상술했던 도시 공간의 두 가지 개념, 즉 물적 집적체로서의 도시 공간인 '우르브스'와 공동체적 삶이 실현되는 도시 공간인 '키비타스' 사이의 단절이 나타나는 선명한 예들이다.

벤더스에게 리스본은 여전히 자신의 영혼 속에 뿌리를 내리고 있는 도시 공동체의 공생성이 살아 있으며, 재화, 정보, 감정의 교환을 포함하는 세 가지 차원의 소통이 이뤄지는 역사적 두께를 갖는 장소이다.[194] 벤더스에게 진정한 도시는 생명이며, 공동체이며, 감각적 성질이 결여된 단순한 물리적 공간은 아니다. 특히 도시의 소리는 생명과 청취를 표상하며, 의미를 취하기 위해 필요하고 기억과 역사 속에서 장소는 의미론적 밀도를 갖는다. 끝으로 도시에 대한 앎의 핵심적 운반체로서 감각적 인지, 즉 '아이스테지스'에 대한 벤더스의 관심은 촉각적 지식의 측면에서도 형성된다.

도시 공간 걷기의 서사적 시적 차원

걷기는 도시 공간에서 이뤄지는 도시 주체의 발화 행위이다.[195] 황폐한 도시 현실에서 우리는 도시를 '촉지할 수 있는' 방식들을 재발견해야 한다. 거주자들로 하여금 도시의 흙을 밟게 하고, 자연과 역사 속에서 풍요로운 장소들의 땅과 직접적으로 접촉하게 해주기 때문에, 가장 엄밀한 의미에서 걷기는 충만한 감각적 경험을 지시한다. 또한 걷기는 하나의 도덕적 기능을 갖고 있다. 걷는다는 것은 허구, '시뮬라크룸'의 도시, 진짜 같은 가상성의 외부에 놓인다는 것을 의미한다. 풀어 말해 걷는다는 것은 동일한 이동과 소비 모델을 무한하게 재생산하는 모방적 도시 형태들에 대해 외부로부터 벗어난다는 것을 의미한다. 즉 대중 소비에 기초하고, 역사 또는 정체성 없이 착상되고 경험되는 포스트 도시에 의해 마비된 상황으로부터 탈주한다는 것을 의미한다.

벤더스에 따르면, 걷기는 "메트로폴리스와 더불어 살면서 대도시에 들

---

194 Choay, F., "Le Règne de l'urbain et la mort de la ville", in Dethier, J., *La Ville, Art et architecture en Europe 1870-1993,* Paris, Centre Georges Pompidou, 1994.

195 Maciocco, G., *Fundamental Trends in City Development,* Berlin/Heidelberg/New York, Springer, 2008. pp.112-116.

어가는 방식 가운데 하나"이다. 걷기는 도시에서 사는 사람들에게 도시의 모든 양상을 수용하는 기회를 체험하는 것이며, 이 같은 이유에서 걷기 위한 장소들은 거의 선천적인 소명을 가진 장소들이어야 하며 쇼핑을 위한 도보 공간과는 다른 것이어야 한다. 도시를 완전히 체험할 수 없는 도시인의 무능함의 지표는 바로 자동차를 타고 도시를 주파하는 인간이다.

보들레르가 언급한 '서서히 도심을 걷는 소요와 만보'의 장소들은 도시의 비밀을 은밀하게 포함한다. 그 같은 비밀은 걷기를 통해 발견될 수 있으며 도시를 '촉지할 수' 있게 만들어주는 감각적 지식의 형식을 실천하면서 실현된다. 걷기는 도시를 촉각적으로 경험하는 방식들 가운데 하나이며 도시에 대한 집단적 수용을 선호하는 충만한 감각적 경험이다. 요컨대 걷기는 촉각의 회복이다. 도시의 집단적인 '촉각적 수용'을 선호하기 위해 적당한 장소에서 이뤄지는 걷기는 도시의 장소들의 언어와 더불어 도시 서사urban epic를 써내려가는 것이다. 쉽게 말해 걷는 것은 곧 이야기하는 것이다.

한편, 언어를 공간적 실천의 이해 모델로 삼으면서 프랑스 역사학자 세르토는 도시 공간의 환경에서 '걷기의 수사학'이 존재한다는 가설을 제시한 바 있다. 도심에서의 걷기를 통해서 이뤄지는 행로에서 일정한 주제들topoi의 연속을 배열하면서, 걷는 사람의 방향은 도보자의 발화에 의해 생산되는 다양한 스타일을 가능케 한다. 세르토에 따르면, 실제로 걷기 행위는 언어 또는 진술에 대해 발화 행위가 대비되는 것처럼, 도시 시스템에 대비된다.

세르토의 논지를 상술하면 다음과 같다.[196] 도시 공간이라는 랑그는 개인적 발화 행위인 걷기에 의해 실행될 때 비로소 의미가 생겨난다. 언어에서의 다양한 발화 양식처럼, 다양한 걷기의 방식들이 존재한다. 그것은 소통 가능성의 일차적 시험, 도시 형태의 실험적 시험으로서의 걷기로서, 마치 언어가 발화와 더불어 이야기를 촉발시키는 것처럼, 소통하고, 이야기를 시작할 가능성을 말한다. 소쉬르 언어학에서 랑그와 파롤의 이분법이 제시된 것처럼, 도시 공간과 걷기의 관계 역시 이와 유사하다. 「도시 공간에서의 걷

---

196 Certeau, M., *The practice of everyday life,* University of California Press, 2011, pp.91-110.

기」라는 제목 아래, 먼저 세르토는 도시의 개념으로부터 도시 공간의 실천으로 옮겨갈 것을 주문한다. 도시의 개념이란 다름 아닌 도시적 사실이 도시계획적 이성에 종속된 통일체로 다룰 수 있음을 의미한다. 유토피아적이며 도시계획적인 담론에 의해 건설된 도시는 세 가지 작동으로 정의될 수 있다. 첫째, 자기 고유의 공간 생산으로서 합리적 조직화를 통해 모든 물리적, 정신적, 정치적 오염을 억압해야 한다. 그 같은 제어가 작동하지 않은 합리적 조직화는 불가능해지기 때문이다. 둘째, 전통에서 발생하는 불확정적이고 완고한 저항을 무시간성 또는 공시태의 체계로 대체한다. 즉 모든 데이터를 수평적인 기획 속에서 평준화시킴으로써 가능해진 획일적인 과학 전략을 말한다. 그 같은 획일적 전략들은 다양한 기회들의 이점을 취하는 사용자들의 전술을 대체한다. 셋째, 보편적인 익명의 주체의 창조로서, 이 주체는 바로 도시 그 자체이다. 도시는 안정적이며 고립되고 상호 연계된 속성들에 기초해 공간을 착상하고 구성하는 한 가지 방식을 제공한다.[197]

바로 이 같은 맥락에서 세르토는 도시 공간에서의 실천을 강조하고 있으며 그 예로 걷기에 대한 기호학적 현상학적 성찰을 제공한다. 걸음걸이는 무수하지만 연속적 시리즈를 성립하는 것은 아니다. 걷기는 수로 셀 수 없다. 걷기의 각 단위는 질적인 성격, 즉 촉감적인 이해와 근육을 통한 독특한 전유의 스타일을 갖고 있기 때문이다. 걸음걸이는 공간에 형태를 부여하고 장소들을 엮어 직물처럼 짜내고 있다.

물론 걷기라는 작동들은 도시 지도 위에 그 흔적을 표시할 수 있으며 그 결과 걸어온 행로와 여정을 전사할 수 있다. 하지만 이 같은 보행자가 지나간 선들은 단지 이미 지나간 것의 부재를 지시한다. 여기에서 세르토는 보행자의 발화 행위pedestrian speech acts를 제시한다. 발화 행위와의 비교는 단지 그래픽 재현에 대한 비판에 우리를 한정 짓지 않고 더 많은 논의를 향하게 만든다. 판독성의 한계선으로부터 접근될 수 없는 것 너머를 보도록 해준다. 도보 행위가 도시 공간의 시스템과 맺는 관계는 발화 행위가 언어 또는 발화

---

197 위의 책, p.94.

된 진술과 맺는 관계와 같다.[198]

가장 기본적인 수준에서 걷기는 세 가지 발화 작용의 기능을 갖는다. 그것은 도보자의 측면에서는 지형적 시스템의 전유 과정이다. 마치 화자가 언어를 전유해 자기 것으로 삼는 것과 마찬가지이다. 걷기는 공간적 실현이다. 마치 발화가 언어의 청각적 실현인 것과 마찬가지이다. 걷기는 상이한 위치 사이에서의 관계를 함의한다. 도시 공간에서 다양한 움직임들의 형태 속에서 화용론적 계약들 사이의 관계를 함의한다. 마치 언어 커뮤니케이션이 대화 상대자들 사이에서 계약들을 행동 속에 갖다놓는 것처럼 말이다. 따라서 도보를 발화 작용의 공간으로서 일차적으로 정의한다. 이 같은 시각에서 도보자의 발화 행위는 공간적 시스템과 그것을 구별시켜주는 세 가지 특징을 갖는다. 현재적인 것, 이산적인 것, 친교적인 것이 그것이다.

첫째, 공간적 질서가 다양한 가능성과 금기의 집합을 조직화하는 것이라면, 걷는 사람은 실제로 이 같은 가능성의 몇 가지를 실현한다. 이 같은 방식으로, 그는 그 같은 가능성을 존재하게 만들고 아울러 창발하게 만든다. 그래서 그는 다른 가능성을 창안할 수 있는데 그 이유로 가로지르기, 표류하기, 걷기의 즉흥은 공간적 요소들을 특권시하고, 변형시키는 것을 포기할 수 있기 때문이다. 찰리 채플린이 그의 지팡이로 창조했던 온갖 다양한 걷기의 놀이와 즉흥적 연출을 연상하면 된다.

그 결과 걷는 사람은 이산성을 창조한다. 그는 몇몇 장소들을 부동성 또는 소멸하게 만들거나, 다른 공간적 전환들과 더불어 구성한다. 발화 작용의 프레임워크 안에서, 걷는 사람은 그의 위치와 관련지어 가까운 것과 먼 것, 여기와 저기 모두를 성립시킨다. 부사어인 '여기'와 '저기'가 언어 커뮤니케이션에서 언표적 행위의 지시소들이라는 사실에 대해 우리는 이 같은 발화가 '나'라는 것에 견주어 타자를 도입하는 기능을 갖는다는 점을 첨언해야 한다. 여기에서는 특히 교감적 양상을 강조해야 할 것이다. 걷기는 하나의 진행 경로를 따르고 환경 속에서 동적인 유기체성을 창조한다. 즉 교감적

198 같은 책, p.97.

'토포이'들의 시퀀스를 창조한다.

걷기는 걷기가 말하는 궤적들을 확인하고, 의심하고, 위반하고, 존중한다.[199] 이 모든 양태성은 이 같은 합창에서 한 부분의 노래를 맡는다. 걸음걸이가 바뀌고, 시간, 길, 보행자에 따라 다른 비례와 시퀀스, 강도를 밟아가면서 이러한 발화 작용은 무한히 다양해진다. 따라서 이들을 지도의 그림 자국으로 환원할 수 없다.

끝으로 걷기의 수사학이 가능하다. 지나치는 보행자의 걷기는 돌기와 우회를 연속적으로 수행하는 데, 이는 일련의 독특한 표현법이나 문체적 비유들에 견주어질 수 있다.[200] 멋진 문장들을 만들어내는 기술은 마치 하나의 행로를 구성하는 기술과 동등한 자격을 지닌다. 일상 언어와 마찬가지로, 이 같은 기술은 다양한 스타일들과 사용들을 함의하고 조합한다. 스타일은 상징적 수준에서 발현하는 언어적 구조를 특화시킨다. 그것은 개인이 세계 속에서 존재하는 근본적인 방식을 지칭한다.

도시의 시간성

1. 도시 공간의 시간성

도시의 시간성에 내포된 인문적 함의는 여러 도시학자가 강조한 바 있다. 멈퍼드 역시 그의 주저에서 여러 차례 그 점을 주목했다.

"도시들은 시간의 산물이다. 도시들은 인간의 삶들이 예술을 수단으로 해, 도시가 없었다면 사라져갔을 순간들에 지속적 형상을 부여하면서 냉각되고 결빙된 주형들이다. (…) 도시에서 시간은 가시적이다. 건물과 기념비와 공공 도로들은 문자 기록보다 더 빈번하게, 촌락의 흩어진 인공물보다 더

---

199 같은 책, p.99.

200 같은 책, pp.100-102.

많은 사람의 시선을 사로잡으며 심지어 무지하거나 무관심한 사람들의 마음속에도 하나의 흔적을 남겨놓는다."[201]

또한 그는 도시 공간의 중층적 시간성을 다음과 같이 예리하게 파악한다. "보존이라는 물질적 사실을 통해서 시간은 시간에 도전하고, 시간과 더불어 충돌한다. 타성들과 가치들은 살아 있는 무리를 넘어 시간의 상이한 단층들과 더불어 줄무늬를 넣으면서 모든 개별 세대들은 운반된다. (…) 과거의 시간은 층층이 쌓여가며 스스로를 도시 속에서 보존한다. (…) 도시는 시간과 공간의 조화, 한 편의 심포니이다."[202]

도시 공간의 시간성을 사유한 또 한 명의 학자로 프랑스의 여류 철학자 안 코클랭Anne Cauquelin을 손꼽을 수 있다. 그녀는 현대의 기호학자들부터 마르크스주의자들에 이르기까지, 또 건축가들에서 경제학자들에 이르기까지, 이들 상이한 전공자들의 도시 연구에 있어 분석 매체로 사용되는 것은 주로 공간적 도식이라는 점을 주목했다. 달리 말해 그녀는 인문 사회과학 분야에서 도시계획의 일차적 재료는 공간이라는 인식이 뿌리 깊게 각인되어 있다는 사실을 지적했다. 이 같은 인식론적 한계를 의식하면서 코클랭은 도시 공간에서 시간의 보편적 의미와 다양한 종류의 시간들의 작업에 대해 묻고 있다.[203] 도시의 시간성에 대한 그 같은 본질적 물음은 도시의 건설과 발달에 있어 도시의 건립자들과 사용자들 모두에게 너무나 빈번하게 무시된 일차적 데이터인 시간에 대해 개념적 토대를 마련하는 데 있어 필수적이다. 왜냐하면 시간은 도시 공간에서 작동되는 주요 질료이기 때문이다.

도시 공간을 파악하는 데 있어 시간과 관련된 선험적 조건들을 소묘함으로써 한 사회가 스스로에게 부여하는 실천들과 표상들을 제어하는 암묵적 규칙들을 파악할 수 있다는 것이 코클랭의 도시 철학의 요체이다. 이 같은 규칙들은 결코 명시적으로 발현되지 않으며 일련의 여과 장치를 통해서

---

201 Mumford, L., *The Culture of cities,* New York, Routledge/Thoemmes Press, 1997, (1938), p.4.

202 위의 책, p.4

203 Cauquelin, A., *Essai de philosophie urbaine,* Paris, PUF, 1982.

도시라는 현대 문명의 가장 명백한 형상의 한복판에서 인간들의 삶을 지배한다. 그녀의 도시 철학은 결코 모든 시대와 문화를 통해 나타나는 도시계획의 역사를 다루는 것이 아니며, 도시 기원들의 탐구도, 그 진화와 양태에 대한 연구도 아니다.

도시 철학의 핵심은 도시의 다양한 기억들, 망각되거나 거부된 또는 산산조각이 나거나 혼란스러운 기억들에 대한 참조를 말하며, 그 기억들은 도시 공간의 본질을 이루는 자연적 환경이고, 그것을 감싸는 '에테르'이다. 기억의 관점에서 보면, 도시 공간의 생산자건축가, 정치인, 도시계획가와 생산의 동력 주체들에 종속된 주민 사이에는 분할이나 단절보다는 연속성이 강조되어야 한다. 물론 이 같은 생각은 도시 공간의 생산과 관련해 기존의 권력 분리를 유지하려는 기득권층의 심기를 불편하게 만들 수 있다. 도시를 만드는 권력은 우월한 존재이며, 일반인은 스스로가 자신의 공간을 제어할 수 없다는 뿌리 깊은 편견이 도사리고 있기 때문이다. 하지만 최근의 연구들은 도시를 만드는 사람들과 도시를 사용하는 사람들 사이의 정신적 연속성을 밝혀내고 있다. 도시 공간의 생산자들과 소비자들은 자신들도 모르게 동일한 도시 영토에서 발생하는 동일한 원칙들을 공유한다. 그들은 동일한 역사, 우화, 전설을 공유하며 꿈과 희망을 함께 나눈다.

도시는 다름 아닌 기억 그 자체라고 단언하는 것은 모든 것을 말하는 것이며 동시에 아무것도 말하지 않는 진부함이다. 막연한 과거의 기억, 지나간 세기들, 새겨진 돌의 기억, 원주들의 기억, 고문서의 기억, 역사서들의 기억 등 도시에 존재하는 모든 것은 기억의 대상이 될 수 있기 때문이다. 도시 공간의 원칙에 근본적인 구성 요소를 제기한다면 그것은 바로 시간이라 할 수 있다. 사람들이 도시 공간의 기억이라고 흔히 말하는 것은 단순히 조력자로서 또는 공간에 부차적으로 존재하는 시간성을 참작하는 것이 아니라 공간의 이해에서 본질적 조건으로서 시간성을 심도 있게 고려함을 말한다.[204]

---

204 위의 책, p.10.

시간이란 요소는 도시 공간에 대한 지식에서 필수적이다. 도시가 촌락과 다른 것은 그것의 독특한 시간성이다. 도시에서 시간은 대부분 인간의 교환 활동에 할애된다. 사회학은 이 같은 도시 공간의 사용을 완벽하게 측정할 수 있다. 이를테면 시간과 예산의 관계가 쉽게 설정될 수 있으며, 언제, 어디서, 무엇을 얼마에 할 것인가가 정해진다. 시간 대비 예산 책정은 도시성의 지표를 설정한다. 그것은 시간을 모든 기능과 이동들의 산술적 단위로서 파악하는 것을 말하며 시간성의 연대기적 의미를 채택하는 것이라 할 수 있다.

시간은 기억의 본질적 형식으로서 건축가와 도시계획가는 그것을 비켜갈 수 없는 숙명으로 받아들이거나 기술적 제어의 대상으로 인식한다. 건축가들은 시간이라는 운명을 자신들의 소명의 불가피한 법칙으로서 간주하고 시간적 제약을 그들의 지식/행동의 영역에 속하는 것으로 간주하면서, 시간의 역할, 가치, 의미에 대해 성찰한다. 한마디로 시간은 결코 공간의 장식품이 아니며 도시 공간의 본질을 성립한다. 코클랭 교수는 다음과 같은 핵심적 사실을 꿰뚫어 보았다. "도시는 기디온이 강조한 것처럼 시간용기 속에서 세워지며 또한 도시를 하나의 언어로서 구조화시키는 시간을 통해 세워진다."[205]

서양 건축학의 선조인 비트루비우스의 『건축론De Architectura』은 철학, 민족학, 음악, 수학, 기술, 영지학을 다룬다. 놀라운 것은 그가 언급하는 기억의 종류의 다양성이다. 그것은 금욕적 기억이 아니라, 과거 건축물들의 구체적 영역을 발굴하는 데 초점을 둔, 현재 속에서 진행되는 모든 생각을 담아내는 살아 있는 기억이다. 예컨대 제9권은 시간의 측정 과학으로서 천문학을 다루고 있다. 건축적 구성의 계기들을 구성하는 요소들은 결코 기술 차원에 속하는 것이 아니라, 정신적 세계에 속하는 것이며 전설, 종교, 철학, 음악에 속하는 것이다. 예컨대 새가 날아가는 것과 바람의 방향은 건축가와 결코 무관하지 않다. 비트루비우스는 이질적 요소들이 혼합되는 세계, 즉 건축

---

205 같은 책, p.15.

가의 세계와 더불어 거주자의 세계가 하나로 혼융되는 세계를 조명한다. 도시의 거주자들은 동일한 신념, 환상, 욕망을 공유하며 전통, 문화, 구성된 기억들을 공유한다. 건축은 바로 그 기억에 뿌리를 두고 있으며 기술과 신화가 공존하고, 행동하는 법과 살아가는 법의 공존이 바로 건축의 세계이다. 요컨대 기억은 도시 구조의 핵심적 요소이며 동시에 건축적 요소이다. 그녀는 '주름'이라는 멋진 은유를 빌려 와 도시 기억의 심오한 의미를 설파한다.

"거주자들에게서 작동되는 기억의 시각에서 본다면 그들의 도시적 실천을 통해 겨냥하는 것은 지속적인 옛 습관들을 다시 찾는 것이기도 하다.그 습관을 '주름'이라고 부른다. 도시를 건설하는 사람들 자신도 거주자들이라는 점에서 그들 역시 그 같은 습관을 참작한다. (…) 거주자와 건축가-도시계획가를 연결시키는 활, 이 같은 주름들의 구성은 '공간을 표시'한다."[206]

도시 공간의 맥락에서 기억과 시간에 대해 탐구한다는 것은 따라서 문화적 성층들의 분절을 추적하는 것이며, 기억과 시간이라는 요소들이 공간에 대해 미치는 효과들의 구체적 과정에 대한 가설을 세우는 작업이라 할 수 있다. 또한 도시 공간의 장소들은 상이한 템포에 의해 분할된 운동들 속에 있는 단위들로서 지칭할 수 있다. "이를테면 도시의 장소들은 시간적 차이화에 의해 세련되게 성층화됐다."[207]

다양한 도시 공간들의 짜임과 구조를 관찰해보면 하나의 동일 장소에 있어서 여러 상이한 시간성의 연속과 중첩으로 이뤄짐을 알 수 있다. 이 같은 사실은 도시 공간에서의 시간의 체험적 차원과 공간의 기능화, 가치화 차원에서 중요한 함의를 갖는다.[208]

근대의 기능주의적 도시계획은 공간뿐만 아니라 시간조차도 제어 관리할 수 있다고 주장했다. 실제로 1부에서 살펴본 아테네 헌장은 '일상적 기능들의 사이클'을 시간의 경제에 적합한 것으로 정의했다. 여기에서 말하는 시

---

206 같은 책, p.18.

207 같은 책, p.52.

208 다음 문헌 참조.
Pellegrino, P., *Le Sens de l'Espace,* Paris, Anthropos, 2000, pp.95-125.

간의 경제는 거주habitation를 도시 조직의 중심, 모든 척도의 최종 지점으로 제기하는 시간의 경제를 말한다.[209]

그 같은 시간의 구획은 노동 시간을 여가 시간으로 파악하는 것을 조준한다. 르 코르뷔지에 따르면 여가 시간의 관건은 "육체와 정신을 고양시키는 것"이다. 거주 시간, 여가 시간, 노동 시간 사이에 존재하는 마찰을 줄이기 위해 근대 도시계획은 공간과 시간의 할당affectuation을 별개로 고립화시켰고, 그것들을 스케일의 파급 범위에 따라서 위계화 된 순환들을 통해서 연결시켰으며 조직화된 순환들은 규칙적 간격으로 이뤄진 사이클로 조직화됐다.

하지만 도시 공간은 규칙화되고 획일화된 시간의 사이클로 환원될 수 없고 다양한 시간성들로 이뤄지며 그 같은 다양한 시간성들은 엄밀하게 주기적이거나 직선적인 정의에서 벗어난다. 시간성은 단지 일정한 범위를 갖는 경과 속도에 따라서 플럭스에 의해 유발되는 지속들로서 정의되는 것이 아니라, 다양한 상호작용을 갖는 범주들에 따라서 행위자들이 주파한 거리들에 의해 정의된다.[210] 도시 공간의 형태들은 때때로 이질적인 시간성을 함의하며 대치와 연속들의 다양한 양태성으로 분해될 수 있는 시간성들을 함의한다.

소도시와 도시의 밀집 지역에서 거주의 시간성의 의미는 도시 공간이 거주에 제공하는 다양한 만남의 가능성에서 온다. 또한 도시의 시간성은 다양한 욕구들의 실현에서 오는 것이지만, 특히 거주자들의 다양한 기획과 욕망으로부터 창발한다.

도시 공간의 조직은 다양한 가치 체계의 성립에 참여한다. 도시 밀접 지역은 하나의 용기이면서 동시에 과정으로서 정의되며 역사적 시간 속에 각인된다. 그 역사적 시간은 근대성의 부과로 인해 부정됐으나 때로는 문화유산의 재발명으로 가치가 새롭게 부여되기도 했다.

도시 공간의 건축에서 다양한 가치 체계들은 다양한 규약들과 상대적

---

209 Le Corbusier, *La Charte d'Athènes,* Paris, Minuit, 1941. (한국어 번역본) 르 코르뷔지에, 이윤자 옮김, 『르 코르뷔제의 아테네 헌장』, 기문당, 1999.

210 cf. Studeny, C., *L'invention de la vitesse,* Paris, Gallimard, 1995.

규범들을 구현한다. 이 같은 규약과 규범은 과정만큼이나 형태들의 용기로서 파악된 시간에서 벗어나지 않는다. 결정적 진보의 시각에서 근대성은 어떤 방식으로건 과거를 민속이라는 바구니에 넣었으며, 그 같은 근대의 몸짓은 스스로를 절대적 참신성으로서 부과시키기 위한 전술이었다.[211] 오늘날 역사적 시간은 도시의 개념화 속에 다시 자리 잡는다.[212] 하지만 단지 기념비와 공식적 기억의 시간이 문제가 되는 것이 아니라, 시적 방향의 투사의 시간[213], 도시의 발화로서의 도시 과정의 투사가 핵심이다. 도시가 생생한 발화, 도시의 생성 가능성의 투사가 바로 그것이다.

도시 기억은 사회적 시간 속에서 분절된다. 사회적 시간은 집단적 표상으로서, 아울러 체험된 현실로서 다양하며, 모순적이며, 편차가 있다. 사회적 시간의 통일은 그 시간들의 층위에 달려 있으며, 그 깊이에 있어서 다양한 층위들에 따라서 분할된다. 기억은 옛 이미지들을 인간이 물질과 맺는 관계들의 변화들에 대해 가진 지각으로 유도한다.[214] 모든 기억은 그것이 하나의 지속을 갖는다는 점에서 집단적이게 된다.[215] 사회적 무리의 항구성과 변형, 느림과 빠름은 사회적 공간에 달려 있다. 삶의 리듬은 개인적 제약들과 집단의 지속들을 강력하게 결부시키면서 도시화와 더불어 가속화된다. 사회 형태는 일정한 지속 속에서 각인된다.

도시의 시간들은 사회를 기억하려하는 다양한 실천들 속에 각인된다. 공동체의 기억과 공동의 기념은 가치 체계와 역사적 준거들의 유산을 생산하고 재생산한다. 이는 무분별한 팽창적 도시화에서 야기된 기억의 말소와

---

211 Loos, A., "L'exposition des arts décoratifs, 1897", in *Champ Libre,* Paris, Hurtubise HMH, 1979.

212 Benevelo, L., *L'histoire de la ville,* Paris, Parenthèses, 1983.

213 Tafuri, M., *Théorie et histoire de l'architecture,* Paris, Sadg, 1976. (한국어 번역본) 만프레도 타푸리, 김일현 옮김, 『건축의 이론과 역사』, 동녘, 2009.

214 Bergson, H., *Matière et mémoire,* Paris, PUF, 1939.
(한국어 번역본) 앙리 베르그송, 박종원 옮김, 『물질과 기억』, 아카넷, 2005.

215 Halbwachs, M., *La mémoire collective,* Paris, PUF, 1950.

대립된 역사적 준거를 지시한다.[216]

공동체의 집단적 기억은 공고히 다져야 할 기획인 동시에 전환기에 놓인 지역 공동체를 위해서는 생존을 위한 도구이다. 그것은 영토의 변형들에 맞선 항구성의 논증이다. 비록 과거에 속하지만, 옛것은 오직 새로운 것으로부터 존재하며, 현재로부터 존재하며, 기억은 늘 사회적 시간 속에서 재성립된다는 의미에서 능동적이다.

기억의 공간은 덧없이 사라져가는 것과 대립되는 흔적의 공간이다. 주거 환경은 내밀한 기억들의 일시적 채집, 공간의 시학의 수집이다.[217] 공간은 세계를 하나의 건축물로 응축시키며, 세계를 하나의 장소에 결집시킨다.[218] 그 장소는 바로 삶의 장소이다. 도시는 거리와 여정의 횡단으로 이뤄져 우리를 집단적 기억 속에 몰입하게 만든다. 기념비는 도시의 형태를 증언하며 도시 기억을 물질화시킨다. 그것은 기념비를 공적으로 만들면서 공동체의 토대를 떠받쳐주는 특별한 사건을 상기시키는 건축물이다.[219]

도시의 시간성은 서로 간섭하는 사회적 역동성에 따라서 진행되기 때문에 조화의 문제들을 제기한다. 개인적 시간과 외적, 사회적 시간은 서로 상반될 수 있으며, 따라서 일상적인 것의 방향을 정하고 조직화할 가능성에 대해 서로의 적응을 요구한다. 일상생활은 사회적 시간의 구체적 양태성들에 따라서 분할된다. 그것은 팔리는 시간과 체험하는 시간 사이에서 갈등의 장소이며 놀이이다. 일상적인 것은 공간적 정박에 강력하게 결부되며, 다중적 역사의 포개짐의 장소와 결부된다.[220]

생활의 시간과 사회의 시간은 그것을 분할시키는 행위자들의 소속의 사회적 범주들에 따라서 다른 층위들과 다른 리듬들, 다른 긴장과 다른 불균

---

216 Amphoux, P. et al., *Mémoire collective et urbanisation,* Lausanne, IREC, 1987.

217 Bachelard, G., *La poétique de l'espace,* PUF, 1957.

218 Norberg-Schultz, *Genius loci,* Bruxelles, Mardaga, 1979.

219 Cauquelin, A., *Essai de philosophie urbaine,* Paris, PUF, 1982.

220 Lefebvre, H. et al., "Le projet rythmanalyse", *Communication* no.41, Paris, Seuil, 1984.

형을 갖는다. 서로 다른 시간의 리듬들은 다양한 '하비투스' 속에서 상이하게 구성된다. 사회적 세계 속에서 맡은 역할들의 거리 두기는 집중의 플럭스와 분산의 재플럭스 속에서 거주지, 노동 장소의 공간, 시간의 분리 속에서 실현된다.

시간은 공통적 삶에 하나의 척도를 동반할 뿐만 아니라, 그 강도에 있어 다양한 정도의 수준들, 그리고 늘 공유되지는 않는 이질적 의미를 가져다준다. 시간의 사회적 구성은 단지 덧없는 것을 상징화하고 안정화시킨다. 현재의 순간은 서로 대결하는 상이한 사회성의 모델들에 따라서 가치화된다.

도시 풍경은 다름 아닌 거주자들의 도시적 실천들에 의해 만들어지며, 도시의 물질성과 사회적 행동 양식들을 결합시키는 관계들의 망으로부터 의미를 취한다. 생동하는 도시 풍경은 도시의 형태와 그 형태가 거주자들에게 미치는 심리적 효과 사이에 존재하는 지나치게 일차적이거나 너무 직접적인 관계들에서 벗어난다. 토속적 건축이건 전문적 건축이건, 상징적 형태들이나 미학적 형태들의 창조, 공적 공간의 처리, 녹지의 사용, 도시 속에서 자연의 상기 등은 단순한 시각적 성격을 넘어선다. 통상적으로 도시 경관에 부여하는 시각적 양상, 이것들은 관념들의 시스템이며 동시에 착상이며, 실천의 사용이다.

"형태들의 가독성과 의미는 최소한 건축가들과 거주자들의 머리에 존재하는 것만큼이나, 물체 그 자체 속에 존재한다. 형태들은 그것들 자체 속에 각인되며, 기억, 행동 양식, 감각의 복합체 속에서 거의 분리될 수 없는 방식으로 각인되어 있다. 따라서 그것은 조명, 사운드, 냄새 등을 포함하며 단순한 데생을 넘어선다."[221]

하나의 도시가 현재 순간의 기능들과 관건들로 귀결된다고 가정한다면, 현재의 역사적 두께는 무엇인가라는 물음을 던져볼 수 있으며 그 두께는 시간 속에서 이뤄지는 얇은 막 또는 구성체가 될 것이다. "살아 있는 기억의 말

221 Roncayolo, M., *Lectures de villes: Formes et temps,* Paris, Éditions de Parenthèses, 2002.

소는 연속적 기억들의 역사에 대해 자문하는 것을 배제하지 않는다."[222] "도시를 이해하는 것은 지속또는 시간성과 변화 사이에서 선택하는 데 있지 않으며, 그것이 평화로운 것이건 폭력적이건 그 둘의 분절을 파악하는 데 있다."

앞서 지적한 것처럼 도시의 시간성을 언급할 때는 복수의 시간을 언급해야 할 것이다. 도시에는 하나가 아닌 여러 개의 시간이 공존한다.[223] 예컨대 도시 공간의 물질적 건설의 시간, 사회적 행위자들과 국면에 의해 제어되는 시간, 공간 사용의 시간, 관례의 시간은 서로 다르며 또한 최초의 도시 시간의 구별들과 일치하지 않는다. 아울러 이들 상이한 시간은 동일한 리듬들에 의해 활성화되지 않는다. 예기와 저항을 조합하는 재현의 시간, 그것의 무리, 체제, 유행의 다양성과 결부된 도시성의 성숙화와 자리 배치의 시간 등 다양하다. 장시간의 공시태는 그것들의 배타적 의미를 갖는다. 하지만 영토들의 진화와 이 같은 다채로운 시간 사이의 간극은 공간들의 건설로부터 문화로 진행한다. 영토들이 만들어지고 제작되는 것처럼, 시간들 역시 다시 짜지고, 분절되며, 외부의 자극에 대해 제각기 다르게 부응할 수 있다. "그 무엇도 도시가 성립하는 열린 시스템 속에서 동시적이지 않다. 영토적 유산은 더 이상 단순한 유산으로 간주될 수 없으며 생성의 요인으로 파악될 수 있을 것이다."[224] 예컨대, 서울의 도시 경관은 그것의 형태, 사용 관례, 인구에 대한 이중적 독법으로 유도될 수 있다. 한편으로, 오늘날의 서울이 영토적으로 조직화되는 중요한 변화들, 대도로의 선들을 배열할 수 있으며 서울의 도상학을 통해 다양한 주제들은 과거와 현대 서울 사이의 대비를 통해 서울의 기원, 진화, 단절, 연속의 차원에서 흥미롭게 묘사될 수 있을 것이다.

---

222 위의 책, pp.188-189.

223 같은 책, pp.241-243.

224 같은 책, p.243.

2. 도시 공간 기호들의 기억과 망각

도시에서 기억과 망각 사이의 관계, 특히 21세기 포스트모던 사회에서 양자의 관계에 대해 기호학적 독법을 실행하는 것은 흥미로운 지적 작업이 될 것이다.[225] 도시 사상사를 개괄해보면, 잠시 후 상세하게 살펴볼 린치의 도시 이론처럼, 특별히 회상의 가치 또는 과거로부터의 흔적들을 보존해야 할 과제의 의의를 제시한 여러 시도를 판별하는 것이 가능하다.[226] 도시 기호학의 시각에서 던질 쟁점은 두 가지로 요약될 수 있다. 도시 공간에서 기억한다는 것은 어떤 종류의 지식이며 역사적 과거를 기억한다는 것은 과연 그 자체로 절대적으로 바람직한 것인가를 자문해볼 필요가 있다. 만약 강압적 기억이 오히려 문제가 되거나 자연스러운 도시 경험을 차단하거나 협소하게 만들 소지가 있다면, 근대 도시가 과연 현시점에서 창조적 기능을 수행했는가라는 비판적 물음들도 제기해야 할 것이다.

1부에서 상세히 살펴본 바와 같이 도시에 대한 종교 담론의 언어는 세계에 대한 전반적인 종교적, 신화적 개념화의 부분으로서 탄생했다. 종교 언어와 세계관은 서구에서 최초의 주요 정착지들의 출현 시기부터 지배적 이데올로기로 자리 잡았다.

종교 담론에서는 도시의 형태가 결코 자의적인 구성이 아니라 신성한 의도들의 상징적 표상이라고 진술했으며 도시의 디자인은 우주론적 토대를

---

225 다음 논문은 대표적인 사례라 할 수 있다. 이 절은 다음 논문에 의존해 작성됐음을 밝혀둔다.
Gross, D., "Critical synthesis on urban knowledge: Remembering and forgetting in the modern city", *Social Epistemology*, 4:1, 1990, pp.3-22.

226 이 점에서 기호학의 시각에서 이뤄진 도시 공간의 서사성과 통시적 변화에 대한 세 편의 사례 연구를 소개한다.
1. 오장근, 「도시 공간 '청계천'의 서사성과 문화 정체성-도시 공간 '서울'의 분석을 위한 인문학적 접근」, 『기호학 연구』 제25집, 2009, pp.205-231.
2. 백승국 외, 「한강 르네상스 프로젝트의 공간 기호학적 분석」, 『기호학 연구』 제25집, 2009, pp.233-256.
3. 박여성, 「베를린-슈프레보겐의 통시기호학」, 『기호학 연구』 제22집, 2007, pp.127-161.

갖고 있다는 확고부동한 신념을 피력했다. 요컨대 도시는 신의 마음속에 이미 현존하는 형이상학적 모델의 직접적 표현이어야 한다. 한마디로 도시는 종교적 실재이며 모든 거리와 광장들에서 우주성과 신성함을 실감케 해줄 가시적이며 촉지 가능한 인공물을 만들 수 있어야 한다.

이 같은 맥락에서 반드시 상기해야 할 사실은 도시에 대한 종교적 시각에서 기억이 맡았던 중추적 역할이었다.[227] 모든 시대의 전환점에서 망각을 경계했고 기억하는 행위가 적극적으로 장려됐다. 도시의 종교 담론은 도시의 건립이 단지 신적 관념의 반복으로 믿었을 뿐만 아니라, 회상과 신적 토대의 능동적 발현으로 믿었다. 따라서 도시의 기원 자체는 기억과 관련된 경험을 포함했다. 도시 건립은 성스러운 행위였으며 신성한 것과의 접촉을 만들었을 뿐만 아니라, 바로 이 같은 이유에서 의례적 소통을 통해서 회상되고 다시 활성화되어야 할 필요가 있었다. 또한 기억의 상기는 도시 공간에서 또 다른 방식으로 작동됐는데 도시 건립자는 늘 도심 한복판 또는 사후에 도시 내부에 매장됐기 때문이다. 이로 인해 그의 혼은 그의 사후에 자신이 건설한 공동체와 내밀하게 결속됐다.

두 번째 서구 도시 담론 유형은 사회적 담론으로 명명될 수 있다. 도시의 사회적 담론은 종교 담론에서 비롯된 것이나 점차적으로 종교 담론을 대체했다. 이 같은 전이의 예는 고대 그리스 아고라의 변화하는 기능에서 찾아볼 수 있다. 성스러운 회상의 의식들이 수행됐던 도시 내부에 있는 장소에서처럼, 그것은 고전 시대에 정치적 토론과 시장 활동의 거점이 된다. 달리 말해 그것은 종교적 집회보다는 사회적 집회의 공간으로 진화했던 것이다. 도시의 사회적 담론은 도시가 그곳에 사는 사람들의 경험의 차원에서 파악되기 시작할 때 출현했다. 즉 도시 환경에서 유일하게 발생하는 개인적 상호작용들과 경제적 교환들의 차원에서 도시를 다뤘다. 후기 중세와 르네상스 도시들은 그 같은 사회적 담론의 예들이다. 도시들은 시민 생활에서, 역사에 정박한 기억들에서 풍요로웠다. 연대성의 감정이 고취됐으며 도시 생활은

227 Gross, 위의 논문, p.5.

는 본질적으로 사회적 차원에서 언급됐다.

세 번째 도시 담론인 도시 기호학의 담론은 최근에 탄생했으며 공학과 기능주의적 도시계획에 대한 비판으로 볼 수 있다. 이 점에 대해 타계한 건축가 정기용은 다음과 같이 탁월하게 진술한 바 있다. "어쨌든 우리의 관심은 합리주의와 기능주의의 죄를 빨리 벗어나는 길이다. 기호학적 접근이 이를 가능케 한다면 다행스러운 일이다. 합리주의, 기능주의야말로 일반인의 견제의 시각이 차단된 채 (…) 그 난폭성을 드러내고 있기 때문이다. 기능적인 도시는 도시계획에 정확하게 대응한다는 이론에 기대어 그 난폭성을 드러내고 있다. 기능적인 도시란 도시계획가의 것일 뿐 실상 도시는 시민이 만들고 있다."[228]

도시 기호학은 도시를 한 편의 텍스트로 읽거나 또는 도상 해석학적으로 파악하려는 접근법이라 할 수 있다. 도시 기호학의 일차적 전제는 도시는 본질적으로 유의미적 메시지들의 영역이라는 것이다. 도시 환경에 존재하는 모든 것은 하나의 인공물이며, 인간 활동의 생산물이다. 따라서 도시를 읽는 것이 가능하다. 도시는 의미의 단위들을 포함하고, 의미 작용들의 네트워크를 포함하고 있으며 도시는 조심스럽게 해독되고 이해될 수 있는 의미망이다.

도시 기호학의 담론이 종교 담론과 공유하는 유사점은 도시를 은유적으로 접근한다는 데 있다. 즉 도시의 의미는 눈에 보이는 도시의 물질성 그 자체를 넘어서 형이상학적 차원에 속하는 다른 무엇인가와의 관계에서 온전히 파악된다. 하지만 양자 사이에는 중요한 차이점이 존재한다. 종교적 담론에서 다른 무엇인가는 성스러운 것이며, 초월적 세계인 반면 기호학적 담론에서 다른 무엇인가는 전적으로 세속적인 의미들의 시스템이다. 도시 기호학의 시스템은 사회 약호들을 통해 체현된 의미들의 체계이다.

세속적 층위에서 두 가지 종류의 기호들이 존재한다. 하나는 현재의 약호 속에서 창조된 기호들이며, 상대적으로 최근에 만들어진 기호들이다. 근

---

228 정기용, 앞의 책, p.380.

대 도시의 마천루가 그 한 가지 예이며 이것들은 동시대적 기호들이다. 그것들은 모든 사람이 의미들과 상징들의 일반적 지식을 갖고 있다는 가정에서 작동한다. 두 번째 범주로서는 도시에 존재하는 비동시대적 기호들을 지적할 수 있다.[229] 이 같은 기호들은 오래전에 도시 공간 속에 각인된 기호들이며, 다른 약호들이 팽배했을 때 각인된 기호들이다. 그 같은 기호들은 도시 환경과 불일치적인 것으로 다뤄진다. 몇몇 도시계획가들은 다음과 같이 강력하게 주장했다. 그 이전의 기호들은 침묵을 지키거나 중성화되어야 비로소 근대의 말끔한 새로운 도시 담론을 위해 길을 내줄 수 있다. 마치 한국의 도시 근대화에서 전통 가옥의 양식들이 모두 소거된 것처럼 말이다. 하지만 다른 진영의 사람들은 그것들이 현재의 약호에서 재적응하기 위해 비동시대적 기호들의 재기능화에 호소한다. 이것은 일종의 재해석 작업이라 할 수 있으며 비동시대적 도시 기호들의 본래의 의미들을 말소하고 당대에 보다 적절한 의미들을 그것들에 투자하는 것을 말한다. 두 진영의 옹호자들은 모두 도시 공간에서 망각을 전면에 내세운 것이다. 하지만 도시 공간의 의미와 가치들과의 접촉을 유지하기를 원한다면 이것에 맞서 기억, 과거의 회상과 약호들의 회상을 필요로 한다.

오늘날 도시는 반反기억의 방대한 무대 장면이라 할 수 있다. 특별히 제2차 세계대전 이후에 북미 도시들의 급격한 변화에서 과거와의 역사적 연결성은 그 맥이 끊어졌다 해도 과언이 아니다. 전체적으로 평가했을 때, 근대 메트로폴리스의 전체적 분위기와 톤은 역사적 기억의 잔여물에 적대적이다. 도시 환경은 오랫동안 회상의 장소였다. 그런데 오늘날의 도시 공간에서 과거는 설 자리가 없어지고 있다. 건축가 정기용은 이 점을 안타까워하며 이렇게 말했다. "어떠한 대가를 치르더라도 대도시는 끊임없이 확장되고 철거되고 건설되어야만 하는가? 도시의 발전이란 잡종과 충돌과 증오와 폭력을 가져오고, 또한 이 모든 것을 대수롭지 않게 여긴다. (…) 중요한 것은 확장이며 건설이다. 도시의 확장과 건설이 중단되면 마치 도시가 죽

229 Gross, 앞의 논문, pp.8-9.

을 것처럼 우리는 일제하에서보다 더 많은 것을 우리 스스로 파괴하고 소멸시켰다."[230]

오스만에서 시작해 기능주의까지 테크놀로지를 중시 여기는 도시 담론에서 도시는 대부분 이윤 창출 가능성에 의해 규정됐으며 과거에 대한 인간학적 존경은 그 같은 결정에서 자리가 없었다. 도심부는 투자 자본을 유인하기 위해 재개발 지역으로 변질됐다. 이 같은 일반적 규칙에서 한 가지 예외가 존재한다. 몇몇 오래된 도심의 한복판에서, 그것들을 무로부터 재창조하기 위해 또한 재건설된 옛 도시들의 형태에서 본래의 역사적 보존 지역을 혁신하려는 노력이 시도됐다. 이것은 도시에서 과거의 기억을 촉발시키기 위한 시도라 할 수 있다. 현재 서울의 경우, 성곽 복원이나 북촌 원형 복원 또는 근대 건축 보존의 노력이 그런 경우에 속한다.[231]

보다 구체적으로 인문지리학자 투안은 보존의 세 가지 유형을 제시한 바 있다. "보존에 대한 열정은 정체감을 뒷받침할 수 있는 가시적인 대상들을 필요로 하기 때문에 발생한다. (…) 보존론자들이 과거의 것들을 유지시키고자 하는 이유에 따르면, 그들은 심미적 유형, 도덕적 유형, 사기 진작의 유형 등의 세 부류로 구분될 수 있을 것이다."[232]

하지만 아무리 복원이 성공적이라도 이 같은 역사 구역들은 어색하며 의식적으로 고안된 것이다. 그 같은 외관은 마치 멋지게 꾸민 파사드의 그것을 닮았으며 사뭇 무대장치와 같다. 아무것도 실제 삶과 더불어 공명하지 않는다. 왜냐하면 상기될 것으로 가정된 기억들은 공허하거나 인공적으로 제작됐기 때문이다. 대부분의 역사적 중심지는 박물관이거나 최악의 경우 키치의 당대적 형식들에 불과하다. 그런 의미에서 근대 도시를 과거의 고유한 회상을 위한 장소로 보기에는 명분이 약하다.

멈퍼드는 산업 이전의 도시에 대해 그것은 연속성의 동인이었으며 세

---

230 정기용, 앞의 책, p.176.

231 이완건, 『근대건축 보존 그리고 역사도시 서울』, 한국학술정보, 2009.

232 Tuan, Y. F., *Space and Place: the Perspective of Experience,* University of Minnesota Press, 1977. (한국어 번역본) 이푸 투안, 구동회·심승희 옮김, 『공간과 장소』, 대윤, 1995, p.314(p.197).

대들을 이어주는 도시였다고 말했다.[233] 하지만 대부분의 근대 도시는 역사적 연결성보다는 합리적 도면에 기초한 추상적 형태를 선호했다. 물론 기억 자체를 절대화시키는 것은 바람직하지 못하다. 역발상을 활용해 과연 도시에서 과도한 기억을 억제할 경우, 어떤 긍정적 효과가 발생할 수 있는지 자문해볼 필요가 있다.

첫째, 도시는 해방의 장소가 된다. 과거의 관습들과 일상의 집단적 무게로부터 해방됨을 느낄 수 있다. 중세 시대부터 주장되어 온 '도시가 사람들을 자유롭게 하리라'는 구호가 적법한 주장이다. 둘째, 도시는 새로운 것이 창발할 수 있는 장소이다. 역사적으로 말해, 가장 혁신적인 생각과 독창적 지각은 늘 이들 장소에서 출현했다. 경계선들이 해체되고 실험이 장려된 곳에서 말이다. 셋째, 도시는 개인의 새로운 유형이 존재할 수 있는 장소이다. 개인은 자유롭게 망각해도 되기 때문에, 보다 이동적이고 발명적이며 보다 신축적이다. 도시의 개성은 정의상 보다 다양하며 특이질적이며 변화의 가속화된 속도들을 다룰 수 있다. 개인이 행동의 기억된 방식들과 연대될 때 더욱 새로운 것과 더불어 위험을 감수할 수 있다. 긍정적 획득에서 보면, 근대 도시에는 해방적 측면이 존재한다. 하지만 지적할 것은 "해방과 혁신의 모든 요소는 기억과 지속을 희생시키면서 추구된다는 사실이다."[234]

세 가지 종류의 도시 기억들이 도시를 다시 포착하기 위해 존재한다.[235] 첫 번째 범주는 도시에서 발생했던 특수한 사건들의 기억들이다. 둘째, 그 이전에 도시에서 번창했던 생활 형식들의 기억들이다. 셋째, 있는 그대로의 과거의 기억이다.

기호들을 해독하는 방법으로서, 기호학은 과거로부터의 도시의 인공물들을 읽는 것을 가능케 한다. 대부분의 도시 기호학은 동시대적 기호들을 다뤄왔다. 즉 공시적 메시지들을 전달하는 기호들을 말한다. 하지만 통시적 신

---

233 Mumford, L., *The City in History,* New York, Harcourt, Brace & Jovanovich, 1961, p.545.

234 Gross, 앞의 논문, p.11.

235 같은 논문, pp.13-14.

호 만들기, 즉 도시에서 과거에 어느 한 지점에서 위치됐던 기호들을 다루는 사안이 남아 있는데 이를테면 도시 역사의 초기의 시간으로부터 계속해서 메시지들을 전달하는 기호들이다. 그 같은 기호들의 간결한 목록체는 과거로부터 전달된 정보의 다채로움과 복잡성을 지시해야 할 것이다.

또한 그 이전의 세대로부터 개인에 의해 이뤄진 도시의 기호들이 존재한다. 오직 그 당시에 살았던 사람들에 의해서만 읽히거나 해석될 의도를 지닌 기호들이다. 몇몇 건물들의 형태는 이런 종류이다. 서울의 종묘도 그 같은 종류이다. 그것들의 장식과 치장, 소재, 심지어 소재지와 공간 점유 방식 등 모든 것들은 위상, 권력, 법적 속성, 권리, 특권에 대한 구체적 메시지들을 전달한다. 일상의 기초에서 그것들을 마주 대했던 거주자들에 대해 말이다. 성곽, 옛 시청, 중세 고딕 성당 등은 모두 모든 사람이 즉각적으로 이해했던 약호들에 따라서 말을 건넨다. 이 같은 구조물이 한 세기를 넘어가면, 그것이 포함하는 코드와 언어가 그다음 세대에서 해독되지 않을 수 있다. 건축물들 자체가 기호들로서 계속해서 작동할 것이나 전달하려는 메시지들, 즉 기의는 이해가 될 수 없다. 심지어 과거로부터의 기호들이 전혀 기호들로서 지각될 수 없을 수도 있다. 그 경우 의미들은 완전히 시야에서 상실될 수 있다. 결속되지 않은 기호들은 도시에서 계속 존재하나 어떤 지시체도 갖지 못한다. 과거의 연상 작용으로부터 그것들은 절단됐기 때문이다.

두 번째 종류의 도시 기호는 당대의 인구로 향하기보다는 후대로 향한다. 기념비나 추모비가 가장 먼저 머리에 떠오른다. 기념비는 이중적 방식으로 하나의 신호를 의미하는 기호다.[236] 한편으로, 그것은 그것이 건립될 당시의 세대에 대해 말해준다. 아울러 현재의 시대에 의미하는 바가 무엇이며, 그것의 추모적 성취가 무엇인지 알려준다. 이 점에서 기념비는 자기 성찰적 담론을 포함한다. 다른 한편, 그것은 의도적으로 다음 세대들에 대해 자신의 당대 시대의 가치관과 그것이 모든 시대에서 어떻게 간주되기를 원하는가를 보여준다. 이 점에서 기념비는 판화, 기둥, 부조물, 광장이 될 수 있으며,

---

236 같은 논문, p.15.

과거의 회상물들에 대해 성찰하게 될 미래의 사람들의 기억들을 형상화하기 위해 디자인된다. 기념비들은 관찰자에 대해 하나의 효과를 생산하기 위해 창조된다.

세 번째 종류의 과거의 도시 기호들은 당대의 세대들 또는 계속된 세대들에 의해 소비되도록 디자인되지 않았다. 차라리 그것은 상상적 재구성의 행위에 의해 형성된 기호이다. 그것은 몇몇 생존하는 잔여물이 초기 시대의 재현적 흔적들이 될 수 있을 때 존재하며 도시 시민의 의도성에 따라서 해석된다. 그 이전의 시대의 의도성이 아니라, 사물에 투영되는 것은 오늘날 도시 거주자의 의도이다. 그 같은 기호들은 비록 그것들이 현재에서 제작됐다 해도, 아울러 과거에 대해 회고적으로 부과된다 해도 도시의 느낌의 한 부분을 형성한다.[237]

끝으로 도시 기호 해석의 문제들을 간략하게 언급해보자. 과거로부터의 도시 기호들을 해독하려 시도할 때 수많은 문제가 발생함은 자명하다. 해당 도시의 기호가 본래 발신하려 했던 의도와 계급, 젠더, 인종, 나이 등의 차이에 따라 도시 거주자가 수신할 때의 의미 사이에 존재하는 간극이 생겨난다. 또한 최초의 기호와 역사적 축적을 통해서 발현된 의미 사이의 간극도 나타난다.

이와 같은 해석적 문제들이 명료하게 만드는 사실은 첫째, 모든 기호는 다의적이라는 것, 둘째, 기호 자체의 물질성과, 그것의 유의미성 사이의 간극이 존재한다는 것이다. 특히 도시 기호들이 과거로부터 유산으로 물려받았을 때, 가능한 독법들의 다양성은 매우 크다. 예컨대 도시에서 역사적 건물은 오랫동안 연속적으로 사용되어온 건물인 경우, 시간적 지속에 대해 무엇인가를 알려주는 공간적 기표이다. 그것은 역사적 존재의 기록이며 시간적 경과의 기록을 포함한다. 도시에서 순전히 기능적인 기호로 파악된 건축물이 시간의 추이와 더불어 그것의 기능적 목적을 상실할 수 있으며 하나의 예술작품으로 변형될 수 있다. 그 반대의 경우로서 초기에 강력한 정치적 메

---

237 같은 논문, pp.16-17.

시지들을 모든 사람에게 전달했던 기호는, 시간이 흘러 오직 문화적 의미만을 소유하는 하는 것으로 간주될 수 있다. 한국의 중앙청 건물 철거 당시의 논쟁을 상기하면 쉽게 이해가 될 것이다. 동일한 공간을 점유하는 동일한 건물이 오직 일정한 문화적 분위기를 표상하는 것으로 간주될 수 있을 것인데, 이를테면 일본 식민 통치 시대, 바로 그 당시에 건설됐기 때문이다. 하지만 지어질 당시의 서울의 거주자들에게는 그 같은 인식이 힘들었을 것이다. 오직 시간의 흐름이 기호들 속에서 그 같은 성질들이 지각될 수 있도록 해줄 것이다.

이처럼 도시 공간의 다양한 통시태적 변용에도 불구하고 여전히 도시에서는 과거의 것을 떠오르게 만드는 것들이 존재한다. 이 점은 결정적으로 중요한 사실이다. 기억의 흔적들은 살아남기 때문에 도시 환경은 과거로부터의 암묵적 메시지들과 더불어 생동한다. 그 같은 과거의 묵시적 메시지들은 자기 나름대로 읽히고 해석되도록 호명된다. 도시 거주자가 역사적으로 경험할 수 있는 도시는 역사의 경험이 부재하는 도시와는 전혀 다른 공간이다. 또한 개인적 기억들로 가득 찬 도시는 개인의 감정과 추억을 전혀 포함하지 않는 도시와는 상이한 방식으로 경험된다. 21세기의 글로벌 메트로폴리스에서는 도시를 일의적으로, 획일적으로 만들면서 합리화시키는 탈역사화의 힘들이 작동한다. 도시 공간의 표면에 지역성을 무시한 채 기업 스타일을 확산시키기 위해, 하나의 언어, 하나의 지배적 코드를 만들어내는 다국적 기업의 브랜드 양식이 대표적이다. 또한 공간의 질서와 관리가 용이해질 것이며 문화적 획일성은 심화될 것이다. 다른 한편, 도시 속에서 역사적 흔적들의 잔존은 그 같은 획일화를 차단시키는 잠재력을 지닌다. 차이와 타자성을 시사하면서 도시 공간에 남아 있는 역사적 흔적들은 과거의 깊이와 시간의 차원을 발굴하면서 획일적이며 지배적인 기호학적 코드들을 교란시킬 수 있다. 지속적 기호들과 흔적들, 비동시적 메시지들 덕분에, 근대 도시를 보다 거주할 만한 곳으로 만들 수 있다. 도시 기호학의 시각에서 본다면 가능한 한 가장 다의적이며 이질적인 도시들이 더 풍요롭다고 말할

수 있다.[238]

3. 시간과 환경: 린치의 도시 환경론

도시 공간에서 시간과 환경의 관계를 이해하려면 무엇보다 도시를 하나의 환경으로서 바라보는 안목을 갖는 것이 필요하다. 도시들은 인간적 차원에 속하는 여러 함의를 갖고 있다. 환경은 인간의 직접적 지각과 그것의 일상적 사용을 통해 인간의 삶에 지대한 영향을 미친다. 이 점에 대해 린치 교수는 다음과 같이 예리하게 지적한다.[239] "도시의 물리적 형태는 그 도시의 사람들의 삶들을 심오하게 조건 짓는 감각적 임팩트를 갖고 있으며, 이것은 빈번하게 도시 건설의 과제에서 무시된다. 짐작하건대 세계 도시를 거주 가능한 곳으로 만들려 시도하면서 우리는 참된 메트로폴리스를 인간화시킬 수 있는 정책들을 발견할 수 있을 것이다."[240]

그렇다면 보다 인간적인 장소를 만들기 위해 무엇을 할 수 있으며 대도시의 결점을 만드는 것은 무엇인가? 린치는 모두 네 개의 결점을 언급한다. 첫째, 가장 자명한 것은 도시에 의해 부과된 지각적 강조의 부담이다. 특히 우리는 편재적인 소음에 시달린다. 이것은 상징적 소음과 더불어 음향적 소음을 말한다. 아울러 쾌적하지 않은 기후와 건강을 해치는 대기오염이 그 같은 불편함의 목록에 포함된다. 도시는 너무 뜨겁고 너무 소음이 많으며 너무 혼란스럽다. 공기는 숨쉬기가 불편할 정도이다. 인간이 도시에서 빈번하게 경험하는 감각들은 편안함에 대한 인간의 한계, 심지어 인간이 감수할 수 있는 수준을 넘어선다.

두 번째 결점은 가시적 정체성의 결여이다. 좋은 환경은 풍요로운 다양성을 갖는다. 그 같은 환경의 부분들은 쉽게 구별되고 정체 파악이 가능한

---

238 같은 논문, pp.19-22.

239 Banerjee, T. and Southworth, M., "The city as Environment", *City sense and city design: writings and projects of Kevin Lynch,* Cambridge, Massachusetts, The MIT Press, 1991, pp.87-95.

240 위의 책, p.87.

성격을 지닌다. 그 부분들은 선택과 감각적 발굴을 허락하는 시각적 차이들에 의해 표시된다. 하나의 도시는 촌락에 비해 보다 풍요롭고 보다 다양한 주거 공간이다.

여러 도시에서 나타나는 불편함의 세 번째 근원은 그것들의 판독 불가능성이다. 집처럼 편안하게 느끼기 위해 아울러 쉽게 기능하려면 환경을 하나의 기호 시스템으로 읽어낼 수 있어야 한다.[241] 도시 공간 시스템의 한 부분을 다른 부분들, 특히 우리들 자신과 연결시킬 수 있어야 하며, 이 같은 부분들을 시간과 공간 속에 소재시킬 수 있어야 하며, 그것들의 기능, 그 기능들이 포함하는 활동들을 이해할 수 있어야 하고, 그것들의 사용자들의 사회적 위치를 이해할 수 있어야 한다. 도시의 부분들이 다른 부분에 견주어 가시적 관계를 결여할 때, 그것들의 비수미일관성은 소외감을 낳으며 하나의 환경에서 길을 잃어버렸다는 상실감을 자아낸다. 이 같은 상실감은 환경과 더불어 어떤 대화도 수행할 수 없다는 느낌을 말한다.

도시의 네 번째 무능함은 그것의 엄격성, 즉 개방성의 결핍이다. 자신의 만족과 성장을 위해 개인은 자신의 환경과 능동적 상호 교환에 참여하기 위해 다양한 기회가 필요하다. 그 환경을 사용하고, 변화시키고, 조직화하기 위해 심지어 파괴하기 위해 말이다. 그의 물리적 주변 환경들은 접근 가능해야 하고, 개방적이어야 하며, 도전적이어야 한다. 그리고 노력에 반응해야 한다. "개인의 행동은 개인적 성장에 이르는 길이다. 협조적 행동은 만족할 만한 대인적 관계들에 이른다."[242]

도시 공간에서 노출되는 텅 빈 건물, 고독한 장소, 쓰레기 더미, 뒷골목, 구덩이, 동굴, 공사장 등의 장소들은 아름답다고 간주되지 않는다. 하지만 이것은 편협한 시각이다. 그것들은 하나의 열린 사회의 물리적 기초이다. 이 같은 질병들, 불편함, 다양성의 결여, 판독 불가능성, 엄격성을 교정하려면 무엇을 해야 하는가라는 물음이 제기된다.

---

241 같은 책, p.90.

242 같은 책, p.90.

린치에 따르면, 대도시가 아무리 엄청난 규모라 할지라도 대도시에서의 삶이 불쾌하거나 제약적이어야 할 어떤 귀속적 이유도 없다. 왜 대도시가 인간의 생존과 발전을 위한 만족할 만한 토대가 될 수 없는지, 그곳의 사람들이 왜 사랑스러운 경관을 쳐다볼 수 없어야 하는지 그 어떤 필연적 이유도 없다는 것이 그의 지론이다.[243] "집처럼 편안한 느낌은 청결함이나 작은 것에 달려 있지 않으며 사람들과 그들의 경관 사이의 능동적 관계, 그들이 세계를 보는 마음속에 스며 있는 유의미성에 달려 있다. 이 같은 유의미성은 다른 장소들에서 만큼이나 도시에서도 가능하다."[244]

린치가 지적한 것처럼 변화와 반복은 살아 있다는 감각을 낳는다. 모든 사물은 사라지고 누구에게나 죽음은 도래하며 모든 인간은 현재를 의식한다.[245] 도시 공간의 기호학은 린치의 통찰을 통해 물리적 세계에서 체현되는 시간의 증거를 다뤄야 한다. 즉 도시 기호학은 이 같은 외적 신호들이 인간의 내재적 경험과 어떻게 일치하는지, 아니면 불일치하는지의 문제를 다뤄야 하며 또한 이 같은 내부와 외부의 관계가 어떻게 우리의 삶을 강화시켜주는가를 다뤄야 한다. 도시 공간에서 이에 대한 논의는 역사적 보존의 문제를 비롯해 다양한 일시적 전환과 과도기 상태transition의 형식들, 미래주의, 시간의 신호들, 시간의 미학, 생물학적 리듬, 시간 지각, 재앙, 갱신, 혁명 등의 문제가 포함된다.

시간에 대해 한 개인이 가진 이미지의 성질은 개인의 행복에서 결정적이며 환경 변화를 관리하는 데 있어서도 개인의 시간 제어 차원에서도 중요하다. 요컨대 외부의 물리적 환경은 시간의 이미지를 수립하고 유지하는 데 있어서 중요한 역할을 맡는다. 그 관계는 따라서 쌍방적이다. 바람직한 이미지는 바로 과거와 미래와의 연계 지점을 만들면서 현재를 축성하고 확대시켜준다. 그 이미지는 신축적이고 외적 현실과 더불어 공명하고 무엇보다 인

---

243 같은 책, p.95.

244 같은 책, p.90.

245 Lynch, 앞의 책, 1972.

간의 생물학적 본성과 보조를 맞춘다. 이 점에 대해 린치는 다음과 같이 정곡을 찌르고 있다. "물리적 환경은 시간의 체현이다. 그것은 정체성과 연속성에 대한 우리의 감각을 위해, 과거 그리고 미래와 더불어 연계되어 있다는 우리의 느낌을 위해 결정적이다."[246]

하지만 과거를 협소하게 만들고 왜곡시키는 방식으로 환경의 공적 보존이 이뤄지면 개인과 단체의 연속성의 감각은 차단된다. 환경은 다양한 방식으로 변화한다. 갑작스런 재앙은 하나의 도시를 파괴시킬 수 있으며 농가들은 황무지로부터 새로 건설될 수 있고 애착을 갖던 장소가 방치되거나 새로운 정착지가 만들어질 수 있다. 보다 완만한 자연적 과정들은 옛 경관을 변형시키거나 사회적 이동들은 생소한 장소 이동과 차단을 불러온다. 이 같은 변화들의 한복판에서 사람들은 과거를 기억하고 미래를 상상한다.

재앙, 보존, 갱신, 성장, 혁명 등 도시 공간에 발생하는 변형은 도시 환경을 다루기 위한 상이한 문제들을 제기한다. 이것들 모두에 공통적인 것은 변화에 대한 지각이다. 사태의 객관적 변질뿐만 아니라, 그 같은 변화들이 사람의 희망과 기억, 그리고 시간의 흐름에 대한 감각과 어떻게 연계되어 있는가의 문제라 할 수 있다.

법과 관습처럼 환경은 인간에게 의식적인 선택을 요구하지 않은 채 그로 하여금 어떻게 행동할 것인가에 대해 말해준다. 교회에서 우리는 신에게 경배하며 해변에서는 긴장을 푸는 몸짓을 행한다. 대부분의 시간 동안 개별적으로 인지 가능한 여건과 결부된 행동 양식들의 패턴들을 다시 작동시킨다. 특정 물리적 여건은 그것의 형태를 통해서 일정 행동을 장려하거나 속박할 수 있다.

도시에서 수많은 상징적, 역사적 소재지들은 실상 그들의 거주자들에 의해 방문되는 경우가 희소하며 오히려 그 소재지들은 관광객들이 즐겨 찾는다. 하지만 이 같은 장소들을 파괴하려는 위협은 강한 반발 작용을 일으킬 것이며 심지어 그곳을 한 번도 본 적이 없는 사람들의 거센 반발에 봉착할

---

246 Banerjee, T. and Southworth, M., *City sense and city design: writings and projects of Kevin Lynch,* Cambridge, Massachusetts, The MIT Press, 1991, p.628.

것이다. 도시 주민들이 실제로 방문하지도 않는 이 같은 환경들의 보존은 공동체 구성원들에게 안전감, 연속성의 감각을 수반한다. 과거의 일정 몫이 선한 것으로 보존되어왔으며 이것은 미래가 현재를 보존할 것이라는 것을 약속한다. 특정 재앙 이후에 공동체 삶의 상징적 중심의 재복원은 긴급한 사안으로 떠오른다. 몇 년 전 방화로 전소된 남대문, 불타버린 런던의 세인트 폴 성당, 초토화된 바르샤바의 구도시가 그런 사례에 속한다. 이 점에서 린치의 명언을 환기할 필요가 있다. "상징적 환경은 안전감을 창조하기 위해 사용된다."[247]

즉 위협받는 제도 기관들은 자신들의 고대성을 축성하며 왕들은 자신들의 권력만큼이나 적법한 뿌리들을 선포한다. 자신들의 과거에 대해 뿌리를 느끼는 무리와 고립된 현재에서 삶을 살아가는 무리 사이에서는 그 방식에 놀라운 차이가 존재한다. 신화, 문학, 역사가 존재하지 않는 부족들이 쳐다보는 경관은 그저 바위, 돌, 나무일 뿐인 반면, 역사를 기억하는 사람들에게 도시의 거리, 강, 언덕들은 과거의 거리, 역사, 행동을 환기시켜줄 것이다.

니체는 정착한 유럽인을 자신의 도시를 쳐다보는 것으로 특징지으면서 다음과 같이 멋지게 표현한 바 있다. "여기에서 우리는 살 수 있을 것이며, 계속 살 수 있을 것이다. 왜냐하면 우리는 강인한 민족이며 한밤에 우리의 뿌리가 뽑혀나가는 일은 없을 것이기 때문이다."[248]

시간적으로 뿌리를 내린 사람들과 뿌리가 없는 사람들 모두, 과거에 맞서 자유롭기를 원하면서 행동하는 사람들과는 상이하다. 최근 과거의 상징들을 찾아내어 파괴시키는 데 그것은 새로운 행동을 위한 노선의 길을 터준다. 파리 '코뮌'에서 왕권의 상징인 '방돔' 기둥은 파괴됐다. 제1차 세계대전 이후 폴란드의 바르샤바에 있는 러시아 정교회 교회는 철거됐으며, 그것은 폴란드가 러시아로부터 독립을 다시 찾았을 때였다.[249]

---

247 Lynch, 앞의 책, p.40.

248 Nietzsche, F., *The Use and Abuse of History,* trans. Adrian Collins, New York, Liberal Arts Press, 1957, p.36, 41.

249 Lynch, 앞의 책, p.42.

아주 먼 과거의 경우는 상이하다. 왜냐하면 그것은 현재를 위협하지 않기 때문이다. 오래된 과거는 현재의 정당화로서 고양된다. 프랑스 혁명에서 고전적 상징들을 사용한 것이 그 예이다. 영속성 대신 변화를 교육하기 위해 환경을 사용하는 것도 가능하다. 즉 세계가 어떻게 직접적인 과거의 맥락에서 이동하는가의 문제를 교육시키기 위해 말이다. 즉 어떤 변화들이 가치가 있는 것이며 어떤 변화들은 가치가 없는가의 문제를 말한다. 변화가 어떻게 외적으로 실행되며, 미래 속에서 발생할 것인가의 문제를 일러줄 수 있다. "과거를 보존하는 것은 미래를 배우는 한 가지 방식이 될 수 있다. 마치 사람들이 나중에 가서 사용할 수 있는 무엇인가를 학습함으로써 스스로 변화시키는 것과 같다."[250]

린치는 역사적 지식은 그것의 향유와 교육을 위해 대중에게 소통되어야 함을 강조한다. 말과 그림의 효과 이상으로 실재 사물들은 가장 심오한 인상들을 만들어낸다. 과거의 건물들과 장비들에 의해 에워싸인다는 것, 또는 마치 우리가 과거 속에 있는 것처럼 행동하는 것은 과거에 대해 학습하는 탁월한 방식이다. 재창조된 여건들은 단지 그 시기의 위대한 순간들뿐만 아니라 문화의 가득 찬 스펙트럼을 계시해야 한다. 재창조된 과거들은 현재의 지식과 가치들에 기초를 두어야 한다. 역사가 다시 쓰이는 것처럼 우리는 현재의 지각과 가치가 변화하면서 과거 역시 변화되기를 원한다.[251]

역사적 보존과 시작하는 것은 통상적 수순이다. 환경에 대한 진지한 쟁점들이 과거의 보존 또는 미래의 관리를 중심으로 이뤄지는 것이 자명해 보일 수 있겠으나 그것은 잘못된 것이다. 우리는 과거의 현재적 신호들을 보존하거나 현재를 제어하는데, 그것은 미래에 대한 우리의 이미지들을 만족시키기 위해서이다. 과거와 미래에 대한 우리의 이미지들은 연속적으로 재창조되는 현재의 이미지들이다. 시간에 대한 우리의 감각의 핵심은 '지금'이라는 감각이다. 린치에 따르면 공간적 환경은 시간에 대한 이 같은 현재적 이

---

250 같은 책, p.43.

251 같은 책, p.43, pp.51-57.

미지를 강화시키고 인간화시켜줄 수 있다. 린치는 이 같은 기능이야말로 그것의 가장 무시되어온 결정적 역할이라는 점을 힘주어 말한다.[252]

문명사회에서 우리는 늘 시간을 체크하면서 객관적 시간에 대한 우리의 정신적 감각을 반복적으로 점검한다. 그리고 내면적 시간과 외면적 시간이 모순적일 때 우리는 크게 당황한다. 시계가 망가진 것인지 아니면 내가 몸이 아픈 것인지 물어보게 된다. 근대 도시들에서 여행은 소비된 시간으로서 그 척도가 측정되고, 여행의 끝마무리에서 늘 우리가 얼마나 늦었는지, 아니면 일찍 왔는지에 대한 산술적 계산이 이뤄진다. "도시는 하나의 미디어로서 바로 그 미디어를 통해서 비로소 우리가 시간을 소비함으로써 우리의 길을 만들어낸다."[253]

빈번하게 우리는 정상적인 환경적 신호들을 우선시하며, 즉 그것은 하루의 의미 있는 시간대의 정체 파악 가능한 형식들을 취한다. 도래하는 변형에 대해 점증적인 경계를 제시하며, 점증적인 배경 변화를 통해서 시간의 일반적 이동을 표현한다. 사람들은 자신들에게 정보를 제공하면서 사회적 조정을 가능케 해주는 시간의 신호들을 선호한다. 그리고 자연적 주기들과 시간에 대한 우리의 내면적 감각의 일치를 가져다주는 시간의 신호들을 선호한다. 그런데 현대인들은 갈수록 실내 환경에서 더 많은 시간을 보내게 되면서 하루와 계절의 변화에 대한 수많은 자연적 단서들로부터 결핍되게 된다. 사무실과 공장 건물, 긴 회랑과 복도, 지하철은 무시간적 환경들이다. 그것은 마치 어두컴컴한 동굴들이나 깊은 바닷속과 같다.[254]

빛, 기후 가시적 형태는 불변하는 요소들이다. 기술적 진보는 사람들로 하여금 자연적 단서들을 분리시키면서, 모사물을 만들도록 강요받는다. 가짜 창문, 페인트로 칠한 시야, 영원한 노란색 빛 등은 단지 사람들을 우울하게 만들 뿐이다. 차라리 라디오나 텔레비전이 전해주는 외적 조건들에 대한

---

252 같은 책, p.65.

253 같은 책, p.66.

254 같은 책, p.69.

안내는 나은 편이다. 빛, 열, 소리, 심지어 가시적 표면들은 시간의 수용할 만한 기호들이 될 수 있다.[255]

최근까지도 환경 디자인은 건물, 도로, 토지 등 영속적인 물리적 인공물들을 다뤘다. 하지만 이 같은 인공물들 사이에서 발생하는 인간 활동들은 한 장소의 물질적 성질보다 더 큰 중요성을 지닌다. 이 같은 원칙을 염두에 두면서 물리적 디자인은 행동의 형식을 기획하고 공간 속의 사물을 기획하면서 공간적 디자인이 되기 위해 그 의미가 확대됐다. 하지만 만약 그것이 인간의 행동 방식을 다루는 것이라면 그것은 공간적 패턴과 더불어 시간적 패턴을 고려해야 할 것이다. 그것은 물체들의 변화하는 형식, 공간과 시간 속에서 이뤄지는 인간 활동의 패턴들을 관리하는 기술이 된다. 도시 공간의 형태는 결코 획일적으로 기능을 따르지 않는다. 공간 사용은 단일한 불변하는 행동 유형으로 환원될 수 없기 때문이다.[256]

4. 공간 구조의 시간성

힐리어 교수는 그의 저서 『공간의 사회적 논리』[257]에서 시간의 개념은 공간의 서술에 유용할 뿐만 아니라 필수적이라고 진술한 바 있다. 그리고 자신의 또 다른 주저인 『공간은 기계이다』에서는 공간 관계와 공간 배치라는 두 개의 개념이 언급되고 있다.[258] 그가 시도하는 공간에 대한 기술은 공간을 관계의 집합으로 보거나 하나의 배치로 이해하는 것을 말하며 관계 집합과 배치의 집합은 건물 입구, 블록 구조 등 공간 복합체의 형상화를 설명해준다.

한 장소의 현재의 시간, 즉 공시태는 공간의 개념이라 할 수 있다. 힐리어 교수는 간단한 사례를 들어 이 점을 명확하게 설명한다. 예컨대 동일한

---

255 같은 책, pp.69-70.

256 같은 책, p.72.

257 Hillier, B. and Hanson, J., *The social logic of space,* Cambridge University Press, 1984.

258 Hillier, B., *Space Is the Machine: A Configurational Theory of Architecture,* Cambridge University Press, 1999.

물리적 공간이 두 개의 기능들로 분할될 경우, 공간은 그 모양과 크기는 같지만 하나는 군대의 연병장이고 다른 하나는 시장이 된다.

그 두 개의 공간들은 동일한 모양으로 동일 지역을 소유한다는 점에서 공시태를 갖고 있다고 말할 수 있다. 하지만 그 두 개의 공간들에 대한 기술은 상이하며 그 동일 공간들은 다른 통사적 개념을 표상한다. 연병장은 군 주둔지의 공간적 관계를 갖고 있으며 이 관계는 군대의 위상을 반영하는 기하학적 레이아웃을 가진 군대 건물들과 관련이 높다. 또한 주둔지의 입구와 의식적인 루트, 깃대와 같은 상징적인 물체들과 관련이 있다.

반면 시장은 도로의 복합체 안에서 확실한 위치를 일러주는 공간적 관계를 갖고 그 공간을 구성하는 건물들을 소유할 것이다. 요컨대 공간의 기술은 공간의 사회적 정체성을 말해준다. 공간의 기술에 투자된 공시태 또는 양적인 공간은 공간과 시간의 복합체 속의 기술에 부여된 강조의 정도라 할 수 있다. 간단히 말해 공시태는 공간의 표현을 강화시킨다. 앞서 예로 든 군대의 연병장과 시장의 공시태는 동일할지 모르나 그 표현은 상이하며 따라서 다른 표현이 강조되고 있는 것이다. 따라서 이들 공간은 상이하다.

요컨대 힐리어 교수는 공간에서 계량적인 규모를 기술하기 위해 공시태synchrony라는 단어를 사용하는 것이 적절하다고 판단한다. 왜냐하면 모든 공간에는 움직임이 나타나기 때문이다. 그 움직임은 공간을 극복하기 위해 시간을 점유하고 시계는 움직임을 대신한다. 아울러 확장된 공간을 하나의 공간/시간의 프레임으로 유도하면서 인간의 이동성을 포착한다.

모든 공간 복합체는 한 번에 일부만 보일 수밖에 없는 하나의 체계이다. 전체를 이해하기 위해 움직임이 필요한 체계가 바로 공간 복합체이다. 따라서 공간적 관계에서 이동의 문제가 핵심적이며 이동 현상은 공간/시간의 프레임 안에서 움직이는 관찰자들에게 동시에 현존한다.

공간의 시간성과 관련해 힐리어 교수가 제시하는 것은 구조structure와 질서order의 구별이다. 공간 복합체를 인식하는 방법은 크게 두 가지로 대별된다. 하나의 공간 인공물 안에서 살아갈 때 그 공간을 이동하면서 이해하는 방식이 가능하며, 기하학적이나 단순한 관계의 본질을 지닌 것으로 인식하면서 합리적 개념으로 공간을 이해할 수 있다. 전자가 바로 구조에 해당되며 후자가 바로 질서에 속한다.

소도시 도시계획은 이 두 개념의 차이를 극명하게 보여준다. 이상적인 소도시는 합리적인 질서에 의해 지배되고 하나의 개념으로 이해될 수 있다. 하지만 대부분의 실제 소도시 도시계획은 이 같은 단순성이 결여되어 있거나 부족하다. 즉 대부분 소도시 도시계획은 불규칙적으로 나타나고 어수선하다. 진정한 소도시에서는 우리가 현실 속에서 살고 움직이면서 발견하는 구조를 갖고 있으나 선명하게 합리적인 질서를 갖고 있지 않다.

구체적 소도시 사례를 들어서 도시 공간에서 시간 개념의 의의를 설명할 수 있을 것이다. 하나는 플라마노바Plamanova라는 이상적 도시계획이다. 이 같은 이상적 도시는 단번에 패턴으로서 이해될 수 있으며 한 곳에서 동시에 단번에 파악될 수 있도록 공간이 주어진다. 이를테면 설계 도면이나 조감도에서 파악될 수 있다. 그 이유는 규칙적인 기하학을 갖고 있기 때문이지만 더 기본적인 이유가 있다. 다름 아니라 그 이유는 이 같은 도시계획은 바로 단순한 관계로 이뤄진 단순한 부분들로 구성되어 있기 때문이다. 질서는 근본적으로 합리적이며 관계의 반복성에 기초한다.

반면 유기체적 도시에서는 질서 개념이 성립될 수 없다. 공간을 이루는 요소들은 거의 동일한 법이 없으며 반복성은 쉽게 동질화되지 않는다. 물론 이 같은 유기체적 도시들에서 역시 공간적 패턴화가 나타난다.

예컨대, 도시 공간의 기본 축을 표상하는 지도에서 공간 통합의 분할은 움직임의 패턴을 발생시킬 뿐만 아니라 상업지역과 주거지역처럼 움직임에 민감한 토지 사용의 분배를 발생시키는 분배 통합의 핵심으로서 정의된다.

힐리어 교수는 이런 패턴을 구조라고 부르고 있으며 질서 개념과는 대조를 이룬다고 보았다. 구조와 질서는 탄생 과정과 속성이 매우 다르다. 구조는 한눈에 볼 수 없거나 사유 차원에서도 한 번에 파악되지 않는다. 구조는 도시 공간에서 살아가는 과정에서 발생하고, 특히 움직임의 과정에서 명료하게 이해된다. 움직임이 없이는 도시 공간의 구조가 보이지 않는다. 경험으로 비추어보았을 때 인간 역사의 대부분에서 대도시나 큰 마을은 질서보다는 구조로 파악된다. 그 이유는 도시와 마을은 필연적으로 일정한 기능적 이유에서 자연적으로 발생했기 때문이다. 요컨대 도시와 마을은 기능적 논리에 따라서 발달했다.

그런데 도시 공간의 명료성을 확보하기 위해 사용된 공간 배치 또는 파사드, 즉 공간과 건물의 외피와 같은 측면을 고려할 경우 앞의 구조와는 다른 전형적인 질서의 활용을 목격할 수 있다. 형태와 시간은 공간 관계의 중심에 놓인다는 점을 유념해야 할 것이다. 도시 공간 구조들을 조목조목 살펴보려면 움직임이 요구되는 시간의 흐름을 필요로 하기 때문이다.

도시 공간은 단 한 번에 주어지지 않지만, 건물의 파사드는 동시에 발생하며 단 한 번에 읽히고 파악될 수 있도록 의도적으로 디자인된다. 따라서 그것을 이해하는 데는 시간을 요구하지 않는다. 도시 공간에서 구조가 질서보다 일반적인 만큼, 질서는 건축 형태에서는 구조보다 더 일반적이다. 따라서 질서는 형태보다 자연스럽다고 말할 수 있다. 왜냐하면 질서는 동시 발생적으로 읽히도록 의도되기 때문이다. 이것은 필연적으로 동시에 발생하지 않는 본질로 인해 구조가 공간에 보다 자연스러워지는 것과 같은 원리이다.

5. 도시 공간에서 시간의 콜라주와 리듬

시간의 콜라주

도시의 시간성과 관련해 린치 교수가 암시하는 시간의 콜라주 개념은 심오한 통찰을 담고 있으며 상당한 보편성을 지니고 있다.[259] 따라서 그의 시간 개념과 사상을 상세히 이해할 필요가 있다. 그는 먼저 인간은 자신의 감각들로부터 얻은 데이터와 더불어 세계의 이미지를 수정한다는 이론적 전제를 제기한다. 이 같은 데이터를 새로운 패턴들로 제시함으로써 예술적 발명들은 인간의 감수성을 변화시키며 세계를 보고 파악하는 방식을 변화시킨다. 그런 연유에서 린치는 인간을 환희에 젖게 만들 뿐만 아니라 시간에 대한 이미지를 생동감 있게 만들어주는 환경의 시간적 취급이 존재한다는 의미심

---

259 Lynch, 앞의 책, pp.163-189.

장한 진실을 설파한다. 그 같은 독특한 시간의 취급은 추상적이며 지적인 개념과 그것에 대한 우리의 정서적 감각 사이의 간극을 치유한다.[260] 그가 제시하는 콜라주의 다음과 같은 정의는 번뜩이는 영감을 준다. "콜라주는 옛것과 새것의 단순한 혼합이 아니다. 그것은 심미적 판단의 생산물이며, 겉으로 분산된 이질적disparate 요소들의 의도적 병치로서, 그 결과 각각의 형태와 의미가 증폭되고 그러면서도 일관적 전체가 유지되도록 만든다."[261]

콜라주는 보다 광범위한 방식으로 넓은 환경들의 디자인에서 사용되어야 할 것이다. 상이한 시대의 보존과 대비 섹션들, 그것들을 운동 경로에 연계시키는 것 등 해결책은 다양하다. 시간적 콜라주가 진전과 역사적 변화를 지시한다면 리듬의 반복은 보다 강력한 시간의 직관을 수반한다. 우리는 일화적 변화들의 시간적 효과에 익숙하다. 그것들이 순환적이고, 충분히 최근의 것이라면, 그것이 어떠했으며 어떻게 될 것인가는 오늘날의 이미지를 강화시킨다.

린치는 도시 경관에서 시간적 표현의 정서적 가능성은 거의 연구된 바가 없으며, 그 원칙들 역시 알려진 바가 없다는 도시 연구의 큰 공백을 예리하게 지적한다. 무엇보다 도시 공간의 시간적 단서를 오랫동안 천착해온 예술 분야들을 검토해야 할 것이다. 또한 시간에 대한 가장 풍요로운 정보는 이미지를 내포하는 문학이다. 하지만 문학적 테크닉은 일반적인 방식 말고는 별로 변별적이지 못하다. 비록 도시 경관이 시를 상기할 수 있고, 시에 의해 표현될 수 있다 해도 도시 경관은 결빙된 시가 아니다. 다른 시간 예술들 즉 춤, 음악, 연극은 기껏해야 몇 시간 정도를 차지한다. 그것들의 시간적 연속성은 환경적 경험과 동일하나 그것의 기술적 적용은 가장 신속한 변화에 대해서만 시사한다. 화가들과 조각가들 역시 역동적 이미지들을 표현하는 데 관심을 갖는다. 영국 낭만주의의 대표적 풍경화가인 터너는 그 한 예이며 미래파도 마찬가지이다. 그들은 사물의 내적 생명력을 그려내려 했으며 왜

---

260 같은 책, p.163.

261 같은 책, p.173.

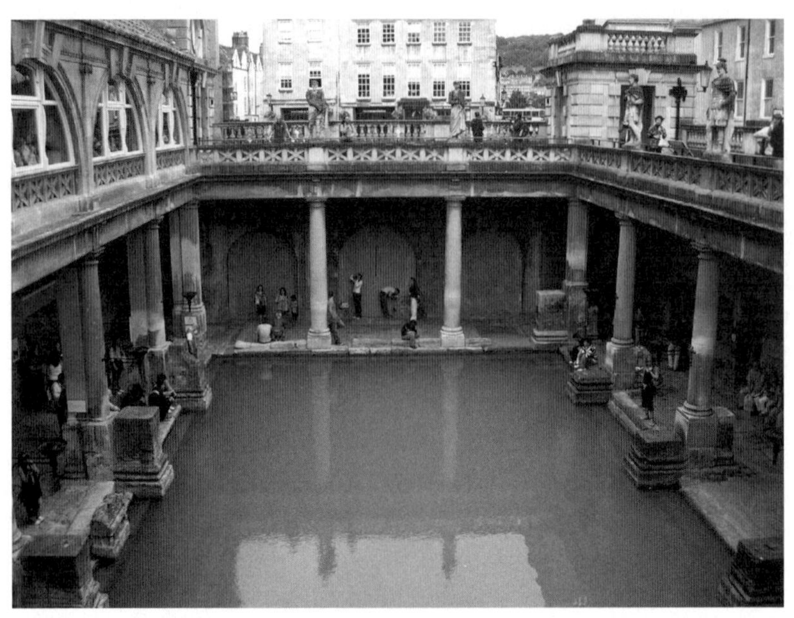

25 영국의 고대 도시 바스(Bath)에 남아있는 로마시대의 공중 목욕탕

곡, 상호 관류, 힘의 선들, 거친 대조들을 활용했다. 시간은 예술 분야의 상대적으로 정태적인 작품에서도 표상된다. 폴 수리오Paul Souriau는 니콜라 푸생Nicolas Poussin의 '아르카디아arcadia의 목동기들'이 삶과 죽음의 리듬을 수반한다는 점을 보여준 바 있으며, 그 작품은 과거에로의 귀환, 미래에로의 운동을 수반한다.[262] 과거에 시간은 환경 디자인에서 중요한 역할을 맡았으나 이차적이며 부수적인 역할이었다. 중요한 예외는 신들, 왕들, 죽은 자에 대한 접근들인 종교 행렬의 장치들이다.[263] 시간과 관련된 대부분 예에 해당하는 건축에서의 시간 효과는 변화의 생산물이다.

시간 속에서 또는 시간의 엠블럼에서 조직화된 환경 디자인의 경우 사용할 수 있는 상당수의 방법을 찾아낼 수 있다. 하나는 지나간 사건들의 기

---

262 같은 책, p.166.

263 같은 책, p.167.

호들의 가시적 축적accredition이다.[264] 그 같은 기호학적 축적은 역사적 시간의 깊이를 표면에 드러나게 만든다. 다른 것은 현재의 상태를 '기억되고 기대되는 상태'들과 대비시킴으로써 리듬적 시간을 우리가 의식하게 만드는 반복되며 대립되는 상태들로 진열한다. 또 다른 것은 장면을 변형시킴으로써 또는 관찰자의 관점을 이동시킴으로써 이뤄지는 환경 변화의 직접적 장치다. 그 변화는 경험하는 현재 속에서 지각될 수 있을 정도로 충분하게 촉지 가능하다. 끝으로 지각될 수 없는 변화들을 상징적으로 속도를 내거나 완만하게 만드는 방식들도 지각의 파악 한도 안에 갖다 놓을 수 있다.

사람들은 역사적 사건들의 가시적 축적과 친숙하다. 오래된 것과 새것의 병치, 예컨대 인사동 골목길과 첨단 건물의 공존은 시간의 경과를 말해주며, 때때로 그 같은 대비는 세련된 것이다. 셀리누테Selinute에 있는 고대 그리스 사원들은 막 열린 야생화의 표류 속에 서 있고, 이탈리아의 소도시 루카Lucca에 있는 로마 원형극장은 타원형 시장 주변에 있는 가옥들의 띠를 형성하며, 영국의 에이브버리Avebury 마을은 신석기 시대의 터에 자리 잡고 있다.[265]

옛것들은 다음 두 개의 맥락 하나에서 가장 인상적으로 보인다. 모종의 야생적이며 고독한 장소에서 고립된 채 숨겨져 있거나, 아니면 아주 높은 곳에 있거나, 또는 파리의 노트르담 성당처럼 도심 중심지에 각인되어서 현대의 삶과 밀접하게 접촉할 때이다. 이것들은 참여적 구조들로서 그 속에서 하나의 오래된 프레임워크는 현대적 사용을 위해 재모델화된다. 이때의 미학적 장점은 형태의 대비로부터 오는 결과에서 취해진다. 새로운 전체는 본래 건물보다 더 많은 것을 상기시켜주며 그것의 자리 이동보다 더 상기력이 뛰어나다.[266]

역사 유적지나 건축물을 특정 용도의 건물로 변화시키는 것은 파괴를

---

264 같은 책, p.167-168.

265 같은 책, p.168.

266 같은 책, p.170.

의미하며, 확실히 변경을 함의한다. 그것은 역사에 대한 해석을 요구한다. 그것은 오류일 수 있으며 세대에서 세대로 이어오면서 변화할 수 있다. 남아 있는 것들의 선별, 그것의 시각적 현존은 증폭될 수 있고 그것은 해석의 결과이다.

그렇다면 우리는 서울의 구시가지와 건축 유산을 어떻게 해석할 것인가라는 중요한 문제를 제기할 수 있을 것이다.[267] 도시 공간의 상이한 시간의 켜들을 배치하는 '레이어링Layering'은 심미적 표현의 의도적 장치로서 사용될 수 있다. 즉 연속적 시대들로부터 중첩되는 흔적들의 가시적 축적인 각 흔적은 새로운 첨가에 의해 주변 환경을 변화시키고 그 스스로도 변화된다. 그 결과 일종의 시간의 콜라주 같은 것을 생산하게 된다.[268] 이 점에서 서울은 시간의 콜라주가 적용될 수 있는 탁월한 공간이다. 시간의 콜라주는 오래된 도시에서 경험할 수 있는 시간의 깊이감이다. 노출된 유적의 폐허와 잔존물들은 여전히 숨겨진 켜들을 함의한다. 로마 시대의 목욕탕과 거기에서 흘러나오는 물은 18세기 영국의 도시 바스bath에서 계속해서 흘러간다.

이 같은 생각이 적용될 때 몇몇 지나간 변형은 유지되고 다른 것들은 파괴된다. 보다 오래된 특질들은 다른 새로운 것들을 보여주기 위해 파헤쳐진다. 새로운 자질들은 그것들이 형태적 연상적 공명들을 생산할 때 소재가 파악된다. 총체적 조직화는 복잡할 수 있으며, 비형식적이며, 놀라운 것일 수도 있으며, 때로는 모호한 것일 수도 있다. 그 같은 테크닉은 새로운 켜들이 들어설 여지가 있음을 함의하며, 심지어 미래의 기호들이 현재에서 해석되어 콜라주의 부분을 형성할 수 있음을 시사한다. 시간의 콜라주의 재료들은 지속 가능하고 날씨에 견딜 수 있는 방식으로 선택되어야 한다.

예컨대 녹슨 철의 흔적은 오용의 공포, 비활동성, 엔트로피, 폐허 등을 상기시킨다. 현재를 확대하기 위해 시간은 차용된다. 마치 작은 방을 크게 만들기 위해 더 넓은 외부 공간을 차용하는 것처럼 말이다. 린치는 지역적

---

267 Lee, S. M., *Social sustainability of historical districts,* Seoul, SPACE publishing Co., 2009.

268 Lynch, 앞의 책, p.171.

시간의 감각을 집중화시키고 다양화시킬 것을 제안한다. 그 같은 시간적 병치에서 "과거, 현재, 미래가 순간적으로 신비하게 공존한다는 감각 작용을 상기시키기에 충분할 정도로 강력할 수 있다."[269]

린치는 이런 종류의 기술이 위험성을 갖고 있음을 환기시키고 있다. 그것은 생생한 파편들의 무의미한 대조로 치달을 수 있다. 심지어 의도적 제작으로 끝날 수 있다. 시간의 콜라주의 예술은 영원불변할 수는 없다. 왜냐하면 오늘의 역사가 그릇되거나 허무맹랑한 내일이 될 수 있기 때문이다. 하지만 이 같은 변화는 또한 시간을 표현한다. 이것은 정교한 디자인이며, 수신자에 대한 이해를 요구한다. 그것은 광범위한 적용보다는 몇몇 핵심 건물들과 환경 장치에 대해 유효할 수 있다. 대부분 장소에서 과거와 미래의 흔적들의 단순한 보존은 몇몇 상징적 깊이와 시각적 공명을 확실하게 만들 수 있기 때문이다.

환경은 그 같은 순환적 변화를 수용하는 데 머무르지 않고, 그 같은 변화를 극적으로 만들 수 있다. 밤의 조명은 태양의 그늘을 전복시키기 위해 배열될 수 있으며, 기후의 순환에 부응하는 건물 표면들이 발명될 수 있다. 대부분의 일화적 대비는 몇 개의 외적인 변화의 수용과 강조이다. 자연경관처럼 환경들이 외부와 상관없이 자신의 리듬과 더불어 이뤄질 수 있다. 친숙한 환경이 변형되어 특별한 사건 또는 반복적 사건을 부각시킬 수 있다.[270]

린치는 다분히 시간에 대한 현상학적 시각에서 시간의 신비적 경험에 대한 진술로 시간의 콜라주 논의를 마무리한다. 때때로, 삶 속에서 사람들은 시간이 정지된 순간에 대한 특이한 감각을 경험한다. 그것은 강렬하면서도 신비적인 개인적 경험이다. 사물들은 우리에게 직접적으로 제시되나 결코 습관적인 의미들의 베일을 통해서가 아니다. 그것은 시간의 정지가 아니라 결정적인 고요함의 감각이다. 영원성과 덧없음, 신속한 생물학적 리듬들과

269 같은 책, p.173.

270 같은 책, p.176.

오랜 시간의 주기, 이 모든 것들이 그곳에서는 더불어 존재하는 것으로 보인다.[271]

리듬 분석

도시 공간을 읽어내는 데 있어 시간 차원의 중요성을 일찌감치 설파한 린치의 시간적 콜라주 개념과 더불어 르페브르의 리듬 분석 역시 도시 기호학의 중요한 범주에 속하므로 개념적 핵심을 서술할 필요가 있다. 이를테면 도시 공간에서 작동하는 상이한 시간적 배열들이 도시의 장소들, 사람들, 사물들, 이미지들에 결부된 의미들 속에서 존재한다는 점에서 기호학의 이론과 개념들을 활용해 특정 도시 공간의 시간적 지도를 그리는 것이 가능할 것이다. 도시 공간에서 시간이 갖는 다층적 다원적 본질은 개인의 전기로부터 공동체의 보다 광범위한 역사에 이르기까지 서로 이질적이면서도 상보적인 리듬들의 중첩적 패턴들을 창조한다. 르페브르는 바로 시간성의 이 같은 상이한 종류들을 읽어내기 위한 방식으로서 리듬 분석이라는 개념을 도입했던 것이다.[272]

1992년 『리듬 분석』이란 제목으로 출간된 르페브르의 리듬 분석은 미완성으로 남아 있으나 그의 일상생활 비판과 밀접하게 결합해 있다. 이 책은 유기적으로 연결된 일곱 개의 장과 지중해 도시들의 개별 리듬 연구로 이뤄져 있다. 르페브르의 리듬 분석 연구는 그의 일상생활 연구의 중핵을 파악하게 해줄 수 있는 중요한 단서를 제공한다. "시간템포에 주의를 기울이고, 그 결과로 반복과 시간 속의 차이에 주목함으로써 그는 정신적 행위를 통해 하나의 전체 속에 연결된 것들, 즉 리듬들, 그것들의 결합을 분리해낼 것이다. 그는 단지 인간적 활동들만을 관찰하는 것이 아니라 그 활동들이 펼쳐지는

---

271 같은 책, p.177.

272 Lefebvre, H., *Rhythmanalysis: Space, Time and Everyday Life*, Continuum International Publishing Group, 2004, pp.19-26. (한국어 번역본) 앙리 르페브르, 정기헌 옮김, 『리듬 분석』, 갈무리, 2013.

시간성을 이해한다."[273]

요컨대 르페브르가 구상한 리듬 분석은 일상생활에서 리듬들의 시간적 질서를 다루는 분석을 위한 방법론이라 할 수 있다.[274] 이 점에서 리듬 분석은 도시 기호학에서 앞으로 심도 있는 연구를 해야 할 도시의 시간성을 다룸에 있어 중요한 방법론적 인식론적 함의를 갖는다. 『일상생활 비판』 제3권에서 리듬 분석은 순환적 리듬들과 선형적 리듬들의 복잡한 상호작용을 탐구하는, 새롭게 창발한 학문으로서 지칭된다. 『일상생활 비판』 제2권에서 그는 최초로 순환적 시간과 선형적 시간의 다면적인 상호 놀이를 기술한다. 인간들은 자연을 제어하기 훨씬 이전의 시기 동안 탄생에서 죽음에 이르기까지 자연적 우주적 리듬에 노출됐다. 나날들, 계절과 해들은 인간의 실존에 신뢰할 수 있는 리듬 질서를 부여했다. "순환적 반복과 선형적 반복은 분석 과정에서 분리되지만 '현실' 속에서는 상호 간섭한다. 순환적인 것은 우주적인 것, 자연적인 것에서 온다. 낮, 밤, 계절, 바다의 파도와 조수, 달 모양의 변화 등이 여기 해당된다. 반면, 선형적인 것은 사회적 실천, 즉 인간의 활동에서 비롯된다."[275]

엄격히 말해 리듬적 시간은 시작도 끝도 모른다. 모든 순환은 또 다른 순환으로부터 탄생하고 또 다른 순환적 운동 속에 흡수된다. 반면, 기술과 산업 세계의 합리적 절차들에 통합된 근대인은 시간의 선형적 흐름에 종속된다. 그에 따르면 선형적 시간은 그것의 시작이 절대적이며 최초의 제로 상태[degré zéro, 영도]로부터 무한하게 성장한다는 점에서 연속적이며, 동시에 그것은 하나의 프로그램에 따라 특정 사물에 할당된 부분적인 시간의 규모들로 파편화된다는 점에서 불연속적이다. 하지만 순환적 시간은 근대성 속에서 완전히 소멸되지 않았다는 것이 르페브르의 진단이다. 대중교통이 정해진

---

273 위의 책, p.225.

274 르페브르의 리듬 분석에 대한 다음 연구 참조.
Meyer, K., "Rhythms, Streets, Cities", in Goonewardena, K. et al., *Space, Difference, Everyday Life: Reading Henri Lefebvre,* New York and London, Routeledge, 2008, pp.147-162.

275 앙리 르페브르, 정기헌 옮김, 『리듬 분석』, 갈무리, 2013, p. 64.

시간에 맞추어 작동하는 대도시에서도 허기, 수면, 성욕 등의 몇몇 욕구와 습관들은 오래된 뿌리의 순환과 완전히 단절되지 않는다. 일상성 비판의 연구 목표는 근대 산업사회의 시간의 직선적 흐름 속에서 리듬적 시간의 연속성, 순환적 시간과 직선적 시간 사이의 상호 간섭을 탐구하는 데 있다. 그는 미래의 리듬 분석가의 암시적 자화상의 윤곽을 그리고 있다.

리듬 분석가는 정신분석가의 작업과 매우 유사해 말과 정보의 파편을 비롯해 은밀한 고백과 비밀에서도 숨겨진 의미를 읽어내는 사람이다. 리듬 분석가는 세상의 소리를 세심하게 경청하고 특히 아무런 의미가 없는 소음과 재잘거림에 대해서도 귀를 기울인다. 그는 침묵과 정적에서도 내면의 의미를 읽어낼 수 있는 사람이다. 리듬 분석가는 서둘러 판단하지 않으며 인내심을 갖고 잠자코 환자의 말을 경청해야 하는 정신분석학자와 달리 수동적인 채로 남아 있을 필요가 없다.

"리듬 분석가는 귀를 기울이지만 단지 말이나 정보, 파트너 혹은 환자의 자백과 고백 같은 것만 듣는 것은 아니다. 그는 세계를 듣는다. (…) 그리고 그는 침묵을 듣는다."[276]

리듬 분석가는 먼저 자신의 신체의 소리를 경청하고 자신의 몸이 자신에게 소통하는 것을 듣는다. 외부의 리듬을 감상하기 위해 자신의 몸으로부터 리듬을 학습하는 것이다. 리듬 분석가에 있어서 중요한 것은 몸이다. "그는 듣는다. 우선 자신의 몸부터 듣는다. 그는 우선 자신의 몸을 통해 리듬을 배운 후에 외부의 리듬들을 파악한다."[277] 완벽한 하모니를 연출하는 음악처럼, 몸 역시 리듬을 만들어낸다. 이것을 르페브르는 리듬의 꽃다발, '부케 bouquet'라는 멋진 표현을 사용해 부르고 있다. "한편, 자연이든 사회든 몸의 주변에도 역시 리듬들의 '꾸러미', '묶음', '다발' 들이 존재한다. 자연적인 것과 가공된 것들을 전체로 파악하기 위해 이 리듬들에 귀 기울여야 한다."[278]

---

276 위의 책, p.88.

277 같은 책, p.88-89.

278 같은 책, p.91.

정상적 조건 속에서 다양한 리듬들은 조화 속에서 존재한다. 신체 외부에서 발견되는 모든 것, 자연과 사회에서 파생되는 것들 역시 리듬의 다발로 이뤄진다. 리듬 분석은 감각 기관의 지각을 복원하려 부단히 노력하며 숨결과 심장 맥박, 소소한 단어들에 귀를 기울인다.

리듬 분석가는 특별히 냄새, 향기, 어린 시절에 특히 더 강렬했던 인상, 그리고 특이한 생명체들에 주의를 기울이며, 무색, 무취, 감지할 수 없는 경지에 이르도록 사회가 위축시키고 상쇄시킨 것들을 하나도 소홀히 다루지 않는다. 특히 냄새는 리듬의 중요한 부분으로서 냄새를 파헤쳐보면, 아침과 저녁의 냄새, 햇살과 어둠, 비와 맑은 날씨의 냄새가 따로 있음을 알 수 있다. "리듬 분석가는 자신의 모든 감각을 동원한다. 그는 자시의 호흡, 혈액순환, 심장박동, 말의 속도 등을 기준으로 삼는다. 그러나 리듬들을 인지하기 위해 선택한 감각 중 특정 감각에 우위를 부여하지는 않는다. 리듬 분석가는 추상이 아니라, 자신의 몸과 체험된 시간성 속에서 사유한다. 따라서 그는 특히 후각과 향기를 소홀히 하지 않는다."[279] 요컨대 리듬 분석가는 리듬의 흔적으로서 냄새를 관찰하고 유지한다.

시인과 마찬가지로, 리듬 분석가는 언어적 행동을 수행하고 동시에 언어의 심미성을 중시 여긴다. 그는 언어의 순간성, 특히 순간들의 행간에 숨어 있는 관계에 흥미를 갖는다. 하지만 그의 행위는 결코 예언자나 마술인의 행동이 아니며, 엄연히 이성에 기초한다. 물론 그는 이성의 전개를 위해 감성을 포용할 만반의 준비가 되어 있다. 그는 실증주의자도 경험주의자도 아니며, 관찰한 것을 변화시키며 늘 움직임 속에 위치시킨다. 그 점에서 그는 시인과 배우에 가깝다.

르페브르는 거리와 도시 공간에 리듬 분석을 적용한다. 다분히 현상학적 비전 속에서 그는 자신이 살고 있는 파리 시내의 아파트의 창문을 통해 관찰될 수 있는 다채로운 거리의 삶의 리듬들을 포착한다. 이때 그는 관찰되는 것과 관련지어 관찰자의 상황을 늘 유념에 둔다. 거리를 내다보는 창

---

279 같은 책, p.92.

문은 결코 추상적 소재지가 아니라 현실적 소재지로서 그것은 단지 보는 행위와 동시에 통찰을 유도한다. 관찰자는 거리에서 일어나는 것 속에 연루된다. 즉 리듬을 포착하려면 그것에 의해 포착되는 것이 필요하다. 그는 이질적인 거리의 리듬들에 주의를 기울이며 세밀하게 주목한다. 리듬 분석가는 이미지보다는 한 도시의 전체적 분위기를 지각하며 특히 대도시의 단어들과 소리들을 듣는다. 그는 공감각주의자로서 심포니 또는 오페라를 감상하듯 도시 공간에 있는 각각의 집, 거리, 광장 등을 파악한다. 그는 도시가 연주하는 음악을 감상하고 동시에 그것의 작곡의 구성을 이해하려 하는 사람이다.

특히 르페브르는 의례와 리듬이 맺는 관계를 강조하고 도시 공간에서 나타나는 의례화의 작업이 특유한 리듬으로 이뤄진 몸짓과 말을 창조한다는 점을 주목했다. 이 점을 그는 자신의 미완의 작업이라 할 수 있는 지중해 도시의 리듬 분석에서 적용한 바 있다. 그는 지중해 도시들의 다중적 리듬성을 주목하고 그것이 동질화와 다양화의 갈등적 모순성으로 만들어지는 것으로 보았다. 그는 다음과 같은 진술로 매듭짓는다. "지중해 도시들에서는 도시적 공간 즉 공적인 공간이 그 리듬들과의 모든 관계를 드러내고 펼치는 거대한 공연장 같은 것이 되는 것 같다. 이 속에서 의례, 규범, 관계들이 가시화된다. 그것들은 상연된다."[280]

---

280 같은 책, p.242.

제10장 • 도시 공간의 생태학적 토대

통합 기호학의 시각에서 도시 공간을 탐구할 때 최종적으로 고려해야 할 문제는 지속 가능한 도시를 유지하기 위한 생태학적 토대를 수립하는 일이라 할 수 있다. 따라서 본 장에서는 현대 도시의 위기를 생태학적 위기로 바라본 도시학 연구자들을 언급하고, 생태계로서의 도시 개념화를 파악한 후, 도시 생태학의 여러 차원을 지적하고자 한다.

2008년을 기점으로 인류는 역사상 최초로 촌락보다 도시 지역에 더 많은 인구가 사는 문명사적 변동을 겪고 있다. 최근에 발표된 유엔 보고서는 2050년경 전 세계 인류는 약 90억 명에 도달할 것이며 이 가운데 64억 명이 도시 지역에서 생활할 것으로 전망하면서 이 같은 도시 성장의 대부분은 아시아, 아프리카, 라틴 아메리카의 개발 지역에서 발생할 것으로 예상했다. 점차적으로 도시화된 지구에서 중요한 생태학적 도전들, 이를테면 물의 보존과 생물 다양성 상실에서 기후 변화에 이르기까지, 다양한 생태학적 문제들은 도시 공간의 긴박한 사안들이며 이러한 상황 속에서 인류 전체는 인간의 생존을 위한 녹색 도시 추구라는 본질적 숙제를 떠맡게 됐다.[281]

전 지구적 차원에서 구축된 금융 시스템, 텔레커뮤니케이션, 네트워크, 교통과 운송 인프라로 인류가 밀접하게 연계됨에 따라 도시에서 이뤄지는 결정이 인간과 인간 이외의 종에 엄청난 영향을 미치고 있다. 갈수록 더 많은 사람이 도시에서 생활함에 따라 도시가 장려하는 제반 활동들과 행동 양식으로부터 궁극적으로 인류가 지구를 거주 가능한 곳으로 만들 수 있느냐는 긴박한 물음을 제기하지 않을 수 없다. 우리가 도시를 어떻게 계획하고 디자인하고 건설하는가의 문제는 전 세계의 자연 자원 소비를 비롯해 점차로 늘어가는 전 세계 인구의 건강과 삶의 질에 결정적인 영향을 미친다. 이

---

281 Cohen, N. and Robbins, P., *Green Cities: An A-to-Z Guide,* London, SAGE, 2011, p.9.

같은 맥락에서 도시 기호학의 인문학적 토대를 정초하려는 이 책의 최종 장을 도시 생태학으로 마무리하는 것은 당연한 수순이라 할 수 있다.

특히, 자연 친화적이며 평등한 도시 건설 추구는 이미 200여 년 전부터 존재해왔다는 점에서 본 장에서는 도시 생태사상의 계보와 지형에 주안점을 두고 서술했다. 19세기에 진행된 급속한 산업화는 촌락에서 도시로 이주한 사람들에게 감수하기 어려운 생활조건에 직면케 하면서 심각한 대기오염과 비위생성을 비롯해 과밀 인구밀도 상황을 노정했다. 이 같은 상황에서 도시 공간의 개혁주의자들은 사회적 공동주택, 공원, 지대 분할zoning과 같은 조절적 혁신들을 포함해 다양한 당면 과제들을 다뤘다. 무엇보다 수많은 대도시에서는 도시와 동떨어진 곳에서 청결한 물을 공수하기 위해 대규모 공사에 착수했으며 도시의 오물을 제거하기 위해 하수도 시설 시스템을 대대적으로 정비했다. 하지만 이 같은 공중 위생적 개혁들에도 불구하고 20세기를 지나오며 지배적인 사유 패러다임은 도시의 규모와 밀도가 핵심적 문제의 근원이라는 가정에 기초해 도시 공간이 개조되어야 한다는 결론에 바탕을 두고 있었다. 잠시 후 살펴볼 하워드의 전원도시 네트워크와 도시 공간과 사회적 구조의 합리화를 지향한 르 코르뷔지에의 디자인 등, 다양한 유토피아의 도식들은 기존의 도시 공간 형태에 대한 대안을 찾고 있던 도시계획가들의 상상력을 사로잡았다.

도시 생태학의 역사적 조건과 발생 맥락

1. 생태학 개념의 의미장과 생태 사상의 계보

도시 공간의 생태학적 조건을 상술하기 이전에 우리는 먼저 도시 생태학과 관련해 분출된 다양한 담론들에서 노정되는 의미론적 부정확성에 유념해야 할 것이다. 따라서 도시 생태학적 접근법들의 개념적 정확성을 확보하려면 먼저 의미론적 모호성을 제거하는 작업이 필요하다.

생태학이라는 용어와 관련해 네 개의 상이한 의미를 식별할 수 있다. 먼저 과학으로서의 생태학은 자연의 경제물질과 에너지의 흐름 또는 유기체의 분배와 풍요를 연구하는 반면, 자연으로서의 생태학은 인간들을 위한 자원의 기초를 연구한다. 아울러 관념으로서의 생태학은 생태와 관련된 인간적 존재를 파악하는 하나의 개념이며, 끝으로 운동으로서의 생태학은 생태학적 환경적 사안들과 관련된 정치적 활동들을 지시한다.[282]

일차적으로 생태학은 자연과학과 공학을 중심으로 형성된 과학적 학술 분야의 범위를 훌쩍 벗어나 사회적 관점에서 다양한 양태성들에 따라서 파악되고 있다. 이를테면 생태학은 과학적 개념의 테두리에 머무르지 않고, 자연현상, 인간 현상, 문화 현상을 이해하기 위한 개념으로서 사용되거나 더 나아가 하나의 유토피아로서 사용되기도 한다. 예컨대 생태학은 살아 있는 생명 세계에서 고유하게 존재하는 관계들의 총체적 관계나 정보, 에너지, 물질 차원에서 이뤄지는 다양한 교환의 원리를 지시하는 은유로 이해되어왔다. 또한 가장 빈번하게 생태학은 생명 세계에 부과될 자연의 유한한 특징이라는 관념과 결부되기도 한다. 그 같은 은유적 사용은 생태학의 기저에 흐르는 핵심적 물음과 결부된다.[283] 아울러 생태학은 인간이 생태계에 차지하는 자리와 역할에 방점을 찍으면서, 생명체의 기능 작동의 포괄적 판독 가능성에 대한 엄밀한 과학적 틀의 한계를 넘어선다.

요컨대, 생태학이라는 용어의 다양한 의미 효과를 비롯해 그것의 철학적 토대를 파악하고 특히 생태학의 유토피아적 차원에 주목할 필요가 있다. 물론 하나의 과학적 프로그램으로서 생태학의 이론적 토대의 기본 윤곽과 그 한계를 이해해야 할 것이며, 생태학의 사회적 정치적 원근법을 염두에 두고 있어야 할 것이다. 실제로 현대 생태학은 환경 위기와 관련된 경제적, 사회적, 정치적 사안들과 밀접한 관련을 맺고 있다.

아쉽게도 국내 학계에서는 아직도 생태학의 사상사를 천착한 자생적

---

282 Haila, Y. and Levins, R., *Humanity and Nature,* London, Pluto Press, 1992.

283 Charles, L., "Ville, écologie, environnement: vers une politique du sujet", in Séguret, F. and Jeudy, H. P., *Ecologie urbaine,* Editions de la Villette, 2000.

연구가 미진한 상황이며, 생태학 담론을 주도해온 영미권의 학계에서 이뤄진 이 분야의 주요 성과들을 비롯해 여전히 상당수의 고전이 한국어로 번역되지 않은 상태이다.[284] 생태학ecology이라는 단어는 1866년 독일학자 에른스트 헤켈Ernst Heinrich Haeckel에 의해 최초로 사용됐으며 그는 1870년 보다 정교하게 그것을 "자연의 경제와 관련된 지식 체계, 즉 동물이 비유기체적 환경과 유기체적 환경이 맺는 총체적 관계의 탐구를 포함해 초목들이 직간접적으로 환경과 접촉하는 관계들의 연구"로 정의했다. 아울러 헤켈은 생태학이 다윈의 진화 이론과 직접적 관련성을 맺는다는 점을 강조했다. 하지만 생태학은 그 정의에 있어 생물학적, 사회적, 역사적 요인들이 개입하면서 그것의 본질적 성격 자체가 모호하게 됐다. 이를테면 그 관심 영역이 팽창하면서 동물의 개체군population을 연구할 때는 동물들의 분배와 풍요로움의 연구로 축소되는가 하면, 그 이후 생태계가 전면에 부상할 때는 생태학이 생태계의 구조와 기능을 연구하는 분야로 파악됐다. 하지만 생태학에 대한 거의 모든 정의는 그것이 유기체와 환경 사이의 상호 관련성을 연구하는 학술 분야라는 점에 동의한다.[285]

참고로 현재 나와 있는 대표적인 생태학과 환경학 핸드북 또는 관련 사전들을 검토한 결과 다음과 같은 정의들이 제시됐다. 찰스 크렙스Charles J. Krebs는 "생태학은 유기체의 분배와 풍요로움을 결정하는 상호작용의 연구"라고 정의했으며[286], 마이클 베곤Michael Begon은 다음과 같은 확장된 정의를 제시했다. "생태학은 세 개의 관심 층위를 다룬다. 개체적 유기체, 개체군, 군집이

---

284 Egerton, F. N., "A bibliographical guide in the history of general ecology and population ecology", *Hist.sci,* XV, 1977, pp.189-215.

________, "The history of ecology: achievements and opportunities", part two, *Journal of the History of Biology,* vol.18, n.1, 1985, pp.103-143.

또한 대표적인 생태 사상사의 명저로 손꼽히는 다음 문헌을 지적하고자 한다.

Worster, D., *Nature's Economy: A History of Ecological Ideas,* Cambridge, Cambridge University Press, 1977.

285 Mcintosh, R. P., *The Background of Ecology,* Concept and theory, Cambridge, Cambridge University Press, 1987, p.289.

286 Krebs, C. J., *Ecology,* New York, Harper & Row, 1999.

그것이다."[287] 그는 "생태학은 유기체와 환경을 다루는 것"이라고 말하면서, 유기체와 환경 사이에 존재하는 관계를 이해하는 것이 중요하다는 점을 지적하고, 상이한 종류의 유기체는 서로 다른 환경 사이에서 무작위적으로 분배된 것이 아니라 양자 사이에는 하나의 호응성이 존재한다고 보았다.[288]

이미 생태학이라는 관념은 19세기 중반보다 더 오래전에 태동했으며 그것의 근대적 역사는 18세기로 거슬러 올라가며 지구에 존재하는 생명의 조직fabric을 관찰하는 포괄적 방식으로 창발했다. 즉 지구상의 살아 있는 유기체들을 상호작용하는 전체로서 기술하려고 시도했던 관점은 빈번하게 '자연의 경제'라는 표현으로 지시됐다.[289] 하지만 18세기 이후로 그 같은 개념은 다양한 전공 분야에 따라 상이한 시각들로 분출되면서 제각각의 다른 내용으로 분화됐다. 특히 생태학이라는 학술 분야는 먼저 영미권에서 발전됐으며 일찍부터 생태학과 관련된 교양 차원의 문화와 함께 생물학자와 역사학자들의 시각에 따라 생태학의 근원을 파악하는 내용이 달라졌다. 그 내용은 역동적 생태학, 수량적 군집 생태학, 종 생태학, 이론 생태학 등 다양한 하위 영역을 포함한다는 점에서 생태학의 기원, 발달, 현재의 주요 문제들을 종합하는 것은 방대한 과제이다. 고대 그리스에서 시작한 자연사의 전통과 19세기 생물학, 자연사 탐구와 생물 보존 등의 맥락에서 발달한 여러 전통을 아우르는 통사는 여전히 미완의 작업이다. 더욱이 20세기 환경 위기와 더불어 시작한 생태학의 다양한 사조와 운동은 그 변이성과 복잡성으로 인해서 복수의 형태를 지니고 있다.[290] 따라서 생태학의 역사를 파악하는 회고적 생태학retrospective ecology은 생태학 자체가 여러 개의 줄기와 뿌리를 갖고 있다는 점에서 그 기원을 파악하는 데 어려움을 겪고 있으며, 그런 이유와 더

---

287 Begon, M. et al, *Ecology: Individuals, Populations and Communities,* Oxford and London, Blackwell Scientific Publications, 1986, p.10.

288 위의 책, p.5.

289 같은 책, p.14.

290 Mcintosh, R. P., *The Background of Ecology, Concept and theory,* Cambridge, Cambridge University Press, 1987.

불어 생태학의 대중화로 인한 개념적 왜곡과 이데올로기적 이유들로 인해, 과학사와 지성사 분야에서 상당 기간 생태학사는 무시되어온 것이 사실이다.[291] 그뿐만 아니라 현재의 학교 교육에서도 생태학에 대한 체계적 교과 내용을 찾아볼 수 없으며, 기호학에서도 생태학적 차원을 연구 의제로 설정한 것은 최근의 일이다.[292]

생태학 사상의 역사적 기원을 천착하면서 생태학의 도덕적 윤리적 차원을 부각시킨 도널드 워스터Donald Worster 교수의 명저 『자연의 경제: 생태 사상의 뿌리』는 경제 시스템으로서 자연을 파악한 20세기 생태 사상의 궤적을 탁월하게 보여준다. 구체적으로 그는 헤르만 라인하임메르Hermann Reinheimer의 저서 『공조를 통한 진화: 생물-경제학 연구Evolution by Co-operation: A Study in Bio-Economics』를 경제적 생태학의 원조로 보고 있다. 그는 경쟁 개념에 기초한 다윈 이론을 거부하면서 공조를 중시했고, 그것을 자연의 진리로 삼은 생태학적 집단주의를 경제적 생산성의 필요성과 연계시킨 최초의 인물이다.[293] 또한 워스터는 신생태학의 토대를 정초한 인물로 케임브리지대학교의 동물학자 찰스 엘턴Charles Elton을 손꼽고 있다. 엘턴의 이론적 목적은 자연에서의 새로운 군집community 모델 수립을 위해 기존의 생태학 지식을 도입하는 것이었으며 자연의 군집을 하나의 단순화된 경제로 파악하는 엘턴의 설명 방식에

---

291 위의 책, p.7.

292 생태 기호학 또는 기호 생태학의 주요 논문들은 다음과 같다.

1. Hornborg, A., "Vital signs: an ecosemiotic perspective on the human ecology of Amazonia", in *Sign Systems Studies 29.1,* 2001, pp.121-152.

2. Nöth, W., "Ecosemiotics", in *Sign Systems Studies, 26,* 1998, pp.332-343.

3. _______, "Ecosemiotics and the semiotics of nature", *Sign Systems Studies, 29.1,* 2001, pp.71-82.

4. Küll, K., "Semiotic ecology: different natures in the semiosphere", *Sign Systems Studies, 26,* 1998, pp.344-371.

5. Posner, R., "Semiotic pollution: Deliberation towards an ecology of signs", *Sign System Studies, 28,* 2000, pp.290-308.

6. 김성도, 「생태기호학 시론」, 『기호 리듬 우주』, 인간사랑, 2007.

293 Worster, D., *Nature's Economy: The Roots of Ecology,* San Francisco, Sierra Club Books, 1977, pp.291-293.

서 20세기 생태학은 가장 중요한 패러다임을 발견했다.[294] 엘턴은 지구 도처에서 작동되는 것으로 가정된 자연의 경제를 기술해줄 수 있는 네 개의 원리를 제안했다. 그중 하나가 바로 먹이사슬 원리로서 먹이는 자연의 경제 질서에서 핵심적 자본이며 초식성 동물과 그 포식자 사이의 관계를 설정한다. 이 밖에 그는 먹이의 사이즈와 종의 개체 수가 먹이사슬 구조에 미치는 효과를 비롯해 생태계의 적소niche 원리를 제안했다.

신생태학을 향한 두 번째 초석을 놓은 인물은 옥스퍼드대학교 교수였던 식물학자 아서 탠슬리Arthur Tansley였다. 그는 군집이라는 모호한 용어 대신 정량화와 분석이 가능한 보다 객관적 개념을 모색하면서 생태계라는 용어를 최초로 사용한 학자이다. 그의 생태계 개념은 자연현상에 대한 보다 정밀한 이해를 가능케 한 20세기 초의 에너지 장과 시스템 등의 새로운 개념을 생산한 물리학으로부터 지대한 영향을 받았다. 생태계 개념을 사용할 경우 유기체들 사이의 모든 관계는 에너지의 순전히 물질적인 교환 차원에서 기술될 수 있다. 전통적인 생태학적 군집 개념에서는 생명체와 비생명체가 분리됐던 반면, 탠슬리의 생태계 개념은 모든 자연을 물질적 자원의 공통적 질서 속에 갖다놓았다. 아울러 그의 생태계 개념은 생태학의 낭만주의적 스타일과 달리 자연을 개발 가능한 물질적 자원으로 파악하는 산업적 시각과 맞아떨어졌다.[295] 특히, 열역학과 경제학에 기초한 환경 모델을 수립한 신생태학의 옹호자들은 자연을 현금 가치를 지니는 자원의 집합으로 간주했다는 점을 보여주었다. 그들은 자연을 근대 기업 국가와 공장들의 체인, 생산 조합 라인 등의 반영으로 변형시켰다. 즉 경영 윤리로 향하는, 아울러 인간 경제의 최상의 이익에 봉사하는 제어된 환경으로 향하는 이미 세워진 억견을 신생태학의 기계론적, 에너지 기반의 바이오 경제학에 부여하는 것은 결코 허무맹랑한 것이 아니다.[296] 워스터 교수는 다음과 같이 결론 맺고 있다. "신

---

294 위의 책, p.295.

295 같은 책, pp.301-304.

296 Worster, D., *Nature's Economy: The Roots of Ecology,* San Francisco, Sierra Club Books, 1977, pp.291-338.

생태학은 자연과 자연 안에 존재하는 인간의 자리에 대해 수축된 시각을 제안한 것으로 보인다. (…) 대중적인 환경 사유는 이와 유사하게 편협한 생물경제적 윤곽으로 환원됐다."[297]

자연에 대한 기계적 경제적 은유는 노골적인 인간 중심적 성격을 공유한다. 적지 않은 환경론자들은 그 같은 인간중심주의의 파괴적 파급효과에 대해 깊이 우려한다. 인간이 스스로를 모든 사물의 척도로 올려놓을 때마다, 인간 본성을 포함하는 자연은 그 가치 매김에 있어 독립적이며 고갈되지 않는, 인간 의지에 의해 끝도 없이 제공되어야 할 무한 자원으로 인식되어 환경 파괴를 불러온다. 만약 인류가 환경 위기를 타개하고 환경 철학자들이 줄곧 외친 바와 같이 그것의 파국을 막으려 한다면 비인간중심주의로 전환해야 할 것이다. 요컨대 우리는 생명의 내재적 가치에 근거해 생명 형식을 판단해야 하며 결코 그것의 도구적 가치에 함몰되어서는 안 될 것이다.

2. 환경 위기와 지속 가능성 패러다임의 창발

오늘날 인류가 직면한 대부분의 환경 문제는 사람, 자원, 오염 사이의 상호작용에 기인한다. 현재 인류가 지구를 얼마나 혹사시키는지 그 부작용의 세부 내용을 명시하는 것은 무리이나 우리 삶의 모든 양상에 부정적 영향을 미치고 있으며 그 위기의 가장 명백한 증상들은 대체로 다음과 같이 나타난다. 첫째, 인구 증가 문제이다. 지구상의 인구는 산업혁명 출발 이후로 여덟 배가 증가했다. 둘째, 자원 사용의 문제이다. 산업 생산은 20세기 동안 100배 이상 증가했다. 셋째, 서식지가 점차로 사라져가고 있다. 채 200년도 안 되는 단기간 동안 6백만 제곱킬로미터 숲이 없어졌다. 넷째, 토양 부식 현상이다. 침전물의 축적은 큰 강에서는 세 배 이상, 소규모 강에서는 여덟 배가 늘어났으며 지난 200년 동안 인류는 집중적으로 강의 연안을 개발했다. 다섯째,

---

297 위의 책, p.315.

수자원 문제이다. 물 사용은 지난 2세기 동안 매년 100세제곱킬로미터에서 3,600세제곱킬로미터 늘었다. 여섯째, 공기 오염 문제이다. 18세기 중반기부터 진행된 인간 활동들은 대기권의 메탄가스를 두 배 이상 제고시켰으며 탄소 독성의 강도를 27퍼센트 이상 증가시켜 오존층에 심각한 손상을 불러왔다. 일곱째, 물의 오염 문제이다. 인간 활동은 수은, 니켈 등의 자연 배출 비율을 두 배 이상으로 제고시켰으며 카드뮴cadmium의 배출은 다섯 배, 납의 배출은 여덟 배 이상을 제고시켰다.[298]

이른바 신 제3기로 불리는, 인류가 초래한 지구온난화와 생태계 파괴로 특징지어지는 현재의 지질학적 시기는 도시 개발에 대한 총체적 재인식을 요구한다. 도시 공간의 형태 문제가 경제개발 모델과 생활 방식과 연계되면서, 급속한 인구 성장과 경제성장의 위험성을 경고하는 신호들이 지구 곳곳에서 나타났다. 관련 전문가들은 이를테면 천연자원을 무료로 생각하는 무한 성장의 위험성을 지적했으며, 인간들이 주도한 과잉 개발과 그로 인한 환경오염과 결부된 사회적 비용을 과학적으로 평가할 것을 제안했다.

기후 변화의 문제는 인간 사회와 자연의 관계에 대한 기존의 연구 토대를 흔들어놓았다. 온실가스 효과로 인한 오존층 파괴와 지구 온난화가 목격되면서, 지질학자 폴 크뤼천Paul Crutzen은 가축업과 최초의 농경 사회를 특징짓는 시기에 이어서 인류가 독자적으로 지질의 변화를 일으키는 시대로 진입했음을 주장했다.[299] 대기권 기후 변화 연구의 권위자인 그는 호모 사피엔스의 운명에 대한 관심 이상으로 지구의 생명에 대한 관심을 더 긴박한 문제로 인식할 것을 주문한다. 지구의 모양새를 결정지었던 자연의 강력한 기능들은 인류 발생적 기능들보다 더 큰 주목을 받아야 한다는 것이다. 그는 지난 1만 년 동안 전개된 기후 시대를 완신세Holocene 라고 명명한 후, 지난 200년 동안 진행된 집중적인 산업혁명으로 발생한 온실가스의 집중화로

---

298 Park, C., *The environment; Principles and Appliacations*, London and New York, Routeledge, 1997, pp.3-29.

299 Crutzen, P. J. and Stoermer, E. F., "The "Anthropocene"", *Global Change Newsletter,* 41, 2000, pp.12-13.

인해, 전혀 다른 기후 시기가 도래할 것이며 그것을 새로운 신생대 기후Neo-Cenozoic Climate라고 명명했다.[300] 저자는 그 같은 미래 기후의 투영은 화석연료의 장기적 사용, 지구의 벌목과 그 이외의 다른 요인들에 달려 있으나, 현재 진행 중인 자원 남용과 개발의 집중화가 이산화탄소 독성 물질과 온실가스의 주원인이라는 점은 확실하다고 진술했다.

크뤼천 교수의 주장과 유사한 맥락에서 스티븐 팔럼비Stephen R. Palumbi 교수는 인류의 생태학적 임팩트는 엄청난 진화론적 파급효과들을 일으킬 뿐만 아니라 인간 주변의 종의 진화 변화를 가속할 수 있다고 주장했다.[301] 이 같은 효과에는 질병 유기체, 농업의 페스트, 상업적으로 남획되는 종들의 문제가 있다. 이처럼 가속화되는 진화적 변화들은 인간 기술에 의해 실행되는 강력한 자연선택으로부터 파생된다. 지난 수십 년 동안 제고된 테크놀로지 임팩트기술 영향력로 인해 인간은 세계의 지배적인 진화적 힘이 됐다. 인간에 의해 유도되는 진화적 변화의 중요성은 경제적으로 측정될 수 있으나, 그와 동시에 통제 불능의 질병들이나 전염병 창궐에 여러 인간 사회가 무차별적으로 노출되는 현상을 불러온다.

생태학자들이 제기한 통제 불가능한 환경 위기 문제는 지속 발전 가능한 도시 디자인의 필요를 수반한다. 교통, 조경, 건물 디자인, 에너지와 정보, 재료, 물, 쓰레기와 자원 등의 복잡다기한 문제들이 모두 생태 친화적인 도시 디자인의 구체적 사안들이다.[302] 특히 지속 가능성의 문제는 가장 핵심적 문제로서 그것은 결코 공학의 의제가 아니라, 도시 생활의 시詩에 대한 것이며, 최적성과 삶의 환희에 대한 문제로서, 에너지, 탄소 배출량, 쓰레기는 오

---

300 Graedel, T. E. and Crutzen, P. J., *Atmosphere, Climate, and Change,* New York, Scientific American Library, 1995, pp.143-153.

301 Palumbi, S. R., "Humans as the World's Greatest Evolutionary Force", in *Science 2931,* 2001, pp.1786-1790.

302 Thomas, R. and Fordham, M., *Sustainable Urban Design: An Environmental Approach,* London and New York, Spon Press, 2003.

히려 부차적 문제라 할 수 있다.[303]

“측정 가능한 것은 측정될 수 없는 것의 하인에 불과하다”는 루이스 칸의 멋진 표현처럼, 정량화될 수 없는 것은 정량화될 수 있는 것 못지않게 중요하다. 따라서 본 장에서는 도시를 환경적으로 보다 지속 가능하게 만들기 위한 비정량적 차원에 속하는 핵심 사안들을 검토하는 데에도 일정 지면을 할애했다. 본 장에서 사용하는 지속 발전 가능성 개념은 크게 네 가지 양상이 혼용되어 있다. 사회적 지속 발전 가능성, 경제적 지속 발전 가능성, 환경적 지속 발전 가능성, 개별 도시의 지속 발전 가능성이 그것이다. 이 가운데에서 특히 도시 공간 내부에서 제기되는 환경의 지속 발전 가능성이 주요 주제라 할 수 있다. 지속 발전 가능한 도시 공간 디자인은 21세기 도시의 생존을 위해 결정적인 사안으로서 우리의 건강, 복지, 미래가 달려 있다는 점에서 아무리 강조해도 지나침이 없을 것이다. 또한 지속 가능한 도시는 일정 부분, 궁극적으로 균형에 관한 문제라는 핵심적 사실을 지적해야 할 것이다.[304]

도시 공간의 생태학적 의식에 대한 논의에 앞서 20세기 중반기부터 전 세계적으로 싹트기 시작한 환경 위기와 지속 가능성의 개념이 제시된 주요 이정표를 환기하는 것이 필요하다. 가장 먼저 언급해야 할 이정표는 1970년대 초에 발표되어 지구의 환경과 생태 문제에 가장 큰 영향력을 행사한 저서 가운데 하나인 『성장의 한계』를 손꼽을 수 있으며 이 책에서 최초로 ‘지속 가능한 발전sustainable development’이라는 용어가 사용됐다.[305]

1968년 세계 환경과 인류의 미래를 연구하기 위해 결성된 비공식 단체인 로마 클럽에서 영감을 받아 미국 MIT를 중심으로 모인 20여 명의 과학

---

303 위의 책, p.3.

304 같은 책, p.11.

305 Meadows, D. H., Meadows, D. L., Randers, J., and Behrens III, W. W., *The Limits to Growth: A Report for the Club of Rome's Project on the Predicament of Mankind*, London, A Potomac Associate Book, 1972. (한국어 번역본) 도넬라 H. 메도즈, 데니스 L. 메도즈 외 1명, 김병순 옮김, 『성장의 한계』, 갈라파고스, 2012.

자가 데니스 미도우Dennis Meadows 교수의 주도 아래 공동으로 진행해 그 결과물을 내놓은 이 작은 책자는 인류 사회의 미래에 대해 전 세계적 논의를 촉발시켰다. 전문 과학자들이 집필했으나 전문 학술 용어가 아닌 일반 어휘로 서술됐으며 순자와 아리스토텔레스를 인용할 정도로 인문적 사유도 적절하게 녹아 있다. 이들은 성장의 한계를 가져올 수 있는 기본 요인들로서 인구, 농업생산, 천연자원, 산업생산, 공해와 오염 등의 다섯 개의 기본 요인을 설정하고 이에 대한 세밀한 분석을 내놓았다. 그들이 구축한 세계 모델의 관점에서는 이 다섯 개의 흐름을 상호 연관된 것으로 보고 수십 년 또는 수백 년 기간의 단위에서 측정할 것을 제안했다. "이 모델과 더불어 우리는 이 같은 흐름들, 그것들의 상호 관련성, 그리고 그것들의 함의들을 앞으로 올 미래의 100년 기간의 단위를 설정해 이해할 것을 추구한다."[306]

이 작은 책의 저자들은 서론부에서 모두 세 개의 결론을 제시한다. 첫째, 인류가 현재의 생산과 소비 방식 흐름으로 계속 나갈 경우, 100년 안에 지구상에서 인류 사회의 성장의 한계에 도달할 것이며, 가장 개연성이 높은 결과는 인구와 산업 능력 모두에 있어 갑작스러우면서도 통제 불가능한 쇠락으로 이어질 것이라고 진술했다.[307] 그렇지만 저자들은 두 번째와 세 번째 결론에서 비관적 경고에 그치지 않고, 이와 동시에 희망의 메시지를 제시했다. 이를테면 그들은 "기존의 이 같은 성장 경향들을 변화시키는 것이 가능하며, 미래에도 지속 가능한 생태학적 경제적 안정성의 조건을 수립하는 것이 가능하다."고 진술했으며, 전 세계 사람들이 첫 번째가 아닌 두 번째 결과물을 위해 노력하기로 결정한다면 더 신속하게 작업에 착수해야 더 큰 성공 확률이 있다는 점을 첨언했다.[308]

동시기에 이와 유사한 사유를 개진한 사례는 일부 있었으나 『성장의 한계』는 최초로 컴퓨터 테크놀로지와 과학적 방법을 사용해 인류의 미래

---

306 위의 영어본, p.21.

307 같은 책, p.23.

308 같은 책, p.24.

를 분석하고, 기하급수적으로 팽창해가는 세계 인구와 천연자원 소비가 지속 가능한지 여부에 대해 물음을 던진 최초의 저서라는 점에서 학문적 의의가 있다. 특히 세계 시스템 속에서의 성장이라는 문제를 복합적으로 인식하기 위해 그들이 개발한 세계 모델의 독창성에 주목할 필요가 있다. 이를테면 그들이 제시한 모델은 인구, 자본, 농업, 공해의 문제를 피드백 루프 구조를 통한 다양한 다이어그램들로서 표상함으로써 이들 요인들의 상호 연결성을 포착하고[309] 더 나아가 미래의 예측을 시도했다. 저자들은 "현재의 시스템에 큰 변화가 없는 한, 인류의 경제성장이 아무리 늦어도 2100년 안에 정지할 것이라고 확신을 갖고 말할 수 있다"[310]고 선언했다. 자신들이 제안한 세계 모델은 "갑작스럽고 통제 불능의 붕괴를 피할 수 있는 지속 가능한 시스템이며, 모든 사람의 기본적인 물질적 요건을 만족시킬 수 있다는 점"[311]을 지적한 후, 그것을 실현하기 위한 구체적 정책 대안을 제시했다. 그 가운데 중요한 메시지는 성장에 대한 의도적 제약을 실행에 옮겨야 한다는 점이다. 그 결정적 대안은 평형성에 기초한 일종의 비성장 상태의 모델로서 전 지구적 평형성 상태의 가장 기본적 정의를 제시하는데, 그것은 "인구와 자본이 그것들을 제고시키거나 감소시키려는 힘들과 더불어 세심하게 제어된 균형 속에서 본질적으로 안정적인 상태"[312]를 말한다. 하지만 여기에서 유념할 사실은 인구와 자본은 평형 상태에서 항시적일 필요가 있는 유일한 수량들이며, 대체될 수 없는 자연의 대규모 흐름을 요구하지 않거나 심각한 자연환경 손상을 야기하지 않는 일체의 다른 인간 활동은 계속해서 무한하게 성장해야 한다는 점을 분명히 지적했다는 점이다. 특히 인간의 가장 바람직한 활동들로 손꼽히는 교육, 예술, 종교, 과학 연구, 스포츠, 사회적 교류 등은 만발

---

309 같은 책, pp.88-128.

310 같은 책, p.126.

311 같은 책, p.158.

312 같은 책, p.171.

할 수 있다고 보았다.[313] 동일 저자들은 20년 후에 내놓은 『한계를 넘어서』에서 지난 20년 동안 수집된 자료들을 근거로 자원 소비, 공해, 인구 증가 등 인류 사회가 여전히 자연의 능력을 훌쩍 벗어난 과잉 개발overshoot 시기에 진입했다는 결론을 내놓았다.[314]

전 지구적 생태학적 위기의식을 고취시킨 두 번째 이정표는 1987년 발표된 세계환경개발위원회WCED가 제출한 보고서라 할 수 있다.[315] 이 위원회는 보고서의 최고 책임자였던 전 노르웨이 수상의 이름을 딴 브룬트란트위원회Brundtland Commission로 알려져 있다. 이 보고서는 최초로 지속 가능한 발전과 개발을 위한 전 세계적 관심을 불러일으키며 파장을 가져온 문헌으로서, 특히 지속 가능성 개념을 상식적 언어로 정식화했다. 이 보고서는 1992년 브라질의 리우데자네이루에서 개최된 환경과 개발에 관한 유엔의 이념적 기초를 제공했다.

이 보고서는 『우리의 공통적 미래』라는 책으로 출간됐으며 모두 3부 12장으로 이뤄져 있다. 1부 '공통의 우려', 2부 '공통의 도전 과제', 3부 '공통의 노력'이 그것이다. 이 보고서의 저자들은 '하나의 지구에서 하나의 세계로'라는 개관에서 먼저 20세기 동안, 인간 세계와 그것을 떠받혀온 지구의 관계가 심오한 변화를 겪었다는 사실을 지적한다.[316] 20세기 초만 해도 전 세계의 인구수와 테크놀로지는 전 지구적 시스템을 철저하게 변형시킬 힘을 갖고 있지 못했으나 20세기를 마감할 무렵부터는 폭발적 인구 증가와 반생태적 인간 활동으로 인해 지구 시스템 자체를 위협하는 파워를 갖게 됐다는 진단이 내려졌다.

---

313 같은 책, p.175.

314 Meadows, D. H., Meadows, D. L., Randers, J. and Randers, J., *Beyond the Limits, Post Millis,* VT, Chelsea Green, 1992.
동일 저자들의 다음 책도 참조할 것.
The limits to growth: the 30-year update, London, Earthscan, 2005.

315 World Commission on Environment and Development, *Our Common Future,* Oxford & New York, Oxford University Press, 1987.

316 위의 책, pp.1-23.

아울러 대부분의 경우 의도되지는 않았으나 적지 않은 자연 과정의 변화들이 대기, 육지, 바다에서 발생하고 있으며 또한 식물과 동물의 종들 사이의 관계 속에서 발생한다는 점을 명료하게 설명해주었다. 저자들은 그 같은 변화의 범위와 역량은 과학적 학술 분야들의 능력을 벗어나고 있으며, 또한 평가하고 조언할 수 있는 현재의 인간 능력을 벗어난다는 점을 지적했다.

이 보고서는 인간의 욕구와 갈망의 만족은 발전의 주요 목적이라는 전제 조건에서 출발해 개발도상국에서는 수많은 사람의 본질적 욕구인, 식량, 의복, 집, 일자리 등에 대한 욕구가 여전히 충족되지 않았다는 점을 지적한다. 아울러 기본적 욕구들을 넘어서 그들은 개선된 삶의 질을 획득하려는 합법적 갈망을 갖고 있다는 점도 명시했다. 하지만 빈곤과 불평등이 전염병처럼 퍼져가는 세계는 늘 생태학적 위기와 기타 위기들에 취약하다. 지속 가능한 발전은 모든 사람의 기본 욕구들을 충족할 것을 요구하며, 또한 보다 나은 삶을 위한 그들의 갈망을 만족시키기 위한 모든 기회로 확장될 것을 주문한다.

바로 여기에서 이 보고서는 기본적인 최소한의 조건을 넘어서는 생활수준은 오직 소비 표준의 장기적인 지속 가능성을 고려할 때 비로소 지속 가능하다는 점을 강조한다.[317] 그런데 여전히 많은 사람은, 예컨대 에너지 사용 패턴에서 극명하게 나타나듯 세계의 생태학적 수단들을 넘어서는 생활방식을 고집한다는 것이다. 지속 가능한 발전은 바로 생태학적으로 가능한 테두리 안에 있으며 모든 사람이 합리적으로 갈망할 수 있는 소비 표준들을 장려하는 가치들의 촉진을 요구한다.

본질적 욕구들을 충족시키는 것은 부분적으로는 완전한 성장 잠재력을 성취하는 데 달려 있으며, 특히 그 같은 욕구들이 충족되지 못하는 장소에서의 경제적 성장을 요구한다. 지속 가능한 발전은 모든 곳에서 경제적 성장과 일관적일 수 있다는 것이 보고서의 주장이다. 단, 성장의 내용이 지속 가능성의 광범위한 원칙을 준수하고, 타자의 비착취라는 원칙을 반영한다는 조

317 같은 책, p.44.

건이 따라붙는다. 생산력의 높은 수준들과 광범위한 빈곤이 나란히 동시에 존재할 수 있으며 아울러 환경을 위험에 처하게 만들 수 있기 때문에 성장 그 자체로는 충분하지 않다는 것이 그들의 일관된 주장이다. 따라서 지속 가능한 발전은 생산적 잠재력을 제고하고 모든 사람들에게 평등한 기회를 보장하면서 제반 사회가 인간의 욕구를 충족시킬 것을 요구한다.

보고서가 지적한 여섯 개의 당면 과제들인구와 인적자원, 식량 안보, 종들과 생태계, 에너지, 산업, 도시화 가운데 가장 먼저 시급한 사안으로 다뤄진 문제는 인구 팽창이다. 인구 팽창은 자원에 대한 압력을 높이고 자원 결핍이 광범위하게 퍼진 지역에서 생활수준을 제고하는 것을 저해한다는 것이다. 비록 핵심 쟁점이 단지 인구 규모의 문제가 아니라 자원 배분의 문제라 하더라도, 지속 가능한 발전은 오직 인구 증가가 생태계의 변화하는 생산 잠재력과 더불어 조화를 유지할 수 있을 때 비로소 추구될 수 있다는 것이 보고서의 논거이다.[318] 따라서 인구는 숫자에 대해서만 이야기하는 것이 아니다. "사람이 궁극적인 자원이다. 교육, 건강, 영양의 개선은 그들로 하여금 그들이 관리하는 자원을 더 잘 사용하도록 해줄 것이다. 덧붙여 자원의 지속 가능한 사용에 대한 위협은 사람들의 자연 접근성에서 나타나는 불평등에 기인하며, 단지 인구 숫자로부터가 아니라, 그들이 자원을 사용하는 방식에 기인한다."[319]

경제성장과 개발은 분명히 물리적 생태계의 변화들을 포함할 것이다. 모든 생태계는 도처에서 전혀 영향을 받지 않은 상태로 남아 있을 수 없을 것이다. 현재의 인류의 발전 방식은 생태계를 단순화시키고 종들의 다양성을 축소하려는 경향을 보여준다. 그런데 종들은 한 번 소멸되면 다시 갱생될 수 없다. 지속 가능한 발전은 식물과 동물 종들의 보존을 요구한다. 지속 가능한 발전은 공기의 질, 다른 자연 요소들에 대한 해로운 충격이 최소화되어 생태계의 전반적인 건강함을 유지할 것을 요구한다.[320] "종들과 그것

318 같은 책, pp.95-117.

319 같은 책, p.95.

320 같은 책, pp.147-167.

들의 유전적 재료 발전에 팽창적 역할을 맡으며, 종들을 보존해야 할 윤리적, 미학적, 과학적 명분들을 강화시켜야 할 하나의 강력한 경제적 근거가 도래한다."[321]

3. 근대 도시 생태학의 문화적 정치적 발생 맥락

근대 도시의 위생학과 그 한계

도시 공간에 대한 생태학적 의식이 도래하기 이전에 이미 근대 서구의 도시계획에서는 위생학과 에너지 위기에 대한 의식의 시기가 싹트고 있었음을 기억할 필요가 있다. 생태학의 시기는 지속 가능성의 개념으로 압축되어 다양한 개념들을 함축하고 있고, 이 세 개의 시기는 서로 겹쳐지는 부분이 적지 않다.

19세기 말에서 20세기 초까지 서구의 도시계획을 지배하는 논리는 위생학적 논리라 할 수 있으며 그 목적은 물과 공기 순환을 통해 도시의 건강함을 지속하는 데 있었다. 이어서 1930년대와 20세기 중반기까지는 에너지의 논리가 지배하던 시기라 할 수 있으며 난방과 공기 순환을 통한 도시의 위생이 주요 목표였다. 생태학적 시기를 특징짓는 핵심어인 지속 가능성은 자원, 건강, 유대가 그것의 주요 개념적 요소들이다.

첫 번째 시기인 도시 관리의 위생학적 시기에서는 공기 오염의 평가, 냄새, 도시 사망률의 척도 등의 위생학적 문제를 독점적으로 취급했다. 이를테면 18세기부터 런던에서 난방 연료로 사용되기 시작한 석탄의 사용은 상대적으로 고가의 자재였던 목재를 대체하기 위해 도입됐으나 19세기 중반기부터 건강에 해롭다는 의학적 이유로 금지됐다. 이것은 깨끗한 물, 공기, 장소가 건강한 생명에 필수적 요소라는 고대 의학자 히포크라테스Hippokratēs로부터 영감을 받은 결과였다.

321 같은 책, p.147.

일례로 1875년 영국에서 실행된 공중위생법Public Health Act은 도시 지대에서 매연으로 인한 공기 오염을 줄이기 위한 조치였다. 하워드가 주창했던 전원도시는 이 같은 시대적 맥락 속에서 제대로 파악될 수 있을 것이다. 도시 환경의 열악한 상황은 19세기 중반 프랑스의 대도시에서도 유사하게 나타났으며 당시 프랑스 의사들은 도시 공간에서의 높은 치사율을 목격했다. 도시는 불결한 진흙탕에 비유됐고 도덕적 타락의 장소들로서 간주되곤 했다. 구체제의 도시로부터 오스만의 도시로 이동하는 시기와 그 변형의 조건들에 대해서는 이미 알려져 있다.[322] 도시 환경은 19세기 수공업 활동에 의해 생산된 가스와 악취를 발생하는 정체로부터, 오스만의 도시 교정을 통한 산업적 역동성으로 이동하면서 청결한 대로 건설, 공적 공간의 대규모 청소, 하수도와 상수도 시설로 변화했다. 도시 환경의 이 같은 근본적 변천은 시멘트를 비롯한 새로운 건축 재료의 도래를 표시하는 산업혁명에 기초한다. 하지만 그 같은 도시 환경의 변천은 구체제 도시의 독성을 비난하는 데 의견 일치가 이뤄진 지적 공동체의 의사 수렴에 의해 동기부여가 이뤄졌다. 의사, 화학자, 물리학자, 엔지니어, 아울러 철학자들과 문인들 모두가 도시의 높은 치사율을 의식하고 있었다. 그리고 그들이 지명한 공공의 적은 바로 오염된 공기였다.[323] 특히 가스와 악취의 지리학을 정의하려고 시도한 의사들과 자신들의 과학적 이상형을 도시 공간 구획에 반영하려 한 엔지니어들에 의해 도시 공간의 위생학이 수립됐다. 도시가 산업 시대의 생활 요구 조건들을 만족시키려면 위생적이거나 또는 경제적인 공간이어야 한다는 결론에 도달했던 것이다. 따라서 도로와 차도, 각종 도관 모두 가능한 깔끔한 공사를 통해 플럭스는 완벽하게 제어되었다. 교통 흐름에 어떤 방해물도 있어서는 안 되며 가능한 한 신속해야 했다. 이 같은 신속성은 오직 순환의 분리라는 대가를 치르고서야 획득될 수 있다. 즉 보행자는 인도를 사용하고 자동차는 도로로 달려야 한다. 깨끗하건 불결하건 공기와 물 사이에서 최소한의 접촉만을

---

322 cf. Barles, S., *La ville délétère: Médecins et ingénieurs dans l'espace urbain,* Seyssel, Champ Vallon, 1999.

323 위의 책, p.7.

허락해야 하며, 물은 지하로 철수되어야 한다. 한편으로는 지적 공동체의 의사 수렴과 다른 한편에서 형성된 공학 시스템의 수미일관성은 도시 환경의 변형들이 모든 도시 속에서뿐만 아니라 위생적 기술적 비약 속에서 긍정적으로 실행되는 것을 가능케 했다.[324]

오늘날의 도시 생태학의 과제는 바로 근대 건축 사상과 도시 사상을 지배했던 근대의 위생학적 논리를 도치시키는 것이라 할 수 있다. 다시 말해, 도시의 가스 누수와 악취를 막기 위해 유리와 시멘트를 남용하면서 획득된 합리적 편리성, 아울러 기계화를 추구했던 위생학적 논리를 변화시켜야 하는 절체절명의 순간에 와 있다.

도시 생태학의 정치적 차원: 기술 세계와 도시 유토피아

식물, 동물, 심지어 공기 오염은 환경의 표상을 실현하는 프리즘이다. 근대 도시계획의 초기 이후로 제 표상들의 구조를 조건 짓는 두 개의 환경적 유토피아를 상기할 필요가 있다. 즉 전원도시와 기술 세계의 도시가 그것이다.[325] 기술 세계technocosm라는 표현은 철학자 질베르 오뚜와Gilbert Hottois가 1986년 사용한 용어이다. 도시는 인간적 사실의 미학적 정상 이탈을 지시하는 감각적 세계이다. 경관과 서사의 정책은 반드시 이 두 개의 축 사이에 등록된다.

기술적 네트워크가스, 물, 전기, 텔레커뮤니케이션는 도시를 기술 세계로, 기술적 환경으로 조직화시킨다.[326] 오뚜와에 따르면 진정한 일차적 기술 세계는 도시적 유토피아이다. 이것들은 건설된 세계, 각종 기술 세계, 인공적이며 자급자족적인 세계이다. 기술 세계에서 존재들의 행복은 기계의 원활한 기능 작동에 의해 확보된다. 도시 유토피아를 일차적 기술 세계들에 동화시키는 것은 실험실로서의 도시라는 관념만큼이나 흥미롭다. 그것은 보다 나은 인간의 실현을 겨냥하는 사회적, 자연적 모델들에 기초한 도시 유토피아이다.

---

324 같은 책, p.8.

325 다음 문헌 참조.
Blanc, N., *Vers une esthétique environnmentale,* Versailles, Editions Quae, 2008.

326 Hottois, G., *Philosophies et sciences,* Université de Bruxelles, 1986.

거주의 방식들은 기술 세계의 요구에 맞추어 펼쳐진다. 수많은 도시 공간은 인공화의 장소로서, 갈수록 닫힌 것이며 자연에 견주어서 자급자족적이다. 그것은 갈수록 다른 기술 세계들에 결부된다. 전화에서 컴퓨터에 이르는 방대한 전자 제품의 기술 세계는 더 이상 쉽게 지각되는 도시의 장소가 아니다. 그것은 극도로 복잡한 시스템의 기술적 오브제로서, 사람들이 거주하는 세계는 기술계로 환원된다. 도시가 구성하는 기술 환경은 엄청난 골칫거리이며, 오직 전문가들만이 생산하고 유지할 수 있다. 직관적으로, 자연 환경은 인간에 의해 생산된 것이 아니며, 그 스스로 유지된다. 반면 인간은 자연에 기술을 적용함으로써 자연을 기술적 생산물로 만든다. 인간은 생존하기 위해 기술적 생산물을 유지하고 관리한다. 자연과의 관계는 그것의 기술적 차원의 문제들 그리고 그 해결책들과 더불어 조작의 성격을 지닌다. 그 같은 관계는 더 이상 단지 상징적이거나 꿈을 꿀 수 있는 대상이 아니다. 기술적 관계의 조작적 특징은 부분적이다. 왜냐하면 각 전문가는 부분만을 소유하고 있기 때문이다. 자연을 통합시키는 기술 세계의 현실은 더 이상 한 개인에 의해 제어될 수 없는 복잡성에 속한다. 기술의 합리성은 개인들 전체에게 부과되며, 더 이상 하나의 제어로서가 아니라, 상징적 존재로서의 인간 존재를 배제하는 방향으로 나가면서 자신의 고유한 법칙들을 갖는 환경으로 존재한다.

이런 의미에서 도시는 하나의 집단적 장비이다. 환언하면 도시는 사회적 물체를 제작하는 장비 그 자체를 총체화하는 구조이다. 그렇지만, 도시는 하나의 공간 속에 각인된다. 왜냐하면 도시는 경제적 플럭스와 상품들의 플럭스, 교통 순환 네트워크의 교차로에 놓여 있기 때문이다. 도시가 존재를 갖는 것은 오직 그것의 영토에서 실현된 물리적 각인이 사회적 분배의 공간 속에서 다양한 플럭스를 재분배하는 것을 허락할 때이다. 도시의 영토성은 플럭스, 즉 화폐, 자본, 상업의 플럭스를 통해 탈영토화가 된다. 이 같은 시각에서, 도시의 영토는 반드시 물리적 환경의 차원을 구비한 영토도 아니며, 자율적 지역성을 구비한 영토를 소유하지도 않으며, 플럭스의 직선들을 따라서 전파되는 일종의 울림이다.

첨단 기술로 무장된 도시의 비전에서 정작 도시 거주의 본질의 문제는 거의 나타나지 않는다. 기계로서 도시를 간주하는 비전은 정치적 파급효과를 갖거니와 구체적인 사회적 공간 조직체로서의 도시는 사라진다. 국가는 공간의 성층화된 조직화를 실현한다. "국가는 네트워크의 나머지로부터 고립된 반복적 지대로서, 보다 엄격하게 이 나머지와의 관계를 관리한다."[327] 결정적으로 국가는 영토가 없다. 그것은 모든 것을 포함하기 때문이다.

최초의 도시 유토피아는 녹색이 아니다. 유토피아의 상상적 공간은 현실적 존재를 갖지 않는다. 그것은 토마스 모어가 갈망한 이중적 어원 의미에서 행복의 장소를 의미한다. 그의 개념에서 도시는 정확한 계산이 실현된 개별화된 장소이기도 하며, 샘물, 늪지대, 강처럼 도시에 존재하는 물리적 특성을 통해 도시를 개별화하기도 한다. 이 같은 도시 사회는 도시의 외부를 표시하는 환경적 자연을 사용한다. 외적인 자연 이외에 도시 거주민들은 자기 집 뒤에 정원을 소유하며 채소를 심고 과일나무를 기른다. 이 정원들은 도시의 상이한 거리들 사이에서 경쟁의 관건이며, 시민에게 이윤과 동시에 기쁨을 선사한다는 점을 토마스 모어는 진술한다. 합리적 배치에서 진행되는 도시의 공간화는 자연 개발의 이 같은 조직화와 관계를 맺는다. 즉 기쁨과 이윤이라는 두 마리 토끼를 모두 잡을 수 있다고 본 것이다. 이것이 바로 유토피아의 서사가 제공하는 모델이다. 이 서사의 핵심 요소들은 거주 주택과 정원이다. 하지만 자연 도시 또는 정원 도시는 추상적이며 도시 공간에서 동물을 제거한 결과 19세기부터 경제적 위생학적 차원에서 농가와 도살장이 사라졌다.

---

327 Deleuze G. and Guattari F., *Capitalisme et schizophrénie,* Paris, Minuit, 1980, pp.93-200.
들뢰즈와 가타리의 철학과 생태학의 연결 가능성에 대한 다음 문헌 참조.
Guattari, F., trans. Pindar, I. and Sutton, P., *The Three Ecologies,* London, Athlone, 2000.
Herzogenrath, B., *Deleuze/Guattari & Ecology,* New York, Palgrave, 2009.

4. 근대 도시계획 담론과 자연: 환경 위기와 생태학적 의식의 도래

모더니티의 주요 패러다임에서 도시는 자연에 맞서 작동되는 인간의 작위, 즉 인간의 보호와 노동을 위해 마련한 인간의 유기체로 인식됐다. 르 코르뷔지에의 말을 빌리자면 한마디로 도시는 인공적 창조물로 간주됐다.[328] 따라서 인간의 창조물은 자연과 명료하게 대비된다. 인간이 제작한 건축 환경으로서 이해되는 도시는 이 같은 대조의 물질적 구현으로 부각될 수 있다.[329] 하지만 르 코르뷔지에의 생각은 도시와 자연의 관계에 깊이 각인된 모호성을 노정한다. 왜냐하면 르 코르뷔지에 자신이 바로 방대한 녹색 공간들을 도시 공간 지역에 통합하려 했던 20세기의 대표적 옹호론자였기 때문이다.

이 같은 애매 모호성은 도시들과 자연의 개념화, 다른 한편으로는 도시의 생활환경 내부에 있는 실제 도시계획과 디자인 실천들 사이에 존재하는 분리의 결과이다.[330] 사회 이론가들은 자연이 사라진 도시 공간을 사회적 생산으로 대체하려고 생각하는 반면, 개혁자, 활동가, 거주자는 도시 경관 속에 자연 요소들의 보존 또는 재통합을 오랫동안 갈망해왔다. 환경 역사가들과 경관 역사가들, 도시 생태학자들, 조경 건축가들로 이뤄진 적지 않은 학자들과 전문가들은 도시의 발달 연구에서 자연적 요인과 특질들의 역할에 초점을 맞추어왔다.

도시에서 자연이 차지하는 자리가 무엇인가에 대한 물음은 당연히 자연의 의미에 대한 물음으로 이어질 수밖에 없다. 이 물음은 방대한 인문학적 물음이라는 점에서 본 장에서 상세하게 다뤄질 수 없다.[331] 단지 자연에 대

328 Le Corbusier, *The City of To-Morrow and Its Planning,* New York, 1987(1929), p.21.

329 Brantz, D. and Dümpelmann, S., *Greening the City: Urban Landscapes in the Twentieth Century,* Charlottesville and London, University of Virginia Press, 2011.

330 위의 책, pp.1-13.

331 Coates, P., *Nature: Western Attitudes since Ancient Times,* Berkeley, University of California Press, 1998.

한 다양한 개념들은 그 개념들이 발생한 문화적 맥락과 관련해 간주되어왔다는 점을 유념해야 할 것이다. 따라서 도시 공간의 자연에 대한 다양한 개념화는 그것이 작동되는 지리적 역사적 특수성과 관련지어서 온전하게 파악될 수 있을 것이다. 한 가지 지적할 것은 자연과 도시에 대한 관념들은 대부분 얽히고설켜 있기보다는 서로 대조를 이루는 것으로 간주되어왔다는 점이다. 특히 서양 문화사에서 도시들은 전원과 대비를 이루는 것으로 간주되어왔다. 도시와 촌락의 이 같은 구별은 도시 인구가 더 이상 자족적이지 않았다는 사실, 아울러 도시들이 건축 환경, 즉 인간이 만든 문화적, 경제적, 사회적 생산의 공간들로 간주됐다는 사실로부터 부각됐다. 하지만 도시가 성장하고 산업화될수록, 자연 요소들의 통합에 대한 요구는 더 강렬하게 제기됐다.

도시에서의 삶의 질과 가능성livability은 깨끗한 물, 기호 조건, 지형의 존재 등과 같은 자연 요소들과 늘 밀접하게 연계됐다. 하지만 지난 250여 년 동안 진행된 대규모 산업도시들의 부상은 도시의 오염, 특히 각종 오염이 저소득층에 미치는 부정적 파급 결과에 대한 첨예한 문제의식을 갖게 만들었다. 그 결과, 도시 공간의 개혁자들은 점차적으로 도시 환경의 개선을 비롯해 도시 거주자들의 건강과 행복을 위한 녹색 공간의 포함을 요구했다. 이런 맥락에서 도시 개혁자들은 도시를 생명체와 유기체와 비교했으며 녹색 공간은 도시 유기체의 허파에 비유됐다. 유럽의 통치자들과 지방의 관리들은 근대 초기부터 도시의 녹색 공간을 창조하기 위한 다양한 시도들을 해왔으나, 19세기에 들어와서야 대규모 도시 녹화 사업들이 착수됐다. 도시 속에 자연을 갖다 놓으려는 노력들은 20세기에 와서 새로운 생산과 소비 패턴들을 비롯해 노동과 여가 패턴들이 도시 공간의 기능과 구성에 대한 재평가를 요청하며 광범위하게 이뤄졌다. 새롭게 탄생한 공중위생, 조경 건축, 도시계획은 서로 공조해 공적인 녹색 공간을 통합시키고 도시의 환경을 개선하는 작업에 매진했다.

19세기에 진행된 집중적인 산업화와 도시화와 더불어 도시 개발업자들과 산업계의 주역들은 녹색 공간을 이윤 창출의 잠재력 차원에서 평가하기 시작했으나, 유토피아적 사회 개혁자들과 사회 공중 건강 개혁자들은 계속해서 녹색 공간을 건강한 도시 공간 구성과 공동체의 필요한 요소로 간주했다. 20세기 유토피아적 도시계획 사조를 이끌었던 라이트와 르 코르뷔지에의 도시 사상에서 녹색 개방 공간은 중요한 도구로 인식됐다. 1920년대부터 라이트는 유토피아적 평원도시Broadacre City를 착상했는데, 여기에서 '촌락 자체'는 하나의 진정으로 위대한 도시처럼 생동하게 된다. 숲, 농지 등을 포함해 넓은 그린벨트에 국한된 하워드의 전원도시와 대조적으로 라이트의 평원도시는 도시 공간과 자연 공간 사이의 경계선을 모두 제거시켰다. 그것은 처음에는 100평방 마일을 포함하기 위해 디자인됐으나, 경우에 따라서 그것은 대륙 전체를 포함할 정도로 널리 퍼져나갈 것이라고 라이트는 생각했다. 새로운 미래 농업에 대한 라이트의 비전과 보조를 같이하면서 가족의 주택 농가, 공장, 학교, 교회, 다른 필요한 제도 기관들은 탈집중화되고 심지어 토지 전체에 걸쳐 분배됐다. 하워드와 마찬가지로 라이트는 녹색의 자연 환경이 사회적 조화를 강화시켜줄 것으로 믿었다. 평원도시의 주택들은 마치 들판에서 식물이 자라나듯 자연의 부분인 양 가면을 쓰고 숨어 있다.[332] 비록 라이트의 사상과 비전이 유토피아적이며 실행을 위한 지침들을 결여하고 있었으나 그의 생각은 자동차에 의존했다는 점에서 시대정신에 해당된다.

유럽에서 1920년대에 나타난 르 코르뷔지에의 도시 유토피아는 인간, 자연, 기계를 화해시키려는 시도라 할 수 있다. 라이트의 평원도시와 달리, 그가 구상한 현대 도시는 나무, 풀, 운동장, 바람의 통과로 등을 갖춘 넓은 공원 토지 안에 위치한 마천루들과 고속도로로 이뤄졌다. 도시는 자연인 것처럼 변장하지 않았으며 자연에 의해 에워싸여 있었다. 그가 구상한 현대 도시의 건물들과 도로들은 전체 토지의 15퍼센트를 점유하도록 전제됐으며 나머지 공간을 녹색 공간들과 숲 지역을 위해 할애됐다.[333]

환경을 비롯해 자연 자원의 고갈에 대한 우려를 반영하면서 조경 계획

---

332 Fishman, R., *Urban Utopias in the Twentieth Century,* Cambridge and London, The MIT Press, 1991, pp.91-160.

333 위의 책, pp.163-263.

가인 이안 맥하그Ian L. McHarg는 그의 유명한 「인간의 도시 속에서 자연의 위치」[334]라는 논문에서 모든 도시계획은 자연의 과정들에 대한 일관된 분석과 '메트로폴리스의 생태학적 모델'에 기초를 두어야 한다는 주장을 펼쳤으며 그의 생각은 자신의 제자 앤 스파이른Anne W. Spirn에 의해 계승됐다. 스파이른은 도시를 하나의 도시 공간 생태계로서, 자연의 부분으로서, 그의 표현을 빌리면 '화강암 정원'으로 개념화했다. 그것은 문화적 자연적 과정들에 기초해 디자인될 수 있다.[335]

이 밖에도 1900년에서 1910년까지 미국에서 중산층을 중심으로 도시를 보다 아름답게 재축조하려는 시도의 도시 미화 운동도 언급되어야 할 것이다.[336] 그들의 노력은 하나의 문화적 의제와 중산층의 환경주의, 미, 질서, 시스템, 조화로 표현되는 미학을 담고 있었다.[337] 그 같은 이상형의 물리적 실현을 도시 디자인에서 찾으려 했으며 도시 환경의 개선이라는 차원에서 공공건물, 도심, 대도로 시스템을 미화하려는 운동이었다. 하지만 단순히 가시적 변화를 넘어 궁극적 목표는 도시민의 마음과 정신에 긍정적 영향을 주려는 복안을 갖고 있었으며 물리적 변화와 제도적 개혁이 도시 거주자들로 하여금 시민의 애국주의를 고취하고 공동체의 구성원으로서 봉사할 준비를 시켜줄 것이라는 확신에 기초했다는 점에서 도시 미화 운동은 하나의 정치적 운동이었다.

1952년 CIAM은 『도시의 심장: 도시 생활의 인간화를 향해』라는 제목의 단행본을 발간했다. 1951년 개최된 제8차 회의의 결과물로서 이 책은 '감동과 지성의 상호 놀이의 향유로부터 탄생하는 도시의 경관'을 인정한

---

334 McHarg, I. L., "The Place of Nature in the City of Man", in *Annals of the American Academy of Political and Social Science,* 352, March 1964, pp.1-12.

335 Spirn, A. W., *The Granite Garden: Urban Nature and Human Design,* New York, Basic Books, 1984.

336 Wilson, W. H., *The City Beautiful Movement,* Baltimore and London, The Johns Hopkins University Press, 1989.

337 위의 책, p.1.

다.[338] 이어서 저자들은 "CIAM은 상이한 양상들 아래에서 세계의 모든 사람의 관심사를 차지하는 사회적 갱생의 위대한 사조를 결코 무시하지 않는다"는 주장을 펼쳤다. 이 간행물은 도시 거주자가 즉흥적이면서도 창조적으로 경험할 수 있는 새로운 성질을 구비한 도시 공간을 옹호했다.[339] 그것은 도시 공간을 사용하는 사람들의 사회적 구성과 지적 무게를 반영하는 도시 공간을 말한다. 이 책에서 택한 심장이라는 은유는 바로 도시의 사회적 문화적 기능들에 초점을 두면서 도시를 분석할 수 있는 전략의 윤곽을 제시하기 위해 사용된 것이다.

도시 생태학의 계보를 이해하는 데 있어 녹색 공간은, 개인과 공동체 사이에 존재하는 관계를 아우르는 통합된 실재로 도시를 파악한 CIAM의 관념에 기여했으며, 아울러 도심과 외곽 사이, 즉 도시와 지역이라는 두 개의 축에 존재하는 구조적 공간적 상호작용과 상호의존성에 대한 개념화에도 일조했다. 한편, 녹색 공간의 개념적 정의와 공간적 분절은 CIAM의 도시 공간 프로젝트에서 주요한 자질이 됐다.[340]

인간화된 환경이라는 개념과 더불어 CIAM의 대표자들은 1940년대 동안 모더니즘을 새로운 반석 위에서 다시 정초하려는 시도를 했다. CIAM은 근대화된 도시의 구조적 디자인 논의에 결정적 기초를 발전시켰으며 도시 정체성 형성에 대한 시각들에 대해 결정적 영향을 미쳤다. 특히 '핵'이라는 용어는 공적 공간을 정의하는 데 있어 이론적 코드가 됐다. 무엇보다 녹색 공간은 그것의 물리적 정식화와 도시 패턴 속으로 통합되기 위한 도구가 됐다.[341]

---

338 Tyrwhitt, J. et al., *The Heart of the City: Towards the Humanisation of Urban Life*, New York, 1952.

339 Dormhardt, K. S., "From the "Functional City" to the "Heart of the City", in Brantz, D. and Dümpelmann, S., *Greening the City: Urban Landscapes in the Twentieth Century*, Charlottesville and London, University of Virginia Press, 2011, pp.133-156.

340 위의 논문, p.133.

341 Dormhardt, 앞의 논문, p.151.

이 같은 발달과 더불어 경관 건축은 두 개의 시각에서 핵심적인 역할을 맡았다. 첫째, 도시 내부에서 판독 가능한 공적 공간들을 창조하는 것으로 기대됐다. 녹색 공간은 도시를 포함했고 다양한 연결들을 설정했다. 아울러 경관 건축은 도시의 전체적인 시각적 공간적 준거들을 창조했으며 도시의 외적 내적 형태를 정의했다. 다른 한편, 경관은 다양한 사용 용도를 위해 공적 공간을 차별화시키는 결정적인 건축적 요소였다. CIAM이 기능 도시라는 개념으로부터 도시의 심장이라는 관념으로 이동하면서 녹색 공간은 사회적으로 정의된 공간 속에 주입됐으며 도시 공간의 디자인에서 본질적 요소가 됐다.

도시 공간에서 자연의 의미에 대한 성찰은 미국의 도시 인문학의 선구자였던 멈퍼드와 제이콥스의 경우에서도 이뤄졌다. 19세기에 급속하게 이뤄진 산업도시의 성장에 대한 하워드의 우려는 영국, 유럽 대륙, 미국 등에서 수많은 사람에 의해 공감됐으며 그의 생태학적 도시 사상은 여러 사람을 통해 계승됐다. 이 가운데 도시 역사학의 거장으로서 현대 도시 인문학의 토대를 닦은 멈퍼드는 하워드의 정신을 계승해 건축과 사회에 보다 광범위한 인문적 비판을 개진한 독보적 인물이라 할 수 있다. 실제로 멈퍼드는 평생 미국에서 하워드의 전원도시 사상을 전파하는 데 있어 중요한 역할을 맡았으며, 그의 선배 사상가들인 하워드와 게디스와 마찬가지로 도시 인구의 분산을 옹호함으로써, 도시와 촌락의 보다 개선된 균형을 성취하기 위해 과밀 산업도시의 문제들을 해결하려 했다. 해박한 역사적 문화적 지식과 더불어 화려한 수사로 펼쳐진 그의 도시 사상은 비록 암묵적이기는 하나 분명한 생태학적 안목을 갖고 있었다는 것이 중론이다. 멈퍼드는 도시 비평가와 사회 비평가로서 40년 이상을 활동한 현대 미국 지성의 표상이라 할 수 있다. 1920년대부터 1960년대에 이르기까지 이뤄진 그의 지적 작업들은 도시계획과 지역 계획regional planning의 환경, 미학, 사회에 속하는 문제들을 다뤘다. 미국지역개발협회Regional Planning Association of America의 토대 회원으로서 멈퍼드는 사회와 자연 생태계의 상호 중요성을 설명해줄 수 있는 지역 개발의 개념을 발전시켜나갔다. 그는 문명에서 '기술technics'이 담당하는 역할에 대한 독창적 해석을 통해 소도시들과 대도시들의 계획을 복잡한 자연 지역에 대한 확고 부동한 이해와 연계시켰다. 그에 따르면 자연 지역은 그것의 특징적인 지역적 변이들과 더불어 오직 새로운 종류의 도시 공간 계획과 지역 계획을 통해서만 보호될 수 있다는 것이다.[342] 멈퍼드는 도시계획을 시민의 정신에 기초한 사회적 질서의 도구로 파악했다.

멈퍼드에 따르면 도시는 공동체의 권력과 문화를 실현하기 위한 최대의 집중화 공간이다. 또한 도시는 통합된 사회적 관계의 형식이며 상징이다. 이 같은 인식에서 한 단계 더 나아가 멈퍼드는 "도시들은 대지의 산물이다"라고 분명히 말한다.[343] 인간이 만든 도시들은 영속적 농업과 더불어 시작한 정착된 삶의 '엠블럼'이다. 촌락에서 이뤄지는 삶의 모든 단계는 도시의 존재에 기여한다. 양치는 목동, 나무꾼, 광부가 알고 있는 것은 도시를 통해 인간의 문화유산 속에서 지속적 요소로 변형된다. 도시 안에서 모든 토양을 비롯해 노동의 유형과 경제적 목적의 유형의 본질은 집중화된다. 하지만 멈퍼드는 도시가 자연 속에 존재하는 하나의 사실이라는 점을 누차 강조했다.

"도시는 자연 속에 존재하는 사실이다. 동굴이나, 고등어의 팔딱거림이며 개미둑처럼 말이다."[344] 멈퍼드는 자연의 마멸defacement of nature이라는 제목을 달고 있는 절에서 메트로폴리스에서 실종된 자연을 개탄한다. "자연은 생존한 경관 공원을 제외한다면 메트로폴리스 근방에서 거의 찾아볼 수 없다. 기껏해야 사람들이 머리를 들어 빌딩 블록 사이로 튀어나온 구름, 태양, 달을 쳐다본다면 아마 자연을 겨우 볼 수 있을 것이다."[345] "도로가 퍼져나가면서 자연은 더 멀리 밀려난다. 전체 도로망은 스스로 완전하게 토양과 단절

---

342 Mumford, L., "The regional framework of civilization", "The politics of regional development" in *The Culture of cities,* New York, Routledge/Thoemmes Press, Reprinted 1997, first published 1938, pp.300-347, 348-401.

343 Mumford, L., *The Culture of cities,* New York, Routledge/Thoemmes Press, Reprinted 1997, first published 1938, p.3.

344 위의 책, p.5.

345 같은 책, p.252.

하며, 삶의 가시적 현존으로부터, 성장과 쇠락의 가시적 현존으로부터, 생명과 죽음의 가시적 현존으로부터, (…) 계절의 리듬은 사라지고, 차라리 자연적 사건들과 더불어 결합되지 못한다."[346]

오늘날 수많은 요인이 도시의 역할을 맡아 이 같은 공동체적 실존의 기본 수단을 변형시키는 방식으로 진행된다. 지난 수 세기 동안 이뤄진 산업의 기계적 조직화와 폭정을 펼친 국가의 부상으로 인해 사람은 근본적 사실의 중요성에 대해 맹목적이게 됐다. 통상적으로 사람은 개인의 성격, 결사 조직체와 도시의 현실을 화폐, 신용, 정치적 주권 등의 추상명사로 다루고 있다.

한편, 그가 제안한 생태학적 지역성regionalism을 위한 계획은 문화적 정치적 갱신renewal을 요구했다. 따라서 멈퍼드의 생태학적 지역regional 비전의 지적 근원을 추적하는 작업이 필요할 것이다.[347] '거대 기계megamachine'의 파워에 맞서기 위해 멈퍼드가 고안한 지역성 개념은 시인 에머슨을 비롯해 소로, 월트 휘트먼을 비롯한 미국에서 유구히 전승되어온 생태학적 사유의 전통을 반영한다. 그 전통의 핵심은 지나친 소유욕에 집착한 개인주의에 대한 비판이라 할 수 있다. 이들의 경험 탐구는 주체의 세계와 자연 세계 사이의 가교를 놓았으며 미국 개인주의가 팽배해 있던 반사회적 형식에 대한 대안을 시사했다. 바로 멈퍼드는 이 같은 대안을 철저하게 옹호하면서 주체성을 장소에 연계시켰다. 그는 장소의 생태학과 관련된 실용적 직관적 감각을 회복하기를 원했던 것이다. 바로 그의 독창적 기여는 그 같은 미국의 녹색 전통에 대한 자신의 창조적 독법을 지역 계획이라는 새로운 기술과 접목시키면서 미국을 지역으로 이뤄진 공화국으로 재발견하는 인식의 물꼬를 터주었다는 점이며 바로 이 점을 통해서 미국의 지리적 다양성과 탈중심화된 민주주의의 미국적 이상형이 조화를 이루게 됐다.[348]

지역 계획은 두 개의 현상을 제기한다. 자연 파괴와 도시 생활의 쇠락

---

346 같은 책, p.253.

347 Luccarelli, M. and Mumford, L., *The Ecological Region: the politics of planning*, New York & London, The Guilford Press, 1995.

348 같은 책, p.2.

이 그것이다. 그 같은 통합적 접근법은 우리가 적응해야 할 지역 생태계의 영향과 결정적 힘에 대한 반응 속에서 인간 생활을 축조하는 방식을 포함하며, 아울러 도시 생활의 기본 방향을 다시 정향하는 운동을 포함하고 과잉 도시화의 위기를 제기하면서 자연과의 관계 속에서 도시들을 재맥락화시키는 운동이라 할 수 있다.[349]

멈퍼드는 지역적 접근법의 생태학적 함의를 다음과 같이 읽어낸다. "인간적 관점에서, 균형에 대한 본질적 사항은 그것이 다양한 생태학적 무리와 인간적 반응들의 다양성의 사용을 포함한다는 것이다." 다시 말해 균형과 다양성은 지역 개발의 두 개의 개념으로서 문화적 정착의 지역을 정의하는 것을 도와준다.[350] 지역 계획은 곧 생태학적 차원이다. "도시 그 자체를 지역적 개별성의 표현으로서 간주할 일이다. 심지어 그것의 가장 고도로 발달된 단계들에서도 도시는 다른 것들 가운데서 하나의 대지의 형태이다. 도시는 나무, 돌, 진흙, 아스팔트, 유리 등과 더불어 만들어진다. 그것의 모양은 지형과 토지의 자연에 의해 조건 지어진다."[351] "지역 계획은 본질적으로 합리적 인간 가치들에 의해 정당화되어, 과학적 지식과 안정적인 판단 표준들을 대지의 개발에 적용하려는 노력이다."[352]

1940년대와 1950년대 멈퍼드는 근대의 산물인 기계적 도시계획에 맞서 이를 맹렬하게 비판했으나 그의 작업은 현장에서 별다른 반향을 불러일으키지 못했다. 반면 제이콥스의 1961년 저서 『미국 대도시의 죽음과 삶』은 당시 도시계획의 지배적 방식들에 대해 근본적인 물음을 던지면서 전 세계적으로 큰 공명을 가져왔다.[353] 그녀의 이 책은 도시 동네 또는 작은 구역들이 보다 밀도 높게 기능할 수 있도록 해줄 수 있는 상세한 방법을 기술한

---

349 멈퍼드의 생태학적 지역 개발 방법에 대한 상세한 논의는 위의 책, pp.22-33, pp.84-109.

350 Momford, 앞의 책, p.314.

351 같은 책, p.316.

352 같은 책, p.329.

353 Jacobs, J., *The Death and Life of Great American Cities,* New York, Random House, 1961. (한국어 번역본) 제인 제이콥스, 유강은 옮김, 『미국 대도시의 죽음과 삶』, 그린비, 2010.

다. 그녀는 근대의 도시 건설 실천들이 인간적 소통이 유지될 수 있는 거리와 동네, 보행자의 접촉 경험을 차단하는 등 전통적 도시 공간의 많은 미덕을 산산 조각냈다는 점을 인식했다. 도시의 생태학적 위기를 진단한 그녀의 저술은 환경 디자인 연구의 장을 위한 토대의 역할을 맡았다.

도시계획가들은 도시에서 자동차와 더불어 어찌할 바를 모른다. 왜냐하면 그들은 작동 가능하고 생명력 있는 도시를 자동차와 더불어 또는 자동차 없이 어떻게 계획할지를 모르기 때문이다. "자동차들은 빈번하게 도시의 질병들, 도시계획의 실망과 공허함을 일으키는 주범으로 낙인 찍혀 있다. 하지만 자동차의 파괴적 효과는 도시를 건설하는 데 있어서 우리의 무능함의 원인보다는 하나의 징후이다."[354] 자동차의 단순한 필요는 도시의 복잡한 필요와 욕구에 비해서 더 쉽게 이해되고 만족된다. 갈수록 많은 도시계획가들과 디자이너들은 교통 문제만 해결할 수 있다면 도시의 주요 문제를 해결했다고 잘못 생각한다고 그녀는 질타한다. 하지만 도시는 자동차 교통보다 미묘한 경제적 사회적 관심사를 갖고 있다. 그녀는 도시 자체가 어떻게 작동되는가를 알게 될 때까지 교통 문제를 어떻게 다루는 법을 알 수 있단 말인가라고 반문했다.[355]

교통 도로망은 주차장, 주유소, 자동차 극장들과 더불어 도시 파괴의 지속적 도구들이다. 그것을 수용하기 위해 도시의 거리는 느슨한 도시 팽창으로 분열되고 텅 빈 공간이 된다. 이정표는 도시의 삶에서 분리되어, 진부함이 된다. "도시의 성격은 지워져 모든 장소가 다른 모든 장소와 닮아가면서 비장소noplace가 된다."[356]

하워드나 르 코르뷔지에는 런던을 비롯한 대도시의 거리들이 인간 존재들에게 부적합하다고 판단했다. 르 코르뷔지에는 그가 1920년대의 '빛나는 도시'를 디자인했을 때, 하나의 공원, 마천루, 자동차 고속도로 등으로 구

---

354 Jacobs, J., *The Deatth and Life of Great American Cities: The Fall of Town Planning*, Penguin Books, 1964, p.17.

355 위의 책, pp.352-385.

356 같은 책, p.352.

성된 도시를 구성하며 자신은 새로운 시대를 위해 도시를 디자인한다고 선언했다. 제이콥스는 르 코르뷔지에의 구상에 대해 다음과 같이 비판한다. "그는 그렇게 하지 못했다. 새로운 시대와 관련해서 볼 때 그는 단지 이미 지나간 보다 단순한 생활에 대한 향수적 염원에 대한 하나의 반응이었던 개혁들을 편협한 방식으로 각색했을 뿐이다."[357] 아울러 그것은 19세기 말의 도시에 대한 반응이었던 개혁들이었다.

그녀에 따르면 도시계획은 일종의 유사 과학이며 그것의 동반자인 도시 디자인의 기술은 여전히 익숙한 미신들과 지나친 단순화로 점철되어 있어 실세계를 입증하는 모험에 착수하지 않았다. 그녀가 개진한 논지의 핵심은 단일한 도시계획 원칙이 도시 공간 사용의 다양성을 반영하고 있지 못하다는 것이다. 모든 도시의 필요로서 경제적으로 사회적으로 각각에 대해 상호 지지를 부여하는 것이 바로 그 사용의 다양성이다. 이 같은 다양성의 구성 요소는 엄청나게 차이가 나지만 구체적인 방식으로 서로가 서로를 보완할 것이다. 그녀는 무엇보다 정확한 도시계획 이론의 부재를 질타하고 있으며, 특히 도시의 생태학적 차원을 강조하면서 동시에 그녀는 자연에 대한 감상적 태도를 경계한다. "인간은 물론, 회색 곰이나 벌이나 돌고래나 수수 줄기와 마찬가지로 자연의 부분이다. 인간의 도시는 자연의 한 형태의 산물로서 초원의 동물들의 취락 지역이나 굴 껍질만큼이나 자연적인 것들이다."[358] 하지만 그녀는 자연을 감상적으로 만들고 인위적으로 제작하는 것에 대해 경계한다. "자연을 감정화시키는 데는 위험성이 따른다. 대부분의 감정적 관념들은 그 밑바닥에서 하나의 인지되지 못한 심오한 무시와 무례를 함의한다."[359]

그녀는 미국인들이 자연의 감정화의 챔피언들이라고 말한다. 그러면서 황무지와 농업 전원의 맹렬한 파괴자였다고 진술한다. 그 같은 정신분열

---

357 같은 책, p.356.

358 같은 책, p.457.

359 같은 책, p.458.

적 태도로 유도된 것은 자연에 대한 사랑도 아니고 자연에 대한 존경도 아니다. "그 대신 그것은 무미건조하고, 표준화되고 자연의 하위 도시화된 그늘, 장난감과 같은 자연에 대한 감상적 욕망이다. (…) 도시의 반명제로서 감상적으로 간주되는 자연은 겉으로는 풀, 신선한 공기 그리고 다른 아무것도 아닌 것으로 이뤄진 것으로 가정된다. 이 같은 터무니없는 생각은 자연의 초토화라는 결과로 이어지며 심지어 애완동물의 형식 속에서 공적으로 보존된다."[360]

도시, 자연, 생태계

1. 도시 생태학의 개념 구조: 지속 가능한 생태 도시

도시 생태학urban ecology의 정의는 학자들의 관점에 따라 다양하다. 최근에 출판된 도시 생태학의 종합적 연구물의 서론 부분에서는 그 개념을 다음과 같이 정의한다. "도시 생태학의 목적은 생물학적 군집과 도시 환경 사이에 존재하는 관계의 완전한 복잡성을 이해하는 데 있다. 이때 도시 환경은 인간 문화와 자연환경 사이의 상호작용에 기인한 도시 환경을 말한다."[361]

또 다른 대표적 생태학 핸드북에서는 도시 생태학을 일러 "도시들 속에서 그리고 도시화가 진행 중인 경관들 속에서 살아가는 인간들을 포함하는 생태계들에 대한 연구"로 정의한다.[362] 도시 생태학은 창발적이며 학제적인

---

360 같은 책, pp.458-459.

361 Douglas, D. G., Houch, M. C. and Wang, R., *The Routledge Handbook Urban Ecology*, London and New York, Routledege, 2011, p.3.

최근까지 출간된 생태 도시학 연구서 가운데 가장 완결된 정보를 제공하는 연구물이라 할 수 있다. 모두 6부로 나누어 총50개의 장들로 이뤄져 있다. 제1부: 맥락, 역사, 철학들, 제2부: 도시 생태학의 환경, 제3부: 도시 서식지들의 자연, 제4부: 생태계 서비스와 도시 생태학, 제5부: 방법론들, 제6부: 적용들과 정책함의.

362 Marsluff, J. M. et al, *Urban Ecology: An International Perspective on the Interaction*

장으로서 "인간적 과정들과 생태학적 과정들이 인간이 지배하는 시스템 속에서 어떻게 공존할 수 있으며 여러 사회가 보다 지속 가능한 상태에 도달하기 위한 노력을 경주하는 데에 실질적 도움을 주는 것"을 목표로 삼는다. 토양 부식, 화학물질의 생산과 소비, 도시 기후, 도시의 수력학, 도시 토양, 도시의 자연 천이 과정, 창조적 보존, 도시의 황무지, 조경된 공원들과 개방 공간, 초목 지역, 오염된 토지, 도시의 습지대, 도시 경관에서의 하천, 도시의 동물 생태학, 도시 자연과 인간의 신체 건강, 도시의 정원들과 생물 다양성, 도시 팽창과 비만 등, 도시 생태학의 연구 주제는 대기권, 수변, 생물계, 인간계 등을 모두 아우르는 다양하고 방대한 연구 스펙트럼을 갖는다.

인간에 의해 지배되는 지구 생태계와 생태학에 미치는 함의를 파악하는 것은 도시 생태학의 중요한 연구 과제이다. 인간은 대략 지구 토지 표면의 3분의 1을 변형시켜왔으며 가용 가능한 신선한 물의 절반 이상을 사용한다. 전체적으로 보았을 때, 토지 변형은 전 세계적으로 생물 다양성 상실의 일차적 요인이라 할 수 있다. 그것은 기후 변화에 직접적으로 영향을 미치며 인간들이 배출하는 탄소 배출량의 20퍼센트 이상의 발생 원인을 차지한다. 또한 화석연료를 연소함으로 발생하는 이산화탄소의 증가는 인류가 지구 시스템을 변질시킨다는 가장 명료한 신호로 인식된다. 산업혁명 시작과 더불어 30퍼센트 이상에 육박하는 이산화탄소 독성이 대기권에 방출됐으며 그로 인해 지구 조류 종의 4분이 1이 소멸됐다.

해양 생태계의 변질은 육지 생태계에 비해서 수량화하기가 더 난해하다. 인류 총인구의 60퍼센트가 연안으로부터 100킬로미터 안에 집중화됐으며 육지와 바다 사이에서 상호작용을 매개하는 연안의 늪지대는 대규모로 변질되어 맹그로브mangrove 생태계의 50퍼센트 가량이 인간 활동에 의해 변형되거나 파괴됐다. 요컨대 많은 생태계가 인류에 의해 직접적으로 지배되며 지구 표면 위의 어떤 생태계도 파상적으로 진행되는 인간 영향에서 자유롭

Between Humans and Nature, New York, Springer, 2008, p.7.

지 않다.[363]

그런데 문제는 도시 생태학urban ecology을 형성하는 두 개의 핵심어인 도시urban와 생태학은 상이한 학술 분야들에 의해 상이한 방식으로 사용된다는 점이다. 한 가지 확실한 것은 어떤 작동 가능한 정의도 도시 맥락에서 사람과 환경 사이의 충분한 폭을 포괄해야 한다는 사실이다. 현재의 추세는 도시 생태학이 도시 생태계의 패턴들에 대한 기초 자료 조사로부터 물리적, 사회 경제적, 생물적 구성 요소들로 이뤄진 다중적인 구성 요소들이 도시 생태계를 형성하기 위해 어떻게 상호작용하는가에 대한 보다 심도 높은 탐구 수준으로 발전하고 있다.[364]

도시 생태학을 이루는 두 개의 요소, 도시 공간urban과 생태학ecology을 분리해서 개념을 분석적으로 이해할 수 있을 것이다. 그런데 이 두 개의 개념 자체가 복수의 의미를 지닌다는 점에서 도시 생태학은 상이한 차원을 구비한 복잡한 개념이며 도시 생태학에 대한 상이한 접근법은 도시 환경을 대상으로 이뤄지는 생태학 연구로 정의될 수 있는 광범위한 학술 분야라는 사실을 일러준다.[365] 이 같은 과학적 구성 요소에 첨가해 도시 녹색 지대의 계획과 관리에서의 연구 응용을 목표로 삼는다는 점에서 도시 생태학은 본질적으로 응용과학으로 파악된다. 도시 생태학에 대한 두 개의 상보적 접근법들을 구별하는 것이 유용하다. 도시들 내부에 있는 생태 연구는 물리적 환경, 토양, 식물군과 동물군을 비롯해 도시 환경과 그 이외 다른 환경 사이의 차이를 연구한다. 이 같은 종류의 연구는 도시 생태계 내부에 존재하는 생태학

---

363 Vitousek, P. M. et al, "Human Domination of Earth's Ecosystems", in *Science* 277, 1997, pp.494-499.

364 이 점에 대해선 다음 논문 참조.

McIntyre, N. E. "Urban ecology: definitions and goals", in Douglas, D. G., Houch, M. C. and Wang, R., *The Routledge Handbook Urban Ecology,* London and New York, Routledege, 2011, pp.7-16.

365 에너지, 기후 변화, 건강을 비롯해 거주의 심미성과 감각의 생태학을 아우르는 포괄적 도시 생태학을 보여주고 있는 다음 연구물 참조.

Coutard, O. et Lévy, J. P., *Écologies Urbaines,* Paris, Anthropos, 2010.

적 과정과 패턴의 필수적 토대를 형성한다. 다른 한편, 도시의 생태에 대한 연구는 앞서 언급한 도시 내부의 생태 연구에 의해 형성된 토대에 기초해 건설되나 부분적으로 유사한 방법을 사용할 수 있다. 하지만 이 접근법은 생태계 프레임워크를 사용하고 도시 지역을 인간적 구성 요소들과 생태학적 구성 요소와 포함하는 하나의 상호작용적 시스템으로서 연구한다는 점에서 차별성을 지닌다. 도시 생태학 연구에서의 프레임워크는 기본적으로 생태학적 시스템들과 인간적 시스템 모두를 포함해야 할 것이다.[366] 따라서 도시 생태학은 응용적 성격을 띰과 동시에 도시학 연구자, 생태학자, 인문학, 사회과학의 다학제적 연구 분야라 할 수 있다.

도시 생태학의 관점에서 현대 도시 문명의 생활양식과 생물계 사이의 균형을 방해하는 요인에 대해 다양한 차원의 연구가 필요하다. 그것은 생태학의 범위를 넘어서 윤리와 미학의 장으로 확대되어야 한다. 이를테면 갈수록 심화되는 도시 거주자들 사이의 불평등과 갈수록 추해지는 도시 경관 문제를 연구할 수 있을 것이다. 북미, 유럽, 일본을 비롯한 이른바 산업 선진국에서 이미 증명된, 더는 지속 가능하지 못한 도시 공간의 생활 방식이 개도국과 후진국으로 이식되는 경향을 연구할 수 있을 것이다. 실제로 인류의 도시 역사에서 수천 년 동안 유지되어 온 도시와 전원의 구별이 점차적으로 약화되거나 아예 소거되고 있다.[367] 인류의 태고 시절부터 기능과 형태의 차원에서 선명하게 구별되어온 도시와 촌락의 관계는 20세기 말부터 해체됐으며, 새로운 종류의 도시 주거 환경에 자리를 내주었다. 농업 기능은 전체 인구 가운데 일부분에 의해 행사되고 있으며 도시 생활을 영위하는 인구들은 촌락에서 이뤄졌던 과거의 농사일을 다른 상업과 서비스 활동으로 대체했다. 반면 도시 근교의 무분별한 팽창과 분산 효과로 인해 도시의 형태론적 정의는 갈수록 모호해졌다. 이 같은 현상은 신도시, 촌락의 도시화, 탈도시화, 도시 영토, 도시 국가, 분산 도시, 도시 전원, 첨단 도시, 프랜차이즈 도시

---

366 McDonnel, M. J., Hahs, A. K. and Breuste, J. H., *Ecology of Cities and Towns: A Comparative Approach,* Cambridge, Cambridge University Press, 2009, pp.10-12.

367 cf. Berque, A. and Ghorra-Gobin, B. C., , *La ville insoutenable,* Editions Belin, 2006.

등 다양한 신조어들을 낳았다. 전통적 도시 공간의 해체와 생태학적 위기 문제의 핵심은 본질적으로 도시 공간의 팽창과 역동성에 있다.

전원 세계에 대한 동경과 꿈은 도시 세계와 자연 친화적인 환경 추구 사이에 존재하는 대립에서 그 자양분을 얻는다. 도시 세계에서는 도심 집중화와 산업 활동에 의한 환경오염의 거부 현상으로서 1970년부터 1990년대까지 도심 팽창과 동시에 쇠락 현상이 동시에 나타났다. 이 같은 경향은 획일적이지 않고 어떤 도시에서는 도시 외곽의 주거 환경이 발달하는 반면, 어떤 지역에서는 옛 도심의 재활성화로 나타나기도 한다. 즉 도시 성장의 메커니즘에서 도시 중심부가 유인하는 힘과 거부하는 힘은 서로 상반되며 양자의 긴장은 개선된 삶의 질을 제공해줄 수 있는 적절한 환경을 마련하는 동력을 얻게 한다.[368]

현재 전개되고 있는 다양한 생태학 사조 운동의 입장 가운데 하나의 공통적 메시지는 인류 전체로 하여금 지구의 자원에 한계가 있다는 사실을 분명히 의식하게 만들었다는 데 있다. 한마디로 지구는 고갈되어가고 있으며 인간은 위험에 직면해 있고 그 위험은 돌이킬 수 없는 것이 됐다. 이 같은 상황은 진보에 대한 맹목적 추구와 심지어 강박으로 인해 발생한 자업자득이다. 지난 한 세기를 놓고만 보더라도 인류는 쉬지 않고 도시를 짓고 또 지었다는 점에서 20세기는 한마디로 중단 없는 건설의 과정이었다. 자연과의 친화성을 전혀 고려하지 않고 이뤄진 이 같은 자폐적 인공 세계의 무분별한 도시 개발은 이런 의미에서 하나의 근본적 오류로 판명됐다. 인류는 과학자들에게 가능한 세계 가운데서 최선의 길을 열어달라고 요구하면서 최상의 세계를 향해 전진할 수 있다고 믿었다. 전 세계의 모든 국가에서 진행되는 무분별한 도시 팽창은 그 같은 상황을 대변하는 하나의 상징이다.[369]

---

368 Traidnel, J. P., "Les forces contrariées entre le centre et la périphérie: quelle mesure environnementale", in Berque, A. and Ghorra-Gobin, B. C., *La ville insoutenable,* Editions Belin, 2006, pp. 129-143.

369 Maugard, A. and Cuisinier, J. P., *Regard sur la ville durable, vers de nouveaux modes de vie,* Editions CSTB, 2010.

그렇기에 지속 가능한 환경을 연구하는 것은 사회적이면서 동시에 경제적 문화적인 균형을 추구하는 것으로부터 시작되며[370] 도시의 지속 발전 가능성의 근본적 원칙들을 기술하고, 다양한 규모와 사회 경제적 구조를 가진 도시에 적용할 수 있는 나침판을 제공할 것이다. 지속 발전 가능한 도시는 "공동체가 지속발전 가능성 원칙의 집합에 동의하고 더 나아가 그 원칙들을 성취하기 위해 추구하는 도시를 말한다."[371]

이 같은 원칙들은 시민에게 좋은 삶의 질, 살 만한 도시, 매력적인 교육 환경과 의료 시스템, 쾌적한 주택, 편리한 교통을 제공한다. 따라서 지속 가능한 도시는 우리가 사유할 수 있는 하나의 준거가 된다. 건물과 구역에서 도시 전체로 층위를 이동해 경제적, 사회적, 환경적 구성 요인들은 자연스럽게 다시 조우한다. 지속 가능한 발전은 도시 공간으로 분석을 국한시켜서는 안 된다. 사람은 도시에서 노동하며, 결혼하고, 가정을 꾸리고 여가를 즐기면서 오랫동안 도시 문명을 형성했다. 그렇기에 도시 문명이 환경에 미치는 영향은 도시 공간을 훌쩍 뛰어넘어 연구해야 한다.

우리가 근본적으로 던져야 할 물음은 과연 도시 문명은 지구의 지속 가능한 발전 양식과 양립될 수 있느냐는 것이다. 전문가들의 견해를 종합한다면 최소한 현재의 도시 문명 양식은 생태적 조건과 양립할 수 없다. 그렇다면 도시 문명을 어떻게 다른 방식으로 진화시켜야 할 것인가, 어떻게 새로운 기수로 방향을 선회할 것인가라는 근본적 물음을 던져야 할 것이다. 이 물음은 인류가 새롭게 삶을 영위하는 방식의 문턱으로 나가야 한다는 메시지를 이미 예고한다.

---

370 위의 책.

371 Munier, N., *Handbook on Urban Sustainability,* Springer, 2006, p.17.

2. 생태계로서의 도시 공간

도시 공간에 대한 생태학적 시각은 전체론holism 방식에 기초한 시스템 시각으로 파악할 수 있다. 시스템 방식이란 부분들 사이에 존재하는 관련성과 상호작용을 관찰하면서, 단순히 환원적인 것이 아니라 통합적인 해결책을 고안하려는 시도를 지시한다. 환원주의적 해결책은 과학적으로 강력한 힘을 발휘하나 시스템의 일부분에 초점을 둔 나머지 예상치 못한 역효과를 빈번하게 불러온다. 근대적 도시계획은 본질적으로 에너지, 물, 교통, 주택 등의 쟁점에 대해 환원주의적 접근법에 의존했다고 말할 수 있다. 산업도시의 생활 방식과 직결된 자연 요소들에 대해 근대주의적 접근법은 지속 가능하지 못한 것으로 드러났으며 이런 한계를 극복하기 위해 발명된 시스템 시각은 도시 공간에서의 지속 가능한 생활 방식을 찾아낼 수 있는 보다 나은 기회를 제공할 것이다.

인간과 모든 동식물의 세계를 아우르는 생물계는 생태계들의 모자이크로서 간주될 수 있다. 복잡계 이론에서 살아 있는 시스템들은 창발적 속성을 지니며 비선형적 과정을 통해 하나의 상태에서 갑작스럽게 다른 상태로 이동한다. 창발적 속성들이란 개별 구성 요소들의 속성을 넘어서 부분 시스템의 상호작용을 통해서 창발하는 속성들을 말한다. 1935년 생태계 개념을 최초로 제시한 영국의 자연과학자원예학, 동물학, 생리학 전공 탠슬리는 살아 있는 유기체와 물리적 환경을 하나의 시스템으로 조합하는 전체적이며 통합적인 개념을 지시했다.[372] 탠슬리의 생태계 개념은 물리적 화학적 환경과 생명적 유기체 모두가 하나의 생태계를 형성하기 위해 더불어 작동한다는 점을 강조하는 물리적 개념이었다. 이때 생태계는 다시 우주로부터 원자에 이르는 물리적 위계 시스템의 형식적 부분이었다. 평형성의 물리적 개념은 생태계들의 조직화와 유지를 유도했으며 시스템의 안정성 또는 지속은 평형성을 향

---

372 생태학에서 생태계 개념의 역사에 대해서는 다음 문헌 참조.

Golley, F. B., *A History of the Ecosystem Concept in Ecology,* New Haven and London, Yale University Press, 1993.

하는 시스템의 운동을 포함했다.[373]

시스템과 생태계 시각을 채택함으로써 얻을 수 있는 이점은 여러 가지이다. 무엇보다 관계와 과정에 초점을 둠으로써 생명 시스템들의 창발적 속성과 복잡계에 대해 보다 심오한 이해를 제공한다. 특히 시스템과 생태계의 사유에서는 맥락이 중요한 것으로 인지되는데, 그 이유는 부분이 시스템의 다른 부분으로부터, 아울러 보다 광범위한 시스템들로부터 고립되어 연구될 수 없다는 기본 전제가 깔려 있기 때문이다. 하나의 생태계는 그보다 더 큰 생태계에 내포되어 있으며 인간과 도시 역시 보다 큰 생태계 안에 내포되어 있다. 즉 시스템 안에 또 다른 시스템이 존재하는 것이며 전체 속에 또 다른 전체가 존재한다고 말할 수 있다.

인간이 만든 도시를 생태계로서 파악하는 개념은 도시의 역동성과 도시가 당면한 다양한 과제를 이해하는 방식으로 적합하다. 특히, 지속 가능한 생태계로서 도시cities as sustainable ecosystems, CASE를 탐구하는 연구 시각은 이 보다 한 단계 더 나아가 지속 가능한 생태계의 패턴과 과정에 주목한다. 그 같은 패턴과 과정은 도시가 지속 가능성을 향해 전진하기 위해 필요로 하는 요소들이다.[374]

신과학 운동의 선봉에 나섰던 프리초프 카프라Fritjof Capra는 "미래의 세계를 수립하는 데 있어 지속 가능한 사회를 건설하기 위해 인류는 현재 사용하는 기술과 사회적 제도의 상당 부분을 근본적으로 다시 디자인할 필요가 있으며, 아울러 인간이 만든 디자인과 생태학적으로 지속 가능한 자연 시스템 사이에 존재하는 광범위한 간극을 메울 필요가 있다"는 점을 역설한 바 있다.[375] 이 같은 맥락에서 지속 가능한 도시 생태학과 도시 생태 기호학의 인식론적 토대 마련을 위해 유기체를 다시 관찰하는 것이 중요하다. 도시

---

373 위의 책, p.34.

374 Newman, P. and Jennings, I., *Cities as sustainable ecosystems,* Washington, Island Press, 2008, pp.92-143.

375 Cafra, F., *The Hidden Connections,* London, Flamingo, 2002. (한국어 번역본) 프리초프 카프라, 강주현 옮김, 『히든커넥션』, 휘슬러, 2003.

는 인간이 사회 공동체로서 생활하는 공간이며, 아울러 다른 살아 있는 유기체, 비생명적 요소와도 상호작용하는 곳이다. 건물, 운송 수단, 하수와 오물 처리 시설, 공원과 스포츠 시설 등 새로운 도시 구성 요소들은 기존의 동식물과 더불어 존재한다는 점에서 결코 서로 분리된 원자로 파악해선 안 될 것이다.

도시를 하나의 커다란 생태계로 인식하는 시각은 에너지와 정보의 흐름을 연계적으로 볼 수 있는 안목을 제공한다. 그 같은 관점은 그동안 볼 수 없었던 비인간적 부분의 시각을 고취시킬 수 있으며 시스템 안에서 변화와 역동성의 추동 요인을 발견할 수 있게 해준다. 이런 생태학적 접근법은 근대주의적 사유와 달리 인간과 제도는 시스템의 부분이며 서로 상호작용한다는 점을 강조한다. 기존의 도시 연구가 사회적 문제와 환경문제를 분리해서 접근했다면, 생태학적 시스템 시각은 기존의 분리된 시각을 유기적으로 통합시키고 있다는 점에서 설득력을 지닌다.

3. 도시와 자연

지난 100년 동안 우리가 사는 현재의 도시를 축조한 건축가와 도시계획가들은 모더니즘에 의해 결정적인 영향을 받았으며 다양한 학술 분야를 통합하는 대신 그것을 철저하게 분리시키면서 교통에 대한 단순화된 모델을 설정했다. 그들은 자동차 문명에 종속된 도시계획이 불가피하다고 간주했으며 도시 지대를 기능별로 분리해 도시 중심은 고층 빌딩의 사무 지역으로, 도시 외곽은 인구밀도가 낮은 지역으로 천편일률적 공식을 적용했다. 하지만 탈근대성의 도래로 근대주의 가정들이 현시대의 생태학적 문제 해결과 더불어 인간적인 발전을 가져올 수 없다는 것이 자명해졌다. 하지만 지속가능성이라는 새로운 의제는 현 사회의 근대적 이념에 대한 해체를 넘어서 생태학적 감수성의 제고와 공동체 안에서의 지역적 유기체적 과정들에 대한 이해를 제고시킨다는 분명한 목적을 수립하게 해주었다.

이 점에서 앞서 언급했던 유기체적 도시 전통은 이미 19세기와 20세기에 제안됐던 생태학적 감수성의 가치를 환기시켜준다. 시대를 앞서 간 정신으로 모더니즘의 한계와 실패를 파악했던 도시 생태학의 선구자들은 자신들의 견해를 공동체의 형성, 자연적 과정, 문화유산과 예술적 표현 등과 같은 근본적 가치에 결부시켰다.

그 점을 고려한다면 지역 생태학, 인문 생태학, 도시 생태학의 전통에서 이미 도시의 지속 가능성을 위한 윤리적 토대들이 제시됐다는 점을 알 수 있다. 이들은 모두 지역의 생태학적 가치와 공동체의 가치가 밀접하게 결합된 유기체적 공동체주의의 전통을 강조했다. 도시에서 자동차에 대한 종속과 지속 불가능성을 유도한 근본적 가치는 사인주의privatism 또는 고립주의라 할 수 있다. 그리고 서구의 도시 인문학의 전통에서 보면 이 같은 개인적 이기주의는 도시를 파괴하는 요소로 지적된 반공동체적 가치로 지적됐다. 사생활, 자기 충족, 소비주의 등을 지속적으로 장려하면서 일체의 공동체 의무나 환경 의무를 무시하는 개인주의적 가치는 근대주의의 테크놀로지로 더욱 발전했지만 그 한계가 드러났다. 하지만 고립주의나 사인주의와 대척점을 이루는 가치들이 여전히 건재했다는 사실 역시 중요하다. 이 같은 가치에는 역사적 실감을 통한 장소의 의미 개발, 사회적 정의의 의미, 지역 공동체에서의 자연에 대한 감각 제고 등을 손꼽을 수 있을 것이다.

건강하고 생산적인 개인이 되기 위해 인간은 매일 자연과의 접촉을 필요로 한다. 실제로 인간은 자연과 더불어 진화해왔다. 사회 진화 생물학자인 에드워드 윌슨Edward O. Wilson 교수는 이미 20년 전에 인간이 자연을 비롯해 생명의 다른 형식들과 연결되도록 유전자적으로 결정되어 있는 정도를 기술하기 위해 생물 애호biophilia라는 개념을 제안한 바 있다. 그는 생물 애호를 '인간들이 다른 생물체들에 대해 갖는 생득적으로 타고난 정서적 결속'으로 정의했으며 이때 생득적이라는 표현은 유전성, 곧 궁극적인 인간 본성의 부분을 형성한다는 말로 풀이했다.[376] 윌슨에 따르면 생물 애호는 인간과 환경의 상호작용이 수만 년의 진화를 거치면서 발달한 복잡한 학습 규칙들로서 선사시대를 포함할 경우 인류 역사의 99퍼센트 이상을 차지한 수렵과 채집 생

---

376 Wilson, E. O., "Biophilia and the Conservation Ethic", in Kellert, S. and Wilson, E. O., *The Biophilia Hypotheis,* Washington, Island Press, 1993, pp.31-41.

활 방식에서 다른 유기체들과 밀접하게 맺어온 관계 방식에 기인한다. 그 같은 진술은 요컨대 인간의 뇌는 생물 중심적 세계에서 진화해온 것이지 기계에 의해 조절되는 세계에서 진화하지 않았다는 것을 의미한다.

따라서 우리의 삶 속에서 자연을 필요로 한다는 것은 선택이 아닌 본질에 속하는 사안이다. 하지만 전 세계 인구가 갈수록 도시로 집중화되며 자연과의 접촉은 갈수록 어려워졌다. 그런데 최근에 들어와 건축가들과 도시 디자이너들은 생물 애호의 차원을 자신들의 작업 속에 통합시키고 있다. 이 문제는 결국 도시의 본질이 무엇인지, 그리고 인간적 삶을 영위할 수 있고 지속 가능한 장소를 성립하는 것은 무엇인지에 대한 진지한 물음을 제기한다. 생물 애호의 힘은 우리가 미래에 디자인하고 건설하게 될 모든 것이 자연적 요소들을 통합시켜야 한다는 점을 시사한다.[377]

자연은 단절된 인간 경관을 치유하고 활기를 잃은 도시와 건축 환경을 인간화시키고 새로운 생명력을 불어넣을 수 있는 잠재력을 갖고 있다. 예컨대 자연에 대한 노출은 지속 가능성의 실천을 강화시켜주고 생활을 보다 지속 가능한 삶으로 만들어준다. 우리는 생명에 대한 경이로움이 필요하며 자연은 우리의 정서를 자극하고 상상력을 고취시키고 매혹시킬 수 있다. 밀도 높은 도시에서조차 자연의 풍요는 도시의 삶을 무미건조한 반복으로 치달을 수 있는 위험을 막아주는 방파제의 역할을 맡는다. 모든 도시는 태생적으로 복잡한 생태계이며 자연은 도시에서 우리 주변 도처에 존재한다. 놀랍게도 도시 공간에서 존재하는 생물의 다양성 정도는 흔히 생각하는 것 이상으로 엄청나다. 도시 속의 자연은 크기도 하고 작기도 하며 가시적이거나 비가시적이며 지극히 미묘하기도 하지만 엄청난 영향력을 행사한다. 생물 애호적 도시는 녹색 도시이며 풍요로운 자연과 가시적이며 접근 가능한 자연 시스템으로 가득 찬 도시를 말한다. 하지만 더 중요한 것은 하나의 장소의 정신에 대한 것이며 자연을 비롯해 생명의 다른 형식에 대한 정서적 유대감과

---

377 다음 연구물을 참조할 것.
Beatley, T., *Biophilic Cities,* Washington and London, Island Press, 2011.

배려, 아울러 자연에 대한 관심과 호기심이라 할 수 있다.[378]

일부 조경 건축가들과 공원 디자이너들이 오래전부터 자연을 도시 공간 속에 갖다 놓으려는 노력을 경주해왔으나 개발업자들과 19세기와 20세기에 태동한 도시계획 전문 직업인들에 의해 빈번하게 무시됐다. 생태학적 의식을 결여했던 공학자들과 개발업자들은 도시의 하천들, 습지대, 연안을 매립하거나 도로로 덮어서 도시 팽창을 위한 길을 터놓았다. 그들이 건설한 고속도로와 철로는 그것들이 놓인 토양과 수변으로부터 도시를 단절시켜놓았다. 언덕은 불도저로 절토됐고 지방의 토속 식물군은 제거됐다. 토지 소유자들은 황무지가 가진 생태학적 의미에 대한 배려 없이 이윤 추구를 위한 건축 용지를 구획하고 도로를 만들었다. 중앙난방식의 발명, 전기 조명의 도래, 냉방 시설, 장거리 식량 운송, 방대한 댐과 대규모 상수도 파이프라인 건설이 환경에 미치는 영향에 대한 고려 없이 도시 거주자는 기후의 조건과 지역 지리학의 조건을 무시하면서 모든 도시 생활양식에 있어 철저하게 자연으로부터 고립됐다.

1960년대에 들어와서야 서구의 경우 환경 사조의 혁명과 더불어 일부 환경 운동가들과 정책 결정권자들은 도시 시민들을 도시 환경의 최악의 남용으로부터 보호하기 위해 보다 체계적으로 도시 개발을 자연 세계와 통합시키는 것을 추구했다. 훼손된 자연 시스템들을 복원하려는 생태학적 노력들은 도시 공간 안에서 시도됐고 1980년대와 1990년대를 거쳐 생태 복원이라는 학술 분야를 탄생시키면서 활력을 얻었으며 아울러 경관 생태학 등의 새로운 장들은 개념적 도구로 제공됐다. 도시 공동체들은 수변을 다시 계획하고 시민 단체들은 계곡과 하천을 복원했으며 해당 지역 기후에 적절한 종들은 경관 건축과 더불어 다시 생명력을 회복했다.[379]

이 같은 맥락에서 자연과 도시 사이에 존재하는 체계적 관계에 대해 관심을 주문한 최초의 고전적 작품들 가운데 하나는 바로 스파이른의 『화강암

---

378 위의 책, pp.3-43.

379 Riley, A. L., *Restoring Streams in Cities,* Washington, Island Press, 1998.

정원』이라 할 수 있다.[380] 다른 저자들이 새로운 도시 근교 또는 지역 개발이 자연경관과 맺는 상호작용에 초점을 두었다면, 스파이른은 밀도 높게 건설된 도시 내부에 존재하는 자연에 주목했다.

스파이른은 자연이 도시와 공기, 토지와 물, 살아 있는 생명체 사이의 유대 관계를 탄탄히 형성하면서 도시에 널리 스며 있다는 진술로 시작한다. 그것들 자체로서 자연의 힘은 인류에게 유순하지도 않으며 적대적이지도 않다. 자연의 가공할 만한 힘은 수혜를 가져다줄 도시 공간 서식지를 형성하기 위해 강력한 자원을 표상한다. 무시되건 아니면 전복된 것이건 자연의 힘들은 홍수와 산사태, 오염된 공기와 물 등 수십 세기 동안 도시를 괴롭혀온 문제를 확대하고 있으나 불행하게도 도시는 대부분 자연의 힘을 무시해왔고 그것을 거의 새롭게 사용하지 못했다. 그 어느 때보다 도시의 본질에 대해 많은 것이 알려졌다. 지난 수십 년 동안 자연과학자들은 도시 속에 존재하는 자연에 대한 엄청난 지식을 축적했으나 이 같은 정보와 지식이 도시 형태의 모델링에 직접적으로 적용된 사례는 거의 없다.

스파이른에 따르면 도시는 하나의 화강암 정원으로서 하나의 정원 세계에 놓인 수많은 보다 작은 정원들로서 구성되어 있다. 보통 사람 눈에는 가로수와 공원의 자연만 보이겠지만 도시 속의 자연은 개인 정원뿐만 아니라 골목길과 폐가에서 자라는 잡초도 포함한다. 우리가 숨 쉬는 공기, 우리가 딛고 있는 대지, 우리가 마시고 배설하는 물, 우리가 서식지를 공유하는 유기체들 모두가 도시 속의 자연이다. 도시 속의 자연은 땅을 산산 조각내고 산사태를 일으키고 지면을 침하시키고 붕괴시킬 수 있는 강력한 힘이다.

도시 속의 자연은 저녁에 불어오는 산들바람이며 건물의 벽을 휘감는 회오리바람이며 태양과 하늘이다. 도시 속의 자연은 개와 고양이이며, 지하실에 있는 쥐이며 비둘기이며 마천루에 둥지를 튼 부엉이이다. 도시 속에 존재하는 자연은 인간들의 다중 목적과 활동, 다른 살아 있는 피조물과 그것들 사이에 존재하는 복잡한 상호작용의 파급 결과이다. 또한 에너지의 전

---

380 Spirn, A. W., *The Granite Garden: Urban Nature and Human Design,* New York, Basic Books, 1984.

이, 공기의 운동, 대지의 부식, 물의 사이클을 지배하는 자연 과정들의 결과이다. 도시는 자연의 부분이다. 자연이 도처에 편재한다는 깨달음은 도시를 포용하는 하나의 전체라는 것은 모든 도시 거주자의 건강, 안전, 복지를 유지하기 위해 도시가 어떻게 건설되고 유지되어야 하는가에 대한 강력한 함의를 갖는다. 불행하게도 근대의 전통은 도시를 자연에 맞서는 것으로, 아울러 자연을 도시에 맞서는 대립적 구도를 설정했다. 도시가 자연으로부터 동떨어져 적대적이라는 믿음은 도시가 지각되는 방식을 지배했으며 계속해서 도시가 어떻게 건설되는가에 대해 영향을 미친다. 이 같은 태도는 도시의 환경 문제를 악화시켰으며 심지어 많은 문제를 촉발시켰다. 자연의 사회적 가치는 인정되어야 하며, 그 힘은 강화되어야 하며 도시 속의 자연은 하나의 정원처럼 육성되어야 하며 결코 무시되거나 억압돼서는 안 된다는 것이 스파이른의 지론이다.

끝으로 자연의 문제를 도시 기호학에서 어떻게 개념화할 것인지에 대한 성찰이 필요하다. 여기에서 우리는 다시 기호학의 고전적인 문제를 만난다. 즉 도시 기호학은 자신의 고유한 연구 대상의 한계를 설정해야 하는 것이다.[381] 도시의 역사와 도시 사상사에서는 도시 공간과 자연 공간을 구별하는 유구한 전통이 존재한다. 성벽 안의 도시는 문화와 질서의 세계이며 성곽 밖의 세계는 혼돈과 자연의 세계로 각인됐다. 설사 자연의 기호들이 도시 외부에 존재한다 해도 도시의 기호들은 자연에 견주어서 한계가 설정될 수 있는 복합적 집합을 성립한다. 물론 그 방식은 상이할 수 있다. 어떤 경우는 자연이 도시를 벗어나 한계가 그어진 공간이며, 또 다른 경우에 자연은 도시의 역동적 요소이다. 도시와 자연은 서로가 맞물려 그 경계가 설정되며 이 같은 상호성으로부터 그들의 관계가 탄생한다. 의미 수준에서 자연은 도시보다 더 근본적이지 않다. 이 점은 문화사와 정신성의 역사가 도시와 자연에 대한 개념화에서 나란히 진행되어왔다는 점에서 확인된다. 도시 기호학은 도시가 창조하거나 전제하는 자연 기호에 대한 상이한 개념들에 의해 그 한계가

---

381 Larsen, P. S. E, "Séméiotique urbaine, Prospect Park à Brooklyn", in Hénault, A., *Questions de sémiotique,* Paris, PUF, 2002, pp.446-450.

설정된다.

또한 도시 공간 속에 존재하는 자연적 기호에 대한 연구를 도시 기호학에 포함시켜 연구하고자 할 때 제기되는 또 다른 문제는 자연적 기호natural signs의 인식론적 위상이다. 결론부터 말하자면 기호의 본질을 정의할 수 있으려면 상이한 관점을 수립하는 것이 필요하다. 하나의 자연 기호는 인간의 영향력이 없이 발생하는 자연적 과정에 의해 촉발된 기호, 즉 폭풍에 넘어져 버린 거목처럼 지표적 기호가 될 수 있다. 또는 자연 기호를 고통을 재현하는 배우의 몸짓처럼 도상적 기호로서 간주하는 것도 가능하다. 또는 하나의 규약에 힘입어 하나의 특별한 자연적 현상을 표현하는 기호가 될 수도 있다. 도시적 맥락에서는 하나의 자연적 기호가 존재하며 그 대표적 예는 도시의 대공원이다. 그것은 식물, 동물 등의 생명체 속에서처럼 자연적 과정을 위해 지표적 기호를 생산하는 기호의 공간적 집합체이다. 아울러 그것은 디자인이라는 사실로부터 자연적 경관의 도상적 기호를 포함하며 도시 영역에서 자의적으로 차별화된 구조의 집합에 의해 형성된 규약적인 상징적 기호를 성립한다. 도시는 공원을 권력, 자연, 테크놀로지에 대한 개념화의 기호로서 삼는다. 도시의 공원에 대한 연구 방법론으로 공간 기호학, 시각 기호학 등의 이론이 활용될 수 있을 것이다. 시각적인 것은 하나의 몸이 공간 속에서 현존하는 방식에 기초를 두고 있기 때문에 시각 기호학은 공간 기호학의 조건 속에서 존재한다. 특히 시각 기호학은 신체와 신체의 환경 사이에 존재하는 특수한 상호성의 기호학적 효과를 연구하며 특히 신체와 그것의 환경 사이에 존재하는 상호작용을 강조한다.

자연적 기호를 일단 연구에서 배제하고 문화적 기호들을 분석하는 것을 일차적 과제로 삼았던 유럽 기호학의 전통과 달리 퍼스의 시각을 수용해 관찰이 참여에 통합된 것으로 제시하는 것도 가능하며, 따라서 자연적 기호가 도시 기호들 속에 통합된 부분으로 간주하는 시각이 가능하다.[382]

---

382 Larsen, P. S. E, "Séméiotique urbaine, Prospect Park à Brooklyn", in Hénault, A., *Questions de sémiotique,* Paris, PUF, 2002, pp.448-466.

4. 도시 생태학의 윤리적 우주론적 토대: '에쿠멘'의 생태학적 차원

여기에서 프랑스의 세계적 동양 지리학자로서 동양의 공간 사상에 정통한 베르크의 생태 사상을 도시 생태학의 인식론적 초석으로 활용해볼 수 있을 것이다.[383] 그의 생태학적 사유는 무엇보다 지리적인 것과 존재론적인 것 사이의 분리될 수 없는 관계를 분석해내는 데 성공했다는 점에서 도시 생태 기호학에서 적극적으로 수용해봄 직하다. 앞서 도시 시학을 다루는 장에서 짧게 언급한 바 있듯이 '에쿠멘ecoumene'은 그리스어 단어 '오이쿠메네oikoumenê'에서 왔으며 그 단어는 무엇보다 땅과 인간성을 만드는 핵심 요소로 파악될 수 있다. 땅은 인간적이며 인류를 지상의 것으로 만드는 실체이다.

'에쿠멘'은 인간학적 차원과 관련해 인간 환경의 총화이며 동시에 그 조건이라 할 수 있다. 그것은 생태학적인 것과 물리적인 것이며 곧 인간 존재의 처소이다. '에쿠멘'의 사상은 존재의 처소를 언어 속에 위치시킬 수 있다고 주장한 철학과 대립한다. 베르크는 다음과 같이 정의 내리고 있다. "에쿠멘은 하나의 관계이다. 인류가 지상의 외연과 맺는 생태학적, 기술적, 상징적인 관계이다."[384]

베르크 교수는 환경 윤리 대신 '에쿠멘'의 윤리를 사용하는 심오한 이유에 대해 다음과 같은 논거를 제시한다.[385] 그에 따르면 인류가 지상의 외연과 맺는 관계 속에는 늘 무엇인가 그 이상의 것이 있다. 다시 말해 인류는 다른 살아 있는 생명체들이 그들의 환경과 맺는 관계 그 이상의 것을 갖고 있다. 그에 따르면 모든 생명체 종은 하나의 환경을 갖고 있으며 인류 역시 살아 있는 종으로서 고유한 환경을 갖고 있다. "하지만 오직 인류만이 하나의 '에쿠멘'을 소유한다."[386] 그는 이렇게 정의한다. "에쿠멘은 우리가 사는

---

383 Berque, A., *Ecoumène: Introduction à l'étude des milieux humains,* Editions Belin, 1987, pp.347-398.

384 위의 책, p.17.

385 Berque, A., *Être humains sur la terre: principes d'éthique de l'écoumène,* Gallimard, 1996.

386 위의 책, p.11.

지구이다. 더 나아가 우리의 존재의 장소로서의 지구이다."[387] 지구는 에쿠멘처럼 우리를 인간이 되도록 해주는 조건이다. 에쿠멘 없이는 인류는 그저 다른 동물들과 다를 바가 없을 것이다.

인간의 고유한 특징들 가운데 하나는 윤리적이라는 데 있다. 선과 악의 의미를 갖고 있으며 이 같은 구별에 따라 자신의 행동을 결정한다. 하지만 인간의 본성은 생물학적 삶과 생태학적 시스템을 넘어서며 윤리적 삶의 영역에 도달한다는 점을 베르크는 재차 강조한다. "마찬가지로 에쿠멘은 생태학의 물음 그 이상의 것이다. 그것은 윤리의 문제이다. 에쿠멘은 요컨대 인류와 지상의 외연 사이의 관계는 본질적으로 무엇인가라는 윤리에 관한 것이다."[388]

무엇보다 강조할 것은 도시 공동체cité는 단지 물리적 도시만은 아니라는 점이다. 라틴어와 그리스어에서 모두 도시 공동체를 의미하는 '키비타스civitas', '폴리스polis'와 물적 집적체로서의 도시 공간을 의미하는 '토포스topos / urbs, astu'를 구별했다. 도시 공동체를 의미하는 프랑스어 '씨떼cité'는 시민들의 총합을 의미하는 라틴어 단어 키비타스에서 온 것이다. 시민은 이 같은 조건에 결속된 권리를 누리며 그것이 바로 '도시 권리droit à la ville'라는 프랑스 표현에서 나타난다.

그 같은 존재의 보금자리는 바로 시민의 자격civitas이며, 더 정확히 말하면 공동 시민이다. 왜냐하면 그 용어는 공동체적 관계의 상호성을 함의하기 때문이다. 로마인들에게 시민들, 즉 남자와 여자의 집단은 바로 그들의 '키비타스'이며, 상징적 체계이고 동시에 인간적 총화이며 그것의 물질적 요건을 갖춘 영토이다. 이 같은 남자와 여자의 존재는 도시 공동체의 존재적 지리적 요소들astu, agroi, eschatiai 등 속에서 표현된다. 왜냐하면 그들은 오직 공민의 시민성civitas으로서 존재하기 때문이다. 이 점을 통해서 바로 인간 실존의 문제가 핵심이라는 사실, 즉 지리는 존재론이며 존재론은 지리학이라는 점을

---

387 같은 책, p.12.

388 같은 책, p.13.

확인할 수 있다는 것이 베르크 교수의 통찰이다.

바로 이 같은 어원적 확인을 통해 오늘날 도시 정비와 계획, 경관 조성 등과 관련된 다양한 개념화와 실현으로부터 구체적인 규칙을 발견할 수 있다. 무엇보다 토지를 구획한다는 것, 도시 공동체를 건설한다는 것, 그것은 결코 오브제를 구비하는 기술 전문가의 문제로 국한되지 않으며 자신의 취향을 진술하는 심미적 사안으로 한정되지 않는다. 도시 공간의 계획은 서로의 존재를 존중하면서 도시 공동체의 법과 규범에 따라서 실현되어야 하며 공통의 이상형에 기초하며 정당화될 수 있는 명분을 필요로 한다. 따라서 소수의 전문가 사무실에서 이뤄지는 밀실 계획안, 일부 엘리트만 이해할 수 있는 추상적 개념의 과시적 사용, 그리고 기술 관료의 독단에 의한 도시 계획 시대는 지나갔다. 도시 공간을 축조하는 방식은 가장 높은 수준에서 공민적 차원에 속한다. 즉 도시 공간의 건설은 그것의 최고 수준에서 미래의 주인공인 아이들을 포함해 시민 교육의 대상이어야 하며, 민주적 토론의 대상이 되어야 한다. '메디앙스médiance, 중간성'의 관점은 결코 님비주의nimbyism, 즉 지역 이기주의를 합리화하는 도구가 아니다. 더불어 살아야 할 공공의 시민들concitoyens을 말하는 것은 결코 공공 이익과 민의의 거부를 의미하지 않으며 또 다른 중요한 사실을 함의한다. 이것은 곧 국토의 문제는 일부 엘리트층의 통치와 관리 대상이 아니라 모든 사람의 사안임을 말한다. 즉 라틴어로서 '공간적인 것res publica'을 말한다. 따라서 국토를 개발하는 문제는 특정 장소의 거주민의 계산과 판단에 따라 조정되어서도 안 되며 그들의 유일한 이해관계에 의해 결정되어서도 안 된다. 도시 공동체가 존재하려면 반드시 모든 사람을 위한 법의 힘이 마련되어야 한다. 그 같은 원칙은 따라서 기술 관료를 비난할 뿐만 아니라 지역의 집단주의가 공공의 이익에 반하는 것을 거부한다.[389]

실제로, 도시 공동체에서 하나의 장소는 단지 '토포스', 즉 물리적 지형만은 아니며 개인 또는 집단이 합법적으로 전유할 수 있는 장소를 말한다.

---

389 미국에서 특히 이 같은 현상은 흔하게 나타난다.
Ghorra-Gobin, B. C., *La Ville Américaine: espace et société,* Paris, Nathan, 1998.

도시의 특정 장소는 반드시 집단성이라는 보다 방대한 존재가 스며든 '코라chora'이다. 이 같은 관점은 역으로 그만큼 전제주의를 배제한다. 즉 모든 사람에 의해 평등하게 성립된 집단성만이 존재할 뿐이다. 그것의 토포스는 결코 코라 속에서 용해되지 않는다. 물리적 장소성은 질적인 장소성chorésie이 아니며 둘은 상호의존적이다. 인간 실존의 구조적 계기는 바로 이 같은 관계 속에 존재한다. '메디앙스'의 관점에서 공간의 이상형은 바로 하나의 환경의 진화적이고 우발적이며 특이한 조화를 그 공간의 생성 속에서 추구하면서 역동성을 활성화시키는 데 있다.

여기에서 고대 그리스 철학에 나타나는 두 개의 주요 개념인 '토포스'와 '코라'의 차이를 간략하게 환기할 필요가 있다. 플라톤의 『티마이오스』에서 이 두 용어의 구별은 명료하다. '토포스'는 늘 하나의 물체가 있거나 위치하는 장소를 지칭한다. 그리고 그 장소는 이 물체의 구성과 분리될 수 없다. 즉 그 물체의 운동과 분리될 수 없다. 그런데 플라톤이 각각의 감각적 실재가 정의상 하나의 장소를 소유한다고 설명할 때, 즉 그것이 자신의 기능을 실천하고 거기에서 그 본성을 보존할 때 고유한 장소를 소유하는 말로 '코라chora'라는 용어를 사용한다. '토포스'에서 '코라'로 이동하면서 물리적 설명과 기술로부터 감성적 실재의 공식과 정의로 이동하는 것이다. 따라서 상대적인 물리적 장소와 그 같은 소재화의 토대를 마련하는 존재론적 속성을 구별하는 것이다. 코라는 생명의 잉태 장소로서 무엇인가가 펼쳐지는 개방이다. '코라'의 근본적 성격은 그것이 무엇인가를 맞이하고 무엇인가를 생성하는 것, 즉 흔적과 모태로서 사물과 관계를 맺는 것이다.[390]

현재의 도시 시스템은 그 자체가 매우 열악하거니와 그 같은 상황에 이른 결정적 이유는 반생태적이기 때문이다. 그것은 장기적 차원에서 생명계를 훼손시키며 매일 전 지구적 차원에서 인류의 건강을 손상시키고 불구자로 만들고 서서히 죽음의 늪으로 빠뜨린다. 현대 도시 공간은 산업화된 도살장이다. 현대의 도시인들은 도시를 만드는 진정한 인간학적 관계를 감추면

---

390 Pradeau, J. F., "Être quelque part, occuper une place. Topos et chôra dans le Timé", in *Les Etudes Philosophiques,* 1995, p.3, pp.375-400.

서 전원 공간을 물신화시킨다. '메디앙스'의 진정한 관계는 요원하며 우리는 단지 이산적인 오브제들의 개인적 전유 방식에서만 착상할 수 있을 뿐이다. 우리가 삶, 도시, 시골을 사유하는 것은 바로 이 같은 물신의 기능에 따라서이다. 첨단 도시에 대한 담론이 그것을 증언한다.[391]

베르크 교수가 위에서 주창한 것은 안타깝게도 근대적 사유의 틀 속에서 더 이상 진입할 여지를 갖지 못한다. 근대적 사유는 물질적 오브제의 '토포스'에 연연하기 때문이다. 근대적 사유는 정신적인 것을 분리해내어 추상화시킨다. 근대적 사유의 관점에서 특정 동물의 목축이 다른 지역에 비해 특정 지역에서 더 수익성을 가져다줄 수 있다는 합리적 계산 원칙이 우선시된다. 근대성을 초월하는 것은 바로 문제가 되는 목축의 '토포스'를 넘어서는 그 무엇이다. 바로 그것이 앞서 언급한 특정 공간에 각인된 장소성에 기초한 '코라'라는 개념이다. 그것은 이를테면 보존된 환경 속에서 유산으로 물려받은 풍경의 쾌적성을 말한다. 여기에서 문제가 되는 것은 바로 생명계와 밀접하게 맞물려 있는 하나의 상상계이며 신화이다. 베르크 교수에 따르면 그것은 근대성이 의미를 텅 비게 만든 세계를 재우주화시키는 신화를 말한다.

'메디앙스'의 관점에서 말한다면 땅에서 그 거주자들을 비워낸 추상적 시스템은 나쁜 것이다. 이와 반대로 인간적으로 살 수 있는 조건에서 인간의 공동체성을 보존하는 시스템은 좋은 것이다. 하지만 베르크 교수의 진단에 따르면 그 같은 재우주화는 도시는 물론 현재의 촌락에서 조차 이뤄지지 않았다. 우리가 사는 도시 사회가 도시다우려면 시골은 보다 시골다워야 한다. 이 말은 다시 말해 촌락에 대해 우리의 감수성이 축조한 역사의 유산으로 물려받은 촌락의 이미지와 의미를 온전하게 간직해야 한다는 사실을 뜻한다. 이를테면 촌락은 지속 가능한 시스템 속에서 먹을 것을 생산할 수 있어야 한다. 이 같은 재우주화는 허위적 경관을 배제하며 인간학적 경관, 생태계, 인구 밀집에 상관없이 근대 농업의 분석적 기능주의가 획일화시켜놓은 인식

---

391 Dubois-Taine, G. and Chalas Y., *La Ville émergente,* L'Aube, La Tour d'Aigues, 1997.

의 틀을 해체한다.

그 같은 기능주의는 오브제의 물신화에 불과하다. 그것은 모든 '코라'로부터 추상화된 '토포스'에 국한된 오브제의 물신화이며 가능성과 잠재성으로 채워진 우주성cosmicité으로부터 추상화된 '토포스'에 불과하다. 이와 대립해 오늘날 도시 사회가 요구하는 것은 바로 우주성의 복원이다. 도시는 진정한 촌락의 분위기를 가진 촌락을 원하며 진정한 농부에 의해 생명력과 활기를 지닌, 또한 생명계를 존중하는 촌락을 원한다. 우주성이란 바로 현실의 구체적 조화를 말한다. 동일한 요구가 도시에 대해서도 존재한다. 대부분의 경우 노동과 여가 영역에서 도시 없이는 살아갈 수 없다. 시골이 시골다우려면 도시는 도시다워야 한다.

근대의 이원성이라는 인간 존재의 분열을 통해 도시는 우주성을 망가뜨렸다. 고대의 우주론에서 도시의 이미지를 통해서 세계를 파악할 수 있었다면, 근대성은 도시의 형태를 자연과학에서 제시된 조건에 종속시키는 데 혈안이 됐다. 그 점은 바로 르 코르뷔지에가 제시한 빛, 공기, 초목의 삼원성에 대한 담론에서 명시적으로 나타난다. 물리적 측정 가능성에 대한 참조를 통해서 이 같은 삼원성은 유기체를 분리시켰을 뿐이며 유기체의 의미는 그것에 앞선 시대에서는 정반대로 상징의 측정 불가능성에 의미론적 켜를 쌓았다. 그 결과 근대 건축은 공시민성의 상징적 형식을 갈기갈기 찢어놓았다. 그것은 전통적 도시가 갖고 있었던 미덕의 종언을 함의한다. 도시 공간에 대한 정열의 종언, 건축물의 연속성의 종언, 거리의 종언, 높이 조화의 종언, 파사드 조율의 종언, 공동체 '앙비앙스'의 종언, 한마디로 행복한 지상 조건의 종언을 말한다.[392]

---

392 Panerai, P., et al., *Formes urbaines: de l'îlot à la barre,* Paris, Dunod, 1977.
Jacobs, J., *The Death and Life of Great American Cities,* London, Pelican, 1965.

도시 공간의 주요 생태학적 차원들[393]

1. 지속 가능한 도시 생태계의 모델

지속 가능성은 글로벌 정치의 장에서 발전된 개념으로서 개선된 환경과 경제, 아울러 보다 정의롭고 참여적인 사회라는 궁극적 목적에 도달하려는 시도라 할 수 있다. 지속 가능성의 일차적 목표는 전 지구적 차원에 속한다는 점에서 오직 전 지구적 의미를 갖는 지역적 이니셔티브를 통해 실천될 때 비로소 유의미한 것이 된다. 인간 정착지들에 대해 신진대사metabolism의 접근법을 확장시킴으로써 지속 가능성 개념을 도시들에 적용할 수 있다. 도시는 그것의 자원 입력물토지, 에너지, 물, 물질과 쓰레기 출력물기체, 액체, 고체의 쓰레기을 줄이고 이와 동시에 생활의 총체적 조건건강, 고용, 수입, 주택, 여가 활동, 접근 가능성, 공적 공간, 공동체을 개선할 때보다 지속 가능한 것으로 정의될 수 있다.[394] 이 같은 정의에 따라

---

393 도시 공간의 생태학적 차원은 본 절에서 기술하는 네 개의 차원을 포함해 그 수가 훨씬 다양하며 복잡하다. 예컨대, 지속 가능한 도시 디자인과 도시 생태학의 종합적 정보를 제공하는 주요 요람에서 열거된 차원들을 선별해 명시하면 다음과 같다.

1. Munier, N., *Handbook on Urban Sustainability,* New York, Springer, 2006.
(1) 도시의 사회적 지속 가능성 (2) 도시 경제 및 도시 지역의 경제 (3) 빈민가 거주자들의 삶의 개선 (4) 지속 가능한 도시 환경의 계획 (5) 도시 에너지 관리 (6) 도시 교통 및 운송 관리 (7) 에너지와 도시 건물 (8)도시의 쓰레기 관리 (9) 도시 환경에서 물의 문제 (10) 자연재해 평가와 관리 (11) 도시 재건 (12) 도시의 지속 가능성과 정책 결정 (13) 지자체의 지속 가능성 계획의 실현 과정.

2. McDonnel, M. J., Hahs, A. K. and Breuste, J. H., *Ecology of Cities and Towns: A Comparative Approach,* Cambridge, Cambridge University Press, 2009.
(1) 도시화에 따른 식물군의 반응 (2) 도시 구조들이 해양 종들의 다양성에 미치는 효과 (3) 도시 지역에서의 육상 척추동물 연구 (4) 도시 경관에서의 도로 생태학 (5) 도시의 동물 군집에서의 공간 패턴과 과정 (6) 도시 경관에서의 무척추동물의 다양성 (7) 도시 생태계에서의 유인원 (8) 조명 오염과 인공 야광 조명의 임펙트 (9) 도시계획에서 인간이 생명권의 회복력에 미치는 영향 (10) 도시화 환경에서의 경관 생태학 분석 (11) 도시 습지대의 가치 평가 (12) 경관 생태학 원리의 도시 경관에로의 적용.

394 도시의 지속 가능성에 대한 다음 문헌을 참조.

1. Newman, P. and Kenworthy, J., *Sustainability and Cities,* Washington, Island Press, 1999.

각각의 도시는 지속 가능성의 목적을 설정하고 그 목적에 도달하기 위한 구체적 지표를 제시할 수 있다. 그 지표에는 자연환경, 천연자원, 쓰레기, 인간적인 생활 가능성 등을 포괄한다.

생태계 모델을 지속 가능한 도시 공간 창조를 위한 모델로 취할 경우 도시 형태와 생활 방식의 새로운 디자인의 이론적 근거를 마련해줄 수 있을 것이다. 물론 사용 가능한 생태계 모델의 숫자는 다수이다. 그 가운데 대표적인 지속 가능성의 시스템 모델이라 할 수 있는 하르트무트 보셀Hartmut Bossel의 모델을 눈여겨볼 만하다. 그의 모델은 시스템 이론에 기초하고 있으며 복잡성의 정도에 따라 모두 여덟 개의 시스템 범주, 즉 '안정적 시스템' '신진대사 시스템' '자기 지속적 시스템' '자기 조직적 시스템' '비 고립된 시스템' '자기 복제적 시스템' '감정적 시스템' '의식적 시스템'으로 구별한다.[395] 이 가운데 자기 조직화 시스템은 환경에서 발생하는 변화에 적응하기 위해 엄격한 시스템 구조, 매개 요인 또는 규칙을 변화시킬 수 있다. 인간 시스템에서 구조적 변화는 일반적으로 자기 조직화를 의미하며 시스템 자체는 새로운 요구 조건들에 반응하면서 구조와 기능을 변화시키는 데 착수한다. 이 같은 자기 조직화는 점증적으로 발생하며, 의식적인 반성 또는 계획 없이 진행된다. 자기 조직화는 의식적이며 혁신적인 존재에 종속되지 않으며 물리적 생물학적 사회적 시스템 모두를 아우르고 미시적, 거시적 층위에서 발생한다. 그것은 우주의 토대에 놓이며 인간 사회의 발달에 특별한 의미를 갖는다.[396]

이어서 보셀은 시스템의 생존성과 건강함viability의 정도를 측정하기 위한 지표를 제안한다.[397] 그는 지속 가능한 시스템이 다음과 같은 다섯 가지의 조건을 만족해야 한다고 보았다. 첫째, 건강한 시스템. 둘째, 쓰레기 제로.

---

2. Alexander C., *Homer Hoyt Associates,* New York, 특히, "Summary and conclusions", pp.333-342.

395 Bossel, H., *Earth at a Crossroads: Paths to a Sustainable Future,* Cambridge, Cambridge University Press, 1998, pp.34-110.

396 위의 책, p.64.

397 같은 책, pp.115-141.

셋째, 자기 조절성. 넷째, 뛰어난 회복력과 자기 갱신 능력. 다섯째, 신축적인 시스템.[398]

일례로 건강한 시스템이란 실행 능력을 구비한 생태계의 건강함으로서, 충분한 에너지와 물질을 확보하고 저장해 모든 생명 참여자들의 욕구를 충족시키면서 생태계는 스스로를 효과적으로 유지할 수 있다. 보셀은 이 같은 기본적인 생태계 특징들에 전통문화에서 전승된 지혜를 연구해온 인류학의 인간적 특징을 첨가한다. 강력한 정서적 연계성에 기초한 윤리학, 심리적 만족, 협조적인 상호 공존이 그것이다. 생태계는 패턴과 과정을 형성하는 비생명적/생명적 구성 요소에 의해 특징지어지며 인간 사회 시스템이 그 방정식에 첨가된다.

지속 가능한 생태계는 그것의 구조와 기능을 정상적인 변이성의 조건 아래에서 유지한다. 따라서 외재적 또는 내재적 교란에 직면해 생태계의 구조는 변화하고 기능 작동은 차단될 수 있다. 하지만 생태계는 시스템의 새로운 상태가 그 이전처럼 생산적일 때 건강한 기능 작동을 복원할 수 있는 놀라운 회복력을 갖고 있기도 하다. 또한 생태계는 보다 광범위한 생태계 안에 내포되어 있으며 생물계 규모로 확대된다. 하나의 생태계의 지속 가능성은 단지 그것의 내재적 능력의 기능일 뿐만 아니라 그것을 지속시킬 수 있는 광범위한 시스템의 능력이라는 점에서 시스템들은 상호 종속적이다. 예컨대 하나의 습지대는 그것의 환경을 이루는 광범위한 수변 지대의 지속 가능성을 벗어나 유지될 수 없다.

보셀의 모델은 지속 가능한 생태계로서의 도시 모델에 적용해볼 수 있다.[399] 도시 생태계는 보다 광범위한 생태계 안에 포함되어 있으며 그것은 생물권bioregion과 더 나아가 생물계 규모로 이어진다. 지속 가능한 생태계로서의 도시에 대한 연구 초점을 지역과 지방의 수준을 고려하고 이를 기초로 글로벌 층위에서 지속 가능성을 성취하게 만들어준다. 보셀의 모델을 비롯

---

398 같은 책, pp.231-248.

399 Newman, P. and Jennings, I., *Cities as Sustainable Ecosystems,* Washington, Covelo, London, 2008, pp.92-143.

해서 기타 생태학 모델을 종합화해 다음과 같은 인문적 생태적 토대를 마련할 수 있을 것이다.

첫째, 도시 생태학의 인문적 뿌리는 윤리학적 토대라 할 수 있다. 전통 사회에서 사용된 서사, 의례, 의식 등으로부터 세계에서의 직접적 참여를 통한 장소의 윤리적 차원을 재발견할 수 있다. 그 같은 윤리에 자양분을 제공하고 정신적 충족감을 제공하기 위해 도시는 거주자들로 하여금 그들의 삶의 장소와 연계시키는 실천을 펼칠 수 있도록 해주어야 한다. 이것은 곧 장소에 대한 긍정적 관계와 참여를 강화시킴을 말하며 장소에 대한 정서적 애착을 고취시키고 인간 공동체와 삶의 장소에 뿌리를 두고 있다는 소속감을 말한다.[400] 인간과 생물권이 하나로 연계되어 있다는 의식은 도시 공동체와 생명의 장소에 자양분을 제공할 수 있다. 인간과 자연의 연계성을 고취시키는 실천은 명상, 정원 관리, 도보 등 실외에서 행하는 구체적 행동에 시간을 사용하면서 직접적 참여의 형식을 취할 수 있다.

둘째, 도시 공간에 대한 생태학적 의식을 제고시킬 수 있는 토대는 인간 세계 이외의 다른 생명 세계를 가시화하고 더 나아가 생물계 전체의 생태학적 과정을 가시화함으로써 마련될 수 있다. 대부분의 사람은 눈에 보이지 않거나 직접적으로 체감되지 않는 이 같은 생태학적 과정에 대해 둔감할 수밖에 없다는 점에서 이 같은 가시성은 생물계의 광범위한 사이클과 인간 세계의 연계성을 위한 정신적 자양분을 제공하고 특히 다양한 인간 활동의 시퀀스가 생태계에 미치는 영향에 대해 보다 세밀한 감식 능력을 배양할 수 있다. 특히 생명 일반과 도시 생활을 지속시켜주는 에너지와 자원의 흐름에 대한 자각을 일깨워준다. 이 두 번째 토대는 도시 생태학 디자인의 핵심 원칙 가운데 하나로서 이에 따르면 도시 환경은 장소와 관련된 생태학적 과정에 대해 도시 거주자에게 정확한 정보를 제공하고 자각시켜줄 수 있도록 다시 디자인될 수 있다.[401]

---

400 위의 책, pp.104-105.

401 같은 책, pp.112-114.

셋째, 지속 가능한 도시 생태계는 문화적 다양성과 생물 다양성의 실현을 통해 마련될 수 있다. 문화적, 경제적, 생태학적 다양성은 그 자체로 가치를 지니나 도시 시스템의 회복력을 확보하는 데에도 결정적 중요성을 지닌다. 자연 생태계는 인간이 만든 기술 또는 사려 깊은 생태 디자인을 통해서도 대체될 수 없는 유일무이한 가치와 서비스를 인간에게 제공한다. 인간 역사에서 이뤄진 건축 환경은 문화적 다양성의 부분이며 경제적 다양성은 변화의 선택 사양을 제공함으로써 도시 시스템에서 회복력을 보장해준다.[402] 한편 생태학적 다양성을 보호하려면 도시의 공원, 주요 정원을 비롯해 도시 공간에 존재하는 대표적인 자연보호 지역의 네트워크가 창조되어야 하며 생태계의 다양성을 강화시켜줄 다양한 프로그램이 마련되어야 한다.

넷째, 에너지 사용 방식의 변화와 그것을 실현할 수 있는 자연 기반의 새로운 기술 실현에 달려 있다. 현재 세계의 주요 도시는 지나치게 화석연료에 의존하고 있으나 에너지 수요는 점차적으로 태양 에너지태양광, 바람, 생물 연료를 활용함으로써 또는 다른 지역의 재생 가능한 자원을 사용하면서 충족될 수 있다.[403] 스마트 기술과 그리드 네트워크를 사용한 새로운 에너지 제어 관리 시스템 등 정보 기술과 환경 기술의 결합은 미래의 지속 가능한 도시를 위한 핵심 인프라이다. 이 점에서 근대 건축의 역사를 보면 이 같은 도시와 건축의 생태학적 차원을 파악한 선구자들이 존재했음을 알 수 있다. 예컨대, 안토니 가우디Antoni Gaudi와 라이트 등의 건축가들은 자연 속에서 관찰되는 패턴들에 의해 건축적 영감을 받은 생태 건축의 옹호자들이었다. 가우디는 그의 구조적 시스템을 나뭇잎, 꽃의 줄기, 나무의 몸통 등의 미묘한 패턴에 기초해 모델화했다. 라이트 역시 그의 디자인 원리를 생성하기 위해 토양 부식, 암반의 형성, 기후의 영향을 관찰했다. 이들이 자연현상을 세밀하게 관찰한 이유는 이 같은 자연적 과정과 건축 형태 사이에 존재하는 연계성

---

402 같은 책, pp.114-116.

403 같은 책, pp.116-118.

을 설정하기 위해서였다.[404]

다섯째, 위에서 지적한 에너지 사용 방식의 변화와 연동된 조건으로서 지속 가능한 디자인은 도시 생태학적 조건의 필수적 요소이다. 신선한 공기, 식량, 물, 에너지, 주거지 이 모든 것들은 자연적 생태계로부터 직접적으로 얻는 것이건 또는 인간이 디자인하고 관리하는 생태계로부터 획득되는 것이건 광범위한 의미로 볼 때 생태계로부터 제공된다.[405] 인간이 디자인한 생태계는 에너지 포착, 자양분을 제공하는 사이클, 그리고 물과 공기 정화 등의 광범위한 생태학적 과정들이 제공하는 자연 시스템의 건강에 달려 있다. 따라서 생물 다양성의 보호를 위해 인간이 디자인한 도시의 시스템은 모두 변형되어야 한다. 달리 말해 그것들은 건강해야 하며 가능한 쓰레기가 없어야 하며 자기 조절 능력과 회복력이 있어야 하고 신축적이어야 하며 자기 갱신 능력을 갖고 있어야 한다. 하지만 현재 대부분의 대도시들은 선형적인 신진대사 시스템으로서 이 시스템 안에서는 자연 자원이 도시 공간 속으로 흘러들어오고 생산과 소비를 거쳐 생겨난 쓰레기는 방출되어 도시 공간 외부로 흘러나간다. 이 같은 선형적 모델은 자연 생태계와는 근본적으로 상이하다. 자연 생태계에서 자원은 시스템 안에서 순환한다. 따라서 도시는 물질적 사이클에 가까워질 필요가 있으며 종이, 유리, 금속, 플라스틱 등의 재활용, 또한 낭비되는 물의 처리와 재사용, 지역 농업 지대에서 유기물 쓰레기의 재구성 등, 보다 순환적인 신진대사를 채택해야 한다. 도시는 자신들의 생물권 안에서 보다 자가 영양적autotrophic이려면 자원의 입력과 출력은 지금보다 더 생물권 능력bioregional capacity에 부합되어야 한다. 그것은 곧 보다 많은 입력들이 지역적으로 생물권의 범위 안에서 획득되어야 하며 쓰레기는 지역 규모와 생물권에서 재활용되어야 함을 뜻한다. 그것을 그림으로 도해하면 다음 쪽의 그림과 같다.

---

404 Wines J., *Green Architecture,* Cologne, Taschen, 2000.

405 Newman and Jennings, 앞의 책, pp.118–120.

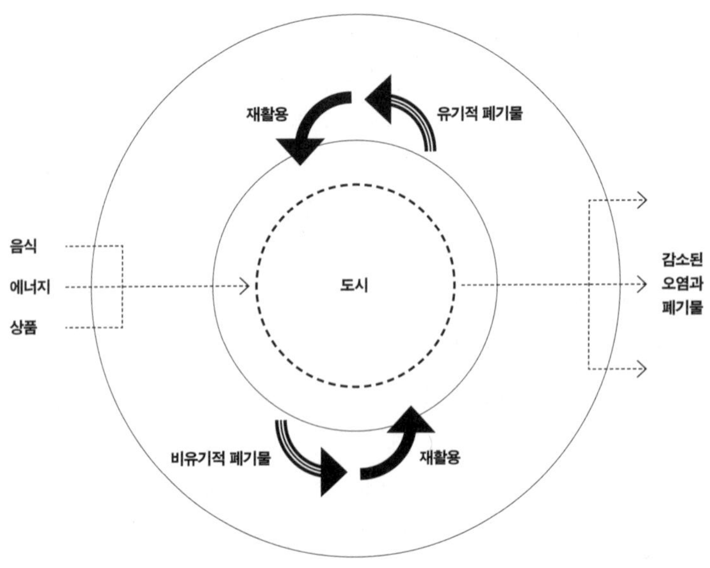

26 도시 생태계의 순환적 신진대사 모델

2. 도시의 신진대사: 에너지 절약과 탄소 제로

도시의 신진대사를 관찰한다는 것은 다름 아닌 도시의 생명 활동 방식을 면밀하게 분석한다는 것을 말한다. 그것은 도시 경영의 분석이며 플럭스flux를 변경시키는 기술이며 정치인들과 도시 경영자들이 가진 권력에 속하는 사안이다. 달리 말해 도시의 신진대사를 말하는 것은 생명체의 기능을 도시에 부여하는 통찰을 제공한다는 점에서 결코 일개 언어의 은유에 머무르지 않는다. 생물학적 세포에서 진행되는 것과 마찬가지로 도시 속으로 진입하는 사람과 그곳을 나가는 사람을 구별할 수 있다. 또한 플럭스는 모든 영역 속에서 교환되며 에너지, 물, 공기 등은 하나의 사이클을 갖는다. 자원과 에너지가 사용된 이후 오물과 오염이 되고 재활용되거나 제어되어야 할 대상으로 변형된다. 새로운 인구가 유입되고 다른 인구는 이주한다. 이 같은 신진대사 개념은 도시의 생태계를 이해하기 위해 갈수록 많은 전문가가 채택하고 있다.

따라서 도시 형태론에 대해 사유하는 것으로는 충분하지 않다. 소비하는 도시는 반드시 신진대사의 양상을 띤다. 지출된 칼로리의 수량과 그것이 발생시키는 쓰레기는 점증적으로 생태적 발자취를 구성한다. 도시를 보다 지속 가능하게 만들기 위해 도시의 신진대사를 어떻게 진화시켜야 할 것인가? 우리의 행동 전략은 무엇인가? 이 같은 물음은 본질적인 물음이다.

이 같은 현재 도시 문명의 생활 방식의 문제를 제기하면서 깨닫게 되는 것은 실천적 행동의 방대한 장이 열린다는 점이며 도시의 신진대사를 효과적으로 관리, 경영할 수 있는 생활 방식의 변화를 가져올 수 있다는 사실이다. 서구적 생활 방식을 추구하는 신흥 공업국의 경우 환경 재앙을 향해 질주하는 상황을 보더라도 새로운 방식의 신진대사는 도시 생태학의 핵심적 사안이 된다.

신진대사 개념에는 공공 정책과 생활 방식의 변화 사이에 존재하는 지속적 대화를 유지시켜줄 수 있는 열쇠가 있다. 이동성, 상업, 문화, 서비스 등은 눈여겨 살펴보아야 할 사항들이다. 대부분의 사람에게 이동성은 총체적 자유로 인식되고 있다. 자유로운 이동은 교통수단을 넘어서 정치적 비전이다. 인간, 재화, 관념의 자유로운 순환은 민주적 문화의 본질에 속한다. 이동에 대한 권리는 자유롭게 살 수 있는 권리 개념과 한 쌍을 이루는 개념으로서 교통수단과 결부되어 있다. 자신의 자동차, 기차, 비행기를 사용하거나 자신의 두 발로 걷는 것은 오직 각 개인이 선택한 거리와 편리함에 달려 있다. 하지만 환경보호의 문제는 단지 이 같은 개인의 선택 사항에서 벗어난다. 온실가스 효과는 과학적 데이터를 통해 입증됐으며 다양한 교통수단을 통한 사람과 재화의 이동에서 배출된 오염의 흔적을 참작해야 할 것이다. 내가 가고 싶은 곳 어디에나 가기 위해 매 순간 이용할 수 있는 자동차 소유 개념에서 벗어나 목적지의 상황과 이동 거리에 따라서 이동성의 자유는 더 이상 제약이 없음을 뜻하지 않는다. 이동은 더 이상 장소 이동 수단의 시각에서만 포착되지 않으며 그것은 서비스라는 관점에서 이해된다. 나에게 일정 거리를 주파할 수 있는 최상의 방식을 누가 제공하는가? 그것이 바로 오늘날 제기되는 문제이다.

레스터 브라운Lester R. Brown 교수는 그의 주저서 『플랜 B.2.0』에서 인류 성장 토대를 떠받쳐 주는 이분법적 사유 가운데 하나로서 경제적 진리와 생태적 진리의 이분법을 제시한 바 있다.[406] 진정한 사회적 진보의 길을 내팽개친 채 소비에 기초한 끝이 없는 물질적 성장의 길로 향하는 인류의 성장은 표류할 위험성이 농후하다. 경제학자 다니엘 코헨Daniel Cohen은 다음과 같은 방식으로 그 같은 여정을 추적한 바 있다.[407]

현재 인류가 실행하는 성장 방식은 빈번하게 공허하고 일회적인 재화의 축적을 불러온다. 생산성 향상으로 상품 가격은 떨어지고 생산품 볼륨은 신속한 리듬으로 증가한다. 광고주는 소비자의 욕구를 자극하고 고객은 다급하게 물건을 구입한다. 매번 우리는 새로운 장비를 구입하지만 그것은 곧 한물간 것이 되고 구닥다리로 인식된다.

우리 옆에 일시적으로 존재하다가 사라지는 생산품들이 또다시 독성물질이 되어 오존층 파괴로 앙갚음을 한다는 사실을 까마득히 잊고 살았다. 그마나 다행인 것은 인류의 경제적 신진대사가 거의 자살행위라는 것을 목격하면서 경각심의 비명이 도처에서 들리기 시작했다는 것이다. 현재 생태학적 비용은 생산 비용을 넘어섰다. 이것에 대해 브라운 교수는 다음과 같은 방식으로 풀이한다. "일회용 소모품 경제는 지구의 지질학적 한계와 정면으로 충돌하는 궤도에 놓여 있다." 이 같은 절박한 상황 인식에서 앞서 언급한 엄청난 생태적 발자취의 개념을 다시 발견할 수 있다. 경제학적 가격 산정에서는 생산 비용, 운송 비용, 상업화 비용을 참작하지만 한 번 사용된 이후 처리해야 할 쓰레기로 만드는 사후 지출을 참작하지 않는다.

한편, 인류학자이면서 역사학자인 조지프 테인터Joseph A. Tainter 교수는 환경의 역할을 강조하고 특히 인간이 저지른 오류와 결합된 환경의 오류를 설

406 Brown, L. R., *Plan B.2.0: Rescuing a Planet under stress and a civilization in Trouble,* W. W. Norton, 2006.

407 Cohen, D., *La prospérité du vice,* Paris, Albin Michel, 2009.

명하면서 주목할 만한 몇몇 문명의 소멸 사례를 설명해준 바 있다.[408] 또한 생태학자 다이어몬드 교수에 따르면 위기를 예측하지 못하는 무능력은 문명 소멸 과정을 이루는 네 단계의 첫 번째 단계이다.[409] 두 번째 단계는 최초의 징조들의 출현을 파악하지 못하고 해야 할 바에 의견 일치를 못 보며 시도하기로 결정한 행동 실천에도 성공하지 못하는 것이다.

지속 가능한 보편적 도시의 형태론은 존재하지 않는다. 수많은 도시 공동체는 수십 세기를 가로질러왔으며 오늘날에도 여전히 또다시 건립되고 있다. 하지만 그것들의 지속 가능성의 모델을 보편적 언어로 정의하는 것은 지극히 어려운 일이다. 각각의 도시는 개별 역사의 산물이며 그것을 구성한 사건들의 흐름을 따라 이식된 역사이다. 모든 도시는 지속 가능할 수 있다.[410] 도시의 지속 가능성의 문제는 궁극적으로 생활 방식의 문제로 귀결된다.

도시로 흘러들어온 자원과 그것으로 발생한 쓰레기와 폐기물 처리에 대한 문제는 도시의 지속 가능성에 대해 가장 큰 난제를 던지고 있다. 많은 학자들은 도시가 재활용, 재사용, 재제조를 통해서 자원 루프를 닫아야 한다는 주장을 내놓고 있다. 일차적으로 소비를 줄이는 것은 가장 중요한 일이 될 것이다. 그와 아울러 갱생이 불가능한 화석연료에 대한 종속을 줄이고 갱생이 가능한 풍력, 태양력, 유기 재료를 소각해서 나온 에너지 사용량을 늘이는 방법도 있다. 런던을 중심으로 도시 자원의 흐름에 대해 연구해온 학자 허버트 기라르데Herbert Giardet 교수는 자신의 소책자 『지속 가능한 도시 창조하기』에서 도시화로 인한 생태학적 영향, 도시와 생태적 발자취, 도시의 신진대사 등의 광범위한 문제들을 모두 다뤘다.[411] 특히 신진대사와 관련해 다른 유기체들의 집합체와 마찬가지로 도시 역시 도시 인구의 편익을 위해 도

---

408 cf. Tainter, J., *The Collapse of Complex societies,* Cambridge, Colin Renfrew, Wendy Ashmore, 1990.

409 cf. Diamond, J., *Effondrement,* Editions Gallimard, 2009

410 Maugard, A. and Cuisinier, J. P., *Regard sur la ville durable, vers de nouveaux modes de vie,* Editions CSTB, 2010.

411 Giardet, H., *Creating Sustainable cities,* Devon, Green Books, 1999.

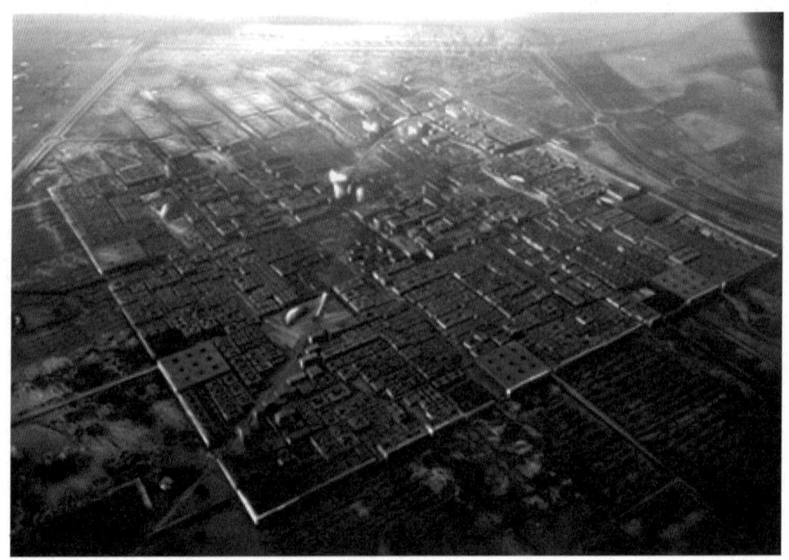

27 사막에 세워지는 친환경 도시 마스다르(Masdar)

시 시스템을 통해 자원과 생산물의 흐름으로 이뤄진 한정된 신진대사를 갖고 있다는 점을 지적한다.[412] 현재 진행 중인 방대한 스케일의 도시화로 인해 세계의 도시들은 자신들의 장기적인 생존성을 확보하기 위해 자연 생태계의 기능 작동에 기초해 스스로를 모델화하도록 권고받고 있다는 점을 첨언한다. 그런데 자연의 고유한 생태계는 본질적으로 순환적 신진대사를 갖고 있으며 여기에서 유기체가 산출하는 모든 출력물은 전체의 살아 있는 환경의 연속성을 갱신하고 지탱시켜주는 입력물이 된다. 반면, "대부분의 근대 도시들의 신진대사는 이와 대조적으로 자원의 최초 출발점 또는 쓰레기의 최종 목적지에 대한 관심 없이 도시 시스템을 통해 '길어 올려지는pumped' 자원들과 더불어 이뤄지기 때문에 본질적으로 선형적이다."[413]

---

412 위의 책, pp.32-46.

413 같은 책, p.33.

생태계의 기능 방식에 대해 연구해온 관련 과학들은 도시의 지속 가능성의 문제를 해결하는 데에 중요한 기여를 해왔다.[414] 도시는 유기체의 다른 조합과 마찬가지로 파악 가능한 신진대사를 갖고 있다는 점에서 자원의 흐름과 생산물로 이뤄진다. 초대형 규모의 도시화가 진행되고 있는 작금의 상황에서 도시는 자연 생태계의 기능 작동에 기초해 새롭게 모델화시킬 것을 요구받는다. 예컨대 숲과 같은 자연의 고유한 생태계는 본질적으로 하나의 순환적 신진대사를 갖고 있으나 대부분의 근대 도시의 신진대사는 이와 대조적으로 선형적이다. 도시 공간의 관리에서 입력물과 출력물은 대부분 연계되어 있지 않으며 식량은 도시 속에 수입되어, 소비되고, 배출되며, 오물과 하수는 강과 해안의 물로 들어간다. 소비재는 궁극적으로 자연 세계로부터 수혜를 받았지만 쓰레기더미로 끝을 맺는다.

도시 공간에서 이뤄지는 생산, 소비, 처리의 이 같은 선형적 모델은 지속 가능하지 못하며 도시 시스템의 전체적인 생태학적 생존성을 산산조각 낸다. 왜냐하면 그것은 자연의 사이클을 차단시키는 경향을 보여주기 때문이다. 미래 도시는 그들 자신의 장기적인 생존 가능성을 확보하기 위해 순환적인 신진대사 시스템을 채택할 필요가 있다.[415] 도시의 신진대사를 개선하고 아울러 도시의 생태적 발자취를 줄이려면 생태학적 시스템 사유의 적용이 도시계획 의제에서 선명하게 부각되어야 한다.

지속 가능한 자원 시스템의 대표적인 디자이너인 틸만 라일 교수는 먼저 지난 200년 동안 진행된 재래식 산업 개발은 자연 고갈과 환경 훼손이라는 두 개의 재앙을 낳았다는 점에서 어쩔 도리 없이 지속 가능하지 못한 문명 양식으로 판명됐으며 그에 따라 20세기의 경관 디자인, 특히 도시 디자인에서 새로운 문명사적 발상 전환이 요구된다는 진술에서 논의를 시작한

---

414 Giardet, H., *The Gaia Atlas of Cities: New Directions for Sustainable Urban Living,* London, Gaia, 1992.

________ , *Cities People Planet: Livable Cities for a Sustainable World,* Chichester, NJ:Wiley-Academy, 2004.

415 같은 책, p.34.

다.[416] 지난 2세기 동안 진행된 산업 문명의 가장 큰 문제는 인간들이 자연 세계에 그 이전까지 이뤄졌던 재료들의 중단 없는 사이클링과 리사이클링이라는 지구 작동 시스템의 핵심에 존재했던 과정을, 근원지에서 출발해 소비를 통해 쓰레기로 마무리되는 일방향의 흐름으로 이뤄진 포괄적 시스템으로 대체시켜 놓았다는 점이다.[417] 자연 근원지의 경관농토, 초목 지대, 석유 매장지, 광산, 숲, 수변 등은 갈수록 자원 고갈이 될 것이며 일방향의 흐름 과정에서 쓰레기와 오물 수거지는 과잉 적재로 더 이상 기능을 할 수 없게 될 정도로 훼손될 것이다.[418]

건축가이며 경관 건축가인 그는 산업 시대의 종언을 알린 게디스의 도시 사상을 참조하면서 화석연료에 의존한 지난 2세기 동안의 산업 시대를 구석기 기술 시대paleotechnic로 파악하고 탈산업시대와 더불어 새로운 기술이 도래할 것으로 내다보았다.[419] 바로 그의 저서 중 제1장은 "신기술 시대의 지속 가능성"이라는 제목을 달고 있다.[420] 그의 탁견에 따르면 현대는 재생성적 기술들보다는 원초적이며 착취적인 테크놀로지에 기초를 둔 시대이다. 그가 관심을 갖는 것은 재생성 시스템regenerative systems을 창조하는 데 있다.[421] 무엇보다 지속 가능성은 일차적으로 환경 디자인에 달려 있으며 지속 가능성은 지속적인 재생성을 요구한다. 다시 말해 에너지와 재료의 공급 시스템이 지속 가능하려면 계속해서 자기 갱신을 하거나 재생성적이어야 한다. 그는 그 개념을 다음과 같이 정의한다. "재생성적 디자인은 일방향의 흐름으로 이뤄진 현재의 선형적 시스템을 근원지, 소비, 중심지, 오물 수거지의 사

---

416 Lyle, J. T., *Regenerative Design for Sustainable Development,* New York, John Wiley & Sons, 1994.

417 위의 책, p.4.

418 같은 책, p.5.

419 같은 책, p.14, p.15, pp.51-52, pp.187-191, pp.263-264.

420 같은 책, pp.3-18.

421 재생성적 디자인의 전략에 대해서는 같은 책, pp.37-48.

이클의 흐름으로 대체하는 것을 말한다."[422]

그는 현대 도시가 직면한 지속 가능성의 난관을 생생하게 보여주는 산업 문명의 한 가지 양상으로서 쓰레기 처리 문제를 중요한 사안으로 연구했다.[423] 또한 환경을 개선하기 위해 하수와 오물 등 인간이 만든 쓰레기를 처리할 수 있는 살아 있는 기계들living machines의 창조를 강조하는 연구자들의 업적도 명시했다.[424]

자연 자원에서 채취된 재료는 고갈되면서 형태와 상태를 변화시킨다. 하지만 에너지와 재료는 파괴되지 않으며 사라지지 않는다. 자연 생태계의 기능적 질서에서 재료들은 늘 재사용된다. 자연 과정들은 다양한 시간의 규모에서 이것을 완수하는 다양한 방식을 진화시킨다. 경관의 진화된 능력에 부합되는 재료는 자연의 사이클에서 자신의 역할을 계속하기 위해 동화, 여과, 저장, 생산 등의 과정으로 다시 도입된다. 쓰레기 재료의 화학적 조합으로 자연이 그 재료를 재처리하는 수단을 진화시키지 못하게 될 때, 또는 그 수량이 자연 경관의 처리 능력을 벗어날 때 에너지와 재료의 흐름flow의 방정식의 단면인 배수구 측면sink side은 공해 또는 과잉 부담이라는 심각한 문제를 불러온다. 특히 산업 국가에서 제고되는 소비 수준은 인구 1인당 쓰레기 방출량의 제고를 의미했다. 미국은 1인당 매년 5만 파운드의 쓰레기를 방출하며 거의 2만 갤런의 오물과 하수를 발생시킨다.[425]

이 같은 맥락에서 재생 디자인regenerative design은 자연이 온전하게 작동하도록 해 토지와 물의 사용 능력을 제고시킬 수 있도록 해준다. 예를 들어 쓰레기를 처리하기 위해 사용되는 토지를 동시에 다른 목적으로 사용될 수 있도록 토지의 다기능적 디자인을 시도할 수 있을 것이다. 재생 목적은 처리해야 할 쓰레기의 분량이 그것을 동화시킬 수 있는 환경의 능력에 의해 한계가

---

422 같은 책, p.10.

423 같은 책, pp.225-229.

424 Todd, J. and Todd, N., *From Eco-cities to Living Machines: Principles of Ecological Design*, Berkeley, CA: North Atlantic Books, 1993.

425 위의 책.

설정되어 한다는 점을 분명히 한다는 점에서 도시 생태학의 조건에 부합된다.[426]

한편, 도시 생태학자 피터 칼소프Peter Calthorpe에 따르면 기후 변화는 인류에게 곧장 닥칠 위협이며 잠재적 재앙이다. 기후 변화와 석유 자원 고갈로 인한 연료비 인상이라는 두 개의 전 지구적 위협들의 조합은 전례 없는 크기의 경제적, 환경적 도전을 불러온다. 그는 청정 에너지원으로의 전환을 넘어 '어버니즘'은 이 두 개의 쌍둥이 위협을 제기하는 데 있어 핵심적 역할을 맡아야 한다는 점을 분명히 한다.[427] "사실, 어버니즘의 보다 지속 가능한 형태 없이 기후 변화와 앞으로 올 에너지 위기에 대해 대응하는 것은 불가능할 것이다."[428]

칼소프 교수는 서로 연관된 도전 과제들에 대한 세 개의 상호의존적인 접근법을 제시한다. 생활 방식, 보존, 청정 에너지가 그것이다. 생활양식은 어떻게 우리가 사는가의 문제로서 집의 크기, 먹는 음식, 소비하는 재화의 수량이다. 이것들은 다시 우리가 건설하는 공동체와 우리가 거주하는 문화의 유형에 달려 있다. 보존은 기술적 효율성을 중심으로 전개된다. 우리가 사는 건물들, 타고 다니는 자동차, 가전제품, 산업 시스템들, 아울러 우리의 삶을 유지시켜주는 천연자원의 보전, 지구촌의 숲들, 대양 생태, 농지 등의 자원 자원의 보존을 포함한다. 이 같은 보존 조치들은 비교적 간단하며 비용을 절감하고 당장에라도 실천이 가능하다. 세 번째 처방인 청정 에너지는 가장 초점을 두어야 할 문제이다. 그것은 새로운 태양광 에너지 기술과 풍력 에너지 등의 새로운 생성 등이다. 이들 에너지원은 매력적이나 상대적으로 비용이 고가라는 문제점이 있다.

---

426 같은 책, pp.228-260.

427 Calthorpe, P., *Urbanism in the age of climate change,* Washington and London, Island Press, 2011.

428 위의 책, p.8.

3. 생태적 발자취

특정 장소 또는 생활양식의 지속 가능성의 척도를 잴 수 있는 가장 흥미로운 도구 가운데 하나는 생태적 발자취footprint 분석이다.[429] 이 개념은 특정 지역 기반의 지표를 사용하면서 지속 가능성을 측정하고 소통시킬 수 있는 새로운 가능성을 터놓았다. 생태적 발자취 모델은 자원의 필요와 그에 따른 오염을 이 같은 자원을 생산하기 위해 요구되는 동등한 가치의 토지 지역으로 전환하면서 개인, 도시, 지역, 국가에 대해 정확한 계산 결과를 제시해 현대 생활의 생태적 영향에 대한 생생한 지표를 제공한다. 생태적 발자취 분석은 개별 장소 또는 생활 방식의 지속 가능성에 대한 일반적 지표를 제공한다는 점에서 교육적으로도 매우 유용하다.

인간의 건강과 생존은 생태계가 제공하는 재화와 서비스에 달려 있다. 그럼에도 불구하고 인간의 활동은 인간 생명을 지속시켜주는 토지와 바다의 능력을 부식시키고 있다. 몇몇 과학자들은 1980년대 이후로 생물계에 대한 인간의 요구는 그것의 재생 능력을 초과했다는 점을 지속적으로 주장해왔다. 캐나다의 연구자 윌리엄 리즈William Reeds는 생태적 발자취라는 개념의 창시자로 알려져 있으며 그 개념은 그의 제자 매티스 웨커너겔Mathis Wackernagel과의 공동 작업을 통해 심화됐다. 그에 앞서 토지 자원과 토지 사용 문제를 중심으로 이미 생태학, 경제학, 지리학 분야에서 생태적 발자취 개념의 초석을 쌓아놓았다.

이 개념은 생물계에 대해 인간이 미치는 부담의 지표를 제공했다. 생태적 발자취는 초기에는 지배적인 기술을 사용하면서 주어진 인구의 물질적 삶의 표준을 유지하기 위해 요구되는 토지와 물의 지역으로 정의됐다. 쉽게 말해 이 개념의 주창자들은 지구의 인구를 먹여 살리기 위해 얼마나 많은 양의 토지가 필요한가라는 근본적 물음을 던지고 있다. 이 문제는 단지 인구뿐만 아니라 소비와 테크놀로지의 문제와 직결된다. 이와 더불어 그 개념은 생

---

429 Wackernagel, M. and Rees, W., *Our Ecological Footprint,* Gabriola Island, New Society Publishers, 1996.

물 물리적 제약들을 제기하는데 바로 "생물계가 재생할 수 있는 능력과 더불어 환경에 미치는 인간들의 임팩트를 비교함으로써"[430] 그 같은 문제를 다룬다.

생태적 발자취는 생태 원칙들과 일치하는 방식으로 인간의 임팩트 또는 생태 서비스 사용을 산술하는 간단한 계산 도구이다. "생태학적 분석은 자연의 사용을 그것이 생물계의 재생 능력에 미치는 영향과 관련해 포착한다. 그것은 공간 단위들로 이 같은 생태적 임팩트들을 표현한다."[431] 생태적 발자취의 계산은 두 개의 가정에 기초한다. 첫째, 정합성에 기초해 우리가 소비하고 배출하는 쓰레기의 분량을 산정할 수 있다. 둘째, 이 같은 자원과 쓰레기의 흐름은 동일 기능들을 제공하기 위해 필요한 생물학적으로 생산적인 동등 가치를 갖는 지역으로 전환될 수 있다.[432] 따라서 보다 많은 생물 생산적 공간이 사용 가능한 것 이상으로 요구된다면 소비 비율은 지속 가능하지 못하다고 진술하는 것이 합당하다.

생태적 발자취 개념은 지구, 국가, 지역, 도시, 조직체, 서비스, 제품, 생활 방식 등에 모두 적용될 수 있으며 실제로 도시와 지역의 구체적 사례들을 중심으로 설명된다.[433] 간략하게 말해, 생태적 발자취는 도시의 신진대사를 지속시키기 위해 요구되는 토지의 분량이다. 즉 토지가 자양분을 제공하는 일차 천연자원을 선사하고 도시가 배설하는 쓰레기 부산물을 처리할 수 있는 능력을 지속시키기 위한 토지의 면적을 말한다.

특정 인구의 생활이 얼마나 지속 가능한가를 결정하려면 인간의 수요가 그가 사는 지역의 생물 능력biocapacity과 비교되어야 한다. 생물 능력은 인간의 수요를 지원하기 위해 사용 가능한 생산적인 자원의 총량, 자연의 총량, 또는 생물학적으로 생산적인 자원을 말한다. 생물학적으로 산정했을

---

430 Chambers, N. C. S., and Wackernagel, M., *Sharing Nature's Interest: Ecological Footprints as an Indicator of Sustainability,* London, Earthscan, 2000, p.59.

431 위의 책, p.31.

432 같은 책, p.60.

433 같은 책, 8장, pp.133-144.

때, 생산적인 토지와 바다를 세계 인구수로 나누면 사용 가능한 평균 분량은 1인당 1.8헥타르이다. 그렇지만 이 같은 계산은 생물 다양성을 위해 남겨진 지역을 고려하지 않은 숫자이다. 즉 생명이 진화하고 인간의 제어로부터 자유롭게 확장하기 위해 필요한 지역을 말한다. 브룬트란트Bruntland 보고서는 지구를 공유하는 다른 천만 종의 보호를 위해서는 생물학적으로 생산을 담당하는 지역의 12퍼센트를 인류가 보호할 것을 지구 공동체에 호소했다. 일군의 연구자는 자연 자본에 대한 인류의 수요와 지구의 생물학적 능력을 1960년대 이후부터의 자료를 기초로 비교했다. 그 결과 인간의 활동들이 1980년대부터 생물 능력을 초과하고 있음을 증명했다. 인류가 생물계에 미치는 부담이 1961년 생물 능력의 70퍼센트에서 1999년에는 120퍼센트로 제고됐다. 『살아 있는 지구 보고서The Living Planet Report』는 전 세계의 생태적 발자취가 2003년 현재 141억 글로벌 헥타르였으며 1인당 2.2글로벌 헥타르였다는 것을 보여주었다. 동일 시기에 생물 능력은 112억 글로벌 헥타르였으며, 인구 1인당 1.8헥타르였다. 즉 29억 헥타르의 과도한 개발이 이뤄졌으며 인구 1인당 0.4헥타르가 초과되어 개발되고 있다.

생태적 발자취 분석은 자원 소비와 한정된 인구 또는 경제의 쓰레기 동화 수요를 그에 해당하는 생산 가능한 토지 지역 차원에서 산정할 수 있도록 해준다는 점에서 그 학술적 의의를 갖는다. 인류의 생태적 발자취, 즉 인류가 미치는 환경 임팩트의 총합은 인간의 활동을 지속시킬 수 있는 지구 환경의 능력을 초과했으며 인류의 글로벌 임팩트는 계속해 증가한다. 한마디로 인류는 지구와 정면충돌 직전으로 향하는 환경의 '모멘툼'에 놓여 있다.[434] 인간의 생태적 발자취를 추동하는 일차적 요인은 인구 증가이며 앞으로 10년 안에 32퍼센트가 증가할 것이며 이 같은 발자취 증가에 맞서려면 매년 2퍼센트씩 자원 사용의 효율성을 제고시켜야 한다.[435]

생태적 발자취 분석에 함의된 사유를 도입하려면 무엇보다 현 사회가

---

434 Walter K. Dodds, *Humanity's Footprint: Momentum, Impact, and Our Global Environment*, New York, Columbia University Press, 2008, p.3.

435 위의 책, p.32.

인류 문명의 성취로 간주하는 도시를 어떻게 지각하는지 살펴보아야 한다. 대부분의 사람들은 집중화된 인구 또는 건물, 거리 등 건축 환경을 중심으로 도시를 언급한다. 또 어떤 사람들은 도시를 시 정부의 법률과 통치가 유효한 정치적 현실과 단위로서 언급한다. 또 다른 사람들은 문화적, 사회적, 교육적 편의 시설의 집중화로서 언급한다. 또한 경제학적으로 사물을 보는 사람들은 도시를 개인과 기업 사이에서 이뤄지는 집중적인 교환 방식의 거점으로서, 생산과 경제성장의 동력으로서 파악한다.

도시가 인류가 성취한 가장 위대한 것들 가운데 하나인 것은 분명하다. 그런데 도시에 대한 통상적 지각에서는 근본적인 성찰이 누락되어 있다. 도시의 인구가 일상적, 사회적, 경제적 활동을 계속해서 지속시키기 위해 필요한 토지의 생태계 유형의 총체적 지대는 무엇인가라는 문제가 바로 그것이다. 생태계와 더불어 토지는 자원을 생산하기 위해 또한 쓰레기를 동화시키기 위해 필요하며 또한 보이지 않는 다양한 생명 유지 기능을 수행하기 위해 필수적이다.

한 도시의 생태적 발자국은 인구와 1인당 자연 자원 소비와 비례한다. 전문가들의 산술적 계산은 현대 산업도시들에 대해 포함된 지역 범위가 도시가 물리적으로 점유하는 지역보다 더 큰 규모의 차원에 속한다는 것을 보여준다. 다른 모든 생물 시스템과 마찬가지로 하나의 공동체는 재료, 물, 에너지를 사용하며 그것을 사용 가능한 형태로 처리하며 쓰레기를 발생시킨다. 이것은 도시의 신진대사이며 이 같은 신진대사를 보다 효율적으로 만드는 것은 도시의 생태적 발자취를 줄이는 본질적 사항이다.[436]

4. 생물 다양성biodiversity

자연은 인간의 편익을 위한 상품과 재화 가치 그 이상의 것이다. 인류는 지구상에서 다른 생물체와 더불어 지구를 공유하며 각각의 생명 형식은 자신

436 Newman, P. and Jennings, I., *Cities as Sustainable Ecosystems,* pp.80-90.

의 내재적 가치를 갖는다. 인간은 자연과의 직접적 경험을 통해 자연의 가치를 이해하고 건강한 서식지와 생태계에 대해 보다 깊은 이해에 도달할 수 있다. 인간이 지구라는 서식지를 변질시킬 수 있는 가공할 능력을 지니고 있고 다른 종들의 소멸을 가져올 수 있다는 점에서 생물 다양성을 보호하고 복원할 필요가 있다.

지구상에서 생명이 창발한 것은 약 40억 년 전이다. 그 이후에 진행된 진화의 패턴은 수직적으로 팽창하는 나뭇가지의 비유를 통해서 나타낼 수 있다. 생명의 진화를 표현하는 나뭇가지는 세월의 흐름과 더불어 보다 큰 복잡성을 만들어 냈고 수평적으로는 보다 큰 다양성을 창조했다. 모든 생명이 발생하는 상대적으로 얇은 켜인 생물계는 자신들의 환경과 상호작용하는 종들의 살아 있는 군집의 모자이크 즉 다양한 생태계들의 모자이크이다. 이를테면 가장 작은 연못에서도 초목, 동물, 균류 등의 역동적 상호작용의 복잡한 망이 형성된다. 그리고 그 같은 시스템은 다시 보다 큰 복잡한 구조를 이뤄 전체 지구를 에워싸는 단일한 망, 즉 생물계로 이어진다.[437]

생물 다양성은 지구상에 존재하는 생명의 다채로움에 주어진 용어로서 자연의 패턴과 종의 완전한 범위를 포괄하고 유전자 변이, 생태계를 아우르는 용어이다.[438] 살아 있는 공동체는 복잡한 상호작용의 패턴을 형성한다. 지구상에 존재하는 생태계들은 광범위한 규모의 범위에서 발생한다. 약 175만 종류의 종이 파악됐으나 총 1,400만 종이 존재할 것으로 예상된다.

생물 다양성은 인간 문명이 건설될 수 있는 토대를 마련해주며 그 자체의 내재적 가치를 포함해 재화와 서비스를 제공한다. 또한 생물 다양성은 다양한 방식으로 지속 가능한 개발을 실현하고 빈곤의 완화에 기여한다. 첫째, 그것은 온전한 생태계 기능들을 떠받쳐준다. 지구상에 존재하는 생명에 본질적인 생태계 기능으로서 신선한 물의 제공, 토양 보존, 기후 안정성 등을 언급할 수 있다. 둘째, 그것은 음식, 의료, 산업 재료를 제공한다. 끝으로 생

437 de Duve, C., *Vital Dust: Life as a Cosmic Imperative,* New York, Basic Books, 1995, p. 217.

438 Newman and Jennings, 앞의 책, pp.64–78.

물 다양성은 수많은 문화적 가치들의 보루이다.

생물 다양성의 형태는 인간 자신이 그것의 한 부분을 이루는 지구 생명계의 망을 형성한다. 지구 생명계의 망은 인간의 삶을 물리적으로 지탱시켜주는 수많은 재화와 서비스를 제공하는 건강한 생태계를 마련하기 위한 기초를 형성한다. 심리적, 정신적 차원에서 인간의 삶을 지속시키는 재화와 서비스를 비롯한 모든 도시 활동은 건강한 생태계와 생물계에 의존한다. 도시 기능에 대한 생태계 서비스의 중요성은 수년 동안 인지되어 왔으나 생물 다양성과 그것이 제공하는 다양한 서비스들, 물과 공기의 분산과 확산, 재사용 사이에 존재하는 연결 관계는 인지되지 못한 상태이다. 생태계 사이에 존재하는 생물 다양성의 네트워크에 대한 기초적 수준의 이해가 마련된 정도이며 도시계획 이론과 실제 차원에서 생물 다양성의 의미에 대한 정확한 인식이 필요하다. 다수의 생태계 학자들은 생물 다양성이 인간에게 선사하는 경제적 가치 이외에 이제 이 같은 생물 다양성의 내재적 가치를 그 자체로서 인정하는 추세이다.

신석기 혁명과 더불어 출현한 농업의 도래 이후로 지난 300년 동안의 산업혁명을 거치며 인류는 지속적으로 자연 경관을 훼손시키면서 지구의 모습을 크게 변형시켜왔다. 도시화는 건물, 도로, 그리고 다른 하부구조와 같은 인간이 만든 구조물이 초목 지대를 대치하는 형태로 이뤄졌다.

종의 상실은 늘 하나의 자연적 현상이었으나 그 소멸의 비율은 놀라울 정도로 인간 활동에 기인한다. 생물 다양성의 상실이 전례 없는 비율로 상승하면서 생명의 존재 가능성 자체를 위협한다. 생물 다양성의 유지는 지속 가능한 발전을 위한 필수 조건이며 오늘날 인류가 직면한 긴박한 도전이다. 국제연합환경계획UNEP이 2005년에 발표한 보고서에 따르면 가까운 시일 안에 지구상의 종들 가운데 5퍼센트에서 20퍼센트까지 절멸될 위험에 처해 있다. 인간 문화의 다양성 역시 심각하게 위협받고 있다. 전문가들은 생물학적 다양성과 문화적 다양성 사이에는 미묘한 연계성이 존재한다는 점을 인식하고 있거니와 문화적 다양성의 상실과 더불어 유구한 문화적 전통을 간직해온 개별 장소에서 지속 가능한 삶의 방식에 대한 중요한 지식이 상실되

는 절박한 상황이라 할 수 있다.[439]

도시는 그 자신이 점유하는 생태계에 무거운 부담을 주고 있다. 이 같은 부담은 저밀도의 도시 근교 개발을 통해 더 널리 확산되고 있다. 더구나 도시 공간에서 이뤄지는 소비와 생산의 패턴은 에너지와 다른 생산물의 소비를 통해 전 지구적으로 생태계를 훼손시키거나 피로하게 만들고 있다. 그렇지만 도시는 이 같은 상황을 역전시킬 수 있다. 도시를 생물 지대 속에 포함된 네트워크로 이뤄진 생태 마을로서 간주함으로써 도시에서 생물 다양성을 보호하기 위한 전략과 이니셔티브를 넓은 범위의 경관과 생물권의 과정 차원에서 도시를 개발할 수 있다.

무엇보다 도시와 그것의 생물권bioregion을 분리된 것으로 인식하기보다는 연계된 것으로 간주될 필요가 있다. 도시는 공동체로서의 생물 다양성에 기여할 수 있으며 또한 그 자체가 생물 지대로서 두 가지 방식으로 기여할 수 있다.

첫째, 문화적 층위에서 생물 다양성에 자양분을 제공하는 것은 도시 거주자들과 생물 지대 사이에 존재하는 실재적인 연계성을 다시 건설하는 데 있다. 그것은 생명 존경과 보살핌의 태도를 돈독하게 만들기 위한 것이다. 이것은 그 같은 연계성을 지지하는 문화적 실천과 스토리를 장려함으로써 성취될 수 있다. 공원, 도시 농장, 녹색 건축을 통해 인간 세계 그 이상의 것과의 일상적 상호 접촉을 위한 기회를 창조함으로써 가능하다. 도시 공간의 생태 마을들은 이 같은 상호작용을 하나의 공동체 스케일로서 장려할 수 있다. 실천 차원에서 이것은 보다 지속 가능한 생활양식을 권장하고 도시 밖의 생물 다양성에 대한 부정적 영향을 줄이는 작업에 일조할 것이다. 식량, 물, 거주지의 기본 욕구가 만족되면 감사한 마음으로 살아가는 것, 덜 소비하면서 살아가는 방식에 초점을 맞추어야 한다. 삶의 풍요에 대한 사랑의 표현으로서 공감적, 창조적, 관계적 삶의 풍요로운 가능성에 대한 깨달음을 통해 삶을 바라봐야 할 것이다. 둘째, 단지 자연보호 지역을 설정하는 시스템 도

---

439 Posey, D., *Cultural and Spiritual Values of Biodiversity: A Complementary Contribution to the Global Biodiversity Assessment,* Nairobi, UNEP, 1999.

시로부터 실제 생물 지대로 이동하는 인식의 전환이 필요하며 아울러 도시 하부구조의 생태학적 디자인은 생명이 꽃을 피우고 진화할 수 있는 생물 다양성의 실현을 도와줄 것이다.

도시 공간에서 펼쳐지는 생물 다양성 전략들은 광범위한 생물 지대의 규모에서 개별 가구 규모에 이르기까지 다양한 차원에서 실현될 수 있다. 그 가운데 몇 가지를 제시하면 다음과 같다. 첫째, 역동적이며 정태적인 자연보호 구역을 통한 건강한 생물권을 복원하고 유지하는 것이다. 생태학적 다양성을 보호하려면 도시에서 대표적인 자연보호 구역의 연계된 네트워크와 생물권을 통한 네트워크가 창조되어야 한다. 아울러 도시의 정원과 그것을 유지하는 생태계에서의 생물 다양성의 강화가 이뤄져야 한다. 현재의 정태적 자연보호 구역은 대규모의 장기적 생태계 역동성을 다루기에는 적합하지 못하다. 이 같은 역동적 자연보호 구역은 생태계 기억의 창조성을 통해 경관 층위의 회복력을 촉진시킬 수 있다. 둘째, 도시들의 생태적 발자취를 줄이는 것이다. 도시를 보다 적합한 생태계로서 변형시키기 위해 자원 사용은 축소될 수 있으며 쓰레기 배출량의 상당 부분이 제거될 수 있다. 이 같은 변형을 통해 도시의 생태학적 발자취는 생물 지대에 부합될 수 있을 정도로 축소될 수 있다. 셋째, 생태적 건축과 도시의 하부구조 차원에서도 제반 여건이 마련되어야 한다. 유기체와 비유기체 사이의 구별은 대부분의 도시에서 너무나 선명하게 이분법적으로 구별되어 왔으나 앞으로의 관심은 자연생태계에서와 마찬가지로 도시 공간의 건물과 구조가 초목들과 어떻게 짜임새 있게 통합될 수 있는가의 문제로 옮겨가면서 인식의 대전환이 마련되어야 할 것이다. 건축의 이 같은 녹색화는 개별 건물에 냉각을 제공하면서 현재의 열섬 현상을 개선할 수 있으며 또한 물의 재순환을 도와주고 건물 내부와 외부의 대기의 질을 강화시킬 수 있다. 도시의 구조물을 생명체의 양식을 참조해 유기체적으로 만드는 것은 풍부한 도시 공간의 생물 다양성을 위한 서식지를 창조할 수 있는 새로운 전망을 열어줄 것이다.

참고 문헌

본 참고문헌에 제시된 국내외 문헌들은 본문에서 언급된 문헌들을 중심으로 그 중요도에 따라 선별되었음을 밝혀둔다.

국외 문헌

학술지, 논문, 사전

Akkerman, A., "Harmonies of urban design and discords of city-form: urban aesthetics in the rise of western civilization", *Journal of Urban Design*, 5 (3), 2000

Barthes, R., "Semiology and the urban", *L'Architecture d'Aujourd'hui(La ville)*, n.153, December 1970 - January 1971

Cambier, A., "Quand la ville fait monde...", *Cahiers Philosophiques*, n.118, 2009

Choay, F., "Urbanisme-Théories et réalisations", *Encyclopaedia Universalis*, Paris, 2004

Crutzen, P .J. and Stoermer, E. F., "The Anthropocene", *Global Change Newsletter*, 41, 2000

Desmarais, G., "Des prémisses de la théorie de la forme urbaine au parcours morphogénétique de l'établissement humain", *Cahiers de géographie du Québec*, vol.36, 1992

———————, "Projection ou émergence: la structuration géographique de l'établissement bororo", *Recherches Sémiotiques/Semiotic Inquiry*, vol.12, n.1-2, Montréal, 1992

Egerton, F. N., "The history of ecology : achievements and opportunities", part two, *Journal of the History of Biology*, vol.18, n.1, 1985

Fauque, R., "Pour une nouvelle approche sémiologique de la ville.", *Espaces et Sociétés*, n.9, July, 1973

Featherstone, M., "The Flâneur, the City and Virtual Public Life", *Urban Studies*, Vol.15, 2008

Fishman, R., "The Mumford-Jacobs Debate", *Planning History studies, 10*, 1996

Foucault, M., "Des espaces autres", in *Dits et écrits*, IV, Paris, Gallimard, 1994

Frisby, D., "The metropolis as text: Otto Wagner and Vienna's 'Second Renaissance'", Leach, N., *The hieroglyphics of space: reading and experiencing the modern metropolis*, London and New York, Routeledge, 2002

Gauthiez, B., "The history of urban morphology", *Urban Morphology, 2*, 2004

Gehring, M., "Fonction et signification: les rues piétonnes", Association internationale de sémiotique de l'espace. Congrès, *Figures architecturales, formes urbaines*, Paris, Anthropos, 1994

Golub, P. S., "Des cités-Etats à la ville globale", *Le Monde diplomatique*, Avril, 2010

Greimas, A. J., "Pour une sémiotique topologique", *Sémiotique et sciences sociales*, Paris, Seuil, 1976

Greimas, A. J., "Le songe de Gediminas: essai d'analyase du mythe lithuanien de la fondation de la cité", *La citta come testo: scritture et riscritture urbane*, Torino, *Rivista di Semiotica*, 1/2, 2008

Gross, D., "Critical synthesis on urban knowledge: Remembering and forgetting in the modern city", *Social Epistemology*, 4:1, 1990

Hammad, M., "L'espace du séminaire", *Communications*, n.27, 1977

————, "Définition syntaxique du topos", *Bulletin du Groupe de recherchers sémio-linguistique*, Vol.10, 1980

————, "L'espace comme sémiotique syncrétique", *Actes sémiotiques-Bulletin VI*, 1983

Harvey, D., "Labor, Capital, and Class Struggle Around the Built Environment.", *Politics and Society 6*, 1977

Jazbinski, D., "The Metropolis and the Mental Life of Georg Simmel.", *Journal of Urban History, 30*, 2003

Koolhaas, R., "Junkspace", *OMA@work*, Tokyo, A+U Publishing, 2000

Krier, R., "Typological and morphological elements of the concept of urban space", *Architectural Design, 49(1),* 1979

Kuznetsova, K. J., "Architectural space and Greimassian semiotics", *Societal Studies*, 3 (4), 2011

Lagopoulos, A. Ph., "Postmodernism, geography, and the social semiotics of space", *Environmental and Planning Design*, 11, 1993

Lagopoulos, A. Ph., "The social semiotics of space: Metaphor, ideology, and political economy", *Semiotica*, 173-1/4, 2009

Lefebvre, H. et al., "Le projet rythmanalyse", *Communication,* no.41, Paris, Seuil, 1984

Lévi-Strauss, C., "Contribution à l'étude de l'organisation sociale des indiens bororo", *Journal de la Société des Américanistes*, vol.28, Paris, 1936

Lévy, A., "Formes urbaines et significations: revisiter la morphologie urbaine", *Espaces et sociétés*, (vol.)122, 2005

————, "Sémiotique de l'architecture; Contribution à une étude du projet architectural", *Nouveaux Actes Sémiotiques*, N.111, 2008

Margaret, C., "Walter Benjamin's Phantasmagoria", *New German Critique*, No.48, 1989

McKenzie, R. D., "The Ecological Approch to the Study of the Human Community," *American Journal of Sociology*, 1924

Merlin, P. and Choay F. & Collectif, *Dictionnaire de l'urbanisme et de l'aménagement*, Paris, PUF, Quadrige Dicos Poche Collection, 2005

Mumford, L., "The Case Against Modern Architecture" *Architectural Record*, April 1962

Nastopka, K., and Kaldadinskienė, D., "Le texte urbain selon Greimas et Toporov", *Litteratūra,* 53 (4), 2011

Nöth, W,. "Ecosemiotics", *Sign Systems Studies 26*, 1998

Palumbi, S. R., "Humans as the World's Greatest Evolutionary Force", *Science 2931*, 2001

Park, R. E., "Human Migrations and the Marginal Man", *American Journal of Sociology*, XXIII, 1928

Pradeau, J. F., "Être quelque part, occuper une place. Topos et chôra dans le Timé", *Les Etudes Philosophiques, 3,* 1995

Posner, R., "Semiotic pollusion: Deliberation towards an ecology of signs", *Sign System Studies 28*, 2000

Revista di semiotica, "Il testo della città - Problemi metodologici et teorici", *La città come testo*, 01/02, 2008

Ricoeur, P., "Architecture et narrativité", *Urbanisme*, n.303, novembre-décembre, 1998

Senett, R., "Something in the city", *The Times Literary Supplement*, No.4824, 22 September, 1995

Tilly, C., "What Good Is Urban History?", *Journal of Urban History,* 22(6), 1996

Virilio, P., "Le troisième intervalle", *Nouvelle revue de psychanalyse*, n.41, Gallimard, Paris, 1990

Wirth-Nesher, H., "Impartial Maps: Reading and Writing Cities", in Paddison, R., *Handbook of Urban Studies*, London, SAGE, 2001

Zuppinger, T., "Humanisme et urbanisme", *Implications philosophiques*, Presses Universitaires de France, Octobre, 2009.

단행본

Agulhon, M. et ali, *La Ville de l'âge industriel: Le cycle haussmannien*, Paris, Éditions du Seuil, 1998

Ahearne, J., *Michel de Certeau: Interpretation and its Other*, Cambridge, Polity Press, 1995

Alberti, L. B., *L'Art d'édifier*, trad. Caye, P. and Choay, F., Paris, Seuil, Sources du savoir Collection, 2004

Alberti, M., *Advances in Urban Ecology: Integrating Human and Ecological Processesin Urban Ecosystems*, New York, Springer, 2008

Alexander, Ch., *Notes on the Synthesis of Form*, Cambridge, Ma., Harvard Paperbacks, 1964

————, *The Timeless Way of Building*, New York, Oxford University Press, 1979

————, *New Theory of Urban Design*, New York, Oxford University Press, 1987

Allain, R., *Morphologie urbaine*, Paris, Armand Colin, 2004

Amphoux, P. et al., *Mémoire collective et urbanisation*, Lausanne, IREC, 1987

Arendt, H., *Condition de l'homme moderne*, Paris, Calmann-Lévy, 1983

Arnold, D., *Reading Architectural History*, London, Routledge, 2002

Augé, M., Non-Lieux, *introduction à une anthropologie de la surmodernité*, Paris, Le Seuil, 1992

————, *Pour Une Anthropologie des mondes contemporains*, Paris, Editions Flammarion, 2008

Augoyard, J. F., *L'image de la cité*, Paris, Dunod, 1971

————, *Pas à pas. Essai sur le cheminement quotidien en milieu urbain*, Paris, Seuil, 1979

Augustine, *Augustine: The City of God against the Pagans*, trans. Dyson, W., Cambridge, Cambridge University Press, 1998

Bachelard, G., *La Poétique de la rêverie*, Paris, PUF, 1960

————, *L'air et les Songes. Essai sur l'imagination du mouvement*, Paris, José Corti, 1943

Bailly, J. C., *La Ville à l'oeuvre*, Paris, Editions Jacques Bertoin, 1992

Bairoch, P., *De Jéricho à Mexico. Villes et économie dans l'histoire*, Paris, Gallimard, 1985

Banerjee, T. and Southworth, M., *City sense and city design: writings and projects of Kevin Lynch*, Cambridge, Massachusetts, The MIT Press, 1991

Barles, S., *La ville délétère: Médecins et ingénieurs dans l'espace urbain*, Seyssel, Champ Vallon, 1999

Barry, B. and Kasarda, J, *Contemporary Urban Ecology*, New York, MacMillan, 1977

Barthes, R., *Mythol ogies*, London, Vintage, 1993

————, *Eléments de sémiologie*, Paris, Denoël-Gonthier, 1965

————, *Système de la mode*, Paris, Editions du Seuil, 1967

Batty, M., *Cities and Complexity: Understanding Cities with Cellular Automata, Agent-Based Models, and Fractals*, Cambridge, Mass., MIT Press, 2005

Batty, M., and Longley, P., *Fractal Cities: A Geometry of Formand Function*, London and SanDiego, Academic Press, 1994

Baudelaire, C., *Oeuvres complètes*, Paris, Gallimard, 1975

————, *The Painter of Modern Life and Other Essays*, London, Phaidon, 1964

————, *Petits Poèmes En Prose: Le Spleen De Paris*, UK, Dodo Press, 2009

————, *Le Peintre de la vie moderne*, Paris, Fayard, 2010

Baudrillard, J., *L'échange symbolique et la mort*, Paris, Gallimard, 1976

Beatley, T., *Biophilic Cities*, Washington and London, Island Press, 2011

Beatley, T. and Wheeler, S. M., *The sustainable urban development reader*, London & New York, Routledge, 2004

Beevers, R., *The Garden City: A critical Biography of Ebenezer Howard*, London, MacMillan Press, 1988

Begon, M. and ali., *Ecology: Individuals, Populations and Communities*, Oxford and London, Blackwell Scientific Publications, 1986

Benevolo, L., *Storia della Città*, Roma-Bari, Laterza, 1960

————, *The History of the City*, New York, Scolar Press, 1971

————, *Aux sources de l'urbanisme moderne*, Paris, Horizons de France, 1972

Benjamin, A. and Rice, C., *Benjamin and the architecture of modernity*, Melbourne, re.press, 2009

Benjamin, W., *Gesammelte Schriften IV*, Frankfurt am Main, Suhrkamp Verlag, 1972

————, *Gesammelte Schriften V*, Frankfurt am Main, Suhrkamp, 1982

————, *Paris, Capitale du XIXe siecle*, trans. Lacoste, J., Paris, Cerf, 1993

————, *Charles Baudelaire: A lyric poet in the era of high capitalism*, trans. Zohn, H., NY, Verso, 1997

————, *The Work of Art in the Age of Its Technological Reproducibility, and Other Writings on Media*, Cambridge and London, Belknap Press of Harvard University Press, 2008

Benton-Short, L. and Rennie Short, J., *Cities and Nature*, London and New York, Routeledge, 2008

Berque, A. and Sauzet, M., *Le sens de l'espace au Japon: Vivre, Penser, Bâtir*, Paris, Editions Arguments, 2004

Berque, A., and Boonin, P., *L'Habiter dans sa poétique première*, Paris, Editions Donner Lieu, 2008

Berque, A., Boonin, P., and Ghorra-Gobin, C., *La ville insoutenable*, Paris, Belin, 2006

Berque, A., *Écoumène: introduction à l'étude des milieux humains*, Paris, Belin, 2000

————, *Vivre l'espace*, Paris, PUF, 1982

————, *La maîtrise de la ville: Urbanite francaise, urbanite nippone*, Paris, Editions de l'Ecole des hautes études en sciences sociales, 1994

————, *La pensée paysagère*, Paris, ARCHIBOOKS, 2008

————, *Être humains sur la terre : principes d'éthique de l'écoumène*, Paris, Gallimard, 1996

Blanc, N., *Vers une esthétique environnementale*, Paris, Editions Quae, 2008

Blanchard, M. E., *In search of the city: Engels, Baudelaire, Rimbaud, Saratoga*, CA, Anma Libri, 1985

Bloomer, K. C. and Moore, C. W., *Body, Memory, and Architecture*, New Haven and London, Yale University Press, 1997

Bocock, R. and Thompson, K., *Social and Cultural Forms of Modernity*, Cambridge, Polity Press,1992

Bonfill, R. and Véron, N., *L'architecture des villes*, Paris, Editions Odile Jacob, 1995

Borden, I., *The City Cultures Reader*, London, Routledge, 2003

Bossel, H., *Earth at a Crossroads: Paths to a Sustainable Future*, Cambridge. Cambridge University Press, 1998

Boudon, P., *Introduction à une sémiotique des lieux: écriture, graphisme, architecture*, Paris, Klincksieck, 1981

————, *Sur l'espace architectural*, Marseille, Edition Parenthèses, 2003.

Bourdieu, P., *La distinction*, Paris, Minuit, 1979

Bourdin, A. et al., *Figures de la ville: autour de Max Weber*, Paris, Aubier, 1985

Bovill, C., *Fractal geometry in architecture and design*, Boston, Birkhäuser, 1996

Boyer, C., *The City of Collective Memory*, Cambridge, MA., MIT, 1994

Bridge, G. and Watson, S., *A Companion to the City*, Oxford, Blackwell, 2000

————————, *The New Blackwell Companion to the City*, Chichester, Wiley-Blackwell, 2011

Broadbent, G., *Emerging concepts in urban space design*, London and New York, Van Nostrand Reinhold, 1990

————, *Design in architecture: archiecture and the human sciences*, London, David Fulton Publishers, 1988

Broadbent, G., Bunt, R. and Jencks, C., *Signs, Symbols, and Architecture*, New York, John Wiley & Sons, 1980

Brown, L. R., *Plan B.2.0: Rescuing a Planet under stress and a civilization in Trouble*, New York, W.W. Norton, 2006

Bulmer, Ma., *The Chicago School of Sociology*, Chicago and London, The University of Chicago Press, 1984

Burgess, E. W. and Park, R. E., *The Urban Community*, Unversity of Chicago Press, 1926

Cambier, A., *Qu'est-ce qu'une ville?*, Paris, VRIN, 2005

Campbell, S. and Fainstein, S. S., *Readings in Planning Theory*, Oxford, Blackwell, 2003

Calthorpe, P., *The Next American Metropolis: Ecology, Community, and the American Dream*, Princeton, Princeton Architectural Press, 1993

————, *Urbanism in the age of climate change*, Washington and London, Island Press, 2011

Carmona, M., *Haussmann*, Paris, Fayard, 2000

Casey, E. S., *The fate of place*, Berkeley, CA, University of California Press, 1998

Cassirer, E., *Essai sur l'homme*, Paris, Minuit, 1975

Castells M., *La question urbaine*, Paris, Maspero, 1972

————, *The Informational City: Information, Technology, Economic Restructuring and the Urban-Regional Process*, Cambridge, Blackwell, 1989

————, *The Rise of the Network Society*, Oxford, Blackwell, 1996

————, *La Société des réseaux, 3 vol,* Paris, Fayard, 1996-2001

Castells, M. and Godard, F., *Monopolville: Analyse des rapports entre l'entreprise, l'Etat et l'urbain a partir d'une enquete sur la croissance industrielle et urbaine de la region(La Recherche urbaine)*, Paris, Mouton, 1974

Cauquelin, A., *Essai de philosophie urbaine*, Paris, Presses universitaires de France, 1982

Çelik, Z. and Favro, D. G., *Streets: Critical Perspectives on Public Space*, Streets, University of California Press, 1994

Cerda, I., *Teoria general de la Urbanizacion*, Madrid, Imprenta Espanola, 1867

————, *La Théorie générale de l'urbanisme*, Paris, Seuil, 1979

Certeau, M. de, Giard, L. and Mayol, P., *L'invention du quotidien, tome 1: Arts de faire*, Paris, Gallimard, 1990

Chabot, G., *Les villes: Aperçu de géographie humaine*, Paris, Armand Colin, 1948

Chalas, Y., *L'Invention de la Ville*, Paris, Anthropos, 2003

Chambers, N. C. S., and Wackernagel, M., *Sharing Nature's Interest: Ecological Footprints as an Indicator of Sustainability*, London, Earthscan, 2000

Chandler, T., *Four Thousand Years of Urban Growth*, Lewiston, Edwin Mellen, 1987

Chapouille J. M., *La tradition sociologique de Chicago*, Paris, Le Seuil, 2001

Choay, F. and Paoli, M., *Alberti: Humaniste, architecte*, Paris, ENSBA, 2007

Choay, F., *The Modern City: Planning in the 19th Century(Planning and Cities)*, New York, George Braziller, 1969

————, *L'Urbanisme, utopies et réalités*, Paris, Seuil, 1965

————, *La Règle et le modèle: sur la théorie de l'architecture et de l'urbanisme*, Paris, Seuil, 1996

————, *Pour une anthropologie de l'espace*, Paris, SEUIL, 2006

Citron, P., *La Poésie de Paris dans la littérature française de Rousseau à Baudelaire, vol.2*, Paris, Les Éditions de Minuit, 1961

Claval, P., *La logique des villes*, Paris, Litec, 1981

Clergeau, P., *Une écologie du paysage urbain*, Editions Apogée, 2007

Coates, P., *Nature: Western Attitudes since Ancient Times*, Berkeley, University of California Press, 1998

Cohen, M., *Profane Illumination: Walter Benjamin and the Paris of Surrealist Revolution*, Berkeley, University of California Press, 1993

Collingwood, R. G., *The Idea of History*, Oxford, Oxford University Press, 1960

Collins, G. R., Collins, C. C. and Sitte, C., *Camillo Sitte: The Birth of Modern City Planning*, Rizzoli International, New York, Rizzoli International Publications, 1986

Coloquhoun, A., *Modernity and the Classical Tradition: Architectural Essays, 1980-1987.*, Cambridge, MA, and London, MIT Press, 1989

Corboz, A., *Le territoire comme palimpseste et autres essais*, Paris, L'Imprimeur, 2001

Cotterell, A., *The imperial capitals of China*, Woodstock & New York, The Overlook Press, 2008

Coulanges, F. de, *La Cité Antique*, Paris, Hachette, 1880

Coutard, O. et Lévy, J. P., *Écologies Urbaines*, Paris, Anthropos, 2010

Crang, M. and Thrift, T., *Thinking Space*, London, Routeledge, 2000

Curthbert, A. R., *Understanding Cities : Methods in urban design*, London and New York, Routledge, 2011

Cuthbert, A. R., *The Form of Cities (Political Economy and Urban Design)*, Oxford, Blackwell Publishing, 2006

Da Cunha, A. et Matthey, L., *La ville et l'urbain: des savoirs émergents*, Lausanne, Presses polytechniques et universitaires romandes, 2007

Daly, H., *Beyond Growth: The Economics of Sustainable Development*, Boston, Beacon Press, 1997

Davis, M., *Planète bidonvilles*, Paris, Ab Irato, 2005

Davis, M., *City of Quartz*, London, Verso, 1990

Debord, G., *La société du spectacle*, Paris, Buchet- Chastel, 1967

Delacroix, C. and Boureau, A., *Michel de Certeau. Les chemins de l'histoire*, Paris, Editions Complexe, 2002

Deleuze G. and Guattari F., *Capitalisme et schizophrénie*, Paris, Minuit, 1980

——————————, *Mille Plateaux–Capitalisme et schizophrénie 2*, Paris, Les éditions de Minuit, 1980

Déotte, J. L., *Walter Benjamin et la forme plastique*, Paris, L'Harmattan, 2012

Derrida, J., *Khôra*, Paris, Galilée, 1993

Derycke, P. H., Huriot, J. M. and Pumain, D., *Penser la ville*, Paris, Anthropos, 1996

Desmarais, G., *La morphogenèse de Paris: Des origines à la Révolution*, L'Harmattan, 1995

Dethier, J. and Guiheux, A., *La Ville, Art et architecture en Europe 1870-1993*, Paris, Centre Georges Pompidou, 1994

Diamond, J., *Effodrement*, Paris, Editions Gallimard, 2009

Douglas, D. G., Houch, M. C. and Wang, R., *The Routledge Handbook Urban Ecology*, London and New York, Routledege, 2011

Donald, B., *Imagining the Modern City*, London, Athlone, 1999

Dorfles, G., *Il divenire delle arti*, Torino, G. Einaudi, 1959

—————, *Simbolo, comunicazione, consumo*, Torino, G. Einaudi, 1962

Dosse, F., *Michel de Certeau: le marcheur blessé*, Paris, La Découverte, 2002

Durkheim, E., *Règles de la méthode sociologique*, Paris, PUF, 1977

Dyson, S. L., *Rome: A Living Portrait of an Ancient City*, JHU Press, 2010

Eckardt, F., *MEDIACITY. Situations, Practices and Encounters,* Berlin, Frank & Timme GmbH, 2008

Eco, U., *Function and sign : the semiotics of architecture*, London, Routledge, 1997

———, *La Struttura Assente*, Milano, Bompiani, 1968

Eisenman, P. and Derrida, J., Chora L, *Works: Jacques Derrida and Peter Eisenman*, New York, Monacelli Press, 1997

Eisenman, P., *Architecture from the Outside*, Cambridge, Massachusetts London, The MIT Press, 2001

Eleb-Vidal, M., Châtelet, A.-M. and Mandoul, T., *Penser l'habiter*, Liège, P.Mardaga, 1988

Elias, N., *Postmodern urbanism*, New York, Princeton Architectural Press, 1996

Engels, F., *The Condition of the Working Class in England*, trans. Henderson, W. O. and Chaloner, W. H., Oxford, Basil Blackwell, 1958

Fiévé, N., *L'Architectur et la Ville du Japon ancien. Espace architectural de la ville de Kyoto et des résidences shôgunales aux XIVe et XVe siècles*, Paris, Maisonneuve et Larousse, 1996.

Fishman, R., *Urban utopias in the twentieth century: Ebenezer Howard, Frank Lloyd Wright*, Cambridge, MA., The MIT Press, 1982

Flanagan, W. G., *Urban Sociology: Images and Structure*, New York and Toronto, Rowman & Littlefield Publishing, Inc, 2010

Floch, J. M., *Semiotics, Marketing and Communication*, Paris, PUF, 1988

Forty, A., *Words and Buildings: A Vocabulary of Modern Architecture*, London and New York, Thames & Hudson, 2004

Fournier, C., *L'Harmonie universelle et le Phalanstère*, Paris, Librairie phalanstérienne, 1849

Foxweber, N., *C'était le Corbusier*, Paris, Fayard, 2009

Framton, K., *On reading Heidegger:, Theorizing a new Agenda for Architecture*, New York, Princeton Architectural Press, 1996

———, *Modern Architecture: A Critical History*, London and New York, Thames & Hudson, 2007

Fraser, D., and Sutcliffe, A., *The pursuit of urban history*, London, Arnold, 1983

Freud, S., *Civilization and Its Discontents*, New York, W. W. Norton, 1962

Fried, L. F., *Makers of the City*, Amherst, University of Massachusetts Press, 1990

Frisby, D. and Featherstone, M., *Simmel on Culture*, London, Sage, 1997

Frisby, D., *Cityscapes of Modernity*, Cambridge, Polity Press, 2001

———, *Fragments of Modernity*, Cambridge, Mass., MIT Press, 1988

Füzesséry, S., *Le choc des métropoles*, Paris, Editions de l'Eclat, 2008

Gamberini, I., *Per un' analisi degli elementi dell' architettura*, Firenze, Ed. Universitaria, 1953

———, *Gli elementi dell'architettura come parole del linguaggio architettonico*, Firenze, Coppini, 1959

Garnier, T., *Une Cité industrielle. Étude pour la construction des villes*, Paris, Vincent, 1917

Garrigan, K. O., *Ruskin on architecture: his thought and influence*, Madison, University of Wisconsin Press, 1973

Geddes, P., *Cities in Evolution: An Introduction to the Town Planning Movement and to the Study of Civics*, London, Williams and Norgate, 1915

Ghorra-Gobin, C., *La Ville Américaine: espace et société*, Paris, Nathan, 1998

Giard, L. and Mayol, P., *L'Invention du quotidien, II, Habiter, cuisiner*, Paris, Gallimard Folio, 1990

Giardet, H., *Cities People Planet: Liveable Cities for a Sustainable World*, Hoboken, NJ:Wiley-Academy, 2004

————, *Creating Sustainable cities*, Dartington, UK, Green Books, 1999

Gibberd, F. E., *Town design*, London, Architectural Press, 1959

Gillis, J. R., *Commemorations*, Princeton, Princeton University Press, 1994

Gilloch, G., *Myth and Metropolis: Walter Benjamin and the City*, Cambridge, Polity Press, 1997

————, *Walter Benjamin-critical constellations,* Cambridge, Polity Press, 2002

Godard, F., *La Ville en mouvement*, Paris, Gallimard, 2001

Golany, G. S., *Ethics and Urban Design: Culture, form, and environment*, New York, John Wiley & Sons, INC, 1995

Goodman N. and Elgin, C. Z., *La signification en architecture, dans les reconceptions en philosophie*, Paris, PUF, 1994

Goodman, N., *Language of Art: An Approach to a Theory of Symbols*, Indianapolis, Hackett, 1968

Goonewardena, K. and ali., *Space, Difference, Everyday Life: Reading Henri Lefebvre*, New York and London, Routeledge, 2008

Gottdiener, M. and Lagopoulos, A. Ph., *The City and the Sign, An Introduction to Urban Semiotics*, New York, Columbia University Press, 1986

Gottdiner, M. and Hutchison, R., *The New Urban sociology*, Philadelphia, Westview Press, 2011

Gottman, J., *Forces Shaping Cities*, Tyne, University of Newcastle, 1978

Graedel, T. E. and Crutzen, P. J., *Atmosphere, Climate, and Change*, New York, Scientific American Library, 1995

Grandazzi, A., *La Fondation de Rome*, Paris, Les Belles Lettres, 1991

Granet, M., *La Civilisation chinoise*, Paris, A. Michel, 1968

Greenberg, M., *The Poetics of cities*, Columbus, Ohio State University Press, 1995

Greimas, A. J., *Du sens*, Paris, Seuil, 1970

Greimas, A. J. and Courtés, J., *Sémiotique: Dictionnaire raisonné de la théorie du langage*, Paris, Hachette, 1979

——————, *Essai de sémiotique poétique*, Paris, Larousse, 1972

——————, *Pour une sémiotique topologique*, Paris, Seuil, 1976

Gros, F., *Marcher : Une philosophie*, Paris, Carnetsnord, 2009

Grosz, E., *Architecture from the Outside*, Cambridge, MA., The MIT Press, 2001

Gruet, B., *La rue à Rome, miroir de la ville. Entre l'émotion et la norme*, Paris, Maison de la Recherche Paris-Sorbonne, 2006

Guattari, F., *The Three Ecologies*, trans. Pindar, I. and Sutton, P., London, Athlone, 2000

Haila, Y. and Levins, R., *Humanity and Nature*, London, Pluto Press, 1992

Halbwachs, M., *La mémoire collective*, Paris, PUF, 1950

——————, *Morphologie sociale*, Paris, Armand Colin, 1970

Hall, E., *Le langage silencieux*, Paris, Seuil, 1984

Hall, P., *Cities in civilization*, London, Weidenfeld & Nicolsom, 1998

Hall, T. and Barrett, H., *Urban Geography*, London and New York, Routledge, 2012

Hammad, M. et al., *Sémiotique de L'Espace*, Paris, Publication du Group 107, 1973

——————, *Sémiotique des Plans en Architecture II*, Paris, Publication du Group 107, 1976

Hammad, M., *La privatisation de l'espace*, Limoges, Université de Limoges, 1989

——————, *Lire l'espace, comprendre l'architecture: essais sémiotiques*, Limoges, PULIM, 2006.

Hanssen, B., *Walter Benjamin and The Arcades Project*, London and New York, Continuum, 2006

Harvey, D., *Social Justice and the City*, Baltimore, Johns Hopkins University Press, 1973

——————, *Consciousness and the Urban Experience: Studies in the History and Theory of Capitalist Urbanization*, Oxford, Basil Blackwell, 1985

——————, *The Conditions of Postmodernity*, Oxford, Blackwell, 1989

——————, *The Urban Experience*, Baltimore, John Hopkins Press, 1989

——————, *Justice Nature and the Politics of Difference*, Oxford, Blackwell, 1996

Haussmann, G. E., *Mémoires du Baron Haussmann: Grands Travaux de Paris, Tome I et II*, Paris, Guy Durier, 1979

Hawkes, D., *The Environmental Imagination: Technics and poetics of the architectural environment*, London and New York, Routledge, 2008

Hawley, A., *Human Ecology*, New York, Ronald Press, 1950

Hazan, E., *L' Invention de Paris*, Paris, Seuil, 2004

Heidegger, M., *Poetry, Language, Thought*, New York, Harper & Row, 1971

——————, *Sein und Zeit*, Tübingen, Max Niemeyer, 1927

——————, *Vorträge und Aufsätze*, Pfullingen, Günther Neske, 1954

Hénaff, M., *La ville qui vient*, Paris, L'Herne, 2008

Hénault, A., *Questions de sémiotique*, Paris, PUF, 2002

Herbert, D. T. and Thomas, C.J., *Urban Geography*, Chichester, John Wiley, 1982

Highmore, B., *Michel De Certeau: Analysing Culture*, London, Continuum, 2006

Hiller, B. and Hanson, J., *The social logic of space*, Cambridge, Cambridge University Press, 1984

Hillier, B., *Space is the machine: A Configurational Theory of Architecture*, Cambridge, Cambridge University Press, 1999

Hjelmslev, L., *Prolégomène à une théorie du langage*, Paris, Ed. Minuit, 1971

Hottois, G., *Philosophies et sciences*, Bruxelles, Université de Bruxelles, 1986

Howard, E., *Garden Cities of To-morrow*, Cambridge, Mass ., MIT Press, 1965

Huart, L., *Physiologie du flâneur*, Paris, Aubert, 1841

Hubbard, P., *City*, London, Routledge, 2006

Hyde, L., *The Gift: Imagination and the Erotic Life of Property*, New York, Random House, 1983

Isaac, J. and Yves, G., *L'école de Chicago, Naissance de l'écologie urbaine*, Paris, Flammarion, 2004

Jacobs, J., *The Death and Life of Great American Cities*, New York, Random House, 1961

————, *The Economy of Cities*, New York, Random House, 1969

————, *Cities and the Wealth of Nations*, New York, Random House, 1984

Jencks, C. and Baird, G., *Meaning in Architecture*, London, Barrie & Rockliffe, 1969

Jencks, C., *The Language of Post-Modern Architecture*, New York, Rizzoli, 1977

————, *The new paradigm in architecture*, New Haven and London, Yale University Press, 2002

Jeudy, H. P., *Critique de l'esthétique urbaine*, Paris, Sens et Tonka, 2003

Johnson, S., *Emergence: The Connected Lives of Ants, Brains, Cities and Soft-ware*, London, Penguin, 2002

Katznelson, I., *Marxism and the City*, Oxford, Oxford University Press, 1992

Keith, T., *The flâneur*, London, Routledge, 1994

Kellert, S. and Wilson, E. O., *The Biophilia Hypotheis*, Washington, Island Press, 1993

Koenig, G. C., *Analisi del linguaggio architettonico*, Firenze, L.E.F., 1964

————, *Architettura e comunicazione*, Firenze, L.E.F., 1970

Kostof, S., *The City Assembled: The Elements of Urban Form Throughout History*, London, Thames and Hudson, 1992

————, *The City Shaped: Urban Patterns and Meaning through History*, London, Thames and Hudson, 1991

Kramer, S. N., *History begins at Sumer*, London, Thames & Hudson, 1961

Krampen, M., *Meaning in the urban environment*, London, Pion Limited, 1979

Krieger, A., *Urban Design*, Minneapolis, University Of Minnesota Press, 2009

Krier, R., *Urban Space*, London, Academy Editions, 1979

Lahan, R., *The City in Literature : An Intellectual and Cultural History*, Berkeley, University of California Press, 1998

Lamizet, B., *Le sens de la ville*, Paris, L'Harmattan, 2002

Langer, S. K., *Feeling and Form*, London, Routledge & Kegan Paul, 1977

Larsen, S. E. and Petersen, A. B., *La rue - espace ouvert*, Odense, Odense University Press, 1997

Lavalou, A., *L'espace et l'architecture*, Paris, Linteau, 2010

Lavedan, P., *Histoire de 1'urbanisme a Paris*, Paris, Hachette, 1975

Le Corbusier, *Urbanisme*, Paris, Editions Crés, 1924

————, *The City of Tomorrow*, London, Architectural Press, 1929

————, *Précisions sur un état présent de l'architecture et d'urbanism*, Paris, Editions Crés, 1930

————, *La Ville Radieuse*, Paris, Editions de 1'architec- ture d'aujourd'hui, 1935

————, *La Charte d'Athènes*, Paris, Minuit, 1941

————, *Concerning Town Planning*, London, The Architectural Press, 1947

————, *Manières de penser l'urbanisme*, Paris, Gonthier, 1963

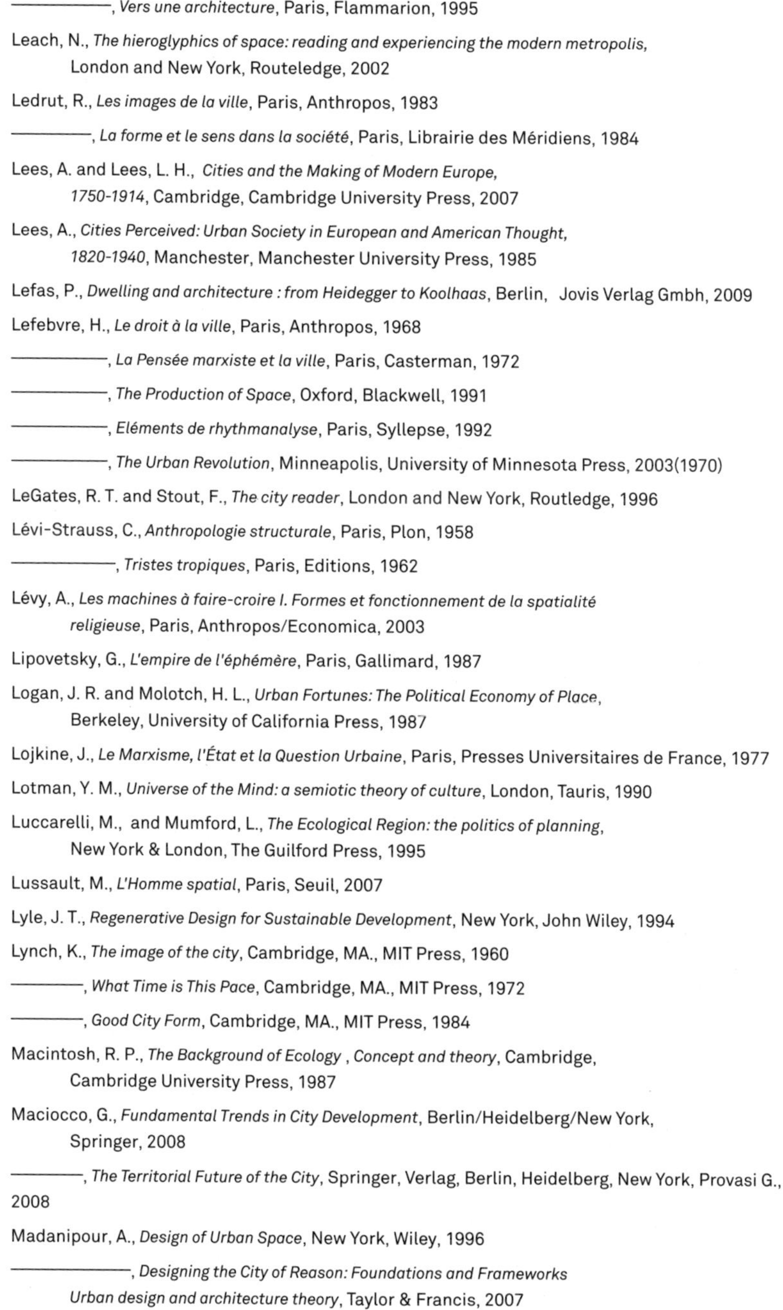

———, *Vers une architecture*, Paris, Flammarion, 1995

Leach, N., *The hieroglyphics of space: reading and experiencing the modern metropolis*, London and New York, Routeledge, 2002

Ledrut, R., *Les images de la ville*, Paris, Anthropos, 1983

———, *La forme et le sens dans la société*, Paris, Librairie des Méridiens, 1984

Lees, A. and Lees, L. H., *Cities and the Making of Modern Europe, 1750-1914*, Cambridge, Cambridge University Press, 2007

Lees, A., *Cities Perceived: Urban Society in European and American Thought, 1820-1940*, Manchester, Manchester University Press, 1985

Lefas, P., *Dwelling and architecture : from Heidegger to Koolhaas*, Berlin, Jovis Verlag Gmbh, 2009

Lefebvre, H., *Le droit à la ville*, Paris, Anthropos, 1968

———, *La Pensée marxiste et la ville*, Paris, Casterman, 1972

———, *The Production of Space*, Oxford, Blackwell, 1991

———, *Eléments de rhythmanalyse*, Paris, Syllepse, 1992

———, *The Urban Revolution*, Minneapolis, University of Minnesota Press, 2003(1970)

LeGates, R. T. and Stout, F., *The city reader*, London and New York, Routledge, 1996

Lévi-Strauss, C., *Anthropologie structurale*, Paris, Plon, 1958

———, *Tristes tropiques*, Paris, Editions, 1962

Lévy, A., *Les machines à faire-croire I. Formes et fonctionnement de la spatialité religieuse*, Paris, Anthropos/Economica, 2003

Lipovetsky, G., *L'empire de l'éphémère*, Paris, Gallimard, 1987

Logan, J. R. and Molotch, H. L., *Urban Fortunes: The Political Economy of Place*, Berkeley, University of California Press, 1987

Lojkine, J., *Le Marxisme, l'État et la Question Urbaine*, Paris, Presses Universitaires de France, 1977

Lotman, Y. M., *Universe of the Mind: a semiotic theory of culture*, London, Tauris, 1990

Luccarelli, M., and Mumford, L., *The Ecological Region: the politics of planning*, New York & London, The Guilford Press, 1995

Lussault, M., *L'Homme spatial*, Paris, Seuil, 2007

Lyle, J. T., *Regenerative Design for Sustainable Development*, New York, John Wiley, 1994

Lynch, K., *The image of the city*, Cambridge, MA., MIT Press, 1960

———, *What Time is This Pace*, Cambridge, MA., MIT Press, 1972

———, *Good City Form*, Cambridge, MA., MIT Press, 1984

Macintosh, R. P., *The Background of Ecology , Concept and theory*, Cambridge, Cambridge University Press, 1987

Maciocco, G., *Fundamental Trends in City Development*, Berlin/Heidelberg/New York, Springer, 2008

———, *The Territorial Future of the City*, Springer, Verlag, Berlin, Heidelberg, New York, Provasi G., 2008

Madanipour, A., *Design of Urban Space*, New York, Wiley, 1996

———, *Designing the City of Reason: Foundations and Frameworks Urban design and architecture theory*, Taylor & Francis, 2007

Maffesoli, M., *Le temps des tribus*, Paris, Méridiens Klincksieck, 1988

Magne, É., *L'esthétique des villes, introduction de Thierry Paquot*, Paris, Infolio, 2012

Malet, H., *Le Baron Haussmann et la Rénovation de Paris*, Paris, Les Editions Municipales, 1973

Malpas, J., *Heidegger's Topology: Being, Place, World*, Cambridge, Massachusetts, MIT Press, 2007

Mandelbrot, B., *The Fractal Geometry of Nature*, San Franciso, CA., W.H.Freeman and Company, 1983

Manent, P., *Les métamorphoses de la cité: essai sur la dynamique de l'Occident*, Paris, Flammarion, 2010

Mangin, D., *La ville franchisée: Formes et structures de la ville contemporaine*, Paris, Editions de la Villette, 2004

Marcos, I., *Le sens urbain: La morphogenèse et la sémiogenèse de Lisbonne - une analyse catastrophiste urbaine*, Aarhus, Université Aarhus dissertation, 2010

Marshall, S., *Cities, Design & Evolution*, London & New York, Routledge, 2009

Marsluff, J. M. and ali, *Urban Ecology: An International Perspective on the Interaction Between Humans and Nature*, New York, Springer, 2008

Marx, K., *Capital*, New York, International Publishers, 1967

Marx, U. et al., *Walter Benjamin's Archive: image, texts, signs*, trans. Leslie, E. London & New York, Verso, 2007

Massey, D., *Space, Place and Gender*, Cambridge, Polity Press, 1994

Mata, S. y, *La Cité linéaire. Conception nouvelle pour l'aménagement des villes. Introduction de Carlos Sambrico,* trad. par G. Benoît-Levy, Paris, Centre d'études et de recherches architecturales, 1979

Maugard, A. and Cuisinier, J. P., *Regard sur la ville durable, vers de nouveaux modes de vie*, Paris, Editions CSTB, 2010

Meadows, D. H., Meadows, D. L., Randers, J., and Behrens III, W. W., *The Limits to Growth*, New York, Universe Books, 1972

Meadows, D. H., Meadows, D. L., Randers, J., and Randers, J., *Beyond the Limits*, Post Millis, VT, Chelsea Green, 1992

Meagher, S. M., *Philosophy and the city: classic to contemporary writings*, Albany, State University of New York Press, 2008

Merlin, P., *Morphologie urbaine et parcellaire*, Saint-Denis, Presses Universitaires de Vincennes. 1988

Miller, D. L., *Lewis Mumford: A Life*, Pittsburgh and London, University of Pittsburgh Press, 1989

Miles, M. and Hall, T., *The city cultures reader*, London and New York, Routledge, 2000

Mohenberg, P. M. and Lee, M., *The Making of Urban Europe(1000-1950)*, Cambridge, Mass., Harvard University Press, 1985

Mongin, O., *La condition urbaine*, Paris, Editions du Seuil, 2005

Morisset, L. K. et Breton, M. È., *La ville : phénomène de représentation*, Québec, Presses de Université du Québec, 2011

Morss, S. B., *The Dialectic of Seeing(Walter Benjamin and the Arcades Project)*, Cambridge, The MIT Press, 1989

Mulvey, C. and Simons, J., *New York: The City As Text*, New York, MacMillan,1990

Mumford, E., *The CIAM Discourse on Urbanism*, 1928-1960, London, the MIT Press, 2000

———, *Defining urban design: CIAM architecture and the Formation of a discipline, 1937-69*, London, the MIT Press, 2009

Mumford, L., *The City in History: Its Origins, Its Transformations, and Its Prospects*, Harcourt Brace International, New York, Harcourt Brace and Co., 1986

———, *The Culture of Cities*, London, Secker and Warburg, 1938

———, *Art and technics*, New York, Columbia University Press, 2000

Munier, N., *Handbook on Urban Sustainability*, Berlin, Springer, 2006

Namer, G. and Halbwachs, M., *La mémoire sociale*, Paris, L'Hemattan, 2000

Newman, P. and Jennings, I., *Cities as Sustainable Ecosystems*, Washington, Covelo.London, 2008

Newman, P. and Kenworthy, J., *Sustainability and Cities: Overcoming Automobile Dependence*, Washington, Island Press, 1999

Nietsche, F., *The Use and Abuse of History*, New York, Liberal Arts Press, 1957

———, *Ainsi parlait Zarasthoustra*, Paris, Flammarion, 2006

Norberg-Schultz, Ch., *Intentions in Architecture*, Oslo, Universitetsforlaget, 1963

———, *Existence, Space, and Architecture*, London, Studio Vista, 1971

———, *Genius Loci: Towards a Phenomenology of Architecture*, London, Academy Editions, 1980

———, *Architecture: Meaning and Place*, New York, Electa/Rizzoli, 1988.

———, *Architecture: Presence, Language, Place*, Milan, SKIRA, 2000

Noschis, K., *Signification affective du quartier*, Paris, Librairie des Méridiens, 1984

Novak, F. G. Jr., *Lewis Mumford and Patric Geddes: The correspondance*, London and New York, Routledge, 1995

O'Flaherty, B., *City Economics*, Cambridge, MA., Harvard University Press, 2005

Olsen, P., The *City as a Work of Art: London, Paris, Vienna*. New Haven and London, Yale University Press, 1986

Ostrowetsky, S., *L'Imaginaire bâtisseur: les villes nouvelles françaises*, Paris, Librairie des Méridiens, 1983

———, *Sociologues en ville*, Paris, l'Harmattan, 1996

Pacione, M., *Urban geography*, London and New York, Routledge, 2001

Paddison, R., *Handbook of Urban Studies*, London, SAGE Publications, 2001

Panerai, P. et al., *Formes urbaines: de l'îlot à la barre*, Paris, Dunod, 1977

Paquot, T. et ali., *La ville et l'urbain: l'état des savoirs*, Paris, Éditions La Découverte, 2000

Paquot, T. and Younès, C., *Le territoire des philosophes*, Paris, La Découverte, 2009

Pardo, I. and Prato, G. B., *Anthropology in the City: Methodology and Theory*, Farnham, Surrey, Ashgate, 2012

Park, R. E., Burgess, E. W. and McKenzie, R. D., *The City*, Chicago, The University of Chicago Press, 1925

Parret, H. et Ruprecht, H.-G., *Exigences et perspectives de la sémiotique. Recueil d'hommages pour*

A.J.Greimas, Amsterdam, Benjamins, 1985

Parrochia, D., *Philosophie des réseaux*, Paris, PUF, 1993

Paterson, J. L., *David Harvey's Geography*, London & Canberra, Barnes & Nobles Books, 1984

Paquot, T., *Des corps urbains*, Paris, Autrement, 2006.

Payot, D., *Le philosophe et l'architecte*, Paris, Aubier, 1982

Paulet, J. P., *Manuel de géographie urbaine*, Paris, Armand Colin, 2009

Pellegrino, P. et al., *L'espace urbain et le temps de l'habiter*, Genève –Berne, CANAL -FNRS, 1993

Pellegrino, P. et al., *Temporalités subjectives et figures urbaines*, Genève –Berne, CANAL -FNRS, 1992

Pellegrino, P., *Figures architecturales Formes urbaines*, Genève, La Bibliotheque des formes, Anthropos, 1994

————, *Le sens de l'espace, Livre I*, Paris, Anthropos, 2000

Perez-Gomez, A., *Built upon love*, Cambridge, MA., The MIT Press, 2008

Perrault, C., *Vitruve, Les dix livres d'architecture*, Paris, Pierre Mardaga Editeur, 1988

Petitot, J., *Morphogenèse du Sens, Tome 1*, Paris, Presses Universitaires de Frnace, 1985

————, *Physique du sens*, Paris, Éditions du CNRS, 1992

Pevsner, N., *The Buildings of England: Herefordshire*, London, Penguin Uk, 1963

————, *Pioneers of modern design*, Bath, Palazzo, 2004

Pigeon, P., *L'environnement au défi de l'urbanisation*, Rennes, Presses Universitaires De Rennes, 2007

Pinchemel, P., et Pinchemel, G., *La Face de la terre*, Paris, Armand Colin, 1988

Pinkney, D. H., *Napoleon III and the Rebuilding of Paris,* Princeton, New Jersey, Princeton University Press, 1958

Pire, F., *De l'imagination poétique dans l'oeuvre de Gaston Bachelard*, Paris, Librairie José Corti, 1967

Poète, M., *L'Enfance de Paris*, Paris, A.Colin, 1908

————, *Une vie de cité. Paris de sa naissance à nos jours, tome I, La Jeunesse. Des origines aux temps modernes*, Paris, August Picard, 1924

————, *Introduction à l'urbanisme. L'évolution des villes, la leçon de l'histoire, l'antiquité*, Paris, Éditions Anthropos, 1967

Posey, D., *Cultural and Spiritual Values of Biodiversity: A Complementary Contribution to the Global Biodiversity Assessment*, Nairobi, UNEP, 1999

Preziosi, D., *Architecture, language and meaning*, Berlin, Mouton, 1979

————, *The Semiotics of the Built Environment: An Introduction to Architectonic Analysis*, Bloomington & London, Indiana University Press, 1979

————, *Minoan architectural design: formation and signification*, Berlin, Mouton, 1983

Ragon, M., *Histoire mondiale de l'architecture et de l'urbanisme modernes*, Paris, Casterman, 1993

————, *Histoire de l'architecture et de l'urbanisme modernes*, Paris, Points, 2010

————, *L'Homme et les villes*, Paris, Albin Michel, 1995

Raulin, A., *Anthropologie urbaine*, Paris, Armand Colin, 2007

Raulet, G., *Le caractère destructeur: Esthétique, théologie et politique chez Walter Benjamin*, Paris, Aubier-Montaigne, 1997

Reader, J., *Cities*, New York, Grove Press, 2006

Réda, J., *Le Citadin*, Paris, Gallimard, 1999

Register, R., *EcoCities, Gabriola Island*, Gabriola Island, New Society Publishers, 2006

Relph, E., *Place and Placelessness*, London, Pion Limited, 1976

Rémy, J., *Georg Simmel, Ville et modernité*, Paris, l'Harmattan, 2000

Renier, A., *Espace & Représentation*, Paris, Les Editions de la Villette, 1989

Reymond, H., Cauvin, C. and Kleinschmager, R., *L'Espace géographique des villes, Pour une synergie des multistrates*, Paris, Editions Anthropos, 1998

Richardson, B. W., *Hygeia, a City of Health*, London, Mamillan & Co, 1876

Ricoeur, P., *Les cultures et le temps*, Paris, Seuil, 1975

———, *Temps et Récit, I, II, III*, Paris, Seuil, 1983, 1984, 1985

Riesman, D., *The lonely Crowd: A study of the American character*, New Haven, Yale University Press, 2001

Riley, A. L., *Restoring Streams in Cities*, Washington, Island Press, 1998

Robin, R., *Mégapolis*, Paris, STOCK, 2009

Rodgers, R. G., *Cities for a Small Planet*, London, Faber & Faber, 1997

Rogers, A., *Matrix methods in urban and regional analysis*, San Francisco, CA., Holden Day, 1971

Rogers, R., *Des villes pour une petite planète*, Paris, Le moniteur, 2000

Roncayolo, M., *Les grammaires d'une ville: essai sur la genèse des structures urbaines à Marseille*, Paris, EHESS, 1996

———, *Lectures de ville, Formes et temps*, Paris, Parenthèses, 2002

Roncayolo, M. and Paquot, T., *Villes & Civilisation urbaine: XVIIIe-XXe siècle*, Paris, Larousse, 1992

Rossi, A., *L'Architettura della città*, Padua, Marsilio, 1967

———,*The Architecture of the City*, Cambridge, MA., The MIT Press, 1984

Roth, L. M., *Understanding Architecture: Its Elements, History and Meaning*, London, The Herbert Press, 1993

Rousseau, J. J., *Du contrat social*, Paris, Garnier-Flammarion, 2001

Rowe, C. and Koetter, F., *The Collage City*, Cambridge, MA., MIT Press, 2006

Rowe, P. G., *East Asia Modern: Shaping the Contemporary City*, Reaktion Books, 2005

Ruskin, J., *Seven Lamps of Architecture*, J.B. Alden, 1885

Rykwert, J., *The Idea of a Town: The Anthropology of Urban Form in Rome, Italy and the Ancient World*, Cambridge, MA., MIT Press, 1976

———, *The Seduction of Place*, Vintage, 2002

Sadin, E., *Times of the Signs*, Birkhäuser Architecture, 2007

Sadler, S., *The Situationist City*, London, Cambridge, MA. and London, The MIT Press, 1998

Saint Augustin, *La Cité de Dieu*, Paris, Desclée de Brouwer, 1959

Salat, S., *Les villes et les formes*, Trieste, Hermann, 2011

Sanson, P., *Le paysage urbain*, Paris, L'Harmattan, 2007

Sansot, P., *Poétique de la ville*, Paris, Klincksieck, 1971

Sassen, S., *The global city: New York, London, Tokyo*, Princeton, Princeton University Press, 2001

————, *La ville globale. New York, Londres, Tokyo*, Paris, Descartes et Cie, 1996

Schabert, T., *L'architecture du monde*, Lagrasse, Éditions Verdier, 2012

Segaud, M., *Anthropologie de l'espace. Habiter, distribuer, fonder, transformer*, Paris, Armand Colin, 2007

Secchi, B., *La ville du vingtième siècle*, Roma, Éditiono Recherches, 2005.

Séguret, F. and Jeudy, H. P., *Ecologie urbaine*, Paris, Editions de la Villette, 2000

Senett, R., *Flesh and Stone*, London, Faber & Faber, 1994

————, *The Fall of Public Man*, New York, Knopf, 1977

Serres, M., *Le Système de Leibniz et des modèles mathématiques*, Paris, PUF, 1968

Sharpe, W. C., *Unreal Cities: Urban Figuration in Wordsworth, Baudelaire, Whitman, Eliot, and Williams*, Baltimore and London, Johns Hopkins University Press, 1990

Sharr, A., *Heidegger for Architects*, London and New York, Routeledge, 2007

Sheringham, M., *Everyday Life: Theories and Practices from Surrealism to the Present*, Oxford, Oxford University Press, 2006

Short, J. R., *Urban Theory: A Critical Assessment*, Basingstoke, Palgrave Macmillan, 2006

Shun, Lv., *Find the Old Beijing*, Beijing, China ethnic photographic art press, 2007

Simay, P., *Capitales de la modernité: Walter Benjamin et la ville*, Paris, éditions de l'éclat, 2005

Simmel, G., *The Sociology of Georg Simmel*, New York, Free Press, 1950

————, *Aufsätze und Abhandlungen 1901-1908*, Suhrkamp, 1995

————, *Philosophie de l'argent*, Paris, PUF, 1999

————, *Les grandes villes et la vie de l'esprit*, Paris, L'HERNE, 2007

Sitte, C., *Ders Städte-Bau nach sienen künstlerischen Grundsätzen*, trans. Collins, G. R. and C. C., New York, Random House, 1965

————, *Camillio Sitte: The Birth of Modern City Planning*, New York, Rizzoli, 1986.

————, *L'art de bâtir: L'urbanisme selon ses fondements artistiques*, Paris, Éditions du Seuil, 1990

Smith, E. B., *Architectural Symbolism of Imperial Rome and the Middle Age*, Princeton, Princeton University Press, 1956

Smith, G., *On Walter Benjamin: Critical Essays and Recollections*, Cambridge, Mass., MIT Press, 1988

Soja, E. W., *Post-modern Geographies, the Reassertion of Space in Critical Social Theory*, London, Verso, 1989

————, *Third space: Journey to Los Angeles and Other Real and Imagined Places*, Blackwell, Oxford University Press, 1996

————, *Postmetropolis: Critical Studies of Cities and Religion*, Oxford, Blackwell, 2000

Solnit, R., *Wanderlust: A History of Walking*, London, Verso, 2001

Sorkin, M., *Variations of a THEME Park: The New American City and the End of Public Space*, New York, Hill and Wang, 1992

Spengler, O., *The Decline of the West*, New York, Knopf, 1928

Spin, A. W., *The Granite Garden: Urban Nature and Human Design*, New York, Basic Books, 1984

————, *The Language of Landscape*, New Haven, Yale University Press, 1998

Stanek, L., *Henri Lefebre on Space: Architecture, Urban Research, and the Production of Theory*, Minneapolis & London, University of Minnesota Press, 2011

Starobinksi, J., *Les emblèmes de la raison*, Paris, Flammarion, 1988

Stébé, J. M. and Hervé, M., *Traité sur la ville*, Paris, PUF, 2009

Steiner, G., *After Babel*, Oxford, Oxford University Press, 1975

Stierle, K., *Der Mythos von, Paris, Zeichen und Bewustsein der Stadt*, München & Wien, Carl Hanser Verlag, 1993

————, *La capitale des signes*, Paris, Editions de la Maison des sciences de l'homme, 2001

Ströker, E., *Investigations in Philosophy of Space*, OH., Ohio University Press, 1985

Studeny, C., *L'invention de la vitesse*, Paris, Gallimard, 1995

Susser, I., *The Castells Reader on Cities and Social Theory*, Oxford, Blackwell, 2002

Sykes, A. K., *The Architecture Reader: Essential Writings from Vitruvius to the Present*, George Braziller Inc, 2007

Tafuri, M., *Théorie et histoire de l'architecture*, Paris, Sadg, 1976

————, *Architecture and Utopia: Design and Capitalist Development, Cambridge*, MA., The MIT Press, 1979

————, *Theories and History of Architecture*, trans Verrecchia, G., London, Granada Publishing, 1980

Tchumi, B., *Questions of Space*, London, Architectural Association, 1990

Thomas, R. and Fordham, M., *Sustainable Urban Design: An Environmental Approach*, London and New York, Spon Press, 2003

Thum, R. H., *The City: Baudelaire, Rimbaud, Verhaeren*, New York & Berlin, Peter Lang, 1994

Todd, J. and Todd, N., *From Eco-cities to Living Machines: Principles of Ecological Design*, Berkeley, CA., North Atlantic Books, 1993

Tournier, M., *Petites Proses*, Paris, Gallimard, 1986

Tuan, Y. F., *Topophilia: a study of environmental perception, attitudes, and values*, Prentice-Hall, Englewood Cliffs, NJ, 1974

————, *Space and Place*, Minneapolis, University of Minnesota Press, 1977

Unwin, R., *L'étude pratique des plans de ville: introduction à l'art de dessiner les plans d'aménagement et d'extension*, Paris, L'Étiquerre, 1981

————, *Town Planning in Practice*, Princeton, Princeton Architectural Press, 1996.

Valéry, P., Les Cahiers verts, Paris, Grasset, 1923

————, *Regards sur le monde actuel et autres essais*, Paris, Gallimard, 1945

Vance, J. E. Jr., *The Continuing City: Urban Morphology in Western Civilization*, Baltimore and London, The Johns Hopkins University Press, 1990

Venturi, R. and Brown, D. S., *Signs and Systems for a Mannerist Time*, Cambridge, The Belknap Press of Harvard Press, 2004

Venturi, R., *Complexity and Contradiction in Architecture*, New York, Museum of Modern Art, 1966

————, *De l'ambiguïté en architecture*, Paris, Dunod, 1971

Véron, *L'urbanisation du monde*, Paris, LA DECOUVERTE, 2006

Véron, J., *Écologie Urbaine*, Paris, INFOLIO, 2007

Virilio, P., *Vitesse et politique: essai de dromotologie*, Paris, Galilée, 1977

————, *Esthétique de la disparition*, Paris, Galilée, 1994

————, *Ville Panique, Ailleurs commende ici*, Paris, Editions Galilée, 2004

Vitruvius, P., *Ten Books on Architecture*, trans. Rowland, I. D., Cambridge and New York, Cambridge University Press, 1999

————, *Vitruvius: The Ten Books on Architecture*, trans. Morgan, M. H., Kessinger Publishing, 2005

Vultur, I., *Proust et Bloch: les frontières du temps, les frontières de la mémoire*, Paris, L'Harmatthan, 2003

Wackernagel, M. and Rees, W., *Our Ecological Footprint*, Gabriola Island, New Society Publishers, 1996

Weber, M., *The City*, New York, Free Press, 1966

————, *Economy and Society*, New York, Bedminster Press, 1968

————, *La ville*, Paris, Aubier, 1982

Weeler, S. M. and Beatley, T., *The Sustainable Urban Development Reader*, London and New York, Routledge, 2009

Weil, M., *La transition urbaine ou le passage de la ville pédestre à la ville motorisée*, Liège, Mardaga, 1999

————, *Ville et mobilité*, Paris, Aube, 2004

Welter, V. M. and Whyte, I. B., *Biopolis : Patrick Geddes and the City of Life*, Cambridge, MA., MIT Press, 2003

Wenders, W., *The Act of Seeing*, Frankfurt, Verlag der Autoren, 1992

Wheatley, P., *City as Symbol*, London, University College, 1969

————, *The Pivot of Four Quarters. A preliminary enquiry into the origins of and the character of the ancient Chinese city*, Chicago, Aldine,1971

Wheeler, S. M. and Breatley, T., *The Sustainable Urban Development Reader*, London and New York, Routledge, 2009

Whyte I. B., *Modernism and the Spirit of the city*, London and New York, Routledge, 2003

Widler, A., *L'Espace des Lumières. Architecture et philosophie de Ledoux à Fournier*, Paris, Picard, 1995

Wigley, M., *The Architecture of Deconstruction, Derrida's Haunt,* Cambridge, MIT Press, 1993

Wilson, W. H., *The City Beautiful Movement*, Baltimore and London, The Johns Hopkins University Press, 1989

Wismann, H., *Walter Benjamin et Paris, colloque international 27-29 juin 1983*, Paris, Cerf, 1986

Wojtowicz, R., *Lewis Mumford and American modernism:Eutopian Theories for Architecture and Urban Planning*, New York, Cambridge University Press, 1996

Wolfflin, H., *Renaissance and Baroque*, London, Collins, 1964

World Commission on Environment and Development, *Our Common Future*, Oxford and New York, Oxford University Press, 1987

Worster, D., *Nature's Economy: A History of Ecological Ideas*, Cambridge, Cambridge University Press, 1977

Wright, F. L., *A Testament*, New York, Horizon Press, 1957

————, *When Democracy Builds*, Chicago, University of Chicago Press, 1945

Yates, F., *The Art of Memory*, Chicago, University of Chicago Press, 1966

Zieleniec, A., *Space and Social Theory*, London, Sage, 2007

국내 문헌

단행본

강병기, 『걷고 싶은 도시라야 살고 싶은 도시다 : 도시 이야기』, 서울, 보성각, 2007

강현수, 『도시, 소통과 교류의 장 : 디지털 시대 도시의 역할과 형태』, 서울, 삼성경제연구소, 2007,

——, 『도시에 대한 권리: 도시의 주인은 누구인가』, 서울, 책세상, 2010

강현수 외, 『현대 도시이론의 전환』, 서울, 한울아카데미, 1998

고종석, 『도시의 기억』, 서울, 개마고원, 2008

권용우, 『도시의 이해』, 서울, 博英社, 2009

김덕영, 『게오르그 짐멜의 모더니티 풍경 11 가지』, 도서출판 길, 2007

김석철, 『건축과 도시의 인문학』, 파주, 돌베개, 2011

김성도, 『기호, 리듬, 우주: 기호학적 상상력을 위하여』, 인간사랑, 2007

김수봉, 『인간과 도시환경』, 서울, 누리에, 2002

김민수, 『한국 도시디자인 탐사』, 서울, 그린비, 2009

김왕배, 『도시, 공간, 생활세계: 계급과 국가 권력의 텍스트 해석』, 서울, 한울, 2000

김우창, 『21세기의 환경과 도시』, 서울, 민음사, 2000

김 원, 『사회주의 도시계획』, 서울, 보성각, 2004

김재석 외, 『도시학사전』, 서울, 기문당, 2005

김준오, 『도시시와 해체시』, 서울, 문학과비평사, 1992

김준우, 『국가와 도시』, 광주, 전남대학교 출판부, 2007

김진송, 『기억을 잃어버린 도시 : 1968 노량진, 사라진 강변 마을 이야기』, 서울, 세미콜론, 2006

김진애, 『우리도시 예찬』, 안그라픽스, 2003

김찬호, 『도시는 미디어다』, 서울, 책세상, 2002

김창성, 『로마 공화국과 이탈리아 도시』, 서울, 메이데이, 2010

김철수, 『도시공간의 이해』, 서울, 技文堂, 2001

——, 『도시공간 계획사』, 서울, 기문당, 2009

——, 『현대도시계획』, 서울, 기문당, 2008

김추윤 외, 『도시계획학』, 서울, 신라, 1995

김치수, 김성도 외, 『현대기호학의 발전』, 서울대 출판부, 1998

김태영, 『한국근대도시주택』, 서울, 기문당, 2003

김 테오도르 폴, 『도시 클리닉』, 서울, 시대의 창, 2011

김혜천, 『현대도시의 이해』, 서울, 大旺社, 2007

남영우, 『도시공간구조론』, 파주, 법문사, 2007
대한국토·도시계획학회, 『도시, 인간과 공간의 커뮤니케이션』, 커뮤니케이션북스, 2009
도시사연구회, 『공간 속의 시간』, 심산, 2007
동양사학회, 『역사와 도시』, 서울, 서울대학교출판부, 2000
박철수, 『아파트의 문화사』, 살림출판사, 2006
박해천, 『콘크리트 유토피아』, 자음과모음, 2011
보성각 편집부, 『도시계획론』, 서울, 보성각, 2008
민유기 외, 『도시는 역사다』, 파주, 서해문집, 2011
서울시립대학교 도시인문학연구소, 『도시공간의 인문학적 모색』, 서울, 메이데이, 2009
————————————, 『도시공간의 형성 원리와 도시민의 삶』, 서울, 메이데이, 2009
————————————, 『도시적 삶과 도시문화』, 서울, 메이데이, 2009
————————————, 『로마 공화국과 이탈리아 도시 : 통합과 조직의 역사』, 서울, 메이데이, 2010
서울시립대학교 서울학연구소, 『도시와 역사 : 역사도시의 갈등과 조화』, 서울, 보성각, 2001
송도영, 『인류학자 송도영의 서울 읽기』, 소화, 2004
승효상, 『지혜의 도시 지혜의 건축』, 서울, 서울포럼, 1999
심광현, 『글로벌폴리스의 양가성과 도시인문학의 모색』, 서울, 메이데이, 2010
심승희, 『서울 시간을 기억하는 공간』, 나노미디어, 2005
양상현, 『거꾸로 읽는 도시, 뒤집어 보는 건축』, 동녘, 2005
윤상욱, 『도시와 생태』, 서울, 문음사, 2010
이규목, 『都市와 象徵』, 서울, 一志社 , 1988
——, 『한국의 도시경관』, 열화당, 2002
이기봉, 『조선의 도시, 권위와 상징의 공간』, 서울, 새문사, 2008
이무용, 『공간의 문화정치학』, 논형, 2005
이상훈, 『유럽의 문화 도시들』, 서울, 자연사랑, 2001
이시재, 『일본의 도시사회』, 서울, 서울대학교 출판부, 2001
이영준, 『초조한 도시』, 서울, 안그라픽스, 2010
이정우 외, 『우리 도시의 이미지 : 한국 현대 도시문화 이미지 비평』, 서울, 솔과학, 2005
이주형, 『도시형태론』, 보성각, 2001
이진경,『근대적 주거 공간의 탄생』, 그린비, 2007
정기용, 『사람, 건축, 도시』, 서울, 현실문화, 2008
정기용, 『서울 이야기』, 서울, 현실문화, 2008
정수복, 『파리를 생각한다』, 문학과지성사, 2009
——, 『파리의 장소들』, 문학과지성사, 2010
주남철, 『한국건축사』, 고려대학교출판부, 2010
철학아카데미, 『공간과 도시의 의미들』, 서울, 소명, 2004
최병두, 『근대적 공간의 한계』, 삼인, 2004
——, 『도시 공간의 미로 속에서』, 파주, 한울, 2009

——, 『도시.지역.환경』, 서울, 한울, 1993
최창조, 『땅의 논리 인간의 논리』 민음사, 2000
——, 『터잡기의 예술』 민음사, 1993
탁병오, 『도시환경론』, 서울, 형설출판사, 2002
홍성태, 『서울을 찾아서』, 현실문화연구, 2005
황기원, 『책 같은 도시, 도시 같은 책』, 열화당, 1998

본문에서 인용된 외국어 원전의 한국어 번역본 서지

Arendt, H., 이진우 옮김, 『인간의 조건』, 한길사, 2002
Bachelard, G., 곽광수 옮김, 『공간의 시학』, 동문선, 2003
Barthes, R., 이화여자대학교기호학연구소 편집, 『현대의 신화』, 동문선, 1997
Baudelaire, C., 윤영애 옮김, 『파리의 우울』, 민음사, 2008
Benevolo, L., 장성주, 윤혜정 옮김, 『근대도시계획의 기원과 유토피아』, 태림문화사, 1996
Benjamin, W., 김영옥, 황현산 옮김, 『보들레르의 작품에 나타난 제2제정기의 파리 (보들레르의 몇 가지 모티프에 관하여 외)』, 길, 2010
——————, 조형준 옮김, 『아케이드 프로젝트』, 새물결, 2005
Bergson, H., 박종원 옮김, 『물질과 기억』, 아카넷, 2005
Capra, F., 강주현 옮김, 『히든커넥션』, 휘슬러, 2003
Castells, M., 박행웅 옮김, 『네트워크 사회 : 비교문화 관점』, 한울아카데미, 2009
Choay, F., 이명규 옮김, 『근대도시』, 세진사, 1996
Coulanges, F. D., 김응종 옮김, 『고대도시』, 아카넷, 2000
Davis, M., 김정아 옮김, 『슬럼 지구를 뒤덮다』, 돌베개, 2007
Deleuze, G., 김재인 옮김, 『천개의 고원』, 새물결, 2001
Eco, U., 김광현 옮김, 『기호와 현대 예술』, 열린책들, 1998
Engels, F., 박준식, 전병유, 조효래 옮김, 『영국 노동자계급의 상태』, 두리, 1988
Floch, J. M., 김성도 옮김, 『기호학 마케팅 커뮤니케이션』, 나남, 2003
Freud, S., 강영계 옮김, 『문화에서의 불안』, 지식을만드는지식, 2012
Gelezeau, V., 길혜연 옮김, 『아파트 공화국 : 프랑스 지리학자가 본 한국의 아파트』, 서울, 후마니타스, 2007
Goodman, N., 김혜숙 옮김, 『예술의 언어들』, 이화여자대학교 출판부, 2002
Hall, E. T., 최효선 옮김, 『생명의 춤』, 한길사, 2000
—————, 최효선 옮김, 『침묵의 언어』, 한길사, 2000
Hall, P., 임창호 옮김, 『내일의 도시: 20세기 도시계획지성사』, 한울, 2000
Harvey, D., 최병두 옮김, 『자본의 한계』, 한울, 1995
—————, 초의수 옮김, 『도시의 정치경제학』, 한울, 1996
—————, 최병두 옮김, 『신제국주의』, 한울아카데미, 2005

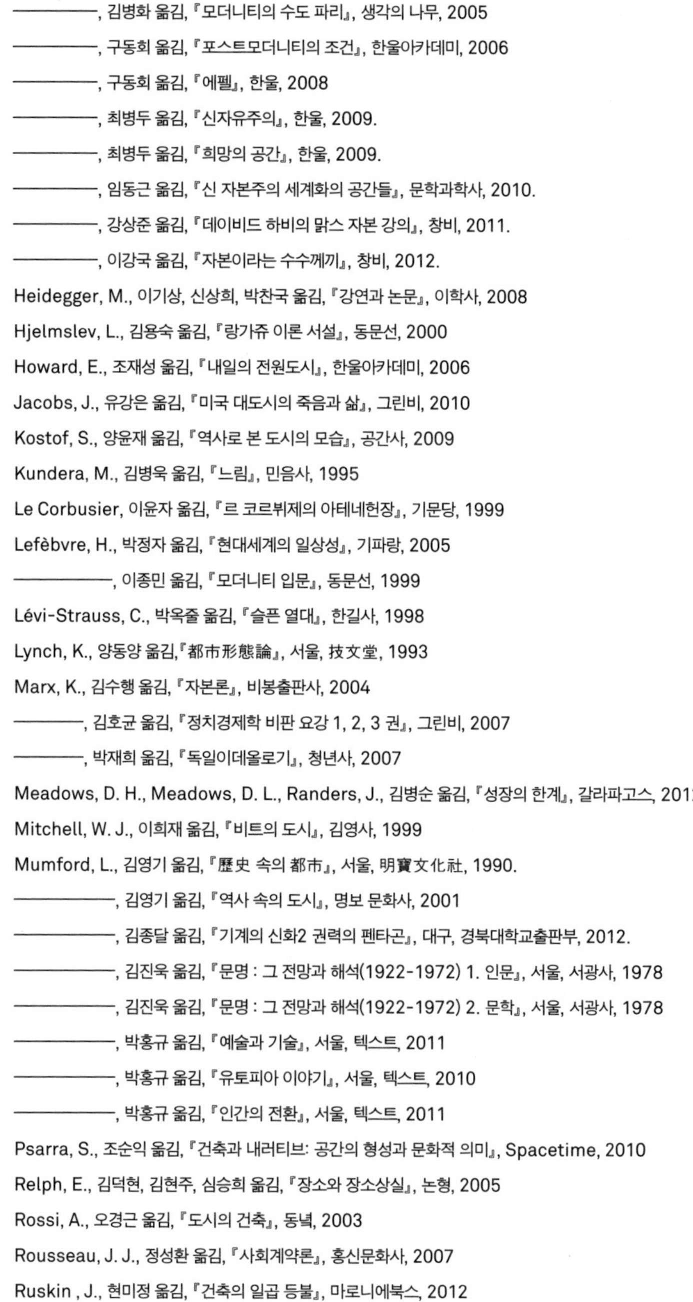

————, 김병화 옮김, 『모더니티의 수도 파리』, 생각의 나무, 2005

————, 구동회 옮김, 『포스트모더니티의 조건』, 한울아카데미, 2006

————, 구동회 옮김, 『에펠』, 한울, 2008

————, 최병두 옮김, 『신자유주의』, 한울, 2009.

————, 최병두 옮김, 『희망의 공간』, 한울, 2009.

————, 임동근 옮김, 『신 자본주의 세계화의 공간들』, 문학과학사, 2010.

————, 강상준 옮김, 『데이비드 하비의 맑스 자본 강의』, 창비, 2011.

————, 이강국 옮김, 『자본이라는 수수께끼』, 창비, 2012.

Heidegger, M., 이기상, 신상희, 박찬국 옮김, 『강연과 논문』, 이학사, 2008

Hjelmslev, L., 김용숙 옮김, 『랑가쥬 이론 서설』, 동문선, 2000

Howard, E., 조재성 옮김, 『내일의 전원도시』, 한울아카데미, 2006

Jacobs, J., 유강은 옮김, 『미국 대도시의 죽음과 삶』, 그린비, 2010

Kostof, S., 양윤재 옮김, 『역사로 본 도시의 모습』, 공간사, 2009

Kundera, M., 김병욱 옮김, 『느림』, 민음사, 1995

Le Corbusier, 이윤자 옮김, 『르 코르뷔제의 아테네헌장』, 기문당, 1999

Lefèbvre, H., 박정자 옮김, 『현대세계의 일상성』, 기파랑, 2005

————, 이종민 옮김, 『모더니티 입문』, 동문선, 1999

Lévi-Strauss, C., 박옥줄 옮김, 『슬픈 열대』, 한길사, 1998

Lynch, K., 양동양 옮김,『都市形態論』, 서울, 技文堂, 1993

Marx, K., 김수행 옮김, 『자본론』, 비봉출판사, 2004

————, 김호균 옮김, 『정치경제학 비판 요강 1, 2, 3 권』, 그린비, 2007

————, 박재희 옮김, 『독일이데올로기』, 청년사, 2007

Meadows, D. H., Meadows, D. L., Randers, J., 김병순 옮김, 『성장의 한계』, 갈라파고스, 2012

Mitchell, W. J., 이희재 옮김, 『비트의 도시』, 김영사, 1999

Mumford, L., 김영기 옮김, 『歷史 속의 都市』, 서울, 明寶文化社, 1990.

————, 김영기 옮김, 『역사 속의 도시』, 명보 문화사, 2001

————, 김종달 옮김, 『기계의 신화2 권력의 펜타곤』, 대구, 경북대학교출판부, 2012.

————, 김진욱 옮김, 『문명 : 그 전망과 해석(1922-1972) 1. 인문』, 서울, 서광사, 1978

————, 김진욱 옮김, 『문명 : 그 전망과 해석(1922-1972) 2. 문학』, 서울, 서광사, 1978

————, 박홍규 옮김, 『예술과 기술』, 서울, 텍스트, 2011

————, 박홍규 옮김, 『유토피아 이야기』, 서울, 텍스트, 2010

————, 박홍규 옮김, 『인간의 전환』, 서울, 텍스트, 2011

Psarra, S., 조순익 옮김, 『건축과 내러티브: 공간의 형성과 문화적 의미』, Spacetime, 2010

Relph, E., 김덕현, 김현주, 심승희 옮김, 『장소와 장소상실』, 논형, 2005

Rossi, A., 오경근 옮김, 『도시의 건축』, 동녘, 2003

Rousseau, J. J., 정성환 옮김, 『사회계약론』, 홍신문화사, 2007

Ruskin , J., 현미정 옮김, 『건축의 일곱 등불』, 마로니에북스, 2012

Senett, R., 임동근 외 옮김, 『살과 돌』, 문학과학사, 1999
Simmel, G., 김덕영, 윤미애 옮김, 『짐멜의 모더니티 읽기』, 새물결, 2005
——————, 김덕영, 배정희 옮김, 『게오르그 짐멜의 문화이론』, 길, 2007
Sitte. C., 손세욱, 구시온 옮김, 『도시.건축.미학: 까밀로 지테의 공간예술론』, 태림문화사, 2000
Tafuri, M., 김일현 옮김, 『건축의 이론과 역사』, 동녘, 2009
Tuan, Y. F., 구동회·심승희 옮김,『공간과 장소』, 대윤, 1995
Venturi, R., 임창복 옮김, 『건축의 복합성과 대립성』, 동녘, 2004
Weber, M., 박성환 옮김, 『경제와 사회』, 문학과지성사, 2003

국내 논문

김동우, 「문자로서의 도시, 도시시학의 가능성」, 『한국근대문학연구』 24, 2011
김동윤, 「도시시학과 호모파블라토르: 융합적 복합성과 인문적 상상력」, 『비평』 15, 2007
——, 「도시 공간에 대한 인문적 담론 구성 시론 I」, 『기호학 연구』 22, 2007
——, 「서울의 기호학 : 어제, 오늘, 내일 ; "Poiesis-civitas-semiosis"의 도시 인문학과 담론구성의 조건」, 『기호학 연구』 25, 2009
김동훈, 「공간-마련과 깃들임의 사유: 하이데거 사유를 통해 본 도시 공간의 의미」, 『도시인문학연구』 3, 2011
김성도, 박상우, 「기억, 흔적 그리고 기호 : 서울의 공간적 의미 작용에 대한 기호학적 시론」, 『기호학 연구』 19, 2006
김수환, 「유리 로트만(Yu. Lotman)의 도시기호학: 상트-페테르부르크를 중심으로」, 『도시연구』 1, 2009
김춘식, 「식민지 도시 '경성'과 '모던 서울'의 표상」, 『한국문학연구』 38, 2010
김혜신, 「파리 건축과 시각문화의 모더니티에 대한 역사적 소고 - 현대도시 원사(原史)를 포착하는 방법으로서 발터 벤야민의 영화적 이미지와 관련하여」, 『역사와 경계』 79, 2011
남기혁, 「1920년대 시에 나타난 도시체험 -도시풍경과 이념적 시선, 미디어의 문제를 중심으로」, 『겨레어문학』 42, 2009
민유기, 「문화예술과 혁명의 도시 파리, 센 강은 흘러가도 역사는 남는다」, 『내일을 여는 역사』 40, 2010
——, 「파리 도시학연구소의 인문학 전통과 사회적 기능」, 『인천학연구』 12, 2010
박여성, 「베를린-슈프레보겐의 통시기호학」, 『기호학 연구』 22, 2007
——, 「도시기호학을 위한 다섯 가지 쟁점」, 『한국영상문화학회』 21, 2008
——, 「공간 건축 도시 연구의 방법론 - 기호학과 텍스트 언어학을 중심으로」, 『로칼리티 인문학』 6, 2011
배영수, 「도시사의 최근 동향 "역사의 공간적 차원"」, 『서양사연구』 17, 1995
백승국 외, 「한강 르네상스 프로젝트의 공간기호학적 분석」, 『기호학 연구』 25, 2009
서도식, 「도시 공간의 현상학과 아고라포비아」, 『哲學論叢』 58, 2009
손장원, 「도시정체성과 근대역사환경 ; 도시정체성의 의미와 가치」, 『도시문제』 42, 2007
신지영, 「도시 문화에 대한 위상학적 이해 -멈포드, 슈뢰드 등의 사회이론과 들뢰즈의 철학적 토대」, 『도시인문학연구』 3, 2011

심광현, 「유비쿼터스 시대의 도시공간과 미디어공간의 문화, 정치적 상호작용」, 『도시인문학연구』 1, 2009

심승구, 「역사 공간의 복원과 재현을 통한 도시 재생의 의미」, 『인문콘텐츠』 25, 2012

심혜련, 「도시 공간과 흔적 그리고 산책자」, 『시대와 철학』 19, 2008

, 「도시 공간 읽기의 방법론으로서의 흔적 읽기」, 『시대와 철학』 23, 2012

오장근, 「도시 공간 '청계천'의 서사성과 문화 정체성 - 도시 공간 '서울'의 분석을 위한 인문학적 접근」, 『기호학 연구』 25, 2009

우영선, 「발터 벤야민과 루이스 칸의 문지방Threshold」, 『도시인문학연구』 3, 2011

유승희, 「서울학 연구의 현재적 의미와 한계」, 『도시인문학연구』 2, 2010

이득재, 「공간 계급 그리고 로컬리티의 문화」, 『로컬리티 인문학』 6, 2011

이성백, 「글로벌폴리스와 도시인문학의 가능성」, 『도시인문학연구』 1, 2009

——, 「공간적 선회: 도시연구의 신 패러다임 -E. 소자의 포스트모던 도시론에 대한 비판적 고찰」, 『시대와 철학』 21, 2010

이종관, 「시적 도시를 향한 현상학적 시도」, 『철학과 현상학 연구』 23, 2004

——, 「도시와 인문학」, 『철학과 현실』 86, 2010

이학동, 「도시역사성의 재인식」, 『도시정보』 174, 1996

이혜원, 「도시생태의 시적 수용과 전망」, 『문학과 환경』 7, 2008

임지혜, 김영순, 「도시와 생태공간의 어울림: 인천 논현지구의 퍼스기호학적 해석」, 『기호학 연구』 25, 2009

정무웅, 「생태건축의 특성과 도시 · 건축 공간구성」, 『建築』 41, 1997

정인숙, 「도시연구동향 : 국문학 분야 도시 연구의 동향과 전망」, 『도시인문학연구』 3, 2011

조명래, 「탈신자유주의적 공간과 공공성 ; 문화적 도시재생과 공공성의 회복 한국적 도시재생에 관한 비판적 성찰」, 『공간과 사회』 37, 2011

조윤경, 「초현실주의와 도시 기호학-로베르 데스노스의 작품을 중심으로」, 『기호학 연구』 22, 2007

최병두, 「역사적 경관의 복원과 장소 정체성의 재구성」, 『공간과 사회』 42, 2012

하선규, 「대도시의 미학을 위한 프로레고메나 -짐멜, 크라카우어, 벤야민에 기대면서」, 『도시인문학연구』 3, 2011

홍준기, 「글로벌 시대의 대도시인의 정체성에 관한 연구: 도시인문학 방법론 논의의 맥락에서 -조나단 프리드먼과 짐멜의 이론을 중심으로」, 『철학탐구』 29, 2011

——, 「발터 벤야민과 도시경험-벤야민의 도시인문학 방법론에 대한 고찰」, 『라캉과 현대정신분석』 12, 2010

도판 출처

1 http://www.flickr.com/photos/21657069@N05/3194668060/sizes/o/in/photostream/

2 Loupiac, C., *La ville entre representations et réalités*, Paris, CNDP, 2005

3 Bacon, E. N., *Design of Cities*. London, Thames and Hudson, 1975

4 Loupiac, C., *La ville entre representations et réalités*, Paris, CNDP, 2005

5 Loupiac, C., *La ville entre representations et réalités*, Paris, CNDP, 2005

6 Loupiac, C., *La ville entre representations et réalités*, Paris, CNDP, 2005

7 Loupiac, C., *La ville entre representations et réalités*, Paris, CNDP, 2005

8 Loupiac, C., *La ville entre representations et réalités*, Paris, CNDP, 2005

9 Loupiac, C., *La ville entre representations et réalités*, Paris, CNDP, 2005

10 Loupiac, C., *La ville entre representations et réalités*, Paris, CNDP, 2005

11 Bacon, E. N., *Design of Cities*. London, Thames and Hudson., 1975

12 Loupiac, C., *La ville entre representations et réalités*, Paris, CNDP, 2005

13 Loupiac, C., *La ville entre representations et réalités*, Paris, CNDP, 2005

14 http://cheapwaystotravels.blospot.kr/2013/05/four-extreme-heart-catching-sights-of.html

15 http://toptravellists.net/advertising-sign-tokyo-japan.html

16 http://www.rtvgames.com/showthread.php?t=38477&page=3

17 http://blog.hani.co.kr/blog_lib/contents_view.html?BLOG_ID=duck&log_no=28744

18 Bacon, E. N., *Design of Cities*, London, Thames and Hudson., 1975

19 http://reizen.nl/?artikel=ile-de-la-cite-parijs

20 http://ki.wikipedia.org/wiki/%ED%8C%8C%EC%9D%BC:Yanghwa_Bridge.jpg

21 http://www.wikipaintings.org/en/piet-mondrian/broadway-boogie-woogie-1943

22 http://travel.saga.co.uk/holidays/ocean-cruises/top-10-cruise-experiences/6-stepping-back-in-time-to-ancient-greece.aspx

23 http://www.yanidel.com/Pictures/Seine%20Running%20kids%20HR.jpg

24 http://en.wikpedia.org/wiki/File:Akropolis_by_Leo_von_Klenze.jpg

25 http://www.england.net/england-guide/cities/bath.html

26 Newman, P. and Jennings, I., *Cities as Sustainable Ecosystems*, Washington, Covelo, London, Island Press, 2008

27 http://en.wikipedia.org/wiki/File:Masdar_City.jpg

찾아보기

인명

개념어